KB002312

일반행정법

일 반 행 정 법

서정범 · 박상희 · 김용주

세창출판사

서 문

20세기 후반에 등장한 보장국가의 관념은 국가의 책무의 확대를 가져왔으며, 이로 인하여 국가가 수행하는 행정이 개인의 생활에 지대한 영향을 미치게 되었다. 즉, 모든 개인은 그 정도에 있어 차이가 있을 뿐 국가가 수행하는 행정과 밀접한 관련을 맺고 살아가고 있으며, 그 결과 그러한 행정을 규율대상으로 하는 법인 행정법의 중요성은 날로 커져만 가고 있다. 이러한 현상을 반영하듯 오늘날 행정법이론은 눈부신 발전을 거듭하고 있으며, 그에 상응하여 행정과 관련된 새로운 법률의 제정과 기존 법률의 개정이 연이어 행해지고 있다. 법원 또한 새로운 판례를 통하여 변화하는 행정현실에 부응하고 있는 실정이다.

한편 행정법의 기본원칙, 행정처분, 공법상계약, 행정상의 의무이행확보수단 등에 이르는 일반적 내용을 총합적으로 규율하여 사실상 행정법의 일반법적 성격을 갖는다고 해도 과언이 아닌「행정기본법」이 2021년에 새로이 제정되어 시행된 것은 우리나라 행정법의 발전사에 있어 일대 사건이라고 할 수 있다. 우리나라 행정법학계의 오랜 숙원이었던「행정기본법」의 제정은 행정법이론 전반에 걸쳐 엄청난 변화를 초래하기에 이르렀으며, 이로 인하여 동법에 기초한 새로운 행정법 교과서의 출현 필요성이 강력하게 요구되게 되었다. 본서는 이러한 학문적 요구에 부응하기 위하여 쓰여졌는바, 본서의 집필에 있어서 특히 유념한 점 및 본서가 갖는 특징은 다음과 같다.

첫째, 모든 서술은 2022년 1월 현재의 법령을 기준으로 행하였으며, 이를 위해 관련 법령을 면밀히 확인·검토하는 작업을 하였다. 특히「행정기본법」의 모든 조문의 내용을 남김없이 반영하였으며, 해당 조문을 둘러싼 지금까지의 논의와 향후에 논의가 필요한 문제점 등에 대하여서도 간략하게나마 언급하였다. 이러한 서술방식은 새로이 제정된「행정기본법」의 내용을 개관해 보는 데 많은 도움이 될 수 있으리라고 확신한다.

둘째, 행정법이론이 실제 사건에 있어 어떻게 적용되는지를 잘 보여 주는 판례를 가능한 한 많이 소개하여 독자들로 하여금 '살아 있는' 행정법을 조망할 수 있도록 최대한 배려하였다. 다만 지면 관계로 중요한 판례 위주로 작업을 행하다 보니 다양한 사실관계에 관한 많은 판례가 소개되지 못하게 된 것은 아쉽게 생각한다.

셋째, 앞에서 밝힌 것과 같은 작업은 생각보다 많은 시간과 노력을 필요로 하였다. 이에「행정기본법」의 시행과 그에 관한 논의, 새로운 판례, 제정 및 개정 법령의 반영 등을 공저자들이 분담하여 서술하고, 공저자 중 1인이 그를 종합하여 서술하는 방식을 취하였다. 이를 통해 서술내용의 다양성을 기하였을 뿐만 아니라, 공저 형태의 교과서가 갖는 서술의 일관성 결여라는 문제를 극복하고자 하였다.

이러한 일련의 작업은 이론적 토대를 같이하는 교수들의 협업을 필요로 하는바, 다행스럽게도 오랜 시간에 걸쳐 동학(同學)의 길을 걸어온 공저자들은 새로운 행정현상에 부응하는 새로운 행정법 교과서의 출현 필요성에 관하여 인식을 같이했다. 그리고 그러한 인식에 기초한 작업의 결과물로 이제 본서를 세상에 내놓는다. 근래 들어 행정법 교과서를 행정법총론과 행정법각론으로 나누어 서술하는 방식을 지양하고, 일반행정법과 특별행정법으로 나누어 서술하는 경향이 있음을 고려하여 본서는 「일반행정법」이란 제목으로 출간하고자 한다.

언제나 그렇듯이 본서의 출간을 위해서는 많은 분들의 조력이 필요했으며, 이분들의 도움이 없었다면 본서는 세상에 태어나기 어려웠을 것이다. 이에 이분들을 거명하여 감사의 말씀을 전하고자 한다. 먼저 작금의 어려운 출판사정하에서도 본서의 출간을 기꺼이 허락해 주신 세창출판사 이방원 사장님께 감사의 말씀을 드린다. 또한 완성도 높은 본서의 출간을 위하여 편집과 출판의 전 과정을 총괄 지휘하여 주신 임길남 상무님께도 감사의 말씀을 드린다. 마지막으로 본서의 출간에 실질적 원동력이 되어 주셨던 독자제현에게도 충심으로 감사한다는 말씀을 전한다. 앞으로도 법령의 제정과 개정을 신속히 반영하고, 새로운 판례를 반영하는 등의 작업을 통하여 살아 있는 행정법 교과서를 만날 수 있게 해 드린다는 약속을 드리며, 출간의 변에 대하기로 한다.

2022년 2월
공저자

차 례

제1편 _ 행정법통론

제1장 | 행 정 / 3

제2장 | 행 정 법 / 15

제3장 │ 행정상의 법률관계 / 54

제4장 | 행정법상의 법률요건과 법률사실 / 86

제2편 _ 행정작용법

제1장 | 행정입법 / 105

제2장 | 행정행위 / 141

제3장 | 그 밖의 행정의 주요 행위형식 / 257

제3편 _ 행정절차/행정정보공개와 개인정보보호

제1장 | 행정절차 / 307

제4편 _ 행정의 실효성확보수단

제1장 | 개　설 / 397

제2장 | 행정상 강제집행 / 401

제3장 | 행정상 즉시강제/행정조사 / 425

제4장 | 행 정 벌 / 439

제5편 _ 행정구제법

제1장 │ 개 설 / 473

제2장 │ 행정상의 손해배상 / 474

제3장 │ 행정상의 손실보상 / 533

제4장　손해전보를 위한 그 밖의 제도 / 558

제5장 │ 행정쟁송과 행정심판 / 573

제6장 | 행정소송 / 623

제7장 | 옴부즈만과 민원처리 / 751

제1편 행정법통론

행　정

▌제1절 ▌ 행정의 의의

　행정법은 행정을 규율대상으로 하는 법이므로, 행정법의 이해를 위해서는 먼저 행정의 개념을 이해할 필요가 있다. 국가의 다른 작용과 구별되는 행정의 개념은 권력분립주의에 따라 국가작용이 입법·사법·행정으로 구분되어 행해지게 된 근대 입헌국가의 탄생과 함께 성립되었는바, 이하에서 행정의 의의에 관하여 알아보도록 한다.

Ⅰ. 형식적 의미의 행정

　형식적 의미의 행정은 그 작용을 담당하는 '국가기관'을 중심으로 정립된 개념으로, 실정법에 의해 행정부의 권한으로 되어 있는 작용을 의미한다(제도상의 행정이라고도 함). 한편 행정을 이처럼 형식적 의미로 파악하면 행정부에 의해 행해지는 국가작용은 그의 성질상 입법에 속하든(예: 행정입법) 사법에 속하든(예: 행정심판의 재결) 모두 행정에 해당한다.

Ⅱ. 실질적 의미의 행정

　실질적 의미의 행정이란 '국가작용의 성질'을 기준으로 정립한 행정의 개념을 말하는바, 그 의미에 관하여는 다음과 같은 학설의 대립이 있다.

1. 소극설(공제설, W. Jellinek)

　행정을 적극적으로 정의하기를 단념하는 학설들을 말하는데, 그 가운데 국가작용 중에서 입법·사법을 제외한 나머지를 행정이라고 하는 견해를 특히 공제설이라고 부른다. 이러한 소극설에 대하여는 다음과 같은 비판이 행해지고 있다.

　첫째, 소극설은 입법·사법·행정 간의 명백한 성질상의 차이를 전제로 할 때에만 가능한데, 그러한 구분 자체가 불명확하다.

둘째, 입법·사법을 제외한 국가작용 중에는 행정에 속하지 않고 통치작용에 속하는 것도 있다.[1]

2. 적극설

소극설은 그 내용이 공백상태이어서 행정의 정의로는 적절하지 못한 면이 있다. 이에 행정의 본질적 특성을 파악하여 적극적인 징표를 가지고 행정의 개념을 정의하고자 하는 견해가 나타났는바, 이를 적극설이라고 부른다.

(1) 목적설(O. Mayer)

행정을 법 아래서 국가목적을 실현하기 위한 작용이라고 하는 견해인데, 이러한 목적설에 대하여는 국가작용의 정의와 행정의 정의를 혼동하고 있다는 비판이 행해지고 있다.

(2) 결과실현설(Fleiner, 田中二郎)

행정을 「법 아래서 법의 규제를 받으면서 현실적·구체적으로 국가목적의 적극적 실현을 향하여 행해지는 전체로서 통일성을 가진 계속적인 형성적 국가활동」이라고 정의하는 견해이다.

(3) 기관양태설(Kelsen, Merkl)

기관양태설은 입법·사법·행정 간에는 성질상의 차이는 없고 단지 그를 담당하는 기관의 조직형태(구성모습)에 차이가 있을 뿐이라는 견해이다. 한편 기관양태설은 특히 사법과 행정을 담당하는 기관의 구성모습상의 차이점을 강조하여 병렬적 기관복합체에 의한 법집행작용은 사법, 상하복종관계에 있는 계층적 기관에 의한 법집행작용은 행정이라고 보게 된다.

(4) 결 어

"행정은 정의될 수 없고, 단지 서술될 수 있을 뿐이다"라는 포르스트호프(E. Forsthoff)의 말처럼 행정을 적극적으로 정의하는 것은 사실상 불가능하다. 따라서 행정의 참모습을 이해하기 위해서는 행정의 개념적 징표를 살펴볼 것이 요구되는바, 행정의 개념적 징표로는 다음과 같은 것을 들 수 있다.

첫째, 행정은 '사회형성적 작용'이다.

둘째, 행정은 '행정주체에 의한 공익[2]실현작용'이다.

---

[1] 한편 이러한 비판을 고려하여 행정을 '입법·사법, 그리고 통치작용을 제외한 나머지 작용'이라고 정의하는 견해가 나타나고 있다(이른바 신공제설).

[2] 공익의 의미는 다의적(多義的)으로 사용되는바, 특히 ① 법의 해석을 통해서 얻어지는 공익을 규준적 공익, ② 관련된 제 이익을 형량하여 사후적으로 결정되는 공익을 잠재적 공익이라고 함은 주목

셋째, 행정은 '적극적ㆍ미래지향적 작용'이다.

넷째, 행정은 '개별적' 사안에 대해 '구체적' 조치를 취하는 작용이다. 그리고 이 점에서 '일반적ㆍ추상적 규율'을 내용으로 하는 입법과 구별된다.

다섯째, 행정은 포괄적인 지도ㆍ통제하에 행해지면서도 그 나름의 자유활동영역(예: 재량, 판단여지)이 인정되는 작용이다.

여섯째, 행정은 다양한 행위형식을 동원하는 작용이다.

3. 국가의 다른 작용과의 구별

(1) 입법과의 구별

(실질적 의미의) 입법이란 국가 등 행정주체가 일반적ㆍ추상적인 성문의 법규범을 정립하는 작용을 말하는바, 이러한 점에서 정립된 법 아래서 법을 구체적으로 집행하는 작용인 행정과 구별된다. 다만 형식은 법률의 형식을 취하고 있으나 그 내용면에서 보면 그를 구체화하는 다른 법집행행위(특히 처분)를 매개함이 없이도 그 자체로서 직접적으로 국민의 권리ㆍ의무에 영향을 미치는 처분법률(Maßnahmegesetz)의 등장은 입법과 행정의 구별을 한층 어렵게 만드는 요소가 되고 있다.

(2) 사법과의 구별

(실질적 의미의) 사법이란 법률상의 분쟁에 관하여 당사자의 쟁송제기가 있는 경우에 독립한 지위에 있는 심판기관이 법령을 적용하여 그 분쟁을 해결하는 작용을 말하는바, 이처럼 사법은 쟁송제기를 기다려서 분쟁을 해결하는 피동적ㆍ일회적 작용이라는 점에서 능동적ㆍ계속적 작용을 특질로 하는 행정과 구별된다.

(3) 통치행위와의 구별(제2절 통치행위 부분 참조)

┃제2절┃ 통치행위

Ⅰ. 의 의

1. 통치행위의 개념

통치행위란 「(법적 효과를 수반하여 법률적 판단이 가능함에도 불구하고) 고도의 정치

_____

을 요한다.

성을 가짐으로 인하여 사법심사의 대상으로 하기에 부적합한 국가작용」을 말한다.[3] 한편 통치행위는 입법·사법 및 행정의 그 어느 것에도 속하지 않기 때문에 제4종의 국가작용이라고도 한다.

2. 통치행위의 제도적 전제

통치행위가 현실적 문제로 논의되기 위하여서는 그 전제로서 공권력 발동에 대한 국가배상제도와 공권력 행사에 대한 재판적 통제(즉, 행정소송의 대상에 관한 개괄주의)가 고도로 발달해 있을 것을 요한다.[4]

II. 이론적 근거

1. 통치행위긍정설

통치행위를 긍정하는 견해로는 종래 재량행위설,[5] 대권행위설,[6] 독자성설[7] 등이 주장되기도 하였으나, 오늘날 실질적으로 지지를 얻고 있는 것은 다음의 2가지 견해이다.

(1) 권력분립설(내재적 한계설)

법원의 사법심사권에는 권력분립의 원칙에서 나오는 일정한 내재적 한계가 존재하는바, 고도의 정치성을 띠는 통치행위는 바로 이러한 사법권의 한계를 넘어서는 것이라는 견해이다. 환언하면 통치행위처럼 정치적으로 중요한 의미를 가지는 행위의 당부는 정치적 책임을 지지 않는 일반법원이 관여할 수 없고, 의회에 의해 정치적으로 해결되거나 국민에 의해 민주적으로 통제되어야 한다는 입장이다.

(2) 사법부자제설

통치행위가 법률문제를 내포하고 있어 위법한 경우에도 사법심사의 대상이 되지 않는 것은 법원이 정치문제에 말려들기를 꺼려 하여 스스로 그에 관한 판단을 거부하기 때문이라는 견해인바, 사법부자제설에 대해서는 다음과 같은 비판이 가해지고 있다. 즉,

---

3) 헌재결 1996.2.29, 93헌마186 참조.
4) 즉, 과거의 독일 및 일본의 경우처럼 행정소송에 있어 열기주의를 채택한 국가에서는 행정작용 가운데 사법심사의 대상이 되는 것이 법에 제한적으로 열거되어 있었기 때문에 굳이 행정과 통치행위를 구분할 실익이 없었다.
5) 통치행위는 국가최고기관의 정치적 재량행위로서 그에 대하여는 합목적성의 문제만 발생할 뿐, 위법의 문제는 발생하지 않으므로 사법심사의 대상이 되지 않는다는 견해이다.
6) 통치행위는 대권행위이기 때문에 사법심사의 대상에서 제외된다는 견해로, 영국법상의 대권행위 불심사의 사상에 근거를 둔 것이다.
7) 통치행위는 국가지도적인 최상위의 행위로서 본래적으로 사법권의 판단에 적합하지 아니한 독자적인 정치행위로 보는 견해이다.

첫째, 법률상 심사할 수 있음에도 불구하고 법원이 심사하지 않는 것은 심사권의 포기를 뜻하므로 헌법의 명문규정에 위배된다.

둘째, 법원의 고의적인 심사포기는 그 자체가 어느 쪽의 정치적 입장을 대변하는 것이다.

2. 통치행위부정설

법치주의가 지배하고 행정소송에서 개괄주의가 채택되어 있는 헌법체계에서는 통치행위가 법률문제를 내포하고 있는 경우 법률문제에 대한 법원의 심사권이 부정될 수는 없다는 견해이다. 이러한 입장을 취하는 학자들은 통치행위의 관념을 인정하게 되면 개괄적인 사법심사를 규정하고 있는 헌법규정(헌법 제107조 제2항)에 위반될 뿐만 아니라 국민의 기본권 보장에도 철저하지 못하게 된다는 점을 강조하고 있다.

III. 외국의 사례

통치행위의 이론은 주로 각국의 판례를 통하여 형성되었으며, 각국의 제도가 상이한 만큼 그 근거나 범위 역시 각국에 따라 상이한 점이 있다.

1. 대륙법계 국가

프랑스의 경우 통치행위의 개념은 행정심판소(Conseil d'Etat)[8]의 판례를 통해서 성립되었으며, 정부 대 의회 간의 행위(국회해산 등) 및 외교행위가 그 예로 들어지고 있다.

한편 독일의 경우 행정소송에 있어 열기주의를 채택하였던 제2차 세계대전 이전까지는 통치행위의 개념에 대한 판례가 확립될 수 없었으나, 개괄주의가 채택되어 있는 오늘날에는 수상의 선거, 국회해산 등을 통치행위로 보고 있다.

2. 영미법계 국가

영국의 경우 과거 국왕의 대권에 속하는 대외작용은 법원의 심사대상에서 제외되어 왔는바, 그 근거는 국왕의 대권은 의회 또는 국민에 의한 정치적 통제사항이라는 것이 들어져 왔다.

한편 미국의 경우 권력분립의 원칙을 근거로 하여 정치문제(Political Question)가 행정부의 전권에 해당하면 비록 그것이 법률문제를 내포하고 있는 경우에도 법원은 스스로 심리·판단할 수 없다는 원칙이 확립되어 있는바, 이러한 미국식의 통치행위의 이

---

8) 국사원 또는 국참사원이라고 번역되기도 한다.

론은 1849년의 Luther vs. Borden 판결9)을 통하여 확립되었다.

3. 일 본

일본의 경우 통치행위의 개념은 제2차 세계대전 후에 미·일안보조약에 관한 스나가와(砂川)사건10)(1959), 중의원해산처분에 관한 도마베치(笘米地)사건11)(1960) 등을 통해 인정되기 시작하였으며, 오늘날은 통치행위의 개념을 긍정하는 것이 학설·판례의 주류를 이루고 있다.

IV. 우리나라에 있어서의 통치행위

1. 학 설

우리나라의 경우 통치행위의 관념을 인정하는 것이 지배적 견해이며, 그 이론적 근거로서는 사법부자제설 내지 권력분립설이 지지를 받고 있다. 종래 학설상 통치행위의 예로 열거되어 온 것은 다음과 같다: 대통령의 외교에 관한 행위, 군사에 관한 행위, 긴급명령 및 긴급재정경제명령, 계엄선포, 사면, 영전의 수여, 국무총리·국무위원의 임면, 법률안거부권의 행사, 국회의 자율행위, 국민투표에의 부의 등.

한편 현행 헌법 제64조 제4항은 국회의원의 자격심사·징계·제명처분에 대해서는 법원에 제소할 수 없다고 규정하고 있는바, 그 한도에서 국회의원의 자격심사·징계·제명처분은 통치행위의 성질을 갖는 것으로 볼 수 있다.

2. 판 례

(1) 개 관

판례 역시 통치행위의 개념을 인정하고 있다. 다만 그 근거에 대하여는 대법원 판

---

9) Luther vs. Borden 판결은 Rhode Island 주에서 반란정부와 기존정부가 서로 자신들이 유일한 합법정부라고 주장한 사건에서 「어느 정부가 합법적 정부인가의 판단은 정치적 문제이므로 법원이 판단할 사항이 아니라 연방의회나 연방정부가 결정할 사항이다」라고 판시한 미국 연방대법원의 판결을 말한다.

10) '스나가와사건'이란 미·일안보조약이 문제가 되었던 사건인바, 동 사건에서 일본의 최고재판소는 「미·일안보조약의 합헌 여부의 판단은 재판소의 심사에는 원칙적으로 적합하지 아니한 것으로 위 조약의 체결권을 가지는 내각 및 그에 대하여 승인권을 가지는 의회의 판단에 따라야 하고, 종국적으로는 주권을 가지는 국민의 정치적 판단에 맡겨야 하는 것이다」라고 판시한 바 있다.

11) '도마베치사건'이란 중의원해산이 문제가 되었던 사건인바, 동 사건에서 일본의 최고재판소는 「중의원해산은 매우 정치성이 높은 국가통치의 기본에 관한 행위로서 이러한 행위에 관한 법률상의 유효·무효를 심사하는 것은 사법재판소의 권한 밖에 있다」고 판시한 바 있다.

례는 권력분립설(내재적 한계설)에 따르고 있는 것으로 이해될 수 있는 것에 반하여(관련판례 ① 참조), 헌법재판소의 판례는 문언(文言)만을 고려한다면 사법부자제설에 따르고 있는 것으로 해석할 여지가 있다(관련판례 ② 참조)는 것이 지적되고 있다.

관련판례

① 「대통령(권한대행)이 제반의 객관적 상태에 비추어서 그 재량으로 비상계엄을 선포함이 상당하다는 판단 밑에 이를 선포하였을 경우 그 행위는 고도의 군사적 성격을 띠는 행위라고 할 것이어서 그 선포의 당·부당을 판단할 권한과 같은 것은 헌법상 계엄의 해제요구권이 있는 국회만이 가지고 있다고 할 것이고 그 선포가 당연무효의 경우라면 몰라도 사법기관인 법원이 계엄의 선포요건의 구비여부나 선포의 당·부당을 심사하는 것은 사법권의 내재적인 본질적 한계를 넘어서는 것이 되어 적절치 못하다」(대판 1981.9.22, 81도1833).

② 「이 사건 파병결정은 대통령이 파병의 정당성뿐만 아니라 북한 핵 사태의 원만한 해결을 위한 동맹국과의 관계, 우리나라의 안보문제, 국내외 정치관계 등 국익과 관련한 여러 가지 사정을 고려하여 파병부대의 성격과 규모, 파병기간을 국가안전보장회의의 자문을 거쳐 결정한 것으로, 그 후 국무회의 심의·의결을 거쳐 국회의 동의를 얻음으로써 헌법과 법률에 따른 절차적 정당성을 확보했음을 알 수 있다. 그렇다면 이 사건 파견결정은 그 성격상 국방 및 외교에 관련된 고도의 정치적 결단을 요하는 문제로서, 헌법과 법률이 정한 절차를 지켜 이루어진 것임이 명백하므로, 대통령과 국회의 판단은 존중되어야 하고 헌법재판소가 사법적 기준만으로 이를 심판하는 것은 자제되어야 한다. 이에 대하여는 설혹 사법적 심사의 회피로 자의적 결정이 방치될 수도 있다는 우려가 있을 수 있으나 그러한 대통령과 국회의 판단은 궁극적으로는 선거를 통해 국민에 의한 평가와 심판을 받게 될 것이다」(헌재결 2004.4.29, 2003헌마814).

---

(2) 구체적 사례

판례상 통치행위성 여부가 다투어져 왔던 것은 다음과 같다.

1) **계엄선포**   판례에 의해 통치행위성이 긍정된 대표적 예로는 계엄선포가 있다(전술한 대판 1981.9.22, 81도1833 참조). 다만 계엄선포에 대하여 한정적이나마 사법심사의 가능성을 인정하는 판례 또한 있음은 주목을 요한다.

관련판례

비상계엄의 선포나 확대가 국헌문란의 목적을 달성하기 위하여 행하여진 경우에는 법원은 그 자체가 범죄행위에 해당하는지의 여부에 관하여 심사할 수 있다」(대판 1997.4.17, 96도3376).

---

2) **남북정상회담의 개최 등**   남북정상회담의 개최 자체는 통치행위성이 인정되었다. 다만 남북정상회담의 개최과정에서 북한 측에 사업권대가의 명목으로 송금한 행위의

통치행위성은 부정되었다.

「남북정상회담의 개최는 고도의 정치적 성격을 지니고 있는 행위라 할 것이므로 특별한 사정이 없는 한 그 당부를 심판하는 것은 사법권의 내재적·본질적 한계를 넘어서는 것이 되어 적절하지 못하지만, 남북정상회담의 개최과정에서 재정경제부장관에게 신고하지 아니하거나 통일부장관의 협력사업 승인을 얻지 아니한 채 북한측에 사업권의 대가 명목으로 송금한 행위 자체는 헌법상 법치국가의 원리와 법 앞에 평등원칙 등에 비추어 볼 때 사법심사의 대상이 된다」(대판 2004.3.26, 2003도7878).

　　3) 사 면(赦免)　　사면의 통치행위성 여부에 관하여는 논란이 있으나 아래의 판례를 토대로 헌법재판소가 사면을 통치행위로 보고 있다는 해석이 행해지고 있다. 한편 서울행정법원 역시 사면을 통치행위로 보고 사법심사의 대상이 되지 않는다고 판시한 바 있다(서울행정법원 2000.2.2, 99구24405 참조).

「사면은 형의 선고의 효력 또는 공소권을 상실시키거나, 형의 집행을 면제시키는 국가원수의 고유한 권한을 의미하며, 사법부의 판단을 변경하는 제도로서 권력분립의 원리에 대한 예외가 된다. 사면제도는 역사적으로 절대군주인 국왕의 은사권에서 유래하였으며, 대부분의 근대국가에서도 유지되어 왔고, 대통령제국가에서는 미국을 효시로 대통령에게 사면권이 부여되어 있다. 사면권은 전통적으로 국가원수에게 부여된 고유한 은사권이며, 국가원수가 이를 시혜적으로 행사한다. (중략) 선고된 형의 전부를 사면할 것인지 또는 일부만을 사면할 것인지를 결정하는 것은 사면권자의 전권사항에 속하는 것이다」(헌재결 2000.6.1, 97헌바74).

　　4) 일반사병의 이라크파병결정　　대통령의 국군(일반사병) 이라크 파견 결정이 침략적 전쟁을 부인하고 있는 헌법 제5조 제1항에 위반된다는 것을 이유로 제기된 헌법소원심판에서, 헌법재판소는 사법부자제설의 입장에서 그의 통치행위성을 인정하여 청구를 각하하였다(전기한 헌재결 2004.4.29, 2003헌마814 참조).

　　5) 한미연합연습결정　　대통령의 (한미연합 군사훈련인) '2007년 전시증원연습' 실시 결정이 헌법이 보장하고 있는 기본권인 평화적 생존권을 침해한다는 것을 이유로 제기된 헌법소원심판에서, 헌법재판소는 그의 통치행위성을 부정한 바 있다.

「한미연합 군사훈련은 1978. 한미연합사령부의 창설 및 1979. 2. 15. 한미연합연습 양해각서의 체결 이후 연례적으로 실시되어 왔고, 특히 이 사건 연습은 대표적인 한미연합 군사훈련으로서, 피청구인이 2007. 3.경에 한 이 사건 연습결정이 새삼 국방에 관련되는 고도의 정치적 결단에 해당하여 사법심사를 자제하여야 하는 통치행위에 해당된다고 보기 어렵다.

한편 청구인들이 평화적 생존권이란 이름으로 주장하고 있는 평화란 헌법의 이념 내지 목적으로서 추상적인 개념에 지나지 아니하고, 평화적 생존권은 이를 헌법에 열거되지 아니한 기본권으로서 특별히 새롭게 인정할 필요성이 있다거나 그 권리내용이 비교적 명확하여 구체적 권리로서의 실질에 부합한다고 보기 어려워 헌법상 보장된 기본권이라고 할 수 없다. 종전에 헌법재판소가 이 결정과 견해를 달리하여 '평화적 생존권을 헌법 제10조와 제37조 제1항에 의하여 인정된 기본권으로서 침략전쟁에 강제되지 않고 평화적 생존을 할 수 있도록 국가에 요청할 수 있는 권리'라고 판시한 2003. 2. 23. 2005헌마268 결정은 이 결정과 저촉되는 범위 내에서 이를 변경한다」(헌재결 2009.5.28, 2007헌마369).[12]

6) 기 타   그 밖에 통치행위성이 인정된 것으로는 다음과 같은 것이 있다.
① 국회의 자율권(대판 1972.1.18, 71도1845)
② 군사시설보호법에 의한 군사시설보호구역의 설정(대판 1985.1.22, 83누279)
③ 대통령의 긴급재정경제명령(헌재결 1996.2.29, 93헌마186) 등.

V. 통치행위의 범위와 한계

1. 통치행위의 범위

통치행위는 법치주의의 예외적 현상이므로 극히 한정적으로 인정되어야 하며, 오늘날 통치행위의 범위는 점차 축소되어 가는 경향에 있다. 이러한 통치행위의 범위의 축소경향은 헌법재판소와 대법원에 의해서도 인정되고 있다. 즉,

대법원은 통치행위의 관념을 인정하면서도 그 인정범위를 매우 좁게 보려고 하는 경향에 있으며(관련판례 ① 참조), 헌법재판소 역시 통치행위의 관념을 인정하면서도 국

---

12) 종래 헌법재판소는 「오늘날 전쟁과 테러 혹은 무력행위로부터 자유로워야 하는 것은 인간의 존엄과 가치를 실현하고 행복을 추구하기 위한 기본 전제가 되는 것이므로 헌법 제10조와 제37조 제1항으로부터 평화적 생존권이라는 이름으로 이를 보호하는 것이 필요하며, 그 기본 내용은 침략전쟁에 강제되지 않고 평화적 생존을 할 수 있도록 국가에 요청할 수 있는 권리」(헌재결 2006.2.23, 2005헌마268)라고 하여 평화적 생존권을 헌법상 보장된 기본권으로 인정하여 왔으나, 2009.5.28, 2007헌마369결정을 계기로 그의 기본권성을 부정하였다.

민의 기본권 침해와 관련된 통치행위는 헌법재판소의 심판대상이 된다고 판시한 바 있다(관련판례 ② 참조).

관련판례

① 「입헌적 법치주의국가의 기본원칙은 어떠한 국가행위나 국가작용도 헌법과 법률에 근거하여 그 테두리 안에서 합헌적·합법적으로 행하여질 것을 요구하며, 이러한 합헌성과 합법성의 판단은 본질적으로 사법의 권능에 속하는 것이고, 다만 국가행위 중에는 고도의 정치성을 띤 것이 있고, 그러한 고도의 정치행위에 대하여 정치적 책임을 지지 않는 법원이 정치의 합목적성이나 정당성을 도외시한 채 합법성의 심사를 감행함으로써 정책결정이 좌우되는 일은 결코 바람직한 일이 아니며, 법원이 정치문제에 개입되어 그 중립성과 독립성을 침해당할 위험성도 부인할 수 없으므로, 고도의 정치성을 띤 국가행위에 대하여는 이른바 통치행위라 하여 법원 스스로 사법심사권의 행사를 억제하여 그 심사대상에서 제외하는 영역이 있으나, 이와 같이 통치행위의 개념을 인정한다고 하더라도 과도한 사법심사의 자제가 기본권을 보장하고 법치주의 이념을 구현하여야 할 법원의 책무를 태만히 하거나 포기하는 것이 되지 않도록 그 인정을 지극히 신중하게 하여야 하며, 그 판단은 오로지 사법부만에 의하여 이루어져야 한다」(대판 2004.3.26, 2003도7878).

② 「대통령의 긴급재정경제명령은 국가긴급권의 일종으로서 고도의 정치적 결단에 의하여 발동되는 행위이고 그 결단을 존중하여야 할 필요성이 있는 행위라는 의미에서 이른바 통치행위에 속한다고 할 수 있으나, 통치행위를 포함하여 모든 국가작용은 국민의 기본권적 가치를 실현하기 위한 수단이라는 한계를 반드시 지켜야 하는 것이고, 헌법재판소는 헌법의 수호와 국민의 기본권 보장을 사명으로 하는 국가기관이므로 비록 고도의 정치적 결단에 의하여 행해지는 국가작용이라고 할지라도 그것이 국민의 기본권 침해와 직접 관련되는 경우에는 당연히 헌법재판소의 심판대상이 된다」(헌재결 1996.2.29, 93헌마186).

---

2. 통치행위의 한계

오늘날에는 고도의 정치성을 띠고 있는 통치행위라고 할지라도 일정한 법적 구속에 따라야 한다는 점이 강조되고 있다. 즉,

첫째, 통치행위 역시 합목적적 수단을 선택하여야 하며, 일반 공공의 의사와 역사에 구속된다(목적에의 구속).

둘째, 통치행위도 헌법형성의 기본결단에 구속되며, 법치국가의 원리인 정의의 원칙에 합치하여야 한다. 또한 헌법상의 제 원칙, 즉 국민주권의 원리, 비례의 원칙 등에 위배되어서는 아니 된다(헌법에의 구속).

셋째, 통치행위에 관하여 개별적으로 규율하는 법률이 있으면 그에 따라 행하여져야 한다(법률에의 구속).

VI. 통치행위와 법적 문제 ― 권리구제

통치행위로 인하여 손해를 입은 자가 국가를 상대로 국가배상을 청구할 수 있는지 여부에 대하여는 통치행위의 위법성에 대한 법원의 심리권이 배제되므로 국가배상을 사실상 인정하기 어렵다는 부정설(종래의 다수설)과 통치행위에 대한 국가배상책임을 인정하는 데 어려움이 없다는 긍정설이 대립하고 있다.

한편 통치행위로 인하여 국민에게 특별한 희생이 발생하는 경우 손실보상의 청구가 가능한지 여부에 대하여도 평등의 원칙에 비추어 손실보상이 행해져야 한다는 견해와 통치행위에 대한 보상규정의 미비를 이유로 손실보상을 받기가 곤란하다는 견해가 대립하고 있는 실정이다.

▌제3절 ▌ 행정의 분류

1. 주체에 의한 분류

행정을 주체를 기준으로 분류하면 국가가 직접 국가기관에 의해 행하는 국가행정, (지방)자치단체가 자치적으로 행하는 자치행정 및 국가 또는 (지방)자치단체가 다른 단체나 사인에게 위임하여 행하는 위임행정으로 구분할 수 있다.

2. 목적에 의한 분류

(1) 전통적 설명방법에 따라 행정을 목적을 기준으로 분류하면 행정은 크게 국가목적적 행정과 사회목적적 행정으로 구분되며, 전자는 다시 재무행정·외무행정·군사행정·사법행정으로, 후자는 다시 경찰행정(질서행정)과 복리행정으로 나누어진다. 이 경우 경찰행정(질서행정)이란 소극적으로 사회공공의 안녕·질서의 유지를 목적으로 하는 행정을 말하며, 복리행정은 적극적으로 공공복리의 증진을 목적으로 하는 행정을 말한다. 그리고 복리행정은 다시 급부행정·규제행정·공용부담으로 구분된다.

(2) 목적을 기준으로 한 행정의 분류와 관련하여 근래 들어 새로운 용어가 사용되는 추세에 있는바, 유도행정·공과행정·조달행정·보장행정 등이 그것이다.

1) 유도행정　규제·지원 등의 조치에 의하여 개인의 사회·경제·문화 활동을 일정한 방향으로 유도·개선하는 행정활동을 말한다.

2) **공과행정**(公課行政) 국가 등이 그 소요재원을 마련하기 위하여 조세 기타 공과금을 징수하고 관리하는 행정을 말한다.

3) **조달행정** 행정목적 달성에 필요한 인적·물적 수단을 취득·관리하는 행정을 말한다.

4) **보장행정** 시민에 대한 급부를 국가 또는 정부(행정)가 직접 제공하는 것이 아니라, 기업 등 사경제적 주체가 제공하는 급부가 효율적으로 이루어지도록 보장하는 것을 그 임무로 하는 행정을 말한다.

3. 법적 효과에 의한 분류

행정을 그 법적 효과를 기준으로 분류하면 ① 개인의 자유와 권리를 제한하거나 의무·부담을 과하는 침해행정(침익행정), ② 개인에게 권리·이익을 부여하거나 이미 과하여진 의무를 해제하여 주는 수익행정 및 ③ 침익적 효과와 수익적 효과가 복합적으로 나타나는(예: 무허가건물의 철거를 명하면서 보조금을 주는 것) 이중효과적 행정으로 분류할 수 있다. 이 가운데 오늘날 행정법적으로 많은 문제를 야기하고 있는 것은 이중효과적 행정이다.

4. 법적 형식과 수단에 의한 분류

행정을 그 형식을 기준으로 분류하면 공법에 의거하여 또는 공법의 규율을 받으며 행해지는 공법형식에 의한 행정과 사법의 규율을 받으며 행해지는 사법형식에 의한 행정으로 구분할 수 있다.

한편 공법형식에 의한 행정은 다시 (그 수단을 기준으로) 행정주체가 개인에게 일방적으로 명령·강제하거나 개인의 법적 지위를 일방적으로 발생·변경·소멸시키는 권력행정과 공공복리의 실현을 위하여 공적 재산 및 사업을 경영·관리하는 관리행정(비권력행정 또는 단순고권적 행정이라고도 한다)으로 분류된다. 그리고 사법형식에 의한 행정은 행정주체가 자신에게 주어진 공적 임무를 사법형식으로 수행하는 행정사법적 행정과 행정이 필요한 물자를 조달하는 협의의 국고행정으로 구분할 수 있다.

제2장

행 정 법

▌제1절 ▌ 행정법의 성립과 유형

행정법은 「행정의 조직 · 작용 및 구제에 관한 국내공법」을 말한다. 한편 행정법의 성립과정은 나라마다 상이한 면이 있으며, 그 결과 오늘날의 행정법은 국가에 따라 그 유형을 달리하고 있다.

Ⅰ. 행정법의 성립

1. 대륙법계 국가에서의 행정법의 성립

대륙법계 국가에서 행정법이 성립하기 위한 전제조건으로서는 법치국가의 사상과 행정제도를 들 수 있다.

(1) 법치국가사상의 확립

"국가의 모든 작용은 국민의 대표기관인 의회가 제정한 법률에 기속되지 않으면 안 된다"는 것을 의미하는 법치국가사상이 확립되어 행정이 법률에 따라 행하여지게 됨으로써 행정(의 활동)에 관한 기준인 법이 정립될 필요성이 생겨났다.

(2) 행정제도의 발달

행정법이 성립하기 위해서는 전술한 법치국가사상 이외에 행정제도라는 특수한 제도적 기반을 필요로 하는바, 행정제도는 행정에 특수한 법체계의 형성과 행정재판소 제도의 존재를 그 요소로 한다. 이러한 행정제도를 가지는 국가를 일반적으로 행정국 가라고 한다.

2. 영미법계 국가에서의 행정법의 성립

영미법계 국가에서는 보통법(Common Law)이 지배하였던 까닭에 전술한 행정제도 를 갖지 못하였다. 따라서 국가(정부)도 사인과 같이 일반법원의 재판을 받았는바, 이러한 국가를 사법국가라고 한다. 이처럼 영미법계 국가의 경우 행정제도를 갖지 못하였던 결과 19C 말까지는 사법과 구별되는 공법(특히 행정법)의 관념이 성립될 여지가 없었다.

그러나 20C에 들어서면서 각 행정분야의 전문적·기술적 사무를 담당하고 행정적 권한뿐만 아니라 준입법적·준사법적 권한까지 부여된 무수한 '행정위원회'가 설치되기에 이르렀는바, 이 행정위원회를 중심으로 영미법계 국가에서도 행정법이 성립하게 되었다.

II. 행정법의 유형

1. 대륙법계의 행정법

(1) 프랑스 행정법

프랑스 행정법은 1799년에 설치된 행정심판소의 판례(법)를 통하여 성립하였으며, 그 내용에 있어서는 공공역무(Service Public)를 중심으로 발전하였다. 한편 프랑스행정법의 독특한 내용으로는 위험책임론, 월권소송제도[1] 등이 있다.

(2) 독일행정법

독일 행정법은 제정법을 기초로 하여 공권력을 중심으로 성립·발전하였다. 한편 독일 행정법의 성립·발전은 국고학설에 기인하는바, 국고학설(國庫學說, Fiskustheorie)은 '공권력의 주체로서의 국가'와 '재산권의 주체로서의 국가(국고)'를 개념적으로 구분하고, 국가가 공권력의 주체로서 활동할 때에만 국가의 우월성을 인정하여 특수한 법체계의 규율을 받고 행정재판소의 관할에 속하게 한 이론을 말한다.

2. 영미법계의 행정법

영미법계 국가에서는 법의 지배의 원리가 확립되고 보통법의 지배가 행해졌기 때문에 행정에 특수한 법체계인 행정법이 성립되지 못하였으며, 이러한 사정을 다이시(Dicey)는 "영국에는 행정법이 없다"라는 말로 표현한 바 있다. 그러나 20C에 들어서면서 공공복리의 적극적 실현을 위해 권력통합적 기능을 갖는 (규제적) 행정위원회가 설치되었는바, 이러한 행정위원회의 기능을 중심으로 하여 영미법계 국가에서도 행정법이 성립·발전하게 되었다.

---

1) 월권소송은 프랑스에서 취소소송의 중심을 이루는 것으로, 위법한 행정결정의 취소를 구하는 것에 대해 이익을 가지는 자는 누구나 제기할 수 있다는 것을 특징으로 한다. 이런 점 때문에 월권소송은 객관적 소송으로 설명되고 있다.

‖ 제2절 ‖ 법치행정의 원리

Ⅰ. 개 설

1. 의 의

법치행정의 원리(또는 행정의 법률적합성의 원리)란 「행정권도 헌법과 법률에 의해 행해져야 하며, 만일 행정권이 국민에게 피해를 주는 경우에는 재판 등을 통한 구제제도가 마련되어 있어야 한다는 것」을 의미한다. 헌법상의 권력분립에 관한 규정(제40조, 제66조 제4항, 제101조), 기본권보장조항(제10조 이하), 사법심사에 관한 규정(제107조) 및 동 규정을 구체화하고 있는 「행정기본법」을 비롯한 많은 법률들이 동 원리의 근거를 이룬다. 특히 「행정기본법」 제8조는 「행정작용은 법률에 위반되어서는 아니 되며, 국민의 권리를 제한하거나 의무를 부과하는 경우와 그 밖에 국민생활에 중요한 영향을 미치는 경우에는 법률에 근거하여야 한다」라고 규정하여 법치행정의 원리를 직접적으로 규정하고 있다.

2. 법치행정의 원리의 제도적 형태

(1) 대륙법계 국가

대륙법계 국가(특히 독일)의 경우 제2차 세계대전 이전에는 이른바 형식적 법치주의[2]가 지배하였던바, 형식적 법치주의하의 독일에서는 의회에서 제정된 법률이기만 하면 그의 내용적 타당성 여부는 문제삼지 아니하였다. 따라서 국민의 기본권 보장도 형식적인 것에 그치게 되었다. 이러한 사고는 나치정권에서 보듯이 법률에 의한 독재를 가능하게 하였다.

한편 독일에서도 제2차 세계대전 후에는 위헌법률심사제도를 채택하여 헌법이념에 적합한 법률, 즉 합헌적 법률에 의한 지배를 확립함으로써 오늘날은 실질적 법치주의를 택하고 있다(실질적 법치주의 의의에 관하여는 이하의 관련판례 참조). 다만 이러한 과정을 거쳐 성립한 독일에 있어서의 실질적 법치주의를 그 전통과 내용을 달리하는 영미법계의 실질적 법치주의를 도입 내지 계승한 것으로 오해하여서는 아니 된다.

---

2) 형식적 법치주의란 법치국가의 개념을 형식적으로 파악하는 것으로, 그에 따르면 법치주의는 국가의 목적 내지 내용을 의미하는 것이 아니라, 그를 실현하기 위한 기술적 수단 내지 방법에 불과하게 된다.

「오늘날의 법치주의는 국민의 권리·의무에 관한 사항을 법률로써 정해야 한다는 형식적 법치
주의에 그치는 것이 아니라 비록 국회에서 제정한 법률이라 할지라도 그 법률의 목적과 내용 또
한 헌법이념에 부합하는 등 정의에 합치되는 것이라야 한다는 실질적 법치주의를 의미한다」(헌
재결 1989.7.21, 89헌마38).

(2) 영미법계 국가

영미법계 국가에 있어서 '법의 지배'[3]라고 할 때, 그 법은 주로 판례법을 의미한다.
한편 이들 국가에서는 그 판례법은 자연적 정의에 합당한 것이어야 함이 강조됨으로써,
내용적으로 타당한 법에 의한 지배, 즉 실질적 법치주의가 일찍부터 확립되어 있었다.

II. 법치행정의 원리의 내용[4]

1. 법률우위의 원칙

법률우위의 원칙이란 헌법과 법률이 행정 및 행정에 관한 그 밖의 규율에 우선한
다는 것을 의미한다, 따라서 행정은 헌법과 법률에 위반하여서는 아니 되는바,[5] 이러한
법률우위의 원칙은 행정의 모든 영역에서 적용된다.

한편 '법률의 우위'라고 할 때 법률은 헌법, 법률, 법규명령, 관습법 등을 포함한 모
든 법규범을 의미한다. 그러나 행정규칙은 여기서의 법률에 포함되지 않는다.

---

3) 다이시(Dicey)에 의하면 법의 지배는 ① 국민은 일반법원에 의해 확립된 법에만 구속되며(법의 절
대적 우위), ② 행정권도 보통법에 구속되고 일반법원의 재판을 받아야 하며(법적 평등의 원칙), ③
인권에 관한 헌법원칙은 일반법원이 개인의 권리에 관하여 결정한 판결의 결과라는 것을 그 내용
으로 한다. 한편 이러한 의미의 근대적 법의 지배원리는 20세기의 사회·경제적 변화로 인해 일부
수정받게 되었는바, 이는 근대적 법우월 내지 사법을 중시하는 제도만으로는 현대적 문제들에 적
절히 대응하는 데 한계가 있었다는 사정에 기인한다.
4) 법치행정의 원리의 내용으로 과거에는 「의회가 정립한 법률만이 국민의 권리·의무에 대한 구속
력을 가지는 법규범, 즉 법규로서 구속력을 갖는다」는 '법률의 법규창조력'이 강조되기도 하였다.
그러나 법규명령과 같이 법률의 형식을 취하지 않음에도 불구하고 '법규'의 성질을 갖는 것들이 있
다는 점이 강조되는 오늘날에는 법률의 법규창조력은 그 의미를 잃게 되었으며, 따라서 근래의 행
정법 교과서들은 법치행정의 원리를 설명함에 있어 법률우위의 원칙과 법률유보의 원칙만을 언급
하는 경향을 보이고 있다.
5) 법률우위의 원칙은 이러한 의미의 위반금지(Abweichungsverbot)를 주요 내용으로 한다. 그러나
법률우위의 원칙의 구체적 내용으로 "국가기관은 특정사실이 법률의 구성요건에 해당하는 경우에
는 당해 법률을 적용하여야 할 의무를 진다"는 적용명령(適用命令, Anwendungsgebot)을 강조하는
견해도 유력하다.

2. 법률유보의 원칙

(1) 의 의

법률유보의 원칙은 행정활동은 법률에 근거하여 행하여져야만 한다는 것, 즉 행정권의 발동에 있어서는 (조직규범 이외에) '작용규범'의 근거가 필요하다는 것을 의미한다.

한편 '법률의 유보'라고 할 때 법률은 국회에서 법률제정의 절차에 따라 제정된 형식적 의미의 법률을 말한다. 따라서 국회의 의결을 거치지 않은 명령이나 불문법원으로서의 관습법 등은 이에 포함되지 않지만, 법률에서 구체적으로 범위를 정하여 위임받은 사항에 관하여 규정한 법규명령은 포함될 수 있다는 것으로 이해되고 있다.

관련판례

「국민의 기본권은 헌법 제37조 제2항에 의하여 국가안전보장, 질서유지 또는 공공복리를 위하여 필요한 경우에 한하여 이를 제한할 수 있으나 그 제한은 원칙적으로 법률로써만 가능하며, 제한하는 경우에도 기본권의 본질적 내용을 침해할 수 없고 필요한 최소한도에 그쳐야 한다. 이러한 법률유보의 원칙은 '법률에 의한' 규율만을 뜻하는 것이 아니라 '법률에 근거한' 규율을 요청하는 것이므로 기본권 제한의 형식이 반드시 법률의 형식일 필요는 없고 법률에 근거를 두면서 헌법 제75조가 요구하는 위임의 구체성과 명확성을 구비하기만 하면 위임입법에 의하여도 기본권 제한을 할 수 있다 할 것이다」(헌재결 2005.2.24, 2003헌마289).[6]

(2) 근 거

법률유보의 원칙은 ① 법치국가의 원리, ② (의회)민주주의의 원리, ③ 기본권 보장의 원리에서 그 근거를 찾을 수 있다.

(3) 법률우위의 원칙과의 관계

법률우위의 원칙은 소극적으로 법률에 위반하는 행정작용의 금지를 의미하는 것에 반하여, 법률유보의 원칙은 적극적으로 법률을 행정권의 발동요건으로 함을 의미한다. 이런 의미에서 법률우위의 원칙을 소극적 의미의 법률적합성, 법률유보의 원칙을 적극적 의미의 법률적합성이라고도 한다.

(4) 법률유보원칙의 적용범위

법률우위의 원칙이 행정의 모든 영역에서 적용된다는 것에 대하여는 다툼이 없는 것에 반하여, 법률유보원칙의 적용범위에 관하여는 다음과 같이 학설이 대립하고 있다.

---

6) 동지의 판례로는 헌재결 2014.9.25, 2012헌마1029; 헌재결 2016.4.28, 2012헌마630.

1) (전통적) 침해유보설   개인의 자유나 권리를 침해하거나 의무를 부과하는 침해행정의 경우에는 반드시 법률의 근거를 요한다는 견해로, 자유권적 기본권이 기본권의 전부로 인식되던 19세기 후반 독일에서 확립된 이론이다.

그러나 자유권적 기본권 이외에 생존권적 기본권이 국민의 중요한 권리로 강조되고 있고, 침해행정 이외에 급부행정 등의 비중이 커지고 있는 현대복지국가에서는 침해유보설은 국민의 권리보호에 불충분한 것이기 때문에 받아들일 수 없는 이론이다.

2) 사회유보설(급부행정유보설)   전통적인 침해행정 이외에 급부행정에도 법률유보의 원칙이 적용되어야 한다는 견해로, 현대국가에 있어서의 자유를 국가의 급부에 대한 공평한 참여와 그에 따른 수익을 의미하는 것으로 이해하여 '행정을 통한 자유'를 중요시한다는 것을 그 특징으로 한다.

사회유보설에 대하여는 아직 법률이 제정되지 않은 경우에는 행정권이 조직법이나 예산 등에만 근거하여 급부적 활동을 할 수도 있는 것이므로 급부행정의 영역에 있어서는 법률유보가 필수적인 것은 아니라는 비판이 있다.

3) 전부유보설   국민주권주의 및 의회민주주의의 입장에 입각하여 원칙적으로 행정의 모든 영역에 법률유보의 원칙이 적용되어야 한다는 견해이다.

전부유보설에 대하여는 다음과 같은 비판이 행해지고 있다. 즉,

첫째, 탄력적이고 신속한 행정활동을 마비시키고, 행정부를 단순히 입법부의 도구로 전락시킬 우려가 있다.

둘째, 국민주권주의 및 의회민주주의만을 지나치게 강조한 나머지 권력분립주의를 망각하고 있다.

4) 본질사항유보설(중요사항유보설, 단계설)   독일 연방헌법재판소의 판례(1978년의 Kalkar 결정[7])를 통해 발전된 이론으로, 본질사항은 반드시 법률의 근거를 요하지만 비본질사항에 대해서는 법률의 근거 없이도 행정권을 발동할 수 있다는 견해이다.

오늘날 본질사항유보설은 ① 본질사항은 법률의 근거를 요한다는 법률유보의 문제(1단계)와 ② 법률유보를 전제로 위임입법과의 관계에 있어서 입법자가 위임입법에 위임할 수 없고 반드시 입법자 스스로 규율하여야 한다는 문제(2단계)로 구성되어 있는 것으로 이해되고 있는바, 이 경우 위임입법금지를 통해 강화된 법률유보(2단계)를 의회유보라고 부른다. 우리의 헌법재판소와 대법원 역시 본질사항유보설에 입각하고 있는 것으로 이해된다.

---

7) Kalkar 결정은 원자력발전소의 설치가 문제된 사건에서 「원자력발전소의 설치와 같이 극단의 갈등요소가 존재하는 경우 그에 대한 근본적 결정은 전적으로 입법자의 몫이며, 입법자는 기본적인 규범영역에서, 특히 기본권 실현의 영역에서 모든 본질적인 결정을 스스로 하여야 한다」고 판시한 독일 연방헌법재판소의 결정을 말한다.

관련판례

「오늘날 법률유보원칙은 단순히 행정작용이 법률에 근거를 두기만 하면 충분한 것이 아니라, 국가공동체와 그 구성원에게 기본적이고도 중요한 의미를 갖는 영역, 특히 국민의 기본권실현과 관련된 영역에 있어서는 국민의 대표자인 입법자가 그 본질적 사항에 대해서 스스로 결정하여야 한다는 요구까지 내포하고 있다(의회유보원칙). 그런데 텔레비전방송수신료는 대다수 국민의 재산권 보장의 측면이나 한국방송공사에게 보장된 방송자유의 측면에서 국민의 기본권실현에 관련된 영역에 속하고, 수신료금액의 결정은 납부의무자의 범위 등과 함께 수신료에 관한 본질적인 중요한 사항이므로 국회가 스스로 행하여야 하는 사항에 속하는 것임에도 불구하고 한국방송공사법 제36조 제1항에서 국회의 결정이나 관여를 배제한 채 한국방송공사로 하여금 수신료금액을 결정해서 문화관광부장관의 승인을 얻도록 한 것은 법률유보원칙에 위반된다」(헌재결 1999.5.27, 98헌바70).8)

한편 본질사항유보설에 있어 '본질적 사항'의 여부는 당해 행정부문 또는 행정작용의 속성을 기준으로 판단하는 것이 아니라 국민 일반 내지 개인과의 관계에 있어 당해 사항이 가지는 의미·중요성 등에 따라 결정되어야 한다. 특히 문제된 활동이 '기본권의 실현'을 위하여 중요한 것인지 여부가 판단의 기준이 되어야 한다는 것이 강조되고 있다.

관련판례

「어떠한 사안이 국회가 형식적 법률로 스스로 규정하여야 하는 본질적 사항에 해당되는지는, 구체적 사례에서 관련된 이익 내지 가치의 중요성, 규제 또는 침해의 정도와 방법 등을 고려하여 개별적으로 결정하여야 하지만, 규율대상이 국민의 기본권과 관련한 중요성을 가질수록 그리고 그에 관한 공개적 토론의 필요성 또는 상충하는 이익 사이의 조정 필요성이 클수록, 그것이 국회의 법률에 의하여 직접 규율될 필요성은 더 증대된다. 따라서 국민의 권리·의무에 관한 기본적이고 본질적인 사항은 국회가 정하여야 하고, 헌법상 보장된 국민의 자유나 권리를 제한할 때에는 적어도 그 제한의 본질적인 사항에 관하여 국회가 법률로써 스스로 규율하여야 한다」(대판 2020.9.3, 2016두32992).

8) 同旨판례:「법률이 자치적인 사항을 정관에 위임할 경우 원칙적으로 헌법상의 포괄위임입법금지 원칙이 적용되지 않는다 하더라도, 그 사항이 국민의 권리·의무에 관련되는 것일 경우에는, 적어도 국민의 권리와 의무의 형성에 관한 사항을 비롯하여 국가의 통치조직과 작용에 관한 기본적이고 본질적인 사항은 반드시 국회가 정하여야 할 것인바, 각 국가유공자 단체의 대의원의 선출에 관한 사항은 각 단체의 구성과 운영에 관한 것으로서, 국민의 권리와 의무의 형성에 관한 사항이나 국가의 통치조직과 작용에 관한 기본적이고 본질적인 사항이라고 볼 수 없으므로, 법률유보 내지 의회유보의 원칙이 지켜져야 할 영역이라고 할 수 없다. 따라서 각 단체의 대의원의 정수 및 선임방법 등은 정관으로 정하도록 규정하고 있는 국가유공자 등 단체설립에 관한 법률 제11조가 법률유보 혹은 의회유보의 원칙에 위배되어 청구인의 기본권을 침해한다고 할 수 없다」(헌재결 2006.3.30, 2005헌바31).

이러한 본질사항유보설의 최대문제점은 본질적인 것과 비본질적인 것과의 구별기준이 제시되어 있지 않다는 것인데, 이로 인해 동 이론에 대해서는 '내용이 비어 있는 공식' 또는 '법이론상의 파산선고'라는 비판이 가해지고 있다.

5) **권력행정유보설**   행정작용의 침익성·수익성을 불문하고 모든 권력적 행정작용은 법률의 근거를 요한다는 견해이다.

6) **결 어**   법률유보의 적용범위에 관한 여러 학설의 대립이 있으나, 적어도 침해행정의 경우에는 법률의 근거가 필요하다는 점에 대해서는 의견이 일치한다. 다만 우리나라의 학설의 대부분은 법률유보의 적용범위에 관한 위의 학설 중 어느 한 견해를 취하는 입장을 피하고, 구체적인 행정작용의 성질에 따라 법률유보의 원칙의 적용여부를 논하는 방식을 취하고 있다.

Ⅲ. 실질적 법치주의의 확립

오늘날 법치주의라고 하게 되면 그것은 실질적 법치주의를 의미하는바, 실질적 법치주의가 확립되어 있다고 하기 위하여는 다음과 같은 전제조건이 충족되어 있어야 한다.[9]

1. 합헌적 법률의 우위

형식적 법치주의하에 있어서는 형식적 의미의 법률의 우위만이 강조된 결과 부당한 내용의 법률의 우위까지 쉽게 인정될 수 있었는바, 오늘날의 실질적 법치주의하에서 합헌적 법률만이 우위에 설 수 있도록 하고 있다. 이를 위해 우리의 헌법은 법률로도 침해할 수 없는 헌법원칙을 규정해 놓고, 그의 보장을 위한 헌법재판절차를 마련해 놓고 있다(예: 위헌법률심사제).

2. 법률유보의 원칙의 적용범위확대

오늘날의 실질적 법치국가에서는 점차로 법률의 근거를 요하는 행정작용의 범위를 확대해 나가는 추세에 있다.

3. 구제제도의 강화

법치행정의 원리에도 불구하고 현실적으로 행정이 국민에게 불이익을 주는 경우

---

9) 입법권은 원칙적으로 국회에 있으며(헌법 제40조), 행정부는 법률의 수권이 있는 경우에만 법규명령을 제정할 수 있다는 점에서 법률의 법규창조력이 여전히 유지되고 있음을 강조하는 견해는 법률의 법규창조력을 관철하기 위한 수단으로 위임입법의 통제(특히, 포괄적 위임금지)를 들기도 한다

가 많이 있는바, 이러한 경우에 국민에 대한 권리구제의 길이 마련되어 있어야만 법치주의가 실질적으로 보장되어 있다고 할 수 있다. 행정상 손해전보제도(손해배상·손실보상), 행정쟁송제도(행정심판·행정소송) 및 위헌법률심사제도 등이 그 같은 권리구제제도의 예이다.

▌제3절▐ 우리나라 행정법의 기본원리

Ⅰ. 민주주의

우리 헌법은 제1조에서 「① 대한민국은 민주공화국이다. ② 대한민국의 주권은 국민에게 있고, 모든 권력은 국민으로부터 나온다」라고 규정하여 민주주의가 우리나라 행정법의 기본원리임을 분명히 하고 있다.

이러한 민주주의는 ① 공무원의 국민의 공복화(公僕化), ② 지방자치의 실시,10) ③ 국민의 행정에의 참가보장, ④ 행정의 공개·투명화 등을 통하여 구현된다.

Ⅱ. 실질적 법치주의

법치국가의 원리는 국가작용, 특히 그 가운데에서도 행정이 헌법과 법률에 의해 행해지며 행정을 통해 불이익을 입은 사람의 구제제도가 정비되어 있을 것을 그 내용으로 한다. 우리의 헌법이 제2절에서 논한 실질적 법치주의를 채택하고 있다는 것에 대해서는 의문의 여지가 없다.

Ⅲ. 사법국가주의

우리나라는 행정사건도 일반법원이 담당하도록 하여 사법국가주의(司法國家主義)를 채택하고 있다. 다만 공법과 사법의 구별을 인정하고, 행정사건에 대하여는 민사소송에 대한 많은 특례를 인정하고 있기 때문에 불완전한 면을 갖고 있다.

---

10) 브라이스(Bryce)의 "지방자치의 실시는 민주주의의 최량(最良)의 학교이며, 그의 성공에 대한 최량의 보증이다"라는 말은 지방자치가 민주주의의 구현과 밀접한 관련이 있음을 잘 지적하고 있다.

IV. 사회국가주의

사회국가란 자유주의 내지 시장경제원리로 인해 파생된 모순과 폐단을 시정하여, 모든 사람이 인간다운 생활을 할 수 있는 경제적·사회적 정의를 적극적으로 실현함을 지향하는 국가체제를 의미하는바(복리국가·복지국가라는 용어가 사용되기도 함), 우리나라의 사회국가성은 헌법 제34조에 잘 표현되어 있다.

V. 문화국가주의

문화국가란 인간의 정신적·문화적 활동을 보장하고 창달함을 헌법적 과제로 규정하고 있는 국가를 의미하는바, 문화국가의 원리는 「국가는 전통문화의 계승·발전과 민족문화의 창달에 노력하여야 한다」라고 규정하고 있는 헌법 제9조에 잘 표현되어 있다.

┃ 제4절 ┃ 행정법의 특질

I. 규정내용상의 특질

1. 행정주체의 우월성

행정법은 행정주체가 우월한 지위에서 국민에 대하여 명령·강제하는 법률관계를 규율함을 원칙으로 하는바, 이 같은 행정주체의 우월성은 지배권[11]의 승인, 공정력[12]의 승인 및 자력강제권[13]의 승인 등의 형태로 표현된다.

2. 공익우선성

행정법은 공익목적의 달성을 위해 일반사법과는 다른 특별한 규율을 하는 경우가

---

11) 행정법은 국가·공공단체 등의 행정주체에 대하여 지배권을 인정하고 있는바, 여기서 지배권이란 국민에게 일방적으로 명령·강제하고, 법률관계를 발생·변경·소멸시키는 힘을 의미한다.
12) 공정력에 관하여는 제2편 제2장 제6절의 행정행위의 구속력 부분에서 자세히 논한다.
13) 행정법은 행정권에게 자력강제권을 부여하고 있는바, 여기서 자력강제권이란 자력(自力)으로 의무의 이행을 강제하거나(행정상의 강제집행) 행정상 필요한 상태를 실현할 수 있는(행정상의 즉시강제) 권능을 의미한다.

있다. 이것은 공익과 사익의 조화를 도모하여 전체로서 공익목적의 실현을 위한 것인데, 이 점에서도 행정법의 특수성을 발견할 수 있다.

3. 집단성과 평등성

행정법은 일반적으로 다수인을 규율대상으로 하며, 따라서 그들 상호 간에 법적 평등이 보장되도록 하여야 한다.

II. 규정형식상의 특질

1. 성문성

행정법은 장래에 대한 예측가능성 및 법률생활의 안정성을 기하기 위하여 성문의 형식을 취함이 원칙이다.

2. 형식의 다양성

행정법을 구성하는 법의 형식은 타법에 비하여 매우 다양하다. 즉, 법률에 의할 것을 원칙으로 하면서도 그에 근거한 법규명령, 특별권력관계 내부의 행정규칙, 지방자치단체의 조례 및 규칙 등이 중요한 역할을 한다.

III. 규정성질상의 특질

1. 획일 · 강행성

행정법은 일반적으로 다수의 국민을 상대로, 공공적 견지에서 개개인의 의사여하를 불문하고 획일 · 강행적으로 규율하고 있다.

2. 기술성

행정법은 행정목적을 실현하기 위한 수단을 정한 것으로서, 이 목적에 보다 잘 봉사하기 위한 기술성을 가지고 있는바, 오토 마이어(O. Mayer)의 "헌법은 사라져도 행정법은 남아 있다"는 말은 이 같은 행정법의 기술성을 잘 표현한 것이다.

한편 근래에는 행정이 「헌법의 집행법」으로서의 성격을 갖는다는 것이 강조되고 있는바, 이러한 의미에서 베르너(F. Werner)는 행정법을 "구체화된 헌법"으로 파악하였다. 이 경우 "행정법이 구체화된 헌법이다"라는 명제는 결국 행정법의 지도원리가 헌법적 가치를 바탕으로 하여 도출된다는 것을 의미한다.

3. 명령성(단속법규성)

행정법은 강행법이지만, 효력규정(능력규정)보다는 명령규정(단속규정)을 원칙으로 한다. 따라서 행정법규에 위반한 행위는 처벌을 받게 될 뿐, 그 행위의 효력에는 영향이 없는 것이 원칙이다.

관련판례

「주택공급계약이 구 주택건설촉진법(2000. 1. 28. 법률 제6250호로 개정되어 2002. 8. 26. 법률 제6732호로 개정되기 전의 것) 제32조, 구 주택공급에 관한 규칙(1995. 2. 11. 건설교통부령 제6 호로 전문 개정된 것) 제27조 제4항, 제3항에 위반하였다고 하더라도 그 사법적 효력까지 부인된 다고 할 수는 없다」(대판 2007.8.23, 2005다59475 · 59482 · 59499).

▌제5절▌ 행정법의 법원

I. 개 설

1. 법원의 의의

행정법의 법원(法源, Rechtsquelle)이란 행정법의 존재형식을 말하며, 이를 전제로 할 때 행정법의 법원은 크게 성문법원과 불문법원으로 나누어 볼 수 있다. 다만 오늘날 에는 점차 법원을 '법의 인식근거', 즉 그 어떤 것을 법으로서 인식하는 근거라고 이해 해야 된다는 견해가 유력해지고 있다.

한편 법원의 개념에 대해서는 법규(즉, 외부법)의 성질을 갖는 것만을 법원으로 보 는 견해(법규설)와 행정사무처리의 기준이 되는 모든 법규범을 법원으로 보는 견해(행정 기준설)의 대립이 있다. 전자의 법규설에 입각한 법원의 개념을 협의의 법원, 후자의 행 정기준설에 입각한 법원의 개념을 광의의 법원이라고 한다.[14]

---

14) 양자의 구별은 행정규칙의 법원성 내지 법규성과 관련하여 의미를 갖는다.

2. 행정법의 성문법주의

실정법 질서에 관하여 성문법주의를 취하고 있는 대륙법계 국가는 물론, 불문법주의를 취하고 있는 영미법계 국가에서도 근래에는 성문의 행정법이 많이 제정되는 경향이다.

(1) 법적 근거

행정법의 성문화(成文化)는 행정권의 소재를 명시함으로써 국민에게 장래에 대한 예측가능성을 부여하고, 법적 생활의 안정성을 확보함과 동시에 행정구제절차를 명백히 함으로써 국민의 권익을 보장하기 위하여 필요한 것으로 이해되고 있다. 한편 우리 헌법은 국민의 기본권에 관한 사항을 대부분 법률에 유보하고(제12조~제37조), 행정기관의 설치·조직도 원칙적으로 법률에 의할 것을 요구하며(제96조), 동시에 중요한 행정작용을 법률에 유보함으로써(제23조 제3항, 제59조) 행정법의 성문법주의를 뒷받침하고 있다. 2021년 3월 23일에 제정·시행된 「행정기본법」은 이러한 행정법의 성문법주의의 구현과 밀접한 관련이 있다.

(2) 한 계

오늘날의 행정의 규율대상이 매우 광범위하고 유동적이기 때문에 모든 행정작용을 빠짐없이 성문법으로 규율하기는 매우 어렵다고 할 것이며 따라서 성문법이 정비되지 않은 분야에 대해서는 보충적으로 불문법이 지배하게 된다.

3. 행정법의 법전화(法典化)

행정법은 성문법주의를 기본원칙으로 하고 있으나, 통일적 법전은 존재하지 않고 수많은 법규가 개별적으로 존재할 뿐이었다. 이는 행정법의 규율대상이 극히 광범위하고 유동적이며, 행정법의 역사가 짧아 그에 관한 일반원칙이 확립되어 있지 않았던 것에서 그 이유를 찾을 수 있다.

그러나 행정의 원칙과 기본사항을 규정하여 행정의 민주성과 적법성을 확보하고 적정성과 효율성을 향상시킴으로써 국민의 권익 보호에 이바지함을 목적으로 제정된 「행정기본법」은 행정법의 일반원칙을 규정하여 사실상 행정법의 일반법에 준하는 지위를 갖고 있다고 볼 수 있다. 그리고 이러한 「행정기본법」을 중심으로 「행정절차법」, 「행정조사기본법」, 「행정심판법」, 「행정소송법」 등과 같은 행정현상을 규율하는 성문법령이 점차 완비되어 가고 있는 실정이다.

II. 행정법의 성문법원

1. 개 관 - 성문법원 간의 관계

행정법의 성문법원은 헌법·법률·조약 및 국제법규·명령·자치법규(조례와 규칙 등)로 구분할 수 있는바, 이들은 헌법을 정점으로 하여 통일적인 단계구조를 이루고 있다.

성문법원 상호 간의 관계에 있어서는 상위법우선의 원칙이 지배하며, 동급의 성문법원 간에는 신법우선의 원칙과 특별법우선의 원칙이 지배한다. 한편 신법우선의 원칙과 특별법우선의 원칙이 충돌하는 경우에는 특별법이 우선한다는 견해(이하의 관련판례 참조)와 신법이 우선한다는 견해[15]가 대립하고 있다.

관련판례

「형법 제43조의 규정은 새로 신설된 신법 규정이고, 변호사법 제5조의 규정은 구법이므로, 신법은 구법에 우선한다는 원칙에 따라 형법 제43조 제2항을 본건에서 우선적으로 적용하여야 한다는 취지이다. 그러나 가사 소론과 같이 형법 제43조 제2항의 규정과 변호사법 제5조의 규정이 신법, 구법의 관계에 있다고 가정하고, 변호사의 자격이 형법 제43조 제2항 제3호에 해당한다고 가정하더라도 변호사법 제5조의 규정은 특별한 사정에 의하여 특별히 규정한 특별법이므로, 그와 같은 특별한 사정이 없는 한, 역시 그 특별법인 변호사법을 먼저 적용하여야 한다고 해석하여야 할 것이다」(대판 1969.7.22, 69누33).

한편 성문법원이 상호 모순되는지 여부에 관한 판단기준에 관하여는 이하의 판례 참조.

관련판례

「동일한 형식의 성문법규인 법률이 상호 모순, 저촉되는 경우에는 신법이 구법에, 그리고 특별법이 일반법에 우선하나, 법률이 상호 모순되는지 여부는 각 법률의 입법목적, 규정사항 및 그 적용범위 등을 종합적으로 검토하여 판단하여야 한다」 (대판 1989.9.12, 88누6856).[16]

---

15) 김남진·김연태, 행정법 I, 법문사, 2021, 65쪽.
16) 동지의 판례로는 대판 2012.5.24, 2010두16714.

2. 성문법원의 종류

(1) 헌 법

헌법은 행정작용 · 행정구제 · 행정조직 등 행정에 관한 근본적 사항을 규율하는 많은 규정들을 갖고 있는바, 그 범위 내에서 행정법의 법원이 될 수 있다. 또한 헌법은 국가의 최고법으로서 다른 형식의 법원에 대하여 우월적 효력을 가진다.

(2) 법 률

여기서의 법률은 형식적 의미의 법률, 즉 국회의 의결에 의하여 제정되는 법형식을 말하는바, 행정법의 가장 보편적인 법원이 된다. 법률은 헌법이념에 적합하여야 한다.

‖참고‖ 헌법과 법률과의 관계

헌법과 법률의 관계를 이해함에 있어서는 효력우위(Geltungsvorrang)와 적용우위 (Anwendungsvorrang)를 구별하여야만 한다. 즉, 헌법은 효력면에서는 법률에 대하여 우 위에 있지만(효력우위), 헌법이 법률에 대하여 적용우위를 갖는 것은 아니다. 따라서 행 정기관은 법률에 관계규정이 있는 경우 헌법을 직접 적용하여서는 아니 되며, 관계규정 이 없거나 불충분할 때에만 헌법을 직접 또는 유추적용할 수 있다.

(3) 조약 및 국제법규

1) 의 의 　조약이란「국가 간 또는 국가와 국제기구 간의 문서에 의한 합의」를 말 하며, 일반적으로 승인된 국제법규란「우리나라가 체약국이 아닌 조약으로서 국제사회 에서 일반적으로 그 규범성이 승인된 것과 국제관습법」을 말한다.

2) 조약 및 국제법규의 법원성(法源性)　헌법에 따라 체결 · 공포된 조약과 일반적으로 승인된 국제법규는 국내법과 동일한 효력을 가지므로(헌법 제6조 제1항) 그것이 국내행 정에 관한 사항을 포함하고 있을 때에는(예:「소득에 관한 조세의 이중과세회피 및 탈세방 지를 위한 대한민국과 일본국과의 협약」) 그 한도에서 행정법의 법원이 된다.

3) 조약 및 국제법규의 효력　조약 및 국제법규와 국내법이 충돌하는 경우 양자의 효 력관계가 문제되는바, 오늘날의 지배적 견해는 다음과 같은 것을 그 내용으로 한다.

첫째, 조약 및 국제법규는 헌법보다는 하위(下位)의 효력을 가지며, 따라서 헌법에 위반되는 조약은 국내에서는 효력을 가질 수 없다. 다만, 그러한 조약도 대외적으로는 효력을 가질 수 있다.

둘째, 입법사항에 관한 조약 및 국제법규는 법률과 동등한 효력을 가지며, 입법사 항과 관계없는 조약 및 국제법규는 원칙적으로 명령과 동등한 효력을 갖는다. 따라서 지방자치단체의 조례가 조약 및 국제법규와 충돌하는 경우 그 한도에서 조례는 효력을 가질 수 없다.

「'1994년 관세 및 무역에 관한 일반협정'(General Agreement on Tariffs and Trade 1994, 이하 'GATT'라 한다)은 1994.12.16. 국회의 동의를 얻어 같은 달 23. 대통령의 비준을 거쳐 같은 달 30. 공포되고 1995.1.1. 시행된 조약인 '세계무역기구 설립을 위한 마라케쉬협정'(Agreement Establishing the WTO)의 부속협정(다자간 무역협정)이고, '정부조달에 관한 협정'(Agreement on Government Procurement, 이하 'AGP'라 한다)은 1994.12.16. 국회의 동의를 얻어 1997.1.3. 공포·시행된 조약(조약 1363호, 복수국가 간 무역협정)으로서 각 헌법 제6조 제1항에 의하여 국내법령과 동일한 효력을 가지므로 지방자치단체가 제정한 조례가 GATT나 AGP에 위반되는 경우에는 그 효력이 없다」(대판 2005.9.9, 2004추10).

한편 조약 및 국제법규가 그와 동위의 효력을 갖는 법률이나 명령과 충돌할 경우에는 신법우선의 원칙 및 특별법우선의 원칙이 적용된다.

「국제항공운송에 관한 법률관계에 대하여는 일반법인 민법에 대한 특별법으로서 우리정부도 가입한 1955년 헤이그에서 개정된 바르샤바협약이 우선 적용되어야 한다」(대판 1986.7.22, 82다카1372).

(4) 명 령

명령이란 행정권에 의하여 제정되는 법형식을 말하는바, 법규명령과 행정규칙이 이에 속한다.

1) 법규명령 법규명령이란 '법규'의 성질을 갖는 명령을 의미하는바(예: 대통령령·총리령·부령·중앙선거관리위원회규칙·대법원규칙·국회의사규칙·헌법재판소규칙·감사원규칙), 이러한 법규명령이 행정법의 법원이라는 점은 의문의 여지가 없다.

2) 행정규칙 행정규칙이란 행정조직 내부에서만 효력을 가질 뿐, 일반국민을 구속하는 효력이 없기 때문에 법규가 아닌 명령을 말한다.[17] 행정규칙의 법원성은 법원의 개념을 광의와 협의 중 어느 것으로 파악할 것인지에 따라 달라지게 되는바, 법규의 성질을 갖는 것만을 법원으로 보는 견해에 따르면 행정규칙의 법원성은 인정되기 곤란하다.

---

17) 행정규칙의 법규성을 인정하는 견해도 유력한바, 행정규칙이 법규의 성질을 갖는지 여부에 관한 논의에 관하여는 제2편 제1장 제3절의 행정규칙 부분에서 자세히 논한다.

(5) 자치법규

지방의회의 의결을 거쳐 제정하는 조례, 지방자치단체의 장이 제정하는 규칙 및 교육감이 제정하는 교육규칙이 있다.

Ⅲ. 행정법의 불문법원

1. 행정관습법

(1) 행정관습법의 의의

행정관습법이란 「행정의 영역에서 국민 사이에 장기적·계속적 관행이 반복되어지고, 그 관행이 국민 일반의 법적 확신을 얻어 법적 규범으로 승인된 것」을 말한다. 이런 점에서 행정관습법은 아직 국민의 법적 확신에 의해 법적 규범으로 승인될 정도에 이르지 않은 관행인 '사실인 관습'과 구별된다.

관련판례

「관습법이란 사회의 거듭된 관행으로 생성한 사회생활규범이 사회의 법적 확신과 인식에 의하여 법적 규범으로 승인·강행되기에 이르는 것을 말하고, 사실인 관습은 사회의 관행에 의하여 발생한 사회생활규범인 점에서 관습법과 같으나 사회의 법적 확신이나 인식에 의하여 법적 규범으로서 승인된 정도에 이르지 않은 것을 말한다」(대판 1983.6.14, 80다3231).

(2) 행정관습법의 성립요건

행정관습법이 성립하기 위해서는 ① 객관적 요건으로서의 장기적·계속적 관행의 존재와 ② 주관적 요건으로서의 법적 확신[18]이 있어야 한다.

한편 행정관습법이 성립하기 위해 전술한 2가지 요건 이외에 국가에 의한 명시적 또는 묵시적 승인이 필요한가에 관해서는 긍정설(국가승인설)과 부정설(법적 확신설)의 대립이 있는바, 부정설이 통설·판례의 입장이다.

---

18) 여기서 법적 확신의 의미에 관하여는 이하의 판례 참조.

관련판례: 「사회의 거듭된 관행으로 생성한 어떤 사회생활규범이 법적 규범으로 승인되기에 이르렀다고 하기 위하여는 그 사회생활규범은 헌법을 최상위 규범으로 하는 전체 법질서에 반하지 아니하는 것으로서 정당성과 합리성이 있다고 인정될 수 있는 것이어야 하고, 그렇지 아니한 사회생활규범은 비록 그것이 사회의 거듭된 관행으로 생성된 것이라고 할지라도 이를 법적 규범으로 삼아 관습법으로서의 효력을 인정할 수 없다」(대판 2003.7.24, 2001다48781).

「구 수산업법 제40조 제1항 소정의 입어의 관행이란 어떤 어업장에 대한 공동어업권 설정 이전부터 어업의 면허없이 당해 어업장에서 오랫동안 계속하여 수산동식물을 채포 또는 채취함으로써 그것이 대다수 사람들에게 시인될 정도에 이르는 것을 말하는 것으로서, 어업의 신고나 어업권원부에의 등록은 그 요건이 아니다」(대판 1999.11.12, 98다25979).

행정관습법의 성립요건에 대한 궁극적인 증명책임은 당사자에게 있다고 보아야 할 것이다.

「법령과 같은 효력을 갖는 관습법은 당사자의 주장ㆍ입증을 기다림이 없이 법원이 직권으로 이를 확정하여야 하고 사실인 관습은 그 존재를 당사자가 주장ㆍ입증하여야 하나, 관습은 그 존부 자체도 명확하지 않을 뿐만 아니라 그 관습이 사회의 법적 확신이나 법적 인식에 의하여 법적 규범으로까지 승인되었는지의 여부를 가리기는 더욱 어려운 일이므로, 법원이 이를 알 수 없는 경우 결국은 당사자가 이를 주장ㆍ입증할 필요가 있다」(대판 1983.6.14, 80다3231).

(3) 행정관습법의 소멸

행정관습법의 성립요건이 소멸되면 행정관습법은 소멸하게 된다. 따라서 사회 구성원들이 관행의 법적 구속력에 대하여 확신을 갖지 않게 된 경우 등에는 행정관습법은 더 이상 효력을 유지할 수 없게 된다.

「사회의 거듭된 관행으로 생성된 사회생활규범이 관습법으로 승인되었다고 하더라도 사회 구성원들이 그러한 관행의 법적 구속력에 대하여 확신을 갖지 않게 되었다거나, 사회를 지배하는 기본적 이념이나 사회질서의 변화로 인하여 그러한 관습법을 적용하여야 할 시점에 있어서의 전체 법질서에 부합하지 않게 되었다면 그러한 관습법은 법적 규범으로서의 효력이 부정될 수밖에 없다」(대판 2005.7.21, 2002다1178).

(4) 행정관습법의 종류

1) 행정선례법 행정선례법(行政先例法)이란 행정청의 선례가 장기적으로 반복되어 시행됨으로써 국민의 법적 확신을 얻은 것을 말한다. "행정청은 법령 등의 해석 또는 행정청의 관행이 일반적으로 국민들에게 받아들여졌을 때에는 공익 또는 제3자의 정당한 이익을 현저히 해칠 우려가 있는 경우를 제외하고는 새로운 해석 또는 관행에 따라 소급하여 불리하게 처리하여서는 아니 된다"라고 규정하고 있는 「행정절차법」 제4조

제2항은 행정선례법의 성립가능성을 시사하고 있다고 할 수 있다.

2) 민중관습법　행정법관계에 관한 관행이 민중 사이에서 장기적으로 계속됨으로써 그것이 다수의 국민에 의해 인식되었을 때 성립하는 것으로, 주로 공물의 이용관계에 관하여 성립된다[예: 공유수면이용 및 인수·배수권, 입어권(「수산업법」제47조), 하천용수권 등의 성립]. 법원 역시 하천용수권에 관한 관습을 민중관습법(民衆慣習法)으로 인정한 바 있다.

관련판례

「농지소유자들이 수백년 전부터 공유(公有)하천에 보를 설치하여 그 연안의 논에 관개를 하여 왔고 원고도 그 논 중 일부를 경작하면서 위 보로부터 인수를 하여 왔다면, 공유하천으로부터 용수를 함에 있어서 하천법에 의하여 하천관리청으로부터 허가를 얻어야 한다고 하더라도 그 허가를 필요로 하는 법규시행 이전부터 원고가 위 보에 의하여 용수할 수 있는 권리를 관습에 의하여 취득하였음이 뚜렷하므로 원고는 하천법에 관한 법규에도 불구하고 그 기득권이 있는 것이다」(대판 1972.3.3, 72다78).

(5) 행정관습법의 효력

행정관습법의 효력에 관하여 과거에는 행정관습법은 성문법이 있는 분야에서도 성립될 수 있고 성문법을 개폐하는 효력까지도 갖는다는 개폐적 효력설이 주장되기도 하였지만 오늘날에는 그러한 견해는 찾아볼 수 없다. 성문법주의를 원칙으로 하는 우리나라에서는 행정관습법은 보충적 효력을 가질 뿐이라고 보아야 할 것이다(보충적 효력설).

(6) 행정관습법성립의 곤란성

유동적이고 다원화된 현대사회에서는 '장기적 관행'의 존재나 일반인의 '법적 확신'과 같은 행정관습법의 성립요건이 충족되기 어렵기 때문에 오늘날 행정관습법의 성립은 매우 어렵다. 또한 성문법률의 수의 증가 역시 행정관습법의 성립을 곤란케 하는 원인이라고 볼 수 있다.

2. 판례법

(1) 판례의 법원성

행정사건에 관한 판결에 의하여 표시되는 합리성은 동종의 다른 사건에도 적용될 수 있는바, 이 때문에 판례(판결의 축적)가 행정법의 법원이 될 수 있는지가 문제된다.

영미법계 국가에서는 '선례기속(先例羈束)의 원칙'이 인정되어 있으므로 판례가 장래에 향하여 하급법원을 법적으로 구속하는 효력이 인정되어 있다. 따라서 판례가 법원이 될 수 있다는 것에 대해서 의문이 없다. 이에 반하여 대륙법계 국가에서는 상급법원의 판결은 당해 사건 이외에는 하급법원을 법적으로 구속하는 효력이 인정되어 있지 않으므로 판례의 법원성 여부가 문제된다. 우리나라 역시 대륙법계에 속하므로 판례의 법원성 여부가 문제되는바, 이는 다음의 2가지 면에서 고찰을 요한다.

　　1) 제도적·형식적 관점　　우리나라의 경우 법률상으로는 상급법원의 판결은 '해당 사건'에 한하여 하급심을 기속하는 효력만이 인정되어 있으므로(「법원조직법」 제8조 참조) 판례의 법원성을 인정하기 곤란하다.

관련판례

「대법원의 판례가 법률해석의 일반적인 기준을 제시한 경우에 유사한 사건을 재판하는 하급심법원의 법관은 판례의 견해를 존중하여 재판하여야 하는 것이나, 판례가 사안이 서로 다른 사건을 재판하는 하급심법원을 직접 기속하는 효력이 있는 것은 아니다」(대판 1996.10.25, 96다31307).

　　2) 실질적 관점　　판례변경의 곤란성(「법원조직법」 제7조 제1항, 제66조 제1항)이나 판례위반이 상고이유인 점(「소액사건심판법」 제3조 제2호) 등에 비추어 볼 때 대법원의 판결이 갖는 사실상의 구속력[19]을 무시할 수는 없으며, 따라서 실질적 관점에서는 판례의 법원성이 어느 정도 보장되어 있다.

　　(2) 판례법의 형성영역

　　판례법은 성문법이 결여되어 있는 경우 및 실정법이 개괄조항이나 불확정개념을 사용하고 있는 경우에 형성될 수 있다. 실정법이 불확정 개념을 사용하고 있는 예로는 「경찰관직무집행법」상의 '공공의 안녕과 질서'(제2조 제7호), '위험'(제8조의2) 등을 들 수 있다.

　　(3) 판례법의 법원으로서의 가치

　　권력분립의 견지에서 재판을 단순한 법집행작용으로만 이해할 때에는 판례법이 형성될 여지가 매우 적은 반면, 실정법이 갖는 불완전성을 강조하는 경우에는 법관에 의한 실질적인 법창조기능을 높이 평가할 수밖에 없다.

　　3. 조리(법)

　　조리란 일반사회의 정의감에 비추어 반드시 그러하여야 할 것이라고 인정되는 사물의 본질적 법칙을 말하는바, 이러한 조리는 행정법해석의 기본원리를 이루며, 성문법·관습법·판례법이 모두 없는 경우에 적용되는 최후의 보충적 법원의 성질을 갖는다.

　　한편 조리의 내용은 시대에 따라 변천하는바, 종래 평등의 원칙·비례의 원칙·신

---

19) 이를 판례의 '추정적 구속력(推定的 拘束力)'이라고 부르기도 한다.

의성실의 원칙 · 신뢰보호의 원칙 · 행정권한의 부당결부금지의 원칙 등이 조리의 주요 내용으로 들어져 왔다. 그러나 그들 원칙의 대부분은 이미 실정법에서 그 근거를 찾을 수 있었을 뿐만 아니라, 「행정기본법」이 이들 원칙들을 명문으로 규정하고 있으므로 더 이상 이들 원칙을 행정법의 불문법원인 조리의 내용으로 설명하는 것은 문제가 있다고 생각한다.

‖ 제6절 ‖ 행정법의 일반원칙

Ⅰ. 신뢰보호의 원칙

1. 의 의

신뢰보호의 원칙이란 행정기관의 어떤 결정의 정당성 또는 존속성에 대한 국민의 보호가치 있는 신뢰는 보호되어야 한다는 원칙을 말한다.[20] 신뢰보호의 원칙은 20세기 초 이래 독일에서 학설 · 판례상으로 발전되어 오다가, 제2차 세계대전 이후 미망인사건[21]을 통하여 급속한 발전을 본 것으로 설명되고 있다.

2. 신뢰보호의 근거

(1) 이론적 근거

1) 신의칙설   신뢰보호의 근거를 사법상의 신의성실의 원칙에서 구하는 견해로, 독일의 연방행정법원이 미망인사건에서 신뢰보호의 원칙을 신의성실의 원칙에서 도출한 바 있다. 다만 신의성실의 원칙은 (사법상의 원칙으로서) 당사자 간의 구체적 법률관계의 존재를 전제로 하는 것이므로 그러한 구체적 법률관계의 존재를 전제로 하지 않는 공법관계에서의 행정작용(예: 공표 등)에는 적용하기 곤란하다.

---

20) 영미법상의 금반언(禁反言, Estoppel)의 법리 역시 신뢰보호의 원칙과 그 이념을 같이하는 것으로 볼 수 있다는 견해도 있다. 금반언의 법리란 일방 당사자가 전에 주장한 바 있고 타방 당사자가 이를 신뢰한 경우에 전자는 자신의 주장과 모순되는 주장을 할 수 없다는 원칙으로, 법의 세계에 있어서의 Fair Play의 표현으로서 인정되고 있다.
21) 미망인사건이란 「동베를린에 거주하는 미망인이 서베를린으로 이주하면 미망인보조금을 지급받을 수 있다」는 관계기관의 교시(敎示)를 믿고 서베를린으로 이주하여 보조금을 받아 오던 미망인에 대하여 관계기관이 미망인의 보조금청구권은 기일의 요건을 충족하지 않았으므로 이미 실권된 것이라 하여 보조금의 반환을 청구함으로써 발생된 사건을 말한다.

2) 법적 안정성설   신뢰보호의 근거를 법치국가의 원리, 그중에서 '법적 안정성의 원칙'에서 구하는 견해이다. 즉, 법치국가의 원리는 법률적합성의 원칙과 법적 안정성의 원칙으로 구성되어 있는바, 신뢰보호의 원칙은 경우에 따라(특히 위법한 행정처분의 취소의 경우) 법률적합성의 원칙과는 충돌할 수 있으므로 신뢰보호의 근거는 법치국가의 원리 중 법적 안정성의 원칙에서 찾아야 한다는 견해이다(다수설·판례).

3) 기 타   신뢰보호의 이론적 근거에 대하여는 그 밖에도 신뢰보호의 근거를 헌법상의 사회국가원리에서 구하는 사회국가원리설, 신뢰보호의 원칙 그 자체를 독립한 비헌법적·보충적 법원칙으로 보는 독자성설 및 신뢰보호의 근거를 기본권에서 찾는 기본권설[22] 등이 있다.

(2) 실정법적 근거

신뢰보호의 원칙의 직접적 근거로는 「행정기본법」 제12조를 들 수 있는바, 동조는 신뢰보호의 원칙이라는 제목으로 「행정청은 공익 또는 제3자의 이익을 현저히 해칠 우려가 있는 경우를 제외하고는 행정에 대한 국민의 정당하고 합리적인 신뢰를 보호하여야 한다(제1항). 행정청은 권한 행사의 기회가 있음에도 불구하고 장기간 권한을 행사하지 아니하여 국민이 그 권한이 행사되지 아니할 것으로 믿을 만한 정당한 사유가 있는 경우에는 그 권한을 행사해서는 아니 된다. 다만, 공익 또는 제3자의 이익을 현저히 해칠 우려가 있는 경우는 예외로 한다(제2항)」라고 규정하여 신뢰보호의 원칙을 명문화하고 있다. 한편 「행정청은 법령 등의 해석 또는 행정청의 관행이 일반적으로 국민들에게 받아들여졌을 때에는 공익 또는 제3자의 정당한 이익을 현저히 해할 우려가 있는 경우를 제외하고는 새로운 해석 또는 관행에 따라 소급하여 불리하게 처리하여서는 아니 된다」고 규정하고 있는 「행정절차법」 제4조 제2항 또한 신뢰보호원칙의 실정법적 근거로 들 수 있다

3. 신뢰보호의 요건

(1) 행정기관의 선행조치

행정기관의 선행조치에는 법령·처분·합의 등 모든 행정작용이 포함되며, 이 경우의 선행조치에는 적극적·소극적 조치가 모두 포함된다. 또한 선행조치가 반드시 명시적일 필요도 없다. 다만, 묵시적 견해표명이 있다고 하기 위해서는 단순한 부작위와는 달리 일정한 의사표시를 한 것으로 볼 수 있는 사정이 있어야 한다.

---

22) 신뢰보호의 근거를 기본권에서 찾는 견해의 경우에도 내부적으로는 독일기본법 제14조의 재산권에서 찾는 견해(Schmidt)와 동법 제2조의 인격의 자유로운 발현권에서 찾는 견해(Grabitz)로 갈라져 있다.

관련판례

「공적 견해나 의사는 명시적 또는 묵시적으로 표시되어야 하지만 묵시적 표시가 있다고 하기 위하여는 단순한 과세누락과는 달리 과세관청이 상당기간의 불과세상태에 대하여 과세하지 않겠다는 의사표시를 한 것으로 볼 수 있는 사정이 있어야 한다」(대판 2003.9.5, 2001두7855).

한편 행정기관의 선행조치로서 공적인 견해표명이 있었는지 여부를 판단하는 기준에 관하여는 이하의 판례 참조.

관련판례

「과세관청의 공적인 견해표명은 원칙적으로 일정한 책임 있는 지위에 있는 세무공무원에 의하여 명시적 또는 묵시적으로 이루어짐을 요하나, 신의성실의 원칙 내지 금반언의 원칙은 합법성을 희생하여서라도 납세자의 신뢰를 보호함이 정의, 형평에 부합하는 것으로 인정되는 특별한 사정이 있는 경우에 적용되는 것으로서 납세자의 신뢰보호라는 점에 그 법리의 핵심적 요소가 있는 것이므로, 위 요건의 하나인 과세관청의 공적 견해표명이 있었는지 여부를 판단하는 데 있어 반드시 행정조직상의 형식적인 권한분장에 구애될 것은 아니고 담당자의 조직상 지위와 임무, 당해 언동을 하게 된 구체적인 경위 및 그에 대한 납세자의 신뢰가능성에 비추어 실질에 의하여 판단하여야 한다」(대판 2019.1.17, 2018두42559).

법원에 의하여 공적인 견해표명이 있었다고 볼 수 없다고 판시된 대표적 사례로는 다음과 같은 것을 들 수 있다. 즉,
　　① 추상적인 질의에 대한 일반론적인 견해표명(대판 1993.7.27, 90누10384)
　　② 조세법령의 규정내용 및 행정규칙 자체(대판 2003.9.5, 2001두403)
　　③ 민원봉사차원에서 상담에 응하여 행한 안내(대판 2003.12.26, 2003두1875)
　　④ 민원예비심사에 대한 관련부서의 의견(대판 2006.6.9, 2004두46)

(2) 선행조치에 대한 신뢰
　관계인이 행정기관의 선행조치의 존속성 내지 정당성을 사실상 신뢰하여야 한다.
(3) 신뢰의 보호가치
　행정기관의 선행조치의 존속성 내지 정당성에 대한 관계인의 신뢰가 보호받을 가치가 있어야 하는바, 신뢰의 보호가치성 여부는 법률적합성의 원칙의 실현에 대한 공익과 당해 조치의 존속에 대한 관계자의 사익을 비교형량하여 판단하여야 한다.
　한편 수익적 행정행위가 수익자의 사실은폐나 기타 사위(詐僞)의 방법에 의한 신청행위 등 부정행위에 기해 발하여진 경우 또는 그러한 부정행위가 없었다고 하더라도 수익자가 행정행위의 하자를 알았거나 중대한 과실로 알지 못한 경우 등에는 일반적으

로 취소에 관한 공익이 우선한다. 즉, 그러한 경우에는 신뢰의 보호가치성은 부정된다
(아울러 독일 연방행정절차법 제48조 참조).

「원고가 지정업체의 해당 분야에 종사하지 않고 있음에도 이를 숨기고 서울지방병무청 소속 공
무원의 복무실태 조사에 응함으로써, 피고가 위와 같은 사정을 인식하지 못한 채 이 사건 복무만
료처분을 하게 되었다는 것인바, 피고의 복무만료처분이 위와 같은 원고의 해당 분야 미종사 사
실의 은폐행위에 기인한 것이라면, 원고는 그 처분에 의한 이익이 위법하게 취득되었음을 알아
그 취소가능성도 예상할 수 있었다고 할 것이므로, 그 자신이 위 처분에 관한 신뢰이익을 원용할
수 없다」(대판 2008.8.21, 2008두5414).

또한 무효인 처분은 하자가 중대하고 명백한 것으로서 이 경우에는 신뢰의 보호가치
가 인정되지 않으므로 무효인 처분과 관련하여서는 신뢰보호의 원칙을 적용할 수 없다.

「대학원 석사학위과정에 입학할 수 있는 자격을 갖추지 못한 자는 학칙이 정하는 과정을 이수하
여 석사학위를 수여받았다고 하더라도 이는 당연무효이고, 이와 같은 당연무효의 행위를 학교법
인이 취소하는 것은 석사학위수여의 행위가 처음부터 무효이었음을 당사자에게 통지하여 확인
시켜 주는 것에 지나지 않으므로 여기에 신의칙 내지 신뢰의 원칙을 적용할 수 없다」(대판 2007.
7.27, 2005다22671).

(4) 신뢰에 기한 처리

신뢰보호의 원칙은 신뢰에 입각한 관계자의 처리를 보호하는 것을 목적으로 한다
(처리보호). 이는 '행정기관의 조치에 대한 신뢰'와 '관계자의 처리' 사이에 인과관계가
존재하여야 한다는 것을 의미한다.

(5) 선행조치에 반하는 행정작용의 존재

행정기관이 선행조치에 반하는 조치를 취함으로 인해 그 선행조치를 믿고 일정한
처리를 행한 관계자에게 불이익이 발생하여야 한다.

(6) 공익 또는 제3자의 정당한 이익의 불침해

행정청이 공적인 견해표명에 따른 행정처분을 할 경우 이로 인하여 공익 또는 제3
자의 정당한 이익을 현저히 해할 우려가 없어야 되는바, 이는 신뢰보호원칙의 적용에 관
한 소극적 요건으로 이해할 수 있을 것이다. 아울러「행정기본법」제12조 제2항 및「행
정절차법」제4조 제2항 참조.

관련판례

「행정상의 법률관계에 있어서 행정청의 행위에 대하여 신뢰보호의 원칙이 적용되기 위하여는 첫째, 행정청이 개인에 대하여 신뢰의 대상이 되는 공적인 견해표명을 하여야 하고, 둘째, 행정청의 견해표명이 정당하다고 신뢰한 데 대하여 그 개인에게 귀책사유가 없어야 하며, 셋째, 그 개인이 견해표명을 신뢰하고 이에 상응하는 어떤 행위를 하였어야 하고, 넷째, 행정청이 위 견해표명에 반하는 처분을 함으로써 그 견해표명을 신뢰한 개인의 이익이 침해되는 결과가 초래되어야 하며, 마지막으로 위 행정처분을 할 경우 이로 인하여 공익 또는 제3자의 정당한 이익을 현저히 해할 우려가 있는 경우가 아니어야 한다」(대판 2001.9.28, 2000두8684).

4. 신뢰보호의 내용과 한계

(1) 신뢰보호의 내용

신뢰보호의 내용에 관하여는 존속보호를 통한 신뢰보호(존속보호)인가, 아니면 보상을 통한 신뢰보호(보상보호)인가의 문제가 있다. 생각건대 존속보호가 원칙이지만 보충적으로는 보상을 통한 신뢰보호도 허용될 수 있다고 하여야 한다.

(2) 신뢰보호의 한계 — 이익형량

신뢰보호의 요건이 충족되었다고 하여 신뢰보호의 원칙이 무조건적으로 적용되는 것은 아니며, 신뢰보호의 요건이 충족된 경우에도 공익상의 필요, 상대방의 기득권의 보호, 법적 안정성 등 제 이익을 비교형량하여 신뢰보호 여부를 결정하여야 한다.

관련판례

「신뢰보호의 원칙은 행정청이 공적인 견해를 표명할 당시의 사정이 그대로 유지됨을 전제로 적용되는 것이 원칙이므로, 사후에 그와 같은 사정이 변경된 경우에는 그 공적 견해가 더 이상 개인에게 신뢰의 대상이 된다고 보기 어려운 만큼, 특별한 사정이 없는 한 행정청이 그 견해표명에 반하는 처분을 하더라도 신뢰보호의 원칙에 위반된다고 할 수 없다.

한편 재건축조합에서 일단 내부 규범이 정립되면 조합원들은 특별한 사정이 없는 한 그것이 존속하리라는 신뢰를 가지게 되므로, 내부 규범 변경을 통해 달성하려는 이익이 종전 내부 규범의 존속을 신뢰한 조합원들의 이익보다 우월해야 한다. 조합 내부 규범을 변경하는 총회결의가 신뢰보호의 원칙에 위반되는지를 판단하기 위해서는, 종전 내부 규범의 내용을 변경하여야 할 객관적 사정과 필요가 존재하는지, 그로써 조합이 달성하려는 이익은 어떠한 것인지, 내부 규범의 변경에 따라 조합원들이 침해받은 이익은 어느 정도의 보호가치가 있으며 침해 정도는 어떠한지, 조합이 종전 내부 규범의 존속에 대한 조합원들의 신뢰 침해를 최소화하기 위하여 어떤 노력을 기울였는지 등과 같은 여러 사정을 종합적으로 비교·형량해야 한다」(대판 2020.6.25, 2018두34732).

5. 신뢰보호의 원칙과 행정의 법률적합성의 원칙의 관계

신뢰보호의 원칙을 위법한 행정작용에 적용하게 되면 행정의 법률적합성의 원칙과 배치되는 결과를 초래할 수 있으므로 양자의 관계를 어떻게 이해할 것인가가 문제된다.

이에 관하여는 ① 행정행위가 위법한 것임에도 불구하고 상대방의 신뢰보호를 위하여 그 존속성을 인정하는 것은 법치주의에 반한다고 보는 법률적합성우위설과 ② 신뢰보호의 원칙과 행정의 법률적합성의 원칙 모두 법치국가원리의 구성요소로서 동위(同位)의 위치에 있다고 보는 동위설(이익형량설)의 대립이 있는바, 후자가 다수설·판례이다.

한편 동위설(이익형량설)의 입장에 따르게 되면 양 원칙이 충돌하는 경우에는 적법상태의 실현이라는 공익과 관계인의 이익보호라는 사익을 비교형량하여 문제를 해결해야 할 것이다.

관련판례

「건축주가 건축허가 내용대로 공사를 상당한 정도로 진행하였는데, 나중에 건축법이나 도시계획법에 위반되는 하자가 발견되었다는 이유로 그 일부분의 철거를 명할 수 있기 위하여는 그 건축허가를 기초로 하여 형성된 사실관계 및 법률관계를 고려하여 건축주가 입게 될 불이익과 건축행정이나 도시계획행정상의 공익, 제3자의 이익, 건축법이나 도시계획법 위반의 정도를 비교·교량하여 건축주의 이익을 희생시켜도 부득이하다고 인정되는 경우라야 한다」(대판 2002. 11.8, 2001두1512).

6. 신뢰보호원칙의 적용영역

종래 신뢰보호의 원칙의 적용영역으로 특히 열거되어 왔던 것은 다음과 같다.

(1) 수익적 행정행위의 취소·철회의 제한23)(예: 미망인사건)

관련판례

「행정행위를 한 처분청은 그 행위에 하자가 있는 경우에는 별도의 법적 근거가 없더라도 스스로 이를 취소할 수 있고, 다만 수익적 행정처분을 취소할 때에는 이를 취소하여야 할 공익상의 필요

---

23) 수익적 행정행위의 철회의 경우에는 신뢰보호의 원칙과 법률적합성의 원칙이 충돌하지 않기 때문에 수익적 행정행위의 취소의 경우보다 신뢰보호의 원칙이 더욱 강조되어야 할 것이다.

와 그 취소로 인하여 당사자가 입게 될 기득권과 신뢰보호 및 법률생활 안정의 침해 등 불이익을
비교·교량한 후 공익상의 필요가 당사자가 입을 불이익을 정당화할 만큼 강한 경우에 한하여
취소할 수 있다」(대판 2008.11.13, 2008두8628).

　(2) 확약(제2편 제3장 제1절 참조)

　(3) 사실상의 공무원이론(제2편 제2장 제7절 중 관련부분 참조)

　(4) 법령의 개정

　법령이 개정된 경우 그 법령이 종전의 법률관계 또는 사실관계에 적용될 수 있는
지의 여부 또한 신뢰보호의 원칙과 관련하여 문제가 되는바,[24] 법령의 개정에 신뢰보
호원칙이 적용되어야 하는 이유에 관하여는 아래의 관련판례 참조.

관련판례

「법령의 개정에서 신뢰보호원칙이 적용되어야 하는 이유는, 어떤 법령이 장래에도 그대로 존속
할 것이라는 합리적이고 정당한 신뢰를 바탕으로 국민이 그 법령에 상응하는 구체적 행위로 나
아가 일정한 법적 지위나 생활관계를 형성하여 왔음에도 국가가 이를 전혀 보호하지 않는다면
법질서에 대한 국민의 신뢰는 무너지고 현재의 행위에 대한 장래의 법적 효과를 예견할 수 없게
되어 법적 안정성이 크게 저해되기 때문이다」(대판 2007.10.29, 2005두4649).

　(5) 행정법상의 실권(失權)

　실권의 법리는 신뢰보호의 원칙의 적용례가 될 것이나, 법원은 실권의 법리를 신
의성실의 원칙에 바탕을 둔 파생원칙으로 판시한 바 있음은 주목을 요한다.

관련판례

「실권 또는 실효의 법리는 법의 일반원리인 신의성실의 원칙에 바탕을 둔 파생원칙인 것이므로
공법관계 가운데 관리관계는 물론이고 권력관계에도 적용되어야 함을 배제할 수는 없다 하겠으
나 그것은 본래 권리행사의 기회가 있음에도 불구하고 권리자가 장기간에 걸쳐 그의 권리를 행
사하지 아니하였기 때문에 의무자인 상대방은 이미 그의 권리를 행사하지 아니할 것으로 믿을
만한 정당한 사유가 있게 되거나 행사하지 아니할 것으로 추인케 할 경우에 새삼스럽게 그 권리
를 행사하는 것이 신의성실의 원칙에 반하는 결과가 될 때 그 권리행사를 허용하지 않는 것을 의
미한다」(대판 1988.4.27, 87누915).

---

24) 이러한 문제는 소급입법과 관련하여 고찰하여야 하는바, 소급입법의 문제에 관하여 자세한 것은
　제7절 행정법의 효력 참조.

(6) 계획보장청구권

행정계획을 신뢰하여 자본 등을 투하한 자에게 계획보장청구권이 인정될 수 있는 지가 문제되는바, 부정하는 것이 지배적이다(상세한 것은 제2편 제3장 제2절 행정계획부분 참조).

(7) 불법에 있어서의 평등대우

이미 시행되고 있는 위법한 행정규칙이나 행정의 관행을 신뢰한 자가 그 신뢰를 이유로 장래에도 그 관행에 따라 처리할 것을 요구할 수 있는지도 신뢰보호와 관련하여 문제시되는바, 학설·판례는 이를 부정적으로 보고 있다.

II. 비례의 원칙

1. 의의 및 성질

비례의 원칙은 (광의로는) 행정주체가 구체적인 행정목적을 실현함에 있어서 그 목적과 수단 간에는 합리적인 비례관계가 유지되어야 한다는 것을 말하는바, 이를 과잉금지의 원칙(Übermaßverbot)이라고도 한다. 이러한 비례의 원칙은 법치국가원리의 파생원칙의 하나로서, 헌법차원의 법원칙으로서의 성질과 효력을 갖는 것으로 이해되고 있다.

2. 법적 근거

비례의 원칙의 법적 근거로는 종래 「국민의 모든 자유와 권리는 … 필요한 경우에 한하여 법률로써 제한할 수 있으며 …」라고 규정하고 있는 제37조 제2항 및 「이 법에 규정된 경찰관의 직권은 그 직무수행에 필요한 최소한도에서 행사되어야 하며, 남용되어서는 아니 된다」는 「경찰관 직무집행법」 제1조 제2항 등이 들어져 왔다.

이와 관련하여 「행정기본법」 제10조가 비례의 원칙을 명문으로 규정하고 있음은 주목을 요한다. 즉, 동조는 「행정작용은 다음 각 호의 원칙에 따라야 한다. 행정목적을 달성하는 데 유효하고 적절할 것(제1호), 행정목적을 달성하는 데 필요한 최소한도에 그칠 것(제2호), 행정작용으로 인한 국민의 이익 침해가 그 행정작용이 의도하는 공익보다 크지 아니할 것(제3호)」이라고 하여, 종래 비례의 원칙의 내용으로 설명되어 왔던 적합성의 원칙, 필요성의 원칙 그리고 상당성의 원칙을 규정하고 있다.

3. 비례의 원칙의 적용영역

비례의 원칙은 주로 경찰법에서 발달하였으나, 오늘날에는 재량권의 한계를 짓는 법의 일반원칙으로서, 행정의 모든 영역에서 적용되어야 할 원칙으로 이해되고 있다. 한편 비례의 원칙이 활용될 수 있는 구체적 영역으로는 ① 재량권 행사의 한계, ② 부관의 한계, ③ 행정행위의 취소·철회의 제한, ④ 사정판결, ⑤ 급부행정의 한계 및 ⑥ 공용침해의 요건인 공공필요의 요건충족 여부에 대한 판단 등이 거론되고 있다.[25]

4. 비례의 원칙의 내용

(1) 적합성의 원칙

적합성의 원칙이란 행정기관이 취하는 조치 또는 수단은 그 목적을 달성하기에 적합하여야 한다는 것을 의미한다. 다만 적합성의 원칙이 최상의, 즉 가장 적합한 수단일 것을 요구하는 것은 아니며, 목적 달성에 기여할 수 있으면 충분하다. 또한 그 조치 하나만으로 목적을 달성할 수 있는 것이 아니고 다른 조치와 합쳐져서 목적을 달성할 수 있는 경우에도 동 원칙은 충족된다.

한편 이미 취해진 조치가 부적합함이 판명된 경우에는 행정기관은 동 조치를 중단하고 이미 취해진 조치의 원상회복에 노력하여야 하며, 완전한 원상회복이 이루어질 수 없는 경우에는 이미 취해진 조치로 발생한 결과를 완화시키도록 노력하여야 한다.

(2) 필요성의 원칙

필요성의 원칙이란 행정기관의 조치는 그의 목적달성을 위해 필요한 한도 이상으로 행해져서는 안 된다는 것, 즉 행정목적 달성에 적합한 다수의 수단이 있는 경우에 행정기관은 국민에게 가장 적은 부담을 주는 수단을 선택해야 한다는 것을 말한다. 이러한 점을 고려하여 필요성의 원칙을 최소침해의 원칙이라고도 한다.

관련판례

「어떤 법률의 입법목적이 정당하고 그 목적을 달성하기 위해 국민에게 의무를 부과하고 그 불이행에 대해 제재를 가하는 것이 적합하다고 하더라도 입법자가 그러한 수단을 선택하지 아니하고도 보다 덜 제한적인 방법을 선택하거나, 아예 국민에게 의무를 부과하지 아니하고도 그 목적을 실현할 수 있음에도 불구하고 국민에게 의무를 부과하고 그 의무를 강제하기 위하여 그 불이행에 대해 제재를 가한다면 이는 과잉금지원칙의 한 요소인 "최소침해성의 원칙"에 위배된다」(헌재결 2006.6.29, 2002헌바80·87·88, 2003헌가22 병합).

한편 행정청이 의무자에게 어떤 행위를 명한 경우, 상대방이 대안(代案)을 신청한 경우에는 그 대안이 적합성의 원칙을 충족하는 한 그것을 받아들이는 것이 타당하다는 것이 인정되어 있는바, 이를 대체수단의 제공(Angebot des Austauschmittels)의 법리라고 한

---

25) 김남진·김연태, 행정법 I, 법문사, 2021, 43쪽.

다. 현재 이 같은 법리는 최소침해의 원칙에서 파생되는 당연한 법리로 설명되고 있다.

(3) 상당성의 원칙

상당성의 원칙이란 행정기관의 어떤 조치가 행정목적 달성을 위해 필요한 경우라 하여도, 그 조치를 취함에 따른 불이익이 그 조치로 인해 발생하는 이익보다 큰 경우에는 그 조치를 취해서는 안 된다는 것을 의미하는바, 이를 협의의 비례의 원칙이라고도 한다. "경찰은 참새를 잡기 위해서 대포를 쏘아서는 아니 된다. 비록 그것이 유일한 수단일지라도"라는 독일 경찰법의 격언은 상당성의 원칙을 잘 나타내 주고 있다.

(4) 3원칙 간의 관계 ─ 단계구조

적합성의 원칙, 필요성의 원칙 그리고 상당성의 원칙은 단계구조를 이루고 있는바, 이는 행정은 다수의 적합한 수단 중에서 필요한 수단을, 필요한 수단 중에서도 상당성 있는 수단을 선택해야 한다는 것을 의미한다.

5. 위반의 효과

비례의 원칙은 행정법의 일반원칙으로 발전된 것으로 오늘날은 「헌법」이나 「행정기본법」에 명문으로 그 내용이 규정되어 있다. 따라서 비례의 원칙을 위반한 행정작용은 위헌 또는 위법한 것이 된다.

관련판례

「비례의 원칙은 법치국가 원리에서 당연히 파생되는 헌법상의 기본원리로서, 모든 국가작용에 적용된다. 행정목적을 달성하기 위한 수단은 목적달성에 유효·적절하고, 가능한 한 최소침해를 가져오는 것이어야 하며, 아울러 그 수단의 도입에 따른 침해가 의도하는 공익을 능가하여서는 안 된다.

처분상대방의 의무위반을 이유로 한 제재처분의 경우 의무위반 내용과 제재처분의 양정(量定) 사이에 엄밀하게는 아니더라도 어느 정도는 비례 관계가 있어야 한다. 제재처분이 의무위반의 내용에 비하여 과중하여 사회통념상 현저하게 타당성을 잃은 경우에는 재량권 일탈·남용에 해당하여 위법하다고 보아야 한다」(대판 2019.7.11, 2017두38874).

Ⅲ. 평등의 원칙 및 행정의 자기구속의 법리

1. 평등의 원칙

(1) 의 의

평등의 원칙이란 특별히 합리적인 사유가 존재하지 않는 이상, 행정작용을 함에 있어서 행정기관은 상대방인 국민을 공평하게 대우해야 한다는 것을 의미한다. 한편 평등의 원칙 역시 헌법차원의 법원칙이므로, 그에 위반한 행정작용은 위헌·위법한 것이 된다.

(2) 근 거

평등의 원칙의 헌법적 근거는 「모든 국민은 법 앞에 평등하다」라고 규정하고 있는 「헌법」 제11조 제1항에서 찾아볼 수 있다. 한편 평등의 원칙의 법률적 근거로는 "행정청은 합리적 이유 없이 국민을 차별하여서는 아니 된다"라고 규정하고 있는 「행정기본법」 제9조를 들 수 있다.

2. 행정의 자기구속의 법리

(1) 의 의

행정의 자기구속의 법리란 재량권의 행사에 있어 행정청은 상대방에 대하여 동종사안에 있어서 제3자에게 행한 결정에 구속된다는 것을 의미하는바, 행정의 자기구속의 법리가 등장하게 된 배경은 현대 행정의 기능확대에 따라 법률에 의한 행정의 구속만으로는 행정에 대한 법적 통제가 충분하지 못하다는 점에서 찾을 수 있다.

한편 행정의 자기구속의 법리는 ① '자기'구속인 점에서 행정의 법률에의 구속과 같은 '타자'구속과 구별되며, ② 미래지향적인 '준칙'에 구속되는 것이란 점에서 행정청이 스스로 행한 '행정행위'에 구속되는 것처럼 이미 결정된 것에 구속되는 것과도 구분된다.

(2) 근 거

행정의 자기구속의 법리의 근거에 관하여는 신뢰보호의 원칙에서 구하는 견해와 평등의 원칙에서 구하는 견해가 대립하고 있다. 생각건대 자기구속의 법리의 적용여부가 문제되는 경우에 행정청과 상대방 간에는 신뢰보호의 근거가 되는 접촉이 없고, 또한 신뢰보호의 원칙은 행정의 자기구속의 모든 경우를 포섭할 수 없으므로 평등의 원칙을 행정의 자기구속의 근거로 보는 것이 타당하다(다수설).

한편 행정의 자기구속의 법리는 판례를 통하여서도 받아들여지고 있는데, 다만 판례는 학설과 달리 자기구속의 법리의 근거로 평등의 원칙과 신뢰보호의 원칙을 함께 들고 있다.

관련판례

「재량권 행사의 준칙인 행정규칙이 그 정한 바에 따라 되풀이 시행되어 행정관행이 이루어지게 되면 평등의 원칙이나 신뢰보호의 원칙에 따라 행정기관은 그 상대방에 대한 관계에서 그 규칙에 따라야 할 자기구속을 받게 되므로, 이러한 경우에는 특별한 사정이 없는 한 그를 위반하는 처분은 평등의 원칙이나 신뢰보호의 원칙에 위배되어 재량권을 일탈·남용한 위법한 처분이 된다」(대판 2009.12.24, 2009두7967).

(3) 기 능

행정의 자기구속의 법리는 행정기관이 스스로 정립한 준칙에 구속됨으로써 행정기관에 주어진 자유의 영역을 좁히게 되며, 그 결과 행정통제와 국민의 권리보호의 효과를 가져오는 기능을 갖는다. 또한 행정의 자기구속의 법리는 본래 같으면 행정의 독자적 영역으로서 법원의 심사권이 미치지 않는 영역에 평등원칙을 매개로 하여 사법권이 미칠 수 있게 하여 주는 교량의 기능을 갖는다(상세는 제2편 제1장 제3절 행정규칙부분 참조).

Ⅳ. 부당결부금지의 원칙

1. 의 의

부당결부금지의 원칙(Koppelungsverbot)이란 행정기관이 고권적 조치를 취함에 있어 그것과 실질적 관련이 없는 반대급부와 결부시켜서는 아니 된다는 것을 말한다. 이는 행정목적을 달성하기 위한 수단이 다양해짐에 따라 그 수단의 선택이나 급부에 일정한 한계를 설정하려는 의도에서 구성된 이론이다.

한편 부당결부금지의 원칙의 성격과 관련하여서는, 법치국가의 원리와 자의금지 (恣意禁止)의 원칙으로부터 도출되는 것으로 헌법적 차원의 원칙으로 보는 것이 지배적 견해이다.

2. 법적 근거

부당결부금지의 원칙의 법적 근거로는 「행정기본법」 제13조를 들 수 있는바, 동조는 「행정청은 행정작용을 할 때 상대방에게 해당 행정작용과 실질적인 관련이 없는 의무를 부과해서는 아니 된다」라고 규정하고 있다.

3. 적용영역

(1) 행정의 실효성 확보를 위한 수단

1) 공급거부 부당결부금지의 원칙은 행정의 실효성 확보를 위한 수단 중 공급거부와 관련하여 주로 논해져 왔으나, 건축법 등의 개정으로 공급거부에 관한 내용이 삭제됨으로써 대부분 해결되었다(자세한 것은 제4편 제5장 참조).

2) 관허사업의 제한 세무서장이 국세체납자에 대하여 주무관서에 당해 체납자에 대하여 허가 등을 제한할 것을 요구할 수 있도록 규정하고 있던 국세징수법 제7조는 부당결부금지의 원칙 위반의 문제를 안고 있었던 바, 2021년의 법개정을 통하여 삭제되

었다(자세한 것은 제4편 제5장 참조).

(2) 부 관

부당결부금지의 원칙은 행정행위의 부관26)과 관련하여서도 문제되는바, 특히 주된 행정행위와 부관 사이에 직접적인 인과관계가 있어야 하며, 부관의 내용이 주된 행정행위의 수권목적을 달성하려는 것과 직접적인 관련성이 있어야 할 것이 요구된다.

관련판례

① 「지방자치단체장이 사업자에게 주택사업계획승인을 하면서 그 주택사업과는 아무런 관련이 없는 토지를 기부채납하도록 하는 부관을 주택사업계획승인에 붙인 경우, 그 부관은 부당결부금지의 원칙에 위반되어 위법하다」(대판 1997.3.11, 96다49650).

② 「65세대의 공동주택을 건설하려는 사업주체에게 주택건설사업계획의 승인처분을 함에 있어 그 주택단지의 진입도로 부지의 소유권을 확보하여 진입도로 등 간선시설을 설치하고 그 부지 소유권 등을 기부채납하며 그 주택건설사업 시행에 따라 폐쇄되는 인근주민들의 기존 통행토를 내체하는 통행로를 설치하고 그 부지 일부를 기부채납하도록 조건을 붙인 경우, 주택건설촉진법과 같은 법 시행령 및 주택건설기준 등에 관한 규정 등 관련 법령의 관계 규정에 의하면 그와 같은 조건을 붙였다 하여도 다른 특별한 사정이 없는 한 필요한 범위를 넘어 과중한 부담을 지우는 것으로서 형평의 원칙 등에 위배되는 위법한 부관이라 할 수 없다」(대판 1997.3.14, 96누16698).

(3) 운전면허취소와 관련된 문제

부당결부금지의 원칙은 종래 운전면허취소와 관련되어 많이 논하여져 왔던바, 주목할 만한 판례들로는 다음과 같은 것이 있다. 즉,

① 제1종 대형면허 · 제1종 보통면허 · 원동기장치자전거면허 상호 간의 관계에 관한 대판 1994.11.25, 94누9672

② 제2종 소형면허와 제1종 대형면허 · 보통면허 상호 간의 관계에 관한 대판 1992.9.22, 91누8289

③ 제1종 특수면허와 제1종 대형면허 · 제1종 보통면허 상호 간의 관계에 관한 대판 1997.5.16, 97누1310

④ 택시운전에 관한 특례에 관한 대판 1996.6.28, 96누4992.

---

26) 행정행위의 부관이란 「행정행위의 효과를 제한 또는 보충하기 위하여 주된 행위에 부가된 종된 규율」을 의미한다(상세는 제2편 제2장 제4절 행정행위의 부관부분 참조).

V. 신의성실의 원칙 및 권한남용금지의 원칙

1. 의 의

신의성실의 원칙은 원래 사법에서 발전된 것이나(「민법」 제2조 참조) 행정법의 영역에서도 적용되는 법원칙이라고 할 수 있다. 한편 신의성실의 원칙이 인정되는 이상 그와 표리의 관계에 있는 권한남용금지의 원칙도 당연히 인정되어야 할 것이다.

2. 법적 근거

신의성실의 원칙 및 권한남용금지의 원칙의 법적 근거로는 「행정기본법」 제11조를 들 수 있는바, 동조는 「행정청은 법령 등에 따른 의무를 성실히 수행하여야 한다(제1항). 행정청은 행정권한을 남용하거나 그 권한의 범위를 넘어서는 아니 된다(제2항)」라고 규정하고 있다.[27] 한편 "행정청은 직무를 수행할 때 신의에 따라 성실히 하여야 한다"고 규정하고 있는 「행정절차법」 제4조 제1항 역시 신의성실의 원칙의 법적 근거로 들 수 있다.

VI. 법치행정의 원칙

1. 의 의

법치행정의 원칙(또는 행정의 법률적합성의 원칙)이란 「행정권도 헌법과 법률에 의해 행해져야 하며, 만일 행정권이 국민에게 피해를 주는 경우에는 재판 등을 통한 구제 제도가 마련되어 있어야 한다는 것」을 의미한다.

2. 법적 근거

법치행정의 원칙의 법적 근거로는 「행정기본법」 제8조를 들 수 있는바, 동조는 「행정 작용은 법률에 위반되어서는 아니 되며, 국민의 권리를 제한하거나 의무를 부과하는 경우와 그 밖에 국민생활에 중요한 영향을 미치는 경우에는 법률에 근거하여야 한다」라고 규정하고 있다(상세는 제1편 제2장 제2절 법치행정의 원리부분 참조).

---

27) 신의성실의 원칙의 내용으로 ① 전후 모순되는 절차의 금지, ② 법규의 남용금지, ③ 실효의 법리, ④ 행정청의 사인에 대한 보호의무를 열거하여 설명하는 입장도 있다[홍정선, 행정법원론(上), 박영사, 2017, 98쪽 참조].

∥제7절∥ 행정법의 효력

행정법의 효력이란 행정법이 적용될 수 있는 범위를 말하는바, 이는 시간적 효력·지역적 효력 및 대인적 효력이라는 3가지 관점에서 고찰될 수 있다. 행정법은 기술적·합목적적 성격을 가지고 있으므로 행정법의 효력문제는 다른 법분야의 법의 효력과는 다소 차이가 있다.

Ⅰ. 시간적 효력

1. 효력발생시기

(1) 법령 등 시행일의 기간 계산

법령, 조례·규칙의 시행일에 관하여 특별한 규정이 없으면 공포한 날부터 20일이 경과함으로써 효력을 발생한다(헌법 제53조 제7항, 「법령 등 공포에 관한 법률」 제13조, 「지방자치법」 제26조 제8항). 한편 「행정기본법」이 법령 등 시행일에 관하여 다음과 같은 별도의 규정을 갖고 있음은 유의하여야 한다.

1) 훈령·예규·고시·지침 등을 포함한 법령 등의 시행일을 정하거나 계산할 때에는 법령 등을 공포한 날부터 시행하는 경우에는 공포한 날을 시행일로 한다(「행정기본법」 제7조 제1호).

2) 법령 등을 공포한 날부터 일정 기간이 경과한 날부터 시행하는 경우 법령 등을 공포한 날을 첫날에 산입하지 아니한다(동법 제7조 제2호).

3) 법령 등을 공포한 날부터 일정 기간이 경과한 날부터 시행하는 경우 그 기간의 말일이 토요일 또는 공휴일인 때에는 그 말일로 기간이 만료한다(동법 제7조 제3호).

(2) 공포의 의미

공포란 헌법개정·법률·조약·대통령령·총리령 및 부령의 경우 관보에 게재하는 행위를 말하며(「법령 등 공포에 관한 법률」 제11조 제1항), 대통령의 법률안거부권 행사로 인하여 재의결된 법률을 국회의장이 공포하는 경우에는 서울특별시에서 발행되는 둘 이상의 일간신문에 게재하는 행위가 된다(동법 제11조 제2항). 한편 조례·규칙의 경우에는 공포란 해당 지방자치단체의 공보나 일간신문에 게재하거나 게시판에 게시하는 행위를 말한다(「지방자치법 시행령」 제30조 제1항).

(3) 공포한 날의 의미

법령을 '공포한 날'이란 해당 법령 등을 게재한 관보 또는 신문이 발행된 날을 말한다(「법령 등 공포에 관한 법률」 제12조).

(4) 발행된 날의 의미

관보 등이 발행된 날의 의미에 관하여는 ① 관보일부일영시설(官報日附日零時說), ② 인쇄완료시설, ③ 발송절차완료시설, ④ 최초구독가능시설 등의 대립이 있었던바, 공포제도의 취지에 비추어 볼 때 최초구독가능시설이 타당시된다(통설·판례).

> 관련판례
>
> 「광업법 시행령 제3조의 "관보게재일"이라 함은 관보에 인쇄된 발행일자가 아니고 관보가 실제 인쇄되어 관보보급소에 발송·배포되어 이를 일반인이 열람 또는 구독할 수 있는 상태에 놓이게 된 최초의 시기를 뜻한다」(대판 1969.11.25, 69누129).

2. 효력소멸시기

행정법규 가운데 특히 유효기간을 정하고 있는 한시법(限時法)은 그 기한이 도래함으로써 당연히 효력을 상실한다. 한편 한시법 이외의 법령은 상급 또는 동급의 법령에 의한 명시적 폐지가 있거나 내용상 모순·저촉되는 법령이 사후에 제정된 경우에 소멸한다.

3. 소급입법의 문제

(1) 소급적용금지의 원칙

행정법규는 그의 공포·시행 전의 사실에 대하여 소급하여 적용될 수 없음이 원칙인데, 「행정기본법」 제14조 제1항은 "새로운 법령 등은 법령 등에 특별한 규정이 있는 경우를 제외하고는 그 법령 등의 효력 발생 전에 완성되거나 종결된 사실관계 또는 법률관계에 대해서는 적용되지 아니한다"고 규정하여 이러한 원칙을 명문으로 규정하고 있다.

다만 소급적용을 인정하는 것이 국민에게 이익을 주는 경우에는 소급적용이 인정될 수 있는바, 「행정기본법」 제14조 제3항 단서는 "법령 등을 위반한 행위 후 법령 등의 변경에 의하여 그 행위가 법령 등을 위반한 행위에 해당하지 아니하거나 제재처분 기준이 가벼워진 경우로서 해당 법령 등에 특별한 규정이 없는 경우에는 변경된 법령 등을 적용한다"고 규정하여 이와 같은 점을 분명히 하고 있다.

(2) 소급입법의 유형

소급입법의 유형은 ① 당해 법령의 시행일 이전에 이미 완성된 사실 또는 법률관계를 규율대상으로 하는 진정소급효(眞正遡及效)의 입법과 ② 당해 법령의 시행일 이전에 이미 시작하였으나 아직 완성되지 아니하고 진행과정에 있는 사실 또는 법률관계를 규율대상으로 하는 부진정소급효(不眞正遡及效)의 입법으로 나누어 볼 수 있다.

(3) 허용성

1) 진정소급효의 입법   「행정기본법」제14조 제1항과 2항은 진정소급효의 입법이 원칙적으로 금지된다는 것을 명문으로 규정하고 있으며, 헌법재판소 또한 같은 입장을 취해 왔다(헌재결 2001.2.22, 98헌바19 참조). 다만 헌법재판소가 일정한 경우에는 예외적으로 진정소급효의 입법도 허용될 수 있다고 판시한 바 있음은 유의하여야 한다.

관련판례

「기존의 법에 의하여 형성되어 이미 굳어진 개인의 법적 지위를 사후입법을 통하여 박탈하는 것 등을 내용으로 하는 진정소급입법은 개인의 신뢰보호와 법적 안정성을 내용으로 하는 법치국가 원리에 의하여 특단의 사정이 없는 한 헌법적으로 허용되지 아니하는 것이 원칙이며, 진정소급입법이 허용되는 예외적인 경우로는 ① 일반적으로 국민이 소급입법을 예상할 수 있었거나 법적 상태가 불확실하고 혼란스러웠거나 하여 보호할 만한 신뢰의 이익이 적은 경우와 ② 소급입법에 의한 당사자의 손실이 없거나 아주 경미한 경우, 그리고 ③ 신뢰보호의 요청에 우선하는 심히 중대한 공익상의 사유가 소급입법을 정당화하는 경우 등을 들 수 있다」(헌재결 1998.9.30, 97헌바38).

---

2) 부진정소급효의 입법   부진정소급효의 입법은 원칙적으로 허용되며(관련판례 ① 참조), 따라서 기존의 건물에 개정법률을 적용하는 경우와 같이 계속되고 있는 사실에 대하여는 신법(新法)이 적용될 수 있다. 다만 부진정소급효의 입법이라도 구법(舊法)에 대한 신뢰가 개정법적용에 대한 공익보다 보호가치가 더 크다고 인정되면, 예외적으로 신법의 적용이 제한될 수 있다(관련판례 ② 참조).

관련판례

①「행정처분은 그 근거 법령이 개정된 경우에도 경과규정에서 달리 정함이 없는 한 처분 당시 시행되는 개정 법령과 그에 정한 기준에 의하는 것이 원칙이고, 그 개정 법령이 기존의 사실 또는 법률관계를 적용대상으로 하면서 국민의 재산권과 관련하여 종전보다 불리한 법률효과를 규정하고 있는 경우에도 그러한 사실 또는 법률관계가 개정법령이 시행되기 이전에 이미 완성 또는 는 종결된 것이 아니라면 이를 헌법상 금지되는 소급입법에 의한 재산권 침해라고 할 수는 없으며, 그러한 개정 법령의 적용과 관련하여서는 개정 전 법령의 존속에 대한 국민의 신뢰가 개정 법령의 적용에 관한 공익상의 요구보다 더 보호가치가 있다고 인정되는 경우에 그러한 국민의 신뢰를 보호하기 위하여 그 적용이 제한될 수 있는 여지가 있을 따름이다. 그리고 이러한 신뢰보호의 원칙 위배 여부를 판단하기 위해서는 한편으로는 침해받은 이익의 보호가치, 침해의 중한

정도, 신뢰가 손상된 정도, 신뢰침해의 방법 등과 다른 한편으로는 개정 법령을 통해 실현하고자 하는 공익적 목적을 종합적으로 비교·형량하여야 한다」(대판 2009.9.10, 2008두9324).

② 「행정처분은 그 근거법령이 개정된 경우에도 경과 규정에서 달리 정함이 없는 한 처분 당시 시행되는 개정법령과 그에서 정한 기준에 의하는 것이 원칙이고, 그 개정법령이 기존의 사실 또는 법률관계를 적용대상으로 하면서 종전보다 불리한 법률효과를 규정하고 있는 경우에도 그러한 사실 또는 법률관계가 개정법률이 시행되기 이전에 이미 종결된 것이 아니라면 이를 헌법상 금지되는 소급입법이라고 할 수는 없으며, 그러한 개정법률의 적용과 관련하여서는 개정 전 법령의 존속에 대한 국민의 신뢰가 개정법령의 적용에 관한 공익상의 요구보다 더 보호가치가 있다고 인정되는 경우에 그러한 국민의 신뢰보호를 보호하기 위하여 그 적용이 제한될 수 있는 여지가 있을 따름이다」(대판 2009.9.10, 2001두274).

II. 지역적 효력

행정법규는 당해 행정법규를 제정하는 기관의 권한이 미치는 지역 내에서만 효력을 가짐이 원칙이다. 다만, 다음과 같은 예외가 인정될 수 있다.

(1) 국제법상 치외법권을 가지는 외교사절이 사용하는 토지·시설이나 외국군대가 사용하는 시설·구역 등에는 조약이나 협정(한·미 상호방위조약에 의한 한·미행정협정) 등에 의해 행정법규의 효력이 미치지 않는 경우가 있다.

(2) 「제주특별자치도 설치 및 국제자유도시 조성을 위한 특별법」 등과 같이 국가의 법령이 영토 내의 일부지역 내에서만 적용되는 경우가 있으며, 「자유무역지역의 지정 및 운영에 관한 법률」은 자유무역지역 내에서 여러 가지 특례를 인정하고 있다.

(3) 지방자치단체가 다른 지방자치단체의 구역에 공공시설을 설치한 경우에 있어서처럼 행정법규가 그것을 제정한 기관의 본래의 관할구역을 벗어나 적용되는 경우가 있다.

III. 대인적 효력

행정법규는 원칙적으로 속지주의에 의해 영토 또는 구역 내에 있는 모든 사람(즉, 자연인·법인, 자국인·외국인을 불문하고)에게 일률적으로 적용된다. 다만, 다음과 같은 예외가 인정될 수 있다.

(1) 외국원수나 외교관과 같이 국제법상의 치외법권을 향유하는 자에게는 행정법규가 적용되지 않을 수 있다.

(2) 미합중국군대의 구성원에 대해서는 한·미상호방위조약 제4조에 의한 한·미

행정협정 및 그 시행에 따른 법령이 정하는 바에 따라 각종의 행정법규의 적용이 배제 내지 제한될 수 있다.

(3) 행정법규 가운데에는 외국인에 대해 특별한 규정을 두고 있는 것이 있다. 상호주의에 의한 외국인의 토지취득 등의 제한(「부동산 거래신고 등에 관한 법률」 제7조), 국가 등 배상책임의 제한(「국가배상법」 제7조), 외국인의 출입국에 특례를 인정하는 경우(「출입국관리법」 제3장·제4장) 등이 그 예이다.

행정상의 법률관계

▌제1절▐ 공법과 사법의 구별

Ⅰ. 구별의 필요성

1. 실체법적 필요성

공법과 사법의 구별은 실체법적으로는 구체적 법률관계에 적용할 법규나 법원칙을 결정하기 위하여 필요하다. 이는 우리의 현행 법질서가 공법관계인가 사법관계인가에 따라 적용법규나 법원칙을 달리하기 때문이다.

2. 절차법적 필요성

공법과 사법의 구별은 절차법적으로는 쟁송수단을 결정하기 위하여 필요하다. 즉, 현행 법체계에 있어 공법관계에 관한 분쟁은 행정소송의 방식으로 다투고 사법관계에 관한 분쟁은 민사소송의 방식에 의하도록 되어 있다.

Ⅱ. 구별의 기준[1)]

1. 주체설

법률관계의 주체를 기준으로 하여 국가 등 행정주체를 적어도 일방 당사자로 하는 법률관계를 규율하는 법은 공법, 사인 상호 간의 법률관계를 규율하는 법은 사법이라는 견해이다. 주체설에 대하여는 행정주체도 사인과 동일한 지위에서 활동하는 경우에는

---

1) 공법관계도 법률관계인 점에서 사법관계와 본질적 차이가 없고 또한 법적으로는 국가도 하나의 권리 · 의무의 주체에 지나지 않는다는 것을 이유로 공법과 사법의 구별을 부인하는 견해도 있으나, 우리나라의 경우 현재 이러한 입장을 취하고 있는 견해는 찾아보기 힘들다.

사법의 규율을 받는 경우도 있다는 점(예: 일반재산의 매각 등)을 간과하고 있다는 비판이 있다.

2. 이익설

법이 규율하는 목적을 기준으로 하여 공익의 보호를 목적으로 하는 법은 공법, 사익의 보호를 목적으로 하는 법은 사법이라는 견해이다. 이익설은 공법도 사익의 보호를 목적으로 하는 경우가 있고, 사법도 공익의 보호를 목적으로 하는 경우가 있다는 점을 간과하고 있는 문제점을 안고 있다.

3. 생활설

법이 규율하는 생활관계를 기준으로 하여 정치적 생활관계를 규율하는 법은 공법, 민사적 생활관계를 규율하는 법은 사법이라는 견해이다. 생활설에 대해서는 정치적 생활관계와 민사적 생활관계를 구별하기가 어렵다는 비판이 있다

4. 권력설(종속설)

법률관계의 성질을 기준으로 하여 상하관계 또는 지배복종관계를 규율하는 법은 공법이고, 대등관계를 규율하는 법은 사법이라는 견해이다. 권력설은 공법의 세계에도 공법상 계약·국제법처럼 대등관계가 존재할 수 있으며, 반면에 사법의 세계에도 친자관계와 같이 상하관계가 있는 것을 간과하고 있다는 문제점을 안고 있다.

5. 귀속설(신주체설)

권리·의무의 귀속주체를 기준으로 하여 공권력의 담당자에 대해서만 권리·의무를 귀속시키는 법은 공법, 누구에게나 권리·의무를 귀속시키는 법은 사법이라는 견해이다.

6. 복수기준설

복수의 기준을 통해 공법과 사법을 구별하여야 한다는 견해로, 「국가적·공익적·윤리적·지배적 규율의 성질을 가진 법은 공법, 개인적·사익적·경제적·평등적 규율의 성질을 가진 법은 사법」이라는 것을 그 내용으로 한다. 이것이 종래 우리나라의 지배적 학설이었다.

Ⅲ. 공법과 사법의 관련

실제에 있어 공법과 사법은 전적으로 배타적인 관계에 있는 것이 아니라 일정한 범위에서 상호 관련을 맺고 있다. 즉, 공법적 행위에 의해 사법적 효과를 발생시키거나 (예: 광업허가 또는 어업면허에 의하여 광업권 또는 어업권이 발생하는 경우), 공법적 행위가 사법적 법률행위의 요소가 되거나(예: 개인택시사업의 양도에 행정청의 인가가 필요한 경우) 또는 공법에 의해 사법상의 행위에 일정한 제한이 가해지는 경우(예: 각종의 영업이 경찰 법규 등에 의해 제한을 받는 경우) 등도 있는 것이다.

▌제2절▐ 행정상 법률관계의 의의 및 종류

Ⅰ. 개 설

1. 행정상 법률관계의 의의

행정상 법률관계란 행정과 관련된 당사자 간의 권리·의무관계를 의미한다.

2. 행정상 법률관계의 종류

행정상 법률관계란 광의로는 행정조직법적 관계와 행정작용법적 관계를 모두 포함하나, 협의로는 행정작용법적 관계만을 의미한다. 한편 행정조직법적 관계는 다시 행정조직 내부관계와 행정주체 상호 간의 관계로 나누어지고, 행정작용법적 관계는 다시 권력관계·관리관계 및 행정상의 사법관계로 나누어진다.

이 가운데 행정조직법적 관계, 권력관계, 관리관계만이 공법관계인 행정법관계에 속한다.

Ⅱ. 행정조직법적 관계

1. 행정조직 내부관계

상하 행정청 간의 관계(권한의 위임, 감독 등)와 대등 행정청 간의 관계(행정청 간의 협의, 사무의 위탁 등) 등이 이에 속한다. 이러한 행정조직 내부관계는 권리주체 간의 관계, 즉 권리·의무관계가 아니므로 이들 관계에서 발생하는 분쟁은 원칙적으로 '법률상 쟁송'에 해당하지 않으며, 특별한 규정이 없는 한 법원에 제소할 수 없다.

2. 행정주체 상호 간의 관계

국가의 지방자치단체에 대한 감독관계, 지방자치단체 상호 간의 협의나 사무위탁 등이 행정주체 상호 간의 관계에 해당한다.

III. 행정작용법적 관계

1. 공법관계(=행정법관계)

(1) 권력관계

권력관계란 국가 등 행정주체가 우월한 의사주체의 지위에 서서 개인에게 일방적으로 명령·강제하거나 일방적으로 국민의 법률관계를 발생·변경·소멸시키는 관계를 말한다. 권력관계에서 행하는 행정주체의 행위에는 공정력·존속력·강제력 등이 인정된다.

한편 권력관계에는 특별한 규정이 없는 한 공법규정 및 공법원리가 적용되며, 그에 관한 분쟁은 행정소송의 대상이 된다.

(2) 관리관계(비권력관계)

관리관계란 행정주체가 사업 또는 재산의 관리주체의 지위에 서서, 공공복리의 실현을 위해 개인과 맺는 법률관계를 말한다(예: 공물의 관리, 영조물·공기업의 경영 등). 관리관계는 비권력관계라는 점에서 사법관계와 같으나, 그의 목적과 효과가 공공성을 갖고 있다는 점에서 사법관계와 구분된다.

따라서 권력관계와 달리 관리관계에는 공법규정이나 공법법규가 전면적으로 적용되지는 않는다. 즉, 관리관계에는 작용의 공공성으로 인하여 사법관계를 수정하는 특별한 규정이 있거나 법률해석상 특별한 취급을 하여야 할 필요성이 있는 경우에는 공법원리 및 공법규정이 적용되지만, 그 외의 경우에는 사법규정이 적용됨이 원칙이다.

(3) 공법관계의 대표적 예

판례를 통하여 공법관계에 해당하는 것으로 판시된 구체적 예로는 다음과 같은 것이 있다.

① 국유재산변상금부과처분(대판 1992.4.14, 91다42197)

② 국가나 지방자치단체에 근무하는 청원경찰의 근무관계(대판 1993.7.23, 92다47564)

③ 농지개량조합의 직원에 대한 징계처분(대판 1995.6.9, 94누10870)
④ 도시재개발조합이 조합원자격을 확인하는 관계(대판 1996.2.15, 94다31235)
⑤ 행정청의 부정당업자 제재처분: 입찰참가사격제한[2](대판 1999.3.9, 98두18565)
⑥ 행정재산의 사용·수익허가, 사용·수익허가거부처분(대판 2006.3.9, 2004다31074)
⑦ 방송수신료 징수관계(대판 2008.7.24, 2007다25261)

2. 행정상의 사법관계

(1) 의 의

국가 등 행정주체가 사인과 동일한 지위에서 재산권의 주체로서 경제적 활동을 하며 특별한 공공성도 띠지 않는 법률관계를 행정상의 사법관계라고 한다. 행정상의 사법관계의 경우 행정주체의 행위는 사법행위로서 사법(즉, 민법)의 규율을 받으며, 그에 관한 분쟁은 민사소송의 대상이 된다.

행정상의 사법관계는 사법(즉, 민법)의 규율을 받지만, 국가 등 행정주체가 당사자가 된다는 점에서 계약방법·상대방·내용 등에 특수한 법적 제한이 가해지는 경우가 있다.

(2) 행정상의 사법관계의 예

1) 국·공유재산의 매각·대부   국·공유재산, 특히 일반재산의 매각이나 대부에 관한 법률관계는 사법관계로 이해되어 왔으며, 법원 역시 ① 기부채납받은 공유재산을 무상으로 기부자에게 사용을 허용하는 행위(대판 1994.1.25, 93누7365 참조), ② 국유잡종재산에 관한 대부료의 납부고지(대판 2000.2.11, 99다61675 참조) 등을 모두 사법관계로 판시한 바 있다.

2) 공기업·특허기업의 이용관계   공기업이나 특허기업의 이용관계(예: 철도승차관계, 전화가입관계 등)는 원칙적으로 사법관계의 성질을 가진다. 다만 법률에 이용대가의 징수와 관련하여 행정상 강제징수가 인정되어 있거나 이용관계에 관한 분쟁에 대해 행정쟁송이 인정되어 있는 경우처럼 명문의 규정이 있거나, 명문의 규정은 없지만 법률관계의

---

2) 행정청의 입찰참가자격제한행위는 행정에 특유한 법(즉, 공법)이 특별한 규정을 두고 있는 경우이므로(「국가를 당사자로 하는 계약에 관한 법률」 제27조 참조) 공법행위로서의 행정처분이라고 설명되어 왔던 것에 반하여(전기한 대판 1999.3.9, 98두18565) 행정청이 아닌 자(한국전력공사 사장)의 입찰참가자격제한행위는 판례상 행정처분으로 볼 수 없다고 판시되어 왔다(대판 1985.8.20, 85누371). 그러나 2007년에 제정된 「공공기관의 운영에 관한 법률」이 「공기업·준정부기관은 공정한 경쟁이나 계약의 적정한 이행을 해칠 것이 명백하다고 판단되는 사람·법인 또는 단체 등에 대하여 2년의 범위 내에서 일정기간 입찰참가자격을 제한할 수 있다」(제39조 제2항)고 규정한 이후 판례의 입장과 다른 견해가 나타나기 시작하였다. 현재 학설상으로는 행정청이 아닌 자의(동 규정에 근거한) 입찰참가자격제한행위 역시 공법행위(행정처분)로서의 성질을 갖는다고 보는 것이 지배적 견해라고 할 수 있다.

공공성이 특히 강한 경우에는 공법관계로 보아야 한다.

　　3) 공법인의 임직원의 근무관계　　법원은 공법인의 임직원의 근무관계를 사법관계로 보고 있다(서울특별시 지하철공사의 임직원의 근무관계에 관한 대판 1989.9.12, 89누2103 등 참조).

　　4) 기　타

　　① 입찰보증금의 국고귀속조치(대판 1983.12.27, 81누366)

　　② 환매권의 행사(대판 1992.4.24, 92다4673)

　　③ 공법상 부당이득반환청구(대판 1991.2.6, 90프2) 등

┃제3절┃ 행정법관계의 당사자

　　법률관계에 있어서 당사자란 보통 권리·의무의 주체를 말한다. 다만, 행정법관계에서는 국가나 공공단체 등이 그 상대방인 사인보다 (조금이나마) 우월한 입장에 서는 점을 고려하여 전자를 행정주체, 후자를 행정객체라고 한다.

Ⅰ. 행정주체

1. 의　의

　　행정주체란 행정법관계에서 행정권을 행사하고, 그의 법적 효과가 궁극적으로 귀속되는 당사자를 말한다.

　　행정주체와 행정기관은 구분되어야 한다. 즉, 행정주체가 스스로의 이름으로 행정권을 행사하고 그의 법률효과가 자신에게 귀속되는 데 반하여, 행정기관은 행정주체를 위해 권한을 행사하고 그 법적 효과는 행정기관이 아니라 행정주체에게 귀속된다.

2. 종　류

(1) 국　가

　　국가의 행정주체로서의 지위는 국가에 시원적으로 존재하는 지배권으로부터 나오는 것이므로, 국가는 '고유의 행정주체'이다.

(2) 공공단체

공공단체란 국가로부터 존립목적을 부여받아 행정목적을 수행하는 공법인으로서, 다음과 같이 분류된다. 다만 협의로는 공공조합만을 공공단체라고 한다.

1) 지방자치단체   국가영토 내의 일정한 구역을 기초로 그 구역 내의 모든 주민에 대해 지배권을 행사하는 공공단체를 지방자치단체라고 한다. 지방자치단체는 그의 지배권이 국가권력으로부터 부여된 것이라는 점에서 시원적(始原的) 행정주체인 국가와 구별된다. 또한 지방자치단체는 일정한 구역에 대한 지배권을 가지는 '지역단체'라는 점에서 다른 공공단체와 구별된다.

한편 지방자치단체에는 보통지방자치단체와 특별지방자치단체가 있다. 전자에는 상급자치단체인 특별시·광역시·특별자치시·도 및 특별자치도와 하급자치단체인 시·군·자치구가 있으며, 후자에는 지방자치단체조합3)이 있다.

2) 공공조합(공사단)   특정한 국가목적을 위하여 일정한 자격을 가진 사람(조합원)들에 의해 구성된 공법상의 사단법인을 말한다. 공공조합은 지방자치단체가 일반적 공공사무를 처리함을 목적으로 하는 것과 달리, 한정된 특수한 사업의 수행을 목적으로 한다.

공공조합은 설립목적을 기준으로 할 때 ① 개발사업을 목적으로 하는 것[예: 정비조합·농지개량조합·주택재개발(재건축)조합 등], ② 동업자의 이익증진을 목적으로 하는 것(예: 상공회의소·변호사회·약사회·재향군인회 등) 및 ③ 공제사업을 목적으로 하는 것(예: 국민건강보험공단 등)으로 구분해 볼 수 있다.

한편 공공조합은 그 존립목적 범위 내에 있는 특정한 공공사무를 행하는 범위 내에서만 공법상의 권리·의무의 주체가 될 뿐이며, 그러한 범위 밖의 법률관계에 있어서는 여전히 사법의 지배를 받는다.

관련판례

「도시 및 주거환경정비법(이하 '도시정비법'이라고 한다)에 따른 주택재건축정비사업조합(이하 '재건축조합'이라고 한다)은 관할 행정청의 감독 아래 도시정비법상의 주택재건축사업을 시행하는 공법인(도시정비법 제18조)으로서, 그 목적 범위 내에서 법령이 정하는 바에 따라 일정한 행정작용을 행하는 행정주체의 지위를 갖는다. 그리고 재건축조합이 행정주체의 지위에서 도시정비법 제48조에 따라 수립하는 관리처분계획은 정비사업의 시행 결과 조성되는 대지 또는 건축물의 권리귀속에 관한 사항과 조합원의 비용 분담에 관한 사항 등을 정함으로써 조합원의 재산상 권리·의무 등에 구체적이고 직접적인 영향을 미치게 되므로, 이는 구속적 행정계획으로서 재건축조합이 행하는 독립된 행정처분에 해당한다」(대판 2009.9.17, 2007다2428).

---

3) 지방자치단체조합이란 2 이상의 지방자치단체가 하나 또는 둘 이상의 사무를 공동으로 처리하기 위하여 설립한 법인을 말한다(예: 수도권매립지운영관리조합).

3) 영조물법인 행정주체에 의하여 특정한 국가목적에 계속적으로 봉사하도록 정하여진 '인적·물적' 결합체, 즉 영조물이 법인격을 취득한 것을 말한다(예: 한국방송공사 등 각종의 공사, 서울대학교병원, 적십자병원, 과학기술원, 한국산업인력공단 등).

영조물에는 이용자가 있을 뿐이고 구성원은 존재하지 않는바, 이 점에서 공공조합과 결정적으로 구분된다. 영조물의 운영자 내지 직원은 구성원이 아니다.

4) 공재단 재단의 설립자가 출연한 재산을 관리하기 위하여 설립된 공공단체를 말하는바, 우리나라에는 그 예가 없다는 것이 일반적 견해이다. 다만, 실정법을 기초로 한국학중앙연구원, 한국연구재단, 한국과학재단을 공재단의 예로 보는 견해도 있다.

공재단에는 운영자 내지 직원 및 수혜자(受惠者)는 있으나 구성원은 없으며, 이 점에서 공공조합과 개념상 구별된다.

(3) 공무수탁사인

1) 의 의 사인은 행정객체가 되는 것이 일반적이다. 그러나 법률 등에 의해 공적인 업무를 처리할 권한을 부여받은 사인은 예외적으로 그 범위 안에서 행정주체의 지위에 서게 되는데, 이 경우의 사인은 공무수탁사인(公務受託私人, Beliehene)이라고 한다. 다만 사법상 계약에 의하여 단순히 어떤 업무처리에 대한 위탁을 받은 자(예: 경찰과의 계약에 의하여 주차위반차량을 견인하는 민간사업자), 단순한 행정의 보조자(예: 시청에 임시고용되어 행정서류를 정리하는 아르바이트생) 및 제한된 범위 내에서 공법상 근무관계를 맺고 있는 자(예: 국립대학 시간강사)들은 공무수탁사인의 지위에 있다고 보기 곤란하다.

공무수탁사인과 구별되어야 할 개념으로 근래에 등장한 개념이 공의무부담사인(公義務負擔私人, Inpflichtnahme Privater)인데, 여기서 공의무부담사인이란 법률에 근거하여 국가 등에 대하여 의무를 부담할 뿐 그 자체 공행정의 부분으로서 다른 사인을 상대하는 것으로 볼 수 없는 자를 말한다.

2) 공무수탁사인의 예

① 소득세법상의 원천징수의무자 소득세법상의 원천징수의무자인 소득세를 징수하는 사기업을 공무수탁사인의 예로 보는 다수설과 달리 "당해 사기업은 조세의 원천징수라는 공적 의무를 부담하는 것에 그칠 뿐이다"라고 하며 이를 공무수탁사인에서 제외시키는 견해 또한 유력하다.[4]

대법원 역시 소득세의 원천징수의무자를 행정주체가 아닌 것으로 판시한 바 있다.

---

4) 한편 소득세법상의 원천징수의무자를 공무수탁사인으로 볼 수 없다고 보는 견해를 취하는 학자들은 소득세법상의 원천징수의무자를 공의무부담사인에 해당하는 것으로 보고 있다.

「원천징수의무자의 원천징수행위는 법령에 규정된 징수 및 납부의무를 이행하기 위한 것에 불과한 것이지, 공권력의 행사로서의 행정처분을 한 경우에 해당되지 아니한다」(대판 1990.3.22, 89누4789).

    ② 사인(私人)인 사업시행자
    ③ 별정우체국장
    ④ 가족관계등록사무 및 경찰사무를 행하는 상선의 선장
    ⑤ 학위를 수여하는 사립대학

    3) 법적 근거   공무수탁사인제도는 공권력의 행사권한을 사인에게 이전하는 제도이므로 법적 근거를 필요로 하는바, 일반적인 근거조항으로는 「정부조직법」 제6조 제3항을 들 수 있다.

    4) 공무수탁사인의 지위   국가 등의 행정주체와 공무수탁사인 간의 관계는 공법상 위임관계에 해당한다. 따라서 공무수탁사인은 관계법령에 따라 의사결정을 자신의 이름과 책임하에 행하지만, 위탁자인 국가 등의 감독하에 놓인다. 한편 공무수탁사인은 위탁자에 대하여 비용상환청구권을 가지며, 위탁받은 사무를 수행할 의무를 진다.

    5) 공무수탁사인의 처분의 성질 등   공무수탁사인은 국민과의 관계에 있어 독립한 행정주체의 지위를 가짐과 동시에 행정청으로서의 지위도 갖는다. 따라서 공무수탁사인의 처분은 처분성이 인정될 수 있으며, 공무수탁사인은 행정소송에 있어서 당사자소송의 피고적격뿐만 아니라 항고소송의 피고적격 또한 가질 수 있다.

    한편 「국가배상법」이 '공무를 위탁받은 사인'의 위법행위로 인한 손해도 「국가배상법」에 따라 국가 등이 배상하여야 한다고 명시적으로 규정하고 있으므로 공무수탁사인의 위법한 행위로 인하여 손해가 발생한 경우에는 행정상 손해배상을 청구할 수 있다.

II. 행정객체

    행정객체란 행정주체에 의한 공권력 행사의 상대방을 말한다. 행정객체는 사인이 됨이 원칙이나 공공단체도 행정객체가 되는 경우가 있다.

▌제4절▐ 행정법관계의 특질

Ⅰ. 개 설

행정법관계에서는 공익목적을 위하여 행정주체에게 특별한 지위가 인정되며, 따라서 행정법관계에는 사법관계와는 다른 여러 가지의 특수성이 인정된다.

행정법관계의 특질로는 일반적으로 ① 행정의사의 공정력, ② 행정의사의 존속력(확정력), ③ 행정의사의 강제력, ④ 행정의사의 구성요건적 효력, ⑤ 권리·의무의 상대성, ⑥ 권리구제의 특수성이 열거되는바, 그중에서 ①②③④는 권력관계(특히 행정행위)만이 가지는 특질이라는 점을 유의하여야 한다.

Ⅱ. 행정법관계의 특질의 내용

1. 행정의사의 공정력

행정주체의 의사, 특히 그 표시인 행정행위는 비록 그 성립에 하자가 있더라도 그것이 중대하고 명백하여 당연무효가 아닌 한 권한있는 기관에 의하여 취소될 때까지는 일응 구속력이 있는 것으로 통용되는 힘을 갖는바, 이를 행정의사의 공정력이라 한다.

2. 행정의사의 존속력(확정력)

(1) 불가쟁력(형식적 존속력)
행정법관계는 쟁송제기기간이 경과하거나 심급을 다 거친 경우에는 더 이상 쟁송의 방법으로 다툴 수 없게 되는데, 이를 불가쟁력이라고 한다.

(2) 불가변력(실질적 존속력)
준사법적 행위 등과 같은 일정한 행위는 그것을 행한 행정주체라고 하여도 그 내용을 자유로이 취소·변경할 수 없는데, 이를 불가변력이라고 한다.

3. 행정의사의 강제력

(1) 자력집행력
행정주체는 권력관계에서 상대방이 의무를 이행하지 않을 때에는 법원 등의 힘을 빌리지 않고 자신의 힘으로 자기의 의사를 실현할 수 있는데, 이를 자력집행력이라고 한다.

(2) 제재력

행정주체는 상대방이 의무를 위반하였을 경우에는 그에 대한 제재로서 행정벌 등을 부과할 수 있는데, 이를 제재력이라고 한다.

4. 행정의사의 구성요건적 효력

행정주체의 의사가 유효하게 존재하는 이상 다른 국가기관은 그의 존재를 존중하여 스스로의 판단의 기초로 삼아야 하는 구속을 받는바, 이를 구성요건적 효력이라고 한다.

5. 권리·의무의 상대성

사법관계에 있어서는 계약에서 보는 것처럼 권리와 의무는 상호 대립하는 이해관계에 놓여 있는 데 반하여, 행정법관계에 있어서 권리와 의무는 다 같이 공익을 위해 인정되는 것이므로 양자는 권리가 동시에 의무의 성격을 띠는 등 상대적 성질을 가진다.

6. 권리구제(수단)의 특수성

(1) 행정상 손해전보

행정법관계에서 사인이 손해 등을 입은 경우 그 원인이 위법한 행위인 경우에는 행정상 손해배상(국가배상)에 의해, 적법한 행위인 경우에는 행정상 손실보상에 의해 그 손해 등을 전보하여 준다. 이 양 제도는 책임의 요건·구제절차 등에 있어 민법상의 그것과 다른 특질을 지니고 있다.

(2) 행정상 쟁송

행정법관계에 관한 쟁송은 쟁송제기기간이 단기이며, 행정법원이 제1심 관할법원이 되는 등 민사소송과는 다른 많은 특수성이 인정되어 있다.

▌제5절 ▌ 행정법관계의 내용

I. 공 권

1. 공권의 개념

공권이란 「공법관계에서 권리주체가 직접 자기를 위하여 일정한 이익을 주장할

수 있는 법률상의 힘」으로서, 법의 보호를 받는 이익을 말한다. 이 점에서 법의 보호를
받지 못하는 사실상의 이익인 반사적 이익과 구별된다.

2. (권리주체를 기준으로 한) 공권의 종류

(1) 국가적 공권
국가적 공권이란 국가 등 행정주체가 우월한 의사주체로서 개인 또는 단체에 대하
여 가지는 공권을 말하는바, 국가적 공권은 내용을 기준으로 하명권·강제권·형성
권·공법상 물권으로 분류할 수 있다. 다만 국가적 공권은 엄격히 말하면 권한 내지 권
능의 성질을 갖는다.

(2) 개인적 공권
개인적 공권이란 개인 또는 단체가 우월한 의사주체로서 국가나 공공단체에 대하
여 가지는 공권을 말하는바, 오늘날 공권이라고 하면 개인적 공권만을 의미하는 것으로
보는 경향이 짙다.[5] 한편, 근래에는 무하자재량행사청구권, 행정개입청구권 등이 새로
운 개인적 공권으로 논해지고 있다.

3. 공권의 특수성

(1) 국가적 공권의 특수성
행정주체는 국가적 공권의 내용을 스스로 결정하고(권리의 자율성) 그 내용을 자력
으로 실현할 수 있을 뿐만 아니라(자력집행성) 권리의 침해가 있는 경우 그에 대해 제재
를 가할 수 있다(행정제재가능성).

한편 지배권의 성질을 갖는 국가적 공권에 근거한 행위에는 공정력·강제력·존
속력 등의 특수한 효과가 부여됨이 보통이다.

(2) 개인적 공권의 특수성
개인적 공권에는 다음과 같은 특수성이 인정됨이 보통이다. 다만, 이 같은 개인적
공권의 특수성은 개인적 공권이기 때문에 당연히 인정되는 것이 아니고, 실정법에 의해
뒷받침됨으로써 인정되는 것임을 유의하여야 한다.

1) 이전의 제한   개인적 공권은 공익적 견지에서 인정되는 것이기 때문에 일신전속
적 성격을 갖는 것이 많고, 따라서 양도·상속 등이 제한되는 경우가 많다(예: 「국가배상
법」 제4조에 따른 생명·신체의 침해로 인한 국가배상을 받을 권리, 「공무원연금법」 제39조에 따
른 연금청구권의 양도금지). 그러나 개인적 공권 중에도 채권적·경제적 성질의 것은 이전
이 인정됨이 보통인데, 손실보상청구권이나 하천의 사석(砂石)채취권 등이 그 예가 된다.

---

5) 개인적 공권에 관하여는 이하에서(IV) 별도로 상세히 논하기로 하겠다.

한편 이처럼 개인적 공권의 이전이 제한되는 결과 그 압류가 제한되거나(예: 「민사
집행법」 제246조 제1항 제4호에 따른 급여채권의 압류제한) 금지되는 경우(예: 「공무원연금법」
제39조에 따른 연금청구권의 압류금지)가 많다.

2) 포기의 제한   개인적 공권은 공익적 견지에서 인정되는 것이기 때문에 포기가 금
지되는 경우가 많다(예: 선거권·소권·공무원의 봉급청구권 및 연금청구권 등). 따라서 제3
자와 그들 권리의 포기에 관한 계약을 체결하더라도 그 계약은 무효이다. 다만, 그를 포
기하여도 공익에는 영향이 없는 경제적 내용의 권리는 포기가 인정된다.

관련판례

① 「석탄산업법 시행령 제41조 제4항 제5호 소정의 재해위로금청구권은 개인의 공권으로서 그
공익적 성격에 비추어 당사자의 합의에 의하여 이를 미리 포기할 수 없다」(대판 1988.12.23, 97
누5046).
② 「지방자치단체장이 도매시장법인의 대표이사에 대하여 위 지방자치단체장이 개설한 농수산
물도매시장의 도매시장법인으로 다시 지정함에 있어서 그 지정조건으로 '지정기간 중이라도 개
설자가 농수산물 유통정책의 방침에 따라 도매시장법인 이전 및 지정취소 또는 폐쇄지시에도 일
체 소송이나 손실보상을 청구할 수 없다'는 부관을 붙였으나, 그 중 부제소특약에 관한 부분은 당
사자가 임의로 처분할 수 없는 공법상의 권리관계를 대상으로 하여 사인의 국가에 대한 공권인
소권을 당사자의 합의로 포기하는 것으로서 허용될 수 없다」(대판 1998.8.21, 98두8919).

한편 공권의 포기와 권리의 불행사는 구별되어야 한다. 즉, 공권의 포기가 금지되는
것이 현실적으로 그 권리를 행사해야 할 의무가 있다는 것을 의미하는 것은 아니다.

3) 대행의 제한   개인적 공권은 그의 대행 또는 위임이 금지되는 경우가 많다(예: 선
거권의 대행금지).

4) 보호의 특수성   개인적 공권도 권리인 점에서 침해되는 경우에는 제소 등 법이
정한 보호를 받는다. 그러나 그 경우에도 행정소송법이 적용되는 등 절차에 있어 특례
가 인정되거나 국가로부터 특별한 특전·부담을 받기도 한다.

Ⅱ. 공의무

1. 의 의

공의무란 공권에 대응한 개념으로서, 공익을 위하여 의무자의 의사에 가하여진 공
법상의 구속을 말한다. 공의무는 법령 자체 또는 법령에 기한 행정행위에 의하여 발생

하는 것이 일반적이다.

2. 공의무의 종류

공의무는 주체를 기준으로 개인적 공권에 대응하여 국가 등 행정주체가 개인에 대하여 부담하는 국가적 공의무(예: 참정시킬 의무 등)와 국가적 공권에 대응하여 개인이 국가 등 행정주체에 대하여 부담하는 공의무(예: 납세의무 등)로 구별된다.

한편 공의무는 내용을 기준으로 작위의무·부작위의무·급부의무 및 수인의무로 나누어진다.

3. 공의무의 특수성

개인적 공의무는 일신전속적인 것이 많아서 이전이나 포기가 제한된다. 다만, 경제적 부담을 내용으로 하는 것(예: 납세의무, 무단으로 형질변경된 토지의 원상복구의무)은 이전이 가능하다.

한편 개인적 공의무의 불이행이 있는 경우에는 행성권의 자력집행이 인정되며, 개인적 공의무의 위반에 대해서는 벌칙이 규정되어 있는 경우가 많다.

III. 공권·공의무의 승계

1. 행정주체 간의 승계

행정주체 간의 공권·공의무의 승계는 지방자치단체의 폐치·분합 등의 경우에 행해진다. 「지방자치단체의 구역을 변경하거나 지방자치단체를 폐지하거나 설치하거나 나누거나 합칠 때에는 새로 그 지역을 관할하게 된 지방자치단체가 그 사무와 재산을 승계한다」고 규정하고 있는 「지방자치법」 제5조 제1항 등에서 그 예를 찾아볼 수 있다.

2. 사인 간의 승계

「행정절차법」 제10조는 행정절차법상의 당사자의 지위의 승계에 관하여 규정하고 있는바, 동 조항은 직접적으로는 「행정절차법」상의 당사자를 대상으로 하는 것이지만 다른 법에 특별한 규정이 없는 경우에는 행정상의 법률관계 전반에 걸쳐 준용되는 법의 일반원칙을 규정한 것으로 볼 수 있다.

관련판례

「구 산림법상의 원상회복명령에 따른 복구의무는 타인이 대신하여 행할 수 있는 의무로서 일신
전속적인 성질을 가진 것으로 보기 어려운 점, 같은 법 제4조가 법에 의하여 행한 처분·신청·
신고 기타의 행위는 토지소유자 및 점유자의 승계인 등에 대하여도 그 효력이 있다고 규정하고
있는 것은 산림의 보호·육성을 통하여 국토의 보전 등을 도모하려는 법의 목적을 감안하여 법
에 의한 처분 등으로 인한 권리와 아울러 그 의무까지 승계시키려는 취지인 점 등에 비추어 보
면, 산림을 무단형질변경한 자가 사망한 경우 당해 토지의 소유권 또는 점유권을 승계한 상속인
은 그 복구의무를 부담한다고 봄이 상당하고, 따라서 관할 행정청은 그 상속인에 대하여 복구명
령을 할 수 있다고 보아야 한다(대판 2005.8.19, 2003두9817, 9824).

3. 제재사유의 승계

당사자 간의 지위승계가 있는 경우 허가사업 등의 양도인에게 발생하였던 제재 내
지 책임이 양수인에게 이전될 수 있는지의 문제가 있는바, 판례는 이를 긍정하고 있다.[6]

관련판례

「석유판매업 등록은 원칙적으로 대물적 허가의 성격을 갖고, 또 석유판매업자가 같은 법 제26조
의 유사석유제품 판매금지를 위반함으로써 같은 법 제13조 제3항 제6호·제1항 제11호에 따라
받게 되는 사업정지 등의 제재처분은 사업자 개인의 자격에 대한 제재가 아니라 사업의 전부나
일부에 대한 것으로서 대물적 처분의 성격을 갖고 있으므로, 위와 같은 지위승계에는 종전 석유
판매업자가 유사석유제품을 판매함으로써 받게 되는 사업정지 등 제재처분의 승계가 포함되어
그 지위를 승계한 자에 대하여 사업정지 등의 제재처분을 취할 수 있다고 보아야 하고, 같은 법
제14조 제1항 소정의 과징금은 해당 사업자에게 경제적 부담을 주어 행정상의 제재 및 감독의
효과를 달성함과 동시에 그 사업자와 거래관계에 있는 일반 국민의 불편을 해소시켜 준다는 취
지에서 사업정지처분에 갈음하여 부과되는 것일 뿐이므로, 지위승계의 효과에 있어서 과징금부
과처분을 사업정지처분과 달리 볼 이유가 없다」(대판 2003.10.23, 2003두8005; 대판 2001.6.29,
2001두1611).

---

6) 이러한 대법원의 입장에 대하여 비판적 견해에 관하여는 김남진·김연태, 행정법 I, 법문사, 2021,
104쪽 이하 참조.

IV. 개인적 공권

1. 개인적 공권의 의의

(1) 개　념

개인적 공권(이하 공권이라고 한다)은 「개인이 자기의 이익을 위하여 국가 등 행정주체에게 일정한 행위를 요구할 수 있는 공법에 의하여 부여된 힘」을 말한다. 공권은 법에 의하여 보호되는 이익이기 때문에 침해된 경우에는 소송을 통한 법적 구제를 받을 수 있다.

(2) 반사적 이익과의 구별

반사적 이익(反射的 利益)이란 「법규가 공익적 견지에서 행정주체 또는 제3자에 대하여 일정한 의무를 부과하고 있는 결과 개인이 간접적으로 향유하는 이익」으로서 법의 보호를 받지 못하는 이익이다. 따라서 반사적 이익은 침해된 경우에도 소송을 통해 구제를 받을 수 없으며, 이 점에서 공권과 구별된다.

결국 공권과 반사적 이익의 구별은 위법한 행정작용으로 인하여 그것이 침해된 경우 소송을 통한 법적 구제를 받을 수 있는 이익과 법적 구제를 받을 수 없는 이익을 구별하기 위하여, 즉 행정소송에서의 원고적격 인정여부와 관련하여 필요하다(자세한 것은 제5편 제6장 행정소송 중 취소소송의 원고적격부분 참조).

한편 종래 반사적 이익의 예로는 (경찰)허가를 통하여 누리는 사실상의 독점적 이익, 제3자에 대한 법적 규제로부터 얻는 이익(예: 진료이익), 공물의 보통사용을 통해 누리는 이익(근래에는 공권으로 보는 견해가 유력) 및 특정인과 관계없는 지역개발조치에 의하여 받는 이익 등이 열거되어 왔다.

관련판례

「공중목욕장업 경영 허가는 경찰금지의 해제로 인한 영업자유의 회복이라고 볼 것이므로 이 영업의 자유는 법률이 직접 공중목욕장업 피허가자의 이익을 보호함을 목적으로 한 경우에 해당되는 것이 아니고 법률이 공중위생이라는 공공의 복리를 보호하는 결과로서 영업의 자유가 제한됨으로 인하여 간접적으로 관계자인 영업자유의 제한이 해제된 피허가자에게 이익을 부여하게 되는 경우에 해당되는 것이고 거리의 제한과 같은 위의 시행세칙이나 도지사의 지시가 모두 무효인 이상 원고가 이 사건 허가처분에 의하여 목욕장업에 의한 이익이 사실상 감소된다 하여도 이 불이익은 본건 허가처분의 단순한 사실상의 반사적 결과에 불과하고 이로 말미암아 원고의 권리를 침해하는 것이라고는 할 수 없으므로 원고는 피고의 피고 보조참가인에 대한 이 사건 목욕장업허가처분에 대하여 그 취소를 소구할 수 있는 법률상 이익이 없다」(대판 1963.8.31, 63누101).

2. 공권의 성립요건

(1) 뷜러(Bühler)의 공권성립의 3요소론

1) 강행법규의 존재 공권이 성립하기 위해서는 먼저 행정주체에게 일정한 작위의무를 부과하는 강행법규가 존재하여야 한다. 따라서 관계법규가 임의법규(재량규정)로서 행정주체에게 재량을 인정하고 있는 경우에는 원칙적으로 공권이 성립되기 어렵다. 다만 일정한 경우에는 예외적으로 재량규범하에서도 공권이 인정될 수 있음을 유의하여야 한다(예: 무하자재량행사청구권이나 재량권이 0으로 수축되는 경우).

2) 사적 이익의 보호 행정법규가 공익의 실현 외에 사적 이익의 보호도 아울러 그의 목적으로 하여야 한다. 한편 행정법규가 사적 이익의 보호도 목적으로 하는지 여부에 대한 판단은 행정법규의 성립 시가 아니라 그를 판단하는 시점을 기준으로 하여야 한다.

3) 법상의 힘(Rechtsmacht)[7]의 존재 개인의 이익을 소송을 통하여 관철시킬 수 있는 법상(法上)의 힘이 부여되어 있어야 한다.

(2) 2요소론의 대두

오늘날은 공권의 성립에는 전술한 공권성립의 3요소 중 강행법규의 존재와 사적 이익의 보호 두 요소만으로 충분한 것으로 간주하는 경향에 있다. 이는 재판청구권이 국민의 기본권으로 헌법(제27조)에 규정되어 있고, 행정소송사항에 관해 개괄주의가 채택되어 있기 때문이다(다수설).

3. 공권의 발생원인

공권은 법률·명령이나 관습법, 공법상 계약 또는 행정행위 등에 의해 발생할 수 있다. 한편 헌법상의 기본권 규정으로부터 공권이 도출될 수 있는지 여부에 관하여는 긍정설과 부정설이 대립하고 있는바, 판례는 긍정적이다. 즉, 헌법재판소는 헌법상의 언론의 자유조항을 근거로 개인의 공문서열람청구권을 인정한 바 있으며(관련판례 ① 참조), 대법원은 인간으로서의 존엄과 가치 및 행복추구권을 근거로 피고인의 접견권을 인정한 바 있다(관련판례 ② 참조).

관련판례

① 「헌법상 입법의 공개(제50조 제1항), 재판의 공개(제109조)와는 달리 행정의 공개에 대하여서는 명문규정을 두고 있지 않지만 '알 권리'의 생성기반을 살펴볼 때 이 권리의 핵심은 정부가 보유하고 있는 정보에 대한 국민의 '알 권리', 즉 국민의 정부에 대한 일반적 정보공개를 구할 권

---

7) 법상의 힘이라는 용어 대신에 의사력(意思力, Willensmacht) 또는 청구권능이라는 표현이 사용되기도 한다.

리(청구권적 기본권)라고 할 것이며, 이러한 국민의 '알 권리'의 실현은 법률의 제정이 뒤따라 이를 구체화시키는 것이 충실하고도 바람직하지만, 그러한 법률이 제정되어 있지 않다고 하더라도 불가능한 것은 아니고 헌법 제21조에 의해 직접 보장될 수 있다」(헌재결 1991.5.13, 90헌마133). ②「만나고 싶은 사람을 만날 수 있다는 것은 인간이 가지는 가장 기본적인 자유 중 하나로서, 이는 헌법 제10조가 보장하고 있는 인간으로서의 존엄과 가치 및 행복추구권 가운데 포함되는 헌법상의 기본권이라고 할 것인바, … (중략) … 구속된 피고인 또는 피의자의 타인과의 접견권은 위와 같은 헌법상의 기본권을 확인하는 것일 뿐 형사소송법의 규정에 의하여 비로소 피고인 또는 피의자의 접견권이 창설되는 것으로는 볼 수 없다」(대판 1992.5.8, 91누7552).

위의 판례에서 보듯이 자유권적 기본권으로부터 공권의 도출가능성은 쉽게 인정될 수 있다. 그러나 이에 반하여 생존권적 기본권이나 청구권적 기본권으로부터는 공권이 바로 도출될 수는 없다는 견해가 유력한바, 이는 법률이 청구권적 기본권의 내용·범위 및 행사절차 등을 확정하기 전에는 구체적·현실적 권리화가 되었다고 볼 수 없다는 것을 기초로 한다. 법원 역시 같은 입장에 따르고 있는 것으로 이해될 수 있다.

관련판례

①「사회적 기본권의 성격을 가지는 의료보험수급권은 국가에 대하여 적극적으로 급부를 요구하는 것이므로 헌법규정만으로는 이를 실현할 수 없고 법률에 의한 형성을 필요로 한다. 의료보험수급권의 구체적 내용, 즉 수급요건·수급권자의 범위·급여금액 등은 법률에 의하여 비로소 확정된다」(헌재결 2003.12.18, 2002헌바1).
②「헌법 제35조 제1항에서 정하고 있는 환경권에 관한 규정만으로는 그 권리의 주체·대상·내용·행사방법 등이 구체적으로 정립되어 있다고 볼 수 없고, 환경정책기본법 제6조도 그 규정 내용 등에 비추어 국민에게 구체적인 권리를 부여한 것으로 볼 수 없다는 이유로, 환경영향평가 대상지역 밖에 거주하는 주민에게 헌법상의 환경권 또는 환경정책기본법에 근거하여 공유수면 매립면허처분과 농지개량사업시행인가처분의 무효확인을 구할 원고적격이 없다」(대판 2006.3.16, 2006두330).

4. 공권의 확대화경향

오늘날에는 종래 단순한 반사적 이익에 지나지 않는다고 보았던 것을 공권으로 인정하려는 경향이 있는바, 이를 위하여 다음과 같은 시도가 행해지고 있다.

(1) 재량행위의 기속행위로의 전환

행정주체의 행위가 재량행위인 경우에도 '재량권의 영으로의 수축이론'을 통하여 그를 기속행위로 전환시킴으로써 공권의 성립을 인정하려고 한다.

(2) 사익보호규범의 확대

종래 전적으로 공익의 실현만을 목적으로 한다고 해석되던 법규를 공익보호와 아울러 사익의 보호도 목적으로 하는 것으로 해석하려는 노력이 행해지고 있는바, 이를 보호규범이론이라고 한다.

관련판례

「도시계획법과 건축법의 규정 취지에 비추어 볼 때 이 법률들이 주거지역 내에서의 일정한 건축을 금지하고 또는 제한하고 있는 것은 도시계획법과 건축법이 추구하는 공공복리의 증진을 도모하고자 하는 데 그 목적이 있는 동시에 한편으로는 주거지역 내에 거주하는 사람의 '주거의 안녕과 생활환경을 보호'하고자 하는 데도 그 목적이 있는 것으로 해석이 된다. 그러므로 주거지역 내에 거주하는 사람이 받는 위와 같은 보호이익은 단순한 반사적 이익이나 사실상의 이익이 아니라 바로 법률에 의하여 보호되는 이익이라고 할 것이다」(대판 1975.5.13, 73누96 · 97).

Ⅴ. 특수한 개인적 공권

1. 무하자재량행사청구권

(1) 의 의

행정청에게 재량이 부여되어 있는 경우에도 행정청에게는 재량을 하자 없이 행사할 법적 의무가 있고, 그에 대응하여 개인은 행정청에 대하여 재량권의 하자 없는 행사를 청구할 수 있는 공법상의 권리를 갖는바, 이를 무하자재량행사청구권이라고 한다.

무하자재량행사청구권은 재량의 영역에서도 권리의 성립가능성을 인정함으로써 "행정청에게 재량이 부여되어 있으면 개인에게 청구권이 인정되지 않는다"는 19세기적 사고를 타파하는 데 기여한 점에서 그 연혁적 의의를 찾을 수 있다.

(2) 내 용

무하자재량행사청구권은 소극적으로는 재량행사에 하자가 있는 경우 위법한 행정처분의 취소를 구하는 공권으로서의 의미를 가지며, 적극적으로는 어떠한 내용의 것이든 행정처분을 해 줄 것을 요구할 수 있는 공권으로서의 의미를 갖는다.

(3) 법적 성질 ― 형식적 권리

무하자재량행사청구권은 일정한 행정결정('특정처분')을 요구할 수 있는 권리가 아니라 단지 '하자 없는' 재량행사를 요구할 수 있는 권리의 성질을 갖는다. 이 때문에 무하자재량행사청구권은 형식적 권리의 성질을 갖는다고 설명되고 있다. 그러나 여기서의 형식적 권리를 절차법적 의미로 이해하여서는 아니 된다. 즉, 무하자재량행사청구

권은 절차에 관한 것이 아니라 행정결정의 내용에 관한 것이다.[8)]

(4) 존재의의

무하자재량행사청구권이 독자적 존재의의를 갖는지에 관하여는 학설의 대립이 있다.

1) 부정설   재량권의 하자 있는 행사란 결국 재량권의 위법한 행사를 뜻하므로 그에 대하여는 취소소송의 제기가 인정되며, 따라서 굳이 무하자재량행사청구권을 인정할 법적 실익이 없고, 또한 무하자재량행사청구권을 인정할 경우 원고적격을 부당하게 넓혀 실질적으로 민중소송화할 염려가 있다는 견해이다.

2) 긍정설   행정청에게는 재량을 하자 없이 행사할 법적 의무가 있으므로 개인은 행정청에 대하여 재량권의 하자 없는 행사를 청구할 권리를 갖는다. 또한 무하자재량행사청구권의 성립요건(특히 사익보호성)을 고려할 때 무하자재량행사청구권을 주장할 수 있는 자는 제한적이고, 따라서 이를 인정한다고 하여 민중소송화할 우려는 거의 없다는 견해이다.

3) 판 례   적어도 판례가 무하자재량행사청구권이란 표현을 사용하여 그의 독자적인 권리성을 인정한 예는 찾아볼 수 없다.

단지 일부학자들에 의해 (검사임용여부에 대한 응답을 받을 권리를 인정한) 이하의 판례가 사실상 무하자재량행사청구권을 인정한 사례로 볼 수 있다고 주장되고 있을 뿐이다.

관련판례

「검사의 임용에 있어서 임용권자가 임용여부에 관하여 어떠한 내용의 응답을 할 것인지는 임용권자의 자유재량에 속하므로 일단 임용거부라는 응답을 한 이상 설사 그 응답내용이 부당하다고 하여도 사법심사의 대상으로 삼을 수 없는 것이 원칙이나, 적어도 재량권의 한계 일탈이나 남용이 없는 위법하지 않은 응답을 할 의무가 임용권자에게 있고 이에 대응하여 임용신청자로서도 재량권의 한계 일탈이나 남용이 없는 적법한 응답을 요구할 권리가 있다고 할 것이며, 이러한 응답신청권에 기하여 재량권 남용의 위법한 거부처분에 대하여는 항고소송으로서 그 취소를 구할 수 있다고 보아야 하므로 임용신청자가 임용거부처분이 재량권을 남용한 위법한 처분이라고 주장하면서 그 취소를 구하는 경우에는 법원은 재량권 남용여부를 심리하여 본안에 관한 판단으로서 청구의 인용여부를 가려야 한다」(대판 1991.2.12, 90누5825).

(5) 성립요건

1) 법적 의무   무하자재량행사청구권이 인정되기 위하여도 일정한 법적 의무를 부과하는 법규범이 존재하여야 할 것인바, 재량권이 부여된 경우에도 재량의 한계를 벗어

---

8) 이런 점에서 「무하자재량행사청구권은 특정한 행정행위가 종국적 처분에 이르는 과정에서 재량의 법적 한계를 준수하면서 어떤 처분을 할 것을 청구하는 권리로서 절차적 권리의 성격을 갖는다」라는 종래의 다수설은 지지되기 곤란하다.

나는 일이 없도록 재량권을 행사하여야 할 법적 의무는 존재하므로 이 요건은 별도의 논의 없이 충족될 수 있다.

2) 사익보호성   무하자재량행사청구권 역시 재량법규가 공익실형이라는 목적 이외에 사적 이익의 보호를 목적으로 하여야만 성립할 수 있다. 한편 당해 법규가 사적 이익의 보호 또한 그 목적으로 하고 있는지 여부는 특정한 관계법규의 해석과 사실판단에 의해 밝혀져야 한다. 이는 일반적인 무하자재량행사청구권은 존재하지 않는다는 것을 의미한다.

(6) 구제수단

무하자재량행사청구권은 어떠한 내용의 것이든 행정처분을 해 줄 것을 요구할 수 있는 권리를 내용으로 하는바, 이를 관철할 수 있는 수단으로는 의무이행심판 내지 부작위위법확인소송을 생각할 수 있다.

다만 예외적으로 재량권이 영으로 수축되어서 오직 하나의 처분만이 적법한 재량권 행사로 인정되는 경우에는 자신에게 특정한 내용의 처분을 해 줄 것을 요구할 수 있는바, 이 경우에는 무하자재량행사청구권은 사실상 행정개입청구권으로서의 성질을 가지게 된다.

2. 행정개입청구권

(1) 의   의

행정개입청구권은 자기 또는 제3자에 대하여 행정권을 발동해 줄 것을 청구할 권리를 말한다.9)

(2) 행정개입청구권의 법리10)

행정편의주의에 따라 행정기관은 행정권을 행사함에 있어 선택·결정의 자유, 즉 재량권을 갖는 것이 원칙이다. 그리고 이처럼 행정청에게 재량권(특히 결정재량)이 인정되는 경우에는 개인은 행정권의 발동을 청구할 수 있는 권리, 즉 행정개입청구권을 가질 수는 없다.

그러나 목전에 급박한 장해를 제거할 긴급한 필요가 있는 경우에는 예외적으로 재

---

9) 과거에는 행정개입청구권을 광의와 협의로 나누어 협의로는 행정청의 부작위로 인하여 권익을 침해당한 자가 자기를 위하여 '타인에 대해' 행정권의 발동을 청구할 수 있는 공권을, 광의로는 행정권의 발동을 청구할 수 있는 일체의 공권을 의미하는 것으로 설명하기도 하였다.

10) 행정개입청구권의 법리는 독일에서 '띠톱판결'(Bandsäge Urteil, BVerwGE 11, 95 ff.)을 계기로 발전된 것으로 설명된다. '띠톱판결'이란 주거지역에 설치된 석탄제조 및 하역업소에서 사용하는 띠톱에서 배출되는 먼지와 소음으로 피해를 받고 있던 인근주민에게 '경찰당국에게 금지처분을 발해 줄 것을 청구할 권리(즉, 행정개입청구권)'가 인정될 수 있음을 긍정한 독일 연방행정재판소의 판결을 말한다.

량권이 영으로 수축되어 행정청에게 개입의무가 발생할 수도 있으며, 그 경우에는 개인에게 행정개입청구권이 인정될 수 있음을 강조하려는 것이 동 청구권의 법리이다.

(3) 법적 성질

과거에는 행정개입청구권을 절차적 권리로 보는 경향이 있었으나, 오늘날은 행정개입청구권은 실체법적 권리의 성질을 갖는다는 것이 지배적 견해이다.

또한 행정개입청구권을 예방적 권리로 이해하는 입장도 있으나, 행정개입청구권은 사전예방적 성격과 사후구제적 성격을 모두 갖는다고 할 수 있다.

(4) 성립요건

행정개입청구권도 공권이므로 공권성립의 요소를 갖추어야 한다. 즉, 강행법규에 근거한 작위의무(개입의무)가 발생하여야 하며, 관계법규가 사익에 대한 보호규범으로서의 성질을 가져야 한다.

(5) 행정개입청구권의 실행방법

행정개입의 청구가 받아들여지지 않은 경우에는 당해 개인은 의무이행심판 또는 부작위위법확인소송을 통해 다툴 수 있으며, 개입의무의 발생에도 불구하고 행정기관이 개입하지 않음으로 인하여 손해가 발생한 경우에는 행정상 손해배상을 청구할 수 있다.

관련판례

「경찰관직무집행법 제5조는 경찰관은 인명 또는 신체에 위해를 미치거나 재산에 중대한 손해를 끼칠 우려가 있는 위험한 사태가 있을 때에는 그 각 호의 조치를 취할 수 있다고 규정하여 형식상 경찰관에게 재량에 의한 직무수행권한을 부여한 것처럼 되어 있으나, 경찰관에게 그러한 권한을 부여한 취지와 목적에 비추어 볼 때 구체적인 사정에 따라 경찰관이 그 권한을 행사하여 필요한 조치를 취하지 아니하는 것이 현저하게 불합리하다고 인정되는 경우에는 그러한 권한의 불행사는 직무상의 의무를 위반한 것이 되어 위법하게 된다. 경찰관이 농민들의 시위를 진압하고 시위과정에 도로상에 방치된 트랙터 1대에 대하여 이를 도로 밖으로 옮기거나 후방에 안전표지판을 설치하는 것과 같은 위험발생방지조치를 취하지 아니한 채 그대로 방치하고 철수하여 버린 결과, 야간에 그 도로를 진행하던 운전자가 위 방치된 트랙터를 피하려다가 다른 트랙터에 부딪혀 상해를 입은 사안에서 국가배상책임이 인정된다」(대판 1998.8.25, 98다16890).

▌제6절 ▌ 행정법관계에 대한 사법규정의 적용

행정법관계에서 구체적 사건이 문제가 된 경우에 그에 적용할 법규나 법원칙에 흠결이 발생할 때가 많다. 이 경우 사법규정을 어느 정도까지 적용할 수 있는지의 문제가

발생한다.[11]

I. 명문규정에 의한 사법규정의 적용

행정법관계에 법의 흠결이 있는 경우에 법 스스로 사법규정의 적용을 인정하는 경우에는(「국가배상법」제8조, 「국가재정법」제96조 제3항 등) 행정법관계에도 사법규정이 적용될 수 있다.

II. 명문규정이 없는 경우 사법규정의 적용

행정법관계에 사법규정의 적용을 인정하는 명문의 규정이 없는 경우에는 행정법관계에 대한 사법규정의 적용여부가 문제되는바, 이에 관하여는 다음과 같은 학설의 대립이 있다.

1. 소극설(공법적용설)

공법과 사법을 전혀 별개의 법체계로 보아 어떠한 경우에도 공법관계에 사법규정이 적용될 수 없다고 하는 견해인바, 오토 마이어(O. Mayer)의 「공법과 사법에 공통된 법제도는 존재하지 않는다. 따라서 유추의 방법으로 사법규정을 끌어들임으로써 공법제도를 개선하거나 보충하려고 의도하는 것은 허용되지 아니한다」는 말은 이 같은 견해를 잘 나타내고 있다. 다만 오늘날에는 이러한 입장을 취하는 견해는 보이지 않는다.

2. 적극설(사법적용설)

공법규정의 흠결이 있는 경우에는 사법규정을 공법관계에 적용할 수 있다는 견해로, 적용방법 및 범위를 기준으로 다시 직접적용설과 유추적용설로 나뉜다.

(1) 직접적용설

공법관계와 사법관계의 본질적인 동일성을 강조하여 사법규정이 공법관계에 직접 적용될 수 있다는 견해이다. 다만 공법과 사법의 구별을 인정하는 이상 양자의 특수성을 인정해야 되므로 직접적용설은 지지될 수 없다.

(2) 유추적용설

공법관계와 사법관계의 유사성을 근거로 공법관계에 대한 사법규정의 적용을 인정하되, 공법관계의 특수성 또한 무시할 수는 없으므로 사법규정은 유추적용되어야 한

---

11) 물론 이 같은 문제는 공법과 사법을 구별하는 이원적 법체계를 유지해 온 대륙법계 국가에서만 발생한다.

다는 견해이다. 한편, 여기서 유추적용이란 법의 문언(文言)을 그대로 적용하는 것이 아니라 법문(法文)에 내재된 기본원리를 적용한다는 의미이다.[12]

3. 개별적 결정설

행정법관계에 대한 사법규정의 적용여부의 문제는 당해 법률관계의 종류나 사법규정의 성질 등의 문제와는 무관하게 각각의 법률관계의 구체적 성격과 기능에 따라 판단되어야 한다는 견해이다.

Ⅲ. 사법규정의 적용한계

1. 일반법원리적 규정(사법규정의 성질에 의한 적용한계)

사법규정 속에는 법질서 전반에 걸쳐 적용될 수 있는 법의 일반원칙적 규정이나 법기술적 약속규정이 있는바, 이들 규정은 공법관계에도 적용됨이 원칙이다.

다만 다음과 같은 사법규정 및 법원리는 공법관계에 적용되지 않는다. 즉,

① 행위무능력자제도,

② 의사표시에 관한 규정(「민법」 제107조~제110조),

③ 공서양속에 반하는 행위를 무효라고 하는 규정(공서양속의 원칙, 「민법」 제103조),

④ (금전채권의) 소멸시효기간,

⑤ 주소의 수에 관한 민법상의 복수주의(제18조 제2항),

⑥ 사적자치의 원칙(계약자유의 원칙).

2. 사법의 기타 규정(공법관계의 성질에 의한 적용한계)

(1) 권력관계

권력관계는 사법관계와는 전혀 그 성질을 달리한다. 따라서 법의 일반원칙적 규정이외의 사법규정은 원칙적으로 이에 적용되지 않는다.

(2) 관리관계

관리관계는 사법관계와 본질적인 차이가 없으며, 다만 그 목적이 공익의 추구에 있다는 점을 고려하여 법률상 특별한 취급을 받을 뿐이다. 따라서 관리관계에 대해서는 법률에 특별한 규정이 없는 한 원칙적으로 사법규정이 폭넓게 적용된다.

---

12) 유추적용설은 다시 ① 반대규정이 없는 한 사법규정이 일반적으로 유추적용된다는 일반적 유추적용설과 ② 법령상 특별한 규정이 있거나 내용의 유사성이 인정되는 경우에 한하여 사법규정이 유추적용된다는 한정적 유추적용설로 세분되는바, 후자가 오늘날의 통설·판례이다.

‖참고‖ 공법규정의 준용

우리나라에 있어서는 종래 행정법의 흠결이 있는 경우에는 사법규정을 준용함으로써 문제를 해결해 왔다. 그러나 근래 행정법의 흠결이 있는 경우에는 "만일 공법 가운데 준용할 만한 규정이 있으면 사법규정의 준용에 앞서 공법규정이 준용되어야 한다"는 것을 강조하는 견해가 대두되고 있으며, 대법원 역시 공법규정의 유추적용을 긍정한 바 있다.

관련판례

「구 군사원호보상법(국가유공자예우 등에 관한 법률 부칙 제2조에 의하여 폐지)이 그 적용대상을 상이군경으로 한정하였기 때문에 위 법 적용 전에 시행된 법에 의하여 상이군경으로 예우받았으나 사망으로 인하여 위 법에 의한 등록을 할 수 없었던 경우에도 이미 법에 의하여 전상군경으로 확인이 된 이상 국가유공자예우 등에 관한 법률 부칙 제4조의 구 군사원호보상법상 등록된 상이군경과 달리 볼 아무런 합리적인 이유를 찾아볼 수 없으므로, 그 유족도 국가유공자예우 등에 관한 법률 부칙 제4조를 유추적용하여 같은 법에 의한 예우를 받을 수 있다고 봄이 상당하다」(대판 1995.12.22, 95누12385).[13]

‖ 제7절 ‖ 특별권력관계

Ⅰ. 개 설 ― 전통적 특별권력관계이론

1. 의 의

특별권력관계(Besonderes Gewaltverhältnis)란 「특별한 법적 원인에 의하여 성립되어, 그 특별한 목적에 필요한 범위 내에서는 일방이 상대방을 포괄적으로 지배하고 상대방은 이에 복종함을 내용으로 하는 법률관계」를 말한다(예: 국가와 공무원의 관계, 영조물과 이용자와의 관계). 특별신분관계 또는 특별행정법관계라는 용어가 사용되기도 한다.

---

13) 공법규정의 유추적용을 인정한 그 밖의 판례로는 ① 과오납관세의 환급금에 대하여 「국세기본법」의 환급가산금에 관한 규정의 유추적용을 인정한 대판 1985.9.10, 85다카571, ② 국유화된 제외지(堤外地)의 소유자에 대하여 「하천법」 제74조를 유추적용하여 손실보상을 인정한 대판 1987.7.21, 84누126 등이 있다.

2. 성립배경 및 이론적 기초

(1) 성립배경

전통적 특별권력관계이론은 19C의 독일의 입헌군주정하에서 군주주권론과 국민주권론의 대립과정에서 타협의 산물로 성립되어 오토 마이어(O. Mayer)에 의해 체계화된 것으로, 일정한 범위에서 군주에게 법률로부터 자유로운 영역을 확보해 주는 데 이바지하였다.

(2) 이론적 기초 ― 불침투설

전통적 특별권력관계이론의 이론적 기초는 특별권력관계이론이 생성될 당시의 '법'개념에서 찾을 수 있다. 즉, 라반트(P. Laband) 등은 법이란 「인격주체 상호 간의 의사의 범위를 정하여 주는 것」이고, 국가 또한 하나의 인격주체이므로 국가와 다른 인격주체 간에는 법이 적용되지만 국가 내부에는 법이 침투할 수 없다고 하여(불침투설) 전통적 특별권력관계이론의 기초를 제공하였다.

3. 내 용

(1) 법치주의의 제한

전통적 특별권력관계이론은 일반권력관계에서 통용되는 법치주의, 그중에서도 특히 법률유보의 원칙이 특별권력관계 내에서는 적용되지 않는다는 것을 가장 큰 이론적 특색으로 하였다.

(2) 기본권의 제한

전통적 특별권력관계에서는 헌법이 보장하고 있는 기본권도 통용되지 않는다. 즉, 특별권력관계의 설정목적에 필요한 범위 내에서는 그의 구성원(군인·공무원 등)들의 기본권을 개별적인 법률의 수권 없이도 제한할 수 있다.

(3) 사법심사의 제한

특별권력관계 내부의 행위는 사법심사의 대상이 되지 않는다.

(4) 행정규칙의 비법규성(非法規性)

특별권력관계 내에서 발해지는 일반적·추상적 명령인 행정규칙은 법규의 성질을 갖지 않는다.

4. 전통적 특별권력관계이론의 동요

(1) 전통적 이론의 역사성

전통적 특별권력관계이론은 19C의 독일의 입헌군주정을 시대적 배경으로 성립된 것이므로 오늘날의 민주국가에서는 그 기반을 상실하였다.

(2) 불침투설의 동요

종래 특별권력관계로 설명되어 오던 '국가 대 공무원과의 관계'나 '영조물주체 대 학생과의 관계'를 직시할 때 그곳에도 인격주체 상호 간의 관계가 존재할 수 있다는 것이 긍정되면서, 전통적 특별권력관계이론의 이론적 기반인 불침투설이 동요되고 있다.

(3) 개별적 문제점

전통적 특별권력관계이론은 그 내용을 이루어 왔던 것들과 관련하여서도 개별적으로 문제점을 드러내고 있다.

첫째, 법률유보의 문제(제2장 제2절의 법률유보의 원칙의 적용범위에 관한 학설 참조)

둘째, 오늘날 특별권력관계에서는 법률의 근거 없이도 구성원의 기본권을 제한할 수 있다는 전통적 특별권력관계이론은 유지될 수 없다고 할 것인바, 수형자(受刑者)사건에 관한 독일 연방헌법재판소의 판결[14]은 이러한 점을 분명히 하고 있다.

셋째, 특별권력관계의 내부사항은 사법심사의 대상이 될 수 없다고 하는 주장 또한 더 이상 그대로 유지될 수 없게 되었다.

II. 특별권력관계의 인정여부(일반권력관계와의 구별)

오늘날에도 전통적 특별권력관계이론이 그대로 존치될 수 있는가, 즉 일반권력관계와 구별되는 특별권력관계의 개념을 인정할 수 있는가에 관해서는 다음과 같은 학설의 대립이 있다.

1. 긍정설(절대적 구별설)

특별권력관계와 일반권력관계는 지배권의 성질 및 성립의 계기 등에 있어 본질적인 차이가 있다는 것인바, 오늘날 이를 지지하는 견해는 찾아볼 수 없다.

2. 제한적 긍정설(상대적 구별설)

(1) 의 의

특별권력관계와 일반권력관계 간의 본질적 차이를 부정하면서도, 특별권력관계에 있어서 국민은 일반권력관계에 있어서의 국민보다 복종이 강화된 특별한 지위에 서게

---

14) 수형자사건이란 교도소당국을 비난하는 내용의 편지를 발송하려던 수형자가 교도소내규에 의하여 편지를 압수당한 후 행정법원에 소송을 제기하였으나 패소하자 연방헌법재판소에 제소한 사건을 말하는바, 동 사건에 관하여 독일 연방헌법재판소는「헌법상의 기본권은 수형자사건에 있어서도 타당하며, 따라서 법률에 근거하지 않고서는 수형자의 기본권을 제한할 수 없다」고 판시한 바 있다(BVerfGE 33, 1 ff.).

되고, 따라서 그 한도에서 법치주의가 완화되어 적용될 수 있음을 긍정하는 견해이다.

(2) 울레(C. H. Ule)의 특별권력관계수정설

Ule는 특별권력관계를 우선 특별권력관계 자체의 발생·변경·소멸에 관련된 기본관계(예: 공무원의 임명, 군인의 입대 등)와 특별권력관계 내부의 경영수행질서에 관련된 경영수행관계(예: 직무명령, 군사훈련, 학생에 대한 학교의 특정행사에의 참가명령 등)로 구분한다. 다음으로 경영수행관계를 다시 군복무관계·폐쇄적 영조물이용관계(예: 전염병환자의 강제격리관계)와 공무원관계·개방적 영조물이용관계(예: 국공립학교 재학관계)로 구분한다.[15]

한편 Ule는 전술한 구분에 입각하여 기본관계와 군복무관계 및 폐쇄적 영조물이용관계에 대해서는 사법심사를 인정하고, 공무원관계와 개방적 영조물이용관계에 대해서는 사법심사를 부정한다. 이러한 Ule의 특별권력관계수정설은 결국 사법심사가 부정되는 내부관계의 범위를 축소함으로써 법치주의 적용범위를 확대하였다는 점에서 그 특징을 찾을 수 있는바, 이 같은 사정을 고려해 보면 Ule의 견해 또한 상대적 구별설에 해당하는 것으로 볼 수 있다.

3. 부정설

(1) 일반적·형식적 부정설

실질적 법치주의에 따를 때 모든 공권력의 행사에는 법률의 근거를 요하며, 따라서 특별권력관계에서도 법치주의가 전면적으로 적용된다는 견해이다.

(2) 개별적·실질적 부정설

종래 특별권력관계로 보아 온 모든 법률관계가 모두 권력관계라는 것에 의문을 제기하고, 특별권력관계의 내용을 개별적·구체적으로 검토하여 그를 관리관계 내지 일반권력관계로 분해·귀속시켜야 한다는 견해이다.

III. 특별권력관계의 성립과 소멸

1. 성 립

(1) 직접 법률의 규정에 의하여 성립하는 경우

수형자(受刑者)의 교도소수감(「형의 집행 및 수용자의 처우에 관한 법률」 제16조), 법정감염병환자의 강제치료·입원(「감염병의 예방 및 관리에 관한 법률」 제42조) 등이 그 예이다.

---

15) 이러한 Ule의 설명방식에 착안하여 Ule의 이론을 '기본관계와 경영수행관계의 구분론'이라고 명명(命名)하는 입장도 있다.

(2) 상대방의 동의에 의하는 경우

이 경우는 특별권력관계가 상대방의 완전한 자유의사에 기한 동의에 의하여 성립하는 경우(예: 공무원관계의 설정, 국공립학교에의 입학 등)와 상대방의 동의가 법률에 의해 강제되어 있는 경우(예: 학령아동의 초등학교취학)로 나누어 볼 수 있다.

2. 소 멸

특별권력관계의 일반적 소멸사유로는 행정목적의 달성(국립대학의 졸업), 임의탈퇴(공무원의 사임), 권력주체에 의한 일방적 배제(파면)를 들 수 있다.

IV. 특별권력관계의 종류

1. 공법상의 근무관계

국가 또는 지방자치단체와 공무원의 관계처럼 '포괄적' 근무의무를 내용으로 하는 윤리적 관계이다. 이 점에서 경제적 가치의 급부를 내용으로 하는 민법상의 고용관계나, '특정한' 행정사무의 처리를 내용으로 하는 공법상의 위임관계와 구별된다.

2. 공법상의 영조물이용관계

영조물의 이용관계 중에서 윤리적·공공적 성격을 가진 이용관계이다(예: 국공립학교의 재학관계, 법정감염병환자의 국공립병원의 在院關係, 교도소재소관계 등).

3. 공법상의 특별감독관계

국가 등과 특별한 법률관계에 있음으로써 그의 행위에 대하여 국가로부터 특별한 감독을 받는 관계이다(예: 공공조합, 특허기업자, 공무수탁사인 등이 국가의 특별한 감독을 받는 관계).

4. 공법상의 사단관계

공공조합과 그 조합원과의 관계를 말한다.

관련판례

「농지개량조합과 그 직원과의 관계는 사법상의 근로계약관계가 아닌 공법상의 특별권력관계이고, 그 조합의 직원에 대한 징계처분의 취소를 구하는 소송은 행정소송사항에 속한다」(대판 1995.6.9, 94누10870).

V. 특별권력관계에서의 특별권력

1. 특별권력의 종류

특별권력은 특별권력관계의 종류에 따라 직무상 권력, 영조물권력, 감독권력 및 사단권력으로 나누어진다.

2. 특별권력의 내용

(1) 명령권

특별권력의 주체는 당해 특별권력관계의 목적달성을 위해 필요한 명령 · 강제를 할 수 있다. 이 경우 명령권은 일반적 · 추상적 명령(예: 영조물규칙 · 훈령 등의 행정규칙)과 개별적 · 구체적 명령(예: 직무명령)의 형식으로 발해진다.

(2) 징계권

특별권력의 주체는 특별권력관계의 내부적 질서를 유지하기 위하여 질서문란자에 대해 징계권을 갖는다. 다만 징계권은 특별권력관계의 성질상 일정한 제한을 받는바, 특히 특별권력관계가 상대방의 임의적 동의에 의하여 성립된 경우에는 징계권은 특별권력관계로부터의 배제와 신분상의 이익의 박탈을 최고한도로 하여야 한다.

3. 특별권력의 한계

특별권력관계는 특별한 목적을 위하여 성립되는 것이므로 특별권력은 그 성립목적을 달성하기 위하여 필요한 범위 내에서만 행사되어야 한다.

VI. 특별권력관계와 법치주의 등

1. 법치주의

특별권력관계의 인정여부에 관하여 상대적 구별설을 취하게 되면 "원칙적으로 특별권력관계 내에서도 법치주의, 특히 법률유보의 원칙이 적용된다. 다만, 특별권력관계의 목적달성을 위해 필요한 한도 내에서는 법률유보의 원칙이 제한을 받는다"고 하는 결론에 달하게 된다.

이에 반하여 부정설에 따르게 되면 종래 특별권력관계로 설명되어 오던 관계에도 법치주의가 전면적으로 적용되게 된다.

2. 기본권의 제한

특별권력관계의 인정여부에 관하여 상대적 구별설에 의하게 되면 「특별권력관계 내라 하여도 국민의 기본권은 원칙적으로 법률의 근거 없이는 제한될 수 없다. 다만, 특별권력관계를 설정한 목적에 비추어 보아 합리적으로 인정되는 경우에는 예외적으로 기본권 제한이 가능하다」라는 결론에 달하게 된다(예: 국립대학생에 대한 기숙사생활의 강제 등). 그러나 헌법상의 절대적 기본권(종교의 자유·사상의 자유 등)은 어떠한 경우에도 제한될 수 없다.

한편 부정설에 의하게 되면 특별권력관계 내에서도 법률의 근거 없이는 기본권을 제한할 수 없게 된다.

관련판례

「사관생도는 군 장교를 배출하기 위하여 국가가 모든 재정을 부담하는 특수교육기관인 육군3사관학교의 구성원으로서, 학교에 입학한 날에 육군 사관생도의 병적에 편입하고 준사관에 준하는 대우를 받는 특수한 신분관계에 있다(육군3사관학교 설치법 시행령 제3조). 따라서 그 존립 목적을 달성하기 위하여 필요한 한도 내에서 일반 국민보다 상대적으로 기본권이 더 제한될 수 있으나, 그러한 경우에도 법률유보원칙, 과잉금지원칙 등 기본권 제한의 헌법상 원칙들을 지켜야 한다」(대판 2018.8.30, 2016두60591).

---

3. 사법심사

특별권력관계의 인정여부에 관하여 상대적 구별설에 의하게 되면 「특별권력관계에서의 행위는 외부행위와 내부행위로 나누어지며, 이 가운데 전자만이 사법심사의 대상이 될 수 있다」는 결론에 달하게 된다, 이에 반하여 부정설에 의하게 되면 특별권력관계에서의 행위도 (내부행위, 외부행위를 불문하고) 사법심사의 대상이 된다.

오늘날에는 소익이 인정되는 한 특별권력관계 내부의 사항도 사법심사의 대상이 될 수 있다는 것이 다수설이며, 판례 또한 그러하다. 다만 특별권력관계에 있어서 특별권력의 주체에게 광범위한 재량이 인정되는 경우에는 그 한도에서 사법심사가 제한될 수 있다.

관련판례

① 「경찰공무원을 비롯한 공무원의 근무관계인 이른바 특별권력관계에 있어서도 일반행정법관계에 있어서와 마찬가지로 행정청의 위법한 처분 또는 공권력의 행사·불행사 등으로 인하여 권

리 또는 법적 이익을 침해당한 자는 행정소송 등에 의하여 그 위법한 처분 등의 취소를 구할 수 있다고 보아야 할 것이다」(헌재결 1995.12.28, 91헌마80).

② 「국립교육대학 학생에 대한 퇴학처분은, 국가가 설립·경영하는 교육기관인 동 대학의 교무를 통할하고 학생을 지도하는 지위에 있는 학장이 교육목적 실현과 학교의 내부질서 유지를 위해 학칙 위반자인 재학생에 대한 구체적 법집행으로서 국가공권력의 하나인 징계권을 발동하여 학생으로서의 신분을 일방적으로 박탈하는 국가의 교육행정에 관한 의사를 외부에 표시한 것이므로, 행정처분임이 명백하다. 징계처분이 교육적 재량행위라는 이유만으로 사법심사의 대상에서 당연히 제외되는 것은 아니다」(대판 1991.11.22, 91누2144).

제4장 행정법상의 법률요건과 법률사실

▌제1절▐ 개 설

I. 의의 및 종류

행정법상의 법률요건이란 행정법관계의 발생·변경·소멸이라는 법률효과를 발생시키는 사실을 말하며, 이러한 법률요건을 구성하는 개개의 사실을 법률사실이라고 한다.

행정법상의 법률요건은 보통 여럿의 법률사실로 구성되나(예: 신청＋허가처분), 1개의 법률사실로 성립하는 때도 있다(예: 조세부과처분).

II. 법률사실의 종류

행정법상의 법률사실은 사람의 정신작용을 요소로 하는지의 여부에 따라 행정법상의 사건과 행정법상의 용태로 나눌 수 있다.

1. 행정법상의 사건

행정법상의 사건(事件)이란 사람의 정신작용을 요소로 하지 않는 행정법상의 법률사실을 말한다. 사람의 출생과 사망, 시간의 경과, 일정한 연령에의 도달, 일정한 장소에의 거주 및 물건의 소유나 점유 등이 행정법상의 사건에 해당한다.

2. 행정법상의 용태

행정법상의 용태(容態)란 사람의 정신작용을 요소로 하는 행정법상의 법률사실을 말한다.

행정법상의 용태는 다시 사람의 정신작용이 외부에 표시되지 않는 내부적 용태(예: 고의·과실, 선의·악의)와 사람의 정신작용의 발현으로서의 거동을 의미하는 외부적 용태로 구분된다.

‖ 제2절 ‖ 행정법상의 사건

Ⅰ. 시간의 경과

1. 기 간

행정법상의 법률관계는 일정한 기간이 경과함으로써 발생 또는 소멸하는 경우가 있는바, 여기서 '기간'이란 한 시점에서 다른 시점까지의 시간적 간격을 말한다. 민법의 기간계산에 관한 규정은 법기술적 약속규정이므로 행정에 관한 기간의 계산에 있어서도 법령 등에 특별한 규정이 있는 경우를 제외하고는 「민법」을 준용한다(「행정기본법」 제6조 제1항).

(1) 기간의 기산점

기간을 일·주·월·년으로 정한 경우에는 초일을 산입하지 않고 다음 날부터 기산하는 것이 원칙인바, 이를 초일불산입(初日不算入)의 원칙이라고 한다(「민법」 제157조). 다만 「행정기본법」은 법령 등 또는 처분에서 국민의 권익을 제한하거나 의무를 부과하는 경우 권익이 제한되거나 의무가 지속되는 기간의 계산에 있어서는 기간의 첫날을 산입하도록 규정하고 있다(제6조 제2항 제1호).[1]

한편 「행정기본법」 이외에도 초일불산입의 원칙에 대한 예외를 규정하고 있는 법령이 있는바, 그 대표적 예는 다음과 같다.

① 기간이 오전 영시부터 시작하는 경우(「민법」 제157조 단서)
② 연령계산(「민법」 제158조)
③ 「국회법」에 의한 기간계산(「국회법」 제168조)
④ 공소시효 및 구속기간(「형사소송법」 제66조 제1항)
⑤ 민원 처리기간의 계산(「민원 처리에 관한 법률」 제19조 제3항) 등

(2) 기간의 만료점

기간을 일·주·월·년으로 정한 때에는 그 기간의 말일이 종료함으로써 만료된다.

[1] 이러한 기준에 따르는 것이 국민에게 불리한 경우에는 그러하지 아니하다(동법 제6조 제2항 단서).

다만 「민법」은 기간의 말일이 토요일 또는 공휴일인 때에는 그 익일로 만료한다는 특칙을 두고 있다(「민법」제161조). 이와 관련하여 「행정기본법」이 "행정에 관한 기간의 계산에 있어 법령 등 또는 처분에서 국민의 권익을 제한하거나 의무를 부과하는 경우 권익이 제한되거나 의무가 지속되는 기간의 계산은 기간의 말일이 토요일 또는 공휴일인 경우에도 기간은 그 날로 만료한다"[2]고 규정하고 있음은 주목을 요한다(「행정기본법」제6조 제2항 제2호). 따라서 이하에 소개된 판례는 「행정기본법」제6조의 규정 내용을 고려할 때 더 이상 유지되기 곤란할 것으로 생각된다.

관련판례

「광업법에는 기간의 계산에 관하여 특별한 규정을 두고 있지 아니하므로, 광업법 제16조에 정한 출원제한기간을 계산할 때에도 기간계산에 관한 민법의 규정은 그대로 적용된다. 광업권설정 출원제한기간의 기산일인 2007.7.28.로부터 6개월의 기간이 경과하는 마지막 날인 2008.1.27.이 일요일인 경우, 그 출원제한기간은 민법 제161조의 규정에 따라 그 다음날인 2008.1.28. 만료된다」(대판 2009.11.26, 2009두12907).

2. 시 효

시효(時效)제도란 일정한 사실상태가 오랫동안 계속된 경우에 진실한 법률관계가 어떤 것인가를 불문하고 계속된 사실상태를 존중하여 그를 법률적으로 보호함으로써 법률생활의 안정을 기하려는 제도를 말하는바, 이에는 소멸시효와 취득시효가 있다.

한편 특별한 규정이 없는 한 민법상의 시효에 관한 규정은 공법관계에도 적용되는 것으로 본다. 다만 행정법관계에서 특이성이 인정되는 것으로는 다음의 것이 있다.

(1) 금전채권의 소멸시효

1) 시효의 기간   국가(또는 지방자치단체)의 금전채권 또는 국가(또는 지방자치단체)에 대한 금전채권은 다른 법률에 규정이 없는 한 5년간 이를 행사하지 않으면 시효로 인하여 소멸된다(「국가재정법」제96조, 「지방재정법」제82조).[3]

한편 '다른 법률에 규정이 없는 것'은 다른 법률에서 「국가재정법」제96조, 「지방재정법」제82조에서 규정한 5년의 소멸시효기간보다 짧은 기간의 소멸시효의 규정이 있는 경우를 의미하는 것이며, 따라서 이보다 긴 기간을 규정한 것은 여기에 해당하지 않는다.

---

2) 물론 이러한 기준에 따르는 것이 국민에게 불리한 경우에는 그러하지 아니하다(동법 제6조 제2항 단서).
3) 「국가재정법」제96조는 단지 "금전의 급부를 목적으로 하는 국가의 또는 국가에 대한 권리"라고만 규정하고 있으므로 동조는 국가의 사법상의 금전채권에도 적용된다고 보아야 한다.

관련판례

「예산회계법 제96조에서 '다른 법률의 규정'이라 함은 다른 법률에 예산회계법 제96조에서 규정한 5년의 소멸시효기간보다 짧은 기간의 소멸시효의 규정이 있는 경우를 가리키는 것이고, 이보다 긴 10년의 소멸시효를 규정한 민법 제766조 제2항은 예산회계법 제96조에서 말하는 '다른 법률의 규정'에 해당하지 아니한다」(대판 2001.4.24, 2000다57856).

2) 시효의 중단　시효의 중단 및 정지에 관해서도 원칙적으로 민법의 규정이 준용된다. 다만 국가의 납입고지는 민법상의 규정과 달리 시효중단의 효력이 있다(「국가재정법」 제96조 제4항,「지방재정법」 제84조).

한편 이러한 납입고지에 의한 시효중단의 효력은 그 납입고지에 의한 부과처분이 취소되더라도 상실되지 않는다(관련판례 ① 참조). 시효중단은 직권심리사항이다(관련판례 ② 참조).

관련판례

①「예산회계법 제98조에서 법령의 규정에 의한 납입고지를 시효중단 사유로 규정하고 있는바, 이러한 납입고지에 의한 시효중단의 효력은 그 납입고지에 의한 부과처분이 취소되더라도 상실되지 않는다」(대판 2000.9.8, 98두19933).
②「시효중단사유는 기록상 현출되어 원심판시 자체에서 이를 인정하고 있는 이상 피고의 시효중단에 관한 명시적인 항변이 없더라도 행정소송법 제26조에 따라 직권으로 심리·판단할 사항이다」(대판 1987.1.20, 86누346).

3) 소멸시효완성의 효과　소멸시효완성의 효과에 대하여는 소멸시효의 완성으로 권리는 당연히 소멸한다는 절대적 소멸설과 시효의 이익을 받을 자에게 권리의 소멸을 주장할 권리가 생길 뿐이라는 상대적 소멸설의 대립이 있는바, 판례는 전자의 입장을 취하고 있다(관련판례 ① 참조).

다만 법원은 소멸시효완성의 효과에 대하여 절대적 소멸설을 취하면서도, 당사자의 원용이 없으면 직권으로 시효를 고려하지 않는다고 하고 있다(관련판례 ② 참조).

관련판례

①「조세에 관한 소멸시효가 완성되면 국가의 조세부과권과 납세의무자의 납세의무는 당연히 소멸한다 할 것이므로 소멸시효완성 후에 부과된 부과처분은 납세의무 없는 자에 대하여 부과처분을 한 것으로서 그와 같은 하자는 중대하고 명백하여 그 처분의 효력은 당연무효이다」(대판 1985.5.14, 83누655).

② 「소멸시효에 있어서 그 시효기간이 만료되면 권리는 당연히 소멸하는 것이지만 그 시효의 이익을 받는 자가 소송에서 소멸시효의 주장을 하지 아니하면 그 의사에 반하여 재판할 수 없는 것이다」(대판 1991.7.26, 91다5631).

(2) 공물의 취득시효

공물이 취득시효의 대상이 될 수 있는지의 여부에 관하여는 긍정설, 부정설 및 제한적 시효취득설 등의 대립이 있다. 오늘날은 「공물은 (공용폐지가 없는 한) 취득시효의 목적이 될 수 없다」는 부정설이 판례 및 다수설의 입장이다(관련판례 ① 참조). 다만 국유재산이라 하여도 일반재산은 공물이 아니므로 취득시효의 대상이 된다(관련판례 ② 참조).

관련판례

① 「행정재산은 공용폐지가 되지 아니하는 한 사법상 거래의 대상이 될 수 없으므로 시효취득의 대상이 되지 아니한다」(대판 1996.5.28, 95다52383).
② 「국유재산 중 잡종재산에 대하여 매각 또는 대부하는 행위 자체는 국가가 사경제적인 법인의 주체로서 하는 사법행위이고 행정처분이라고 할 수 없거니와 그 권리관계 역시 공법관계가 아닌 사법상(私法上)의 권리관계로서 일반 민사법(民事法)의 적용을 받는 것이라면 국가도 개인과 대등하게 타인의 재산을 시효취득을 원인으로 권리를 취득할 수 있는 것과 같이 국유잡종재산도 타인의 시효취득으로 그 권리가 소멸되어야 하는 것은 당연하다」(헌재결 1991.5.13, 89헌가97).

한편 현행법은 행정재산(국공유의 공물)은 시효취득의 대상이 되지 않는다는 명시적 규정을 두고 있는바(「국유재산법」 제7조 제2항, 「공유재산 및 물품관리법」 제6조 제2항 등), 따라서 공물의 시효취득에 관한 논쟁은 사유공물에 국한된다고 할 수 있다.

3. 제척기간

정해진 기간 내에 권리를 행사하지 않으면 권리가 소멸된다는 점에서 소멸시효와 유사한 것으로 제척기간이 있는바(예: 행정심판청구기간 등), 제척기간은 법률관계의 신속한 확정을 목적으로 한다는 점에서 일정한 기간 동안 계속된 사실상태의 존중을 목적으로 하는 소멸시효와는 근본적 성질을 달리한다. 이러한 근본적 차이에서 나오는 양자 간의 구체적 차이점은 다음과 같다.

구 분	소멸시효	제척기간
기 간	(일반적으로) 소멸시효가 제척기간보다 장기	
중단 · 정지의 제도	있 음	없 음
소 급 효	있 음	없 음
소송상 원용	필 요	불 요
기 산 점	권리를 행사할 수 있을 때	권리가 발생한 때

이와 관련하여 「행정기본법」이 제재처분의 제척기간에 대한 규정을 갖고 있음은 주목을 요하는바, 그에 따르면 행정청은 법령 등의 위반행위가 종료된 날부터 5년이 지나면 해당 위반행위에 대하여 제재처분[4]을 할 수 없다(동법 제23조 제1항). 다만 ① 거짓이나 그 밖의 부정한 방법으로 인허가를 받거나 신고를 한 경우, ② 당사자가 인허가나 신고의 위법성을 알고 있었거나 중대한 과실로 알지 못한 경우, ③ 정당한 사유 없이 행정청의 조사 · 출입 · 검사를 기피 · 방해 · 거부하여 제척기간이 지난 경우, ④ 제재처분을 하지 아니하면 국민이 안전 · 생명 또는 환경을 심각하게 해지거나 해질 우려가 있는 경우 중 어느 하나에 해당하는 때에는 그러하지 아니하다(동조 제2항). 또한 행정심판의 재결이나 법원의 판결에 따라 제재처분이 취소 · 철회된 경우에는, 행정청은 재결이나 판결이 확정된 날부터 1년(합의제행정기관은 2년)이 지나기 전까지는 그 취지에 따른 새로운 제재처분을 할 수 있다(동조 제3항).

한편 다른 법률에서 동법 제23조 제1항 및 제3항의 기간보다 짧거나 긴 기간을 규정하고 있으면 그 법률에서 정하는 바에 따른다(동조 제4항).

4. 실 권

실권(失權)이란 공법상의 권리를 장기간 행사하지 않고 방치한 경우에 그를 행사할 수 없게 되는 것을 말하는바, 판례는 실권의 법리를 신의성실의 원칙에 바탕을 둔 파생원칙으로 인정한 바 있다.

관련판례

「실권 또는 실효의 법리는 법의 일반원리인 신의성실의 원칙에 바탕을 둔 파생원칙인 것이므로 공법관계 가운데 관리관계는 물론이고 권력관계에도 적용되어야 함을 배제할 수는 없다 하겠으나 그것은 본래 권리행사의 기회가 있음에도 불구하고 권리자가 장기간에 걸쳐 그의 권리를 행사하지 아니하였기 때문에 의무자인 상대방은 이미 그의 권리를 행사하지 아니할 것으로 믿을

---

[4] 여기서의 제재처분이란 인허가의 정지 · 취소 · 철회, 등록 말소, 영업소 폐쇄와 정지를 갈음하는 과징금 부과를 말한다.

만한 정당한 사유가 있게 되거나 행사하지 아니할 것으로 추인케 할 경우에 새삼스럽게 그 권리를 행사하는 것이 신의성실의 원칙에 반하는 결과가 될 때 그 권리행사를 허용하지 않는 것을 의미하는 것이다」(대판 1988.4.27, 87누915).

II. 주소 · 거소

1. 주 소

(1) 주소의 개념

자연인의 주소에 관하여 「민법」은 '생활의 근거되는 곳'을 주소로 규정하여 실질주의(實質主義)를 취하고 있는바, 행정법상의 주소에 관하여는 「주민등록법」이 다른 법률에 특별한 규정이 없는 한 '주민등록법에 의한 주민등록지'를 공법관계에서의 주소로 보고 있다(「주민등록법」 제23조 제1항).

한편 법인의 경우 「민법」은 '주된 사무소의 소재지'를 법인의 주소로 보고 있는바, 행정법관계에 있어서도 동일한 것으로 보아야 할 것이다. 왜냐하면 행정법상 법인의 주소에 관하여는 특별한 규정이 없기 때문이다.

(2) 주소의 수

주소의 수에 관하여 「민법」이 주소복수주의(住所複數主義)를 채택하고 있는 것에 반하여(제18조 제2항), 「주민등록법」이 이중등록을 금지하고 있는 결과(제10조 제2항) 행정법상 자연인의 주소는 원칙적으로 1개소에 한정된다.

2. 거 소

사람이 다소의 기간 동안 계속하여 거주하는 장소로서, 그 장소와의 밀접도가 주소만 못한 곳을 거소(居所)라고 하는바, 행정법관계에서도 이러한 거소를 기준으로 법률관계를 규율하는 경우가 있다(예: 「국세징수법」 제13조 제1항, 제16조 제1항).

‖ 제3절 ‖ 행정법상의 행위(행정법상의 외부적 용태)

행정법상의 행위란 행정법관계에서 국가 등 행정주체와 사인 간의 행위로서 공법적 효과를 발생 · 변경 · 소멸시키는 행위형식을 의미한다. 행정법상의 행위는 주체를 기준으로 행정주체의 공법행위와 사인의 공법행위로 나누어 볼 수 있다.

Ⅰ. 행정주체의 공법행위

행정행위, 행정입법으로서의 명령, 확약, 행정계획 등 제2편의 행정작용법에서 논해지는 행위들이 이에 해당한다(이에 관하여는 제2편 행정작용법 참조).

Ⅱ. 사인의 공법행위

1. 개   설

(1) 의   의
사인(私人)의 공법행위란 '공법관계에서 사인이 행하는 행위로서, 공법적 효과를 발생시키는 일체의 행위'를 말하는바, 이는 국민의 행정에의 참가를 가능케 함으로써 행정의 민주화에 이바지하는 기능을 갖는다.

(2) 타 개념과의 구별
사인의 공법행위는 '사인'의 공법행위인 점에서 행정주체의 공권력 발동행위인 행정행위와 다르다. 따라서 사인의 공법행위에는 공정력·존속력·강제력 등은 인정되지 않는다.

또한 사인의 공법행위는 '공법적 효과'의 발생을 목적으로 하는 점에서 사인 상호간의 이해조절을 목적으로 하는 사법행위와도 다르다. 따라서 사인의 공법행위에는 사법행위에 관한 규정이 당연히 적용되지는 않는다.

2. 종   류

(1) 행정주체의 기관으로서의 행위와 행정주체의 상대방으로서의 행위
사인의 공법행위는 사인의 지위를 기준으로 할 때 행정주체의 기관으로서의 행위와 행정주체의 상대방으로서의 행위로 구분할 수 있다. 공직선거에서의 투표·서명 등의 행위는 전자의 예이며, 각종의 신고·신청·동의, 이의신청·행정심판의 제기 등은 후자의 예가 된다.

(2) 단순행위와 합성행위
일방당사자의 공법행위의 의사표시의 수를 기준으로 한 분류로서, 신고나 등록은 단순행위(單純行爲)의 예이며, 선거 및 서명은 합성행위(合成行爲)의 예이다.

(3) 단독행위와 쌍방행위
일방 당사자의 의사표시만으로 법률효과를 발생하는 것을 단독행위(자기완결적 사인의 공법행위), 쌍방 당사자의 의사의 합치에 의해 법률효과를 발생하는 것을 쌍방행위

(행정요건적 사인의 공법행위)라고 한다. 자기완결적 신고는 전자의 예에 해당하며, 허가의 신청 등이 후자의 예가 된다.

3. 신고에 관한 법적 문제

신고 역시 사인의 공법행위의 하나이다. 다만, 근래에 신고와 관련하여 많은 논의가 있음을 고려하여 이를 별도로 다루어 보고자 한다.

(1) 신고의 유형

신고는 행정청의 수리(受理)를 요하는지 여부를 기준으로 자기완결적 신고와 행정요건적 신고로 구분할 수 있는바, 이러한 구분은 신고의 효과, 수리 및 수리거부행위의 처분성 인정여부, 신고필증 등과 관련하여 중요한 의미를 갖는다.

1) 자기완결적 신고   (전형적인) 신고는 일정한 법률사실 또는 법률관계에 관하여 관계행정청에 일방적으로 통고를 하는 것을 뜻한다. 따라서 이러한 의미의 신고는 법에 별도의 규정이 있는 경우가 아니라면 행정청에 대한 통고가 있으면 그에 대한 행정청의 반사적 결정을 기다릴 필요가 없는 것이 원칙이다. 이러한 경우에 있어서의 신고를 '자기완결적 신고' 또는 '수리를 요하지 않는 신고'라고 한다.

관련판례

① 골프장 이용료 변경신고:「체육시설의 설치·이용에 관한 법률 제18조에 의한 골프장 이용료 변경신고서는 그 신고 자체가 위법하거나 그 신고에 무효사유가 없는 한 이것이 도지사에게 제출하여 접수된 때에 신고가 있었다고 볼 것이고, 도지사의 수리행위가 있어야만 신고가 있었다고 볼 것은 아니다」(대판 1993.7.6, 93마635).

② 신고체육시설업의 신고:「체육시설의 설치·이용에 관한 법률 제10조, 제11조, 제22조, 같은 법 시행규칙 제8조 및 제25조의 각 규정에 의하면, 체육시설업은 등록체육시설업과 신고체육시설업으로 나누어지고, 당구장업과 같은 신고체육시설업을 하고자 하는 자는 체육시설업의 종류별로 같은 법 시행규칙이 정하는 해당 시설을 갖추어 소정의 양식에 따라 신고서를 제출하는 방식으로 시·도지사에 신고하도록 규정하고 있으므로, 소정의 시설을 갖추지 못한 체육시설업의 신고는 부적법한 것으로 그 수리가 거부될 수밖에 없고 그러한 상태에서 신고체육시설업의 영업행위를 계속하는 것은 무신고영업행위에 해당할 것이지만, 이에 반하여 적법한 요건을 갖춘 신고의 경우에는 행정청의 수리처분 등 별단의 조치를 기다릴 필요없이 그 접수시에 신고로서의 효력이 발생하는 것이므로 그 수리가 거부되었다고 하여 무신고영업이 되는 것은 아니다」(대판 1998.4.24, 97도3121).

---

2) 행정요건적 신고   행정법상 신고에는 전술한 전형적인 신고(자기완결적 신고) 이외에 신고의 효과가 발생하기 위하여 행정청의 수리를 요하는 신고, 즉 '행정요건적 신

고' 또는 '수리를 요하는 신고'가 있다.[5]

　　대법원 판례에 따를 때 행정요건적 신고의 유형은 다음과 같다. 즉,

　　① 지위승계의 신고(관련판례 ① 참조)

　　② 등록적 성격의 신고(관련판례 ② 참조)

　　③ 인허가의제를 수반하는 신고(관련판례 ③ 참조)

　　④ 기타 유형의 신고(관련판례 ④ 참조)

관련판례

① 지위승계신고-식품위생법상의 영업양도에 따른 지위승계신고:「식품위생법 제39조 제1항, 제3항에 의한 영업양도에 따른 지위승계 신고를 행정청이 수리하는 행위는 단순히 양도·양수인 사이에 이미 발생한 사법상의 영업양도의 법률효과에 의하여 양수인이 그 영업을 승계하였다는 사실의 신고를 접수하는 행위에 그치는 것이 아니라, 양도자에 대한 영업허가 등을 취소함과 아울러 양수자에게 적법하게 영업을 할 수 있는 지위를 설정하여 주는 행위로서 영업허가자 등의 변경이라는 법률효과를 발생시키는 행위이다」(대판 2020.3.26, 2019두38830).

② 등록적 성격의 신고-수산업법상의 어업신고:「수산업법 제44조 소정의 어업의 신고는 행정청의 수리에 의하여 비로소 그 효과가 발생하는 이른바 '수리를 요하는 신고'라고 할 것이고, 따라서 설사 관할관청이 어업신고를 수리하면서 공유수면매립구역을 조업구역에서 제외한 것이 위법하다고 하더라도, 그 제외된 구역에 관하여 관할관청의 적법한 수리가 없었던 것이 분명한 이상 그 구역에 관하여는 같은 법 제44조 소정의 적법한 어업신고가 있는 것으로 볼 수 없다」(대판 2000.5.26, 99다37382).

③ 인허가의제를 수반하는 (건축)신고:「건축법에서 인·허가의제 제도를 둔 취지는, 인·허가의제사항과 관련하여 건축허가 또는 건축신고의 관할 행정청으로 그 창구를 단일화하고 절차를 간소화하며 비용과 시간을 절감함으로써 국민의 권익을 보호하려는 것이지, 인·허가의제사항 관련 법률에 따른 각각의 인·허가 요건에 관한 일체의 심사를 배제하려는 것으로 보기는 어렵다. 왜냐하면, 건축법과 인·허가의제사항 관련 법률은 각기 고유한 목적이 있고, 건축신고와 인·허가의제사항도 각각 별개의 제도적 취지가 있으며 그 요건 또한 달리하기 때문이다. 나아가 인·허가의제사항 관련 법률에 규정된 요건 중 상당수는 공익에 관한 것으로서 행정청의 전문적이고 종합적인 심사가 요구되는데, 만약 건축신고만으로 인·허가의제사항에 관한 일체의 요건 심사가 배제된다고 한다면, 중대한 공익상의 침해나 이해관계인의 피해를 야기하고 관련 법률에서 인·허가 제도를 통하여 사인의 행위를 사전에 감독하고자 하는 규율체계 전반을 무너뜨릴 우려가 있다. 또한 무엇보다도 건축신고를 하려는 자는 인·허가의제사항 관련 법령에서 제출하도록 의무화하고 있는 신청서와 구비서류를 제출하여야 하는데, 이는 건축신고를 수리하는 행정청으로 하여금 인·허가의제사항 관련 법률에 규정된 요건에 관하여도 심사를 하도록 하

─────────

5) 이러한 행정요건적 신고제는 실질적으로는 완화된 허가제의 의미를 갖는다는 점을 지적하는 견해 또한 유력하다.

기 위한 것으로 볼 수밖에 없다. 따라서 인·허가의제 효과를 수반하는 건축신고는 일반적인 건축신고와는 달리, 특별한 사정이 없는 한 행정청이 그 실체적 요건에 관한 심사를 한 후 수리하여야 하는 이른바 '수리를 요하는 신고'로 보는 것이 옳다」(대판 2011.1.20, 2010두14954).

④ 기타-(골프장)예탁금회원모집계획서 제출: 「구 체육시설의 설치·이용에 관한 법률 제19조의 규정에 의하여 체육시설의 회원을 모집하고자 하는 자는 시·도지사 등으로부터 회원모집계획서에 대한 검토결과 통보를 받은 후에 회원을 모집할 수 있다고 보아야 하고, 따라서 체육시설의 회원을 모집하고자 하는 자의 시·도지사 등에 대한 (골프장)예탁금회원모집계획서 제출은 수리를 요하는 신고에서의 신고에 해당하며, 시·도지사 등의 검토결과 통보는 수리행위로서 행정처분에 해당한다」(대판 2009.2.26, 2006두16243).

(2) 신고의 효과

1) 자기완결적 신고   자기완결적 신고는 일정한 사항을 통지함으로써 의무가 끝나는 것이어서 적법한 신고의 경우 신고서가 접수기관에 도달한 때에 신고의무가 이행된 것으로 보아야 한다(「행정절차법」 제40조 참조). 따라서 적법한 요건을 갖춘 신고가 있었다면 그 수리가 거부되었다고 하여 신고영업이 무신고영업이 되는 것은 아니다(대판 1998.4.24, 97도3121).

한편 자기완결적 신고의 경우에는 부적법한 신고가 있었다면 행정청이 이를 수리하여도 신고의 효과가 발생하지 아니한다. 따라서 부적법한 신고를 하고 신고영업을 하면 그러한 영업은 무신고영업으로서 불법영업에 해당하게 된다.

2) 행정요건적 신고   행정요건적 신고에 있어서는 신고가 적법한 경우라고 하여도 행정청이 그를 수리함으로써 비로소 신고의 효과가 발생한다. 「행정기본법」은 법령 등으로 정하는 바에 따라 행정청에 일정한 사항을 통지하여야 하는 신고로서 법률에 신고의 수리가 필요하다고 명시되어 있는 경우에는 행정청이 수리하여야 효력이 발생한다(제34조)고 규정하여 이 같은 점을 분명히 하고 있다. 따라서 승계신고에 대한 수리처분이 있기 이전에 양수인의 영업 중 발생한 위반행위에 대한 책임은 양도인에게 귀속된다.

관련판례

「사실상 영업이 양도·양수되었지만 아직 승계신고 및 그 수리처분이 있기 이전에는 여전히 종전의 영업자인 양도인이 영업허가자이고, 양수인은 영업허가자가 되지 못한다 할 것이어서 행정제재처분의 사유가 있는지 여부 및 그 사유가 있다고 하여 행하는 행정제재처분은 영업허가자인 양도인을 기준으로 판단하여 그 양도인에 대하여 행하여야 할 것이고, 한편 양도인이 그의 의사에 따라 양수인에게 영업을 양도하면서 양수인으로 하여금 영업을 하도록 허락하였다면 그 양수인의 영업 중 발생한 위반행위에 대한 행정적인 책임은 영업허가자인 양도인에게 귀속된다고 보아야 할 것이다」(대판 1995.2.24, 94누9146).

한편 행정요건적 신고에 있어서 신고가 부적법한 것임에도 행정청이 이를 수리한 경우에는 그 수리행위는 하자 있는 행위가 된다. 따라서 그 하자가 중대하고 명백하여 무효사유에 해당하면 수리는 무효가 될 것이고, 무효사유에 해당하지 않는 경우에는 당해 수리행위를 성립상의 하자를 이유로 취소할 수 있게 될 뿐이다.

관련판례

「사업양도·양수에 따른 허가관청의 지위승계신고의 수리는 적법한 사업의 양도·양수가 있었음을 전제로 하는 것이므로 그 수리대상인 사업양도·양수가 존재하지 아니하거나 무효인 때에는 수리를 하였다 하더라도 그 수리는 유효한 대상이 없는 것으로서 당연히 무효라 할 것이고, 사업의 양도행위가 무효라고 주장하는 양도자는 민사쟁송으로 양도·양수행위의 무효를 구함이 없이 막바로 허가관청을 상대로 하여 행정소송으로 위 신고수리처분의 무효확인을 구할 법률상 이익이 있다」(대판 2005.12.23, 2005두3554).

(3) 신고의 수리·수리거부행위의 법적 성질
1) 자기완결적 신고　자기완결적 신고의 수리 내지 수리거부행위의 처분성은 부정된다.

관련판례

① 신고의 수리:「공동주택 입주민의 옥외운동시설인 테니스장을 배드민턴장으로 변경하고 그 변동사실을 신고하여 관할 시장이 그 신고를 수리한 경우, 그 용도변경은 주택건설촉진법상 신고를 요하는 입주자 공유인 복리시설의 용도변경에 해당하지 아니하므로 그 변동사실은 신고할 사항이 아니고 관할 시장이 그 신고를 수리하였다 하더라도 그 수리는 공동주택 입주민의 구체적인 권리의무에 아무런 변동을 초래하지 않는다는 이유로 항고소송의 대상이 되는 행정처분이 아니다」(대판 2000.12.22, 99두455).
② 신고의 수리거부행위:「재단법인이 아닌 종교단체가 설치하고자 하는 납골탑에는 관리사무실, 유족편의시설, 화장한 유골을 뿌릴 수 있는 시설, 그 밖에 필요한 시설물과 주차장을 마련하여야 하나, 위와 같은 시설들은 신고한 납골탑을 실제로 설치·관리함에 있어 마련해야 하는 시설에 불과한 것으로서 이에 관한 사항이 납골탑 설치신고의 신고대상이 되는 것으로 볼 아무런 근거가 없으므로, 종교단체가 납골탑 설치신고를 함에 있어 위와 같은 시설 등에 관한 사항을 신고한 데 대하여 행정청이 그 신고를 이를 일괄 반려하였다고 하더라도 그 반려처분 중 위와 같은 시설 등에 관한 신고를 반려한 부분은 항고소송의 대상이 되는 행정처분이라고 할 수 없다」(대판 2005.2.25, 2004두4031).

한편 소규모 건축물의 건축신고의 경우 자기완결적 신고로 설명되어 왔고 법원 역시 그에 기초하여 건축신고반려처분 또한 처분성이 인정될 수 없다고 판시하여 왔다(대판 2000.9.5, 99두8800 참조). 그러나 근래에 대법원이 종전의 판례를 변경하여 건축신고반려처분의 처분성을 긍정하는 판결을 행한 바 있음은 주목을 요한다.[6]

관련판례

「행정청의 어떤 행위가 항고소송의 대상이 될 수 있는지의 문제는 … 관련 법령의 내용과 취지, 그 행위의 주체·내용·형식·절차, 그 행위와 상대방 등 이해관계인이 입는 불이익과의 실질적 견련성, 그리고 법치행정의 원리와 당해 행위에 관련한 행정청 및 이해관계인의 태도 등을 참작하여 개별적으로 결정하여야 한다. 그런데 구 건축법 관련 규정의 내용 및 취지에 의하면, 건축주 등으로서는 신고제하에서도 건축신고가 반려될 경우 당해 건축물의 건축을 개시하면 시정명령, 이행강제금, 벌금의 대상이 되거나 당해 건축물을 사용하여 행할 행위의 허가가 거부될 우려가 있어 불안정한 지위에 놓이게 된다. 따라서 건축신고 반려행위가 이루어진 단계에서 당사자로 하여금 반려행위의 적법성을 다투어 그 법적 불안을 해소한 다음 건축행위에 나아가도록 함으로써 장차 있을지도 모르는 위험에서 미리 벗어날 수 있도록 길을 열어 주고, 위법한 건축물의 양산과 그 철거를 둘러싼 분쟁을 조기에 근본적으로 해결할 수 있게 하는 것이 법치행정의 원리에 부합한다. 그러므로 이 사건 건축신고 반려행위는 항고소송의 대상이 된다고 보는 것이 옳다」(대판 2010.11.18, 2008두167).

2) 행정요건적 신고　행정요건적 신고의 수리와 수리거부행위는 처분성이 인정된다.

관련판례

① 신고의 수리:「액화석유가스의 안전 및 사업관리법 제7조 제2항에 의한 사업양수에 의한 지위승계신고를 수리하는 허가관청의 행위는 단순히 양도·양수자 사이에 발생한 사법상의 사업양도의 법률효과에 의하여 양수자가 사업을 승계하였다는 사실의 신고를 접수하는 행위에 그치는 것이 아니라 실질에 있어서 양도자의 사업허가를 취소함과 아울러 양수자에게 적법히 사업을 할 수 있는 법규상 권리를 설정하여 주는 행위로서 사업허가자의 변경이라는 법률효과를 발생시키는 행위이므로 허가관청이 법 제7조 제2항에 의한 사업양수에 의한 지위승계신고를 수리하는 행위는 행정처분에 해당한다」(대판 1993. 6.8, 91누11544).
② 신고의 수리거부행위:「건축주명의변경신고수리거부행위는 행정청이 허가대상건축물 양수인의 건축주명의 변경신고라는 구체적인 사실에 관한 법집행으로서 그 신고를 수리하여야 할 법

---

6) 대법원은 인허가의제를 수반하는 건축신고와 관련하여서 종전의 판례를 변경하여 그 역시 '수리를 요하는 신고'라고 판시하였는바, 그에 따르면 그의 반려처분 역시 처분성이 인정될 수 있을 것이다(전술한 대판 2011.1.20, 2010두14954 참조). 다만 이들 판례가 모든 자기완결적 신고의 반려처분의 처분성을 인정하는 취지는 아니라는 점을 주의하여야 한다.

령상의 의무를 지고 있음에도 불구하고 그 신고의 수리를 거부함으로써, 양수인이 건축공사를 계속하기 위하여 또는 건축공사를 완료한 후 자신의 명의로 소유권보존등기를 하기 위하여 가지는 구체적인 법적 이익을 침해하는 결과가 되었다고 할 것이므로, 비록 건축허가가 대물적 허가로서 그 허가의 효과가 허가대상건축물에 대한 권리변동에 수반하여 이전된다고 하더라도, 양수인의 권리·의무에 직접 영향을 미치는 것으로서 취소소송의 대상이 되는 처분이라고 하지 않을 수 없다」(대판 1992.3.11, 91누4911).

(4) 신고필증의 교부에 관한 법적 문제

1) 수리행위에 신고필증 교부 등 행위가 필요한지 여부   수리를 요하는 신고의 경우 신고를 마치면 통상적으로 신고필증이 교부된다. 그러나 수리행위에 신고필증 교부 등의 행위가 반드시 필요한 것은 아니다.

관련판례

「구 장사(葬事) 등에 관한 법률」제14조 제1항, 구 장사 등에 관한 법률 시행규칙(2008.5.26, 보건복지가족부령 제15호로 전부 개정되기 전의 것) 제7조 제1항 [별지 제7호 서식]을 종합하면, 납골당설치 신고는 이른바 '수리를 요하는 신고'라 할 것이므로, 납골당설치 신고가 구 장사법 관련 규정의 모든 요건에 맞는 신고라 하더라도 신고인은 곧바로 납골당을 설치할 수는 없고, 이에 대한 행정청의 수리처분이 있어야만 신고한 대로 납골당을 설치할 수 있다. 한편 수리란 신고를 유효한 것으로 판단하고 법령에 의하여 처리할 의사로 이를 수령하는 수동적 행위이므로 수리행위에 신고필증 교부 등 행위가 꼭 필요한 것은 아니다」(대판 2011.9.8, 2009두6766).

2) 신고필증교부의 거부 가능성   자기완결적 신고의 경우 요건을 갖추어 신고를 하면, 행정청은 그를 수리하여 신고필증을 교부하여야 한다.

관련판례

「의료법이 의료기관의 종류에 따라 허가제와 신고제를 구분하여 규정하고 있는 취지는, 신고 대상인 의원급 의료기관 개설의 경우 행정청이 법령에서 정하고 있는 요건 이외의 사유를 들어 신고 수리를 반려하는 것을 원칙적으로 배제함으로써 개설 주체가 신속하게 해당 의료기관을 개설할 수 있도록 하기 위함이다. 관련 법령의 내용과 이러한 신고제의 취지를 종합하면, 정신과의원을 개설하려는 자가 법령에 규정되어 있는 요건을 갖추어 개설신고를 한 때에, 행정청은 원칙적으로 이를 수리하여 신고필증을 교부하여야 하고, 법령에서 정한 요건 이외의 사유를 들어 의원급 의료기관 개설신고의 수리를 거부할 수는 없다」(대판 2018.10.25, 2018두44302).

3) 신고필증교부의 의미   자기완결적 신고의 경우 신고필증의 교부는 단지 관계인이

신고대상인 사실을 행정기관에게 알렸음을 확인하여 주는 사실행위에 지나지 않는다. 그러나 행정요건적 신고의 경우 신고필증의 교부는 신고를 행한 사인에게 법적 효과가 발생하는 수리행위가 이루어졌음을 증명하는 행위에 해당한다.

관련판례

「의료법 시행규칙 제22조 제3항에 의하면 의원개설 신고서를 수리한 행정관청이 소정의 신고필 증을 교부하도록 되어 있다 하여도 이는 신고사실의 확인행위로서 신고필증을 교부하도록 규정 한 것에 불과하고 그와 같은 신고필증의 교부가 없다 하여 개설신고의 효력을 부정할 수 없다 할 것이다」(대판 1985.4.23, 84도2953).

4. 적용법리

사인의 공법행위에 관해서는 일반적·통칙적 규정이 없으며, 예외적으로 각 단행 법에 개별적 규정이 존재할 뿐이다. 따라서 사인의 공법행위에 관하여 실정법상의 규 정이 없는 경우에 「민법」상의 의사표시 및 법률행위에 관한 규정 및 법원칙의 적용여 부가 해석론상 문제되고 있다. 생각건대 사인의 공법행위의 특수한 성격에 어긋나지 않는 범위에서는 민법상의 의사표시 및 법률행위에 관한 규정이 원칙적으로 적용된다 고 할 것인바, 이하에서 개별적 문제에 관해 살펴보기로 한다.

(1) 의사능력·행위능력

사인의 공법행위에도 의사능력은 필요하며, 따라서 의사능력이 없는 자의 행위는 민법과 마찬가지로 무효로 보고 있다. 한편 재산관계에 관한 것 이외에는 행위능력은 반드시 필요한 것은 아니다(「우편법」 제10조 참조).

(2) 대　리

사인의 공법행위에 대하여는 특히 대리행위를 금지하는 규정(「공직선거법」 제157조 제1항) 또는 허용하는 규정(「행정심판법」 제14조)을 두고 있는 경우가 있다. 이와 같은 규 정이 없는 경우에는 행위의 성질상 일신전속적인 것이 아닌 한 대리가 인정된다.

(3) 행위의 형식

사인의 공법행위는 반드시 요식행위는 아니지만, 그의 존재 및 내용을 명확히 하 기 위하여 일정한 형식을 요구하는 경우가 많다(행정심판청구서, 각종의 인·허가신청서).

(4) 효력발생시기

사인의 공법행위에도 민법상의 도달주의가 적용됨이 원칙이다. 다만 실정법이 특 별히 발신주의를 취하고 있는 경우도 있다(「국세기본법」 제5조의2).

(5) 의사의 흠결·의사결정에 하자 있는 행위의 효력

사인의 공법행위에 있어서 의사의 흠결 또는 의사결정의 하자가 있는 경우에는 그 공법상 행위의 성질에 어긋나지 않는 한 사법(즉, 「민법」)상의 의사표시에 관한 규정이 준용된다.

다만 사인의 공법행위 중에서 사인 간의 사법행위와 다른 특수성이 인정되는 경우에는 의사표시에 관한 사법규정이 적용되기 곤란하다고 할 것인바, 사인의 공법행위에 민법상의 의사표시에 관한 규정의 적용을 부정한 예에 관하여는 이하의 판례 참조.

「군인사정책상 필요에 의하여 복무연장지원서와 전역(여군의 경우 면역임)지원서를 동시에 제출하게 한 방침에 따라 위 양 지원서를 함께 제출한 이상, 그 취지는 복무연장지원의 의사표시를 우선으로 하되, 그것이 받아들여지지 아니하는 경우에 대비하여 원에 의하여 전역하겠다는 조건부 의사표시를 한 것이므로 그 전역지원의 의사표시도 유효한 것으로 보아야 한다. 위 전역지원의 의사표시가 진의 아닌 의사표시라 하더라도 그 무효에 관한 법리를 선언한 민법 제107조 제1항 단서의 규정은 그 성질상 사인의 공법행위에는 적용되지 않는다 할 것이므로 그 표시된 대로 유효한 것으로 보아야 한다」(대판 1994.1.11, 93누10057).[7]

(6) 부 관

사인의 공법행위에는 부관을 붙일 수 없음이 원칙이다.

(7) 철회·보정

사인의 공법행위는 그에 근거한 공법행위(주로 행정행위)가 행해질 때까지는 자유로이 철회·보정할 수 있음이 원칙이다. 「행정절차법」 또한 처분의 신청과 관련하여 「신청인은 처분이 있기 전에는 그 신청의 내용을 보완·변경하거나 취하할 수 있다」(동법 제17조 제8항)고 규정하고 있는 점은 주목을 요한다.

다만 합성행위(예: 투표행위)나 합동행위 등에 있어서는 그에 근거한 공법행위가 행해지기 전이라도 그의 철회·보정이 제한된다.

---

7) 同旨판례: 「공무원이 사직의 의사표시를 하여 의원면직처분을 하는 경우 그 사직의 의사표시는 그 법률관계의 특수성에 비추어 외부적·객관적으로 표시된 바를 존중하여야 할 것이므로, 비록 사직원제출자의 내심의 의사가 사직할 뜻이 아니었다고 하더라도 진의 아닌 의사표시에 관한 민법 제107조는 그 성질상 사직의 의사표시와 같은 사인의 공법행위에는 준용되지 아니하므로 그 의사가 외부에 표시된 이상 그 의사는 표시된 대로 효력을 발한다」(대판 1997.12.12, 97누13962).

「공무원이 한 사직의 의사표시는 그에 터잡은 의원면직처분이 있을 때까지는 원칙적으로 이를 철회할 수 있는 것이지만 …」(대판 1993.7.27, 92누16942).

5. 사인의 공법행위의 효과

(1) 행정청의 처리의무

사인의 공법행위가 적법하게 성립하면, 행정청은 관련법규의 규정에 따라 재량권을 적정하게 행사하여 그에 상응하는 법적 처리를 하여야 할 의무를 부담한다. 다만 사인이 당해 행위에 대한 청구권이 없는 경우에는 행정청의 법적인 처리의무는 없다.

(2) 재신청의 가부

행정행위에는 일반적으로 일사부재리의 효력이 없으므로 (선행거부처분이 불가쟁력을 발생했다고 하더라도) 한번 신청하였다가 거부된 수익적 행정행위를 사정변경을 이유로 재신청을 할 수 있다.

6. 사인의 공법행위의 하자와 행정행위의 효력과의 관계

(1) 사인의 공법행위가 행정행위의 동기에 불과한 경우

사인의 공법행위가 행정행위의 동기가 되는 데 그치는 경우에는 사인의 공법행위의 하자는 행정행위의 효력에 전혀 영향을 미치지 못한다.

(2) 사인의 공법행위가 행정행위의 전제조건인 경우

사인의 공법행위가 행정행위의 필요적 전제조건인 경우에는 ① 사인의 공법행위가 무효 또는 부존재일 때에는 그에 근거한 행정행위도 무효가 되지만 ② 사인의 공법행위에 단순한 흠(즉, 취소의 흠)이 있는 경우에는 그에 근거한 행정행위는 유효하다(통설).[8]

---

8) 사인의 공법행위의 하자와 행정행위의 효력과의 관계에 관한 이러한 통설적 견해와 달리 이 문제를 '원칙·예외의 체계'로 설명하는 견해도 있다. 한편 이러한 견해에 따르면 ① 사인의 공법행위에 흠이 있는 때에는 그에 근거한 행정행위는 취소할 수 있는 것이 됨이 원칙이며, ② 예외적으로 일정한 경우(법이 상대방의 동의를 행정행위의 효력발생요건으로 정하고 있음에도 불구하고 그에 동의하지 않은 경우 등)에만 무효가 되게 된다(김남진·김연태, 행정법Ⅰ, 법문사, 2021, 151쪽 이하 참조).

제2편 행정작용법

제1장

행정입법

▌제1절 ▌ 개 설

Ⅰ. 행정입법의 의의

행정입법[1]이란 행정기관이 일반적 · 추상적 규율을 정립하는 작용 또는 그에 의해 정립된 법규범으로서의 명령을 말한다. 여기서 '일반적'이란 불특정 다수인에게 적용된다는 의미이며, '추상적'이란 불특정 다수의 경우(사례)에 적용된다는 의미이다. 또한 '규율'이란 법적 효과를 발생함을 의미한다.

Ⅱ. 행정입법의 필요성

행정입법은 국회입법의 원칙이나 권력분립의 원칙에 위배되는 측면이 있으며,[2] 실제로 19세기까지는 인정될 수 없는 것으로 생각되었다. 그러나 오늘날에는 행정입법은 필요불가결한 것으로 이해되고 있는바, 행정입법이 필요불가결하게 된 이유로는 다음과 같은 것을 들 수 있다: ① 전문적 · 기술적 입법사항의 증대, ② 행정현상의 급격한 변화에 적응하기 위한 탄력성 있는 입법 필요의 증가, ③ 전시 기타 비상시에의 대처를 위한 광범위한 수권의 불가피성 및 ④ 법률규정만으로는 각 지방별 · 분야별 특수한 사정을 규율하기 곤란한 점.

이러한 점을 고려하여 헌법에서 명문으로 행정입법을 인정하는 나라가 증가하고 있으며, 우리나라의 헌법 역시 행정입법을 명문으로 인정하고 있다(「헌법」제75조, 제76

---

1) 행정입법을 넓은 의미로 이해하게 되면, 행정입법에는 국가행정권에 의한 입법과 지방자치단체에 의한 자치입법이 모두 포함된다. 다만 자치입법은 지방자치법에서 별도로 상세히 논해지므로 여기에서는 국가행정권에 의한 입법을 위주로 검토하기로 한다.

2) 행정입법이 '복위임금지(複委任禁止)의 원칙'에 위배된다는 점을 강조하는 입장도 있는바, "국민으로부터 위임받은 국회의 입법권을 타 기관에 재위임할 수 없다"는 것을 내용으로 하는 복위임금지의 원칙은 사실상 국회입법의 원칙의 다른 표현으로 볼 수 있다.

조, 제95조, 제114조 제6항 등 참조).

Ⅲ. 행정의 입법활동 등

1. 행정의 입법활동

(1) 행정의 입법활동에 관한 원칙
「행정기본법」은 행정이 입법활동을 함에 있어서는 헌법과 상위 법령을 위반해서는 아니 되며, 헌법과 법령등에서 정한 절차를 준수할 것을 규정하고 있다(제38조 제1항). 다만 동법이 규정하고 있는 행정의 입법활동에는 여기에서 말하는 행정입법 이외에 법률안의 국회 제출과 조례안의 지방의회 제출 또한 포함된다는 것에 유의하여야 한다.

(2) 행정의 입법활동의 기준
행정의 입법활동은 ① 일반 국민 및 이해관계자로부터 의견을 수렴하고 관계 기관과 충분한 협의를 거쳐 책임 있게 추진되어야 하고, ② 법령 등의 내용과 규정은 다른 법령 등과 조화를 이루어야 하고 법령 등 상호 간에 중복되거나 상충되지 않아야 한다. 또한 ③ 법령 등은 일반 국민이 그 내용을 쉽고 명확하게 이해할 수 있도록 알기 쉽게 만들어져야 한다(동법 제38조 제2항).

2. 행정법제의 개선 등

「행정기본법」은 정부는 권한 있는 기관에 의하여 위헌으로 결정되어 법령이 헌법에 위반되거나 법률에 위반되는 것이 명백한 경우 등 대통령령으로 정하는 경우에는 해당 법령을 개선하여야 할 것을 규정하고 있으며(행정법제의 개선, 제39조 제1항). 법령 등의 내용에 의문이 있으면 법령을 소관하는 중앙행정기관의 장과 자치법규를 소관하는 지방자치단체의 장에게 법령해석을 요청할 수 있음을 규정하고 있다(제40조 제1항).

Ⅳ. 행정입법의 분류

행정입법은 '법규성' 유무를 기준으로 ① 행정기관이 정립한 법규범 중에서 법규의 성질을 갖는 법규명령과 ② 행정기관이 정립한 법규범 중에서 법규의 성질을 갖지 않는 행정규칙으로 구분된다.
「행정기본법」의 규정방식을 고려하면 ① 대통령령·총리령·부령, 국회규칙·대법원규칙·헌법재판소규칙·중앙선거관리위원회규칙 및 감사원규칙은 법규명령에 해당하는 것으로 볼 수 있으며, ② 위에서 열거한 기관의 위임을 받아 중앙행정기관(「정부조직법」 및 그 밖의 법률에 따라 설치된 중앙행정기관을 말한다)의 장이 정한 훈령·예규 및 고시 등은 행정규칙에 해당한다(동법 제2조 제1호).

┃ 제2절 ┃ 법규명령

Ⅰ. 법규명령의 의의 및 성질

1. 법규명령의 의의

법규명령(法規命令)이란 '행정기관'이 정립한 '일반적·추상적' 명령 중에서 '법규'의 성질을 가지는 것을 말한다.[3] 여기서 법규란 「법령의 위임에 의하여 또는 법률의 시행을 위해 제정되는 것으로서 국가기관은 물론 국민에 대해서도 직접 구속력을 가지며, 재판규범이 되는 법규범」을 의미한다.

2. 법규명령의 성질

법규명령은 법규의 성질을 가지므로 '재판규범(裁判規範)'의 성질을 가지는바, 여기서 재판규범이란 법원을 구속하는 규범을 말한다. 또한 법규명령에 위반한 행위는 위법한 것이 되며, 따라서 법규명령에 위반한 행위로 자신의 권익을 침해당한 자는 행정소송을 제기할 수 있다.

> **관련판례**
>
> 「여객자동차운수사업법 시행규칙 제31조 제2항 제1호·제2호·제6호는 여객자동차운수사업법 제11조 제4항의 위임에 따라 시외버스운송사업의 사업계획변경에 관한 절차, 인가기준 등을 구체적으로 규정한 것으로서, 대외적인 구속력이 있는 법규명령이라고 할 것이고, 따라서 원심이

---

3) 법규명령은 광의로는 "국회의 의결을 거치지 아니하고 제정되는 일반적·추상적 규율로서 법규의 성질을 가진 모든 법규범"을 의미하는데, 이러한 광의의 법규명령개념에 따르면 「대법원규칙」·「국회의사규칙」·「헌법재판소규칙」 등도 법규명령에 포함되게 된다. 다만 「대법원규칙」·「헌법재판소규칙」·「국회의사규칙」을 법규명령으로 보는 경우에도, 그들은 행정기관이 제정하는 것이 아니므로 행정입법은 아님을 유의하여야 한다.

인정하는 바와 같이 피고가 이 사건 시외버스운송사업계획변경인가처분을 함에 있어서 이 사건 각 규정에서 정한 절차나 인가기준 등을 위배하였다면, 이 사건 처분은 위법함을 면하지 못한다고 할 것이다」(대판 2006.6.27, 2003두4355).

II. 법규명령의 종류

1. 효력 및 내용에 의한 분류

(1) 법률대위명령(法律代位命令)

법률대위명령이란 법률에 종속하지 않고 법률과 대등한 효력을 가지는 명령을 말하는바,「헌법」제76조에 근거하여 대통령이 발하는 긴급명령 및 긴급재정·경제명령이 그에 해당한다.

(2) 법률종속명령

법률종속명령이란 법률의 범위 내에서 제정되어 법률보다 하위의 효력을 가지는 명령을 말하는바, 법률종속명령은 위임명령과 집행명령으로 구분된다.[4]

1) 위임명령   위임명령이란 상위법령이 개별적·구체적으로 위임한 사항에 관하여 발하는 명령을 말한다. 위임명령은 상위법령에 근거가 있는 경우에만 발할 수 있으며, 위임된 범위 내에서는 새로운 입법사항에 관해서도 규정할 수 있다.

2) 집행명령   집행명령은 상위법령이 규정하고 있는 범위 안에서 그 시행에 관한 세부적 사항을 정하는 명령을 말한다. 집행명령은 상위법령의 명시적 근거가 없는 경우에도 발할 수 있으며, 새로운 입법사항에 관해서는 규율할 수 없다.

2. 법형식에 의한 분류

(1) 헌법이 명시하고 있는 법규명령

1) 긴급명령과 긴급재정·경제명령   대통령이 국가비상 시에 발하는 것으로 법률의 효력을 갖는다(「헌법」제76조 참조).

2) 대통령령   대통령이 법률에서 구체적으로 범위를 정하여 위임받은 사항이나 법률을 시행하기 위하여 필요한 사항에 관하여 발하는 명령이다(「헌법」제75조).

3) 총리령과 부령   국무총리 또는 행정각부의 장관이 법률이나 대통령령의 위임 또는 직권으로 발하는 명령을 말한다(「헌법」제95조).

---

4) 다만 특정한 법규명령이 위임명령과 집행명령 중 어느 것에 속하는지는 불분명한 경우가 많으며, 하나의 법규명령 중에 위임명령적 규정과 집행명령적 규정이 혼재하는 것이 오히려 일반적 현상이라고 할 수 있다

총리령과 부령 간의 효력우열에 관하여는 헌법에 총리령의 우위에 관한 아무런 규정이 없으므로 총리령은 부령과 동등한 효력을 갖는다는 동위설(同位說)이 종래의 다수설이었다. 다만 근래에는 국무총리의 사무가 '행정에 관하여 대통령의 명을 받아 행정각부를 통할하는 것'이므로(「헌법」제86조 제2항) 총리령이 부령보다 실질적으로 우월한 효력을 갖는다는 총리령 우위설이 유력해지고 있다.

4) 중앙선거관리위원회규칙　중앙선거관리위원회가 법령의 범위 안에서 선거관리 · 국민투표관리 및 정당사무에 관하여 제정하는 명령이다(「헌법」제114조 제6항).

(2) 헌법 이외의 법령에 근거한 법규명령

1) 감사원규칙　감사원이 「감사원법」(제52조)에 근거하여 감사절차 · 감사원의 내부규율 등에 관하여 정하는 규칙이다. 이처럼 감사원규칙은 헌법에 근거하여 제정되는 것이 아니므로 그것을 행정규칙으로 보는 견해[5]도 있었으나, 「헌법」이 인정하고 있는 행정입법의 법형식은 제한적인 것이 아니므로 감사원규칙도 법규명령의 성질을 갖는다고 생각한다(다수설).[6]

2) 훈　령　대법원은 때로 (행정규칙의 형식으로 분류되는) 훈령을 법규명령으로 판시하기도 하는바, 훈령이 행정규칙의 형식을 취하고 있지만 그 근거가 되는 법령과 결합하여 대외적으로 구속력이 있는 법규명령으로서의 효력을 갖는다는 것을 주된 논거로 한다. 법규명령으로 판시된 바 있는 훈령의 대표적 예는 다음과 같다.

① 국세청훈령　「주류면허제도개선업무처리지침」,「재산제세사무처리규정」

관련판례

①「주류도매업의 면허신청서에 3개의 주류제조자와의 거래약정서 각 2부씩을 첨부하도록 정한 주류도매면허제도개선업무지침은 비록 행정규칙의 형식을 취하고 있지만, 국세청장이 주세법 시행령 제14조의 위임에 따라서 그 규정의 내용이 될 사항을 구체적으로 정하고 있는 것으로서 그 위임의 한계를 벗어나지 않는 한 시행령 제14조와 결합하여 대외적으로 구속력이 있는 법규명령으로서의 효력을 갖는다」(대판 1994.4.26, 93누21668).

②「법령이 일정한 행정기관에 대하여 법령의 내용을 구체적으로 보충규정할 권한을 위임하고 이에 따라 행정기관이 행정규칙의 형식으로 그 법령의 내용이 될 사항을 규정하였다면 위 행정

---

5) 이러한 견해는 헌법상의 국회입법의 원칙에 대한 예외로서의 입법형식은 「헌법」이 명문으로 규정하고 있는 경우에 한하여 인정되어야 한다는 것을 논거로 하였다.

6) 이러한 다수설의 논거에 따라 감사원규칙을 법규명령으로 본다면, 「독점규제 및 공정거래에 관한 법률」에 근거한 「공정거래위원회규칙」, 「금융감독기구의 설치 등에 관한 법률」에 근거한 「금융감독위원회규칙」, 「노동위원회법」에 근거한 「중앙노동위원회규칙」, 「방송법」에 근거한 「방송위원회규칙」 등도 법규명령으로 볼 수 있다는 견해가 유력하다. 이에 관하여는 김철용, 행정법 I , 박영사, 2010, 153쪽 이하. 「행정기본법」의 규정(제2조 제1호) 또한 감사원규칙을 법규명령으로 보는 것을 전제로 하고 있다고 생각된다.

규칙은 법령의 내용과 결합하여 법규로서의 효력을 가진다 할 것이므로 소득세법 시행령이 국세청장에게 일정한 범위의 거래를 지정할 수 있는 권한을 부여하고 이에 따라 국세청장이 훈령으로서 재산제세사무처리규정을 제정한 것인 만큼 이 규정은 과세의 법령상 근거가 된다」(대판 1988.3.22, 87누654).

② 국무총리훈령 「개별토지가격합동조사지침」(대판 1995.11.21, 94누15684)
③ 보건사회부훈령 「노인복지사업지침」(대판 1996.4.12, 95누7727)
④ 건설교통부훈령 「택지개발업무처리지침」(대판 2008.3.27, 2006두3742·3759)

관련판례

「관계법령의 내용, 형식 및 취지 등을 종합하여 볼 때, 구 택지개발촉진법 제3조 제4항, 제31조, 같은 법 시행령 제7조 제1항 및 제5항에 따라 건설교통부장관이 정한 '택지개발업무처리지침' 제11조가 비록 건설교통부장관의 지침 형식으로 되어 있다 하더라도, 이에 의한 토지이용에 관한 계획은 택지개발촉진법령의 위임에 따라 그 규정의 내용을 보충하면서 그와 결합하여 대외적인 구속력이 있는 법규명령으로서의 효력을 가진다」(대판 2008.3.27, 2006두3742·3759).

3) 고시(告示) 대법원은 (종래 행정규칙의 형식으로 분류되어 왔던) 고시에 대하여서도 때로 법규명령성을 인정한 바 있는데, 그 논거는 훈령의 법규명령성을 인정한 것과 거의 동일하다. 법규명령으로 판시된 바 있는 고시의 대표적 예는 다음과 같다.
① 보건복지부고시 「수탁검사실시기관인정 등 기준」(관련판례 참조), 「식품제조영업허가기준」(대판 1994.3.8, 92누1728), 「식품접객업소영업행위제한기준」(헌재결 2000.7.20, 99헌마455), 「건강보험요양급여행위 및 그 상대가치점수개정」(헌재결 2003.12.18, 2001헌마543)

관련판례

「보건복지부장관이 고시의 형식으로 정한 '의료보험진료수가기준' 중 '수탁검사실시기관인정 등 기준'은 요양급여 및 분만급여의 방법·절차·범위·상한기준 및 그 비용 등 법령의 내용이 되는 구체적인 사항을 보건복지부장관으로 하여금 정하도록 한 의료보험법의 위임에 따라 이를 정한 규정으로서 법령의 위임한계를 벗어나지 아니하는 한 법령의 내용을 보충하는 기능을 하면서 그와 결합하여 대외적으로 구속력이 있는 법규명령으로서의 효력을 가진다고 볼 것이므로, 요양기관의 진료비청구가 위 규정에 적합하지 아니하여 진료비심사지급기관이 그 지급을 거절하였다면 특별한 사정이 없는 한 그 처분은 적법하다고 보아야 한다」(대판 1999.6.22, 98두17807).

② 산업자원부고시 「공장입지기준고시」(관련판례 참조), 「수입선다변화품목의

지정 등에 관한 고시」(대판 1993.11.23, 93도662)

관련판례

「산업자원부고시 공장입지기준 제5조는 산업자원부장관이 공업배치 및 공장설립에 관한 법률 제8조의 위임에 따라 공장입지의 기준을 구체적으로 정한 것으로서 법규명령으로서 효력을 가진다 할 것이고, 김포시고시 공장입지제한처리기준 제5조 제1항은 김포시장이 위 산업자원부고시 공장입지기준 제5조 제2호의 위임에 따라 공장입지의 보다 세부적인 기준을 정한 것으로서 상위명령의 범위를 벗어나지 아니하므로 그와 결합하여 대외적으로 구속력이 있는 법규명령으로서 효력을 가진다」(대판 2004.5.28, 2002두4716).

③ 건설교통부/환경부고시 「산업입지의 개발에 관한 통합지침」(대판 2011.9.8, 2009두23822)

관련판례

「산업입지 및 개발에 관한 법률 제40조 제1항, 제3항, 산업입지 및 개발에 관한 법률 시행령 제45조 제1항의 위임에 따라 제정된 '산업입지의 개발에 관한 통합지침'(건설교통부 고시 제2007-662호, 환경부 고시 제2007-205호)의 내용, 형식 및 취지 등을 종합하면, '산업입지의 개발에 관한 통합지침'은 위 법령이 위임한 것에 따라 법령의 내용이 될 사항을 구체적으로 정한 것으로서 법령의 위임 한계를 벗어나지 않으므로, 그와 결합하여 대외적으로 구속력이 있는 법규명령의 효력을 가진다」(대판 2011.9.8, 2009두23822).

④ 산림청고시 「산지전용허가기준의 세부검토기준에 관한 규정」(대판 2008.4.10, 2007두4841)

III. 법규명령의 제정범위와 한계

1. 긴급명령, 긴급재정·경제명령의 제정범위와 한계

대통령은 ① 국가의 안위에 관계되는 중대한 교전상태에 있어서 국가를 보위하기 위하여 긴급한 조치가 필요하고 국회의 집회가 불가능한 때에 한하여 긴급명령을 발할 수 있으며(「헌법」 제76조 제2항 참조), ② 내우·외환·천재·지변 또는 중대한 재정·경제상의 위기에 있어서 국가의 안전보장 또는 공공의 안녕질서를 유지하기 위하여 긴급한 조치가 필요하고 국회의 집회를 기다릴 여유가 없을 때에 한하여 긴급재정·경제명령을 발할 수 있다(「헌법」 제76조 제1항 참조).

2. 위임명령의 제정범위와 한계

(1) 포괄적 위임의 금지

입법권자는 자신의 입법권을 전면적으로 다른 기관에 위임할 수는 없다. 즉, 일반적 · 포괄적 위임은 금지된다(헌재결 1995.9.28, 93헌바50 참조). 「헌법」은 대통령령에 관하여서만 '법률에서 구체적으로 위임받은' 사항에 관하여 명령을 발할 수 있다고 규정하고 있으나, 그러한 취지는 다른 위임명령에도 적용되어야 한다.

관련판례

「헌법 제75조는 "대통령은 법률에서 구체적으로 범위를 정하여 위임받은 사항과 법률을 집행하기 위하여 필요한 사항에 관하여 대통령령을 발할 수 있다."라고 규정하고 있다. 따라서 대통령은 법률에서 구체적으로 범위를 정하여 위임받은 사항과 법률을 집행하기 위하여 필요한 사항에 관하여만 대통령령을 발할 수 있으므로, 법률의 시행령은 모법인 법률에 의하여 위임받은 사항이나 법률이 규정한 범위 내에서 법률을 현실적으로 집행하는 데 필요한 세부적인 사항만을 규정할 수 있을 뿐, 법률에 의한 위임이 없는 한 법률이 규정한 개인의 권리 · 의무에 관한 내용을 변경 · 보충하거나 법률에 규정되지 아니한 새로운 내용을 규정할 수는 없다」(대판 2020.9.3, 2016두32992).

1) 포괄적 위임여부의 판단기준   포괄적 위임여부를 판단함에 있어서는 단순히 외형만을 기준으로 할 것이 아니라, 그 법률의 전반적인 체계 · 취지 · 목적, 당해 조항의 규정형식과 내용, 관련법규를 모두 고려하여야 한다.

관련판례

① 「위임명령은 법률이나 상위명령에서 구체적으로 범위를 정한 개별적인 위임이 있을 때에 가능하고, 여기에서 구체적인 위임의 범위는 규제하고자 하는 대상의 종류와 성격에 따라 달라지는 것이어서 일률적 기준을 정할 수는 없지만, 적어도 위임명령에 규정될 내용 및 범위의 기본사항이 구체적으로 규정되어 있어서 누구라도 당해 법률로부터 위임명령에 규정될 내용의 대강을 예측할 수 있어야 하나, 이 경우 그 예측가능성의 유무는 당해 위임조항 하나만을 가지고 판단할 것이 아니라 그 위임조항이 속한 법률의 전반적인 체계와 취지 · 목적, 당해 위임조항의 규정형식과 내용 및 관련 법규를 유기적 · 체계적으로 종합 판단하여야 하며, 나아가 각 규제 대상의 성질에 따라 구체적 · 개별적으로 검토함을 요한다」(대판 2004.7.22, 2003두7606).
② 「특정 사안과 관련하여 법률에서 하위 법령에 위임을 한 경우에 모법의 위임범위를 확정하거나 하위 법령이 위임의 한계를 준수하고 있는지를 판단할 때에는, 하위 법령이 규정한 내용이 입법자가 형식적 법률로 스스로 규율하여야 하는 본질적 사항으로서 의회유보의 원칙이 지켜져야

할 영역인지와 함께, 당해 법률 규정의 입법 목적과 규정 내용, 규정의 체계, 다른 규정과의 관계 등을 종합적으로 고려하여야 하고, 위임 규정 자체에서 의미 내용을 정확하게 알 수 있는 용어를 사용하여 위임의 한계를 분명히 하고 있는데도 문언적 의미의 한계를 벗어났는지 여부나 하위법령의 내용이 모법 자체로부터 위임된 내용의 대강을 예측할 수 있는 범위 내에 속한 것인지, 수권 규정에서 사용하고 있는 용어의 의미를 넘어 범위를 확장하거나 축소하여서 위임 내용을 구체화하는 단계를 벗어나 새로운 입법을 한 것으로 평가할 수 있는지 등을 구체적으로 따져 보아야 한다」(대판 2020.2.27, 2017두37215).

2) 개별적·구체적 위임의 의미　위임명령의 경우 개별적·구체적 위임이 있다고 하기 위해서는 다음의 2가지 요건을 갖추어야 한다. 즉, 행정입법으로 정할 대상이 특정 사항으로 한정되어야 하며(대상의 한정성), 특정사항에 관해 행정입법을 행함에 있어 행정기관을 제약하기 위한 목표·기준·고려하여야 할 요소 등을 명확하게 지시하여야 한다(기준의 명확성).

3) 구체성·명확성의 정도　구체성의 정도는 규율대상의 종류와 성격에 따라 상이하나. 즉, 국민의 기본권을 제한하거나 침해할 소지가 있는 사항에 관한 위임에 있어서는 급부행정의 영역보다 구체성 내지 명확성이 보다 엄격하게 요구되는 반면(관련판례 ① 참조), 다양한 사실관계를 규율하거나 사실관계가 수시로 변화될 것이 예상될 때에는 위임의 명확성의 요건이 완화되어야 한다(관련판례 ② 참조).

관련판례

①「헌법 제75조의 규정상 대통령령으로 정할 사항에 관한 법률의 위임은 구체적으로 범위를 정하여 이루어져야 하고, 이때 구체적으로 범위를 정한다고 함은 위임의 목적·내용·범위와 그 위임에 따른 행정입법에서 준수하여야 할 목표·기준 등의 요소가 미리 규정되어 있는 것을 가리키고, 이러한 위임이 있는지 여부를 판단함에 있어서는 직접적인 위임규정의 형식과 내용 외에 당해 법률의 전반적인 체계와 취지·목적 등도 아울러 고려하여야 하고, 규율대상의 종류와 성격에 따라서는 요구되는 구체성의 정도 또한 달라질 수 있으나, 국민의 기본권을 제한하거나 침해할 소지가 있는 사항에 관한 위임에 있어서는 위와 같은 구체성 내지 명확성이 보다 엄격하게 요구된다」(대판 2000.10.19, 98두6265).

②「위임입법에 있어서 위임의 구체성·명확성의 요구 정도는 규제대상의 종류와 성격에 따라서 달라진다. 즉, 급부행정영역에서는 기본권 침해영역보다는 구체성의 요구가 다소 약화되어도 무방하다고 해석되며, 다양한 사실관계를 규율하거나 사실관계가 수시로 변화될 것이 예상될 때에는 위임의 명확성의 요건이 완화된다. 뿐만 아니라 위임조항에서 위임의 구체적 범위를 명확히 규정하고 있지 않다고 하더라도 당해 법률의 전반적 체계와 관련규정에 비추어 위임조항의 내재적인 위임의 범위나 한계를 객관적으로 분명히 확정할 수 있다면 이를 일반적으로 포괄적인 백지위임에 해당하는 것으로 볼 수 없다」(헌재결 1997.12.24, 95헌마390).

4) 포괄적 위임에 해당하는지 여부에 관한 판례정리

① 포괄적 위임금지를 규정한 헌법 제75조에 위반되지 아니한다고 판시한 사례:

㉠ 의무교육으로서 3년의 중등교육의 순차적 실시에 관한 사항을 대통령령으로 정하도록 규정한 「교육법」 제8조의2[7]

관련판례

「교육법 제8조의2는 교육법 제8조에 정한 의무교육으로서 3년의 중등교육의 순차적인 실시에 관하여만 대통령령이 정하도록 하였으므로 우선 제한된 범위에서라도 의무교육을 실시하되 순차로 그 대상을 확대하도록 되어 있음은 교육법의 각 규정상 명백하고, 다만 그 확대실시의 시기 및 방법만을 대통령령에 위임하여 합리적으로 정할 수 있도록 한 것이므로 포괄위임금지를 규정한 헌법 제75조에 위반되지 아니한다」(헌재결 1991.2.11, 90헌가27).

㉡ 장애인고용의무가 있는 사업주의 범위와 고용비율을 대통령령으로 정하도록 하고 있는 「장애인고용촉진 및 직업재활법」 제24조(헌재결 2003.7.24, 2002헌바82)

㉢ 석유판매업자의 건전한 유통질서 저해행위를 대통령령에 위임한 「석유 및 석유대체연료사업법」 제39조 제1항 제7호(헌재결 2008.11.27, 2007헌가13)

㉣ 등록면제 또는 수신료가 감면되는 수상기의 범위에 관하여 대통령령에서 정하도록 하고 있는 「방송법」 제64조 단서(헌재결 2008.2.28, 2006헌바70)

㉤ 게임제공업자에 대하여 금지되는 경품제공행위와 관련하여 경품의 종류 및 제공방식을 문화관광부장관의 고시에 위임한 구 「음반·비디오물 및 게임물에 관한 법률」 제32조 제3호(헌재결 2009.2.26, 2005헌바94)

㉥ 개발사업의 범위 및 규모 등에 관하여 필요한 사항은 대통령령으로 정하도록 한 구 「개발이익환수에 관한 법률」 제5조 제2항(헌재결 2009.3.26, 2008헌바7)

㉦ 구 대기환경보전법 등에 의한 배출부과금 산정의 기준이 되는 배출허용기준 초과 배출량과 배출부과금의 산정방법과 기준 및 그 세부적 사항을 대통령에 위임한 구 「대기환경보전법」 제19조(대판 2009.12.10, 2009두14705)

② 포괄적 위임금지를 규정한 「헌법」 제75조에 위반된다고 판시한 사례:

㉠ 분담금의 분담방법 및 분담비율에 관한 사항을 대통령령으로 정하도록 규정한 「교통안전공단법」 제17조

---

7) 「교육법」은 1997.12.13. 폐지되었고, 이를 대체하여 1997.12.13. 「교육기본법」이 제정되어 현재 시행 중이다.

관련판례

「위 분담금의 분담방법 및 분담비율에 관한 사항을 대통령령으로 정하도록 규정한 교통안전공단법 제17조는 국민의 재산권과 관련된 중요한 사항 내지 본질적인 요소인 분담금의 분담방법 및 분담비율에 관한 기본사항을 구체적이고 명확하게 규정하지 아니한 채 시행령에 포괄적으로 위임함으로써, 분담금 납부의무자로 하여금 분담금 납부의무의 내용이나 범위를 전혀 예측할 수 없게 하고, 나아가 행정부의 자의적인 행정입법권 행사에 의하여 국민의 재산권이 침해될 여지를 남김으로써 경제생활의 법적 안정성을 현저히 해친 포괄적인 위임입법으로서 헌법 제75조에 위반된다」(헌재결 1999.1.28, 97헌가8).

　　　ⓛ 체육시설을 도시계획시설사업의 대상이 되는 기반시설의 한 종류로 규정하고 있는 「국토의 계획 및 이용에 관한 법률」 제2조 제6호(헌재결 2011.6.30, 2008헌바166, 2011헌바35).
　　5) 포괄적 위임금지의 적용배제　　법규명령의 경우와 달리 ① 조례에 대한 법률의 위임이나 ② 정관(定款)에 대한 법률의 위임과 관련하여서는 포괄적 위임이 허용될 수 있다는 것이 법원의 입장이다.

관련판례

① 조례에 대한 포괄적 위임: 「법률이 주민의 권리·의무에 관한 사항에 관하여 구체적으로 아무런 범위도 정하지 아니한 채 조례로 정하도록 포괄적으로 위임하였다고 하더라도, 행정관청의 명령과는 달라, 조례도 주민의 대표기관인 지방의회의 의결로 제정되는 지방자치단체의 자주법인 만큼, 지방자치단체가 법령에 위반되지 않는 범위 내에서 주민의 권리·의무에 관한 사항을 조례로 제정할 수 있는 것이다」(대판 1991.8.27, 90누6613).[8]
② 정관(定款)에 대한 포괄적 위임: 「법률이 공법적 단체 등의 정관에 자치법적 사항을 위임한 경우에는 헌법 제75조가 정하는 포괄적인 위임입법의 금지는 원칙적으로 적용되지 않는다고 봄이 상당하다. 따라서 개정된 도시 및 주거환경정비법 제28조 제4항 본문이 사업시행인가신청시의 동의요건을 조합의 정관에 포괄적으로 위임하고 있다 하더라도 헌법 제75조가 정하는 포괄위임입법금지의 원칙이 적용되지 아니하므로 이에 위배된다고 할 수 없다」(대판 2007.10.12, 2006두14476).

---

　8) 同旨판례: 「구 하천법 제33조 제4항이 "부당이득금의 금액과 징수방법 등"에 관하여 구체적으로 범위를 정하지 아니한 채 포괄적으로 조례에 위임하였고, 이 법률규정에 따라 지방자치단체의 하천·공유수면 점용료 및 사용료징수조례가 부당이득금의 금액과 징수방법 등에 관하여 필요한 사항을 구체적으로 정하였다 하여, 이 법률규정이 포괄위임금지의 원칙에 반하는 것으로서 헌법에 위반된다고 볼 수 없다」(대판 2006.9.8, 2004두947).

(2) 국회전속사항(國會專屬事項)의 위임금지

실정법상 또는 이론상 법률로써 정해야 할 사항, 즉 국회전속사항은 위임명령으로 정할 수 없다. 다만 이러한 국회전속사항이 전적으로 법률로 규율되어야 하는 것은 아니고, 그 본질적 내용이 법률로 정해지면 된다. 따라서 세부적 사항에 관하여 구체적으로 범위를 정하여 위임하는 것은 허용된다.

헌법상 국회전속사항의 예로는 대한민국의 국민이 되는 요건(「헌법」 제2조), 통신·방송시설의 기준(「헌법」 제21조 제3항), 재산권의 내용과 한계(「헌법」 제23조 제1항), 재산권의 수용·사용·제한 및 그에 대한 보상(「헌법」 제23조 제3항), 국회의원의 수, 선거구 등(「헌법」 제41조 제2항·제3항), 조세의 종목과 세율(조세법률주의, 「헌법」 제59조), 국군의 조직과 편성(「헌법」 제74조 제2항), 행정각부의 설치·조직(「헌법」 제96조), 법관의 자격(「헌법」 제101조 제3항) 등을 들 수 있다.

한편 판례상 국회전속사항으로 판시된 것으로는 병(兵)의 복무기간이 있다.

관련판례

「병의 복무기간은 국방의무의 본질적 내용에 관한 것이어서 이는 반드시 법률로 정하여야 할 입법사항에 속한다고 풀이할 것인바, 육군본부방위병소집복무해제규정 제32조가 각종 사고(군무이탈, 구속, 영창, 징역), 조퇴한 날 … 등을 복무에서 제외한다고 규정하여 병역법 제25조 제3항이 규정하지 아니한 구속 등의 사유를 복무기간에 산입하지 않도록 규정한 것은 병역법에 위반하여 무효라고 할 것이다」(대판 1985.2.28, 85초13).

(3) 벌칙규정의 위임

벌칙규정의 위임가능성 여부가 죄형법정주의와 관련하여 문제되는바, 모법(母法)이 처벌대상인 행위(범죄의 구성요건)의 구체적 기준, 형벌의 종류 및 벌칙의 상하한(특히, 최고한도)을 정하여 위임하는 것은 가능하다.

관련판례

「처벌법규의 명령에의 위임은 특히 긴급한 필요가 있거나 미리 법률로써 자세히 정할 수 없는 부득이한 사정이 있는 경우에 한정되어야 하고, 이러한 경우일지라도 법률에서 범죄의 구성요건은 처벌대상인 행위가 어떠한 것이라고 예측할 수 있도록 구체적으로 정하고 형벌의 종류 및 상한과 폭을 명백히 규정하여야 한다」(헌재결 1991.7.8, 91헌가4).

(4) 재위임(再委任)

상위법령에 의하여 위임된 입법에 관한 권한을 전면적으로 다시 하위명령에 위임하는 것(백지재위임)은 실질적으로는 수권법의 내용을 개정하는 결과가 되기 때문에 허용되지 않는다. 그러나 위임받은 사항에 관한 대강을 정한 다음 세부적 사항을 하위명령에 재위임하는 것은 가능하다.

관련판례

「법률에서 위임받은 사항을 전혀 규정하지 않고 재위임하는 것은 위임금지의 법리에 반할 뿐 아니라 수권법의 내용변경을 초래하는 것이 되고, 부령의 제정·개정절차가 대통령령에 비하여 보다 용이한 점을 고려할 때 재위임에 의한 부령의 경우에도 위임에 의한 대통령령에 가해지는 헌법상의 제한이 당연히 적용되어야 할 것이므로 법률에서 위임받은 사항을 전혀 규정하지 아니하고 그대로 재위임하는 것은 허용되지 않으며 위임받은 사항에 관하여 대강을 정하고 그 중의 특정사항을 범위를 정하여 하위법령에 다시 위임하는 경우에만 재위임이 허용된다」(헌재결 1996. 2.29, 94헌마213).

---

3. 집행명령의 제정범위와 한계

집행명령은 오식 상위법령의 집행에 필요한 구체적 절차·형식 등을 규정할 수 있을 뿐이고, 새로운 입법사항을 정할 수 없다.

관련판례

「법률의 시행령이나 시행규칙은 법률에 의한 위임이 없으면 개인의 권리·의무에 관한 내용을 변경·보충하거나 법률이 규정하지 아니한 새로운 내용을 정할 수는 없지만, 법률의 시행령이나 시행규칙의 내용이 모법의 입법 취지와 관련 조항 전체를 유기적·체계적으로 살펴보아 모법의 해석상 가능한 것을 명시한 것에 지나지 아니하거나 모법 조항의 취지에 근거하여 이를 구체화하기 위한 것인 때에는 모법의 규율 범위를 벗어난 것으로 볼 수 없으므로, 모법에 이에 관하여 직접 위임하는 규정을 두지 아니하였다고 하더라도 이를 무효라고 볼 수는 없다」(대판 2014.8. 20, 2012두19526).

IV. 법규명령의 성립요건과 효력요건

1. 성립요건

(1) 주체에 관한 요건

법규명령은 대통령이나 국무총리와 같이 「헌법」 또는 법률에 의하여 수권을 받은 정당한 기관만이 제정할 수 있다.

(2) 내용에 관한 요건

1) **법률유보와의 관계** 법규명령은 법령에 근거하여 발해져야 하며, 법령에 근거 없이 발해진 법규명령은 무효가 된다. 이 경우 하위법령에서 근거법령을 명시하여야 하는지 여부가 다투어지고 있는바, 판례는 부정적 입장을 취하고 있다.

관련판례

「법령의 위임관계는 반드시 하위법령의 개별조항에서 위임의 근거가 되는 상위법령의 해당 조항을 구체적으로 명시하고 있어야만 하는 것은 아니라고 할 것이다」(대판 1999.12.24, 99두5658).

2) **법률우위와의 관계** 법규명령은 상위법령에 직접 또는 간접으로 저촉되어서는 아니 된다. 한편 법규명령의 모법(母法)에의 위반여부에 관한 판단기준에 관하여는 이하의 판례 참조.

관련판례

「어느 시행령의 규정이 모법에 저촉되는지의 여부가 명백하지 아니하는 경우에는 모법과 시행령의 다른 규정들과 그 입법 취지, 연혁 등을 종합적으로 살펴 모법에 합치된다는 해석도 가능한 경우라면 그 규정을 모법위반으로 무효라고 선언하여서는 안 된다. 이러한 법리는, 국가의 법체계는 그 자체 통일체를 이루고 있는 것이므로 상하규범 사이의 충돌은 최대한 배제되어야 한다는 원칙과 더불어, 민주법치국가에서의 규범은 일반적으로 상위규범에 합치할 것이라는 추정원칙에 근거하고 있을 뿐만 아니라, 실제적으로도 하위규범이 상위규범에 저촉되어 무효라고 선언되는 경우에는 그로 인한 법적 혼란과 법적 불안정은 물론, 그에 대체되는 새로운 규범이 제정될 때까지의 법적 공백과 법적 방황은 상당히 심각할 것이므로 이러한 폐해를 회피하기 위해서도 필요하다」(대판 2014.1.16, 2011두6264).

3) **실현가능성·명백성** 법규명령은 그 내용이 실현가능하고 명백하여야 한다.

(3) 절차에 관한 요건

1) 대통령령은 법제처의 심사와 국무회의의 심의를 거쳐야 하며, 총리령과 부령은 법제처의 심사를 거쳐야 한다(「헌법」 제89조 제3호, 「정부조직법」 제23조 제1항).

2) 대통령령 등을 발하는 경우 법령안 주관기관의 장은 법령을 제정·개정 또는 폐지하려면 입법예고를 하여야 하며, 부처에 소속된 기관의 장은 그 소속 부처의 장의 승인을 받아 입법예고를 하여야 한다(「법제업무운영규정」 제14조 이하). 행정절차법상의 행정상 입법예고에 관한 특별규정(행정절차법 제41조 이하)에 관하여는 제3편 제1장 행정절차부분 참조.

(4) 형식에 관한 요건

법규명령은 조문(條文)의 형식에 의하여야 하는 것 이외에도 일정한 형식을 갖추어야 한다.

1) 대통령령, 총리령 및 부령은 각각 그 번호를 붙여서 공포한다(「법령 등 공포에 관한 법률」 제10조).

2) 대통령령은 전문(前文)에 국무회의 심의를 거친 사실을 적고, 대통령이 서명한 후 대통령인을 찍고, 그 공포일을 명기하여 국무총리와 관계 국무위원이 부서한다(동법 제7조).

3) 총리령을 공포할 때에는 그 일자를 명기하고, 국무총리가 서명한 후 총리인을 찍는다. 또한 부령을 공포할 경우에는 그 일자를 명기하고 해당 부의 장관이 서명한 후 그 장관인을 찍는다(동법 제9조).

(5) 공 포

법규명령은 그 내용을 외부에 표시함으로써 유효하게 성립하는바, 이러한 법규명령의 대외적 표시절차를 공포라고 한다. 한편 공포는 관보에 게재하는 방법에 의한다.

2. 효력요건

법규명령은 특별한 규정이 없으면 공포한 날부터 20일이 경과함으로써 효력을 발생한다(「법령 등 공포에 관한 법률」 제13조). 한편 국민의 권리제한 또는 의무부과와 직접 관련되는 법규명령은 긴급히 시행하여야 할 특별한 사유가 있는 경우를 제외하고는 공포일부터 적어도 30일이 경과한 날로부터 시행되도록 하여야 한다(동법 제13조의2).

V. 법규명령의 하자 등

1. 법규명령의 하자

법규명령이 전술한 성립·효력요건을 갖추지 못한 경우에는 흠(하자)있는 법규명령이 된다. 이 경우 흠 있는 법규명령의 효력에 관하여는 ① 하자있는 법규명령은 그 하자가 중대하고 명백한 경우에는 무효, 그 정도에 이르지 않는 경우에는 취소할 수 있는 것이 된다는 견해와 ② 법규명령에 흠이 있는 경우에는 무효이며, 무효와 유효의 중간단계인 취소할 수 있는 법규명령은 존재하지 않는다는 견해가 대립하고 있다.

생각건대 법규명령 자체에 대한 취소소송이 인정되지 않는 점을 고려할 때, 후자의 견해가 타당시된다(다수설).

「일반적으로 법률의 위임에 따라 효력을 갖는 법규명령의 경우에 위임의 근거가 없어 무효였더라도 나중에 법 개정으로 위임의 근거가 부여되면 그때부터는 유효한 법규명령으로 볼 수 있다. 그러나 법규명령이 개정된 법률에 규정된 내용을 함부로 유추·확장하는 내용의 해석규정이어서 위임의 한계를 벗어난 것으로 인정될 경우에는 법규명령은 여전히 무효이다」(대판 2017.4. 20, 2015두45700).

2. 하자있는 법규명령에 대한 취소소송의 허용성

우리나라의 경우 직접 법규명령에 대한 취소소송은 허용되지 않으며(관련판례 ① 참조),[9] 단지 법규명령의 위법여부가 재판의 전제가 된 경우에 간접적으로 그 위법여부에 대한 심사가 가능할 뿐이다(구체적 규범통제).

다만 법규명령의 형식으로 발하여졌으나, 그것이 처분의 성질을 가지는 것인 때에는 예외적으로 취소소송의 대상이 될 수 있다(관련판례 ②참조).

① 「행정청의 위법한 처분 등의 취소 또는 변경을 구하는 취소소송의 대상이 될 수 있는 것은 구체적인 권리·의무에 관한 분쟁이어야 하고 일반적 추상적인 법령이나 규칙 등은 그 자체로서 국민의 권리·의무에 직접적인 변동을 초래케 하는 것이 아니므로 그 대상이 될 수 없다」(대판 1992.3.10, 91누12639).
② 「조례가 집행행위의 개입 없이도 그 자체로서 직접 국민의 구체적인 권리의무나 법적 이익에 영향을 미치는 등의 법률상 효과를 발생하는 경우 그 조례는 항고소송의 대상이 되는 행정처분에 해당한다」(대판 1996.9.20, 95누8003).

VI. 법규명령의 소멸

1. 폐 지

법규명령은 그 효력을 장래에 향하여 소멸시키려는 의사표시, 즉 폐지에 의하여 소멸된다. 이 경우 폐지의 의사표시는 명시적·묵시적으로 행해질 수 있다. 한편 이 같은 법규명령의 폐지는 그 대상인 명령과 동위(同位) 또는 상위의 법령에서 규정되어야 한다.

---

9) 우리나라와 달리 법규명령에 대한 추상적 규범심사를 인정하거나(독일) 법규명령에 대한 취소소송을 인정하고 있는 경우(프랑스, 미국)도 있다.

2. 종기의 도래, 해제조건의 성취

시행기간이 붙은 법규명령은 종기의 도래로, 해제조건이 붙은 법규명령은 조건의 성취에 의하여 소멸된다.

3. 근거법령의 소멸

법규명령은 상위 또는 동위의 법령에 근거하여 발해지는 것이므로 근거법령이 소멸하게 된 경우에는 법규명령도 당연히 소멸함이 원칙이다.

관련판례

「일반적으로 법률의 위임에 의하여 효력을 갖는 법규명령의 경우, ① 구법에 위임의 근거가 없어 무효였더라도 사후에 법개정으로 위임의 근거가 부여되면 그때부터는 유효한 법규명령이 되나, 반대로 ② 구법의 위임에 의한 유효한 법규명령이 법개정으로 위임의 근거가 없어지게 되면 그때부터 무효인 법규명령이 되므로, 어떤 법령의 위임근거 유무에 따른 유효 여부를 심사하려면 법개정의 전후에 걸쳐 모두 심사하여야만 그 법규명령의 시기에 따른 유효·무효를 판단할 수 있다」(대판 1995.6.30, 93추83).

4. 근거법령의 개정의 문제

근거법령이 개정된 경우에 법규명령의 효력여하가 문제되는바, 법원은 집행명령의 근거법령인 상위법령이 개정됨에 그친 경우에는 그 집행명령은 여전히 그 효력을 유지한다고 판시한 바 있다.

관련판례

「상위법령의 시행에 필요한 세부적 사항을 정하기 위하여 행정관청이 일반적 직권에 의하여 제정하는 이른바 집행명령은 근거법령인 상위법령이 폐지되면 특별한 규정이 없는 이상 실효되는 것이나, 상위법령이 개정됨에 그친 경우에는 개정법령과 성질상 모순·저촉되지 아니하고 개정된 상위법령의 시행에 필요한 사항을 규정하고 있는 이상 그 집행명령은 상위법령의 개정에도 불구하고 당연히 실효되지 아니하고 개정법령의 시행을 위한 집행명령이 제정·발효될 때까지는 여전히 그 효력을 유지한다」(대판 1989.9.12, 88누6962).

VII. 법규명령에 대한 통제

1. 의회에 의한 통제

(1) 간접적 통제
의회가 법규명령의 성립이나 효력발생에 직접적으로 관여하는 것이 아니라, 의회가 행정부에 대해 갖는 국정감시권의 발동에 의하여 간접적으로 법규명령의 적법·타당성을 보장하는 것을 말한다. 간접적 통제의 방법으로는 질문(「헌법」 제62조), 국무총리나 국무위원의 해임건의(「헌법」 제63조), 대통령·국무총리 등에 대한 탄핵소추(「헌법」 제65조) 등이 있다.

(2) 직접적 통제
법규명령의 성립이나 효력발생에 대한 동의권을 의회에 유보하거나, 일단 유효하게 성립된 법규명령을 소멸시키는 권한을 의회에 유보하는 방법에 의한 통제를 말한다. 직접적 통제의 방법으로는 독일의 동의권의 유보(Zustimmungsvorbehalt), 영국의 의회에의 제출절차(Laying Process), 미국의 입법적 거부(Legislative Veto) 등을 들 수 있다.

한편 우리나라의 「헌법」 제76조 제4항은 「대통령이 긴급명령 또는 긴급재정·경제명령을 발한 때에는 지체없이 국회에 보고하여 승인을 받아야 하며, 승인을 받지 못한 때에는 그때부터 효력을 상실한다」고 규정하고 있는바, 이는 영국의 제출절차의 한 유형이라고 볼 수 있다. 또한 「국회법」 제98조의2는 중앙행정기관의 장은 법률에서 위임한 사항이나 법률을 집행하기 위하여 필요한 사항을 규정한 대통령령·총리령·부령 등이 제정·개정 또는 폐지된 때에는 10일 이내에 이를 국회 소관 상임위원회에 제출하여야 하고, 상임위원회는 이에 대하여 법률에의 위반여부 등을 검토하여 법률의 취지 또는 내용에 합치되지 않는다고 판단되는 경우 그 내용을 소관 중앙행정기관의 장에게 통보할 수 있도록 규정하고 있는바, 이러한 방식에 의한 통제 역시 직접적 통제의 예로 볼 수 있다.

2. 사법적(司法的) 통제

(1) 일반법원에 의한 통제
우리나라의 「헌법」은 「명령·규칙이 헌법이나 법률에 위반되는 여부가 재판의 전제가 된 경우에는 대법원은 이를 최종적으로 심사할 권한을 가진다」고 규정함으로써 (제107조 제2항) 구체적 규범통제제도를 채택하고 있는바, 그 의미를 상설하면 다음과 같다.

1) 구체적 규범통제의 대상　　구체적 규범통제의 대상은 명령과 규칙이다. 한편 「헌법」

제107조 제2항에서 명령·규칙이라고 할 때 '규칙'은 국가기관에 의하여 정립되고 규칙이라는 명칭을 가진 법규범으로서 국민에 대하여 일반적 구속력을 가지는 규칙을 말한다. 따라서 행정규칙은 여기서의 규칙에서 제외된다.

2) 구체적 규범통제의 주체   구체적 규범통제의 주체는 각급(各級)법원이 되며, 대법원은 단지 최종적으로 심사할 권한을 가질 뿐이다.

3) 구체적 규범통제의 방식   법규명령은 그의 위헌·위법이 구체적 사건에 있어 재판의 전제가 된 경우에 한하여[10] 그 사건의 심판을 위한 선결문제로 다루어질 뿐이며, 법규명령의 효력을 독립하여 소송의 방식으로 다투는 것은 허용되지 않는다.

4) 구체적 규범통제의 효력   법규명령에 대한 구체적 규범통제의 결과 무효로 판정된 법규명령의 효력에 관하여는 ① 일반적으로도 무효가 된다는 견해와 ② 당해 사건 이외에는 공식절차에 의하여 폐지되기 전까지는 그대로 유효하다는 견해, 즉 당해 사건에만 적용되지 않는다는 견해(다수설)의 대립이 있다.

생각건대 법원의 본래 임무는 구체적 사건의 심판이지 명령·규칙의 효력 자체에 대한 심사가 아니며, 대법원 역시 판결의 주문(主文)에서 일반적으로 무효라는 것을 선언하고 있지는 않음을 고려할 때 ②의 다수설이 타당하다.

한편 대법원판결에 의하여 명령·규칙이 헌법 또는 법률에 위반된다는 것이 확정된 경우에는 대법원은 지체없이 그 사유를 행정안전부장관에게 통보하여야 하며, 통보를 받은 행정안전부장관은 지체없이 이를 관보에 게재하여야 한다(「행정소송법」 제6조).

(2) 헌법재판소에 의한 통제

「헌법」은 명령·규칙에 대한 위헌·위법심사권을 법원에 부여하고 있는 한편(제107조 제2항), 헌법재판소에 헌법소원에 대한 심판권을 부여하고 있다(제111조 제1항 제5호). 그리고 「헌법재판소법」 제68조 제1항은 「공권력의 행사 또는 불행사로 인하여 헌법상 보장된 기본권을 침해받은 자는 법원의 재판을 제외하고는 헌법재판소에 헌법소원심판을 청구할 수 있다」고 규정하고 있다. 여기서 법규명령의 위헌성 여부에 대한 헌법소원이 제기된 경우에 헌법재판소가 그에 대한 심판권을 갖는지가 다투어지고 있다.

1) 적극설   헌법재판소의 명령·규칙에 대한 위헌심판권을 인정하는 견해로, 그 논거는 다음과 같다.

첫째, 「헌법재판소법」 제68조 제1항은 「공권력의 행사 또는 불행사로 인하여 헌법상 보장된 기본권을 침해받은 자는 법원의 재판을 제외하고는 헌법재판소에 헌법소원심판을 청구할 수 있다」고 규정하여 법원의 재판을 제외한 공권력의 행사 등에 대한 헌법소원을 인정하고 있는데, 명령·규칙은 이에 당연히 포함된다.

---

10) 여기서 '재판의 전제가 된다'는 것은 특정의 사건을 재판할 때에 그 사건에 적용되는 명령이나 규칙의 위헌·위법여부가 문제된다는 것을 뜻한다.

둘째, 법률의 위헌심사권을 헌법재판소에 부여한 이상 통일적인 헌법해석과 규범통제를 위하여서는 법률의 하위규범인 명령·규칙의 위헌여부에 대한 심사권은 헌법재판소의 관할에 속함이 당연하다.

2) 소극설   헌법재판소의 명령·규칙에 대한 위헌심판권을 부정하는 견해로 우리 헌법이 법률에 대한 위헌심판권은 헌법재판소에, 명령·규칙에 대한 위헌심판권은 법원에 부여하고 있다는 것을 논거로 한다.

3) 헌법재판소의 입장   헌법재판소는 「법무사법 시행규칙」(대법원규칙)이나 「체육시설의 설치·이용에 관한 법률 시행규칙」(문화체육부령)에 대한 헌법소원을 받아들여 동 규칙이 위헌임을 결정한 바 있다.

관련판례

「헌법 제107조 제2항이 규정한 명령·규칙에 대한 대법원의 최종심사권이란 구체적인 소송사건에서 명령·규칙의 위헌여부가 재판의 전제가 되었을 경우 법률의 경우와는 달리 헌법재판소에 제청할 것 없이 대법원이 최종적으로 심사할 수 있다는 의미이며, 헌법 제111조 제1항 제1호에서 법률의 위헌여부심사권을 헌법재판소에 부여한 이상 통일적인 헌법해석과 규범통제를 위하여 공권력에 의한 기본권 침해를 이유로 하는 헌법소원심판청구사건에 있어서 법률의 하위법규인 명령·규칙의 위헌여부심사권이 헌법재판소의 관할에 속함은 당연한 것으로서 헌법 제107조 제2항의 규정이 이를 배제한 것이라고는 볼 수 없다. 그러므로 법률의 경우와 마찬가지로 명령·규칙 그 자체에 의하여 직접 기본권이 침해되었음을 이유로 하여 헌법소원심판을 청구하는 것은 위 헌법규정과는 아무런 상관이 없는 문제이다. 그리고 헌법재판소법 제68조 제1항이 규정하고 있는 헌법소원심판의 대상으로서의 "공권력"이란 입법·사법·행정 등 모든 공권력을 말하는 것이므로 입법부에서 제정한 법률, 행정부에서 제정한 시행령이나 시행규칙 및 사법부에서 제정한 규칙 등은 그것들이 별도의 집행행위를 기다리지 않고 직접 기본권을 침해하는 것일 때에는 모두 헌법소원심판의 대상이 될 수 있는 것이다」(헌재결 1990.10.15, 89헌마178).

3. 행정적 통제

(1) 감독권에 의한 통제

상급행정청은 하급행정청의 법규명령의 제정권한의 행사에 대하여 훈령으로 그의 기준과 범위를 정하거나, 위법한 법규명령의 폐지를 명하는 등의 통제를 할 수 있다.

(2) 절차적 통제

우리나라의 경우 법규명령의 절차적 통제에 관하여는 공포에 관한 것(「법령 등 공포에 관한 법률」)을 제외하고는 통칙적 규정이 없다. 단지 국무회의의 심의(「헌법」 제89조 제3호), 법제처의 심사(「정부조직법」 제23조 제1항), 입법예고제(「법제업무 운영규정」 및 「행정절차법」상의 입법예고제) 및 관계기관과의 협의(「감사원법」 제49조 제1항) 등에 관해 단편적인 규율을 하고 있을 뿐이다.

(3) 중앙행정심판위원회에 의한 통제

중앙행정심판위원회는 심판청구를 심리·재결할 때에 처분 또는 부작위의 근거가 되는 법규명령이 법령에 근거가 없거나 상위법령에 위배되거나 국민에게 과도한 부담을 주는 등 크게 불합리하면 관계 행정기관에 그 명령 등의 개정·폐지 등 적절한 시정조치를 요청할 수 있다(「행정심판법」 제59조).

(4) 국민권익위원회에 의한 통제

국민권익위원회는 대통령령·총리령·부령 및 그 위임에 따른 훈령·예규·고시·공고와 조례·규칙의 부패유발요인을 분석검토하여 그 법령 등의 소관기관의 장에게 그 개선을 위하여 필요한 사항을 권고할 수 있으며(「부패방지 및 국민권익위원회의 설치와 운영에 관한 법률」 제28조 제1항), 고충민원을 조사·처리하는 과정에서 법령 그 밖의 제도나 정책 등의 개선이 필요하다고 인정되는 경우에는 관계 행정기관 등의 장에게 이에 대한 합리적인 개선을 권고하거나 의견을 표명할 수 있다(동법 제47조).

4. 국민에 의한 통제

법규명령을 제정하는 과정에서 청문 등에 의해 국민의 의사를 반영하거나, 매스컴 또는 압력단체의 활동 등 여론에 의한 통제를 말한다.

▌제3절 ▌ 행정규칙

Ⅰ. 의 의

행정규칙(行政規則)이란 행정기관이 법률의 수권 없이 그의 권한 범위 내에서 정립하는 일반적·추상적 규율을 말한다. 행정규칙은 원칙적으로 행정조직 또는 특별권력관계 내부에서만 구속력을 갖는 점에서 법규명령과 구별된다.

Ⅱ. 행정규칙의 성질 ― 행정규칙의 법규성 여부

행정규칙의 법적 성질에 대하여는 법규성을 인정하는 법규설(法規說), 법규성을 인정하지 않는 비법규설(非法規說) 및 법규에 준하는 효력이 인정된다는 준법규설(準法規說)이 대립하고 있다. 생각건대 행정규칙과 법규명령을 개념상 구분하는 한, 행정규칙은 법규의 성질을 갖지 않는 것으로 이해하여야 한다.

다만 행정규칙의 법규성을 부정하는 학자들도 규범구체화행정규칙, 재량준칙, 특별명령(또는 특별규칙)은 일정한 요건하에 법규성이 인정될 수 있다고 한다(후술 참조).

관련판례

「훈령이란 행정조직 내부에 있어서 그 권한의 행사를 지휘·감독하기 위하여 발하는 행정명령으로서 훈령, 예규, 통첩, 지시, 고시, 각서 등 그 사용명칭 여하에 불구하고 공법상의 법률관계 내부에서 준거할 준칙 등을 정하는 데 그치고 대외적으로는 아무런 구속력도 가지는 것이 아니다」(대판 1983.6.14, 83누54).

행정규칙의 성질과 관련하여 구체적으로 검토를 요하는 것은 다음과 같다.

1. 권력의 기초

행정규칙은 특별권력관계에서의 포괄적 특별권력에 근거하여 제정되는 것이므로 법률의 수권이 필요치 않다. 즉, 행정규칙의 제정에 있어 법률유보의 원칙은 적용되지 않는다.

그러나 행정규칙의 제정의 경우에도 법률우위의 원칙은 적용되어야 한다.

2. 규율의 대상과 범위

행정규칙은 행정조직 및 특별권력관계 내의 구성원을 직접적 규율대상, 즉 수범자(受範者)로 한다. 따라서 행정규칙은 대내적 구속력을 가질 뿐, 국민에 대한 일반적 구속력은 없다.

관련판례

「국민의 권익보호를 위한 행정절차에 관한 훈령은 상급행정기관이 하급행정기관에 대하여 발하는 일반적인 행정명령으로서 행정기관 내부에서만 구속력이 있을 뿐 대외적인 구속력을 가지는 것이 아니다」(대판 1994.8.9, 94누3414).

또한 행정규칙은 수명자(受命者)만을 구속하는 일면적 구속력을 가질 뿐, 발령기관과 상대방을 모두 구속하는 양면적 구속력은 없다.

3. 행정규칙위반의 효과

(1) 공무원이 행정규칙을 위반한 경우 공무원의 복종의무위반의 문제가 발생하여

징계의 원인이 될 수 있다.

　(2) 수명(受命) 공무원이 행정규칙에 위반하였다는 것만으로 바로 위법이 되지는 않으며, 따라서 행정규칙의 위반을 이유로 행정소송을 제기할 수는 없다. 다만 행정규칙의 위반이 평등의 원칙이나 신뢰보호의 원칙 등에 위반하는 결과를 가져옴으로써 간접적으로 위법이 될 수는 있다.

관련판례

① 「상급행정기관이 소속 공무원이나 하급행정기관에 대하여 업무처리지침이나 법령의 해석·적용 기준을 정해 주는 '행정규칙'은 일반적으로 행정조직 내부에서만 효력을 가질 뿐 대외적으로 국민이나 법원을 구속하는 효력이 없다. 처분이 행정규칙을 위반하였다고 해서 그러한 사정만으로 곧바로 위법하게 되는 것은 아니고, 처분이 행정규칙을 따른 것이라고 해서 적법성이 보장되는 것도 아니다. 처분이 적법한지는 행정규칙에 적합한지 여부가 아니라 상위법령의 규정과 입법 목적 등에 적합한지 여부에 따라 판단해야 한다」(대판 2019.7.11, 2017두38874).
② 「상급행정기관이 하급행정기관에 대하여 업무처리지침이나 법령의 해석적용에 관한 기준을 정하여 발하는 이른바 '행정규칙이나 내부지침'은 일반적으로 행정조직 내부에서만 효력을 가질 뿐 대외적인 구속력을 갖는 것은 아니므로 행정처분이 그에 위반하였다고 하여 그러한 사정만으로 곧바로 위법하게 되는 것은 아니다. 다만, 재량권 행사의 준칙인 행정규칙이 그 정한 바에 따라 되풀이 시행되어 행정관행이 이루어지게 되면 평등의 원칙이나 신뢰보호의 원칙에 따라 행정기관은 그 상대방에 대한 관계에서 그 규칙에 따라야 할 자기구속을 받게 되므로, 이러한 경우에는 특별한 사정이 없는 한 그를 위반하는 처분은 평등의 원칙이나 신뢰보호의 원칙에 위배되어 재량권을 일탈·남용한 위법한 처분이 된다」(대판 2009.12.24, 2009두7967).

4. 재판규범성

　행정규칙은 국민과의 관계에서 재판규범이 되지 않으며,[11] 법원 역시 행정규칙의 재판규범성을 부정하는 것이 원칙적 태도이다(관련판례 ① 참조). 다만 판례 가운데에는 행정규칙의 재판규범성을 긍정한 경우도 있다(관련판례 ② 참조).

관련판례

① 「행정기관이 소속 공무원이나 하급행정기관에 대하여 세부적인 업무처리절차나 법령의 해석·적용 기준을 정해 주는 '행정규칙'은 상위법령의 구체적 위임이 있지 않는 한 조직 내부에서만 효력을 가질 뿐 대외적으로 국민이나 법원을 구속하는 효력이 없다. 행정규칙이 이를 정한 행정기관의 재량에 속하는 사항에 관한 것인 때에는 그 규정 내용이 객관적 합리성을 결여하였다

---

11) 물론 행정규칙을 법규로 이해하는 입장에서는, 그의 재판규범성을 인정하려고 한다.

는 등의 특별한 사정이 없는 한 법원은 이를 존중하는 것이 바람직하다. 그러나 행정규칙의 내용이 상위법령이나 법의 일반원칙에 반하는 것이라면 법치국가원리에서 파생되는 법질서의 통일성과 모순금지 원칙에 따라 그것은 법질서상 당연무효이고, 행정내부적 효력도 인정될 수 없다. 이러한 경우 법원은 해당 행정규칙이 법질서상 부존재하는 것으로 취급하여 행정기관이 한 조치의 당부를 상위법령의 규정과 입법 목적 등에 따라서 판단하여야 한다」(대판 2020.5.28, 2017두66541).

② 「개별토지가격합동조사지침 제6조는 개별토지가격결정절차를 규정하고 있으면서 그 중 제3호에서 산정된 지가의 공개 열람 및 토지소유자 또는 이해관계인의 의견접수를 절차의 하나로 규정하고 있는바, 위 지침은 지가공시 및 토지 등의 평가에 관한 법률 제10조의 시행을 위한 집행명령으로서 법률보충적인 구실을 하는 법규적 성질을 가지고 있는 것으로 보아야 할 것이므로 위 지침에 규정된 절차에 위배하여 이루어진 지가결정은 위법하다고 할 것이다」(대판 1994.2.8, 93누111).

Ⅲ. 법규명령형식의 행정규칙과 행정규칙형식의 법규명령

1. 법규명령형식의 행정규칙

(내용상) 행정규칙으로 정해질 사항이 법규명령의 형식으로 발해진 경우 그의 성질에 관하여는 다음과 같이 학설과 판례가 대립하고 있다.

(1) 학 설

1) **법규명령설**　내용상 행정규칙의 성질을 가지는 것이라고 하여도 법규명령의 형식으로 제정된 때에는 국민이나 법원을 기속하는 법규명령으로 보아야 한다는 견해이다. 그 주된 논거로는 행정규칙으로 정할 고유한 사항은 없다는 것이 들어진다.

2) **행정규칙설**　내용상 행정규칙의 성질을 가지는 것은 법규명령의 형식으로 제정된 경우라 하여도 행정규칙으로서의 성질은 변하지 않는다는 견해이다.

3) **수권여부기준설**　상위법령의 수권(授權)여부를 기준으로 하여 상위법령에 위임의 근거가 있는 경우에는 법규명령으로, 위임의 근거가 없는 경우에는 행정규칙으로 보아야 한다는 견해이다.

(2) 판 례

법원은 이 문제를 대통령령형식의 행정규칙과 총리령·부령형식의 행정규칙으로 나누어 상이하게 판시하고 있다.

1) **총리령·부령형식의 행정규칙**　판례는 총리령이나 부령형식의 행정규칙은 행정규칙으로서의 성질을 상실하지 아니한다고 하여 그의 재판규범성을 부정하고 있다.

관련판례

「약사법 제69조 제1항 제3호 · 제3항에 근거하여 약사의 의약품 개봉판매행위에 대한 약사법 시행규칙은 부령의 형식으로 규정되어 있더라도 그것은 행정청 내부의 사무처리준칙을 정한 것에 지나지 아니하여 대외적으로 국민이나 법원을 기속하는 효력이 없다」(대판 2007.9.20, 2007두6946).[12]

   2) 대통령령형식의 행정규칙   판례는 같은 처분기준으로서의 성격을 가짐에도 불구하고 처분기준으로서의 대통령령은 원칙적으로 법규명령의 성질을 갖는 것으로 보고 있다.

관련판례

「법에 당해 처분의 기준이 된 주택건설촉진법 시행령 제10조의3 제1항 [별표 1]은 주택건설촉진법 제7조 제2항의 위임규정에 터잡은 규정형식상 대통령령이므로 그 성질이 부령인 시행규칙이나 또는 지방자치단체의 규칙과 같이 통상적으로 행정조직 내부에 있어서의 행정명령에 지나지 않는 것이 아니라 대외적으로 국민이나 법원을 구속하는 힘이 있는 법규명령에 해당한다」(대판 1997.12.26, 97누15418).[13]

   한편 「청소년보호법 시행령」이 문제가 된 사례에서 대법원은 「구 청소년보호법 제49조 제1항 · 제2항에 따른 같은 법 시행령 제40조 [별표 6]의 위반행위의 종별에 따른 과징금처분기준은 법규명령이기는 하나 모법의 위임규정의 내용과 취지 및 헌법상의 과잉금지의 원칙과 평등의 원칙 등에 비추어 같은 유형의 위반행위라 하더라도 그 규모나 기간 · 사회적 비난 정도 · 위반행위로 인하여 다른 법률에 의하여 처벌받은 다른 사정 · 행위자의 개인적 사정 및 위반행위로 얻은 불법이익의 규모 등 여러 요소를 종합적으로 고려하여 사안에 따라 적정한 과징금의 액수를 정하여야 할 것이므로 그 수액은 정액이 아니라 최고한도액이다」(대판 2001.3.9, 99두5207)라고 판시한 바 있는데,[14] 이 판결은 위반행위의 종별에 따른 과징금처분의 기준을 정하고 있는 청소년보호법 시행령(대통령령)을 법규명령으로 보고 있다는 점에서 「주택건설촉진법 시행령」

---

12) 同旨판례: ① 교통부령인 「자동차운수사업법 제31조 등의 규정에 의한 사업면허의 취소 등에 관한 규칙」에 관한 대판 1990.10.12, 90누3546, ② 보건사회부령인 「공중위생법 제23조 제4항에 의하여 마련된 공중위생법 시행규칙」에 관한 대판 1990.6.12, 90누1588, ③ 총리령인 「공무원징계양정 등에 관한 규칙」에 관한 대판 1992.4.14, 91누9954, ④ 행정자치부령인 「도로교통법 시행규칙 제53조 제1항이 정한 [별표 16]의 운전면허행정처분기준」에 관한 대판 1997.10.24, 96누17288.

13) 同旨판례: 경찰공무원임용령에 관한 대판 2008.5.29, 2007두18321.

14) 同旨판례: 국민건강보험법 시행령에 관한 대판 2006.2.9, 2005두11982.

에 관한 판례와 근본적으로는 같은 입장에 서 있는 것으로 보여진다. 다만「청소년보호
법 시행령」등의 명시적 규정에도 불구하고 동 시행령이 정하고 있는 과징금수액이나
업무정지처분의 기준을 확정적인 것이 아니라 최고한도액으로 보고 있다는 점에서 그
특징을 찾을 수 있다. 한편 이를 근거로 법원이「청소년보호법 시행령」등에 결과적으
로 '신축적 구속력(伸縮的 拘束力)'만을 인정하고 있는 것으로 보아야 한다는 견해[15]가 유
력하다.

2. 행정규칙형식의 법규명령

내용상 법규명령의 성질을 가지는 것이 '법령의 위임을 받아' 고시·훈령 등 행정
규칙의 형식으로 발하여진 경우 그 성질에 관하여는 다음과 같이 학설과 판례가 대립
하고 있다.

(1) 학 설

1) **법규명령설**   이러한 행정규칙은 법령의 구체적·개별적 위임에 따라 법규를 보
충하는 기능을 가지며, 대외적 효력이 인정되므로 법규명령으로 보아야 한다는 견해이
다(종래의 다수설).

2) **행정규칙설**   행정입법은 국회입법의 원칙에 대한 예외이므로 그러한 예외적 입
법형식은 헌법에 근거가 있어야 하는데, 이러한 행정규칙은「헌법」에 근거가 없으므로
행정규칙으로 보아야 한다는 견해이다.

3) **위헌무효설**   이러한 행정규칙은 헌법적 근거가 없는 위임입법이므로 위헌이라
는 견해이다.

(2) 판 례[16]

1) **대법원의 입장**   대법원은 국무총리훈령인「개별토지가격합동조사지침」, 국세청
훈령인「주류면허제도개선업무처리지침」이나「재산제세사무처리규정」등과 관련하
여 그러한 행정규칙은 실질적으로 법의 내용을 보충함으로써 개인에게 직접적 영향을
미치기 때문에 법규명령으로 보아야 한다고 판시하고 있다(관련판례 ① 참조).

또한 대법원은 고시와 관련하여서도 고시의 내용이 법규명령의 성질을 가지는 경
우에는 그러한 고시는 실질적으로 법의 규정내용을 보충하는 기능을 지니면서 그것과
결합하여 대외적으로 구속력이 있는 법규명령의 성질을 갖는 것으로 보고 있다(관련판
례 ② 참조).

---

15) 김동희, 행정법 I, 박영사, 2016, 168쪽.
16) 이하에 예시된 것 이외에도 제2절 법규명령의 서술내용 중 '헌법 이외의 법령에 근거한 법규명령'
   부분에 있는 관련판례를 참조할 것.

관련판례

① 「국가, 지방자치단체 등 행정기관이 토지가격을 조사함에 있어서 관계 행정기관의 합동작업체계와 가격결정절차 등에 관하여 필요한 사항을 정함을 목적으로 한 개별토지가격합동조사지침은 지가공시 및 토지 등의 평가에 관한 법률 제10조의 시행을 위한 집행명령으로서 법률보충적인 구실을 하는 법규적 성질을 가지고 있는 것으로 보아야 한다」(대판 1995.11.21, 94누15684).

② 「위 고시(보존음료수 제조업 허가시 전량수출─국내 판매 금지─조건을 부가하도록 한 식품영업허가기준)는 공익상의 이유로 허가를 할 수 없는 영업의 종류를 지정할 권한을 부여한 구 식품위생법 제23조의3 제4호에 따라 보건사회부장관이 발한 것으로서, 실질적으로 법의 규정내용을 보충하는 기능을 지니면서 그것과 결합하여 대외적으로 구속력이 있는 법규명령의 성질을 가진 것이다」(대판 1995.11.14, 92도496).[17]

2) 헌법재판소의 입장   헌법재판소는 법률이 입법사항을 법규명령(특히 부령)이 아닌 고시와 같은 행정규칙의 형식으로 위임하는 것의 합헌성을 (제한적으로) 인정하였다(관련판례 ① 참조). 다만 법률이 고시의 형식으로 입법위임을 하는 것은 전문적·기술적 사항이나 경미한 사항으로서 업무의 성질상 위임이 불가피한 사항에 한정된다고 한다(관련판례 ② 참조).

관련판례

① 「오늘날 의회의 입법독점주의에서 입법중심주의로 전환하여 일정한 범위 내에서 행정입법을 허용하게 된 동기가 사회적 변화에 대응한 입법수요의 급증과 종래의 형식적 권력분립주의로는 현대사회에 대응할 수 없다는 기능적 권력분립론에 있다는 점 등을 감안하여 헌법 제40조와 헌법 제75조, 제95조의 의미를 살펴보면, 국회입법에 의한 수권이 입법기관이 아닌 행정기관에게 법률 등으로 구체적인 범위를 정하여 위임한 사항에 관하여는 당해 행정기관에게 법정립의 권한

---

17) 다만 고시가 법령에 근거를 둔 것이라 하여도 그 규정 내용이 법령의 위임범위를 벗어난 경우에는 법규명령으로서의 효력이 인정될 수 없는바, 이에 관하여는 다음의 판례 참조: 「법령의 규정이 특정 행정기관에게 법령 내용의 구체적 사항을 정할 수 있는 권한을 부여하면서 권한행사의 절차나 방법을 특정하지 아니한 경우에는 수임 행정기관은 행정규칙이나 규정 형식으로 법령 내용이 될 사항을 구체적으로 정할 수 있다. 이 경우 행정규칙 등은 당해 법령의 위임한계를 벗어나지 않는 한 대외적 구속력이 있는 법규명령으로서 효력을 가지게 되지만, 이는 행정규칙이 갖는 일반적 효력이 아니라 행정기관에 법령의 구체적 내용을 보충할 권한을 부여한 법령 규정의 효력에 근거하여 예외적으로 인정되는 것이다. 따라서 그 행정규칙이나 규정이 상위법령의 위임범위를 벗어난 경우에는 법규명령으로서 대외적 구속력을 인정할 여지는 없다. 이는 행정규칙이나 규정 '내용'이 위임범위를 벗어난 경우뿐 아니라 상위법령의 위임규정에서 특정하여 정한 권한행사의 '절차'나 '방식'에 위배되는 경우도 마찬가지이므로, 상위법령에서 세부사항 등을 시행규칙으로 정하도록 위임하였음에도 이를 고시 등 행정규칙으로 정하였다면 그 역시 대외적 구속력을 가지는 법규명령으로서 효력이 인정될 수 없다」(대판 2012.7.5, 2010다72076).

을 갖게 되고, 입법자가 규율의 형식도 선택할 수도 있다 할 것이므로, 헌법이 인정하고 있는 위임입법의 형식은 예시적인 것으로 보아야 할 것이고, 그것은 법률이 행정규칙에 위임하더라도 그 행정규칙은 위임된 사항만을 규율할 수 있으므로, 국회입법의 원칙과 상치되지도 않는다. 다만, 형식의 선택에 있어서 규율의 밀도와 규율영역의 특성이 개별적으로 고찰되어야 할 것이고, 그에 따라 입법자에게 상세한 규율이 불가능한 것으로 보이는 영역이라면 행정부에게 필요한 보충을 할 책임이 인정되고 극히 전문적인 식견에 좌우되는 영역에서는 행정기관에 의한 구체화의 우위가 불가피하게 있을 수 있다. 그러한 영역에서 행정규칙에 대한 위임입법이 제한적으로 인정될 수 있다」(헌재결 2004.10.28, 99헌바91).

② 「법률이 입법사항을 고시와 같은 행정규칙의 형식으로 위임하는 것은 국회입법의 원칙과 상치되지도 않는다. 다만 행정규칙은 법규명령과 같은 엄격한 제정 및 개정절차를 요하지 아니하므로, 재산권 등과 같은 기본권을 제한하는 작용을 하는 법률이 입법위임을 할 때에는 대통령령, 총리령, 부령 등 법규명령에 위임함이 바람직하고, 고시와 같은 형식으로 입법위임을 할 때에는 적어도 행정규제기본법 제4조 제2항 단서에서 정한 바와 같이 법령이 전문적·기술적 사항이나 경미한 사항으로서 업무의 성질상 위임이 불가피한 사항에 한정된다 할 것이고, 그러한 사항이라 하더라도 포괄위임금지의 원칙상 법률의 위임은 반드시 구체적·개별적으로 한정된 사항에 대하여 행하여져야 한다」(헌재결 2006.12.28, 2005헌바59).

IV. 행정규칙의 종류

1. 내용에 따른 구분

(1) 조직규칙

조직규칙이란 행정기관의 설치, 내부적 권한분배 등에 관한 행정규칙(예: 위임전결규정, 직제)을 말한다.

(2) 근무규칙

근무규칙이란 상급기관이 하급기관 및 그 구성원의 근무에 관한 사항을 규율하기 위하여 발하는 행정규칙을 말한다(예: 훈령).

(3) 영조물규칙

영조물규칙이란 영조물(학교·병원·도서관)의 관리·이용 등을 규율하기 위하여 발하는 행정규칙을 말한다. 영조물규칙은 후술하는 특별규칙에 해당한다.

2. 형식에 따른 구분

(1) 훈 령

훈령이란 상급기관이 하급기관에 대하여 상당한 장기간에 걸쳐 그의 권한행사를 일반적으로 지휘 · 감독하기 위하여 발하는 명령이다.

(2) 지 시

지시는 상급기관이 직권 또는 하급기관의 문의나 신청에 의하여 개별적 · 구체적으로 발하는 명령을 의미한다. 다만, 지시는 일반적 · 추상적 규율이 아니므로 행정규칙에 해당하지 않는다고 보아야 할 것이다.

(3) 예 규

예규는 문서로써 반복적 행정사무처리의 기준을 제시하는 명령이다.

(4) 일일명령

일일명령이란 당직 · 출장 · 퇴근 등 일일업무에 관한 명령이다. 다만, 일일명령의 내용이 일반적 · 추상적 성격을 갖지 않을 때에는 단순한 직무명령으로 보아야 할 것이다.

3. 특별명령에 관한 논의

광의의 행정규칙을 '특별명령'과 '협의의 행정규칙'으로 구분하기도 하는바, 이에 따르면 행정규칙은 다음과 같이 구분할 수 있다

(1) 특별명령(Sonderverordnung)

특별명령이란 특별권력관계의 구성원에 대한 규율을 말하는바, 특별규칙(Sonder-vorschriften)이라는 용어가 사용되기도 한다. 한편 특별명령은 처음부터 특별권력관계의 구성원이라고 하는 사람을 수범자로 하는 점에서 그들의 권리 · 의무와 직접 관련된 것이고, 따라서 협의의 행정규칙과 달리 법규로서의 성질을 갖고 있다고 한다.

(2) 협의(狹義)의 행정규칙

협의의 행정규칙은 조직규칙, 행위통제규칙 및 행정주체 간 행정규칙으로 구분되는바, 이 가운데 행정기관을 그 행위면에서 통제 · 지도하는 행정규칙을 의미하는 행위통제규칙이 가장 중요한 의미를 갖는다. 한편 행위통제규칙은 다시 다음과 같이 구분된다.

1) **규범해석규칙**   법령의 해석상의 통일을 기하기 위하여 발해지는 행정규칙으로, 통일적인 법적용을 확보하여 주는 기능을 수행한다.

2) **재량준칙**   재량행사의 기준을 정하기 위하여 발해지는 행정규칙으로, 행정의 자기구속의 법리는 주로 이와 같은 재량준칙과 관련하여 논해지고 있다.

재량준칙의 법규성을 인정할 수 있는지의 문제와 관련하여서 판례는 근본적으로 재량준칙에 대하여 평등의 원칙을 통한 간접적 효력을 인정할 여지가 없다(즉, 재량준칙의 법규성은 인정되지 않는다)는 입장을 취하여 왔다(관련판례 ① 참조). 다만 근래 들어 재량준칙의 법규성을 긍정하는 것으로 볼 수 있는 판례가 나타나고 있음은 주목을 요한다(관련판례 ② 참조).

관련판례

① 원칙 – 법규성 부정: 「도로교통법 시행규칙 제53조 제1항이 정한 [별표 16]의 운전면허행정처분기준이 운전면허행정처분기준의 하나로 삼고 있는 벌점이란 자동차운전면허의 취소·정지처분의 기초자료로 활용하기 위하여 법규위반 또는 사고야기에 대하여 그 위반의 경중, 피해의 정도 등에 따라 배점되는 점수를 말하는 것으로서, 이러한 벌점의 누산에 따른 처분기준 역시 행정청 내의 사무처리에 관한 재량준칙에 지나지 아니할 뿐 법규적 효력을 가지는 것은 아니다」(대판 1998.3.27, 97누20236).

② 예외적으로 법규성을 인정한 사례: 「특별한 사유가 없는 한 행정청은 당해 위반사항에 대하여 위 처분기준에 따라 행정처분을 함이 보통이라 할 것이므로, 행정청이 이러한 처분기준을 따르지 아니하고 특정한 개인에 대하여만 위 처분기준을 과도하게 초과하는 처분을 한 경우에는 재량권의 한계를 일탈하였다고 볼 만한 여지가 충분하다」(대판 1993.6.29, 93누5635).

3) 간소화규칙   대량적 행정행위를 발하는 경우의 지침을 정하여 주는 행정규칙을 말한다.

4. 규범구체화행정규칙

(1) 의 의
규범구체화행정규칙은 법률이나 법규명령 등 상위규범을 구체화하는 내용의 행정규칙으로, 원자력발전소건설과 관련된 뷜(Whyl)판결을 통해 탄생된 것으로 설명되고 있다.

(2) 성 질
「배출공기 또는 지표수를 통한 방사성물질 유출에 있어서 방사선 노출에 대한 일반적 산정기준」이 문제가 되었던 Whyl판결에 있어서 독일의 연방행정법원은 「법원은 규범해석규칙에 대해서와는 달리 규범구체화행정규칙에 대해서는 기속을 받으며 …」라고 하여, 규범구체화행정규칙이 외부적 효력을 갖는 법규라는 것을 인정하였다.[18]

(3) 근 거
규범구체화행정규칙에 법규성이 인정되는 근거에 대하여는 실질적 고려설, 행정의 독자적 기능영역설 및 규범구체화수권설 등이 주장되었으나, 오늘날은 행정부에 행정규칙에 의한 관계법의 구체화 권한이 인정되고 있기 때문이라는 규범구체화수권설이 다수설의 지위를 점하고 있다.

---

[18] 한편 Whyl판결의 취지상 규범해석규칙은 관련사건을 재판하는 법원을 구속하지 못한다는 결론에 달하게 되며, 따라서 규범해석규칙은 법규성이 인정되기 곤란하다.

(4) 우리나라에서의 논의

우리나라의 경우 규범구체화행정규칙은 「재산제세사무처리규정」(국세청훈령)과 「개별토지가격합동조사지침」(국무총리훈령)에 관한 대법원의 판례와 관련하여 논해지고 있다. 즉, 「개별토지가격합동조사지침」에 대하여 대법원이 법규성을 인정하자(대판 1994.2.8, 93누111 참조) 동 판결이 규범구체화행정규칙을 인정한 것인가에 대해 다투어지고 있는 것이다.

Ⅴ. 행정규칙의 성립요건과 효력요건

1. 성립요건

(1) 주체에 관한 요건

행정규칙은 정당한 권한을 가진 행정기관이 그 권한의 범위 내에서 발해야 한다.

(2) 내용에 관한 요건

행정규칙은 내용적으로 적법·타당하여야 하며, 실현가능하고 명백하여야 한다. 또한 행정규칙은 법령이나 상위(上位)의 행정규칙, 행정법의 일반원칙(비례의 원칙 등)에 위반되지 않는 범위 내에서만 제정되어야 한다.

(3) 절차에 관한 요건

행정규칙의 제정에 있어 일반적으로 따라야 할 절차는 존재하지 않는다. 다만, 대통령훈령 및 국무총리훈령의 제정은 법제처의 심사를 거치도록 되어 있다(「정부조직법」 제23조).

(4) 형식에 관한 요건

행정규칙은 일반적으로 요식행위가 아니며, 따라서 구술로 정립하는 것도 가능하다. 그러나 행정규칙이 일반적·추상적 규율로서의 기능을 발휘하기 위해서는 문서, 특히 조문의 형식으로 발해짐이 바람직하다고 할 것이다. 실제로 「행정 효율과 협업 촉진에 관한 규정」(제4조)은 공문서의 종류로 훈령 등을 정해 놓고 있으며, 문서는 전자적으로 처리하도록 하고 있다(제5조).

2. 효력요건

(1) 원 칙

행정규칙은 어떠한 형태로든 그 내용이 '표시'되어 수범자가 그 내용을 알 수 있는 상태에 이르렀을 때 효력이 발생하며, 법규명령과 달리 공포를 요하지는 않는다. 다만, 행정규칙도 이를 대외적으로 인식시키기 위하여 대부분 관보에 의하여 공포하고 있는 것이 현실이다.

「위의 국세청훈령(재산제세조사사무처리규정)은 국세청장이 위 소득세법 시행령 제170조 제4
항 제2호에 해당할 거래를 행정규칙의 형식으로 지정한 것에 지나지 아니한 것이므로 이는 적당
한 방법으로 표시 또는 통보하면 되는 것이지 이를 공포하거나 고시하지 아니하였다는 이유만으
로 그 효력을 부인할 수도 없다」(대판 1990.5.22, 90누639).

(2) 공고 등

행정규칙의 효력발생을 위하여 공고 등이 요구되기도 하는바, 이하의 판례는 그러
한 사정을 보여 주고 있는 좋은 예가 된다.

「보건사회부훈령 제551호는 고가특수의료장비설치승인심사규정으로 고가특수의료장비를 설치
하려는 경우 그 의료장비가 수입한 것인지 국내 생산품인지를 구별하지 아니하고 모든 고가특수
의료장비 설치에 적용되는 것으로서, 그 근거법령이 의료법이어서 의료인, 의료기관을 적용대상
으로 하는 것이고 이를 설치하려는 것이 아니라 단순히 수입하려는 수입업자 등 일반인에게 그
효력이 있다고 보기는 어렵고, 또한 위 보건사회부지침이 수입절차에 관한 것이기는 하나 역시
수입신고세부요령으로 공고되지 않는 한 수입업자나 일반인에게 그 효력이 있다고 보기는 어렵
다 할 것이다」(대판 1996.9.24, 94도2332).

VI. 행정규칙의 하자

행정규칙이 성립요건 등을 갖추지 못한 경우에는 흠(하자)있는 행정규칙이 된다.
한편 하자있는 행정규칙의 효력에 관하여는 ① 하자있는 행정규칙은 그 하자가 중대하
고 명백한 경우에는 무효, 그 정도에 이르지 않는 경우에는 취소할 수 있는 것이 된다는
견해와 ② 하자있는 행정규칙은 무효라는 견해가 대립하고 있다. 생각건대, 행정규칙
에 흠이 있으면 언제나 무효가 된다는 견해가 타당하다(그 이유에 관해서는 법규명령의 하
자부분 참조).

VII. 행정규칙의 효력

1. 내부적 효력

행정규칙은 행정조직 내부 또는 특별권력관계 내에서 일정한 구속력을 갖는바, 이를 내부적 효력이라고 한다. 공무원이 근무규칙을 위반한 경우에 징계사유가 되는 것이 그 예이다.

2. 외부적 효력

(1) 대국민적 효과

행정규칙 가운데에서도 이른바 행위통제규칙, 특히 재량준칙은 행정조직 외부의 일반국민에게도 효과를 미친다. 즉, 행위통제규칙이 제정되면 그 규칙의 수범자인 하급행정기관은 정해진 규칙에 따라 직무를 집행하게 되며, 그 효과가 행정영역 밖의 국민에게도 미치게 되는 것이다. 국민이 훈령이 정해 놓은 기준에 따라 영업허가의 철회 등을 받는 경우가 그 예이다.

(2) 외부적 효력의 성질

1) 사실적 효력 행정규칙의 외부적 효력이 인정되는 경우에도 그것은 원칙적으로 사실적 효력에 불과하다. 즉, 행정규칙의 외부적 효력이 인정되는 경우에도 그것은 행정기관이 행정규칙이 정한 바에 따라 사무를 집행한 것에 따른 간접적이고, 사실적 효력으로 보아야 한다.

2) 법적 효력의 문제 다만, 평등의 원칙을 매개로 하여 행정규칙, 특히 재량준칙의 외부적 효력이 법적 성질을 가질 수 있다. 즉, 재량준칙이 일단 정립되면 그에 위반된 행정처분은 결국 선례(先例)보다 국민에게 불이익한 부담을 과하는 것이 되어 헌법상의 평등의 원칙에 어긋나게 되며, 따라서 행정규칙위반이 위법으로 평가되는 경우가 있는 것이다.

한편 이 경우에는 헌법상의 평등의 원칙이 행정 내부적인 행정규칙을 국가 대 국민관계를 직접 규율하는 법규로 전환시키는 전환규범(轉換規範, Umdeutungsnorm)으로 기능하게 되고, 그 결과 행정청은 결국 스스로 정립한 행정규칙에 구속되어 상대방에 대하여 동종사안에 있어서 제3자에게 행한 결정에 구속되게 되는바, 이를 행정의 자기구속의 법리라고 한다.

관련판례

「구 '부당한 공동행위 자진신고자 등에 대한 시정조치 등 감면제도 운영고시'(2009. 5. 19. 공정거래위원회 고시 제2009-9호로 개정되기 전의 것) 제16조 제1항, 제2항은 그 형식 및 내용에 비추어 재량권 행사의 기준으로 마련된 행정청 내부의 사무처리준칙 즉 재량준칙이라 할 것이고, 구 '독점규제 및 공정거래에 관한 법률 시행령'(2009. 5. 13. 대통령령 제21492호로 개정되기 전의 것, 이하 '시행령'이라 한다) 제35조 제1항 제4호에 의한 추가감면 신청 시 그에 필요한 기준을 정하는 것은 행정청의 재량에 속하므로 그 기준이 객관적으로 보아 합리적이 아니라든가 타당하지 아니하여 재량권을 남용한 것이라고 인정되지 않는 이상 행정청의 의사는 가능한 한 존중되어야 한다. 이러한 재량준칙은 일반적으로 행정조직 내부에서만 효력을 가질 뿐 대외적인 구속력을 갖는 것은 아니므로 행정처분이 이를 위반하였다고 하여 그러한 사정만으로 곧바로 위법하게 되는 것은 아니고, 다만 그 재량준칙이 정한 바에 따라 되풀이 시행되어 행정관행이 이루어지게 되면 평등의 원칙이나 신뢰보호의 원칙에 따라 행정기관은 상대방에 대한 관계에서 그 규칙에 따라야 할 자기구속을 받게 되므로, 이러한 경우에는 특별한 사정이 없는 한 그에 반하는 처분은 평등의 원칙이나 신뢰보호의 원칙에 어긋나 재량권을 일탈·남용한 위법한 처분이 된다」 (대판 2013.11.14, 2011두28783).

Ⅷ. 행정규칙의 소멸

행정규칙은 명시적 또는 묵시적 폐지, 종기의 도래, 해제조건의 성취 등에 의하여 효력을 상실한다.

Ⅸ. 행정규칙에 대한 통제

1. 의회에 의한 통제

(1) 간접적 통제
의회가 행정부에 대해 갖는 국정감시권의 발동에 의하여 간접적으로 행정규칙의 적법·타당성을 보장하는 것을 말하는바, 간접적 통제의 방법으로는 질문(「헌법」 제62조), 국무총리나 국무위원의 해임건의(「헌법」 제63조), 대통령·국무총리 등에 대한 탄핵소추(「헌법」 제65조) 등이 있다.

(2) 직접적 통제
행정규칙에 대한 직접적 통제는 현행법상 허용되지 않는다.

2. 행정적 통제

(1) 감독권에 의한 통제
상급행정기관은 하급행정기관에 대한 지휘·감독권을 갖고 있는데, 여기에 행정규칙에 대한 감독권도 포함되어 있다고 하여야 할 것이다.

(2) 시정조치의 요청

중앙행정심판위원회는 심판청구를 심리·재결할 때에 처분 또는 부작위의 근거가 되는 훈령·예규·고시 등이 법령에 근거가 없거나 상위법령에 위배되거나 국민에게 과도한 부담을 주는 등 크게 불합리하면 관계 행정기관에 그 훈령·예규·고시 등의 개정·폐지 등 적절한 시정조치를 요청할 수 있다(「행정심판법」제59조).

3. 사법적(司法的) 통제

(1) 일반법원에 의한 통제

행정규칙은 직접 국민과 관계 없으므로 행정규칙 그 자체를 행정소송으로 다툴 수는 없으며, 행정규칙에 근거한 처분을 다투는 단계에서 그 전제로 행정규칙의 위법성을 다투어야 한다.

관련판례

「개인택시면허 우선순위에 관한 교통부장관의 시달은 단순히 개인택시면허처분을 위하여 그 면허순위에 관한 내부적 심사기준을 시달한 예규나 통첩에 불과하여 현실적으로 특정인의 권리를 침해하는 것이 아니므로 이를 행정소송의 대상이 되는 행정처분이라고 할 수 없다」(대판 1985. 11.25, 85누394).

---

(2) 헌법재판소에 의한 통제

행정규칙이 헌법소원의 대상이 될 수 있는지 여부가 문제되는바, 헌법재판소는 이를 긍정한 바 있다.

관련판례

「행정규칙은 일반적으로 행정조직 내부에서만 효력을 가지는 것이나, 행정규칙이 법령의 규정에 의하여 행정관청에 법령의 구체적 내용을 보충할 권한을 부여한 경우나 재량권 행사의 준칙인 규칙이 그 정한 바에 따라 되풀이 시행되어 행정관행이 이룩되게 되면, 평등의 원칙이나 신뢰보호의 원칙에 따라 행정기관은 그 상대방에 대한 관계에서 그 규칙에 따라야 할 자기구속을 당하게 되는 경우에는 대외적인 구속력을 가지게 되는바, 이러한 경우에는 헌법소원의 대상이 될 수도 있다」(헌재결 2001.5.31, 99헌마413).

▌제4절▐ 자치입법

　　행정입법을 넓은 의미로 이해하게 되면 지방자치단체가 제정하는 자치입법 또한 행정입법에 포함되게 된다. 이러한 자치입법에는 ① 지방자치단체가 법령의 범위 내에서 지방의회의 의결을 거쳐 제정하는 조례(「지방자치법」 제22조), ② 지방자치단체의 장이 법령 또는 조례의 범위 안에서 그의 권한에 속하는 사무에 관하여 제정하는 규칙(「지방자치법」 제23조) 및 ③ 교육감이 법령 또는 조례의 범위 안에서 그 권한에 속하는 사무에 관하여 제정하는 교육규칙(「지방교육자치에 관한 법률」 제25조 이하)이 있다.

제2장

행정행위

▌제1절▌ 개 설

Ⅰ. 행정행위의 개념

1. 행정행위의 개념정립의 실익

행정행위(Verwaltungsakt)의 개념은 행정재판제도를 가지고 있는 독일·프랑스 등에서 형성되었는바, 이는 그들 국가에서는 모든 행정작용이 행정재판의 대상이 되는 것이 아니라 행정작용 중에서 행정행위만이 그 대상이 된 것에서 연유한다.

한편 우리나라 역시 행정작용 중에서 (주로) 행정행위가 항고쟁송의 대상이 되며, 행정행위에는 다른 행정작용에서는 볼 수 없는 공정력·존속력·자력집행력 등과 같은 특수한 효력이 인정된다. 따라서 우리나라의 경우에도 행정행위의 개념을 정립할 실익이 존재한다.

2. 행정행위의 개념

(1) 학 설

행정행위의 개념에 관하여 과거에는 학설의 대립이 있었으나,[1] 오늘날에는 「행정청이 구체적 사실에 관한 법집행으로서 행하는 권력적이고 단독적인 공법행위」만을 행정행위로 보는 것에 사실상 학설이 일치하고 있다(이러한 행정행위의 개념적 요소에 관하여는 후술 참조).

(2) 입법례

독일의 「연방행정절차법」 제35조는 「행정행위란 행정청이 공법의 영역에서 개별적 경우를 규율하기 위하여 발하고 외부에 대하여 직접적 효과를 발생시키는 모든 처

---

[1] 행정행위의 개념에 관한 학설의 대립에 관하여는 서정범/박상희, 행정법총론(제3판), 세창출판사, 2017, 128쪽 참조.

분, 결정 또는 기타의 고권적 조치를 말한다. 일반처분이란 일반적 징표에 의하여 특정
되거나 특정될 수 있는 인적 범위를 대상으로 한 행정행위 및 물건의 공법상의 성질 또
는 공중에 의한 이용에 관계되는 행정행위를 말한다」고 하여 행정행위의 개념을 명문
으로 규정하고 있다.

그러나 우리나라의 경우에는 행정행위는 학문상의 개념일 뿐이며, 실정법상으로
는 (행정)처분이라는 용어가 많이 사용되고 있다. 다만 예외적이기는 하지만 근래에 들
어 실정법에서 행정행위의 개념을 사용하는 경우가 나타나고 있음은 주목을 요한다
(「행정규제기본법」 시행령 제2조 제1항 제4호 등).

II. 행정행위의 개념적 요소

1. 행정청

행정행위는 '행정청'의 행위이어야 하는바, 일반적으로 행정청이란 (조직법적 의미
로서는)「국가 · 지방자치단체 등 행정주체의 의사를 결정 · 표시할 수 있는 권한을 가진
기관」을 말한다. 다만 행정행위의 개념적 요소로서의 행정청은 조직법적 의미의 행정
청만을 의미하는 것이 아니라, 실질적 · 기능적 의미로 이해하여야 한다는 점이 강조되
고 있음을 유의하여야 한다. 따라서 행정행위의 개념적 요소로서의 행정청에는 조직법
상의 행정청 이외에 보조기관도 포함된다. 또한 국회나 법원의 기관도 기능적으로 행
정임무를 수행하는 경우에는 여기에서의 행정청에 포함될 수 있다. 판례 또한 지방의
회의 의결의 행정처분성을 긍정한 바 있다.

관련판례

「지방의회를 대표하고 의사를 정리하며 회의장 내의 질서를 유지하고 의회의 사무를 감독하며
위원회에 출석하여 발언할 수 있는 등의 직무권한을 가지는 지방의회 의장에 대한 불신임의결은
의장으로서의 권한을 박탈하는 행정처분의 일종으로서 항고소송의 대상이 된다」(대판 1994.10.
11, 94두23).

이와 관련하여 「행정기본법」이 제2조 제2호에서 행정청을 「① 행정에 관한 의사
를 결정하여 표시하는 국가 또는 지방자치단체의 기관(가목), ② 그 밖에 법령 등에 따
라 행정에 관한 의사를 결정하여 표시하는 권한을 가지고 있거나 그 권한을 위임 또는
위탁받은 공공단체 또는 그 기관이나 사인(나목)」으로 규정하고 있음은 주목을 요한
다.[2] 따라서 「행정기본법」에 의하면 공공단체, 공무수탁사인 또한 행정청의 개념에 포

함된다.

2. 법적 행위(규율)

　행정행위는 규율(規律, Regelung)로서의 성격을 갖는 행위, 즉 '법적 행위'로서 법적 효과를 발생·변경·소멸시키는 행위이다. 따라서 직접적으로는 아무런 법적 효과를 발생시키지 않는 사실행위는 행정행위가 될 수 없다. 행정내부적 의사결정이 있을 뿐 외부에 표시되지 않은 행위(예: 교통법규위반행위에 대한 벌점의 배점) 또한 법적 효과를 발생시키지 않으므로 행정행위가 될 수 없다.

관련판례

① 교통법규위반행위에 대한 벌점의 배점:「운전면허행정처분처리대장상 벌점의 배점은 도로교통법규위반행위를 단속하는 기관이 도로교통법시행규칙 [별표 16]이 정하는 바에 의하여 도로교통법규위반의 경중, 피해의 정도 등에 따라 배정하는 점수를 말하는 것으로 자동차운전면허의 취소·정지처분의 기초자료로 제공하기 위한 것이고 그 배점 자체만으로는 아직 국민에 대하여 구체적으로 어떤 권리를 제한하거나 의무를 명하는 등 법률적 규제를 하는 효과를 발생하는 요건을 갖춘 것이 아니어서 그 무효확인 또는 취소를 구하는 소송의 대상이 되는 행정처분이라고 할 수 없다」(대판 1994.8.12, 94누2190).

② 군의관의 신체등위판정:「병역법상 신체등위판정은 행정청이라고 볼 수 없는 군의관이 하도록 되어 있으며, 그 자체만으로 바로 병역법상의 권리·의무가 정하여지는 것이 아니라 그에 따라 지방병무청장이 병역처분을 함으로써 비로소 병역의무의 종류가 정하여지는 것이므로 항고소송의 대상이 되는 행정처분이라 보기 어렵다」(대판 1993.8.27, 93누3356).

---

3. 대외적 행위

　행정행위는 외부에 대하여 직접 법적 효과를 발생하는 행위이다. 따라서 행정조직 내부에서 행해지는 상급관청의 지시나 상관의 명령 등은 원칙적으로 행정행위가 아니다.

관련판례

「항고소송의 대상이 되는 행정처분은 행정청의 공법상의 행위로서 특정사항에 대하여 법규에 의한 권리의 설정 또는 의무의 부담을 명하거나 기타 법률상의 효과를 직접 발생케 하는 등 국민

---

　2) 한편「행정절차법」제2조 제1호는 행정청을「① 행정에 관한 의사를 결정하여 표시하는 국가 또는 지방자치단체의 기관, ② 그 밖에 법령 또는 자치법규에 따라 행정권한을 가지고 있거나 위임 또는 위탁받은 공공단체 또는 그 기관이나 사인」이라고 규정하고 있는바, 그 표현방식에 차이가 있을 뿐 내용은 사실상「행정기본법」상의 행정청 개념과 거의 일치한다고 볼 수 있다.

의 구체적인 권리·의무에 직접 관계가 있는 행위를 말하는바, 상급행정기관의 하급행정기관에 대한 승인·동의·지시 등은 행정기관 상호간의 내부행위로서 국민의 권리·의무에 직접 영향을 미치는 것이 아니므로 항고소송의 대상이 되는 행정처분에 해당한다고 볼 수 없다」(대판 1997.9.26, 97누8540).

4. 공법행위

행정행위는 법적 행위 중에서도 '공법행위'로서의 성질을 갖는다. 따라서 행정청의 법적 행위일지라도 행정상의 사법작용(예: 국유재산의 매각 등)은 행정행위가 아니다.

여기서의 공법행위는 행정행위를 발하는 행위 자체가 공법적이기 때문에 공법의 규율을 받는다는 것을 의미한다. 즉, 여기서의 공법행위는 행위의 근거가 공법적이라는 것이지 그 법적 효과가 공법적이라는 의미는 아니다.

5. 구체적 사실에 관한 법집행

(1) 원칙 – 개별적·구체적 규율

행정행위는 행정청이 행하는 '구체적 사실에 관한 법집행작용'이다. 즉, 행정행위는 일반적으로 '개별적·구체적' 규율의 성질을 갖는 점에서 '일반적·추상적' 규율의 성질을 갖는 명령이나 조례 등과 구별된다.

다만, 명령·조례·고시 등의 이름으로 행정행위의 성질을 가진 행정작용이 행해질 수도 있는바, 조례나 고시의 처분성이 판례에 의하여 인정된 바 있음은 주목을 요한다.

관련판례

① 경기도 두밀분교통폐합에 관한 조례:「조례가 집행행위의 개입없이도 그 자체로서 직접 국민의 구체적인 권리·의무나 법적 이익에 영향을 미치는 등의 법률상 효과를 발생하는 경우 그 조례는 항고소송의 대상이 되는 행정처분에 해당한다」(대판 1996.9.20, 95누8003).
② 보건복지부고시인 약제급여·비급여목록 및 급여상한금액표:「보건복지부고시인 약제급여·비급여목록 및 급여상한금액표는 다른 집행행위의 매개없이 그 자체로서 국민건강보험가입자, 국민건강보험공단, 요양기관 등의 법률관계를 직접 규율하는 성격을 가지므로 항고소송의 대상이 되는 행정처분에 해당한다」(대판 2006.9.22, 2005두2506).

---

(2) 개별적·추상적 규율

행정청이 특정인을 장래에 향하여 계속적으로 규율하기 위하여 일정한 조치를 취하는 경우(예: 어느 공장주에게 냉동탑으로부터 나오는 수증기로 인하여 도로에 빙판이 생길 때마다 그를 제거하라는 명령을 발하는 경우), 이러한 내용의 조치가 개별적·추상적 규율에 해당한다. 독일의 경우 이러한 개별적 · 추상적 규율은 행정행위의 일종으로 분류되고 있다.

(3) 일반적 · 구체적 규율

행정청이 일반적 · 구체적 규율을 발하는 경우가 있는데(예: ○○일 ××장소에서의 집회금지), 이 같은 일반적 · 구체적 규율을 일반처분(Allgemeinverfügung)이라고 한다.[3] 이러한 일반처분은 행정행위의 일종으로 볼 수 있다.

(4) 물적 행정행위

물적 행정행위(物的 行政行爲)란 직접적으로는 물건의 성질이나 상태를 규율하고, 사람에게는 단지 간접적으로 새로운 권리 · 의무를 발생시키는 행위(예: 공물의 공용지정, 개별공시지가, 주차금지 등의 교통표지 등)를 말한다.

이와 같은 물적 행정행위가 행정행위의 성질을 갖는지 여부에 대한 논의가 있었던바, 독일의 경우 「연방행정절차법」(제35조)은 물적 행정행위를 일반처분의 내용에 명문으로 포함시키고 있다. 우리나라의 경우에는 횡단보도설치행위의 법적 성질을 둘러싸고 그의 처분성 여하가 다투어진 바 있는데, 법원은 처분성을 인정한 바 있다.

관련판례

「지방경찰청장이 횡단보도를 설치하여 보행자의 통행방법 등을 규제하는 것은 행정청이 특정사항에 대하여 의무의 부담을 명하는 행위이고 이는 국민의 권리 · 의무에 직접 관계가 있는 행위로서 행정처분이라고 보아야 할 것이다」(대판 2000.10.27, 98두876).

---

6. 공권력의 행사

행정행위는 행정주체가 행정객체에 대하여 우월한 지위에서 행하는 '공권력 행사작용'으로서의 성질을 갖는다. 따라서 행정청의 구체적 사실에 관한 법집행행위일지라도 상대방과의 의사의 합치에 의하여 성립하는 공법상 계약 등은 공권력의 행사에 해당하지 않으므로 행정행위가 아니다.

7. 거부행위

전술한 행정행위의 개념적 요소를 갖춘 행정행위의 신청에 대한 거부는 행정행위로서의 거부에 해당되지만, 전술한 행정행위의 개념적 요소를 갖추고 있지 못하여 행정행위라고 볼 수 없는 행정작용의 신청에 대한 거부는 행정행위로서의 거부에 포함되지

---

3) 이러한 의미의 일반처분을 후술하는 '물적(物的)' 일반처분(물적 행정행위)과 구별하기 위하여 특히 '인적(人的)' 일반처분이라고도 한다.

않는다.

Ⅲ. 행정행위와 행정쟁송법상의 처분

1. 실체법상의 처분개념과 쟁송법상의 처분개념

(1) 실체법상의 처분개념

학문적 의미의 행정행위를 '처분'이라고 부르기도 하는바, 이러한 의미의 처분 개념을 종래 실체법상의 처분개념이라고 불러 왔다.

(2) 쟁송법상의 처분개념

「행정심판법」 및 「행정소송법」은 항고쟁송의 대상을 처분에 한정하고 있는데, 이들 법률은 항고쟁송의 대상이 되는 '처분'을 「행정청이 행하는 구체적 사실에 관한 법집행으로서의 공권력의 행사 또는 그 거부와 그 밖에 이에 준하는 행정작용」이라고 규정하고 있다. 이러한 의미의 처분 개념을 쟁송법상의 처분개념이라고 한다.

2. 실체법상의 처분과 쟁송법상의 처분의 이동(異同)

실체법상의 처분개념과 쟁송법상의 처분개념의 이동에 관하여는 다음과 같은 학설의 대립이 있다.

(1) 일원설(一元說, 실체법상 개념설)

실체법상의 처분과 쟁송법상의 처분을 같은 것으로 보면서, 그 처분과 타 행정작용과의 구별징표를 탐구하는 학설이다. 이 설은 쟁송법상의 처분개념을 넓히는 것보다는 행정의 행위형식의 다양성을 인정하고 그에 상응하는 구제수단을 모색하는 것이 국민의 권리구제의 폭을 넓히는 것이라고 한다.

(2) 이원설(二元說, 쟁송법상 개념설)

실체법상의 처분과 쟁송법상의 처분을 다른 것으로 보면서 쟁송법상의 처분개념의 내포(內包)를 확대하려고 노력하는 학설이다. 이원설에 따르게 되면 쟁송법상의 처분개념에는 행정행위 외에도 ① 도시관리계획의 결정과 ② 권력적 사실행위가 장기간에 걸쳐 행하여지는 경우(예: 대집행의 실행) 등이 포함된다.

3. 「행정기본법」상의 처분 개념에 관한 논의

「행정기본법」은 동법의 주된 규율내용을 이루는 처분과 관련하여 처분을 "행정청이 구체적 사실에 관하여 행하는 법 집행으로서 공권력의 행사 또는 그 거부와 그 밖에 이에 준하는 행정작용"이라고 정의하고 있다(제2조 제4호). 이로 인해 향후 「행정기본

「법」상의 처분과 행정행위의 이동의 문제를 둘러싼 논의가 발생하게 될 것으로 생각된다.

Ⅳ. 행정행위의 기능

행정행위의 기능으로 종래 실체법적 기능, 절차법적 기능, 집행법적 기능[4] 및 쟁송법적 기능이 열거되어 왔다. 행정청이 A에게 건축물의 철거명령을 발한 경우를 예로 들어 행정행위의 기능을 설명하면 다음과 같다. 즉,

① 실체법적 기능이란 철거명령이 A에게 철거의무(작위의무)를 발생시키는 것을 말한다.

② 절차법적 기능이란 A에 대한 철거명령의 발급에 앞서 청문 등 행정절차를 거쳐야 하는 것을 말한다.

③ A가 철거명령에도 불구하고 스스로 건물을 철거하지 않을 때 행정청은 강제집행을 할 수 있는바, 이처럼 행정행위(철거명령)가 강제집행(이 경우에는 대집행)의 근거가 되는 기능을 집행법적 기능이라고 한다.

④ 쟁송법적 기능이란 A가 자신에게 발해진 철거명령으로 법률상 이익을 침해받았다고 생각하는 경우 행정쟁송을 제기할 수 있는 기능을 말한다.

Ⅴ. 행정행위의 특질

1. 다른 개념과의 구별

(1) 사법상의 법률행위와의 구별

행정행위는 법률이 명하는 바에 따라 그를 구체화하는 것으로서 행정청의 자유로운 의사결정에 기하는 것이 아니라는 점에서 사법상의 법률행위와 구분되는바, 양자 간의 구체적 차이점은 다음과 같다.

첫째, 사법상의 법률행위에 적용되는 의사표시에 관한 규정은 원칙적으로 행정행위에는 적용되지 아니한다.

둘째, 행정행위는 사법상의 법률행위의 내용을 규제하는 사법상 강행법규에 구속되지 않는다.

셋째, 행정행위에 의해 형성된 국민의 지위는 원칙적으로 계약법원리의 적용을 받

---

4) 명의기능(名義機能)이라고도 한다.

지 않는다.

(2) 판결과의 구별

행정행위는 판결과 다음과 같은 점에서 구별된다. 즉,

첫째, 판결은 법적 분쟁의 종국적 해결을, 행정행위는 사회형성을 그 목표로 한다.

둘째, 판결은 소(訴)의 제기를 통하여서만 행해지는 것에 반해, 행정행위는 능동적·직권적인 성격이 강하다.

셋째, 판결은 반드시 공개하여야 하나, 행정행위는 그러한 의무규정이 없다.

넷째, 판결은 언제나 법적 결정으로서의 성격을 가지지만, 행정행위는 목적적 이익형량에 의한 결정도 가능하다.

2. 행정행위의 특질

행정행위는 공권력 내지는 법률상 승인된 우월한 행정의사의 발동으로서의 성질을 갖기 때문에 행정주체의 다른 행위, 특히 민법상의 법률행위에 대하여 다음과 같은 특성을 갖는다: 즉, ① 법적합성, ② 공정성, ③ 존속성(확정성, 불가쟁성·불가변성), ④ 실효성(강제성, 자력집행성과 제재성), ⑤ 구성요건성, ⑥ 권리구제의 특수성(각 특질의 구체적 내용에 관하여는 행정법관계의 특질·행정행위의 효력부분 참조).

▍제2절 ▍ 행정행위의 종류

Ⅰ. 법률행위적 행정행위와 준법률행위적 행정행위

행정행위는 '법률효과의 발생원인'을 기준으로 법률행위적 행정행위와 준법률행위적 행정행위로 구분된다. 그리고 이 경우 법률행위적 행정행위란 행정청의 의사표시를 그 구성요소로 하고 표시된 의사의 내용에 따라 법적 효과를 발생하는 행정행위를 말하며, 준법률행위적 행정행위란 행정청의 의사표시 이외의 정신작용(판단·인식 등)을 요소로 하고 그 법적 효과는 행위자의 의사 여하를 불문하고 전적으로 법이 정한 바에 따라 발생하는 행정행위를 말한다(이에 관하여 자세한 것은 제3절 행정행위의 내용 참조).

II. 기속행위와 재량행위

1. 의 의

행정행위는 '법규에의 구속정도'를 기준으로 기속행위와 재량행위로 분류할 수 있다.

(1) 기속행위

기속행위란 「법이 정한 일정한 요건이 충족되어 있을 때 법이 정한 효과로서 일정한 행정행위를 반드시 하거나 하지 않도록 되어 있는 경우의 행정행위」를 말한다.

(2) 재량행위

재량행위란 「복수행위 간에 선택의 자유가 인정되어 있는 경우의 행정행위」를 말한다. 한편 이 경우의 재량은 '행위재량'으로 이해되어야 하며, 따라서 재량은 법규범의 효과 측면에서 나타나기 마련이다(다수설). 한편 재량행위는 다시 다음과 같이 구분될 수 있다.

1) **기속재량과 자유재량**[5]   전통적인 재량의 구분방법으로 기속재량은 무엇이 법인지를 판단하는 재량을, 자유재량은 무엇이 공익목적에 보다 적합한 것인지를 판단하는 재량을 의미한다.

다만 오늘날에는 학설상으로는 자유재량과 기속재량의 구분의 무의미성이 강조되고 있다. 그러나 이러한 학설의 경향과 달리 판례상으로는 여전히 자유재량과 기속재량의 구분이 행해지고 있음을 유의하여야 한다(대판 1995.12.12, 94누12302 참조).

2) **결정재량과 선택재량**   결정재량(Entschließungsermessen)이란 어떠한 행정행위를 할 수도 안 할 수도 있는 자유가 인정되어 있는 경우를 의미하며, 선택재량(Auswahl-ermessen)이란 다수의 행정행위 중 어느 것을 해도 괜찮은 자유가 인정되어 있는 경우를 의미한다.

2. 기속행위와 재량행위의 구별

(1) 구별의 필요성(구별실익)

1) **행정소송과의 관계**   기속행위와 재량행위를 구별하는 실익은 우선 행정소송의 대상을 확정하기 위한 기술적 필요성에서 찾을 수 있는바, 「행정소송법」이 '위법한' 처분에 대해서만 행정소송을 인정하고 있는 것(제1조, 제4조)은 재량행위는 원칙적으로 행정소송사항이 될 수 없음을 전제로 하고 있는 것이라고 할 수 있다(재량행위는 재량을 그르

---

5) 기속재량은 법규재량이라고도 하며, 자유재량은 편의재량 또는 공익재량이라고도 한다.

친 경우에도 원칙적으로 '부당'에 그친다는 점을 고려하여 보라).

한편 기속행위와 재량행위는 그에 대한 사법심사의 방식에 있어서도 차이점을 나타내는바, 이에 관하여는 이하의 판례 참조.

「기속행위와 재량행위에 대한 사법심사는, 전자의 경우 그 법규에 대한 원칙적인 기속성으로 인하여 법원이 사실인정과 관련 법규의 해석·적용을 통하여 일정한 결론을 도출한 후 그 결론에 비추어 행정청이 한 판단의 적법 여부를 독자의 입장에서 판정하는 방식에 의하게 되나, 후자의 경우 행정청의 재량에 기한 공익판단의 여지를 고려하여 법원은 독자의 결론을 도출함이 없이 해당 행위에 재량권의 일탈·남용이 있는지만을 심사하게 된다」(대판 2020.10.15, 2019두45739).

2) 부관과의 관계   종래의 다수설에 따르면 재량행위에는 부관을 붙일 수 있으나, 기속행위에는 부관을 붙일 수 없다. 판례 역시 기속행위에는 부관을 붙일 수 없고, 설사 부관을 붙였다 하더라도 이는 당연무효라고 판시하고 있다(자세한 것은 제4절 행정행위의 부관 부분 참조).

3) 공권의 성립과의 관계   기속행위에 있어서는 행정청은 그 기속행위를 할 의무를 진다. 따라서 그 반사적 효과로서 국민에게는 그 기속행위를 해 줄 것을 요구할 수 있는 청구권이 성립할 수 있다. 그러나 재량행위의 경우에는 행정청이 그 재량행위를 할 수도 안 할 수도 있으므로 국민에게는 재량행위를 해 줄 것을 요구할 수 있는 청구권이 인정될 수 없다.[6]

(2) 구별기준

1) 요건재량설   어떤 사실이 법률이 정하고 있는 요건에 해당하는지 아닌지의 판단에 재량이 존재할 수 있다고 보는 견해인바, 실제로는 법규상의 행위요건의 규정방식을 기준으로 재량행위 여부를 판단하고 있다. 즉, 요건재량설에 따르면 ① 행정행위에 관한 법이 행정행위의 요건을 전혀 규정하지 않고 있거나 규정하고 있어도 오직 종국목적(즉, 공익개념)만을 규정하고 있는 경우에는 재량행위,[7] ② 법이 행정행위의 종국목적 외에 중간목적을 규정하고 있는 경우에는 기속행위가 된다.

이러한 요건재량설에 대하여는 행정행위의 중간목적과 종국목적의 구별이 불분명한

---

6) 다만 재량행위의 경우에도 공권이 인정될 수 있는 점을 지적하면서 기속행위와 재량행위의 구별실익으로 공권의 성립을 열거할 필요는 없음을 강조하는 입장도 유력하다.

7) 또한 비록 처분요건이 한정적으로 규정되어 있어도 불확정개념으로 규정되어 있는 경우에는 재량행위가 된다.

점이 있으며, 법률문제인 요건인정의 문제를 재량문제로 오인하고 있다는 비판이 있다.

2) **효과재량설**　재량을 어떠한 법률효과를 발생시킬 것인가의 선택으로 이해하는 견해로, 실제로는 당해 행위의 성질에 따라 재량행위 여부를 결정하여 왔다. 효과재량설에 따르면 법에 특별한 규정이 있는 경우를 제외하고는 부담적 행정행위는 기속행위, 수익적 행정행위는 재량행위가 된다.

이러한 효과재량설에 대하여는 수익적 행위인가 부담적 행위인가는 기속행위와 재량행위의 구별과는 직접적 관계가 없다는 비판이 행해지고 있다.

3) **판 례**　판례는 종래 기속행위와 재량행위를 법문(法文)의 표현방식을 기준으로 구분하여 왔으나, 근래에는 법규의 체제·형식·문언, 당해 행위가 속하는 행정분야의 주된 목적과 특성, 당해 행위 자체의 개별적 성질과 유형 등을 고려하여 판단할 것이 강조되고 있다.

관련판례

「행정행위가 그 재량성의 유무 및 범위와 관련하여 이른바 기속행위 내지 기속재량행위와 재량행위 내지 자유재량행위로 구분된다고 할 때, 그 구분은 당해 행위의 근거가 된 법규의 체제·형식과 그 문언, 당해 행위가 속하는 행정분야의 주된 목적과 특성, 당해 행위 자체의 개별적 성질과 유형 등을 모두 고려하여 판단하여야 한다」(대판 2020.10.15, 2019두45739).

---

4) **결 어**　기속행위와 재량행위를 일률적인 기준에 의하여 구별하는 것은 용이하지 않으며, 학설 역시 법의 규정방식, 행정행위의 성질 등을 모두 고려하여 다음과 같이 개별적으로 판단하고 있다. 즉,

첫째, 기속행위와 재량행위의 구별기준은 무엇보다도 '법의 규정방식'에서 찾아야 한다. 즉, 법이 "… 하여야 한다"로 규정하고 있으면 기속행위, "… 할 수 있다"로 규정하고 있으면 재량행위로 볼 수 있다.

둘째, 전술한 법의 규정방식을 가지고 양자를 구별하기 곤란한 경우에는 행위의 성질이 제2차적 기준으로 고려될 수 있다. 이 경우 부담적 행정행위는 기속행위, 수익적 행정행위는 재량행위가 되는 것이 일반적이다.

관련판례

「여객자동차운수사업법에 의한 개인택시운송사업면허는 특정인에게 권리나 이익을 부여하는 행정행위, 즉 수익적 행정행위로서 법령에 특별한 규정이 없으면 행정청의 재량에 속하는 것이다」(대판 2005.7.22, 2005두999).

셋째, 당해 행위 자체의 개별적 성질, 특히 헌법상의 기본권과의 관련성 또한 양자의 구별기준으로 고려될 수 있다. 이에 따르면 ① 당해 행위가 원래 당사자에게 허용되는 행위로서 그 발령이 기본권 회복의 의미를 갖는 경우에는 기속행위, ② 당해 행위의 발령이 새로운 권리를 부여하는 의미를 가질 때에는 재량행위가 된다. 이러한 설명에 따르면 (통제)허가는 기속행위, 예외적 승인은 재량행위가 된다.

3. 재량의 한계

(1) 재량규정

재량에도 한계가 있으며, 이와 관련하여 「행정기본법」은 「행정청은 재량이 있는 처분을 할 때에는 관련 이익을 정당하게 형량하여야 하며, 그 재량권의 범위를 넘어서는 아니 된다」(제21조)고 규정하고 있다. 한편 재량권의 행사가 이러한 한계를 넘어서는 경우에는 위법이 되는바,[8] 「행정소송법」은 「행정청의 재량에 속하는 처분이라도 재량권의 한계를 넘거나 그 남용이 있는 때에는 법원은 이를 취소할 수 있다」(제27조)고 규정하여 이러한 취지를 분명히 하고 있다.

(2) 재량행위가 위법하게 되는 유형

1) 재량의 유월(踰越)　행정청의 재량결정이 행정청에게 부여된 재량권의 '외적 한계'를 넘어서는 경우로서,[9] 재량의 일탈(逸脫)이라고도 한다.

재량의 유월로 볼 수 있는 경우로는 ① 행정청이 법률이 전혀 규정하고 있지 않은 결정을 행하는 경우(예: 「식품위생법」이 유해식품을 판매한 업자에 대해서 6월 이내의 영업정지처분을 내릴 수 있도록 하고 있음에도 불구하고 행정청이 1년의 영업정지처분을 내린 경우), ② 행정청이 재량의 전제가 되는 사실이 존재하지 않음에도 불구하고 권한을 행사한 경우(예: 징계원인이 되는 사실이 존재하지 않음에도 불구하고 징계권을 행사한 경우) 등이 있다.

2) 재량의 남용　행정청이 재량권을 수여한 법률의 목적이나, 비례의 원칙·평등의 원칙과 같은 법원칙에 위배하여 행사하는 경우처럼 행정청의 재량결정이 재량권의 '내적 한계'를 벗어난 경우를 재량의 남용이라고 한다. 재량행위가 위법으로 평가되는 대부분의 경우가 이에 해당한다.

3) 재량의 흠결　행정청이 재량행위를 기속행위로 오인하여 복수행위 간의 형량을

---

8) 이처럼 재량에도 한계가 있는 점을 고려할 때 기속행위와 재량행위의 구별은 본질적·절대적인 것이 아니라 단지 양적·상대적인 것에 불과하다고 할 것이다.

9) 「행정소송법」 제27조상의 재량권의 '한계'는 바로 재량권의 '외적 한계(外的 限界)'라는 의미로 사용된 것이다. 그러나 일반적으로 재량권이 '한계'를 넘어섰다고 하면 재량의 남용을 포함하여 재량의 행사가 위법이 되는 모든 경우를 포함하는 의미로 사용된다.

전혀 또는 충분히 행사하지 않은 경우로서, 재량의 해태(懈怠)라고도 한다.

4. 재량행위에 대한 통제

(1) 입법적 통제

재량행위에 대한 입법적 통제 중 가장 근원적인 것은 법률이 재량권을 부여함에 있어 그의 목적 및 고려사항 등을 구체적으로 제시하는 것이다(법규적 통제). 한편 국회는 행정부에 대하여 갖는 국정감시권을 발동하여 재량권의 행사를 통제할 수 있는바(정치적 통제), 그 수단으로 「헌법」은 국정감사(제61조), 질문(제62조), 해임건의(제63조) 및 탄핵소추(제65조)를 인정하고 있다.

(2) 행정적 통제

1) 직무감독에 의한 통제　상급행정청은 하급행정청의 재량권행사에 대하여도 지휘감독을 할 수 있는바, 그 주요수단으로는 ① 감시권, ② 훈령권, ③ 취소 · 정지권, ④ 승인권, ⑤ 주관쟁의결정권 등이 있다.

2) 절차적 통제　오늘날 행정에 대한 절차적 규제를 통한 행정작용의 적정성 확보의 필요성이 가중되고 있는바, 이는 재량권의 행사의 경우에도 마찬가지이다. 이와 관련하여 「행정절차법」이 의견제출 · 청문 · 공청회(제2장), 이유제시(제23조) 등을 규정하고 있음은 주목을 요한다.

3) 행정심판에 의한 통제　행정심판법은 위법한 처분은 물론 '부당'한 처분에 대하여서도 행정심판의 제기를 인정함으로써, 행정심판의 방법에 의한 재량행위에 대한 통제를 인정하고 있다.

(3) 사법적 통제

1) 일반법원에 의한 통제　재량행위는 설사 재량을 그르친 경우라고 하여도 원칙적으로 '부당'에 그치므로 행정소송의 대상이 될 수 없다. 그러나 재량행위라고 하여도 행정청의 재량권 행사에 유월, 남용 또는 흠결이 있는 경우에는 위법하게 되어 행정소송의 대상이 된다. 따라서 재량행위에 대하여 행정소송을 제기한 경우 법원은 이를 각하할 것이 아니라, 본안심리에서 재량의 유월 · 남용 또는 흠결이 있는지 여부를 심사한후 그에 따라 인용 또는 기각결정을 하여야 한다.

2) 헌법재판소에 의한 통제　재량권의 잘못된 행사로 인하여 헌법상의 기본권이 침해된 경우에는 헌법소원의 대상이 된다(「헌법재판소법」 제68조 제1항 참조).

다만 헌법재판소에 의한 통제는 다음과 같은 측면에서 제한을 받을 수 있다. 즉, 헌법소원의 보충성으로 인해 재량이 인정되는 행정행위에 불복이 있는 경우 행정소송을 제기할 수 있으므로 바로 헌법소원을 제기할 수는 없으며, 만일에 행정소송을 제기하였다면 「헌법재판소법」 제68조 제1항의 재판소원 금지규정 때문에 헌법소원은 허용되지 않게 된다.

(4) 재량권의 영으로의 수축

행정청의 재량권을 통제하기 위하여 성립한 이론으로 재량권의 영으로의 수축이론이 있는바, 이는 법률이 행정기관에게 재량권을 부여하고 있는 경우에도 어떤 이유로 그 재량권이 영으로 수축되어 어느 하나만을 하지 않으면 안 되는 경우에는 재량행위는 기속행위로 전환된다는 것을 내용으로 한다.

한편 재량행위가 기속행위로 전환되었음에도 불구하고 그 행위를 하지 않는 것, 즉 부작위는 위법한 것이 되므로 이 경우에 행정기관의 부작위로 인해 손해를 받은 자는 국가배상을 청구할 수 있게 된다. 또한 행정기관의 부작위가 위법이 된다는 것은 행정기관에게 그 행위를 할 의무가 있는데, 그를 이행하지 않았다는 것을 의미한다. 따라서 상대방에게는 그 의무에 대응하는 행정개입청구권이 발생할 수 있다.

5. 판단여지의 문제

(1) 판단여지의 개념

바호프(O. Bachof)에 의해 제창된 판단여지설은 법령이 행정행위의 요건에 '불확정법개념(Unbestimmter Rechtsbegriff)'을 사용하는 경우에는 어떤 사실이 그 요건에 해당하는지의 여부가 일의적(一義的)으로 확정되기 어려운바, 이 경우 거기에는 재량이 아니라 그것과는 성질을 달리하는 판단여지(判斷餘地, Beurteilungsspielraum)가 있을 수 있음을 그 내용으로 한다.[10]

한편 판단여지설에 따르면 행정청에게 판단여지가 인정되는 경우 그 범위에서는 행정청의 전문적이고 기술적 판단이 종국적인 것으로 존중되며, 그 한도에서 행정청의 판단에 대한 법원의 심사가 제약받게 된다.[11]

(2) 재량과의 구별

판단여지가 인정되는 경우 행정청의 판단에 대한 법원의 심사가 제약받게 되는바, 이처럼 행정청의 판단에 대한 사법심사가 제약을 받게 된다는 점에서 판단여지는 재량과 유사한 면이 있다. 그러나 재량의 경우 행정기관에게 복수행위 간의 선택의 자유가 인정되는 것에 반하여, 판단여지는 법률문제로서 행정기관에게 복수행위 간의 선택의 자유가 인정되지 않는다는 점에서 양자는 개념상 구분될 수 있다.

---

10) 즉, Bachof 등에 의해 창안된 '판단여지'란 개념은 재량과 구분하기 위하여 만들어진 것이다. 따라서 판단여지설을 기속행위와 재량행위를 구별하는 이론으로 설명하는 것은 문제가 있다.

11) 행정청에게 판단여지가 인정되는 경우 법원의 심사가 제약받게 되는 것과 관련하여 "행정청의 판단여지가 인정되는 경우에는 행정청의 판단이 법원의 판단을 대체하게 된다"는 점을 강조하여 판단여지설을 대체가능성설이라고 부르는 학자도 있다(김동희, 행정법 I, 박영사, 2016, 275쪽 참조).

한편 판단여지라는 개념을 부정하는 견해, 즉 재량과 판단여지의 구분을 부정하는 견해 또한 유력한데 이런 입장에서는 판단여지에 해당하는 것을 요건재량(법규재량 또는 판단재량이라고 도 함)이라고 표현하기도 한다. 판례 역시 아직까지는 재량과 판단여지를 구분하지 않고, 모두 재량의 문제로 다루고 있다.

(3) 판단여지의 소재

학설상 판단여지는 특히 다음의 영역에서 논의되고 있다.

1) 비대체적 결정(非代替的 決定) 사람의 인격·능력·적성 등에 관한 판단(예: 공무원의 근무평정, 학생의 성적평가 등)이 여기에 속한다. 비대체적 결정에 법원의 심사가 제한되는 이유는 ① 시험의 경우에는 시험의 상황구속적 성질, 즉 나중에 법원의 심사단계에서 원래의 상황을 재현할 수 없다는 점, ② 공무원의 근무평정의 경우에는 관계자의 특수한 경험과 전문지식이 필요하다는 점을 들 수 있다.

관련판례

① 입학사정기준 미달자에 대한 불합격처분에 관한 판례: 「학생의 입학을 전형함에 있어 대학은 법령과 학칙에 정해진 범위 내에서 대학의 목적과 그 대학의 특수 사정을 고려하여 자유로이 수학능력의 기준을 결정할 수 있고 입학지원자가 모집정원에 미달한 경우라도 대학이 정한 입학사정기준에 미달하는 자에 대하여는 입학을 거부할 수 있다」(대판 1982.7.2, 81누398).

② 공무원임용을 위한 면접전형에 있어서의 판단: 「공무원임용을 위한 면접전형에 있어서 임용신청자의 능력이나 적격성 등에 관한 판단은 면접위원의 고도의 교양과 학식, 경험에 기초한 자율적 판단에 의존하는 것으로서 오로지 면접위원의 자유재량에 속하고, 그와 같은 판단이 현저하게 재량권을 일탈 내지 남용한 것이 아니라면 이를 위법하다고 할 수 없다」(대판 1997.11.28, 97누11911).

③ 교육부장관의 임용제청 제외처분 등에 관한 판단: 「행정청의 전문적인 정성적 평가 결과는 그 판단의 기초가 된 사실인정에 중대한 오류가 있거나 그 판단이 사회통념상 현저하게 타당성을 잃어 객관적으로 불합리하다는 등의 특별한 사정이 없는 한 법원이 그 당부를 심사하기에는 적절하지 않으므로 가급적 존중되어야 한다. 여기에 재량권을 일탈·남용한 특별한 사정이 있다는 점은 증명책임분배의 일반원칙에 따라 이를 주장하는 자가 증명하여야 한다. 이러한 법리는 임용제청에서 제외된 후보자가 교육부장관의 임용제청 제외처분 또는 대통령의 임용 제외처분에 불복하여 제기한 소송에서도 마찬가지이다」(대판 2018.6.15, 2016두57564).

---

2) 구속적 가치평가 어떤 작품의 가치 또는 유해성 등에 대한 합의제기관의 판단이 이에 속하는바, 독일의 경우 청소년에게 유해하다고 생각되는 도서를 유해도서목록에 포함시키는 관정에 관하여 판단여지가 인정된 바 있다.

우리나라의 경우 이러한 관점에서 판단여지가 인정될 수 있는 영역으로는 공정거래위원회의 불공정거래행위결정, 보호대상문화재의 대상여부에 대한 평가, 인사평가

위원회의 평가, 신문윤리위원회의 결정 등이 열거되고 있다.

관련판례

① 「교과서검정이 고도의 학술상·교육상의 전문적인 판단을 요한다는 특성에 비추어 보면, 교과용 도서를 검정함에 있어서 법령과 심사기준에 따라서 심사위원회의 심사를 거치고, 또 검정상 판단이 사실적 기초가 없다거나 사회통념상 현저히 부당하다는 등 현저히 재량권의 범위를 일탈한 것이 아닌 이상 그 검정을 위법하다고 할 수 없다」(대판 1992.4.24, 91누6634).

② 「신의료기술의 안전성·유효성 평가나 신의료기술의 시술로 국민보건에 중대한 위해가 발생하거나 발생할 우려가 있는지에 관한 판단은 고도의 의료·보건상의 전문성을 요하므로, 행정청이 국민의 건강을 보호하고 증진하려는 목적에서 의료법 등 관계 법령이 정하는 바에 따라 이에 대하여 전문적인 판단을 하였다면, 판단의 기초가 된 사실인정에 중대한 오류가 있거나 판단이 객관적으로 불합리하거나 부당하다는 등의 특별한 사정이 없는 한 존중되어야 한다. 또한 행정청이 전문적인 판단에 기초하여 재량권의 행사로서 한 처분은 비례의 원칙을 위반하거나 사회통념상 현저하게 타당성을 잃는 등 재량권을 일탈하거나 남용한 것이 아닌 이상 위법하다고 볼 수 없다」(대판 2016.1.28, 2013두21120).

---

3) 예측결정·형성적 결정   미래예측적 성질을 가진 행정결정(예: 공업단지 조성에 대한 환경영향평가)이나 사회형성적 행정의 영역(예: 지방자치단체의 광범위한 형성적 자유)에서 판단여지가 인정될 수 있다.

(4) 판단여지의 한계

행정청의 판단여지가 인정되는 경우에도 그의 판단에 자의(恣意)가 개입되어 있거나 판단이 경험법칙에 위배하는 경우에는 판단여지의 한계를 넘어서서 위법한 것이 될 수 있다. 따라서 판단여지에 관한 사항에 대하여 행정소송을 제기한 경우 법원은 이를 각하할 것이 아니라, 판단을 행함에 있어 법의 일반원칙의 준수여부·판단에 관한 절차적 규정의 준수여부·판단기관구성의 적법성 여하 등을 심사한 후 그에 따라 인용 또는 기각결정을 하여야 한다.

Ⅲ. 수익적 행정행위, 부담적 행정행위, 복효적 행정행위

행정행위는 '상대방 등에 대한 법률효과'를 기준으로 수익적 행정행위, 부담적 행정행위, 복효적 행정행위로 분류할 수 있다.

1. 수익적 행정행위와 부담적 행정행위

수익적 행정행위란 권리·이익을 부여하거나 의무를 해제하는 등 상대방에 대하여 유리한 효과를 발생시키는 행정행위(예: 허가 · 특허 · 인가 · 면제 및 부담적 행정행위의 취소 · 철회 등)를 말하며, 부담적 행정행위란 권리를 제한하거나 의무를 부과하는 등 상대방에게 불리한 효과를 발생시키는 행정행위(예: 하명, 수익적 행정행위의 철회 등)를 말한다.

한편 수익적 행정행위와 부담적 행정행위의 이동(異同)에 관하여는 이하의 표 참조.

구 분	수익적 행정행위	부담적 행정행위
성 질	① 쌍방적 행정행위성 ② 재량행위성	① 일방적 행정행위성 ② 기속행위성
법률유보의 문제	상대적으로 자유로움	엄격하게 적용됨
절차적 규제	완 화	엄 격
부 관	부관과 친하다.	부관과 거리가 멀다.
취소 · 철회의 제한	조리상의 제한	완 화
특수문제	흠의 치유 · 전환의 문제 발생	의무이행확보를 위한 자력강제적 수단의 문제 발생

2. 복효적 행정행위

(1) 의의 및 종류

복효적 행정행위(複效的 行政行爲, VA mit Doppelwirkung)란 하나의 행정행위가 수익과 부담의 복효적 효과를 동시에 발생시키는 행위를 말하며, 이중효과적 행정행위라고도 한다.

복효적 행정행위는 ① 복효적 효과가 동일인에게 발생하는 혼합효 행정행위(VA mit Mischwirkung)와 ② 1인에게는 이익, 타인에게는 불이익이라는 상반된 효과를 발생시키는 제3자효 행정행위(VA mit Drittwirkung)로 구분된다. 당선인결정이나 합격자결정, 경원면허(競願免許), 공매처분, 수용재결 등이 제3자효 행정행위의 예에 해당한다.

(2) 제3자효 행정행위와 관련된 법적 문제

복효적 행정행위 가운데 행정법적으로 많은 문제점을 야기하는 것은 제3자효 행정행위인데, 이는 제3자효 행정행위의 경우에는 행정행위를 하는 행정청과 그의 상대방 외에 제3자가 그 법률관계에 당사자로 등장하기 때문이다. 특히 제3자효 행정행위와 관련하여서는 원고적격, 소송참가, 제3자의 재심청구 등에서 보듯이 제3자인 불이익자에 대한 권리구제수단이 가장 문제된다.

1) 행정절차 「행정절차법」은 행정청은 당사자에게 의무를 과하거나 권익을 제한하는 처분을 하는 경우에는 미리 일정한 사항을 당사자 등에게 통지하고(제21조), 의견제출의 기회를 주어야 한다(제22조 제3항)고 규정하고 있다. 그런데 「행정절차법」상 "당사자 등"이라 함은 행정청의 처분에 대하여 직접 그 상대가 되는 당사자[12]와 행정청이

직권으로 또는 신청에 따라 행정절차에 참여하게 한 이해관계인을 말하므로(제2조 제4호), 모든 이해관계 있는 제3자에게 사전통지가 행해지는 것도 아니며, 의견제출의 기회가 주어지는 것이 아니다. 즉, 단지 행정청이 직권으로 또는 신청에 따라 행정절차에 참여하게 한 이해관계인에게만 그러한 기회가 주어질 뿐이며, 따라서 행정행위의 상대방이 아닌 제3자에게 행정절차에의 참가권이 보장되도록「행정절차법」을 개정할 필요가 있다.

2) 제3자효 행정행위의 취소·철회   수익적 행정행위의 취소·철회가 관련된 제 이익을 형량할 필요가 있음으로 인해 제한을 받음은 주지의 사실인바, 제3자효 행정행위의 경우는 3극적 법률관계를 형성하므로 그 형량의 대상이 되는 이익이 증가하여 더욱 복잡한 문제를 야기한다.

3) 행정쟁송상의 문제

① 행정심판의 고지   행정청은 이해관계인으로부터 해당 처분이 행정심판의 대상이 되는 처분인지의 여부 등에 관하여 고지해 줄 것을 요구받은 때에는 이를 알려 주어야 하는바, 여기서의 이해관계인에 제3자효 행정행위의 제3자가 포함됨은 의문의 여지가 없다.

② 청구인적격·원고적격   제3자효 행정행위의 제3자도 쟁송제기의 법률상 이익이 있는 한 청구인적격 및 원고적격을 가진다.

③ 행정심판 및 행정소송에의 참가   행정심판이나 행정소송의 결과에 대하여 이해관계 있는 제3자는 당해 행정심판이나 행정소송에 참가할 수 있는바, 제3자효 행정행위의 제3자가 여기서의 제3자의 대부분을 이룬다.

④ 집행정지   제3자효 행정행위에 의해 법률상 이익을 침해받은 자가 집행정지제도를 통해 가구제를 받을 수 있는지가 문제되는바,「행정소송법」이 집행정지결정에 제3자효를 인정하고 있는 것(제29조 제2항)에 비추어 볼 때 가능한 것으로 생각된다.

⑤ 판결의 제3자효   「행정소송법」은 처분 등을 취소하는 판결은 제3자에 대하여도 효력이 있다고 규정하고 있는바(제29조 제1항), 여기서의 제3자에 제3자효 행정행위의 제3자가 포함됨은 의문의 여지가 없다.

⑥ 제3자의 재심청구   취소판결에 의해 자신의 법률상 이익을 침해받은 제3자가 자기에게 책임 없는 사유로 소송에 참가하지 못함으로써 판결의 결과에 영향을 미칠 공격·방어방법을 제출하지 못한 경우에 재심을 청구할 수 있는바(「행정소송법」제31조 제1항), 여기서의 제3자에 제3자효 행정행위의 제3자가 포함됨은 의문의 여지가 없다.

---

12)「행정기본법」제2조 제3호가 당사자를 처분의 상대방이라고 규정하고 있는 것 또한 이같은 의미로 이해할 수 있다.

4) 제3자의 동의   행정실무상 제3자에 대한 배려로서 제3자효 행정행위에 관해 인·허가를 하는 경우에 제3자의 동의를 사전에 얻게 하는 경우가 많다. 그러나 법적 근거도 없이 제3자의 동의를 얻게 하는 것은 도리어 위법이 된다고 할 것이다.

관련판례

「장례식장을 건축하는 것이 건축법 소정의 인근 토지나 주변 건축물의 이용현황에 비추어 현저히 부적합한 용도의 건축물을 건축하는 경우에 해당하는 것으로 볼 수 없음에도, 건축허가신청을 불허할 사유가 되지 않는 인근 주민들의 민원이 있다는 사정만으로 건축허가신청을 반려한 처분은 법령의 근거없이 이루어진 것으로 위법하다」(대판 2002.7.26, 2000두9762).

IV. 대인적 행정행위, 대물적 행정행위, 혼합적 행정행위

행정행위는 당해 행정행위를 함에 있어서의 '사실적인 고려대상'을 기준으로 대인적 행정행위, 대물적 행정행위 및 혼합적 행정행위로 분류할 수 있다.

1. 의 의

대인적 행정행위(對人的 行政行爲)란 오로지 상대방의 기능·학식·경험 등과 같은 주관적 사정에 착안하여 행해진 행정행위를 말하며(예: 의사면허, 운전면허 등), 대물적 행정행위(對物的 行政行爲)란 오로지 물건의 구조·성질 및 설비 등의 객관적 사정을 표준으로 행해진 행정행위를 말한다(예: 음식점 영업허가 등).[13] 한편 혼합적 행정행위란 인적 요소와 물적 요소를 모두 고려하여 행해지는 행정행위를 말한다(예: 석유사업허가 등).[14]

2. 구별의 실익

대인적 행정행위, 대물적 행정행위 및 혼합적 행정행위를 구별하는 실익은 그 행정행위의 효과가 타인에게 이전될 수 있는지의 여부를 밝히는 데 있다. 즉, ① 대인적 행정행위의 효과는 일신전속적이라 타인에게 이전될 수 없지만, ② 대물적 행정행위의 효과는 원칙적으로 이전이 가능하다. 한편 ③ 혼합적 행정행위는 행정청의 승인 등이 있으면 효과가 이전될 수 있다(다만 대인적 요소에 변화가 있으면 불가).

---

13) 여기서의 대물적 행정행위는 물적 행정행위와는 그 개념적 구조를 달리하고 있음을 유의하여야 한다.
14) 여기서의 혼합적 행정행위를 복효적 행정행위의 일종인 혼합효 행정행위와 혼동하는 일이 없도록 하여야 한다.

V. 기 타

1. 일방적 행정행위와 쌍방적 행정행위

행정행위는 상대방의 협력을 필요로 하는지 여부를 기준으로 ① 행정청이 그의 직권에 의해 단독으로 할 수 있는 일방적 행정행위[15]와 ② 상대방의 동의·신청 등의 협력을 필요로 하는 쌍방적 행정행위[16]로 나누어진다.

쌍방적 행정행위도 행정행위이므로 '권력적 단독행위'의 성질을 가진다. 따라서 '쌍방적'이란 용어 때문에 이를 '비권력적 쌍방행위'인 공법상 계약과 혼동하여서는 아니 된다(이에 관하여는 제2편 제3장 제3절 공법상 계약부분 참조).

2. 요식행위와 불요식행위

행정행위는 일정한 형식에 의할 것을 법률상의 요건으로 하고 있는지의 여부에 따라 요식행위와 불요식행위로 나누어진다. 다만 행정행위와 관련하여 「행정절차법」이 문서주의를 취하고 있음은 주목을 요하며(제24조), 개별법이 행정행위의 내용·권한 등을 명백히 하기 위하여 일정한 형식을 요하는 경우도 많다(예: 행정심판의 재결, 납세의 독촉, 대집행의 계고 등).

요식행위의 경우 소정의 형식을 갖추지 않은 경우에는 형식상의 하자로 인한 위법의 문제(즉, 무효)가 발생한다.

3. 적극적 행정행위와 소극적 행정행위

적극적 행정행위[17]란 행정행위 중에서 현재의 법률상태에 변동을 가져오는 행위를 말하며(예: 하명·허가·특허 등), 소극적 행정행위란 현재의 법률상태에 아무런 변동도 가져오지 않는 행위(예: 허가나 특허의 신청에 대한 거부처분)를 말한다.

4. 수령을 요하는 행정행위와 수령을 요하지 않는 행정행위

행정행위는 그것이 상대방에게 수령될 것을 요하는지의 여부에 따라 ① 수령을 요하는 행정행위와 ② 수령을 요하지 않는 행정행위로 구분된다. 이러한 구분은 일반적으로 특정인에 대한 행정행위와 불특정 다수인에 대한 행정행위의 구분과 일치한다.

한편 특정인에 대한 행정행위가 그 효력을 발생하기 위하여서는 상대방에 의해 수

---

15) 직권적 행정행위 또는 단독적 행정행위라는 용어가 사용되기도 한다.
16) 동의에 의한 행정행위 또는 협력을 요하는 행정행위라는 용어가 사용되기도 한다.
17) 창설처분(創設處分)이라는 용어가 사용되기도 한다.

령될 것을 요하는바, 이 경우 상대방이 그 내용을 요지(了知)할 필요는 없다. 이에 반해 불특정 다수인 또는 특정되었지만 주소나 거소가 불분명한 상대방에 대한 행정행위는 그 효력을 발생하기 위하여 상대방의 수령을 요하지 않으며, 공고 내지 고시되는 것으로 충분하다.

5. 가행정행위(假行政行爲)와 종행정행위(終行政行爲)

(1) 가행정행위의 의의

가행정행위란 「종행정행위가 있기까지, 즉 행정행위의 법적 효과가 최종적으로 결정될 때까지 잠정적으로만 행정행위의 구속력을 가지는 행위형식」을 말하는바, 잠정적 행정행위라는 용어가 사용되기도 한다. 가행정행위의 대표적 예로는 물품수입에 있어 일단 잠정세율을 적용하였다가 나중에 세율을 확정짓는 경우 및 징계의결이 요구 중인 자에게 잠정적으로 직위를 해제하는 경우 등이 있다.

(2) 가행정행위의 기능

가행정행위는 종국적 결정이 내려지면 종국적 행정행위로 대체된다는 점에서 행정행위의 철회 내지 취소를 제한하는 법리를 완화시키는 기능을 가지며, 또한 행정의 능률화에도 이바지한다.

(3) 법률유보의 원칙과의 관계

법률에 규정이 없음에도 불구하고 가행정행위가 허용될 수 있는지에 관하여는 긍정설과 부정설의 대립이 있는바, 적어도 본체인 행정작용이 수익적 성질의 것일 때에는 법률의 수권이 없이도 가능하다고 할 것이다.

▌제3절▐ 행정행위의 내용

Ⅰ. 개 관

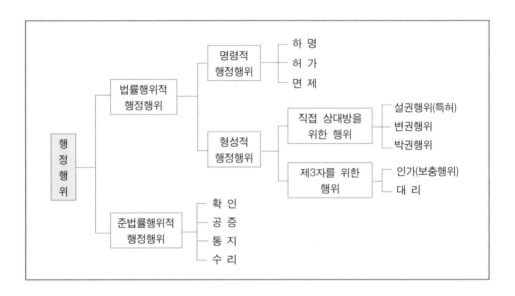

Ⅱ. 법률행위적 행정행위

법률행위적 행정행위란 행정청의 의사표시를 구성요소로 하고 표시된 의사의 내용에 따라 법적 효과를 발생하는 행위를 말하는데, 그 법률효과의 내용에 따라 다시 명령적 행위와 형성적 행위로 나누어진다.

1. 명령적 행위

명령적 행위란 행정행위의 상대방에 대하여 일정한 의무를 과하거나 이미 과하여진 의무를 해제함을 내용으로 하는 행정행위를 말한다. 이러한 명령적 행위는 개인의 자연적 자유를 대상으로 하여 그를 제한하거나 그 제한을 해제시켜 주는 행위란 점에서, 개인에게 권리 또는 능력과 같은 법률상의 힘을 발생·변경·소멸시키는 행위인 형성적 행위와 구별된다.

명령적 행정행위는 그 내용에 따라 하명, 허가 및 면제로 나눌 수 있다.

(1) 하　명

1) 하명의 개념　　하명(Befehl)이란 행정청이 개인에게 작위·부작위·급부·수인의 의무를 명하는 행정행위를 말하는바, 부작위의무를 명하는 하명을 특히 금지(禁止)라고 한다.

이러한 하명은 그에 의해 부과되는 의무의 내용에 따라 작위하명(예: 위법건물 철거), 부작위하명(예: 산사태가 있는 경우 도로통행금지), 급부하명(예: 조세부과) 및 수인하명(예: 급성 감염병환자 강제입원)으로 나누어진다.

2) 하명의 성질　　하명은 부담적 행정행위에 속하며, 따라서 법률의 근거를 필요로 한다. 또한 하명은 부담적 행정행위이기 때문에 기속행위의 성질을 가짐이 일반적이다.

3) 하명의 형식[18]　　하명 역시 처분이므로 원칙적으로 문서에 의하여야 하며(「행정절차법」 제24조), 하명을 하고자 하는 경우 행정청은 처분의 제목 등을 사전에 당사자 등에게 통지하여야 한다(동법 제21조 참조).

4) 하명의 대상　　하명은 주로 사실행위(예: 건물의 철거)를 대상으로 하지만, 법률행위를 대상으로 하는 경우(예: 영업금지 등)도 있다.

5) 하명의 상대방　　하명은 특정인에게 의무를 부과하는 것을 원칙으로 하나, 예외적으로 불특정 다수인에 대해 행해지는 경우도 있다. 후자를 보통 일반처분이라고 한다.

6) 하명의 효과　　하명은 그 내용에 따라 상대방에게 일정한 공법상의 의무를 발생시킨다. 한편 대인적 하명의 효과는 그 수명자(受命者)에 대해서만 미치는 것에 대하여, 대물적 하명의 효과는 그 물건의 양수인에게 승계됨이 보통이다.

7) 하명위반의 효과　　수명자가 하명에 의해 과해진 의무를 위반한 경우에는 그 수명자에 대해서 행정상의 강제집행이 행해지거나 행정상의 제재가 과하여질 뿐, 하명에 위반한 행위의 법률상의 효과 자체는 부인받지 않는 것이 원칙이다.

관련판례

「주택공급계약이 구 주택건설촉진법 제32조, 구 주택공급에 관한 규칙 제27조 제4항·제3항에 위반하였다고 하더라도 그 사법적 효력까지 부인된다고 할 수는 없다」(대판 2007.8.23, 2005다59475·59482·59499).

---

18) 하명의 형식과 관련하여 종전에는 「하명은 행정행위의 형식으로 행해지는 것이 보통이나 법령 자체에 의하여 곧 하명의 효과가 발생하는 경우도 있다. 전자를 하명처분(下命處分), 후자를 법규하명(法規下命)이라고 하는데, 엄격한 의미에서의 하명은 하명처분만을 가리킨다」라는 식의 설명이 행해졌다. 그러나 법규하명은 행정행위가 아니므로 그를 하명의 일종으로 설명하는 것은 바람직하지 못하다고 생각된다.

(2) 허 가

1) 허가의 개념   허가(Erlaubnis)란 법령에 의한 일반적 · 상대적 금지를 특정한 경우에 해제하여 적법하게 일정한 행위를 할 수 있게 하는 행정행위를 말한다. 근래에는 이러한 의미의 허가를 특히 '통제허가(統制許可)'라고 부르기도 한다.

허가는 허가를 유보한 '상대적 금지'의 존재를 전제로 하는바, 따라서 어떠한 경우에도 해제될 수 없는 절대적 금지(예: 청소년의 음주 · 흡연금지)에 대하여는 허가를 할 수 없다.

2) 예외적 승인과의 구별

① 예외적 승인의 개념   예외적 승인(Ausnahmebewilligung)은 사회적으로 유해한 행위이기 때문에 일반적으로 금지된 행위를 특정한 경우에 예외적으로 적법하게 할 수 있게 하여 주는 행정행위를 말한다(예: 자연공원 안에서의 개발행위허가 등).[19] 예외적 승인은 법률에 의한 일반적 · 추상적 법규정을 구체적 사건에 적용하는 경우에 야기될 수 있는 불합리한 점을 해결할 수 있게 하면서, 특별히 이형적인 사건에 있어서 행정청이 일반적 금지로부터 벗어날 수 있는 가능성을 제공하는 점에서 그 유용성을 찾아볼 수 있다.

② 예외적 승인의 성질   예외적 승인은 형식적 · 실질적 관점에서 모두 수익적 행정행위의 성질을 가지므로 일반적으로 재량행위의 성질을 갖는다.

관련판례

「개발제한구역 내에서는 구역지정의 목적상 건축물의 건축 및 공작물의 설치 등 개발행위가 원칙적으로 금지되고, 다만 구체적인 경우에 이러한 구역지정의 목적에 위배되지 아니할 경우 예외적으로 허가에 의하여 그러한 행위를 할 수 있게 되어 있음이 그 규정의 체제와 문언상 분명하고, 이러한 예외적인 개발행위의 허가는 상대방에게 수익적인 것이 틀림이 없으므로 그 법률적 성질은 재량행위 내지 자유재량행위에 속하는 것이다」(대판 2004.3.25, 2003두12837).

③ 허가와의 구별   예외적 승인은 사회적으로 유해한 행위이기 때문에 금지된 행위를 적법하게 할 수 있게 하여 주는 행위라는 점에서 위험방지라는 통제목적을 위해 잠정적으로 금지된 행위를 적법하게 할 수 있게 하여 주는 허가와 구별된다. 즉, 허가는 예방적 금지(präventives Verbot)의 해제, 예외적 승인은 억제적 금지(repressives Verbot)의 해제라고 할 수 있다. 예컨대 주거지역 내의 주택건축이 허가의 대상이라면, 개발제한구역 내의 건축은 예외적 승인의 대상이 된다.[20]

---

19) 이하의 대법원판결에서 보듯이 '예외적 허가'라는 용어도 사용되고 있다.

20) 이처럼 (통제)허가와 예외적 승인을 구별하는 것과 관련하여, 「양자의 구별이 명백하지도 않고 또

3) 신고와의 구별   (자기완결적) 신고의 경우 신고의 대상이 되는 행위는 신고서가 행정기관에 도달되면 할 수 있는바, 이 점에서 허가가 있어야만 적법하게 할 수 있는 허가의 대상이 되는 행위와 구별된다. 즉, 신고에 있어서는 신고서가 행정기관에 접수됨과 더불어 사인의 부작위의무가 해제되는 것에 반하여, 허가에 있어서는 허가의 대상인 사인의 부작위의무가 행정행위에 의해 해제되는 점에서 양자는 구분된다.

관련판례

「의료법은 의료기관의 개설 주체가 의원·치과의원·한의원 또는 조산원을 개설하려고 하는 경우에는 시장·군수·구청장에게 신고하도록 규정하고 있지만(제33조 제3항), 종합병원·병원·치과병원·한방병원 또는 요양병원을 개설하려고 하는 경우에는 시·도지사의 허가를 받도록 규정하고 있다(제33조 제4항). 이와 같이 의료법이 의료기관의 종류에 따라 허가제와 신고제를 구분하여 규정하고 있는 취지는, 신고 대상인 의원급 의료기관 개설의 경우 행정청이 법령에서 정하고 있는 요건 이외의 사유를 들어 신고 수리를 반려하는 것을 원칙적으로 배제함으로써 개설 주체가 신속하게 해당 의료기관을 개설할 수 있도록 하기 위함이다」(대판 2018.10.25, 2018두44302).

4) 허가의 성질
① 명령적 행위   허가는 금지를 해제하여 자연적 자유를 회복시켜 주는 행위이므로 명령적 행위에 속한다(다수설·판례). 다만 허가는 단순히 자연적 자유를 회복시켜 주는 것에 그치는 것이 아니라 적법한 권리행사를 가능케 하여 주는 행위이므로 형성적 행위의 성질을 가지며, 따라서 허가와 특허의 구분은 상대화되어 가고 있다는 반대설 또한 유력하다.

관련판례

「유기장영업허가는 유기장경영권을 설정하는 설권행위가 아니고 일반적 금지를 해제하는 영업자유의 회복이라 할 것이므로 그 영업상의 이익은 반사적 이익에 불과하다」(대판 1985.2.8, 84누369).

② 기속행위 여부   종래에는 허가는 원칙적으로 기속행위 또는 기속재량행위에 속한다고 설명되어 왔으나, 엄격히 말하면 허가에는 기속행위와 재량행위가 모두 있을 수 있다. 다만 허가는 일반적으로 기속행위의 성질을 갖는다고 생각되며, 판례 또한 허

한 반드시 필요하다고 볼 수도 없다」라는 반론 또한 유력하다(김남진·김연태, 행정법Ⅰ, 2021, 252쪽).

가를 원칙적으로 기속행위로 보고 있다.

관련판례

「건축허가권자는 건축허가신청이 건축법 등 관계 법규에서 정하는 어떠한 제한에 배치되지 않는 이상 당연히 같은 법조에서 정하는 건축허가를 하여야 하고, 중대한 공익상의 필요가 없는데도 관계 법령에서 정하는 제한사유 이외의 사유를 들어 요건을 갖춘 자에 대한 허가를 거부할 수는 없다」(대판 2009.9.24, 2009두8946).

다만 법령에 정한 사유 이외의 사유를 이유로 허가를 거부할 수 있는지의 문제에 관하여는 (이하의 관련판례 ① ②에서 보듯이) 법원의 입장이 일관되지 못한 것으로 보인다. 그러나 ①의 산림훼손허가가 재량행위인 데 비하여, ②의 건축허가는 기속행위라는 점에 착안한 것이라는 점을 고려하면, ① ②의 판례를 반드시 서로 모순되는 것으로 이해할 필요는 없는 것으로 생각된다.[21]

관련판례

① 「허가관청은 산림훼손허가신청 대상토지의 현상과 위치 및 주위의 상황 등을 고려하여 국토 및 자연의 유지와 환경의 보전 등 중대한 공익상 필요가 있다고 인정될 때에는 허가를 거부할 수 있고, 그 경우 법규에 명문의 근거가 없더라도 거부처분을 할 수 있다」(대판 2003.3.28, 2002두12113).[22]
② 「구 건축법 제5조 제1항 소정의 건축허가권자는 건축물이 건축법, 도시계획법 등의 관계법규에서 정하는 어떠한 제한에 배치되지 않는 이상 당연히 같은 법조 소정의 건축허가를 하여야 하고, 위 관계법규에서 정하는 제한사유 이외의 사유를 들어 그 허가신청을 거부할 수는 없다」(대판 1992.6.9, 91누11766).

---

5) 허가와 신청(출원)　　허가는 상대방의 신청에 의하여 행하여지는 것이 보통이다. 한편 신청이 허가의 필요요건인지에 관하여는 종래 신청을 허가의 필요요건으로 보는 긍정설과 신청을 허가의 필요요건으로 보지 않는 부정설의 대립이 있었다. 긍정설에 따르면 신청이 없는 허가는 무효이며 신청의 내용과 다른 허가(즉, 수정허가)는 인정되지 않는다. 부정설에 따르면 허가는 신청 없이도 행하여질 수 있을 뿐만 아니라 수정하

---

21) 즉, 판례는 법령에 정한 사유 이외의 사유를 이유로 한 허가의 거부가능성에 대하여 재량행위의 경우에는 긍정, 기속행위의 경우에는 부정하고 있다고 해석할 수도 있다.
22) 같은 취지에서 대법원은 ① 토석채취허가신청(대판 1994.8.12, 94누5489), ② 여관 건물을 신축하기 위한 농지전용허가신청(대판 2000.5.12, 98두15382), ③ 입목굴채허가신청(대판 2001.11.30, 2001두5866) 등과 관련하여 '공익상 필요'에 의한 허가신청거부를 인정하고 있다.

가도 당연무효가 되는 것이 아니다. 생각건대 일단 허가에 있어 신청은 허가의 필요요건으로 보아야 하지만, 신청의 요건을 엄격하게 이해할 필요는 없다. 이는 신청이 없는 허가나 수정허가는 그의 효력이 일정기간 부동(浮動)의 상태에 있다가 상대방의 동의가 있음으로써 그 효력이 완성된다는 것을 의미한다.

법원은 수정허가도 당연무효는 아닌 것으로 판시한 바 있다.

관련판례

「개축허가신청에 대하여 행정청이 착오로 대수선 및 용도변경허가를 하였다 하더라도 취소 등 적법한 조치없이 그 효력을 부인할 수 없다」(대판 1985.11.26, 85누382).

---

6) 허가의 형식   허가는 그 성질상 언제나 처분의 형식으로 행해진다. 이는 허가는 일반적 금지의 존재를 전제로 일정한 경우에 그 금지를 해제하여 주는 것인데, 만일 법규에 의해 일반적 허가가 행해진다면 허가의 전제가 되는 일반적 금지가 소멸하기 때문이다.

허가 역시 처분이므로 원칙적으로 문서에 의하여야 하며(「행정절차법」 제24조), 개별법령이 허가의 유무 및 그 내용을 명백히 하기 위하여 면허증의 교부, 일정한 공적 장부에의 등록 등과 같은 특별한 형식을 취하도록 하고 있는 경우도 있다(「관광진흥법」 제4조 등).

7) 허가의 종류   허가는 그것을 발급할 때 무엇을 주된 심사대상으로 고려하는지를 기준으로 대인적 허가(예: 의사면허, 운전면허 등), 대물적 허가(예: 건축허가, 음식영업허가 등) 및 혼합적 허가(예: 가스사업허가)로 나눌 수 있다. 이는 허가의 효과가 타인에게 이전·승계될 수 있는지 여부와 관련하여 중요한 의의를 갖는다(후술참조).

8) 허가의 대상 및 상대방   허가는 보통 사실행위를 그의 대상으로 하지만(예: 건축허가), 때로는 법률행위를 대상으로 하는 경우(예: 무기양도허가)도 있다.

한편 허가는 특정인에게 개별적으로 행해지는 것이 보통이나, 예외적으로 불특정 다수인에 대하여 일반처분의 형식으로 발해질 수도 있다.

9) 허가의 효과

① 허가의 효과의 이중성(二重性)   허가의 효과는 금지의 해제로 인한 경영상 이익이란 측면과 자연적 자유의 회복이라는 측면의 2가지 관점에서 고찰을 요한다.

첫째, 허가의 효과를 금지의 해제로 인한 경영상 이익이란 측면에서 바라보게 되면 허가의 효과는 일반적 금지를 해제하여 자연적 자유를 회복시켜 주는 것에 그칠 뿐, 배타적·독점적 권리를 설정하여 주는 것은 아니다. 따라서 허가로 인해 상대방이 사실상 독점적인 이익을 얻는 경우라 하여도, 그것은 반사적 이익에 지나지 않음이 원칙이다.

「한의사면허는 경찰금지를 해제하는 명령적 행위(강학상 허가)에 해당하고, 한약조제시험을 통하여 약사에게 한약조제권을 인정함으로써 한의사들의 영업상 이익이 감소되었다고 하더라도 이러한 이익은 사실상의 이익에 불과하고 약사법이나 의료법 등의 법률에 의하여 보호되는 이익이라고는 볼 수 없으므로, 한의사들이 한약조제시험을 통하여 한약조제권을 인정받은 약사들에 대한 합격처분의 무효확인을 구하는 당해 소는 원고적격이 없는 자들이 제기한 소로서 부적법하다」(대판 1998.3.10, 97누4289).

다만 허가의 대상으로 간주되고 있는 사업이 관계법규에 의하여 거리제한 등에 의하여 보호되고 있는 경우에는, 거리제한 규정을 둔 취지를 고려하여 나누어 고찰하여야 한다. 즉, 관계법규가 거리제한 규정 등을 둔 취지가 전적으로 공익적 고려에 기한 경우에는 당해 이익은 반사적 이익에 그치지만, 기존업자의 이익도 동시에 보호하려는 것인 때에는 당해 이익은 법적으로 보호되는 이익이라고 할 수 있다.

① 분뇨 등 처리 및 정화조청소업허가: 「오수ㆍ분뇨 및 축산폐수의 처리에 관한 법령의 관계규정이 당해 지방자치단체 내의 분뇨 등의 발생량에 비하여 기존업체의 시설이 과다한 경우 일정한 범위 내에서 분뇨 등 수집ㆍ운반업 및 정화조청소업에 대한 허가를 제한할 수 있도록 하고 있는 것은 분뇨 등을 적정하게 처리하여 자연환경과 생활환경을 청결히 하고 수질오염을 감소시킴으로써 국민보건의 향상과 환경보전에 이바지한다는 공익목적을 달성하고자 함과 동시에 업자 간의 과당경쟁으로 인한 경영의 불합리를 미리 방지하자는 데 그 목적이 있는 점 등 제반 사정에 비추어 보면, 업종을 분뇨 등 수집ㆍ운반업 및 정화조청소업으로 하여 분뇨 등 관련 영업허가를 받아 영업을 하고 있는 기존업자의 이익은 단순한 사실상의 반사적 이익이 아니고 법률상 보호되는 이익이라고 해석된다」(대판 2006.7.28, 2004두6716).
② 중계유선방송사업허가: 「방송법은 중계유선방송사업의 허가요건, 기준, 절차에 관하여 엄격하게 규정함으로써 중계유선방송사업의 합리적인 관리를 통하여 중계유선방송사업의 건전한 발전과 이용의 효율화를 기함으로써 공공복리를 증진하려는 목적과 함께 엄격한 요건을 통과한 사업자에 대하여는 사실상 독점적 지위에서 영업할 수 있는 지역사업권을 부여하여 무허가업자의 경업이나 허가를 받은 업자 간 과당경쟁으로 인한 유선방송사업 경영의 불합리를 방지함으로써 사익을 보호하려는 목적도 있다고 할 것이므로, 허가를 받은 중계유선방송사업자의 사업상 이익은 단순한 반사적 이익에 그치는 것이 아니라 방송법에 의하여 보호되는 법률상 이익이라고 보아야 한다」(대판 2007.5.11, 2004다11162).
③ 담배소매인지정: 「담배일반소매인의 지정기준으로서 일반소매인의 영업소 간에 일정한 거리

제한을 두고 있는 것은 담배유통구조의 확립을 통하여 국민의 건강과 관련되고 국가 등의 주요 세원이 되는 담배사업 전반의 건전한 발전도모 및 국민경제에의 이바지라는 공익목적을 달성하고자 함과 동시에 일반소매인 간의 과당경쟁으로 인한 불합리한 경영을 방지함으로써 일반소매인의 경영상 이익을 보호하는 데에도 그 목적이 있다고 보이므로, 일반소매인으로 지정되어 영업을 하고 있는 기존업자의 신규 일반소매인에 대한 이익은 단순한 사실상의 반사적 이익이 아니라 법률상 보호되는 이익이라고 해석함이 상당하다」(대판 2008.3.27, 2007두23811).

둘째, 허가를 받은 자는 자연적 자유, 즉「헌법」상의 기본권(예: 직업의 자유)을 회복하게 되는바, 이와 같은 기본권의 회복은 당연히 법률상 이익에 해당한다. 따라서 허가를 받아 적법하게 음식점영업을 하고 있었는데 아무런 이유 없이 영업허가를 철회당한 경우라면, 음식점영업허가를 받았던 자는 자신의 법률상 이익의 침해를 이유로 행정소송을 제기할 수 있으며, 그를 통해 자신의 법률상 이익을 보호받을 수 있게 된다.

관련판례

「주류제조면허는 국가의 수입확보를 위하여 설정된 재정허가의 일종이지만 일단 이 면허를 얻은 자의 이득은 단순한 사실상의 반사적 이득에만 그치는 것이 아니라 주세법의 규정에 따라 보호되는 이득이고 … 위 면허권이 가지는 재산적 가치는 현실적으로 부인할 수 없다」(대판 1989.12.22, 89누46).

② 타법(他法)상의 제한과의 관계   허가는 그 근거가 된 법령상의 금지만을 해제할 뿐이지, 타법에 의한 금지까지 해제하는 것은 아니다. 예컨대 공무원이 음식점영업허가를 받은 경우 동 허가는 식품위생법상의 금지만을 해제할 뿐 공무원법상의 영리업무금지(「국가공무원법」제64조)까지 해제해 주는 것은 아니다.

관련판례

「도로법과 건축법에서 각 규정하고 있는 건축허가는 그 허가권자의 허가를 받도록 한 목적, 허가의 기준, 허가 후의 감독에 있어서 같지 아니하므로 도로법 제50조 제1항에 의하여 접도구역으로 지정된 지역 안에 있는 건물에 관하여 같은 법 동조 제4항·제5항에 의하여 도로관리청인 도지사로부터 개축허가를 받았다고 하더라도 건축법 제5조 제1항에 의하여 시장 또는 군수의 허가를 다시 받아야 한다」(대판 1991.4.12, 91도218).

이처럼 허가가 그 근거가 된 법령상의 금지만을 해제할 뿐인 결과 사업에 따라서는 당해 사업을 수행하기 위해서 다수의 허가를 받아야만 하는 번거로운 문제가 발생한다. 이 문제를 해결하기 위하여 특정 법률에 정한 허가 등을 받으면 유사한 목적으로 규정된 다른 법률상의 허가도 받은 것으로 간주하는 경우가 있는바, 이를 허가의 집중효(Konzentrationswirkung)라고 한다. 한편 이러한 집중효가 인정되기 위하여는 반드시 법률에 근거가 있어야 하며, 그 효과 또한 법률에 명시된 허가나 특허 등에 한하여만 발생한다. 또한 집중효가 인정되는 허가를 발급하기 위하여 허가권자가 관련 행정기관의 장과 당해 사안에 대하여 미리 협의하여야 할 것이 규정되어 있는 경우가 많다(「건축법」 제11조 제6항 참조).

한편 허가의 집중효의 문제와 관련하여 「행정기본법」이 제24조 이하에서 인허가의제에 관하여 규정하고 있음은 주목을 요하는바,23) 인허가의제란 「하나의 인허가("주된 인허가")를 받으면 법률로 정하는 바에 따라 그와 관련된 여러 인허가("관련 인허가")를 받은 것으로 보는 것」을 말한다(동법 제24조 제1항). 이 경우 관련 인허가의제를 받으려면 주된 인허가를 신청할 때 관련 인허가에 필요한 서류를 함께 제출하여야 하는바(동조 제2항), 그 이유에 관하여는 아래의 판례 참조.

관련판례

「건축법에서 인·허가의제 제도를 둔 취지는, 인·허가의제사항과 관련하여 건축허가 또는 건축신고의 관할 행정청으로 그 창구를 단일화하고 절차를 간소화하며 비용과 시간을 절감함으로써 국민의 권익을 보호하려는 것이지, 인·허가의제사항 관련 법률에 따른 각각의 인·허가 요건에 관한 일체의 심사를 배제하려는 것으로 보기는 어렵다. 왜냐하면, 건축법과 인·허가의제사항 관련 법률은 각기 고유한 목적이 있고, 건축신고와 인·허가의제사항도 각각 별개의 제도적 취지가 있으며 그 요건 또한 달리하기 때문이다. 나아가 인·허가의제사항 관련 법률에 규정된 요건 중 상당수는 공익에 관한 것으로서 행정청의 전문적이고 종합적인 심사가 요구되는데, 만약 건축신고만으로 인·허가의제사항에 관한 일체의 요건 심사가 배제된다고 한다면, 중대한 공익상의 침해나 이해관계인의 피해를 야기하고 관련 법률에서 인·허가 제도를 통하여 사인의 행위를 사전에 감독하고자 하는 규율체계 전반을 무너뜨릴 우려가 있다. 또한 무엇보다도 건축신고를 하려는 자는 인·허가의제사항 관련 법령에서 제출하도록 의무화하고 있는 신청서와 구비서류를 제출하여야 하는데, 이는 건축신고를 수리하는 행정청으로 하여금 인·허가의제사항 관련 법률에 규정된 요건에 관하여도 심사를 하도록 하기 위한 것으로 볼 수밖에 없다」(대판 2011.1.20, 2010두14954).

주된 인허가 행정청은 주된 인허가를 하기 전에 관련 인허가에 관하여 미리 관련 인허가 행정청과 협의하여야 하는바(동조 제3항), 관련 인허가 행정청은 협의를 요청받

---

23) 대체로 학설 및 판례는 인허가의 집중효와 인허가의제를 동일한 개념으로 보고 있는 듯하다. 반면, 집중효와 인허가의제가 구별되어야 한다는 점을 강조하고 있는 견해가 있는바, 이에 대해서는 정남철, 한국행정법론, 법문사, 2021, 196쪽 참조.

으면 그 요청을 받은 날부터 20일 이내에 의견을 제출하여야 한다. 이 경우 그 기간 내에 협의 여부에 관하여 의견을 제출하지 아니하면 협의가 된 것으로 본다(동조 제4항). 협의가 된 사항에 대해서는 주된 인허가를 받았을 때 관련 인허가를 받은 것으로 보며(동법 제25조 제1항), 인허가의제의 효과는 주된 인허가의 해당 법률에 규정된 관련 인허가에 한정된다(동조 제2항).

　　③ 지역적 효과　　허가는 그의 발급행정청의 관할구역 내에서만 효력을 갖는 것이 원칙이다. 그러나 성질상 관할구역에 국한시킬 것이 아닌 경우에는(예: 운전면허), 관할구역 외에까지 허가의 효과가 미치게 된다.

　　④ 허가의 효과의 승계　　대인적 허가의 효과는 승계가 불가능하며, 대물적 허가의 효과의 승계는 가능한 것이 일반적이다. 한편 혼합적 허가의 경우에는 인적 요소의 변경이 있는 경우에는 승계가 불가능하며, 물적 요소의 변경이 있는 경우에는 신고를 요하는 등의 제한이 따르는 것이 일반적이다.

　　한편 취소 등 제재사유도 승계될 수 있는지의 문제가 있는바, 대법원은 대물적 허가에 있어 허가의 효과가 승계되면, 제재사유 역시 승계될 수 있는 것으로 보고 있나.

관련판례

「공중위생영업에 있어 그 영업을 정지할 위법사유가 있는 경우 그 영업이 양도·양수되었다 하더라도 양수인에 대하여 영업정지처분(대물적 처분)을 할 수 있다」(대판 2001.6.29, 2001두1611).

　　10) 무허가행위의 효과　　허가를 받고 해야 할 행위를 허가 없이 행한 경우에는 행정상의 강제집행이나 행정벌의 대상은 되지만, 행위 자체는 유효함이 원칙이다. 그러나 무허가의 행위가 공무원의 과오에 기인하는 경우에는 처벌할 수 없는 경우도 있다.

관련판례

「행정청의 허가가 있어야 함에도 불구하고 허가를 받지 아니하여 처벌대상의 행위를 한 경우라도, 허가를 담당하는 공무원이 허가를 요하지 않는 것으로 잘못 알려 주어 이를 믿었기 때문에 허가를 받지 아니한 것이라면 허가를 받지 않더라도 죄가 되지 않는 것으로 착오를 일으킨 데 대하여 정당한 이유가 있는 경우에 해당하여 처벌할 수 없다」(대판 1992.5.22, 91도2525).

　　한편 법률이 예외적으로 무허가행위의 처벌 외에 그 행위의 무효를 규정하고 있는 경우도 있는바, 그 경우에는 무허가행위가 무효가 될 수도 있다.

　　11) 허가의 갱신　　허가의 기간에 제한이 있는 경우 허가의 갱신이 이루어지기도 하

는바, 허가의 갱신은 기존의 허가의 효력을 지속시키는 것이지 기존의 허가와 무관한 새로운 허가가 아니다(관련판례 ① 참조). 다만 종전 허가가 유효기간이 지나 실효한 이상 유효기간만료 후의 기간연장신청은 새로운 허가신청으로 보아야 할 것이며, 이 신청에 의한 허가는 종전 허가와는 별개의 새로운 허가로 보아야 할 것이다(관련판례 ② 참조).

관련판례

① 「건설업면허의 갱신이 있으면 기존면허의 효력은 동일성을 유지하면서 장래에 향하여 지속한다 할 것이고 갱신에 의하여 갱신 전의 면허는 실효되고 새로운 면허가 부여된 것이라고 볼 수는 없으므로 면허갱신에 의하여 갱신 전의 건설업자의 모든 위법사유가 치유된다거나 일정한 시일의 경과로서 그 위법사유가 치유된다고 볼 수 없다」(대판 1984. 9. 11, 83누658).
② 「종전의 허가가 기한의 도래로 실효한 이상 원고가 종전 허가의 유효기간이 지나서 신청한 이 사건 기간연장신청은 그에 대한 종전의 허가처분을 전제로 하여 단순히 그 유효기간을 연장하여 주는 행정처분을 구하는 것이라기보다는 종전의 허가처분과는 별도의 새로운 허가를 내용으로 하는 행정처분을 구하는 것이라고 보아야 할 것이어서, 이러한 경우 허가권자는 이를 새로운 허가신청으로 보아 법의 관계규정에 의하여 허가요건의 적합여부를 새로이 판단하여 그 허가여부를 결정하여야 할 것이다」(대판 1995. 11. 10, 94누11866).

12) 법령개정으로 허가기준이 변경된 경우 허가여부의 결정기준   허가신청이 있은 후 그에 대한 결정이 있기 전에 허가기준을 정한 법령이 개정된 경우에는 처분청은 원칙적으로 개정된 법령을 적용하여야 한다(관련판례 ① 참조). 다만 개정 전 법령의 존속에 대한 국민의 신뢰가 개정법령의 적용에 관한 공익상의 요구보다 더 보호가치가 있다고 인정되는 경우에는 개정법령의 적용이 제한될 수 있다(관련판례 ② 참조).

관련판례

① 「행정행위는 처분 당시에 시행 중인 법령과 허가기준에 의하여 하는 것이 원칙이고 인·허가신청 후 처분 전에 관계법령이 개정시행된 경우 신법령 부칙에 그 시행 전에 이미 허가신청이 있는 때에는 종전의 규정에 의한다는 취지의 경과규정을 두지 아니한 이상 당연히 허가신청 당시의 법령에 의하여 허가여부를 판단하여야 하는 것은 아니며, 소관 행정청이 허가신청을 수리하고도 정당한 이유없이 처리를 늦추어 그 사이에 법령 및 허가기준이 변경된 것이 아닌 한 변경된 법령 및 허가기준에 따라서 한 불허가처분은 적법하다」(대판 1998. 3. 27, 96누19772).
② 「채석허가기준에 관한 관계법령의 규정이 개정된 경우, 새로이 개정된 법령의 경과규정에서 달리 정함이 없는 한 처분 당시에 시행되는 개정법령과 그에서 정한 기준에 의하여 채석허가 여부를 결정하는 것이 원칙이고, 그러한 개정법령의 적용과 관련하여서는 개정 전 법령의 존속에

대한 국민의 신뢰가 개정법령의 적용에 관한 공익상의 요구보다 더 보호가치가 있다고 인정되는 경우에 그러한 국민의 신뢰를 보호하기 위하여 그 적용이 제한될 수 있는 여지가 있을 따름이다」 (대판 2005.7.29, 2003두3550).

(3) 면 제

면제(Dispens)란 법령에 의하여 과하여진 작위·급부·수인의 의무를 특정한 경우에 해제하여 주는 행정행위를 말한다. 면제는 해제되는 의무의 종류가 허가와 다를 뿐 의무를 해제한다는 면에서는 허가와 같으며, 따라서 허가에 대한 설명은 면제에도 그대로 적용된다.

작위나 급부의무의 이행을 연기하거나 유예하는 행정행위(예: 조세납부기한의 연장)의 성질에 대해서는 하명의 변경이라는 견해와 면제에 해당한다는 견해(다수설)가 대립한다.

2. 형성적 행위

형성적 행위(形成的 行爲)란 행정행위의 상대방에 대하여 일정한 권리·능력 또는 포괄적 법률관계 기타 법률상의 힘을 발생·변경·소멸시키는 행정행위를 말한다. 형성적 행위는 제3자에 대하여 주장할 수 있는 법률상의 힘을 부여하거나 또는 그를 부정하는 것을 내용으로 하는 것이란 점에서, 개인의 자유의 제한 또는 그의 해제를 목적으로 하는 명령적 행위와 구별된다.

형성적 행위는 내용에 따라 특허, 인가 및 대리 등으로 나누어진다.

(1) 특 허

1) 특허의 개념　특허(Verleihung)란 특정인을 위하여 권리, 권리능력(예: 공법인의 설립의 경우) 또는 포괄적 법률관계(예: 공무원의 임명, 귀화허가의 경우)를 설정하는 행위를 말하며, 이런 의미에서 특허를 설권행위(設權行爲)라고도 한다. 한편 권리를 설정하는 행위를 협의(狹義)의 특허라고 한다.

2) 특허의 성질　특허는 상대방에게 일정한 권리, 권리능력 및 포괄적 법률관계 등을 설정하여 주는 행위이므로 형성적 행위에 해당한다.

한편 특허는 공익상의 필요에 따라 특별히 권리를 설정하여 주는 것이므로, 특허를 할 것인지의 여부는 행정청의 재량에 속하는 것이 원칙이다. 물론 법령이 일정한 요건을 갖춘 경우 특허를 하도록 규정하고 있는 경우에는 기속행위에 속한다.

관련판례

① 「출입국관리법 제10조, 제24조 제1항, 구 출입국관리법 시행령 제12조, 출입국관리법 시행규

칙 제18조의2의 문언, 내용 및 형식, 체계 등에 비추어 보면, 체류자격 변경허가는 신청인에게 당초의 체류자격과 다른 체류자격에 해당하는 활동을 할 수 있는 권한을 부여하는 일종의 설권적 처분의 성격을 가지므로, 허가권자는 신청인이 관계 법령에서 정한 요건을 충족하였더라도, 신청인의 적격성, 체류 목적, 공익상의 영향 등을 참작하여 허가 여부를 결정할 수 있는 재량을 가진다. 다만 재량을 행사할 때 판단의 기초가 된 사실인정에 중대한 오류가 있는 경우 또는 비례·평등의 원칙을 위반하거나 사회통념상 현저하게 타당성을 잃는 등의 사유가 있다면 이는 재량권의 일탈·남용으로서 위법하다」(대판 2016.7.14, 2015두48846).[24]
② 「공유수면 관리 및 매립에 관한 법률에 따른 공유수면의 점용·사용허가는 특정인에게 공유수면 이용권이라는 독점적 권리를 설정하여 주는 처분으로서 처분 여부 및 내용의 결정은 원칙적으로 행정청의 재량에 속하고, 이와 같은 재량처분에 있어서는 재량권 행사의 기초가 되는 사실인정에 오류가 있거나 그에 대한 법령적용에 잘못이 없는 한 처분이 위법하다고 할 수 없다」(대판 2017.4.28, 2017두30139).

3) 특허와 출원   특허는 상대방의 신청을 필요요건으로 한다는 것이 다수설의 입장이다. 한편 법령에 따라서는 이와 관련하여 선원주의(先願主義)[25]를 규정하고 있는 경우도 있다.

4) 특허의 형식   행정행위로서의 특허는 처분의 형식으로 행하여지며, 이처럼 특허를 처분형식에 의할 경우에는 원칙적으로 문서에 의하여야 한다(「행정절차법」 제24조).

5) 특허의 상대방   특허는 특정인에 대해서만 행하여질 뿐, 일반처분의 형식으로 불특정 다수인을 대상으로 행해질 수는 없다.

6) 특허의 효과   특허의 효과는 상대방에 대하여 일정한 법률상의 힘을 발생시키는 데 있다. 한편 특허에 의해 설정되는 권리는 공권인 것이 보통이나, 사권(예: 어업권·광업권)인 경우도 있다.

이처럼 특허를 통하여 배타적 권리가 설정되는 점을 고려할 때, 양립할 수 없는 이중의 특허가 있는 경우에는 특별한 사유가 없는 한 후행(後行)의 특허는 무효가 된다고 보아야 할 것이다.

관련판례

「광업법상 이미 광업권이 설정된 동일한 구역에 대하여 동일한 광물에 대한 광업권을 중복설정할 수 없고, 이종광물이라고 할지라도 광업권이 설정된 광물과 동일광상 중에 부존하는 이종광

---

24) 이 판례에서 보듯이 대법원은 특허를 재량행위로 보고 있을 뿐만 아니라 특허의 기준을 설정하는 것 역시 행정청의 재량에 속하는 것으로 보고 있다.
25) 「광업권 설정의 출원이 같은 구역에 중복된 경우에는 광업권설정출원서의 도달일시가 앞선 출원이 우선한다」고 규정하고 있는 「광업법」 제18조 제1항 참조.

물은 광업권 설정에 있어서 동일광물로 보게 되므로 이러한 이종광물에 대하여는 기존광업권이 적법히 취소되거나 그 존속기간이 만료되지 않는 한 별도로 광업권을 설정할 수 없다」(대판 1986.2.25, 85누712).

한편 대인적 특허의 효과는 일신전속적이므로 타인에게 이전할 수 없으나, 대물적 특허의 효과는 특허의 전제가 된 물건이나 권리의 이전과 함께 이전될 수 있다.

「상표권 부여의 형성처분은 특정인의 속성과의 관련성보다는 상표라는 표장의 식별표식으로서 대물처분이고 또 사용권 부등록을 상표등록취소사유로 한 구 상표법 제73조 제1항 제1호의 규정은 공익을 위한 제재적 성질을 가진 규정이라 할 것이니 이에 해당되는 행위의 책임은 법원의 경매절차에서 등록상표들에 대한 상표권을 승계취득한 자에게도 미친다」(대판 2000.9.8, 98후 3057 · 3064 · 3071 · 3088 · 3095 · 3101 · 3118).

7) 허가와의 구별 특허는 형성적 행위인 점에서 명령적 행위인 허가와 근본적으로 구별된다. 그 밖의 양자의 구체적인 차이점으로는 다음과 같은 것이 들어진다.

첫째, (신청을 허가의 필요요건이 아니라고 보는 견해에 따르면) 허가는 원칙적으로 신청을 요하지만 예외적으로 신청이 필요 없는 경우도 있는 반면, 특허는 상대방의 신청이 필수요건이다.

둘째, 허가는 대체로 개인적 영역과 관련된 사업(예: 음식점, 숙박업 등)을 대상으로 하는 반면, 특허는 공공적 영역과 관련된 사업(예: 운송, 전기, 가스 등 관련사업)을 그 대상으로 한다.

셋째, 허가가 예외적으로 불특정 다수인에게도 행해지는 것에 비해, 특허는 특정인에게만 부여된다.

넷째, 허가의 효과는 언제나 공법상 금지의 해제라는 공법적인 것에 대하여, 특허의 효과는 공법적인 것(예: 공법인 설립)과 사법적인 것(예: 사권인 어업권 설정)이 모두 있다.

다섯째, 허가를 받은 자에 대하여는 소극적 감독이 행해지고 특별한 보호(특전)가 부여되지 않는 것에 반하여, 특허를 받은 자에 대하여는 적극적 감독이 행해지는 한편 그에 상응하여 많은 보호(특전)가 부여되는 것이 일반적이다.

(2) 변권행위 · 박권행위

변권행위(變權行爲)란 특정인의 권리 · 권리능력 또는 포괄적 법률관계를 변경시키는 행정행위(예: 광구의 변경, 공무원의 전보 등)를 말하며, 박권행위(剝權行爲)란 특정인의 권리 · 권리능력 또는 포괄적 법률관계를 소멸시키는 행정행위(예: 공무원의 파면, 특허의 취소나 철회)를 말한다. 박권행위는 탈권행위(奪權行爲)라고도 한다.

(3) 인 가

1) 인가의 개념   인가(Genehmigung)란 제3자의 법률행위를 보충(동의)함으로써 그의 법률상의 효과를 완성시켜 주는 행정행위를 말하는바, 이런 의미에서 인가를 보충행위라고도 한다(예: 재단법인의 정관변경허가).

관련판례

「재단법인의 정관변경 "허가"는 법률상의 표현이 허가로 되어 있기는 하나, 그 성질에 있어 법률행위의 효력을 보충해 주는 것이지 일반적 금지를 해제하는 것이 아니므로, 그 법적 성격은 인가라고 보아야 한다」(대판 1996.5.16, 95누4810).

한편 재개발조합설립인가처분은 종래 인가의 성질을 갖는 것으로 이해되어 왔으나, 근래 대법원이 이를 특허로 보는 판결을 행한 바 있음은 주목을 요한다.

관련판례

「재개발조합설립인가신청에 대한 행정청의 조합설립인가처분은 단순히 사인(私人)들의 조합설립행위에 대한 보충행위로서의 성질을 가지는 것이 아니라 법령상 일정한 요건을 갖추는 경우 행정주체(공법인)의 지위를 부여하는 일종의 설권적 처분의 성질을 가진다고 보아야 한다(대판 2010.1.28, 2009두4845).

---

2) 인가의 성질   인가의 성질에 관하여 학자들이 특별한 설명을 행한 바는 없으나, 법원은 인가의 대상에 따라 인가를 기속행위로도(관련판례 ① 참조), 또한 재량행위(관련판례 ② 참조)로도 판시한 바 있음을 유의하여야 한다.

관련판례

① 「이사취임승인은 학교법인의 임원선임행위를 보충하여 법률상의 효력을 완성시키는 보충적 행정행위로서 기속행위에 속한다」(대판 1992.9.22, 92누5461).

② 「재단법인의 임원취임이 사법인인 재단법인의 정관에 근거한다 할지라도 이에 대한 행정청의 승인(인가)행위는 법인에 대한 주무관청의 감독권에 연유하는 이상 그 인가행위 또는 인가거부행위는 공법상의 행정처분으로서, 그 임원취임을 인가 또는 거부할 것인지 여부는 주무관청의 권한에 속하는 사항이라고 할 것이고, 재단법인의 임원취임승인신청에 대하여 주무관청이 이에 기속되어 이를 당연히 승인(인가)하여야 하는 것은 아니다」(대판 2000.1.28, 98두16996).

3) 인가와 신청   인가는 기본이 되는 법률행위를 하려는 당사자의 신청이 있는 경우에만 할 수 있다. 또한 행정청은 인가의 출원에 대하여 소극적으로 인가를 할 것인지의 여부에 관해 결정할 수 있을 뿐 적극적으로 출원의 내용과 다른 인가, 즉 수정인가(修正認可)는 할 수 없다.

4) 인가의 형식   인가는 언제나 구체적 처분의 형식으로 행해지며, 일정한 형식을 요구하는 경우가 많다.

5) 인가의 대상   인가의 대상은 (사실행위도 대상으로 하는) 허가와 달리 반드시 법률행위이어야 하며, 법률행위인 한 공법행위이거나 사법행위이거나를 불문한다.

6) 인가의 효과   인가는 행정객체가 제3자와의 사이에서 행하는 법률행위의 효력을 완전히 발생시키는 효과를 가져온다. 인가의 효과는 당해 법률행위에 대한 관계에 한하여 발생하며, 타인에게 이전되지 않는 것이 원칙이다.

7) 무인가행위의 효과   인가가 필요한 행위를 인가받지 않고 한 행위는 무효가 되는데 그치고, 행정상 강제집행이나 처벌의 문제는 발생하지 않는다.

관련판례

「공유수면매립법 제20조 제1항 및 같은 법 시행령 제29조 제1항 등 관계법령의 규정내용과 공유수면매립의 성질 등에 비추어 볼 때, 공유수면매립의 면허로 인한 권리·의무의 양도·양수에 있어서의 면허관청의 인가는 효력요건으로서, 위 각 규정은 강행규정이라고 할 것인바, 위 면허의 공동명의자 사이의 면허로 인한 권리·의무양도약정은 면허관청의 인가를 받지 않은 이상 법률상 아무런 효력도 발생할 수 없다」(대판 1991.6.25, 90누5184).

8) 하자가 있는 기본행위와 적법한 인가의 효력관계   인가는 제3자의 법률적 행위(기본행위)의 효과를 완성시켜 주는 보충행위에 지나지 않는다. 따라서 인가의 대상이 되는 기본행위가 불성립 또는 무효인 경우에는 인가가 있다고 하더라도 기본행위가 유효로 되는 것은 아니며, 기본행위에 취소원인이 있는 경우에는 인가가 있은 후에도 기본행위를 취소할 수 있다.

관련판례

「성질상 기본행위인 이사회소집행위가 법정요건을 충족하지 못하여 무효인 경우에는 비록 그에 대한 승인이 있다고 하더라도 이사회소집이 유효한 것으로 될 수는 없을 뿐만 아니라 기본행위를 떠나 승인처분 그 자체만으로는 법률상 아무런 효력도 없다」(대판 1993.4.23, 92누15482).

한편 유효한 기본행위를 대상으로 유효하게 성립된 인가라도 후에 그 기본행위가 취소되거나 실효되게 되면 인가는 그 존립의 바탕을 잃어 실효하게 된다.

관련판례

「외자도입법 제19조에 따른 기술도입계약에 대한 인가는 기본행위인 기술도입계약을 보충하여 그 법률상 효력을 완성시키는 보충적 행정행위에 지나지 아니하므로 기본행위인 기술도입계약이 해지로 인하여 소멸되었다면 위 인가처분은 무효선언이나 그 취소처분이 없어도 당연히 실효된다」(대판 1983.12.27, 82누491).

---

9) 인가에 대한 항고소송의 허용성   기본행위 자체의 하자를 이유로 그 효력을 다투는 경우에는 기본행위의 취소 또는 무효확인 등을 구하는 방법에 의하여야 하며, 인가처분만의 취소나 무효확인 등을 구하는 것은 소의 이익이 없어 허용되지 않는다(관련판례 ① 참조). 이와 달리 기본행위는 적법·유효하고 인가 자체에만 하자가 있는 경우에는 그 인가처분의 취소나 무효확인을 구할 수 있다(관련판례 ② 참조). 또한 인가신청이 거부됨으로 인해 직접적이고 구체적으로 불이익을 입은 제3자는 그 거부처분의 취소나 무효확인을 구할 원고적격이 있다(관련판례 ③ 참조).

관련판례

① 「강학상의 '인가'에 속하는 행정처분에 있어서 인가처분 자체에 하자가 있다고 다투는 것이 아니라 기본행위에 하자가 있다 하여 그 기본행위의 효력에 관하여 다투는 경우에는 민사쟁송으로서 따로 그 기본행위의 취소 또는 무효확인 등을 구하는 것은 별론으로 하고 기본행위의 불성립 또는 무효를 내세워 바로 그에 대한 감독청의 인가처분의 취소를 구하는 것은 특단의 사정이 없는 한 소구할 법률상의 이익이 있다고 할 수 없다」(대판 1995.12.12, 95누7338).
② 「기본행위인 관리처분계획이 적법·유효하고 보충행위인 인가처분 자체에만 하자가 있다면 그 인가처분의 무효나 취소를 주장할 수 있다」(대판 1994.10.10, 93누22753).
③ 「관할청의 임원취임승인행위는 학교법인의 임원선임행위의 법률상 효력을 완성케 하는 보충적 법률행위이다. 따라서 관할청이 학교법인의 임원취임승인신청에 대하여 이를 반려하거나 거부하는 경우 학교법인에 의하여 임원으로 선임된 사람은 학교법인의 임원으로 취임할 수 없게 되는 불이익을 입게 되는바, 이와 같은 불이익은 간접적이거나 사실상의 불이익이 아니라 직접적이고도 구체적인 법률상의 불이익이라 할 것이므로 학교법인에 의하여 임원으로 선임된 사람에게는 관할청의 임원취임승인신청반려처분을 다툴 수 있는 원고적격이 있다」(대판 2007.12.27, 2005두9651).

한편 재건축개발조합설립결의에 하자가 있음을 이유로 조합설립의 효력을 다투는 경우와 관련하여 대법원이 그러한 경우에는 결의만의 효력유무를 다투는 확인의 소를

제기해서는 안 되고 직접 항고소송의 방법으로 조합설립인가처분의 취소 또는 무효확인을 구하여야 한다고 판시하고 있음은 주목을 요한다.

「조합설립결의는 조합설립인가처분이라는 행정처분을 하는 데 필요한 요건 중 하나에 불과한 것이어서, 조합설립결의에 하자가 있다면 그 하자를 이유로 직접 항고소송의 방법으로 조합설립인가처분의 취소 또는 무효확인을 구하여야 하고, 이와는 별도로 조합설립결의 부분만을 따로 떼어내어 그 효력유무를 다투는 확인의 소를 제기하는 것은 원고의 권리 또는 법률상의 지위에 현존하는 불안·위험을 제거하는 데 가장 유효·적절한 수단이라 할 수 없어 특별한 사정이 없는 한 확인의 이익은 인정되지 아니한다」(대판 2009.9.24, 2008다60568).

  10) 허가와의 구별   인가는 형성적 행위라는 점에서 명령적 행위인 허가와 근본적으로 구별된다. 그 밖의 양자의 구체적인 차이점으로는 다음과 같은 것이 들어진다.

  첫째, 허가의 대상이 사실행위와 법률행위를 포함하는 데 대하여, 인가는 언제나 법률행위만을 대상으로 한다.

  둘째, 허가와 달리 인가는 상대방의 신청을 필요요건으로 하고 수정인가가 허용되지 않는다.

  셋째, 허가는 '적법요건'이므로 허가가 필요로 한 행위를 허가받지 않고 행한 때에도 행정상 강제집행이나 처벌의 대상이 될 뿐 그 행위 자체의 효력은 부인받지 않는다. 그러나 인가는 '효력요건'이므로 요인가행위를 인가받지 않고 행한 경우에는 행위 자체가 무효가 되고 처벌의 문제는 발생하지 않는다.

  11) 인허(認許)   허가와 인가의 차이점에도 불구하고 허가의 효과가 합쳐진 인가 또는 특허의 효과가 합쳐진 인가[26]가 존재할 수 있다는 견해가 있으며, 법원 또한 그 같은 행위의 존재를 긍정한 바 있다.

① 「관할관청의 개인택시운송사업면허의 양도·양수에 대한 인가에는 양도인과 양수인 간의 양도행위를 보충하여 그 법률효과를 완성시키는 의미에서의 인가처분뿐만 아니라 양수인에 대해 양도인이 가지고 있던 면허와 동일한 내용의 면허를 부여하는 처분이 포함되어 있다고 볼 것이다」(대판 1994.8.23, 94누4882).
② 「행정청이 도시 및 주거환경정비법 등 관련법령에 근거하여 행하는 재건축조합설립인가처분은 단순히 사인들의 조합설립행위에 대한 보충행위로서의 성질을 갖는 것에 그치는 것이 아니라

―――――――――――――

26) 이를 인허(認許)라고 부르기도 한다.

법령상 요건을 갖출 경우 도시 및 주거환경정비법상 주택재건축사업을 시행할 수 있는 권한을 갖는 행정주체(공법인)로서의 지위를 부여하는 일종의 설권적 처분의 성격을 갖는다고 보아야 한다」(대판 2009.9.24, 2008다60568).[27]

(4) 대 리

공법상 대리란 제3자가 해야 할 일을 행정청이 대신 행하고 그 법적 효과는 제3자에게 귀속시키는 형성적 행정행위를 말한다.[28] 여기에서의 대리는 행정행위로서의 대리를 의미하므로, 행정조직 내부에서 행해지는 행정청의 대리는 이에 포함되지 않는다.

공법상 대리의 예로는 다음과 같은 것이 있다.

① 감독적 견지에서 행해지는 감독청에 의한 공법인의 정관작성이나 임원의 임면

② 당사자 사이에 협의가 이루어지지 않은 경우에 있어 조정적 견지에서 행해지는 재정(裁定, 예: 토지의 수용에 관한 토지수용위원회의 수용재결)

③ 공매처분 등.

Ⅲ. 준법률행위적 행정행위

준법률행위적 행정행위란 행정청의 의사표시 이외의 정신작용을 구성요소로 하고 그 법적 효과는 표시된 의사의 내용 여하를 불문하고 전적으로 법이 정한 효과가 발생하는 행정행위를 말한다.

준법률행위적 행정행위의 경우 동일한 정신작용을 내용으로 하는 경우에도 관계 법률에 따라 그 효과가 달라진다.

---

27) 이 판결에서 보듯이 대법원은 「도시 및 주거환경정비법」에 따른 재건축조합설립 인가처분을 특허의 효과가 합쳐진 인가처분이라고 판시하였다. 그러나 이와 달리 「도시 및 주거환경정비법」에 따른 재개발조합설립 인가처분은 (인가적 성격은 없고) 특허의 성격만 있다고 판시하였음은 주의를 요한다(대판 2010.1.28, 2009두4845). 이처럼 대법원이 재건축조합설립 인가처분과 재개발조합설립 인가처분의 성격을 다르게 보고 있는 이유는 주택재건축사업과 주택재개발사업이 그의 공공성이나 강제성 정도에 차이가 있어서 그 성질을 달리하는 점에서 찾을 수 있다. 한편 주택재건축사업과 주택재개발사업의 구체적 차이점에 관하여 자세한 것은 김남진·김연태, 행정법 I, 2021, 269쪽 참조.

28) 이러한 공법상 대리는 본인이 하여야 할 행위를 행정목적달성을 위하여 행정청이 대신 행하는 것이므로 본인의 의사에 따른 대리행위가 아니라 법률의 규정에 의한 법정대리(法定代理)의 성질을 갖는다.

1. 확 인

(1) 확인의 의의

확인(Feststellung)이란 특정한 사실 또는 법률관계의 존부(存否) 또는 정부(正否)에 관해 의문이나 다툼이 있는 경우에 행정청이 이를 공적으로 확정하는 행정행위를 말한다. 당선인·합격자의 결정, 도로·하천 등의 구역결정, 발명특허, 행정심판의 재결, 과세표준 결정,[29] 친일재산에 대한 친일반민족행위자재산조사위원회의 국가귀속결정 등이 그 예이다.

관련판례

① 「행정청의 공무원에 대한 의원면직처분은 공무원의 사직의사를 수리하는 소극적 행정행위에 불과하고, 당해 공무원의 사직의사를 확인하는 확인적 행정행위의 성격이 강하며 재량의 여지가 거의 없기 때문에 의원면직처분에서의 행정청의 권한유월 행위를 다른 일반적인 행정행위에서의 그것과 반드시 같이 보아야 할 것은 아니다」(대판 2007.7.26, 2005두15748).
② 「친일반민족행위자 재산의 국가귀속에 관한 특별법 제3조 제1항 본문, 제9조 규정들의 취지와 내용에 비추어 보면, 같은 법 제2조 제2호에 정한 친일재산은 친일반민족행위자재산조사위원회가 국가귀속결정을 하여야 비로소 국가의 소유로 되는 것이 아니라 특별법의 시행에 따라 그 취득·증여 등 원인행위시에 소급하여 당연히 국가의 소유로 되고, 위 위원회의 국가귀속결정은 당해 재산이 친일재산에 해당한다는 사실을 확인하는 이른바 준법률행위적 행정행위의 성격을 가진다」(대판 2008.11.13, 2008두13491).

---

(2) 확인의 성질

확인은 특정한 사실 또는 법률관계의 존부 또는 정부에 관한 '판단표시행위'의 성질을 가진다는 점에서 법원의 판결과 유사한 점이 있으며, 이 때문에 '준사법적(準司法的) 행위'라고도 한다. 한편 일정한 사실 또는 법률관계가 존재하거나 정당하다고 인정하는 때에는 확인을 해야만 하는 점을 고려할 때 확인은 기속행위의 성질을 가진다.

(3) 확인의 형식

확인은 항상 구체적인 처분의 형식으로 행해지며, 문서에 의하여야 한다(「행정절차법」 제24조). 또한 개별법령에 의해 일정한 형식이 요구되는 것이 보통이다.

---

29) 학설상 종래 과세표준의 결정은 확인행위의 성질을 갖는 것으로 설명되어 왔으나, 법원은 「상속세법 제25조에 따른 상속세 과세가액의 결정은 상속세부과처분에 앞선 결정으로서 그것만으로 바로 과세처분의 효력이 발생하는 것이 아니고 그 결정의 통지를 받은 사람이 구체적으로 납세의무를 부담하거나 현실적으로 어떤 권리침해 내지는 불이익을 받는다고 할 수 없어 위 결정은 항고소송의 대상이 되는 행정처분이라고 할 수 없다」(대판 1985.3.26, 84누469)고 판시하여 그의 처분성을 부정하고 있다.

(4) 확인의 효과

확인은 특정한 사실 또는 법률관계의 존부 또는 정부를 확정하는 행위이므로 확인행위에는 일반적으로 불가변력(不可變力)이 발생한다. 한편 그 밖에는 개개의 법률이 정하는 효과가 발생하며, 이 점에서 법률행위적 행정행위와 구별된다.

2. 공 증

(1) 공증의 의의

공증(Beurkundung)이란 특정한 사실 또는 법률관계의 존재를 공적으로 증명하는 행정행위를 말한다. 각종 공부(公簿)에의 등재·등록, 각종 증명서의 발급, 여권·감찰 등의 발급, 검인의 압날, 의료유사업자 자격증 갱신발급행위 등이 그 예에 해당한다.

전술한 확인이 특정한 사실 또는 법률관계의 존부 등에 관한 의문이나 다툼을 전제로 하는 것에 반해, 공증은 의문이나 다툼이 없을 것을 전제로 한다는 점에서 양자는 구별된다.

(2) 공증의 성질

공증은 일정한 사실이나 법률관계의 존재를 증명하는 '인식표시행위'의 성질을 가지며, 또한 특정한 사실 또는 법률관계가 존재하면 공증을 해야 하므로 공증은 기속행위의 성질을 가진다.

(3) 공증의 형식

공증은 특정한 사실 또는 법률관계의 존재를 공적으로 증명하는 행위이기 때문에 원칙적으로 문서에 의하여야 할 뿐만 아니라, 일정한 형식이 요구되는 것이 보통이다.

(4) 공증의 효과

공증의 공통된 효과는 공증된 사실 또는 법률관계에 대하여 '공적 증거력'을 발생시키는 데 있다. 다만 여기서의 공적 증거력은 사실상의 추정에 불과한 것이므로 반증(反證)이 있게 되면 공증의 취소를 기다릴 것 없이 그를 전복할 수 있다. 그 밖에는 각 공증에 따라 개개의 법률이 정하는 효과가 발생한다.

(5) 공증의 처분성(행정행위성)

공증된 사실에 대한 반증이 있게 되면 공증의 취소를 기다릴 것 없이 공적 증거력이 전복된다는 것은 공증에는 행정행위의 핵심적 특질을 이루는 공정력이 부인된다는 것을 의미한다. 따라서 공증의 행정행위성에 대해서는 의문이 제기된다. 다만 학설상으로는 적어도 실체적 법률관계의 변동이나 권리행사와 관련이 있는 경우에는 그 처분성이 인정된다고 보고 있다.

한편 판례는 종래에는 공증(특히 각종 공부에의 등재)의 처분성을 부정하는 것이 일반적이었으나(관련판례 ① 참조), 근래에 들어서는 공증의 처분성을 인정하는 판례도 나타나고 있는 실정이다(관련판례 ② ③ 참조).

관련판례

① 임야대장에의 등재·등재사항의 변경:「지적공부인 임야대장에 일정한 사항을 등재하거나 등재사항을 변경하는 행위는 행정사무집행상의 편의와 사실증명의 자료로 삼기 위한 것이고 그 등재 또는 변경으로 인하여 권리변동의 효력이 생기는 것이 아니므로 이는 행정소송의 대상이 되는 행정처분이라고 할 수 없다」(대판 1987.3.10, 86누672).30)

② 지목변경신청에 대한 반려(거부)행위:「지목은 토지소유권을 제대로 행사하기 위한 전제요건으로서 토지소유자의 실체적 권리관계에 밀접하게 관련되어 있으므로 지적공부 소관청의 지목변경신청 반려행위는 국민의 권리관계에 영향을 미치는 것으로서 항고소송의 대상이 되는 행정처분에 해당한다고 할 것이다」(대판 2004.4.22, 2003두9015).31)

③ 건축물대장의 용도변경신청거부:「건축물대장의 용도는 건축물의 소유권을 제대로 행사하기 위한 전제요건으로서 건축물 소유자의 실체적 권리관계에 밀접하게 관련되어 있으므로, 건축물대장 소관청의 용도변경신청거부행위는 국민의 권리관계에 영향을 미치는 것으로서 항고소송의 대상이 되는 행정처분에 해당한다」(대판 2009.1.30, 2007두7277).32)

3. 통 지

통지(Mitteilung)란 특정인 또는 불특정 다수인에 대하여 일정한 사실을 알리는 행

---

30) 同旨판례: ① 자동차운전면허대장에의 등재(대판 1991.9.24, 91누1400), ② 하천대장에의 등재(대판 1991.10.22, 90누9896), ③ 측량성과도 등재사항에 대한 정정신청거부행위(대판 1993.12.14, 93누555), ④ 토지대장의 등재사항에 대한 변경신청거부행위(대판 1995.12.5, 94누4295), ⑤ 온천관리대장등재에의 등재(대판 2002.2.26, 2001다53622), ⑥ 무허가건물관리대장에 등재변경삭제행위(대판 2009.3.12, 2008두11525) 등.

31) 同旨판례:「지적법 제38조 제2항에 의하면 토지소유자에게는 지적공부의 등록사항에 대한 정정신청의 권리가 부여되어 있고, 이에 대응하여 소관청은 소유자의 정정신청이 있으면 등록사항에 오류가 있는지를 조사한 다음 오류가 있을 경우에는 등록사항을 정정하여야 할 의무가 있는바, 피청구인의 (지목변경신청에 대한) 반려행위는 지적관리업무를 담당하고 있는 행정청의 지위에서 청구인의 등록사항정정신청을 확정적으로 거부하는 의사를 밝힌 것으로서 공권력의 행사인 거부처분이라 할 것이므로 헌법재판소법 제68조 제1항 소정의 "공권력의 행사"에 해당한다」(헌재결 1999. 6.24, 97헌마315).

32) 종래 대법원은 건축물대장은 기본적으로 행정사무집행의 편의와 사실증명의 자료가 될 뿐 그 등재나 변경이 당해 건축물에 대한 실체적 권리관계에 어떠한 변동을 초래하는 것은 아니라는 것을 이유로 건축물대장란의 용도변경등재행위(대판 1985.3.12, 84누738), 기재사항의 정정신청거부(대판 1989.12.12, 89누5348), 소유권에 관한 사항의 기재변경신청거부(대판 1998.2.24, 96누5612)의 처분성을 부정하여 왔다. 그런데 ③의 판결은 건축물대장의 용도변경신청거부행위의 처분성을 인정하였다는 점에서 주목을 요한다. 건축물대장의 작성신청반려행위 또한 처분성이 인정되었다는 것 역시 주목을 요한다(대판 2009.2.12, 2007두17359 참조).

위를 말한다. 대집행의 계고, 납세의 독촉 등이 그 예이다.[33]

한편 여기서의 통지는 그 자체로 독립된 행정행위라는 점에서 이미 성립한 행정행위의 효력발생요건으로서의 통지와는 구별되며, 또한 여기서의 통지는 법적 행위이므로 아무런 법적 효과가 주어지지 않는 단순한 사실행위로서의 통지(예: 당연퇴직의 통보)와도 구별된다.

통지의 효과는 직접 법률에 의하여 발생하므로 그 법률효과의 구체적인 내용은 각 법령의 규정에 따라 다르게 된다.

4. 수 리

(1) 수리의 의의

수리(受理, Annahme)란 타인의 행정청에 대한 행위를 유효한 것으로 받아들이는 행정행위를 말한다. 이처럼 수리는 타인의 행정청에 대한 행위를 유효한 것으로서 수령하는 수동적인 '인식표시행위'인 점에서 단순한 사실행위인 도달이나 접수와는 구별되어야 한다.

한편 자기완결적 신고는 형식적 요건을 갖추고 있는 한 신고서가 접수기관에 도달한 때 그 효력을 발생하므로(「행정절차법」 제40조 참조) 행정청의 수리를 필요로 하지 않는다. 그럼에도 불구하고 '신고의 수리'라는 용어가 사용되기도 하는바, 이 경우의 수리는 단순한 사실행위를 의미한다고 보아야 할 것이다.

(2) 수리의 성질

법이 정한 요건을 구비한 신고는 반드시 수리되어야 하므로 수리는 기속행위에 해당한다. 한편 수리를 요하는 신고가 법이 정한 요건을 구비한 경우에는 행정청은 이를 수리해야 할 의무가 있으므로, 이에 대한 수리 및 수리거부행위에 대하여는 처분성이 인정된다.

관련판례

① 「의원의 개설신고를 받은 행정관청으로서는 별다른 심사, 결정없이 그 신고를 당연히 수리하여야 한다」(대판 1985.4.23, 84도2953).

② 「유선 및 도선업법령에 의하면 유선장의 경영신고와 그 신고사항의 변경신고는 모두가 강학상 이른바 사인의 공법행위로서의 신고에 해당하고 그 신고를 받은 행정청은 위 법령 소정의 형식적(절차적) 요건에 하자가 없는 한 이를 수리해야 할 입장에 있다」(대판 1988.8.9, 86누889).

---

[33] 내용을 표준으로 할 때 대집행의 계고는 작위하명, 납세의 독촉은 급부하명의 성질을 갖는 것으로도 볼 수 있다. 따라서 오늘날 통지행위를 독자적인 행정행위로 보는 것에 대해서는 의문이 제기되고 있다.

(3) 수리의 효과

수리의 효과는 각 법령이 정하는 바에 따라 다르다. 즉, 수리에 의해 사법상(私法上)의 효과가 발생하기도 하며(예: 혼인신고의 수리), 행정청에게 결정 등을 행할 의무가 발생하거나(예: 행정심판청구서의 수리), 수리가 있기 전까지는 일정행위가 금지되기도 한다(예: 무도교습소 등록신청의 수리).

관련판례

「주무관청이 무도교습소에 관해 사실상 그 설립을 위한 등록을 수리하지 않고 있다 하더라도 이에 대하여 행정쟁송으로 다툼은 별론으로 하고 그 등록을 하지 아니하고 위와 같은 시설을 설립·운영한 이상 위 법률에 위반된다 할 것이다」(대판 1990.8.10, 90도1062).

▌제4절 ▌ 행정행위의 부관

Ⅰ. 개 설

1. 부관의 의의

(1) 부관의 개념

행정행위의 부관(附款, Nebenbestimmung)은 종래 「행정행위의 효과를 제한하기 위하여 주(主)된 의사표시의 내용에 부가된 종(從)된 의사표시」라고 정의되어 왔다. 그러나 그러한 정의는 의사표시를 요소로 하지 않는 준법률행위적 행정행위에도 종기와 같은 부관을 붙일 수 있으며, 부담은 행정행위의 효과를 제한하는 요소를 갖고 있지 않다는 점을 설명할 수 없는 문제를 안고 있었다. 따라서 오늘날은 행정행위의 부관이란 「행정행위의 효과를 제한 또는 보충하기 위하여 주된 행위에 부가된 종된 규율」을 의미하는 것으로 이해되고 있다.

(2) 부관의 부가방법

부관은 과거에는 행정청이 일방적으로 부가하는 경우가 많았으나, 오늘날에는 특히 대규모의 사업의 경우에는 부관의 내용을 행정청과의 협약 등을 통해 미리 정한 다음 행정청이 행정행위를 하면서 이를 부관으로 부가하는 경우가 늘어나고 있다.

관련판례

「수익적 행정처분에 있어서는 법령에 특별한 근거규정이 없다고 하더라도 그 부관으로서 부담을 붙일 수 있고, 그와 같은 부담은 행정청이 행정처분을 하면서 일방적으로 부가할 수도 있지만 부담을 부가하기 이전에 상대방과 협의하여 부담의 내용을 협약의 형식으로 미리 정한 다음 행정처분을 하면서 이를 부가할 수도 있다」(대판 2009.2.12, 2005다65500).

2. 유사개념과의 구별

(1) 법정부관과의 구별

법령이 직접 행정행위의 효력을 제한하기 위하여 붙인 법정부관(法定附款)은 행정청의 의사표시에 의하여 붙여지는 것이 아니므로 엄밀한 의미에서의 부관이 아니다.[34] 따라서 법정부관에는 부관의 한계에 관한 일반원칙이 적용되지 않는다.

관련판례

「식품제조영업허가기준이라는 고시에 정한 허가기준에 따라 보존음료수제조업의 허가에 붙여진 전량수출 또는 주한외국인에 대한 판매에 한한다는 내용의 조건은 이른바 법정부관으로서 행정청의 의사에 기하여 붙여지는 본래의 의미에서의 행정행위의 부관은 아니므로, 이와 같은 법정부관에 대하여는 행정행위에 부관을 붙일 수 있는 한계에 관한 일반적인 원칙이 적용되지는 않는다」(대판 1994.3.8, 92누1728).

(2) 행정행위의 내용적 제한과의 구별

부관은 주된 행정행위에 붙여진 종된 규율을 의미하므로 주된 규율내용을 직접적으로 제한하는 규율을 의미하는 행정행위의 내용적 제한(예: 영업허가를 발급하면서 영업구역을 설정하거나 영업시간을 제한하는 것, 2종 보통면허)과 구별하여야 한다는 견해도 유력하다. 이러한 견해에 따르면 종래 부관의 일종으로 설명되어 오던 법률효과의 일부배제는 부관의 목록에서 제외되게 될 것이다.

3. 부관의 기능

부관은 부관이 없으면 전면적으로 거부를 할 것을 제한적이지만 긍정하게 한다는 점에서 탄력적 행정을 가능케 하며(행정의 탄력성·상황적합성의 부여), 절차경제의 도모에도 기여한다. 또한 부관은 수익적 행정행위로 인하여 타인의 생명·신체에 대한 침

---

34) 법정부관의 예로는 어업신고의 유효기간이 법정되어 있는 경우(「수산업법」 제47조 제4항), 광업허가의 효력발생에 등록이 조건으로 법정되어 있는 경우(「광업법」 제28조) 등을 들 수 있다.

해가 발생할 우려가 현실화되지 않도록 해주며(공익 및 제3자보호기능), 공재정(公財政)의 확보에 기여하는 측면도 있다.

다만 부관이 단순히 행정편의만을 위해 붙여지는 경우 오히려 국민의 권익을 침해하게 되는 역기능을 가지므로, 부관에 대한 적절한 통제가 요망된다.

II. 부관의 종류

1. 조 건

조건(Bedingung)이란 행정행위의 효과의 발생 또는 소멸을 장래의 '불확실한' 사실에 의존시키는 부관을 말한다.[35] 한편 어떤 사실의 발생이 행정행위의 상대방의 의사에 달려 있는 경우의 조건을 특히 부진정한 조건(Unechte Bedingung)이라고 한다(예: 차고의 확보를 조건으로 하는 개인택시운송사업면허).

조건은 다시 행정행위의 효과의 발생을 장래의 불확실한 사실에 의존시키는 정지조건(예: 도로공사의 완공을 조건으로 한 자동차운수사업면허)과 행정행위의 효과의 소멸을 장래의 불확실한 사실에 의존시키는 해제조건(예: 일정기간 내에 공사에 착수할 것을 조건으로 한 공유수면매립면허)으로 구분된다.

2. 기 한

기한(Befristung)이란 행정행위의 효과의 발생 또는 소멸을 장래 도래할 것이 '확실한' 사실에 의존시키는 부관을 말하는바, 기한이 반드시 '×월 ×일'식의 일부(日附)로 표시될 필요는 없으며, '근속기간 중'과 같이 도래시기가 확정되어 있지 않은 것도 기한의 일종이다.[36] 이러한 기한은 다시 행정행위의 효과의 발생을 장래의 확실한 사실에 의존시키는 기한인 시기(始期)와 행정행위의 효과의 소멸을 장래의 확실한 사실에 의존시키는 기한인 종기(終期)로 구분된다.

한편 종기가 도래하면 행정행위의 효력은 일단 소멸하는 것이 일반적인데, 이와 관련하여 종기를 행정행위의 절대적 소멸원인으로 볼 수 있는지 여부가 다투어지고 있다. 즉, ① 종기의 도래로 행정행위의 효력은 당연히 소멸된다는 견해와 ② 종기는 특히 그것이 허가 또는 특허를 받은 사업의 성질상 부당하게 짧은 경우에는 행정행위의 효

---

[35] 다만, 행정행위의 효력을 이처럼 불확정한 상태에 두는 것은 행정법관계의 안정성이라는 측면에서 적당하지 못한 까닭에 조건이 행정행위의 부관으로 사용되는 경우는 그리 많지 않다.

[36] 전자처럼 당해 사실의 도래시기가 확정되어 있는 경우를 확정기한(確定期限), 도래시기가 확정되어 있지 않은 경우를 불확정기한(不確定期限)이라고 한다.

력의 존속기간이 아니라 그 내용의 갱신기간으로 보아야 한다는 견해의 대립이 있는바, 후자가 타당시된다(다수설). 판례 또한 부당하게 짧은 종기는 행정행위의 절대적 소멸 원인이 아닌 것으로 보고 있다.

「일반적으로 행정처분에 효력기간이 정하여져 있는 경우에는 그 기간의 경과로 그 행정처분의 효력은 상실되고, 다만 허가에 붙은 기한이 그 허가된 사업의 성질상 부당하게 짧은 경우에는 이를 그 허가 자체의 존속기간이 아니라 그 허가조건의 존속기간으로 보아 그 기한이 도래함으로써 그 조건의 개정을 고려한다는 뜻으로 해석할 수는 있지만, 그와 같은 경우라 하더라도 그 허가기간이 연장되기 위하여는 그 종기가 도래하기 전에 그 허가기간의 연장에 관한 신청이 있어야 하며, 만일 그러한 연장신청이 없는 상태에서 허가기간이 만료하였다면 그 허가의 효력은 상실된다」(대판 2007.10.11, 2005두12404).

3. 부 담

(1) 의 의

부담(Auflage)이란 행정행위의 주된 내용에 부가하여 그 행정행위의 상대방에게 작위·부작위·급부·수인 등의 의무를 부과하는 부관을 말하는바(예: 도로점용허가 시 점용료납부의무를 부과하는 것), 부담은 주로 허가나 특허와 같은 수익적 행정행위에 붙여진다.

한편 부관의 기능을 행정행위의 효과를 '제한'하는 것으로만 이해하는 입장에서는 부담의 부관성에 대해 의문을 제기하기도 한다. 즉, 부담은 주된 행정행위의 내용에 부가하여 별도의 의무를 부과하고 있을 뿐, 행정행위의 내용을 제한하는 측면이 없으므로 부관이 아니라 그 자체가 독립한 행정행위(하명)의 성격을 갖는다는 것이다. 그러나 부관의 기능을 행정행위의 효과를 '보충'함으로써 그의 적절한 실현을 돕는 것으로 이해하게 되면 부담이야말로 부관의 기능을 가장 잘 수행하고 있으며 실무상으로도 부담이 가장 많이 활용되고 있음을 고려할 때 부담의 부관성은 긍정되어야 한다.

(2) 조건과의 구별

부담은 조건과 유사한 면이 있으나, 다음과 같은 점에서 양자는 구별된다.

첫째, 정지조건부 행정행위는 일정한 사실의 성취가 있어야 비로소 행정행위의 효력이 발생하게 되는 것에 반하여, 부담부 행정행위는 처음부터 효력을 발생한다.

둘째, 해제조건부 행정행위는 조건사실의 성취에 의하여 당연히 효력이 소멸되는 데 대하여, 부담부 행정행위는 부담의 이행이 없더라도 당연히는 그 효력이 소멸되지 않는다. 다만 부담을 이행하지 않게 되면 강제집행 또는 행정벌의 대상이 되며, 행정행위의 철회원인이 될 수 있다. 그러나 이 경우에도 철회가 항상 자유로운 것은 아니며, 행정행위의 철회에 관한 일반원칙에 의한 제약을 받는다. 이는 부담의 불이행을 이유로 한 철회처분이 언제나 적법하게 되는 것은 아니라는 것을 의미한다.

「선행처분인 액화석유가스판매사업허가처분에 부가된 부관이 적법한 부관이라고 하더라도 그 부관상의 의무불이행을 이유로 하는 후행처분인 당해 사업허가취소처분이 반드시 적법하게 되는 것은 아니다」(대판 1997.10.14, 96누14944).

셋째, 부담을 통해 부과된 의무를 이행하지 않을 때에는 조건의 경우와 달리 강제집행의 대상이 된다.

넷째, 조건과 부담의 구분이 용이하지 않은 경우 양자의 구분에 있어서는 행정청의 객관적인 의사가 중요한 의미를 가지며, 그 의사가 명확하지 않을 때에는 당사자에 대한 효과면에서 조건보다 부담이 유리하므로 부담으로 추정함이 타당하다.

4. 철회권의 유보

(1) 의 의
철회권의 유보(Widerrufsvorbehalt)란 장래에 일정한 사유가 발생하는 경우에는 행정행위를 철회하여 그의 효력을 소멸시킬 수 있는 권한을 유보해 놓은 부관을 말한다. 철회권의 유보의 경우에는 유보된 사실이 발생하더라도 행정행위의 효력을 소멸시키기 위하여서는 행정청의 별도의 의사표시를 필요로 하는 것에 대하여, 해제조건의 경우에는 일정한 조건사실이 발생하면 행정행위의 효력이 당연히 소멸된다는 점에서 양자는 구별된다.

(2) 철회권의 유보사유
철회사유가 법령에 명시되어 있는 경우에 그 외의 사유를 철회권의 유보사유로 할 수 있는지가 문제되는바, 당해 법령에 특별한 제한규정이 없는 한 그 목적의 범위 안에서 유보할 수 있다는 견해가 다수설이다. 판례 또한 이러한 입장에 따르고 있는 것으로 보인다.

「이 사건 기본재산전환인가의 인가조건으로 되어 있는 사유들은 모두 위 인가처분의 효력이 발생하여 기본재산 처분행위가 유효하게 이루어진 이후에 비로소 이행할 수 있는 것들이고, 인가처분 당시에 그 처분에 그와 같은 흠이 존재하였던 것은 아니므로, 위 법리에 의하면, 위 사유들은 모두 인가처분의 철회사유에 해당한다고 보아야 하고, 인가처분을 함에 있어 위와 같은 철회사유를 인가조건으로 부가하면서 비록 철회권 유보라고 명시하지 아니한 채 조건불이행시 인가를 취소할 수 있다는 기재를 하였다 하더라도 위 인가조건의 전체적 의미는 인가처분에 대한 철회권을 유보한 것이라고 봄이 상당하다」(대판 2003.5.30, 2003다6422).

(3) 철회권 행사의 제한의 문제

철회권 유보의 경우 유보된 사실이 발생하더라도 철회권의 행사가 자유로운 것은 아니며, 철회권의 제한에 관한 일반원칙에 따른 제한을 받는다. 한편 이처럼 유보된 사실이 발생하더라도 철회권의 행사가 자유롭지 않다는 것 때문에 철회권의 유보의 실용성에 의문이 제기되기도 하는바, 상대방이 신뢰보호의 원칙을 원용하는 데 제한을 받는 등 실용성을 전혀 부정할 것은 아니다.

5. 법률효과의 일부배제

법률효과의 일부배제란 법률이 행정행위에 부여하는 법률효과의 일부를 배제하는 것을 내용으로 하는 부관을 말한다. 버스노선의 지정, 택시의 부제(部制) 및 격일제 운행허가, 야간만의 도로점용허가 등이 그 예이다.[37]

관련판례

「행정청이 한 공유수면매립준공인가 중 매립지 일부에 대하여 한 국가귀속처분은 매립준공인가를 함에 있어서 매립의 면허를 받은 자의 매립지에 대한 소유권 취득을 규정한 공유수면매립법 제14조의 효과 일부를 배제하는 부관을 붙인 것이다」(대판 1991.12.13, 90누8503).

한편 법률효과의 일부배제는 문자 그대로 법률이 정한 효과를 일부 배제하는 것이므로 관계법령에 명시적 근거가 있는 경우에 한하여 붙여질 수 있다.

6. 행정행위의 사후변경의 유보

행정행위의 사후변경의 유보란 행정청이 행정행위를 하면서 사후(事後)에 부관을 부과할 수 있는 권한, 또는 이미 부가된 부관의 내용을 변경할 수 있는 권한을 유보하는 부관을 말한다. 독일의 경우 행정행위의 사후변경의 유보가 「연방행정절차법」에 부담유보(負擔留保)라는 내용으로 성문화되어 있어(제36조 제2항 제5호) 그의 허용성에 관하여 의문이 없으며, 우리나라의 경우 역시 사정변경의 원칙상 허용될 수 있다는 견해가

---

37) 다만, 법률효과의 일부배제를 (부관이 아닌) 행정행위의 내용적 제한으로 보아야 한다는 견해도 있음은 전기한 바와 같다.

지지를 받고 있다.

「행정처분에 이미 부담이 부가되어 있는 상태에서 그 의무의 범위 또는 내용 등을 변경하는 부관의 사후변경은, 법률에 명문의 규정이 있거나 그 변경이 미리 유보되어 있는 경우 또는 상대방의 동의가 있는 경우에 한하여 허용되는 것이 원칙이지만, 사정변경으로 인하여 당초에 부담을 부가한 목적을 달성할 수 없게 된 경우에도 그 목적달성에 필요한 범위 내에서 예외적으로 허용된다」(대판 2007.9.21, 2006두7973).

한편 행정행위의 사후변경의 유보는 유보된 내용의 법률효과를 행정행위의 발급 당시에는 예견하기 어려운 경우 등에만 제한적으로 허용된다.

7. 수정부담

(1) 의 의

수정부담(Modifizierende Auflage)이란 행정행위의 상대방이 신청한 것과는 다르게 행정행위의 내용을 정하는 부관을 말하는바(예: X국에 대한 쇠고기 수입허가신청에 대하여 행정청이 Y국으로부터의 쇠고기 수입허가를 부여하는 경우 등),[38] 이는 상대방이 수정된 내용을 받아들임으로써 완전히 효력을 발생한다.

(2) 성 질

수정부담은 독일의 판례를 통해 발전된 것으로 그의 부관성 여부가 다투어져 왔다. 근래에는 수정부담을 새로운 행정행위, 즉 수정허가로 보는 견해가 유력하게 대두되고 있다.

(3) 수정부담에 대한 구제수단

수정부담으로 인하여 권리를 침해받은 경우 그에 대한 구제수단으로 취소소송은 적당하지 않으며, 의무이행소송이 실효적 구제수단이 될 것이다. 다만 우리나라의 경우 의무이행소송이 허용되지 않음을 고려한다면 수정부담에 대해서는 원래 신청했던 행정행위를 거부한 처분에 대하여 거부처분취소소송을 제기하여야 할 것이다.

---

38) 일반의 부담이 "Ja, aber(예, 그러나)"의 성질을 갖는 것에 비해, 수정부담은 "Nein, aber(아니오, 그러나)"의 성격을 갖는다는 점에서 양자는 구분될 수 있다고 한다.

Ⅲ. 부관의 한계

1. 부관의 가능성

행정청은 처분에 재량이 없는 경우에는 법률에 근거가 있는 경우에 부관을 붙일 수 있다(「행정기본법」 제17조 제2항). 따라서 개별법령에 부관을 붙일 수 있는 근거가 명시되어 있는 경우에는 행정행위의 종류를 불문하고 당해 규정에 근거하여 부관을 붙일 수 있다는 것은 의문의 여지가 없다. 그러나 개별법령에 명문의 규정이 없는 경우에도 수익적 행정처분에 있어서는 근거 법령의 취지에 벗어나지 않는 범위 내에서 부관을 붙일 수 있다.

관련판례

「수익적 행정행위에 있어서는 법령에 특별한 근거규정이 없다고 하더라도 그 부관으로서 부담을 붙일 수 있으나, 그러한 부담은 비례의 원칙, 부당결부금지의 원칙에 위반되지 않아야만 적법하다」(대판 1997.3.11, 96다49650).

한편 부관의 가능성과 관련하여서는 종래 행정행위의 종류에 따라 그 설명을 달리하여 왔는바, 주목할 만한 것은 다음과 같다.

(1) 준법률행위적 행정행위와 부관

종래 부관은 법률행위적 행정행위에 대해서만 붙일 수 있고 준법률행위적 행정행위에는 붙일 수 없다고 설명되어 왔는바, 이는 부관은 행정청의 '의사표시'의 효과를 제한하기 위하여 붙이는 것이므로 의사표시를 요소로 하지 않는 준법률행위적 행정행위에는 붙일 수 없다는 것을 주된 논거로 하였다.

그러나 부관의 가능성의 문제는 이렇게 일률적으로 정할 수 없다. 왜냐하면 법률행위적 행정행위에도 부관을 붙이기가 적당하지 않은 것이 있는가 하면, 준법률행위적 행정행위에도 부관을 붙일 수 있는 경우가 있기 때문이다. 즉, 귀화허가나 공무원임명이 법률행위적 행정행위임에도 불구하고 부관과 친하지 않은 반면, 준법률행위적 행정행위인 확인이나 공증에도 기한(특히 종기) 같은 것이 붙여지는 경우가 많이 있다.

(2) 기속행위와 부관

종래 통설은 부관은 재량행위에만 붙일 수 있고 기속행위에는 붙일 수 없다고 설명하여 왔다. 이는 재량행위의 경우에는 행위 전체를 거부할 수 있으므로 행위의 일부에 제한을 가하는 부관을 붙일 수 있음이 당연한 것인 반면, 기속행위의 경우에는 행정청이 법규에 엄격히 기속되므로 법령이 정해 놓은 효과를 행정청이 임의로 제한할 수 없다는 것을 그 논거로 하였다.

행정청은 처분에 재량이 있는 경우에는 부관(조건·기한·부담·철회권의 유보 등)을 붙일 수 있다고 규정하고 있는 「행정기본법」제17조 제1항 또한 근본적으로 이와 같은 입장을 전제로 하고 있다고 생각되며, 판례 또한 같은 입장인 것으로 보인다.

관련판례

① 재량행위: 「개발제한구역 내에서의 …(중략) 예외적인 개발행위의 허가는 상대방에게 수익적인 것이 틀림이 없으므로 그 법률적 성질은 재량행위 내지 자유재량행위에 속하는 것이고, 이러한 재량행위에 있어서는 관계 법령에 명시적인 금지규정이 없는 한 행정목적을 달성하기 위하여 조건이나 기한, 부담 등의 부관을 붙일 수 있고, 그 부관의 내용이 이행 가능하고 비례의 원칙 및 평등의 원칙에 적합하며 행정처분의 본질적 효력을 저해하지 아니하는 이상 위법하다고 할 수 없다」(대판 2004.3.25, 2003두12837).
② 기속행위: 「건축허가를 하면서 일정 토지를 기부채납하도록 하는 내용의 허가조건은 부관을 붙일 수 없는 기속행위 내지 기속적 재량행위인 건축허가에 붙인 부담이거나 또는 법령상 아무런 근거가 없는 부관이이서 무효이나」(대판 1995.6.13, 94다56883).

생각건대 부관은 재량행위라고 해서 무조건 붙일 수 있고, 기속행위라고 해서 절대적으로 못붙이는 것은 아니다. 즉, 기속행위의 경우에도 이른바 '요건충족적(要件充足的) 부관', 즉 요건을 갖추지 못한 허가신청에 대하여 사후에 요건을 보완하는 것을 조건으로 허가해 주는 경우와 같은 부관은 붙일 수 있다고 본다.

2. 부관의 자유성(부관의 한계)

(1) 행정행위의 구성부분으로서의 한계

부관은 법령에 위배되지 않는 한도에서 붙일 수 있다. 즉, 부관의 경우에도 법률우위의 원칙이 지배한다. 또한 부관의 내용은 실현가능하고 명백하여야 하며, 부관도 행정작용이므로 비례의 원칙, 평등의 원칙, 부당결부금지의 원칙과 같은 행정법의 일반원칙에 적합하여야 한다.

「행정기본법」또한 부관은 해당 처분과 실질적인 관련이 있을 것(동법 제17조 제4항 제2호), 해당 처분의 목적을 달성하기 위하여 필요한 최소한의 범위일 것(동조 제3호)이라는 요건에 적합할 것을 규정하고 있다.

관련판례

① 「재량행위에 있어서는 법령상의 근거가 없다고 하더라도 부관을 붙일 수 있는데, 그 부관의 내용은 적법하고 이행가능하여야 하며 비례의 원칙 및 평등의 원칙에 적합하고 행정처분의 본질

적 효력을 해하지 아니하는 한도의 것이어야 한다」(대판 1997.3.14, 96누16698).

② 「지방자치단체장이 사업자에게 주택사업계획승인을 하면서 그 주택사업과는 아무런 관련이 없는 토지를 기부채납하도록 하는 부관을 주택사업계획승인에 붙인 경우, 그 부관은 부당결부금지의 원칙에 위반되어 위법하다(대판 1997.3.11, 96다49650).

(2) 부관의 부종성(附從性)으로 인한 한계

부관은 주된 행정행위가 추구하는 목적에 위배하여 붙여질 수 없으며, 주된 행정행위와 사항적 통일성을 가져야 한다. 「행정기본법」은 부관이 해당 처분의 목적에 위배되지 아니할 것(동법 제17조 제4항 제1호)을 규정하고 있다.

관련판례

「어업의 면허 또는 허가에 붙이는 부관은 그 성질상 허가된 어업의 본질적 효력을 해하지 않는 한도의 것이어야 하고 허가된 어업의 내용 또는 효력 등에 대하여는 행정청이 임의로 제한 또는 조건을 붙일 수 없다고 보아야 할 것이다. 따라서 기선선망어업의 허가를 하면서 운반선 등 부속선을 사용할 수 없도록 제한한 부관은 그 어업허가의 목적달성을 사실상 어렵게 하는 것이며 그 본질적인 효력을 해하는 것이므로 위법하다」(대판 1990.4.27, 89누6808).

---

(3) 시간적 한계 ― 사후부관(事後附款)의 문제

사후부관의 가능성에 관하여는 법령 자체가 예상하고 있거나 사후부관이 유보되어 있거나 상대방의 동의가 있는 때에는 사후에도 부관을 붙일 수 있다는 견해(제한적 긍정설)가 지배적이었으며, 판례 역시 제한적 긍정설에 따르고 있었다. 이와 관련하여 「행정기본법」은 행정청은 부관을 붙일 수 있는 처분이 ① 법률에 근거가 있는 경우, ② 당사자의 동의가 있는 경우, ③ 사정이 변경되어 부관을 새로 붙이거나 종전의 부관을 변경하지 아니하면 해당 처분의 목적을 달성할 수 없다고 인정되는 경우 중 어느 하나에 해당하는 경우에는 그 처분을 한 후에도 부관을 새로 붙이거나 종전의 부관을 변경할 수 있다(동법 제17조 제3항)고 규정하여 이 문제를 입법적으로 해결하였다.

관련판례

「여객자동차법 제85조 제1항 제38호에 의하면, 운송사업자에 대한 면허에 붙인 조건을 위반한 경우 감차명령을 할 수 있는데, 감차명령의 사유가 되는 '면허에 붙인 조건을 위반한 경우'에서 '조건'에는 운송사업자가 준수할 일정한 의무를 정하고 이를 위반할 경우 감차명령을 할 수 있다는 내용의 '부관'도 포함된다. 그리고 이러한 부관은 면허 발급 당시에 붙이는 것뿐만 아니라 면허 발급 이후에 붙이는 것도 법률에 명문의 규정이 있거나 그 변경이 미리 유보되어 있는 경우 또는 상대방의 동의가 있는 경우 등에는 특별한 사정이 없는 한 허용된다(대판 2005.4.29, 2004

두11954 참조)」(대판 2016.11.24, 2016두45028).

IV. 하자있는 부관과 행정행위의 효력

부관에 하자가 있는 경우에, 그 부관의 효력의 문제는 행정행위의 하자이론에 따라 판단하여야 할 것이다. 따라서 부관에 하자가 있는 경우 하자가 중대하고 명백한 경우에는 그 부관은 무효이며, 그렇지 않은 경우에는 취소할 수 있는 것이 된다.

관련판례

「지방자치단체장이 사업자에게 주택사업계획승인을 하면서 그 주택사업과는 아무런 관련이 없는 토지를 기부채납하도록 하는 부관을 주택사업계획승인에 붙인 경우, 그 부관은 부당결부금지의 원칙에 위반되어 위법하지만, 지방자치단체장이 승인한 사업자의 주택사업계획은 상당히 큰 규모의 사업임에 반하여, 사업자가 기부채납한 토지 가액은 그 100분의 1 상당의 금액에 불과한데다가, 사업자가 그동안 그 부관에 대하여 아무런 이의를 제기하지 아니하다가 지방자치단체장이 업무착오로 기부채납한 토지에 대하여 보상협조요청서를 보내자 그때서야 비로소 부관의 하자를 들고 나온 사정에 비추어 볼 때 부관의 하자가 중대하고 명백하여 당연무효라고는 볼 수 없다」(대판 1997.3.11, 96다49650).

---

1. 무효인 부관이 붙은 행정행위의 효력

부관이 무효인 경우에 그것이 본체인 행정행위에 어떠한 영향을 미치는가의 문제에 대하여는 「원칙적으로는 부관만이 무효가 될 뿐 본체인 행정행위의 효력에는 아무런 영향도 미치지 않지만, 무효인 부관이 본체인 행정행위의 중요한 요소를 이루는 경우에는(즉, 그러한 부관을 붙이지 않았더라면 그러한 행정행위를 하지 않았을 것이라고 인정되는 경우에는) 본체인 행정행위도 무효가 된다」는 것이 통설·판례이다.

2. 취소할 수 있는 부관이 붙은 행정행위의 효력

취소할 수 있는 부관이 붙은 행정행위는 부관이 취소되기까지는 유효한 부관부 행정행위로 존재하며, 부관이 독립적으로 취소되면 부관이 무효인 경우와 같이 취급된다.

V. 하자있는 부관에 대한 쟁송

1. 개 설

하자있는 부관에 대한 쟁송의 문제를 논함에 있어서는 먼저 하자있는 부관이 붙은 행정행위 전체를 다투는가 아니면 부관만 독립하여 다투는가를 구분하여 고찰하여야 하는바, 이 경우 전자는 취소쟁송의 일반원칙에 따라 다투면 되므로 별도로 논할 실익이 없다. 따라서 여기서는 부관만을 본체인 행정행위와 독립하여 행정쟁송의 대상으로 할 수 있는지에 대하여서만 논하기로 한다.

한편 이 문제를 논함에 있어서는 쟁송가능성(쟁송의 허용성)과 취소가능성(청구의 인용가능성)을 구별할 것이 요구되며, 쟁송의 형태의 문제 또한 고찰하여야 한다.

2. 부관만의 독립쟁송가능성

부관만의 독립쟁송가능성의 문제는 하자있는 부관만을 취소소송 등의 방법으로 독립하여 다툴 수 있는지 여부에 관한 것인바,[39] 이에 대하여는 다음과 같은 학설이 대립하고 있다.[40]

(1) 부담독립설

부관 중 부담은 내용상 그 자체로서 독립한 행정행위로서의 성질을 가지므로 부담만을 독립하여 행정쟁송의 대상으로 삼을 수 있지만, 다른 부관들은 행정행위의 한 부분으로서의 성질을 가질 뿐이므로 부관부 행정행위 전체를 행정쟁송의 대상으로 삼아야 한다는 견해이다. 판례 또한 부담독립설에 따르고 있다.

관련판례

① 「현행 행정쟁송제도 아래서는 부관 그 자체만을 독립된 쟁송의 대상으로 할 수 없는 것이 원칙이나, 행정행위의 부관 중에서도 부담인 경우에는 다른 부관과 달리 행정행위의 불가분적인 요소가 아니고 그 존속이 본체인 행정행위의 존재를 전제로 하는 것일 뿐이므로 부담 그 자체로서 행정쟁송의 대상이 될 수 있다고 할 것이다」(대판 1992.1.21, 91누1264).

② 「행정행위의 부관은 부담인 경우를 제외하고는 독립하여 행정소송의 대상이 될 수 없는바, 기부채납받은 행정재산에 대한 사용·수익허가에서 공유재산의 관리청이 정한 사용·수익허가의 기간은 그 허가의 효력을 제한하기 위한 행정행위의 부관으로서 이러한 사용·수익허가의 기간에 대해서는 독립하여 행정소송을 제기할 수 없다」(대판 2001.6.15, 99두509).

---

39) 이러한 부관의 독립쟁송가능성은 후술하는 독립취소가능성과 달리 소송요건의 문제로 이해되고 있다.

40) 이러한 문제에 관하여 「부관이 붙은 행정행위 전체를 쟁송의 대상으로 하면서 일부취소의 형태로 부관만의 취소를 구할 수 있을 뿐, 본체인 행정행위와 독립하여 부관만의 취소를 구할 수는 없다」는 부정설(부진정 일부취소청구가능성설)도 주장되었으나, 오늘날은 이러한 견해를 취하는 학자는 찾아볼 수 없다.

(2) 모든 부관의 쟁송가능성설

부관에 위법성이 존재하는 한 그 종류를 불문하고 (소의 이익이 있는 한) 모든 부관에 대하여 독립하여 행정쟁송을 제기할 수 있다는 견해이다.

(3) 분리가능성설(分離可能性說)

부관의 독립쟁송가능성 여부는 부관만의 독립취소가 법원에 의하여 인정될 정도의 독자성을 갖고 있는가에 달려 있다고 하는 견해인데, 이는 부관의 독립쟁송가능성의 문제가 부관의 독자적인 취소가능성 문제의 전제조건으로서의 성격을 갖는다는 것을 그 논거로 한다.

3. 부관에 대한 쟁송형태

부관에 대한 독립쟁송가능성에 대하여 판례의 입장인 부담독립설에 따르는 경우에도 부관에 대한 쟁송형태의 문제는 남게 되는바, 이 역시 부담과 그 밖의 부관을 구별하여 고찰할 필요가 있다.

(1) 부 담

부담에 대하여는 부담만을 취소소송의 직접적 대상으로 하여 취소를 구하는 '진정일부취소소송(眞正一部取消訴訟)'의 형식을 취하면 된다는 것에 학설과 판례가 일치하고 있다.

(2) 부담 이외의 부관

부담 이외의 부관에 대하여는 진정일부취소소송을 제기하여 다툴 수는 없으며, 부관이 붙은 행정행위 전체를 쟁송의 대상으로 하면서 일부취소의 형태로 부관만의 취소를 구하는 '부진정일부취소소송(不眞正一部取消訴訟)'의 형식을 취하여야 한다는 것이 학계의 일반적 경향이다.

그러나 판례는 부담 이외의 부관에 대하여는 부진정일부취소소송도 인정하지 아니하는 것으로 보인다. 즉, 판례는 부담 이외의 부관에 대하여는 부관부 행정행위 전체에 대한 취소소송을 제기하든지, 아니면 처분청에 대하여 부관이 붙지 않은 행정행위로의 변경을 청구한 다음 그것이 거부된 경우에 거부처분에 대한 거부처분취소소송을 제기하여야 한다는 입장을 보이고 있다.

관련판례

「도로점용허가의 점용기간은 행정행위의 본질적인 요소에 해당한다고 볼 것이어서 부관인 점용기간을 정함에 있어서 위법사유가 있다면 이로써 도로점용허가 처분 전부가 위법하게 된다」(대판 1985.7.9, 84누604).

4. 부관만의 독립취소가능성

부관만을 취소해 달라는 취소소송이 제기된 후 법원이 본안을 심리한 결과 부관이 위법하다고 인정되는 경우, 당해 부관만을 본체인 행정행위와는 독립적으로 취소할 수 있는지 아니면 부관부 행정행위 전체를 취소해야 되는지 여부가 문제된다. 이러한 문제가 제기되는 것은 부관만을 취소하고 본체인 행정행위를 존속시키는 것은 행정청이 부관 없이는 하지 않았을 것으로 보이는 행위를 행정청에게 강제하는 결과를 가져올 수도 있기 때문이다. 이에 대하여는 다음과 같은 학설이 대립하고 있다.

(1) 전면적 긍정설

당사자가 특정한 취소소송의 소송물은 부관 자체의 위법성이므로 부관에 위법성이 존재하는 한 부관만의 독립취소가 인정된다는 견해이다.

(2) 기속행위와 재량행위의 구분론

본체인 행정행위가 기속행위인 경우에는 부관만의 취소가능성을 인정할 수 있지만, 재량행위인 경우에는 부관만의 취소가능성을 부정하는 견해이다.

(3) 기 타

이 밖에도 부관이 본체인 행정행위와 분리될 수 있는 경우에 한하여 부관만의 취소가능성을 인정하는 견해, 부관이 주된 행정행위의 중요한 요소가 아닌 경우에 한하여 부관만의 취소가능성을 인정하는 견해 등이 있다.

▌제5절▐ 행정행위의 성립과 효력발생

I. 행정행위의 성립요건

1. 의 의

행정행위가 적법하게 성립하려면 법치행정의 원리가 요구하는 일정한 요건을 갖추어야 하는데, 이를 행정행위의 성립요건이라고 한다.[41] 이러한 행정행위의 성립요건은 내부적 성립요건과 외부적 성립요건으로 나누어 볼 수 있는바, 다음의 판례 또한 이같은 입장을 전제로 하고 있다.

---

41) 이를 행정행위의 적법요건으로 보는 견해도 있다.

「일반적으로 행정처분이 주체·내용·절차 및 형식이라는 내부적 성립요건과 외부에의 표시라는 외부적 성립요건을 모두 갖춘 경우에는 행정처분이 존재한다고 할 수 있다」(대판 1999.8.20, 97누6889).

2. 내부적 성립요건

행정행위가 내부적으로 적법하게 성립되기 위하여서는 「정당한 권한을 가진 행정주체」에 의해 「일정한 절차나 형식」을 통해 발해지고, 그의 「내용에 아무런 흠이 없어야 한다」고 말할 수 있다. 따라서 행정행위의 내부적 성립요건은 주체, 내용, 절차 및 형식의 네 가지 면에서 고찰되어야 한다.

(1) 주체에 관한 요건

행정행위는 정당한 권한을 가진 행정청이, 자기에게 부여된 권한범위 내에서, 정상적인 의사에 기해 행하여야만 한다.

「여객자동차 운수사업법령의 규정을 종합하면, 시외버스운송사업은 고속형, 직행형, 일반형 등으로 구분되는데, 고속형 시외버스운송사업과 직행형 시외버스운송사업은 사용버스의 종류, 운행거리, 운행구간, 중간정차 여부 등에 의하여 구분된다. 나아가 고속형 시외버스운송사업의 면허에 관한 권한과 운행시간·영업소·정류소 및 운송부대시설의 변경을 넘는 사업계획변경인가에 관한 권한은 국토해양부장관에게 유보되어 있는 반면, 고속형 시외버스운송사업을 제외한 나머지 시외버스운송사업의 면허 및 사업계획변경인가에 관한 권한은 모두 시·도지사에게 위임되어 있다.

따라서 개별 시·도지사가 관할 지역의 운송업체에 대하여 직행형 시외버스운송사업의 면허를 부여한 후 사실상 고속형 시외버스운송사업에 해당하는 운송사업을 할 수 있도록 사업계획변경을 인가하는 것은 시·도지사의 권한을 넘은 위법한 처분에 해당한다」(대판 2018.4.26, 2015두53824).

(2) 내용에 관한 요건

행정행위의 내용은 적법·타당하여야 하며, 실현가능하고 객관적으로 명백하여야 한다.

1) 행정행위의 **법률적합성·헌법적합성**　행정행위는 그 내용이 법률에 적합하여야 하며, 특히 기본권과 관련 있는 행정행위는 법률에 근거하여야 함은 물론 그 근거법규가 헌법상의 기본권 규정에 합치하여야 한다.

2) 실현가능성 · 명백성   행정행위는 법률상 · 사실상으로 실현가능하고, 그 내용이 객관적으로 명백하여야 한다.

3) 공서양속에의 적합성   행정행위는 그 내용이 공서양속에 위반하면 아니 된다.

(3) 절차에 관한 요건

행정행위에 관하여 일정한 절차가 요구되고 있는 경우에는, 그에 관한 절차를 거치지 않으면 안 된다. 그 같은 절차 중에서 근래 중요시되고 있는 것으로는 청문을 들 수 있다(자세한 내용은 제3편 제1장 행정절차 참조).

(4) 형식에 관한 요건

1) 서면주의(書面主義)   「행정절차법」은 행정청이 처분을 하는 때에는 다른 법령 등에 특별한 규정이 있는 경우를 제외하고는 문서로 하도록 규정하여(제24조) 서면주의를 취하고 있다. 이는 행정행위의 존재를 명확히 하고 이해관계인으로 하여금 행정행위의 내용을 알기 쉽게 하기 위한 것이다.

관련판례

「행정절차법 제24조 제1항이 행정청이 처분을 하는 때에는 다른 법령 등에 특별한 규정이 있는 경우를 제외하고는 문서로 하도록 규정한 것은 처분내용의 명확성을 확보하고 처분의 존부에 관한 다툼을 방지하기 위한 것이다」(대판 2005.7.28, 2003두469).

---

2) 이유제시(理由提示)   행정청은 처분(행정행위)을 하는 때에는 신청내용을 모두 그대로 인정하는 처분인 경우 등을 제외하고는 당사자에게 그 근거와 이유를 제시하여야 한다(「행정절차법」 제23조).

3. 외부적 성립요건 — 대외적 표시

행정행위는 외부에 표시되어야 행정행위로서 존재하게 된다.

II. 행정행위의 효력발생요건

1. 개 설

행정행위가 전술한 내부적 · 외부적 성립요건을 갖추어 적법하게 성립되면, 행정행위는 그 성립과 동시에 효력을 발생하는 것이 일반적이다. 그러나 상대방의 수령을 요하는 행정행위는 통지되어 '도달'되어야 효력을 발생한다(도달주의). 여기서 도달이라 함은 상대방이 현실적으로 직접 수령할 것을 의미하는 것이 아니라, 상대방이 객관적으로 요지할 수 있는 상태에 놓이는 것을 의미한다.

2. 원칙 — 송달에 의한 도달

송달은 우편·교부 또는 정보통신망 이용 등의 방법으로 하되 송달받을 자의 주소·거소·영업소·사무소 또는 전자우편주소로 한다. 다만, 송달받을 자가 동의하는 경우에는 그를 만나는 장소에서 송달할 수 있다(「행정절차법」제14조).

(1) 우편에 의한 송달

우편에 의한 송달[42]은 다른 법령 등에 특별한 규정이 있는 경우를 제외하고는 송달받을 자에게 도달됨으로써 그 효력이 발생한다. 한편 상대방이 처분의 내용을 알고 있는 경우에도 송달이 필요한지가 문제되는바, 법원은 이를 긍정하고 있다.

관련판례

「납세고지서의 교부송달 및 우편송달에 있어서는 반드시 납세의무자 또는 그와 일정한 관계에 있는 사람의 현실적인 수령행위를 전제로 하고 있다고 보아야 하며, 납세지기 과세처분의 내용을 이미 알고 있는 경우에도 납세고지서의 송달이 불필요하다고 할 수는 없다」(대판 2004.4.9, 2003두13908).

(2) 교부에 의한 송달

교부에 의한 송달은 수령확인서를 받고 문서를 교부함으로써 하며, 송달하는 장소에서 송달받을 자를 만나지 못한 경우에는 그 사무원·피용자 또는 동거인으로서 사리를 분별할 지능이 있는 사람에게 문서를 교부할 수 있다. 다만, 문서를 송달받을 자 또는 그 사무원 등이 정당한 사유 없이 송달받기를 거부하는 때에는 그 사실을 수령확인서에 적고, 문서를 송달할 장소에 놓아둘 수 있다(「행정절차법」제14조 제2항).

관련판례

「송달받을 사람의 동거인에게 송달할 서류가 교부되고 그 동거인이 사리를 분별할 지능이 있는 이상 송달받을 사람이 그 서류의 내용을 실제로 알지 못한 경우에도 송달의 효력은 있다. 이 경우 사리를 분별할 지능이 있다고 하려면, 사법제도 일반이나 소송행위의 효력까지 이해할 수 있는 능력이 있어야 한다고 할 수는 없을 것이지만 적어도 송달의 취지를 이해하고 그가 영수한 서류를 송달받을 사람에게 교부하는 것을 기대할 수 있는 정도의 능력은 있어야 한다」(대판 2011. 11.10, 2011두148).

---

42) 이 경우 도달의 증명편의를 위해 주로 등기우편 등의 방법에 의하고 있다.

(3) 정보통신망에 의한 송달

정보통신망을 이용한 송달은 송달받을 자가 동의하는 경우에만 하며, 이 경우 송달받을 자는 송달받을 전자우편주소 등을 지정하여야 한다(「행정절차법」 세14조 제3항). 전자문서[43]로 송달하는 경우에는 송달받을 자가 지정한 컴퓨터 등에 입력된 때에 도달된 것으로 본다.

3. 공고에 의한 송달

송달받을 자의 주소 등을 통상적인 방법으로 확인할 수 없거나 송달이 불가능한 경우에는 관보·공보·게시판·일간신문 중 하나 이상에 공고하고 인터넷에도 공고하여야 한다(「행정절차법」 제14조 제4항). 공고에 의한 송달의 경우에는 다른 법령 등에 특별한 규정이 있는 경우를 제외하고는 공고일부터 14일이 지난 때에 그 효력이 발생한다. 다만, 긴급히 시행하여야 할 특별한 사유가 있어 효력발생시기를 달리 정하여 공고한 경우에는 그에 따른다(「행정절차법」 제15조 제3항).

▌ 제6절 ▌ 행정행위의 효력과 구속력

Ⅰ. 개 설

1. 행정행위의 효력과 구속력의 구분

행정행위가 그의 성립 및 효력요건을 모두 갖춘 경우에는 행정행위로서의 효력(效力, Wirksamkeit)을 발생하며, 그렇게 성립된 유효한 행정행위는 그의 내용 또는 대상에 따라 상이한 구속력(Verbindlichkeit)을 발생한다.

우리나라의 경우 여기에서 말하는 행정행위의 효력과 구속력을 명확히 구분하지 않고 다 같이 '행정행위의 효력'이라고 부르면서, "행정행위가 그의 성립 및 효력요건을 갖추게 되면 그 행정행위의 내용에 따라 일정한 효력이 발생하며, 행정행위가 공통적으로 가지는 효력으로는 구속력, 공정력, 존속력, 집행력, 구성요건적 효력 등이 있다"고 설명하는 것이 일반적이다. 그러나 행정행위의 일반적 '효력'과 구체적인 '구속력'을 구분하여 논하는 것이 이론적으로 더 정치하다고 생각된다. 이런 이유에서 제6절의 제목

---

43) 여기서 전자문서란 컴퓨터 등 정보처리능력을 가진 장치에 의하여 전자적인 형태로 작성되어 송신·수신 또는 저장된 정보를 말한다(「행정절차법」 제2조 제8호 참조).

을 행정행위의 효력과 구속력이라고 붙이게 되었다.

2. 고찰의 중점 ― 누구에 대한 구속력인가?

본서에서처럼 행정행위의 일반적 '효력'과 구체적인 '구속력'을 구분하는 설명방법에 따라 행정행위의 구속력을 고찰함에 있어서는 "누구에 대한 구속력인가"라는 것이 중요한 문제가 된다. 그리고 그러한 기준에 따르면 행정행위의 구속력은 다음과 같이 구분될 수 있다. 즉,

① 행정행위의 '상대방'에 대한 구속력(공정력, 불가쟁력, 내용적 구속력),
② 행정행위의 '제3자'에 대한 구속력,
③ 행정행위의 '처분청'에 대한 구속력(불가변력),
④ 행정행위의 처분청 이외의 '타 국가기관'에 대한 구속력(구성요건적 효력).

II. 내용적 구속력(협의의 구속력)

행정행위가 그 내용에 따라 관계행정청, 상대방 및 관계인에 대하여 일정한 법률효과를 발생하는 힘을 내용적 구속력 또는 협의(狹義)의 구속력이라고 한다(예: 조세의 부과처분이 있게 되면, 상대방에게 금전급부의무가 발생하게 되는 것).[44] 행정행위의 내용에 대하여 이미 상세하게 고찰하고 있으므로(제3절 참조) 행정행위의 내용적 구속력을 여기서 별도로 논할 필요성은 크지 않다.

이 같은 내용적 구속력은 모든 행정행위에 당연히 인정되는 실체법적 효력이라 한다.

III. 공정력

1. 개 설

(1) 의 의

공정력(公定力)은 종래 「비록 행정행위에 하자가 있는 경우에도 그 하자가 중대하고 명백하여 당연무효인 경우를 제외하고는 권한 있는 기관(예: 처분청, 취소소송의 수소법원 등)에 의하여 취소될 때까지는 일응 유효한 것으로 보아 누구든지(상대방은 물론 제3의 국가기관도) 그 효력을 부인하지 못하는 힘」을 의미하는 것으로 이해되어 왔으며, 판례 또한 이러한 입장에 따르고 있었다. 한편 「처분은 권한이 있는 기관이 취소 또는

---

44) 행정행위의 효력에 관한 우리나라에서의 종래의 설명방법에 따르면 이를 구속력이라고 부르게 된다.

철회하거나 기간의 경과 등으로 소멸되기 전까지는 유효한 것으로 통용된다」고 규정하고 있는 「행정기본법」제15조 역시 이러한 공정력 개념을 기반으로 하고 있는 것으로 볼 수 있다.

관련판례

「공정력이란 행정행위가 위법하더라도 취소되지 않는 한 유효한 것으로 통용되는 효력을 의미하는 것인바, 행정청의 후행거부처분은 소극적 행정행위로서 현존하는 법률관계에 아무런 변동도 가져오는 것이 아니므로, 그 거부처분이 공정력이 있는 행정행위로서 취소되지 아니하였다고 하더라도, 원고가 그 거부처분의 효력을 직접 부정하는 것이 아닌 한 선행거부처분보다 뒤에 된 동일한 내용의 후행거부처분때문에 선행거부처분의 취소를 구할 법률상 이익이 없다고 할 수는 없다」(대판 1994.4.12, 93누21088).

그러나 이러한 종래의 공정력 개념은 행정행위의 상대방에 대한 구속력과 국가기관에 대한 구속력이란 이질적 성격의 것을 모두 공정력이란 하나의 개념으로 파악하고 있는 문제점을 안고 있다. 따라서 양자를 구분하여 공정력은 행정행위의 상대방에 대한 구속력, 즉「행정행위가 무효가 아닌 한 행정행위로 인하여 법률상 이익을 침해받은 자는 행정쟁송을 통해서만 그의 효력을 부인할 수 있게 하는 구속력」만을 의미하는 것으로 이해하는 것이 타당하다고 생각된다. 한편 이처럼 공정력을 행정행위의 상대방에 대한 구속력만을 의미하는 것으로 이해하게 되면 법원 등 제3의 국가기관에 대한 구속력처럼 종래의 공정력 개념에서 탈락되는 부분이 있게 되는데, 이를 구성요건적 효력이라고 부르게 된다. 이상의 설명을 도표화하면 다음과 같다.[45]

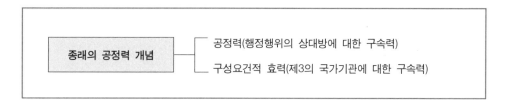

(2) 성 질

공정력은 행정행위가 실체적으로 적법하다는 것을 추정시키는 것이 아니라, 잠정적으로 행정행위의 구속력을 통용시키는 절차법적 효력이다. 따라서 행정행위의 상대방이

---

45) 종래의 공정력개념에는 본서에서 택하고 있는 공정력개념 외에 구성요건적 효력개념까지 포함되어 있는바, 이런 면에 착안하여 종래의 공정력개념을 광의의 공정력개념, 본서와 같은 공정력개념을 협의의 공정력개념이라고 부르기도 한다.

나 이해관계인은 공정력이 인정되는 행정행위의 위법성을 얼마든지 주장할 수 있다.

2. 근 거

(1) 이론적 근거

공정력의 이론적 근거에 관하여 과거에는 자기확인설,[46] 국가권위설,[47] 예선적 특권설[48]이 주장되기도 하였다. 그러나 이들 견해는 오늘날 찾아볼 수 없으며, 오늘날에는 다음과 같은 두가지 학설이 주장되고 있을 뿐이다.

1) **취소소송의 배타적 관할의 반사적 효과설**　행정소송법이 행정행위에 대한 취소소송을 인정하고 있으므로 행정행위는 취소되기까지는 효력을 갖는다는 견해로, 공정력을 취소소송의 배타적 관할에 따른 반사적 효과로 보는 견해이다.

2) **법적 안정성설(행정정책설)**　행정행위의 공정력의 근거를 행정행위 자체에 내재하는 특수성에서 찾지 않고, 공정력은 행정법관계의 안정성·상대방의 신뢰보호와 같은 정책적 고려에 의해 인정되는 것이라고 보는 견해이다(다수설).

3) **결 어**　오늘날의 법치국가적 사고에 비추어 볼 때 적어도 자기확인설이나 국가권위설은 지지되기 곤란하다. 또한 우리나라에서 통용되는 공정력과는 이론적 성향을 달리하고 있는 프랑스의 예선적 특권에서 공정력의 근거를 찾는 것 역시 무리라고 생각된다. 따라서 다수설인 법적 안전성설이 타당하다고 볼 것이다.

(2) 실정법적 근거

「행정기본법」제15조의 처분의 효력에 관한 규정은 사실상 공정력 개념을 전제로 하는 것이며, 따라서 동조를 공정력의 직접적 근거규정으로 볼 수 있다고 생각한다. 그밖에 행정행위에 대한 취소쟁송제도에 관한 규정(「행정심판법」제5조, 「행정소송법」제4조) 또한 공정력의 간접적인 근거규정으로 들 수 있으며,[49] 근래 들어서는 행정행위의 직권취소를 인정하는 규정도 공정력의 실정법적 근거로 열거되고 있다.[50]

---

46) 오토 마이어(O. Mayer)에 의해 주장된 것으로 행정청이 그의 권한 내에서 한 행정행위는 유효성도 그 행정청에 의하여 확인된 것이고, 당해 행정청이 그 확인을 유지하는 한 상대방을 구속하는 힘을 갖는다는 것을 그 내용으로 하였다.

47) 자기확인설을 계승·발전시킨 것으로 "행정행위는 국가권위의 표명이며, 그 자체로서 존중받을 권리를 가진다"는 포르스트호프(Forsthoff)의 주장에서 유래한 것이다.

48) 프랑스의 '행정의 예선적 특권'의 이론에서 공정력의 근거를 찾는 견해이다. 여기서 예선적 특권(豫先的 特權)이란 행정행위에 대하여 법원의 위법·적법판정이 있기 전에 미리(즉, 예선적으로) 행정청에게 자신의 행정결정에 대한 정당한 통용력을 인정하는 것을 말한다.

49) 집행부정지의 원칙에 관한 규정(「행정심판법」제30조, 「행정소송법」제23조)을 공정력의 근거규정으로 보는 견해도 있었으나, 집행부정지의 원칙은 각국의 입법정책에 따라 인정되는 것이지 공정력과 직접적으로 관련이 있다고 하기는 곤란하다.

50) 공정력을 넓은 의미로 이해하여 후술하는 구성요건적 효력도 공정력에 포함시키는 견해에 의하면 구성요건적 효력의 실정법적 근거규정(예: 행정기관의 사무분장규정 등)도 공정력의 실정법적 근

3. 공정력의 인정범위

공정력은 권력행위, 특히 행정행위에만 인정된다. 따라서 행정행위 이외의 행정작용, 즉 비권력적 행위(예: 공법상 계약 등 관리관계에서의 행위), 사법행위(예: 일반재산의 매각 등 국고관계에서의 행위) 및 사실행위(예: 호의적 알선행위) 등에는 공정력이 인정되지 않는다.

또한 공정력은 무효인 행정행위에는 인정되지 않는다. 결국 이상의 설명을 종합하면 공정력은 취소할 수 있는 행정행위에만 인정된다는 것을 알 수 있다.

4. 공정력과 증명책임

행정행위의 공정력을 적법성 추정으로 이해하는 입장에서 취소소송에 있어서 행정행위의 위법성에 대한 증명책임은 언제나 원고가 부담한다는 견해(원고책임설)가 주장된 바 있다. 그러나 오늘날에는 공정력은 증명책임의 소재와는 아무런 관련이 없다는 것이 통설적 견해이다.

IV. 구성요건적 효력

1. 의 의

(1) 개 념
구성요건적 효력(Tatbestandswirkung)이란 「유효한 행정행위가 존재하는 이상[51] 비록 그 행정행위에 하자가 있는 경우에도 처분청 이외의 모든 국가기관은 그의 존재를 존중하며, 스스로의 판단의 기초로 삼아야 하는 효력」을 말한다. 예컨대 A가 법무부장관으로부터 귀화허가를 받았다면, 그 귀화허가가 무효가 아닌 이상 모든 국가기관은 A를 대한민국 국민으로 인정해야 한다는 것이다.

(2) 공정력과의 관계
본서와 같이 공정력과 구성요건적 효력을 구분하는 입장에 따를 때, 양자 간의 차이는 다음과 같이 요약할 수 있다.[52]

거로 열거할 수 있을 것이다.

51) 이처럼 구성요건적 효력은 유효한 행정행위만이 가지는 것이므로, 무효인 행정행위에는 구성요건적 효력이 인정되지 않는다.

52) 한편 공정력을 종래와 같이 넓은 의미로 이해하여 구성요건적 효력도 공정력의 내용의 하나로 보아 양자의 구별필요성을 부정하는 견해 또한 여전히 유력하다. "공정력의 관념은 학설상으로뿐만 아니라 판례상으로도 채택되고 있는 것이고, 이를 (협의의) 공정력과 구성요건적 효력이라는 관념

구 분	공 정 력	구성요건적 효력
구속력의 성질	절차상 구속력	내용상 구속력
이론적 근거	행정의 안정성과 실효성 확보 (법적 안정설, 행정정책설)	① 기관 상호 간의 권한 존중 ② 권력분립
누구에 대한 구속력인가?	상대방 또는 이해관계인	처분청 이외의 국가기관
실정법적 근거	①「행정기본법」제15조 ② 취소쟁송에 관한「행정심판법」및 「행정소송법」규정 ③ 직권취소제도	① 행정기관 상호 간의 권한 및 사무 분장규정 ② 행정권과 사법권 간의 권력분립 규정

2. 근 거

구성요건적 효력은 국가기관은 각기 서로 권한을 달리하고 있으므로, 서로 다른 국가기관의 권한행사를 존중해야 한다는 것에 근거하고 있다.

3. 구성요건적 효력과 선결문제[53]

(1) 문제의 제기

민사·형사사건에 있어서 '어떤 행정행위의 위법여부 또는 효력유무(존재여부 포함)'가 그 민사·형사사건에 대한 판단을 내리는 데 있어서 선결문제(先決問題)로 된 경우에 당해 법원, 즉 민사·형사사건의 수소법원(受訴法院)이 '행정행위의 위법여부 또는 효력유무(존재여부 포함)'를 스스로 심리·판단할 수 있는지가 문제가 된다.

(2) 행정행위의 위법여부가 선결문제인 경우

행정행위의 위법성 여부가 민사소송의 선결문제로 되는 경우(예: 행정청의 철거하명으로 인해 집을 철거당한 사람이 그 철거하명의 위법을 이유로 국가배상을 청구한 경우) 민사법원이 행정행위의 위법성을 스스로 심사할 수 있는지 여부에 관하여는 학설과 판례의 대립이 있다.[54]

1) 부정설　행정행위가 당연무효가 아닌 한 민사·형사사건에 있어서 법원은 그

으로 대체하여야 할 논리적 필연성이나 실익은 없다"(김동희, 행정법Ⅰ, 박영사, 2016, 322쪽 이하)
　는 설명은 그 대표적 예이다.
53) 행정행위의 위법 또는 유효여부에 대한 선결문제는 종래 행정행위의 공정력과 결부시켜 설명되어
　왔다. 그러나 본서와 같이 공정력과 구성요건적 효력을 구분하는 입장을 취하는 경우 선결문제는
　공정력과 관련지어 논할 문제가 아니라 구성요건적 효력과 결부시켜 설명되어야 한다.
54) 행정소송법 제11조가「처분 등의 효력유무 또는 존재여부가 민사소송의 선결문제로 되어 민사소
　송의 수소법원이 이를 심리·판단하는 경우에는 …」이라고 규정하고 있는 점을 고려할 때, 이 같은
　논의는 행정행위에 취소에 해당하는 하자가 있는 경우를 전제로 한 것임을 유의하여야 한다.

행정행위의 위법성 여부를 심리·판단할 수 없다는 견해로, 현행법이 취소소송의 배타적 관할제도를 취하고 있기 때문에 민사·형사사건의 수소법원은 행정행위에 대한 취소권이 없다는 것을 그 주된 논거로 한다.

　　2) 긍정설　　민사·형사사건에 있어서 수소법원은 행정행위의 효력을 부인하지 않는 한도에서 선결문제로서 그 행정행위의 위법성 여부를 심리·판단할 수 있다는 견해이다(다수설). 판례 역시 - 공정력이나 구성요건적 효력같은 이론을 매개로 하고 있지 않으나 - 민사·형사사건의 수소법원이 선결문제로서 행정행위의 위법성 여부를 심사할 수 있다고 한다.

관련판례

① 민사사건의 경우:「계고처분, 행정처분이 위법임을 이유로 배상을 청구하는 취의로 인정될 수 있는 본건에 있어 미리 그 행정처분의 취소판결이 있어야만 그 행정처분의 위법임을 이유로 피고에게 배상을 청구할 수 있는 것은 아니다」(대판 1972.4.28, 72다337).

② 형사사건의 경우:「구 도시계획법 제92조 제4호, 제78조 제1호, 제4조 제1항 제1호의 각 규정을 종합하면 도시계획구역 안에서 허가없이 토지의 형질을 변경한 경우 행정청은 그 토지의 형질을 변경한 자에 대하여서만 같은 법 제78조 제1항에 의하여 처분이나 원상회복 등의 조치명령을 할 수 있다고 해석되고, 토지의 형질을 변경한 자도 아닌 자에 대하여 원상복구의 시정명령이 발하여진 경우 위 원상복구의 시정명령은 위법하다 할 것이다. 같은 법 제78조 제1항에 정한 처분이나 조치명령을 받은 자가 이에 위반한 경우 이로 인하여 같은 법 제92조에 정한 처벌을 하기 위하여는 그 처분이나 조치명령이 적법한 것이라야 하고, 그 처분이 당연무효가 아니라 하더라도 그것이 위법한 처분으로 인정되는 한 같은 법 제92조 위반죄가 성립될 수 없다」(대판 1992.8.18, 90도1709).

---

　　3) 결　어　　프랑스와 같이 선결문제를 전담하는 법원이 없는 이상 본안의 수소법원이 선결문제로서의 행정행위의 위법성을 직접 심리·판단할 수밖에 없다고 생각된다.

　　(3) 행정행위의 효력유무(존재여부 포함)가 선결문제인 경우

　　행정행위의 효력유무(존재여부 포함)가 민사소송의 선결문제가 되는 경우(예: 조세부과처분에 기하여 조세를 납부한 자가 그 조세부과처분의 위법을 이유로 부당이득반환을 청구한 경우)가 있다. 이 경우 행정행위가 부존재 또는 당연무효라면 민사·형사법원이 행정행위가 무효임을 전제로 판단을 할 수 있다. 즉, 위의 사례의 경우 민사법원은 조세부과처분이 무효라는 판단을 전제로 본안인 부당이득반환청구를 인용하는 판결을 할 수 있다.

① 민사사건의 경우: 「민사소송에 있어서 어느 행정처분의 당연무효 여부가 선결문제로 되는 때에는 이를 판단하여 당연무효임을 전제로 판결할 수 있고 반드시 행정소송 등의 절차에 의하여 그 취소나 무효확인을 받아야 하는 것은 아니다」(대판 2010.4.8, 2009다90092).

② 형사사건의 경우: 「부정한 방법으로 받은 수입승인서를 함께 제출하여 수입면허를 받았다고 하더라도, 그 수입면허가 당연무효인 것으로 인정되지 않는 한 관세법 소정의 무면허수입죄가 성립될 수 없는 것이다」(대판 1989.3.28, 89도149).

그러나 행정행위에 취소사유에 불과한 하자만 있는 경우에는 민사·형사법원이 행정행위의 효력까지 부인할 수는 없다. 따라서 위 사례에서 조세부과처분에 대한 심사결과 취소사유에 해당하는 흠(위법성)이 있더라도 민사법원이 조세부과처분의 효력을 부인한 후 부당이득반환청구를 인용할 수는 없다.

「행정처분이 아무리 위법하다고 하여도 그 하자가 중대하고 명백하여 당연무효라고 보아야 할 사유가 있는 경우를 제외하고는 아무도 그 하자를 이유로 무단히 그 효과를 부정하지 못하는 것으로, 이러한 행정행위의 공정력은 판결의 기관력과 같은 효력은 아니지만 그 공정력의 객관적 범위에 속하는 행정행위의 하자가 취소사유에 불과한 때에는 그 처분이 취소되지 않는 한 처분의 효력을 부정하여 그로 인한 이득을 법률상 원인 없는 이득(부당이득)이라고 말할 수 없다」(대판 2007.3.16, 2006다83802).

V. 존속력

1. 의 의

행정행위가 행해지게 되면 그를 근거로 하여 많은 법률관계가 형성되므로 가능한 한 행정행위를 존속시키는 것이 바람직하다고 할 것인바, 이를 제도화한 것이 바로 불가쟁력과 불가변력이다. 양자를 합하여 존속력(Bestandkraft)이라고 부른다.

과거에는 존속력 대신에 확정력이라는 용어가 사용되기도 하였다. 그러나 원래 확정력은 법원의 판결의 효력을 가리키는 용어이고, 오늘날에는 판결과 행정행위의 이질성이 인정되는 점을 고려할 때 확정력이라는 용어는 피하는 것이 좋다고 생각된다.

2. 불가쟁력

(1) 의 의

행정행위에 대한 쟁송제기기간이 경과하거나 쟁송수단을 다 거친 경우에는 상대방 또는 이해관계인은 더 이상 그 행정행위의 효력을 다툴 수 없게 되는바, 이를 불가쟁력(不可爭力) 또는 형식적 존속력이라고 한다. 이러한 불가쟁력은 행정행위의 상대방이나 이해관계인에 대한 구속력이며, 처분청이나 그 밖의 국가기관을 구속하지는 않는다.

한편 불가쟁력은 절차법적 효력에 불과한 것임을 유의하여야 한다. 즉, 불가쟁력이 발생하였다고 하여 당해 행정행위의 적법성이 실체법적으로 확정되는 것은 아니다(관련판례 ① 참조). 따라서 불가쟁력이 발생한 행정행위라도 그의 위법성이 확인되면 국가배상청구가 가능하다(관련판례 ② 참조).

관련판례

①「어떤 행정처분을 위법하다고 판단하여 취소하는 판결이 확정되면 행정청은 취소판결의 기속력에 따라 그 판결에서 확인된 위법사유를 배제한 상태에서 다시 처분을 하거나 그 밖에 위법한 결과를 제거하는 조치를 할 의무가 있다(「행정소송법」 제30조). 그리고 행정처분이 불복기간의 경과로 인하여 확정될 경우 그 확정력은, 처분으로 인하여 법률상 이익을 침해받은 자가 해당 처분이나 재결의 효력을 더 이상 다툴 수 없다는 의미일 뿐, 더 나아가 판결에 있어서와 같은 기판력이 인정되는 것은 아니어서 처분의 기초가 된 사실관계나 법률적 판단이 확정되고 당사자들이나 법원이 이에 기속되어 모순되는 주장이나 판단을 할 수 없게 되는 것은 아니다」(대판 2019.10.17, 2018두104).

②「물품세 과세대상이 아닌 것을 세무공무원이 직무상 과실로 과세대상으로 오인하여 과세처분을 행함으로 인하여 손해가 발생된 경우에는, 동 과세처분이 취소되지 아니하였다 하더라도, 국가는 이로 인한 손해를 배상할 책임이 있다」(대판 1979.4.10, 79다262).

---

(2) 한 계

무효인 행정행위는 쟁송제기기간의 제한을 받지 않으므로 원칙적으로 불가쟁력이 발생하지 않는다.

(3) 불가쟁적 행정행위의 재심사의 문제

1) 문제의 의의   행정행위와 판결을 비교해 볼 때, 심판기관의 독립성이나 절차의 공정성·신중성에 있어 행정행위는 판결에 비길 수 없다. 따라서 판결에 대해서는 일정한 경우에 재심(再審)의 기회가 부여되어 있음에도 불구하고(「민사소송법」 제451조), 행정행위에 대해서 그러한 가능성이 봉쇄되어 있다고 하면 양자 간의 불균형이 심하다고 할 수 있다. 이에 행정행위에 불가쟁력이 발생한 이후에도 재심사(再審査)가 가능하

다는 이론이 제기되어 있는바, 이러한 불가쟁적 행정행위의 재심사는 확정판결에 대한
재심에 준하는 제도의 성격을 갖는다.

2) **입법례** 불가쟁적 행정행위의 재심사를 규정하고 있는 대표적 입법례로는 독일
의 「연방행정절차법」(제51조)을 들 수 있다. 이에 반하여 우리나라의 「행정절차법」은
동 제도를 명문으로 규정하고 있지는 않다.

3) **재심사의 사유** 독일의 「연방행정절차법」상의 재심사의 사유는 다음과 같다.

① 당해 행정행위의 기초가 된 사실 또는 법상태가 사후에 관계자에게 유리하게
변경된 경우

② 관계자에게 유리한 새로운 증거[55]가 존재하는 경우

③ 확정판결에 대한 재심사유가 발생한 경우

3. 불가변력

(1) 의 의

행정행위에 하자가 있는 경우에는 그를 이유로 취소 또는 변경이 인정되며, 행정
행위의 효력을 더 이상 유지시킬 수 없는 새로운 사정이 발생하면 그를 이유로 철회되기
도 한다. 그런데 일정한 경우에는 행정행위를 한 처분청이나 감독청이라도 행정행위의
하자 등을 이유로 직권으로 그를 자유로이 취소·변경 내지 철회할 수 없는 제한을 받는
바, 이 같은 행정행위의 효력을 불가변력(不可變力) 또는 실질적 존속력이라고 한다.

(2) 불가변력이 인정되는 행정행위

불가변력이 인정되는 행정행위로 설명되었던 것은 다음과 같다. 즉,

① 일정한 쟁송절차를 거쳐서 행해지는 준사법적 행정행위(예: 행정심판의 재결 등),

② 확인행위(예: 국가시험 합격자결정, 발명특허, 당선인 결정 등),

③ 취소에 의해 공공복리가 침해되는 경우(예: 사정판결이 예상되는 경우) 및

④ 법률이 명시적으로 소송법적 확정력을 부여하고 있는 경우(예: 구 「국가배상법」
제16조에 의한 배상심의회의 결정)[56]

---

55) 여기서 '새로운 증거'란 이전에 이미 존재하기는 하였으나 그 당시 알지 못하여 고려되지 않은 사
실로서 후에 새로이 발견된 것을 의미한다.

56) 행정행위에 소송법적 확정력을 부여하는 것은 행정행위에 대해 판결의 기판력과 대등한 효력을
인정하는 것이 되어 권력분립원칙 위반의 문제를 야기한다는 비판이 있다. 실제로 구 국가배상법
제16조는 그러한 점을 이유로 위헌판정을 받았으며, 동 조항은 법률개정을 통하여 삭제되었다. 그
러나 아직도 「공익사업을 위한 토지 등의 취득 및 보상에 관한 법률」 등에는 행정행위(이의신청에
대한 중앙토지수용위원회의 재결)에 대하여 소송법상의 확정판결과 같은 효력을 인정하고 있는 경
우가 있다(동법 제86조 제1항).

그러나 이 가운데 취소에 의해 공공복리가 침해되는 경우는 불가변력의 문제라기보다는 취소·철회의 제한의 문제로 보아야 할 것이며, 법률이 확정판결과 같은 효력을 인정하는 경우는 법률이 부여한 효력에 불과할 뿐 행정행위의 효력의 성질로부터 유래된 불가변력은 아니라고 할 것이다. 결국 엄밀한 의미에서의 불가변력이 인정되는 경우는 ①②에 불과하다고 할 것이다.

(3) 불가쟁력과 불가변력과의 관계

불가쟁력과 불가변력의 관계에 대하여 주의하여야 할 점은 다음과 같다.

첫째, 불가쟁력이 생긴 행위가 당연히 불가변력을 발생하는 것은 아니다. 따라서 불가쟁력이 발생한 행정행위도 행정청이 직권으로 취소·변경할 수 있다.

관련판례

「개별토지에 대한 가격결정도 행정처분에 해당하며, 원래 행정처분을 한 처분청은 그 행위에 하자가 있는 경우에는 원칙적으로 별도의 법적 근거가 없더라도 스스로 이를 직권으로 취소할 수 있는 것이고, 행정처분에 대한 법정의 불복기간이 지나면 직권으로도 취소할 수 없게 되는 것은 아니므로, 처분청은 토지에 대한 개별토지가격의 산정에 명백한 잘못이 있다면 이를 직권으로 취소할 수 있다」(대판 1995.9.15, 95누6311).

둘째, 불가변력이 발생한 행정행위가 반드시 불가쟁력을 가지는 것도 아니다. 따라서 불가변력이 발생한 행정행위도 행정쟁송의 제기를 통하여 다툴 수 있다.

셋째, 불가쟁력은 절차법적 효력, 불가변력은 실체법적 효력이라고도 말하여진다.

넷째, 불가쟁력은 행정행위의 상대방 및 이해관계인에 대한 구속력인 데 대하여, 불가변력은 주로 처분청 등 행정기관에 대한 구속력이다.

VI. 강제력

1. 개 설

행정행위의 강제력이란 행정청이 부과한 의무의 이행을 법원의 도움없이 행정청 스스로의 힘으로 강제할 수 있는 힘을 말하는바, 강제력에는 집행력과 제재력이 있다.

2. 집행력

(1) 의 의

집행력이란 행정행위에 의해 부과된 행정상의 의무를 상대방이 이행하지 않는 경우에 행정청이 스스로의 강제력을 발동하여 그 의무를 실현시키는 힘을 말한다.

집행력은 모든 행정행위에 인정되는 것이 아니라 상대방에게 의무를 부과하는 행정행위, 즉 하명에만 인정될 수 있다. 따라서 형성적 행위(인가, 특허 등)나 확인적 행위와 같이 행정행위 그 자체로써 효과가 완성되고 집행의 문제를 일으키지 않는 행정행위에는 집행력이 인정되지 않는다.

(2) 법적 근거

행정행위의 집행력과 관련하여 행정상 강제집행을 하기 위해서는 별도의 법적 근거를 필요로 하는지가 문제되는바, 오늘날은 행정행위의 내용에는 강제집행권이 포함되지 않으므로 행정상 강제집행을 하기 위해서는 별도의 법적 근거가 필요하다는 것(법규설)이 통설이다.

한편 행정행위의 집행력의 법적 근거로는 「행정기본법」, 「행정대집행법」 및 「국세징수법」 등을 들 수 있다.

3. 제재력

제재력(制裁力)이란 행정행위에 의하여 부과된 의무를 위반하는 경우 행정벌 등의 제재를 과할 수 있는 힘을 말하는바, 이것이 행정행위의 효력과 직접 연관되는 것인가에 대해서는 부정적 입장이 유력하다.

▌제7절▐ 행정행위의 하자

Ⅰ. 개 설

1. 하자(瑕疵)의 의의

행정행위가 적법하게 성립되기 위해서는 제5절에서 설명한 행정행위의 성립요건 (적법요건)을 갖추어야만 한다. 성립요건(적법요건)을 갖추지 못한 행정행위는 위법한 것이 되며, 그러한 위법한 행정행위를 하자있는 행정행위라고 한다. 따라서 '하자가 있다'는 것은 '위법하다'는 것을 의미하게 되는바, 하자를 이렇게 이해하는 경우를 좁은 의미의 하자라고 한다.[57] 이에 반해 행정행위의 하자를 넓게 이해하는 입장도 있는바, 그

---

57) 이러한 입장을 취하는 것으로는 정하중, 행정법총론, 법문사, 2017, 256쪽 참조.

에 따르면 행정행위의 하자에는 행정행위가 적법요건을 구비하였지만 합목적성의 판단을 그르쳐 '부당'한 경우까지 포함된다.

2. 하자유무의 판단기준

행정행위에 하자가 있는지 여부는 행정행위가 외부에 표시된 시점의 법령과 사실관계를 기준으로 판단하여야 한다. 따라서 행정행위가 발해진 이후에 법령이나 사실관계가 변경되어 나중에 위법하게 되는 경우는 행정행위의 하자의 문제가 아니라 '행정행위의 철회'의 문제로 다루어질 뿐이다.

관련판례

「행정소송에서 행정처분의 위법여부는 행정처분이 행하여졌을 때의 법령과 사실상태를 기준으로 하여 판단하여야 하고, 처분 후 법령의 개폐나 사실상태의 변동에 의하여 영향을 받지는 않으므로, 난민인정거부처분의 취소를 구하는 취소소송에서도 그 거부처분을 한 후 국적국의 정치적 상황이 변화하였다고 하여 처분의 적법여부가 달라지는 것은 아니다」(대판 2008.7.24, 2007두3930).

---

3. 하자의 효과

행정행위의 하자가 그 행정행위의 효력에 어떠한 영향을 미치는가에 관하여는 일반적인 법률의 규정이 없으며, 이 문제는 전적으로 학설과 판례에 맡겨져 있다.

종래의 통설은 하자의 효과의 유형을 하자의 경중에 따라 행정행위의 부존재, 무효인 행정행위, 취소할 수 있는 행정행위로 구분하여 왔다. 다만 근래에는 행정행위가 존재하지 않는 경우에는 행정행위의 하자를 논할 여지도 없으므로 행정행위의 부존재를 하자의 한 유형으로 보는 것은 문제가 있다는 반론이 유력하다.

II. 행정행위의 부존재

1. 의 의

행정행위가 성립요건의 어떤 중요한 요소를 결함으로써 행정행위로서 성립하지 못한 경우, 즉 행정행위라고 볼 수 있는 외형상의 존재 자체가 없는 경우를 행정행위의 부존재(不存在)라고 한다.

행정행위의 부존재의 사유로는 종래 ① 명백한 사인의 행위, ② 행정권의 발동으로 볼 수 없는 행위(예: 권유·알선 등), ③ 행정기관 내에서 내부적 의사결정이 있을 뿐 아직 외부에 표시되지 않은 경우 및 ④ 행정행위가 취소·철회·실효 등으로 소멸한 경우가 열거되어 왔다.

2. 무효인 행정행위와의 구별

행정행위의 부존재와 무효인 행정행위를 구별할 실익이 있는지에 대하여는 긍정설과 부정설의 대립이 있다.

(1) 부정설

양자의 구별실익이 없다고 하는 견해로, 그 논거는 다음과 같다.

첫째, 행정행위가 무효인 경우 법률상으로는 행정행위로서의 효력이 전혀 발생하지 않으므로 법적 효력면에서는 행정행위의 부존재와 같다.

둘째, 현행 「행정심판법」과 「행정소송법」이 무효등확인심판(소송)을 명시함으로써 행정행위의 효력유무나 존재여부의 확인을 구하는 것을 모두 항고쟁송으로 인정하고 있다.

(2) 긍정설

양자의 구별실익을 인정하는 견해로, 그 논거는 다음과 같다.

첫째, 무효인 행정행위는 행정행위로서의 외형을 갖추고 있다는 점에서 행정행위의 부존재와 개념상으로 구별된다.

둘째, 양자는 그에 대한 소송형태를 달리한다(무효인 흠에 대해서는 무효확인소송, 부존재의 경우에는 부존재확인소송).

(3) 결 어

행정행위의 부존재는 행정행위로서의 외형 자체를 갖추고 있지 않다는 점에서 무효인 행정행위와는 다르므로, 적어도 개념상으로는 양자를 구분하는 것이 좋다고 생각한다. 또한 행정행위가 존재하지 않음에도 불구하고 행정행위의 무효확인을 구하는 경우에는 각하되어야 한다는 점을 고려하면 양자는 실무상으로도 구별할 실익이 있다.

Ⅲ. 행정행위의 무효와 취소

1. 의 의

무효(無效)인 행정행위란 행정행위로서의 외형은 갖추고 있으나, 그 하자가 중대하고 명백하여 처음부터 행정행위로서의 효력이 전혀 발생하지 않는 행정행위를 말한다.

취소할 수 있는 행정행위란 행정행위의 성립에 하자가 있음에도 불구하고 권한 있는 기관에 의하여 취소되기까지는 그 효력을 지속하는 행정행위, 환언하면 권한 있는 기관의 취소에 의해 비로소 행정행위로서의 효력을 상실하게 되는 행정행위를 말한다.

2. 구별의 실익

(1) 효력과의 관계

무효인 행정행위는 처음부터 행정행위로서의 효력이 전혀 발생하지 않는 것에 반히여, 취소할 수 있는 행정행위는 권한 있는 기관에 의해 취소될 때까지는 행정행위로서의 효력이 인정된다.

(2) 공정력·구성요건적 효력과의 관계

행정행위의 공정력·구성요건적 효력은 취소할 수 있는 행정행위에 대해서만 인정되며, 무효인 행정행위에 대해서는 인정되지 않는다.

(3) 선결문제와의 관계

민·형사사건에 있어서 어떤 행정행위의 위법여부가 그 사건에 있어서의 선결문제로 된 경우에 행정행위가 무효인 경우에는 본안사건의 수소법원이 그 위법성 및 무효를 스스로 확인할 수 있지만, 취소할 수 있는 행정행위인 경우는 그 위법성은 확인할 수 있으나 효력은 부인할 수 없다는 것이 다수설 및 판례이다(상세는 제6절 행정행위의 구속력 중 구성요건적 효력에 관한 설명 참조).

(4) 불가쟁력과의 관계

취소할 수 있는 행정행위는 제소기간이 경과하면 불가쟁력이 발생하나, 무효인 행정행위는 제소기간의 제한을 받지 않으므로 원칙적으로 불가쟁력이 인정되지 않는다.

(5) 하자의 치유와 전환과의 관계

원칙적으로 하자의 치유는 취소할 수 있는 행정행위에 대해서만 인정되며, 무효인 행정행위에는 인정될 수 없다는 것이 지배적 견해이다.

전환은 무효인 행정행위에 대해서만 인정되며, 취소할 수 있는 행정행위에 대해서는 부정된다(다수설).[58]

(6) 하자의 승계와의 관계

일정한 행정목적을 달성하기 위하여 둘 이상의 행정행위가 연속적으로 행하여진 경우에 선행행정행위의 흠이 후행행정행위에 승계되는지의 문제는 취소할 수 있는 행정행위에만 관계되고, 무효인 행정행위와는 무관하다.[59]

(7) 행정쟁송의 형태와의 관계

취소할 수 있는 행정행위에 대해서는 취소심판이나 취소소송의 형식으로 취소를 구할 수 있는 데 대하여, 무효인 행정행위에 대해서는 무효확인심판 또는 무효확인소송

---

58) 이러한 다수설에 대하여는 전환을 무효인 행정행위에 국한시킬 필요는 없다는 반론이 유력한데, 상세한 것은 본절 V. 하자있는 행정행위의 치유와 전환부분 참조.
59) 상세한 것은 본절 VI. 행정행위의 하자의 승계부분 참조.

의 형식으로 무효확인을 구할 수 있다.

다만 무효인 행정행위에 대하여「무효선언을 구하는 의미에서의 취소소송」을 제기하는 것이 판례상 인정되어 있으므로 이러한 구별은 상대화되어 가고 있다.

「위 망인에 대한 변상금부과처분은 사망자에 대한 것으로서 당연무효라 할 것이고, 그 상속인인 원고로서는 위 변상금부과처분이 외형적으로 존재함으로 인하여 발생할 수 있는 손해를 피하기 위하여 그 처분에 관하여 무효선언을 구하는 의미에서의 취소를 구할 법률상의 이익이 있다」(대판 1998.11.27, 97누2337).

(8) 행정소송의 제기요건과의 관계

취소할 수 있는 행정행위에 대해서 취소소송을 제기하기 위해서는 제소기간(「행정소송법」제20조)을 준수하여야 하며, 개별법이 행정심판전치주의를 규정하고 있는 경우(「국가공무원법」제16조 제1항)에는 행정심판을 거칠 것 등의 요구를 충족하여야 한다. 그러나 무효인 행정행위에 대한 무효확인소송은 그와 같은 제약을 받지 아니한다. 한편 무효선언을 구하는 의미에서의 취소소송의 경우에는 취소소송의 제기요건을 갖추어야 한다는 것이 판례의 태도이다.

「행정처분의 당연무효를 선언하는 의미에서 그 취소를 구하는 행정소송을 제기하는 경우에는 전치절차와 그 제소기간의 준수 등 취소소송의 제소요건을 갖추어야 한다」(대판 1987.6.9, 87누219).

(9) 사정재결 및 사정판결과의 관계

사정재결 및 사정판결은 취소할 수 있는 행정행위에 대해서만 인정되고, 무효인 행정행위에 대하여는 허용되지 않는다(반대설 有).

「당연무효의 행정처분을 소송목적물로 하는 행정소송에서는 존치시킬 효력이 있는 행정행위가 없기 때문에 행정소송법 제28조 소정의 사정판결을 할 수 없다」(대판 1996.3.22, 95누5509).

(10) 판결의 간접강제와의 관계

거부처분에 대한 취소판결에 대하여는 간접강제가 인정되지만, 무효확인판결의 경우는 간접강제가 인정되지 아니한다.

3. 구별의 기준

무효인 행정행위와 취소할 수 있는 행정행위를 구별하기 위한 학설로 논리적 견해,[60] 개념론적 견해,[61] 목적론적 견해[62] 및 기능론적 견해[63] 등이 주장되었다. 그러나 오늘날 이러한 견해에 따르고 있는 입장은 찾아볼 수 없는 실정이며, 실제로 주장되고 있는 견해로는 다음과 같은 것을 들 수 있다.

(1) 명백성 보충요건설

행정행위의 무효를 논함에 있어 하자의 '중대성'은 필수적인 요건이지만 '명백성'의 요건은 행정의 법적 안정성, 국민의 신뢰보호의 요청이 있는 경우에만 가중적으로 요구되는 요건이라고 보는 견해이다. 일본의 최고재판소의 판례가 이에 따르고 있다.

(2) 중대 · 명백설

행정행위에 '중대하고 명백한' 하자가 있는 경우에는 무효이고, 그에 이르지 않는 하자가 있는 경우에는 취소라는 견해로, 현재 우리나라의 통설 및 판례의 입장이다.

관련판례

「하자있는 행정처분이 당연무효가 되기 위하여는 그 하자가 법규의 중요한 부분을 위반한 중대한 것으로서 객관적으로 명백한 것이어야 하며, 하자가 중대하고 명백한 것인지 여부를 판별함에 있어서는 그 법규의 목적, 의미, 기능 등을 목적론적으로 고찰함과 동시에 구체적 사안 자체의 특수성에 관하여도 합리적으로 고찰함을 요한다」(대판 1996.11.12, 96누1221).

---

60) 행정법규는 행정행위의 효과를 국가에 귀속시키기 위한 요건을 정하고 있으므로 그 요건을 결한 행정행위는 무효라고 하는 견해로(H. Kelsen 등), 법치주의의 요청에 충실하고 개인의 권익보장에 도움이 되는 장점을 가지고 있다. 다만 논리적 견해에 대하여는 행정법규가 가지는 성질 · 목적 등의 차이에도 불구하고 그 모두를 행정행위의 효력요건으로 보는 비현실성이 문제점으로 지적되어 왔다.
61) 행정법규를 ① 능력규정과 명령규정, ② 강행규정과 비강행규정으로 나누고 전자에 위반된 행위는 무효, 후자에 위반된 행위는 취소할 수 있는 행위라는 견해이다. 개념론적 견해에 대하여는 법규를 그와 같이 구분하는 것 자체가 용이하지 않으며, 또한 같은 성질을 가지는 규정도 그의 입법취지 등에 따라 중요도에 차이가 있음을 간과하고 있다는 비판이 가해졌었다.
62) 행정행위의 법률요건 이외의 사정, 예컨대 행정행위의 일반적 성질이나 법률생활의 안정 및 전체로서의 행정제도의 목적 · 취지에 비추어 무효와 취소를 구별하려는 견해이다.
63) 하자있는 행정행위가 통상의 행정쟁송에 의하여 다투어야 할 것이면 취소할 수 있는 행정행위, 이런 절차를 거칠 필요도 없이 누구나 그 행정행위의 효력을 부인할 수 있는 정도의 것이면 무효인 행정행위라는 견해이다. 기능론적 견해는 부담적 행정행위에만 타당할 수 있다는 결정적 문제점을 안고 있다.

1) 하자의 중대성   하자의 중대성은 행정행위가 중요한 법률요건을 위반하고, 위반의 정도가 심하다는 것을 의미한다. 다만 어떠한 하자를 중대한 하자로 볼 것인지는 일률적으로 말하기 어려우며, 구체적 사정 아래 당해 행정행위에 요구되는 법적 요건의 중요도를 참작하여 판단하여야 한다.

관련판례

「도시계획시설사업은 도시 형성이나 주민 생활에 필수적인 기반시설 중 도시관리계획으로 체계적인 배치가 결정된 시설을 설치하는 사업으로서 공공복리와 밀접한 관련이 있는 점, 도시계획시설사업에 관한 실시계획의 인가처분은 특정 도시계획시설사업을 현실적으로 실현하기 위한 것으로서 사업에 필요한 토지 등의 수용 및 사용권 부여의 요건이 되는 점 등을 종합하면, 실시계획의 인가 요건을 갖추지 못한 인가처분은 공공성을 가지는 도시계획시설사업의 시행을 위하여 필요한 수용 등의 특별한 권한을 부여하는 데 정당성을 갖추지 못한 것으로서 법규의 중요한 부분을 위반한 중대한 하자가 있다」(대판 2015.3.20, 2011두3746).

2) 하자의 **명백성**   하자의 명백성의 의미에 관하여는 ① 통상인의 정상적인 인식능력을 기준으로 하여 객관적으로 판단하여야 한다는 외관상 일견명백설(外觀上 一見明白說)과 ② 행정청이 보통 기대되는 조사를 하게 되면 명백하게 될 정도이면 충분하다는 조사의무위반설의 대립이 있으나 외관상 일견명백설이 지배적 견해이다. 판례 역시 그러한 입장에 따르고 있는 것으로 보인다.

관련판례

① 「행정처분이 당연무효라고 하기 위해서는 처분에 위법사유가 있다는 것만으로는 부족하고 그 하자가 법규의 중요한 부분을 위반한 중대한 것으로서 객관적으로 명백한 것이어야 한다. 특히 법령 규정의 문언만으로는 처분 요건의 의미가 분명하지 아니하여 그 해석에 다툼의 여지가 있었더라도 해당 법령 규정의 위헌 여부 및 그 범위, 법령이 정한 처분 요건의 구체적 의미 등에 관하여 법원이나 헌법재판소의 분명한 판단이 있고, 행정청이 그러한 판단 내용에 따라 법령 규정을 해석·적용하는 데에 아무런 법률상 장애가 없는데도 합리적 근거 없이 사법적 판단과 어긋나게 행정처분을 하였다면 그 하자는 객관적으로 명백하다고 봄이 타당하다」(대판 2017.12. 28, 2017두30122).
② 「과세처분이 당연무효라고 하기 위하여는 그 처분에 위법사유가 있다는 것만으로는 부족하고 그 하자가 법규의 중요한 부분을 위반한 중대한 것으로서 객관적으로 명백한 것이어야 하며, 하자가 중대하고 명백한지를 판별할 때에는 과세처분의 근거가 되는 법규의 목적·의미·기능 등을 목적론적으로 고찰함과 동시에 구체적 사안 자체의 특수성에 관하여도 합리적으로 고찰하여야 한다. 그리고 어느 법률관계나 사실관계에 대하여 어느 법령의 규정을 적용하여 과세처분

을 한 경우에 그 법률관계나 사실관계에 대하여는 그 법령의 규정을 적용할 수 없다는 법리가 명백히 밝혀져서 해석에 다툼의 여지가 없음에도 과세관청이 그 법령의 규정을 적용하여 과세처분을 하였다면 그 하자는 중대하고도 명백하다고 할 것이나, 그 법률관계나 사실관계에 대하여 그 법령의 규정을 적용할 수 없다는 법리가 명백히 밝혀지지 아니하여 해석에 다툼의 여지가 있는 때에는 과세관청이 이를 잘못 해석하여 과세처분을 하였더라도 이는 과세요건사실을 오인한 것에 불과하여 그 하자가 명백하다고 할 수 없다.

과세관청이 법령 규정의 문언상 과세처분 요건의 의미가 분명함에도 합리적인 근거 없이 그 의미를 잘못 해석한 결과, 과세처분 요건이 충족되지 아니한 상태에서 해당 처분을 한 경우에는 법리가 명백히 밝혀지지 아니하여 그 해석에 다툼의 여지가 있다고 볼 수 없다」(대판 2019.4.23, 2018다28728).

(3) 특수문제 ― 위헌인 법률에 근거하여 발하여진 행정처분의 효력

헌법재판소의 위헌결정이 있게 되면 당해 법률 또는 법률의 조항은 그 결정이 있는 날부터 효력을 상실하고(「헌법재판소법」 제47조 제2항), 그럼에도 불구하고 형벌에 관한 법률 또는 법률의 조항은 소급하여 그 효력을 상실한다(동법 제47조 제3항 본문)고 규정하고 있다. 그렇다면 위헌결정이 있기 전에 그 법률에 근거하여 발하여진 행정처분의 효력은 어떻게 되는지가 문제되는바, 법원은 위헌법률에 근거하여 발하여진 행정처분은 당연무효가 아니라 취소사유에 그침이 원칙이라고 판시하고 있다.

> **관련판례**
>
> 「국회에서 헌법과 법률이 정한 절차에 의하여 제정·공포된 법률이 헌법에 위반된다는 사정은 헌법재판소의 위헌결정이 있기 전에는 객관적으로 명백한 것이라고 할 수 없으므로 행정처분의 근거법률이 위헌으로 선고된다고 하더라도 이는 이미 집행이 종료된 행정처분의 취소사유에 해당할 뿐 당연무효사유는 아니다」(헌재결 2010.12.28, 2009헌바429).

다만 헌법재판소는 위헌법률에 근거하여 발하여진 행정처분이 일정한 요건하에서 예외적으로 당연무효가 될 수 있음을 인정하고 있는바, 이에 관하여는 이하의 판례 참조.

> **관련판례**
>
> 「행정처분이 당연무효인가의 여부는 그 행정처분의 하자가 중대하고 명백한가의 여부에 따라 결정된다고 보고 있지만 행정처분의 근거가 되는 법규범이 상위법 규범에 위반되어 무효인가 하는 점은 그것이 헌법재판소 또는 대법원에 의하여 유권적으로 확정되기 전에는 어느 누구에게도 명백한 것이라고 할 수 없기 때문에 원칙적으로 당연무효사유에는 해당할 수 없게 되는 것이다. 그러나 행정처분 자체의 효력이 쟁송기간 경과 후에도 존속 중인 경우, 특히 그 처분이 위헌법률

에 근거하여 내려진 것이고 그 행정처분의 목적달성을 위하여서는 후행행정처분이 필요한데 후행행정처분은 아직 이루어지지 않은 경우, 그 행정처분을 무효로 하더라도 법적 안정성을 크게 해치지 않는 반면에 그 하자가 중대하여 그 구제가 필요한 경우에 대하여서는 그 예외를 인정하여 이를 당연무효사유로 보아서 쟁송기간 경과 후에라도 무효확인을 구할 수 있는 것이라고 봐야 할 것이다」(헌재결 1994.6.30, 92헌바23).

Ⅳ. 행정행위의 무효원인 · 취소원인

1. 주체에 관한 하자

(1) 정당한 권한을 갖지 아니하는 행정기관의 행위

1) 공무원자격에 결함이 있는 자의 행위   공무원으로서 적법하게 선임되지 아니한 자(결격자), 또는 적법하게 선임되기는 하였으나 행위 당시에는 공무원의 신분을 갖지 아니한 자(예: 면직 · 임기만료된 자 등)가 행한 행위는 원칙적으로 무효이다.

한편 선임행위의 유효여부 또는 정년 · 면직여부는 외부에서 쉽게 알 수 없는 경우가 많다. 따라서 결격자가 공무원이 되어 행한 행위 등이 상대방의 신뢰보호 및 법률생활의 안정을 위하여 그 행위의 유효성이 인정되는 경우가 있을 수도 있는바, 이를 '사실상의 공무원(de facto Beamten)이론'이라고 한다.

2) 대리권 없는 자의 행위   정당한 대리권 없는 자의 행위는 원칙적으로 무효이다. 다만 상대방이 정당한 대리권을 가진 자로 믿을 만한 상당한 이유가 있을 때에는, 민법상의 표현대리(表見代理)의 법리를 유추적용하여 그 행위의 효력을 인정하여야 할 경우가 있다. 판례상 표현대리가 인정된 경우로는 수납기관이 아닌 자의 양곡대금수납행위(대판 1963.12.5, 63다519 참조), 세금징수관 보조원의 수납행위(대판 1969.5.13, 69다356 참조)의 경우가 있다.

3) 적법하게 구성되지 않은 합의제 행정기관의 행위   적법하게 소집되지 않은 경우, 의사정족수 · 의결정족수 미달의 경우 또는 결격자를 참가시킨 경우와 같이 구성에 하자가 있는 합의제 행정기관의 행위는 원칙적으로 무효이다.

관련판례

「구 '폐기물처리시설 설치촉진 및 주변지역 지원 등에 관한 법률'에 정한 입지선정위원회가 그 구성방법 및 절차에 관한 같은 법 시행령의 규정에 위배하여 군수와 주민대표가 선정 · 추천한 전문가를 포함시키지 않은 채 임의로 구성되어 의결을 한 경우, 그에 터잡아 이루어진 폐기물처리시설 입지결정처분의 하자는 중대한 것이고 객관적으로도 명백하므로 무효사유에 해당한다」
(대판 2007.4.12, 2006두20150).

(2) 행정기관의 권한 이외의 행위

행정기관은 오직 법령에 의하여 수권된 범위 안에서만 적법하게 행위를 할 수 있
는바, 그 수권의 범위를 넘은 행정행위는 무권한행위로서 원칙적으로 무효이다.[64] 한
편 무권한행위의 경우와 달리 권한초과의 행위는 취소사유라고 설명되어 왔다.

관련판례

「운전면허에 대한 정지처분권한은 경찰청장으로부터 경찰서장에게 권한위임된 것이므로 음주
운전자를 적발한 단속 경찰관으로서는 관할 경찰서장의 명의로 운전면허정지처분을 대행처리할
수 있을지는 몰라도 자신의 명의로 이를 할 수는 없다 할 것이므로, 단속 경찰관이 자신의 명의
로 운전면허행정처분통지서를 작성 · 교부하여 행한 운전면허정지처분은 비록 그 처분의 내용 ·
사유 · 근거 등이 기재된 서면을 교부하는 방식으로 행하여졌다고 하더라도 권한 없는 자에 의하
여 행하여진 점에서 무효의 처분에 해당한다」(대판 1997.5.16, 97누2313).

---

(3) 행정기관의 의사에 흠결이 있는 경우

1) 의사가 없는 행위　　공무원의 심신상실 중의 행위 및 저항할 수 없을 정도의 강박
(強迫)에 의한 행위는 의사(意思) 없이 한 행위로서 무효이다.

2) 의사결정에 하자가 있는 행위　　의사결정에 하자가 있는 행위의 효력은 경우를 나누
어 고찰할 것이 요구된다.

　　① 착오로 인한 행위　　공무원에게 착오가 있다는 것만으로는 무효 또는 취소가
되지 않으며(관련판례 ① 참조), 착오에 의한 행위 자체에 하자가 있을 때 그 하자를 이유
로 무효 또는 취소할 수 있게 된다(관련판례 ②, ③ 참조).

관련판례

① 유효로 판시된 사례:「행정행위는 그 요소에 착오가 있다고 해서 그것만을 이유로 취소할 수
없는 것이고, 그 행정행위의 절차와 내용의 위법만이 문제가 되는 것이다」(대판 1979.6.26, 79누
43).
② 무효로 판시된 사례:「행정재산은 공유물로서 이른바 사법상의 거래의 대상이 되지 아니하는
불용통물이므로 이러한 행정재산을 관재당국이 모르고 매각처분하였다 할지라도 그 매각처분은

---

[64] 사항적 무권한이 무효인 것에 반하여, 지역적 무권한은 특히 토지에 관한 법률행위를 대상으로 하
는 것이 아니라면 반드시 무효로 되는 것은 아니라는 견해도 있다.

무효이다」(대판 1967.6.27, 67다806).

③ 취소원인으로 판시한 사례:「본건 상속세부과처분과 소득세부과처분이 상속사실의 오인 또는 과세의 대상이 되는 법률관계나 일정한 사실을 오인한 것이었더라도 위와 같은 세무서장의 오인만으로는 세금부과의 행정처분이 당연무효라고 볼 수 없다」(대판 1962.9.27, 67누29).

    ② 사기 · 강박 · 증뢰(贈賂) 등 부정행위에 기한 행위　사기 등 부정행위에 기한 행정행위는 상대방의 신뢰를 보호할 필요가 없으므로 취소할 수 있다.

> **관련판례**
>
> 「한지의사자격시험에 응시하기 위한 그 응시자격인정의 결정을 사위(詐僞)의 방법으로 받은 이상 이에 터잡아 취득한 한지의사면허처분도 면허를 취득할 수 없는 사람이 취득한 것이므로 하자있는 처분이 된다고 할 것이므로 피고가 그와 같은 하자있는 처분임을 이유로 원고가 취득한 이 사건 한지의사면허를 취소하는 처분을 하였음은 적법하다」(대판 1975.12.9, 75누123).

3) 행위무능력자의 행위　미성년자도 공무원이 될 수 있으므로, 그의 행위의 효력에는 영향이 없다. 이에 반해 피성년후견인이나 피한정후견인은 공무원이 될 수 없으므로 그들의 행위는 공무원이 아닌 자의 행위로서 무효이다.

2. 내용에 관한 하자

행정행위의 내용에 중대하고 명백한 위법이 있으면 무효가 되지만, 단순위법 · 부당에 그치는 하자가 있는 경우는 취소사유가 되는바, 내용상 하자가 문제되는 구체적 유형은 다음과 같다.

(1) 내용이 불능인 행위

실현불가능한 것을 내용으로 하는 행위는 무효가 되는바, 이는 다시 사실상 불능인 행위(예: 死者에 대한 행정행위, 존재하지 않는 물건을 대상으로 한 행정행위)와 법률상 불능인 행위(예: 조세완납자에 대한 체납처분)로 나누어진다.

> **관련판례**
>
> ①「과세관청이 납세자에 대한 체납처분으로서 제3자의 소유물건을 압류하고 공매하더라도 그 처분으로 인하여 제3자가 소유권을 상실하는 것이 아니므로 체납자가 아닌 제3자의 소유물건을 대상으로 한 압류처분은 하자가 객관적으로 명백한 것인지 여부와는 관계없이 처분의 내용이 법률상 실현될 수 없는 것이어서 당연무효라고 하지 않을 수 없다」(대판 1993.4.27, 92누12117).
>
> ②「체납처분으로서 압류의 요건을 규정한 국세징수법 제24조 각 항의 규정을 보면 어느 경우에나 압류의 대상을 납세자의 재산에 국한하고 있으므로, 납세자가 아닌 제3자의 재산을 대상으로

한 압류처분은 그 처분의 내용이 법률상 실현될 수 없는 것이어서 당연무효이다」(대판 2012.4.
12, 2010두4612).

(2) 내용이 불명확한 행위

행정행위의 내용이 사회통념상 인식될 수 없을 정도로 불명확한 행위(예: 목적물이
특정되지 않은 철거명령 등)는 원칙적으로 무효이다.

관련판례

「행정청이 「건축법」 제42조 제1항과 「행정대집행법」 제2조 및 제3조 제1항에 따라 건축법위반
건축물의 철거를 명하고 그 의무불이행시 행할 대집행의 계고를 함에 있어서는, 의무자가 이행
하여야 할 행위와 그 의무불이행시 대집행할 행위의 내용 및 범위가 구체적으로 특정되어야 할
것이지만, 그 행위의 내용과 범위는 반드시 철거명령서나 대집행계고서에 의하여서만 특정되어
야 하는 것은 아니고, 그 처분 전후에 송달된 문서나 기타 사정을 종합하여 이를 특정할 수 있으
면 족하다고 할 것이다」(대판 1990.1.25, 89누4543).

---

(3) 공서양속(公序良俗)에 반하는 행위

공서양속에 반하는 행위(예: 윤락행위 알선에 대한 경찰허가)는 민법의 경우와 달리
취소의 원인으로 보는 견해가 유력하다.

3. 절차에 관한 하자

절차에 관한 하자의 효과와 관련하여서는 「① 대립하는 당사자의 이해조정을 목
적으로 하거나 이해관계인의 권익보호를 목적으로 하는 등 필요불가결한 절차를 위반
한 행위는 원칙적으로 무효이며, ② 이에 반하여 단순히 행정편의적 · 세부적 · 참고적
절차를 위반한 행위는 취소할 수 있음에 그친다」고 설명하는 것이 일반적이다. 절차에
관한 하자로 논의될 수 있는 구체적 유형은 다음과 같다.

(1) 필요한 상대방의 동의나 신청이 없는 행위

법령이 일정한 행정행위에 대하여 상대방의 동의나 신청을 필요적 절차로 규정하
고 있는 경우, 그를 결한 행위(예: 분배신청을 하지 아니한 자에 대한 농지분배처분 등)는 원
칙적으로 무효가 된다. 다만 판례 가운데는 이를 취소원인으로 보고 있는 것도 있다.

관련판례

① 무효로 판시된 사례: 「재개발조합의 설립추진위원회가 토지 등 소유자로부터 받아 행정청에
제출한 동의서에 도시 및 주거환경정비법 시행령이 정한 필수기재사항(설계개요, 철거 및 신축

의 개략적 비용)의 기재가 누락되어 있음에도 이를 유효한 동의로 처리하여 재개발조합의 설립인가를 한 처분은 무효라고 할 것이다」(대판 2010.1.28, 2009두4845).
② 취소로 판시된 사례:「구 도시개발법 제4조 제3항에 따라 도시개발계획안에 관하여 해당 토지 소유자들의 동의를 받은 후 계획안이 변경되었으나, 위 규정에 의한 새로운 동의를 갖추지 아니한 도시개발구역 지정처분에 대하여, 여러 사정을 종합하여 그 위법사유가 중대하기는 하나 위 처분을 당연무효로 만들 정도로 명백하지는 않다」(대판 2008.1.10, 2007두11979).

(2) 필요한 공고·통지를 결한 행위

법령이 행정행위에 앞서 일정한 공고 또는 통지를 하도록 규정하고 있는 경우에, 그 공고나 통지를 결한 행위는 원칙적으로 무효이다. 다만 관례 가운데는 이를 취소원인으로 보고 있는 것도 많다.

관련판례

① 무효로 판시된 사례:「정비구역의 지정 및 고시없이 행한 재개발조합설립추진위원회 설립승인은 무효이다」(대판 2009.10.29, 2009두12297).[65]
② 취소로 판시된 사례:「주민등록말소처분이 주민등록법 제17조의2에 규정한 최고·공고의 절차를 거치지 아니하였다 하더라도 그러한 하자는 중대하고 명백한 것이라고 할 수 없어 처분의 당연무효사유에 해당하는 것이라고는 할 수 없다」(대판 1994.8.26, 94누3223).

(3) 필요한 이해관계인의 참여 또는 협의를 결한 행위

법령이 이해관계인의 참여 또는 협의를 규정하고 있는 경우에, 그를 결한 행위(예: 토지소유자 또는 관계인과의 협의를 거치지 않고 행한 토지수용위원회의 재결)는 원칙적으로 무효이다. 한편 행정기관이 이해관계인과 협의할 의무가 있다고 하여, 관계인의 의견에 구속되는 것은 아님을 유의하여야 한다.

관련판례

「광업법 제88조 제2항에서 광업용 토지수용을 위한 사업인정을 하고자 할 때에 토지소유자와 토지에 관한 권리를 가진 자의 의견을 들어야 한다고 한 것은 그 사업여부를 결정함에 있어 소유자나 기타 권리자의 의견을 반영할 기회를 주어 이를 참작하도록 하고자 하는 데 있을 뿐, 처분청이 그 의견에 기속되는 것은 아니다」(대판 1995.12.2, 95누30).

---

65) 同旨판례: 토지소유자에 대한 조사와 통지를 결여한 특별개간 예정지 결정처분을 무효라고 판시한 대판 1970.10.23, 70누96.

(4) 타 기관의 필요적 협력을 결한 행위[66]

법령이 행정청이 일정한 행정행위를 함에 있어 타 기관의 의결·승인·협의 등과 같은 협력을 거치도록 규정하고 있는 경우에 그 같은 협력을 결한 행정행위는 원칙적으로 무효이다. 다만, 실제에 있어 판례는 구체적 사정에 따라 무효·취소여부를 판단하고 있는바, 취소로 판시한 대표적 예에 관하여는 이하의 판례 참조.

관련판례

① 「택지개발촉진법 제3조에서 건설부장관이 택지개발예정지구를 지정함에 있어 미리 관계중앙행정기관의 장과 협의를 하라고 규정한 의미는 그의 자문을 구하라는 것이지 그 의견을 따라 처분을 하라는 의미는 아니라 할 것이므로 이러한 협의를 거치지 아니하였다고 하더라도 이는 위 지정처분을 취소할 수 있는 원인이 되는 하자 정도에 불과하고 위 지정처분이 당연무효가 되는 하자에 해당하는 것은 아니다」(대판 2000.10.13, 99두653).
② 「자동차운송사업계획변경(기점연장)인가처분과 자동차운송사업계획변경(노선 및 운행시간)인가처분을 함에 있어서 그 내용이 2 이상의 시·도에 걸치는 노선업종에 있어서의 노선신설이나 변경 또는 노선과 관련되는 사업계획변경의 인가 등에 관한 사항이므로 미리 관계 도지사와 협의하여야 함에도 불구하고 이를 하지 아니한 하자가 있으나, 그와 같은 사정만으로는 자동차운송사업계획변경(기점연장)인가처분과 자동차운송사업계획변경(노선 및 운행시간)인가처분이 모두 당연무효의 처분이라고 할 수 없다」(대판 1995.11.7, 95누9730).

한편 요구된 협력이 단순히 자문기관의 자문(諮問)인 경우에는, 그 취지가 행위의 내부적인 신중을 도모하기 위한 경우가 많으므로 자문을 거치지 아니한 때에도 취소원인이 된다고 본다. 다만, 자문을 거치지 않은 경우에도 자문이 요구되는 취지가 당사자의 권리·이익을 보호하려는 데 있는 경우에는 무효사유로 보아야 한다는 견해도 유력하다.

(5) 필요한 청문(공청회 포함)을 결한 행위

행정행위를 함에 있어 법령에 규정된 소정의 청문이나 의견진술의 기회를 부여하지 않은 행위는 종래 원칙적으로 무효라고 설명되어 왔다. 다만 판례는 청문 등을 결한 경우를 과거에는 무효로 보았으나(대판 1969.3.31, 68누179), 근래에는 주로 취소원인으로 보는 경향을 나타내고 있다.

---

[66] 타 기관의 필요적 협력을 결한 행위는 종래 주체에 관한 하자로 분류되어 왔으나, 이는 절차에 관한 하자로 보는 것이 타당하다고 생각한다.

관련판례

① 공청회를 거치지 않은 경우: 「도시계획의 수립에 있어서 도시계획법 제16조의2 소정의 공청회를 열지 아니하고 공공용지의 취득 및 손실보상에 관한 특례법 제8조 소정의 이주대책을 수립하지 아니하였더라도 이는 절차상의 위법으로서 취소사유에 불과하다」(대판 1990.1.23, 87누947).

② 「행정절차법」상의 절차를 거치지 않은 경우: 「행정청이 침해적 행정처분을 하면서 당사자에게 행정절차법상의 사전통지를 하거나 의견제출의 기회를 주지 않고, 그 처분의 근거와 이유를 제시하지 아니하였다면, 그러한 절차를 거치지 않아도 되는 예외적인 경우에 해당하지 아니하는 한 그 처분은 위법하다.

이 사건 해임처분 과정에서 원고가 그 처분의 내용을 사전에 통지받거나 그에 대한 의견제출의 기회 등을 받지 못했고, 해임처분 시 그 법적 근거 및 구체적 해임 사유를 제시받지 못해 이 사건 해임처분은 위법하지만, 그 절차나 처분형식의 하자가 중대하고 명백하다고 볼 수 없어 취소 사유에 해당한다」(대판 2012.2.23, 2011두5001).

4. 형식에 관한 하자

(1) 문서에 의하지 아니한 행위

행정절차법이 서면주의를 취하고 있으므로 행정행위를 문서에 의하지 않고 구술로 한 행위는 원칙적으로 무효이다.

관련판례

「예비군대원의 교육훈련을 위한 소집은 당해 경찰서장이 발부하는 소집통지서에 의하므로 경찰서장이 임의로 구두 또는 타종 기타 방법으로 훈련을 위한 소집을 할 수 없다」(대판 1970.3.24, 69누7240).

(2) 서명·날인을 결한 행위

행정행위가 정당한 권한 있는 행정기관에 의하여 행하여진 것임을 명백히 하기 위하여 일정한 서명·날인이 특히 요구되는 경우에, 그를 결한 행위는 원칙적으로 무효이다.

(3) 이유·일자(日字) 등 필요적 기재가 없는 행위

1) 이유를 제시하지 않은 행위[67]   행정절차법이 이유제시를 규정하고 있으므로 전혀 이유를 제시하지 않은 행위는 원칙적으로 무효라고 보는 것이 일반적이다. 그러나 판례는 이유제시를 결여한 행위를 주로 취소사유로 판시하고 있다.

---

67) 이유를 제시하지 않은 행위는 절차상의 하자로 보아야 한다는 견해 또한 유력하다.

「국세징수법 제9조 제1항은 단순히 세무행정상의 편의를 위한 훈시규정이 아니라 조세행정에 있어 자의를 배제하고 신중하고 합리적인 처분을 행하게 함으로써 공정을 기함과 동시에 납세의무자에게 부과처분의 내용을 상세히 알려 불복여부의 결정과 불복신청에 편의를 제공하려는 데서 나온 강행규정이므로 세액의 산출근거가 기재되지 아니한 물품세 납세고지서에 의한 부과처분은 위법한 것으로서 취소의 대상이 된다」(대판 1984.5.9, 84누116).[68]

2) 경미한 형식상의 하자가 있는 행위 일자는 단지 행위가 행해진 날을 명백히 한다는 의미밖에 없으므로 일자의 결여만으로는 무효가 되지 않는다.

V. 하자있는 행정행위의 치유와 전환

법치주의에 따르면 하자있는 행정행위는 효력이 부인되거나 취소되어야 한다. 그러나 법치주의의 요청을 후퇴시킬 만한 다른 중요한 법가치가 존재하는 경우에는 그 행정행위의 효력을 유지시킬 필요가 있는바, 이를 위해 등장한 것이 하자의 치유와 전환의 법리이다.

1. 하자의 치유

(1) 의 의

하자의 치유(Heilung)란 성립 당시에는 하자있는 행정행위가 사후에 하자의 원인인 법정요건이 보완되었거나 또는 그 하자가 취소를 요하지 않을 정도로 경미해진 경우에 그의 성립 당시의 하자에도 불구하고 유효한 것으로서 다루어지는 것을 의미한다.

하자의 치유를 인정할 필요성은 상대방의 신뢰보호, 행정법관계의 안정성확보 및 행정행위의 불필요한 반복배제라는 점에서 찾아볼 수 있다.

「행정행위의 치유는 행정행위의 성질이나 법치주의의 관점에서 볼 때 원칙적으로 허용될 수 없는 것이고, 예외적으로 행정행위의 무용한 반복을 피하고 당사자의 법적 안정성을 위해 이를 허용하는 때에도 국민의 권리나 이익을 침해하지 않는 범위에서 구체적 사정에 따라 합목적적으로 인정하여야 한다」(대판 2002.7.9, 2001두10684).

---

68) 이 외에 전술한 대판 2012.2.23, 2011두5001 참조.

(2) 구분되어야 할 개념

하자의 치유는 처분 후에 발생한 사정을 문제삼는 것이라는 점에서 처분 시의 사정을 문제삼는 처분사유의 추가·변경과 구분된다. 또한 소급효 있는 법률이 제정되어 하자있는 행정행위가 완전히 적법하게 되는 경우 역시 하자의 치유와는 구분되어야 한다.

(3) 치유의 대상

하자의 치유의 대상이 되는 것은 주로 절차상의 하자와 형식상의 하자이다. 내용상의 하자는 치유의 대상으로 보기 곤란하다(독일 「연방행정절차법」 제45조 참조). 판례역시 같은 입장이다.

관련판례

① 하자의 치유가 긍정된 사례 — 절차·형식상 하자의 치유: 「행정청이 식품위생법상의 청문절차를 이행함에 있어 소정의 청문서 도달기간을 지키지 아니하였다면 이는 청문의 절차적 요건을 준수하지 아니한 것이므로 이를 바탕으로 한 행정처분은 일단 위법하다고 보아야 할 것이지만 이러한 청문제도의 취지는 처분으로 말미암아 받게 될 영업자에게 미리 변명과 유리한 자료를 제출할 기회를 부여함으로써 부당한 권리침해를 예방하려는 데에 있는 것임을 고려하여 볼 때, 가령 행정청이 청문서 도달기간을 다소 어겼다 하더라도 영업자가 이에 대하여 이의하지 아니한 채 스스로 청문일에 출석하여 그 의견을 진술하고 변명하는 등 방어의 기회를 충분히 가졌다면 청문서 도달기간을 준수하지 아니한 하자는 치유되었다고 봄이 상당하다」(대판 1992.10.3, 92누2844).

② 하자의 치유가 부정된 사례 — 내용상 하자의 치유: 「이 사건 처분에 관한 하자가 행정처분의 내용에 관한 것이고 새로운 노선면허가 이 사건 소 제기 이후에 이루어진 사정 등에 비추어 하자의 치유를 인정치 않은 원심의 판단은 정당하다」(대판 1991.5.28, 90누1359).

---

(4) 치유의 사유

하자의 치유의 사유로는 요건의 사후보완(Nachschieben) 또는 사후추완(事後追完, Nachholung)을 들 수 있다. 여기서 사후보완이란 이미 행해진 것을 사후에 보충 또는 정정하는 것을 의미하며,[69] 사후추완이란 빠뜨린 요건을 사후에 충족하는 것을 의미한다.

한편 예전에는 하자의 치유의 사유로 장기간 방치로 인한 법률관계의 확정이나 취소를 불허하는 공익상의 요구의 발생을 열거하기도 하였으나, 오늘날은 이를 취소권의

---

[69] 종래 독자적인 치유의 사유로 열거되어 온 정당한 권한을 가진 관계행정청의 추인(追認)은 사후보완의 예에 해당한다고 생각한다.

제한의 문제로 설명하는 추세에 있다.

(5) 치유의 한계

1) 치유 전에 비하여 불이익을 입게 되는 경우　하자의 치유를 인정하게 되면 행정행위의 상대방이 치유 전에 비하여 불이익을 입게 되는 경우에는 하자의 치유는 인정되기 곤란하다.

관련판례

「선행처분인 개별공시지가결정이 위법하여 그에 기초한 개발부담금 부과처분도 위법하게 된 경우 그 하자의 치유를 인정하면 개발부담금 납부의무자로서는 위법한 처분에 대한 가산금 납부의무를 부담하게 되는 등 불이익이 있을 수 있으므로, 그 후 적법한 절차를 거쳐 공시된 개별공시지가결정이 종전의 위법한 공시지가결정과 그 내용이 동일하다는 사정만으로는 위법한 개별공시지가결정에 기초한 개발부담금 부과처분이 적법하게 된다고 볼 수 없다」(대판 2001.6.26, 99두11592).

2) 무효인 행정행위　무효와 취소의 구별의 상대성을 전제로 무효인 행정행위의 치유까지 인정하는 견해도 있으나, 통설과 판례는 부정적이다. 이는 무효인 행정행위는 처음부터 당연히 효력이 발생하지 않는 것이므로 다른 행정행위로의 전환은 가능할 것이나, '원래의' 행정행위로서의 효력은 발생할 수 없다는 것을 근거로 한다.

관련판례

① 「토지등급결정내용의 개별통지가 있다고 볼 수 없어 토지등급결정이 무효인 이상, 토지소유자가 그 결정 이전이나 이후에 토지등급결정내용을 알았다거나 또는 그 결정 이후 매년 정기 등급수정의 결과가 토지소유자 등의 열람에 공하여졌다 하더라도 개별통지의 하자가 치유되는 것은 아니다」(대판 1997.5.28, 96누5308).
② 「무효인 행정처분은 그 하자가 중대하고도 명백한 것으로 처음부터 어떠한 효력도 발생하지 아니하는 것이므로, 무효인 행정처분의 하자의 치유는 인정되지 아니한다」(대판 2012.8.23, 2010두13463).

(6) 치유의 효과

하자의 치유의 효과는 행정행위가 소급되어 그 법적 효력을 유지하는 데 있다.

(7) 치유의 시한(時限)

하자의 치유가 어느 시점까지 허용될 수 있는가의 문제와 관련하여서는 ① 행정쟁송단계에 있어서도 (기본이 동일한 것이라면) 하자의 치유를 인정하려는 견해와 ② 행정쟁송제기 이전까지만 가능하다는 견해(다수설)의 대립이 있다. 판례 또한 다수설과 그 입장을 같이한다.

「세액산출근거가 누락된 납세고지서에 의한 과세처분의 하자의 치유를 허용하려면 늦어도 과세처분에 대한 불복여부의 결정 및 불복신청에 편의를 줄 수 있는 상당한 기간 내에 하여야 한다고 할 것이므로 위 과세처분에 대한 전심절차가 모두 끝나고 상고심의 계류 중에 세액산출근거의 통지가 있었다고 하여 이로써 위 과세처분의 하자가 치유되었다고는 볼 수 없다」(대판 1984. 4. 10, 83누393).

2. 무효인 행정행위의 전환

(1) 의 의

무효인 행정행위의 전환(Umdeutung)이란 행정청이 본래 의도한 행정행위로서는 무효인 행정행위가 다른 행정행위로서의 성립요건을 갖춘 경우에는, 유효한 다른 행정행위로서의 효력이 인정되는 것을 말한다. 사망한 사람에 대한 광업허가를 상속인에 내한 유효·적법한 처분으로 보는 것이 그 예이다.

전환은 무효인 행정행위에 대해서만 인정된다는 것이 종래의 통설이다. 근래에는 전환을 반드시 무효인 행정행위에 국한시킬 필요는 없으며, 취소할 수 있는 행정행위에 대해서도 전환을 인정하려는 견해가 유력하게 대두되고 있다.

(2) 요 건

무효인 행정행위의 전환이 인정되기 위한 요건으로는 다음과 같은 것을 들 수 있다. 즉,

① 전환될 행정행위의 성립·효력요건을 갖출 것

② 당초의 행정행위와 전환될 행정행위 간에 요건·목적·효과에 있어 실질적 공통성이 있을 것

③ 하자있는 행정행위를 한 행정청의 의도에 반하지 않을 것

④ 당사자가 그 전환을 의욕하는 것으로 인정될 것

⑤ 당사자에게 원래의 처분보다 불이익을 부과하는 것이 아닐 것

⑥ 제3자의 이익을 침해하지 않을 것

⑦ 행위의 중복을 회피하는 의미가 있을 것

(3) 전환의 성질

무효인 행정행위의 전환은 그 자체가 하나의 행정행위의 성질을 가진다고 볼 수 있으며, 따라서 전환에 대해서도 「행정절차법」이 적용될 수 있다. 또한 관계인은 행정쟁송의 방법을 통해 전환을 다툴 수 있다.

(4) 전환의 효과

전환으로 인하여 새로운 행정행위는 종전의 행정행위의 발령 당시로 소급하여 효력을 발생한다. 한편 행정소송의 계속(係屬) 중에 전환이 있는 경우에는 원고의 신청에 의해 처분변경으로 인한 소의 변경(청구취지 또는 원인의 변경)이 행해질 수 있다(「행정소송법」 제22조).

(5) 전환의 한계

독일의 「연방행정절차법」은 전환이 허용되지 않는 경우로 전환이 처분청의 의도에 명백히 반하는 경우와 관계인에게 원행정행위(原行政行爲)보다 불이익이 되는 경우를 규정하고 있으며, 특히 기속행위의 재량행위로의 전환은 금지하고 있다(「연방행정절차법」 제47조 제2항·제3항 참조). 독일 「연방행정절차법」의 내용은 우리나라의 행정법이론으로도 받아들일 수 있다고 생각된다.

VI. 행정행위의 하자의 승계

1. 문제의 의의

행정행위의 하자의 승계의 문제는 둘 이상의 행정행위가 연속하여 행해지는 경우 선행(先行) 행정행위의 하자가 후행(後行) 행정행위에 어떠한 효과를 미치는지, 즉 후행 행정행위 자체에는 하자가 없더라도 선행 행정행위의 하자를 이유로 후행 행정행위의 효력을 다툴 수 있는지와 관련하여 논의되고 있다.

하자의 승계의 문제에 대한 논의는 다음과 같은 것을 그 논리적 전제로 한다. 즉,

① 선행행위와 후행행위 모두 항고소송의 대상이 되는 행정처분일 것
② 선행 행정행위에 당연무효가 아닌 취소사유에 해당하는 하자가 존재할 것
③ 선행 행정행위가 불가쟁력을 발생하고 있을 것
④ 후행 행정행위에 고유한 하자가 없을 것

2. 하자의 승계여부 — 개관

종래의 통설에 따르면 선행 행정행위와 후행 행정행위가 서로 결합하여 하나의 법률효과를 완성하는 경우에는 선행 행정행위의 하자가 (무효·취소를 불문하고) 후행 행정행위에 승계되며, 선행 행정행위와 후행 행정행위가 서로 독립하여 별개의 법률효과를 발생시키는 경우에는 선행 행정행위가 당연무효인 경우를 제외하고는 선행 행정행위의 하자가 후행 행정행위에 승계되지 않는다. 판례 또한 기본적으로 종래의 통설과 같은 이론에 입각하고 있다.

관련판례

① 「연속적으로 이루어지는 선행처분과 후행처분이 동일한 행정목적을 달성하기 위하여 단계적인 일련의 절차로 연속하여 행하여지는 것으로서, 서로 결합하여 하나의 법률효과를 발생시키는 것이라면, 선행처분의 하자가 중대·명백한 것이 아니어서 당연무효로 볼 수 없고 행정소송으로 효력이 다투어지지도 아니하여 이미 불가쟁력이 생겼으며, 후행처분 자체에는 아무런 하자가 없다고 하더라도, 후행처분의 취소를 청구하는 소송에서 청구원인으로 선행처분이 위법한 것을 주장할 수 있으나, 이와 달리 선행처분과 후행처분이 서로 독립하여 별개의 법률효과를 목적으로 하고 선행처분에 불가쟁력이 생겨 그 효력을 다툴 수 없게 된 경우에는 선행처분의 하자가 중대하고 명백하여 당연무효인 경우에만 선행처분의 하자를 이유로 후행처분의 효력을 다툴 수 있다」(대판 2015.12.10, 2015두46505).

② 「선행처분과 후행처분이 서로 독립하여 별개의 법률효과를 목적으로 하는 때에도 선행처분이 당연무효이면 선행처분의 하자를 이유로 후행처분의 효력을 다툴 수 있다. 도시계획시설사업의 시행자가 작성한 실시계획을 인가하는 처분은 도시계획시설사업 시행자에게 도시계획시설사업의 공사를 허가하고 수용권을 부여하는 처분으로서 선행처분인 도시계획시설사업 시행자 지정 처분이 처분 요건을 충족하지 못하여 당연무효인 경우에는 사업시행자 지정 처분이 유효함을 전제로 이루어진 후행처분인 실시계획 인가처분도 무효라고 보아야 한다」(대판 2017.7.11, 2016두35120).

　　다만 근래에 대법원이 ① 개별공시지가결정과 이를 기초로 한 양도소득세과세처분 간의 관계(관련판례 ① 참조)와 ② 표준공시지가결정과 수용재결 간의 관계(관련판례 ② 참조)와 관련하여 양자가 서로 독립하여 별개의 법률효과를 발생시키는 경우에 해당한다는 것을 인정하면서도, 일정한 경우 '수인가능성' 또는 '예측가능성'이 없다는 이유로 선행 행정행위의 하자의 승계를 인정하는 판결을 행한 바 있음은 주목을 요한다.[70]

관련판례

① 「선행처분과 후행처분이 서로 독립하여 별개의 법률효과를 목적으로 하는 때에는 선행처분에 불가쟁력이 생겨 그 효력을 다툴 수 없게 된 경우에는 선행처분의 하자가 중대하고 명백하여 당연무효인 경우를 제외하고는 선행처분의 하자를 이유로 후행처분의 효력을 다툴 수 없는 것이 원칙이나, 선행처분과 후행처분이 서로 독립하여 별개의 효과를 목적으로 하는 경우에도 선행처분의 불가쟁력이나 구속력이 그로 인하여 불이익을 입게 되는 자에게 수인한도를 넘는 가혹함을 가져오며 그 결과 당사자에게 예측가능한 것이 아닌 경우에는 국민의 재판을 받을 권리를 보장하고 있는 헌법의 이념에 비추어 선행처분의 후행처분에 대한 구속력은 인정될 수 없다(따라서

---

70) 이러한 판례의 태도를 이해하기 위하여는 이 문제를 '선행 행정행위의 후행 행정행위에 대한 구속력'이란 시각에서 바라볼 것이 요구되는바, 이러한 시각에 관하여는 후술참조.

이 사건 과세처분의 위법사유로 선행 개별공시지가결정의 위법을 주장할 수 있다)」(대판 1994. 1.25, 93누8542).

② 「표준지공시지가결정은 이를 기초로 한 수용재결(보상액재결) 등과는 별개의 독립된 처분으로 서로 독립하여 별개의 법률효과를 목적으로 하지만, 표준지공시지가는 이를 인근 토지의 소유자나 기타 이해관계인에게 개별적으로 고지하도록 되어 있는 것이 아니어서 인근 토지의 소유자 등이 표준지공시지가결정 내용을 알고 있었다고 전제하기가 곤란할 뿐만 아니라, 결정된 표준지공시지가가 공시될 당시 보상금 산정의 기준이 되는 표준지의 인근 토지를 함께 공시하는 것이 아니어서 인근 토지 소유자는 보상금 산정의 기준이 되는 표준지가 어느 토지인지를 알 수 없으므로, 인근 토지 소유자가 표준지의 공시지가가 확정되기 전에 이를 다투는 것은 불가능하다. 더욱이 장차 어떠한 수용재결 등 구체적인 불이익이 현실적으로 나타나게 되었을 경우에 비로소 권리구제의 길을 찾는 것이 우리 국민의 권리의식임을 감안하여 볼 때, 인근 토지 소유자 등으로 하여금 결정된 표준지공시지가를 기초로 하여 장차 토지보상 등이 이루어질 것에 대비하여 항상 토지의 가격을 주시하고 표준지공시지가결정이 잘못된 경우 정해진 시정절차를 통하여 이를 시정하도록 요구하는 것은 부당하게 높은 주의의무를 지우는 것이고, 위법한 표준지공시지가 결정에 대하여 그 정해진 시정절차를 통하여 시정하도록 요구하지 않았다는 이유로 위법한 표준지공시지가를 기초로 한 수용재결 등 후행 행정처분에서 표준지공시지가결정의 위법을 주장할 수 없도록 하는 것은 수인한도를 넘는 불이익을 강요하는 것으로서 국민의 재산권과 재판받을 권리를 보장한 헌법의 이념에도 부합하는 것이 아니다. 따라서 표준지공시지가결정이 위법한 경우에는 그 자체를 행정소송의 대상이 되는 행정처분으로 보아 그 위법여부를 다툴 수 있음은 물론, 수용보상금의 증액을 구하는 소송에서도 선행처분으로서 그 수용대상 토지 가격 산정의 기초가 된 비교표준지공시지가결정의 위법을 독립한 사유로 주장할 수 있다」(대판 2008. 8.21, 2007두13845).

3. 하자의 승계여부 ― 구체적 사례[71]

(1) 하자의 승계를 인정한 판례
① 독촉과 가산금·중가산금징수처분 사이(대판 1986.10.28, 86누8542)
② 대집행에 있어서 계고·통지·실행·비용납부명령 사이(대판 1996.2.9, 95누12507)
③ 개별공시지가결정과 이에 근거한 과세처분 사이(대판 1996.6.25, 93누17935)
④ 표준공시지가결정과 수용재결(보상액결정) 사이(대판 2008.8.21, 2007두13845)

---

71) 하자의 승계 여부에 관한 판례의 입장에 관하여 보다 상세한 것에에 관하여는 서정범/박상희, 행정법총론(제3판), 세창출판사, 214쪽 이하 참조.

(2) 하자의 승계를 부정한 판례

① 공무원의 직위해제처분과 면직처분 사이(대판 1984.9.11, 84누191)

② 과세처분과 체납처분 사이(대판 1987.9.22, 87누383)

③ 표준공시지가결정과 개별공시지가결정 사이(대판 1996.9.20, 95누11931)

④ 건물철거명령과 대집행계고처분 사이(대판 1998.9.8, 97누20502)

⑤ (취득세)납세의무자의 신고행위와 징수처분 사이(대판 2006.9.8, 2005두14394)

⑥ 전직처분과 직권면직처분 사이(대판 2005.4.15, 2004두14915)

4. 선행 행정행위의 후행 행정행위에 대한 구속력

독일에서는 여기서의 '하자의 승계'의 문제를 '불가쟁력이 발생한 선행 행정행위의 후행 행정행위에 대한 구속력'[72]의 문제로 설명하고 있는데, 이러한 설명방법이 문제의 이해에 도움이 된다고 생각되어 이하에서 그 내용을 약술한다.

(1) 선행 행정행위의 후행 행정행위에 대한 구속력의 내용

동일한 효과를 추구하는 행정작용이 여러 단계를 거쳐 행해지는 경우에 선행 행정행위는 후행 행정행위에 대하여 일정 범위 안에서 구속력을 가지며, 그 범위 내에서는 선행 행정행위의 위법성을 이유로 후행 행정행위를 다툴 수 없다. 한편 선행 행정행위의 후행 행정행위에 대한 구속력이 인정된다는 것은 (종래의 설명방법에 따르는 경우) 양자 간에 하자의 승계가 인정되지 않는다는 것을 의미하게 된다.

(2) 후행 행정행위에 대한 구속력의 근거

선행 행정행위의 후행 행정행위에 대한 구속력의 직접적 근거규정은 발견하기 어려우나 행정쟁송제기기간에 관한 규정(「행정심판법」 제27조, 「행정소송법」 제20조 등)을 간접적 근거규정으로 볼 수 있다. 왜냐하면 선행 행정행위가 불가쟁력을 발생하였는데, 후행 행정행위의 단계에 이르러 선행 행정행위의 흠을 이유로 후행 행정행위의 효력을 다툴 수 있다면 불가쟁력을 인정하는 취지가 무의미해지기 때문이다.

(3) 후행 행정행위에 대한 구속력의 한계

1) 사물적 한계   선행 행정행위가 후행 행정행위에 구속력을 미치기 위해서는 양 행위가 동일한 목적을 추구하며, 그 법적 효과가 궁극적으로 일치되어야 한다.

2) 대인적 한계   선행 행정행위의 후행 행정행위에 대한 구속력은 양 행위의 수범자(受範者)가 일치하는 한도에서만 미친다.

---

72) 이를 규준력(規準力) 또는 기결력(旣決力)이라고도 한다. 한편 이러한 규준력이론에 대한 (전통적 하자의 승계이론에 따르고 있는 학자들의) 비판 및 그러한 비판에 대한 반론에 관하여는 김남진·김연태, 행정법 I, 2021, 347쪽 이하 참조.

3) 시간적 한계 선행 행정행위의 후행 행정행위에 대한 구속력은 선행행위의 사실 및 법상태가 유지되는 한도에서만 미친다.

4) 예측성과 수인가능성 선행 행정행위의 후행 행정행위에 대한 구속력을 인정하는 결과 개인에게 지나치게 가혹한 결과를 초래하는 경우에는 그 효과를 부인할 필요가 있는바, 이를 뒷받침하는 논리가 바로 예측성과 수인가능성(受忍可能性)이다. 이 같은 이론을 전제로 법원은 선행 개별공시지가결정의 위법을 이유로 후행 과세처분을 다툴 수 있다고 판시한 바 있으며,[73] 선행 표준공시지가결정의 위법을 이유로 후행 수용재결의 위법성을 다툴 수 있다고 판시한 바 있다.[74] 한편 법원은 같은 맥락에서 친일반민족행위진상규명위원회의 최종발표의 위법을 이유로 후행 지방보훈지청장의 독립유공자 예우에 관한 법률 적용배제자 결정의 효력 또한 다툴 수 있음을 인정한 바 있다.

관련판례

「갑을 친일반민족행위자로 결정한 친일반민족행위진상규명위원회(이하 '진상규명위원회'라 한다)의 최종발표(선행처분)에 따라 지방보훈지청장이 독립유공자 예우에 관한 법률(이하 '독립유공자법'이라 한다) 적용 대상자로 보상금 등의 예우를 받던 갑의 유가족 을 등에 대하여 독립유공자법 적용배제자 결정(후행처분)을 한 사안에서, 진상규명위원회가 갑의 친일반민족행위자 결정 사실을 통지하지 않아 을은 후행처분이 있기 전까지 선행처분의 사실을 알지 못하였고, 후행처분인 지방보훈지청장의 독립유공자법 적용·배제결정이 자신의 법률상 지위에 직접적인 영향을 미치는 행정처분이라고 생각했을 뿐, 통지를 받지도 않은 진상규명위원회의 친일반민족행위자 결정처분이 자신의 법률상 지위에 영향을 주는 독립된 행정처분이라고 생각하기는 쉽지 않았을 것으로 보여, 을이 선행처분에 대하여 일제강점하 반민족행위 진상규명에 관한 특별법에 의한 이의신청절차를 밟거나 후행처분에 대한 것과 별개로 행정심판이나 행정소송을 제기하지 않았다고 하여 선행처분의 하자를 이유로 후행처분의 효력을 다툴 수 없게 하는 것은 을에게 수인한도를 넘는 불이익을 주고 그 결과가 을에게 예측가능한 것이라고 할 수 없어 선행처분의 후행처분에 대한 구속력을 인정할 수 없으므로 선행처분의 위법을 이유로 후행처분의 효력을 다툴 수 있음에도, 이와 달리 본 원심판결에 법리를 오해한 위법이 있다」(대판 2013.3.14, 2012두6964).

---

73) 대판 1994.1.25, 93누8542 참조.
74) 대판 2008.8.21, 2007두13845 참조.

▌제8절▐ 행정행위의 취소

Ⅰ. 취소의 의의

1. 취소의 개념

행정행위의 취소란 협의로는 직권취소, 즉 일단 유효하게 성립한 행정행위에 대하여 성립 당시의 하자를 이유로 행정청이 그 효력을 소멸시키는 독립한 행정행위를 말한다(「행정기본법」제18조 참조). 행정행위 편에서의 취소는 일반적으로 직권취소를 의미한다.

한편 행정행위의 취소를 광의로 이해하게 되면 전술한 직권취소 외에 이해관계인의 쟁송제기에 의해 행하는 쟁송취소도 포함된다.

2. 타 개념과의 구별

(1) 무효선언과의 구별

행정행위의 취소는 '일단 유효하게 성립한' 행정행위의 효력을 소멸시킨다는 점에서 처음부터 효력을 발생하지 않는 무효인 행정행위를 공적으로 확인하는 무효선언과 구별된다.

(2) 철회와의 구별

행정행위의 취소는 '성립 당시의 하자'를 이유로 행정행위의 효력을 소멸시킨다는 점에서, 아무런 하자 없이 유효하게 성립한 행정행위를 그 효력을 존속시킬 수 없는 새로운 사정의 발생을 이유로 소멸시키는 행위인 철회(「행정기본법」제19조)와 구별된다(자세한 것은 제9절 행정행위의 철회 참조).

(3) 폐지와의 구별

행정행위의 취소와 후술하는 행정행위의 철회를 합쳐 폐지라는 용어가 사용되기도 하는바, 이 점에서 행정행위의 취소는 폐지와도 구별된다.

Ⅱ. 취소의 종류

1. 행정청에 의한 취소와 법원에 의한 취소

취소권을 가진 기관에 따른 구별로 후술하는 직권취소와 쟁송취소의 구분과 대체로 일치하지만 반드시 그렇지는 않다. 즉, 법원에 의한 취소가 언제나 쟁송취소인 것에 반하여, 행정청에 의한 취소에는 직권취소와 쟁송취소(행정심판)가 모두 있을 수 있다.

2. 수익적 행정행위의 취소와 부담적 행정행위의 취소

취소의 대상이 되는 행정행위의 종류에 따른 구분으로, 직권취소에 있어서의 취소권의 제한과 관련하여 특히 중요한 의미를 갖는다.

3. 직권취소와 쟁송취소

(1) 의 의

행정행위의 취소는 취소권을 발동하게 된 직접적 동기를 기준으로 직권취소와 쟁송취소로 구분된다. 여기서 직권취소란 행정청이 스스로(직권으로) 행하는 취소를 말하며, 쟁송취소란 상대방이나 이해관계인의 쟁송제기에 의해 행하는 취소를 말한다. 행정청은 위법 또는 부당한 처분의 전부나 일부를 소급하여 취소할 수 있다고 규정하고 있는 「행정기본법」 제18조 제1항 본문상의 취소 개념은 직권취소에 관한 것이다.

(2) 기본적 차이

쟁송취소는 추상적 위법성을 이유로 회고적으로 적법한 상태를 회복하기 위한 제도로서 국민의 권리구제의 성격을 갖는다. 따라서 그의 대상은 주로 부담적 행정행위가 된다. 이에 반하여 직권취소는 회고적으로 적법성을 회복시킴과 동시에 장래에 향하여 적극적으로 행정목적을 실현하기 위한 수단이며(직권취소의 이중성), 그 대상은 주로 수익적 행정행위가 된다.

(3) 구체적인 차이점

1) **취소의 사유**   쟁송취소, 특히 법원에 의한 취소는 위법성만이 취소사유가 된다.[75] 그러나 직권취소에 있어서는 부당성도 취소사유가 된다.

2) **이익형량**   쟁송취소의 경우에는 위법성이 있는 한 제(諸) 이익 간의 비교형량을 함이 없이 취소됨이 원칙인 것에 반해,[76] 직권취소의 경우에는 개개의 행정목적에 비추어 취소를 요구하는 공익과 취소를 제한하여 행정행위의 효력을 유지하고자 하는 제 이익 간의 비교형량이 행해져야만 한다. 「행정기본법」 제18조 제2항은 행정청은 당사자에게 권리나 이익을 부여하는 처분을 취소하려는 경우에는 취소로 인하여 당사자가 입게 될 불이익을 취소로 달성되는 공익과 비교·형량(衡量)하여야 한다고 규정하여

---

75) 쟁송취소라고 할지라도 행정심판에 의한 쟁송취소는 '부당성'도 취소사유가 된다.

76) 물론 실정법에 의해 예외적으로 이익형량이 행해지는 경우도 있는바, 사정판결과 사정재결이 그 예이다(「행정소송법」 제28조, 「행정심판법」 제44조). 따라서 행정쟁송에서 위법의 하자가 있다고 하여 반드시 취소해야만 되는 것은 아니다.

이러한 취지를 명문으로 규정하고 있다.[77] 이런 점을 고려할 때 쟁송취소가 직권취소에 비하여 상대적으로 자유롭다고 할 수 있다.

　　3) 취소의 기간　　쟁송취소는 그의 제소기간에 일정한 제한이 있는 반면, 직권취소는 그러한 기간의 제한을 받지 않는다. 다만 근래에 들어 수익적 행정행위의 직권취소의 경우에도 관계자의 신뢰보호를 위하여 일정기간 내에만 가능한 것으로 보아야 한다는 견해가 나타나고 있으며(실권의 법리), 독일「연방행정절차법」역시 취소가 가능함을 안 날로부터 1년 이내에만 취소가 가능한 것으로 규정하고 있다(제48조 제4항).

　　4) 취소의 절차　　쟁송취소는「행정심판법」과「행정소송법」이 정하는 쟁송절차에 따라 행하여진다. 그러나 직권취소는「행정절차법」이나 개별법상의 청문,「민원처리에 관한 법률」의 규정에 따른 절차가 문제될 뿐이다.

　　5) 취소의 형식　　쟁송취소는 판결·재결의 형식으로 행해지므로 일정한 사항을 기재한 서면으로 하여야 하나, 직권취소는 그처럼 엄격한 형식을 요하지는 않는다.

　　6) 취소의 소급효　　쟁송취소는 회고적으로 적법성을 확보하려는 것을 목적으로 하므로 원칙적으로 소급효가 인정된다. 그러나 직권취소는 구체적 사건에 있어서의 이익형량의 결과에 따라 소급효가 인정될 것인지 여부가 결정된다. 이와 관련하여「행정기본법」이 행정청의 취소는 원칙적으로 소급효를 가지지만 당사자의 신뢰를 보호할 가치가 있는 등 정당한 사유가 있는 경우에는 장래를 향하여 취소할 수 있음을 규정하고 있음은 주목을 요한다(동법 제18조 제1항 단서).

　　7) 불가변력　　재결이나 판결의 형식으로 행해지는 쟁송취소에는 강한 불가변력이 인정된다. 그러나 직권취소에는 관련법규에 특별한 규정이 없는 한 쟁송취소와 같은 정도의 불가변력은 인정되지 않는다.

　　8) 적극적 변경의 가능성 여부　　직권취소는 처분청 또는 상급감독청이 하는 것이므로 행정행위의 하자를 제거하고 구체적인 행정목적을 실현하기 위해 필요할 때에는 적극적인 변경(예: 공무원에 대한 면직처분을 정직처분으로 변경)을 그의 내용으로 할 수도 있다. 그러나 쟁송취소 가운데 행정소송에 의하는 경우는 권력분립주의와의 관계 때문에 일부취소의 의미에서의 소극적 변경을 할 수 있을 뿐, 적극적 변경을 그의 내용으로 할 수 없다(반대설 있음). 다만, 행정심판에 의한 취소의 경우에는 적극적 변경이 가능하다.

　　9) 취소권자(후술참조)

---

77) 다만「행정기본법」제18조 2항이 ① 거짓이나 그 밖의 부정한 방법으로 처분을 받은 경우, ② 당사자가 처분의 위법성을 알고 있었거나 중대한 과실로 알지 못한 경우 중 어느 하나에 해당하는 경우에는 이러한 비교·형량을 할 필요가 없음을 규정하고 있는 것은 주목을 요한다.

Ⅲ. 취소권자

1. 직권취소

직권취소권자는 원칙적으로 당해 행정행위를 한 행정청, 즉 처분청이다(「행정기본법」 제18조).

한편 감독청이 직접 행정행위를 취소할 권한을 가지는가에 관해서는 ① 감독청은 특별한 규정이 없는 한 처분청에 대해 취소를 명할 수 있을 뿐 직접 취소권을 행사할 수는 없다는 견해와, ② 취소권은 감독의 목적을 달성하기 위한 불가결의 수단이라는 것을 근거로 명문의 규정이 없어도 감독청도 당연히 취소권을 갖는다는 견해(종래의 다수설)의 대립이 있다.

2. 쟁송취소

쟁송취소권자는 행정심판위원회와 법원이 된다. 다만 공무원 소청심사위원회, 조세심판원 등 제3의 기관이 쟁송취소권자가 될 수도 있다(이에 관한 것은 제5편 행정구제법 중 행정쟁송부분 참조).

Ⅳ. 취소의 법적 근거

1. 직권취소

(1) 처분청이 취소권자인 경우

행정행위에 취소의 하자가 있는 경우에 처분청이 그것을 취소하기 위해서는 별도의 법적 근거를 필요로 하는가? 이에 관하여 예전에는 직권취소를 위해서는 별도의 법적 근거가 필요하다고 하는 '근거필요설'이 주장되기도 하였다.[78] 그러나 오늘날은 행정행위의 취소는 성립요건을 갖추고 있지 못한 하자있는 행정행위의 효력을 소멸시키는 것이므로 별도의 법적 근거를 요하지 않는다는 근거불요설(根據不要說)이 지배적 견해이며, 판례 역시 근거불요설의 입장에 따르고 있다.

생각건대 성립요건을 갖추고 있지 못한 하자있는 행정행위는 이미 법치행정의 요구에 어긋난 것이기 때문에 그러한 하자있는 행정행위를 취소하는 것은 법치행정의 원리를 구현하는 것이므로 근거불요설이 타당하다. 「행정기본법」 제18조의 취소에 관한

---

78) 근거필요설은 직권취소가 주로 수익적 행정행위를 대상으로 하기 때문에, 직권취소가 상대방의 기득의 권익을 침해하게 된다는 것을 주된 논거로 하였다.

규정 역시 이러한 입장에 따르고 있는 것으로 생각된다.

> **관련판례**
>
> 「행정행위를 한 처분청은 그 행위에 하자가 있는 경우에 별도의 법적 근거가 없더라도 이를 취소할 수 있는 것이다」(대판 2006.5.25, 2003두4669).

(2) 감독청이 취소권자인 경우

감독청이 취소권자인 경우에도 별도의 법적 근거 없이 취소할 수 있는지에 대하여는 긍정설과 부정설의 대립이 있으며, 판례 또한 일관된 경향을 보이지 못하고 있다.

2. 쟁송취소

쟁송취소권자인 행정심판위원회는 「행정심판법」 제43조 제3항, 법원은 「행정소송법」 제27조 등에 근거하여 취소를 행한다.

V. 취소의 사유

1. 개 설

일반적으로 행정행위에 흠이 있으나 그것이 중대·명백하지 않은 경우가 행정행위의 취소사유가 된다고 할 수 있다. 무효인 행정행위를 취소하는 것은 여기에서의 취소가 아니라 단순한 무효선언에 불과하다.

2. 구체적인 취소사유[79]

(1) 주체에 관한 취소사유
① 권한을 초과한 경우
② 사기·강박·증뢰 등 부정행위에 기한 경우
③ 착오의 결과 행해진 내용이 단순위법·부당인 경우
(2) 내용에 관한 취소사유
① 내용이 단순위법·부당(직권취소만 가능)인 경우
② 공서양속에 위반한 경우

---

79) 이에 관하여 자세한 것은 제7절 행정행위의 하자 중 취소원인 부분 참조.

(3) 절차에 관한 취소사유

① 행정편의적 · 참고적 · 세부적 절차에 위반한 경우

② 자문기관의 자문을 결한 경우

(4) 형식에 관한 취소사유

경미한 형식을 결여한 경우

VI. 취소권의 제한

1. 쟁송취소

쟁송취소의 경우에는 「행정심판법」 제44조에 의한 사정재결 또는 「행정소송법」 제28조에 의한 사정판결과 같은 예외적인 경우를 제외하고는 취소사유가 있으면 원칙적으로 취소를 하여야 한다. 따라서 원칙적으로 취소권의 제한의 문제는 발생하지 않는다.

2. 직권취소

(1) 취소자유의 원칙으로부터 취소제한의 원칙으로

과거에는 직권취소의 경우에도 행정행위에 취소의 사유가 있는 경우에는 행정청이 임의로 취소할 수 있다는 취소자유의 원칙이 지배하였으며, 포르스트호프(E. Forsthoff)는 하자있는 행정행위의 취소가 행정청의 법적 의무임을 강조하기도 하였다.

그러나 오늘날에는 (특히 수익적 행정행위의 경우에는[80]) 취소권의 행사에도 일정한 제한이 따른다고 하는 취소제한의 원칙이 지배한다. 즉, 직권취소의 경우에는 「취소에 의하여 달성하려고 하는 공익상의 필요」와 「상대방의 기득권 존중 · 신뢰보호 및 법률생활의 안정성」 등의 요청을 비교형량하여, 행정행위를 취소함으로써 얻는 가치가 취소하지 않음으로써 얻는 가치보다 큰 경우에 한하여 취소할 수 있다. 이 경우 취소해야 할 공익상의 필요성에 관한 증명책임은 처분을 행한 행정청에 있다.

관련판례

「처분청은 행정처분에 하자가 있는 경우에는 별도의 법적 근거가 없더라도 스스로 이를 취소할 수 있고, 다만 수익적 행정처분을 취소할 때에는 이를 취소하여야 할 중대한 공익상 필요와 취소로 인하여 처분상대방이 입게 될 기득권과 법적 안정성에 대한 침해 정도 등 불이익을 비교 · 교

---

[80] 특별한 사정이 없는 한 부담적 행정행위의 취소는 원칙적으로 자유로우며, 따라서 취소권제한의 문제 또한 발생하지 않는 것이 일반적이다.

량한 후 공익상 필요가 처분상대방이 입을 불이익을 정당화할 만큼 강한 경우에 한하여 취소할 수 있다」(대판 2020.7.23, 2019두31839).

(2) 직권취소가 제한되는 경우

1) 준사법적(準司法的) 행정행위의 경우   행정행위가 사법적 절차에 준하여 행해진 경우(예: 행정심판의 재결 등)에는 그 행정행위의 적법성과 존속성을 보장한다는 의미에서 행정행위의 취소권이 제한된다(불가변력).

관련판례

「심계원(審計院)의 판정이 행정처분임은 물론이나 당해 회계관계 직원과 관계 행정청을 구속하는 준사법적 성격을 띤 확정력을 가지는 것으로써 판정은 판정을 한 기관조차 일반행정처분과는 달리 위의 제32조 소정 재심에 의한 경우를 제외하고는 취소·변경할 수 없으며 어떠한 행정청도 이의 취소변경을 할 수 없다」(대판 1963.7.25, 63누65).

---

2) 사권형성적(私權形成的) 행정행위   사인의 법률적 행위의 효력을 완성시켜 주는 행정행위, 즉 인가는 이미 그 사인의 법률행위가 완성한 이후에는 그의 취소가 제한을 받는다.

3) 실권(失權)의 경우   행정행위에 취소의 하자가 있음에도 불구하고 행정청이 장기간 취소권을 행사하지 않아서 상대방에게 행정청이 취소권을 행사하지 않을 것이라는 신뢰가 생기게 된 경우에는, 실권의 법리에 의하여 행정청의 취소권이 소멸한다.

관련판례

「구 건축법(2014. 1. 14. 법률 제12246호로 개정되기 전의 것) 제11조 제7항은 건축허가를 받은 자가 허가를 받은 날부터 1년 이내에 공사에 착수하지 아니한 경우에 허가권자는 허가를 취소하여야 한다고 규정하면서도, 정당한 사유가 있다고 인정되면 1년의 범위에서 공사의 착수기간을 연장할 수 있다고 규정하고 있을 뿐이며, 건축허가를 받은 자가 착수기간이 지난 후 공사에 착수하는 것 자체를 금지하고 있지 아니하다. 이러한 법 규정에는 건축허가의 행정목적이 신속하게 달성될 것을 추구하면서도 건축허가를 받은 자의 이익을 함께 보호하려는 취지가 포함되어 있으므로, 건축허가를 받은 자가 건축허가가 취소되기 전에 공사에 착수하였다면 허가권자는 그 착수기간이 지났다고 하더라도 건축허가를 취소하여야 할 특별한 공익상 필요가 인정되지 않는 한 건축허가를 취소할 수 없다. 이는 건축허가를 받은 자가 건축허가가 취소되기 전에 공사에 착수하려 하였으나 허가권자의 위법한 공사중단명령으로 공사에 착수하지 못한 경우에도 마찬가지이다」(대판 2017.7.11, 2012두22973).

4) 하자의 치유 · 전환이 인정되는 경우

5) 기 타 포괄적 신분관계 설정행위(예: 귀화허가, 공무원의 임명) 또한 취소권이 제한되는 경우가 많다.

(3) 직권취소가 제한되지 않는 경우

1) 수익자에게 귀책사유(歸責事由)가 있는 경우 수익자의 사기 · 강박 · 증뢰 등 부정한 방법에 기해서 수익적 행정행위가 발해진 경우 또는 행정행위의 위법성을 수익자가 알았거나 중대한 과실로 알지 못한 경우처럼 행정행위의 하자가 수익자의 주관적 책임에 기인할 때에는 취소에 관한 공익이 앞서므로 취소가 허용된다. 또한 수익자가 제시한 잘못된 또는 불완전한 신고에 의해 행정행위가 행해진 경우처럼 행정행위의 하자를 수익자의 객관적 책임에 귀속시킬 수 있는 경우에도 취소에 관한 공익이 앞서므로 취소가 허용된다.

관련판례

① 「수익적 행정처분의 하자가 당사자의 사실은폐나 기타 사위의 방법에 의한 신청행위에 기인한 것이라면 당사자는 그 처분에 의한 이익이 위법하게 취득되었음을 알아 그 취소가능성도 예상하고 있었다고 할 것이므로, 그 자신이 위 처분에 관한 신뢰이익을 원용할 수 없음은 물론 행정청이 이를 고려하지 아니하였다고 하여도 재량권의 남용이 되지 아니한다. 한편 당사자의 사실은폐나 기타 사위의 방법에 의한 신청행위가 있었는지 여부는 행정청의 상대방과 그로부터 신청행위를 위임받은 수임인 등 관계자 모두를 기준으로 판단하여야 한다」(대판 2014.11.27, 2013두16111).
② 「행정처분의 성립과정에서 그 처분을 받아내기 위한 뇌물이 수수되었다면 특별한 사정이 없는 한 그 행정처분에는 직권취소사유가 있는 것으로 보아야 할 것이고, 이러한 이유로 직권취소하는 경우에는 처분 상대방측에 귀책사유가 있기 때문에 신뢰보호의 원칙도 적용될 여지가 없다」(대판 2003.7.22, 2002두11066).

2) 중대한 공익상의 필요가 있는 경우 중대한 공익상의 필요, 특히 위험의 방지는 언제나 우선적 지위를 차지하여야 한다. 따라서 공공의 안녕 · 질서에 대한 위험을 방지하기 위하여 필요한 경우에는 상대방의 신뢰에도 불구하고 하자있는 행정행위는 취소되어야 한다.

3. 특수문제 ― 일부취소의 가능성

행정행위의 일부에 대해서만 취소가 가능한지 여부가 문제되는바, 판례는 긍정적이다.

관련판례

「외형상 하나의 행정처분이라 하더라도 가분성(可分性)이 있거나 그 처분대상의 일부가 특정될 수 있다면 일부만의 취소도 가능하고 그 일부의 취소는 당해 취소부분에 관하여만 효력이 생기는 것인바, 공정거래위원회가 사업자에 대하여 행한 법위반사실공표명령은 비록 하나의 조항으로 이루어진 것이라고 하여도 그 대상이 된 사업자의 광고행위와 표시행위로 인한 각 법위반사실은 별개로 특정될 수 있어 위 각 법위반사실에 대한 독립적인 공표명령이 경합된 것으로 보아야 할 것이므로, 이 중 표시행위에 대한 법위반사실이 인정되지 아니하는 경우에 그 부분에 대한 공표명령의 효력만을 취소할 수 있을 뿐, 공표명령 전부를 취소할 수 있는 것은 아니다」(대판 2000.12.12, 99두12243).

Ⅶ. 취소의 절차

1. 직권취소

「행정절차법」이나 개별법상의 청문규정 또는 「민원 처리에 관한 법률」의 단편적인 규정과 같이 직권취소에 관하여 특별한 규정이 있는 경우에는 직권취소는 그러한 절차에 따라 행하여져야 한다.

한편 개별법에 그러한 특별한 규정이 없는 경우에도 수익적 행정행위의 취소에 있어서는 「행정절차법」에 따라 상대방에 대한 사전통지, 의견청취절차 등을 거쳐야 한다.

2. 쟁송취소

쟁송취소는 「행정심판법」·「행정소송법」 등이 정하는 엄격한 쟁송절차에 따라 행하여진다.

Ⅷ. 취소의 효과

1. 소급효의 인정여부

(1) 직권취소

직권취소의 경우에도 취소의 원인이 당사자에게 있거나(상대방에게 귀책사유가 있을 때) 과거에 완결된 법률관계를 제거하지 않으면 취소의 목적을 달성할 수 없는 경우라면 소급효가 인정된다는 점은 일찍부터 인정되어 왔다. 한편 「행정기본법」 역시 "행정청의 취소는 원칙적으로 소급효를 가지지만, 당사자의 신뢰를 보호할 가치가 있는 등 정당한 사유가 있는 경우에는 소급효가 인정되지 않는다"고 규정하여(동법 제18조 제1항 단서) 이러한 법리를 명문화하고 있다.

그 밖의 경우에는 구체적인 이익형량의 결과에 따라 소급효의 인정여부가 달라지게 된다. 즉, ① 부담적 행정행위가 직권취소의 대상이 되는 경우에는 취소의 소급효가 인정되는 것에 반하여(관련판례 ① 참조), ② 수익적 행정행위의 취소의 경우에는 원칙적으로 소급효가 인정되지 않는다. 다만 수익적 행정행위의 경우에도 취소의 소급효를 인정하지 않으면 심히 공익을 해한다고 판단되는 경우에는 소급효가 인정될 수 있다(관련판례 ② 참조).

관련판례

① 「국세 감액결정처분은 이미 부과된 과세처분에 하자가 있음을 이유로 사후에 이를 일부취소하는 처분이므로, 취소의 효력은 그 취소된 국세부과처분이 있었을 당시에 소급하여 발생하는 것이고, 이는 판결 등에 의한 취소이거나 과세관청의 직권에 의한 취소이거나에 따라 차이가 있는 것이 아니다」(대판 1995.9.15, 94다16045).

② 「도로점용허가는 도로의 일부에 대한 특정사용을 허가하는 것으로서 도로의 일반사용을 저해할 가능성이 있으므로 그 범위는 점용목적 달성에 필요한 한도로 제한되어야 한다. 도로관리청이 도로점용허가를 하면서 특별사용의 필요가 없는 부분을 점용장소 및 점용면적에 포함하는 것은 그 재량권 행사의 기초가 되는 사실인정에 잘못이 있는 경우에 해당하므로 그 도로점용허가 중 특별사용의 필요가 없는 부분은 위법하다. 이러한 경우 도로점용허가를 한 도로관리청은 위와 같은 흠이 있다는 이유로 유효하게 성립한 도로점용허가 중 특별사용의 필요가 없는 부분을 직권취소할 수 있음이 원칙이다. 다만 이 경우 행정청이 소급적 직권취소를 하려면 이를 취소하여야 할 공익상 필요와 그 취소로 당사자가 입을 기득권 및 신뢰보호와 법률생활 안정의 침해 등 불이익을 비교 교량한 후 공익상 필요가 당사자의 기득권 침해 등 불이익을 정당화할 수 있을 만큼 강한 경우여야 한다. 이에 따라 도로관리청이 도로점용허가 중 특별사용의 필요가 없는 부분을 소급적으로 직권취소하였다면, 도로관리청은 이미 징수한 점용료 중 취소된 부분의 점용면적에 해당하는 점용료를 반환하여야 한다」(대판 2019.1.17, 2016두56721, 56738).

---

(2) 쟁송취소

쟁송취소의 효과는 원칙적으로 기왕에 소급한다.

관련판례

「피고인이 행정청으로부터 자동차운전면허취소처분을 받았으나 나중에 그 행정처분 자체가 행정쟁송절차에 의하여 취소되었다면, 위 운전면허취소처분은 그 처분시에 소급하여 효력을 잃게 되고, 피고인은 위 운전면허취소처분에 복종할 의무가 원래부터 없었음이 후에 확정되었다고 봄이 타당할 것이고, 행정행위에 공정력의 효력이 인정된다고 하여 행정소송에 의하여 적법하게 취소된 운전면허취소처분이 단지 장래에 향하여서만 효력을 잃게 된다고 볼 수는 없다. 따라서 피고인이 (운전면허취소처분 이후에) 자동차를 운전한 행위는 도로교통법에 규정된 무면허운전의 죄에 해당하지 아니한다」(대판 1999. 2. 5, 98도4239).

2. 손실보상

수익적 행정행위가 상대방의 귀책사유 이외의 하자로 인하여 취소된 경우에는 그로 인한 상대방의 손실을 보상하여야 한다.

IX. 하자있는 취소의 취소

1. 취소에 무효사유가 있는 경우

취소처분에 무효의 사유가 있으면 그 취소처분은 당연무효이므로 원행정행위가 그대로 존속한다. 다만, 무효선언의 의미에서의 취소가 가능하다고 할 것이다.

2. 취소에 취소사유가 있는 경우

직권취소처분에 취소의 사유가 있는 경우에 이를 다시 직권으로 취소할 수 있는지의 문제에 대하여는 다음과 같이 학설·판례가 대립하고 있다.

(1) 학 설

1) 부정설 법령에 명문의 규정이 없는 한 취소에 의하여 이미 소멸한 행정행위의 효력을 다시 소생시킬 수는 없으므로 취소행위를 취소하여 원행정행위의 효력을 소생시키려면 원행정행위와 같은 내용의 행정행위를 다시 할 수밖에 없다고 보는 견해이다.

2) 긍정설 취소처분 역시 성질상 행정행위의 일종이므로 취소처분에 취소의 하자가 있는 경우에는 행정행위의 취소에 대한 일반원칙에 따라 얼마든지 취소할 수 있다는 견해이다. 긍정설이 통설이며, 법리상으로도 타당하다.

(2) 판 례

이 문제에 관한 법원의 태도는 이하의 판례에서 보듯이 일견 일관되지 못한 것으로 보인다. 다만 이 같은 판례의 입장에 대하여 대법원 재판연구관이 「원행정처분이 수익적인 경우는 긍정, 원행정처분이 침익적인 경우는 부정하는 것이 관련판례의 올바른 해석일 것이다」라고 설명하고 있음은 주목을 요한다.

① 부정적 판례:「지방병무청장이 재신체검사 등을 거쳐 현역병입영대상편입처분을 보충역편입처분이나 제2국민역편입처분으로 변경하거나 보충역편입처분을 제2국민역편입처분으로 변경하는 경우 비록 새로운 병역처분의 성립에 하자가 있다고 하더라도 그것이 당연무효가 아닌 한 일단 유효하게 성립하고 제소기간의 경과 등 형식적 존속력이 생김과 동시에 종전의 병역처분의 효력은 취소 또는 철회되어 확정적으로 상실된다고 보아야 할 것이므로 그 후 새로운 병역처분의 성립에 하자가 있었음을 이유로 하여 이를 취소한다고 하더라도 종전의 병역처분의 효력이 되살아난다고 할 수 없다」(대판 2002.5.28, 2001두9653).[81]

② 긍정적 판례:「행정처분이 취소되면 그 소급효에 의하여 처음부터 그 처분이 없었던 것과 같은 효과를 발생하게 되는바, 행정청이 의료법인의 이사에 대한 이사취임승인취소처분(제1처분)을 직권으로 취소(제2처분)한 경우에는 그로 인하여 이사가 소급하여 이사로서의 지위를 회복하게 되고, 그 결과 위 제1처분과 제2처분 사이에 법원에 의하여 선임결정된 임시이사들의 지위는 법원의 해임결정이 없더라도 당연히 소멸된다」(대판 1997.1.21, 96누3401).

‖ 제9절 ‖ 행정행위의 철회

Ⅰ. 철회의 의의

1. 철회의 개념

행정행위의 철회(撤回)란 아무런 하자 없이 유효하게 성립한 행정행위의 효력을 그의 효력을 존속시킬 수 없는 새로운 사정의 발생을 이유로 장래에 향하여 소멸시키는 독립한 행정행위(「행정기본법」제19조 참조)를 말하며(예: 적법하게 운전면허를 취득 후 음주운전이나 정신질환 등을 이유로 운전면허의 철회), 실정법상으로는 취소라는 용어가 많이 사용되고 있다(「도로법」제63조,「식품위생법」제75조 등).

2. 직권취소와의 구별

(1) 철회와 직권취소의 차이점

종래 철회와 직권취소는 다음과 같은 면에서 차이점을 발견할 수 있다고 설명되어 왔다. 즉,

---

81) 同旨판례: 국세부과의 취소의 취소에 관한 대판 1995.3.10, 94누7027.

첫째, 철회는 처분청만이 할 수 있다는 점에서, 처분청 및 상급감독청에 의해 행해지는 직권취소와 구별된다.

둘째, 철회는 언제나 장래에 향하여서만 효과를 발생한다는 점에서, 행정행위의 효력을 소급해서 상실시키기도 하는 취소와 구별된다(「행정기본법」 제18조 · 제19조).

셋째, 철회는 행정행위의 효력을 더 이상 존속시킬 수 없는 새로운 사정의 발생을 이유로 하는 점에서, 성립 당시의 중대하고도 명백한 하자 이외의 하자를 이유로 하는 취소와 구별된다(「행정기본법」 제18조 · 제19조).

(2) 철회와 직권취소와의 유사성

근래에는 철회와 직권취소와의 유사성을 강조하는 경향이 대두되고 있는바, 이는 직권취소가 적법상태의 회복과 행정목적의 실현을 아울러 도모한다는 점(직권취소의 이중성)에 기인한다. 한편, 양자의 유사성을 강조하게 되는 구체적 이유로는 다음과 같은 것이 들어지고 있다. 즉,

첫째, 직권취소도 법률에 특별한 규정이 없는 한 감독청에게는 권한이 없다(반대설 有).

둘째, 직권취소의 소급효의 유무는 구체적 사정에 의해 결정되므로 양자의 결정적 구별기준으로는 부적합하다.

셋째, 취소원인의 원시성(原始性), 철회원인의 후발성(後發性)은 상대화될 수 있다 (예: 취소원인이 있는 행정행위에 대하여 일단 개선명령을 내리고, 그에 따르는 의무불이행을 이유로 철회권을 행사하는 경우).

(3) 결 어

전술한 양자 간의 유사성에도 불구하고 취소는 '흠의 시정'을, 철회는 '변화한 사정에의 적합화'를 제1차적 목적으로 하는 점에서 양자는 개념적으로 구분될 수 있다. 「행정기본법」 또한 취소와 철회를 별도의 조문에서 규정함으로써 이를 분명히 하고 있다 (동법 제18조, 제19조).

II. 철회권자

행정행위의 철회는 처분청만이 할 수 있으며, 상급감독청은 법률에 특별한 규정이 없는 한 철회권을 행사할 수 없다. 처분청만이 철회권을 행사할 수 있는 이유로는 다음과 같은 것이 들어진다.

첫째, 행정행위의 철회는 성질상 원래의 행정행위와 동일한 새로운 행정행위를 하는 것이다.

둘째, 감독청은 특별한 법률의 규정이 없는 한 피감독청의 권한에 대한 대집행권

한을 갖지 못한다.

Ⅲ. 철회의 법적 근거

부담적 행정행위의 철회의 경우 상대방에게 수익적 효과를 발생시키기 때문에 별도의 법적 근거를 필요로 하지 않다고 보는 것이 일반적이다. 이에 반하여 수익적 행정행위의 철회와 관련하여서는 수익적 행정행위에 철회사유가 존재하는 경우에 행정청이 그것만을 이유로 별도의 법령의 근거없이도 철회권을 행사할 수 있는지가 문제된다.

(1) 철회제한설(근거필요설)

수익적 행정행위에 일정한 철회사유가 존재하는 경우에도 행정청이 그를 철회하기 위하여는 상대방의 동의나 신청, 또는 (부관으로서의) 철회권의 유보가 필요하다는 견해이다.

(2) 철회자유설(근거불요설)

수익적 행정행위의 철회에 별도의 법률의 근거를 필요로 하지 않는다는 견해이다(다수설). 철회자유설의 논거로는 원래의 행정행위에 대한 수권규정을 철회에 대한 근거규정으로 볼 수 있다는 것, 행정은 공익에 적합하고 정세변화에 적응할 필요가 있다는 것이 들어진다. 판례 역시 철회자유설의 입장에 따르고 있다(관련판례 ① 참조). 다만 철회를 통하여 처분의 효력을 소급하여 상실시키는 경우에는 별도의 법적 근거가 필요하다고 본 판례가 있음은 주목을 요한다(관련판례 ② 참조).

관련판례

① 「처분 당시에 그 행정처분에 별다른 하자가 없었고 또 그 처분 후에 이를 취소할 별도의 법적 근거가 없더라도 원래의 처분을 그대로 존속시킬 필요가 없게 된 사정변경이 생겼거나 또는 중대한 공익상의 필요가 발생한 경우에는 별개의 행정행위로 이를 철회하거나 변경할 수 있다고 보아야 한다」(대판 1992.1.17, 91누3130).

② 「영유아보육법 제30조 제5항 제3호에 따른 평가인증의 취소는 평가인증 당시에 존재하였던 하자가 아니라 그 이후에 새로이 발생한 사유로 평가인증의 효력을 소멸시키는 경우에 해당하므로, 법적 성격은 평가인증의 '철회'에 해당한다. 그런데 행정청이 평가인증을 철회하면서 그 효력을 철회의 효력발생일 이전으로 소급하게 하면, 철회 이전의 기간에 평가인증을 전제로 지급한 보조금 등의 지원이 그 근거를 상실하게 되어 이를 반환하여야 하는 법적 불이익이 발생한다. 이는 장래를 향하여 효력을 소멸시키는 철회가 예정한 법적 불이익의 범위를 벗어나는 것이다. 이처럼 행정청이 평가인증이 이루어진 이후에 새로이 발생한 사유를 들어 영유아보육법 제30조 제5항에 따라 평가인증을 철회하는 처분을 하면서도, 평가인증의 효력을 과거로 소급하여 상실시

키기 위해서는, 특별한 사정이 없는 한 영유아보육법 제30조 제5항과는 별도의 법적 근거가 필요하다」(대판 2018.6.28, 2015두58195).

한편 철회자유설은 철회의 자유를 원칙으로 하면서도, 비례의 원칙과 같은 행정법의 일반원칙에 의한 철회의 제한을 인정하고 있다.

IV. 철회의 사유

행정행위의 철회사유는 행정행위가 유효하게 성립한 후에 발생한 '행정행위의 효력을 존속시킬 수 없는 새로운 사정'이라고 할 수 있는바, 이와 관련하여「행정기본법」은 철회의 사유를 다음과 같이 구체적으로 규정하고 있다. 즉, ① 법률에서 정한 철회사유에 해당하게 된 경우, ② 법령 등의 변경이나 사정변경으로 처분을 더 이상 존속시킬 필요가 없게 된 경우 및 ③ 중대한 공익을 위하여 필요한 경우가 그것이다(동법 제19조 제1항).

1. 법률에서 정한 철회 사유의 발생

예컨대, 행정행위를 하면서 일정한 사유가 존재하는 경우에 당해 행정행위를 철회하겠다는 뜻의 부관을 붙인 경우(「행정기본법」 제17조) 등 법률에서 정한 철회 사유에 해당하면 행정청은 철회권을 행사할 수 있다(동법 제19조 제1항 제1호). 다만 이 경우에도 철회권 제한의 법리가 적용되어 처분을 철회하려는 경우에는 철회로 인하여 당사자가 입게 될 불이익을 철회로 달성되는 공익과 비교·형량하여야 한다(동법 제19조 제2항).

관련판례

「행정행위의 부관으로 취소권이 유보되어 있는 경우, 당해 행정행위를 한 행정청은 그 취소사유가 법령에 규정되어 있는 경우뿐만 아니라 의무위반이 있는 경우, 사정변경이 있는 경우, 좁은 의미의 취소권이 유보된 경우, 또는 중대한 공익상의 필요가 발생한 경우 등에도 그 행정처분을 취소할 수 있는 것이다」(대판 1984.11.13, 84누269).

2. 사정변경

법령 등의 변경이나 사정변경으로 처분을 더 이상 존속시킬 필요가 없게 된 경우이다(동법 제19조 제1항 제2호). 즉, 사실관계나 법령의 변경으로 행정청이 그 행정행위를 하지 않을 수 있게 되었고, 철회를 하지 않으면 공익이 침해될 우려가 있는 경우 이익형량을 통하여 철회권의 행사가 가능하다.

「구 공유수면매립법(2005.3.31. 법률 제7482호로 개정되기 전의 것) 제32조 제3호, 제40조, 같은 법 시행령(2005.9.30. 대통령령 제19080호로 개정되기 전의 것) 제40조 제4항, 제1항의 규정을 종합하면, 구 농림수산부장관은 매립공사의 준공인가 전에 공유수면의 상황 변경 등 예상하지 못한 사정변경으로 인하여 공익상 특히 필요한 경우에는 같은 법에 의한 면허 또는 인가를 취소·변경할 수 있는바, 여기에서 사정변경이라 함은 공유수면매립면허처분을 할 당시에 고려하였거나 고려하였어야 할 제반 사정들에 대하여 각각 사정변경이 있고, 그러한 사정변경으로 인하여 그 처분을 유지하는 것이 현저히 공익에 반하는 경우라고 보아야 할 것이며, 위와 같은 사정변경이 생겼다는 점에 관하여는 그와 같은 사정변경을 주장하는 자에게 그 입증책임이 있다」(대판 2006.3.16, 2006두330).

3. 중대한 공익상의 필요

사실관계나 법령의 변경이 없는 경우에도 행정행위를 철회해야 될 보다 중대한 공익상의 필요가 있는 경우(예: 하천에 댐을 건설하게 되어 부득이 기존 하천점용허가를 철회할 경우 등)에는 철회가 인정될 수 있다(동법 제19조 제1항 제3호).

「행정행위를 한 처분청은 비록 그 처분 당시에 별다른 하자가 없었고, 또 그 처분 후에 이를 취소할 별도의 법적 근거가 없다 하더라도 원래의 처분을 존속시킬 필요가 없게 된 사정변경이 생겼거나 또는 중대한 공익상의 필요가 발생한 경우에는 그 효력을 상실케 하는 별개의 행정행위로 이를 취소할 수 있다」(대판 1995.2.28, 94누7713).

4. 부담의 불이행 등

「행정기본법」에는 규정되어 있지 않지만, 수익적 행정행위에 부관으로서 부담이 붙여져 있음에도 불구하고 상대방이 그를 이행하지 않은 경우에는 철회권의 행사가 가능하다. 또한 부관으로 철회권이 유보되어 있는 경우 유보된 사실이 발생하면 행정행위를 철회할 수 있다.

「부담부 행정행위에 있어서 처분의 상대방이 부담을 이행하지 아니한 경우에 처분행정청으로서는 당해 처분을 취소(철회)할 수 있는 것이다」(대판 1989.10.24, 86누2431).

5. 상대방의 의무위반 등

「행정기본법」에는 규정되어 있지 않지만, 행정행위를 발한 후에 상대방의 의무위반 등이 있는 경우에도 철회가 가능하다.

「원고가 건평 97.65m²의 주택건축허가를 받고서도 처음부터 건평 102.17m²의 사찰형 건물의 건축공사에 착수하였고 감독관청의 시정지시에도 불구하고 계속 공사를 강행하여 온 이상, 건축허가를 취소(철회)당함으로써 입는 손해가 비록 크다 하더라도 이는 스스로 자초한 것이어서 감수하여야 하므로 건축허가 취소처분은 적법하다」(대판 1986.1.21, 85누612).

다만 상대방의 의무위반으로 인한 철회의 경우에는 보충성의 원칙이 적용되며, 따라서 철회 이외에 행정목적을 달성할 수 있는 수단이 있다면 철회권을 행사하여서는 안 된다는 점을 유의하여야 한다

V. 철회권의 제한

1. 부담적 행정행위의 철회

부담적 행정행위의 철회는 상대방에게 수익적 효과를 발생시키므로 철회권의 제한이라는 문제는 발생하지 않음이 원칙이다. 따라서 이 경우 철회여부는 행정청의 재량에 맡겨져 있다.

다만 원행정행위가 행정청의 의무로 되어 있거나 동일한 내용의 행정행위를 새로이 발급하게 되는 경우 등에는 예외적으로 부담적 행정행위의 철회도 제한될 수 있다.

2. 수익적 행정행위의 철회

(1) 원 칙

수익적 행정행위의 철회여부는 「철회를 요구하는 공익상의 필요」와 「상대방의 신뢰보호, 기득권의 보호 및 법적 안정성 등」을 비교형량하여 결정되어야 한다(「행정기본법」 제19조 제2항). 특히 철회의 경우 신뢰보호의 원칙, 비례의 원칙, 보충성의 원칙, 평등의 원칙 등이 직권취소의 경우보다 더 존중되어야 할 필요가 있다.

「면허청이 상대방에게 면허권을 주는 행정처분을 하였을 때에는 비록 법규상의 취소권 발동사유가 발생하더라도 수익자에게 실제로 취소권을 발동시키는 데는 취소하여야 할 공익상의 필요와 취소로 인하여 당사자가 입을 불이익 등을 형량하여 취소여부를 결정하여야 하고 이것이 잘못되었을 경우에는 기속재량권의 남용이나 그 범위의 일탈에 해당하여 당해 취소처분이 위법함을 면할 수 없다」(대판 1990.6.26, 89누5713).

(2) 철회권의 행사가 제한되는 경우

1) 불가변력이 인정되는 행정행위　일정한 쟁송절차를 거쳐 행해지는 준사법적 행정행위에는 불가변력이 인정되는바, 불가변력이 인정되는 행정행위는 철회할 수 없는 제한을 받는다.

2) 실권의 법리　실권의 법리에 의한 철회권의 제한도 생각해 볼 수 있다. 독일의 「연방행정절차법」은 수익적 행정행위의 철회는 사실을 안 날로부터 1년 이내에 하도록 규정하고 있다(제49조 제2항).

3) 포괄적 법률관계 설정행위　공무원임명행위, 귀화허가 등

VI. 철회의 절차

실정법상의 특별한 규정이 있는 경우 외에는 행정청이 적당하다고 인정하는 절차에 따라 철회할 수 있으나, 수익적 행정행위의 철회의 경우에는 청문의 기회를 부여하고 이유를 제시할 것이 요구된다(「행정절차법」 제22조, 제23조). 근래에는 철회와 관련하여 청문절차가 개별법(「도로법」 제101조 등)에 규정되어 있는 경우가 많다.

VII. 철회의 효과

철회의 효과는 장래에 향하여서만 미치며, 기왕에 소급하지 않는다(「행정기본법」 제19조 제1항). 다만 소급효를 인정하지 않으면 철회의 의의가 없게 되는 경우에는 예외적으로 철회의 경우에도 소급효를 인정하여야 할 것이라는 견해가 나타나고 있음은 주목을 요한다.[82]

한편 철회의 부수적 효과로서 행정청은 관련 문서나 물건의 반환을 요구할 수 있으며, 원상회복·개수 등의 명령을 발할 수 있다. 또한 철회가 상대방의 귀책사유에 의

---

82) 이와 관련하여 독일의 「연방행정절차법」 제49조 제3항이 행정청에게 소급효를 가지는 철회를 할 수 있는 권한을 부여하고 있음은 시사하는 바 크다고 생각한다.

하는 경우를 제외하고는 수익적 행정행위의 철회로 인한 손실은 보상되어야 함이 원칙이다.

Ⅷ. 철회의 취소

행정행위의 철회도 하나의 독립한 행정행위이기 때문에 행정행위의 철회에 취소의 하자가 있는 경우에는 행정행위의 하자에 관한 일반론에 따라 취소할 수 있다.

‖ 제10절 ‖ 행정행위의 실효 등

Ⅰ. 행정행위의 실효

1. 실효의 의의

행정행위의 실효(失效)란 아무런 하자 없이 유효하게 성립한 행정행위가 일정한 사유의 발생으로 인하여 장래에 향해 당연히 소멸되는 것을 말한다.

2. 타 개념과의 구별

(1) 무효와의 구별

실효는 일단 적법하게 발생된 행정행위의 효력이 사후에 장래에 향하여 소멸한다는 점에서 처음부터 효력이 발생하지 않는 무효와 구별된다. 또한 무효가 중대하고 명백한 하자를 이유로 하는 것임에 반하여 실효는 하자와는 전혀 관계가 없다는 점에서도 양자는 그 성질을 달리한다.

(2) 취소ㆍ철회와의 구별

행정행위의 실효는 일정한 사실의 발생에 의하여 '당연히' 그 효력이 소멸하는 점에서, 행정행위의 효력이 소멸되기 위하여서는 행정청의 별도의 의사표시를 요하는 취소ㆍ철회와 구별된다.

3. 실효의 사유

실효의 사유로는 ① 행정행위의 대상의 소멸(예: 운전면허를 받은 사람의 사망으로 인한 운전면허실효 등), ② 부관의 성취(예: 해제조건의 성취나 종기의 도래) 및 ③ 목적의 달성 등을 들 수 있다.

관련판례

「어업에 관한 허가 또는 신고의 경우 그 유효기간이 경과하면 그 허가나 신고의 효력이 당연히 소멸하며, 재차 허가를 받거나 신고를 하더라도 허가나 신고의 기간만 갱신되어 종전의 어업허가나 신고의 효력 또는 성질이 계속된다고 볼 수 없고 새로운 허가 내지 신고로서의 효력이 발생한다」(대판 2019.4.11, 2018다284400).

---

4. 실효의 효과

행정행위의 실효사유가 발생하면 행정행위는 행정청의 특별한 의사표시를 기다릴 것 없이 그때부터 장래에 향하여 당연히 효력이 소멸된다.

관련판례

「유기장의 영업허가는 대물적 허가로서 영업장소의 소재지와 유기시설 등이 영업허가의 요소를 이루는 것이므로, 영업장소에 설치되어 있던 유기시설이 모두 철거되어 허가를 받은 영업상의 기능을 더 이상 수행할 수 없게 된 경우에는, 이미 당초의 영업허가는 허가의 대상이 멸실된 경우와 마찬가지로 그 효력이 당연히 소멸되는 것이고, 또 유기장의 영업허가는 신청에 의하여 행하여지는 처분으로서 허가를 받은 자가 영업을 폐업할 경우에는 그 효력이 당연히 소멸되는 것이다」(대판 1990.7.13, 90누2284).

Ⅱ. 행정행위의 결효

행정행위의 결효(缺效)란 행정행위의 효력이 없는 상태를 총괄하는 개념인바, 제7절 이하의 설명을 토대로 할 때 행정행위의 결효는 다음과 같이 체계화될 수 있다.

제3장

그 밖의 행정의 주요 행위형식

‖ 제1절 ‖ 확 약

Ⅰ. 확약의 의의

1. 확약의 개념

확약(確約, Zusicherung)이란 「행정청이 자기구속을 할 의도로서 장래에 향하여 일정한 행정행위의 발급 또는 불발급을 약속하는 의사표시」를 말한다.

확약은 약속의 대상을 행정행위에 한정하지 않는 확언(確言, Zusage)의 일종인데, 확약과 확언은 개념상 구분할 필요가 있다. 왜냐하면 확약에 대해서는 의무이행심판이나 부작위위법확인소송을 통한 구제를 고려할 수 있지만, (확약 이외의) 확언에 대해서는 그렇지 않기 때문이다.

2. 다단계(多段階) 행정결정으로서의 예비결정과 부분허가와의 구별

(1) 예비결정

예비결정(豫備決定, Vorbescheid)이란 행정청이 어떠한 결정을 하기 위해서는 다수의 요건이 충족되어야 하는 경우에 그 개개의 요건에 대한 행정청의 확정적 결정을 말한다(예: 폐기물처리업허가에 앞서 행해지는 사업계획서에 대한 적정·부적정통보).

예비결정은 그 자체가 행정행위의 성격을 가지며, 법원 역시 그의 처분성을 인정한 바 있다. 따라서 예비결정에 대하여는 항고소송의 제기를 통하여 다툴 수 있다.

관련판례

「폐기물관리법 관계법령의 규정에 의하면 폐기물처리업의 허가를 받기 위하여는 먼저 사업계획서를 제출하여 허가권자로부터 사업계획에 대한 적정통보를 받아야 하고, 그 적정통보를 받은 자만이 일정기간 내에 시설, 장비, 기술능력, 자본금을 갖추어 허가신청을 할 수 있으므로, 결국 부적정통보는 허가신청 자체를 제한하는 등 개인의 권리 내지 법률상의 이익을 개별적이고 구체적으로 규제하고 있어 행정처분에 해당한다」(대판 1998.4.28, 97누21086).

(2) 부분허가

부분허가(部分許可, Teilgenehmigung)는 사인이 원하는 바의 일부에 대해서만 우선 승인을 해 주는 행위를 말한다(예: 건축물 전체 중 일부분에 대하여 먼저 준공검사를 행하는 경우).

부분허가는 그 자체가 종국적 행정행위의 성격을 가지며, 법원 역시 그의 처분성을 인정한 바 있다. 따라서 부분허가에 대하여서는 항고소송의 제기가 허용된다. 다만 일정한 경우 부분허가에 대한 쟁송제기가 제약을 받는 경우도 있는바, 이에 관하여는 이하의 판례 참조.

관련판례

「원자로 및 관계시설의 부지사전승인처분은 그 자체로서 건설부지를 확정하고 사전공사를 허용하는 법률효과를 지닌 독립한 행정처분이기는 하지만, 건설허가 전에 신청자의 편의를 위하여 미리 그 건설허가의 일부 요건을 심사하여 행하는 사전적 부분 건설허가처분의 성격을 갖고 있는 것이어서 나중에 건설허가처분이 있게 되면 그 건설허가처분에 흡수되어 독립된 존재가치를 상실함으로써 그 건설허가처분만이 쟁송의 대상이 되는 것이므로 부지사전승인처분의 취소를 구하는 소는 소의 이익을 잃게 되고, 따라서 부지사전승인처분의 위법성은 나중에 내려진 건설허가처분의 취소를 구하는 소송에서 이를 다투면 된다」(대판 1998.9.4, 97누19588).[1]

(3) 확약과의 구별

확약은 종국적 결정에 대한 약속에 불과하다. 그러나 예비결정이나 부분허가는 비록 한정된 사항이지만 그에 대한 종국적 규율로서 일정한 구속력이 인정된다. 따라서 예비결정 등이 있게 되면 행정청은 선행결정에 반하는 후행결정을 내려서는 아니 되며, 후행결정을 행함에 있어 선행결정의 내용을 새로이 검토하여서도 아니 된다.

---

1) 이 판례에서 문제된 「원자력법」 제11조 제3항(현 「원자력안전법」 제10조 제3항)의 '부지사전승인' 의 법적 성질에 대하여는 부분허가로 보는 견해, 예비결정으로 보는 견해 및 예비결정과 부분허가 의 성질을 모두 갖는 것으로 보는 견해가 대립하고 있다.

II. 확약의 성질

1. 학 설

(1) 행정행위설
확약을 행정행위의 일종으로 보는 견해이다. 이러한 견해는 확약에는 약속된 내용에 따라 행정기관에게 스스로 장래의 일정한 행위의 이행 또는 불이행을 의무지우는 효과가 인정되며, 그 한도에서 행정행위의 특징인 법적 규율이 존재한다는 것을 주된 논거로 한다.

(2) 독자적 행위형식설
확약은 확약에 의하여 그 가능성이 보증된 본행정행위와는 별개의 것이라고 하여 행정행위가 아닌 독자적인 행위형식으로 보는 견해이다. 확약에 대한 종국적인 규율은 약속된 행정행위를 통해서 행해지는 것이지 확약 그 자체에 의해서 행해지는 것이 아니라는 것을 논거로 한다.

2. 판 례

판례는 확약의 행정행위성(처분성)을 부정하는 경향에 있다(관련판례 ① 참조). 다만 행정청이 내인가(內認可)[2]를 한 후 본인가(本認可)신청이 있음에도 내인가를 취소한 경우에 있어서 내인가취소를 인가신청을 거부하는 처분으로 보고 있음은 주의를 요한다(관련판례 ② 참조).

관련판례

① 「어업권면허에 선행하는 우선순위결정은 행정청이 우선권자로 결정된 자의 신청이 있으면 어업권면허처분을 하겠다는 것을 약속하는 행위로서 강학상 확약에 불과하고 행정처분은 아니다」(대판 1995.1.20, 94누6529).[3]

② 「자동차운송사업 양도양수계약에 기한 양도양수인가신청에 대하여 피고 시장이 내인가를 한 후 위 내인가에 기한 본인가신청이 있었으나 자동차운송사업 양도·양수인가신청서가 합의에 의한 정당한 신청서라고 할 수 없다는 이유로 위 내인가를 취소한 경우, 위 내인가의 법적 성질이 행정행위의 일종으로 볼 수 있든 아니든 …(중략)… 위 내인가취소를 인가신청을 거부하는 처

---

2) 종래 우리나라의 학자들은 내인가를 확약의 예로 들어 왔다.
3) 어업권면허에 선행하는 우선순위결정을 신청하였다가 어업권면허결격사유가 있다는 것을 이유로 우선순위결정대상에서조차 탈락된 사건과 관련하여 대법원이 우선순위탈락결정의 처분성을 인정한 예가 있는데(대판 1994.4.12, 93누10804), 이 사건에서의 우선순위탈락결정은 확약이 아니라는 점을 유의하여야 한다.

분으로 보아야 할 것이다」(대판 1991.6.28, 90누4402).

Ⅲ. 확약의 허용성

1. 확약의 허용근거

독일의 경우[4]와 달리 우리나라의 경우 「행정절차법」 등에서 확약에 관한 명문의 규정을 찾아볼 수 없으므로[5] 확약의 허용성을 논할 실익이 있다. 이와 관련하여 과거에는 신의칙 내지 신뢰보호의 원칙을 확약의 허용근거로 보는 견해도 있었다.

그러나 신뢰보호는 확약의 허용근거가 아니라 확약의 이행을 의무지우는 근거일 뿐이라는 점이 인정되면서, 오늘날은 확약의 권한이 본처분(本處分)의 권한에 포함된다는 견해(본처분권한포함설)가 지지를 받고 있다. 따라서 법령이 일정한 권한을 행정청에게 부여하고 있는 경우에는 반대규정이 없는 한 당해 조치에 관한 확약의 권한도 부여받고 있다고 해석하여야 한다. 이는 확약에 관한 명문의 근거규정이 없더라도 본처분을 행할 수 있는 행정청은 그에 대한 확약을 할 수 있다는 것을 의미한다.

2. 허용의 한계

(1) 기속행위의 경우

재량행위에 관하여 확약을 할 수 있다는 것에 대해서는 이론(異論)이 없으나, 기속행위에 대해서도 확약을 할 수 있는지에 관하여는 다툼이 있다. 생각건대 본처분의 선택에 관한 재량의 폭의 문제와 사전결정의 가능성 여부는 별개의 문제라 할 것이므로 기속행위에 대해서도 확약이 가능하다고 하여야 한다.

(2) 요건사실의 완성 후의 경우

요건사실이 완성된 후에도 확약이 가능한지의 문제가 있는바, 요건사실이 완성된 후에도 확약이 상대방에게 예지이익(豫知利益) 또는 준비이익을 줄 수 있으므로 확약이 가능하다.

---

4) 독일은 그들의 「연방행정절차법」 제38조에서 확약의 근거규정을 두고 있으므로 확약의 허용성을 논할 실익이 없을 것이다.

5) 1987년의 「행정절차법(안)」에는 확약에 관한 명문의 규정이 있었으나, 1996년에 제정된 (현행) 「행정절차법」은 확약에 관한 규정을 갖고 있지 않다.

IV. 확약의 적법요건과 효력요건 등

1. 확약의 적법요건

(1) 주체에 관한 요건
확약은 확약에 대한 정당한 권한을 가진 행정청, 즉 확약의 대상이 되는 행정행위에 대하여 권한을 가지는 행정청에 의하여 행해져야 한다.

(2) 내용에 관한 요건
확약의 내용은 적법하여야 하며, 실현가능하고 명백하여야 한다.

(3) 절차에 관한 요건
법령이 확약의 대상이 되는 행정행위를 하기에 앞서 일정한 절차를 거치도록 규정하고 있는 경우(즉, 본처분의 발급에 관하여 사전절차가 요구되어 있는 경우)에는 요구된 절차를 거쳐야 한다. 즉, 확약에 앞선 절차의 생략은 허용되지 않는다. 이는 확약에 있어 행정절차의 생략이 가능하다면 확약이 행정절차를 회피하기 위한 방편으로 활용될 우려가 있기 때문이다.

(4) 형식에 관한 요건
확약은 문서로 함이 바람직할 것이나, 문서에 의하지 않은 확약을 무효로 볼 것은 아니다.

2. 확약의 효력요건 등

(1) 확약의 효력요건
확약도 상대방에게 고지되어 상대방이 알 수 있는 상태에 이르렀을 때 효력이 발생한다.

(2) 확약의 효과
확약은 행정청이 상대방에게 확약된 행위를 하여야 할 자기구속적 의무를 발생시키는 것을 그의 효력으로 하며, 그 결과 상대방은 확약이 이행될 것에 대한 기대권을 갖게 된다. 따라서 행정청이 확약을 이행하지 않을 때에는 상대방은 행정쟁송을 통하여 그를 다투거나 손해배상 등을 청구할 수 있게 된다.

Ⅴ. 확약의 취소 · 철회 · 실효

1. 확약의 취소 · 철회

독일의 「연방행정절차법」은 확약의 취소 · 철회에 관하여 행정행위에 관한 규정을 준용하고 있는바(제38조 제2항), 우리의 경우도 동일하게 볼 수 있을 것으로 생각된다. 따라서 확약은 행정청의 취소 또는 철회에 의하여 그 효력이 상실되며, 이 경우 확약의 취소와 철회에는 신뢰보호의 원칙이나 과잉금지의 원칙에 따른 제약이 따른다.

2. 확약의 실효(구속력의 배제)

불가항력 기타 사유로 인하여 확약의 내용을 이행할 수 없을 정도로 사실상태 또는 법률상태가 변경된 경우에는 행정청은 확약에 구속되지 않는다. 즉, 그러한 경우에는 확약은 별도의 의사표시 없이 그 효력을 상실하게 되는바, 이 점에서 확약의 구속력은 행정행위의 구속력보다 약하며 불안정적이다.

관련판례

「행정청이 상대방에게 장차 어떤 처분을 하겠다고 확약 또는 공적인 의사표명을 하였다고 하더라도, 그 자체에서 상대방으로 하여금 언제까지 처분의 발령을 신청하도록 유효기간을 두었는데도 그 기간 내에 상대방의 신청이 없었다거나 확약 또는 공적인 의사표명이 있은 후에 사실적 · 법률적 상태가 변경되었다면, 그와 같은 확약 또는 공적인 의사표명은 행정청의 별다른 의사표시를 기다리지 않고 실효된다」(대판 1996.8.20, 95누10877).

Ⅵ. 확약과 권리구제

1. 행정쟁송

행정청이 확약에 위반되는 처분을 하게 되면 확약의 상대방은 해당 처분의 취소쟁송을 제기할 수 있다. 한편 행정청이 확약을 이행하지 않는 경우에는 의무이행심판이나 부작위위법확인소송을 통해 다툴 수 있다.

2. 행정상 손해전보

행정청이 확약을 이행하지 않음으로 인하여 손해를 입은 자는 「국가배상법」의 요건이 충족되는 경우에는 행정상 손해배상을 청구할 수 있으며, 공익상의 이유로 확약이 철회된 경우에는 행정상 손실보상의 청구도 생각해볼 수 있다.

▌제2절▌ 행정계획

Ⅰ. 개 설

1. 행정계획의 의의

행정계획은 종래 「행정주체가 일정한 행정활동을 위한 목표를 설정하고, 서로 관련되는 행정수단의 종합·조정을 통하여 목표로 제시된 장래의 일정한 시점에 있어서의 일정한 질서를 실현하기 위한 활동기준 또는 그의 설정행위」라고 정의되어 왔다. 다만 판례는 행정계획을 활동기준을 설정하는 것으로 이해하고 있는 것으로 보인다.

관련판례

「행정계획이란 행정에 관한 전문적·기술적 판단을 기초로 하여 특정한 행정목표를 달성하기 위하여 서로 관련되는 행정수단을 종합·조정함으로써 장래의 일정한 시점에 일정한 질서를 실현하기 위한 활동기준을 설정하는 것이다」(대판 2011.2.24, 2010두21464).

한편 행정계획의 개념과 관련하여서는 동적 과정으로서의 계획활동과 정적 개념인 계획은 개념상 구분하는 것이 타당하다는 주장이 유력하다. 이에 따르면 계획을 수립하는 행위를 기획(Planung), 이 같은 기획의 산물을 계획(Plan)이라고 부르게 된다.

2. 행정계획의 등장배경

행정계획이란 행위형식의 등장은 다음과 같은 것을 그 배경으로 한다. 즉,
① 사회국가적 복리행정의 실효성을 위한 적극적 설계 필요성 대두(국가기능의 변화)
② 다양한 행정수요에 종합적·계획적으로 대처할 필요성의 증대(행정수요에의 대응)
③ 문명발전에 따라 계획행정을 가능케 하는 전제조건의 확보(기술조건의 진보)

3. 행정계획의 기능

(1) 목표설정기능
행정계획은 행정의 각 분야에 있어서 보다 나은 질서를 실현하기 위해 장래의 목

표를 설정하는 기능을 갖는다.

(2) 행정수단의 종합화기능

행정계획은 행정의 전체적인 행동방향을 종합하여 행정능률을 확보하게 하는 행정수단의 종합화기능을 갖는다.

(3) 행정과 국민의 매개적 기능

행정계획은 행정목표와 그 실현수단을 미리 알려 줌으로써 국민에게 예측가능성을 부여하며(예측가능성 부여기능), 국민의 장래활동을 일정한 방향으로 유도하는 기능(유도적 기능)을 갖는다.[6]

II. 행정계획의 종류

1. 법적 구속력에 의한 분류

행정계획은 법적 구속력을 기준으로 할 때 구속적 계획과 비구속적 계획으로 구분된다.

(1) 구속적 계획

구속적 계획은 대외적이든 대내적이든 일정한 구속력을 가지는 일체의 행정계획을 말한다. 구속적 계획은 다시 다음과 같이 구분된다. 즉,

① 일반국민에 대한 직접적 구속력을 가지는 '국민에 대한 구속적 계획'[7](예: 도시관리계획, 도시설계 등)

② 일반국민에 대한 직접적 구속력은 없으나 타 계획의 입안(立案)기준이 되는 '타계획에 대한 구속적 계획'(예: 국토종합계획, 도시기본계획 등)

③ 행정조직 내부의 타 행정기관에 대해 구속력을 가지는 '관계행정기관에 대한 구속적 계획'(예: 예산의 운용계획 등).

관련판례

① 국민에 대한 구속적 계획: 「도시설계는 도시계획구역의 일부분을 그 대상으로 하여 토지의 이용을 합리화하고, 도시의 기능 및 미관을 증진시키며 양호한 도시환경을 확보하기 위하여 수

---

6) 행정계획의 기능에 대한 이러한 전통적 설명과는 다른 관점에서 행정계획의 기능을 상설하는 견해가 나타나고 있는바, 그러한 입장에 따르면 행정계획은 ① 정보기능, ② 조정기능, ③ 통합기능, ④ 촉진기능, ⑤ 통제기능, ⑥ 지도기능을 갖는다고 한다[홍정선, 행정법원론(상), 2017, 박영사, 259쪽].

7) 이를 협의의 구속적 계획이라고도 한다.

립하는 도시계획의 한 종류로서 도시설계지구 내의 모든 건축물에 대하여 구속력을 가지는 구속
적 행정계획의 법적 성격을 갖는다」(헌재결 2003.6.26, 2002헌마402).
② 타 계획에 대한 구속적 계획:「도시기본계획은 도시의 기본적인 공간구조와 장기발전방향을
제시하는 종합계획으로서 그 계획에는 토지이용계획, 환경계획, 공원녹지계획 등 장래의 도시개
발의 일반적인 방향이 제시되지만, 그 계획은 도시계획입안의 지침이 되는 것에 불과하여 일반
국민에 대한 직접적인 구속력은 없는 것이다」(대판 2002.10.11, 2000두8226).

(2) 비구속적 계획

비구속적 계획은 어떠한 형태로든 직접적인 구속력을 갖지 못하는 행정계획으로,
산아제한 또는 촉진을 내용으로 하는 인구계획 등이 그에 해당한다.

관련판례

「국토해양부, 환경부, 문화체육관광부, 농림수산부, 식품부가 합동으로 2009.6.8. 발표한 '4대강
살리기 마스터플랜' 등은 4대강 정비사업과 주변 지역의 관련 사업을 체계적으로 추진하기 위하
여 수립한 종합계획이자 '4대강 살리기 사업'의 기본방향을 제시하는 계획으로서, 행정기관 내부
에서 사업의 기본방향을 제시하는 것일 뿐, 국민의 권리·의무에 직접 영향을 미치는 것이 아니
어서 행정처분에 해당하지 않는다」(대판 2011.4.21, 2010무111).

2. 기타의 분류방법

(1) 기간에 의한 분류

장기계획·중기계획·단기계획 및 연도별계획의 구분이 그에 해당하는바, 일반적
으로 장기계획은 20년 이상, 중기계획은 10년, 단기계획은 5년 이하를 계획기간으로 하
며, 연도계획은 1년 단위의 계획을 말한다.

(2) 대상지역에 의한 분류

행정계획은 대상지역을 기준으로 전국계획, 지방계획, 지역계획으로 구분된다.
「국토기본법」상의 국토종합계획은 전국계획에, 도종합계획 및 시·군종합계획은 지방
계획에, 지역계획은 지역계획에 해당한다.

(3) 구체화의 정도에 의한 분류

행정계획은 구체화정도를 기준으로 기본계획과 기본계획을 시행하기 위한 세부계
획인 집행계획으로 구분된다.

(4) 계획의 범위에 의한 분류

행정계획은 그 범위를 기준으로 행정계획이 포함하는 사안의 범위가 종합적·전
반적 계획인 종합계획(또는 전체계획)과 개별적 계획인 부문별계획으로 구분된다.

III. (구속적) 행정계획의 법적 성질

행정계획의 법적 성질과 관련하여서는 과연 행정계획의 처분성이 인정될 수 있는 지 여부, 즉 행정계획이 항고소송의 대상이 될 수 있는지의 여부가 다투어져 왔다. 이러한 문제는 주로 구속적 행정계획과 관련하여 발생한다.

1. 학 설

행정계획의 법적 성질에 관하여는 종래 행정계획을 국민의 권리·자유에 관계되는 일반적·추상적 규율로 보는 입법행위설,8) 행정계획의 처분성을 인정하는 행정행위설, 행정계획을 그 자체로 독자적인 행위형식으로 보는 독자성설 등이 주장되어 왔다.

그러나 오늘날은 행정계획 가운데에는 법규명령이나 행정규칙의 성질을 가지는 것도 있고, 행정행위의 성질을 가지는 것도 있으므로 그의 법적 성질을 일의적(一義的)으로 확정짓기는 곤란하다는 개별적 결정설이 많은 지지를 받고 있다(다수설).

2. 판 례

법원은 행정계획의 구체적 내용에 따라 처분성을 인정하거나 부정하고 있다. 즉, 법원은 ① 도시관리계획이나 관리처분계획 등에 대하여는 그의 처분성을 인정하고 있으며(관련판례 ① ② 참조), 이에 반하여 ② 환지계획이나 도시기본계획 등에 대하여는 그의 처분성을 부정하고 있다(관련판례 ③ ④ 참조).9)

관련판례

① 도시관리계획:「도시계획법 제12조 소정의 도시계획결정이 고시되면 도시계획구역 안의 토지나 건물 소유자의 토지형질변경, 건축물의 신축·개축 또는 증축 등 권리행사가 일정한 제한을 받게 되는바 이런 점에서 볼 때 고시된 도시계획결정은 특정 개인의 권리 내지 법률상의 이익을 개별적이고 구체적으로 규제하는 효과를 가져오게 하는 행정청의 처분이라 할 것이고, 이는

---

8)「도시계획법 제12조 소정의 도시계획결정은 도시계획사업의 기본이 되는 일반적·추상적인 도시계획의 결정으로서 이와 같은 일반계획의 결정이 있었던 것만으로는 특정 개인에게 어떤 직접적이며 구체적인 권리·의무 관계가 발생한다고는 볼 수 없다 할 것이므로 이 사건 도시계획결정은 결국 항고소송의 대상이 되는 행정처분은 아니라고 봄이 상당하다」고 한 하급심판례(서고판 1980.1.29, 79구416)가 이 같은 입장에 서 있었다고 할 수 있는바, 이 판결은 대판 1982.3.9, 80누105에 의하여 파기되었다.

9) 하수도정비기본계획(대판 2002.5.17, 2001두10578), 농어촌도로기본계획(대판 2000.9.5, 99두974) 또한 법원에 의해 처분성이 부정된 바 있다.

행정소송의 대상이 되는 것이라 할 것이다」(대판 1982.3.9, 80누105).

② 도시 및 주거환경정비법상의 관리처분계획:「도시 및 주거환경정비법에 따른 주택재건축조합은 … 행정주체의 지위를 갖는다. 그리고 재건축조합이 행정주체의 지위에서 도시정비법 제48조에 따라 수립하는 관리처분계획은 정비사업의 시행 결과 조성되는 대지 또는 건축물의 권리귀속에 관한 사항과 조합원의 비용 분담에 관한 사항 등을 정함으로써 조합원의 재산상 권리·의무 등에 구체적이고 직접적인 영향을 미치게 되므로, 이는 구속적 행정계획으로서 재건축조합이 행하는 독립된 행정처분에 해당한다」(대판 2009.9.17, 2007다2428 전원합의체 판결).

③ 환지계획:「환지계획은 환지예정지 지정이나 환지처분의 근거가 될 뿐 그 자체가 직접 토지소유자 등의 법률상의 지위를 변동시키거나 또는 환지예정지 지정이나 환지처분과는 다른 고유한 법률효과를 수반하는 것이 아니어서 이를 항고소송의 대상이 되는 처분에 해당한다고 할 수가 없다」(대판 1999.8.20, 97누6889).

④ 도시기본계획:「도시기본계획은 도시의 기본적인 공간구조와 장기발전방향을 제시하는 종합계획으로서 그 계획에는 토지이용계획, 환경계획, 공원녹지계획 등 장래의 도시개발의 일반적인 방향이 제시되지만, 그 계획은 도시계획입안의 지침이 되는 것에 불과하여 일반국민에 대한 직접적인 구속력은 없는 것이다」(대판 2002.10.11, 2000두8226).

IV. 행정계획의 성립요건과 효력

1. 행정계획의 성립요건

(1) 주체에 관한 요건
행정계획은 그를 수립할 정당한 권한을 가진 기관에 의해 수립되어야 한다.

(2) 내용에 관한 요건
행정계획은 그의 내용이 적법하고 공익에 적합하여야 한다.

한편 행정계획을 수립하기 위해서 법적 근거가 필요한지 여부는 논란이 있을 수 있는바, 적어도 구속적 행정계획(특히 국민에 대한 구속적 계획)은 국민의 권리·의무와 밀접한 관계가 있으므로 그의 수립에는 조직법적 근거는 물론 작용법적 근거를 필요로 한다. 그러나 이에 반해 비구속적 행정계획은 조직법적 근거만 있으면 수립가능하며 그 행정계획 자체를 위한 작용법적 근거를 필요로 하지는 않음이 일반적이다.

(3) 절차에 관한 요건
1) 개 설　 행정계획은 매우 기술적이고 포괄적인 성격의 행정작용인데다가 처분성이 인정되지 아니하는 경우가 많아 입법적 통제나 사법적 통제가 매우 어렵다. 따라서 그 수립과정에 이해관계인(기관)을 참여시키는 절차적 통제가 특히 중요한 의미를 갖는다.

2) 행정계획의 수립절차　행정계획의 수립절차에 관하여는 (「행정절차법」상의 행정예고에 관한 규정을 제외하면) 통칙적 규정은 존재하지 않으며, 개별법령이 그에 관하여 규율하고 있을 뿐이다. 그중 주요한 것으로는 다음과 같은 것이 있다.

① 관계기관 간의 협의·조정(「국토의 계획 및 이용에 관한 법률」 제30조)

② 합의제기관의 심의(「헌법」 제89조 제1호, 「국토의 계획 및 이용에 관한 법률」 제30조)

③ 서류의 공람·이해관계인의 참여(「국토의 계획 및 이용에 관한 법률」 제90조)

④ 지방자치단체의 참여(「국토의 계획 및 이용에 관한 법률」 제5조, 제21조)

⑤ 계획의 영향평가(「환경영향평가법」에 의한 환경영향평가)

⑥ 「행정절차법」의 준용: 행정계획 중 처분의 성질을 가지는 행정계획에 대해서는 「행정절차법」상의 처분에 관한 규정이 준용된다. 또한 행정계획 중 국민생활에 매우 큰 영향을 주는 계획 등은 「행정절차법」이 정한 행정예고절차에 따라 수립·시행·변경하여야 한다(「행정절차법」 제46조).

3) 절차상 하자의 효과　행정계획의 수립에 있어 절차상의 하자가 있는 경우 행정계획이 법령의 형식에 의한 경우는 무효가 된다. 그러나 행정행위의 성질을 갖는 계획인 경우는 절차상 하자가 중대하고 명백한 경우에만 무효이고, 그렇지 않은 경우에는 취소할 수 있다.

2. 행정계획의 효력

(1) 효력요건

행정계획을 법률이나 법규명령 또는 조례와 같은 입법의 형식으로 정하는 경우에는 법령 등 공포에 관한 법률」이 정한 형식을 갖추어 공포되어야 하며, 특별한 규정이 없으면 공포한 날부터 20일이 경과함으로써 효력을 발생한다.

한편 행정계획을 법률·법규명령 또는 조례 이외의 형식으로 정하는 경우에는 개별법이 정하는 바에 따라 고시되어야 하며, 특별한 규정이 없으면 고시와 동시에 효력을 발생한다.

관련판례

「도시계획의 공공성 및 권리침해적 성격과 위 법조의 규정취지 등에 비추어 볼 때 도시계획법은 고시를 도시계획구역, 도시계획결정 등의 효력발생요건으로 규정하였다고 풀이되므로, 건설부장관 또는 그의 권한의 일부를 위임받은 서울특별시장, 도지사 등 지방장관이 기안, 결재 등의 과정을 거쳐 정당하게 도시계획결정 등의 처분을 하였다고 하더라도 이를 관보에 게재하여 고시하지 아니한 이상 대외적으로는 아무런 효력도 발생하지 아니한다 할 것이다」(대판 1985.12.10, 85누186).

(2) 행정계획의 효력

행정계획의 효력으로는 종래 ① 집중효(후술 참조), ② 주민 등 이해당사자에 대한 불가쟁력을 의미하는 배제효(排除效) 및 ③ 행정청에 대한 불가변력을 의미하는 구속효(拘束效) 등이 논의되어 왔다.[10]

한편 선행 행정계획과 양립할 수 없는 후행 행정계획이 결정·고시된 경우 양자 간의 효력에 관한 문제에 관하여는 이하의 판례 참조.

관련판례

「① 후행 도시계획에 선행 도시계획과 서로 양립할 수 없는 내용이 포함되어 있다면 특별한 사정이 없는 한 선행 도시계획은 후행 도시계획과 같은 내용으로 변경되는 것이나, ② 후행 도시계획의 결정을 하는 행정청이 선행 도시계획의 결정·변경 등에 관한 권한을 가지고 있지 아니한 경우에는, ㉠ 같은 대상지역에 대하여 선행 도시계획결정이 적법하게 폐지되지 아니한 상태에서 그 위에 다시 한 후행 도시계획결정은 다른 특별한 사정이 없는 한 무효이며, ㉡ 한편 후행 도시계획결정 대상지역의 일부만 권한이 없는 지역인 경우에는 후행 도시계획결정 중 선행 도시계획 결정의 폐지 부분만 권한없는 자에 의하여 행해진 것으로서 무효라고 보아야 한다」(대판 2000. 9.8, 99두11257).

(3) 집중효

1) 의 의 행정계획이 확정되면 다른 법령상의 승인이나 허가 등을 받은 것으로 의제(간주)하는 것을 집중효(集中效, Konzentrationswirkung)라고 하는바, 행정계획의 확정이 다른 법규에 규정되어 있는 인·허가 등을 대체하는 점을 강조하여 대체효라고도 부른다.[11]

이러한 행정계획의 집중효는 절차간소화를 통하여 사업자의 부담을 해소하고, 절차를 촉진시키며, 다수의 인·허가 부서의 통합가능성을 제공하는 것 이외에 인·허가에 필요한 구비서류를 감소케 하는 기능을 갖는다.

2) 법적 근거 행정계획의 효력으로서의 집중효는 실질적으로 행정기관의 권한에 변경을 가져오는 것이므로 행정조직법정주의 원칙상 개별법률에서 명시적으로 규정하고 있는 경우에만 인정될 수 있다. 또한 집중효가 발생하는 행위도 법률에서 명시적으

---

10) 독일의 경우 행정계획에 집중효, 배제효, 구속효가 모두 인정되는 것으로 설명되고 있다. 그러나 우리의 실정법에는 현재 집중효만이 인정되어 있는 것으로 보인다(「주택법」 제19조, 「국토의 계획 및 이용에 관한 법률」 제92조 등 참조).

11) '집중효제도'와 '인·허가의제 제도'를 구별하는 견해도 있는바, 이에 대해서는 김남철, 행정법 강론, 박영사, 2021, 340쪽. 그러나 양자는 본질적인 면에서 같은 것이라고 생각되므로 본서에서는 양자를 구별함이 없이 함께 다루도록 하겠다.

로 규정된 것에 한정되는바, 이를 부분집중효(部分集中效)라고 한다.12)

　　3) 집중효의 범위(정도)　　집중효가 인정되는 범위에 관하여는 다음과 같이 학설이 대립하고 있다.

　　① 관할집중설　　집중효가 발생하면 계획을 확정하는 행정청에 의해 대체되는 행정청의 관할(管轄)만이 병합될 뿐이므로 의제되는 인·허가와 관련된 절차법적·실체법적 요건을 별도로 모두 준수해야 한다고 한다.

　　② 절차집중설　　집중효가 발생하면 행정청의 관할이 병합(변경)될 뿐 아니라 대체행정청에 적용되는 절차법의 적용도 받지 않는다는 견해이다. 한편 절차집중설에 따르는 경우에도 실체법적 요건에는 집중효가 미치지 않으므로 계획행정청은 당해 인·허가의 실체법적 요건은 별도로 갖추어야 한다(다수설).

　　판례 역시 집중효의 범위는 절차적 집중에까지 미치므로 법령상 다른 규정이 없는 한 계획행정청은 의제되는 인·허가에 관한 모법(母法)상의 행정절차를 거칠 필요가 없게 된다고 판시한 바 있다.

관련판례

「건설부장관이 관계기관의 장과의 협의를 거쳐 주택건설사업계획 승인을 한 경우 별도로 도시계획법 소정의 중앙도시계획위원회의 의결이나 주민의 의견청취 등 절차가 필요하지 않다」(대판 1992.11.10, 92누1162).

　　4) 집중효가 인정되는 행정계획의 결정절차　　집중효가 인정되는 행정계획을 확정하는 경우 행정계획을 결정하는 행정청은 의제되는 개별법률상의 인·허가사항을 관할하는 행정기관의 장과 미리 협의하여야 한다.

　　5) 인·허가의제에 대한 불복방법　　인·허가 의제 시에는 주된 인·허가에 대한 거부처분을 쟁송대상으로 삼아야 한다.

관련판례

「건축허가권자가 건축불허가처분을 하면서 그 처분사유로 건축불허가 사유뿐만 아니라 구 소방법 제8조 제1항에 따른 소방서장의 건축부동의 사유를 들고 있다고 하여 그 건축불허가처분 외에 별개로 건축부동의처분이 존재하는 것이 아니므로, 그 건축불허가처분을 받은 사람은 그 건축불허가처분에 관한 쟁송에서 건축법상의 건축불허가 사유뿐만 아니라 소방서장의 부동의 사유에 관하여도 다툴 수 있다」(대판 2004.10.15, 2003두6573).

---

12) 독일의 경우 당해 사업과 관계된 모든 인·허가를 받은 것으로 의제하는 규정도 있는바, 이 경우의 집중효를 전부집중효(全部集中效)라고 한다.

V. 행정계획에 대한 사법심사 — 계획재량과 형량명령

1. 계획규범의 특징

행정법상의 법규범은 보통 "~하면, ~할 수 있다"라는 가언명제공식(假言命題公式, Wenn-Dann-Schema) 또는 조건프로그램(Konditionalprogramm)의 형식을 취하고 있다. 그러나 행정계획의 근거가 되는 법규범은 "~한 목적을 위하여, ~한 수단을 쓸 수 있다"는 목적프로그램(Zweckprogramm) 또는 목적·수단공식(Zweck-Mittel-Schema)의 형식을 취하고 있다.

이러한 구조적 특성 때문에 행정계획에 대한 사법심사는 행정계획이 실체적으로 적정한 것인지에 대한 판단보다는 계획을 수립하는 절차에 있어서 반드시 고려해야 할 요소들을 제대로 형량하였는지에 대한 판단에 초점을 맞출 수밖에 없다.

2. 계획재량의 문제

계획법규범이 계획의 목적·수단 등을 이종(異種)·복수로 정하고 있는 결과 계획행정기관에는 광범위한 재량 내지 형성적 자유가 인정되는바, 이를 계획재량(計劃裁量, Planungsermessen)이라고 한다. 이러한 계획재량은 통상적인 행위재량보다 더 광범위한 것으로 이해되고 있다.

관련판례

「행정계획이란 행정에 관한 전문적·기술적 판단을 기초로 하여 특정한 행정목표를 달성하기 위하여 서로 관련되는 행정수단을 종합·조정함으로써 장래의 일정한 시점에 일정한 질서를 실현하기 위한 활동기준을 설정하는 것이다. 그런데 관계 법령에는 추상적인 행정목표와 절차만을 규정하고 있을 뿐 행정계획의 내용에 관하여는 별다른 규정을 두고 있지 아니하므로, 행정주체는 구체적인 행정계획을 입안·결정할 때 비교적 광범위한 형성의 자유를 가진다」(대판 2011.2. 24, 2010두21464).

한편 계획재량과 통상의 행위재량 간에 (재량의 범위에서 양적으로 차이가 있는 것 외에) 질적으로도 차이가 있는지에 관하여는 ① 양자는 양적 차이가 있을 뿐 질적으로는 동일하다는 견해와, ② 계획재량에 형량명령이라는 재량하자론이 적용됨을 이유로 양자는 질적으로도 다르다는 견해의 대립이 있다.[13]

---

[13] 계획재량과 행위재량 간의 질적 차이가 있음을 긍정하는 입장에 따를 때, 양자 간의 차이점은 다음과 같이 요약할 수 있다.

3. 형량명령 · 형량의 하자

계획행정기관에게 광범위한 계획재량이 인정되기는 하지만 계획재량의 행사 역시 법령이나 법의 일반원칙에 위반할 수는 없다. 특히 계획재량을 행사함에 있어서는 무엇보다도 관련된 제 이익, 즉 공익과 사익, 공익상호간 및 사익상호간을 정당하게 형량할 것이 요구되는바, 이를 형량명령(衡量命令, Abwägungsgebot)이라고 한다. 이러한 형량명령은 계획결정에 있어서 비례의 원칙을 고려한 것으로, 법치국가의 원리에서 그 근거를 찾을 수 있다.

한편 형량명령에 대한 위반은 형량의 하자를 가져오는데, 형량의 하자로 위법성이 인정될 수 있는 구체적인 경우는 다음과 같다. 즉,

① 형량을 전혀 행하지 않은 형량의 해태(懈怠),

② 형량의 대상에 당연히 포함시켜야 될 사항을 빠뜨린 형량의 흠결(欠缺),

③ 형량을 행하기는 하였으나 관련된 이익의 의미 내용을 잘못 판단하거나 형량과정에 있어 특정 이익이 과도하게 평가되는 등 그 형량이 정당성 · 객관성을 결한 오형량(誤衡量).

이러한 형량명령과 형량의 하자에 관한 이론은 이미 법원에 의하여 받아들여지고 있으며, 특히 근래의 판례는 '재량권의 일탈 · 남용'이라는 표현 대신에 명시적으로 '형량의 하자'라는 용어를 사용하고 있다.

관련판례

「행정주체가 구체적인 행정계획을 입안 · 결정할 때에 가지는 비교적 광범위한 형성의 자유는 무제한적인 것이 아니라 행정계획에 관련되는 자들의 이익을 공익과 사익 사이에서는 물론이고 공익 상호 간과 사익 상호 간에도 정당하게 비교교량하여야 한다는 제한이 있는 것이므로, 행정주체가 행정계획을 입안 · 결정하면서 이익형량을 전혀 행하지 않거나 이익형량의 고려 대상에 마땅히 포함시켜야 할 사항을 빠뜨린 경우 또는 이익형량을 하였으나 정당성과 객관성이 결여된 경우에는 행정계획결정은 형량에 하자가 있어 위법하게 된다」 (대판 2012.1.12, 2010두5806).

구 분	계획재량	행위재량
규범구조	목적프로그램	조건프로그램
판단의 대상	새로운 질서형성	기존의 구체적 생활관계
판단의 자유의 범위	넓음	좁음
통 제	절차적 통제중심 → 형량명령 이론	절차적 통제 외에 실체적 통제도 중시 → 재량의 일탈 · 남용 이론

VI. 행정계획과 권리구제

1. 행정쟁송

위법·부당한 행정계획으로 인하여 자신의 법률상 이익을 침해받은 자는 당해 행정계획에 대하여 취소쟁송을 제기할 수 있다. 다만 취소쟁송을 통한 권리구제에는 어려움이 많다는 것에 유의하여야 하는바, 그 이유는 다음과 같다.

첫째, 행정계획의 처분성이 인정될 수 있는지 여부가 자주 문제되며, 처분성이 부정되는 경우 각하판결을 받게 된다.

둘째, 계획재량이 인정되는 경우에는 재량을 그르쳐도 부당에 그치므로 기각판결을 받게 될 가능성이 높다.

셋째, 행정계획과 관련하여서는 기성사실의 성취로 인해 사정판결을 받을 가능성이 높다.

2. 행정상 손해전보

행정계획의 수립 등에 관여한 공무원의 직무상 불법행위가 인정되는 경우에는 「국가배상법」에 따라 행정상 손해배상을 청구할 수 있으며, 행정계획으로 인해 발생한 재산상 손실이 특별한 희생에 해당하는 경우에는 행정상 손실보상이 행하여져야 한다.[14]

3. 사전구제(事前救濟)

전술한 바와 같이 행정계획에 대하여는 행정쟁송을 통한 사후적 권리구제가 곤란하게 되는 경우가 많으므로 사전적 권리구제의 필요성이 강조되는 추세이다.

4. 기 타

(1) 헌법소원의 문제

비구속적 행정계획에 대한 헌법소원은 원칙적으로 허용되지 않는다(관련판례 ① 참조). 그러나 헌법재판소가 비구속적 행정계획에 대하여 예외적이나마 그의 가능성을 긍정한 바 있음은 주목을 요한다(관련판례 ② 참조).

---

14) 다만 계획제한으로 인하여 발생한 손실이 특별한 희생에 해당하는지를 판단하기가 어렵고, 설사 특별한 희생에 해당한다고 하여도 이에 대하여는 실정법률이 보상규정을 거의 두고 있지 않은 관계로 손실보상을 받기 어려운 문제가 발생한다(상세한 것은 제5편 제3장 행정상의 손실보상 부분 참조).

관련판례

① 「교육인적자원부장관(현 교육부장관)이 2004.10.28. 발표한 '학교교육정상화를 위한 2008학년도 이후 대학입학제도 개선안'은 … 비구속적 행정계획안에 불과할 뿐 아니라, 법령의 뒷받침에 의하여 장래 실시될 것이 확실시되는 경우로 볼 수도 없어, 예외적으로 헌법소원의 대상이 되는 공권력 행사로 볼 여지가 없다」(헌재결 2008.9.25, 2007헌마376).
② 「비구속적 행정계획이나 행정지침이라도 국민의 기본권에 직접적으로 영향을 끼치고, 앞으로 법령의 뒷받침에 의하여 그대로 실시될 것이 틀림없을 것으로 예상될 수 있을 때에는 공권력 행위로서 예외적으로 헌법소원의 대상이 된다」(헌재결 2000.6.1, 99헌마538).

(2) 계획변경청구

법원은 원칙적으로는 사인의 계획변경청구를 인정하지 않으며, 따라서 행정청이 계획변경신청을 거부하더라도 이를 취소소송으로 다툴 수 없음이 원칙이다(관련판례 ① 참조).

다만 예외적으로는 법원에 의해 사인의 계획변경청구권이 인정된 경우도 있는바, 이 경우에는 행정청의 변경신청 거부행위의 처분성이 인정되어 그 거부행위를 취소소송으로 다툴 수 있다(관련판례 ② 참조).

관련판례

① 「도시계획법상 주민이 행정청에 대하여 도시계획 및 그 변경에 대하여 어떤 신청을 할 수 있다는 규정이 없고, 도시계획과 같이 장기성, 종합성이 요구되는 행정계획에 있어서 그 계획이 일단 확정된 후 어떤 사정의 변동이 있다 하여 지역주민에게 일일이 그 계획의 변경을 청구할 권리를 인정해 줄 수도 없는 것이므로 그 변경 거부행위를 항고소송의 대상이 되는 행정처분에 해당한다고 볼 수 없다」(대판 1994.1.28., 93누22029).
② 「(폐기물처리사업계획의 적정통보를 받은 자의 경우처럼) 장래 일정한 기간 내에 관계법령이 규정하는 시설 등을 갖추어 일정한 행정처분(폐기물처리업허가신청)을 구하는 신청을 할 수 있는 법률상 지위에 있는 자의 국토이용계획변경신청(용도지역을 농림지역에서 준도시지역으로 변경신청)을 거부하는 것이 실질적으로 당해 행정처분 자체를 거부하는 결과가 되는 경우에는 예외적으로 그 신청인에게 국토이용계획변경을 신청할 권리가 인정된다고 봄이 상당하므로, 이러한 신청에 대한 거부행위는 항고소송의 대상이 되는 행정처분에 해당한다」(대판 2003.9.23, 2001두10936).

Ⅶ. 계획보장청구권

1. 계획보장청구권의 의의

행정계획은 장기적 시행을 예정하고 있으므로 사정변경에 의하여 변경·폐지될 수밖에 없는 상황이 발생할 수도 있으며, 이러한 경우 행정계획을 신뢰하여 투자 등을 행한 사인은 큰 불이익을 받게 된다. 즉, 이러한 경우에는 '계획변경에의 요청'과 '사인의 신뢰보호'(법적 안정성)가 대립되게 된다. 따라서 계획의 변경·폐지 등에 따르는 리스크를 계획주체와 계획의 수범자 간에 적절히 분배할 필요성이 있는바, 이를 위해 등장한 것이 바로 계획보장청구권(Plangewährleistungsrecht)의 법리이다.

2. 계획보장청구권의 내용

우리나라의 경우 계획보장청구권은 계획존속청구권, 계획준수청구권, 경과규정 및 적응원조청구권, 계획변경·폐지청구권(전술참조) 및 손해전보청구권을 포괄하는 의미로 쓰이고 있다.

(1) 계획존속청구권

계획존속청구권이란 계획의 개폐에 대하여 계획의 존치를 주장할 수 있는 권리를 말한다(예: 정부의 공단설치계획을 믿고 그 단지에 투자를 하였는데 그 후 정부가 공단설치계획을 백지화한 경우, 그에 투자한 사인이 계획의 존속을 청구할 권리).

이러한 계획존속청구권은 일반적으로는 인정되지 않는데, 그 논거는 다음과 같다.

첫째, 계획존속청구권은 계획의 가변성과 합치되지 않는다.

둘째, 계획변경에 대한 공익이 계획존속에 대한 사인의 이익보다 우월할 수 있다.

셋째, 계획폐지권한이 계획의 수권규정에 포함된다.

(2) 계획준수청구권

계획준수청구권은 광의로는 ① 행정청의 계획위반행위에 대하여 계획을 따를 것을 요구할 수 있는 협의의 계획준수청구권과 ② 계획을 집행하지 않는 경우 계획을 집행할 것을 요구할 수 있는 계획집행청구권을 포괄하는 개념이다.

이러한 계획준수청구권 역시 일반적으로는 인정되지 않는다. 다만 행정청에게 법규에 의해 계획집행의무가 부과되어 있고 당해 법규의 취지가 특정개인의 권익도 보호하려는 것인 때에는 계획준수청구권이 인정될 수 있다는 견해도 있다.

(3) 경과규정 및 적응원조청구권

경과규정(經過規定) 및 적응원조청구권(適應援助請求權)이란 행정계획의 개폐를 저지할 수 없다고 판단되는 경우에 경과규정의 설치나 적응원조를 청구할 수 있는 권리(예:

계획시행에 과도기의 설정 또는 전환보조금의 지급을 청구하는 권리)를 말한다.

이러한 경과규정 및 적응원조청구권 또한 일반적으로는 인정되지 않는다.

(4) 손해전보청구권

계획의 개폐를 저지하지 못한 경우 「국가배상법」 제2조의 요건을 충족하는 경우에는 행정상 손해배상청구권을 청구할 수 있으며, 특별한 희생이 발생한 경우에는 행정상 손실보상의 청구도 생각해 볼 수 있다.

▌제3절 ▌ 공법상 계약

Ⅰ. 개 설

1. 공법상 계약의 의의

공법상 계약은 종래 「공법적 효과의 발생을 목적으로 복수당사자 간의 반대방향의 의사의 합치에 의하여 성립하는 비권력적 쌍방행위」라고 정의되어 왔다. 그러나 이러한 공법상 계약의 정의는 공법상 계약의 '당사자'의 특성을 무시하고 있는 문제를 안고 있다. 이런 점을 고려하면 공법상 계약은 「행정주체 상호 간, 또는 행정주체와 사인 간의 공법적 효과의 발생을 내용으로 하는 계약」이라고 정의하는 것이 좋을 것 같다. 공법상 계약에 관한 기본적 사항에 대하여는 「행정기본법」 제27조가 규정하고 있다.

2. 공법상 계약의 유형

(1) 대륙법계 국가

독일의 경우 공법상 계약을 정상적인 행정수단으로 볼 수 있는지에 대해 다툼이 있었는바, 「연방행정절차법」에서 명문의 규정(제54조~제62조)을 두어 이를 입법적으로 해결하였다. 우리나라의 공법상 계약의 개념은 이러한 독일법상의 공법상 계약의 개념에 기초하고 있다.

한편 프랑스의 경우 일찍부터 행정계약이 널리 활용되어 왔는바, 독일에서는 행정행위로 보는 공기업특허·공물사용특허와 사법행위(私法行爲)로 보는 공공토목공사도급계약이나 물품공급계약도 행정계약에 포함시키고 있다.

(2) 영미법계 국가

공법과 사법의 구별을 인정하지 않는 영국이나 미국에서는 공법상 계약이란 행위형식은 활용될 수 없음이 원칙이다. 다만, 정부계약에 표준조항이 도입됨으로써 정부계약이 프랑스의 행정계약과 유사한 면을 갖게 되었다고 한다.

3. 타 행위와의 구별

(1) 사법상 계약과의 구별
공법상 계약은 공법적 효과의 발생을 목적으로 하는 점에서 사법적 효과의 발생을 목적으로 하는 사법상 계약과 구별된다.

(2) 행정계약과의 구별
행정계약은「행정주체가 당사자의 일방이 되어 행정활동의 수단으로 사용하는 법형식으로서의 계약」을 의미하는바, 이는 공법상 계약과 사법상 계약을 모두 포함하는 것이란 점에서 공법상 계약과 구별된다.

(3) (협력을 요하는) 행정행위와의 구별
1) **행정행위와의 이동(異同)**   공법상 계약과 행정행위는 행정법상의 개별적·구체적 규율의 성격을 갖는다는 점에서는 공통된다. 그러나 행정행위는 행정청의 일방적 의사표시인 권력적 단독행위인 반면에, 공법상 계약은 복수당사자 간의 의사의 합치로 이루어지는 비권력적 행정작용이라는 점에서 양자는 근본적으로 차이가 있다.

2) **협력을 요하는 행정행위와의 구별**   행정행위 가운데 특히 협력을 요하는 행정행위는 상대방의 (신청이나 동의와 같은) 의사표시를 행위의 요소로 하고 있다는 점에서 공법상 계약과 유사한 면이 있다. 그러나 양자는 다음과 같은 점에서 구별된다.

첫째, 상대방의 의사표시가 공법상 계약에 있어서는 그의 존재요건인 반면, 협력을 요하는 행정행위에 있어서는 단순히 적법요건 내지 효력요건을 이룰 뿐이다. 즉, 공법상 계약에 있어서는 상대방의 의사표시가 없게 되면 공법상 계약 자체가 존재하지 않는 것이 된다. 이에 반하여 협력을 요하는 행정행위에 있어서는 상대방의 의사표시가 없더라도 행정행위는 존재하며 단지 그것이 위법한 것이 되어 무효나 취소의 원인이 될 뿐이다.

둘째, 상대방의 의사표시가 공법상 계약에 있어서는 계약의 내용형성에 적극적으로 참가하는 의의를 갖는 반면, 협력을 요하는 행정행위에 있어서는 본인이 원하지 않는 행정행위가 행해지는 것을 방지함을 목적으로 할 뿐이다.

(4) 공법상 합동행위와의 구별
공법상 계약은 복수당사자 간의 '반대방향'의 의사의 합치에 의하여 성립하는 점에서, 복수당사자 간의 '동일방향'의 의사의 합치에 의하여 성립하는 공법상 합동행위(예: 지방자치단체조합의 설립행위)와 구별된다.

4. 공법상 계약의 유용성과 위험성

(1) 유용성

공법상 계약은 개별적 · 구체적 사정에 따라 탄력적으로 행정을 처리할 수 있게 하며, 사실관계나 법률관계가 명확하지 않을 때 해결을 용이하게 해 준다. 또한 공법상 계약은 법률지식이 없는 자에게도 교섭을 통하여 계약의 내용을 이해시킬 수 있으며, 그를 통하여 쟁송건수를 최대한으로 줄일 수 있다.

(2) 위험성

공법상 계약은 자칫 잘못하면 엄격한 법치행정의 원리의 적용을 우회적으로 회피하는 수단으로 악용될 염려가 있으며, 또한 국가행정의 상업화 내지 행정의 공익성 몰각이라는 결과를 초래할 위험을 안고 있었다. 그러나 「행정기본법」이 공법상 계약 또한 법령 등을 위반하지 않는 범위에서만 체결할 수 있으며, 공법상 계약의 상대방을 선정하고 계약 내용을 정할 때 공법상 계약의 공공성과 제3자의 이해관계를 고려하도록 규정하고 있음을 고려할 때, 이러한 위험은 상당 부분 감소되었다고 볼 수 있다.

II. 공법상 계약의 가능성과 자유성

1. 공법상 계약의 가능성

과거에는 공법상 계약의 성립가능성을 부정하는 견해(O. Mayer)도 있었으나, 복지국가의 등장과 더불어 급부행정 등 비권력적 행정영역이 점점 더 넓어지고 있는 오늘날에는 공법상 계약의 가능성 자체를 부정하는 이론은 찾아볼 수 없다.

2. 공법상 계약의 자유성

공법상 계약은 비권력적 행정작용으로서 권력작용인 행정행위 등과는 달리 당사자의 의사의 합치에 의해 성립되는 것으로 법률의 명시적 근거가 없이도 체결할 수 있음은 물론이다(다수설). 그러나 공법상 계약도 그 절차와 내용 등이 법률에 위반되어서는 아니 되는바, 「행정기본법」 제27조 또한 행정청은 '법령 등을 위반하지 아니하는 범위에서만' 행정목적을 달성하기 위하여 필요한 경우에는 공법상 계약을 체결할 수 있음을 분명히 하고 있다.

한편 「행정기본법」 제27조는 행정청은 공법상 계약을 체결하는 경우 계약의 목적 및 내용을 명확하게 적은 계약서를 작성하여야 한다는 것(제1항), 그리고 공법상 계약의 상대방을 선정하고 계약의 내용을 정할 때 공법상 계약의 공공성과 제3자의 이해관계를 고려하여야 한다는 것(제2항)을 명확하게 규정하고 있다.

Ⅲ. 공법상 계약의 종류

1. 행정주체 상호 간의 공법상 계약

① 공공단체 상호 간의 사무위탁이나 ② 지방자치단체 상호 간의 공공시설(예: 도로, 하천 등)의 설치·관리 및 그 경비분담에 관한 협의가 이에 해당한다.

2. 행정주체와 사인 간의 공법상 계약

행정주체와 사인 간의 공법상 계약의 대표적 예로는 전문 공무원의 채용계약과 같은 이른바 특별신분관계의 설정에 관한 계약을 들 수 있다.

> **관련판례**
>
> 「현행 실정법이 지방전문직공무원 채용계약 해지의 의사표시를 일반공무원에 대한 징계처분과는 달리 항고소송의 대상이 되는 처분 등의 성격을 가진 것으로 인정하지 아니하고, 지방전문직공무원규정 제7조 각호의 1에 해당하는 사유가 있을 때 지방자치단체가 채용계약관계의 한쪽 당사자로서 대등한 지위에서 행하는 의사표시로 취급하고 있는 것으로 이해되므로, 지방전문직공무원 채용계약 해지의 의사표시에 대하여는 대등한 당사자간의 소송형식인 공법상의 당사자소송으로 그 의사표시의 무효확인을 청구할 수 있다」(대판 1993.9.14, 92누4611).[15]

그 밖에 ① 임의적 공용부담(예: 공공용도로의 기부채납), ② 각종 보조금지급에 관한 계약, ③ 행정사무의 위탁(예: 민영교도소의 설치·운영에 관한 교정업무위탁계약) 및 ④ 환경보전에 관한 협정(예: 지방자치단체와 사기업 간의 공해방지협정 체결) 등이 행정주체와 사인 간의 공법상 계약의 예로 열거되어 왔다.

---

15) 같은 취지에서 공법상 계약으로 판시된 것으로는 다음과 같은 것이 있다.
① 이전의 서울특별시경찰국 산하 서울대공전술연구소의 연구위원채용계약(대판 1993.9.14., 92누4611)
② 서울특별시립무용단 단원의 위촉(대판 1995.12.22, 95누4636).
③ 공중보건의사의 채용계약(대판 1996.5.31, 95누10617)
④ 국립중앙극장 전속단체 출연단원 채용계약(대판 1996.8.27, 95나35953)
⑤ 광주광역시 시립합창단원의 위촉계약(대판 2001.12.11, 2001두7794)
⑥ 국방홍보원장채용계약(대판 2002.11.26, 2002두5948)

3. 공무수탁사인과 사인 간의 공법상 계약

사인인 사업시행자와 토지소유자 간의 토지수용에 관한 협의가 대표적 예가 된다. 이를 사인 상호 간의 공법상 계약으로 보는 견해도 있으나 사인인 사업시행자와 토지소유자 간의 토지수용에 관한 협의의 경우에 있어 사인인 사업시행자는 이른바 공무수탁사인으로 행정주체의 지위에 있다는 점, 그리고 순수한 사인 상호 간의 계약은 그 내용이 공공성을 띤다고 하더라도 그를 공법상 계약으로 볼 수 없다는 점을 고려할 때 받아들이기 곤란하다.

IV. 공법상 계약의 특수성

1. 실체법적 특수성

(1) 법적합성
공법상 계약은 법에 위배되지 않는 범위 내에서 체결할 수 있다. 이 경우 특별한 규정이 없으면 공법상 계약에 관하여도 계약에 관한 「민법」상의 일반적 법원칙이 적용된다.

(2) 계약자유의 제한
공법상 계약은 사법상 계약에 인정되는 계약자유의 원칙이 제한을 받는 경우가 있다. 즉, 공법상 계약의 체결에 있어 문서의 형식에 의할 것이 요구되며, 행정청의 확인이나 이해관계인의 동의 등의 절차가 요구되기도 한다. 또한 내용결정에 있어서도 법규의 제한을 받는 경우가 많으며,[16] 전기·가스·수도 등의 공급계약과 관련하여서는 체결이 (간접적으로) 강제되기도 한다.

> **관련판례**
>
> 「국가가 일방당사자가 되어 체결하는 계약의 내용을 명확히 하고 국가가 사인과 계약을 체결할 때 적법한 절차에 따를 것을 담보하려는 규정의 취지 등에 비추어 보면, 국가가 사인과 계약을 체결할 때에는 국가계약법령에 따른 계약서를 따로 작성하는 등 요건과 절차를 이행하여야 할 것이고, 설령 국가와 사인 사이에 계약이 체결되었더라도 이러한 법령상 요건과 절차를 거치지 아니한 계약은 효력이 없다」(대판 2015.1.15, 2013다215133).

---

16) 이처럼 공법상 계약의 경우 내용결정의 자유가 제한을 받는 결과 공법상 계약은 '부합계약(附合契約)'의 형식을 취하는 경우가 많다. 여기서 부합계약이란 계약의 형식을 취하고 있으나 그 내용을 당사자의 일방이 결정하고 상대방은 이에 따를 수밖에 없는 계약을 말한다.

(3) 해제·해지 및 내용변경

공법상 계약의 기준이 된 사정이 본질적으로 변경된 경우에는 계약의 해제·해지 및 내용변경이 인정된다.

「계속적 계약은 당사자 상호간의 신뢰관계를 그 기초로 하는 것이므로, 당해 계약의 존속 중에 당사자의 일방이 그 계약상의 의무를 위반함으로써 그로 인하여 계약의 기초가 되는 신뢰관계가 파괴되어 계약관계를 그대로 유지하기 어려운 정도에 이르게 된 경우에는 상대방은 그 계약관계를 막바로 해지함으로써 그 효력을 장래에 향하여 소멸시킬 수 있다고 봄이 타당하다」(대판 2002.11.26, 2002두5948).

다만 국민의 일상생활에 필요불가결한 재화나 서비스(예: 전기·가스·수도 등)의 공급을 내용으로 하는 공법상 계약은 행정주체라고 하여도 수급자 측에 부정이 있을 때나 그 밖의 정당한 사유가 있는 경우 이외에는 해지할 수 없는 제한을 받으며, 그 같은 경우 행정주체는 요금 기타 공급소건을 일방적으로 변경할 수 있다.

물론 공익상의 이유 등으로 공법상 계약을 일방적으로 해지하는 것이 인정될 수 있으나 이러한 경우 상대방에게는 그로 인한 손실보상청구권이 인정되어야 할 것이다.

(4) 계약의 하자

공법상 계약에 하자가 있으면 무효가 되는 것이 원칙이며, 취소할 수 있는 공법상 계약이란 있을 수 없다. 이는 공법상 계약에는 공정력이 인정되지 않기 때문이다.

2. 절차법적 특수성

(1) 이행의 강제

공법상 계약에 따르는 의무를 계약당사자가 이행하지 않는 경우에도 타방 당사자가 의무이행을 자력으로 강제할 수는 없으며, 법원의 힘을 빌려 강제집행할 수밖에 없다. 다만 예외적으로 법률의 근거가 있거나[17] 당사자 간의 사전합의가 있는 경우에는 자력집행이 인정될 수도 있다.

(2) 쟁송절차

공법상 계약에 관한 분쟁은 당사자소송의 방식으로 해결하여야 할 것이며, 따라서 「행정소송법」의 적용을 받게 된다(판례가 당사자소송으로 처리한 예는 공법상 계약의 종류

---

17) 공법상 계약에 자력집행력이 인정되는 예로 「보조금의 예산 및 관리에 관한 법률」 제33조의3을 들기도 하지만, 동법에서의 교부금 결정 및 그 취소와 보조금 반환명령은 모두 행정행위이며 공법상 계약이 아니므로 적절한 예로 생각되지 않는다.

참조).[18]

▌제4절▐ 공법상 합동행위

Ⅰ. 공법상 합동행위의 의의

공법상 합동행위(公法上 合同行爲)란「공법적 효과의 발생을 목적으로 하는 복수당사자의 동일방향의 의사표시의 합치에 의하여 성립하는 공법행위」를 말한다(예: 지방자치단체조합설립행위, 공공조합이 그 연합체를 설립하는 행위).

공법상 합동행위는 각 당사자의 의사표시의 방향이 동일하고, 따라서 그 효과도 각 당사자에게 동일한 의미를 갖는다는 점에서 공법상 계약과 구별된다.

Ⅱ. 공법상 합동행위의 특색

공법상 합동행위의 법적 특색은 다음과 같다.

첫째, 공법상 합동행위가 유효하게 성립하면 직접 그 행위성립에 관여한 자뿐만 아니라, 그 이후에 그에 관여한 자도 구속한다.

둘째, 따라서 공법상 합동행위는 제3자가 알 수 있도록 공고함을 원칙으로 한다.

셋째, 일단 성립한 뒤에는 개개 당사자의 의사무능력이나 착오 등을 이유로 그 효력을 다툴 수 없음이 원칙이다.

▌제5절▐ 행정상의 사실행위(사실행위론Ⅰ)

Ⅰ. 의 의

행정상의 사실행위 또는 행정사실행위란 행정기관의 행위 가운데 직접적으로는

---

18) 다만 법원실무에 있어 공법상 계약에 관한 분쟁을 다투는 방법으로서의 당사자소송은 거의 활용되고 있지 못하며, 공법상 계약과 관련된 분쟁의 대부분이 민사소송을 통하여 해결되고 있는 실정이라고 한다.

사실상의 효과의 발생만을 목적으로 하는 일체의 행위형식을 말한다.

행정상의 사실행위는 이처럼 사실상의 효과발생을 목적으로 하는 점에서, 특정한 법적 효과의 발생을 목적으로 하는 행정행위 등 법적 행위와 구분된다. 다만 행정상의 사실행위가 법적 효과의 발생을 직접 목적으로 하지 않을 뿐, 간접적으로는 법적 효과를 발생시키는 경우가 많이 있음은 유의하여야 한다(예: 행정상의 사실행위를 잘못함으로 인하여 발생한 손해에 대하여 국가배상의무와 같은 법적 효과가 발생하는 경우).

II. 행정상의 사실행위의 종류

1. 집행적 사실행위와 독립적 사실행위

집행적 사실행위는 행정행위 등 기타 법적 행위를 집행하기 위하여 행해지는 사실행위(예: 대집행의 실행, 경찰관의 무기사용 등)를 말하며, 독립적 사실행위는 행정행위 등 법적 행위를 전제함이 없이 독자적으로 해해지는 사실행위(예: 행정지도, 긴용치의 운진 등)를 말한다.

2. 권력적 사실행위와 비권력적 사실행위

(1) 의 의
권력적 사실행위란 공권력 행사로서 일방적으로 강제하는 성질을 갖는 사실행위를 말하며(예: 행정상 강제집행, 행정상 즉시강제 등), 비권력적 사실행위란 공권력 행사로서의 성질을 갖지 않는 사실행위를 말한다(예: 행정지도 등).

(2) 구분의 실익
권력적 사실행위와 비권력적 사실행위의 구분은 행정쟁송과 관련하여 중요한 의미를 갖는다. 즉, 권력적 사실행위는 처분성이 인정되어 항고쟁송의 대상이 될 수 있는 경우가 많은 반면, 비권력적 사실행위는 그러하지 아니하다.

한편 양자의 구분은 법률유보의 문제와 관련하여서도 중요한 의미를 갖는다(후술 참조).

3. 기타의 분류방법

(1) 공법적 사실행위와 사법적 사실행위
행정상의 사실행위는 공법의 규율을 받는 공법적 사실행위와 사법의 규율을 받는 사법적 사실행위로 구분될 수 있다. 이러한 구분은 권리구제의 방법(행정소송 또는 행정법원에 의하여야 하는지 여부)과 관련하여 중요한 의의를 가진다.

(2) 내부적 사실행위와 외부적 사실행위

행정상의 사실행위가 행정조직 내부에서 행해지는 것을 내부적 사실행위(예: 문서의 편철 등), 국민에 대한 관계에서 행해지는 것을 외부적 사실행위(예: 도로건설, 행정지도)라고 한다. 일반적으로 행정상의 사실행위라고 하면 외부적 사실행위를 의미한다.

III. 행정상의 사실행위의 성질 ─ 처분성의 인정여부

행정상의 사실행위는 법적 효과를 발생하지 않는 행위로서 처분성이 인정되지 않는 것이 일반적이다. 그러나 행정상의 사실행위 중에는 처분성이 인정되거나 처분성 여부가 다투어지는 것도 있다.

1. 권력적 사실행위

권력적 사실행위는 행정쟁송법상의 처분에 해당되며, 따라서 그에 대한 항고쟁송이 인정된다는 것이 다수설이다.[19] 판례 또한 단수조치 등에 대하여 처분성을 인정한 바 있다(대판 1979.12.28. 79누218).

다만 권력적 사실행위의 처분성을 인정하는 경우에도 그 설명방식에 있어서는 약간의 차이점을 발견할 수 있다. 즉, ① 권력적 사실행위 전체를 처분으로 보는 견해와 ② 권력적 사실행위를 수인하명과 사실행위의 결합된 합성처분(合成處分)으로 보고 그 중 수인하명이 항고쟁송의 대상이 된다고 보는 견해(수인하명설)의 대립이 그것이다.

2. 정보제공작용으로서의 경고·권고·시사

(1) 의 의

1) 경고(警告, Warnungen) 경고란 예컨대 특정상품을 지정하여 그것을 먹거나 마시게 되면 건강에 해롭다는 식의 정보를 제공하는 것을 말하는바, 경고가 행해지는 경우 그에 접한 사람은 사실상 다른 선택을 할 가능성이 없게 된다. 따라서 경고는 행정기관의 정보제공작용 중 국민에 대한 영향력의 강도가 가장 강하다.

2) 권고(勸告, Empfelungen) 권고란 사회적으로 또는 신체적으로 유해하지 않은 여러 종류의 물품이나 행동 중에서 어떤 물품이나 행동을 추천하는 형식의 정보제공작용을 말한다.[20] 권고의 경우 그에 접한 사람에게 여전히 다수의 선택가능성이 존재한다는 점에서 경고와는 영향력에 있어 차이가 있다.

---

19) 이 같은 다수설과 달리 "사실행위는 법적 효과 자체가 없어 취소를 생각할 수 없으므로 취소소송의 대상이 되지 않고, 당사자소송 등으로 권리구제를 도모해야 한다"는 견해 또한 유력하다.
20) 추천(推薦)이라고도 한다.

3) 시사(示唆, Hinweise)　시사란 행정기관이 단순히 특정목적물에 관한 지식이나 정보를 제공하고, 그것을 어떻게 받아들이는가는 전적으로 국민 각자에게 맡겨져 있는 정보제공작용을 말한다.

(2) 처분성 여하

전술한 정보제공작용 가운데 경고와 권고(특히 특정물품의 추천)는 공권적 성질을 가지는 것으로서, 행정쟁송법상의 처분에 포함시켜도 무방하다고 생각된다.

IV. 행정상의 사실행위의 법적 근거와 한계

1. 행정상의 사실행위의 법적 근거 — 법률유보의 원칙과의 관계

행정상의 사실행위에도 법률유보의 원칙이 적용되는지 여부, 즉 행정상의 사실행위를 하기 위하여 그에 관한 작용법적 근거를 요하는지 여부가 문제된다. 생각건대 적어도 개인의 신체·자유 및 재산에 직접적 침해를 야기할 수 있는 권력적 사실행위의 경우에는 그에 관한 작용법적 근거가 필요하며, 이에 반하여 비권력적 사실행위의 경우에는 법률유보의 적용이 완화될 수 있다.

2. 행정상의 사실행위의 법적 한계

행정상의 사실행위에도 법률우위의 원칙은 당연히 적용되므로 행정상의 사실행위도 실정법에 위반하여서는 아니 되며, 비례의 원칙과 같은 행정법의 일반원칙에 위배해서도 아니 된다.

V. 행정상의 사실행위와 권리구제

1. 손해전보

(1) 손해배상의 청구

공법적 사실행위로 손해를 입은 자는 「국가배상법」이 정하는 바에 따라 국가나 지방자치단체에 대해, 사법적 사실행위로 손해를 입은 자는 「민법」이 정하는 바에 따라 가해공무원 또는 가해공무원이 속한 국가나 지방자치단체에 대하여 손해배상을 청구할 수 있다. 다만 이러한 법적 효과의 발생은 어디까지나 행정상의 사실행위의 간접적 효과이지 직접적 효과는 아님을 유의하여야 한다.

(2) 손실보상의 청구

적법한 행정상의 사실행위로 인하여 특별한 희생이 발생한 경우에는 당사자는 법률에 근거하여 손실보상을 청구할 수 있다.

2. 행정쟁송

행정상의 사실행위에 대하여는 취소쟁송을 통하여 다툴 수 없는 것이 일반적이지만(관련판례 ① 참조), 권력적 사실행위 등처럼 처분성이 인정되는 것에 대하여는 취소쟁송의 제기가 허용된다(관련판례 ② 참조).

관련판례

① 「행정소송은 행정청의 위법한 처분 그밖에 공권력의 행사·불행사 등으로 인한 국민의 권리 또는 이익의 침해를 구제하고 공법상의 권리관계 또는 법적용에 관한 다툼을 적정하게 해결함을 목적으로 하고 있으므로 행정청의 공권력의 행사로서 구체적인 권리·의무에 관한 분쟁이 아닌 단순한 사실행위(국가보훈처장이 기포상자에게 훈격재심사계획이 없다고 한 회신)는 행정소송의 대상이 되지 아니한다」(대판 1989.1.24, 88누3116).
② 「교도소장(피고)이 원고를 '접견내용 녹음·녹화 및 접견 시 교도관 참여대상자'로 지정한 사안에서, ㉠ 피고가 위와 같은 지정행위를 함으로써 원고의 접견 시마다 사생활의 비밀 등 권리에 제한을 가하는 교도관의 참여, 접견내용의 청취·기록·녹음·녹화가 이루어졌으므로 이는 피고가 그 우월적 지위에서 수형자인 원고에게 일방적으로 강제하는 성격을 가진 공권력적 사실행위의 성격을 갖고 있는 점, ㉡ 위 지정행위는 그 효과가 일회적인 것이 아니라 이 사건 제1심판결이 선고된 이후인 2013. 2. 13.까지 오랜 기간 동안 지속되어 왔으며, 원고로 하여금 이를 수인할 것을 강제하는 성격도 아울러 가지고 있는 점, ㉢ 위와 같이 계속성을 갖는 공권력적 사실행위를 취소할 경우 장래에 이루어질지도 모르는 기본권의 침해로부터 수형자들의 기본적 권리를 구제할 실익이 있는 것으로 보이는 점 등을 종합하면, 위와 같은 지정행위는 수형자의 구체적 권리의무에 직접적 변동을 초래하는 행정청의 공법상 행위로서 항고소송의 대상이 되는 '처분'에 해당한다」(대판 2014.2.13, 2013두20899).

다만 처분성이 인정되는 권력적 사실행위라 할지라도 비교적 단시간에 집행이 완료되는 경우에는 권리보호의 필요성이 부정되어 각하될 가능성이 높다. 이에 반하여 권력적 사실행위가 비교적 장기간에 걸쳐 행하여지는 경우(예: 감염병환자의 강제격리)에는 권리보호의 필요성이 인정되어 본안판결의 대상이 될 수 있을 것이다.

3. 헌법소원

행정상의 사실행위로 인하여 「헌법」상 보장된 기본권을 침해받은 자는 헌법소원을 제기할 수 있다.

「국립대학인 서울대학교의 94학년도 대학입학고사주요요강은 사실상의 준비행위 내지 사전안
내로서 행정쟁송의 대상이 될 수 있는 행정처분이나 공권력의 행사는 될 수 없지만 그 내용이 국
민의 기본권에 직접 영향을 끼치는 내용이고 앞으로 법령의 뒷받침에 의하여 그대로 실시될 것
이 틀림없을 것으로 예상되어 그로 인하여 직접적으로 기본권 침해를 받게 되는 사람에게는 사
실상의 규범작용으로 인한 위험성이 이미 현실적으로 발생하였다고 보아야 할 것이므로 이는 헌
법소원의 대상이 되는 헌법재판소법 제68조 제1항 소정의 공권력의 행사에 해당된다고 할 것이
며, 이 경우 헌법소원 외에 달리 구제방법이 없다」(헌재결 1992.10.1, 92헌마68·76).

4. 결과제거청구권

위법한 행정상의 사실행위로 인하여 위법한 사실상태가 야기된 경우 원상회복을
위한 결과제거청구권이 인정된다. 결과제거청구권을 소송을 통해 행사하려면 당사자
소송에 의하면 될 것이다.

▌제6절▌ 행정지도(사실행위론 Ⅱ)

Ⅰ. 행정지도의 의의

1. 행정지도의 의의

행정지도란「행정기관이 그 소관사무의 범위에서 일정한 행정목적을 실현하기 위
하여 특정인에게 일정한 행위를 하거나 하지 아니하도록 지도·권고·조언 등을 하는
행정작용」을 말하며(「행정절차법」제2조 제3호 참조), 종래 일본에서 생성·발전된 것으
로 이해되어 왔다.

「이른바 행정지도라 함은 행정주체가 일정한 행정목적을 실현하기 위하여 권고 등과 같은 비강
제적인 수단을 사용하여 상대방의 자발적 협력 내지 동의를 얻어내어 행정상 바람직한 결과를
이끌어내는 행정활동으로 이해된다」(대판 1994.12.13, 93다49482).

2. 행정지도의 성질

(1) 비권력적 사실행위

행정지도는 국민의 임의적 협력을 전제로 하는 비권력적 작용이며, 이 점에서 행정강제 등의 권력적 작용과 구분된다. 또한 행정지도는 법적 효과의 발생을 목적으로 하지 않는 단순한 사실행위에 불과하며, 따라서 공정력 등과 같은 법적 구속력이 인정되지 않는다.

(2) 적극성과 우위성

1) 적극성   행정지도라고 하기 위하여서는 행정기관이 상대방에 대하여 일정한 작위·부작위를 적극적으로 요청하는 의사가 존재하여야 한다.

2) 우위성   행정지도를 행하는 자가 상대방에 대하여 우월한 지위에서 행하여야 한다. 따라서 행정기관이 아닌 자의 행위는 행정지도라고 할 수 없다.

II. 행정지도의 기능

1. 행정지도의 순기능(등장배경)

(1) 행정기능의 확대

행정기능의 확대로 인하여 전통적인 행위형식만으로는 현실의 행정수요에 신축적으로 대응할 수 없게 되었는바, 이 경우 행정지도는 매우 유용한 수단이 된다.

(2) 분쟁의 사전회피(임의적 수단에 의한 편의성)

비권력적 수단인 행정지도에 의하는 것이 무용한 마찰이나 저항을 피할 수 있다.

(3) 기술·지식의 제공

행정지도는 새로운 기술과 지식의 중요한 제공수단이 되고 있다.

(4) 기 타

그 밖에도 ① 이해의 조정 및 통합기능, ② 권력의 완화와 행정절차적 기능 및 ③ 신규정책의 실험적 기능 등이 행정지도의 순기능으로 열거되고 있다.

2. 행정지도의 역기능(문제점)

(1) 사실상의 강제성

행정지도는 본래 상대방의 임의적 협력을 바탕으로 하는 것인데, 행정주체의 우월성으로 인해 임의적 한계를 넘어서서 사실상의 강제성을 띠기 쉽다.

(2) 한계의 불명(不明)

후술하는 바와 같이 행정지도는 반드시 법령에 근거하여 행해져야 하는 것은 아니기 때문에 명확한 기준이 존재하지 않으며, 그 결과 필요한 한계를 넘어서서 행해지기 쉽다.

(3) 구제수단의 불완전

행정지도에 대하여는 행정쟁송이나 행정상 손해전보를 통한 구제가 인정되기 어려운 면이 있으며, 그 결과 행정책임이 불명확하게 되는 문제점이 있다. 이러한 이유로 행정청이 행정지도를 행정책임을 회피하기 위한 수단으로 악용할 소지가 있음을 주의하여야 한다.

(4) 기   타

이 밖에도 ① 법치주의의 붕괴, ② 강제력이 없는 것에서 오는 문제점, ③ 국제적 대항력의 결여 등이 행정지도의 역기능으로 열거되고 있다.

III. 행정지도의 종류

1. 법령의 근거에 의한 분류

(1) 법규상(法規上) 행정지도

법규상 행정지도란 행정지도가 법령에 근거하여 행해지는 경우를 말하는바, 법규상 행정지도는 다시 다음과 같이 구분된다.

1) **법령의 직접적 근거에 의한 행정지도**   행정지도를 명기(明記)하고 있는 법령(예:「국민기초생활보장법」제16조)에 근거한 행정지도를 말한다.

2) **법령의 간접적 근거에 의한 행정지도**   당해 사항에 관한 행정행위를 할 수 있는 법령이 있는 경우에 그에 근거하여 행해지는 행정지도를 말한다.

(2) 비법규상(非法規上) 행정지도

비법규상 행정지도란 행정주체가 법령의 근거 없이 조직법상의 일반적인 권한에 근거하여 행하는 행정지도를 말한다.

2. 기능에 의한 분류

(1) 규제적 행정지도

규제적(規制的) 행정지도란 행정목적달성에 장해가 되는 행위를 예방·억제하기 위한 행정지도를 말하는바, 물가억제를 위한 권고 등이 이에 해당한다.

(2) 조정적 행정지도

조정적(調整的) 행정지도란 개인 간의 이해대립이나 과열경쟁의 조정을 위하여 행해지는 행정지도를 말하는바, 중소기업의 계열화권고나 노사 간 협의의 조정 등이 이에 해당한다.

(3) 조성적 행정지도

조성적(助成的) 행정지도란 질서형성을 촉진하기 위하여 지식 · 정보 · 기술 등을 제공하는 행정지도를 말하며, 영농지도나 기술지도가 이에 해당한다.

IV. 행정지도의 법적 근거와 한계

1. 행정지도의 법적 근거 — 법률유보의 원칙 적용 완화

행정지도를 하기 위해서도 조직법적 근거는 필요하다. 그러나 행정지도는 침해적 · 권력적 작용이 아니므로 조직법적 근거 외에 작용법적 근거를 반드시 요하지는 않는다고 생각된다.[21]

2. 행정지도의 한계

(1) 법규상의 한계

행정지도도 그를 행하는 행정청의 소관사무, 즉 조직법에 의하여 행정청에게 부여된 권한의 범위 내에서 행하여져야 함은 물론이다. 또한 행정지도도 현행의 법령에 위배되어서는 아니 된다. 이는 행정지도에도 법률우위의 원칙은 적용된다는 것을 의미한다.

(2) 행정법의 일반원칙상의 한계

행정지도도 행정작용의 하나이므로 행정법상의 일반원칙인 비례의 원칙, 신뢰보호의 원칙, 평등의 원칙, 부당결부금지의 원칙 등에 위배되어서는 아니 된다.

3. 위법한 행정지도와 위법성 조각의 문제

위법한 행정지도에 따라 상대방이 위법한 행위를 한 경우에 그 행위의 위법성이 조각되는가의 문제가 있는바, 행정지도의 임의성을 고려할 때 위법성이 조각되지 않는다고 하여야 한다.

---

21) 행정지도 중 규제적 행정지도는 근거를 필요로 한다는 견해는 나름 수긍할 만한 면이 있으나, 비공식 행정작용으로서의 행정지도가 갖는 장점을 고려할 때 전면적으로 받아들이기는 곤란하다.

> **관련판례**
>
> 「행정관청이 국토이용관리법 소정의 토지거래계약신고에 관하여 공시된 기준시가를 기준으로 매매가격을 신고하도록 행정지도를 하여 그에 따라 허위신고를 한 것이라 하더라도 이와 같은 행정지도는 법에 어긋나는 것으로서 그와 같은 행정지도나 관행에 따라 허위신고행위에 이르렀다고 하여도 이것만 가지고서는 그 범법행위가 정당화될 수 없다」(대판 1994.6.14, 93도3247).

Ⅴ. 행정지도의 원칙과 방식

1. 행정지도의 원칙

(1) 과잉금지의 원칙(비례의 원칙)

행정지도는 목적달성에 필요한 최소한도에 그쳐야 한다(「행정절차법」 제48조 제1항 제1문).

(2) 임의성(任意性)의 원칙

행정지도는 행정지도의 상대방의 의사에 반하여 부당하게 강요하여서는 아니 된다(「행정절차법」 제48조 제1항 제2문).

(3) 불이익조치금지의 원칙

행정기관은 행정지도의 상대방이 행정지도에 따르지 아니하였다는 것을 이유로 불이익한 조치를 하여서는 아니 된다(동조 제2항).

2. 행정지도의 방식 등

(1) 행정지도 실명제

행정지도를 하는 자는 그 상대방에게 그 행정지도의 취지 및 내용과 신분을 밝혀야 한다(「행정절차법」 제49조 제1항).

(2) 서면교부의 요구권

행정지도를 반드시 서면 형식으로 할 필요는 없다. 다만 행정지도가 말로 이루어지는 경우에 상대방이 행정지도의 취지, 내용 등을 적은 서면의 교부를 요구하면 그 행정지도를 하는 자는 직무수행에 특별한 지장이 없으면 이를 교부하여야 한다(동조 제2항).

(3) 다수인을 대상으로 하는 행정지도 — 공통사항의 공표

행정기관이 같은 행정목적을 실현하기 위하여 많은 상대방에게 행정지도를 하려는 경우에는 특별한 사정이 없으면 행정지도에 공통적인 내용이 되는 사항을 공표하여야 한다(동법 제51조).

VI. 행정지도와 권리구제

1. 행정쟁송

행정지도는 비권력적 사실행위로서 처분의 성질을 갖지 못하기 때문에 행정쟁송의 대상이 될 수 없다. 다만 행정지도에 따르지 않았음을 이유로 부담적 행정행위가 발하여진 경우에는 그에 대한 행정쟁송이 가능함은 물론이다.

<table><tr><td>관련판례</td></tr></table>

「세무당국이 소외 회사에 대하여 원고와의 주류거래를 일정기간 중지하여 줄 것을 요청한 행위는 권고 내지 협조를 요청하는 권고적 성격의 행위로서 소외 회사나 원고의 법률상의 지위에 직접적인 법률상의 변동을 가져오는 행정처분이라고 볼 수 없는 것이므로 항고소송의 대상이 될 수 없다」(대판 1980.10.27, 80누395).

2. 행정상 손해전보

(1) 행정상 손해배상

위법한 행정지도로 인하여 손해를 입은 자가 「국가배상법」에 근거하여 손해배상을 청구할 수 있는지의 문제에 대하여는 다음과 같은 학설의 대립이 있다.

1) 부정설 행정지도는 상대방의 임의적 협력에 기하는 것으로서 「국가배상법」 제2조상의 배상책임의 요건(특히, 인과관계의 존재)을 충족하기 곤란하므로 행정상 손해배상책임이 부정된다고 보는 견해이다. 특히 상대방이 자유로운 판단에 따라 손해발생의 가능성을 인식하면서도 위법한 행정지도에 따른 경우라면 손해배상청구권이 인정되기 곤란하다고 한다.

2) 긍정설 사실상 행정기관이 관련정보를 독점하고 있으며, 특히 규제적 행정지도는 실질적으로 권력적 규제작용과 다르지 않다는 것을 근거로 행정상 손해배상책임이 인정될 수 있다는 견해이다.

3) 판 례 판례는 원칙적으로 행정지도로 인한 손해배상책임을 부인한다(관련판례 ① 참조). 그러나 판례 중에는 위법한 행정지도에 대한 손해배상의 가능성을 열어 놓은 것으로 해석할 수 있는 판례도 있음은 주목을 요한다(관련판례 ② 참조).

<table><tr><td>관련판례</td></tr></table>

① 「행정지도가 강제성을 띠지 않은 비권력적 작용으로서 행정지도의 한계를 일탈하지 아니하

였다면, 그로 인하여 상대방에게 어떤 손해가 발생하였다 하더라도 행정기관은 그에 대한 손해배상책임이 없다」(대판 2008.9.25, 2006다18228).

② 「국가배상법이 정한 배상청구의 요건인 '공무원의 직무'에는 권력적 작용만이 아니라 행정지도와 같은 비권력적 작용도 포함되며 단지 행정주체가 사경제주체로서 하는 활동만 제외되는 것이고, 기록에 의하여 살펴보면, 피고 및 그 산하의 강남구청은 이 사건 도시계획사업의 주무관청으로서 그 사업을 적극적으로 대행·지원하여 왔고 이 사건 공탁도 행정지도의 일환으로 직무수행으로서 행하였다고 할 것이므로, 비권력적 작용인 공탁으로 인한 피고의 손해배상책임은 성립할 수 없다는 상고이유의 주장은 이유가 없다」(대판 1998.7.10, 96다38971).

(2) 행정상 손실보상

적법한 행정지도로 인하여 특별한 희생에 해당하는 손실을 입은 경우 손실보상을 청구할 수 있는지의 문제에 대하여도 학설이 대립하고 있다.

1) 부정설　행정지도에 따른 손실보상을 규정하고 있는 법률이 없으며, 행정지도에 따름으로 인한 손실도 피해자 자신의 임의적 협력의 결과이므로 손실보상청구권이 부정된다는 견해이다.

2) 긍정설　국민의 신뢰보호 등을 감안하여 적절한 손실보상을 인정하여야 된다는 견해이다. 손실보상을 인정하는 견해는 특히 수용적 침해의 이론에 의한 손실보상을 생각해 볼 만하다고 하며, 적법한 행정지도에 따른 손실에 대한 손실보상이 행해졌던 전례로 신종벼의 파종권고에 순응한 결과 재산적 손실을 입은 사람들에 대하여 보상이 행해졌던 것을 들고 있다.

3. 헌법소원

행정지도는 경우에 따라 헌법소원의 대상이 될 수 있다. 이에 관하여는 이하의 판례 참조.

관련판례

「교육인적자원부장관의 대학총장들에 대한 이 사건 학칙시정요구는 고등교육법 제6조 제2항, 동법시행령 제4조 제3항에 따른 것으로서 그 법적 성격은 대학총장의 임의적인 협력을 통하여 사실상의 효과를 발생시키는 행정지도의 일종이지만, 그에 따르지 않을 경우 일정한 불이익조치를 예정하고 있어 사실상 상대방에게 그에 따를 의무를 부과하는 것과 다를 바 없으므로 단순한 행정지도로서의 한계를 넘어 규제적·구속적 성격을 상당히 강하게 갖는 것으로서 헌법소원의 대상이 되는 공권력의 행사라고 볼 수 있다」(헌재결 2003.6.26, 2002헌마337, 2003헌마7·8 병합).

4. 의견제출 — 사전구제

행정지도의 상대방은 해당 행정지도의 방식, 내용 등에 관하여 행정기관에 의견제출을 할 수 있다(「행정절차법」 제50조)

‖ 제7절 ‖ 비공식적 행정작용(사실행위론 Ⅲ)

Ⅰ. 개 설

1. 비공식적 행정작용의 의의

비공식적 행정작용(Informelles Verwaltungshandeln)이란 그의 요건·효과·절차 등이 법에 의하여 정하여져 있지 않은 것으로서, 법적 구속력을 발생하지 않는 일체의 행정작용을 의미한다. 비정형적 행정작용(非定型的 行政作用)이라는 용어가 사용되기도 한다. 한편 그의 요건·효과·절차 등이 법에 의하여 정하여져 있는 행정작용을 공식적 행정작용이라고 한다.

2. 비공식적 행정작용의 기능

비공식적 행정작용은 경제법·환경법·지역정서행정법 등의 영역에서 많이 활용되고 있는바, 특히 환경법의 영역에서 실정법으로 규정되어 있지 않은 합의를 통하여 환경보전에 국가와 국민이 협력하는 수단으로 활용되고 있다(환경법상의 협력의 원칙).

Ⅱ. 비공식적 행정작용의 분류

비공식 행정작용은 상대방인 개인의 협력을 전제로 하는지 여부를 기준으로 '행정청의 일방적 비공식적 행정작용'과 '행정청과 개인의 협력에 의한 비공식적 행정작용'으로 구분된다. 다만 비공식적 행정작용을 협의로 이해하게 되면 행정주체와 개인 간의 협력을 통해서 형성된 것만을 의미하며, 이 점에서 비공식적 행정작용은 협력의 원칙과 관련이 깊다.

1. 행정청의 일방적인 비공식적 행정작용

(1) 경고·권고·시사(제5절 행정상의 사실행위 참조)

(2) 응답유보

허가 등의 신청에 대하여 행정청이 결정을 유보하고, 신청인을 적극적으로 지도하여 허가의 장애사유가 되는 문제점들을 사전에 해소하도록 노력하는 것을 말한다.

2. 행정청과 개인의 협력에 의한 비공식적 행정작용(합의형 비공식적 행정작용)

(1) 사전절충

사전절충이란 인허가권을 가진 행정기관과 신청자 간에 사전에 행해지는 인허가의 전망 내지 요건 등에 관한 논의를 말한다.

(2) 처분안 및 부관안의 사전제시

처분안(處分案) 및 부관안(附款案)의 사전제시란 행정청이 처분에 앞서 신청인에게 처분안을 송부하는 것을 말한다.

(3) 협 상

1) 의 의 협상(協商)이란 행정청과 개인 사이에 대화에 의하여 장래의 행위에 대한 합의를 하는 것을 말한다. 다만 법적 구속력이 인정되는 약속이 이루어지는 경우 그것은 계약 내지 확언으로 보아야 할 것이므로, 비공식적 행정작용으로서의 협상은 법적 구속력이 없는 합의만을 의미하는 것으로 이해하여야 한다.

협상은 그 기능을 기준으로 규범대체적 협상과 규범집행적 협상으로 나눌 수 있다.

2) 규범대체적 협상 규범대체적 협상이란 규범정립행위의 회피를 내용으로 하는 행정청과 개인 간의 협상을 말한다. 자발적 조치를 취하겠다는 개인의 약속에 대응하여 행정청이 법규로 규율할 것을 잠정적으로 규율하지 않겠다고 약속하는 것이 그 예이다. 이러한 협상의 내용이 지켜지지 않는 경우에는 행정주체는 입법을 통하여 대응할 수 있다.

3) 규범집행적 협상 규범집행적 협상이란 법정조치의 수정 또는 그 대체적 조치를 내용으로 하는 행정청과 개인 간의 협상을 말한다. 행정절차의 개시 전 또는 진행 중에 사전절충 등을 행하는 것이 그 예에 해당한다.

Ⅲ. 비공식적 행정작용의 허용성

비공식적 행정작용을 법외적(法外的) 작용이라고 할 때 그것이 헌법상의 법치국가의 원리와 합치될 수 있는지가 문제된다. 생각건대 법률유보원칙의 적용범위에 관하여 전부유보설을 고집하지 않는 한, 그의 허용성 자체를 부인할 수는 없다.

한편 비공식적 행정작용의 허용근거로는 행정청이 비공식적 행징작용을 행함에 있어서도 ① 청문의무, ② 조사의무, ③ 정당한 형량의무 등을 부담한다는 면이 들어지고 있다.

Ⅳ. 비공식적 행정작용의 한계

비공식적 행정작용이라고 무제한 허용될 수 있는 것은 아니며, 다음과 같은 일정한 한계가 따른다. 즉,

첫째, 비공식적 행정작용 역시 법령에 위반하여서는 아니 된다.

둘째, 행정법상의 일반원칙을 준수하여야 한다.

셋째, 행정조직법상의 제 원칙(권한의 존중 등)이 준수되어야 한다.

넷째, 비공식적 행정작용을 수단으로 한 국가의 간섭은 헌법상의 법치국가원리와 모순되므로 원칙적으로 허용되어서는 아니 된다.

Ⅴ. 비공식적 행정작용의 장단점

1. 비공식적 행정작용의 장점

(1) 법적 불확실성의 제거

법령의 해석과 적용에 있어서의 불확실성을 비공식 행정작용인 협상이나 절충 등을 통해 제거할 수 있다.

(2) 행정의 능률화

법적 불확실성의 제거는 행정능률을 높이는 데 이바지한다. 즉, 비공식적 행정작용은 공식적 행정작용에 따르는 노력 · 비용 등의 절감을 가져올 수 있다.

(3) 법적 분쟁의 회피

비공식적 행정작용은 사후에 집행상의 문제를 야기하지 않으며, 행정쟁송의 제기와 같은 법적 분쟁을 회피 내지 감소시키는 측면이 있다.

(4) 탄력성의 제고(提高)

비공식적 행정작용은 구체적인 경우에 있어서 행정과제의 효과적 수행을 위하여 상황에 적합한 탄력적 수단으로서 활용될 수 있다.

2. 비공식적 행정작용의 단점

(1) 법치행정의 후퇴

비공식적 행정작용은 법치행정의 기능(행정의 자의배제와 행정의 안정성 · 예측가능성 확보)을 약화 내지 희생시킬 우려가 있다.

(2) 제3자에의 위험부담

비공식적 행정작용은 행정당국과 상대방 간의 양극관계(bipolare Ausrichtung)에서 행해짐으로 인해 그 전모가 외부에 노출되지 않아 이해관계 있는 제3자에게 불리하게 작용될 가능성이 있다.

(3) 효과적인 권리보호의 어려움

비공식적 행정작용은 사실행위로서 처분성이 인정되지 않기 때문에 그에 의하여 권익을 침해받은 경우에도 항고쟁송을 통한 권리구제에 많은 어려움이 따른다.

(4) 활성적(活性的) 행정에의 장애

근래 행정기관이 주민과의 마찰을 피하기 위해 협상 등과 같은 비공식적 행정작용에 의하는 경우가 많은바, 이것이 행정의 활성적 또는 능률적 집행을 저해할 수도 있다.

VI. 비공식적 행정작용의 효력

비공식적 행정작용은 처분성이 인정되지 않는 사실행위의 일종이므로 법적 구속력을 갖지 않는다. 따라서 신뢰보호의 원칙이나 행정의 자기구속의 법리 등을 통해 법적 구속력을 도입하려고 하여서는 아니 된다. 그러므로 사정변경 등이 있는 경우 행정청은 협상내용과 다른 결정을 할 수 있으며, 상대방인 개인도 협상내용을 준수할 법적 의무는 없다.

또한 행정청이나 사인 모두 사정변경을 이유로 합의를 철회할 수도 있다.

‖ 제8절 ‖ 행정의 사법적 활동(행정사법)

I. 개 설

1. 행정사법이론의 등장배경

행정주체는 강행법규에 위반하지 않는 범위 내에서 그의 목적달성을 위한 수단의 선택에 관하여 재량권을 가지므로 행정활동을 사법의 형식으로도 할 수 있다. 그런데 행정이 아무런 제한없이 사법의 형식을 취할 수 있다고 한다면 행정이 공법의 형식을 취하게 되는 경우에 받게 될 여러 가지 제약을 벗어나기 위해 고의로 사법의 형식을 취할 염려가 있지 않겠는가의 문제, 즉 "행정이 사법으로 도피"할 염려가 있지 않겠는가 하는 문제가 발생한다.

이에 행정이 사법의 형식을 취할 수 있음을 일단 긍정하면서도 그러한 폐단을 막아보고자 등장한 이론이 바로 행정사법(行政私法)의 이론이다.

2. 행정주체의 사법적 활동의 범위

행정주체의 사법적 활동 전부를 합하여 광의의 국고작용(國庫作用)이라고 하며, 광의의 국고작용은 다시 협의의 국고작용과 행정사법작용으로 구분된다. 협의의 국고작용에는 행정의 사법상 보조작용과 행정의 영리경제적 활동이 포함된다. 이하의 행정의 사법적 활동의 범위에 관한 설명을 이러한 구분에 대응시켜 체계적으로 도표화하면 다음과 같다.

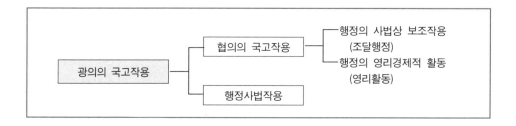

(1) 행정의 사법상 보조작용(조달행정)

행정기관이 필요로 하는 물자를 사법형식에 의해 조달하는 작용을 말하는바, 각종 공사의 도급계약 등이 이에 해당한다.

관련판례

「국유재산법의 규정에 의하여 총괄청 또는 그 권한을 위임받은 기관이 국유재산을 매각하는 행위는 사경제 주체로서 행하는 사법상의 법률행위에 지나지 아니하며 행정청이 공권력의 주체라는 지위에서 행하는 공법상의 행정처분은 아니라 할 것이므로 국유재산매각 신청을 반려한 거부행위도 단순한 사법상의 행위일 뿐 공법상의 행정처분으로 볼 수 없다」(대판 1986.6.24, 86누171).

(2) 행정의 영리경제적 활동(영리활동)

행정주체가 스스로의 기관을 통해 또는 공사 · 주식회사 등의 형태를 취하여 행하는 기업적 활동을 말하는바, 국가가 은행이나 광산을 직접 경영하는 경우 또는 주식시장에 참가하는 경우 등이 이에 해당한다.

(3) 사법형식에 의한 행정과제의 직접적 수행

당해 활동의 목적 · 기능은 공법적인데 형식은 '사법적'인 행정활동(예: 기업에 대한 자금지원 등)을 말하는바, 이를 행정사법작용이라고도 한다.

II. 행정사법의 이론

1. 행정사법의 의의

행정사법이론의 창시자인 볼프(H. J. Wolff)의 설명에 의하면 행정사법이란 「공행정이 사법형식을 취하게 되는 경우에 있어서 공법적 수정을 받게 되는 특별법」을 의미한다.

2. 행정사법의 이론

(1) 이론적 전제

행정사법이론은 행정주체에게 그의 목적달성을 위한 수단의 선택에 관한 재량권이 인정되는 것을 그 이론적 전제로 하므로 행정주체가 당해 작용 수행의 법적 형식을 선택할 가능성이 강행법규에 의하여 배제되어 있는 경우에는 행정사법이론이 적용될 수 없다.

(2) 내 용

행정사법의 이론은 ① 주로 복리행정(특히 급부행정이나 유도행정)의 영역에서, ② 사법형식에 의해 직접적으로 행정과제를 수행하는 경우[22]에도, ③ 공법적 구속을 받는다는 것을 그 내용으로 한다. 한편 엘리네크(Jellinek)는 행정사법의 이론을 "군인은 민간인 복장을 하더라도 군인이다"라는 법언(法諺)으로 표현한 바 있다.

---

22) 행정사법이론은 사법적 행정활동 전부에 적용되는 것이 아니라 사법형식에 의해 직접적으로 행정과제를 수행하는 경우에만 적용된다는 것이 지배적 견해였다. 그러나 이에 대해서는 행정사법의 적용여부는 영역구별이라는 기준에 의해서가 아니라 '특별한 국가적 힘'이 작용하고 있는지 여부라는 실질적 기준을 적용하여 개별적으로 결정해야 한다는 반론(김남진 · 김연태, 행정법 I , 2021, 439쪽)도 있음을 유의하여야 한다.

(3) 공법적 구속

행정사법이론에 따를 때 행정주체가 사법적 형식으로 활동하는 경우에도 받게 되는 공법적 구속의 구체적 내용은 다음과 같다.

1) 기본권 규정 등에 의한 제약 　행정주체는 사법적 형식으로 활동하는 경우에도 「헌법」상의 자유권 내지 재산권보장조항, 그 밖의 「헌법」 내지 「행정기본법」상의 원칙(예: 비례의 원칙 등)에 따른 기속을 받는다.

2) 사법적 규율의 수정 · 제약 　행정주체가 사법적 형식으로 활동하는 경우에는 사법상의 행위능력이나 의사표시에 관한 규정이 수정되어 적용될 수 있다. 무능력자의 행위를 능력자의 행위로 간주하는 규정(「우편법」 제10조), 또는 공기업이용관계에 있어서의 계약강제 등이 그 에에 해당한다.

Ⅲ. 권리구제

행정사법작용은 비록 공법적인 제약을 받지만 그 전체로서는 사법작용의 성질을 여전히 가지므로 그에 관한 법적 분쟁은 특별한 규정이 없는 한 민사소송을 통해 구제를 도모하여야 할 것이다. 판례 또한 이러한 입장에 따르고 있는 것으로 보인다.

관련판례

「전화가입계약은 비록 그것이 공중통신역무의 제공이라는 이용관계의 특수성 때문에 그 이용조건 및 방법, 이용의 제한, 이용관계의 종료원인 등에 관하여 여러 가지 법적 규제가 있기는 하나 그 성질은 사법상의 계약관계에 불과하다고 할 것이므로, 피고(서울용산전화국장)가 전기통신법 시행령 제59조에 의하여 전화가입계약을 해지하였다 하여도 이는 사법상의 계약의 해지와 성질상 다른 바가 없다 할 것이고 이를 항고소송의 대상이 되는 행정처분으로 볼 수 없다」(대판 1982.12.28, 82누441).

┃ 제9절 ┃ 행정자동결정

Ⅰ. 행정자동결정의 의의

신호등에 의한 교통신호, 컴퓨터에 의한 학교배정, 주차료 등 공공시설의 사용료 결정 등에서 볼 수 있는 것처럼 오늘날의 행정과정에 있어서는 컴퓨터 등을 사용하여

완전히 자동화된 시스템(인공지능 기술을 적용한 시스템을 포함한다)을 통하여 일련의 행
정결정이 행해지고 있다. 이를 종래 행정자동결정(行政自動決定) 또는 행정의 자동화작
용(自動化作用)이라고 불러 왔는바, 「행정기본법」 제20조는 '자동적 처분'이란 제하에 행
정청이 이러한 방식을 통하여 처분을 할 수 있음을 규정하고 있다.[23] 동조는 현대 정
보통신기술(ICT: Information and Communication Technologies)의 발전을 행정영역
에 반영하여 완전히 자동화된 시스템을 통한 처분을 허용하고, 자동적 처분이 행해질
수 있는 영역을 명시적으로 규율하는 것을 그 목적으로 하고 있다. 이 규정은 독일의 「연
방행정절차법」 제35a조를 모델로 하고 있다.[24]

한편 자동적 처분은 '완전히 자동화'된 시스템을 통한 처분을 말하므로 행정의 보
조수단으로서 '처분 과정의 일부 자동화'는 여기서의 자동적 처분에 해당하지 않는다.
또한 시스템에 의해 처분의 내용이 형성되는 과정에서 공무원의 의사적 개입이 있는
경우라면 그 역시 여기서의 자동적 처분에 해당하지 않는다.[25]

II. 행정자동결정의 법적 성질

1. 행정자동결정의 법적 성질

행정청은 법률로 정하는 바에 따라 완전히 자동화된 시스템을 통한 처분, 즉 자동
적 처분을 할 수 있는바(「행정기본법」 제20조 본문), 자동적 처분이 근본적으로 완전히 자
동화된 시스템을 통하여 행해지는 점을 고려할 때 '완전히 자동화된 시스템'과 '자동적
처분'은 명령(행정규칙)과 행정행위의 관계에 있다고 할 것이다. 결국 행정과정의 최종
단계로서의 자동적 처분은 행정행위의 성질을 가진다고 할 수 있으며, 따라서 자동적
처분에 대하여 행정쟁송의 제기도 허용될 수 있다.

2. 재량행위와 행정자동결정

종래 행정청에게 재량이 인정되는 영역에서 자동적 처분이 행해질 수 있는지 여부
가 다투어져 왔는바, 재량행위의 기준(재량준칙)을 완전히 자동화된 시스템을 통해 프로
그램화하여 당해 재량행위를 할 수 있는 가능성을 전혀 부정할 수는 없을 것이다. 그러
나 재량행위의 결정과정의 모든 단계를 자동화하거나 재량행위에 수반되는 모든 인간

---

23) 이렇게 보면 자동적 처분은 종래 행정자동결정이라고 불러 오던 것에 속하거나, 행정자동결정과
    사실상 같은 것이라고 할 수 있다.
24) 법제처, 행정기본법 조문별 해설, 2021, 80쪽.
25) 법제처, 행정기본법 조문별 해설, 2021, 80쪽.

적 요소에 대한 고려나 판단을 자동화된 시스템으로 대체하는 것들은 사실상 허용되기 곤란한 면이 있으며, 따라서 자동적 처분은 일반적으로 재량행위와 친하지 않은 것으로 이해되어 왔다.

「행정기본법」 제20조 단서 또한 이런 점을 고려하여 처분에 재량이 있는 경우에는 자동적 처분이 허용되지 않는다는 점을 분명히 하고 있다. 다만 개별 법률에서 처분청에 재량이 있어도 자동적 처분이 허용될 수 있도록 규정할 수는 있으며, 이를 근거로 재량행위에 대한 자동적 처분이 허용될 수 있다.[26]

Ⅲ. 행정자동결정에 관한 특별규율

자동적 처분이 행정행위의 성질을 가지는 한 그 역시 행정행위의 일반적인 성립·효력요건을 갖추어야 한다. 다만 자동적 처분은 보통의 행정행위와는 다른 특성을 가지며, 그 한도 내에서 특별한 규율을 받을 수 있다. 독일의 「연방행정절차법」은 이와 관련하여 자동적 처분에 대하여 다음과 같은 특별한 규정을 갖고 있다. 즉,

첫째, 행정청의 서명·날인이 생략될 수 있다.

둘째, 일반문자가 아닌 특별한 부호가 사용되기도 한다.

셋째, 이유제시에 관하여 예외가 인정될 수 있다.

넷째, 청문절차가 생략된다.

한편 ―독일의 경우와 달리― 행정자동결정에 관한 특별한 명문의 규정을 갖고 있지 못한 우리나라의 경우에도 행정자동결정에 관하여 위와 같은 특례를 인정할 수 있는지의 문제가 있는바, 적어도 직접적으로 인정하기는 어려운 면이 있는 것이 사실이다. 그러나 그 같은 특례를 인정하고 있는 것으로 해석할 수도 있는 규정을 찾아볼 수는 있으며,[27] 그 한도에서는 그러한 특례를 인정해도 무방하다고 생각된다.

---

26) 다만, 이처럼 개별 법률에서 재량이 있는 경우에도 자동적 처분을 허용하는 규정을 도입할 때에는 제5조 제2항을 고려하여 면밀한 법리적 검토가 수반되어야 한다. 법제처, 행정기본법 조문별 해설, 2021, 81쪽.

27) 행정자동결정에 관한 특례를 인정한 것으로 볼 수 있는 규정으로는 단순·반복적인 처분 또는 경미한 처분으로서 당사자가 그 이유를 명백히 알 수 있는 경우에는 처분의 이유제시를 생략할 수 있음을 규정하고 있는 「행정절차법」 제23조, 국가기관이나 지방자치단체가 법령의 정함에 따라 허가·인가·승인·등록·신고·신청 등을 전자문서로 처리하는 경우 공인전자서명을 각 문서의 서명·날인으로 보고 있는 「정보통신망 이용촉진 및 정보보호 등에 관한 법률」 제18조 등이 있다.

Ⅳ. 행정자동결정의 하자

행정자동결정이 행정행위의 성질을 가지는 한 그의 하자의 문제 역시 행정행위의 하자에 관한 일반원칙에 따라 해결하면 될 것이다. 즉, 하자가 중대하고 명백하면 무효, 하자가 그 정도에 이르지 않을 때에는 취소할 수 있는 것이 된다.

다만 행정자동결정에 쉽게 판별할 수 있는 오기(誤記)·오산(誤算)이 있는 경우에는 행정청은 특별한 절차 없이 이를 정정할 수 있다고 할 것이다.

Ⅴ. 행정자동장치의 하자와 배상책임

행정자동장치의 하자로 인하여 손해를 입은 자는 일반 행정작용의 경우와 마찬가지로 행정상 손해배상을 청구할 수 있다. 즉, 행정자동장치의 하자가 공무원의 위법한 직무행위에 기인할 때에는 「국가배상법」 제2조에 근거하여, 행정자동장치의 설치·관리의 하자로 손해가 발생한 경우에는 「국가배상법」 제5조에 근거하여 손해배상을 청구할 수 있다.

행정절차/행정정보공개와 개인정보보호

제1장

행정절차

▌제1절 ▌ 행정절차의 이론

Ⅰ. 개 설

1. 행정절차의 의의

(1) 광의의 행정절차

행정절차는 광의로는 행정의사의 결정과 집행에 관련된 일체의 과정을 의미하는 바, 여기에는 행정처분 등에 관한 사전절차 이외에 사후절차로서의 행정심판절차 및 행정상의 의무이행확보절차까지 포함된다. 1925년에 제정된 오스트리아의「일반행정절차법(Allgemeines Verwaltungsverfahrensgesetz)」상의 행정절차가 이에 가까운 개념이다.

(2) 협의의 행정절차

행정절차는 좁은 의미로는 행정의사의 결정에 관한 '대외적 사전절차'를 의미하는 바, 우리나라의「행정절차법」상의 행정절차가 이에 가까운 개념이다.

2. 행정절차의 이념과 필요성

(1) 민주주의

행정절차는 행정과정에 이해관계인의 참여기회를 보장함으로써 행정작용의 민주화에 기여한다. 즉, 행정절차는 '행정에의 참가를 통한 행정의 민주화'를 그의 궁극적 이념으로 한다.

(2) 법치주의

행정절차는 행정의 투명성·예측가능성을 제공하고, 법률유보의 원칙의 적용범위를 확대함으로써 법치주의의 구현에 이바지한다.

(3) 행정의 적정화

행정절차는 이해관계인에게 자신의 의견 등을 진술할 기회를 부여함으로써 사실인정 및 법령의 해석·적용을 올바르게 하여 행정의 적법성·타당성을 확보할 수 있게 한다.

(4) 사법적(司法的) 구제의 보완

행정절차는 행정작용으로 인한 권익침해를 미연에 방지하는 사전적(事前的) 권리구제제도로서의 성격을 갖는다. 또한 재판을 통한 사후구제에 소요되는 시간과 비용을 절약할 수 있는 점에서 사법적 구제를 보완하는 기능을 갖는다.

(5) 행정의 능률성

복잡한 행정작용에 관한 절차를 법에 따른 행정절차를 통하여 명확히 하는 것은 행정작용을 원활하게 수행하게 하여 행정능률을 높인다. 다만 사전절차를 지나치게 번잡하게 하면 이것이 오히려 행정의 능률을 저하시키는 요인, 즉 행정의 신속성을 해하는 요인으로 작용할 수 있음을 유의하여야 한다.

(6) 인간의 존엄성과 가치의 존중

'자기를 방어할 수 있는 기회'를 사전에 주는 행정절차야말로 인간의 존엄과 가치를 존중하는 제도라는 점에 착안하여, 행정절차의 이념으로 「헌법」 제10조의 '인간의 존엄성'을 열거하는 입장[1]도 있다.

II. 행정절차의 발달

1. 영미법계 국가

(1) 영 국

영국의 행정절차는 자연적 정의(Natural Justice)의 원칙을 중심으로 발전하여 왔는바, 여기서 자연적 정의란 ① 누구든지 자기 사건에 대한 심판관이 될 수 없다고 하는 편견배제(偏見排除)의 원칙과 ② 누구든지 청문 없이 불이익을 받아서는 안 된다고 하는 쌍방청문(雙方聽聞)의 원칙을 그 내용으로 한다. 행정절차에 관한 영국의 실정법으로는 1958년에 제정된 「심판법 및 심문법」(Tribunals and Inquries Act)[2]이 있다.

(2) 미 국

미국의 행정절차는 「누구든지 법의 정당한 절차에 의하지 아니하고는 생명·자유 또는 재산을 박탈당하지 아니한다」라고 규정하고 있는 「연방헌법」 제5조상의 적법절차(Due Process of Law) 조항을 중심으로 논의되어 왔다.

「연방헌법」상의 적법절차의 이념을 행정법적 관점에서 구체화한 것이 1946년에 제정된 「행정절차법」(Administrative Procedure Act)이다. 다만 동법은 현재 「연방법전」

---

1) 김남진·김연태, 행정법 I, 법문사, 2021, 446쪽.
2) 「(행정)심판소 및 심문에 관한 법률」이라고 번역되기도 한다.

(U.S. Code)에 삽입되어 있으며, 따라서 미국의 경우 현재 독립된 행정절차법은 존재하지 않는다. 다만 실무적으로는 「연방법전」(U.S. Code)에 흡수된 조항들을 총괄하여 「행정절차법」이라고 부르는 것이 일반적 경향이다.3)

2. 대륙법계 국가

종래 대륙법계 국가에서는 사전적 권리구제제도로서의 행정절차는 영미법계 국가에 비해 소홀하게 다루어져 왔다.

(1) 독 일

독일의 경우 1977년부터 「행정절차법」(Verwaltungsverfahrensgesetz)이 시행되고 있는바, 동법은 행정절차에 관한 사항 외에도 많은 실체법적 규정을 갖고 있음을 유의하여야 한다. 독일 「행정절차법」의 특징으로는 다음과 같은 것을 들 수 있다.

첫째, 특정한 형식을 요하지 않는 무형식성(無形式性, Nichtformlichkeit)의 원칙이 채택되어 있다.

둘째, 절차 관여인에 대하여 청문권·문서열람청구권·비밀유지청구권이 보장되어 있다.

셋째, 이른바 대량절차(Massenverfahren)에 관한 규정이 마련되어 있다.

(2) 프랑스

프랑스에서는 행정법원에 의한 행정의 사후통제가 중시되었던 결과 행정절차는 상대적으로 경시되는 경향에 있었다. 다만 프랑스에서도 행정개혁의 일환으로 1970년대부터 행정절차와 관련된 입법이 행해지게 되었는바, 행정문서에의 액세스에 관한 1978년 7월 17일의 법률, 이유부기에 관한 1979년 7월 18의 법률, 방어권의 법리4)를 명문으로 보장한 1983년 11월 23일의 정령(定令) 등이 그것이다.

이러한 일련의 입법에도 불구하고 통일적인 행정절차법이 없었던 관계로 행정절차에 관한 한 프랑스는 후진성을 면하지 못하고 있었다. 그러나 2016년에 프랑스에서도 「행정절차법」이 제정되기에 이르렀으며, 이를 계기로 행정절차의 비약적 발전이 이루어지고 있다.

(3) 일 본

일본은 행정절차를 헌법원리와 관련시켜 확립하려는 노력을 하여 왔는바, 그 결과

---

3) 미국의 경우 1946년에 「연방행정절차법」을 제정한 이후 행정절차와 관련된 법률이 계속하여 제정되었는바, 1965년의 「기관대리법」(Agency Practice Act), 1972년의 「연방자문위원회법」(Federal Advisory Act), 1980년의 「평등접근법」(Equal Access to Justice Act) 등이 그에 해당한다.
4) '방어권의 법리'는 Trompier-Gravier 사건을 통하여 발전된 것으로 「행정상 제재조치를 취함에 있어서는 그에 앞서 상대방에게 의견진술기회를 부여하여야 한다」는 것을 그 내용으로 한다.

1993년 11월에 「행정수속법」(行政手續法)이 공포되어 1994년 10월부터 시행되고 있다.

3. 우리나라

우리나라에 있어 행정절차는 다음과 같은 단계를 거쳐 발전해 왔다. 즉,

먼저 행정절차의 필요성이 인식되면서 각 개별법에 청문제도가 규정되기 시작하였고, 이어서 일반 행정절차법의 미비로 인해 발생할 수 있는 권익침해를 사전에 방지하기 위하여 국무총리훈령(제235호)으로 「행정절차운영지침」이 공포·시행되었다. 그후 1996년 12월에 드디어 (일반법으로서의) 「행정절차법」이 제정되어 시행되기에 이르렀으며, 또한 1997년에는 특별행정절차법이라고 할 수 있는 「민원사무처리에 관한 법률」이 별도로 제정되었다. 한편 동 법률은 2016년 2월 12일에 「민원 처리에 관한 법률」로 전부 개정되어 시행되고 있다.

Ⅲ. 행정절차의 내용5)

1. 사전통지

사전통지(事前通知, Prior Notice)란 청문에 앞서 청문의 일시·장소 및 사유 등을 이해관계인에게 미리 알려 주는 것을 말한다. 통지는 송달, 공고 등의 방법에 의한다.

사전통지는 이해관계인이 청문에 관한 의견이나 자료 등을 준비하는 데 필요한 '상당한 기간' 전에 하여야 할 것이 요구되어 왔는바, 「행정절차법」은 청문이 시작되는 날부터 10일 전까지 통지하도록 규정하고 있다(제21조 제2항).

2. 청 문

(1) 청문의 의의

청문(聽聞, Anhörung/Hearing)은 넓은 의미로는 사전통지된 내용에 따라 이해관계인에게 자신의 의견을 진술하며, 스스로를 방어할 수 있는 기회를 제공하는 것을 말한다. 한편 우리나라의 「행정절차법」은 이러한 넓은 의미의 청문을 의견청취라고 부르고 있는바(동법 제22조), 이러한 의견청취는 (좁은 의미의) 청문, 공청회 및 의견제출의 형태로 행해지고 있다.

---

5) 행정절차의 기본적 내용으로는 이하에서 서술하는 바와 같이 사전통지, 청문, 이유제시가 들어진다. 다만 이들 이외에 문서열람이나 처분기준의 설정·공표를 행정절차의 기본적 내용으로 열거하는 입장도 있다.

(2) 청문의 형태

1) 정식청문과 약식청문   정식청문은 당사자·증인·감정인 등의 참여하에 심리를 거치고 서면을 작성하여 이유를 붙여야 하는 등 엄격한 절차가 요구되는 청문을 말하며, 약식청문은 일정한 형식에 의할 것이 엄격하게 요구되지 않는 청문을 말한다.

2) 진술형 청문과 사실심형 청문   진술형(陳述型) 청문이란 당사자에게 단지 자기에게 유리한 의견의 진술이나 증거·참고자료의 제출기회를 부여할 뿐인 청문을 말하며, 사실심형(事實審型) 청문이란 당사자가 상대방이 제출한 증거 및 변론을 알고 이를 반박할 수 있는 기회가 부여되는 등 준사법적 절차가 적용되는 청문을 말한다.

3) 공개청문과 비공개청문   공개청문이란 청문과정을 당해 청문관계자 이외의 자에게 공개한 가운데 진행되는 청문을 말하며, 비공개청문은 당해 청문관계자만의 참여하에 진행되는 청문을 말한다.

(3) 우리나라의 「행정절차법」상의 청문

우리나라의 「행정절차법」이 정식청문과 비공개청문을 원칙으로 하고 있다는 것에 대해서는 대체로 의견의 일치가 있는 것으로 보인다. 이에 반하여 우리나라의 「행정절차법」상의 청문이 진술형 청문과 사실심형 청문 중 어느 것을 원칙으로 하고 있는지에 관하여는 견해의 대립이 있는바, 이러한 견해의 대립은 「당사자 등은 의견을 진술하고 증거를 제출할 수 있으며, "참고인이나 감정인 등에게 질문할 수 있다"」고 규정하고 있는 「행정절차법」 제31조 제2항의 해석을 둘러싸고 벌어지고 있다.

3. 처분의 이유제시

(1) 이유제시의 의의

행정청은 청문의 전 과정에 대한 평가를 토대로 하여 결정(즉, 처분)을 해야 하며, 처분의 이유를 제시하여야 한다. 여기서 이유제시(理由提示)[6]란 행정처분을 함에 있어서 그 근거가 되는 법적·사실적 근거를 명기하는 것을 말한다.

(2) 이유제시의 필요성(기능)

1) 설명·설득기능(명료화기능)   이유제시는 상대방에게 사안을 설명하여 명확하게 하는 기능을 가진다.

2) 권리구제기능   이유제시는 이해관계인으로 하여금 사후의 불복절차에 효과적으로 대비할 수 있도록 하는 권리구제의 기능을 갖는다.

3) 행정통제기능   이유제시는 행정청의 자의적(恣意的) 결정을 배제하여 재량통제에

---

6) 예전에는 '이유제시'라는 용어 대신에 '이유부기(理由附記)'라는 용어가 많이 사용되었다. 그러나 「행정절차법」 제23조가 '이유제시'라는 용어를 사용하면서부터 '이유부기'라는 용어는 점차 사용되지 않는 추세에 있다.

대한 실효를 기하도록 하는 기능을 가진다.

4) 당사자를 양해·만족시키는 기능   이유제시는 당사자로 하여금 이유를 검토하여 행정결정을 받아들이게 하는 기능을 가진다.

5) 법원의 부담을 경감시키는 기능   이유제시는 법원이 처분의 이유를 명백히 알게 함으로써 심리를 신속·용이하게 할 수 있도록 하는 기능을 갖는다.

「면허 등의 취소처분에 그 결정이유를 명시토록 하는 취지는 행정청의 자의적 결정을 배제하고 이해관계인으로 하여금 행정구제절차에 적절히 대처할 수 있게 하기 위함 때문이다」(대판 1990. 9.11, 90누1786).

(3) 이유제시의 법적 근거

이유제시에 관하여는「행정절차법」제23조가 명문으로 규정하고 있을 뿐만 아니라, 징계처분사유설명서의 교부를 규정하고 있는「국가공무원법」제75조 등과 같은 개별법에서도 근거규정을 찾아볼 수 있다. 한편 이러한 법률규정이 없던 시절에도 대법원은 (법률에 근거가 없더라도) 이유제시 없는 불이익처분을 위법으로 보는 경향에 있었다.

(4) 이유제시의 정도

이유제시가 이해관계인이 사후에 불복함에 있어서의 편의제공을 그 기능으로 한다는 점을 고려할 때, 이유제시는 행정청이 어떤 사실을 인정하여 당해 처분을 하였는지를 상대방이 쉽게 이해할 수 있을 정도로 구체적이고 상세하게 이유를 명시할 것이 요구된다.

「허가의 취소처분에는 그 근거가 되는 법령과 처분을 받은 자가 어떠한 위반사실에 대하여 당해 처분이 있었는지를 알 수 있을 정도의 위 법령에 해당하는 사실의 적시를 요한다」(대판 1984.7.10, 82누551).

한편 이유제시의 정도와 관련하여서는 다음과 같은 점을 주목하여야 한다.

첫째, 이유제시는 단순히 처분의 근거가 되는 법령뿐만 아니라 구체적인 사실과 당해 처분과의 관계가 적시되어야 한다.

관련판례

「면허의 취소처분에는 그 근거가 되는 법령이나 취소권 유보의 부관 등을 명시하여야 함은 물론 처분을 받은 자가 어떠한 위반사실에 대하여 당해 처분이 있었는지를 알 수 있을 정도로 사실을 적시할 것을 요하며, 이와 같은 취소처분의 근거와 위반사실의 적시를 빠뜨린 하자는 피처분자가 처분 당시 그 취지를 알고 있었다거나 그 후 알게 되었다 하여도 치유될 수 없다고 할 것인바, 세무서장인 피고가 주류도매업자인 원고에 대하여 한 이 사건 일반주류도매업면허취소통지에 "상기 주류도매장은 무면허 주류판매업자에게 주류를 판매하여 주세법 제11조 및 국세법 사무처리규정 제26조에 의거 지정조건위반으로 주류판매면허를 취소합니다"라고만 되어 있어서 원고의 영업기간과 거래상대방 등에 비추어 원고가 어떠한 거래행위로 인하여 이 사건 처분을 받았는지 알 수 없게 되어 있다면 이 사건 면허취소처분은 위법하다」(대판 1990.9.11, 90누1786).

둘째, 처분의 근거가 되는 법령의 기재는 다소 총괄적이어도 무방하다.

관련판례

「납세고지서에 과세대상과 그에 대한 과세표준액, 세율, 세액산출방법 등 세액산출의 구체적 과정과 기타 필요한 사항이 상세히 기재되어 있어 납세의무자가 당해 부과처분의 내용을 확연하게 파악할 수 있고 과세표준액과 세율에 관한 근거법령이 기재되어 있다면, 그 근거법령이 다소 총괄적으로 기재되어 있다 하더라도(즉 상위근거법령만을 기재하고 더 구체적으로 그 하위법령인 시행령, 조례 등을 기재하지 아니하였다 하더라도) 특별한 사정이 없는 한 위 법이 요구하는 세액산출근거의 기재요건을 충족한 것으로 보아야 할것이므로 이 사건 재산세 등 부과처분이 위법하다고 할 수는 없다」(대판 2008.11.13, 2007두160).

(5) 이유제시의 치유

이유제시가 사후에 보완되면 흠의 치유를 인정할 수 있는지에 관하여는 이유제시의 의의가 쟁송제기의 편의에 있다고 보아 흠의 치유를 인정하는 견해와 이유제시의 의의가 행정청의 판단을 신중·합리적으로 행하게 하는 데 있다고 보아 흠의 치유를 인정하지 않는 견해의 대립이 있다.

IV. 행정절차의 헌법적 근거

1. 문제의 의의

행정절차의 법적 근거를 직접 「헌법」에서 구할 수 있는지의 여부, 즉 청문절차를 거치지 않은 행정처분을 「헌법」을 근거로 하여 위법으로 볼 수 있는지의 여부는 행정절차에 관한 논의의 중요 쟁점이었다. 그러나 1996년에 「행정절차법」이 제정됨으로써 행정절차의 헌법적 근거에 대한 논의의 실익은 반감되었다고 할 수 있다. 왜냐하면 헌법적 근거를 찾는 주된 이유는 「헌법」을 구체화시키는 개별 법률이 없는 경우에 「헌법」을 직접 적용하는 것에 있기 때문이다.

2. 학설과 판례

(1) 학 설

청문절차를 거치지 않은 행정처분을 「헌법」을 근거로 하여 위법으로 볼 수 있다는 것에 대해서는 학설이 일치하고 있는 것으로 보인다. 다만 그의 구체적 근거에 대하여는 ① 「헌법」 제12조 제1항의 적법절차조항에서 찾는 적법절차조항근거설과 ② 민주국가와 같은 헌법원리 또는 인간의 존엄과 가치에 관한 「헌법」 제10조 등에서 찾는 헌법원리근거설의 대립이 있다. 전자가 다수설이고 타당시된다.

(2) 판 례

판례(헌법재판소) 역시 「헌법」 제12조의 적법절차조항을 행정절차에 대한 직접 구속력 있는 헌법적 근거로 보는 경향에 있다.

관련판례

「헌법 제12조 제3항 본문은 동조 제1항과 함께 적법절차원리의 일반조항에 해당하는 것으로서, 형사절차상의 영역에 한정되지 않고 입법, 행정 등 국가의 모든 공권력의 작용에는 절차상의 적법성뿐만 아니라 법률의 구체적 내용도 합리성과 정당성을 갖춘 실체적인 적법성이 있어야 한다는 적법절차의 원칙을 헌법의 기본원리로 명시하고 있는 것이다」(헌재결 1992.12.24, 92헌가8).

Ⅴ. 행정절차의 하자

1. 행정절차의 하자의 의의

행정절차의 하자를 '모든 행정작용'의 절차와 관련된 '모든 하자'로 이해하는 경우도 있으나, 일반적으로 행정절차의 하자라고 하면 「처분의 절차에 관련된 하자 가운데 주로 청문과 이유제시에 관한 하자」를 의미하는 것으로 이해되고 있다.

2. 절차상의 하자있는 행정행위의 효력

청문이나 이유제시 등을 결여한 행정행위는 절차상의 하자있는 행정행위로서 위법임은 물론이다. 한편 이 경우 그러한 하자를 무효사유로 볼 것인가, 아니면 취소사유로 볼 것인가 하는 문제가 있는데, 이는 일단 행정행위의 하자에 관한 일반론에 따라 결정해야 할 문제이다.

　판례의 대부분은 청문이나 이유제시를 결여한 행정행위를 취소사유로 보고 있지만(관련판례 ①②③ 참조), 무효사유로 본 판례도 있음을 유의하여야 한다(관련판례 ④ 참조).

관련판례

① 이유제시: 「행정청이 침해적 행정처분을 하면서 당사자에게 행정절차법상의 사전통지를 하거나 의견제출의 기회를 주지 않고, 그 처분의 근거와 이유를 제시하지 아니하였다면, 그러한 절차를 거치지 않아도 되는 예외적인 경우에 해당하지 아니하는 한 그 처분은 위법하다. … 이 사건 해임처분 과정에서 원고가 그 처분의 내용을 사전에 통지받거나 그에 대한 의견제출의 기회 등을 받지 못했고, 해임처분 시 그 법적 근거 및 구체적 해임 사유를 제시받지 못해 이 사건 해임처분은 위법하지만, 그 절차나 처분형식의 하자가 중대하고 명백하다고 볼 수 없어 취소 사유에 해당한다」(대판 2012.2.23, 2011두5001).

② 사전통지·의견제출: 「행정절차법 제21조 제1항, 제4항, 제22조 제1항 내지 제4항에 의하면, 행정청이 당사자에게 의무를 과하거나 권익을 제한하는 처분을 하는 경우에는 미리 처분하고자 하는 원인이 되는 사실과 처분의 내용 및 법적 근거, 이에 대하여 의견을 제출할 수 있다는 뜻과 의견을 제출하지 아니하는 경우의 처리방법 등의 사항을 당사자 등에게 통지하여야 하고, 다른 법령 등에서 필요적으로 청문을 실시하거나 공청회를 개최하도록 규정하고 있지 아니한 경우에도 당사자 등에게 의견제출의 기회를 주어야 하되, "당해 처분의 성질상 의견청취가 현저히 곤란하거나 명백히 불필요하다고 인정될 만한 상당한 이유가 있는 경우" 등에는 처분의 사전통지나 의견청취를 하지 아니할 수 있도록 규정하고 있으므로, 행정청이 침해적 행정처분을 함에 있어서 당사자에게 위와 같은 사전통지를 하거나 의견제출의 기회를 주지 아니하였다면 사전통지를 하지 않거나 의견제출의 기회를 주지 아니하여도 되는 예외적인 경우에 해당하지 아니하는 한 그 처분은 위법하여 취소를 면할 수 없다」(대판 2004.5.28, 선고 2004두1254).[7]

③ 청문: 「행정청이 침해적 행정처분을 함에 즈음하여 청문을 실시하지 않아도 되는 예외적인 경우에 해당하지 않는 한 반드시 청문을 실시하여야 하고, 그 절차를 결여한 처분은 위법한 처분으로서 취소의 사유에 해당한다」(대판 2001.4.13, 2000두3337).

④ 절차상 하자를 무효사유로 판시한 사례: 「국세기본법 및 국세기본법 시행령이 과세전적부심사를 거치지 않고 곧바로 과세처분을 할 수 있거나 과세전적부심사에 대한 결정이 있기 전이라도 과세처분을 할 수 있는 예외사유로 정하고 있다는 등의 특별한 사정이 없는 한, 과세예고 통지 후 과세전적부심사 청구나 그에 대한 결정이 있기도 전에 과세처분을 하는 것은 원칙적으로

---

7) 同旨판례: 「군인사법령에 의하여 진급예정자명단에 포함된 자에 대하여 의견제출의 기회를 부여하지 아니한 채 진급선발을 취소하는 처분을 한 것은 절차상 하자가 있어 위법하다」(대판 2007.9. 21, 2006두20631).

과세전적부심사 이후에 이루어져야 하는 과세처분을 그보다 앞서 함으로써 과세전적부심사 제도 자체를 형해화시킬 뿐만 아니라 과세전적부심사 결정과 과세처분 사이의 관계 및 불복절차를 불분명하게 할 우려가 있으므로, 그와 같은 과세처분은 납세자의 절차적 권리를 침해하는 것으로서 절차상 하자가 중대하고도 명백하여 무효이다」(대판 2016.12.27, 2016두49228).

3. 절차상 하자의 독자적 위법사유성

(1) 문제의 의의

절차상 하자를 독자적 위법사유로 볼 수 있는지, 즉 실체적 하자의 유무와 관계없이 절차상의 하자만을 이유로 행정행위를 취소할 수 있는지 여부가 문제되고 있다.

(2) 학 설

1) 적극설   소정의 청문절차를 거치지 않은 행정행위는 그 자체로 위법한 것으로서 취소사유가 된다는 견해로서(종래의 다수설), 그 주된 논거는 다음과 같다.

첫째, 법률적합성의 원칙에 따를 때 행정행위는 내용상으로뿐만 아니라 절차상으로도 적법해야 하므로, 절차상의 하자는 내용상의 하자의 경우와 마찬가지로 그 자체로 행정행위의 취소사유가 된다.

둘째, 절차상의 하자를 독립한 취소사유가 될 수 없는 것으로 한다면 행정행위의 성립요건의 하나로 절차상의 요건을 드는 것은 실질적으로 무의미하다.

셋째, 「행정소송법」 제30조 제3항이 「… 신청에 따른 처분이 절차의 위법을 이유로 취소되는 경우에 …」라고 규정하고 있다.

2) 소극설   행정행위의 내용상 하자가 있는 것이 아니라면 절차의 하자만을 이유로 취소를 구할 수는 없으며, 되도록이면 하자의 치유의 방법으로 해결하여야 한다는 견해이다.

3) 절충설   재량행위와 기속행위의 경우를 나누어서 재량행위의 경우는 독자적 위법성을 인정하고, 기속행위의 경우에는 그를 부정하는 견해이다.

(3) 판 례

법원은 (기속행위인지 재량행위인지를 불문하고) 절차상의 하자가 취소사유에 해당하는 경우에 그것만을 이유로 행정행위를 취소할 수 있다는 입장을 취하고 있다.

관련판례

① 「행정청이 침해적 행정처분을 함에 있어서 당사자에게 위와 같은 사전통지를 하거나 의견제출의 기회를 주지 아니하였다면 사전통지를 하지 않거나 의견제출의 기회를 주지 아니하여도 되는 예외적인 경우에 해당하지 아니하는 한 그 처분은 위법하여 취소를 면할 수 없다」(대판 2004. 5.28, 2004두1254).

②「행정청이 구 학교보건법(2005.12.7. 법률 제7700호로 개정되기 전의 것) 소정의 학교환경위생정화구역 내에서 금지행위 및 시설의 해제여부에 관한 행정처분을 함에 있어 학교환경위생정화위원회의 심의를 거치도록 한 취지는 그에 관한 전문가 내지 이해관계인의 의견과 주민의 의사를 행정청의 의사결정에 반영함으로써 공익에 가장 부합하는 민주적 의사를 도출하고 행정처분의 공정성과 투명성을 확보하려는 데 있고, 나아가 그 심의의 요구가 법률에 근거하고 있을 뿐 아니라 심의에 따른 의결내용도 단순히 절차의 형식에 관련된 사항에 그치지 않고 금지행위 및 시설의 해제여부에 관한 행정처분에 영향을 미칠 수 있는 사항에 관한 것임을 종합해 보면, 금지행위 및 시설의 해제여부에 관한 행정처분을 하면서 절차상 위와 같은 심의를 누락한 흠이 있다면 그와 같은 흠을 가리켜 위 행정처분의 효력에 아무런 영향을 주지 않는다거나 경미한 정도에 불과하다고 볼 수는 없으므로, 특별한 사정이 없는 한 이는 행정처분을 위법하게 하는 취소사유가 된다」(대판 2007.3.15, 2006두15806).

다만 행정처분에 절차상의 하자가 있는 경우에도 구체적 사정을 고려할 때 취소사유에 이를 정도의 하자가 존재한다고 보기는 어렵다는 취지의 판례 또한 존재한다.

관련판례

①「민원사무를 처리하는 행정기관이 민원 1회방문 처리제를 시행하는 절차의 일환으로 민원사항의 심의·조정 등을 위한 민원조정위원회를 개최하면서 민원인에게 회의일정 등을 사전에 통지하지 아니하였다 하더라도, 이러한 사정만으로 곧바로 민원사항에 대한 행정기관의 장의 거부처분에 취소사유에 이를 정도의 흠이 존재한다고 보기는 어렵다」(대판 2015.8.27, 2013두1560).
②「행정청의 자의적 결정을 배제하고 당사자로 하여금 행정구제절차에서 적절히 대처할 수 있도록 하는 처분의 근거 및 이유제시 제도의 취지에 비추어 볼 때, 처분을 하면서 당사자가 그 근거를 알 수 있을 정도로 이유를 제시한 경우에는 처분의 근거와 이유를 구체적으로 명시하지 않았더라도 그로 말미암아 그 처분이 위법하다고 볼 수는 없다. 이때 '이유를 제시한 경우'는 처분서에 기재된 내용과 관계 법령 및 당해 처분에 이르기까지의 전체적인 과정 등을 종합적으로 고려하여, 처분 당시 당사자가 어떠한 근거와 이유로 처분이 이루어진 것인지를 충분히 알 수 있어서 그에 불복하여 행정구제절차로 나아가는 데 별다른 지장이 없었다고 인정되는 경우를 뜻한다」(대판 2019.1.31, 2016두64975).

4. 절차상 하자의 치유

(1) 절차상 하자의 치유여부

절차상 하자의 치유가능성과 관련하여 과거에는 학설의 대립이 있었으나, 오늘날은 국민의 권익을 침해하지 않는 한도 내에서 구체적 사정에 따라 합목적적으로 인정될 수 있다는 것(제한적 긍정설)이 지배적 견해이다. 이하의 판례에서 보듯이 법원 역시 제한적 긍정설에 따르고 있는 것으로 보인다.

관련판례

① 치유가능성을 부정한 판례: 「면허의 취소처분에는 그 근거가 되는 법령이나 취소권 유보의 부관 등을 명시하여야 함은 물론 처분을 받은 자가 어떠한 위반사실에 대하여 당해 처분이 있었는지를 알 수 있을 정도로 사실을 적시할 것을 요하며 이와 같은 취소처분의 근거와 위반사실의 적시를 빠뜨린 하자는 피처분자가 처분 당시 그 취지를 알고 있었다거나 그 후 알게 되었다 하여도 치유될 수 없다고 할 것이다」(대판 1990.9.11, 90누1786).

② 치유가능성을 긍정한 판례: 「행정청이 식품위생법상의 청문절차를 이행함에 있어 소정의 청문서 도달기간을 지키지 아니하였다면 이는 청문의 절차적 요건을 준수하지 아니한 것이므로 이를 바탕으로 한 행정처분은 일단 위법하다고 보아야 할 것이지만 이러한 청문제도의 취지는 처분으로 말미암아 받게 될 영업자에게 미리 변명과 유리한 자료를 제출할 기회를 부여함으로써 부당한 권리침해를 예방하려는 데에 있는 것임을 고려하여 볼 때, 가령 행정청이 청문서 도달기간을 다소 어겼다 하더라도 영업자가 이에 대하여 이의하지 아니한 채 스스로 청문일에 출석하여 그 의견을 진술하고 변명하는 등 방어의 기회를 충분히 가졌다면 청문서 도달기간을 준수하지 아니한 하자는 치유되었다고 봄이 상당하다」(대판 1992.10.23, 92누2844).

---

(2) 절차상 하자의 치유시기

절차상 하자의 치유를 인정하는 경우에도 어느 시점까지 하자의 치유를 인정할 수 있는지에 대하여는 행정쟁송을 제기하기 이전까지만 하자의 치유를 인정하는 견해(다수설 · 판례)와 행정쟁송의 단계에서도 하자의 치유를 인정하려는 견해의 대립이 있다.

관련판례

「과세처분시 납세고지서에 과세표준, 세율, 세액의 산출근거 등이 누락된 경우에는 늦어도 과세처분에 대한 불복여부의 결정 및 불복신청에 편의를 줄 수 있는 상당한 기간 내에 보정행위를 하여야 그 하자가 치유된다 할 것이다」(대판 1983.7.26, 82누420).

▌제2절▐ 행정절차법의 주요내용

I. 개 관 — 구성과 특징

「행정절차법」은 국민을 단순히 행정객체로만 파악하던 전제주의적 사고방식에 대한 반성 내지 비판을 통한 행정절차에 대한 이론의 성립을 그 제정배경으로 한다.

「행정절차법」은 제1장 총칙, 제2장 처분, 제3장 신고, 제4장 행정상 입법예고, 제5장 행정예고, 제6장 행정지도, 제7장 국민참여의 확대 및 제8장 보칙의 전문 56개조와 부칙으로 구성되어 있다. 한편 우리나라의 「행정절차법」은 처분절차가 그 중심을 이루고 있으며, 독일과 달리 ―일부 실체적 규정8)을 제외하면― 거의 절차규정만으로 되어 있다는 것을 그 특징으로 한다.

II. 통칙적 규정

1. 목적과 적용범위

(1) 목 적(제1조)

「행정절차법」은 행정절차에 관한 공통적인 사항을 규정하여 국민의 행정참여를 도모함으로써 행정의 공정성·투명성 및 신뢰성을 확보하고 국민의 권익을 보호함을 목적으로 한다. 한편, 여기서의 국민에는 외국인도 포함된다.

(2) 적용범위(제3조)

처분·신고·행정상 입법예고·행정예고 및 행정지도의 절차에 관하여 다른 법률에 특별한 규정이 있는 경우를 제외하고는 「행정절차법」이 적용된다. 다만 처분·신고·행정상 입법예고·행정예고 및 행정지도의 절차에 관한 사항이어도 다음의 경우에는 「행정절차법」의 적용이 배제된다.

① 국회 또는 지방의회의 의결을 거치거나 동의 또는 승인을 받아 행하는 사항

② 법원 또는 군사법원의 재판에 의하거나 그 집행으로 행하는 사항

③ 헌법재판소의 심판을 거쳐 행하는 사항

④ 각급 선거관리위원회의 의결을 거쳐 행하는 사항

⑤ 감사원이 감사위원회의의 결정을 거쳐 행하는 사항

⑥ 형사·행형 및 보안처분 관계 법령에 의하여 행하는 사항

⑦ 국가안전보장·국방·외교 또는 통일에 관한 사항 중 행정절차를 거칠 경우 국가의 중대한 이익을 현저히 해칠 우려가 있는 사항

⑧ 심사청구, 해양안전심판, 조세심판, 특허심판, 행정심판 그 밖의 불복절차에 따른 사항

⑨ 「병역법」에 따른 징집·소집, 외국인의 출입국·난민인정·귀화, 공무원 인사

---

8) 「행정절차법」에 규정되어 있는 실체법적 규정으로는 신의성실의 원칙(제4조 제1항), 신뢰보호의 원칙(제4조 제2항), 투명성의 원칙(제5조) 등을 들 수 있다.

관계 법령에 따른 징계와 그 밖의 처분, 이해 조정을 목적으로 하는 법령에 따른 알선·조정·중재·재정(裁定) 또는 그 밖의 처분 등 해당 행정작용의 성질상 행정절차를 거치기 곤란하거나 거칠 필요가 없다고 인정되는 사항과 행정절차에 준하는 질차를 기친 사항으로서 대통령령으로 정하는 사항

관련판례

① 지방병무청장이 산업기능요원에 대하여 한 산업기능요원 편입취소처분: 「병역법에 따른 산업기능요원에 대한 산업기능요원 편입취소처분은 행정절차법 제3조 제2항 제9호, 같은 법 시행령 제2조 제1호에서 규정하는 '병역법에 의한 소집에 관한 사항'에는 해당하지 아니하므로, 행정절차법상의 '처분의 사전통지'와 '의견제출 기회의 부여' 등의 절차를 거쳐야 한다」(대판 2002.9.6, 2002두554).

② 청문실시배제조항에 관한 협약: 「행정청이 당사자와 사이에 도시계획사업의 시행과 관련한 협약을 체결하면서 관계법령 및 행정절차법에 규정된 청문의 실시 등 의견청취절차를 배제하는 조항을 두었다고 하더라도 … 위와 같은 협약의 체결로 청문의 실시에 관한 규정의 적용을 배제할 수 있다고 볼 만한 법령상의 규정이 없는 한 이러한 협약이 체결되었다고 하여 청문의 실시에 관한 규정의 적용이 배제된다거나 청문을 실시하지 않아도 되는 예외적인 경우에 해당한다고 할 수 없다」(대판 2004.7.8, 2002두8350).

③ 공무원 인사관계법령에 의한 처분: 「행정절차법의 입법목적과 행정절차법 제3조 제2항 제9호의 규정내용 등에 비추어 보면, 공무원 인사관계법령에 의한 처분에 관한 사항 전부에 대하여 행정절차법의 적용이 배제되는 것이 아니라 성질상 행정절차를 거치기 곤란하거나 불필요하다고 인정되는 처분이나 행정절차에 준하는 절차를 거치도록 하고 있는 처분의 경우에만 행정절차법의 적용이 배제된다. 따라서 군인사법령에 의하여 진급예정자명단에 포함된 자에 대하여 의견제출의 기회를 부여하지 아니한 채 진급선발을 취소하는 처분을 한 것은 절차상 하자가 있어 위법하다」(대판 2007.9.21, 2006두20631).

④ 국가공무원법상 직위해제처분: 「국가공무원법상 직위해제처분은 구 행정절차법(2012.10.22. 법률 제11498호로 개정되기 전의 것) 제3조 제2항 제9호, 구 행정절차법 시행령(2011.12.21. 대통령령 제23383호로 개정되기 전의 것) 제2조 제3호에 의하여 당해 행정작용의 성질상 행정절차를 거치기 곤란하거나 불필요하다고 인정되는 사항 또는 행정절차에 준하는 절차를 거친 사항에 해당하므로, 처분의 사전통지 및 의견청취 등에 관한 행정절차법의 규정이 별도로 적용되지 않는다」(대판 2014.5.16, 2012두26180).

2. 신의성실 및 신뢰보호(제4조)

(1) 신의성실의 원칙

행정청은 직무를 수행할 때 신의에 따라 성실히 하여야 한다(제4조 제1항). 한편,

여기서 행정청이라 함은 「행정에 관한 의사를 결정하여 표시하는 국가 또는 지방자치단체의 기관 그 밖에 법령 또는 자치법규에 따라 행정권한을 가지고 있거나 위임 또는 위탁받은 공공단체 또는 그 기관이나 사인」을 말한다(제2조 제1호).

(2) 신뢰보호의 원칙

법령 등의 해석 또는 행정청의 관행이 일반적으로 국민들에게 받아들여졌을 때에는 공익 또는 제3자의 정당한 이익을 현저히 해할 우려가 있는 경우를 제외하고는 새로운 해석 또는 관행에 따라 소급하여 불리하게 처리하여서는 아니 된다(제4조 제2항).

3. 투명성(제5조)

행정청이 행하는 행정작용은 그 내용이 구체적이고 명확하여야 하며, 행정작용의 근거가 되는 법령 등의 내용이 명확하지 아니한 경우 상대방은 해당 행정청에 대하여 그 해석을 요청할 수 있다. 이 경우 해당 행정청은 특별한 사유가 없으면 그 요청에 따라야 한다. 또한 행정청은 상대방에게 행정작용과 관련된 정보를 충분히 제공하여야 한다.

4. 행정청의 관할 및 협조

(1) 행정청의 관할(제6조)

행정청이 그 관할에 속하지 아니하는 사안을 접수하였거나 이송받은 경우에는 지체 없이 이를 관할 행정청에 이송하여야 하고 그 사실을 신청인에게 통지하여야 한다. 행정청이 접수하거나 이송받은 후 관할이 변경된 경우에도 또한 같다.

행정청의 관할이 분명하지 아니한 경우에는 해당 행정청을 공통으로 감독하는 상급행정청이 그 관할을 결정하며, 공통으로 감독하는 상급행정청이 없는 경우에는 각 상급행정청이 협의하여 그 관할을 결정한다. 한편, 협의가 성립되지 아니한 때에는 행정각부장관의 주관쟁의로 되어 최종적으로 국무회의의 심의를 거쳐 대통령이 결정한다.

(2) 행정청 간의 협조(제7조)

행정청은 행정의 원활한 수행을 위하여 서로 협조하여야 한다.

5. 행정응원(제8조)

행정응원이란 재해·사변 기타 비상시에 처하여 하나의 행정청의 고유한 기능만으로는 행정목적을 달성할 수 없을 때에, 행정청의 청구에 의하거나 자발적으로 그 기능의 전부 또는 일부로서 타 행정청을 원조하는 것을 말한다.

(1) 행정응원의 요청

행정청은 다음과 같은 경우에 다른 행정청에 행정응원을 요청할 수 있다. 이 경우 행정응원은 당해 직무를 직접 응원할 수 있는 행정청에 요청하여야 한다.

① 법령 등의 이유로 독자적인 직무수행이 어려운 경우

② 인원·장비의 부족 등 사실상의 이유로 독자적인 직무수행이 어려운 경우

③ 다른 행정청에 소속되어 있는 전문기관의 협조가 필요한 경우

④ 다른 행정청이 관리하고 있는 문서(전자문서를 포함), 통계 등 행정자료가 직무수행을 위하여 필요한 경우

⑤ 다른 행정청의 응원을 받아 처리하는 것이 보다 능률적이고 경제적인 경우(제8조 제1항)

(2) 행정응원의 거부

행정응원을 요청받은 행정청은 ① 다른 행정청이 보다 능률적이거나 경제적으로 응원할 수 있는 명백한 이유가 있는 경우, ② 행정응원으로 인하여 고유의 직무수행이 현저히 지장받을 것으로 인정되는 명백한 이유가 있는 경우에는 이를 거부할 수 있다(동조 제2항). 행정응원을 요청받은 행정청이 응원을 거부하는 경우에는 그 사유를 응원을 요청한 행정청에 통지하여야 한다(동조 제4항).

(3) 지휘·감독

행정응원을 위하여 파견된 직원은 응원을 요청한 행정청의 지휘·감독을 받는다. 다만, 해당 직원의 복무에 관하여 다른 법령 등에 특별한 규정이 있는 경우에는 그에 따른다(동조 제5항).

(4) 비용부담

행정응원에 드는 비용은 응원을 요청한 행정청이 부담하며, 그 부담금액 및 부담방법은 응원을 요청한 행정청과 응원을 하는 행정청이 협의하여 결정한다(동조 제6항).

6. 당사자 등

당사자 등이란 행정청의 처분에 대하여 직접 그 상대가 되는 당사자와 행정청이 직권으로 또는 신청에 따라 행정절차에 참여하게 한 이해관계인을 말한다(제2조 4호).

(1) 당사자 등의 자격(제9조)

자연인이나 법인은 물론 법인 아닌 사단이나 재단, 그 밖에 다른 법령 등에 따라 권리·의무의 주체가 될 수 있는 자도 행정절차에 있어서 당사자 등이 될 수 있다.

(2) 지위의 승계(제10조)

당사자 등이 사망하였을 때의 상속인과 다른 법령 등에 따라 당사자 등의 권리 또는 이익을 승계한 자, 당사자 등인 법인 등이 합병하였을 때에는 합병 후 존속하는 법인 등이나 합병 후 새로 설립된 법인 등이 당사자 등의 지위를 승계한다.

한편 처분에 관한 권리 또는 이익을 사실상 양수한 자는 행정청의 승인을 받아 당

사자 등의 지위를 승계할 수 있다.

(3) 대표자(제11조)

1) 대표자의 선정   다수의 당사자 등이 공동으로 행정절차에 관한 행위를 할 때에는 대표자를 선정할 수 있으며, 당사자 등은 선정된 대표자를 변경하거나 해임할 수 있다. 당사자 등이 대표자를 선정하지 아니하거나 대표자가 지나치게 많아 행정절차가 지연될 우려가 있는 경우에는 행정청은 그 이유를 들어 상당한 기간 내에 3인 이내의 대표자를 선정할 것을 요청할 수 있다. 이 경우 당사자 등이 대표자의 선정요청에 따르지 아니하였을 때에는 행정청이 직접 대표자를 선정할 수 있다.

2) 대표자의 권한   대표자는 각자 그를 대표자로 선정한 당사자 등을 위하여 행정절차에 관한 모든 행위를 할 수 있다. 다만 행정절차를 끝맺는 행위에 대하여는 당사자 등의 동의를 받아야 한다. 한편 대표자가 있는 경우에는 당사자 등은 그 대표자를 통하여서만 행정절차에 관한 행위를 할 수 있다.

3) 대표자에 대한 행위의 효력   다수의 대표자가 있는 경우 그중 1인에 대한 행정청의 행위는 모든 당사자 등에게 효력이 있다. 다만 행정청의 통지는 대표자 모두에게 하여야 그 효력이 있다.

(4) 대리인(제12조, 제13조)

당사자 등은 ① 당사자 등의 배우자, 직계존속·비속 또는 형제자매, ② 당사자 등이 법인 등인 경우에는 그 임원 또는 직원, ③ 변호사, ④ 행정청 또는 청문주재자의 허가를 받은 자, ⑤ 법령 등에 따라 해당 사안에 대하여 대리인이 될 수 있는 자 중 어느 하나에 해당하는 자를 대리인으로 선임할 수 있다.

당사자 등이 대표자 또는 대리인을 선정하거나 선임한 때에는 지체없이 그 사실을 행정청에 통지하여야 한다. 대표자 또는 대리인을 변경하거나 해임하였을 때에도 또한 같다.

7. 송 달

행정절차법은 송달의 방법(제14조), 송달의 효력발생(제15조)에 관하여도 상세하게 규정하고 있다. 다만 이에 관하여는 행정행위의 효력요건과 관련하여 이미 설명한 바 있으므로(제2편 제2장 제5절 참조) 여기서는 설명을 약하기로 한다.

8. 기간 및 기한의 특례(제16조)

천재지변이나 그 밖에 당사자 등에게 책임이 없는 사유로 기간 및 기한을 지킬 수 없는 경우에는 그 사유가 끝나는 날까지 기간의 진행이 정지된다. 한편 외국에 거주하거나 체류하는 자에 대한 기간 및 기한은 행정청이 그 우편이나 통신에 걸리는 일수를 고려하여 정하여야 한다.

III. 처분절차

「행정절차법」은 처분[9]절차를 신청에 의한 처분절차(즉, 수익적 처분절차)와 불이익 처분절차(즉, 침익적 처분절차)로 구분하여 규정하고 있다. 다만 양자에 공통되는 부분 (공통원칙 및 공통사항)도 있으므로 공통사항을 먼저 규정하고, 이어서 수익적 처분과 침 익적 처분에 고유한 절차를 규정하고 있다.

1. 처분절차에 있어서의 공통원칙

(1) 처분기준의 설정 · 공표(제20조)

행정청은 필요한 처분기준을 해당 처분의 성질에 비추어 되도록 구체적으로 정하 여 공표하여야 한다(처분기준을 변경하는 경우에도 또한 같다). 다만 처분기준을 공표하는 것이 해당 처분의 성질상 현저히 곤란하거나 공공의 안전 또는 복리를 현저히 해치는 것으로 인정될 만한 상당한 이유가 있는 경우에는 이를 공표하지 않을 수 있다.

한편 당사자 등은 공표된 처분기준이 명확하지 아니한 경우 해당 행정청에 그 해 석 또는 설명을 요청할 수 있으며, 이 경우 당해 행정청은 특별한 사정이 없으면 그 요 청에 따라야 한다.

관련판례

「행정청으로 하여금 처분기준을 구체적으로 정하여 공표하도록 한 것은 해당 처분이 가급적 미 리 공표된 기준에 따라 이루어질 수 있도록 함으로써 해당 처분의 상대방으로 하여금 결과에 대 한 예측가능성을 높이고 이를 통하여 행정의 공정성, 투명성, 신뢰성을 확보하며 행정청의 자의 적인 권한행사를 방지하기 위한 것이다. 그러나 처분의 성질상 처분기준을 미리 공표하는 경우 행정목적을 달성할 수 없게 되거나 행정청에 일정한 범위 내에서 재량권을 부여함으로써 구체적 인 사안에서 개별적인 사정을 고려하여 탄력적으로 처분이 이루어지도록 하는 것이 오히려 공공 의 안전 또는 복리에 더 적합한 경우도 있다. 그러한 경우에는 행정절차법 제20조 제2항에 따라 처분기준을 따로 공표하지 않거나 개략적으로만 공표할 수도 있다」(대판 2019.12.13, 2018두 41907).

---

9) 여기서 처분이라 함은 행정청이 행하는 구체적 사실에 관한 법집행으로서의 공권력의 행사 또는 그 거부와 기타 이에 준하는 행정작용을 말한다(「행정절차법」 제2조 제2호).

(2) 처분의 이유제시(제23조)

1) 이유제시 및 그 예외   행정청은 처분을 할 때에는 다음 중 어느 하나에 해당하는 경우를 제외하고는 당사자에게 그 근거와 이유를 제시하여야 한다. 다만 ②③의 경우에 처분 후 당사자가 요청하는 경우에는 그 근거와 이유를 제시하여야 한다.

① 신청내용을 모두 그대로 인정하는 처분인 경우

② 단순·반복적인 처분 또는 경미한 처분으로서 당사자가 그 이유를 명백히 알 수 있는 경우

③ 긴급히 처분을 할 필요가 있는 경우.

관련판례

「구 출입국관리법(2012. 2. 10. 법률 제11298호로 개정되기 전의 것, 이하 같다) 제76조의2 제3항, 제4항 및 구 출입국관리법 시행령(2013. 6. 21. 대통령령 제24628호로 개정되기 전의 것, 이하 같다) 제88조의2에 따르면, 난민 인정에 관한 신청을 받은 행정청은 난민 신청자에 대하여 면접을 하고 사실을 조사하여 이를 토대로 난민 인정 여부를 심사하며, 심사 결과 난민으로 인정하지 아니하는 경우에는 신청자에게 서면으로 사유를 통지하여야 한다. 출입국관리법이 난민 인정 거부 사유를 서면으로 통지하도록 규정한 것은 행정청으로 하여금 난민 요건에 관한 신중한 조사와 판단을 거쳐 정당한 처분을 하도록 하고, 처분의 상대방에게 처분 근거를 제시하여 이에 대한 불복신청에 편의를 제공하며, 나아가 이에 대한 사법심사의 심리범위를 명확하게 하여 이해관계인의 신뢰를 보호하고 절차적 권리를 보장하기 위한 것이다」(대판 2017.12.5, 2016두42913).

2) 이유제시에 관한 주요쟁점   이유제시와 관련하여 다음과 같은 점들은 주의를 요한다.

첫째, 당사자가 근거규정을 명시하여 신청한 인·허가의 거부처분의 경우에도 이유제시가 필요한지가 문제되는바, 판례는 부정적으로 보고 있다.

관련판례

「행정절차법 제23조 제1항은 행정청은 처분을 하는 때에는 당사자에게 그 근거와 이유를 제시한다고 규정하고 있는바, 일반적으로 당사자가 근거규정 등을 명시하여 신청하는 인·허가 등을 거부하는 처분을 함에 있어 당사자가 그 근거를 알 수 있을 정도로 상당한 이유를 제시한 경우에는 당해 처분의 근거 및 이유를 구체적 조항 및 내용까지 명시하지 않았더라도 그로 인하여 그 처분이 위법한 것이 된다고 할 수 없다」(대판 2002.5.17, 2000두8912).

둘째, 공법상 계약은 처분의 성격을 갖지 않으므로 이유제시가 필요 없다.

> **관련판례**
>
> 「계약직공무원에 관한 현행 법령의 규정에 비추어 볼 때, 계약직공무원 채용계약해지의 의사표시는 일반공무원에 대한 징계처분과는 달라서 항고소송의 대상이 되는 처분 등의 성격을 가진 것으로 인정되지 아니하고, 일정한 사유가 있을 때에 국가 또는 지방자치단체가 채용계약관계의 한쪽 당사자로서 대등한 지위에서 행하는 의사표시로 취급되는 것으로 이해되므로, 이를 징계해고 등에서와 같이 그 징계사유에 한하여 효력유무를 판단하여야 하거나, 행정처분과 같이 행정절차법에 의하여 근거와 이유를 제시하여야 하는 것은 아니다」(대판 2002.11.26, 2002두5948).

셋째, 처분의 근거와 이유제시가 구체적으로 명시되지 않은 경우에도 ─구체적 사정하에서는─ 처분이 위법하지 않게 되는 경우도 있는바, 이에 관하여는 관련판례 참조.

> **관련판례**
>
> ① 「행정절차법 제23조 제1항은 "행정청은 처분을 할 때에는 다음 각호의 어느 하나에 해당하는 경우를 제외하고는 당사자에게 그 근거와 이유를 제시하여야 한다."라고 정하고 있다. 이는 행정청의 자의적 결정을 배제하고 당사자로 하여금 행정구제절차에서 적절히 대처할 수 있도록 하는 데 그 취지가 있다. 따라서 처분서에 기재된 내용, 관계 법령과 해당 처분에 이르기까지 전체적인 과정 등을 종합적으로 고려하여, 처분 당시 당사자가 어떠한 근거와 이유로 처분이 이루어진 것인지를 충분히 알 수 있어서 그에 불복하여 행정구제절차로 나아가는 데 별다른 지장이 없었던 것으로 인정되는 경우에는 처분서에 처분의 근거와 이유가 구체적으로 명시되어 있지 않았다고 하더라도 이를 처분을 취소하여야 할 절차상 하자로 볼 수 없다」(대판 2019.12.13, 2018두41907).
>
> ② 「교육부장관이 어떤 후보자를 총장 임용에 부적격하다고 판단하여 배제하고 다른 후보자를 임용제청하는 경우라면 배제한 후보자에게 연구윤리 위반, 선거부정, 그 밖의 비위행위 등과 같은 부적격사유가 있다는 점을 구체적으로 제시할 의무가 있다. 그러나 부적격사유가 없는 후보자들 사이에서 어떤 후보자를 상대적으로 더욱 적합하다고 판단하여 임용제청하는 경우라면, 이는 후보자의 경력, 인격, 능력, 대학운영계획 등 여러 요소를 종합적으로 고려하여 총장 임용의 적격성을 정성적으로 평가하는 것으로 그 판단 결과를 수치화하거나 이유제시를 하기 어려울 수 있다. 이 경우에는 교육부장관이 어떤 후보자를 총장으로 임용제청하는 행위 자체에 그가 총장으로 더욱 적합하다는 정성적 평가 결과가 당연히 포함되어 있는 것으로, 이로써 행정절차법상 이유제시의무를 다한 것이라고 보아야 한다. 여기에서 나아가 교육부장관에게 개별 심사항목이나 고려요소에 대한 평가 결과를 더 자세히 밝힐 의무까지는 없다」(대판 2018.6.15, 2016두57564).

(3) 처분의 방식 ― 서면주의(제24조)

행정청이 처분을 할 때에는 다른 법령 등에 특별한 규정이 있는 경우를 제외하고는 문서로 하여야 하며, 전자문서[10]로 하는 경우에는 당사자 등의 동의가 있어야 한다. 다만 신속히 처리할 필요가 있거나 사안이 경미한 경우에는 말 또는 그 밖의 방법으로 할 수 있다. 이 경우 당사자가 요청하면 지체없이 처분에 관한 문서를 주어야 한다. 이처럼 「행정절차법」이 서면주의를 취하는 이유는 처분내용의 명확성을 확보하고 처분의 존부에 관한 다툼을 방지하기 위한 것으로 이해되고 있다.

관련판례

「행정절차에 관한 일반법인 행정절차법은 제24조 제1항에서 "행정청이 처분을 할 때에는 다른 법령 등에 특별한 규정이 있는 경우를 제외하고는 문서로 하여야 하며, 전자문서로 하는 경우에는 당사자 등의 동의가 있어야 한다. 다만 신속히 처리할 필요가 있거나 사안이 경미한 경우에는 말 또는 그 밖의 방법으로 할 수 있다."라고 정하고 있다. 이 규정은 처분내용의 명확성을 확보하고 처분의 존부에 관한 다툼을 방지하여 처분상대방의 권익을 보호하기 위한 것이므로, 이를 위반한 처분은 하자가 중대·명백하여 무효이다」(대판 2019.7.11, 2017두3887).

한편 행정청이 문서에 의하여 처분을 한 경우에는 처분서의 문언(文言)에 따라 행정청이 어떠한 처분을 하였는지를 확정하여야 한다. 따라서 행정처분을 하는 문서의 문언만으로 행정처분의 내용이 분명한 경우, 그 문언과 달리 다른 행정처분까지 포함되어 있다고 해석하여서는 아니 된다(관련판례 ① 참조). 그러나 처분서의 문언만으로는 행정청이 어떤 처분을 하였는지 불분명한 경우에는 처분 경위와 목적, 처분 이후 상대방의 태도 등 여러 사정을 고려하여 처분서의 문언과 달리 처분의 내용을 해석할 수 있다(관련판례 ② 참조).

관련판례

① 「행정절차법의 규정 취지를 감안하여 보면, 행정청이 문서에 의하여 처분을 한 경우 그 처분서의 문언이 불분명하다는 등의 특별한 사정이 없는 한, 그 문언에 따라 어떤 처분을 하였는지 여부를 확정하여야 할 것이고, 처분서의 문언만으로도 행정청이 어떤 처분을 하였는지가 분명함에도 불구하고 처분경위나 처분 이후의 상대방의 태도 등 다른 사정을 고려하여 처분서의 문언과는 달리 다른 처분까지 포함되어 있는 것으로 확대해석하여서는 아니 된다」(대판 2005.7.28, 2003두469).

10) 여기서 '전자문서'라 함은 컴퓨터 등 정보처리능력을 가진 장치에 의하여 전자적인 형태로 작성되어 송신·수신 또는 저장된 정보를 말한다(「행정절차법」 제2조 제8호).

② 「행정청이 문서로 처분을 한 경우 원칙적으로 처분서의 문언에 따라 어떤 처분을 하였는지 확정하여야 한다. 그러나 처분서의 문언만으로는 행정청이 어떤 처분을 하였는지 불분명한 경우에는 처분 경위와 목적, 처분 이후 상대방의 태도 등 여러 사정을 고려하여 처분서의 문언과 달리 처분의 내용을 해석할 수 있다(대법원 2010. 2. 11. 선고 2009두18035 판결 참조). 특히 행정청이 행정처분을 하면서 논리적으로 당연히 수반되어야 하는 의사표시를 명시적으로 하지 않았다고 하더라도, 그것이 행정청의 추단적 의사에도 부합하고 상대방도 이를 알 수 있는 경우에는 행정처분에 위와 같은 의사표시가 묵시적으로 포함되어 있다고 볼 수 있다」(대판 2020.10.29, 2017다269152).

(4) 처분의 정정(제25조)

행정청은 처분에 오기(誤記)·오산(誤算) 또는 그 밖에 이에 준하는 명백한 잘못이 있을 때에는 직권으로 또는 신청에 따라 지체없이 정정하고 그 사실을 당사자에게 통지하여야 한다.

(5) 고 지(제26조)

행정청이 처분을 할 때에는 ① 그 처분에 관하여 행정심판 및 행정소송을 제기할 수 있는지 여부, ② 그 밖에 불복을 할 수 있는지 여부, ③ 청구절차 및 청구기간, ④ 그 밖에 필요한 사항을 알려야 한다.

2. 신청에 의한 처분절차(수익적 처분의 절차)

(1) 처분의 신청(제17조)

1) 신청의 방식 행정청에 대하여 처분을 구하는 신청은 문서로 하여야 한다. 다만 다른 법령 등에 특별한 규정이 있는 경우와 행정청이 미리 다른 방법을 정하여 공시한 경우에는 그러하지 아니하다.

한편 신청인의 행정청에 대한 신청의 의사표시는 명시적이고 확정적이어야 한다.

관련판례

① 「신청인의 행정청에 대한 신청의 의사표시는 명시적이고 확정적인 것이어야 한다고 할 것이므로 신청인이 신청에 앞서 행정청의 허가업무 담당자에게 신청서의 내용에 대한 검토를 요청한 것만으로는 다른 특별한 사정이 없는 한 명시적이고 확정적인 신청의 의사표시가 있었다고 하기 어렵다고 할 것이다」(대판 2004.10.15, 2003두13243).

② 「행정청에 대한 신청의 의사표시는 명시적이고 확정적인 것이어야 하고 문서로 이루어짐이 원칙이라 할 것인데, 사인이 행정청에 대하여 어떠한 처분을 구하는 문서상의 의사표시가 이러한 신청행위에 해당하는지 여부는 그 문서의 내용과 작성 및 제출의 경위와 시점, 취지 등 여러 사정을 종합하여 판단해야 할 것이다」(대판 2008.10.23, 2007두6212·6229).

2) 필요사항의 게시   행정청은 신청에 필요한 구비서류, 접수기관, 처리기간 그 밖에 필요한 사항을 게시(인터넷 등을 통한 게시를 포함한다)하거나 이에 대한 편람을 갖추어 두고 누구나 열람할 수 있도록 하여야 한다.

3) 신청에 따른 처리   행정청은 신청을 받았을 때에는 다른 법령 등에 특별한 규정이 있는 경우를 제외하고는 그 접수를 보류 또는 거부하거나 부당하게 되돌려 보내서는 아니 되며, 신청을 접수한 경우에는 신청인에게 접수증을 주어야 한다.

4) 신청의 보완   행정청은 신청에 구비서류 미비 등의 흠이 있는 경우에는 보완에 필요한 상당한 기간을 정하여 지체 없이 신청인에게 보완을 요구하여야 하며, 그 기간 내에 보완을 하지 아니하였을 때에는 그 이유를 구체적으로 밝혀 접수된 신청을 되돌려 보낼 수 있다.

신청인은 처분이 있기 전에는 그 신청의 내용을 보완·변경하거나 취하할 수 있다. 다만, 다른 법령 등에 특별한 규정이 있거나 그 신청의 성질상 보완·변경하거나 취하할 수 없는 경우에는 그러하지 아니하다.

관련판례

「행정절차법 제17조에 따르면, 행정청은 신청에 구비서류의 미비 등 흠이 있는 경우에는 보완에 필요한 상당한 기간을 정하여 지체 없이 신청인에게 보완을 요구하여야 하고(제5항), 신청인이 그 기간 내에 보완을 하지 않았을 때에는 그 이유를 구체적으로 밝혀 접수된 신청을 되돌려 보낼 수 있으며(제6항), 신청인은 처분이 있기 전에는 그 신청의 내용을 보완·변경하거나 취하할 수 있다(제8항 본문). 이처럼 행정절차법 제17조가 '구비서류의 미비 등 흠의 보완'과 '신청 내용의 보완'을 분명하게 구분하고 있는 점에 비추어 보면, 행정절차법 제17조 제5항은 신청인이 신청할 때 관계 법령에서 필수적으로 첨부하여 제출하도록 규정한 서류를 첨부하지 않은 경우와 같이 쉽게 보완이 가능한 사항을 누락하는 등의 흠이 있을 때 행정청이 곧바로 거부처분을 하는 것보다는 신청인에게 보완할 기회를 주도록 함으로써 행정의 공정성·투명성 및 신뢰성을 확보하고 국민의 권익을 보호하려는 행정절차법의 입법 목적을 달성하고자 함이지, 행정청으로 하여금 신청에 대하여 거부처분을 하기 전에 반드시 신청인에게 신청의 내용이나 처분의 실체적 발급요건에 관한 사항까지 보완할 기회를 부여하여야 할 의무를 정한 것은 아니라고 보아야 한다」(대판 2020.7.23, 2020두36007).

(2) 다수의 행정청이 관여하는 처분(제18조)
행정청은 다수의 행정청이 관여하는 처분을 구하는 신청을 접수한 경우에는 관계 행정청과의 신속한 협조를 통하여 그 처분이 지연되지 아니하도록 하여야 한다.

(3) 처리기간의 설정·공표(제19조)
행정청은 신청인의 편의를 위하여 처분의 처리기간을 종류별로 미리 정하여 공표하여야 하며, 부득이한 사유로 처리기간 내에 처리하기 곤란한 경우에는 해당 처분의 처리기간의 범위에서 한 번만 그 기간을 연장할 수 있다. 이 경우 처리기간의 연장사유와 처리예정 기한을 지체 없이 신청인에게 통지하여야 한다.

행정청이 정당한 처리기간 내에 처리하지 아니하였을 때에는 신청인은 해당 행정청 또는 그 감독행정청에 대하여 신속한 처리를 요청할 수 있다.

관련판례

「처분이나 민원의 처리기간을 정하는 것은 신청에 따른 사무를 가능한 한 조속히 처리하도록 하기 위한 것이다. 처리기간에 관한 규정은 훈시규정에 불과할 뿐 강행규정이라고 볼 수 없다. 행정청이 처리기간이 지나 처분을 하였더라도 이를 처분을 취소할 절차상 하자로 볼 수 없다. 민원처리법 시행령 제23조에 따른 민원처리진행상황 통지도 민원인의 편의를 위한 부가적인 제도일 뿐, 그 통지를 하지 않았더라도 이를 처분을 취소할 절차상 하자로 볼 수 없다」(대판 2019.12.13, 2018두41907).

3. 불이익처분의 절차(침익적 처분의 절차)

(1) 처분의 사전통지(제21조)

행정청은 당사자에게 의무를 부과하거나 권익을 침해하는 처분을 하는 경우에는 미리 ① 처분의 제목, ② 당사자의 성명 또는 명칭과 주소, ③ 처분하려는 원인이 되는 사실과 처분의 내용 및 법적 근거, ④ ③에 대하여 의견을 제출할 수 있다는 뜻과 의견을 제출하지 아니하는 경우의 처리방법, ⑤ 의견제출기관의 명칭과 주소, ⑥ 의견제출기한,[11] ⑦ 그 밖에 필요한 사항을 '당사자 등'에게 통지하여야 한다.

1) 당사자 등   여기서 "당사자 등"이라 함은 행정청의 처분에 대하여 직접 그 상대가 되는 당사자와 행정청이 직권 또는 신청에 의하여 행정절차에 참여하게 한 이해관계인을 말한다.

관련판례

「행정절차법 제21조 제1항, 제22조 제3항 및 제2조 제4호의 각 규정에 의하면, 행정청이 당사자에게 의무를 과하거나 권익을 제한하는 처분을 함에 있어서는 당사자 등에게 처분의 사전통지를 하고 의견제출의 기회를 주어야 하며, 여기서 당사자라 함은 행정청의 처분에 대하여 직접 그 상대가 되는 자를 의미한다」(대판 2003.2.14, 2001두7015).

---

11) 여기서의 의견제출기한은 의견제출에 필요한 기간을 10일 이상으로 고려하여 정하여야 한다(「행정절차법」 제21조 제3항).

2) 사전통지의 대상   사전통지의 대상은 당사자에게 의무를 부과하거나 권익을 침해하는 처분이다. 따라서 수익적 처분은 사전통지의 대상이 아니다.

「행정청이 관광진흥법 또는 체육시설법의 규정에 의하여 유원시설업자 또는 체육시설업자 지위 승계신고를 수리하는 처분은 종전의 유원시설업자 또는 체육시설업자의 권익을 제한하는 처분이라 할 것이고, 종전의 유원시설업자 또는 체육시설업자는 그 처분에 대하여 직접 그 상대가 되는 자에 해당한다고 봄이 상당하므로, 행정청으로서는 그 신고를 수리하는 처분을 함에 있어서 행정절차법 규정 소정의 당사자에 해당하는 종전의 유원시설업자 또는 체육시설업자에 대하여 위 규정 소정의 행정절차를 실시하고 처분을 하여야 한다」(대판 2012.12.13, 2011두29144).

사전통지의 대상이 되는지 여부가 문제되었던 것으로는 다음과 같은 것이 있다.
① (수익적 행정행위의) 신청에 대한 거부처분이 사전통지의 대상이 되는지에 관하여 판례는 사전통지가 필요 없는 것으로 보고 있다.

「행정절차법 제21조 제1항은 행정청은 당사자에게 의무를 과하거나 권익을 제한하는 처분을 하는 경우에는 미리 처분의 제목, 당사자의 성명 또는 명칭과 주소, 처분하고자 하는 원인이 되는 사실과 처분의 내용 및 법적 근거, 그에 대하여 의견을 제출할 수 있다는 뜻과 의견을 제출하지 아니하는 경우의 처리방법, 의견제출기관의 명칭과 주소, 의견제출기한 등을 당사자 등에게 통지하도록 하고 있는바, 신청에 따른 처분이 이루어지지 아니한 경우에는 아직 당사자에게 권익이 부과되지 아니하였으므로 특별한 사정이 없는 한 신청에 대한 거부처분이라고 하더라도 직접 당사자의 권익을 제한하는 것은 아니어서 신청에 대한 거부처분을 여기에서 말하는 '당사자의 권익을 제한하는 처분'에 해당한다고 할 수 없는 것이어서 처분의 사전통지대상이 된다고 할 수 없다」(대판 2003.11.28, 2003두674).

② 고시(告示)가 사전통지의 대상이 되는지도 논란이 있었으나, 법원은 도로구역결정고시는 사전통지의 대상이 되는 처분이 아니라고 판시한 바 있다.

「행정절차법 제2조 제4호가 행정절차법의 당사자를 행정청의 처분에 대하여 '직접 그 상대가 되는 당사자'로 규정하고, 도로법 제25조 제3항이 도로구역을 결정하거나 변경할 경우 이를 '고시'에 의하도록 하면서 그 도면을 '일반인'이 열람할 수 있도록 한 점 등을 종합하여 보면, 도로구역을 변경한 이 사건 처분은 행정절차법 제21조 제1항의 사전통지나 제22조 제3항의 의견청취의 대상이 되는 처분은 아니라고 할 것이다」(대판 2008.6.12, 2007두1767).

　　3) 사전통지의 생략　　다음 중 어느 하나에 해당하는 경우에는 사전통지를 하지 아니할 수 있다.
　　① 공공의 안전 또는 복리를 위하여 긴급히 처분을 할 필요가 있는 경우
　　② 법령 등에서 요구한 자격이 없거나 없어지게 되면 반드시 일정한 처분을 하여야 하는 경우에 그 자격이 없거나 없어지게 된 사실이 법원의 재판 등에 의하여 객관적으로 증명된 경우
　　③ 해당 처분의 성질상 의견청취가 현저히 곤란하거나 명백히 불필요하다고 인정될 만한 상당한 이유가 있는 경우
　　의견청취가 현저히 곤란하거나 명백히 불필요하다고 인정될 상당한 이유가 있는지 여부는 당해 행정처분의 성질에 비추어 판단하여야 하는바, 그 판단기준에 대하여는 관련판례 ① 참조. 한편 의견청취가 현저히 곤란하거나 명백히 불필요하다고 인정될 상당한 이유가 있다고 볼 수 없는 경우에 해당하는 구체적 사례에 관하여는 관련판례 ②~⑤ 참조.

관련판례

① 「행정절차법 제21조 제4항 제3호는 침해적 행정처분을 할 경우 청문을 실시하지 않을 수 있는 사유로서 "당해 처분의 성질상 의견청취가 현저히 곤란하거나 명백히 불필요하다고 인정될 만한 상당한 이유가 있는 경우"를 규정하고 있으나, 여기에서 말하는 '의견청취가 현저히 곤란하거나 명백히 불필요하다고 인정될 만한 상당한 이유가 있는지 여부'는 당해 행정처분의 성질에 비추어 판단하여야 하는 것이지, 청문통지서의 반송여부, 청문통지의 방법 등에 의하여 판단할 것은 아니며, 또한 행정처분의 상대방이 통지된 청문일시에 불출석하였다는 이유만으로 행정청이 관계법령상 그 실시가 요구되는 청문을 실시하지 아니한 채 침해적 행정처분을 할 수는 없을 것이므로, 행정처분의 상대방에 대한 청문통지서가 반송되었다거나, 행정처분의 상대방이 청문일시에 불출석하였다는 이유로 청문을 실시하지 아니하고 한 침해적 행정처분은 위법하다」(대판 2001.4.13, 2000두3337).
② 「행정청이 온천지구임을 간과하여 지하수개발·이용신고를 수리하였다가 행정절차법상의 사전통지를 하거나 의견제출의 기회를 주지 아니한 채 그 신고수리처분을 취소하고 원상복구명령의 처분을 한 경우, 행정지도방식에 의한 사전고지나 그에 따른 당사자의 자진 폐공의 약속 등의 사유만으로는 사전통지 등을 하지 않아도 되는 행정절차법 소정의 예외의 경우에 해당한다고 볼 수 없어 그 처분은 위법하다」(대판 2000.11.14, 99두5870).
③ 「구 공중위생법상 유기장업허가취소처분을 함에 있어서 두 차례에 걸쳐 발송한 청문통지서가 모두 반송되어 온 경우, 그것만으로 행정절차법 제21조 제4항 제3호에 정한 청문을 실시하지

않아도 되는 예외 사유에 해당한다고 단정하여 청문을 실시하지 아니하고 한 유기장업허가취소처분은 위법하다」(대판 2001.4.13, 2000두3337).

④「처분(건축법상의 공사중지명령)에 대한 사전통지를 하고 의견제출의 기회를 준다면 많은 액수의 손실보상금을 기대하여 공사를 강행할 우려가 있다는 사정만으로 이 사건 처분이 "당해 처분의 성질상 의견청취가 현저히 곤란하거나 명백히 불필요하다고 인정될 만한 상당한 이유가 있는 경우"에 해당한다고 볼 수 없다」(대판 2004.5.28., 2004두1254).

⑤「국가공무원법상 직위해제처분은 구 행정절차법 제3조 제2항 제9호, 동법 시행령 제2조 제3호에 의하여 당해 행정작용의 성질상 행정절차를 거치기 곤란하거나 불필요하다고 인정되는 사항 또는 행정절차에 준하는 절차를 거친 사항에 해당하므로, 처분의 사전통지 및 의견청취 등에 관한 행정절차법의 규정이 별도로 적용되지 아니한다고 봄이 상당하다」(대판 2014.5.16, 2012두26180).

(2) 의견청취(제22조)

행정청이 처분을 할 때에는 청문 등을 통한 의견청취를 하여야 한다. 다만 사전통지를 생략할 수 있는 경우(동법 제21조 제4항) 및 당사자가 의견신술의 기회를 포기한다는 뜻을 명백히 표시한 경우에는 의견청취를 하지 아니할 수 있다(동법 제22조 제4항).

관련판례

「행정절차법 제21조, 제22조, 행정절차법 시행령 제13조의 내용을 행정절차법의 입법 목적과 의견청취 제도의 취지에 비추어 종합적·체계적으로 해석하면, 행정절차법 시행령 제13조 제2호에서 정한 "법원의 재판 또는 준사법적 절차를 거치는 행정기관의 결정 등에 따라 처분의 전제가 되는 사실이 객관적으로 증명되어 처분에 따른 의견청취가 불필요하다고 인정되는 경우"는 법원의 재판 등에 따라 처분의 전제가 되는 사실이 객관적으로 증명되면 행정청이 반드시 일정한 처분을 해야 하는 경우 등 의견청취가 행정청의 처분 여부나 그 수위 결정에 영향을 미치지 못하는 경우를 의미한다고 보아야 한다. 처분의 전제가 되는 '일부' 사실만 증명된 경우이거나 의견청취에 따라 행정청의 처분 여부나 처분 수위가 달라질 수 있는 경우라면 위 예외사유에 해당하지 않는다」(대판 2020.7.23, 2017두66602).

한편 의견청취의 유형은 다음과 같다.

1) 청 문 청문이란 행정청이 어떠한 처분을 하기 전에 당사자 등의 의견을 직접 듣고 증거를 조사하는 절차를 말한다(제2조 제5호).

2) 공청회 공청회란 행정청이 공개적인 토론을 통하여 어떠한 행정작용에 대하여 당사자 등, 전문지식과 경험을 가진 사람 그 밖의 일반인으로부터 의견을 널리 수렴하는 절차를 말한다(제2조 제6호).

334 제3편 행정절차/행정정보공개와 개인정보보호

3) 의견제출   의견제출이란 행정청이 어떠한 행정작용을 하기 전에 당사자 등이 의견을 제시하는 절차로서 청문이나 공청회에 해당하지 아니하는 절차를 말한다(제2조 제7호).

4. 청 문

(1) 청문의 실시(제22조 제1항)
행정청이 처분을 할 때 다음 중 어느 하나에 해당하는 경우에 청문을 한다.
① 다른 법령 등에서 청문을 하도록 규정하고 있는 경우
② 행정청이 필요하다고 인정하는 경우
③ 인허가 등의 취소, 신분·자격의 박탈, 법인이나 조합 등의 설립허가의 취소의 처분을 하는 경우에 있어서 「행정절차법」 제21조 제1항 제6호에 따른 의견제출기한 내에 당사자 등의 신청이 있는 경우
한편 처분의 근거법령에서 청문을 실시하도록 규정하고 있으면 관련 법령상 청문을 실시하지 않아도 되는 예외적인 경우에 해당하지 않는 한 반드시 청문을 실시하여야 한다.

> **관련판례**
>
> 「청문제도는 행정처분의 사유에 대하여 당사자에게 변명과 유리한 자료를 제출할 기회를 부여함으로써 위법사유의 시정가능성을 고려하고 처분의 신중과 적정을 기하려는 데 그 취지가 있음에 비추어 볼 때, 행정청이 침해적 행정처분을 함에 즈음하여 청문을 실시하지 않아도 되는 예외적인 경우에 해당하지 않는 한 반드시 청문을 실시하여야 하고, 그 절차를 결여한 처분은 위법한 처분으로서 취소사유에 해당한다고 보아야 할 것이다. … 행정청이 당사자와 사이에 도시계획사업의 시행과 관련한 협약을 체결하면서 관계 법령 및 행정절차법에 규정된 청문의 실시 등 의견청취절차를 배제하는 조항을 두었다고 하더라도, 국민의 행정참여를 도모함으로써 행정의 공정성·투명성 및 신뢰성을 확보하고 국민의 권익을 보호한다는 행정절차법의 목적 및 앞서 본 청문제도의 취지 등에 비추어 볼 때, 위와 같은 협약의 체결로 청문의 실시에 관한 규정의 적용을 배제할 수 있다고 볼 만한 법령상의 규정이 없는 한, 이러한 협약이 체결되었다고 하여 청문의 실시에 관한 규정의 적용이 배제된다거나 청문을 실시하지 않아도 되는 예외적인 경우에 해당한다고 할 수 없다」(대판 2004.7.8, 2002두8350).[12]

(2) 청문의 사전통지(제21조 제2항)
행정청은 청문을 하려면 처분의 제목 등을 청문이 시작되는 날부터 10일 전까지

---

12) 같은 이유에서 대법원은 「구 주택건설촉진법 제48조의2 제6호에 따른 청문을 실시하지 않은 채 주택조합의 설립인가를 취소하는 처분을 한 것은 위법하다」라고 판시한 바 있다(대판 2007.11.16, 2005두15700).

당사자 등에게 통지하여야 한다.

(3) 청문주재자(제28조)

청문은 행정청이 소속직원 또는 대통령령으로 정하는 자격을 가진 사람 중에서 선정하는 사람이 주재하되, 행정청은 청문주재자의 선정이 공정하게 이루어지도록 노력하여야 한다.

청문주재자는 독립하여 공정하게 직무를 수행하며, 그 직무수행을 이유로 본인의 의사에 반하여 신분상 어떠한 불이익도 받지 아니한다.

(4) 청문주재자의 제척·기피·회피(제29조)

1) 제척(除斥)　청문주재자가 「행정절차법」 제29조 제1항이 정하는 제척사유13)에 해당하는 경우에는 청문을 주재할 수 없다.

2) 기피(忌避)　청문주재자에게 공정한 청문진행을 할 수 없는 사정이 있는 경우 당사자 등은 행정청에 기피신청을 할 수 있다. 이 경우 행정청은 청문을 정지하고 그 신청이 이유가 있다고 인정할 때에는 해당 청문주재자를 지체 없이 교체하여야 한다.

3) 회피(回避)　청문주재자는 제척 또는 기피사유에 해당하는 경우에는 행정청의 승인을 받아 스스로 청문의 주재를 회피할 수 있다.

(5) 청문의 공개(제30조)

청문은 당사자가 공개를 신청하거나 청문주재자가 필요하다고 인정하는 경우 공개할 수 있다. 다만 공익 또는 제3자의 정당한 이익을 현저히 해칠 우려가 있는 경우에는 공개하여서는 아니 된다.

(6) 청문의 진행(제31조)

청문주재자가 청문을 시작할 때에는 먼저 예정된 처분의 내용, 그 원인이 되는 사실 및 법적 근거 등을 설명하여야 한다. 당사자 등은 의견을 진술하고 증거를 제출할 수 있으며, 참고인이나 감정인 등에게 질문할 수 있다. 당사자 등이 의견서를 제출한 경우에는 그 내용을 출석하여 진술한 것으로 본다.

한편 청문을 계속할 경우에는 행정청은 당사자 등에게 다음 청문의 일시 및 장소를 서면으로 통지하여야 하며, 당사자 등이 동의하는 경우에는 전자문서로 통지할 수 있다. 다만, 청문에 출석한 당사자 등에게는 그 청문일에 청문주재자가 말로 통지할 수 있다.

---

13) 「행정절차법」이 규정하고 있는 청문주재자의 제척사유는 다음과 같다. 즉,
　① 자신이 당사자 등이거나 당사자 등과 민법 제777조 각 호의 어느 하나에 해당하는 친족관계에 있거나 있었던 경우
　② 자신이 해당 처분과 관련하여 증언이나 감정을 한 경우
　③ 자신이 해당 처분의 당사자 등의 대리인으로 관여하거나 관여하였던 경우
　④ 자신이 해당 처분업무를 직접 처리하거나 처리하였던 경우

(7) 청문의 병합 · 분리(제32조)

행정청은 직권으로 또는 당사자의 신청에 따라 여러 개의 사안을 병합하거나 분리하여 청문을 실시할 수 있다.

(8) 증거조사(제33조)

청문주재자는 직권으로 또는 당사자의 신청에 따라 필요한 조사를 할 수 있으며, 당사자 등이 주장하지 아니한 사실에 대하여도 조사할 수 있다.[14] 또한 청문주재자는 필요하다고 인정할 때에는 관계행정청에 필요한 문서의 제출 또는 의견의 진술을 요구할 수 있으며, 이 경우 관계행정청은 직무수행에 특별한 지장이 없으면 그 요구에 따라야 한다.

(9) 청문조서(제34조)

청문주재자는 일정한 사항[15]이 적힌 청문조서(聽聞調書)를 작성하여야 한다. 당사자 등은 청문조서의 내용을 열람 · 확인할 수 있으며, 이의가 있을 때에는 그 정정을 요구할 수 있다.

(10) 청문의 종결(제35조)

1) 청문의 종결사유 청문주재자는 다음과 같은 경우 청문을 마칠 수 있다.

① 해당 사안에 대하여 당사자 등의 의견진술, 증거조사가 충분히 이루어졌다고 인정되는 경우

② 당사자 등의 전부 또는 일부가 정당한 사유 없이 청문기일에 출석하지 아니하거나 (제31조 제3항에 따른) 의견서를 제출하지 아니한 경우

③ 당사자 등의 전부 또는 일부가 정당한 사유로 청문기일에 출석하지 못하거나 (제31조 제3항에 따른) 의견서를 제출하지 못한 경우에는 상당한 기간을 정하여 이들에게 의견진술 및 증거제출을 요구한 후 해당 기간이 지났을 때

2) 청문주재자의 의견서작성 청문주재자는 청문을 마쳤을 때에는 청문조서, 청문주

---

14) 「행정절차법」 제33조 제2항에 따르면 증거조사는 다음과 같은 방법으로 행해진다. 즉, ① 문서 · 장부 · 물건 등 증거자료의 수집, ② 참고인 · 감정인 등에 대한 질문, ③ 검증 또는 감정 · 평가 및 ④ 그 밖에 필요한 조사

15) 청문조서에 기재될 사항은 다음과 같다.
① 제목
② 청문주재자의 소속, 성명 등 인적사항
③ 당사자 등의 주소, 성명 또는 명칭 및 출석여부
④ 청문의 일시 및 장소
⑤ 당사자 등의 진술의 요지 및 제출된 증거
⑥ 청문의 공개여부 및 공개하거나 또는 제30조 단서에 따라 공개하지 아니 한 이유
⑦ 증거조사를 한 경우에는 그 요지 및 첨부된 증거
⑧ 그 밖에 필요한 사항

재자의 의견서, 그 밖의 관계서류 등을 행정청에 지체없이 제출하여야 한다. 청문주재자의 의견서에는 청문의 제목, 처분의 내용·주요사실 또는 증거, 종합의견, 그 밖에 필요한 사항이 기재된다.

(11) 청문결과의 반영(제35조의2)

행정청은 처분을 할 때에 제출받은 청문조서, 청문주재자의 의견서 그 밖의 관계서류 등을 충분히 검토하고 상당한 이유가 있다고 인정하는 경우에는 청문결과를 반영하여야 한다.

(12) 청문의 재개(제36조)

행정청은 청문을 마친 후 처분을 할 때까지 새로운 사정이 발견되어 청문을 재개(再開)할 필요가 있다고 인정하는 때에는 제출받은 청문조서 등을 되돌려 보내고 청문의 재개를 명할 수 있다.

(13) 문서의 열람 및 비밀유지(제37조)

1) **문서의 열람**　당사자 등은 청문의 통지가 있는 날부터 청문이 끝날 때까지 행정청에 해당 사안의 조사결과에 관한 문서와 그 밖에 해당 처분과 관련되는 문서의 열람 또는 복사를 요청할 수 있다.[16] 이 경우 행정청은 다른 법령에 따라 공개가 제한되는 경우를 제외하고는 그 요청을 거부할 수 없으며, 행정청이 문서의 열람·복사의 요청을 거부하는 경우에는 그 이유를 소명(疏明)하여야 한다.

한편 행정청이 문서의 열람 또는 복사의 요청에 따르는 경우 행정청은 그 일시 및 장소를 지정할 수 있으며, 복사에 드는 비용을 복사를 요청한 자에게 부담시킬 수 있다.

2) **비밀유지**　누구든지 청문을 통하여 알게 된 사생활이나 경영상 또는 거래상의 비밀을 정당한 이유 없이 누설하거나 다른 목적으로 사용하여서는 아니 된다.

5. 공청회

(1) 공청회의 개최(제22조 제2항)

행정청이 처분을 할 때 다음 중 어느 하나에 해당하는 경우에 공청회를 개최한다. 즉,

① 다른 법령 등에서 공청회를 개최하도록 규정하고 있는 경우

② 해당 처분의 영향이 광범위하여 널리 의견을 수렴할 필요가 있다고 행정청이 인정하는 경우.

③ 국민생활에 큰 영향을 미치는 처분으로서 대통령령으로 정하는 처분에 대하여

---

16) 이처럼 「행정절차법」은 청문절차에 있어서는 당해 처분과 관련되는 문서의 열람·복사청구권을 인정하고 있으나, 공청회절차 및 의견제출절차에 있어서는 청문에 있어서와 같은 문서의 열람 또는 복사를 요청할 수 있는 규정을 갖고 있지 않음을 유의하여야 한다.

대통령령으로 정하는 수 이상의 당사자 등이 공청회 개최를 요구하는 경우

오늘날 실생활에 있어 이해관계의 대립이 심각한 문제와 관련하여 의견수렴을 위한 절차로서 공청회가 많이 행해지고 있다. 그러나 이들이 모두 「행정절차법」에서 말하는 공청회에 해당하지는 않으며, 따라서 그러한 경우에는 「행정절차법」이 정하는 절차를 준수하여야 할 필요가 없다.

관련판례

「묘지공원과 화장장의 후보지를 선정하는 과정에서 서울특별시, 비영리법인, 일반 기업 등이 공동발족한 협의체인 추모공원건립추진협의회가 후보지 주민들의 의견을 청취하기 위하여 그 명의로 개최한 공청회는 행정청이 도시계획시설결정을 하면서 개최한 공청회가 아니므로, 위 공청회의 개최에 관하여 행정절차법에서 정한 절차를 준수하여야 하는 것은 아니다」(대판 2007.4. 12, 2005두1893).

---

(2) 공청회개최의 알림(제38조)

행정청은 공청회를 개최하려는 경우에는 공청회 개최 14일 전까지 ① 제목, ② 일시 및 장소, ③ 주요 내용, ④ 발표자에 관한 사항, ⑤ 발표신청 방법 및 신청기한, ⑥ 정보통신망을 통한 의견제출, ⑦ 그 밖에 공청회 개최에 필요한 사항 등을 당사자 등에게 통지하고, 관보, 공보, 인터넷 홈페이지 또는 일간신문 등에 공고하는 등의 방법으로 널리 알려야 한다. 다만, 공청회 개최를 알린 후 예정대로 개최하지 못하여 새로 일시 및 장소 등을 정한 경우에는 공청회 개최 7일 전까지 알려야 한다.

(3) 전자공청회(제38조의2)

행정청은 공청회와 병행하여서만 정보통신망[17]을 이용한 공청회, 즉 전자공청회를 실시할 수 있다. 한편 행정청은 전자공청회를 실시하는 경우 의견제출 및 토론참여가 가능하도록 적절한 전자적 처리능력을 갖춘 정보통신망을 구축·운영하여야 하며, 전자공청회를 실시하는 경우에는 누구든지 정보통신망을 이용하여 의견제출을 하거나 제출된 의견 등에 대한 토론에 참여할 수 있다.

(4) 공청회의 주재자 및 발표자의 선정(제38조의3)

1) 주재자의 선정   행정청은 해당 공청회의 사안과 관련된 분야에 전문적 지식이 있거나 그 분야에 종사한 경험이 있는 사람으로서 대통령령으로 정하는 자격을 가진 사람 중에서 공청회의 주재자를 선정한다.

---

17) 여기서 정보통신망이란 전기통신설비를 활용하거나 전기통신 설비와 컴퓨터 및 컴퓨터의 이용기술을 활용하여 정보를 수집·가공·저장·검색·송신 또는 수신하는 정보통신체제를 말한다(「행정절차법」 제2조 제9호).

2) 발표자의 선정   공청회의 발표자는 발표를 신청한 사람 중에서 행정청이 선정한다. 다만 발표를 신청한 사람이 없거나 공청회의 공정성을 확보하기 위하여 필요하다고 인정하는 경우에는 ① 해당 공청회의 사안과 관련된 당사자 등, ② 해당 공청회의 사안과 관련된 분야에 전문적 지식이 있는 사람 및 ③ 해당 공청회의 사안과 관련된 분야에 종사한 경험이 있는 사람 중에서 발표자를 지명하거나 위촉할 수 있다.

한편 행정청은 공청회의 주재자 및 발표자를 지명 또는 위촉하거나 선정할 때 공정성이 확보될 수 있도록 하여야 한다.

(5) 공청회의 진행(제39조)

공청회의 주재자는 공청회를 공정하게 진행하여야 하며, 공청회의 원활한 진행을 위하여 발표내용을 제한할 수 있고, 질서유지를 위하여 발언중지 및 퇴장명령 등 행정안전부장관이 정하는 필요한 조치를 할 수 있다.

또한 공청회의 주재자는 발표자의 발표가 끝난 후에는 발표자 상호간에 질의 및 답변을 할 수 있도록 하여야 하며, 방청인에게도 의견을 제시할 기회를 주어야 한다. 한편 발표자는 공청회의 내용과 직접 관련된 사항에 대하여만 발표하여야 한다.

(6) 공청회 및 전자공청회 결과의 반영(제39조의2)

행정청은 처분을 할 때에 공청회, 전자공청회 및 정보통신망 등을 통하여 제시된 사실 및 의견이 상당한 이유가 있다고 인정하는 경우에는 이를 반영하여야 한다.

(7) 공청회의 재개최(제39조의3)

행정청은 공청회를 마친 후 처분을 할 때까지 새로운 사정이 발견되어 공청회를 다시 개최할 필요가 있다고 인정할 때에는 공청회를 다시 개최할 수 있다.

6. 의견제출

(1) 의견제출의 기회제공(제22조 제3항)

행정청이 당사자에게 의무를 부과하거나 권익을 제한하는 처분을 할 때 청문을 실시하거나 공청회를 개최하는 경우 외에는 당사자 등에게 의견제출의 기회를 주어야 한다. 따라서 의견제출의 기회를 부여하지 아니한 처분은 위법하다는 판단을 면하기 어렵다.[18]

---

18) 다만 대법원은 의견제출의 기회를 주지 아니할 수 있는 경우도 있다는 것을 인정하고 있는바, 이에 관하여는 「고시」의 방법으로 불특정 다수인을 상대로 의무를 부과하거나 권익을 제한하는 처분은 그 성질상 의견제출의 기회를 주어야 하는 상대방을 특정할 수 없으므로, 이와 같은 처분에 있어서까지 구 행정절차법 제22조 제3항에 의하여 그 상대방에게 의견제출의 기회를 주어야 한다고 해석할 것은 아니다」라고 판시한 대판 2014.10.27, 2012두7745 참조.

관련판례

① 「군인사법령에 의하여 진급예정자명단에 포함된 자에 대하여 의견제출의 기회를 부여하지 아니한 채 진급선발을 취소하는 처분을 한 것은 절차상 하자가 있어 위법하다」(대판 2007.9.21., 2006두20631).

② 「행정절차법 제21조 제1항, 제4항, 제22조 제1항, 제3항, 제4항에 의하면, 행정청이 당사자에게 의무를 부과하거나 권익을 제한하는 처분을 하는 경우에는 미리 '처분의 제목', '처분하려는 원인이 되는 사실과 처분의 내용 및 법적 근거', '이에 대하여 의견을 제출할 수 있다는 뜻과 의견을 제출하지 아니하는 경우의 처리방법', '의견제출기관의 명칭과 주소', '의견제출기한' 등의 사항을 당사자 등에게 통지하여야 하고, 의견제출기한은 의견제출에 필요한 상당한 기간을 고려하여 정하여야 하며, 다른 법령 등에서 필수적으로 청문을 하거나 공청회를 개최하도록 규정하고 있지 아니한 경우에도 당사자 등에게 의견제출의 기회를 주어야 하며, 다만 '해당 처분의 성질상 의견청취가 현저히 곤란하거나 명백히 불필요하다고 인정될 만한 상당한 이유가 있는 경우' 등에 한하여 처분의 사전통지나 의견청취를 하지 아니할 수 있다. 따라서 행정청이 침해적 행정처분을 하면서 당사자에게 위와 같은 사전통지를 하거나 의견제출의 기회를 주지 아니하였다면, 그 사전통지나 의견제출의 예외적인 경우에 해당하지 아니하는 한, 그 처분은 위법하여 취소를 면할 수 없다」(대판 2020.4.29, 2017두31064).

(2) 의견제출(제27조)

당사자 등은 처분 전에 그 처분의 관할행정청에 서면이나 말로 또는 정보통신망을 이용하여 의견제출을 할 수 있으며, 당사자 등이 말로 의견제출을 하였을 때에는 행정청은 서면으로 그 진술의 요지와 진술자를 기록하여야 한다. 당사자 등은 의견제출을 하는 경우 자신의 주장을 입증하기 위한 증거자료 등을 첨부할 수 있다.

한편 당사자 등이 정당한 이유없이 의견제출기한까지 의견제출을 하지 아니한 경우에는 의견이 없는 것으로 본다.

(3) 의견제출의 반영(제27조의2)

행정청은 처분을 할 때에 당사자 등이 제출한 의견이 상당한 이유가 있다고 인정하는 경우에는 이를 반영하여야 하며, 행정청은 당사자 등이 제출한 의견을 반영하지 아니하고 처분을 한 경우 당사자 등이 처분이 있음을 안 날부터 90일 이내에 그 이유의 설명을 요청하면 서면으로 그 이유를 알려야 한다. 다만, 당사자 등이 동의하면 말, 정보통신망 또는 그 밖의 방법으로 알릴 수 있다.

IV. 신고 · 행정상 입법예고 · 행정예고 · 행정지도

1. 신 고(제40조)

(1) 필요사항의 게시 등

법령 등에서 행정청에 대하여 일정한 사항을 통지함으로써 의무가 끝나는 신고를 규정하고 있는 경우 신고를 관장하는 행정청은 신고에 필요한 구비서류, 접수기관 그밖에 법령 등에 따른 신고에 필요한 사항을 게시하거나(인터넷 등을 통한 게시를 포함한다) 이에 대한 편람을 갖추어 두고 누구나 열람할 수 있도록 하여야 한다.

(2) 신고의무의 이행

신고가 다음의 요건을 갖춘 경우에는 신고서가 접수기관에 도달된 때에 신고의 의무가 이행된 것으로 본다.

① 신고서의 기재사항에 흠이 없을 것
② 필요한 구비서류가 첨부되어 있을 것
③ 그 밖에 법령 등에 규정된 형식상의 요건에 적합할 것

(3) 행정청의 보완요구 등

행정청은 [(2)에서 열거한] 신고의 요건을 갖추지 못한 신고서가 제출된 경우에는 지체 없이 상당한 기간을 정하여 신고인에게 보완을 요구하여야 하며, 신고인이 그 기간 내에 보완을 하지 아니하였을 때에는 그 이유를 구체적으로 밝혀 해당 신고서를 되돌려 보내야 한다. 따라서 보완이 가능함에도 불구하고 보완을 요구하지 아니한 채 곧바로 거부처분을 하여서는 아니 된다.

관련판례

「건축불허가처분을 하면서 그 사유의 하나로 소방시설과 관련된 소방서장의 건축부동의 의견을 들고 있으나 그 보완이 가능한 경우, 보완을 요구하지 아니한 채 곧바로 건축허가신청을 거부한 것은 재량권의 범위를 벗어난 것이다」(대판 2004.10.15, 2003두6573).

2. 행정상 입법예고

(1) 행정상 입법예고(제41조)

법령 등을 제정 · 개정 또는 폐지하려는 경우에는 해당 입법안을 마련한 행정청은 이를 예고하여야 한다. 다만 다음 중 어느 하나에 해당하는 경우에는 입법예고를 하지 아니할 수 있다.

① 신속한 국민의 권리 보호 또는 예측 곤란한 특별한 사정의 발생 등으로 입법이 긴급을 요하는 경우

② 상위 법령 등의 단순한 집행을 위한 경우

③ 입법내용이 국민의 권리 · 의무 또는 일상생활과 관련이 없는 경우

④ 단순한 표현 · 자구를 변경하는 경우 등 입법내용의 성질상 예고의 필요가 없거나 곤란하다고 판단되는 경우

⑤ 예고함이 공공의 안전 또는 복리를 현저히 해칠 우려가 있는 경우

한편 법제처장은 입법예고를 하지 아니한 법령안의 심사요청을 받은 경우에 입법예고를 하는 것이 적당하다고 판단될 때에는 해당 행정청에 입법예고를 권고하거나 직접 예고할 수 있다. 또한 입법안을 마련한 행정청은 입법예고 후 예고내용에 국민생활과 직접 관련된 내용이 추가되는 등 대통령령으로 정하는 중요한 변경이 발생하는 경우에는 해당 부분에 대한 입법예고를 다시 하여야 한다. 다만, (앞에서 열거한) 입법예고를 하지 아니할 수 있는 사유에 해당하는 경우에는 입법예고를 하지 아니할 수 있다.

(2) 예고방법 등(제42조)

행정청은 입법안의 취지, 주요내용 또는 전문(全文)을 ① 법령의 입법안을 입법예고하는 경우에는 관보 및 법제처장이 구축 · 제공하는 정보시스템을 통한 공고, ② 자치법규의 입법안을 입법예고하는 경우에는 공보를 통한 공고 등의 방법으로 공고하여야 하며, 추가로 인터넷, 신문 또는 방송 등을 통하여 공고할 수 있다. 또한 행정청은 입법예고를 할 때에 입법안과 관련이 있다고 인정되는 중앙행정기관, 지방자치단체, 그 밖의 단체 등이 예고사항을 알 수 있도록 예고사항을 통지하거나 그 밖의 방법으로 알려야 하며, 예고된 입법안에 대하여 전자공청회 등을 통하여 널리 의견을 수렴할 수 있다.

(3) 예고기간(제43조)

입법예고기간은 예고할 때 정하되, 특별한 사정이 없으면 40일(자치법규는 20일) 이상으로 한다.

(4) 의견제출 및 처리(제44조)

누구든지 예고된 입법안에 대하여 의견을 제출할 수 있다. 행정청은 해당 입법안에 대한 의견이 제출된 경우 특별한 사유가 없으면 이를 존중하여 처리하여야 하며, 의견을 제출한 자에게 그 제출된 의견의 처리결과를 통지하여야 한다.

(5) 입법안의 열람 · 복사(제42조 5항 · 6항)

행정청은 예고된 입법안의 전문에 대한 열람 또는 복사를 요청받았을 때에는 특별한 사유가 없으면 그 요청에 따라야 하며, 이 경우 복사에 드는 비용을 복사를 요청한 자에게 부담시킬 수 있다.

(6) 공청회(제45조)

행정청은 예고된 입법안에 대하여 전자공청회 등을 통하여 널리 의견을 수렴할 수 있으며, 입법안에 관하여 공청회를 개최할 수 있다.

3. 행정예고

(1) 행정예고(제46조)

행정청은 정책, 제도 및 계획을 수립·시행하거나 변경하려는 경우에는 이를 예고하여야 한다. 다만 다음과 같은 경우에는 예고하지 아니할 수 있다. 즉,

① 신속하게 국민의 권리를 보호하여야 하거나 예측이 어려운 특별한 사정이 발생하는 등 긴급한 사유로 예고가 현저히 곤란한 경우

② 법령 등의 단순한 집행을 위한 경우

③ 정책 등의 내용이 국민의 권리·의무 또는 일상생활과 관련이 없는 경우

④ 정책 등의 예고가 공공의 안전 또는 복리를 현저히 해칠 우려가 상당한 경우

(2) 행정예고기간 등(제46조)

행정예고기간은 예고 내용의 성격 등을 고려하여 정하되, 특별한 사정이 없으면 20일 이상으로 한다. 한편 법령 등의 입법을 포함하는 행정예고는 입법예고로 갈음할 수 있다.

(3) 행정예고 통계 작성 및 공고(제46조의2)

행정청은 매년 자신이 행한 행정예고의 실시 현황과 그 결과에 관한 통계를 작성하고, 이를 관보·공보 또는 인터넷 등의 방법으로 널리 공고하여야 한다.

4. 행정지도

행정지도란 행정기관이 그 소관사무의 범위 안에서 일정한 행정목적을 실현하기 위하여 특정인에게 일정한 행위를 하거나 하지 아니하도록 지도·권고·조언 등을 하는 행정작용을 말한다. 행정지도의 원칙(제48조), 행정지도의 방식(제49조), 의견제출(제50조), 다수인을 대상으로 하는 행정지도(제51조)에 대하여는 제2편 제3장 제6절의 행정지도부분 참조.

V. 국민참여의 확대

1. 국민참여 확대의 노력(제52조)

행정청은 행정과정에 국민의 참여를 확대하기 위하여 다양한 참여방법과 협력의

기회를 제공하도록 노력하여야 한다.

2. 전자적 정책토론(제53조)

행정청은 국민에게 영향을 미치는 주요 정책 등에 대하여 국민의 다양하고 창의적인 의견을 널리 수렴하기 위하여 정보통신망을 이용한 정책토론을 실시할 수 있다.

행정청은 효율적인 전자적 정책토론을 위하여 과제별로 한시적인 토론 패널을 구성하여 해당 토론에 참여시킬 수 있다. 이 경우 패널의 구성에 있어서는 공정성 및 객관성이 확보될 수 있도록 노력하여야 한다. 또한 행정청은 전자적 정책토론이 공정하고 중립적으로 운영되도록 하기 위하여 필요한 조치를 할 수 있다.

VI. 보   칙

1. 비용의 부담(제54조)

행정절차에 드는 비용은 행정청이 부담한다. 다만, 당사자 등이 자기를 위하여 스스로 지출한 비용은 그러하지 아니하다.

2. 참고인 등에 대한 비용지급(제55조)

행정청은 행정절차의 진행에 필요한 참고인이나 감정인 등에게 예산의 범위에서 여비와 일당을 지급할 수 있다.

3. 협조요청 등(제56조)

행정안전부장관(행정상 입법예고의 경우에는 법제처장)은 이 법의 효율적인 운영을 위하여 노력하여야 하며, 필요한 경우에는 그 운영상황과 실태를 확인할 수 있고, 관계 행정청에 관련자료의 제출 등 협조를 요청할 수 있다.

▮ 제3절 ▮ 특별행정절차

「행정절차법」이 행정절차에 관한 일반법이기는 하지만 행정절차에 관하여 규정하고 있는 법률은 그 밖에도 많이 있다. 그들 법률 가운데 특히 중요한 의미를 갖는 것으로는 「행정규제기본법」과 「민원 처리에 관한 법률」을 들 수 있는데, 이하에서 이들 법률의 내용을 간략히 알아보기로 한다.

Ⅰ. 「행정규제기본법」의 주요내용

1. 개 설

과거 정부주도의 경제정책이 국민경제발전에 기여하던 시절에는 행정규제가 불가피하였다. 그러나 행정규제가 개인과 기업의 창의와 발전에 장해가 되는 경우가 많아지는 점이 인정되면서 오늘날에는 행정규제의 완화필요성이 강조되고 있다. 이러한 규제 내지 규제완화는 행정의 전 영역에 걸쳐 행하여지고 있는바, 행정규제 및 규제완화에 관한 기본적인 사항을 규율하고 있는 법률이 바로 「행정규제기본법」이다.

2. 「행정규제기본법」의 주요내용

「행정규제기본법」은 행정규제에 관한 기본적인 사항을 규정하여 불필요한 행정규제를 폐지하고 비효율적인 행정규제의 신설을 억제함으로써 사회·경제활동의 자율과 창의를 촉진하여 국민의 삶의 질을 높이고 국가경쟁력이 지속적으로 향상되도록 함을 목적으로 제정된 법률인바, 「행정규제기본법」의 주요내용은 다음과 같다.

(1) 행정규제의 개념(제2조)

행정규제란 국가나 지방자치단체가 특정한 행정목적을 실현하기 위하여 국민의 권리를 제한하거나 의무를 부과하는 것으로서 법령 등이나 조례·규칙에 규정되는 사항을 말한다.

(2) 적용범위(제3조)

행정규제에 관하여 다른 법률에 특별한 규정이 있는 경우를 제외하고는 「행정규제기본법」에서 정하는 바에 따른다. 다만 다음 중 어느 하나에 해당하는 사항에 대하여는 행정규제기본법을 적용하지 아니한다.

① 국회, 법원, 헌법재판소, 선거관리위원회 및 감사원이 하는 사무

② 형사, 행형 및 보안처분에 관한 사무

③ 「국가정보원법」에 따른 정보·보안업무에 관한 사항

④ 「병역법」, 「통합방위법」, 「예비군법」, 「민방위기본법」, 「비상대비자원관리법」 및 「재난 및 안전관리기본법」에 규정된 징집·소집·동원·훈련에 관한 사항

⑤ 군사시설, 군사기밀보호 및 방위사업에 관한 사항

⑥ 조세의 종목·세율·부과 및 징수에 관한 사항

(3) 행정규제법정주의(제4조)

행정규제는 법률에 근거하여야 한다. 따라서 행정규제는 법률에 직접 규정하되, 규제의 세부적인 내용은 법률 또는 상위법령에서 구체적으로 범위를 정하여 위임한 바에 따라 대통령령·총리령·부령 또는 조례·규칙으로 정할 수 있다. 다만, 법령에서 전문적·기술적 사항이나 경미한 사항으로서 업무의 성질상 위임이 불가피한 사항에 관하여 구체적으로 범위를 정하여 위임한 경우에는 고시 등으로 정할 수 있다.

한편 행정기관은 법률에 근거하지 아니한 규제로 국민의 권리를 제한하거나 의무를 부과할 수 없다.

(4) 행정규제의 원칙(제5조)

1) 본질적 내용의 침해금지 국가나 지방자치단체는 국민의 자유와 창의를 존중하여야 하며, 규제를 정하는 경우에도 그 본질적 내용을 침해하지 아니하도록 하여야 한다.

2) 행정규제의 실효성 국가나 지방자치단체가 규제를 정할 때에는 국민의 생명·인권·보건 및 환경 등의 보호와 식품·의약품의 안전을 위한 실효성이 있는 규제가 되도록 하여야 한다.

3) 필요성 등 규제의 대상과 수단은 규제의 목적 실현에 필요한 최소한의 범위 안에서 가장 효과적인 방법으로 객관성·투명성 및 공정성이 확보되도록 설정되어야 한다.

(5) 규제영향분석(제7조)

규제영향분석이란 규제로 인하여 국민의 일상생활과 사회·경제·행정 등에 미치는 여러 가지 영향을 객관적이고 과학적인 방법을 사용하여 미리 예측·분석함으로써 규제의 타당성을 판단하는 기준을 제시하는 것을 말한다. 중앙행정기관의 장은 규제를 신설하거나 강화하려면 규제영향분석을 하고 규제영향분석서를 작성하여야 한다.

중앙행정기관의 장은 규제영향분석의 결과를 기초로 규제의 대상·범위·방법 등을 정하고 그 타당성에 대하여 자체심사를 하여야 한다. 이 경우 관계전문가 등의 의견을 충분히 수렴하여 심사에 반영하여야 한다.

(6) 행정규제의 존속기한 명시(제8조)

중앙행정기관의 장은 규제를 신설하거나 강화하려는 경우에 존속시켜야 할 명백한 사유가 없는 규제는 존속기한 또는 재검토기한을 설정하여 그 법령 등에 규정하여야 한다.

규제의 존속기한 또는 재검토기한은 규제의 목적을 달성하기 위하여 필요한 최소한의 기간 내에서 설정되어야 하며, 그 기간은 원칙적으로 5년을 초과할 수 없다. 중앙행정기관의 장은 규제의 존속기한 또는 재검토기한을 연장할 필요가 있을 때에는 그 규제의 존속기한 또는 재검토기한의 6개월 전까지 규제개혁위원회에 심사를 요청하여야 한다.

(7) 의견수렴(제9조)

중앙행정기관의 장은 규제를 신설하거나 강화하려면 공청회, 행정상 입법예고 등의 방법으로 행정기관·민간단체·이해관계인·연구기관·전문가 등의 의견을 충분히 수렴하여야 한다.

(8) 다른 행정기관 소관의 규제에 관한 의견제출(제17조의2)

중앙행정기관의 장은 규제 개선 또는 소관 정책의 목적을 효과적으로 달성하기 위하여 다른 중앙행정기관의 소관 규제를 개선할 필요가 있다고 판단하는 경우에는 그에 관한 의견을 위원회에 제출할 수 있다.

(9) 기존규제의 자체정비(제19조)

중앙행정기관의 장은 매년 소관 기존규제에 대하여 이해관계인·전문가 등의 의견을 수렴하여 정비가 필요한 규제를 선정하여 정비하여야 한다.

(10) **규제개혁위원회**(제23조 이하)

정부의 규제정책을 심의·조정하고 규제의 심사·정비 등에 관한 사항을 종합적으로 추진하기 위하여 대통령 소속으로 규제개혁위원회를 둔다(제23조).

규제개혁위원회는 위원장 2명을 포함한 20명 이상 25명 이하의 위원으로 구성하며, 위원장은 국무총리와 학식과 경험이 풍부한 사람 중에서 대통령이 위촉하는 사람이 된다(제25조).

한편 규제개혁위원회는 심사 결과 필요하다고 인정하면 관계 중앙행정기관의 장에게 그 규제의 신설 또는 강화를 철회하거나 개선하도록 권고할 수 있는데, 권고를 받은 관계 중앙행정기관의 장은 특별한 사유가 없으면 이에 따라야 하며, 그 처리 결과를 대통령령으로 정하는 바에 따라 규제개혁위원회에 제출하여야 한다(제14조).

관련판례

「행정규제기본법 제14조는 기본적으로 행정기관의 장이 규제개혁위원회의 권고를 존중하여 자발적으로 그 내용에 부응하는 조치를 할 것을 독려하는 내용이라고 보이고 행정규제위원회의 권고결정이 그 상대방인 환경부장관에 대하여 어떠한 법적 구속력이나 강제력을 갖는다고 보기는 어렵다. 또한 위 법상으로 상대방 행정기관이 규제개혁위원회의 '권고'대로 이행할 것을 강제하기 위한 어떠한 절차규정도 두고 있지 아니하고, 규제개혁위원회의 권고결정이 내려졌다 하여 이를 근거로 이해관계인인 국민이 직접 상대방 행정기관에게 그 권고내용대로 조치할 것을 청구할 권한이 발생하는 것도 아니므로 환경부장관이 위 규제개혁위원회의 삭제 권고대로 이행하지 아니하였더라도 그것이 위 청구인들의 기본권을 침해하는 공권력의 불행사에 해당한다고 할 수 없다」(헌재결 2007.2.22, 2003헌마428·600).

II. 「민원 처리에 관한 법률」의 주요내용

1. 통 칙

(1) 목 적(제1조)
「민원 처리에 관한 법률」은 민원 처리에 관한 기본적인 사항을 규정하여 민원의 공정하고 적법한 처리와 민원행정제도의 합리적 개선을 도모함으로써 국민의 권익을 보호함을 목적으로 한다.

(2) 적용범위(제3조)
민원(民願)[19]에 관하여 다른 법률에 특별한 규정이 있는 경우를 제외하고는 「민원 처리에 관한 법률」에서 정하는 바에 따른다.

(3) 민원 처리의 원칙(제6조)
행정기관의 장은 관계법령 등에서 정한 처리기간이 남아 있다거나 그 민원과 관련 없는 공과금 등을 미납하였다는 이유로 민원 처리를 지연시켜서는 아니 된다.

또한 행정기관의 장은 법령의 규정 또는 위임이 있는 경우를 제외하고는 민원 처리의 절차 등을 강화하여서는 아니 된다.

2. 민원의 신청 및 접수 등

(1) 민원의 신청(제8조)
민원의 신청은 문서(전자문서를 포함한다)로 하여야 한다. 다만, 기타 민원은 구술 또는 전화로 할 수 있다.

(2) 민원의 접수(제9조)
행정기관의 장은 민원의 신청을 받았을 때에는 다른 법령에 특별한 규정이 있는 경우를 제외하고는 그 접수를 보류하거나 거부할 수 없으며, 접수된 민원문서를 부당하게 되돌려 보내서는 아니 된다.

(3) 불필요한 서류요구의 금지(제10조)
1) 행정기관의 장은 민원을 접수·처리할 때에 민원인에게 관계법령 등에서 정한 구비서류 외의 서류를 추가로 요구하여서는 아니 되며, 동일한 민원서류 또는 구비서류를 복수로 받는 경우에는 특별한 사유가 없으면 원본과 함께 그 사본의 제출을 허용하여야 한다.

2) 행정기관의 장은 민원을 접수·처리할 때 일정한 경우에는 민원인에게 관련 증

---

[19] 여기서 '민원'이란 민원인이 행정기관에 대하여 처분 등 특정한 행위를 요구하는 것을 말한다(「민원 처리에 관한 법률」 제2조 제1호).

명서류 또는 구비서류의 제출을 요구할 수 없으며,[20] 그 민원을 처리하는 공무원이 직접 이를 확인·처리하여야 한다. 또한 행정기관의 장은 원래의 민원사항의 내용변경 또는 갱신신청을 받았을 때에는 특별한 사유가 없으면 이미 제출되어 있는 관련 증명서류 또는 구비서류를 다시 요구하여서는 아니 된다.

(4) 민원실의 설치(제12조)

행정기관의 장은 민원을 신속히 처리하고 민원인에 대한 안내와 상담의 편의를 제공하기 위하여 민원실을 설치할 수 있다.

(5) 민원편람의 비치 등 신청편의의 제공(제13조)

행정기관의 장은 민원실에 민원의 신청에 필요한 사항을 게시(인터넷 등을 통한 게시를 포함한다)하거나 편람을 비치하는 등 민원인에게 민원 신청의 편의를 제공하여야 한다.

(6) 다른 행정기관을 이용한 민원의 접수·교부(제14조)

행정기관의 장은 민원인의 편의를 위하여 그 행정기관이 접수하고 처리결과를 교부하여야 할 민원을 다른 행정기관이나 특별법에 따라 설립되고 전국적 조직을 가진 법인 중 대통령령으로 정하는 법인으로 하여금 접수·교부하게 할 수 있다.

(7) 정보통신망을 이용한 다른 행정기관 소관 민원의 접수·교부(제15조)

행정기관의 장은 정보통신망을 이용하여 다른 행정기관 소관의 민원을 접수·교부할 수 있는 경우에는 이를 직접 접수·교부할 수 있다. 이 경우 접수·교부할 수 있는 민원의 종류는 행정안전부장관이 관계 중앙행정기관의 장과의 협의를 거쳐 결정·고시한다.

(8) 민원서류의 이송(제16조)

행정기관의 장은 접수한 민원이 다른 행정기관의 소관인 경우에는 접수된 민원문서를 지체없이 소관기관에 이송하여야 한다.

3. 민원의 처리기간·처리방법 등

(1) 법정민원의 처리기간 설정·공표(제17조)

행정기관의 장은 법정민원을 신속히 처리하기 위하여 행정기관에 법정민원의 신

---

20) 행정기관의 장이 민원을 접수·처리함에 있어서 민원인에게 관련 증명서류 또는 구비서류의 제출을 요구할 수 없는 경우는 다음과 같다.
　① 민원인이 소지한 주민등록증·여권·자동차운전면허증 등 행정기관이 발급한 증명서로 그 민원의 처리에 필요한 내용을 확인할 수 있는 경우
　② 해당 행정기관의 공부(公簿) 또는 행정정보로 그 민원의 처리에 필요한 내용을 확인할 수 있는 경우
　③「전자정부법」제36조 제1항에 따른 행정정보의 공동이용을 통하여 그 민원의 처리에 필요한 내용을 확인할 수 있는 경우

청이 접수된 때부터 처리가 완료될 때까지 소요되는 처리기간을 법정민원의 종류별로 미리 정하여 공표하여야 한다. 한편 법정민원의 처리기간을 정할 때에는 접수기관 · 경유기관 · 협의기관 및 처분기관 등 각 기관별로 처리기간을 구분하여 정하여야 한다.

(2) 처리기간의 계산(제19조)

1) 민원의 처리기간을 5일 이하로 정한 경우에는 민원의 접수시각부터 '시간' 단위로 계산하되, 공휴일과 토요일은 산입하지 아니한다. 이 경우 1일은 8시간의 근무시간을 기준으로 한다.

2) 민원의 처리기간을 6일 이상으로 정한 경우에는 '일' 단위로 계산하고 첫날을 산입하되, 공휴일과 토요일은 산입하지 아니한다.

3) 민원의 처리기간을 주 · 월 · 연으로 정한 경우에는 첫날을 산입하되, 민법 제159조부터 제161조까지의 규정을 준용한다.

(3) 민원문서의 보완 · 취하 등(제22조)

행정기관의 장은 접수한 민원문서에 보완이 필요한 경우에는 상당한 기간을 정하여 지체없이 민원인에게 보완을 요구하여야 한다. 민원인은 해당 민원의 처리가 종결되기 전에는 그 신청의 내용을 보완하거나 변경 또는 취하할 수 있다. 다만, 다른 법률에 특별한 규정이 있거나 그 민원의 성질상 보완 · 변경 또는 취하할 수 없는 경우에는 그러하지 아니하다.

관련판례

「건축불허가처분을 하면서 그 사유의 하나로 소방시설과 관련된 소방서장의 건축부동의 의견을 들고 있으나 그 보완이 가능한 경우, 보완을 요구하지 아니한 채 곧바로 건축허가신청을 거부한 것은 재량권의 범위를 벗어난 것이다」(대판 2004.10.15, 2003두6573).

(4) 민원심사관의 지정(제25조)

행정기관의 장은 민원 처리상황의 확인 · 점검 등을 위하여 소속 직원 중에서 민원심사관을 지정하여야 한다.

4. 민원처리결과의 통지 등

(1) 처리결과의 통지(제27조)

행정기관의 장은 접수된 민원에 대한 처리를 완료한 때에는 그 결과를 민원인에게 문서로 통지하여야 한다. 다만 기타민원의 경우와 통지에 신속을 요하거나 민원인이 요청하는 등 대통령령으로 정하는 경우에는 구술 또는 전화로 통지할 수 있다. 한편 행정기관의 장은 민원의 처리결과를 통지할 때에 민원의 내용을 거부하는 경우에는 거부

이유와 구제절차를 함께 통지하여야 한다.

(2) 무인민원발급창구를 이용한 민원문서의 발급(제28조)

행정기관의 장은 무인민원발급창구(無人民願發給窓口)[21]를 통하여 민원문서를 발급할 수 있는바, 이 경우에는 다른 법률에도 불구하고 수수료를 감면할 수 있다.

무인민원발급창구를 이용하여 발급할 수 있는 민원문서의 종류는 행정안전부장관이 관계 행정기관의 장과의 협의를 거쳐 결정·고시한다.

5. 법정민원(法定民願)

(1) 법정민원의 의의(제2조 제1호 가.)

법정민원이란 법령·훈령·예규·고시·자치법규 등에서 정한 일정 요건에 따라 인가·허가·승인·특허·면허 등을 신청하거나, 장부·대장 등에 등록·등재를 신청 또는 신고하거나, 특정한 사실 또는 법률관계에 관한 확인 또는 증명을 신청하는 민원을 말한다.

(2) 사전심사의 청구(제30조)

1) 사전심사의 청구 민원인은 법정민원 중 신청에 경제적으로 많은 비용이 수반되는 민원에 대하여는 행정기관의 장에게 정식으로 민원을 신청하기 전에 미리 약식의 사전심사(事前審査)를 청구할 수 있으며, 행정기관의 장은 사전심사가 청구된 법정민원이 다른 행정기관의 장과의 협의를 거쳐야 하는 사항인 경우에는 미리 그 행정기관의 장과 협의하여야 한다.

2) 사전심사의 결과통지 행정기관의 장은 사전심사결과를 민원인에게 문서로 통지하여야 하며, 가능한 것으로 통지한 민원의 내용에 대하여는 민원인이 나중에 정식으로 민원을 신청할 경우에도 동일하게 결정을 내릴 수 있도록 노력하여야 한다. 다만 민원인의 귀책사유 또는 불가항력이나 그 밖의 정당한 사유로 이를 이행할 수 없는 경우에는 그러하지 아니하다.

(3) 민원 1회방문처리제의 시행(제32조 이하)

1) 민원 1회방문처리제의 시행 행정기관의 장은 복합민원[22]을 처리할 때에 그 행정기관의 내부에서 할 수 있는 자료의 확인, 관계기관·부서와의 협조 등에 따른 모든 절차를 담당 직원이 직접 진행하도록 하는 민원 1회방문처리제를 확립함으로써 불필요한

---

21) 무인민원발급창구란 행정기관의 장이 행정기관 또는 공공장소 등에 설치하여 민원인이 직접 민원문서를 발급받을 수 있도록 하는 전자장비를 말한다(「민원 처리에 관한 법률」 제2조 제8호).

22) 여기서 "복합민원"이란 하나의 민원 목적을 실현하기 위하여 관계법령 등에 따라 여러 관계 기관(민원과 관련된 단체·협회 등을 포함한다) 또는 관계 부서의 인가·허가·승인·추천·협의 또는 확인 등을 거쳐 처리되는 법정민원을 말한다(「민원 처리에 관한 법률」 제2조 제5호).

사유로 민원인이 행정기관을 다시 방문하지 아니하도록 하여야 한다(제32조 제1항). 행정기관의 장은 민원 1회방문처리에 관한 안내와 상담의 편의를 제공하기 위하여 민원 1회방문 상담창구를 설치하여야 한다(동조 제2항).

2) 민원후견인의 지정 · 운영   행정기관의 장은 민원 1회방문처리제의 원활한 운영을 위하여 민원처리에 경험이 많은 소속 직원을 민원후견인으로 지정하여 민원인을 안내하거나 민원인과 상담하게 할 수 있다(제33조).

(4) 불복절차(제35조)

1) 이의신청   법정민원에 대한 행정기관의 장의 거부처분에 불복하는 민원인은 그 거부처분을 받은 날부터 60일 이내에 그 행정기관의 장에게 문서로 이의신청을 할 수 있다. 한편 여기서의 이의신청의 성격에 관하여는 이하의 관련판례 참조.

관련판례

「민원사무처리에 관한 법률(이하 '민원사무처리법'이라 한다) 제18조 제1항에서 정한 거부처분에 대한 이의신청(이하 '민원 이의신청'이라 한다)은 행정청의 위법 또는 부당한 처분이나 부작위로 침해된 국민의 권리 또는 이익을 구제함을 목적으로 하여 행정청과 별도의 행정심판기관에 대하여 불복할 수 있도록 한 절차인 행정심판과는 달리, 민원사무처리법에 의하여 민원사무처리를 거부한 처분청이 민원인의 신청 사항을 다시 심사하여 잘못이 있는 경우 스스로 시정하도록 한 절차이다. 이에 따라, 민원 이의신청을 받아들이는 경우에는 이의신청 대상인 거부처분을 취소하지 않고 바로 최초의 신청을 받아들이는 새로운 처분을 하여야 하지만, 이의신청을 받아들이지 않는 경우에는 다시 거부처분을 하지 않고 그 결과를 통지함에 그칠 뿐이다. 따라서 이의신청을 받아들이지 않는 취지의 기각 결정 내지는 그 취지의 통지는, 종전의 거부처분을 유지함을 전제로 한 것에 불과하고 또한 거부처분에 대한 행정심판이나 행정소송의 제기에도 영향을 주지 못하므로, 결국 민원 이의신청인의 권리 · 의무에 새로운 변동을 가져오는 공권력의 행사나 이에 준하는 행정작용이라고 할 수 없어, 독자적인 항고소송의 대상이 된다고 볼 수 없다고 봄이 타당하다」(대판 2012.11.15, 2010두8676).

행정기관의 장은 이의신청을 받은 날부터 10일 이내에 그 이의신청에 대하여 인용 여부를 결정하고 그 결과를 민원인에게 지체 없이 문서로 통지하여야 한다. 다만 부득이한 사유로 정하여진 기간 이내에 인용 여부를 결정할 수 없을 때에는 그 기간의 만료일 다음 날부터 기산하여 10일 이내의 범위에서 연장할 수 있으며, 연장사유를 민원인에게 통지하여야 한다.

2) 행정심판 및 행정소송   민원인은 이의신청 여부와 관계없이 「행정심판법」에 따른 행정심판 또는 「행정소송법」에 따른 행정소송을 제기할 수 있다.

6. 민원제도의 개선

(1) 민원처리기준표의 고시(제36조)

행정안전부장관은 민원인의 편의를 위하여 관계법령 등에 규정되어 있는 민원의 처리기관, 처리기간, 구비서류, 처리절차, 신청방법 등에 관한 사항을 종합한 민원처리기준표를 작성하여 관보에 고시하고 「전자정부법」 제9조 제3항에 따른 통합전자민원창구에 게시하여야 한다.

행정기관의 장은 관계법령 등의 제정·개정 또는 폐지 등으로 고시된 민원처리기준표를 변경할 필요가 있으면 즉시 그 내용을 행정안전부장관에게 통보하여야 하며, 행정안전부장관은 그 내용을 관보에 고시하고 통합전자민원창구에 게시한 후 민원처리기준표에 반영하여야 한다.

(2) 민원처리기준표의 조정(제37조)

행정안전부장관은 민원처리기준표를 작성·고시할 때에 민원의 간소화를 위하여 필요하다고 인정하는 경우에는 관계 행정기관의 장과 협의를 거쳐 관계법령 등이 개정될 때까지 잠정적으로 관계법령 등에 규정되어 있는 처리기간과 구비서류를 줄이거나 처리절차·신청방법을 변경할 수 있다.

행정기관의 장은 민원처리기준표가 조정·고시된 경우에는 이에 따라 민원을 처리하여야 하며, 중앙행정기관의 장은 민원처리기준표의 조정 또는 변경된 내용에 따라 관계법령 등을 지체 없이 개정·정비하여야 한다.

(3) 민원의 실태조사 및 간소화(제41조)

중앙행정기관의 장은 매년 그 기관이 관장하는 민원의 처리 및 운영 실태를 조사하여야 하며, 조사 결과에 따라 소관 민원의 구비서류나 처리절차 등의 간소화 방안을 마련하여야 한다.

(4) 확인·점검·평가 등(제42조)

행정안전부장관은 효과적인 민원행정 및 제도의 개선을 위하여 필요하다고 인정할 때에는 행정기관에 대하여 민원의 개선상황과 운영실태를 확인·점검·평가할 수 있으며, 확인·점검·평가 결과 민원의 개선에 소극적이거나 이행상태가 불량하다고 판단되는 경우 국무총리에게 이를 시정하기 위하여 필요한 조치를 건의할 수 있다.

(5) 민원행정에 관한 여론수집(제44조)

행정안전부장관은 행정기관의 민원 처리에 관하여 필요한 경우 국민들의 여론을 수집하여 민원행정제도 및 그 운영의 개선에 반영할 수 있다.

▌제1절▐ 행정정보공개

Ⅰ. 개 설

1. 행정정보공개의 의의

행정정보의 공개란 국가 등이 관리하고 있는 정보를 국민의 청구에 의하여 공개하는 것을 말하는바, 이는 국민의 '알 권리'를 통한 행정의 공정성과 민주화의 실현을 그 이념으로 한다.

2. 행정정보공개의 필요성

행정정보공개의 필요성은 정보에 있어서의 무기평등에서 찾을 수 있다. 즉, 정부가 행정조사를 통한 방대한 양의 개인정보를 확보하고 있는 만큼 그에 상응하여 개인 역시 정부가 보유하고 있는 정보를 알 수 있어야만 (정보면에서의) 무기의 평등성이 보장될 수 있다. 이를 위해서는 개인에게 행정기관이 보유하고 있는 정보에 대한 접근권이 보장되어야 한다.

Ⅱ. 행정정보공개청구권

1. 행정정보공개청구권의 의의

행정정보공개청구권이란 개인이 공공기관에 대하여 그 보유정보를 열람 또는 복사하게 하는 등의 방법으로 공개할 것을 청구하는 권리를 말한다.

정보공개청구권은 ① 자기와 직접적 이해관계 있는 특정사안에 관한 '개별적' 정보공개청구권과 ② 자기와 직접적 이해관계 없는 '일반적' 정보공개청구권으로 구분될 수 있다. 「공공기관의 정보공개에 관한 법률」 제5조가 정보공개청구권자를 '모든' 국민으로 규정하고 있음에 비추어 볼 때, 「공공기관의 정보공개에 관한 법률」상의 정보공개청구권은 양자를 모두 포괄하는 개념으로 이해하여야 할 것이다.

2. 행정정보공개청구권의 근거 ― 알 권리

행정정보공개청구권의 헌법적 근거는 '알 권리'에서 찾는 것이 헌법학계의 일반적 경향인바, 이하에서는 알 권리에 관하여 알아보기로 하겠다.

(1) 의 의

알 권리란 의사형성에 필요한 정보를 수집하고 처리할 수 있는 권리를 말한다.

알 권리의 내용과 관련하여서는 알 권리는 ① 일반적으로 접근할 수 있는 정보원으로부터 정보를 얻을 수 있는 '정보수령방해배제청구권(情報受領妨害排除請求權)'이라는 소극적 측면과 ② 정보의 공개를 요청할 수 있는 '정보공개청구권'이라는 적극적 측면을 포함하는 포괄적 권리라고 설명되고 있다(다수설·판례).

관련판례

「정보에의 접근·수집·처리의 자유, 즉 "알 권리"는 표현의 자유와 표리일체의 관계에 있으며 자유권적 성질과 청구권적 성질을 공유하는 것이다. 자유권적 성질은 일반적으로 정보에 접근하고 수집·처리함에 있어서 국가권력의 방해를 받지 아니한다는 것을 말하며, 청구권적 성질은 의사형성이나 여론형성에 필요한 정보를 적극적으로 수집하고 수집을 방해하는 방해제거를 청구할 수 있다는 것을 의미하는바, 이는 정보수집권 또는 정보공개청구권으로 나타난다」(헌재결 1991.5.13, 90헌마133).

한편 이러한 알 권리로부터 파생되는 정보의 공개의무가 어떠한 경우에 인정될 수 있는지가 문제되는바, 이에 관하여는 이하의 관련판례 참조.

관련판례

「알 권리에서 파생되는 정부의 공개의무는 특별한 사정이 없는 한 국민의 적극적인 정보수집행위, 특히 특정의 정보에 대한 공개청구가 있는 경우에야 비로소 존재하므로, 정보공개청구가 없었던 경우 대한민국과 중화인민공화국이 2000.7.31. 체결한 양국간 마늘교역에 관한 합의서 및 그 부속서 중 '2003.1.1.부터 한국의 민간기업이 자유롭게 마늘을 수입할 수 있다'는 부분을 사전에 마늘재배농가들에게 공개할 정부의 의무는 인정되지 아니한다」(헌재결 2004.12.16, 2002헌마579).

(2) 알 권리의 헌법 직접권리성(憲法 直接權利性)

알 권리 및 그의 본질적 요소로서의 행정정보공개청구권이 「헌법」으로부터 직접 도출될 수 있는지 여부에 관하여는 긍정설과 부정설의 대립이 있는바, 헌법재판소는 긍정설에 따르고 있다.

관련판례

「"알 권리"의 실현은 법률의 제정이 뒤따라 이를 구체화시키는 것이 충실하고도 바람직하지만, 그러한 법률이 제정되어 있지 않다고 하더라도 불가능한 것은 아니고 헌법 제21조에 의해 직접 보장될 수 있다」(헌재결 1991.5.13, 90헌마133).

---

(3) 알 권리의 헌법적 근거

알 권리의 헌법 직접권리성을 인정하는 경우에도 구체적으로 헌법적 근거를 어디에서 찾을 것인가에 관하여는 ① 「헌법」 제21조의 표현의 자유에서 도출하는 견해, ② 「헌법」 제10조의 인간으로서의 존엄과 가치에서 찾는 견해 및 ③ 표현의 자유·국민주권의 원리·인간다운 생활을 할 권리 등에서 찾는 견해의 대립이 있었다.

이 문제에 관하여 헌법재판소는 알 권리의 헌법적 근거를 「헌법」 제21조의 표현의 자유에서 찾아야 한다는 것을 분명히 하고 있으며(관련판례 참조), 대법원 역시 근본적으로 같은 입장으로 해석되고 있다(대판 1999.9.21, 98두3426 참조).

관련판례

「우리나라는 헌법 제21조에 언론출판의 자유, 즉 표현의 자유를 규정하고 있는데, 이 자유는 전통적으로는 사상 또는 의견의 자유로운 표명(발표의 자유)과 그것을 전파할 자유(전달의 자유)를 의미하는 것으로서, 개인이 인간으로서의 존엄과 가치를 유지하고 행복을 추구하며 국민주권을 실현하는 데 필수불가결한 것으로 오늘날 민주국가에서 국민이 갖는 가장 중요한 기본권의 하나로 인식되고 있는 것이다. 그런데 사상 또는 의견의 자유로운 표명은 자유로운 의사의 형성을 전제로 하는데, 자유로운 의사의 형성은 충분한 정보에의 접근이 보장됨으로써 비로소 가능한 것이며, 다른 한편으로 자유로운 표명은 자유로운 수용 또는 접수와 불가분의 관계에 있다고 할 것이다. 그러한 의미에서 정보에의 접근·수집·처리의 자유, 즉 "알 권리"는 표현의 자유에 당연히 포함되는 것으로 보아야 하는 것이다」(헌재결 1989.9.4, 88헌마22).

---

(4) 비밀유지의무 등과의 관계

국민의 알 권리의 실현은 사생활의 비밀과 보호(「헌법」 제17조) 내지 공무원의 비밀유지의무(「국가공무원법」 제60조)와 충돌될 우려가 있으며, 따라서 양 가치를 어떻게 조화시킬 것인가의 문제가 발생하게 된다.

Ⅲ. 행정정보공개의 법제화

1. 외국의 입법례

행정정보의 공개제도가 가장 먼저 발달하고 그를 입법화한 나라는 미국인데, 대표적 입법으로는 「정보자유법」(Freedom of Information Act, 약칭: FOIA) 및 「정부일조법」(政府日照法,[1] Government in the Sunshine Act)을 들 수 있다.

한편 근래에는 일본은 「행정기관이 보유하는 정보의 공개에 관한 법률」, 독일의 경우에는 「정보자유법」(Informationfreiheitsgesetz)이란 이름으로 행정정보공개제도를 입법화하고 있다.

2. 우리나라의 경우

우리나라에 있어 행정정보공개의 법제화는 다음의 단계를 거쳐 발전해 왔다. 즉, 먼저 정보공개의 필요성이 인식되면서 「토지수용법」(제36조) 등 개별법에 규정되기 시작하였다가 1991년 청주시 조례를 기점으로 하여 각 지방자치단체의 조례로 정보공개에 관한 일반적 내용이 규정되기 시작하였다. 이후 1994년에 국무총리훈령으로 「행정정보공개운영지침」이 제정되었으며, 이러한 논의 끝에 1996년 12월 행정정보공개에 관한 일반법으로서의 「공공기관의 정보공개에 관한 법률」이 제정되기에 이르렀다.

Ⅳ. 「공공기관의 정보공개에 관한 법률」의 주요내용

1. 통 칙

(1) 목 적(제1조)
「공공기관의 정보공개에 관한 법률」은 국민의 알 권리를 보장하고 국정에 대한 국민의 참여와 국정운영의 투명성을 확보함을 목적으로 한다.

(2) 적용범위(제4조)
정보의 공개에 관하여는 다른 법률에 특별한 규정이 있는 경우를 제외하고는 「공공기관의 정보공개에 관한 법률」에서 정하는 바에 따른다. 다만, 국가안전보장에 관련되는 정보 및 보안업무를 관장하는 기관에서 국가안전보장과 관련된 정보의 분석을 목적으로 수집하거나 작성한 정보에 대하여는 동법을 적용하지 아니한다.

---

1) 「회의공개법(會議公開法)」이라고 번역되기도 한다.

한편 여기서 "정보공개에 관하여 다른 법률에 특별한 규정이 있는 경우"의 의미에 관하여는 이하의 판례 참조.

관련판례

「여기서 '정보공개에 관하여 다른 법률에 특별한 규정이 있는 경우'에 해당한다고 하여서 정보공개법의 적용을 배제하기 위해서는, 그 특별한 규정이 '법률'이어야 하고, 나아가 그 내용이 정보공개의 대상 및 범위, 정보공개의 절차, 비공개대상정보 등에 관하여 정보공개법과 달리 규정하고 있는 것이어야 할 것이다. 그런데 피고가 정보공개법 제4조 제1항 소정의 '다른 법률에 특별한 규정이 있는 경우'에 해당한다고 주장하는 임대주택법 시행규칙 제2조의3은 '법률'이 아니고 건설교통부령에 불과할 뿐만 아니라, 그 내용도 공공건설임대주택의 입주자모집공고를 할 때에는 '입주자모집공고 당시의 주택가격, 임대의무기간 및 분양전환시기, 분양전환가격의 산정기준' 등을 포함시키도록 하여서 당해 임대주택의 공급을 신청하려는 사람들이 필요한 정보를 손쉽게 얻도록 하려는 것일 뿐, 그 이외의 정보에 대하여는 일반 국민이 정보공개법에 의하여 공개를 청구할 권리마저 제한하려는 취지는 아니라고 할 것이다」(대판 2007.6.1, 2007두2555).

---

2. 용어의 정의 등

(1) 정보의 의의(제2조 제1호)

'정보'란 공공기관이 직무상 작성 또는 취득하여 관리하고 있는 문서(전자문서를 포함한다)·도면·사진·필름·테이프·슬라이드 및 그 밖에 이에 준하는 매체 등에 기록된 사항을 말한다.

관련판례

「공공기관의 정보공개에 관한 법률에서 말하는 공개대상 정보는 정보 그 자체가 아닌 동법 제2조 제1호에서 예시하고 있는 매체 등에 기록된 사항을 의미한다」(대판 2013.1.24, 2010두18918).

여기서의 정보에는 객관적 사실에 대한 기록은 물론 주관적 평가에 관한 기록도 포함된다. 또한 그 문서 등이 반드시 원본(原本)일 필요는 없다.

관련판례

「공공기관의 정보공개에 관한 법률상 공개청구의 대상이 되는 정보란 공공기관이 직무상 작성 또는 취득하여 현재 보유·관리하고 있는 문서에 한정되는 것이기는 하나, 그 문서가 반드시 원본일 필요는 없다」(대판 2006.5.25, 2006두3049).

정보공개의 대상이 되는 정보는 공개청구의 시점에서 공공기관이 보유·관리하고 있는 정보에 국한된다. 따라서 대상정보가 폐기되었거나 공공기관이 더 이상 그 정보를 보유·관리하지 않게 된 경우에는 공개를 청구할 수 없다.

이와 관련하여 정보공개청구에 대하여 공공기관이 그 정보를 보유·관리하지 않고 있다고 주장하는 경우 정보의 보유·관리에 대한 증명책임이 누구에게 있는지가 문제된다. 생각건대 공공기관이 그 정보를 보유·관리하고 있을 상당한 개연성이 있다는 점에 대하여는 정보공개의 청구자가 증명하여야 하고, 공공기관이 그 정보를 더 이상 보유·관리하고 있지 아니하다는 점에 대하여는 공공기관이 증명하여야 할 것이다.

관련판례

「정보공개제도는 공공기관이 보유·관리하는 정보를 그 상태대로 공개하는 제도로서 공개를 구하는 정보를 공공기관이 보유·관리하고 있을 상당한 개연성이 있다는 점에 대하여 원칙적으로 공개청구자에게 증명책임이 있다고 할 것이지만, 공개를 구하는 정보를 공공기관이 한때 보유·관리하였으나 후에 그 정보가 담긴 문서 등이 폐기되어 존재하지 않게 된 것이라면 그 정보를 더 이상 보유·관리하고 있지 아니하다는 점에 대한 증명책임은 공공기관에게 있다」(대판 2004. 12.9, 2003두12707).

(2) 공개의 의의(제2조 제2호)

'공개'란 공공기관이 「공공기관의 정보공개에 관한 법률」에 따라 정보를 열람하게 하거나 그 사본(寫本)·복제물(複製物)을 교부하는 것 또는 「전자정부법」 제2조 제10호에 따른 정보통신망을 통하여 정보를 제공하는 것 등을 말한다.

(3) 공공기관의 의의(제2조 제3호)

「공공기관의 정보공개에 관한 법률」에서 공공기관이란 다음과 같은 기관을 말한다. 즉,

① 국가기관[2]

② 지방자치단체

③ 「공공기관의 운영에 관한 법률」 제2조에 따른 공공기관

④ 그 밖에 대통령령으로 정하는 기관

한편 「공공기관의 정보공개에 관한 법률」 시행령 제2조는 "법 제2조 제3호에서 그 밖에 대통령령으로 정하는 기관"을 ① 「유아교육법」, 「초·중등교육법」, 「고등교육법」에

---

2) 여기서 국가기관이란 ① 국회, 법원, 헌법재판소, 중앙선거관리위원회 ② 중앙행정기관(대통령 소속 기관과 국무총리 소속 기관을 포함한다) 및 그 소속 기관, ③ 「행정기관 소속 위원회의 설치·운영에 관한 법률」에 따른 위원회를 말한다.

따른 각급 학교 또는 그 밖의 다른 법률에 따라 설치된 학교, ②「지방자치단체 출자·출연 기관의 운영에 관한 법률」제2조 제1항에 따른 출자기관 및 출연기관, ③ 특별법에 따라 설립된 특수법인, ④「사회복지사업법」제42조 제1항에 따라 국가나 지방자치단체로부터 보조금을 받는 사회복지법인과 사회복지사업을 하는 비영리법인 및 ⑤ 국가나 지방자치단체로부터 연간 5천만원 이상의 보조금을 받는 기관 또는 단체로 규정하고 있다.

(4)「행정절차법」상의 정보공개제도와의 구별

「행정절차법」제37조는 「'당사자 등'은 '청문의 통지가 있는 날부터 청문이 끝날 때까지' 행정청에 대하여 당해 사안의 조사결과에 관한 문서 기타 '당해 처분과 관련되는 문서'의 열람 또는 복사를 요청할 수 있다」고 하여 정보공개제도를 규정하고 있다. 다만 이러한「행정절차법」상의 정보공개제도와「공공기관의 정보공개에 관한 법률」상의 정보공개제도는 다음과 같은 면에서 차이가 있다.

1) **이론적 근거**　「공공기관의 정보공개에 관한 법률」상의 정보공개제도가 국민주권주의 내지 국민의 알 권리를 그 근거로 하는 것에 반하여,「행정절차법」상의 정보공개제도는 적법절차의 원리를 그 근거로 한다.

2) **정보공개청구권자**　「공공기관의 정보공개에 관한 법률」상의 정보공개청구권자가 '모든 국민'인 것에 반하여,「행정절차법」상의 정보공개청구권자는 '당사자 등'에 국한된다.

3) **정보공개의 대상**　「공공기관의 정보공개에 관한 법률」상의 정보공개의 대상은 '모든 정보'인 것에 반하여,「행정절차법」상의 정보공개의 대상은 '당해 처분과 관련되는 문서'와 같은 특정 자료에 국한된다.

4) **정보공개의 시점(時點)**　「공공기관의 정보공개에 관한 법률」상의 정보공개의 시점은 처분이 끝난 후인 것에 반하여「행정절차법」상의 정보공개의 시점은 처분이 있기 전, 즉 '청문의 통지가 있는 날부터 청문이 끝날 때까지'이다

3. 정보공개의 제한 — 비공개대상정보

공공기관이 보유·관리하는 정보는 공개하는 것이 원칙이지만(제3조)「공공기관의 정보공개에 관한 법률」제9조는 광범위한 비공개대상정보(非公開對象情報)를 열거하여 이들 정보는 공개하지 아니할 수 있다고 규정하고 있다(제1항). 이 경우 법률의 규정방식은 정보공개여부에 대하여 공공기관에게 재량이 인정되는 것으로 보이지만, 법률이 규정하고 있는 비공개대상정보에 해당하면 공개하지 말아야 한다고 해석하여야 할 것이다.[3] 한편 정보는 공개하는 것이 원칙이란 점을 고려하면 어떤 정보가 비공개대상정보에 해당한다는 것은 공공기관이 증명하여야 한다.

「공공기관의 정보공개에 관한 법률」이 비공개대상정보로 열거하고 있는 것은 다음과 같다.[4]

(1) 다른 법령에 의한 비공개대상정보

다른 법률 또는 법률에서 위임한 명령(국회규칙 · 대법원규칙 · 헌법재판소규칙 · 중앙선거관리위원회규칙 · 대통령령 및 조례로 한정한다)에 따라 비밀이나 비공개사항으로 규정된 정보는 공개하지 아니할 수 있다.

관련판례

「구 국가정보원법 제6조는 "국가정보원의 조직 · 소재지 및 정원은 국가안전보장을 위하여 필요한 경우에는 이를 공개하지 아니할 수 있다."고 규정하고 있다. 여기서 '국가안전보장'이란 국가의 존립, 헌법의 기본질서의 유지 등을 포함하는 개념으로서 국가의 독립, 영토의 보전, 헌법과 법률의 기능 및 헌법에 의하여 설치된 국가기관의 유지 등의 의미로 이해할 수 있는데, 국외 정보 및 국내 보안정보(대공, 대정부전복, 방첩, 대테러 및 국제범죄조직에 관한 정보)의 수집 · 작성 및 배포 등을 포함하는 국가정보원의 직무내용과 범위(제3조), 그 조직과 정원을 국가정보원장이 대통령의 승인을 받아 정하도록 하고 있는 점(제4조, 제5조 제2항), 정보활동의 비밀보장을 위하여 국가정보원에 대한 국회 정보위원회의 예산심의까지도 비공개로 하고 국회 정보위원회 위원으로 하여금 국가정보원의 예산 내역을 공개하거나 누설하지 못하도록 하고 있는 점(제12조 제5항) 등 구 국가정보원법상 관련 규정의 내용, 형식, 체계 등을 종합적으로 살펴보면, 국가정보원의 조직 · 소재지 및 정원에 관한 정보는 특별한 사정이 없는 한 국가안전보장을 위하여 비공개가 필요한 경우로서 구 국가정보원법 제6조에서 정한 비공개 사항에 해당하고, 결국 공공기관의 정보공개에 관한 법률 제9조 제1항 제1호에서 말하는 '다른 법률에 의하여 비공개 사항으로 규정된 정보'에도 해당한다고 보는 것이 타당하다」(대판 2013.1.24, 2010두18918).

한편 여기서의 '법률에서 위임한 명령'은 정보의 공개에 관하여 법률의 구체적인 위임 아래 제정된 법규명령(위임명령)만을 의미하는 것으로 엄격하게 해석하여야 한다.

관련판례

① 「공공기관의 정보공개에 관한 법률 제1조, 제3조, 헌법 제37조의 각 취지와 행정입법으로는 법률이 구체적으로 범위를 정하여 위임한 범위 안에서만 국민의 자유와 권리에 관련된 규율을 정할 수 있는 점 등을 고려할 때, 공공기관의 정보공개에 관한 법률 제7조 제1항 제1호 소정의 '법률에 의한 명령'은 법률의 위임규정에 의하여 제정된 대통령령, 총리령, 부령 전부를 의미한다

---

3) 동지: 김남진 · 김연태, 행정법Ⅰ, 법문사, 2021, 526쪽.
4) 다만 공공기관은 비공개대상정보가 기간의 경과 등으로 인하여 비공개의 필요성이 없어진 경우에는 당해 정보를 공개대상으로 하여야 한다.

기보다는 정보의 공개에 관하여 법률의 구체적인 위임 아래 제정된 법규명령(위임명령)을 의미한다」(대판 2003.12.11, 2003두8395).[5]

② 「교육공무원법 제13조, 제14조의 위임에 따라 제정된 교육공무원승진규정은 정보공개에 관한 사항에 관하여 구체적인 법률의 위임에 따라 제정된 명령이라고 할 수 없고, 따라서 교육공무원승진규정 제26조에서 근무성적평정의 결과를 공개하지 아니한다고 규정하고 있다고 하더라도 위 교육공무원승진규정은 공공기관의 정보공개에 관한 법률 제9조 제1항 제1호에서 말하는 법률이 위임한 명령에 해당하지 아니하므로 위 규정을 근거로 정보공개청구를 거부하는 것은 잘못이다」(대판 2006.10.26, 2006두11910).

(2) 중대한 국가의 이익에 관한 정보

국가안전보장·국방·통일·외교관계 등에 관한 사항으로서 공개될 경우 국가의 중대한 이익을 현저히 해칠 우려가 있다고 인정되는 정보는 공개하지 아니할 수 있다.

관련판례

① 「보안관찰법 소정의 보안관찰 관련 통계자료는 우리나라 53개 지방검찰청 및 지청관할지역에서 매월 보고된 보안관찰처분에 관한 각종 자료로서, 보안관찰처분대상자 또는 피보안관찰자들의 매월별 규모, 그 처분시기, 지역별 분포에 대한 전국적 현황과 추이를 한눈에 파악할 수 있는 구체적이고 광범위한 자료에 해당하므로 '통계자료'라고 하여도 그 함의(含意)를 통하여 나타내는 의미가 있음이 분명하여 가치중립적일 수는 없고, 그 통계자료의 분석에 의하여 대남공작활동이 유리한 지역으로 보안관찰처분대상자가 많은 지역을 선택하는 등으로 위 정보가 북한정보기관에 의한 간첩의 파견·포섭·선전선동을 위한 교두보의 확보 등 북한의 대남전략에 있어 매우 유용한 자료로 악용될 우려가 없다고 할 수 없으므로, 위 정보는 공공기관의 정보공개에 관한 법률 제7조 제1항 제2호 소정의 공개될 경우 국가안전보장·국방·통일·외교관계 등 국가의 중대한 이익을 해할 우려가 있는 정보, 또는 제3호 소정의 공개될 경우 국민의 생명·신체 및 재산의 보호 기타 공공의 안전과 이익을 현저히 해할 우려가 있다고 인정되는 정보에 해당한다」(대판 2004.3.18, 2001두8254).

② 「국방부의 한국형 다목적 헬기(KMH) 도입사업에 대한 감사원장의 감사결과보고서가 군사2급비밀에 해당하는 이상 공공기관의 정보공개에 관한 법률 제9조 제1항 제1호에 의하여 공개하지 아니할 수 있다」(대판 2006.11.10, 2006두9351).

(3) 공공의 안전과 이익에 관한 정보

공개될 경우 국민의 생명·신체 및 재산의 보호에 현저한 지장을 초래할 우려가

---

5) 이러한 입장에 근거하여 대법원은 행정규칙인 검찰보존사무규칙은 '다른 법률 또는 법률에 의한 명령에 의하여 비공개사항으로 규정된 경우'에 해당하지 않는 것으로 판시한 바 있다(대판 2006.5. 25, 2006두3049 참조).

있다고 인정되는 정보는 공개하지 아니할 수 있다.

(4) 진행 중인 형사절차 또는 재판에 관한 정보

진행 중인 재판에 관련된 정보와 범죄의 예방, 수사, 공소의 제기 및 유지, 형의 집행, 교정, 보안처분에 관한 사항으로서 공개될 경우 그 직무수행을 현저히 곤란하게 하거나 형사피고인의 공정한 재판을 받을 권리를 침해한다고 인정할 만한 상당한 이유가 있는 정보는 공개하지 아니할 수 있다.

1) 진행 중인 재판에 관련된 정보　　진행 중인 재판에 관련된 정보가 진행 중인 재판의 소송기록 자체에 포함된 내용일 필요는 없다. 그러나 적어도 진행 중인 재판의 심리 또는 재판결과에 구체적으로 영향을 미칠 위험이 있는 정보이어야 한다.

관련판례

「공공기관의 정보공개에 관한 법률(이하 '정보공개법'이라 한다)의 입법 목적, 정보공개의 원칙, 비공개대상정보의 규정 형식과 취지 등을 고려하면, 법원 이외의 공공기관이 정보공개법 제9조 제1항 제4호에서 정한 '진행 중인 재판에 관련된 정보'에 해당한다는 사유로 정보공개를 거부하기 위하여는 반드시 그 정보가 진행 중인 재판의 소송기록 자체에 포함된 내용일 필요는 없다. 그러나 재판에 관련된 일체의 정보가 그에 해당하는 것은 아니고 진행 중인 재판의 심리 또는 재판결과에 구체적으로 영향을 미칠 위험이 있는 정보에 한정된다고 보는 것이 타당하다」(대판 2011.11.24, 2009두19021).

2) 형의 집행, 교정 등에 관한 정보　　"형의 집행, 교정에 관한 사항으로서 공개될 경우 그 직무수행을 현저히 곤란하게 하는 정보"란 그것이 공개될 경우 재소자들의 관리 및 질서유지, 수용시설의 안전, 재소자들에 대한 적정한 처우 및 교정·교화에 관한 직무의 공정하고 효율적인 수행에 직접적이고 구체적으로 장애를 줄 고도의 개연성이 있고, 그 정도가 현저한 경우를 의미한다.

관련판례

「수용자자비부담물품의 판매수익금과 관련하여 교도소장이 재단법인 교정협회로 송금한 수익금 총액과 교도소장에게 배당된 수익금액 및 사용내역, 교도소직원회 수지에 관한 결산결과와 사업계획 및 예산서, 수용자 외부병원 이송진료와 관련한 이송진료자 수, 이송진료자의 진료내역별(치료, 검사, 수술) 현황, 이송진료자의 진료비 지급(예산지급, 자비부담)현황, 이송진료자의 진료비총액 대비 예산지급액, 이송진료자의 병명별 현황, 수용자신문구독현황과 관련한 각 신문별 구독신청자 수 등에 관한 정보는 구 공공기관의 정보공개에 관한 법률 제7조 제1항 제4호에서 비공개대상으로 규정한 '형의 집행, 교정에 관한 사항으로서 공개될 경우 그 직무수행을 현저히 곤란하게 하는 정보'에 해당하기 어렵다」(대판 2004.12.9, 2003두12707).

한편 "형의 집행, 교정에 관한 사항으로서 공개될 경우 그 직무수행을 현저히 곤란하게 하는 정보"에 해당하는지 여부는 비공개에 의하여 보호되는 업무수행의 공정성 등의 이익과 공개에 의하여 보호되는 국민의 알 권리의 보장과 국정에 대한 국민의 참여 및 국정운영의 투명성 확보 등의 이익을 비교교량하여 구체적인 사안에 따라 개별적으로 판단되어야 한다(대판 2004.12.9, 2003두12707 참조).

(5) 행정결정과정에 있는 정보

감사·감독·검사·시험·규제·입찰계약·기술개발·인사관리에 관한 사항이나 의사결정과정 또는 내부검토과정에 있는 사항 등으로서 공개될 경우 업무의 공정한 수행이나 연구·개발에 현저한 지장을 초래한다고 인정할 만한 상당한 이유가 있는 정보는 공개하지 아니할 수 있다.

여기서 "공개될 경우 업무의 공정한 수행에 현저한 지장을 초래한다고 인정할 만한 상당한 이유가 있는 경우"라 함은 공개될 경우 업무의 공정한 수행이 객관적으로 현저하게 지장을 받을 것이라는 고도의 개연성이 존재하는 경우를 의미한다. 이 경우 "공개될 경우 업무의 공정한 수행에 현저한 지장을 초래한다고 인정할 만한 상당한 이유가 있는 경우"에 해당하는지 여부는 비공개에 의하여 보호되는 업무수행의 공정성 등의 이익과 공개에 의하여 보호되는 국민의 알 권리의 보장과 국정에 대한 국민의 참여 및 국정운영의 투명성 확보 등의 이익을 비교교량하여 구체적인 사안에 따라 신중하게 판단되어야 한다(대판 2012.10.11, 2010두18758 참조).

관련판례

① 「사법시험 제2차 시험의 답안지 열람은 시험문항에 대한 채점위원별 채점결과의 열람과 달리 사법시험업무의 수행에 현저한 지장을 초래한다고 볼 수 없다」(대판 2003.3.14, 2000두6114).
② 「의사결정과정에 제공된 회의 관련 자료나 의사결정과정이 기록된 회의록 등은 의사가 결정되거나 의사가 집행된 경우에는 더 이상 의사결정과정에 있는 사항 그 자체라고는 할 수 없으나, 의사결정과정에 있는 사항에 준하는 사항으로서 비공개대상정보에 포함될 수 있다」(대판 2003. 8.22, 2002두12946).
③ 「치과의사 국가시험에서 채택하고 있는 문제은행 출제방식이 출제의 시간·비용을 줄이면서도 양질의 문항을 확보할 수 있는 등 많은 장점을 가지고 있는 점, 그 시험문제를 공개할 경우 발생하게 될 결과와 시험업무에 초래될 부작용 등을 감안하면, 위 시험의 문제지와 그 정답지를 공개하는 것은 시험업무의 공정한 수행이나 연구·개발에 현저한 지장을 초래한다고 인정할 만한 상당한 이유가 있는 경우에 해당하므로, 공공기관의 정보공개에 관한 법률 제9조 제1항 제5호에 따라 이를 공개하지 않을 수 있다」(대판 2007.6.15, 2006두15936).
④ 「시험의 관리에 있어서 가장 중요한 것은 정확성과 공정성이므로, 이를 위하여 시험문제와 정답, 채점기준 등 시험의 정확성과 공정성에 영향을 줄 수 있는 모든 정보는 사전에 엄격하게

비밀로 유지되어야 할 뿐만 아니라, 공공기관에서 시행하는 대부분의 시험들은 평가대상이 되는 지식의 범위가 한정되어 있고 그 시행도 주기적으로 반복되므로 이미 시행된 시험에 관한 정보라 할지라도 이를 제한 없이 공개할 경우에는 중요한 영역의 출제가 어려워지는 등 시험의 공정한 관리 및 시행에 영향을 줄 수밖에 없다고 할 것이므로, 이 사건 법률조항이 시험문제와 정답을 공개하지 아니할 수 있도록 한 것이 과잉금지원칙에 위반하여 알권리를 침해한다고 볼 수 없다」(헌재결 2011.3.31, 2010헌바291).

(6) 개인에 관한 정보

해당 정보에 포함되어 있는 성명·주민등록번호 등 개인에 관한 사항으로서 공개될 경우 개인의 사생활의 비밀 또는 자유를 침해할 우려가 있다고 인정되는 정보는 공개하지 아니할 수 있다.

관련판례

① 「재개발사업에 관한 이해관계인이 공개를 청구한 자료 중 일부는 개인의 인적사항, 재산에 관한 내용이 포함되어 있어서 공개될 경우에는 타인의 사생활의 비밀과 자유를 침해할 우려가 있으며, 그 자료의 분량이 합계 9,029매에 달하기 때문에 이를 공개하기 위하여는 행정업무에 상당한 지장을 초래할 가능성이 있고, 그 자료의 공개로 공익이 실현된다고 볼 수도 없다」(대판 1997.5.23, 96누2439).

② 「지방자치단체의 업무추진비 세부항목별 집행내역 및 그에 관한 증빙서류에 포함된 개인에 관한 정보는 '공개하는 것이 공익을 위하여 필요하다고 인정되는 정보'에 해당하지 않는다」(대판 2003.3.11, 2001두6425).

③ 「공공기관의 정보공개에 관한 법률(이하 '정보공개법'이라 한다)의 개정 연혁, 내용 및 취지 등에 헌법상 보장되는 사생활의 비밀 및 자유의 내용을 보태어 보면, 정보공개법 제9조 제1항 제6호 본문의 규정에 따라 비공개대상이 되는 정보에는 구 공공기관의 정보공개에 관한 법률의 이름·주민등록번호 등 정보 형식이나 유형을 기준으로 비공개대상정보에 해당하는지를 판단하는 '개인식별정보'뿐만 아니라 그 외에 정보의 내용을 구체적으로 살펴 '개인에 관한 사항의 공개로 개인의 내밀한 내용의 비밀 등이 알려지게 되고, 그 결과 인격적·정신적 내면생활에 지장을 초래하거나 자유로운 사생활을 영위할 수 없게 될 위험성이 있는 정보'도 포함된다고 새겨야 한다. 따라서 불기소처분 기록 중 피의자신문조서 등에 기재된 피의자 등의 인적사항 이외의 진술내용 역시 개인의 사생활의 비밀 또는 자유를 침해할 우려가 인정되는 경우 정보공개법 제9조 제1항 제6호 본문 소정의 비공개대상에 해당한다」(대판 2012.6.18, 2011두2361).

(7) 영업상 비밀에 관한 정보

법인·단체 또는 개인의 경영상·영업상 비밀에 관한 사항으로서 공개될 경우 법인 등의 정당한 이익을 현저히 해칠 우려가 있다고 인정되는 정보는 공개하지 아니할 수 있다.

1) 경영상 · 영업상 비밀 무엇이 여기서의 영업상 비밀에 해당하는지에 관하여 「공공기관의 정보공개에 관한 법률」은 아무런 규정을 갖고 있지 않지만, 판례는 '타인에게 알려지지 아니함이 유리한 사업활동에 관한 일체의 정보' 또는 '사업활동에 관한 일체의 비밀사항'을 의미하는 것으로 이해하고 있다.

한편 학설상으로는 경영상 · 영업상 비밀로서 비공개대상정보에 해당하기 위하여는 적어도 다음과 같은 요소를 갖추어야 할 것이 요구되고 있다: ① 사업활동과 관련있는 사실일 것, ② 공개되지 않은, 즉 제한된 범위의 사람에게만 알려진 사실일 것, ③ 사업주체가 비밀로 유지되기를 원하고 있을 것, ④ 사업주체의 정당한 경제적 이익의 대상이 될 것.

관련판례

「구 공공기관의 정보공개에 관한 법률 제9조 제1항 제7호에서 비공개대상정보로 정하고 있는 '법인 등의 경영 · 영업상 비밀'은 '타인에게 알려지지 아니함이 유리한 사업활동에 관한 일체의 정보' 또는 '사업활동에 관한 일체의 비밀사항'을 의미하는 것이고, 공개 여부는 공개를 거부할 만한 정당한 이익이 있는지 여부에 따라 결정되어야 한다. 그리고 정당한 이익 유무를 판단할 때에는 국민의 알 권리를 보장하고 국정에 대한 국민의 참여와 국정 운영의 투명성을 확보함을 목적으로 하는 구 정보공개법의 입법 취지와 아울러 당해 법인 등의 성격, 당해 법인 등의 권리, 경쟁상 지위 등 보호받아야 할 이익의 내용 · 성질 및 당해 정보의 내용 · 성질 등에 비추어 당해 법인 등에 대한 권리보호의 필요성, 당해 법인 등과 행정과의 관계 등을 종합적으로 고려해야 한다」(대판 2014.7.24, 2012두12303).[6]

2) 공개가능한 정보 사업활동에 의하여 발생하는 위해로부터 사람의 생명 · 신체 또는 건강을 보호하기 위하여 공개할 필요가 있는 정보와 위법 · 부당한 사업활동으로부터 국민의 재산 또는 생활을 보호하기 위하여 공개할 필요가 있는 정보는 비공개대상정보에 해당하지 않는다.

---

6) 이러한 취지에서 대법원은 방송프로그램의 기획 · 편성 · 제작 등에 관한 정보를 경영상 · 영업상 비밀에 해당한다고 보았다. 「방송프로그램의 기획 · 편성 · 제작 등에 관한 정보로서 방송사가 공개하지 아니한 것은, 사업활동에 의하여 발생하는 위해로부터 사람의 생명 · 신체 또는 건강을 보호하기 위하여 공개할 필요가 있는 정보나 위법 · 부당한 사업활동으로부터 국민의 재산 또는 생활을 보호하기 위하여 공개할 필요가 있는 정보를 제외하고는, 공공기관의 정보공개에 관한 법률 제9조 제1항 제7호에 정한 '법인 등의 경영 · 영업상 비밀에 관한 사항'에 해당할 뿐만 아니라 그 공개를 거부할 만한 정당한 이익도 있다고 보아야 한다」라고 판시한 대판 2010.12.23, 2008두13101 참조.

(8) 특정인에게 이익 또는 불이익을 줄 우려가 있는 정보

공개될 경우 부동산투기·매점매석 등으로 특정인에게 이익 또는 불이익을 줄 우려가 있다고 인정되는 정보는 공개하지 아니할 수 있다.

4. 정보공개

(1) 정보공개청구권자(제5조)

「공공기관의 정보공개에 관한 법률」 제5조에 따르면 모든 국민은 정보의 공개를 청구할 권리를 갖는바, 이와 관련하여 다음과 같은 점에 유의하여야 한다.

1) 모든 국민 '모든' 국민은 정보의 공개를 청구할 권리를 가진다. 따라서 정보공개에 대하여 구체적이고 개별적인 이익이 존재하여야만 정보공개를 청구할 수 있는 것은 아니다.

또한 정보공개를 청구하는 자의 목적도 불문한다. 다만 국민의 정보공개청구가 권리의 남용에 해당하는 것이 명백한 경우에는 정보공개청구권을 행사하는 것이 인정될 수 없다.

관련판례

「국민의 정보공개청구는 정보공개법 제9조에 정한 비공개 대상 정보에 해당하지 아니하는 한 원칙적으로 폭넓게 허용되어야 하지만, 실제로는 해당 정보를 취득 또는 활용할 의사가 전혀 없이 정보공개 제도를 이용하여 사회통념상 용인될 수 없는 부당한 이득을 얻으려 하거나, 오로지 공공기관의 담당공무원을 괴롭힐 목적으로 정보공개청구를 하는 경우처럼 권리의 남용에 해당하는 것이 명백한 경우에는 정보공개청구권의 행사를 허용하지 아니하는 것이 옳다」(대판 2014. 12.24, 2014두9349).

한편 지방자치단체가 여기서의 정보공개청구권자로서의 '국민'에 해당되는지가 문제되는바, 법원은 이를 부정한 바 있다.

관련판례

「기본적으로 정신적 자유 영역인 표현의 자유 내지는 인간의 존엄성, 행복추구권 등에서 도출된 권리인 점, 정보공개청구제도는 국민이 국가·지방자치단체 등이 보유한 정보에 접근하여 그 정보의 공개를 청구할 수 있는 권리로서 이로 인하여 국정에 대한 국민의 참여를 보장하기 위한 제도인 점, 지방자치단체에게 이러한 정보공개청구권이 인정되지 아니한다고 하더라도 헌법상 보장되는 행정자치권 등이 침해된다고 보기는 어려운 점, 오히려 지방자치단체는 공권력 기관으로서 이러한 국민의 알 권리를 보호할 위치에 있다고 보아야 하는 점 등에 비추어 보면, 지방자치

단체에게는 알 권리로서의 정보공개청구권이 인정된다고 보기는 어렵고, 나아가 공공기관의 정보공개에 관한 법률 제4조, 제5조, 제6조의 각 규정의 취지를 종합하면, 공공기관의 정보공개에 관한 법률은 국민을 정보공개청구권자로, 지방자치단체를 국민에 대응하는 정보공개의무자로 상정하고 있다고 할 것이므로, 지방자치단체는 공공기관의 정보공개에 관한 법률 제5조에서 정한 정보공개청구권자인 '국민'에 해당되지 아니한다」(서울행법 2005.10.12, 2005구합10484).

2) 법인 또는 단체의 문제　법인이나 법인격 없는 단체가 정보공개를 청구할 수 있는지의 문제가 있으나,「공공기관의 정보공개에 관한 법률 시행령」제3조의 규정을 고려할 때 긍정적으로 보아야 한다.

관련판례

「공공기관의 정보공개에 관한 법률 제6조 제1항은 "모든 국민은 정보의 공개를 청구할 권리를 가진다"고 규정하고 있는데, 여기에서 말하는 국민에는 자연인은 물론 법인, 권리능력 없는 사단·재단도 포함되고, 법인, 권리능력 없는 사단·재단 등의 경우에는 설립목적을 불문한다」(대판 2003.12.12, 2003두8050).

3) 외국인　외국인의 정보공개청구에 관하여는 대통령령으로 정한다. 한편「공공기관의 정보공개에 관한 법률」시행령 제3조는 정보공개를 청구할 수 있는 외국인으로 ① 국내에 일정한 주소를 두고 거주하거나 학술·연구를 위하여 일시적으로 체류하는 사람과 ② 국내에 사무소를 두고 있는 법인 또는 단체를 규정하고 있다.

(2) 정보공개의 청구(제10조)

1) 청구방법　정보의 공개를 청구하는 자(청구인)는 해당 정보를 보유하거나 관리하고 있는 공공기관에 대하여 ① 청구인의 성명·생년월일·주소 및 연락처, ② 청구인의 주민등록번호, ③ 공개를 청구하는 정보의 내용 및 공개방법을 적은 정보공개청구서를 제출하거나 말로써 정보의 공개를 청구할 수 있다. 한편, 청구인이 말로써 정보의 공개를 청구할 때에는 담당 공무원 또는 담당임직원의 앞에서 진술하여야 하고, 담당 공무원 등은 정보공개 청구조서를 작성하여 이에 청구인과 함께 기명날인하거나 서명하여야 한다.

2) 정보공개대상 정보의 특정(特定)정도　정보공개청구서는 청구대상정보의 내용과 범위를 확정할 수 있을 정도로 명확하고 특정되어야 한다.

관련판례

「공공기관의 정보공개에 관한 법률에 따라 공개를 청구한 정보의 내용이 '대한주택공사의 특정

공공택지에 관한 수용가, 택지조성원가, 분양가, 건설원가 등 및 관련자료 일체'인 경우, '관련자료 일체' 부분은 그 내용과 범위가 정보공개청구 대상정보로서 특정되지 않았다」(대판 2007.6.1, 2007두2555).

한편 정보공개청구서에 청구대상정보를 특정할 수 없는 부분이 포함되어 있는 경우 법원이 취해야 할 조치가 문제되는바, 이에 관하여는 이하의 판례 참조.

「만일 공개를 청구한 정보의 내용 중 너무 포괄적이거나 막연하여서 사회일반인의 관점에서 그 내용과 범위를 확정할 수 있을 정도로 특정되었다고 볼 수 없는 부분이 포함되어 있다면, 이를 심리하는 법원으로서는 ① 마땅히 공공기관의 정보공개에 관한 법률 제20조 제2항의 규정에 따라 공공기관에게 그가 보유·관리하고 있는 공개청구정보를 제출하도록 하여 이를 비공개로 열람·심사하는 등의 방법으로 공개청구정보의 내용과 범위를 특정시켜야 하고, ② 나아가 위와 같은 방법으로도 특정이 불가능한 경우에는 특정되지 않은 부분과 나머지 부분을 분리할 수 있고 나머지 부분에 대한 비공개결정이 위법한 경우라고 하여도 정보공개의 청구 중 특정되지 않은 부분에 대한 비공개결정의 취소를 구하는 부분은 나머지 부분과 분리하여 이를 기각하여야 한다」(대판 2007.6.1, 2007두2555).

3) 청구의 목적　정보공개를 청구하는 자가 어떠한 목적으로 그러한 청구를 하는지에 대해서는 묻지 않는다. 다만 대법원은 국민의 정보공개청구가 권리의 남용에 해당하는 것이 명백한 경우에는 정보공개청구권의 행사를 허용할 수 없다는 입장이다.

① 「공공기관의 정보공개에 관한 법률의 목적, 규정 내용 및 취지에 비추어 보면 정보공개청구의 목적에 특별한 제한이 없으므로, 오로지 상대방을 괴롭힐 목적으로 정보공개를 구하고 있다는 등의 특별한 사정이 없는 한 정보공개의 청구가 신의칙에 반하거나 권리남용에 해당한다고 볼 수 없다」(대판 2006.8.24, 2004두2783).
② 「국민의 정보공개청구는 정보공개법 제9조에 정한 비공개 대상 정보에 해당하지 아니하는 한 원칙적으로 폭넓게 허용되어야 하지만, 실제로는 해당 정보를 취득 또는 활용할 의사가 전혀 없이 정보공개 제도를 이용하여 사회통념상 용인될 수 없는 부당한 이득을 얻으려 하거나, 오로지 공공기관의 담당공무원을 괴롭힐 목적으로 정보공개청구를 하는 경우처럼 권리의 남용에 해당하는 것이 명백한 경우에는 정보공개청구권의 행사를 허용하지 아니하는 것이 옳다」(대판 2014.12.24, 2014두9349).
③ 「공공기관의 정보공개에 관한 법률은 … 정보공개 청구권자가 공개를 청구하는 정보와 어떤 관련성을 가질 것을 요구하거나 정보공개청구의 목적에 특별한 제한을 두고 있지 아니하므로 정

보공개 청구권자의 권리구제 가능성 등은 정보의 공개 여부 결정에 아무런 영향을 미치지 못한다」(대판 2017.9.7, 2017두44558).

4) 정보공개청구서의 내용이 불명확할 경우의 처리   정보공개청구서의 내용이 불명확할 경우 공공기관은 이를 이유로 정보공개를 거부할 것이 아니라 (정보공개청구권이 보장될 수 있도록) 청구인의 요구가 무엇인지를 직권으로 조사하여야 한다는 견해가 유력하다.

5) 공공기관을 잘못 지정하여 청구한 경우   정보공개청구인이 정보를 보유하거나 관리하는 공공기관을 잘못 지정하여 청구한 경우 이를 이유로 비공개결정을 하는 것은 바람직하지 못하다. 따라서 다른 공공기관이 보유·관리하는 정보의 공개청구를 받은 공공기관은 지체없이 이를 소관기관으로 이송하여야 하며, 이송한 후에는 지체없이 소관기관 및 이송사유 등을 분명히 밝혀 청구인에게 문서로 통지하여야 한다.

(3) 정보공개여부의 결정(제11조)

1) 공개여부의 결정기간   공공기관은 정보공개의 청구를 받으면 그 청구를 받은 날부터 10일 이내에 공개여부를 결정하여야 한다. 다만, 부득이한 사유[7]로 이 기간 내에 공개여부를 결정할 수 없는 때에는 그 기간이 끝나는 날의 다음 날부터 기산하여 10일의 범위 내에서 공개여부 결정기간을 연장할 수 있다. 이 경우 공공기관은 연장된 사실과 연장사유를 청구인에게 지체 없이 문서로 통지하여야 한다(제11조 제1항·제2항).

2) 의견청취   공공기관이 비공개결정을 함에 있어 미리 청구인의 의견을 들을 필요는 없다. 다만 공개 청구된 공개대상정보의 전부 또는 일부가 제3자와 관련이 있다고 인정할 때에는 그 사실을 제3자에게 지체 없이 통지하여야 하며, 필요한 경우에는 그의 의견을 들을 수 있다(제11조 제3항).

한편 공개 청구된 정보 중 정보의 전부 또는 일부가 다른 공공기관이 생산한 정보인 경우에는 그 정보를 생산한 공공기관의 의견을 들어 공개여부를 결정하여야 한다(「공공기관의 정보공개에 관한 법률」시행령 제9조).

3) 비공개결정의 의제   정보공개를 청구한 날부터 20일 이내에 공공기관이 공개여부를 결정하지 아니한 때에는 비공개의 결정이 있는 것으로 본다.

---

7) 「공공기관의 정보공개에 관한 법률 시행령」제7조가 공개여부를 결정할 수 없는 부득이한 사유로 열거하고 있는 것은 다음과 같다. 즉,
① 한꺼번에 많은 정보공개가 청구되거나 공개 청구된 내용이 복잡하여 정해진 기간 내에 공개여부를 결정하기 곤란한 경우
② 정보를 생산한 공공기관 또는 공개 청구된 정보와 관련 있는 제3자의 의견청취, 정보공개심의회 개최 등의 사유로 정해진 기간 내에 공개여부를 결정하기 곤란한 경우
③ 전산정보처리조직에 의하여 처리된 정보가 공개부분과 비공개부분을 포함하고 있고, 정해진 기간 내에 부분공개 가능여부를 결정하기 곤란한 경우
④ 천재지변, 일시적인 업무량의 폭주 등으로 정해진 기간 내에 공개여부를 결정하기 곤란한 경우.

4) 공개방법의 선택   정보공개청구를 받은 공공기관은 정보공개청구자가 선택한 공개방법에 따라 정보를 공개하여야 하며, 따라서 공개방법을 선택할 재량권은 인정되지 않는다.

「정보공개를 청구하는 자가 공공기관에 대해 정보의 사본 또는 출력물의 교부의 방법으로 공개방법을 선택하여 정보공개청구를 한 경우에 공개청구를 받은 공공기관으로서는 법 제8조 제2항에서 규정한 정보의 사본 또는 복제물의 교부를 제한할 수 있는 사유에 해당하지 않는 한 정보공개청구자가 선택한 공개방법에 따라 정보를 공개하여야 하므로 그 공개방법을 선택할 재량권이 없다고 해석함이 상당하다」(대판 2003. 3. 11, 2002두2918).

(4) 정보공개심의회(제12조)

국가기관 등은 정보공개여부 등을 심의하기 위하여 정보공개심의회를 설치·운영한다. 한편 정보공개여부의 결정권자는 공공기관의 장이고, 정보공개심의회는 다지 공공기관의 장의 공개여부에 대한 자문에 응하여 이를 심의하는 역할을 하는 데 그친다(대판 2002. 3. 15, 2001추95 참조).

정보공개심의회는 위원장 1명을 포함하여 5명 이상 7명 이하의 위원으로 구성하며, 위원장을 제외한 위원은 소속공무원, 임직원 또는 외부전문가로 지명하거나 위촉하되 그중 3분의 2는 해당 국가기관 등의 업무 또는 정보공개의 업무에 관한 지식을 가진 외부전문가로 위촉하여야 한다. 한편 정보공개심의회의 위원장은 위원 중에서 국가기관 등의 장이 지명하거나 위촉한다.

「심의회의 구성을 위하여 공공기관의 장이 소속공무원 또는 임직원 중에서 심의회의 위원을 지명하는 것이 원칙이나, 다만 필요한 경우에는 공무원이나 임직원이었던 자 또는 외부전문가를 위원으로 위촉할 수 있되, 그 필요성 여부나 외부전문가의 수 등에 관한 판단과 결정은 공공기관의 장이 그의 권한으로 할 수 있다는 것이 그 시행령 규정의 취지라고 할 것이다」(대판 2002. 3. 15, 2001추95).

(5) 정보공개여부결정의 통지(제13조)

1) 정보의 공개결정을 한 경우   공공기관은 정보의 공개를 결정한 경우에는 공개의 일시 및 장소 등을 분명히 밝혀 청구인에게 통지하여야 한다.

공공기관은 청구인이 사본 또는 복제물의 교부를 원하는 경우에는 이를 교부하여야 한다. 공공기관은 공개 대상 정보의 양이 너무 많아 정상적인 업무수행에 현저한 지

장을 초래할 우려가 있는 경우에는 해당 정보를 일정 기간별로 나누어 제공하거나 사
본·복제물의 교부 또는 열람과 병행하여 제공할 수 있다. 또한 정보를 공개하는 경우
에 그 정보의 원본이 더럽혀지거나 파손될 우려가 있거나 그 밖에 상당한 이유가 있다
고 인정할 때에는 그 정보의 사본·복제물을 공개할 수 있다.

　　2) 정보의 비공개결정을 한 경우　　공공기관이 정보의 비공개결정을 한 경우에는 그 사
실을 청구인에게 지체없이 문서로 통지하여야 하며, 이 경우 동법 제9조 제1항 각 호 중
어느 규정에 해당하는 비공개 대상 정보인지를 포함한 비공개 이유와 불복(不服)의 방
법 및 절차를 구체적으로 밝혀야 한다. 따라서 개괄적 사유만을 들어 공개를 거부하는
것은 허용되지 않는다.

관련판례

「구 공공기관의 정보공개에 관한 법률(2013. 8. 6. 법률 제11991호로 개정되기 전의 것, 이하 '정
보공개법'이라 한다) 제13조 제4항은 공공기관이 정보를 비공개하는 결정을 한 때에는 비공개이
유를 구체적으로 명시하여 청구인에게 그 사실을 통지하여야 한다고 규정하고 있다. 정보공개법
제1조, 제3조, 제6조는 국민의 알 권리를 보장하고 국정에 대한 국민의 참여와 국정운영의 투명
성을 확보하기 위하여 공공기관이 보유·관리하는 정보를 모든 국민에게 원칙적으로 공개하도
록 하고 있다. 그러므로 국민으로부터 보유·관리하는 정보에 대한 공개를 요구받은 공공기관으
로서는, 정보공개법 제9조 제1항 각호에서 정하고 있는 비공개사유에 해당하지 않는 한 이를 공
개하여야 한다. 이를 거부하는 경우라 할지라도, 대상이 된 정보의 내용을 구체적으로 확인·검
토하여, 어느 부분이 어떠한 법익 또는 기본권과 충돌되어 정보공개법 제9조 제1항 몇 호에서 정
하고 있는 비공개사유에 해당하는지를 주장·증명하여야만 하고, 그에 이르지 아니한 채 개괄적
인 사유만을 들어 공개를 거부하는 것은 허용되지 아니한다」(대판 2018.4.12, 2014두5477).

　　(6) 부분공개(제14조)
　　공개청구한 정보가 비공개대상정보와 공개 가능한 부분이 혼합되어 있는 경우로
서 공개청구의 취지에 어긋나지 아니하는 범위에서 두 부분을 분리할 수 있는 경우에
는 비공개대상정보에 해당하는 부분을 제외하고 공개하여야 한다. 여기서 '두 부분을
분리할 수 있다는 것'의 의미에 관하여는 이하의 판례 참조.

관련판례

공개청구의 취지에 어긋나지 아니하는 범위 안에서 비공개대상정보에 해당하는 부분과 공개가
가능한 부분을 분리할 수 있다고 함은, 이 두 부분이 물리적으로 분리가능한 경우를 의미하는 것
이 아니고 당해 정보의 공개방법 및 절차에 비추어 당해 정보에서 비공개대상정보에 관련된 기
술 등을 제외 내지 삭제하고 그 나머지 정보만을 공개하는 것이 가능하고 나머지 부분의 정보만

으로도 공개의 가치가 있는 경우를 의미한다고 해석하여야 한다」(대판 2004.12.9, 2003두 12707).

한편 공개를 거부한 정보에 비공개대상정보에 해당하는 부분과 공개가 가능한 부분이 혼합되어 있는 경우라면 법원은 공개가 가능한 정보에 관한 부분만의 일부취소를 명할 수 있다.

관련판례

① 「법원이 행정기관의 정보공개거부처분의 위법여부를 심리한 결과 공개를 거부한 정보에 비공개대상정보에 해당하는 부분과 공개가 가능한 부분이 혼합되어 있고 공개청구의 취지에 어긋나지 아니하는 범위 안에서 두 부분을 분리할 수 있음을 인정할 수 있을 때에는 청구취지의 변경이 없더라도 공개가 가능한 정보에 관한 부분만의 일부취소를 명할 수 있다」(대판 2004.12.9, 2003두12707).

② 「정보비공개결정의 취소를 구하는 사건에 있어서, 만일 공개를 청구한 정보의 내용 중 너무 포괄적이거나 막연하여서 사회일반인의 관점에서 그 내용과 범위를 확정할 수 있을 정도로 특정되었다고 볼 수 없는 부분이 포함되어 있다면, 이를 심리하는 법원으로서는 마땅히 공공기관의 정보공개에 관한 법률 제20조 제2항의 규정에 따라 공공기관에게 그가 보유·관리하고 있는 공개청구정보를 제출하도록 하여 이를 비공개로 열람·심사하는 등의 방법으로 공개청구정보의 내용과 범위를 특정시켜야 하고, 나아가 위와 같은 방법으로도 특정이 불가능한 경우에는 특정되지 않은 부분과 나머지 부분을 분리할 수 있고 나머지 부분에 대한 비공개결정이 위법한 경우라고 하여도 정보공개의 청구 중 특정되지 않은 부분에 대한 비공개결정의 취소를 구하는 부분은 나머지 부분과 분리하여 이를 기각하여야 한다」(대판 2007.6.1, 2007두2555).

(7) 정보의 전자적 공개(제15조)

공공기관은 전자적 형태로 보유·관리하는 정보에 대하여 청구인이 전자적 형태로 공개하여 줄 것을 요청하는 경우에는 그 정보의 성질상 현저히 곤란한 경우를 제외하고는 청구인의 요청에 따라야 한다.

한편 공공기관은 전자적 형태로 보유·관리하지 아니하는 정보에 대하여 청구인이 전자적 형태로 공개하여 줄 것을 요청한 경우에는 정상적인 업무수행에 현저한 지장을 초래하거나 그 정보의 성질이 훼손될 우려가 없으면 그 정보를 전자적 형태로 변환하여 공개할 수 있다.

(8) 즉시처리가 가능한 정보의 공개(제16조)

다음 하나에 해당하는 정보로서 즉시 또는 말로 처리가 가능한 정보에 대해서는 정보공개 여부의 결정절차를 거치지 아니하고 공개하여야 한다.

① 법령 등에 따라 공개를 목적으로 작성된 정보

② 일반국민에게 알리기 위하여 작성된 각종 홍보자료

③ 공개하기로 결정된 정보로서 공개에 오랜 시간이 걸리지 아니하는 정보

④ 그 밖에 공공기관의 장이 정하는 정보

(9) 비용부담(제17조)

정보의 공개 및 우송 등에 소요되는 비용은 실비의 범위에서 청구인이 부담한다. 다만, 공개를 청구하는 정보의 사용목적이 공공복리의 유지·증진을 위하여 필요하다고 인정되는 경우에는 비용을 감면할 수 있다.

5. 불복구제절차(不服救濟節次)

(1) 이의신청(제18조)

청구인이 정보공개와 관련한 공공기관의 비공개 결정 또는 부분공개 결정에 대하여 불복이 있거나 정보공개 청구 후 20일이 경과하도록 정보공개 결정이 없는 때에는 공공기관으로부터 정보공개 여부의 결정통지를 받은 날 또는 정보공개 청구 후 20일이 경과한 날부터 30일 이내에 해당 공공기관에 문서로 이의신청을 할 수 있다.

공공기관은 이의신청을 받은 날부터 7일 이내에 그 이의신청에 대하여 결정하고 그 결과를 청구인에게 지체 없이 문서로 통지하여야 한다. 다만 부득이한 사유로 정해진 기간 이내에 결정할 수 없는 때에는 그 기간이 끝나는 날의 다음 날부터 기산하여 7일의 범위에서 연장할 수 있으며, 연장사유를 청구인에게 통지하여야 한다.

한편 공공기관은 이의신청을 각하(却下) 또는 기각(棄却)하는 결정을 한 경우에는 청구인에게 행정심판 또는 행정소송을 제기할 수 있다는 사실을 정보공개청구의 결과통지와 함께 알려야 한다.

(2) 행정심판(제19조)

청구인이 정보공개와 관련한 공공기관의 결정에 대하여 불복이 있거나 정보공개 청구 후 20일이 경과하도록 정보공개 결정이 없는 때에는 (이의신청절차를 거치지 아니하고) 행정심판을 청구할 수 있다. 이 경우 국가 및 지방자치단체 외의 공공기관의 결정에 대한 감독행정기관은 관계 중앙행정기관의 장 또는 지방자치단체의 장으로 한다.

행정심판위원회의 위원 중 정보공개 여부의 결정에 관한 행정심판에 관여하는 위원은 재직 중은 물론 퇴직 후에도 그 직무상 알게 된 비밀을 누설하여서는 아니 된다.

(3) 행정소송(제20조)

청구인이 정보공개와 관련한 공공기관의 결정에 대하여 불복이 있거나 정보공개청구 후 20일이 경과하도록 정보공개 결정이 없는 때에는 행정소송을 제기할 수 있다.

1) 행정소송의 형태   청구인이 정보공개와 관련한 공공기관의 결정에 불복하여 행정소송을 제기하는 경우에 있어서 소송형태는 소송을 제기하게 된 경우에 따라 달라질 수 있다. 즉, 공개청구가 거부된 경우에는 거부처분에 대한 취소소송, 공개가 불충분하게 행해진 경우에는 불충분한 공개결정의 취소 또는 변경소송을 제기하게 될 것이다. 한편 청구에 대하여 공공기관이 무응답상태에 있는 경우라면 부작위위법확인소송이 적절한 소송형태가 될 것이다.

2) 소익(訴益)   행정소송을 제기하기 위하여는 소익이 있어야 하는바, 판례상 소익이 긍정된 경우와 부정된 경우의 대표적 사례로는 다음과 같은 것을 들 수 있다.

① 소익이 긍정된 경우   정보공개청구를 하였다가 거부처분을 받은 경우(관련판례 ① 참조) 및 이미 알려져 있거나 인터넷 등을 통하여 공개된 경우(관련판례 ② 참조)

관련판례

①「정보공개청구권은 법률상 보호되는 구체적인 권리이므로 청구인이 공공기관에 대하여 정보공개를 청구하였다가 거부처분을 받은 것 자체가 법률상 이익의 침해에 해당한다고 할 것이고, 거부처분을 받은 것 이외에 추가로 어떤 법률상의 이익을 가질 것을 요구하는 것은 아니다」(대판 2004.9.23, 2003두1370).

②「국민의 정보공개청구권은 법률상 보호되는 구체적인 권리이므로, 공공기관에 대하여 정보의 공개를 청구하였다가 공개거부처분을 받은 청구인은 행정소송을 통하여 그 공개거부처분의 취소를 구할 법률상의 이익이 있고, 공개청구의 대상이 되는 정보가 이미 다른 사람에게 공개되어 널리 알려져 있다거나 인터넷 등을 통하여 공개되어 인터넷검색 등을 통하여 쉽게 알 수 있다는 사정만으로는 소의 이익이 없다거나 비공개결정이 정당화될 수 없다」(대판 2010.12.23, 2008두13101).

② 소익이 부정된 경우   정보공개청구를 거부하는 처분이 있은 후 대상정보가 폐기된 경우

관련판례

「정보공개청구를 거부하는 처분이 있은 후 대상정보가 폐기되었다든가 하여 공공기관이 그 정보를 보유·관리하지 않게 된 경우에는 특별한 사정이 없는 한 정보공개거부처분의 취소를 구할 법률상의 이익이 없다」(대판 2003.4.25, 2000두7087).

3) 비공개 열람 · 심사 등   재판장은 필요하다고 인정하면 당사자를 참여시키지 아니하고 제출된 공개청구정보를 비공개로 열람 · 심사할 수 있다. 재판장은 행정소송의 대상이 제9조 제1항 제2호에 따른 정보 중 국가안전보장상 · 국방 또는 외교관계에 관한 정보의 비공개 또는 부분 공개 결정처분인 경우에 공공기관이 그 정보에 대한 비밀 지정의 절차, 비밀의 등급 · 종류 및 성질과 이를 비밀로 취급하게 된 실질적인 이유 및 공개를 하지 아니하는 사유 등을 입증하면 해당 정보를 제출하지 아니하게 할 수 있다.

(4) 제3자의 이의신청 등(제21조)

공공기관은 공개 청구된 공개대상 정보의 전부 또는 일부가 제3자와 관련이 있다고 인정할 때에는 그 사실을 제3자에게 지체 없이 통지하여야 하며(필요한 경우에는 그의 의견을 들을 수 있다), 공개 청구된 사실을 통지받은 제3자는 그 통지를 받은 날부터 3일 이내에 해당 공공기관에 대하여 자신과 관련된 정보를 공개하지 아니할 것을 요청할 수 있다.

한편 비공개요청에도 불구하고 공공기관이 공개결정을 할 때에는 공개결정 이유와 공개실시일을 분명히 밝혀 지체 없이 문서로 통지하여야 하며, 이 경우 공개결정일과 공개실시일 사이에 최소한 30일의 간격을 두어야 한다. 공개통지를 받은 제3자는 해당 공공기관에 문서로 이의신청을 하거나 행정심판 또는 행정소송을 제기할 수 있다. 이 경우 이의신청은 통지를 받은 날부터 7일 이내에 하여야 한다.

6. 보 칙(補則)

(1) 정보공개위원회(제22조, 제23조)

1) 설 치   정보공개에 관한 다음의 사항을 심의 · 조정하기 위하여 국무총리 소속으로 정보공개위원회를 둔다.

① 정보공개에 관한 정책 수립 및 제도 개선에 관한 사항

② 정보공개에 관한 기준 수립에 관한 사항

③ 정보공개심의회 심의결과의 조사 · 분석 및 심의기준 개선 관련 의견제시에 관한 사항

④ 공공기관의 정보공개운영실태평가 및 그 결과처리에 관한 사항

⑤ 정보공개와 관련된 불합리한 제도 · 법령 및 그 운영에 대한 조사 및 개선권고에 관한 사항

⑥ 그 밖에 정보공개에 관하여 대통령령으로 정하는 사항

2) 구성 등   위원회는 성별을 고려하여 위원장과 부위원장 각 1명을 포함한 11명의 위원으로 구성하며, 이 경우 위원장을 포함한 7명은 공무원이 아닌 사람으로 위촉하여야 한다. 위원장 · 부위원장 및 위원(대통령령으로 정하는 관계 중앙행정기관의 차관급 공

무원이나 고위공무원단에 속하는 일반직공무원인 위원은 제외한다)의 임기는 2년으로 하며, 연임할 수 있다.

　　3) 정보의 누설금지　　위원장·부위원장 및 위원은 정보공개업무와 관련하여 알게 된 정보를 누설하거나 그 정보를 이용하여 본인 또는 타인에게 이익 또는 불이익을 주는 행위를 하여서는 아니 된다.

　　(2) 제도의 총괄(제24조)

　　행정안전부장관은 정보공개제도의 정책수립 및 제도개선사항 등에 관한 기획·총괄업무를 관장한다. 또한 행정안전부장관은 정보공개위원회가 정보공개제도의 효율적 운영을 위하여 필요하다고 요청하면 공공기관(국회·법원·헌법재판소 및 중앙선거관리위원회를 제외한다)의 정보공개제도 운영실태를 평가할 수 있으며, 운영실태평가를 실시한 경우에는 그 결과를 정보공개위원회를 거쳐 국무회의에 보고한 후 공개하여야 한다. 한편 정보공개위원회가 개선이 필요하다고 권고한 사항에 대해서는 해당 공공기관에 시정요구 등의 조치를 하여야 한다.

　　(3) 자료의 제출요구 등(제25조)

　　국회사무총장·법원행정처장·헌법재판소사무처장·중앙선거관리위원회사무총장 및 행정안전부장관은 필요하다고 인정하면 관계 공공기관에 정보공개에 관한 자료 제출 등의 협조를 요청할 수 있다.

　　(4) 국회에의 보고(제26조)

　　행정안전부장관은 전년도의 정보공개 운영에 관한 보고서를 매년 정기국회 개회 전까지 국회에 제출하여야 한다.

▌제2절▐　개인정보보호

Ⅰ. 개　설

1. 개인정보보호의 법제화

(1) 외국의 입법례

　　개인정보보호에 관한 대표적 입법례로는 미국의 「프라이버시보호법」(Privacy Act), 프랑스의 「정보처리·축적 및 자유에 관한 법률」, 일본의 「개인정보보호에 관한 법률」 및 독일의 「연방데이터보호법」(Bundesdatenschutzgesetz) 등을 들 수 있다. 한편 독일에서 「연방데이터보호법」이 제정되는 계기는 독일 연방헌법재판소의 '인구조사판결 (Volkszählungsurteil)'이 제공하였는바, 동 판결은 독일 「기본법」 제2조 제1항의 인격의 자유로운 발현에는 '정보의 자기결정권'(후술 참조)이 포함되어 있다는 것을 주된 내용으로 한다.

(2) 우리나라의 경우

우리나라는 1995년 1월부터 「공공기관의 개인정보보호에 관한 법률」이 시행됨으로써 개인정보보호에 관한 실정법적 근거를 갖게 되었었다. 다만 동법에 대하여는 동법이 '공공기관'이 '컴퓨터 등'에 의하여 처리하는 개인정보의 보호만을 그 규율대상으로 하였기 때문에 개인정보보호에 충실하지 못하다는 비판이 끊이지 않았으며, 이에 동법이 폐지되고 새로이 「개인정보보호법」이 제정되어 2011년 9월부터 시행되고 있다. 새로운 「개인정보보호법」은 '개인정보처리자'가 처리하는 일체의 개인정보를 보호하고 있다는 점에서 구 「공공기관의 개인정보보호에 관한 법률」과는 현저한 차이를 보이고 있다.

2. 정보의 자기결정권

(1) 의의 및 성질

정보의 자기결정권(自己決定權)이란 개인의 자기정보의 공개여부와 타 목적에의 사용여부에 대한 결정권을 의미하는바, 오늘날 정보의 자기결정권은 독자적 기본권의 성질을 갖는 것으로 이해되고 있다.

관련판례

「개인정보자기결정권의 헌법상 근거로는 헌법 제17조의 사생활의 비밀과 자유, 헌법제10조 제1문의 인간의 존엄과 가치 및 행복추구권에 근거를 둔 일반적 인격권 또는 위 조문들과 동시에 우리 헌법의 자유민주적 기본질서규정 또는 국민주권원리와 민주주의원리 등을 고려할 수 있으나, 개인정보자기결정권으로 보호하려는 내용을 위 각 기본권들 및 헌법원리들 중 일부에 완전히 포섭시키는 것은 불가능하다고 할 것이므로, 그 헌법적 근거를 군이 어느 한두 개에 국한시키는 것은 바람직하지 않은 것으로 보이고, 오히려 개인정보자기결정권은 이들을 이념적 기초로 하는 독자적 기본권으로서 헌법에 명시되지 아니한 기본권이라고 보아야 할 것이다」(헌재결 2005.5. 26, 99헌마513 · 2004헌마190 병합).

---

(2) 정보의 자기결정권의 보호대상이 되는 정보

정보의 자기결정권의 보호대상이 되는 개인정보는 그 개인의 동일성을 식별할 수 있게 하는 일체의 정보를 말한다.

> **관련판례**
>
> 「개인정보자기결정권의 보호대상이 되는 개인정보는 개인의 신체, 신념, 사회적 지위, 신분 등과 같이 개인의 인격주체성을 특징짓는 사항으로서 그 개인의 동일성을 식별할 수 있게 하는 일체의 정보라고 할 수 있고, 반드시 개인의 내밀한 영역이나 사사(私事)의 영역에 속하는 정보에 국한되지 않고 공적 생활에서 형성되었거나 이미 공개된 개인정보까지 포함한다」(헌재결 2005. 5.26, 99헌마513 · 2004헌마190 병합).

(3) 정보의 자기결정권에 대한 제한

개인정보를 대상으로 한 조사 · 수집 · 보관 · 처리 · 이용 등의 행위는 모두 원칙적으로 개인정보자기결정권에 대한 제한에 해당한다고 할 수 있는바(헌재결 2005.7.21, 2003헌마282 · 425 병합), 개인정보의 자기결정권에 대한 제한으로 볼 수 있는지가 문제되었던 사례에 관하여는 이하의 관련판례 참조.

> **관련판례**
>
> ① 「개인의 고유성, 동일성을 나타내는 지문은 그 정보주체를 타인으로부터 식별가능하게 하는 개인정보이므로, 시장 · 군수 또는 구청장이 개인의 지문정보를 수집하고, 경찰청장이 이를 보관 · 전산화하여 범죄수사목적에 이용하는 것은 모두 개인정보자기결정권을 제한하는 것이라고 할 수 있다」(헌재결 2005.5.26, 99헌마513 · 2004헌마190 병합).
> ② 「교육인적자원부장관 및 서울특별시교육감이 청구인의 개인정보 중 졸업생의 성명, 생년월일, 졸업일자 정보를 NEIS(교육정보시스템)에 보유하는 행위는 법률유보원칙에 위배되거나 개인정보자기결정권을 침해한다고 보기 어렵다」(헌재결 2005.7.21, 2003헌마282 · 425 병합).
> ③ 「연말정산 간소화를 위하여 의료기관에게 환자들의 의료비내역에 관한 정보를 국세청에 제출하는 의무를 부과하고 있는 소득세법 제165조 등의 규정은 환자들의 개인정보자기결정권을 침해하지 않는다」(헌재결 2008.10.30, 2006헌마1401).

II. 「개인정보보호법」의 주요내용

1. 총 칙

(1) 목 적(제1조)

「개인정보보호법」은 개인정보의 처리 및 보호에 관한 사항을 정함으로써 개인의 자유와 권리를 보호하고, 나아가 개인의 존엄과 가치를 구현함을 목적으로 한다.

한편 '개인정보'란 살아 있는 개인에 관한 정보로서 성명, 주민등록번호 및 영상 등을 통하여 개인을 알아볼 수 있는 정보(해당 정보만으로는 특정 개인을 알아볼 수 없더라도

다른 정보와 쉽게 결합하여 알아볼 수 있는 정보를 포함)를 말한다(제2조 제1호). 따라서 사자
(死者)나 법인의 정보는 여기서의 개인정보에 포함되지 않는다. 또한 '개인정보의 처리'
란 개인정보의 수집, 생성, 연계, 연동. 기록, 저장, 보유, 가공, 편집, 검색, 출력, 정정
(訂正), 복구, 이용, 제공, 공개, 파기(破棄), 그 밖에 이와 유사한 행위를 말한다(제2조 제2
호).

(2) 개인정보보호의 원칙(제3조)

경제개발협력기구(OECD)는 1980년에 "Guideline on the Protection of Privacy
and Transborder Flows of Personal Data"를 통하여 개인정보보호에 관한 8개의 기본
원칙을 제시하였던바, 2011년에 제정된 「개인정보보호법」은 이들 8개 원칙이 담고 있
는 내용을 대부분 명문으로 규정하고 있다.

1) 목적구체성의 원칙(목적특정의 원칙)　개인정보처리자[8]는 개인정보를 수집하는 경
우 개인정보의 처리목적을 명확하게 하여야 한다.

2) 수집제한의 원칙　개인정보처리자는 목적에 필요한 범위에서 최소한의 개인정보
만을 적법하고 정당하게 수집하여야 한다. 한편 수집제한의 원칙은 「개인정보보호법」
제16조에도 잘 반영되어 있다.

3) 사용제한의 원칙　개인정보처리자는 개인정보의 처리 목적에 필요한 범위에서
적합하게 개인정보를 처리하여야 하며, 그 목적 외의 용도로 활용하여서는 아니 된다.

4) 데이터 질(質)의 원칙(정보정확성의 원칙)　개인정보처리자는 개인정보의 처리목적
에 필요한 범위에서 개인정보의 정확성, 완전성 및 최신성이 보장되도록 하여야 한다.

5) 안전성 확보의 원칙(보안조치의 원칙)　개인정보처리자는 개인정보의 처리 방법 및
종류 등에 따라 정보주체의 권리가 침해받을 가능성과 그 위험 정도를 고려하여 개인
정보를 안전하게 관리하여야 한다.

6) 책임의 원칙　공공기관의 장은 개인정보관리의 책임관계를 명확히 하여야 한다.

7) 공개의 원칙　개인정보처리자는 개인정보처리방침 등 개인정보의 처리에 관한
사항을 공개하여야 한다.

---

8) '개인정보처리자'란 업무를 목적으로 개인정보파일을 운용하기 위하여 스스로 또는 다른 사람을
통하여 개인정보를 처리하는 공공기관, 법인, 단체 및 개인 등을 말하는바, 여기서 공공기관이란 국
회, 법원, 헌법재판소, 중앙선거관리위원회의 행정사무를 처리하는 기관, 중앙행정기관(대통령 소
속기관과 국무총리 소속기관을 포함한다) 및 그 소속 기관, 지방자치단체, 그 밖의 국가기관 및 공
공단체 중 대통령령으로 정하는 기관을 말한다.
한편 공공단체 중 대통령령으로 정하는 기관은 ① 「국가인권위원회법」 제3조에 따른 국가인권위
원회, ② 「고위공직자범죄수사처 설치 및 운영에 관한 법률」 제3조 제1항에 따른 고위공직자범죄
수사처, ③ 「공공기관의 운영에 관한 법률」 제4조에 따른 공공기관, ④ 「지방공기업법」에 따른 지
방공사와 지방공단, ⑤ 특별법에 따라 설립된 특수법인 및 ⑥ 「초·중등교육법」, 「고등교육법」, 그
밖의 다른 법률에 따라 설치된 각급 학교를 말한다(「개인정보보호법 시행령」 제2조).

8) 개인참여의 원칙　개인정보처리자는 열람청구권 등 정보주체의 권리를 보장하여야 한다.

9) 기 타　「개인정보보호법」 제3조는 OECD가 제시한 이들 원칙 이외에도 다음과 같은 개인정보처리에 관한 원칙을 규정하고 있다. 즉,

① 개인정보처리자는 정보주체의 사생활 침해를 최소화하는 방법으로 개인정보를 처리하여야 한다.

② 개인정보처리자는 개인정보를 익명 또는 가명으로 처리하여도 개인정보 수집 목적을 달성할 수 있는 경우 익명처리가 가능한 경우에는 익명에 의하여, 익명처리로 목적을 달성할 수 없는 경우에는 가명에 의하여 처리될 수 있도록 하여야 한다.

③ 개인정보처리자는 이 법 및 관계 법령에서 규정하고 있는 책임과 의무를 준수하고 실천함으로써 정보주체의 신뢰를 얻기 위하여 노력하여야 한다.

(3) 정보주체의 권리(제4조)

정보주체9)는 자신의 개인정보처리와 관련하여 다음의 권리를 가진다.

① 개인정보의 처리에 관한 정보를 제공받을 권리

② 개인정보의 처리에 관한 동의 여부, 동의 범위 등을 선택하고 결정할 권리

③ 개인정보의 처리 여부를 확인하고 개인정보에 대하여 열람(사본의 발급을 포함)을 요구할 권리

④ 개인정보의 처리 정지, 정정·삭제 및 파기를 요구할 권리

⑤ 개인정보의 처리로 인하여 발생한 피해를 신속하고 공정한 절차에 따라 구제받을 권리

(4) 다른 법률과의 관계(제6조)

개인정보보호에 관하여는 다른 법률에 특별한 규정이 있는 경우를 제외하고는 「개인정보보호법」에서 정하는 바에 따른다. 다만 다음에 열거하는 개인정보에 관하여는 동법 제3장부터 제7장까지10)를 적용하지 아니한다(제58조 제1항).

① 공공기관이 처리하는 개인정보 중 「통계법」에 따라 수집되는 개인정보

② 국가안전보장과 관련된 정보 분석을 목적으로 수집 또는 제공 요청되는 개인정보

---

9) 여기서 '정보주체'란 처리되는 정보에 의하여 알아볼 수 있는 사람으로서 그 정보의 주체가 되는 사람을 말한다.

10) 2020년의 개정을 통하여 「개인정보보호법」에는 제6장이 신설되었고, 기존의 제6장이 제7장으로, 그리고 기존의 제7장이 제8장으로 되었다. 따라서 현행법하에서는 제3장부터 제8장까지 적용이 배제되어야 할 것이라고 생각되는데, 법 제58조 제1항은 여전히 제3장부터 제7장까지만 적용배제하고 있다. 참고로 제3장부터 제8장까지의 내용은 다음과 같다: 제3장(개인정보의 처리), 제4장(개인정보의 안전한 관리), 제5장(정보주체의 권리 보장), 제6장(정보통신서비스 제공자 등의 개인정보 처리 등 특례), 제7장(개인정보 분쟁조정위원회), 제8장(개인정보 단체소송).

③ 공중위생 등 공공의 안전과 안녕을 위하여 긴급히 필요한 경우로서 일시적으로 처리되는 개인정보

④ 언론, 종교단체, 정당이 각각 취재·보도, 선교, 선거 입후보자 추천 등 고유목적을 달성하기 위하여 수집·이용하는 개인정보

2. 개인정보보호정책의 수립 등

(1) 개인정보 보호위원회(제7조)

1) 의 의   개인정보 보호에 관한 사무를 독립적으로 수행하기 위하여 국무총리 소속으로 개인정보 보호위원회를 둔다. 개인정보 보호위원회는 「정부조직법」 제2조에 따른 중앙행정기관으로 본다.

2) 구 성   개인정보 보호위원회는 상임위원 2명(위원장 1명, 부위원장 1명)을 포함한 9명의 위원으로 구성하되, 상임위원은 정무직 공무원으로 임명한다. 위원은 개인정보 보호에 관한 경력과 전문지식이 풍부한 동법 제7조의2 제2항 각 호의 사람 중에서 위원장과 부위원장은 국무총리의 제청으로, 그 외 위원 중 2명은 위원장의 제청으로, 2명은 대통령이 소속되거나 소속되었던 정당의 교섭단체 추천으로, 3명은 그 외의 교섭단체 추천으로 대통령이 임명 또는 위촉한다. 위원의 임기는 3년으로 하되, 한 차례만 연임할 수 있다. 위원이 궐위된 때에는 지체 없이 새로운 위원을 임명 또는 위촉하여야 하며, 이 경우 후임으로 임명 또는 위촉된 위원의 임기는 새로이 개시된다.

3) 소관사무   개인정보 보호위원회는 다음의 소관사무를 수행한다.

① 개인정보의 보호와 관련된 법령의 개선에 관한 사항

② 개인정보 보호와 관련된 정책·제도·계획 수립·집행에 관한 사항

③ 정보주체의 권리침해에 대한 조사 및 이에 따른 처분에 관한 사항

④ 개인정보의 처리와 관련한 고충처리·권리구제 및 개인정보에 관한 분쟁의 조정

⑤ 개인정보 보호를 위한 국제기구 및 외국의 개인정보 보호기구와의 교류·협력

⑥ 개인정보 보호에 관한 법령·정책·제도·실태 등의 조사·연구, 교육 및 홍보에 관한 사항

⑦ 개인정보 보호에 관한 기술개발의 지원·보급 및 전문인력의 양성에 관한 사항

⑧ 이 법 및 다른 법령에 따라 보호위원회의 사무로 규정된 사항

(2) 개인정보보호 기본계획과 시행계획

1) 개인정보보호 기본계획(제9조)   개인정보 보호위원회는 개인정보의 보호와 정보주체의 권익 보장을 위하여 3년마다 개인정보보호 기본계획을 관계 중앙행정기관의 장과 협의하여 수립한다.

2) 시행계획(제10조)   중앙행정기관의 장은 기본계획에 따라 매년 개인정보보호를

위한 시행계획을 작성하여 개인정보 보호위원회에 제출하고, 개인정보 보호위원회의 심의·의결을 거쳐 시행하여야 한다.

(3) 자료제출요구 등(제11조)

개인정보 보호위원회는 기본계획을 효율적으로 수립하기 위하여 개인정보처리자, 관계 중앙행정기관의 장, 지방자치단체의 장 및 관계 기관·단체 등에 개인정보처리자의 법규준수 현황과 개인정보 관리실태 등에 관한 자료의 제출이나 의견의 진술 등을 요구할 수 있다.

(4) 개인정보보호지침(제12조)

개인정보 보호위원회는 개인정보의 처리에 관한 기준, 개인정보 침해의 유형 및 예방조치 등에 관한 표준 개인정보 보호지침을 정하여 개인정보처리자에게 그 준수를 권장할 수 있다. 다만 국회, 법원, 헌법재판소 및 중앙선거관리위원회는 해당 기관(그 소속 기관을 포함한다)의 개인정보 보호지침을 정하여 시행할 수 있다.

3. 개인정보의 처리

(1) 개인정보의 수집, 이용, 제공 등

1) 개인정보의 수집·이용(제15조 제1항)   개인정보처리자는 다음의 어느 하나에 해당하는 경우에는 개인정보를 수집할 수 있으며, 그 수집 목적의 범위에서 이용할 수 있다.

① 정보주체의 동의를 받은 경우

② 법률에 특별한 규정이 있거나 법령상 의무를 준수하기 위하여 불가피한 경우

③ 공공기관이 법령 등에서 정하는 소관 업무의 수행을 위하여 불가피한 경우

④ 정보주체와의 계약의 체결 및 이행을 위하여 불가피하게 필요한 경우

⑤ 정보주체 또는 그 법정대리인이 의사표시를 할 수 없는 상태에 있거나 주소불명 등으로 사전 동의를 받을 수 없는 경우로서 명백히 정보주체 또는 제3자의 급박한 생명, 신체, 재산의 이익을 위하여 필요하다고 인정되는 경우

⑥ 개인정보처리자의 정당한 이익을 달성하기 위하여 필요한 경우로서 명백하게 정보주체의 권리보다 우선하는 경우. 이 경우 개인정보처리자의 정당한 이익과 상당한 관련이 있고 합리적인 범위를 초과하지 아니하는 경우에 한한다.

다만, 개인정보처리자는 당초 수집 목적과 합리적으로 관련된 범위에서 정보주체에게 불이익이 발생하는지 여부, 암호화 등 안전성 확보에 필요한 조치를 하였는지 여부 등을 고려하여 대통령령으로 정하는 바에 따라 정보주체의 동의 없이 개인정보를 이용할 수 있다(동법 시행령 제14조의2).

2) 개인정보의 수집제한(제16조)   개인정보처리자가 개인정보를 수집하는 경우에는 그 목적에 필요한 최소한의 개인정보를 수집하여야 하며, 이 경우 최소한의 개인정보

수집이라는 증명책임은 개인정보처리자가 부담한다. 또한 개인정보처리자는 정보주체가 필요한 최소한의 정보 외의 개인정보 수집에 동의하지 아니한다는 이유로 정보주체에게 재화 또는 서비스의 제공을 거부하여서는 아니 된다.

한편 개인정보는 원칙적으로 정보당사자로부터 직접 수집하여야 한다는 점을 강조하는 견해가 있기는 하지만, 「개인정보보호법」 자체는 그와 같은 취지의 규정을 갖고 있지 않다. 단지 정보주체 이외로부터 수집한 개인정보를 처리하는 때에는 정보주체의 요구가 있으면 개인정보의 수집출처, 처리목적 등을 정보주체에게 알려야 할 것을 규정하고 있을 뿐이다(제20조).

3) 개인정보의 제공(제17조)　개인정보처리자는 ① 정보주체의 동의를 받은 경우 또는 ② 제15조 제1항 제2호·제3호·제5호 및 제39조의3 제2항 제2호·제3호에 따라 개인정보를 수집한 목적 범위에서 개인정보를 제공하는 경우에는 정보주체의 개인정보를 제3자에게 제공(공유를 포함한다)할 수 있다. 개인정보처리자는 당초 수집 목적과 합리적으로 관련된 범위에서 정보주체에게 불이익이 발생하는지 여부, 암호화 등 안전성 확보에 필요한 조치를 하였는지 여부 등을 고려하여 대통령령으로 정하는 바에 따라 정보주체의 동의 없이 개인정보를 제공할 수 있다.

4) 개인정보의 목적 외 이용·제공 제한(제18조)　개인정보처리자는 개인정보를 제15조 제1항 및 제39조의3 제1항 및 제2항에 따른 범위를 초과하여 이용하거나 제17조 제1항 및 제3항에 따른 범위를 초과하여 제3자에게 제공하여서는 아니 된다.

그러나 다음의 어느 하나에 해당하는 경우에는 정보주체 또는 제3자의 이익을 부당하게 침해할 우려가 있을 때를 제외하고는 개인정보를 목적 외의 용도로 이용하거나 이를 제3자에게 제공할 수 있다.

① 정보주체로부터 별도의 동의를 받은 경우

② 다른 법률에 특별한 규정이 있는 경우

③ 정보주체 또는 그 법정대리인이 의사표시를 할 수 없는 상태에 있거나 주소불명 등으로 사전 동의를 받을 수 없는 경우로서 명백히 정보주체 또는 제3자의 급박한 생명, 신체, 재산의 이익을 위하여 필요하다고 인정되는 경우

④ 개인정보를 목적 외의 용도로 이용하거나 이를 제3자에게 제공하지 아니하면 다른 법률에서 정하는 소관 업무를 수행할 수 없는 경우로서 개인정보 보호위원회의 심의·의결을 거친 경우

⑤ 조약, 그 밖의 국제협정의 이행을 위하여 외국정부 또는 국제기구에 제공하기 위하여 필요한 경우

⑥ 범죄의 수사와 공소의 제기 및 유지를 위하여 필요한 경우

⑦ 법원의 재판업무 수행을 위하여 필요한 경우

⑧ 형(刑) 및 감호, 보호처분의 집행을 위하여 필요한 경우[11]

5) 개인정보를 제공받은 자의 이용 · 제공 제한(제19조)   개인정보처리자로부터 개인정보를 제공받은 자는 ① 정보주체로부터 별도의 동의를 받은 경우 또는 ② 다른 법률에 특별한 규정이 있는 경우를 제외하고는 개인정보를 제공받은 목적 외의 용도로 이용하거나 이를 제3자에게 제공하여서는 아니 된다.

6) 개인정보의 파기(제21조)   개인정보처리자는 보유기간의 경과, 개인정보의 처리목적 달성 등 그 개인정보가 불필요하게 되었을 때에는 지체 없이 그 개인정보를 파기하여야 한다. 다만 다른 법령에 따라 보존하여야 하는 경우에는 그러하지 아니한데, 이 경우에는 해당 개인정보 또는 개인정보파일[12]을 다른 개인정보와 분리하여서 저장 · 관리하여야 한다.

(2) 개인정보의 처리제한

1) 민감정보의 처리제한(제23조)   개인정보처리자는 ① 정보주체에게 제15조 제2항 각 호 또는 제17조 제2항 각 호의 사항을 알리고 다른 개인정보의 처리에 대한 동의와 별도로 동의를 받은 경우 또는 ② 법령에서 민감정보[13]의 처리를 요구하거나 허용하는 경우 외에는 민감정보를 처리하여서는 아니 된다.

2) 고유식별정보의 처리제한(제24조)   개인정보처리자는 ① 정보주체에게 제15조 제2항 각 호 또는 제17조 제2항 각 호의 사항을 알리고 다른 개인정보의 처리에 대한 동의와 별도로 동의를 받은 경우 또는 ② 법령에서 구체적으로 고유식별정보[14]의 처리를 요구하거나 허용하는 경우를 제외하고는 고유식별정보를 처리할 수 없다.

개인정보처리자가 고유식별정보를 처리하는 경우에는 그 고유식별정보가 분실 · 도난 · 유출 · 위조 · 변조 또는 훼손되지 아니하도록 대통령령으로 정하는 바에 따라 암호화 등 안전성 확보에 필요한 조치를 하여야 한다.

3) 영상정보처리기기의 설치 · 운영제한(제25조)   누구든지 ① 법령에서 구체적으로 허용하고 있는 경우, ② 범죄의 예방 및 수사를 위하여 필요한 경우, ③ 시설안전 및 화재예방을 위하여 필요한 경우, ④ 교통단속을 위하여 필요한 경우 및 ⑤ 교통정보의 수집 · 분석 및 제공을 위하여 필요한 경우를 제외하고는 공개된 장소에 영상정보처리기

---

11) 다만 ④부터 ⑧까지의 경우는 공공기관의 경우로 한정한다.
12) 여기서 '개인정보파일'이란 개인정보를 쉽게 검색할 수 있도록 일정한 규칙에 따라 체계적으로 배열하거나 구성한 개인정보의 집합물(集合物)을 말한다(제2조 제4호).
13) 여기서 '민감정보'란 사상 · 신념, 노동조합 · 정당의 가입 · 탈퇴, 정치적 견해, 건강, 성생활 등에 관한 정보, 그 밖에 정보주체의 사생활을 현저히 침해할 우려가 있는 개인정보로서 대통령령으로 정하는 정보를 말한다.
14) 여기서 '고유식별정보'란 법령에 따라 개인을 고유하게 구별하기 위하여 부여된 식별정보로서 대통령령으로 정하는 정보를 말한다.

기[15])를 설치·운영하여서는 아니 된다.

한편 「개인정보보호법」은 영상정보처리기기가 개인의 사생활을 침해할 위험성이 다른 정보수집수단에 비해 상당히 높은 점을 고려하여 그의 설치·운영제한에 관하여 많은 규정을 갖고 있는바, 그 가운데 특히 주목할 만한 것은 다음과 같다.

첫째, 누구든지 불특정 다수가 이용하는 목욕실, 화장실, 발한실(發汗室), 탈의실 등 개인의 사생활을 현저히 침해할 우려가 있는 장소의 내부를 볼 수 있도록 영상정보처리기기를 설치·운영하여서는 아니 된다.

둘째, 영상정보처리기기운영자는 영상정보처리기기의 설치 목적과 다른 목적으로 영상정보처리기기를 임의로 조작하거나 다른 곳을 비춰서는 아니 되며, 녹음기능은 사용할 수 없다.

4) 업무위탁에 따른 개인정보의 처리제한(제26조)　개인정보처리자는 제3자에게 개인정보의 처리업무를 위탁할 수 있는바, 이 경우 수탁자는 개인정보처리자로부터 위탁받은 해당 업무범위를 초과하여 개인정보를 이용하거나 제3자에게 제공하여서는 아니 된다.

5) 영업양도 등에 따른 개인정보의 이전제한(제27조)　개인정보처리자는 영업의 전부 또는 일부의 양도·합병 등으로 개인정보를 다른 사람에게 이전하는 경우에는 미리 ① 개인정보를 이전하려는 사실, ② 개인정보를 이전받는 자의 성명(법인의 경우에는 법인의 명칭), 주소, 전화번호 및 그 밖의 연락처 및 ③ 정보주체가 개인정보의 이전을 원하지 아니하는 경우 조치할 수 있는 방법 및 절차를 대통령령으로 정하는 방법에 따라 해당 정보주체에게 알려야 한다. 한편 영업양수자 등이 영업의 양도·합병 등으로 개인정보를 이전받은 경우에는 이전 당시의 본래 목적으로만 개인정보를 이용하거나 제3자에게 제공할 수 있다.

4. 개인정보의 안전한 관리

(1) 안전조치의무(제29조)

개인정보처리자는 개인정보가 분실·도난·유출·변조 또는 훼손되지 아니하도록 내부 관리계획 수립, 접속기록 보관 등 대통령령으로 정하는 바에 따라 안전성 확보에 필요한 기술적·관리적 및 물리적 조치를 하여야 한다.

(2) 개인정보처리방침의 수립 및 공개(제30조)

개인정보처리자는 일정한 사항[16])이 포함된 개인정보처리방침을 정하여야 하며,

---

15) 여기서 '영상정보처리기기'란 일정한 공간에 지속적으로 설치되어 사람 또는 사물의 영상 등을 촬영하거나 이를 유·무선망을 통하여 전송하는 장치로서 대통령령으로 정하는 장치를 말한다(제2조 제7호).

16) 개인정보처리방침에 포함되어야 할 사항은 다음과 같다.

이 경우 공공기관은 제32조에 따라 등록대상이 되는 개인정보파일에 대하여 개인정보 처리방침을 정한다. 개인정보 보호위원회는 개인정보 처리방침의 작성지침을 정하여 개인정보처리자에게 그 준수를 권장할 수 있다.

(3) 개인정보보호책임자의 지정(제31조)

개인정보처리자는 개인정보의 처리에 관한 업무를 총괄해서 책임질 개인정보보호책임자를 지정하여야 한다. 개인정보보호책임자는 업무를 수행함에 있어서 필요한 경우 개인정보의 처리 현황, 처리체계 등에 대하여 수시로 조사하거나 관계 당사자로부터 보고를 받을 수 있다. 또한 개인정보보호책임자가 개인정보 보호와 관련하여 법령의 위반 사실을 알게 된 경우에는 즉시 개선조치를 하여야 하며, 필요하면 소속 기관 또는 단체의 장에게 개선조치를 보고하여야 한다.

(4) 개인정보파일의 등록 및 공개(제32조)

1) 개인정보파일의 등록   공공기관의 장이 개인정보파일을 운용하는 경우에는 일정한 사항[17]을 개인정보 보호위원회에 등록하여야 한다.

등록한 사항이 변경된 경우에도 또한 같다. 다만 다음에 열거하는 개인정보파일에 대하여는 그러하지 아니하다.

① 국가 안전, 외교상 비밀, 그 밖에 국가의 중대한 이익에 관한 사항을 기록한 개인정보파일

---

1. 개인정보의 처리 목적
2. 개인정보의 처리 및 보유 기간
3. 개인정보의 제3자 제공에 관한 사항(해당되는 경우에만 정한다)
3의2. 개인정보의 파기절차 및 파기방법(제21조 제1항 단서에 따라 개인정보를 보존하여야 하는 경우에는 그 보존근거와 보존하는 개인정보 항목을 포함한다)
4. 개인정보처리의 위탁에 관한 사항(해당되는 경우에만 정한다)
5. 정보주체와 법정대리인의 권리 · 의무 및 그 행사방법에 관한 사항
6. 제31조에 따른 개인정보 보호책임자의 성명 또는 개인정보 보호업무 및 관련 고충사항을 처리하는 부서의 명칭과 전화번호 등 연락처
7. 인터넷 접속정보파일 등 개인정보를 자동으로 수집하는 장치의 설치 · 운영 및 그 거부에 관한 사항(해당하는 경우에만 정한다)
8. 그 밖에 개인정보의 처리에 관하여 대통령령으로 정한 사항
17) 여기에서의 일정한 사항은 다음과 같다.
1. 개인정보파일의 명칭
2. 개인정보파일의 운영 근거 및 목적
3. 개인정보파일에 기록되는 개인정보의 항목
4. 개인정보의 처리방법
5. 개인정보의 보유기간
6. 개인정보를 통상적 또는 반복적으로 제공하는 경우에는 그 제공받는 자
7. 그 밖에 대통령령으로 정하는 사항

② 범죄의 수사, 공소의 제기 및 유지, 형 및 감호의 집행, 교정처분, 보호처분, 보안관찰처분과 출입국관리에 관한 사항을 기록한 개인정보파일

③ 「조세범처벌법」에 따른 범칙행위 조사 및 「관세법」에 따른 범칙행위 조사에 관한 사항을 기록한 개인정보파일

④ 공공기관의 내부적 업무처리만을 위하여 사용되는 개인정보파일

⑤ 다른 법령에 따라 비밀로 분류된 개인정보파일

2) 개인정보파일의 등록 현황 공개   개인정보 보호위원회는 개인정보파일의 등록 현황을 누구든지 쉽게 열람할 수 있도록 공개하여야 한다.

(5) 개인정보영향평가(제33조)

공공기관의 장은 대통령령으로 정하는 기준에 해당하는 개인정보파일의 운용으로 인하여 정보주체의 개인정보 침해가 우려되는 경우에는 그 위험요인의 분석과 개선사항 도출을 위한 평가(이하 "영향평가"라 한다)를 하고 그 결과를 개인정보 보호위원회에 제출하여야 하는바, 이 경우 공공기관의 장은 영향평가를 개인정보 보호위원회가 지정하는 기관(이하 "평가기관"이라 한다) 중에서 의뢰하여야 한다. 개인정보 보호위원회는 제출받은 영향평가 결과에 대하여 의견을 제시할 수 있다.

한편 공공기관 외의 개인정보처리자는 개인정보파일 운용으로 인하여 정보주체의 개인정보 침해가 우려되는 경우에는 영향평가를 하기 위하여 적극 노력하여야 한다.

(6) 개인정보 유출통지 등(제34조)

개인정보처리자는 개인정보가 유출되었음을 알게 되었을 때에는 지체 없이 해당 정보주체에게 ① 유출된 개인정보의 항목, ② 유출된 시점과 그 경위, ③ 유출로 인하여 발생할 수 있는 피해를 최소화하기 위하여 정보주체가 할 수 있는 방법 등에 관한 정보, ④ 개인정보처리자의 대응조치 및 피해구제절차, ⑤ 정보주체에게 피해가 발생한 경우 신고 등을 접수할 수 있는 담당부서 및 연락처를 알려야 한다. 한편 개인정보처리자는 개인정보가 유출된 경우 그 피해를 최소화하기 위한 대책을 마련하고 필요한 조치를 하여야 한다. 개인정보처리자는 대통령령으로 정한 규모 이상의 개인정보가 유출된 경우에는 조치결과를 지체 없이 개인정보 보호위원회 또는 대통령령으로 정하는 전문기관에 신고하여야 한다. 이 경우 개인정보 보호위원회 또는 대통령령으로 정하는 전문기관은 피해 확산방지, 피해 복구 등을 위한 기술을 지원할 수 있다.

5. 정보주체의 권리보장

(1) 개인정보의 열람(제35조)

1) 열람의 요구 등   정보주체는 개인정보처리자가 처리하는 자신의 개인정보에 대한 열람을 해당 개인정보처리자에게 요구할 수 있다. 자신의 개인정보에 대한 열람을

공공기관에 요구하고자 할 때에는 공공기관에 직접 열람을 요구하거나 대통령령으로
정하는 바에 따라 개인정보 보호위원회를 통하여 열람을 요구할 수 있다.

열람을 요구받은 개인정보처리자는 대통령령으로 정하는 기간 내에 정보주체가
해당 개인정보를 열람할 수 있도록 하여야 한다. 이 경우 해당 기간 내에 열람할 수 없
는 정당한 사유가 있을 때에는 정보주체에게 그 사유를 알리고 열람을 연기할 수 있으
며, 그 사유가 소멸하면 지체 없이 열람하게 하여야 한다.

2) 열람의 제한 등 개인정보처리자는 다음의 어느 하나에 해당하는 경우에는 정보
주체에게 그 사유를 알리고 열람을 제한하거나 거절할 수 있다.

① 법률에 따라 열람이 금지되거나 제한되는 경우

② 다른 사람의 생명·신체를 해할 우려가 있거나 다른 사람의 재산과 그 밖의
이익을 부당하게 침해할 우려가 있는 경우

③ 공공기관이 다음 중 어느 하나에 해당하는 업무를 수행할 때 중대한 지장을
초래하는 경우

㉠ 조세의 부과·징수 또는 환급에 관한 업무

㉡ 「초·중등교육법」 및 「고등교육법」에 따른 각급 학교, 「평생교육법」에 따른
평생교육시설, 그 밖의 다른 법률에 따라 설치된 고등교육기관에서의 성적 평가 또는
입학자 선발에 관한 업무

㉢ 학력·기능 및 채용에 관한 시험, 자격 심사에 관한 업무

㉣ 보상금·급부금 산정 등에 대하여 진행 중인 평가 또는 판단에 관한 업무

㉤ 다른 법률에 따라 진행 중인 감사 및 조사에 관한 업무

(2) 개인정보의 정정·삭제(제36조)

자신의 개인정보를 열람한 정보주체는 개인정보처리자에게 그 개인정보의 정정
또는 삭제를 요구할 수 있다. 다만 다른 법령에서 그 개인정보가 수집 대상으로 명시되
어 있는 경우에는 그 삭제를 요구할 수 없다.

개인정보처리자가 정보주체의 정정·삭제요구를 받았을 때에는 다른 법령에 특별
한 절차가 규정되어 있는 경우를 제외하고는 지체 없이 그 개인정보를 조사하여 정보
주체의 요구에 따라 정정·삭제 등 필요한 조치를 한 후 그 결과를 정보주체에게 알려
야 하며, 개인정보를 삭제할 때에는 복구 또는 재생되지 아니하도록 조치하여야 한다.

(3) 개인정보의 처리정지 등(제37조)

정보주체는 개인정보처리자에 대하여 자신의 개인정보 처리의 정지를 요구할 수
있다. 이 경우 공공기관에 대하여는 등록 대상이 되는 개인정보파일 중 자신의 개인정
보에 대한 처리의 정지를 요구할 수 있다.

개인정보처리자가 처리정지 등의 요구를 받았을 때에는 지체 없이 정보주체의 요

구에 따라 개인정보 처리의 전부를 정지하거나 일부를 정지하여야 하며, 처리가 정지된 개인정보에 대하여 지체 없이 해당 개인정보의 파기 등 필요한 조치를 하여야 한다. 다만 다음 중 어느 하나에 해당하는 경우에는 정보주체의 치리정지 요구를 거절할 수 있으며, 이 경우에는 정보주체에게 지체 없이 그 사유를 알려야 한다.

① 법률에 특별한 규정이 있거나 법령상 의무를 준수하기 위하여 불가피한 경우

② 다른 사람의 생명·신체를 해할 우려가 있거나 다른 사람의 재산과 그 밖의 이익을 부당하게 침해할 우려가 있는 경우

③ 공공기관이 개인정보를 처리하지 아니하면 다른 법률에서 정하는 소관 업무를 수행할 수 없는 경우

④ 개인정보를 처리하지 아니하면 정보주체와 약정한 서비스를 제공하지 못하는 등 계약의 이행이 곤란한 경우로서 정보주체가 그 계약의 해지 의사를 명확하게 밝히지 아니한 경우

(4) 권리행사의 방법 및 절차(제38조)

정보주체는 제35조에 따른 열람, 제36조에 따른 정정·삭제에 따른 처리·정지, 제39조의7에 따른 동의 철회 요구를 문서 등 대통령령으로 정하는 방법·절차에 따라 대리인에게 하게 할 수 있으며, 만 14세 미만 아동의 법정대리인은 개인정보처리자에게 그 아동의 개인정보 열람 등 요구를 할 수 있다.

(5) 손해배상책임(제39조)

정보주체는 개인정보처리자가 이 법을 위반한 행위로 손해를 입으면 개인정보처리자에게 손해배상을 청구할 수 있다. 이 경우 그 개인정보처리자는 고의 또는 과실이 없음을 입증하지 아니하면 책임을 면할 수 없다.

6. 개인정보관련 분쟁조정

(1) 개인정보 분쟁조정위원회

1) 설치 및 구성(제40조)   개인정보에 관한 분쟁의 조정(調停)을 위하여 개인정보 분쟁조정위원회를 둔다. 개인정보 분쟁조정위원회는 위원장 1명을 포함한 20명 이내의 위원으로 구성하며, 위원은 당연직 위원과 위촉위원으로 구성한다. 위원장과 위촉위원의 임기는 2년으로 하되, 1차에 한하여 연임할 수 있다.

한편 개인정보 분쟁조정위원회는 분쟁조정 업무를 효율적으로 수행하기 위하여 필요하면 조정사건의 분야별로 5명 이내의 위원으로 구성되는 조정부를 둘 수 있다. 이 경우 조정부가 개인정보 분쟁조정위원회에서 위임받아 의결한 사항은 개인정보 분쟁조정위원회에서 의결한 것으로 본다.

2) 위원의 신분보장(제41조)   위원은 자격정지 이상의 형을 선고받거나 심신상의 장

애로 직무를 수행할 수 없는 경우를 제외하고는 그의 의사에 반하여 면직되거나 해촉되지 아니한다.

　3) 위원의 제척·기피·회피(제42조)

　　① 제 척　위원은 법(제42조 제1항)이 정하는 제척사유에 해당하는 경우에는 개인정보 분쟁조정위원회에 신청된 분쟁조정사건의 심의·의결에서 제척(除斥)된다.

　　② 기 피　당사자는 위원에게 공정한 심의·의결을 기대하기 어려운 사정이 있으면 위원장에게 기피신청을 할 수 있다. 이 경우 위원장은 기피신청에 대하여 개인정보 분쟁조정위원회의 의결을 거치지 아니하고 결정한다.

　　③ 회 피　위원이 제척 또는 기피사유에 해당하는 경우에는 스스로 그 사건의 심의·의결에서 회피할 수 있다.

　(2) 분쟁조정의 절차 등

　1) 조정의 신청 등(제43조)　개인정보와 관련한 분쟁의 조정을 원하는 자는 개인정보 분쟁조정위원회에 분쟁조정을 신청할 수 있으며, 개인정보 분쟁조정위원회가 당사자 일방으로부터 분쟁조정 신청을 받았을 때에는 ㄱ 신청내8 을 싱대빙 에게 알려야 한다.

　2) 처리기간(제44조)　개인정보 분쟁조정위원회는 분쟁조정신청을 받은 날부터 60일 이내에 이를 심사하여 조정안을 작성하여야 한다. 다만 부득이한 사정이 있는 경우에는 의결로 처리기간을 연장할 수 있는바, 이 경우에는 기간연장의 사유와 그 밖의 기간연장에 관한 사항을 신청인에게 알려야 한다.

　3) 분쟁의 조정(제47조)

　　① 조정안의 작성　개인정보 분쟁조정위원회는 ㉠ 조사대상 침해행위의 중지, ㉡ 원상회복·손해배상 그 밖에 필요한 구제조치, ㉢ 같거나 비슷한 침해의 재발을 방지하기 위하여 필요한 조치 중 어느 하나의 사항을 포함하여 조정안을 작성할 수 있다.

　　② 조정안의 제시　개인정보 분쟁조정위원회는 제1항에 따라 조정안을 작성하면 지체 없이 각 당사자에게 제시하여야 한다. 조정안을 제시받은 당사자가 제시받은 날부터 15일 이내에 수락 여부를 알리지 아니하면 조정을 거부한 것으로 본다.

　　③ 조정의 효력　당사자가 조정내용을 수락한 경우 개인정보 분쟁조정위원회는 조정서를 작성하고, 분쟁조정위원회의 위원장과 각 당사자가 기명날인하여야 한다. 이에 따른 조정의 내용은 재판상 화해와 동일한 효력을 갖는다.

　4) 조정의 거부 및 중지(제48조)　개인정보 분쟁조정위원회는 분쟁의 성질상 개인정보 분쟁조정위원회에서 조정하는 것이 적합하지 아니하다고 인정하거나 부정한 목적으로 조정이 신청되었다고 인정하는 경우에는 그 조정을 거부할 수 있다. 이 경우 조정거부의 사유 등을 신청인에게 알려야 한다.

　(3) 집단분쟁조정(제49조)

개인정보처리와 관련된 분쟁이 발생하는 경우 그 이해당사자가 상당수에 이르는 경우가 있을 수 있다. 이런 사정을 고려하여 「개인정보보호법」은 이른바 집단분쟁조정 절차에 관하여 별도의 규정을 갖고 있는바, 그 내용은 다음과 같다.

1) **집단분쟁조정의 신청** 국가 및 지방자치단체, 개인정보 보호단체 및 기관, 정보주체, 개인정보처리자는 정보주체의 피해 또는 권리침해가 다수의 정보주체에게 같거나 비슷한 유형으로 발생하는 경우로서 대통령령으로 정하는 사건에 대하여는 개인정보 분쟁조정위원회에 일괄적인 분쟁조정(이하 '집단분쟁조정'이라 한다)을 의뢰 또는 신청할 수 있다.

2) **집단분쟁조정절차의 개시** 집단분쟁조정을 의뢰받거나 신청받은 개인정보 분쟁조정위원회는 그 의결로써 집단분쟁조정의 절차를 개시할 수 있다.

3) **대표당사자의 선임** 개인정보 분쟁조정위원회는 그 의결로써 집단분쟁조정의 당사자 중에서 공동의 이익을 대표하기에 가장 적합한 1인 또는 수인을 대표당사자로 선임할 수 있다.

4) **처리기간** 집단분쟁조정의 기간은 절차개시의 공고가 종료된 날의 다음 날부터 60일 이내로 한다. 다만 부득이한 사정이 있는 경우에는 개인정보 분쟁조정위원회의 의결로 처리기간을 연장할 수 있다.

7. 개인정보 단체소송

(1) 단체소송의 대상 등(제51조)

「소비자기본법」 제29조에 따라 공정거래위원회에 등록한 소비자단체 또는 「비영리민간단체지원법」 제2조에 따른 비영리민간단체로서 법이 정하는 일정한 요건을 갖춘 단체는 개인정보처리자가 집단분쟁조정을 거부하거나 집단분쟁조정의 결과를 수락하지 아니한 경우에는 법원에 권리침해 행위의 금지·중지를 구하는 소송(이하 '단체소송'이라 한다)을 제기할 수 있다.

(2) 전속관할(제52조)

단체소송의 소는 피고의 주된 사무소 또는 영업소가 있는 곳, 주된 사무소나 영업소가 없는 경우에는 주된 업무담당자의 주소가 있는 곳의 지방법원 본원 합의부의 관할에 전속한다.

(3) 소송대리인의 선임(제53조)

단체소송의 원고는 변호사를 소송대리인으로 선임하여야 한다.

(4) 소송허가요건 등(제55조)

법원은 다음의 요건을 모두 갖춘 경우에 한하여 결정으로 단체소송을 허가한다. 단체소송을 허가하거나 불허가하는 결정에 대하여는 즉시항고할 수 있다.

① 개인정보처리자가 개인정보 분쟁조정위원회의 조정을 거부하거나 조정결과를 수락하지 아니 하였을 것

② 제54조에 따른 소송허가신청서의 기재사항에 흠결이 없을 것

(5) 확정판결의 효력(제56조)

원고의 청구를 기각하는 판결이 확정된 경우 이와 동일한 사안에 관하여는 제51조에 따른 다른 단체는 단체소송을 제기할 수 없다. 다만 다음의 어느 하나에 해당하는 경우에는 그러하지 아니하다.

① 판결이 확정된 후 그 사안과 관련하여 국가·지방자치단체 또는 국가·지방자치단체가 설립한 기관에 의하여 새로운 증거가 나타난 경우

② 기각판결이 원고의 고의로 인한 것임이 밝혀진 경우

제4편 행정의 실효성확보수단

제1장

개 설

I. 전통적 행정강제론

우리나라의 경우 종래 행정의 실효성을 확보하는 수단을 행정강제와 행정벌로 구분하고, 전자는 장래의 의무이행을 확보하기 위한 수단, 후자는 과거의 의무위반에 대한 제재라는 성질상의 차이에 주목하였었다(행정강제와 행정벌의 구분).

또한 종래에는 행정강제를 행정목적을 실현하기 위하여 사람의 신체 또는 재산에 실력을 가하여 행정상 필요한 상태를 실현하는 사실작용이라고 정의하고, 이를 다시 행정상의 강제집행과 행정상 즉시강제로 나누면서 양자의 차이점으로 '의무의 존재와 그의 불이행'을 드는 것이 일반적이었다(행정상 강제집행과 행정상 즉시강제의 구분). 그리고 행정상의 강제집행의 수단으로 행정대집행, 이행강제금, 직접강제 및 강제징수를 열거하는 점에 있어서도 학설은 일치되어 있었다.

「행정기본법」 역시 '행정상 강제'의 수단으로 행정대집행, 이행강제금의 부과, 직접강제, 강제징수, 즉시강제를 규정함으로써(제30조) 이러한 전통적 행정강제론의 입장에 따르고 있다.

II. 새로운 경향의 행정강제론

1. 새로운 의무이행확보수단의 등장

행정강제와 행정벌이라는 전통적 의무이행확보수단이 그 기능을 제대로 발휘하지 못하거나 약화됨에 따라 새로운 의무이행확보수단이 등장하고 있다(예: 가산금 · 과징금 등 금전적 제재, 공급거부, 공표 등).

2. 행정상 즉시강제의 재검토

(1) 행정조사의 분리

종래 행정상 즉시강제에 포함시켜 다루어져 왔던 질문이나 검사 등과 같은 행정작용이 '행정조사'라는 이름으로 독립하여 다루어지고 있다.

(2) 행정상 즉시강제 개념의 재구성

즉시강제라는 용어 대신 '즉시집행'(卽時執行, Sofortiger Vollzug)이란 용어를 사용할 것과, 즉시강제의 정의에 있어 '사전에 의무를 명함이 없이'라는 개념적 징표를 사용함이 타당하다는 견해가 등장하고 있다.

3. 행정의무의 민사상 강제집행의 가능성 등

(1) 행정의무의 민사상 강제집행의 가능성

전통적인 행정상 강제집행의 수단으로 목적을 달성할 수 없는 경우에 행정상 의무의 이행을 확보하는 수단으로 민사상 강제집행을 활용할 수 있는지가 문제되고 있는바, 현행법이 행정상 강제수단을 제공하고 있음에도 불구하고 우회적인 민사상 강제집행수단에 의존하는 것은 법의 취지에 어긋나므로 인정하기 곤란하다. 법원 역시 행정의무의 불이행에 대해 민사상 강제집행을 행할 수 없다는 입장을 취하고 있다.

관련판례

① 「보조금의 예산 및 관리에 관한 법률은 제30조 제1항에서 중앙관서의 장은 보조사업자가 허위의 신청이나 기타 부정한 방법으로 보조금의 교부를 받은 때 등의 경우 보조금 교부결정의 전부 또는 일부를 취소할 수 있도록 규정하고, 제31조 제1항에서 중앙관서의 장은 보조금의 교부결정을 취소한 경우에 취소된 부분의 보조사업에 대하여 이미 교부된 보조금의 반환을 명하여야 한다고 규정하고 있으며, 제33조 제1항에서 위와 같이 반환하여야 할 보조금에 대하여는 국세징수의 예에 따라 이를 징수할 수 있도록 규정하고 있으므로, 중앙관서의 장으로서는 반환하여야 할 보조금을 국세체납처분의 예에 의하여 강제징수할 수 있고, 위와 같은 중앙관서의 장이 가지는 반환하여야 할 보조금에 대한 징수권은 공법상 권리로서 사법상 채권과는 성질을 달리하므로, 중앙관서의 장으로서는 보조금을 반환하여야 할 자에 대하여 민사소송의 방법으로는 반환청구를 할 수 없다고 보아야 한다」(대판 2012.3.15, 2011다17328).
② 「관계 법령상 행정대집행의 절차가 인정되어 행정청이 행정대집행의 방법으로 건물의 철거 등 대체적 작위의무의 이행을 실현할 수 있는 경우에는 따로 민사소송의 방법으로 그 의무의 이행을 구할 수 없다」(대법원 2017.4.28, 2016다213916).

한편 행정청이 행정상 강제집행을 실시하지 않으면 국가에 대하여 청구권을 갖는

자가 자신의 청구권을 보전하기 위하여 국가를 대위하여 민사상의 강제수단을 활용하는 것은 가능하다.

관련판례

「이 사건 토지는 잡종재산인 국유재산으로서, 국유재산법 제52조는 "정당한 사유 없이 국유재산을 점유하거나 이에 시설물을 설치한 때에는 행정대집행법을 준용하여 철거 기타 필요한 조치를 할 수 있다."고 규정하고 있으므로, 관리권자인 보령시장으로서는 행정대집행의 방법으로 이 사건 시설물을 철거할 수 있고, 이러한 행정대집행의 절차가 인정되는 경우에는 따로 민사소송의 방법으로 피고들에 대하여 이 사건 시설물의 철거를 구하는 것은 허용되지 않는다고 할 것이다. 다만, 관리권자인 보령시장이 행정대집행을 실시하지 아니하는 경우 국가에 대하여 이 사건 토지 사용청구권을 가지는 원고로서는 위 청구권을 보전하기 위하여 국가를 대위하여 피고들을 상대로 민사소송의 방법으로 이 사건 시설물의 철거를 구하는 이외에는 이를 실현할 수 있는 다른 절차와 방법이 없어 그 보전의 필요성이 인정되므로, 원고는 국가를 대위하여 피고들을 상대로 민사소송의 방법으로 이 사건 시설물의 철거를 구할 수 있다고 보아야 할 것이고, 한편 이 사건 청구 중 이 사건 토지 인도청구 부분에 대하여는 관리권자인 보령시장으로서도 행정대집행의 방법으로 이를 실현할 수 없으므로, 원고는 당연히 국가를 대위하여 피고들을 상대로 민사소송의 방법으로 이 사건 토지의 인도를 구할 수 있다고 할 것이다」(대판 2009.6.11, 2009다1122).

(2) 사법상 의무의 행정상 강제집행의 가능성

사법상(私法上) 의무의 불이행에 대하여 행정상 강제집행이 가능한지 여부가 문제될 수 있는바, 법원은 부정적 입장을 나타낸 바 있다.

관련판례

「피고와 원고간의 본건 원판시의 각 임대차계약관계는 위 설시와 같이 사법상의 법률관계에 불과하여 원고에게 공법상의 행위의무가 생하는 것이 아니므로 이건 건물의 철거는 민사소송의 방법으로 구함은 모르되 행정대집행법에 의한 철거계고처분을 한 조치는 법에 근거없는 처분으로써 그 하자가 중대하고 명백한 것이어서 당연무효라 할 것이다」(대판 1975.4.22, 73누215).

III. 행정의 실효성 확보수단의 개관

행정의 실효성 확보수단은 내용상 직접적 강제수단과 간접적 강제수단으로 구분된다. 한편 직접적 강제수단은 다시 행정상 강제집행과 행정상 즉시강제로, 간접적 강제수단은 행정벌과 그 밖의 수단으로 구분될 수 있다. 다만 종래 직접적 강제수단이라고 하면 주로 행정상 강제집행을 의미하는 것으로 이해하여 왔음을 유의하기 바란다.

일단 전통적 논의에 따라 행정의 실효성 확보수단을 개관하면 다음과 같이 된다.

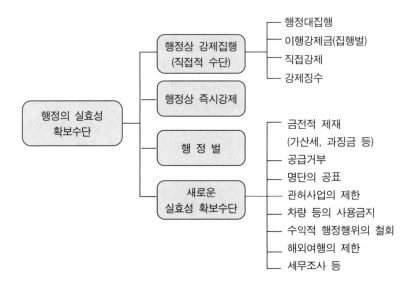

| 제2장 | 행정상 강제집행 |

‖ 제1절 ‖ 개   설

Ⅰ. 행정상 강제집행의 의의

1. 행정상 강제집행의 개념

행정상 강제집행이란 「행정법상의 의무불이행이 있는 경우에 행정주체가 의무자의 신체 또는 재산에 실력을 가하여 장래에 향하여 의무를 이행시키거나, 이행이 있었던 것과 동일한 상태를 실현하는 행정작용」을 말한다.

행정상 강제집행의 개념에서 보듯이 우리나라는 행정법상의 의무불이행을 강제하기 위한 방법으로 대륙법계의 행정강제제도, 즉 행정권 스스로의 힘에 의하여 강제하는 제도를 택하고 있다. 이에 반해 공법과 사법을 구별하지 않는 영미법계의 경우는 행정법상의 의무불이행을 강제하기 위한 방법으로 사법강제(司法强制)제도, 즉 일반법원에 의한 강제집행을 원칙으로 하고 있다.

2. 다른 개념과의 구별

(1) 민사상 강제집행과의 구별

행정상 강제집행과 민사상 강제집행은 국가적 강제력을 배경으로 권리주체의 청구권의 만족을 도모하는 점에서 공통성을 갖는다. 또한 양자는 그의 강제수단에 있어서도 유사하다. 즉, ① 민사상 대체집행(「민사집행법」 제260조)은 대집행과, ② 민사상 간접강제(동법 제261조)는 이행강제금(집행벌)과, ③ 민사상 직접강제 중 동산·부동산 인도청구집행(동법 제257조·제258조)은 직접강제와, ④ 금전채무의 집행은 강제징수와 각각 유사한 면을 띠고 있다.

그러나 행정상 강제집행은 '자력집행(自力執行)'의 제도인 점에서, '타력집행(他力執行)'인 민사상의 강제집행과 근본적으로 구별된다.

(2) 행정상 즉시강제와의 구별

행정상 강제집행과 행정상 즉시강제는 양자 모두 실력으로써 행정상 필요한 상태를 실현시키는 사실행위라는 점에서는 공통된다. 그러나 (전통적 설명에 따를 때) 행정상 강제집행은 '의무의 존재와 그의 불이행'을 전제로 하는 점에서, 그를 전제로 하지 않는 행정상 즉시강제와 구별된다.

(3) 행정벌과의 구별

행정상 강제집행과 행정벌은 양자 모두 행정법상의 의무이행을 확보하기 위한 강제수단인 점에서는 공통성을 갖는다. 그러나 행정상 강제집행은 장래에 향하여 의무의 이행을 강제하는 것을 직접적 목적으로 하는 점에서 과거의 의무위반에 대한 제재를 직접적인 목적으로 하는 행정벌과 구별된다. 한편 이처럼 양자는 그 직접적 목적을 달리하기 때문에 동일한 의무의 불이행 내지 위반에 대하여 함께 행사될 수 있다.

II. 행정상 강제집행의 근거

행정행위의 집행력은 행정행위의 당연한 속성이 아니라 법률에 의하여 부여되는 구속력이며, 의무를 부과하는 행정행위의 내용에 강제집행권이 당연히 포함되지는 않는다. 따라서 행정상 강제집행을 하기 위해서는 반드시 별도의 법적 근거가 필요하다는 것이 통설이다.

「행정기본법」은 행정상 강제집행의 수단 및 그의 개념을 규정하고 있는 것 이외에 이행강제금과 직접강제에 관하여는 구체적 내용을 규정하고 있다. 그리고 이런 점에 착안하여 이행강제금과 직접강제에 관하여서는 「행정기본법」이 사실상 일반법적 지위에 있다고 해석하는 견해도 나타나고 있다. 그러나 종래 「행정대집행법」이란 일반법을 갖고 있었던 행정대집행과 「국세징수법」이 실질적 일반법의 역할을 해 온 강제징수에 관하여는 「행정기본법」은 개념만을 규정하고 있을 뿐, 구체적 내용에 대하여는 아무런 규정도 갖고 있지 않다.[1]

┃ 제2절 ┃ 행정상 강제집행의 수단

행정상 강제집행의 수단으로는 행정대집행, 이행강제금, 직접강제 및 행정상의 강

---

[1] 이로부터 행정대집행과 강제징수의 일반법을 무엇으로 볼 것인가를 둘러싼 견해의 대립이 발생하는바, 이 문제에 관하여는 관련 부분에서 상세히 논하기로 하겠다.

제징수가 있다. 우리나라의 경우 이 가운데 일반적 수단으로는 대집행과 행정상의 강제징수만이 인정되고 있었으며, 이행강제금과 직접강제는 개별법에 규정된 경우에만 허용되었다. 한편 「행정기본법」에 이행강제금과 직접강제에 관한 내용이 규정되었다고는 하나, 그러한 수단을 사용하기 위해서는 그의 근거가 되는 개별법이 필요하다(「행정기본법」 제31조 제1항 참조).

Ⅰ. 행정대집행

1. 개 설

(1) 행정대집행의 의의

행정대집행(Ersatzvornahme)이란 의무자가 행정상 의무(법령 등에서 직접 부과하거나 행정청이 법령 등에 따라 부과한 의무를 말한다)로서 타인이 대신하여 행할 수 있는 의무[2]를 이행하지 아니하는 경우 법률로 정하는 다른 수단으로는 그 이행을 확보하기 곤란하고 그 불이행을 방치하면 공익을 크게 해칠 것으로 인정될 때에 행정청이 의무자가 하여야 할 행위를 스스로 하거나 제3자에게 하게 하고 그 비용을 의무자로부터 징수하는 것을 말한다(「행정기본법」 제30조 제1항 제1호, 「행정대집행법」 제2조).

(2) 행정대집행의 유형

행정대집행에는 대체적 작위의무를 ① 행정청이 스스로 대행하는 자기집행(自己執行, Selbstvornahme)과 ② 제3자가 대행하는 타자집행(他者執行, Fremdvornahme)의 2가지 유형이 있는바, 우리나라에서는 행정대집행이라고 하면 자기집행과 타자집행을 모두 포함하는 것으로 이해되고 있다. 한편 독일에서는 제3자가 의무자의 비용부담으로 대행하는 경우만을 행정대집행으로 보며, 의무를 행정청이 스스로 대행하는 경우는 직접강제의 일종으로 규정하고 있는 경우가 많다.

(3) 행정대집행의 법률관계

1) **자기집행의 법률관계**   자기집행의 모든 법률관계는 공법관계이다. 행정대집행의 비용징수를 「국세징수법」에 의하거나(「행정대집행법」 제6조) 행정대집행에 관하여 불복이 있는 자는 행정심판이나 행정소송을 제기할 수 있는 것(동법 제8조)은 이를 잘 나타내고 있다.

2) **타자집행의 법률관계**   타자집행의 법률관계는 ① 행정청과 제3자의 관계, ② 행정청과 의무자의 관계 및 ③ 제3자와 의무자의 관계로 나누어 고찰할 것이 요구된다.

---

2) 여기서 타인이 대신하여 행할 수 있는 의무란 이른바 '대체적 작위의무'를 말한다.

먼저 ① 행정청과 제3자의 관계는 (적어도 평상시의 경우에는) 사법관계로 보아야 할 것이다. 다음으로 ② 행정청과 의무자의 관계는 공법관계의 성질을 가지며, 행정청은 의무자에게 공법상의 비용상환청구권을 갖게 된다. 한편 ③ 제3자와 의무자 간에는 아무런 직접적인 법률관계가 형성되지 않으며, 단지 의무자는 제3자의 행정대집행 실행행위를 수인할 의무를 질뿐이다.

(4) 근 거

「행정기본법」은 제30조 제1항에서 행정상 강제의 수단을 아우르면서 각각의 수단, 특히 여기서의 행정대집행에 관한 정의 규정을 갖고 있고, 제2항에서 행정상 강제에 대하여 따로 법률로 정하도록 하고 있다. 그리고 이 점을 강조하면서 「행정기본법」을 행정대집행의 일반법으로 설명하는 견해가 있다(김용주).[3] 그러나 이러한 견해에 대하여는 「행정기본법」은 행정대집행의 개념을 규정하고 있을 뿐 대집행의 절차 및 실행과 관련된 사항을 전혀 규정하고 있지 않으며, 행정대집행을 실제로 행하는 경우에 필요한 사항은 모두 「행정대집행법」이 규율하고 있음을 고려할 때 「행정대집행법」을 행정대집행의 일반법으로 보아야 한다는 반론이 제기되기도 한다(서정범).[4]

2. 행정대집행의 주체

행정대집행의 주체는 의무를 과한 당해 행정청, 즉 당초에 의무를 명한 행정청(처분청)을 말한다. 처분청으로부터 권한의 위임(또는 위탁)을 받은 행정청이나 공법인 역시 행정대집행의 주체가 될 수 있다. 법원 또한 같은 입장에 따르고 있다.

관련판례

① 「군수가 군사무위임조례의 규정에 따라 무허가 건축물에 대한 철거행정대집행사무를 하부행정기관인 읍·면에 위임하였다면, 읍·면장에게는 관할구역 내의 무허가 건축물에 대하여 그

---

3) 법제처가 「행정기본법의 조문별 제정이유서」가 동조에 대하여 "행정상 강제집행(행정대집행, 강제징수, 이행강제금, 직접강제) 및 즉시강제로 통상 구분되는 행정상 강제는 개별법을 통해 인정되고 있으며, 현행법상 행정상 강제를 아우르는 일반법은 없음"을 강조하고 있는 것을 고려하면 이러한 해석은 충분히 설득력이 있다고 생각한다.

4) 행정대집행을 인정하는 다른 법률들이(예: 「공익사업을 위한 토지 등의 취득 및 보상에 관한 법률」 제44조 등) 동법이 정하는 행정대집행을 「행정대집행법」에 따라 행할 것을 규정하고 있다는 것 또한 반론의 주요논거가 된다.

본서의 공저자들은 행정법학 전반에 관한 근본적 입장을 같이하고 있지만, 개별 쟁점에 관하여는 공저자들의 견해가 갈리는 부분이 있을 수 있다. 이러한 부분에 관하여는 여기에서처럼 견해를 달리하는 공저자들의 이름을 삽입하는 방식으로 서술하기로 한다.

철거행정대집행을 위한 계고처분을 할 권한이 있다」(대판 1997.2.14, 96누15428).

② 「한국토지공사는 구 한국토지공사법 제2조, 제4조에 의하여 정부가 자본금의 전액을 출자하여 설립한 법인이고, 이 사건 택지개발사업은 같은 법 제9조 제4호에 규정된 한국토지공사의 사업으로서, 이러한 사업에 관하여는 공익사업을 위한 토지 등의 취득 및 보상에 관한 법률(이하 '공익사업법'이라 한다) 제89조 제1항, 토지공사법 제22조 제6호 및 같은 법 시행령 제40조의3 제1항의 규정에 의하여, 본래 시·도지사나 시장·군수 또는 구청장의 업무에 속하는 행정대집행권한을 한국토지공사에게 위탁하도록 되어 있는바, 한국토지공사는 이러한 법령의 위탁에 의하여 이 사건 대집행을 수권받은 자로서 공무인 대집행을 실시함에 따르는 권리·의무 및 책임이 귀속되는 행정주체의 지위에 있다고 볼 것이다」(대판 2010.1.28, 2007다82950, 82967).

그러나 행정청의 위임을 받아 행정대집행을 실행하는 '제3자'는 행정대집행의 주체가 될 수 없다.

3. 행정대집행의 요건

(1) 공법상 대체적 작위의무의 불이행이 있을 것

1) 의무의 대체성(代替性)　타인이 하더라도 의무자가 스스로 행한 것과 동일한 행정상의 목적을 실현할 수 있는 작위의무, 즉 대체적 작위의무의 불이행이 있어야 한다. 따라서 일신전속적이거나 고도로 기술적이어서 대체성이 없는 비대체적 작위의무(예: 증인의 출석의무, 국유지퇴거의무), 부작위의무 및 수인의무(예: 예방접종, 건강진단을 받을 의무)는 행정대집행의 대상이 될 수 없다.

관련판례

① 「행정대집행법 제2조는 '행정청의 명령에 의한 행위로서 타인이 대신하여 행할 수 있는 행위를 의무자가 이행하지 아니하는 경우'에 대집행할 수 있도록 규정하고 있는데, 이 사건 용도위반 부분을 장례식장으로 사용하는 것이 관계 법령에 위반한 것이라는 이유로 장례식장의 사용을 중지할 것과 이를 불이행할 경우 행정대집행법에 의하여 대집행하겠다는 내용의 이 사건 처분은, 이 사건 처분에 따른 '장례식장 사용중지 의무'가 원고 이외의 '타인이 대신'할 수도 없고, 타인이 대신하여 '행할 수 있는 행위'라고도 할 수 없는 비대체적 부작위 의무에 대한 것이므로, 그 자체로 위법함이 명백하다」(대판 2005.9.28, 2005두7464).

② 「구 공유재산 및 물품 관리법(2010. 2. 4. 법률 제10006호로 개정되기 전의 것) 제83조는 "정당한 사유 없이 공유재산을 점유하거나 이에 시설물을 설치한 때에는 행정대집행법 제3조 내지 제6조의 규정을 준용하여 철거 그 밖의 필요한 조치를 할 수 있다."라고 정하고 있는데, 위 규정은 행정대집행에 관한 개별적인 근거 규정을 마련함과 동시에 행정대집행법상의 대집행 요건 및 절차에 관한 일부 규정만을 준용한다는 취지에 그치는 것이고, 대체적 작위의무에 속하지 아니

하여 원칙적으로 대집행의 대상이 될 수 없는 다른 종류의 의무에 대하여서까지 강제집행을 허용하는 취지는 아니다」(대판 2011.4.28, 2007도7514).

의무의 대체성과 관련하여 부작위의무의 작위의무로의 전환, 즉 부작위의무(예: 건축금지) 위반에 대해서 작위의무(예: 철거명령)를 발하고 그의 불이행을 이유로 행정대집행을 하는 것이 인정될 수 있는지가 문제가 된다. 생각건대 부작위의무를 작위의무로 전환시켜 행정대집행을 하는 것은 그를 인정하는 별도의 법적 근거가 존재하지 않는 한 원칙적으로 허용되지 아니한다고 볼 것이다.

관련판례

「단순한 부작위의무의 위반, 즉 관계 법령에 정하고 있는 절대적 금지나 허가를 유보한 상대적 금지를 위반한 경우에는 당해 법령에서 그 위반자에 대하여 위반에 의하여 생긴 유형적 결과의 시정을 명하는 행정처분의 권한을 인정하는 규정(예컨대, 건축법 제69조, 도로법 제74조, 하천법 제67조, 도시공원법 제20조, 옥외광고물 등 관리법 제10조 등)을 두고 있지 아니한 이상, 법치주의의 원리에 비추어 볼 때 위와 같은 부작위의무로부터 그 의무를 위반함으로써 생긴 결과를 시정하기 위한 작위의무를 당연히 끌어낼 수는 없으며, 또 위 금지규정(특히 허가를 유보한 상대적 금지규정)으로부터 작위의무, 즉 위반결과의 시정을 명하는 권한이 당연히 추론되는 것도 아니다」(대판 1996.6.28, 96누4374).

의무의 대체성과 관련하여 문제가 되는 또 하나는 토지나 건물의 인도의무를 대체적 작위의무로 볼 수 있는지에 관한 것이다. 즉, 토지나 건물의 인도의무가 행정대집행의 대상이 될 수 있는지 여부가 문제되는데, 부정하는 것이 다수설과 판례의 입장이다.

관련판례

① 「도시공원시설인 매점의 관리청이 행한 판매시설물 및 상품을 반출하지 아니할 때에는 이를 행정대집행하겠다는 내용의 계고처분은 그 주된 목적이 … 매점에 대한 점유자의 점유를 배제하고 그 점유이전을 받는 데 있다고 할 것인데, 이러한 의무는 대체적 작위의무에 해당하는 것은 아니어서 직접강제의 방법에 의하는 것은 별론으로 하고 행정대집행에 의한 행정대집행의 대상이 되는 것은 아니다」(대판 1998.10.23, 97누157).
② 「피수용자 등이 기업자에 대하여 부담하는 수용대상 토지의 인도의무에 관한 구 토지수용법 제63조, 제64조, 제77조 규정에서의 '인도'에는 명도도 포함되는 것으로 보아야 하고, 이러한 명도의무는 그것을 강제적으로 실현하면서 직접적인 실력행사가 필요한 것이지 대체적 작위의무라고 볼 수 없으므로 특별한 사정이 없는 한 행정행정대집행법에 의한 행정대집행의 대상이 될 수 있는 것이 아니다」(대판 2005.8.19, 2004다2809).

2) 공법상 의무   행정대집행은 '공법상' 대체적 작위의무의 불이행을 그 대상으로 한다. 따라서 대체적 작위의무의 불이행이 문제되는 경우라 할지라도, 그것이 사법상의 것이라면 행정대집행은 행해질 수 없다.

관련판례

「행정대집행법상 행정대집행의 대상이 되는 대체적 작위의무는 공법상 의무이어야 할 것인데, 구 공공용지의 취득 및 손실보상에 관한 특례법에 따른 토지 등의 협의취득은 공공사업에 필요한 토지 등을 그 소유자와의 협의에 의하여 취득하는 것으로서 공공기관이 사경제주체로서 행하는 사법상 매매 내지 사법상 계약의 실질을 가지는 것이므로, 그 협의취득시 건물소유자가 매매대상 건물에 대한 철거의무를 부담하겠다는 취지의 약정을 하였다고 하더라도 이러한 철거의무는 공법상의 의무가 될 수 없고, 이 경우에도 행정행정대집행법을 준용하여 행정대집행을 허용하는 별도의 규정이 없는 한 위와 같은 철거의무는 행정행정대집행법에 의한 행정대집행의 대상이 되지 않는다」(대판 2006.10.13, 2006두7096).

---

(2) 다른 수단으로는 그 이행을 확보하기 곤란할 것

'다른 수단으로는 그 이행을 확보하기 곤란할 것'이라는 행정대집행의 요건은 비례의 원칙(최소침해의 원칙)의 표현으로 볼 수 있는데, 여기서 다른 수단이란 의무자에 대한 침해가 행정대집행보다 더 경미한 수단을 의미한다. 따라서 직접강제 등은 이에 해당하지 않는다.

그러나 행정대집행보다 더 작은 침해를 가하는 강제수단은 찾아보기 힘든 것이 사실이므로 '다른 수단으로는 그 이행을 확보하기 곤란할 것'이라는 요건은 독자적 의미를 갖는 것으로 보기 어렵다.

(3) 그 불이행을 방치함이 공익을 크게 해치는 것으로 인정될 것

이러한 요건의 충족여부는 사안에 따라 구체적으로 판단하여야 하는바, 학설상 이 요건의 존재여부에 관한 판단은 전면적으로 사법심사의 대상이 된다는 견해와 판단여지가 인정될 수 있다는 견해가 대립하고 있다. 법원은 이를 자유재량행위로 판시한 바 있다(대판 1967.11.18, 67누139 참조). 한편 이러한 요건사실의 존재에 대한 증명책임은 행정대집행권자인 처분청에게 있다.

관련판례

「도로관리청으로부터 도로점용허가를 받지 아니하고 광고물을 설치하였다는 점만으로 곧 심히 공익을 해치는 경우에 해당한다고 할 수 없고 행정대집행계고의 요건에 관한 주장입증책임은 처분청에게 있다」(대판 1974.10.25, 74누122).

다만 불이행을 방치하는 것이 공익을 크게 해치는지 여부는 궁극적으로는 판례를 통하여 확정되는바, 이에 관한 대표적 판례로는 다음과 같은 것이 있다.

관련판례

① (불이행의 방치가 공익을 크게 해친다고 본 사례):「건축법위반의 불법건축물을 그것이 완공 후에 단순히 도시미관상 월등히 좋아졌다 하여 소관기관의 사전 철거명령에도 불구하고 그대로 방치한다면 불법건축물을 단속하는 당국의 권능을 무력화하여 건축행정의 원활한 수행이 위태롭게 되고, 법에 의한 허가 및 그 준공검사시에 소방시설, 주차시설, 교통소통의 원활화, 건물의 높이 등 인접건물과의 조화, 적정한 생활환경의 보호를 위한 건폐율, 용적률 기타 건축법 소정의 제한규정을 회피하는 것을 사전예방한다는 더 큰 공익을 해칠 우려가 있으므로 위 건축법위반 건축물에 대한 철거명령 및 행정대집행계고처분은 적법하다」(대판 1988.12.13., 87누714).[5]
③ (불이행의 방치가 공익을 크게 해치지 않는다고 본 사례):「대수선 및 구조변경허가의 내용과 다르게 건물을 증ㆍ개축하여 그 위반결과가 현존하고 있다고 할지라도, 그 공사결과 건물모양이 산뜻하게 되었고, 건물의 안정감이 더하여진 반면 그 증평부분을 철거함에는 많은 비용이 소요되고 이를 철거하여도 건물의 외관만을 손상시키고 쓰임새가 줄 뿐인 경우라면 건축주의 철거의 무불이행을 방치함이 심히 공익을 해하는 것으로 볼 수 없다」(대판 1987.3.10, 86누860).[6]

4. 행정대집행의 절차

행정대집행의 절차는 계고, 행정대집행영장에 의한 통지, 실행, 비용징수의 4단계로 나누어진다. 다만 긴급한 경우에는 계고와 통지와 같은 일부절차는 생략될 수 있다.

---

5) 불이행의 방치가 공익을 크게 해친다고 본 그 밖의 사례
  ① 허가 없이 무단증평된 부분이 상당히 큰데다가 도로쪽 전면으로 돌출되어 있어 쉽게 발견되고, 기존에 설정된 도시계획선을 침범하고 있는 경우(대판 1992.8.14, 92누3885)
  ② 위법건축 부분의 면적이 지나치게 클 뿐 아니라 무단증축함으로써 결국 그 구조 및 용도가 전혀 다른 건물로 변경한 결과가 되어 합법화될 가능성이 없는 경우(대판 1995.12.26., 95누14114).
  ③ 개발제한구역 및 도시공원에 속하는 임야 상에 신축된 위법건축물인 대형 교회건물의 합법화가 불가능한 경우(대판 2000.6.23, 98두3112).
6) 불이행의 방치가 공익을 크게 해치지 않는다고 본 그 밖의 사례
  ① 불법증축한 건물이기는 하지만「특정건축물정리에 관한 특별조치법」소정의 절차에 따라 합법화될 가능성이 있는 경우(대판 1986.11.11, 86누173)
  ② 증축부분을 행정대집행으로 철거할 경우 많은 비용이 들고 건물의 외관을 손상시킬 뿐 아니라 오히려 헬기의 안전 이착륙에 지장이 있게 되는 경우(대판 1990. 12.7, 90누5405)
  ③ 건축허가 면적보다 0.02평방미터 정도만 초과하여 이웃의 대지를 침범하게 된 경우에 이를 행정대집행으로 철거할 경우 많은 비용이 드는 반면, 공익에는 별 도움이 되지 아니하는 경우(대판 1991.3.12, 90누10070).

(1) 계 고

행정대집행을 하려 함에 있어서는 상당한 이행기간을 정하여 그 기한까지 이행되지 않을 때에는 행정대집행을 한다는 뜻을 미리 문서로써 계고하여야 한다. 이 경우 행정청은 상당한 이행기한을 정함에 있어 의무의 성질·내용 등을 고려하여 사회통념상 해당 의무를 이행하는 데 필요한 기간이 확보되도록 하여야 한다(「행정대집행법」 제3조 제1항).

따라서 상당한 의무이행기한이 부여되지 아니한 행정대집행 계고처분은 적법절차에 위배한 것으로 위법한 처분이 된다.

관련판례

「행정청이 의무자에게 행정대집행 영장으로써 행정대집행할 시기 등을 통지하기 위하여는 그 전체로서 행정청으로 하여금 행정대집행계고처분을 함에 있어 의무이행을 할 수 있는 상당한 기간을 부여할 것을 요구하고 있고, 상당한 의무이행기한이 부여되지 아니한 행정대집행계고처분은 행정대집행의 적법절차에 위배한 것으로 위법한 처분이라고 해석하여야 할 것이며, 행정대집행영장으로써 행정대집행의 시기가 늦추어졌다는 등의 사정이 있다 하여 위의 결론이 달라진다고 할 수 없을 것이다」(대판 1990.9.14, 90누2048).

---

1) 계고의 성질   계고는 의무이행을 최고함과 아울러 그 의무를 이행치 않은 경우에는 행정대집행을 할 뜻을 알려 주는 통지행위로서 준법률행위적 행정행위이다(다수설·판례).[7]

2) 내용 및 범위의 특정   계고를 함에 있어서는 의무자가 이행하여야 할 행위와 그 의무불이행시 행정대집행할 행위의 내용 및 범위가 구체적으로 특정되어야 한다. 따라서 행정대집행의 실행방법이 복수인 경우에는 계고를 행함에 있어 행정청이 선택하려는 구체적인 실행방법이 적시되어야 한다. 한편, 행정대집행의 범위의 특정여부의 판단기준에 관하여는 이하의 판례 참조.

관련판례

「행정청이 행정대집행법 제3조 제1항에 의한 대집행계고를 함에 있어서는 의무자가 스스로 이행하지 아니하는 경우에 대집행할 행위의 내용 및 범위가 구체적으로 특정되어야 하나, 그 행위의 내용 및 범위는 반드시 대집행계고서에 의하여서만 특정되어야 하는 것이 아니고 계고처분 전후에 송달된 문서나 기타 사정을 종합하여 행위의 내용이 특정되면 족하다」(대판 1994.10.28,

---

7) 다만 행정대집행의 계고는 그 내용을 기준으로 할 때 작위의무를 부과하는 하명으로 분류할 수도 있다는 지적이 있음을 주의할 필요가 있다(김남진·김연태, 행정법 I , 법문사, 2021, 528쪽).

94누5144).

3) 의무를 과하는 행정행위와의 결합가능성   대집행의 요건은 계고를 할 때 충족되어야
하며, 따라서 의무를 과하는 행정행위와 계고를 결합시킬 수는 없음이 원칙이다(다수
설). 다만 법원이 일정한 요건하에 양자의 결합이 허용될 수도 있다고 판시한 바 있음은
주목하여야 한다.

관련판례

「계고서라는 명칭의 1장의 문서로서 일정기간 내에 위법건축물의 자진철거를 명함과 동시에 그
소정기한 내에 자진철거를 하지 아니할 때에는 대집행할 뜻을 미리 계고한 경우라도 건축법에
의한 철거명령과 행정대집행법에 의한 계고처분은 독립하여 있는 것으로서 각 그 요건이 충족되
었다고 볼 것이다」(대판 1992.6.12, 91누13564).

4) 계고의 생략   행정대집행을 하기 위해서는 원칙적으로 미리 계고를 하여야 하나,
법률에 다른 규정이 있거나(「건축법」 제85조), 비상시 또는 위험이 절박한 경우에 있어
서 당해 행위의 급속한 실시를 요하여 계고를 할 여유가 없을 경우에는 계고를 생략할
수 있다(「행정대집행법」 제3조 제3항).

(2) 행정대집행영장에 의한 통지

의무자가 계고를 받고도 지정기한까지 그 의무를 이행하지 아니할 때에는 당해 행
정청은 대집행영장으로써 행정대집행을 할 시기, 행정대집행을 시키기 위하여 파견하
는 집행책임자의 성명과 행정대집행에 요하는 비용의 개산에 의한 견적액을 의무자에
게 통지하여야 한다(「행정대집행법」 제3조 제2항). 다만 법률에 다른 규정이 있거나(「건
축법」 제85조), 비상시 또는 위험이 절박하여 통지를 할 여유가 없을 경우에는 통지를
생략할 수 있다(「행정대집행법」 제3조 제3항).

대집행영장의 발급은 통지행위에 해당한다.

(3) 행정대집행의 실행

1) 행정대집행의 실행   행정대집행은 대집행영장에 기재된 시기에 행정대집행을 하
기 위하여 현장에 파견되는 집행책임자에 의하여 실행되는바, 행정대집행의 실행은 권
력적 사실행위의 성질을 가진다.

행정청은 해가 뜨기 전이나 해가 진 후에는 행정대집행을 하여서는 아니 된다. 다
만, ① 의무자가 동의한 경우, ② 해가 지기 전에 대집행을 착수한 경우, ③ 해가 뜬 후
부터 해가 지기 전까지 행정대집행을 하는 경우에는 행정대집행의 목적 달성이 불가능
한 경우, ④ 그 밖에 비상시 또는 위험이 절박한 경우에 해당하는 경우에는 그러하지 아

니한다(「행정대집행법」 제4조 제1항).

2) 실행의 절차 등　행정대집행책임자는 그가 집행책임자라는 것을 표시한 증표를 휴대하여 행정대집행 시에 이해관계인에게 제시하여야 한다(동조 제3항). 한편 행정청은 행정대집행을 할 때 행정대집행 과정에서의 안전 확보를 위하여 필요하다고 인정하는 경우 현장에 긴급 의료장비나 시설을 갖추는 등 필요한 조치를 하여야 한다(동조 제2항).

3) 행정대집행의 수인의무　의무자는 행정대집행의 실행에 대하여 수인의무가 있다. 이와 관련하여 만일 의무자가 행정대집행의 실행에 항거하는 경우 실력으로 그 저항을 배제하는 것이 행정대집행의 실행수단으로 인정되는지 여부가 문제된다. 이에 관하여는 항거배제를 명문으로 인정하고 있는 독일의 「연방행정집행법」 제15조와 같은 규정이 없는 우리나라의 경우에는 인정되기 어렵다는 견해(종래의 다수설)와 필요한 한도 내에서 저항의 배제를 위해 부득이한 실력행사는 행정대집행에 수반된 것으로 인정되어야 한다는 견해의 대립이 있다.

(4) 비용징수

행정대집행에 소요된 비용은 납기일을 정하여 문서로써 납부를 명함으로써 원래의 의무자로부터 징수한다. 의무자가 납기일까지 비용을 납부하지 않을 때에는 국세징수의 예에 의하여 강제징수를 행한다.

5. 행정대집행에 대한 불복

행정대집행에 대하여는 행정심판을 제기할 수 있으며(「행정대집행법」 제7조), 이로 인하여 출소의 권리를 방해받지 아니한다(동법 제8조).

(1) 실행 전의 단계

1) 계고 · 대집행영장에 의한 통지　계고는 단순한 통지행위가 아니고 행정대집행영장 교부의 기초가 되는 법적 행위인 점에서 독자적 의미가 있으며, 또한 그에 의해 의무자에게 일정한 의무가 발생하므로 행정쟁송의 대상이 될 수 있다는 것이 통설 · 판례의 입장이다(관련판례 ① 참조). 다만 위법건축물에 대한 철거명령 및 계고처분에의 불응을 이유로 한 제2차, 제3차의 계고처분은 행정처분이 아니며, 따라서 행정쟁송의 대상이 될 수 없다(관련판례 ② 참조).

관련판례

① 「대집행의 계고행위는 본법 소정의 처분에 포함되므로 계고처분 자체에 위법 있는 경우에도 항고소송의 대상이 된다」(대판 1966.10.31, 66누25).
② 「건물의 소유자에게 위법건축물을 일정기간까지 철거할 것을 명함과 아울러 불이행할 때에

는 대집행한다는 내용의 철거대집행 계고처분을 고지한 후 이에 불응하자 다시 제2차, 제3차 계고서를 발송하여 일정기간까지의 자진철거를 촉구하고 불이행하면 대집행을 한다는 뜻을 고지하였다면 행정대집행법상의 건물철거의무는 세1차 철거명령 및 계고처분으로서 빌생하였고 제2차, 제3차의 계고처분은 새로운 철거의무를 부과한 것이 아니고, 다만 대집행기한의 연기통지에 불과하므로 행정처분이 아니다」(대판 1994.10.28, 94누5144).

행정대집행영장에 의한 통지 역시 행정대집행의 필요적 절차로서 행정객체에 대해서 행정대집행에 대한 수인의무를 과하고 행정청에 대해서 대집행권한을 취득하게 하므로 독립된 행정행위의 성질을 가지며, 따라서 독립하여 행정쟁송의 대상이 된다.

2) 행정대집행의 실행   행정대집행의 실행은 짧은 기간 내에 종료되는 것이 보통이므로 소의 이익이 없어서 행정쟁송에 친하지 않은 것이 일반적이다. 다만, 행정대집행의 실행이 비교적 장기간에 걸쳐서 행해지는 경우에는 행정쟁송의 대상이 될 수도 있다.

(2) 실행 후의 단계

행정대집행의 실행이 완료된 후에는 소(訴)의 이익이 없으므로 행정쟁송으로 그의 취소나 변경을 구할 수는 없으며, 손해배상 또는 원상회복의 청구나 행정대집행비용 산정의 위법을 이유로 한 비용납부명령의 취소·변경을 청구할 수 있을 뿐이다. 그러나 행정대집행의 실행이 완료된 후에도 그 행정대집행의 취소로 회복되는 법률상 이익이 있는 경우에는 그의 취소를 구하는 행정쟁송을 제기할 수 있다.

관련판례

「대집행계고처분 취소소송의 변론종결 전에 대집행영장에 의한 통지절차를 거쳐 사실행위로서 대집행의 실행이 완료된 경우에는 행위가 위법한 것이라는 이유로 손해배상이나 원상회복 등을 청구하는 것은 별론으로 하고 처분의 취소를 구할 법률상 이익은 없다」(대판 1993.6.8, 93누6164).

II. 이행강제금[8]

1. 개 설

(1) 이행강제금의 의의

이행강제금은 종래 「비대체적 작위의무 또는 부작위의무의 불이행이 있는 경우에

---

[8] 이행강제금제도 전반에 관하여 자세한 것은 서정범, "이행강제금제도에 관한 고찰," 경찰대학 논문집 제29집(2009), 165쪽 아래 참조.

일정한 기한까지 의무를 이행하지 않으면 금전적 불이익을 과할 것을 계고함으로써 의무
자에게 심리적 압박을 가하여 그 의무의 이행을 간접적으로 강제하는 수단」이라고 설명되
어 왔다. 다만 「행정기본법」은 이행강제금의 부과를 "의무자가 행정상 의무를 이행하지
아니하는 경우 행정청이 적절한 이행기간을 부여하고, 그 기한까지 행정상 의무를 이행하
지 아니하면 금전급부의무를 부과하는 것"이라고 정의하고 있다(제30조 제1항 제2호).

관련판례

① 「이행강제금은 행정법상의 부작위의무 또는 비대체적 작위의무를 이행하지 않은 경우에 '일
정한 기한까지 의무를 이행하지 않을 때에는 일정한 금전적 부담을 과할 뜻'을 미리 '계고'함으로
써 의무자에게 심리적 압박을 주어 장래를 향하여 의무의 이행을 확보하려는 간접적인 행정상
강제집행 수단이다」(대판 2015.6.24, 2011두2170).
② 「부동산 실권리자명의 등기에 관한 법률(이하 '부동산실명법'이라 한다) 제10조 제1항, 제4
항, 제6조 제2항의 내용, 체계 및 취지 등을 종합하면, 부동산의 소유권이전을 내용으로 하는 계
약을 체결하고 반대급부의 이행을 완료한 날로부터 3년 이내에 소유권이전등기를 신청하지 아
니한 등기권리자 등(이하 '장기미등기자'라 한다)에 대하여 부과되는 이행강제금은 소유권이전
등기신청의무 불이행이라는 과거의 사실에 대한 제재인 과징금과 달리, 장기미등기자에게 등기
신청의무를 이행하지 아니하면 이행강제금이 부과된다는 심리적 압박을 주어 의무의 이행을 간
접적으로 강제하는 행정상의 간접강제 수단에 해당한다. 따라서 장기미등기자가 이행강제금 부
과 전에 등기신청의무를 이행하였다면 이행강제금의 부과로써 이행을 확보하고자 하는 목적은
이미 실현된 것이므로 부동산실명법 제6조 제2항에 규정된 기간이 지나서 등기신청의무를 이행
한 경우라 하더라도 이행강제금을 부과할 수 없다」(대판 2016.6.23, 2015두36454).

---

(2) 이행강제금의 법적 근거

이행강제금 제도는 구 「건축법」(제83조)에 처음으로 도입된 이래 「농지법」(제62
조), 「부동산실권리자명의등기에 관한 법률」(제6조), 「장애인·노인·임산부 등의 편의
증진보장에 관한 법률」(제24조), 「옥외광고물 등 관리와 옥외광고산업 진흥에 관한 법
률」(제10조의3), 「교통약자의 이동편의증진법」(제29조의2) 등에 계속하여 도입되고 있
다.9) 한편 「행정기본법」은 제30조 제1항 제2호에서 이행강제금의 개념을 규정하고 있
으며, 동법 제31조는 이행강제금의 부과금액 및 부과·징수에 관한 기본적 사항을 규

---

9) 이행강제금은 종래 집행벌(Exekutivstrafe)이라고도 불리었는바, 집행벌이란 용어는 그것이 행정
   상 강제집행의 수단임에도 불구하고 행정벌로 오해할 소지가 있다는 문제가 있다. 이런 사정 때문
   에 독일의 경우 집행벌이라는 용어 대신에 강제금(Zwangsgeld)이라는 용어가 사용되고 있으며,
   대체적 작위의무의 간접적 강제수단으로도 많이 활용되고 있다. 생각건대 우리나라의 경우 역시
   이행강제금이란 용어 및 제도는 「건축법」 등에 이미 정착되어 있으므로 집행벌이라는 용어는 사용
   하지 않는 것이 좋다고 생각한다.

정하고 있다.

2. 이행강제금의 허용가능성

(1) 대체적 작위의무에 대한 이행강제금부과

이행강제금은 종래 비대체적 작위의무 또는 부작위의무의 불이행이 있는 경우에만 사용할 수 있다고 설명되어 왔다. 그러나 오늘날은 대체적 작위의무도 이행강제금의 대상이 될 여지가 있다는 것을 인정하는 추세에 있으며, 헌법재판소 역시 이행강제금이 대체적 작위의무의 위반에 대하여도 부과될 수 있다고 판시한 바 있다. 또한 실정법상으로도(예:「건축법」) 대체적 작위의무의 불이행에 대하여 이행강제금이 인정되고 있다.

한편「행정기본법」은 이행강제금의 부과와 관련하여 의무의 종류에 대한 아무런 제한도 규정하고 있지 않다.

관련판례

「전통적으로 행정대집행은 대체적 작위의무에 대한 강제집행수단으로, 이행강제금은 부작위의무나 비대체적 작위의무에 대한 강제집행수단으로 이해되어 왔으나, 이는 이행강제금제도의 본질에서 오는 제약은 아니며, 이행강제금은 대체적 작위의무의 위반에 대하여도 부과될 수 있다」 (헌재결 2004. 2. 26, 2001헌바80, 84, 102, 103, 2002헌바26 병합).

(2) 행정대집행과 이행강제금의 선택적 활용가능성

행정청이 개별사건에 있어서 위반내용, 위반자의 시정의지 등을 감안하여 행정대집행과 이행강제금을 선택적으로 활용할 수 있는지 여부가 다투어지고 있는바, 헌법재판소는 이를 인정하고 있다. 따라서 헌법재판소의 입장에 따르면 행정대집행이 가능한 경우에 행정대집행을 하지 않고 이행강제금을 부과하는 것은 과잉금지원칙이나 이중처벌금지원칙에 위반되지 않는다.

관련판례

「이행강제금은 행정상 간접적인 강제집행 수단의 하나로서, 과거의 일정한 법률위반 행위에 대한 제재인 형벌이 아니라 장래의 의무이행 확보를 위한 강제수단일 뿐이어서, 범죄에 대하여 국가가 형벌권을 실행하는 과벌에 해당하지 아니한다. 따라서 확정된 구제명령을 따르지 않은 사용자에게 형벌을 부과하고 있음에도, 구제명령을 이행하지 아니한 사용자에게는 이행강제금을 부과하는 근로기준법 제33조 제1항 및 제5항은 이중처벌금지원칙에 위배되지 아니한다」(헌재결 2014. 5. 29, 2013헌바171).

(3) 특수문제: 이행강제금 부과의 가능성

시정명령을 받은 자가 이행강제금이 부과되기 전에 의무를 이행한 경우에는 비록 시정명령에서 정한 기간을 지나서 이행한 경우라도 이행강제금을 부과할 수 없으며(관련판례 ① 참조), 「공정거래법」상 기업결합 시정조치의 실효성 확보수단으로서의 이행강제금에 대해서는 과거의 시정조치 불이행기간에 대해 이행강제금을 부과할 수 있다(관련판례 ② 참조).

관련판례

① 「건축법상의 이행강제금은 시정명령의 불이행이라는 과거의 위반행위에 대한 제재가 아니라, 의무자에게 시정명령을 받은 의무의 이행을 명하고 그 이행기간 안에 의무를 이행하지 않으면 이행강제금이 부과된다는 사실을 고지함으로써 의무자에게 심리적 압박을 주어 의무의 이행을 간접적으로 강제하는 행정상의 간접강제 수단에 해당한다. 이러한 이행강제금의 본질상 시정명령을 받은 의무자가 이행강제금이 부과되기 전에 그 의무를 이행한 경우에는 비록 시정명령에서 정한 기간을 지나서 이행한 경우라도 이행강제금을 부과할 수 없다.

나아가 시정명령을 받은 의무자가 그 시정명령의 취지에 부합하는 의무를 이행하기 위한 정당한 방법으로 행정청에 신청 또는 신고를 하였으나 행정청이 위법하게 이를 거부 또는 반려함으로써 결국 그 처분이 취소되기에 이르렀다면, 특별한 사정이 없는 한 그 시정명령의 불이행을 이유로 이행강제금을 부과할 수는 없다고 보는 것이 위와 같은 이행강제금 제도의 취지에 부합한다」(대판 2018.1.25, 2015두35116).

② 「공정거래법 제17조의3은 같은 법 제16조에 따른 시정조치를 그 정한 기간 내에 이행하지 아니하는 자에 대하여 이행강제금을 부과할 수 있는 근거 규정이고, 시정조치가 공정거래법 제16조 제1항 제7호에 따른 부작위 의무를 명하는 내용이더라도 마찬가지로 보아야 한다. 나아가 이러한 이행강제금이 부과되기 전에 시정조치를 이행하거나 부작위 의무를 명하는 시정조치 불이행을 중단한 경우 과거의 시정조치 불이행기간에 대하여 이행강제금을 부과할 수 있다고 봄이 타당하다」(대판 2019.12.12, 2018두63563).

3. 성 격

(1) 행정벌과의 병과가능성

이행강제금은 과거의 일정한 법률위반에 대하여 제재를 과하는 것이 아니라 장래의 의무이행을 확보하기 위한 강제수단일 뿐이다. 이런 점에서 이행강제금은 행정벌과는 그 성격을 확연히 달리하며, 따라서 이행강제금과 행정벌은 병과(倂科)가 가능하다.

관련판례

「개발제한구역 내의 건축물에 대하여 허가를 받지 않고 한 용도변경행위에 대한 형사처벌과 건축법 제83조 제1항에 의한 시정명령 위반에 대한 이행강제금의 부과는 그 처벌 내지 제재대상이 되는 기본적 사실관계로서의 행위를 달리하며, 또한 그 보호법익과 목적에서도 차이가 있으므로 이중처벌에 해당한다고 할 수 없다」(대판 2005.8.19, 2005마30).[10]

---

(2) 일사부재리의 원칙과의 관계

이행강제금은 의무불이행의 사태가 계속되는 한 반복하여 부과할 수 있는바, 이는 이행강제금에는 일사부재리(一事不再理)의 원칙이 적용되지 않는다는 것을 의미한다(「행정기본법」 제31조 제5항 참조). 한편 판례 또한 이행강제금을 반복하여 부과하여도 과잉금지의 원칙에 위반되지 않는다고 판시해 왔다.

관련판례

「이행강제금은 위법건축물의 원상회복을 궁극적인 목적으로 하고, 그 궁극적인 목적을 달성하기 위해서는 위법건축물이 존재하는 한 계속하여 부과할 수밖에 없으며, 만약 통산부과횟수나 통산부과상한액의 제한을 두면 위법건축물의 소유자 등에게 위법건축물의 현상을 고착할 수 있는 길을 열어주게 됨으로써 이행강제금의 본래의 취지를 달성할 수 없게 될 수 있으므로, 건축법 제83조 제4항이 "허가권자는 최초의 시정명령이 있은 날을 기준으로 하여 1년에 2회의 범위 안에서 당해 시정명령이 이행될 때까지 반복하여 이행강제금을 부과·징수할 수 있다"고 규정하였다고 하여 과잉금지원칙에 반한다고 할 수도 없다」(대판 2005.8.19, 2005마30).

---

4. 이행강제금의 부과·징수

(1) 이행강제금의 근거법률에 규정될 사항

이행강제금 부과의 근거가 되는 법률에는 이행강제금에 관한 다음의 사항, 즉 ① 부과·징수 주체, ② 부과 요건, ③ 부과 금액, ④ 부과 금액 산정기준, ⑤ 연간 부과 횟수나 횟수의 상한을 명확하게 규정하여야 한다. 다만, 부과 금액 산정기준과 연간 부과 횟수나 횟수의 상한을 규정할 경우 입법목적이나 입법취지를 훼손할 우려가 크다고 인정되는 경우로서 대통령령으로 정하는 경우는 제외한다(「행정기본법」 제31조 제1항).

(2) 이행강제금 부과금액의 가중·감경

행정청은 ① 의무 불이행의 동기, 목적 및 결과, ② 의무 불이행의 정도 및 상습성, ③ 그 밖에 행정목적을 달성하는 데 필요하다고 인정되는 사유를 고려하여 이행강제금

---

10) 同旨판례: 헌재결 2014.5.29, 2013헌바171.

의 부과 금액을 가중하거나 감경할 수 있다(동조 제2항).

(3) 이행강제금의 부과절차

1) 계고   행정청은 이행강제금을 부과하기 전에 미리 의무자에게 적절한 이행기간을 정하여 그 기한까지 행정상 의무를 이행하지 아니하면 이행강제금을 부과한다는 뜻을 문서로 계고하여야 한다(동조 제3항).

2) 통지   행정청은 의무자가 제3항에 따른 계고에서 정한 기한까지 행정상 의무를 이행하지 아니한 경우 이행강제금의 부과 금액·사유·시기를 문서로 명확하게 적어 의무자에게 통지하여야 한다(동조 제4항).

3) 이행강제금의 반복 부과 등   행정청은 의무자가 행정상 의무를 이행할 때까지 이행강제금을 반복하여 부과할 수 있다. 다만, 의무자가 의무를 이행하면 새로운 이행강제금의 부과를 즉시 중지하되, 이미 부과한 이행강제금은 징수하여야 한다(동조 제5항).

5. 이행강제금 납부의무 불이행시의 강제조치

행정청은 이행강제금을 부과받은 자기 납부기한까지 이행강제금을 내지 아니하면 국세강제징수의 예 또는 「지방행정제재·부과금의 징수 등에 관한 법률」에 따라 징수한다(「행정기본법 제31조」 제6항). 이행강제금을 납부하지 않는 경우 국세 또는 지방세체납의 예에 따라 징수하여야 한다(「건축법」 제80조 제6항·「농지법」 제62조 제6항 등). 한편 독일의 「연방행정집행법」 제16조는 강제금 납부의무의 실효성을 확보하기 위하여 대체강제구류(代替強制拘留, Ersatzzwangshaft) 제도를 채택하고 있으나, 동 제도는 (이행강제금 납부의무와 관련하여서는) 우리나라에서는 아직 시행되지 않고 있다.

6. 이행강제금부과처분에 대한 불복

이행강제금부과처분에 대한 불복의 문제는 개별 법률에 특별한 규정이 있는지 여부에 따라 달리 판단하여야 한다.

(1) 개별 법률에 특별한 규정이 없는 경우

이행강제금부과처분에 대한 불복수단에 대하여 개별 법률에 특별한 규정이 없는 경우(예: 「건축법」 제80조)에는 이행강제금부과처분에 대하여도 일반원칙에 따라 「행정심판법」이나 「행정소송법」에 따른 행정쟁송을 제기할 수 있다.[11]

---

11) 구 「건축법」은 건축법상 이행강제금의 부과처분에 대하여는 부과권자에게 이의를 제기할 수 있으며, 이의제기가 있는 경우에는 관할법원이 비송사건절차법에 의한 재판을 행하도록 하는 특별규정을 갖고 있었다(구 「건축법」 제82조 제3항·제4항 및 동법 제83조 제6항). 따라서 구 「건축법」 하에서는 「건축법」상의 이행강제금부과처분은 취소소송의 대상이 되지 않았다(대판 2000.9.22, 2000두5722). 그러나 현행 「건축법」이 이행강제금에 대한 비송사건절차법에 따른 불복규정을 삭

(2) 개별 법률에 특별한 규정이 있는 경우

이행강제금부과처분에 대한 불복수단에 대하여 개별 법률이 특별한 규정을 갖고 있는 경우가 있는데, 「이행강제금 부과처분을 받은 자가 이행강제금의 부과에 대하여 이의를 제기하면 시장·군수 또는 구청장은 지체 없이 관할 법원에 그 사실을 통보하여야 하며, 그 통보를 받은 관할 법원은 비송사건절차법에 따른 과태료 재판에 준하여 재판을 한다」고 규정하고 있는 「농지법」(제62조 제7항)이 그 대표적 예에 해당한다. 이처럼 개별법에 이행강제금부과처분에 대하여 「비송사건절차법」에 따른 특별한 불복수단이 마련되어 있는 경우에는 이행강제금부과처분은 항고쟁송의 대상이 될 수 있는 처분이 아니며, 따라서 그에 대하여 행정쟁송을 제기하는 것은 허용될 수 없다.

관련판례

「농지법은 농지 처분명령에 대한 이행강제금 부과처분에 불복하는 자가 그 처분을 고지받은 날부터 30일 이내에 부과권자에게 이의를 제기할 수 있고, 이의를 받은 부과권자는 지체 없이 관할 법원에 그 사실을 통보하여야 하며, 그 통보를 받은 관할 법원은 비송사건절차법에 따른 과태료 재판에 준하여 재판을 하도록 정하고 있다(제62조 제1항, 제6항, 제7항). 따라서 농지법 제62조 제1항에 따른 이행강제금 부과처분에 불복하는 경우에는 비송사건절차법에 따른 재판절차가 적용되어야 하고, 행정소송법상 항고소송의 대상은 될 수 없다.

농지법 제62조 제6항, 제7항이 위와 같이 이행강제금 부과처분에 대한 불복절차를 분명하게 규정하고 있으므로, 이와 다른 불복절차를 허용할 수는 없다. 설령 피고가 이행강제금 부과처분을 하면서 재결청에 행정심판을 청구하거나 관할 행정법원에 행정소송을 할 수 있다고 잘못 안내하거나 경기도행정심판위원회가 각하재결이 아닌 기각재결을 하면서 관할 법원에 행정소송을 할 수 있다고 잘못 안내하였다고 하더라도, 그러한 잘못된 안내로 행정법원의 항고소송 재판관할이 생긴다고 볼 수도 없다」(대판 2019.4.11, 2018두42955).

III. 직접강제

1. 의 의

직접강제(Unmittelbarer Zwang)란 의무자가 행정상 의무를 이행하지 아니하는 경우 행정청이 의무자의 신체나 재산에 실력을 행사하여 그 행정상 의무의 이행이 있었던 것과 같은 상태를 실현하는 것을 말하는바(「행정기본법」 제30조 제1항 제3호), 영업소의 폐쇄조치(「식품위생법」 제79조), 외국인의 강제퇴거(「출입국관리법」 제46조 이하) 등이 직

제하였으므로 이제는 「건축법」상 이행강제금의 부과처분에 대하여도 행정심판이나 행정소송을 제기할 수 있게 되었다.

접강제의 대표적 예가 된다. 이러한 직접강제의 대상이 되는 의무는 작위의무, 부작위의무, 수인의무를 불문한다.

2. 성 질

(1) 대집행과의 구별

직접강제는 작위의무·부작위의무·수인의무 등 일체의 의무불이행에 대한 강제수단이라는 점에서 대체적 작위의무의 불이행에 대한 강제수단인 대집행과 구별된다. 또한 직접강제의 비용은 행정청이 부담하지만, 대집행의 비용은 의무자가 부담한다는 점에서도 양자 간의 차이를 발견할 수 있다.

(2) 즉시강제와의 구별

직접강제는 강제집행의 일종으로서 의무의 부과 및 의무의 불이행을 전제로 한다는 점에서, 그러한 것을 전제함이 없이 행해지는 즉시강제와 구별된다.

3. 근 거

「행정기본법」은 제32조에서 직접강제를 할 수 있는 경우 및 그 절차 등에 관한 일반적 사항을 규정하고 있는바, 이 한도에서 「행정기본법」이 직접강제에 관한 사실상의 일반법적 지위에 있다고 보는 견해가 유력하다. 한편 근래에 들어 공중위생, 의약품제조, 안전관리 및 환경행정분야 등에서 직접강제를 규정하는 개별법이 급증하고 있는 실정이다.

4. 절 차

직접강제를 실시하기 위하여 현장에 파견되는 집행책임자는 그가 집행책임자임을 표시하는 증표를 보여 주어야 하며(「행정기본법」 제32조 제2항), 직접강제의 계고 및 통지에 관하여는 이행강제금에 관한 규정인 동법 제31조 제3항 및 제4항을 준용한다(「행정기본법」 제32조 제3항).

5. 한 계

직접강제는 강제집행수단 중에서도 가장 강력한 수단이므로 국민의 기본권을 침해할 가능성이 매우 높다. 따라서 광의의 비례원칙의 적용하에서 '최후의 수단'으로 활용되어야 한다. 따라서 직접강제는 행정대집행이나 이행강제금 부과의 방법으로는 행정상 의무 이행을 확보할 수 없거나 그 실현이 불가능한 경우에 실시하여야 한다(「행정기본법」 제32조 제1항).

IV. 행정상 강제징수

1. 의 의

행정상 강제징수(Zwangsbeitreibung)란 의무자가 행정상 의무 중 금전급부의무를 이행하지 아니하는 경우 행정청이 의무자의 재산에 실력을 행사하여 그 행정상 의무가 실현된 것과 같은 상태를 실현하는 것을 말한다(「행정기본법」 제30조 제1항 제4호).

한편 행정상 강제징수의 일반법과 관련하여서는 「행정기본법」(제30조 제1항 제4호)을 행정상 강제징수의 일반법으로 보아야 한다는 견해와, 「국세징수법」을 여전히 행정상 강제징수의 실질적 일반법[12]으로 보아야 한다는 견해의 대립이 있다.

2. 행정상 강제징수의 절차

「국세징수법」상의 강제징수절차는 크게 독촉과 체납처분으로 나누어지며, 체납처분은 다시 재산의 압류, 압류재산의 매각, 청산의 3단계로 나누어진다.

(1) 독 촉

독촉은 상당한 이행기간을 정하여 의무이행을 최고하고, 그 기한까지 의무를 이행하지 아니하는 경우에는 체납처분을 할 뜻을 알려 주는 통지행위로서 준법률행위적 행정행위의 성질을 갖는다. 다만 그 내용을 기준으로 하면, 독촉은 금전급부의무를 부과하는 하명으로 볼 수 있다는 견해도 있다.[13]

국세를 그 납부기한까지 완납하지 아니하였을 때에는 세무서장은 납부기한이 지난 후 10일 내에 독촉장을 발급하여야 한다. 또한 세무서장은 제2차 납세의무자가 체납액을 그 납부기한까지 완납하지 아니하였을 때에는 10일 내에 납부최고서(納付催告書)를 발급하여야 한다. 독촉장 또는 납부최고서를 발급할 때에는 납부기한을 발급일부터 20일 내로 한다(「국세징수법」 제24조).

독촉은 체납처분의 요건을 충족함과 동시에 국세징수권에 대한 시효중단의 효과를 발생한다.

(2) 재산의 압류

의무자가 독촉이 있음에도 불구하고 기한까지 이행하지 않은 때에는 재산을 압류

---

12) 「국세징수법」은 국세의 강제징수에 관한 법일 뿐이었으나, 「지방세법」 등이 국세체납처분의 예에 따라 강제징수를 하도록 규정하고 있었기 때문에 「국세징수법」이 행정상 강제징수에 관하여 '사실상' 일반법적 지위에 있는 것으로 이해되어 왔다.
13) 김남진·김연태, 행정법 I, 법문사, 2021, 570쪽.

한다. 여기서 압류란 의무자의 재산에 대한 법률상 및 사실상의 처분을 금지시키고, 그를 확보하는 강제보전행위를 말한다. 압류의 성질에 관하여는 항고쟁송의 대상이 되는 처분으로 보는 견해가 유력하다.

1) 압류대상재산　의무자의 소유로서 금전적 가치 있는 모든 재산(동산·부동산·무체재산권을 불문한다)이 압류의 대상이다. 다만 생활에 없어서는 아니 될 의복·침구·가구와 주방기구, 3개월간의 식료와 연료, 인감도장이나 작업에 필요한 인장(印章), 족보, 훈장, 학업에 필요한 서적과 기구, 발명 또는 저작에 관한 것으로서 공표되지 아니한 것 등은 압류가 금지된다(「국세징수법」 제41조). 또한 급료·연금·임금·봉급·상여금·세비·퇴직연금, 그 밖에 이와 비슷한 성질을 가진 급여채권에 대하여는 그 총액의 2분의 1에 해당하는 금액은 압류하지 못한다(동법 제42조).

한편 압류재산의 가액이 징수할 국세액을 초과한다고 하여 압류가 당연무효가 되는 것은 아니다.

관련판례

「세무공무원이 국세의 징수를 위해 납세자의 재산을 압류하는 경우 그 (압류)재산의 가액이 징수할 국세액을 초과한다 하여 위 압류가 당연무효의 처분이라고는 할 수 없다」(대판 1986.11. 11, 86누479).

2) 압류의 효력　세무공무원이 재산을 압류한 경우 체납자는 압류한 재산에 관하여 양도, 제한물권의 설정, 채권의 영수, 그 밖의 처분을 할 수 없다(동법 제43조). 한편 질권(質權)이 설정된 재산이 압류되면 그 질권자에게는 질물(質物)을 세무공무원에게 인도할 의무가 발생한다. 또한 압류는 국세징수권에 대한 시효중단의 효과를 발생하며, 압류의 효력은 압류재산으로부터 생기는 천연과실 또는 법정과실에도 미친다(동법 제44조).

관련판례

「'압류'란 세무공무원이 국세징수법 제24조 이하의 규정에 따라 납세자의 재산에 대한 압류 절차에 착수하는 것을 가리키는 것이므로, 세무공무원이 국세징수법 제26조에 의하여 체납자의 가옥·선박·창고 기타의 장소를 수색하였으나 압류할 목적물을 찾아내지 못하여 압류를 실행하지 못하고 수색조서를 작성하는 데 그친 경우에도 소멸시효 중단의 효력이 있다」(대판 2001.8. 21, 2000다12419).

3) 압류의 해제　국세의 납부 등 일정한 사유가 있는 경우에는 반드시 압류를 즉시 해제하여야 하며(동법 제57조 제1항), 압류 후 재산가격이 변동하여 압류재산의 가액이

징수할 체납액 전액을 현저히 초과한 경우 등에는 임의적으로 압류를 해제할 수 있다 (동조 제2항). 또한 압류 후 부과처분의 근거법률이 위헌결정을 받은 경우에는 결국 압류처분에 취소사유가 있는 것이 되므로 압류를 해제하여야 할 것이다.

4) 교부청구 · 참가압류 　교부청구란 납세의무자가 다른 국세 등의 체납으로 체납처분 · 파산선고를 받거나 경매가 개시된 경우 그 집행기관에 대하여 체납세액의 교부를 청구하는 제도를 말하며, 참가압류란 압류하고자 하는 재산이 이미 다른 기관에서 압류하고 있는 재산일 때 교부청구에 갈음하여 압류에 참가하는 제도를 말한다.

(3) 매 각(공매, 환가)

1) 의의 및 성질 　매각은 체납자의 압류재산을 금전으로 환가(換價)하는 행위를 말하는바, 매각의 성질에 관해서는 채무자와 매수인 간의 사법상 계약으로 보는 견해와 행정행위(특히 대리행위)로 보는 견해의 대립이 있다. 후자가 다수설 · 판례이다(관련판례 ① 참조).

한편 매각이 행정행위로서 처분의 성질을 갖는 것에 반하여 공매결정 · 공매통지 및 공매공고는 처분성이 인정되지 아니한다(관련판례 ②참조).

관련판례

① 「공매는 우월한 공권력의 행사로서 행정소송의 대상이 되는 공법상의 행정처분이며, 공매에 의하여 재산을 매수한 자는 그 공매처분이 취소된 경우에 그 취소처분의 위법을 주장하여 행정소송을 제기할 법률상 이익이 있다」(대판 1984.9.25, 84누201).
② 「한국자산공사가 당해 부동산을 인터넷을 통하여 재공매(입찰)하기로 한 결정 자체는 내부적인 의사결정에 불과하여 항고소송의 대상이 되는 행정처분이라고 볼 수 없고, 또한 한국자산공사의 공매통지는 공매의 요건이 아니라 공매사실 자체를 체납자에게 알려주는 데 불과한 것으로서, 통지의 상대방의 법적 지위나 권리 · 의무에 직접 영향을 주는 것이 아니라고 할 것이므로 이것 역시 행정처분에 해당한다고 할 수 없다」(대판 2007.7.27, 2006두8464).

2) 매각의 방법과 절차 　매각은 공매(公賣, 즉 입찰 또는 경매)에 의하는 것이 원칙이다. 다만 「국세징수법」 제67조가 정하는 사유에 해당하는 경우에는 수의계약(隨意契約)으로 매각할 수 있다(「국세징수법」 제67조 참조). 이 경우 수의계약은 사법상 계약의 성질을 갖는다.

매각은 세무서장이 한다. 다만 세무서장은 압류한 재산의 공매에 전문 지식이 필요하거나 그 밖에 특수한 사정이 있어 직접 공매하기에 적당하지 아니하다고 인정할 때에는 한국자산관리공사로 하여금 공매를 대행하게 할 수 있으며, 이 경우의 공매는 세무서장이 한 것으로 본다(「국세징수법」 제103조 제1항).

3) 공매통지의 하자와 공매처분의 위법성과의 관계 등 공매통지의 하자와 공매처분의 위법성과의 관계(관련판례 ①) 및 잘못된 매각예정가격결정과 공매처분의 효력과의 관계(관련판례 ②)에 관하여는 이하의 관련판례 참조.

관련판례

① 「체납자 등에 대한 공매통지는 국가의 강제력에 의하여 진행되는 공매에서 체납자 등의 권리 내지 재산상의 이익을 보호하기 위하여 법률로 규정한 절차적 요건이라고 보아야 하며, 공매처분을 하면서 체납자 등에게 공매통지를 하지 않았거나 공매통지를 하였더라도 그것이 적법하지 아니한 경우에는 절차상의 흠이 있어 그 공매처분은 위법하다. 다만, 공매통지의 목적이나 취지 등에 비추어 보면, 체납자 등은 자신에 대한 공매통지의 하자만을 공매처분의 위법사유로 주장할 수 있을 뿐 다른 권리자에 대한 공매통지의 하자를 들어 공매처분의 위법사유로 주장하는 것은 허용되지 않는다」(대판 2008.11.20, 2007두18154).
② 「공매예정가격이란 본시 최저공매가격을 나타내는 것일 뿐 원매자가 많을 경우 가격을 경쟁하는 데는 지장이 있을 리 없으므로 그것이 실세보다 저렴하다 하여 바로 공매처분이 위법하게 되는 것은 아니고 예정가격을 낮추었기 때문에 부당하게 서렴한 가격으로 공매가 되었다는 사정이 있을 때에만 그 공매를 위법하다고 보아야 할 것이다」(대판 1990.2.9, 89누5553).

(4) 청 산(충당, 배분)

청산이란 체납처분에 의하여 수령한 금전을 체납세금, 기타의 공과금, 담보채권에 배분하고, 잔여가 있으면 체납자에게 배분하는 작용을 말한다.

세무서장은 매각대금이 국세·가산금과 체납처분비 기타 배당받을 자격 있는 채권의 총액에 부족한 때에는 민법 기타 법령에 의하여 배분할 순위와 금액을 정하여 배분하여야 한다. 이 경우 국세, 가산금, 체납처분비의 징수순위는 체납처분비 → 국세 → 가산금의 순이다(「국세징수법」 제3조).

3. 체납처분의 중지 등

(1) 체납처분의 중지

체납처분의 목적물인 총재산의 추산가액(推算價額)이 체납처분비에 충당하고 남을 여지가 없을 때에는 체납처분을 중지하여야 한다(「국세징수법」 제57조 제1항).

(2) 체납처분의 유예

세무서장은 국세청장이 성실납세자로 인정하는 기준에 해당하는 경우, 재산의 압류나 압류재산의 매각을 유예함으로써 사업을 정상적으로 운영할 수 있게 되어 체납액의 징수가 가능하다고 인정되는 경우에는 체납처분에 의한 재산의 압류나 압류재산의 매각을 유예할 수 있다(「국세징수법」 제105조).

4. 행정상 강제징수에 대한 구제

독촉·체납처분 등의 강제징수조치에 하자가 있다고 인정될 경우에 의무자는 행정쟁송에 의하여 그 효력을 다툴 수 있다. 다만,「국세기본법」이 체납처분에 대한 행정쟁송절차 중 특히 행정심판에 관하여「행정심판법」의 적용을 배제하는 특칙을 두고 있음을 유의하여야 한다(「국세징수법」 제55조 이하).

제3장

행정상 즉시강제/행정조사

▌제1절▐ 행정상 즉시강제

Ⅰ. 개 설

1. 의 의

행정상 즉시강제(Sofortiger Zwang)는 현재의 급박한 행정상의 장해를 제거하기 위한 경우로서 행정청이 미리 행정상 의무이행을 명할 시간적 여유가 없을 경우 또는 그 성질상 행정상 의무이행을 명하는 것만으로는 행정 목적 달성이 곤란한 경우에 행정청이 곧바로 국민의 신체 또는 재산에 실력을 행사하여 행정목적을 달성하는 것을 말한다(「행정기본법」 제30조 제1항 제5호).

이러한 행정상 즉시강제의 개념에 따르면 행정상 즉시강제는 ① 현재의 급박한 행정상의 장해를 제거하기 위하여 필요한 경우 또는 ② 그 성질상 행정상 의무의 이행을 명하는 것만으로는 행정목적 달성이 곤란한 경우에 행해질 수 있는 것인데, 후자는 즉시강제라는 용어와 일치하지 않는 면이 있다. 이러한 면에 착안하여 전자만을 즉시강제(협의의 즉시강제 또는 즉시집행)로 보고, 후자는 직접시행(Unmittelbare Ausführung)과 같은 다른 이름으로 부를 것을 주장하는 견해가 나타나고 있다.

2. 다른 개념과의 구별

(1) 행정상 강제집행과의 구별

행정상 즉시강제 역시 행정목적을 달성하기 위한 권력적 사실행위라는 점에서는 행정상 강제집행과 공통되는 성질을 갖는다. 그러나 (전통적 개념에 따를 때) 행정상 즉시강제는 '행정법상의 의무의 부과 및 그의 불이행을 전제함이 없이' 행해지며, 또한 급박한 경우에 행해진다는 점에서 행정상 강제집행과는 구별된다.

관련판례

「행정상 즉시강제란 행정강제의 일종으로서 목전의 급박한 행정상 장해를 제거할 필요가 있는
경우에, 미리 의무를 명할 시간적 여유가 없을 때 또는 그 성질상 의무를 명하여 가지고는 목적
달성이 곤란할 때에, 직접 국민의 신체 또는 재산에 실력을 가하여 행정상 필요한 상태를 실현하
는 작용이며, 법령 또는 행정처분에 의한 선행의 구체적 의무의 존재와 그 불이행을 전제로 하는
행정상 강제집행과 구별된다」(헌재결 2002.10.31, 2000헌가12).

(2) 행정조사와의 구별(제2절 행정조사 부분 참조)

3. 법적 성질

행정상 즉시강제는 권력적 사실행위이다. 이 점에서 행정행위 등과 같은 '법적 행
위'와 구별되며, 행정지도와 같은 '비권력적' 사실행위와도 구분된다.

또한 행정상 즉시강제는 권력적 사실행위로서 일정한 경우에는 처분성이 인정될
수 있으며, 그 한도에서 항고소송의 대상이 될 수 있다.

II. 행정상 즉시강제의 근거

1. 이론적 근거

과거에는 행정상 즉시강제의 이론적 근거를 국가의 일반긴급권에서 찾았다. 즉,
공공의 안녕과 질서에 대한 급박한 위해가 존재하는 경우에 국가는 그 같은 위해를 제
거하여 공공의 안녕과 질서를 유지할 자연법적 권리와 의무를 가지며, 따라서 특별한
법률적 근거가 없더라도 즉시강제가 가능하다고 보았던 것이다.

그러나 오늘날의 실질적 법치국가에 있어서는 행정상 즉시강제는 자연법적 요구
에만 근거하여 행해질 수는 없으며, 반드시 실정법적 근거를 필요로 한다.

2. 실정법적 근거

행정상 즉시강제에 관하여는 그의 한계 및 절차 등에 관한 규정을 갖고 있는 「행정
기본법」을 실질적 일반법으로 볼 수 있다는 견해가 유력하다(동법 제30조 제1항 제5호 및
제33조 참조).

한편 경찰관의 직무집행과 관련된 즉시강제에 대해서는 「경찰관 직무집행법」이
일반법적 지위에 있다. 그 밖에도 많은 개별법에서 즉시강제에 관한 근거규정을 찾아
볼 수 있는바, 「소방기본법」·「식품위생법」·「마약류관리에 관한 법률」 등이 그 예에

해당한다.

III. 행정상 즉시강제의 수단

1. 대인적 강제

대인적 강제란 사람의 신체에 실력을 가하여 행정상 필요한 상태를 실현시키는 행정작용을 말하는바, 대인적 강제의 예로는 「경찰관 직무집행법」상의 불심검문(제3조),[1] 보호조치(제4조), 억류 또는 피난 등의 위험발생방지조치(제5조 제1항), 범죄의 예방 및 제지(제6조), 경찰장구(裝具)사용(제10조의2), 무기의 사용(제10조의4)[2] 등을 들 수 있다.

강제건강진단(「감염병의 예방 및 관리에 관한 법률」 제19조), 통행차단(동법 제47조 제1호), 강제 입원 또는 격리(동법 제47조 제3호), 소방활동종사명령(「소방기본법」 제24조), 치료보호(「마약류관리에 관한 법률」 제40조) 등 또한 대인적 강제에 해당한다.

2. 대물적 강제

대물적 강제란 물건에 대해 실력을 행사하여 행정상 필요한 상태를 실현하는 작용을 말하는바, 「경찰관 직무집행법」상의 물건의 임시영치(제4조)가 대표적 예이다.

그밖에 불량의약품의 폐기(「약사법」 제71조), 휴대금품의 영치(「형의 집행 및 수용자의 처우에 관한 법률」 제25조), 소방대상물의 강제처분(「소방기본법」 제25조) 등 또한 대물적 강제에 해당한다.

3. 대가택적 강제

대가택적 강제란 소유자나 점유·관리자의 의사에 관계없이 타인의 가택·영업소 등에 대하여 실력을 행사함으로써 행정상 필요한 상태를 실현하는 작용이다. 다만 종래 대가택적 강제에 해당한다고 설명되어 오던 것들은 오늘날에는 후술하는 행정조사의 예로 논의되고 있다.

대가택적 강제수단의 예로는 「경찰관 직무집행법」상의 위험방지를 위한 가택출입(제7조 제1항), 조세범칙행위자 등에 대한 수색(「조세범처벌절차법」 제9조~제12조), 총포·도검·화약류의 제작소 등의 출입 및 검사(「총포·도검·화약류 등의 안전관리에 관한 법률」 제44조) 등을 들 수 있다.

---

1) 후술하는 것처럼 불심검문은 행정조사의 성질을 갖는 것으로 보아야 한다는 견해가 유력하다.
2) 무기사용, 특히 3회 이상의 투기명령 또는 투항명령이 발해진 이후에 행해지는 무기사용은 직접강제로 보아야 한다는 견해가 유력하다.

IV. 행정상 즉시강제의 한계

1. 실체법적 한계

행정상 즉시강제는 침해행정의 전형이므로 그의 발동을 위해서는 반드시 법적 근거가 있을 것을 요하며, 그 내용은 법규의 내용에 적합하여야 한다. 또한 행정상 즉시강제는 다음과 같은 일정한 조리상의 한계 내에서만 행해질 수 있다.

(1) 급박성
행정상 즉시강제는 목전의 급박한 위해를 제거하기 위하여 행해져야 한다.

(2) 보충성
행정상 즉시강제는 다른 수단으로는 행정목적을 달성할 수 없는 경우에 한하여 허용된다(「행정기본법」 제33조 제1항 전단). 따라서 행정상 강제집행이 가능한 경우에는 행정상 즉시강제는 인정되기 곤란하다.

(3) 비례성
행정상 즉시강제라는 수단이 행정목적의 달성에 적합하여야 하며(적합성의 원칙), 다수의 적합한 수단이 있는 경우에는 관계인에게 가장 적은 부담을 주는 수단을 선택하여야 한다(필요성의 원칙). 또한 행정상 즉시강제를 취함에 따른 불이익이 그로 인해 초래되는 이익보다 큰 경우에는 그러한 조치가 취하여져서는 아니 된다(상당성의 원칙). 따라서 재산에 대한 위해를 제거하기 위하여 인신(人身)을 구속하는 것은 이러한 비례의 원칙의 요구에 위배되는 것으로 볼 수 있다.

한편 즉시강제는 최소한으로만 실시하여야 한다고 규정하고 있는 「행정기본법」 제33조 제1항 후단은 이러한 비례의 원칙을 규정한 것으로 볼 수 있다.

(4) 소극성
행정상 즉시강제는 사회공공의 안녕과 질서의 유지를 위하여 필요한 한도 내에 그쳐야 한다.

관련판례

「행정강제는 행정상 강제집행을 원칙으로 하며, 법치국가적 요청인 예측가능성과 법적 안정성에 반하고, 기본권 침해의 소지가 큰 권력작용인 행정상 즉시강제는 어디까지나 예외적인 강제수단이라고 할 것이다. 이러한 행정상 즉시강제는 엄격한 실정법상의 근거를 필요로 할 뿐만 아니라, 그 발동에 있어서는 법규의 범위 안에서도 다시 행정상의 장해가 목전에 급박하고, 다른 수단으로는 행정목적을 달성할 수 없는 경우이어야 하며, 이러한 경우에도 그 행사는 필요 최소한도에 그쳐야 함을 내용으로 하는 조리상의 한계에 기속된다」(헌재결 2002.10.31, 2000헌가12).

2. 절차법적 한계

(1) 영장주의와의 관계

「헌법」은 개인의 자유와 재산을 보호하기 위하여 개인의 신체·재산 및 가택에 대한 침해에 법관의 영장을 요하도록 규정하고 있다(제12조·제16조). 이러한 내용의 영장주의가 행정상 즉시강제에도 적용되는지가 문제된다. 이와 관련하여 「헌법」상의 영장주의는 형사사법권의 행사로부터 국민의 기본권을 보장하기 위한 것이므로 행정상 즉시강제에는 영장주의의 적용이 없다는 영장불요설(令狀不要說)과, 헌법상의 영장주의는 통치권의 부당한 행사로부터 국민의 자유·권리를 보장하기 위한 수단이므로 행정상 즉시강제에도 영장주의가 당연히 통용된다는 영장필요설(令狀必要說)의 대립이 있었다.

그러나 오늘날은 「원칙적으로 헌법상의 영장주의는 행정상 즉시강제에도 적용되어야 한다. 특히 행정상 즉시강제가 형사책임의 추급과 직접적 관련성을 띠는 경우에는 「헌법」상의 영장주의가 그대로 적용된다. 그러나 목전에 급박한 장해를 제거하기 위해서 행해지는 즉시강제의 특수성을 고려할 때 행정목적의 달성에 불가피하다고 인정할 만한 합리적인 사유가 있는 경우에는 영장주의에 대한 예외를 인정할 수밖에 없다」는 절충설이 통설이다. 다만, 절충설에 의하는 경우에도 국민의 기본권보장이라는 점을 고려할 때 영장주의에 대한 예외는 매우 엄격하게 해석되어야 한다.

관련판례

「구 음반·비디오물 및 게임물에 관한 법률 제24조 제3항에 따른 음반·비디오물 및 게임물의 수거와 폐기는 급박한 상황에 대처하기 위한 것으로서 그 불가피성과 정당성이 충분히 인정되는 경우이므로, 이 사건 법률조항이 영장 없는 수거를 인정한다고 하더라도 이를 두고 헌법상 영장주의에 위배되는 것으로는 볼 수 없다」(헌재결 2002.10.31, 2000헌가12).

(2) 증표제시 등

행정상 즉시강제를 실시하기 위하여 현장에 파견되는 집행책임자는 그가 집행책임자임을 표시하는 증표를 보여 주어야 하며, 즉시강제의 이유와 내용을 고지하여야 한다(「행정기본법」 제33조 제2항).

Ⅴ. 행정상 즉시강제에 대한 구제

1. 적법한 즉시강제에 대한 구제

적법한 행정상 즉시강제로 특별한 희생을 입에 대한 구제수단으로는 손실보상을 고려할 수 있다. 다만 현실적으로 손실보상이 행해지기 위해서는 관련 법률에 보상규정이 있어야 한다. 따라서 관련 법률에 보상규정이 없는 경우에는 적법한 행정상 즉시강제로 인하여 손실을 입은 경우에도 손실보상을 받을 수 없는 문제가 발생한다.

한편 이러한 문제는 종래 행정상 즉시강제의 대표적 근거법률로 이해되어 왔던「경찰관 직무집행법」에 보상규정이 없었던 것과 관련하여 논의가 되었던바, 2013년의 법개정을 통하여「경찰관 직무집행법」에 보상규정이 신설되면서 경찰관의 적법한 즉시강제로 인하여 손실을 입은 경우에는 보상을 받을 수 있는 길이 열리게 되었다(제11조의2). 그리고 동 조항을 운영해 본 결과 발생한 문제점을 보완하기 위하여「경찰관 직무집행법」은 2018년에 또 한 차례 개정되었다. 그 결과 경찰관의 적법한 즉시강제로 인하여 ① 손실발생의 원인에 대하여 책임이 없는 자가 생명ㆍ신체 또는 재산상의 손실을 입은 경우(손실발생의 원인에 대하여 책임이 없는 자가 경찰관의 직무집행에 자발적으로 협조하거나 물건을 제공하여 생명ㆍ신체 또는 재산상의 손실을 입은 경우를 포함한다) 또는 ② 손실발생의 원인에 대하여 책임이 있는 자가 자신의 책임에 상응하는 정도를 초과하는 생명ㆍ신체 또는 재산상의 손실을 입은 경우에는 동법에 따라 정당한 보상을 받을 수 있게 되었다.

2. 위법한 즉시강제에 대한 구제

(1) 행정쟁송

위법한 행정상 즉시강제로 인해 법률상 이익을 침해당한 자는 행정심판이나 행정소송을 통해 그의 취소 또는 변경을 구할 수 있다. 다만, 행정상 즉시강제는 성질상 단기간에 행해지는 조치로서 행정쟁송으로 그의 취소 또는 변경을 구할 법률상 이익이 없는 경우가 많으므로, 행정상 즉시강제에 대한 행정쟁송은 즉시강제가 비교적 장기간에 걸쳐서 행해지는 경우(예: 강제격리)에만 생각할 수 있는 구제방법이다.

관련판례

「행정상의 즉시강제와 같은 사실행위는 그 실행이 완료된 이후에 있어서는 그 행위의 위법을 이유로 하는 손해배상 또는 원상회복의 청구를 하는 것은 몰라도 그 사실행위의 취소를 구하는 것은 권리보호의 이익이 없다」(대판 1965.5.31, 65누25).

(2) 손해배상의 청구

행정상 즉시강제가 「국가배상법」상의 공무원의 직무상 불법행위에 해당하는 경우에는 행정상 손해배상을 청구할 수 있다(「국가배상법」 제2조).

(3) 헌법소원

위법한 즉시강제로 기본권을 침해받은 자는 헌법재판소에 헌법소원심판을 청구할 수 있다.

(4) 정당방위

위법한 즉시강제에 대한 구제수단으로 「형법」상의 정당방위를 생각할 수도 있으며, 그 한도에서 위법한 즉시강제에 대한 항거는 —정당방위의 요건을 갖추고 있는 경우라면— 공무집행방해죄를 구성하지 않는다고 보아야 할 것이다. 다만, 국가적 행위는 일반적으로 적법성의 추정을 받는다고 할 것이므로 정당방위를 위법한 즉시강제에 대한 구제수단으로 보는 것은 문제가 있다.

관련판례

「적법성이 결여된 직무행위를 하는 공무원에게 항거하였다고 하여도 그 항거행위가 폭력을 수반한 경우에 폭행죄 등의 죄책을 묻는 것은 별론으로 하고 공무집행방해죄로 다스릴 수는 없다」 (대판 1992.2.11, 91도2797).

(5) 기타의 수단

공무원의 형사책임·징계책임, 직권에 의한 취소, 청원, 고소·고발 등을 위법한 즉시강제에 대한 구제수단으로 열거하는 예도 있으나, 이를 개인을 위한 구제제도로 보는 것은 무리가 있다고 여겨진다.

┃ 제2절 ┃ 행정조사

I. 행정조사의 기본이론

1. 행정조사의 의의

행정조사(行政調査)는 「행정기관이 필요한 정보나 자료 등을 수집하는 '일체의' 행정활동」을 의미하는 것으로 이해되어 왔다. 「행정조사기본법」은 행정조사를 「행정기관이 정책을 결정하거나 직무를 수행하는 데 필요한 정보나 자료를 수집하기 위하여 현장조사·문서열람·시료채취 등을 하거나 조사대상자에게 보고요구·자료제출요구 및 출석·진술요구를 행하는 활동」(제2조 제1호)이라고 정의하고 있다.

한편 행정조사의 개념적 요소와 관련하여서는 '권력적' 조사작용만을 행정조사로 보는 견해도 존재한다. 그러나 행정조사의 경우 '조사'가 중요한 의미를 가지며, 권력성 유무는 부차적 문제일 뿐이라 할 것이므로 권력적 조사작용만을 행정조사로 보는 것은 문제가 있다고 생각한다. 「행정조사기본법」 역시 이와 같은 입장을 전제로 하는 것으로 이해되고 있다(동법 제5조 참조).

2. 행정상 즉시강제와의 구별

오늘날 행정조사로서 논해지는 작용은 종래 행정상 즉시강제에 포함시켜 다루어져 왔다. 그러나 양자는 다음과 같은 점에서 구별된다. 즉,

첫째, 행정조사는 행정작용을 위하여 필요한 자료를 얻기 위하여 행하는 '준비적·보조적 수단'으로서의 성질을 갖는 반면, 행정상 즉시강제는 행정상 필요한 상태의 실현 그 자체를 목적으로 한다.

둘째, 행정조사는 일반적으로 실력행사를 수반하지 않으며 그의 실효성 확보는 행정벌을 통해 행해지는 반면, 행정상 즉시강제는 직접적 실력행사를 통하여 행정목적을 실현한다.

3. 행정조사의 근거

(1) 법률유보의 문제

행정조사를 실시하기 위하여서는 그를 위한 법적 근거가 존재하여야 하는지의 문제가 있다. 생각건대 권력적 행정조사, 특히 개인정보의 수집을 목적으로 하는 조사의 경우에는 당사자의 동의 또는 법률의 수권이 필요하다. 그러나 행정조사에 반드시 법률의 수권을 요한다고 볼 수는 없다. 즉, 국민의 신체나 재산에 대한 직접적 침해를 가져오지 않는 비권력적 행정조사는 별도의 법적 근거 없이 행해질 수도 있다.

「행정기관은 법령 등에서 행정조사를 규정하고 있는 경우에 한하여 행정조사를 실시할 수 있다. 다만, 조사대상자의 자발적인 협조를 얻어 실시하는 행정조사의 경우에는 그러하지 아니하다」고 규정하고 있는 「행정조사기본법」(동법 제5조) 역시 이와 같은 입장에 따르고 있는 것으로 보인다.

(2) 실정법적 근거

행정조사에 관하여는 일반법으로 「행정조사기본법」이 제정되어 있는바(「행정조사기본법」 제3조 참조), 동법은 행정조사에 관한 기본원칙·행정조사의 방법 및 절차 등에 관한 공통적인 사항을 규정함으로써 행정의 공정성·투명성 및 효율성을 높이고, 국민

의 권익을 보호함을 목적으로 한다(동법 제1조).

또한 「행정조사기본법」 이외에 「개인정보보호법」 등 기타 개별법에도 행정조사에 관한 근거규정이 존재한다.

4. 행정조사의 유형

(1) 방법에 의한 구분

행정조사는 그 방법을 기준으로 직접적으로 사람의 신체나 재산에 실력을 가하여 필요한 자료를 수집하는 직접조사와, 직접적으로 사람의 신체나 재산에 실력을 가함이 없이 일정한 사항에 대한 보고 또는 자료의 제출을 하게 하는 간접조사로 구분된다.

(2) 대상에 의한 구분

행정조사는 그 대상을 기준으로 대인적 조사(예: 불심검문, 질문, 신체의 수색), 대물적 조사(예: 장부의 검사, 물건의 수거) 및 대가택적 조사(예: 가택출입 및 수색, 임검)로 구분된다.

(3) 성질(수단)에 이한 구분

행정조사는 그 수단을 기준으로 ① 권력적 행정조사와 ② 비권력적 행정조사로 나누어진다.

5. 행정조사의 한계

(1) 실체적 한계

행정조사는 법률이 인정하는 범위 안에서 행하여져야 하며, 그 밖에도 다음과 같은 기본원칙에 따라 행하여져야 한다(「행정조사기본법」 제4조 참조).

첫째, 행정조사는 조사목적을 달성하는 데 필요한 최소한의 범위 안에서 실시하여야 하며, 다른 목적 등을 위하여 조사권을 남용하여서는 아니 된다(비례의 원칙). 따라서 행정조사가 범죄수사의 목적으로 행해지게 되면 행정조사는 위법한 것이 된다.

둘째, 행정기관은 조사목적에 적합하도록 조사대상자를 선정하여 행정조사를 실시하여야 한다.

셋째, 행정기관은 유사하거나 동일한 사안에 대하여는 공동조사 등을 실시함으로써 행정조사가 중복되지 아니하도록 하여야 한다.

넷째, 행정조사는 법령 등의 위반에 대한 처벌보다는 법령 등을 준수하도록 유지하는 데 중점을 두어야 한다.

다섯째, 행정조사의 대상자 또는 행정조사의 내용을 공표하거나 직무상 알게 된 비밀을 누설하여서는 아니 된다.

여섯째, 행정기관은 행정조사를 통하여 알게 된 정보를 다른 법률에 따라 내부에

434 제4편 행정의 실효성확보수단

서 이용하거나 다른 기관에 제공하는 경우를 제외하고는 원래의 조사목적 이외의 용도로 이용하거나 타인에게 제공하여서는 아니 된다.

(2) 절차적 한계

1) 증표의 휴대·제시　행정조사, 특히 현장조사를 하는 조사원은 그 권한을 나타내는 증표를 지니고 이를 조사대상자에게 내보여야 한다(「행정조사기본법」 제11조 제3항 참조).

2) 영장주의의 문제　행정조사를 위해 압수·수색 등이 필요한 경우 헌법상의 영장주의가 적용됨이 원칙이다. 다만 행정상 즉시강제에 관한 논의에서 보았듯이 예외적으로 영장주의에 대한 예외가 인정될 수 있다.

6. 행정조사의 법적 문제

(1) 사전절차

원활한 행정조사와 상대방의 권익보호를 위하여서는 행정조사의 일시·장소·대상 및 조사이유 등을 사전에 통지하여야 함이 원칙이다. 「행정조사기본법」(제17조) 역시 「행정조사를 실시하고자 하는 행정기관의 장은 출석요구서(동법 제9조), 보고요구서·자료제출요구서(제10조) 및 현장출입조사서(제11조)를 조사개시 7일 전까지 조사대상자에게 서면으로 통지하여야 한다」고 하여 이러한 취지를 명문으로 규정하고 있다.

다만 조사의 성질상 사전에 통지를 하게 되면 적절한 조사가 불가능한 경우에는 조사의 사전통지에 대한 예외를 인정하여야 할 것이다. 「행정조사기본법」 역시 일정한 경우에는 행정조사의 개시와 동시에 출석요구서 등을 조사대상자에게 제시하거나 행정조사의 목적 등을 조사대상자에게 구두로 통지할 수 있음을 규정하고 있다(동법 제17조).

(2) 위법한 조사의 문제

행정조사가 위법하게 행하여진 경우에 이를 기초로 한 행정작용(특히 행정행위)이 당연히 위법한 것이 되는지 여부가 문제되는바, 위법한 조사에 기초하여 행해진 행정행위의 위법성을 일반적으로 인정할 수는 없다고 생각된다. 그러나 (일정한 요건을 갖추어 행하도록 되어 있음에도 불구하고) 법이 요구하는 요건을 무시하여 행정조사로 볼 수 없을 정도의 위법한 행정조사에 기초하여 행정행위가 행하여진 경우에는 위법성이 인정될 수 있다고 보아야 할 것이다.

(3) 실력행사의 허용성

공무원의 적법한 행정조사목적을 위한 출입·검사 등을 상대방이 거부하는 경우 관계공무원이 실력을 행사하여 필요한 행정조사를 강행할 수 있는지 여부가 문제된다. 생각건대 실정법이 명시적으로 규정하고 있지 않는 한 간접적 강제(예: 영업허가의 철회)를 행할 수 있을 뿐, 상대방의 신체나 재산에 대한 직접적 실력행사는 허용되지 않는다.

7. 행정조사에 대한 구제

(1) 적법한 행정조사에 대한 구제

적법한 행정조사로 인하여 손실을 입은 자에 대한 구제수단으로는 행정상 손실보상을 들 수 있으며, 실정법에 이를 명문화하고 있는 경우도 있다(「국토의 계획 및 이용에 관한 법률」 제131조 등).

(2) 위법한 행정조사에 대한 구제

위법한 행정조사에 대한 구제방법으로는 소의 이익이 인정되는 범위 내에서 취소쟁송과 같은 행정쟁송을 통한 구제와, 「국가배상법」 제2조의 배상책임의 요건을 충족하는 범위 내에서 행정상 손해배상을 통한 구제를 생각할 수 있다.

II. 「행정조사기본법」의 주요내용

1. 조사계획의 수립 및 조사대상자의 선정

(1) 연도별 행정조사운영계획의 수립 및 제출(제6조)

행정기관의 장은 매년 12월 말까지 다음 연도의 행정조사운영계획을 수립하여 국무조정실장에게 제출하여야 한다. 한편 국무조정실장은 행정기관의 장이 제출한 행정조사운영계획을 검토한 후 그에 대한 보완을 요청할 수 있으며, 이 경우 행정기관의 장은 특별한 사정이 없는 한 이에 응하여야 한다.

(2) 조사의 주기(제7조)

행정조사는 법령 등 또는 행정조사운영계획으로 정하는 바에 따라 정기적으로 실시함을 원칙으로 한다. 다만 「행정조사기본법」 제7조가 정하는 사유(예: 법률에서 수시조사를 규정하고 있는 경우 등) 중 어느 하나에 해당하는 경우에는 수시조사를 할 수 있다.

(3) 조사대상의 선정(제8조)

행정기관의 장은 행정조사의 목적, 법령준수의 실적, 자율적인 준수를 위한 노력, 규모와 업종 등을 고려하여 명백하고 객관적인 기준에 따라 행정조사의 대상을 선정하여야 한다.

2. 행정조사의 방법

(1) 출석·진술 요구(제9조)

행정기관의 장이 조사대상자의 출석·진술을 요구하는 때에는 출석일시와 장소, 출석요구의 취지 등 일정한 사항이 기재된 출석요구서를 발송하여야 한다. 한편 조사대상자는 지정된 출석일시에 출석하는 경우 업무 또는 생활에 지장이 있는 때에는 행정기관의 장에게 출석일시를 변경하여 줄 것을 신청할 수 있으며, 변경신청을 받은 행정기관의 장은 행정조사의 목적을 달성할 수 있는 범위 안에서 출석일시를 변경할 수 있다.

(2) 보고요구와 자료제출의 요구(제10조)

행정기관의 장은 조사대상자에게 조사사항에 대하여 보고를 요구하는 때에는 일시와 장소, 조사의 목적과 범위 등이 포함된 보고요구서를 발송하여야 한다. 또한 조사대상자에게 장부·서류나 그 밖의 자료를 제출하도록 요구하는 때에는 제출기간, 제출요청사유 등이 기재된 자료제출요구서를 발송하여야 한다.

(3) 현장조사(제11조·제13조)

1) 현장출입조사서의 발송　조사원이 가택·사무실 또는 사업장 등에 출입하여 현장조사를 실시하는 경우에는 행정기관의 장은 조사목적, 조사기간과 장소 등이 기재된 현장출입조사서 또는 법령 등에서 현장조사시 제시하도록 규정하고 있는 문서를 조사대상자에게 발송하여야 한다.

2) 현장조사의 시간적 제한　현장조사는 해가 뜨기 전이나 해가 진 뒤에는 할 수 없다. 다만 조사대상자가 동의한 경우, 사무실 또는 사업장 등의 업무시간에 행정조사를 실시하는 경우 또는 해가 뜬 후부터 해가 지기 전까지 행정조사를 실시하는 경우에는 조사목적의 달성이 불가능하거나 증거인멸로 인하여 조사대상자의 법령 등의 위반 여부를 확인할 수 없는 경우에는 그러하지 아니하다.

3) 증표의 휴대·제시　현장조사를 하는 조사원은 그 권한을 나타내는 증표를 지니고 이를 조사대상자에게 내보여야 한다.

4) 자료 등의 영치　조사원은 현장조사 중에 자료·서류·물건 등(이하 자료 등이라 함)을 영치할 수 있는바, 자료 등을 영치하게 되면 조사대상자의 생활이나 영업이 사실상 불가능하게 될 우려가 있는 때에는 자료 등을 사진으로 촬영하거나 사본을 작성하는 등의 방법으로 영치에 갈음할 수 있다. 다만, 증거인멸의 우려가 있는 자료 등을 영치하는 경우에는 그러하지 아니하다.

(4) 시료채취(제12조)

조사원이 조사목적의 달성을 위하여 시료(試料)를 채취하는 경우에는 그 시료의 소유자 및 관리자의 정상적인 경제활동을 방해하지 아니하는 범위 안에서 최소한도로 하여야 하며, 시료채취로 조사대상자에게 손실을 입힌 때에는 대통령령으로 정하는 절차와 방법에 따라 그 손실을 보상하여야 한다.

(5) 중복조사의 제한(제15조)

정기조사 또는 수시조사를 실시한 행정기관의 장은 동일한 사안에 대하여 동일한 조사대상자를 재조사하여서는 아니 된다. 다만 당해 행정기관이 이미 조사를 받은 조사대상자에 대하여 위법행위가 의심되는 새로운 증거를 확보한 경우에는 그러하지 아니하다.

3. 행정조사의 실시

(1) 개별조사계획의 수립(제16조)

행정조사를 실시하고자 하는 행정기관의 장은 사전통지를 하기 전에 개별조사계획을 수립하여야 한다. 다만 행정조사가 시급하여 행정조사계획을 수립할 수 없는 경우에는 행정조사에 대한 결과보고서로 개별조사계획을 갈음할 수 있다.

(2) 조사의 사전통지(제17조, 전술참조)

(3) 제3자에 대한 보충조사(제19조)

조사대상자에 대한 조사만으로는 당해 행정조사의 목적을 달성할 수 없거나 조사대상이 되는 행위에 대한 사실 여부 등을 입증하는 데 과도한 비용 등이 소요되는 경우가 있다. 이러한 경우 행정기관의 장은 다른 법률에서 제3자에 대한 조사를 허용하고 있거나, 제3자의 동의가 있는 경우에는 제3자에 대하여 보충조사를 할 수 있다.

(4) 행정조사의 거부(제20조)

행정기관의 장이 조사대상자의 자발적인 협조를 얻어 행정조사를 실시하고자 하는 경우 조사대상자는 문서·전화·구두 등의 방법으로 당해 행정조사를 거부할 수 있다. 조사대상자가 조사에 응할 것인지에 대한 응답을 하지 아니하는 경우에는 법령 등에 특별한 규정이 없는 한 그 조사를 거부한 것으로 본다.

(5) 의견제출(제21조)

조사대상자는 사전통지의 내용에 대하여 행정기관의 장에게 의견을 제출할 수 있으며, 행정기관의 장은 조사대상자가 제출한 의견이 상당한 이유가 있다고 인정하는 경우에는 이를 행정조사에 반영하여야 한다.

(6) 조사권 행사의 제한(제23조)

조사원은 사전에 발송된 사항에 한하여 조사대상자를 조사하되, 사전통지한 사항과 관련된 추가적인 행정조사가 필요할 경우에는 조사대상자에게 추가조사의 필요성과 조사내용 등에 관한 사항을 서면이나 구두로 통보한 후 추가조사를 실시할 수 있다. 조사대상자는 법률·회계 등에 대하여 전문지식이 있는 관계 전문가로 하여금 행정조사를 받는 과정에 입회하게 하거나 의견을 진술하게 할 수 있다.

(7) 조사결과의 통지(제24조)

행정기관의 장은 법령 등에 특별한 규정이 있는 경우를 제외하고는 행정조사의 결과를 확정한 날부터 7일 이내에 그 결과를 조사대상자에게 통지하여야 한다.

4. 자율관리체제의 구축 등

(1) 자율신고제도(제25조)

행정기관의 장은 법령 등에서 규정하고 있는 조사사항을 조사대상자로 하여금 스스로 신고하도록 하는 제도를 운영할 수 있으며, 조사대상자가 스스로 신고한 내용이 거짓의 신고라고 인정할 만한 근거가 있거나 신고내용을 신뢰할 수 없는 경우를 제외하고는 그 신고내용을 행정조사에 갈음할 수 있다.

(2) 자율관리체제의 구축(제26조)

행정기관의 장은 자율관리체제[3]의 기준을 마련하여 고시할 수 있으며, 조사대상자 및 조사대상자가 법령 등에 따라 설립하거나 자율적으로 설립한 단체 또는 협회는 고시된 자율관리체제의 기준에 따라 자율관리체제를 구축하여 대통령령으로 정하는 절차와 방법에 따라 행정기관의 장에게 신고할 수 있다. 한편 국가와 지방자치단체는 행정사무의 효율적인 집행과 법령 등의 준수를 위하여 조사대상자의 자율관리체제 구축을 지원하여야 한다.

(3) 자율관리에 대한 혜택의 부여(제27조)

행정기관의 장은 자율신고를 하는 자와 자율관리체제를 구축하고 자율관리체제의 기준을 준수한 자에 대하여는 법령 등으로 규정한 바에 따라 행정조사의 감면 또는 행정·세제상의 지원을 하는 등 필요한 혜택을 부여할 수 있다.

---

3) 여기서 자율관리체제란 조사대상자가 자율적으로 행정조사사항을 신고·관리하고, 스스로 법령 준수사항을 통제하도록 하는 체제를 말한다(「행정조사기본법」 제26조 제1항 참조).

제4장

행 정 벌

▌제1절 ▌개   설

I. 행정벌의 의의

행정벌(Verwaltungsstrafe)이란 행정법상의 의무위반에 대하여 일반통치권에 근거하여 과하는 제재로서의 처벌을 말한다. 행정벌이 과하여지는 비행을 행정범(行政犯)이라고 한다.

행정벌은 직접적으로는 과거의 의무위반에 대한 제재를 가함으로써 행정법규의 실효성 확보를 목적으로 한다. 그러나 간접적으로는 의무자에게 심리적 압박을 가함으로써 장래의 의무이행을 확보하는 기능도 갖는다.

II. 행정벌의 성질

1. 징계벌과의 구별

행정벌은 행정법상의 의무위반에 대하여 '일반통치권'에 근거하여 과하는 제재라는 점에서, 특별권력관계 내부의 질서를 유지하기 위하여 '특별권력'에 근거하여 과하는 제재인 징계벌과 구별된다.

행정벌과 징계벌은 이처럼 그의 대상이나 권력의 기초 등에 있어 차이가 있으므로 양자를 병과(倂科)할 수 있으며, 병과하여도 일사부재리의 원칙에 저촉되지 않는다.

2. 이행강제금과의 구별

행정벌은 과거의 '의무위반'에 대한 제재로서 과하는 벌이란 점에서, 행정법상의 '의무불이행'이 있는 경우에 장래의 의무이행을 확보하기 위해 과하는 이행강제금과 구별된다.

3. 형사벌과의 구별

행정벌(특히 형벌을 수단으로 하는 행정형벌)과 형사벌의 구별을 부정하는 견해도 있으나, 지배적 견해는 양자의 구별을 긍정하고 있다.

(1) 구별의 기준 — 비행(非行)의 성질

행정형벌과 형사벌의 구별기준에 관하여 통설은「형사벌이 과해지는 형사범이 법규를 기다리지 않고도 반사회성·반도덕성이 인정될 수 있는 행위로서 자연범(自然犯)의 성질을 갖는 데 대하여, 행정벌이 과해지는 행정범은 법규가 정한 명령·금지에 위반함으로써 비로소 반사회성·반도덕성을 띠게 되는 행위로서 법정범(法定犯)의 성질을 갖는 점에서 양자는 구별된다」고 설명하고 있다. 한편 이러한 점을 고려할 때 행정벌에 관한 법규는 행위규범과 재판규범을 아울러 규정하는 것이 일반적이라고 할 수 있으며, 형벌에 관한 법규는 재판규범만을 규정하는 것이 일반적이라고 볼 수 있다.

(2) 구별의 상대화

사회관·윤리관의 변화 내지 발달로 인하여 행정벌(및 행정범)과 형사벌(및 형사범)의 구별이 애매해지기도 하고, 때로는 양자가 서로 전화(轉化)될 수도 있다. 따라서 양자의 구별은 상대화되어 가고 있다고 할 수 있다.

III. 행정벌의 근거

1. 행정형벌과 죄형법정주의

형법상의 죄형법정주의의 원칙은 행정형벌에도 그대로 적용된다. 따라서 행정형벌을 부과하기 위해서는 반드시 법률에 근거가 있어야 한다. 한편 법률은 행정형벌규정을 정립할 수 있는 권한을 법규명령(특히 위임명령)에 위임할 수 있으나, 이 경우에는 처벌대상이 되는 행위의 구성요건, 벌칙의 최고한도를 구체적으로 정하여 위임하여야 한다.

2. 행정질서벌과 죄형법정주의

(1) 행정질서벌에의 죄형법정주의 적용여부

형벌을 수단으로 하는 행정형벌에 죄형법정주의가 적용됨은 의문의 여지가 없는 것에 반하여, 행정질서벌은 형벌이 아닌 과태료를 수단으로 하는 까닭에 행정질서벌에도 죄형법정주의가 적용되는지가 다투어져 왔다. 이 문제에 관하여 헌법재판소는 종래 부정적 입장을 취하여 왔다(이하의 관련판례 참조). 그러나「질서위반행위규제법」제6조가「법률에 따르지 아니하고는 어떤 행위도 질서위반행위로 과태료를 부과하지 아니한다」고 규정하고 있음을 고려할 때 그러한 헌법재판소의 입장이 그대로 유지될 수 있는지는 의문시되며, 근래의 행정법문헌들은 행정벌(행정질서벌 포함)에도 죄형법정주의가 적용되는 것으로 설명하는 것이 일반적이다.

관련판례

「죄형법정주의는 무엇이 범죄이며 그에 대한 형벌이 어떠한 것인가는 국민의 대표로 구성된 입법부가 제정한 법률로써 정하여야 한다는 원칙인데, 부동산등기특별조치법 제11조 제1항 본문 중 제2조 제1항에 관한 부분이 정하고 있는 과태료는 행정상의 질서유지를 위한 행정질서벌에 해당할 뿐 형벌이라고 할 수 없어 죄형법정주의의 규율대상에 해당하지 아니한다」(헌재결 1998. 5.28, 96헌바83).

(2) 조례에 근거한 과태료부과
지방자치단체에게도 조례의 방법으로 벌칙을 정립할 수 있는 권한이 부여되어 있다(「지방자치법」 제28조).

┃ 제2절 ┃ 행정벌의 종류

Ⅰ. 행정형벌

1. 의 의
행정형벌은 행정법상의 의무위반에 대한 제재로서「형법」상의 형(사형·징역·금고·구류·자격정지·자격상실·벌금·과료·몰수)을 과하는 행정벌을 말한다.

2. 형법총칙의 적용여부 및 과벌절차
행정형벌에 대해서는 특별한 규정이 없는 한 원칙적으로 형법총칙이 적용되며, 행정형벌은 형사소송절차에 따라 법원이 부과하는 것이 원칙이다(행정형벌의 과벌절차에 대한 예외로서의 통고처분과 즉결심판에 관하여는 후술 참조).

II. 행정질서벌

1. 의 의

　행정질서벌은 행정법상의 의무위반에 대한 제재로서 과태료가 과해지는 행정벌이다. 행정형벌이 '직접적으로' 행정목적을 침해하는 행위에 대하여 부과되는 것에 반하여, 행정질서벌은 신고나 서류비치 등의 의무를 위반함으로 인하여 '간접적으로' 행정목적의 달성에 장해를 미칠 위험성이 있는 행위에 대한 제재로서 과하여지는 것이 일반적이다. 다만 이러한 원론적인 구별에도 불구하고 헌법재판소는 행정법규위반행위에 대하여 어떠한 제재를 가할 것인가는 입법자의 재량에 속한다고 판시한 바 있다.

관련판례

「행정법규 위반행위에 대하여, 이를 단지 간접적으로 행정상의 질서에 장해를 줄 위험성이 있음에 불과한 경우(단순한 의무태만 내지 의무위반)로 보아 행정질서벌인 과태료를 과할 것인가, 아니면 직접적으로 행정목적과 공익을 침해한 행위로 보아 행정형벌을 과할 것인가, 그리고 행정형벌을 과할 경우 그 법정형의 형종과 형량을 어떻게 정할 것인가는, 당해 위반행위가 위의 어느 경우에 해당하는가에 대한 법적 판단을 그르친 것이 아닌 한 그 처벌내용은 기본적으로 입법권자가 제반 사정을 고려하여 결정할 그 입법재량에 속하는 문제라고 할 수 있다」(헌재결 1994. 4. 28, 91헌바14).

2. 형법총칙의 적용여부 및 과벌절차

　행정질서벌은 과태료를 수단으로 하기 때문에 행정질서벌에 대하여는 형법총칙이 적용되지 아니한다. 한편 행정질서벌에 대하여는 종래 통칙적 규정이 존재하지 않아 행정질서벌인 과태료의 부과절차 등의 불명확성이 존재하였다. 이러한 문제점을 개선하고자「질서위반행위규제법」을 제정하여 2008년부터 시행하고 있는데, 그에 따르면 행정질서벌인 과태료는 행정청이「질서위반행위규제법」에 따라 서면으로 부과하는 것이 원칙이다.

3. 과태료의 부과·징수권과 소멸시효

(1) 과태료부과권

　과태료부과권에도「국가재정법」상의 소멸시효에 관한 규정이 적용될 수 있는지가 다투어지고 있는바, 법원은 이를 부정한 바 있다. 한편 과태료부과권의 시효, 즉 과태료의 처벌권의 시효를 과태료결정 후 과태료 징수의 시효의 문제와 혼동하여서는 아니

된다.

(2) 과태료징수권

과태료는 행정청의 과태료 부과처분이나 법원의 과태료 재판이 확정된 후 5년간 징수하지 아니하거나 집행하지 아니하면 시효로 인하여 소멸한다(「질서위반행위규제법」 제15조 제1항).

관련판례

「과태료의 제재는 범죄에 대한 형벌이 아니므로 그 성질상 처음부터 공소시효(형사소송법 제249조)나 형의 시효(형법 제78조)에 상당하는 것은 있을 수 없고, 이에 상당하는 규정도 없으므로 일단 한번 과태료에 처해질 위반행위를 한 자는 그 처벌을 면할 수 없는 것이며, 예산회계법 제96조 제1항은 "금전의 급부를 목적으로 하는 국가의 권리로서 시효에 관하여 다른 법률에 규정이 없는 것은 5년간 행사하지 아니할 때에는 시효로 인하여 소멸한다."고 규정하고 있으므로 과태료결정 후 징수의 시효, 즉 과태료 재판의 효력이 소멸하는 시효에 관하여는 국가의 금전채권으로서 예산회계법에 의하여 그 기간은 5년이라고 할 것이지만, 위반행위자에 대한 과태료의 처벌권을 국가의 금전채권과 동일하게 볼 수는 없으므로 예산회계법 제96조에서 정해진 국가의 금전채권에 관한 소멸시효의 규정이 과태료의 처벌권에 적용되거나 준용되지는 않는다」(대판 2000.8.24, 2000마1350).

Ⅲ. 행정질서벌과 행정형벌의 병과가능성 등

1. 행정질서벌과 행정형벌의 병과가능성

동일한 행위를 대상으로 행정질서벌과 행정형벌을 병과할 수 있는가? 이 문제에 관하여는 양자 간의 차이점에 주목하여 양자를 병과할 수 있다고 보는 견해와, 양자는 모두 행정벌의 성질을 가지므로 병과할 수 없다는 견해의 대립이 있다.

이 문제에 대하여 우리나라의 많은 행정법교재들은 (이하의 관련판례를 적시하면서) 대법원과 헌법재판소가 이 문제에 관하여 근본적으로 입장을 달리하고 있다고 설명하고 있다. 즉, 대법원은 행정질서벌과 행정형벌의 병과를 인정하고 있는 것에 반하여(관련판례 ① 참조), 헌법재판소는 행정질서벌과 행정형벌의 병과를 부정하고 있다는 것이다(관련판례 ② 참조). 그러나 이러한 설명방식은 커다란 문제점을 안고 있다고 생각한다. 왜냐하면 대법원의 판례가 위반사실의 동일성이 인정되지 않는 경우에 관한 것인 반면에, 헌법재판소의 결정은 위반사실의 동일성이 인정되는 경우에 관한 것으로서 양자는 그 판단대상을 전혀 달리하기 때문이다.

결론적으로 이 문제에 대하여는 「위반사실의 동일성이 인정되지 않는 경우에는 양자의 병과가 가능하고, 위반사실의 동일성이 인정되는 경우라면 양자의 병과가 불가능하다」라고 이해하는 것이 타당하다고 생각한다.[1] 그리고 이렇게 이해하게 되면 대법원과 헌법재판소의 입장이 서로 모순되는 것이 아니라는 것을 알 수 있다.

관련판례

① 「행정법상의 질서벌인 과태료의 부과처분과 형사처벌은 그 성질이나 목적을 달리하는 별개의 것이므로 행정법상의 질서벌인 과태료를 납부한 후에 형사처벌을 한다고 하여 이를 일사부재리의 원칙에 반하는 것이라고 할 수는 없다」(대판 1996.4.12, 96도158, 同旨판례: 대판 1989.6.13, 88도1983).

② 「행정질서벌로서의 과태료는 행정상 의무의 위반에 대하여 국가가 일반통치권에 기하여 과하는 제재로서 형벌(특히 행정형벌)과 목적·기능이 중복되는 면이 없지 않으므로, 동일한 행위를 대상으로 하여 형벌을 부과하면서 아울러 행정질서벌로서의 과태료까지 부과한다면 그것은 이중처벌금지의 기본정신에 배치되어 국가입법권의 남용으로 인정될 여지가 있음을 부정할 수 없다」(헌재결 1994.6.30, 92헌바38).

2. 행정질서벌과 형사벌의 병과가능성

행정질서벌은 형사벌과는 근본적으로 그 목적이나 성격을 달리하므로 행정질서벌을 받고 난 후에 형사처벌을 받는다고 하여 일사부재리의 원칙에 반하는 것이 아니다.

관련판례

「피고인이 행형법에 의한 징벌을 받아 그 집행을 종료하였다고 하더라도 행형법상의 징벌은 수형자의 교도소 내의 준수사항위반에 대하여 과하는 행정상의 질서벌의 일종으로서 형법 법령에 위반한 행위에 대한 형사책임과는 그 목적, 성격을 달리하는 것이므로 징벌을 받은 뒤에 형사처벌을 한다고 하여 일사부재리의 원칙에 반하는 것은 아니다」(대판 2000.10.27, 2000도3874).

3. 행정(형)벌과 행정처분의 병과

행정(형)벌과 행정처분은 그 성질 내지 목적을 전혀 달리하므로 양자를 병과할 수 있으며, 따라서 양자를 병과하여도 일사부재리원칙에 어긋나는 것이 아니다.

관련판례

① 「운행정지처분의 사유가 된 사실관계로 자동차 운송사업자가 이미 형사처벌을 받은 바 있다

---

1) 동지: 김남진·김연태, 행정법 I, 법문사, 2021, 594쪽 이하.

하여 피고(서울특별시장)의 자동차운수사업법 제31조를 근거로 한 운행정지처분이 일사부재리의 원칙에 위반된다 할 수 없다」(대판 1983.6.14, 82누439).
② 「행정처분과 형벌은 각각 그 권력적 기초, 대상, 목적이 다르다. 일정한 법규 위반 사실이 행정처분의 전제사실이자 형사법규의 위반 사실이 되는 경우에 동일한 행위에 관하여 독립적으로 행정처분이나 형벌을 부과하거나 이를 병과할 수 있다. 법규가 예외적으로 형사소추 선행 원칙을 규정하고 있지 않은 이상 형사판결 확정에 앞서 일정한 위반사실을 들어 행정처분을 하였다고 하여 절차적 위반이 있다고 할 수 없다」(대판 2017.6.19, 2015두59808).

4. 행정형벌의 행정질서벌화

우리나라의 경우 종래 실정법이 경미한 행정법규위반사항에 대하여도 행정형벌을 규정함으로써 행정형벌의 과잉현상을 초래하였였다. 이에 과거에 행정형벌을 과하던 것을 행정질서벌로 대체하는 작업이 오래전부터 광범하게 진행되었던바, 이러한 변화의 동기는 전과자의 양산을 방지하고 범칙금의 징수를 용이하게 하려는 데서 찾아볼 수 있다.

미국의 민사금전벌(民事金錢罰, Civil Money Penalty) 제도와 독일의 「질서위반법」상의 과태료제도는 행정형벌로 되어 있는 많은 벌칙을 과태료로 전환하는 데 참고가 될 것이다.

‖ 제3절 ‖ 행정형벌의 특수성

Ⅰ. 행정형벌과 형법총칙

1. 행정형벌에 대한 형법총칙의 적용

타 법령이 특별한 규정을 두고 있지 않는 한, 행정형벌에 대해서는 원칙적으로 형법총칙이 적용되어야 한다(「형법」 제8조 참조). 한편 여기서 '특별한 규정'이란 성문의 규정과 당해 규정 자체의 성질상 인정되는 특수성을 의미한다.[2)]

---

2) 예전에는 여기서의 특별한 규정이 성문의 규정 이외에 조리까지 포함한다는 견해도 있었다. 그러나 죄형법정주의의 원칙에 비추어 볼 때 형벌법규의 해석과 적용은 엄격하여야 한다는 점이 강조되면서, 오늘날은 이러한 견해는 현실적으로 찾아볼 수 없게 되었다.

2. 행정형벌에 관한 특별규정

행정형벌에 대하여는 전술한 특별한 규정에 의해 형법총칙의 적용이 배제되거나 변형될 수 있는데, 그 구체적 예로는 다음과 같은 것을 들 수 있다.

(1) 범 의

행정범의 성립에도 범의(犯意)가 있어야 하며, 과실이 있는 경우에는 특히 명문의 규정이 있거나 해석상 과실범도 벌한다는 취지가 명백한 경우에만 범죄가 성립한다. 따라서 이러한 관점에서는 행정범의 범의와 과실에 대해서는 형법총칙이 그대로 적용된다고 할 수 있다. 한편 과실범도 벌한다는 취지로 볼 수 있는 예에 관하여는 이하의 판례 참조.

관련판례

「구 대기환경보전법의 입법목적이나 제반 관계규정의 취지 등을 고려하면, 법정의 배출허용기준을 초과하는 배출가스를 배출하면서 자동차를 운행하는 행위를 처벌하는 위 법 제57조 제6호의 규정은 자동차의 운행자가 그 자동차에서 배출되는 배출가스가 소정의 운행 자동차 배출허용기준을 초과한다는 점을 실제로 인식하면서 운행한 고의범의 경우는 물론 과실로 인하여 그러한 내용을 인식하지 못한 과실범의 경우도 함께 처벌하는 규정이다」(대판 1993.9.10, 92도1136).

---

(2) 위법성의 인식

「형법」제16조는「자기의 행위가 법령에 의하여 죄가 되지 아니하는 것으로 오인한 행위는 그 오인에 정당한 이유가 있는 때에 한하여 벌하지 아니한다」고 하여 금지착오 (禁止錯誤)에 대하여 규정하고 있는바, 이러한 금지착오에 관한 규정은 원칙적으로 행정형벌에도 그대로 적용된다. 그러나 행정범은 실정법에 의하여 비로소 범죄가 성립되는 것이므로 행정범에 있어서는 행위자가 구체적인 행정법규에 대한 인식이 없는 결과 그 위법성을 인식하지 못하는 경우가 빈번히 발생할 수 있음을 고려할 때, 「형법」제16조가 행정범에 대하여 언제나 타당하다고 할 수는 없다. 이러한 사정을 고려하여 개별법에서 「형법」제16조의 적용을 배제하는 명문규정을 두고 있는 경우가 많다(「담배사업법」제31조 등).

한편 과거의 형법이론에서는 위법성의 인식에 관한 문제를 고의와 결부시켜 설명하였던바, 행정법이론에 있어서도 그러한 형법이론에 따라「형법」제16조와 관련하여 「형사범의 경우에 있어서는 범의의 성립에 위법성의 '인식가능성'을 요하는 반면(「형법」제16조 참조), 행정범의 경우에 있어서는 범의의 성립에 위법성의 '인식'을 요한다는 점에서 양자 간의 차이를 발견할 수 있다」라는 설명이 행하여졌었다. 그러나 근래의 형법이론이 위법성의 인식을 고의와 별개의 독자적 책임요소로 이해하고 있음을 고려할 때[3] 이러한 설명방식은 피하는 것이 좋다고 생각한다.

(3) 책임능력

형사범에 있어서는 14세 되지 아니한 자의 행위는 벌하지 아니하고(「형법」제9조), 심신장애인의 행위는 이를 벌하지 아니하거나 그 형을 감경하며(동법 제10조), 듣거나 말하는 데 모두 장애가 있는 사람의 행위에 대해서는 형을 감경한다(동법 제11조). 그러나 행정형벌에 있어서는 이에 대한 예외를 인정하는 규정을 두는 예도 있다(「담배사업법」제31조).

(4) 법인의 책임

형사범에 있어서는 법인은 범죄능력을 갖지 않는 것으로 보는 것이 일반적이며, 따라서 법인을 처벌하는 경우 또한 찾아볼 수 없다. 그러나 행정범에 있어서는 법인의 대표자, 법인의 대리인·사용인 및 기타 종업원이 법인의 업무에 관하여 의무를 위반한 경우에 행위자뿐만 아니라 법인에 대해서도 처벌하는 경우가 있다(「소방기본법」제55조, 「문화재보호법」제102조 등). 그리고 이처럼 법인의 처벌을 인정하는 특별한 규정이 있는 경우에는 법인도 범죄능력을 가질 수 있다는 것이 통설적 견해이다.[4] 한편 법인을 처벌하는 경우 그 형벌은 성질상 벌금, 과료, 몰수와 같은 금전벌을 내용으로 하게 된다.

1) 법인의 책임의 성질   법인의 책임의 성질에 관하여는 법인의 대표자의 행위에 대한 법인의 책임은 직접책임이며, 법인의 대리인이나 사용인 등의 행위에 대한 법인의 책임은 감독의무의 해태에 대한 과실책임의 성질을 갖는다는 것이 지배적 견해이다. 아울러 법인을 처벌하기 위해서는 그를 인정하는 명문의 규정이 있어야 한다는 것에 대해서도 의견이 일치하고 있다(통설·판례).

2) 양벌주의에 관한 법적 문제   행정벌에 관한 행정법규는 법인과 행위자를 함께 처벌하는 양벌주의를 채택하고 있는 경우가 많은데, 이와 관련하여 여기서의 법인에 국가나 지방자치단체도 포함되는지가 문제되고 있다.

일단 국가는 여기서의 법인에 포함되지 않는다고 보는 것이 다수설과 판례의 입장이다. 이에 반하여 지방자치단체의 경우에는 지방자치단체가 기관위임사무를 수행하는 경우에는 국가의 행정조직으로 활동하는 것으로 보아 행정형벌을 부과할 수 없지만, 자치사무를 수행하는 경우에는 양벌주의가 적용되는 법인에 해당한다고 보아야 한다

---

3) 「형법」에 있어서 위법성의 인식에 대한 이해, 특히 그 체계적 지위에 관하여는 이재상, 형법총론, 박영사, 2009, 320쪽 이하; 신동운, 형법총론, 법문사, 2014, 400쪽 이하 참조.

4) 법인의 범죄능력을 인정하는 통설적 견해에 대하여는 「법인의 범죄능력은 형사범, 행정범에 있어서 모두 부정된다. 따라서 범죄능력이 없는 법인을 처벌하는 것은 단속상의 편의 내지 정책적 이유에서 과하는 입법정책상의 처벌을 의미할 뿐이다」라는 반론이 제기되어 있다.

는 것이 법원의 입장이다.

「지방자치단체 소속 공무원이 압축트럭 청소차를 운전하여 고속도로를 운행하던 중 제한축중을 초과 적재 운행함으로써 도로관리청의 차량운행제한을 위반한 사안에서, 해당 지방자치단체가 도로법 제86조의 양벌규정에 따른 처벌대상이 된다」(대판 2005.11.10, 2004도2657).

(5) 타인의 비행(非行)에 대한 책임

형사범의 경우에는 현실의 행위자 이외의 자를 처벌하는 일이 없다. 그러나 행정범에 있어서는 현실의 행위자 이외의 자, 예컨대 행정법상의 의무를 부담하는 자를 처벌하는 경우가 있다. 미성년자나 피성년후견인의 행위에 대하여 법정대리인을 처벌하거나, 양벌규정을 두어 행위자 이외에 사업주까지도 처벌하는 경우 등이 그러한 예에 해당한다. 다만 타인의 비행에 대한 책임은 명문의 규정이 있는 경우에만 인정될 수 있다.

한편 법인의 업무에 관하여 행위자가 범법(犯法)행위를 한 경우에 행위자를 벌하는 외에 법인에 대해서도 벌금 등의 행정형벌을 과하는 것과 관련하여 헌법재판소가 그를 책임주의에 반하기 때문에 헌법에 위반되는 것으로 판시한 바 있음은 주목을 요한다. 그리고 이러한 헌법재판소의 결정에 따라 상당수의 법률이 법인의 처벌을 내용으로 하는 양벌규정을 삭제하였다

「이 사건 법률조항은 영업주가 고용한 종업원 등이 그 업무와 관련하여 위반행위를 한 경우에, 그와 같은 종업원 등의 범죄행위에 대해 영업주가 비난받을 만한 행위가 있었는지 여부와는 전혀 관계없이 종업원 등의 범죄행위가 있으면 자동적으로 영업주도 처벌하도록 규정하고 있다. 한편, 이 사건 법률조항을 '영업주가 종업원 등에 대한 선임·감독상의 주의의무를 위반한 과실 기타 영업주의 귀책사유가 있는 경우에만 처벌하도록 규정한 것'으로 해석할 수 있는지가 문제될 수 있으나, 합헌적 법률해석은 법률조항의 문언과 목적에 비추어 가능한 범위 안에서의 해석을 전제로 하는 것이므로 위와 같은 해석은 허용되지 않는다. 결국, 이 사건 법률조항은 아무런 비난받을 만한 행위를 한 바 없는 자에 대해서까지, 다른 사람의 범죄행위를 이유로 처벌하는 것으로서 형벌에 관한 책임주의에 반하므로 헌법에 위반된다」(헌재결 2009.7.30, 2008헌가10[5]).

또한 개별법령에서 행정벌의 대상자를 업무주(業務主)로 한정하고 있는 경우에 업

---

5) 동지판례: 헌재결 2009.7.30, 2008헌가17.

무주는 아니나 실제 그 업무를 집행한 자에 대하여도 처벌이 가능한지 여부에 대해서도 논란이 있는바, 판례는 긍정적 입장을 나타내고 있다.

관련판례

「적용대상자가 업무주 등으로 한정된 벌칙규정임에도 불구하고 양벌규정에서 '행위자를 벌'한다고 규정한 입법 취지는 위의 어느 경우든 업무주를 대신하여 실제로 업무를 집행하는 자임에도 불구하고 벌칙규정의 적용대상자로 규정되어 있지 아니하여 벌칙규정만으로는 처벌할 수 없는 위반행위자를 양벌규정에 의하여 처벌할 수 있도록 함으로써 벌칙규정의 실효성을 확보하는 데에 있음이 분명하다」(대판 1999.7.12, 95도2870).

---

(6) 공 범

행정법규에는 공범에 관한 「형법」규정의 적용을 배제하는 경우가 많다. 공동정범·교사범(敎唆犯)·종범(從犯)의 규정을 배제하거나(「선박법」제39조), 교사범 등의 종범의 형을 감경하는 규정을 배제하여 종범을 정범(正犯)으로 처벌하는 경우(「담배사업법」제31조) 등이 그러한 에에 해당한다.

(7) 누범·경합범·작량감경

행정범에 있어서는 누범(累犯)·경합범(競合犯)·작량감경(酌量減輕)에 관한 「형법」규정의 적용을 배제하는 경우(「담배사업법」제31조 등)가 있다.

II. 행정형벌의 과벌절차

행정형벌은 「형사소송법」상의 절차에 따라 법원에서 부과하는 것이 원칙이지만 이에 대하여는 다음과 같은 중대한 예외가 있다.

1. 통고처분

(1) 의의 및 기능

통고처분이란 형사소송절차에 대신하여 행정청이 일정금액(범칙금)의 납부를 명하는 행위를 말하며, 현행법상 조세범·관세범·출입국관리사범 및 도로교통사범 등에 대하여 인정된다. 이러한 통고처분은 전과자의 발생방지, 법원의 부담완화 등의 기능을 갖는 것으로 설명되고 있으며, 특히 「도로교통법」상의 통고처분의 기능에 관하여는 이하의 헌법재판소의 결정 참조.

관련판례

「도로교통법상의 통고처분은 처분을 받은 당사자의 임의의 승복을 발효요건으로 하고 있으며, 행정공무원에 의하여 발하여지는 것이지만, 통고처분에 따르지 않고자 하는 당사자에게는 정식 재판의 절차가 보장되어 있다. 통고처분 제도는 ① 경미한 교통법규 위반자로 하여금 형사처벌 절차에 수반되는 심리적 불안, 시간과 비용의 소모, 명예와 신용의 훼손 등의 여러 불이익을 당하지 않고 범칙금 납부로써 위반행위에 대한 제재를 신속·간편하게 종결할 수 있게 하여 주며, 교통법규 위반행위가 홍수를 이루고 있는 현실에서 ② 행정공무원에 의한 전문적이고 신속한 사건처리를 가능하게 하고, ③ 검찰 및 법원의 과중한 업무 부담을 덜어 준다. 또한 ④ 통고처분제 도는 형벌의 비범죄화 정신에 접근하는 제도이다」(헌재결 2003.10.30, 2002헌마275).

한편 통고처분이 국민의 법관에 의한 재판받을 권리를 침해할 수 있다는 지적이 있었던바, 헌법재판소는 통고처분의 합헌성을 인정한 바 있다.

관련판례

「통고처분은 상대방의 임의의 승복을 그 발효요건으로 하기 때문에 그 자체만으로는 통고이행을 강제하거나 상대방에게 아무런 권리의무를 형성하지 않으므로 행정심판이나 행정소송의 대상으로서의 처분성을 부여할 수 없고, 통고처분에 대하여 이의가 있으면 통고내용을 이행하지 않음으로써 고발되어 형사재판절차에서 통고처분의 위법·부당함을 얼마든지 다툴 수 있기 때문에 관세법 제38조 제3항 제2호가 법관에 의한 재판받을 권리를 침해한다든가 적법절차의 원칙에 저촉된다고 볼 수 없다」(헌재결 1998.5.28, 96헌바4).

(2) 통고처분의 성질 ― 처분성 여부

통고처분은 통고'처분'이라는 명칭에도 불구하고 행정쟁송법상의 처분에 해당하지 아니하며, 따라서 행정소송의 대상이 될 수 없다.

관련판례

「도로교통법 제118조에서 규정하는 경찰서장의 통고처분은 행정소송의 대상이 되는 행정처분이 아니므로 그 처분의 취소를 구하는 소송은 부적법하고, 도로교통법상의 통고처분을 받은 자가 그 처분에 대하여 이의가 있는 경우에는 통고처분에 따른 범칙금의 납부를 이행하지 아니함으로써 경찰서장의 즉결심판청구에 의하여 법원의 심판을 받을 수 있게 될 뿐이다」(대판 1995. 6.29, 95누4674).

(3) 통고처분의 효력 등

통고처분을 받은 자는 그 이행여부를 자유의사로 결정할 수 있는바, 이행여부에

따른 법적 효과는 다음과 같다. 즉,

1) 통고처분을 받은 자가 통고된 내용을 법정기간 내에 이행한 때에는 통고처분은 확정판결과 동일한 효력이 발생하며, 일사부재리의 원칙이 적용되어 동일사건에 대하여 다시 형사소추를 받지 아니한다.

2) 통고처분을 받은 자가 통고된 내용을 법정기간 내에 이행하지 않으면 통고처분은 당연히 효력을 상실하고, 관계기관장의 고발에 의하여 형사소송절차로 이행하게 된다.

관련판례

「도로교통법 제119조 제3항은 그 법 제118조에 의하여 범칙금 납부통고서를 받은 사람이 그 범칙금을 납부한 경우 그 범칙행위에 대하여 다시 벌받지 아니한다고 규정하고 있는바, 이는 범칙금의 납부에 확정재판의 효력에 준하는 효력을 인정하는 취지로 해석하여야 한다」(대판 2002. 11.22, 2001도849).

---

(4) 즉시고발사유가 있는 경우 통고처분을 하지 않고 행하여진 고발의 문제

고발은 통고처분을 행하고 통고처분을 받은 자가 그를 이행하지 않은 경우에 행해지는 것이 원칙이지만, 「관세법」 등에는 일정한 사유가 있는 경우 통고처분을 하지 않고 즉시 고발하도록 하는 규정이 있다. 한편 즉시고발사유가 있는 경우 통고처분을 하지 아니한 채 고발하였다는 것만으로는 그 고발 및 이에 기한 공소의 제기가 부적법하게 되는 것은 아니다.

관련판례

「관세법 제284조 제1항, 제311조, 제312조, 제318조의 규정에 의하면, 관세청장 또는 세관장은 관세범에 대하여 통고처분을 할 수 있고, 범죄의 정상이 징역형에 처하여질 것으로 인정되는 때에는 즉시 고발하여야 하며, 관세범인이 통고를 이행할 수 있는 자금능력이 없다고 인정되거나 주소 및 거소의 불명 기타의 사유로 인하여 통고를 하기 곤란하다고 인정되는 때에도 즉시 고발하여야 하는바, 이들 규정을 종합하여 보면, 통고처분을 할 것인지의 여부는 관세청장 또는 세관장의 재량에 맡겨져 있고, 따라서 관세청장 또는 세관장이 관세범에 대하여 통고처분을 하지 아니한 채 고발하였다는 것만으로는 그 고발 및 이에 기한 공소의 제기가 부적법하게 되는 것은 아니다」(대판 2007.5.11, 2006도1993).

---

2. 즉결심판절차

20만 원 이하의 벌금·구류 또는 과료의 행정형벌은 「즉결심판에 관한 절차법」에 따라 즉결심판에 의해 과하여진다. 즉결심판은 관할 경찰서장 또는 관할 해양경찰서장이 관할법원에 청구하며, 판사가 해당 사건을 심판한다. 이러한 즉결심판에 관하여는 「즉결심판에 관한 절차법」에 특별한 규정이 없는 한 「형사소송법」이 적용된다(동법 제19조). 한편 즉결심판에 관해 불복이 있는 피고인은 고지를 받은 날부터 7일 이내에 정식재판을 청구할 수 있다(동법 제14조).

▌제4절▐ 행정질서벌의 특수성

Ⅰ. 「질서위반행위규제법」에 따른 행정질서벌의 특수성

1. 개설 ―「질서위반행위규제법」총칙

종래 행정질서벌에 관하여는 통칙적 규정이 없었다. 그러나 질서위반행위의 성립요건 등을 규율하는 「질서위반행위규제법」이 제정됨으로써 동법이 행정질서벌에 관한 통칙적 규정으로서의 성격을 갖게 되었다. 「질서위반행위규제법」의 내용은 종래의 행정질서벌이론에 커다란 변화를 가져오게 되었는바, 이하에서는 이러한 의미를 갖는 「질서위반행위규제법」의 내용을 알아보기로 한다.

(1) 질서위반행위의 의의

「질서위반행위규제법」은 제2조 제1호에서 질서위반행위의 개념을 정의해 놓고 있는데, 그에 따르면 질서위반행위란 법률(지방자치단체의 조례를 포함한다. 이하 같다)상의 의무를 위반하여 과태료를 부과하는 행위를 말한다.

(2) 다른 법률과의 관계

「질서위반행위규제법」이 정하고 있는 과태료부과에 관한 절차와 다른 법률이 정하고 있는 과태료부과에 관한 절차가 다를 경우에 어떤 법률을 적용하여야 하는가? 이 문제에 관하여 「질서위반행위규제법」 제5조는 「과태료의 부과·징수, 재판 및 집행 등의 절차에 관한 다른 법률의 규정 중 이 법의 규정에 저촉되는 것은 이 법으로 정하는 바에 따른다」고 규정하여 「질서위반행위규제법」이 우선적으로 적용됨을 명시하고 있다.

2. 질서위반행위의 성립 등

(1) 고의 또는 과실

종래 행정질서벌의 대상이 되는 행위는 단순한 의무해태로서 반사회성이 희박하므로 행위자의 고의·과실과 같은 주관적 요건을 문제삼지 않으며, 따라서 행정질서벌은 객관적인 법규위반만 있으면 부과할 수 있다고 설명되어 왔다(대판 1994.8.26, 94누6949 참조). 그러나 「질서위반행위규제법」이 「고의 또는 과실이 없는 질서위반행위는 과태료를 부과하지 아니한다」(제7조)고 규정하고 있으므로, 이제는 고의 또는 과실이 없으면 과태료를 부과할 수 없게 되었다.

(2) 위법성의 착오

자신의 행위가 위법하지 아니한 것으로 오인하고 행한 질서위반행위는 그 오인에 정당한 이유가 있는 때에 한하여 과태료를 부과하지 아니한다(「질서위반행위규제법」 제8조). 그런 점에서 「질서위반행위규제법」 시행 이전의 판례 중 다음의 판례는 위반자가 의무의 존재를 알지 못한데 대하여 정당한 사유가 있으면 행정질서벌을 부과할 수 없다고 보는 점에서 그대로 유지될 수 있다고 보여진다.

관련판례

「위반자가 그 의무를 알지 못하는 것이 무리가 아니었다고 할 수 있어 그것을 정당시할 수 있는 사정이 있을 때 또는 그 의무의 이행을 그 당사자에게 기대하는 것이 무리라고 하는 사정이 있을 때 등 그 의무 해태를 탓할 수 없는 정당한 사유가 있는 때에는 이를 부과할 수 없다」(대판 2000.5.6, 98두5972).

(3) 책임능력

14세가 되지 아니한 자의 질서위반행위는 과태료를 부과하지 아니한다. 다만, 다른 법률에 특별한 규정이 있는 경우에는 그러하지 아니하다(「질서위반행위규제법」 제9조). 또한 심신장애로 인하여 행위의 옳고 그름을 판단할 능력이 없거나 그 판단에 따른 행위를 할 능력이 없는 자의 질서위반행위는 과태료를 부과하지 아니하며, 심신장애로 인하여 전술한 능력이 미약한 자의 질서위반행위는 과태료를 감경한다(「질서위반행위규제법」 제10조).

(4) 법인의 책임

법인의 대표자, 법인 또는 개인의 대리인·사용인 및 그 밖의 종업원이 업무에 관하여 법인 또는 그 개인에게 부과된 법률상의 의무를 위반한 때에는 법인 또는 그 개인에게 과태료를 부과한다(「질서위반행위규제법」 제11조).

(5) 다수인의 질서위반행위 가담

2인 이상이 질서위반행위에 가담한 때에는 각자가 질서위반행위를 한 것으로 본다. 이와 관련하여 「질서위반행위규제법」이 신분에 관한 특별규정을 마련하고 있음은 주목을 요한다. 즉, 신분에 의하여 성립하는 질서위반행위에 신분이 없는 자가 가담한 때에는 신분이 없는 자에 대하여도 질서위반행위가 성립하며, 신분에 의하여 과태료를 감경 또는 가중하거나 과태료를 부과하지 아니하는 때에는 그 신분의 효과는 신분이 없는 자에게는 미치지 아니한다(「질서위반행위규제법」 제12조).

(6) 수개(數個)의 질서위반행위의 처리

하나의 행위가 2 이상의 질서위반행위에 해당하는 경우에는 각 질서위반행위에 대하여 정한 과태료 중 가장 중한 과태료를 부과하며, 하나의 행위가 2 이상의 질서위반행위에 해당하는 경우를 제외하고 2 이상의 질서위반행위가 경합하는 경우에는 각 질서위반행위에 대하여 정한 과태료를 각각 부과한다(「질서위반행위규제법」 제13조).

II. 행정질서벌의 과벌절차

행정질서벌의 과벌절차와 관련하여 과거에는 법률이 국가가 행정질서벌을 과하는 경우와 지방자치단체가 행정질서벌을 과하는 경우를 구분하여 규율하였으나, 현행 「질서위반행위규제법」은 과벌절차를 일원화하였다. 이하에서는 「질서위반행위규제법」상의 행정질서벌의 과벌절차에 관하여 알아보기로 한다.

1. 행정청에 의한 과태료부과

(1) 사전통지 및 의견제출 등

행정청이 질서위반행위에 대하여 과태료를 부과하고자 하는 때에는 미리 당사자에게 통지하고, 10일 이상의 기간을 정하여 의견을 제출할 기회를 주어야 한다. 이 경우 지정된 기일까지 의견제출이 없는 경우에는 의견이 없는 것으로 본다(「질서위반행위규제법」 제16조).

(2) 과태료부과처분

행정청은 의견제출 절차를 마친 후에 질서위반행위, 과태료 금액 등이 명시된 서면으로 과태료를 부과하여야 하는바(「질서위반행위규제법」 제17조), 질서위반행위가 종료된 날부터 5년이 경과한 경우에는 해당 질서위반행위에 대하여 과태료를 부과할 수 없다(「질서위반행위규제법」 제19조). 한편 여기서의 과태료 부과기간은 제척기간의 성질을 가지며, 따라서 과태료부과권의 소멸시효와 혼동하지 않도록 주의하여야 한다.

(3) 과태료부과처분에 대한 불복 ― 이의제기

행정청의 과태료 부과에 불복하는 당사자는 과태료 부과통지를 받은 날부터 60일 이내에 해당 행정청에 서면으로 이의제기를 할 수 있으며, 이처럼 이의제기가 있는 경우 행정청의 과태료 부과처분은 그 효력을 상실한다(「질서위반행위규제법」 제20조). 따라서 이 경우의 과태료부과처분은 행정소송의 대상이 되는 행정처분이 아니다.

(4) 법원에의 통보

이의제기를 받은 행정청은 이의제기를 받은 날부터 14일 이내에 이에 대한 의견 및 증빙서류를 첨부하여 관할법원에 통보하여야 한다. 한편 행정청이 관할법원에 통보를 하거나 통보하지 아니하는 경우에는 그 사실을 즉시 당사자에게 통지하여야 한다(「질서위반행위규제법」 제21조).

2. 과태료재판

(1) 관할법원

과태료 사건은 다른 법령에 특별한 규정이 있는 경우를 제외하고는 당사자의 주소지의 지방법원 또는 그 지원의 관할로 한다(「질서위반행위규제법」 제25조).

(2) 과태료재판

행정청으로부터 이의제기사실을 통보받은 법원은 이를 즉시 검사에게 통지하고(「질서위반행위규제법」 제30조), 심문기일을 열어 당사자의 진술을 들어야 한다. 또한 법원은 검사의 의견을 구하여야 하고, 검사는 심문에 참여하여 의견을 진술하거나 서면으로 의견을 제출하여야 한다(「질서위반행위규제법」 제31조). 한편 법원은 행정청의 참여가 필요하다고 인정하는 때에는 행정청으로 하여금 심문기일에 출석하여 의견을 진술하게 할 수 있으며, 이 경우 행정청은 법원의 허가를 받아 소속 공무원으로 하여금 심문기일에 출석하여 의견을 진술하게 할 수 있다(「질서위반행위규제법」 제32조).

(3) 과태료재판에 대한 불복

과태료재판은 이유를 붙인 결정으로써 하며(「질서위반행위규제법」 제36조), 이 결정은 당사자와 검사에게 고지함으로써 효력이 생긴다(「질서위반행위규제법」 제37조). 이 경우 과태료재판에 대하여 불복하는 당사자와 검사는 과태료재판에 대하여 즉시항고를 할 수 있으며, 즉시항고는 집행정지의 효력이 있다(「질서위반행위규제법」 제38조).

3. 약식재판

법원은 상당하다고 인정하는 때에는 심문 없이 과태료재판을 할 수 있다(「질서위반행위규제법」 제44조).

(1) 약식재판에 대한 이의신청

당사자와 검사는 약식재판의 고지를 받은 날부터 7일 이내(불변기간)에 이의신청을 할 수 있다(「질서위반행위규제법」 제45조). 이 경우 법원은 이의신청이 법령상 방식에 어긋나거나 이의신청권이 소멸된 뒤의 것임이 명백한 경우에는 결정으로 이를 각하하여야 한다(「질서위반행위규제법」 제48조). 이에 반하여 법원이 이의신청이 적법하다고 인정하는 때에는 약식재판은 그 효력을 잃게 되며, 법원은 심문을 거쳐 다시 재판하여야 한다(「질서위반행위규제법」제50조).

(2) 약식재판의 확정

약식재판은 약식재판의 고지를 받은 날부터 7일 이내에 이의신청이 없는 때, 이의신청에 대한 각하결정이 확정된 때 및 당사자 또는 검사가 이의신청을 취하한 때에 확정된다(「질서위반행위규제법」제49조).

4. 과태료재판의 집행

과태료재판은 검사의 명령으로써 집행한다. 이 경우 그 명령은 집행력 있는 집행권원과 동일하다(「질서위반행위규제법」제42조). 검사는 과태료를 최초 부과한 행정청에 대하여 과태료 재판의 집행을 위탁할 수 있고, 위탁을 받은 행정청은 국세 또는 지방세 체납처분의 예에 따라 집행한다. 한편 지방자치단체의 장이 집행을 위탁받은 경우에는 그 집행한 금원(金員)은 당해 지방자치단체의 수입으로 한다(「질서위반행위규제법」제43조).

Ⅲ. 과태료의 실효성제고를 위한 수단

「질서위반행위규제법」이 제정되기 전까지는 과태료를 체납하여도 체납자에게 아무런 불이익이 없었기 때문에 과태료체납현상이 만연하였으며, 고액·상습체납자가 급증하였던 것이 사실이다. 이에 「질서위반행위규제법」은 과태료의 실효성을 높이기 위하여 다음과 같은 제도를 새로이 도입하기에 이르렀다.

1. 자진납부자에 대한 과태료 감경

행정청은 당사자가 의견제출기한 이내에 과태료를 자진하여 납부하고자 하는 경우에는 과태료를 감경할 수 있으며, 당사자가 감경된 과태료를 납부한 경우에는 해당 질서위반행위에 대한 과태료 부과 및 징수절차는 종료한다(「질서위반행위규제법」제18조).

2. 가산금징수 및 체납처분

행정청은 당사자가 납부기한까지 과태료를 납부하지 아니한 때에는 납부기한을 경과한 날부터 체납된 과태료에 대하여 100분의 3에 상당하는 가산금을 징수한다. 또한 체납된 과태료를 납부하지 아니한 때에는 납부기한이 경과한 날부터 매 1개월이 경과할 때마다 체납된 과태료의 1천분의 12에 상당하는 가산금, 즉 중가산금을 가산금에 가산하여 징수한다. 이 경우 중가산금을 가산하여 징수하는 기간은 60개월을 초과하지 못한다. 행정청은 당사자가 60일 이내에 이의를 제기하지 아니하고 가산금을 납부하지 아니한 때에는 국세 또는 지방세 체납처분의 예에 따라 징수한다(「질서위반행위규제법」 제24조).

3. 관허사업의 제한

행정청은 허가·인가·면허·등록 및 갱신을 요하는 사업을 경영하는 자로서 ① 해당 사업과 관련된 질서위반행위로 부과받은 과태료를 3회 이상 체납하고 있고, 체납발생일부터 각 1년이 경과하였으며, 체납금액의 합계가 500만 원 이상인 체납자 중 대통령령으로 정하는 횟수와 금액 이상을 체납한 자, ② 천재지변이나 그 밖의 중대한 재난 등 대통령령으로 정하는 특별한 사유 없이 과태료를 체납한 자에 모두 해당하는 자에 대하여는 사업의 정지 또는 허가 등의 취소를 할 수 있다(「질서위반행위규제법」 제52조).

4. 신용정보의 제공 등

행정청은 과태료 징수 또는 공익목적을 위하여 필요한 경우 종합신용정보집중기관의 요청에 따라 체납 또는 결손처분자료를 제공할 수 있다. 한편 행정청은 당사자에게 과태료를 납부하지 아니할 경우에는 체납 또는 결손처분자료를 신용정보집중기관에게 제공할 수 있음을 미리 알려야 한다(「질서위반행위규제법」 제53조).

5. 감치(監置)

법원은 검사의 청구에 따라 결정으로 30일의 범위 이내에서 과태료의 납부가 있을 때까지 다음 각 호의 사유에 모두 해당하는 경우 체납자를 감치에 처할 수 있다(「질서위반행위규제법」 제54조).

① 과태료를 3회 이상 체납하고 있고, 체납발생일부터 각 1년이 경과하였으며, 체납금액의 합계가 1천만 원 이상인 체납자 중 대통령령으로 정하는 횟수와 금액 이상을 체납한 경우

② 과태료 납부능력이 있음에도 불구하고 정당한 사유 없이 체납한 경우

제5장

행정의 실효성확보를 위한 새로운 수단

▮제1절▮ 개 설

전통적인 행정상 강제집행수단이나 행정벌과 같은 제재수단 이외에 본장(本章)에서 다루어지는 새로운 종류의 실효성 확보수단이 등장하게 된 이유로는 무엇보다도 전통적인 수단만으로는 오늘날의 행정수요에 충분히 대응할 수 없다는 점을 들 수 있다.

한편 새로운 종류의 실효성 확보수단의 성격에 관하여는 행정상 제재수단의 일종으로 보는 견해와 새로운 의무이행확보수단으로 보는 견해가 나누어져 있다.

▮제2절▮ 행정의 실효성확보를 위한 새로운 수단

Ⅰ. 금전적 제재

1. 가산금

가산금이란 행정법상의 금전급부의무의 불이행에 대해서 과해지는 금전적 제재를 말한다. 가산금의 대표적 예로는 국세를 납부하지 아니한 경우에 「국세징수법」에 따라 체납국세의 100분의 3에 해당하는 가산금을 징수하는 경우가 들어져 왔는데, 국세징수법상의 가산금제도는 납부지연가산세가 신설되면서 폐지되었다. 그러나 지방세징수법(제30조)이나 「대기환경보전법」(제35조 제5항) 등에는 아직 가산금제도가 존치되어 있다.

이러한 가산금은 미납부분에 대한 지연이자(遲延利子)의 성질을 띠는 것으로 이해되어 왔다.

「국유재산 등의 관리청이 하는 행정재산의 사용·수익 허가에 따른 사용료에 대하여는 국유재산법 제25조 제3항의 규정에 의하여 국세징수법 제21조, 제22조가 규정한 가산금과 중가산금을 징수할 수 있다 할 것이고, 위 가산금과 중가산금은 위 사용료가 납부기한까지 납부되지 않은 경우 미납분에 관한 지연이자의 의미로 부과되는 부대세의 일종이다」(대판 2006.3.9, 2004다31074).

2. 가산세

가산세는 세법에서 규정하는 의무의 성실한 이행을 확보하기 위하여 세법에 따라 산출한 세액에 가산하여 징수하는 금액으로(「국세기본법」 제2조 제4호), 조세의 일종이다.

가산세는 성질상 납세의무의 성실한 이행을 확보하는 수단인 점에서 과거의 의무위반에 대한 제재의 성질을 갖는 행정벌과 확연히 구분된다. 따라서 동일한 납세의무위반에 대해 가산세와 행정벌의 병과가 인정될 수 있다.

한편 세법상 가산세의 부과에 있어 납세자의 고의, 과실은 고려되지 않는다 다만 그 의무해태에 '정당한 사유'가 있는 경우에는 가산세를 부과할 수 없다. 여기서 의무해태에 '정당한 사유'가 있다고 함은 의무자가 그 의무를 알지 못한 것이 무리가 아니었다거나 그 의무의 이행을 당사자에게 기대하는 것이 무리라고 하는 사정이 있는 경우 등을 말한다.

「세법상 가산세는 과세권의 행사 및 조세채권의 실현을 용이하게 하기 위하여 납세자가 정당한 이유 없이 법에 규정된 신고, 납세 등 각종 의무를 위반한 경우에 개별세법이 정하는 바에 따라 부과되는 행정상의 제재로서 납세자의 고의, 과실은 고려되지 않는 것이고, 다만 납세의무자가 그 의무를 알지 못한 것이 무리가 아니었다거나 그 의무의 이행을 당사자에게 기대하는 것이 무리라고 하는 사정이 있을 때 등 그 의무해태를 탓할 수 없는 정당한 사유가 있는 경우에는 이를 부과할 수 없다」(대판 2001.9.14, 99두3324).

한편 구체적인 경우 '정당한 사유'에 해당하는지 여부에 대하여는 이하의 판례 참조(관련판례 ①, ②는 정당한 사유에 해당하지 않는 경우, 관련판례 ③은 정당한 사유에 해당하는 경우이다).

① 「세법상 가산세는 납세자의 고의·과실은 고려되지 아니하는 것이며, 법령의 부지는 그 정당

한 사유에 해당한다고 볼 수 없다」(대판 1999.12.28, 98두3532).

② 「납세의무자가 세무공무원의 잘못된 설명을 믿고 그 신고납부의무를 이행하지 아니하였다 하더라도 그것이 관계법령에 어긋나는 것임이 명백한 때에는 그러한 사유만으로 정당한 사유가 있는 경우에 해당한다고 할 수 없다」(대판 2002.4.12, 2000두5944).

③ 「상속세 신고 당시 납세의무자들에게 유언집행자들의 상속재산에 대한 관리처분권을 배제시키고 망인의 유언취지에 반하여 장학기금으로 출연하라는 재산도 자신들이 상속받는 것을 전제로 하여 이를 상속세과세가액에 포함시켜 상속세를 신고·납부할 것을 기대하는 것은 무리가 있으므로 상속세 납세의무자들에게 상속세 과소신고·납부를 탓할 수 없는 정당한 사유가 있다」(대판 2005.11.25, 2004두930).

3. 과징금

(1) 의 의

과징금이란 원래 행정법상의 의무위반자에게 당해 위반행위로 경제적 이익이 발생한 경우에 행정청이 그 이익을 박탈함으로써 간접적으로 행정법상의 의무이행을 확보하기 위한 제도로서 도입된 것으로, 1980년대에 「독점규제 및 공정거래에 관한 법률」에 처음으로 규정되기에 이르렀다.

과징금은 일반공중에 대한 불편을 초래함이 없이 의무위반자에 대한 제재를 가능케 하며, 벌금의 형식을 취하지 않음으로써 전과자를 양산하는 것을 피할 수 있다는 점에서 그 유용성을 찾아볼 수 있다.

(2) 성 질

과징금은 행정의 실효성확보를 위한 새로운 수단으로 제재금으로서의 성격을 갖는 것 이외에 부당이득환수적 성질 또한 갖는다. 이처럼 과징금은 행정벌과는 그 법적 성질을 전혀 달리하므로 과징금과 행정벌은 병과할 수 있다.

관련판례

「구 독점규제 및 공정거래에 관한 법률 제24조의2에 의한 부당내부거래에 대한 과징금은 그 취지와 기능, 부과의 주체와 절차 등을 종합할 때 부당내부거래 억지라는 행정목적을 실현하기 위하여 그 위반행위에 대하여 제재를 가하는 행정상의 제재금으로서의 기본적 성격에 부당이득환수적 요소도 부가되어 있는 것이라 할 것이고, 이를 두고 헌법 제13조 제1항에서 금지하는 국가형벌권 행사로서의 '처벌'에 해당한다고는 할 수 없으므로, 공정거래법에서 형사처벌과 아울러 과징금의 병과를 예정하고 있더라도 이중처벌금지원칙에 위반된다고 볼 수 없으며, 이 과징금 부과처분에 대하여 공정력과 집행력을 인정한다고 하여 이를 확정판결 전의 형벌집행과 같은 것으로 보아 무죄추정의 원칙에 위반된다고도 할 수 없다」(헌재결 2003.7.24, 2001헌가25).[1]

(3) 유 형

1) **전형적 과징금**　전형적 과징금이란 경제행정법분야에서 부당이득금을 박탈하는 성격의 행정제재금의 일종으로 도입된 과징금을 말하는바, 시장지배적 사업자가 공정거래위원회의 가격인하명령에 응하지 않은 경우 그로 얻은 수입액 상당의 금액을 과징금으로 부과·징수하는 것이 그 대표적 예이다(「독점규제 및 공정거래에 관한 법률」제8조 참조).

2) **변태적 과징금**　오늘날 실정법에서 사용되고 있는 과징금의 의미는 매우 다양하여 변형된 형태로 나타나고 있다. 특히 국가와 사회에 중대한 영향을 미치는 사업을 시행하는 자가 행정법규를 위반한 경우 그 위반자에 대하여 영업정지 등을 명하게 되면 일반국민의 생활에 커다란 불편을 초래하게 되는 경우에, 그 제재적 처분에 대신하여 과징금이 과해지는 경향이 있다. 이 경우의 과징금을 변태적 과징금이라고 하는바, 「여객자동차운수사업법」제88조 제1항의 과징금이 그 대표적 예가 된다. 한편 이 경우 징수한 과징금은 일정한 용도 이외의 용도로는 사용할 수 없게 되어 있다(「여객자동차운수사업법」제88조 제5항).

관련판례

「구 여객자동차 운수사업법 제88조 제1항의 과징금부과처분은 제재적 행정처분으로서 여객자동차 운수사업에 관한 질서를 확립하고 여객의 원활한 운송과 여객자동차 운수사업의 종합적인 발달을 도모하여 공공복리를 증진한다는 행정목적의 달성을 위하여 행정법규 위반이라는 객관적 사실에 착안하여 가하는 제재이므로 반드시 현실적인 행위자가 아니라도 법령상 책임자로 규정된 자에게 부과되고 원칙적으로 위반자의 고의·과실을 요하지 아니하나, 위반자의 의무 해태를 탓할 수 없는 정당한 사유가 있는 등의 특별한 사정이 있는 경우에는 이를 부과할 수 없다」 (대판 2014.10.15, 2013두5005).

(4) 과징금의 부과·징수

1) **과징금의 부과**　행정청은 법령 등에 따른 의무를 위반한 자에 대하여 법률로 정하는 바에 따라 그 위반행위에 대한 제재로서 과징금을 부과할 수 있는바, 과징금을 부과하기 위해서는 반드시 법률에 구체적 근거가 있어야 한다. 한편 과징금의 근거가 되는 법률에는 과징금에 관하여 ① 부과·징수 주체, ② 부과 사유, ③ 상한액, ④ 가산금을 징수하려는 경우 그 사항, ⑤ 과징금 또는 가산금 체납 시 강제징수를 하려는 경우 그 사항을 명확하게 규정하여야 한다(「행정기본법」제28조).

---

1) 同旨판례: 구 「부동산 실권리자 명의등기에 관한 법률」제5조에 규정된 과징금에 관한 헌재결 2007.7.12, 2006두4554.

한편 과징금을 (사법기관인 법원이 아니라) 행정청이 부과하는 것의 위헌성을 지적하는 견해도 있으나, 헌법재판소는 그의 합헌성을 인정한 바 있다.

「공정거래법에서 행정기관인 공정거래위원회로 하여금 과징금을 부과하여 제재할 수 있도록 한 것은 부당내부거래를 비롯한 다양한 불공정 경제행위가 시장에 미치는 부정적 효과 등에 관한 사실수집과 평가는 이에 대한 전문적 지식과 경험을 갖춘 기관이 담당하는 것이 보다 바람직하다는 정책적 결단에 입각한 것이라 할 것이고, 과징금의 부과 여부 및 그 액수의 결정권자인 위원회는 합의제 행정기관으로서 그 구성에 있어 일정한 정도의 독립성이 보장되어 있고, 과징금 부과절차에서는 통지, 의견진술의 기회 부여 등을 통하여 당사자의 절차적 참여권을 인정하고 있으며, 행정소송을 통한 사법적 사후심사가 보장되어 있으므로, 이러한 점들을 종합적으로 고려할 때 과징금 부과 절차에 있어 적법절차원칙에 위반되거나 사법권을 법원에 둔 권력분립의 원칙에 위반된다고 볼 수 없다」(헌재결 2003.7.24, 2001헌가25).

2) 과징금의 납부   과징금은 한꺼번에 납부하는 것을 원칙으로 한다. 다만, 행정청은 과징금을 부과받은 자가 ① 재해 등으로 재산에 현저한 손실을 입은 경우, ② 사업 여건의 악화로 사업이 중대한 위기에 처한 경우, ③ 과징금을 한꺼번에 내면 자금 사정에 현저한 어려움이 예상되는 경우, ④ 그 밖에 ①, ②, ③까지에 준하는 경우로서 대통령령으로 정하는 사유가 있는 경우 중 어느 하나에 해당하는 사유로 과징금 전액을 한꺼번에 내기 어렵다고 인정될 때에는 그 납부기한을 연기하거나 분할 납부하게 할 수 있으며, 이 경우 필요하다고 인정하면 담보를 제공하게 할 수 있다(「행정기본법」 제29조).

(5) 과징금과 형사처벌의 병과가능성

과징금은 행정법상의 새로운 실효성확보수단으로서 형벌과는 그 성질을 전혀 달리하므로 양자를 병과하여도 일사부재리의 원칙 등을 위반하는 것이 아니다.

「구 독점규제 및 공정거래에 관한 법률에서 형사처벌과 아울러 과징금의 부과처분을 할 수 있도록 규정하고 있다 하더라도 이중처벌금지원칙이나 무죄추정원칙에 위반된다거나 사법권이나 재판청구권을 침해한다고 볼 수 없고, 또한 같은 법 제55조의3 제1항에 정한 각 사유를 참작하여 부당지원행위의 불법의 정도에 비례하여 상당한 금액의 범위 내에서만 과징금을 부과할 수 있도록 하고 있음에 비추어 비례원칙에 반한다고 할 수도 없다」(대판 2004.4.9, 2001두6197).

4. 범칙금

범칙금이란 「도로교통법」을 위반한 범칙자가 통고처분에 의하여 국고에 납부할 금전을 말한다. 범칙금은 종래 행정벌의 일종으로 설명되어 왔으나, 근래에 들어서는 범칙금이 전과자의 양산회피 및 탈형벌화를 목적으로 하는 점을 강조하여 행정벌로 보기 곤란하다는 견해가 유력하다.

범칙금은 통고처분에 의하여 과하여지며, 통고를 받은 자가 정해진 기간 내에 이를 납부한 경우에는 해당 범칙행위에 대하여 공소가 제기되지 아니한다. 한편 범칙자가 범칙금을 납부하지 아니하는 경우에는 형사처벌절차가 진행된다.

II. 공 표

1. 공표의 의의

공표(公表)란 행정법상의 의무위반이 있는 경우에 위반자의 성명·위반사실 등을 일반인이 알 수 있도록 공개하여 명예 또는 신용을 위협함으로써 의무이행을 간접적으로 강제하는 수단을 말하는바, 그 예로는 고액체납자의 명단공개(「국세기본법」 제85조의5), 식품위생법위반 영업자의 영업정보공표(「식품위생법」 제84조), 위반건축물표지의 설치(「건축법」 제79조 제4항) 등을 들 수 있다.

이러한 공표는 일정한 사실을 일반인에게 알리는 사실행위로서 그 자체로서는 아무런 법적 효과를 발생하지 않는다. 이 때문에 공표제도의 실효성에 의문이 제기되기도 한다. 그러나 오늘날의 정보화사회에 있어 의무위반자 및 위반사실의 공표는 그들의 명예 또는 신용을 추락시켜서 막대한 유형·무형의 불이익을 가져오기도 하는 점을 고려하면, 공표는 상당히 실효성 있는 의무이행확보수단으로 기능할 수 있다. 실제에 있어 공표제도의 실효성은 의무위반자의 수치심에 비례한다.

한편 공표제도, 특히 「아동·청소년의 성보호에 관한 법률」 제49조 제1항이 규정하고 있는 청소년성매수자에 대한 신상공개가 이중처벌금지의 원칙에 위배된다는 주장이 있었으나 헌법재판소는 이중처벌금지의 원칙에 위배되지 않는다고 판시한 바 있다.

> **관련판례**
>
> 「(구)청소년의 성보호에 관한 법률」 제20조 제1항은 "청소년의 성을 사는 행위 등의 범죄방지를 위한 계도"가 신상공개제도의 주된 목적임을 명시하고 있는바, 이 제도가 당사자에게 일종의 수

치심과 불명예를 줄 수 있다고 하여도, 이는 어디까지나 신상공개제도가 추구하는 입법목적에 부수적인 것이지 주된 것은 아니다. 또한, 공개되는 신상과 범죄사실은 이미 공개재판에서 확정된 유죄판결의 일부로서, 개인의 신상 내지 사생활에 관한 새로운 내용이 아니고, 공익목적을 위하여 이를 공개하는 과정에서 부수적으로 수치심 등이 발생된다고 하여 이것을 기존의 형벌 외에 또 다른 형벌로서 수치형이나 명예형에 해당한다고 볼 수는 없다. 그렇다면 신상공개제도는 헌법 제13조의 이중처벌금지 원칙에 위배되지 않는다」(헌재결 2003.6.26, 2002헌가14).

2. 공표의 근거

(1) 이론적 근거

공표는 그 자체로는 아무런 법적 효과를 발생하지 않으므로 그를 위해서는 특별한 법적 근거가 필요 없다는 견해도 있다. 그러나 공표는 현실적으로 행정상 제재 내지 의무이행 확보수단으로 기능을 하며, 또한 상대방의 'Privacy권'과 같은 기본권을 침해할 우려가 있으므로 원칙적으로 법적 근거를 요한다고 생각된다(다수설). 다만 이하의 판례를 근거로 하여 판례는 공표의 경우 법적 근거가 필요없는 것으로 보고 있다는 견해가 제시되어 있음은 주목을 요한다.

> **관련판례**
>
> 「공정거래위원회는 구 독점규제 및 공정거래에 관한 법률 제24조 소정의 '법위반사실의 공표'부분이 위헌결정으로 효력을 상실하였다 하더라도 '기타 시정을 위하여 필요한 조치'로서 '법위반을 이유로 공정거래위원회로부터 시정명령을 받은 사실의 공표'명령을 할 수 있다」(대판 2003. 2.28, 2002두6170).

(2) 실정법적 근거

현행법상 공표에 관한 일반법은 존재하지 않으며 개별법에 근거규정이 있을 뿐인바, 대표적 예로는 ① 고위공직자의 재산공개를 규정하고 있는 「공직자윤리법」 제10조·제10조의2, ② 고액체납자 및 불성실기부금수령단체의 명단공개제도를 규정하고 있는 「국세기본법」 제85조의5를 들 수 있다.

> **‖참고‖ 「국세기본법」상 제85조의5의 고액체납자 명단공개제도**
>
> ① **명단공개의 대상** 국세청장은 체납발생일부터 1년이 지난 국세가 2억 원 이상인 체납자의 인적사항, 체납액 등, 대통령령으로 정하는 불성실기부금수령단체의 인적사항·국세추징명세 등을 공개할 수 있다. 다만, 체납된 국세가 이의신청, 심사청구 등 불복

청구 중에 있는 경우 등에는 그러하지 아니하다.

② 명단공개의 절차   국세청장은 국세정보위원회의 심의를 거친 공개 대상자에게 불성실 기부금수령단체 또는 해외금융계좌 신고의무 위반자 명단공개 대상자임을 통지하여 소명 기회를 주어야 하며, 통지일부터 6개월이 지난 후 국세정보위원회로 하여금 기부금영수증 발급명세의 작성·보관 의무 이행 또는 해외금융계좌의 신고의무 이행 등을 고려하여 불성실기부금수령단체 또는 해외금융계좌 신고의무 위반자 명단 공개 여부를 재심의하게 한 후 공개대상자를 선정한다.

③ 명단공개의 방법   공개는 관보게재, 국세정보통신망 또는 관할세무서 게시판에 게시하는 방법에 의한다.

3. 공표와 권리구제

(1) 국민의 공표청구권

법에 의해 허용되어 있는 공표를 행정기관이 거부하고 있는 경우 국민이 공표를 청구할 권리를 갖는지의 문제는 실정법이 그를 행정청의 의무로 정하는지의 여부에 따라 차이가 있게 된다.

(2) 위법한 공표에 대한 구제수단

1) 공표의 위법성   공표의 위법성을 어떠한 경우에 인정할 수 있는지가 문제되는바, 이에 관하여는 다음의 판례를 참조할 것.

관련판례

「민사상으로 타인의 명예를 훼손하는 행위를 한 경우에도 그것이 공공의 이해에 관한사항으로서 오로지 공공의 이익을 위한 것일 때에는 진실한 사실이라는 증명이 있으면 그 행위에 위법성이 없고, 또한 그 증명이 없더라도 행위자가 그것이 진실이라고 믿을 만한 상당한 이유가 있는 경우에는 위법성이 없다고 보아야 할 것이며 … 공무원이 피의사실을 공표하는 경우에는 공표하는 사실이 의심의 여지없이 확실히 진실이라고 믿을 만한 객관적이고 타당한 확증과 근거가 있는 경우가 아니라면 그러한 상당한 이유가 있다고 할 수 없다」(대판 1998.7.14, 96다17257).

2) 위법성조각사유로서의 상당한 이유   위법성조각사유로서의 상당한 이유가 존재하지 않는다고 판시된 경우에 관하여는 이하의 판례 참조.

관련판례

① 「지방국세청 소속 공무원들이 통상적인 조사를 다하여 의심스러운 점을 밝혀 보지 아니한 채

막연한 의구심에 근거하여 원고가 위장증여자로서 국토이용관리법을 위반하였다는 요지의 조사결과를 보고한 것이라면 국세청장이 이에 근거한 보도자료의 내용이 진실하다고 믿은 데에는 상당한 이유가 없다」(대판 1993.11.26, 93다18389).
②「피해자의 진술 외에는 직접 증거가 없고 피의자가 피의사실을 강력히 부인하고 있어 보강수사가 필요한 상황이며, 피의사실의 내용이 국민들에게 급박히 알릴 현실적 필요성이 있다고 보기 어려움에도 불구하고, 검사가 마치 피의자의 범행이 확정된 듯한 표현을 사용하여 검찰청 내부절차를 밟지도 않고 각 언론사의 기자들을 상대로 언론에 의한 보도를 전제로 피의사실을 공표한 경우, 피의사실 공표행위의 위법성이 조각되지 않는다」(대판 2001.11.30, 2000다68474).

　　3) 위법한 공표에 대한 구제수단　　위법한 공표에 대한 구제수단으로는 종래 동일한 매스컴을 통한 행정청의 정정공고(「민법」 제764조 참조)와 「국가배상법」이 정하는 손해배상의 청구가 인정되어 왔다.
　　한편 근래에는 공표에 대한 취소소송의 가능성이 논란이 되고 있는바, 공표의 처분성을 인정할 수 없으므로 부정적으로 보아야 한다는 견해와 처분성을 인정하여 긍정적으로 보는 견해의 대립이 있다. 다만 처분성을 인정한다고 하더라도 (예방적 부작위청구소송이 가능한지 여부는 별론으로 하고) 공표 자체의 취소는 커다란 실익을 갖기 곤란하다. 다만 최근에 대법원은 (공개 자체가 아니라) 행정청의 공개결정의 처분성을 인정하고 있어 주목을 요한다.

관련판례

「병무청장이 병역법 제81조의2 제1항에 따라 병역의무 기피자의 인적사항 등을 인터넷 홈페이지에 게시하는 등의 방법으로 공개한 경우 병무청장의 공개결정을 항고소송의 대상이 되는 행정처분으로 보아야 한다. 그 구체적인 이유는 다음과 같다.
㉠ 병무청장이 하는 병역의무 기피자의 인적사항 등 공개는, 특정인을 병역의무 기피자로 판단하여 그 사실을 일반 대중에게 공표함으로써 그의 명예를 훼손하고 그에게 수치심을 느끼게 하여 병역의무 이행을 간접적으로 강제하려는 조치로서 병역법에 근거하여 이루어지는 공권력의 행사에 해당한다.
㉡ 병무청장이 하는 병역의무 기피자의 인적사항 등 공개조치에는 특정인을 병역의무 기피자로 판단하여 그에게 불이익을 가한다는 행정결정이 전제되어 있고, 공개라는 사실행위는 행정결정의 집행행위라고 보아야 한다. 병무청장이 그러한 행정결정을 공개 대상자에게 미리 통보하지 않은 것이 적절한지는 본안에서 해당 처분이 적법한가를 판단하는 단계에서 고려할 요소이며, 병무청장이 그러한 행정결정을 공개 대상자에게 미리 통보하지 않았다거나 처분서를 작성·교부하지 않았다는 점만으로 항고소송의 대상적격을 부정하여서는 아니 된다.
㉢ 병무청 인터넷 홈페이지에 공개 대상자의 인적사항 등이 게시되는 경우 그의 명예가 훼손되므로, 공개 대상자는 자신에 대한 공개결정이 병역법령에서 정한 요건과 절차를 준수한 것인지

를 다툴 법률상 이익이 있다. 병무청장이 인터넷 홈페이지 등에 게시하는 사실행위를 함으로써 공개 대상자의 인적사항 등이 이미 공개되었더라도, 재판에서 병무청장의 공개결정이 위법함이 확인되어 취소판결이 선고되는 경우, 병무청장은 취소판결의 기속력에 따라 위법한 결과를 제거하는 조치를 할 의무가 있으므로 공개 대상자의 실효적 권리구제를 위해 병무청장의 공개결정을 행정처분으로 인정할 필요성이 있다. 만약 병무청장의 공개결정을 항고소송의 대상이 되는 처분으로 보지 않는다면 국가배상청구 외에는 침해된 권리 또는 법률상 이익을 구제받을 적절한 방법이 없다」(대판 2019.6.27, 2018두49130).

Ⅲ. 공급거부

1. 의 의

공급거부란 행정법상의 의무를 위반한 자 등에 대하여 일정한 행정상의 서비스나 재화의 공급을 거부하는 행정조치를 말하는바, 포르스트호프(E. Forsthoff)는 공급거부를 행정국가의 가장 야만적인 형식으로의 후퇴라고 혹평한 바 있다.

2. 법적 근거

공급거부는 국민의 권익에 중대한 영향을 미치는 것이므로 반드시 법적 근거를 요한다. 다만 공급거부를 규정하고 있던 대표적 법률들인 구「건축법」(제69조 제2항), 구「대기환경보전법」(제21조 제2항), 구「수질환경보전법」(제21조 제2항) 등이 법률 개정을 통하여 공급거부에 관한 규정을 모두 삭제하였음은 주목을 요한다.

3. 성질 ─ 처분성 여부

공급거부의 처분성과 관련하여 대법원은 단수처분을 행정처분으로 보아 그에 대한 항고소송을 인정한 바 있다. 그러나 전기·전화의 공급자에게 위반건축물에 대한 전기·전화공급을 하지 말아 줄 것을 요청한 권고에 대하여는 처분성을 부정한 바 있다.

> **관련판례**
>
> ①「(종로구청장의) 단수처분은 항고소송의 대상이 되는 행정처분에 해당한다」(대판 1979.12. 28, 79누218).
>
> ②「건축법 제69조 제2항·제3항의 규정에 비추어 보면, 행정청이 위법 건축물에 대한 시정명령을 하고 나서 위반자가 이를 이행하지 아니하여 전기·전화의 공급자에게 그 위법 건축물에 대한 전기·전화공급을 하지 말아 줄 것을 요청한 행위는 권고적 성격의 행위에 불과한 것으로서

전기·전화공급자나 특정인의 법률상 지위에 직접적인 변동을 가져오는 것은 아니므로 이를 항고소송의 대상이 되는 행정처분이라고 볼 수 없다」(대판 1996.3.22, 96누433).

4. 공급거부의 한계

공급거부는 의무위반 또는 의무불이행과 공급거부 사이에 실질적인 관련성이 있는 경우에만 허용되며, 따라서 공급거부의 한계 및 통제와 관련하여서는 특히 행정권한의 부당결부금지의 원칙(不當結付禁止의 原則, Koppelungsvervot)이 고려되어야 한다. 또한 공급거부는 국민의 기본적인 생존 내지 복리배려와 관련된다는 점에서 비례의 원칙의 적용을 받는다.

5. 구제수단

위법한 공급거부에 대하여는 당해 급부가 공법적 방식으로 행하여지는지 사법적 방식으로 행하여지는지에 따라 행정소송 또는 민사소송으로 구제받을 수 있다.

IV. 관허사업의 제한

1. 의 의

행정청은 관허사업의 제한, 즉 행정법상 의무위반자에 대하여 인·허가 등을 거부하거나 정지·철회하는 방법을 통하여 행정법상의 의무이행을 간접적으로 확보하기도 한다. 한편 여기서의 관허사업(官許事業)에는 널리 허가, 인가, 면허 등을 얻어 경영하는 사업 모두가 포함된다(대판 1976.4.27, 74누284 참조).

2. 종 류

(1) 일반적 관허사업의 제한

인·허가의 취소나 정지 등이 의무위반과 직접적 관련 있는 사업에 국한되지 않고 일반적으로 행해지는 것을 말하는바, 일반적 관허사업 제한의 대표적 예로는 구「국세징수법」제7조에 따른 국세체납자에 대한 관허사업의 제한이 있었다.[2] 그러나 체납된

---

2) 구 국세징수법 제7조는 국세를 체납한 경우 세무서장은 허가 및 등록과 그 갱신을 요하는 사업의 주무관서에 그 납세자에 대하여 그 허가 등을 하지 아니할 것을 요구할 수 있으며, 이미 허가를 받아 사업을 경영하는 자가 국세를 3회 이상 체납한 경우로서 그 체납액이 500만 원 이상인 때에는 주무관서에 사업의 정지 또는 허가의 취소를 요구할 수 있도록 규정하고 있었다. 한편 이러한 세무서장의 요구가 있을 때에는 해당 주무관서는 정당한 사유가 없으면 그 요구에 따라야 했었다.

조세나 과태료 등과 직접 관련 없는 사업에 대한 인·허가를 취소·정지할 수 있도록 하는 것 등은 부당결부금지의 원칙 위반이라는 지적이 끊이지 않았으며, 결국 동조는 2021년 1월 1일 법률 개정을 통하여 폐지되었다.

(2) 관련된 특정관허사업의 제한

인·허가의 거부나 정지 등이 의무위반과 직접 관련을 갖는 사업에 대하여 행해지는 경우를 말하는바, 약사법을 위반한 약사에 대하여 약사면허를 취소하거나 정지하는 경우(「약사법」 제76조) 및 과태료의 고액·상습체납자에 대한 사업정지나 허가취소(「질서위반행위규제법」 제52조)가 대표적 예이다.

V. 기타의 수단

(1) 행정법규 위반에 사용된 차량 그 밖의 운반수단의 사용금지(「도로교통법」 제47조 등)

(2) 고액체납자 등의 국외여행의 제한(「출입국관리법」 제4주 제1항 제4호)

(3) 병역의무불이행자에 대한 취업의 제한(「병역법」 제76조)

(4) 세무조사 등

제5편 행정구제법

제1장

개　설

1. 행정구제의 의의

　행정구제는 광의로는 사전적 행정구제와 사후적 행정구제를 모두 포함하는 의미로 사용된다. 그러나 행정구제는 사후적 구제를 그 핵심적 내용으로 하며, 국내의 행정법교과서들 또한 (옴부즈만에 관한 설명을 제외하면) 행정구제법이란 제하에서 사후적 구제를 중심으로 설명을 하는 것이 일반적이다.

　본서 또한 이러한 설명방식을 채택하고 있는바, 여기서 사후적 행정구제란 행정청의 행위로 말미암아 자기의 권익을 침해당한 자가 행정청이나 법원에 대하여 그 행정작용의 시정이나 손해의 전보를 구하는 절차를 총칭한다.

2. 행정구제제도 개관

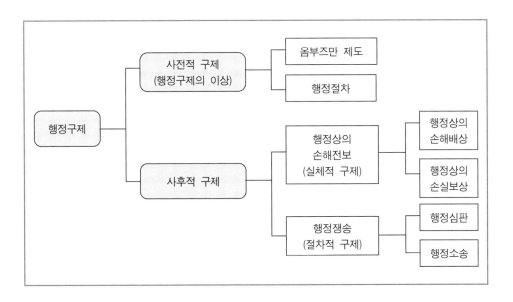

제2장

행정상의 손해배상

▎제1절▎ 개 설

Ⅰ. 행정상의 손해배상의 의의와 기능

1. 행정상의 손해배상의 의의

행정상의 손해배상이란 공무원의 위법한 직무행위 또는 공공의 영조물의 설치·관리의 하자로 인하여 개인에게 손해가 발생한 경우에 국가 등이 그 손해를 보전하는 것을 말한다. 다만 우리나라의 경우「국가배상법」이 행정상의 손해배상에 관한 일반법으로 기능하고 있기 때문에 행정상의 손해배상을 국가배상이라고 부르기도 한다.

2. 행정상의 손해배상제도의 기능

행정상의 손해배상제도의 기능으로는 ① 피해자 구제기능, ② 손해분산기능, ③ 제재기능 및 ④ 위법행위억제기능이 들어지고 있다. 한편 이러한 행정상의 손해배상제도의 기능을 후술하는 국가배상책임의 성질과 관련하여 고찰하게 되면 대위책임제를 취하는 경우에는 피해자구제기능과 손해분산기능에, 자기책임제를 취하는 경우에는 제재기능과 위법행위억제기능에 중점이 두어지게 된다.[1]

Ⅱ. 각국의 행정상의 손해배상제도의 발전

1. 개 설

근대국가의 성립 당시에는 공무원의 불법행위로 인하여 개인에게 손해가 발생한

---

1) 행정상의 손해배상제도가 갖는 이러한 기능에 관하여 보다 자세한 것은 김남진·김연태, 행정법 Ⅰ, 법문사, 2021, 619쪽 이하 참조.

경우에도 공무원 개인의 배상책임을 인정할 뿐 국가의 배상책임을 인정하지 않는 국가 무책임의 원칙이 지배하였던바, 그 주된 논거로는 "왕은 악을 행하지 않는다"(The King can do no wrong)는 법언으로 표현되는 주권면책론(主權免責論)[2]을 들 수 있다. 그 밖에 공무원은 적법한 행위에 대해서만 위임을 받았으므로 공무원의 위법행위에 대해서는 국가가 책임을 질 이유가 없다는 위임이론(委任理論) 또한 국가무책임의 원칙의 논거로 제시되어 왔다.

행정상의 손해배상제도는 바로 이 같은 국가무책임의 원리를 극복하는 과정에서 성립되었다. 다만 각국에서 어떠한 논리와 제도로 그를 극복하려고 하였는지에는 차이가 있으며, 그로 인하여 각국의 행정상의 손해배상제도에도 차이가 생겨나게 되었다.

2. 프랑스의 행정상의 손해배상제도

프랑스의 국가배상책임은 (역무)과실책임과 위험책임의 이원적 구조를 취하고 있다는 점에서 그 특성을 발견할 수 있다.

(1) 과실책임

과실책임에 있어서의 과실에는 개인과실과 역무과실(役務過失)이 있는바, 국가 등의 배상책임은 종래 역무과실의 경우에만 인정되었다.[3] 그러나 근래에는 「공무원의 행위가 개인과실로 인정되어 개인적으로 책임져야 할 경우에도 그 공무원의 행위가 직무행위와 전혀 무관하지 않는 한 국가 등의 책임이 경합적으로 발생하며, 따라서 피해자는 공무원 개인 또는 국가에 대하여 선택적으로 배상을 청구할 수 있다」는 중복이론(重複理論)이 판례법으로 발전되었는바, 이러한 중복이론은 프랑스 국가배상책임제도의 특징적 이론이라고 할 수 있다.

(2) 무과실책임(또는 위험책임)

무과실책임(無過失責任)은 오늘날 증대하는 행정적 위험에 대한 위험의 사회화·공적 부담 앞의 평등을 실현하려는 것으로 프랑스 국가책임제도에 있어서 또 하나의 특색을 이루고 있다.

---

2) 주권무오류사상(主權無誤謬思想)이라고도 부른다.

3) 이러한 프랑스의 역무과실책임(役務過失責任)은 1873년의 블랑꼬(Blanco)판결을 통하여 확립되었는바, 여기서 Blanco판결이라 함은 블랑꼬 소년이 국영담배공장의 차량에 치어 민사법원에 국가배상청구소송을 제기한 사건에서 「국가의 손해배상책임은 사인 상호 간의 관계를 그 대상으로 하는 민법에 의하여 규율될 수는 없고, 그에는 고유한 법원리가 있는 것이다」라는 취지의 권한법원(權限法院)의 판결을 말한다. 그리고 이러한 Blanco판결을 통해 국가배상청구사건은 Conseil d'Etat의 관할로 귀착되게 되었다. 한편 프랑스의 행정법학자들은 이 판결을 (단순히 손해배상에 관한 것이 아니라) 행정작용 일반에 적용될 수 있는 것으로 보아 행정법의 독자성을 최초로 공적으로 선언한 판결로 이해하고 있다.

3. 독일의 행정상의 손해배상제도

독일의 경우 국가의 사경제작용(국고작용)으로 인한 손해에 대하여는 18세기 이래 국가가 사인과 동일하게 손해배상책임을 진다는 것이 인정되어 왔다. 그러나 공행정작용으로 인한 손해에 대한 배상책임은 1910년의 「국가공무원책임법」에 의해 비로소 인정되었고, 1919년의 「바이마르 헌법」 제131조에 의해 「헌법」상의 법원칙으로 확립되게 되었다.

한편 독일의 경우 국가배상제도는 종래 대위책임설에 입각하여 발전되어 왔다고 할 수 있는데 이러한 독일의 국가배상제도를 근본적으로 변화시키고자 하는 시도가 1981년에 있었는바, 자기책임의 사상에 입각한 「국가책임법」(Staatshaftungsgesetz)의 제정이 바로 그것이다. 그러나 동법은 1982년 연방헌법재판소에 의하여 입법권의 관할규정(당시의 「독일기본법」 제70조) 위반을 이유로 위헌결정(전부무효)을 받았다.[4] 이로 인하여 독일의 국가배상제도는 다시 대위책임적 구조로 되돌아가기에 이르렀다.

4. 영국과 미국의 행정상의 손해배상제도

영국과 미국의 경우 전통적으로 공무원의 직무행위로 인한 손해에 대해서 공무원 개인의 배상책임만 인정하는 국가무책임의 원칙이 지배하였다. 그러나 오늘날에는 영국은 1947년의 「국왕소추법」(Crown Proceeding Act), 미국은 1946년의 「연방불법행위청구법」(The Federal Tort Claims Act)을 통해 국가배상책임을 인정하고 있다.

다만, 영국의 「국왕소추법」이나 미국의 「연방불법행위청구법」이 그들 법률이 적용되지 않는 적용배제조항을 광범위하게 두고 있기 때문에 국가무책임의 원칙이 완전히 철폐되었다고 볼 수는 없다는 점을 유의하여야 한다.

Ⅲ. 우리나라의 행정상의 손해배상제도

1. 국가배상책임의 헌법적 보장

(1) 근거규정

「헌법」 제29조 제1항은 「① 공무원의 직무상 불법행위로 손해를 받은 국민은 법

---

4) 1982년의 독일 연방헌법재판소가 행한 「국가책임법」의 위헌결정은 국가책임에 관한 사항을 주의 전속적 입법사항으로 규정하고 있었던 당시의 「독일기본법」 제70조에 근거한 것이었다. 그러나 1994년에 개정된 「독일기본법」은 제74조에서 국가책임에 관한 사항을 연방과 주의 경합적 입법사항으로 규정하고 있으며, 이에 따라 「국가책임법」이 연방의 법률로 제정될 가능성이 있게 되었다. 그러나 그럼에도 불구하고 현재까지 연방차원에서의 「국가책임법」은 제정되지 않고 있는 실정이다.

률이 정하는 바에 의하여 국가 또는 공공단체에 정당한 배상을 청구할 수 있다. 이 경우 공무원 자신의 책임은 면제되지 않는다. ② 군인·군무원·경찰공무원 기타 법률이 정하는 자가 전투·훈련 등 직무집행과 관련하여 받은 손해에 대하여는 법률이 정하는 보상 외에 국가 또는 공공단체에 공무원의 직무상 불법행위로 인한 배상은 청구할 수 없다」고 하여, 국가배상청구권을 국민의 기본권으로 보장하고 있다.

(2) 관련문제

1)「헌법」제29조 규정의 성질 「헌법」제29조의 성질에 관하여 과거에는 방침규정설과 직접효력설의 대립이 있었으나, 오늘날에는 동 규정을 직접효력규정으로 보는 것에 사실상 학설이 일치하고 있다.

2) 배상청구권의 주체 「헌법」은 국가배상청구권의 주체를 '국민'으로 규정하고 있다. 따라서 대한민국 국민이 아닌 자에 대해서는 기본권으로서의 국가배상청구권은 보장되지 않는다.

3) 배상책임의 주체 「국가배상법」이 국가와 지방자치단체만을 배상책임의 주체로 규정하고 있는 것에 반하여,「헌법」은 국가와 공공단체를 배상책임의 주체로 규정하고 있다. 그리고 이 때문에 배상책임의 주체를 국가와 지방자치단체에만 한정하고 있는 「국가배상법」규정의 위헌성을 지적하는 입장도 나타나고 있다. 그러나 지방자치단체 이외의 공공단체의 직원은 공무원의 신분을 가지고 있지 않으며, 지방자치단체 이외의 공공단체도「민법」상의 배상책임은 부담한다는 것을 고려할 때「국가배상법」의 규정을 위헌이라고 단정지을 수는 없다고 할 것이다.

4)「헌법」제29조 제2항의 실질적 위헌의 문제(후술 참조)

(3)「국가배상법」상 배상책임과의 비교

국가배상책임에 관하여 규정하고 있는「헌법」제29조와「국가배상법」의 관련 조항들을 살펴보면 여러 가지 면에서 차이점을 발견할 수 있는바, 이러한 차이점에 관하여는 이하의 표 참조.

구 분	헌 법	국가배상법	비 고
배상책임의 유형	• 직무상 불법행위로 인한 배상책임만 규정	• 제2조: 직무상 불법행위로 인한 배상책임 • 제5조: 영조물의 설치·관리상의 하자로 인한 배상책임	
배상책임의 주체	• 국가 또는 공공단체	• 국가 또는 지방자치단체	• 합헌설 (통설·판례)
배상청구권의 주체	• 국민(기본권 주체)	• 외국인도 제한된 범위	•「국가배상법」제7조

		내에서 가능(상호주의)	
이중배상 금지	• 군인, 군무원, 경찰 공무원 기타 법률이 정하는 자	• 군인, 군무원, 경찰 공무원, 예비군대원	• 「국가배상법」 제2조 제1항 단서의 합헌 성 인정(판례)
공무원 자신의 책임	• 면제되지 아니한다는 명문의 규정(대외적 책임 여부는 규정만으 로는 불분명)	• 대내적 구상책임을 인 정하는 명문의 규정은 존재 (대외적 책임규정은 불비)	• 「국가배상법」 제2조 제2항

2. 「국가배상법」의 적용범위

「국가배상법」(제8조)은 동법의 적용범위에 관하여 「국가나 지방자치단체의 손해배상 책임에 관하여는 이 법에 규정된 사항 외에는 민법에 따른다. 다만, 민법 외의 법률에 다른 규정이 있을 때에는 그 규정에 따른다」고 규정하고 있다. 이 규정은 국가배상에 관하여는 국가배상에 관한 특별법 → 「국가배상법」 → 「민법」의 순으로 적용된다는 것을 의미한다. 즉, 국가배상에 관하여 특별법이 있는 경우에는 특별법이 「국가배상법」보다 우선하여 적용되며, 국가배상에 관하여 「국가배상법」 및 특별법에 규정되어 있는 사항 이외에는 「민법」이 적용된다는 것을 의미한다. 한편 국가배상에 관한 특별법으로는 다음과 같은 것이 있다.

(1) 무과실책임을 인정하고 있는 법률

무과실책임을 인정하고 있는 법률로는 「자동차손해배상보장법」(제3조), 「원자력손해배상법」(제3조), 「공무원연금법」(제35조) 등을 들 수 있다.

(2) 배상책임의 범위 또는 손해배상액을 경감·정형화하고 있는 법률

배상책임의 범위 또는 손해배상액을 경감 내지 정형화하고 있는 법률로는 「우편법」(제38조) 등을 들 수 있다.

관련판례

「우편관서의 우편물취급으로 인하여 발생한 손해배상책임에 관하여 규정한 우편법 제38조는 우편사업의 특수성을 참작하여 규정한 위 동법 제38조 이하의 손해배상에 관한 규정의 취지로 보아 민법상의 채무불이행이나 불법행위로 인한 손해배상 및 국가배상상의 손해배상에 관한 규정에 대한 특별규정이라 할 것이므로 우편물취급에 수반하여 발생한 손해에 대하여는 국가배상법에 의한 손해배상청구는 허용되지 아니한다고 해석함이 타당하다」(대판 1977.2.8, 75다1059).

다만 근래에 대법원이 특별송달우편물과 관련하여서는 「국가배상법」에 의한 손해배상을 청구할 수 있음을 인정하였는바, 이에 관하여는 이하의 판례 참조.

관련판례

「민사소송법에 의한 특별송달우편물의 발송인은 송달사무 처리담당자인 법원사무관 등이고(민사소송법 제175조 제1항), 그 적정하고 확실한 송달에 직접 이해관계를 가지는 소송당사자 등은 스스로 관여할 수 있는 다른 송달수단을 전혀 갖지 못하는 특수성이 있다. 그리고 특별송달의 대상인 소송관계서류에 관해서는 집행관(민사소송법 제176조 제1항), 법정경위(법원조직법 제64조 제3항), 법원사무관 등(민사소송법 제177조 제1항)도 송달을 실시할 수 있는데, 이러한 과정에서 관계자에게 손해가 발생한 경우, 특별히 국가배상책임을 제한하는 규정이 없으므로 그 손해가 송달을 실시한 공무원의 경과실에 의하여 생긴 것이라도 피해자는 국가에 대하여 국가배상법에 의한 손해배상을 청구할 수 있는바, 소송관계서류를 송달하는 우편집배원도 민사소송법 제176조가 정한 송달기관으로서 위 집행관 등과 대등한 주의의무를 가진다고 보아야 하므로 그에 위반하는 경우 국가가 지는 손해배상책임도 달리 보기는 어렵다고 할 것이다. 이러한 특별송달우편물의 특수성 및 다른 송달공무원의 책임과의 형평에 비추어 보면, 특별송달우편물과 관련하여 우편집배원의 고의 또는 과실에 의하여 손해가 발생한 경우에는 우편물 취급에 관한 손해배상책임에 대하여 규정한 구 우편법 제38조에도 불구하고 국가배상법에 의한 손해배상을 청구할 수 있다」(대판 2008.2.28, 2005다4734).

3. 「국가배상법」의 법적 성격

「국가배상법」의 법적 성격에 관하여는 다음과 같은 학설의 대립이 있다.

(1) 공법설

공행정작용으로 인한 손해배상을 규율하는 「국가배상법」은 사경제작용을 규율하는 「민법」과는 근본적으로 성격을 달리하므로 「민법」과 「국가배상법」 사이에는 일반법과 특별법의 관계가 성립할 수 없으며, 따라서 「국가배상법」은 공법이라는 견해이다(다수설).

(2) 사법설

국가배상책임이론이 공법에 특유한 책임이론이 아니라 「민법」상의 일반 불법행위책임의 한 유형에 지나지 않고, 「국가배상법」 스스로 동법이 「민법」의 특별법적 성격을 갖는다는 것을 규정하고 있으므로(제8조) 「국가배상법」은 사법이라는 견해이다. 대법원 또한 「국가배상법」을 사법으로 보고 있으며, 그 결과 국가배상소송은 실무상 민사소송에 의하고 있다.

「공무원의 직무상 불법행위로 손해를 받은 국민이 국가 또는 공공단체에 배상을 청구하는 경우 국가 또는 공공단체에 대하여 그의 불법행위를 이유로 손해배상을 구함은 국가배상법이 정한 바에 따른다 하여도 이 역시 민사상의 손해배상책임을 특별법인 국가배상법이 정한 데 불과하다」 (대판 1972.10.10, 69다701).

4. 외국인에 대한 국가배상 등

「국가배상법」은 외국인이 피해자인 경우에는 해당 국가와 상호 보증이 있을 때에만 적용한다고 하여 상호주의를 채택하고 있는바(제7조), 여기서 상호의 보증이란 대한민국의 국민도 피해자인 외국인의 본국에서 손해배상을 청구할 수 있음을 의미한다.

「중화민국 민법 제188조, 제192조, 제197조에 외국인도 중화민국을 상대로 피용인의 직무집행시의 불법행위로 인한 재산상 및 정신상 손해를 배상하도록 규정되어 있으므로 중화민국과 우리나라 사이에 국가배상법 본조에 이른바 외국인이 피해자인 경우에 상호의 보증이 있는 때에 해당한다」(대판 1968.12.3, 68다1929).

한편 주한미군, 한국군증원군(소위 KATUSA)의 직무행위 및 그들이 점유·관리하는 시설 등의 설치 또는 관리의 하자로 인한 손해에 대해서는 대한민국을 피고로 하여 배상을 청구할 수 있도록 하는 특례가 마련되어 있다(「미군지위협정」 제23조).

「대한민국과 아메리카합중국 간의 상호방위조약 제4조에 의한 시설과 구역 및 대한민국에서의 합중국 군대의 지위에 관한 협정(이하 '한미행정협정'이라고 한다) 제23조 제5항은 공무집행 중인 미합중국 군대의 구성원이나 고용원의 작위나 부작위 또는 미합중국 군대가 법률상 책임을 지는 기타의 작위나 부작위 또는 사고로서 대한민국 안에서 대한민국 정부 이외의 제3자에게 손해를 가한 것으로부터 발생하는 청구권은 대한민국이 이를 처리하도록 규정하고 있으므로 위 청구권의 실현을 위한 소송은 대한민국을 상대로 제기하는 것이 원칙이다」(대판 1997.12.12, 95다29895).

5. 국가배상책임의 유형

「국가배상법」은 국가배상책임의 유형을 공무원의 직무상 불법행위로 인한 경우(제2조)와 영조물의 설치·관리의 하자로 인한 경우(제5조)로 나누어 규정하고 있는바,

이들 문제에 관하여는 절을 바꾸어 이하에서 상세히 논하기로 한다.

┃제2절┃ 공무원의 직무상 불법행위로 인한 손해배상

Ⅰ. 배상책임의 요건

공무원의 직무상 불법행위로 인한 손해배상책임이 성립하기 위하여서는 ① 공무원 또는 공무를 위탁받은 사인이 ② 직무를 집행하면서 ③ 고의 또는 과실로 ④ 법령을 위반하여 ⑤ 타인에게 손해를 입혀야 한다.

1. 공무원·공무를 위탁받은 사인

공무 인외 직무상 불법행위로 인한 국가배상책임이 성립하기 위하여는 공무원 또는 공무를 위탁받은 사인이 손해를 가했어야 한다. 구「국가배상법」제2조는 단지 '공무원'이라고만 규정하고 있었던바, 그때에도「국가배상법」상 공무원에는「국가공무원법」또는「지방공무원법」상의 공무원뿐만 아니라 널리 공무를 위탁받아 그에 종사하는 모든 자가 포함된다고 하여 공무를 위탁받은 사인의 위법행위로 인하여 발생한 손해에 대하여 해석상 국가배상책임을 인정하여 왔다. 그리고 이러한 해석을 받아들여 2009년「국가배상법」을 개정하면서 공무를 위탁받은 사인의 위법한 행위로 인한 손해도 국가 등이 배상하여야 한다는 것을 명시적으로 규정하기에 이르렀다.

(1) 공무원

전술한 바와 같이 2009년 개정된「국가배상법」제2조가 '공무를 위탁받은 사인'을 별도로 규정하고 있음을 고려할 때, 여기서의 공무원은 주로「국가공무원법」또는「지방공무원법」상의 공무원(신분상의 공무원)을 의미한다고 할 것이다. 다만 이하의 판례에서 보듯이 예외적으로 공무원의 신분을 갖고 있지 않은 자도「국가배상법」제2조의 공무원에 포함될 수 있는 경우도 있다.

관련판례

「대집행권한을 위탁받은 한국토지공사는 공무인 대집행을 실시함에 따르는 권리·의무및 책임이 귀속되는 행정주체의 지위에 있다고 볼 것이지 지방자치단체 등의 기관으로서 국가배상법 제2조 소정의 공무원에 해당한다고 볼 것은 아니다. 그러나 이 사건 대집행을 실제 수행한 한국토지공사의 업무 담당자, 용역계약을 체결한 법인 또는 그 대표자는 공무인 이 사건 대집행에 실질적으로 종사한 자라고 할 것이므로 국가배상법 제2조 소정의 공무원에 해당한다고 볼 것이다」
(대판 2010.1.28, 2007다82950 · 82967).

한편 국가배상책임이 인정되기 위하여서는 여기서의 공무원이 특정되어야 하는지
의 문제가 있는바, 이에 대하여는 반드시 특정될 필요는 없다고 보는 것이 학설과 판례
의 입장이다(후술 참조).
(2) 공무를 위탁받은 사인
공무를 위탁받은 사인은 널리 공무를 위탁받아 그에 종사하는 모든 자를 포함하는바,
여기서의 공무의 위탁에는 일시적이고 한정적인 것도 포함된다는 것을 유의하여야 한다.

관련판례

「국가배상법 제2조 소정의 '공무원'이라 함은 국가공무원법이나 지방공무원법에 의하여 공무원
으로서의 신분을 가진 자에 국한하지 않고, 널리 공무를 위탁받아 실질적으로 공무에 종사하고
있는 일체의 자를 가리키는 것으로서, 공무의 위탁이 일시적이고 한정적인 사항에 관한 활동을
위한 것이어도 달리 볼 것은 아니다」(대판 2001.1.5, 98다39060).

(3) 판례의 입장
「국가배상법」상의 공무원에 포함되는지 여부에 관하여는 많은 판례가 축적되어
있는바, 이를 소개하면 다음과 같다.
1) 「국가배상법」상의 공무원이 아니라고 판시한 사례   「국가배상법」상의 공무원이 아니
라고 판시한 대표적 사례로는 의용소방대원을 들 수 있다. 그러나 「국가배상법」상의
공무원의 개념은 신분상의 개념이 아니라 기능상의 개념이라는 점을 고려할 때, 적어도
의용소방대원도 소집되어 있는 경우에는 당연히 「국가배상법」상의 공무원에 포함되어
야 한다고 생각한다.[5]

관련판례

「소방법 제63조의 규정에 의하여 시 · 읍 · 면이 소방서장의 소방업무를 보조하게 하기 위하여
설치한 의용소방대를 국가기관이라고 할 수 없음은 물론 또 그것이 이를 설치한 시 · 읍 · 면에
예속된 기관이라고도 할 수 없다」(대판 1978.7.11, 78다584).

---

5) 同旨: 이일세, "국가배상법상의 '공무원이 직무를 집행함에 당하여'에 관한 고찰(상)", 사법행정,
1997.5, 21쪽.

2) 「국가배상법」상의 공무원이라고 판시한 사례6)

① 재판의 집행을 행하는 집행관(대판 1966.7.26, 66다854)

② 군부대의 KATUSA 등(대판 1969.2.18, 68다2346)

③ 소집 중인 향토예비군대원(대판 1970.5.26, 70다471)

④ 시청소차운전수(대판 1980.9.24, 80다1051)

⑤ 전입신고에 확인인(確認印)을 찍는 통장(대판 1991.7.9, 91다5570)

⑥ 국가나 지방자치단체에 근무하는 청원경찰(대판 1993.7.13, 92다47564)

⑦ 전투경찰(대판 1995.11.10, 95다23879)

⑧ 직장예비군중대장(대판 1995.7.27, 94가합17247)

⑨ 교통할아버지(대판 2001.1.5, 98다39060)

⑩ 수산청장으로부터 뱀장어에 대한 수출추천업무를 위탁받은 수산업협동조합(대판 2003.11.14, 2002다55304)

관련판례

「지방자치단체가 '교통할아버지 봉사활동' 계획을 수립한 다음 관할 동장으로 하여금 '교통할아버지' 봉사원을 선정하게 하여 그들에게 활동시간과 장소까지 지정해 주면서 그 활동시간에 비례한 수당을 지급하고 그 활동에 필요한 모자, 완장 등 물품을 공급함으로써, 피고의 복지행정업무에 해당하는 어린이 보호, 교통안내, 거리질서 확립 등의 공무를 위탁하여 이를 집행하게 하였다고 보아, 소외 김조왕금은 '교통할아버지' 활동을 하는 범위 내에서는 국가배상법 제2조에 규정된 지방자치단체의 '공무원'이라고 봄이 상당하다」(대판 2001.1.5, 98다39060).

2. 직무를 집행하면서

'직무를 집행하면서'란 「민법」 제35조 및 제756조의 '그 직무에 관하여'와 같은 의미로 이해되고 있는바, 이와 관련하여 다음과 같은 점을 고려하여야 한다.

(1) 직무행위의 범위

「국가배상법」 제2조상의 직무의 범위에 관하여는 다음과 같은 학설의 대립이 있다.

1) **협의설** 본조의 직무를 '권력작용'에만 국한시키는 견해이다.

2) **광의설** 본조의 직무에는 권력작용 외에 '관리작용'도 포함된다는 견해로, 주로 「국가배상법」의 법적 성질을 공법으로 보는 학자들이 이러한 입장에 따르고 있다. 광

---

6) 다만 이하의 판례 가운데에는 2009년 개정된 국가배상법에 따를 때 '공무를 위탁받은 사인'에 포함되어야 하는 경우도 있다.

의설은 국가가 사인과 동일한 지위에서 행하는 사경제작용은 동일한 관계에는 동일한
법이 적용된다는 원리에 따를 때 「민법」의 적용대상이 되어야 한다는 것을 주된 논거
로 한다.

3) 최광의설 본조의 직무를 공법적 작용뿐만 아니라 '사경제작용'을 포함한 모든
행정작용이라고 보는 견해로, 주로 「국가배상법」을 사법으로 보는 학자들의 입장이다.
최광의설은 사경제작용을 직무행위에서 제외하여 「민법」의 적용대상으로 하면 국가는
공무원의 선임감독에 있어 주의의무를 이행하였음을 증명함으로써 면책될 수 있는데,
이는 국가의 제1차적 배상책임주의에 어긋난다는 것을 주된 논거로 한다.

4) 판 례 법원은 과거에는 최광의설에 따라 판시하기도 하였으나(대판 1957.6.15,
4290민상18), 오늘날은 주로 광의설의 입장에 따르고 있다.

관련판례

① 「서울특별시장의 대행자인 도봉구청장이 원고와 사이에 체결한 이 사건 매매계약(도봉차량
기지건설사업부지예정토지 매매계약)은 공공기관이 사경제주체로서 행한 사법상 매매이므로,
설령 서울특별시장이나 그 대행자인 도봉구청장에게 원고를 위하여 양도소득세 감면신청을 할
법률상의 의무가 인정되고 이러한 의무를 위반하여 원고에게 손해를 가한 행위가 불법행위를 구
성하는 것으로 본다 하더라도, 이에 대하여는 국가배상법을 적용하기는 어렵고 일반 민법의 규
정을 적용할 수 있을 뿐이라 할 것이다」(대판 1999.11.26., 98다47245).
② 「국가배상법이 정한 손해배상청구의 요건인 '공무원의 직무'에는 국가나 지방자치단체의 권
력적 작용뿐만 아니라 비권력적 작용도 포함되지만 단순한 사경제의 주체로서 하는 작용은 포함
되지 않는다. 피고가 소외 회사에게 토지를 대부하여 주고 소외 회사가 그 지상에 호텔을 건축하여
이를 피고에게 기부채납하되, 일정 기간동안 소외 회사가 위 호텔을 유상 또는 무상으로 사용·수익
할 수 있도록 하는 대부계약을 체결하였다가 위 대부계약을 해지하고, 소외 회사와 기성공사비
를 정산하여 그 정산금을 소외 회사에게 지급하여야 할 채무를 부담하였다면, 그 정산금 지급과
관련된 피고의 업무는 사경제 주체로서의 작용에 해당한다 할 것이므로, 피고의 소속 공무원이
정산금 지급과 관련된 공탁업무를 처리하던 중 고의 또는 과실로 인한 위법행위로 타인에게 손
해를 입혔다면 이에 대하여는 국가배상법을 적용할 수는 없고 일반 민법의 규정을 적용할 수밖
에 없다」(대판 2004.4.9, 2002다10691).

(2) 직무행위의 내용

「국가배상법」 제2조상의 공무원의 직무행위에는 입법·사법·행정의 모든 작용
이 포함되며, 특히 행정작용에는 법적 행위는 물론 사실행위도 포함된다(통치행위가 여
기서의 직무행위에 포함되는지의 여부에 관하여는 견해의 대립이 있는바, 이에 관하여는 제1편
제1장 제2절 참조). 다만 입법작용과 사법작용으로 인한 손해배상에 대해서는 특별한 고

찰을 요한다.

1) **입법작용**　입법작용, 특히 법률제정의 위법성을 이유로 국가의 배상책임을 인정하는 것은 어렵다. 왜냐하면 이 경우에는 국회의원의 법령위반, 고의·과실 등과 같은 배상책임의 성립요건이 충족되기가 여의치 않기 때문이다.

관련판례

「우리 헌법이 채택하고 있는 의회민주주의하에서 국회는 다원적 의견이나 갖가지 이익을 반영시킨 토론과정을 거쳐 다수결의 원리에 따라 통일적인 국가의사를 형성하는 역할을 담당하는 국가기관으로서 그 과정에 참여한 국회의원은 입법에 관하여 원칙적으로 국민 전체에 대한 관계에서 정치적 책임을 질 뿐 국민 개개인의 권리에 대응하여 법적 의무를 지는 것은 아니므로, 국회의원의 입법행위는 그 입법 내용이 헌법의 문언에 명백히 위배됨에도 불구하고 국회가 굳이 당해 입법을 한 것과 같은 특수한 경우가 아닌 한 국가배상법 제2조 제1항 소정의 위법행위에 해당한다고 볼 수 없고, 같은 맥락에서 국가가 일정한 사항에 관하여 헌법에 의하여 부과되는 구체적인 입법의무를 부담하고 있음에도 불구하고 그 입법에 필요한 상당한 기간이 경과하도록 고의 또는 과실로 이러한 입법의무를 이행하지 아니하는 등 극히 예외적인 사정이 인정되는 사안에 한정하여 국가배상법 소정의 배상책임이 인정될 수 있으며, 위와 같은 구체적인 입법의무 자체가 인정되지 않는 경우에는 애당초 부작위로 인한 불법행위가 성립할 여지가 없다」(대판 2008. 5.29, 2004다33469; 同旨판례: 대판 1997.6.13, 96다56115).

다만 우리나라의 판례상 입법작용의 위법을 이유로 국가의 배상책임이 인정된 사례가 있는데, 「국가보위입법회의법」 부칙 제4항에 근거하여 면직당한 국회사무처 및 국회도서관직원의 배상청구를 인용한 경우가 그것이다(서울민사지법 1992.8.28, 91가합84035 참조).[7]

2) **사법작용**　사법작용인 판결의 위법을 이유로 국가배상책임이 인정될 수 있는지의 문제와 관련하여서는 ① 공무원의 직무상 불법행위에 대한 배상책임을 명문화하고 있는 실정법규정(「국가배상법」 제2조) 등을 근거로 긍정하는 견해와 ② 재판관의 독립을 이유로 한 민사면책(民事免責) 등을 근거로 부정하는 견해의 대립이 있다. 생각건대 심급제도의 본질이나 판결의 확정력 확보라는 점을 고려할 때 적어도 확정판결에 대해서는 판결의 위법을 이유로 한 배상책임을 인정하기 곤란한 것이 사실이다. 그러나 그렇다고 하여 위법한 판결로 인해 타인이 손해를 받는 경우를 완전히 배제할 수는 없다고 할 것이다. 판결을 행한 공무원의 직무위반이 범죄를 구성할 때에만 국가배상책임을

---

7) 이러한 이례적인 판결이 나올 수 있었던 이유는 「국가보위입법회의법」이 헌법재판소에 의하여 이미 위헌결정(헌재결 1989.12.28, 89헌마32·33)을 받았던 것에서 찾아볼 수 있다.

인정하고 있는 독일 「민법」 제839조는 이 같은 점을 고려한 입법례로 보여진다.

한편 법원은 종래 법관의 재판을 원인으로 하는 국가배상책임을 주로 부정하여 왔으나(관련판례 ① 참조), 근래에 들어 제한된 조건하에서나마 법관의 재판에 대한 배상책임을 인정한 판례가 나타나고 있음은 주목을 요한다(관련판례 ② 참조).

관련판례

① 「법관의 재판상 직무집행에 있어서 법령의 오해 또는 간과로 인한 허물이 있었다 하더라도 그 법관에게 당사자의 어느 편을 유리 또는 불리하게 이끌어가려는 고의가 있었다는 등 다른 특단의 사정이 없는 한, 이는 사회통념상 허용될 만한 상당성이 있는 것으로서 위법성은 결여된다」(대판 2001.4.24, 2000다16114).

② 「법관의 재판에 법령의 규정을 따르지 아니한 잘못이 있다 하더라도 이로써 바로 그 재판상 직무행위가 국가배상법 제2조 제1항에서 말하는 위법한 행위로 되어 국가의 손해배상책임이 발생하는 것은 아니고, 그 국가배상책임이 인정되려면 당해 법관이 위법 또는 부당한 목적을 가지고 재판을 하였다거나 법이 법관의 직무수행상 준수할 것을 요구하고 있는 기준을 현저하게 위반하는 등 법관이 그에게 부여된 권한의 취지에 명백히 어긋나게 이를 행사하였다고 인정할 만한 특별한 사정이 있어야 한다」(대판 2003.7.11, 99다24218).[8]

3) 공무원의 부작위(不作爲)

① 작위의무를 명하는 법령의 규정이 있는 경우   법령 자체에 작위의무를 명하는 규정이 있는 경우에는 공무원의 부작위는 직무상 의무를 위반한 위법행위가 되며, 그로 인한 손해에 대하여 배상책임을 인정할 수 있다.

② 작위의무를 명하는 법령의 규정이 없는 경우   법령 자체에 작위의무를 명하는 규정이 없는 경우에도 그 규정의 해석을 통하여 작위의무가 인정될 수 있는 경우에는 비교적 쉽게 공무원의 부작위에 대한 배상책임을 인정할 수 있다.

이에 반하여 법령이 공무원에게 권한의 행사여부에 관한 재량을 인정하고 있는 경우에는 종래 공무원의 부작위에 대한 배상책임이 인정되기 어렵다는 점이 강조되어 왔는바, 이러한 견해는 (행정권의 발동 여부는 행정기관의 재량에 맡겨져 있다는 행정편의주의의 이론에 따를 때) 공무원의 부작위로 인하여 손해가 발생한 경우에도 그것은 반사적 이익에 대한 침해에 불과할 뿐이라는 것을 그 주된 논거로 하였다. 그러나 근래에는 행정편의주의 및 반사적 이익론의 수정에 따라 공무원의 부작위에 대한 배상책임이 인정되는 추세에 있으며, 특히 재량권의 영으로의 수축이론으로 공무원의 부작위의 위법성을

---

8) 대법원은 이러한 논의에 기초하여 헌법재판소 재판관이 청구기간 내에 제기된 헌법소원심판청구 사건에서 청구기간을 오인하여 각하결정을 한 경우, 이에 대한 불복절차 내지 시정절차가 없는 때에는 국가배상책임(위법성)을 인정할 수 있다고 판시한 바 있다(대판 2003.7.11, 99다24218).

인정하기가 용이하게 되었다.

「경찰은 범죄의 예방, 진압 및 수사와 함께 국민의 생명, 신체 및 재산의 보호 기타 공공의 안녕과 질서유지를 직무로 하고 있고, 직무의 원활한 수행을 위하여 경찰관 직무집행법, 형사소송법 등 관계 법령에 의하여 여러 가지 권한이 부여되어 있으므로, 구체적인 직무를 수행하는 경찰관으로서는 제반 상황에 대응하여 자신에게 부여된 여러 가지 권한을 적절하게 행사하여 필요한 조치를 할 수 있고, 그러한 권한은 일반적으로 경찰관의 전문적 판단에 기한 합리적인 재량에 위임되어 있으나, 경찰관에게 권한을 부여한 취지와 목적에 비추어 볼 때 구체적인 사정에 따라 경찰관이 권한을 행사하여 필요한 조치를 하지 아니하는 것이 현저하게 불합리하다고 인정되는 경우에는 권한의 불행사는 직무상 의무를 위반한 것이 되어 위법하게 된다」(대판 2016.4.15, 2013다20427).

판례 또한 이러한 이론적 변화를 받아들여 일정한 요건 하에 공무원의 부작위에 대한 배상책임을 인정하고 있는바, 그 대표적 예를 열거하면 다음과 같다.
① 무장공비출현신고에 대한 불출동(김신조사건, 대판 1971.4.6, 71다124)
② 선박수선명령·운행정지명령의 부작위(극동호 화재사건, 대판 1993.2.19, 91다43466)
③ 감방 내의 폭력행위에 대한 제지의무의 불이행(대판 1993.9.28, 93다17546)
④ 시위과정에서 방치된 트랙터에 대한 위험발생방지조치의 불이행(대판 1998.8.25, 98다16890)
⑤ 작업중지 등 사고예방조치의 불이행(대판 2001.3.9, 99다64278)
⑥ 행정부가 정당한 이유 없이 시행령을 제정하지 않은 경우(대판 2007.11.29, 2006다3561)[9]

① 「경찰관이 농민들의 시위를 진압하고 시위과정에 도로상에 방치된 트랙터 1대에 대하여 이를 도로 밖으로 옮기거나 후방에 안전표지판을 설치하는 것과 같은 위험발생방지조치를 취하지 아니한 채 그대로 방치하고 철수하여 버린 결과, 야간에 그 도로를 진행하던 운전자가 위 방치된 트랙터를 피하려다가 다른 트랙터에 부딪혀 상해를 입은 사안에서 국가배상책임이 인정된다」(대판 1998.8.25, 98다16890).
② 「입법부가 법률로써 행정부에게 특정한 사항을 위임했음에도 불구하고 행정부가 정당한 이

---

9) 이 판례는 행정입법부작위로 인하여 손해가 발생한 경우에도 국가배상청구요건이 갖추어지면 국가는 손해를 배상할 의무를 지게 된다는 점을 분명히 한 것으로 주목을 요한다.

유 없이 이를 이행하지 않는다면 권력분립의 원칙과 법치국가 내지 법치행정의 원칙에 위배되는 것으로서 위법함과 동시에 위헌적인 것이 되는바, 구 군법무관임용법 제5조 제3항과 군법무관임용 등에 관한 법률 제6조가 군법무관의 보수를 법관 및 검사의 예에 준하도록 규정하면서 그 구체적 내용을 시행령에 위임하고 있는 이상, 위 법률의 규정들은 군법무관의 보수의 내용을 법률로써 일차적으로 형성한 것이고, 위 법률들에 의해 상당한 수준의 보수청구권이 인정되는 것이므로, 위 보수청구권은 단순한 기대이익을 넘어서는 것으로서 법률의 규정에 의해 인정된 재산권의 한 내용이 되는 것으로 봄이 상당하고, 따라서 행정부가 정당한 이유 없이 시행령을 제정하지 않은 것은 위 보수청구권을 침해하는 불법행위에 해당한다」(대판 2007.11.29, 2006다3561).

한편 근래에 법원은 공무원의 부작위를 이유로 한 배상책임의 인정 여부를 판단함에 있어 고려하여야 할 구체적 기준을 제시하고, 그에 따라 국가배상책임의 유무를 판단하는 경향을 보이고 있는바, 이러한 판례의 경향에 관하여는 이하의 판례 참조.

관련판례

「공무원의 부작위로 인한 국가배상책임을 인정하기 위해서는 공무원의 작위로 인한 국가배상책임을 인정하는 경우와 마찬가지로 '공무원이 직무를 집행하면서 고의 또는 과실로 법령을 위반하여 타인에게 손해를 입힌 때'라는 국가배상법 제2조 제1항의 요건이 충족되어야 한다. 여기서 '법령 위반'이란 엄격하게 형식적 의미의 법령에 명시적으로 공무원의 작위의무가 규정되어 있는데도 이를 위반하는 경우만을 의미하는 것은 아니고, 인권존중·권력남용금지·신의성실과 같이 공무원으로서 마땅히 지켜야 할 준칙이나 규범을 지키지 않고 위반한 경우를 포함하여 널리 객관적인 정당성이 없는 행위를 한 경우를 포함한다. 국민의 생명·신체·재산 등에 관하여 절박하고 중대한 위험상태가 발생하였거나 발생할 우려가 있어서 국민의 생명·신체·재산 등을 보호하는 것을 본래적 사명으로 하는 국가가 초법규적, 일차적으로 그 위험 배제에 나서지 않으면 국민의 생명·신체·재산 등을 보호할 수 없는 경우에는 형식적 의미의 법령에 근거가 없더라도 국가나 관련 공무원에 대하여 그러한 위험을 배제할 작위의무를 인정할 수 있다. 그러나 그와 같이 절박하고 중대한 위험상태가 발생하였거나 발생할 우려가 없는 경우에는 원칙적으로 공무원이 관련 법령을 준수하여 직무를 수행하였다면 공무원의 부작위를 가지고 '고의 또는 과실로 법령을 위반'하였다고 할 수는 없다. 따라서 공무원의 부작위로 인한 국가배상책임을 인정할 것인지 여부가 문제 되는 경우에 관련 공무원에 대하여 작위의무를 명하는 법령 규정이 없다면 공무원의 부작위로 인하여 침해된 국민의 법익 또는 국민에게 발생한 손해가 어느 정도 심각하고 절박한 것인지, 관련 공무원이 그와 같은 결과를 예견하여 결과를 회피하기 위한 조치를 취할 가능성이 있는지 등을 종합적으로 고려하여 판단하여야 한다」(대판 2020.5.28, 2017다211559).

(3) 직무행위의 판단기준

「국가배상법」제2조상의 직무행위에는 직무행위 자체는 물론 객관적으로 직무의 범위에 속한다고 판단되는 행위 및 직무행위와 밀접한 관련이 있는 행위가 포함된다.

이 경우 직무행위인지의 여부는 당해 행위가 현실적으로 공무원의 정당한 권한 내의 것인지, 또는 공무원에게 직무집행의 의사가 있는지의 여부와는 관계없이 객관적으로 직무행위의 '외관(外觀)'을 갖추고 있는지의 여부를 기준으로 판단하여야 한다(외형설 또는 외관주의).

관련판례

「국가배상법 제2조 제1항의 '직무를 집행함에 당하여'라 함은 직접 공무원의 직무집행행위이거나 그와 밀접한 관련이 있는 행위를 포함하고, 이를 판단함에 있어서는 행위 자체의 외관을 객관적으로 관찰하여 공무원의 직무행위로 보여질 때에는 비록 그것이 실질적으로 직무행위가 아니거나 또는 행위자로서는 주관적으로 공무집행의 의사가 없었다고 하더라도 그 행위는 공무원이 '직무를 집행함에 당하여' 한 것으로 보아야 한다」(대판 2005.1.14, 2004다26805).

한편 실질적으로 공무집행행위가 아니라는 사정을 피해자가 알고 있었는지 여부는 국가배상법 제2조의 배상책임요건으로서의 '직무를 집행하면서' 여부를 판단함에 있어 아무런 영향을 미치지 아니한다.

(4) 직무행위의 인정여부에 관한 판례정리

1) 직무행위와 관련 있는 것으로 본 사례

① 자신 소유의 오토바이를 몰고 다음날 실시예정인 군사훈련에 대비하여 훈련지역일대를 살피고 귀대하던 중 사고를 일으킨 경우(대판 1994.5.27, 94다6741)

② 헌병대영창에서 탈주한 군인들이 민가에 침입하여 저지른 범죄행위(대판 2003.2.14, 2002다62678)

③ 공무원증 및 재직증명서 발급업무를 하는 인사공무원이 위조공무원증을 만든 행위(대판 2005.1.14, 2004다26805) 등

관련판례

「울산세관의 통관지원과에서 인사업무를 담당하면서 울산세관 공무원들의 공무원증 및 재직증명서 발급업무를 하는 공무원인 소외인이 울산세관의 다른 공무원의 공무원증 등을 위조하는 행위는 비록 그것이 실질적으로는 직무행위에 속하지 아니한다 할지라도 적어도 외관상으로는 공무원증과 재직증명서를 발급하는 행위로서 직무집행으로 보여지므로 결국 소외인의 공무원증

등 위조행위는 국가배상법 제2조 제1항 소정의 공무원이 직무를 집행함에 당하여 한 행위로 인정된다」(대판 2005.1.14, 2004다26805).

2) 직무행위와 관련 없는 것으로 본 사례

① 부대이탈 후 민간인 사살(대판 1980.4.22, 80다200)

② 통상적으로 근무하는 근무지로 출근하기 위한 자기소유 자동차운행(대판 1996.5.31, 94다15271) 등

관련판례

「공무원이 통상적으로 근무하는 근무지로 출근하기 위하여 자기 소유의 자동차를 운행하다가 자신의 과실로 교통사고를 일으킨 경우에는 특별한 사정이 없는 한 국가배상법 제2조 제1항 소정의 공무원이 '직무를 집행함에 당하여' 타인에게 불법행위를 한 것이라고 할 수 없으므로 그 공무원이 소속된 국가나 지방공공단체가 국가배상법상의 손해배상책임을 부담하지 않는다」(대판 1996.5.31, 94다15271).

3. 고의·과실

(1) 과실책임주의

「국가배상법」 제2조 제1항이 고의·과실을 국가배상의 요건으로 규정하고 있는 점을 고려할 때, 「국가배상법」은 과실책임주의에 입각하고 있다고 할 수 있다. 한편 이처럼 「국가배상법」 제2조 제1항이 국가배상청구권의 성립요건으로 공무원의 고의·과실을 규정함으로써 무과실책임을 인정하지 않고 있는 것의 위헌성이 다투어진 바 있는데, 헌법재판소는 이를 합헌으로 판시하였다.

관련판례

「헌법 제29조 제1항 제1문은 '공무원의 직무상 불법행위'로 인한 국가 또는 공공단체의 책임을 규정하면서 제2문은 '이 경우 공무원 자신의 책임은 면제되지 아니한다'고 규정하여 헌법상 국가배상책임은 공무원의 책임을 일정 부분 전제하는 것으로 해석될 수 있고, 헌법 제29조 제1항에 법률유보 문구를 추가한 것은 국가재정을 고려하여 국가배상책임의 범위를 법률로 정하도록 한 것으로 해석된다. 공무원의 고의 또는 과실이 없는데도 국가배상을 인정할 경우 피해자 구제가 확대되기는 하겠지만 현실적으로 원활한 공무수행이 저해될 수 있어 이를 입법정책적으로 고려할 필요성이 있다. 외국의 경우에도 대부분 국가에서 국가배상책임에 공무수행자의 유책성을 요구하고 있으며, 최근에는 국가배상법상의 과실관념의 객관화, 조직과실의 인정, 과실 추정과 같은 논리를 통하여 되도록 피해자에 대한 구제의 폭을 넓히려는 추세에 있다.

이러한 점들을 고려할 때, 이 사건 법률조항이 국가배상청구권의 성립요건으로서 공무원의 고의 또는 과실을 규정한 것을 두고 입법형성의 범위를 벗어나 헌법 제29조에서 규정한 국가배상청구권을 침해한다고 보기는 어렵다」(헌재결 2015.4.30, 2013헌바395).

(2) 고의·과실의 의의

고의란 일정한 결과가 발생할 것이라는 것을 알면서 그를 행하는 심리상태를 말하며, 과실이란 일정한 결과가 발생할 것을 알고 있어야 함에도 불구하고 부주의로 그를 알지 못한 것을 의미한다.[10] 한편 여기서의 과실에는 중과실과 경과실이 모두 포함되는데, 중과실의 의미에 관하여는 이하의 관련판례 참조.

관련판례

「공무원이 직무 수행 중 불법행위로 타인에게 손해를 입힌 경우에 국가나 지방자치단체가 국가배상책임을 부담하는 외에 공무원 개인도 고의 또는 중과실이 있는 경우에는 불법행위로 인한 손해배상책임을 지고, 공무원에게 경과실이 있을 뿐인 경우에는 공무원 개인은 불법행위로 인한 손해배상책임을 부담하지 아니하는데, 여기서 공무원의 중과실이란 공무원에게 통상 요구되는 정도의 상당한 주의를 하지 않더라도 약간의 주의를 한다면 손쉽게 위법·유해한 결과를 예견할 수 있는 경우임에도 만연히 이를 간과함과 같은 거의 고의에 가까운 현저한 주의를 결여한 상태를 의미한다」(대판 2011.9.8, 2011다34521).

고의·과실은 당해 공무원을 기준으로 판단하여야 하며 국가 등의 선임감독상의 그것은 문제되지 않는바, 이 점에서 「민법」상의 사용자책임(「민법」 제756조)과 구별된다.

관련판례

「공무원이 그 직무를 행함에 당하여 고의 또는 과실로 법령에 위반하여 타인에게 손해를 가한 경우에 국가나 지방자치단체가 그 손해를 배상하는 것은 민법상의 사용자로서 그 배상책임을 부담하는 것이 아니므로 민법상 사용자의 면책사유인 피용자의 선임감독에 과실이 없었다는 것으로서는 본법상의 손해배상 책임을 면할 수 없다」(대판 1970.6.30, 70다727).

---

10) 이상의 설명은 배상책임의 성질에 관하여 대위책임설을 취하는 입장에 따른 설명이다. 이에 반하여 배상책임의 성질에 관하여 자기책임설을 취하는 경우, 여기서의 과실은 '국가 등에 배상책임을 귀속시키기 위한 공무운영상의 흠'을 의미하게 되고, 그에 따르면 국가배상책임은 일종의 무과실책임적 성질을 띠게 된다.

(3) 과실과 관련된 특수문제

1) **법령·판례의 부지(不知)** 공무원은 자신이 직무를 수행함에 있어 준거할 기준이 되는 법규의 내용 및 학설·판례에 의한 동 법규의 해석을 알고 있어야만 한다. 따라서 법령해석에 필요한 지식의 결핍에 근거한 직무행위에는 과실이 인정될 수 있다(관련판례 ① 참조). 다만 ―학설·판례가 귀일(歸一)되어 있지 못한 경우처럼― 객관적으로 의문시되는 사정하에서 공무원이 합리적인 법적·사실적 심사에 근거하여 그 나름대로 합당하다고 생각되는 법적 견해에 달하게 된 경우에는, 비록 그것이 사후에 판례에 의하여 승인받지 못하고 따라서 위법하다고 판명된 경우에도 공무원의 과실이 있다고는 할 수 없다(관련판례 ② 참조).

관련판례

①「법령에 대한 해석이 복잡·미묘하여 워낙 어렵고, 이에 대한 학설, 판례조차 귀일되어 있지 않는 등의 특별한 사정이 없는 한 일반적으로 공무원이 관계 법규를 알지 못하거나 필요한 지식을 갖추지 못하고 법규의 해석을 그르쳐 행정처분을 하였다면 그가 법률전문가가 아닌 행정직 공무원이라고 하여 과실이 없다고는 할 수 없다」(대판 2001.2.9, 98다52988).
②「일반적으로 공무원이 직무를 집행함에 있어서 관계 법규를 알지 못하거나 필요한 지식을 갖추지 못하여 법규의 해석을 그르쳐 잘못된 행정처분을 하였다면 그가 법률전문가가 아닌 행정직 공무원이라고 하여 과실이 없다고 할 수 없으나, 법령에 대한 해석이 그 문언 자체만으로는 명백하지 아니하여 여러 견해가 있을 수 있는 데다가 이에 대한 선례나 학설, 판례 등도 귀일된 바 없어 의의(疑義)가 없을 수 없는 경우에 관계 공무원이 그 나름대로 신중을 다하여 합리적인 근거를 찾아 그 중 어느 한 견해를 따라 내린 해석이 후에 대법원이 내린 입장과 같지 않아 결과적으로 잘못된 해석에 돌아가고, 이에 따른 처리가 역시 결과적으로 위법하게 되어 그 법령의 부당집행이라는 결과를 가져오게 되었다고 하더라도 그와 같은 처리방법 이상의 것을 성실한 평균적 공무원에게 기대하기는 어려운 일이고, 따라서 이러한 경우에까지 공무원의 과실을 인정할 수는 없다」(대판 2010.4.29, 2009다97925).[11]

---

2) **취소소송과의 관계** 어떤 행정처분이 뒤에 항고소송에서 취소되었다고 할지라도 그 자체만으로 그 행정처분이 곧바로 공무원의 고의 또는 과실로 인한 불법행위를 구성한다고 단정할 수는 없다고 할 것이다.[12] 실제로 법원은 이를 근거로 하여 행정처분

---

11) 동지판례: 대판 2001.3.13, 2000다20731.
12) 대판 2001.3.13, 2000다20731 참조. 同旨판례:「자동차정비업에 대한 허가신청을 받은 행정관청이 주민들의 민원이 해소되지 않았다는 이유로 내린 허가거부처분이 후에 항고소송으로 취소된 경우, 그 거부처분을 행한 경위에 비추어 담당공무원에게 직무상 과실이 없다」(대판 1997.7.11, 97다7608).

이 그의 위법성이 인정되어 취소소송을 통하여 취소된 경우에 있어서도 공무원에게 과실이 없다고 하여 배상책임을 부정한 바 있다.

관련판례

「법령에 의하여 국가가 그 시행 및 관리를 담당하는 시험에 있어 시험문항의 출제 및 정답결정에 오류가 있어 이로 인하여 합격자 결정이 위법하게 되었다는 것을 이유로 공무원 내지 시험출제에 관여한 시험 위원의 고의·과실로 인한 국가배상책임을 인정하기 위하여는 … 제반 사정을 종합적으로 고려하여 시험관련 공무원 혹은 시험위원이 객관적 주의의무를 결하여 그 시험의 출제와 정답 및 합격자 결정 등의 행정처분이 객관적 정당성을 상실하고, 이로 인하여 손해의 전보책임을 국가에게 부담시켜야 할 실질적인 이유가 있다고 인정되어야 한다. … 이 사건 원고들에 대한 불합격처분이 피고에게 국가배상책임을 부담시켜야 할 만큼 객관적 정당성을 상실한 정도에 이른 것으로 볼 수는 없다고 할 것이다」(대판 2003.11.27, 2001다33789·33796·33802·33819).

---

(4) 과실의 객관화

「국가배상법」상의 주관적인 과실개념을 객관화하여 피해자구제의 폭을 넓히려는 시도가 여러 가지 방향에서 행해지고 있는바, 주목할 만한 것으로는 다음과 같은 것이 있다.[13]

1) 주의의무내용의 고도화(高度化)　　과실을 객관적인 주의의무위반으로 파악하여 주의의무의 내용을 고도화하는 것이다. 이에 따르면 과실의 존재여부에 관한 판단은 당해 공무원의 주의력이 아니라, 그 직종의 평균적 공무원의 주의력을 기준으로 판단하게 된다.

관련판례

「공무원의 직무집행의 과실이라 함은 공무원이 그 직무를 수행함에 있어 당해직무를 담당하는 평균인이 보통(통상) 갖추어야 할 주의의무를 게을리한 것을 말한다」(대판 1987.9.22, 87다카1164).

---

2) 위법성과 과실의 일원화　　위법성과 과실을 일원적으로 파악하여 양자 중 어느 하나가 증명되면 다른 요건은 당연히 인정된다고 보는 견해이다(일원적 관념론이라고도 한다).

---

13) 국가배상책임의 성질을 자기책임으로 이해하는 입장에서 과실을 '국가작용의 흠' 정도로 완화해 이해하고자 하는 입장 또한 과실의 객관화와 무관하지 않다고 할 수 있다.

3) 조직과실이론   조직과실의 이론은 국가작용의 흠(Mangel)을 행정기관 내부에서 상위공무원(기관장 또는 부서장)에게 귀속시키려는 것으로, 이에 따르면 배상책임의 성립에 가해공무원의 특정을 요하지 않게 된다.[14] 시위진압 중 최루탄투척으로 시위대에게 발생한 손해에 대한 국가배상청구소송에서 가해공무원의 특정을 의도하지 않은 판례는 이러한 조직과실을 인정한 것으로 볼 수 있다.

관련판례

「이 사건 사고는 피고 소속 성명불상 전투경찰대원이 시위진압 과정에서 최루탄을 사용하면서 그 사용에 대한 안전수칙을 지키지 아니한 잘못으로 인하여 발생하였다고 할 것이므로 피고는 피고 소속 공무원인 위 전투경찰대원의 직무집행상의 과실로 인한 이 사건 사고로 원고가 입은 모든 손해를 배상할 책임이 있다」(서울지법 1988.9.21, 88가합2327).

(5) 증명책임

공무원에게 고의·과실이 있다는 것을 증명할 책임은 원고인 피해자에게 있다. 다만 과실의 객관화추세에 따라 원고의 증명책임 역시 완화되는 경향에 있다. 이러한 경향은「피해자가 공무원의 위법한 직무행위에 의하여 손해가 발생하였음을 증명하면 공무원에게 과실이 있는 것으로 일응 추정된다」는 일응추정(一應推定)의 법리의 형태로 나타나고 있다.

4. 법령의 위반(=위법성)

(1) 법령위반의 의의

「국가배상법」제2조의 법령위반의 의미를 어떻게 이해할 것인지의 문제에 관하여는 이하에서 보는 바와 같이 학설의 대립이 심각한바, 그 이유는 그것이 취소소송에 있어서의 위법성과「국가배상법」상의 위법성의 관계를 어떻게 이해할 것인가와 관련하여 중요한 의미를 갖기 때문이다. 그리고 양자의 관계를 어떻게 설정하는지에 따라 취소소송에서의 판결의 기판력이 국가배상청구소송의 수소법원(受訴法院)에 영향을 미치는지 여부가 결정되게 된다.

1) 결과위법설   「국가배상법」상의 위법을 가해행위의 결과인 손해의 불법을 의미하는 것으로 보는 견해인바, 이에 따르면 국민이 받은 손해가 결과적으로 수인되어야 할 것인지 여부가 위법성 판단의 기준이 된다. 결과위법설에 따르면「국가배상법」상의 위법성과 취소소송에서의 위법성은 전혀 다른 개념이 되며, 따라서 취소소송의 (본안)

---

14) 이러한 조직과실의 관념은 부분적으로는 프랑스 행정법상의 역무과실(役務過失, Faute de Service)에 접근하고 있는 개념으로 파악되고 있다.

판결의 기판력은 국가배상청구소송에 미치지 않게 된다.

결과위법설은 오늘날 전혀 지지를 받지 못하고 있는바, 결과위법설에 대하여 부정적 입장을 취한 판례로는 다음의 것을 들 수 있다.

관련판례

「국가배상책임은 공무원의 직무집행이 법령에 위반한 것임을 요건으로 하는 것으로서, 공무원의 직무집행이 법령이 정한 요건과 절차에 따라 이루어진 것이라면 특별한 사정이 없는 한 이는 법령에 적합한 것이고 그 과정에서 개인의 권리가 침해되는 일이 생긴다고 하여 그 법령 적합성이 곧바로 부정되는 것은 아니라고 할 것이다」(대판 2000.11.10, 2000다26807).[15]

---

2) **행위위법설**　「국가배상법」상의 위법을 행위의 불법을 의미하는 것으로 보는 견해로, 이는 다시 다음과 같이 세분된다.

① 협의의 행위위법설　「국가배상법」상의 위법을 엄격한 의미의 법령위반으로 보는 견해이다. 이러한 견해에 따르면「국가배상법」상의 위법성과 취소소송에서의 위법성은 동일한 개념이 되므로, 취소소송의 판결의 기판력은 청구인용판결과 청구기각판결을 불문하고 국가배상소송에 미치게 된다.[16]

② 광의의 행위위법설　「국가배상법」상의 위법을 엄격한 의미의 법령위반뿐만 아니라 인권존중·신의성실·공서양속 등의 원칙위반도 포함하여 널리 그 행위가 객관적으로 정당성을 결여하고 있음을 의미하는 것으로 이해하는 견해이다. 이러한 견해에 따르면「국가배상법」상의 위법개념이 취소소송에서의 위법보다 넓은 개념이 된다. 따라서 취소소송의 인용판결의 기판력만이 국가배상청구소송에 미치고, 취소소송의 기각판결의 기판력은 국가배상청구소송에 미치지 않게 된다(종래의 다수설).[17]

3) **상대적 위법성설**　「국가배상법」상의 위법의 개념은 행위의 법규에의 위반 외에도 침해행위의 태양, 피침해법익의 성질 등을 고려하여 행위가 객관적으로 정당성을 결여한 경우를 의미한다고 보는 견해이다. 이러한 견해에 따르면「국가배상법」상의 위법성과 취소소송에서의 위법성은 그 개념 내지 범위를 달리하므로 취소소송의 판결의 기판력은 국가배상청구소송에 미치지 않게 된다.

---

15) 이러한 전제하에 법원은「경찰관이 교통법규 등을 위반하고 도주하는 차량을 순찰차로 추적하는 직무를 집행하는 중에 그 도주차량의 주행에 의하여 제3자가 손해를 입었다고 하더라도 그 추적이 당해 직무 목적을 수행하는 데에 불필요하다거나 또는 도주차량의 도주의 태양 및 도로교통상황 등으로부터 예측되는 피해발생의 구체적 위험성의 유무 및 내용에 비추어 추적의 개시·계속 혹은 추적의 방법이 상당하지 않다는 등의 특별한 사정이 없는 한 그 추적행위를 위법하다고 할 수는 없다」(대판 2000.11.10, 2000다26807)고 판시한 바 있다.
16) 이러한 점에 착안하여 이를 전부기판력 긍정설이라고도 한다.
17) 이러한 점에 착안하여 이를 일부기판력 긍정설이라고도 한다.

4) 직무의무위반설 「국가배상법」상의 위법을 공무원의 직무의무의 위반으로 보는 견해이다. 이러한 견해에 따르면 「국가배상법」상의 위법개념과 취소소송에서의 위법개념은 그 판단의 차원을 전혀 달리하는 것이므로 취소소송의 판결의 기판력은 국가배상청구소송에 미치지 않게 된다.

5) 판 례 판례는 기본적으로 광의의 행위위법설에 따르고 있는 것으로 보인다(관련판례 ① 참조). 다만 상대적 위법성설에 따르고 있는 것으로 해석될 수 있는 판례도 나타나고 있음은 주목을 요한다(관련판례 ② 참조).

관련판례

① 「국가배상책임에 있어 공무원의 가해행위는 법령을 위반한 것이어야 하고, 법령을 위반하였다 함은 엄격한 의미의 법령 위반뿐 아니라 인권존중, 권력남용금지, 신의성실과 같이 공무원으로서 마땅히 지켜야 할 준칙이나 규범을 지키지 않고 위반한 경우를 포함하여 널리 그 행위가 객관적인 정당성을 결여하고 있음을 뜻하는 것이므로, 수사기관이 범죄수사를 하면서 지켜야 할 법규상 또는 조리상의 한계를 위반하였다면 이는 법령을 위반한 경우에 해당한다」(대판 2020. 4.29, 2015다224797).

② 「어떠한 행정처분이 후에 항고소송에서 취소되었다고 할지라도 그 기판력에 의하여 당해 행정처분이 곧바로 공무원의 고의 또는 과실로 인한 것으로서 불법행위를 구성한다고 단정할 수는 없는 것이고, 그 행정처분의 담당공무원이 보통 일반의 공무원을 표준으로 하여 볼 때 객관적 주의의무를 결하여 그 행정처분이 객관적 정당성을 상실하였다고 인정될 정도에 이른 경우에 국가배상법 제2조 소정의 국가배상책임의 요건을 충족하였다고 봄이 상당할 것이며, 이때에 객관적 정당성을 상실하였는지 여부는 피침해이익의 종류 및 성질, 침해행위가 되는 행정처분의 태양 및 그 원인, 행정처분의 발동에 대한 피해자 측의 관여의 유무·정도 및 손해의 정도 등 제반 사정을 종합하여 손해의 전보책임을 국가 또는 지방자치단체에게 부담시켜야 할 실질적인 이유가 있는지 여부에 의하여 판단하여야 한다」(대판 2000.5.12, 99다70600).

(2) 관련문제

1) 행정규칙 행정규칙위반을 위법으로 볼 수 있는지가 문제된다. 이는 경우를 나누어 고찰할 것이 요구된다. 즉,

첫째, 행정규칙의 법규성을 인정하거나, 행정규칙의 법규성을 부인하는 경우에도 「국가배상법」상의 위법성을 광의로 이해하게 되면 행정규칙위반을 여기서의 법령위반으로 볼 수 있다.

둘째, 행정규칙의 법규성을 부인하면서 「국가배상법」상의 법령위반(위법)을 엄격한 의미에서의 법령위반으로 이해하게 되면 행정규칙위반을 여기서의 법령위반으로 볼 수 없게 된다. 다만 이러한 입장에 따르는 경우에도 행정규칙(특히 재량준칙) 위반이

평등의 원칙을 위반하게 되어 결과적으로 위법한 것이 될 수는 있다.

「상급행정기관이 소속 공무원이나 하급행정기관에 대하여 업무처리지침이나 법령의 해석·적용 기준을 정해 주는 '행정규칙'은 일반적으로 행정조직 내부에서만 효력을 가질 뿐 대외적으로 국민이나 법원을 구속하는 효력이 없다. 공무원의 조치가 행정규칙을 위반하였다고 해서 그러한 사정만으로 곧바로 위법하게 되는 것은 아니고, 공무원의 조치가 행정규칙을 따른 것이라고 해서 적법성이 보장되는 것도 아니다. 공무원의 조치가 적법한지는 행정규칙에 적합한지 여부가 아니라 상위법령의 규정과 입법 목적 등에 적합한지 여부에 따라 판단해야 한다」(대판 2020.5.28, 2017다211559).

　　2) 재량행위　　재량행위는 재량을 그르쳐도 '부당'에 그칠 뿐이므로「국가배상법」제2조의 법령위반에 포함되지 않는다. 그러나 재량행위라고 할지라도 재량의 일탈이나 남용이 있는 경우에는「국가배상법」제2조상의 법령위반에 해당한다.
　　3) 수익적 행정처분의 위법성　　수익적 행정처분도「국가배상법」상의 위법성이 있는 것으로 볼 수 있는지의 문제가 있는바, 판례는 긍정하는 입장을 취하고 있다.

「수익적 행정처분이 신청인에 대한 관계에서 국가배상법 제2조 제1항의 위법성이 있는 것으로 평가되기 위하여는 당해 행정처분에 관한 법령의 내용, 그 성질과 법률적 효과, 그로 인하여 신청인이 무익한 비용을 지출할 개연성에 관한 구체적 사정 등을 종합적으로 고려하여 객관적으로 보아 그 행위로 인하여 신청인이 손해를 입게 될 것임이 분명하다고 할 수 있어 신청인을 위하여도 당해 행정처분을 거부할 것이 요구되는 경우에는 수익적 행정처분도 신청인에 대한 관계에서 국가배상법 제2조 제1항의 위법성이 있는 것으로 평가될 수 있다」(대판 2001.5.29, 99다37047).

　　(3) 위법성의 증명책임
　　위법성의 증명책임에 관해서는 ① 피해자는 가해행위의 존재를 증명하면 충분하며, 그의 위법성을 증명할 필요는 없다고 하는 견해와, ② 위법성의 증명책임 역시 원칙적으로 피해자인 원고에게 있다는 견해의 대립이 있다.
　　증명책임의 분배에 관한 통설인 법률요건분류설을 고려할 때 손해배상청구권의 발생사실인 직무행위의 위법성을 증명할 책임은 원고에게 있다고 생각한다.
　　(4) 선결문제로서의 행정행위의 위법성의 문제
　　위법한 행정행위가 취소되기 전이라도, 또는 그 취소를 청구하지 않고도 국가배상을 청구할 수 있으며, 국가배상청구소송의 수소법원은 행정행위의 위법성 여부를 선결문제로서 심사할 수 있다(이에 관하여는 제2편 제2장 제6절 행정행위의 구속력부분 참조).

5. 타인에 대한 손해의 발생

(1) 타 인

'타인'이란 가해자인 공무원과 그의 가해행위에 관여한 자 이외의 모든 사람을 의미하며, 따라서 공무원 역시 다른 공무원의 가해행위로 인하여 손해를 받게 되면 여기서의 타인에 해당한다(대판 1998.11.19, 97다36873 참조). 한편 군인·군무원·경찰공무원 등에 대한 특례에 관하여는 후술 참조.

(2) 손 해

손해란 피해자가 입은 모든 불이익을 말하며, 반사적 이익의 침해는 이에 포함되지 않는다. 여기서의 손해에는 적극적 손해·소극적 손해, 재산적 손해·비재산적 손해가 모두 포함된다. 또한 정신적 손해도 여기서의 손해에 포함된다.

관련판례

「윤락녀들이 윤락업소에 감금된 채로 윤락을 강요받으면서 생활하고 있음을 쉽게 알 수 있는 상황이었음에도, 경찰관이 이러한 감금 및 윤락강요행위를 제지하거나 윤락업주들을 체포·수사하는 등 필요한 조치를 취하지 아니하고 오히려 업주들로부터 뇌물을 수수하며 그와 같은 행위를 방치한 것은 경찰관의 직무상 의무에 위반하여 위법하므로 국가는 이로 인한 정신적 고통에 대하여 위자료를 지급할 의무가 있다」(대판 2004.9.23, 2003다49009).

---

(3) 사익보호성의 문제[18]

근래 법원이 「국가배상법」 제2조상의 손해로 볼 수 있는지 여부와 관련하여 '사익보호성(私益保護性)'이라는 기준을 제시하여 배상책임의 인정여부를 판단하고 있음은 주목을 요한다. 즉, 법원은 ① 직무상 의무의 내용이 행정기관 내부의 규율을 위한 것이거나 전체적으로 공공 일반의 이익을 도모하기 위한 경우에는 국가 등의 배상책임을 부정하고(관련판례 ① 참조), ② 직무상 의무의 내용이 전적으로 또는 부수적으로라도 개인의 안전과 이익을 보호하기 위한 경우에는 국가 등의 배상책임을 긍정하고 있다(관련판례 ② 참조).

관련판례

① 「공무원이 직무를 수행하면서 그 근거되는 법령의 규정에 따라 구체적으로 의무를 부여받았

---

18) 직무의 사익보호성의 문제를 '직무'의 문제로 볼 것인지, '위법성'의 문제로 볼 것인지, '손해'의 문제로 볼 것인지, '인과관계'의 문제로 볼 것인지, 아니면 복수의 영역에 걸쳐 있는 문제로 볼 것인지에 대해서는 견해의 대립이 있다. 판례의 입장에 대한 이해 또한 갈려져 있는 상태이다.

어도 그것이 국민의 이익과는 관계없이 순전히 행정기관 내부의 질서를 유지하기 위한 것이거나, 또는 국민의 이익과 관련된 것이라도 직접 국민 개개인의 이익을 위한 것이 아니라 전체적으로 공공 일반의 이익을 도모하기 위한 것이라면, 그 의무에 위반하여 국민에게 손해를 가하여도 국가 또는 지방자치단체는 배상책임을 부담하지 아니한다」(대판 2015.5.28, 2013다41431).[19]
②「공무원에게 부과된 직무상 의무의 내용이 단순히 공공 일반의 이익을 위한 것이거나 행정기관 내부의 질서를 규율하기 위한 것이 아니고 전적으로 또는 부수적으로 사회구성원 개인의 안전과 이익을 보호하기 위하여 설정된 것이라면, 공무원이 그와 같은 직무상 의무를 위반함으로 인하여 피해자가 입은 손해에 대하여는 상당인과관계가 인정되는 범위 내에서 국가가 배상책임을 지는 것이다」(대판 2003.4.25, 2001다59842).[20]

이러한 법원의 입장에 따르는 경우 사익보호성의 존재 여부에 대한 판단기준이 문제되는바, 이에 대하여는 관련판례 참조.

관련판례

「환경보전관련법상의 공무원이 준수하여야 할 직무상 의무가 과연 오로지 공공 일반의 전체적인 이익을 조장하기 위한 것에 불과한지 혹은 사회구성원 개개인의 안전과 이익을 보호하기 위하여 설정된 것인지 여부에 관한 판단은 결국 위와 같은 법 전체의 기본적인 취지·목적과 그 의무를 부과하고 있는 개별 규정의 구체적 목적·내용 및 그 직무의 성질 등 제반 사정을 고려하여 개별적·구체적으로 판단할 수밖에 없다 할 것이다」(대판 2000.6.9, 98다55949).[21]

(4) 상당인과관계
공무원의 가해행위와 손해발생 간에는 상당인과관계(相當因果關係)가 있어야만 한다. 여기서 상당인과관계란 객관적으로 보아 어떠한 선행사실로부터 일반적으로 초래

---

19) 직무상 의무의 내용이 행정기관 내부의 규율을 위한 것이거나 전체적으로 공공 일반의 이익을 도모하는 것으로 인정된 구체적 사례로는 다음과 같은 것이 있다.
  ① 상수원수의 수질을 유지하여야 할 의무(대판 2001.10.23, 99다36280)
  ② 풍속영업의 신고 및 이에 대한 수리행위(대판 2001.4.13, 2000다34891)
20) 직무상 의무의 내용이 전적으로 또는 부수적으로라도 개인의 안전과 이익을 보호하기 위한 것으로 인정된 구체적 사례로는 다음과 같은 것이 있다.
  ① 군교도소(軍矯導所)나 미결수용실(未決收容室)에 대한 경계 감호를 위한 관련 공무원의 각종 직무상의 의무(대판 2003.2.14, 2002다62678)
  ② 주민등록상의 성명을 정정한 경우 본적지의 호적관서로 하여금 그 정정사항의 진위를 재확인할 수 있도록 할 직무상의 의무(대판 2003.4.25, 2001다59842)
  ③ 하천의 유지·관리 및 점용허가 관련 업무를 맡고 있는 지방자치단체 담당공무원의 직무상 의무(대판 2006.4.14, 2003다41746)
  ④ 소방법규정으로 정하여진 소방공무원의 직무상의 의무(대판 2008.4.10, 2005다48994)
21) 동지판례: 대판 2015.5.28, 2013다41431.

되는 후행사실이 발생하는 범위 안에서 법률이 요구하는 인과관계를 인정하는 것을 말한다.

한편 상당인과관계의 유무에 대한 판단의 기준에 관하여는 이하의 판례 참조.

관련판례

① 「상당인과관계의 유무를 판단함에 있어서는 일반적인 결과 발생의 개연성은 물론 직무상 의무를 부과하는 법령 기타 행동규범의 목적이나 가해행위의 태양 및 피해의 정도 등을 종합적으로 고려하여야 한다」(대판 1998.2.10, 97다45934).

② 「공무원에게 부과된 직무상 의무의 내용이 단순히 공공 일반의 이익을 위한 것이거나 행정기관 내부의 질서를 규율하기 위한 것이 아니고 전적으로 또는 부수적으로 사회구성원 개인의 안전과 이익을 보호하기 위하여 설정된 것이라면, 공무원이 그와 같은 직무상 의무를 위반함으로 인하여 피해자가 입은 손해에 대하여는 상당인과관계가 인정되는 범위 내에서 국가가 배상책임을 진다. 상당인과관계의 유무를 판단할 때에는 일반적인 결과 발생의 개연성은 물론 직무상 의무를 부과하는 법령 기타 행동규범의 목적이나 가해행위의 태양 및 피해의 정도 등을 종합적으로 고려하여야 한다」(대판 2017.11.9, 2017다228083).

1) 상당인과관계의 존재를 인정한 사례

① 군부대에서 유출된 총기 및 실탄이 범죄행위에 사용된 경우 관리책임자의 총기 및 실탄관리상의 과실과 그 범죄행위로 인한 피해자의 손해 사이(대판 2001.2.23, 2000다46894)

② 주민등록사무에 관한 공무원의 직무상 의무위배행위와 근저당권설정으로 인한 손해 사이(대판 2003.4.25, 2001다59842)

③ 소방공무원이 유흥주점에 대하여 구 소방법상 방염규정의 위반 등에 대한 시정조치를 명하지 않은 직무상 의무위반과 위 종업원들의 사망 사이(대판 2008.4.10, 2005다48994)

④ 허위의 인감증명발급과 그 인감명의인과 계약을 체결한 자의 손해 사이(대판 2008.7.24, 2006다63273)

⑤ 주점에서 발생한 화재로 사망자의 유족들이 지방자치단체를 상대로 손해배상을 구한 사안에서 소방공무원들의 직무상 의무위반과 사망 사이(대판 2016.8.25, 2014다225083).

⑥ 경찰공무원들이 과실로 인하여 신고시각으로부터 24분이 지나도록 아무런 조치를 취하지 않은 직무상 의무위반과 피해자에 대한 살인사건 사이(대판 2017.11.9, 2017다228083).

2) 상당인과관계의 존재를 부정한 사례

① 삼풍백화점 붕괴사고와 서초구청 소속 공무원들의 직무의무 위반행위 사이(대판 1999.12.21, 98다29797)

② 경찰서장이 전 영업주의 노래방 영업신고서를 잘못 수리한 행위 및 이를 즉시 시정하지 않은 행위와 영업변경신고서가 반려됨으로써 양수인이 입은 영업상 손해 사이(대판 2001.4.13, 2000다34891)

③ 지방자치단체의 담당공무원이 유흥주점의 용도변경, 무허가영업 및 시설기준에 위배된 개축에 대한 시정명령 등을 게을리한 직무상 의무위반과 위 종업원들의 사망 사이(대판 2008.4.10, 2005다48994)

II. 손해배상의 범위

1. 배상의 기준

배상의 범위와 관련하여 「헌법」은 '정당한 배상'을 규정하고 있다(「헌법」제29조 제1항 참조). 한편 구체적인 배상의 기준에 관하여는 「국가배상법」이 규정하고 있는바(제3조), 그 내용은 다음과 같다.

(1) 타인을 사망하게 한 경우

타인을 사망하게 한 경우 피해자의 상속인에게 다음의 기준에 따라 배상한다.

① 사망 당시의 월급액이나 월실수입액 또는 평균임금에 장래의 취업가능기간을 곱한 금액의 유족배상

② 대통령령으로 정하는 장례비

(2) 타인의 신체에 해를 입힌 경우

타인의 신체에 해(害)를 입힌 경우에는 피해자에게 다음의 기준에 따라 배상한다.

① 필요한 요양을 하거나 이를 대신할 요양비

② 요양으로 인하여 월급액이나 월실수입액 또는 평균임금의 수입에 손실이 있는 경우에는 요양기간 중 그 손실액의 휴업배상

③ 피해자가 완치 후 신체에 장해가 있는 경우에는 그 장해로 인한 노동력 상실 정도에 따라 피해를 입은 당시의 월급액이나 월실수입액 또는 평균임금에 장래의 취업가능기간을 곱한 금액의 장해배상

(3) 타인의 물건을 멸실·훼손한 경우

타인의 물건을 멸실(滅失)·훼손한 경우에는 피해자에게 다음의 기준에 따라 배상한다.

① 피해를 입은 당시의 그 물건의 교환가액 또는 필요한 수리를 하거나 이를 대신할 수리비

② 수리로 인하여 수입에 손실이 있는 경우에는 수리기간 중 그 손실액의 휴업배상

(4) 재산권 침해에 대한 위자료의 지급가능성

「국가배상법」 제3조는 생명, 신체에 대한 침해로 인한 위자료의 지급만을 규정하고 있으나 동조가 재산권 침해로 인한 위자료의 지급의무를 배제하는 것은 아니다(관련판례 ① 참조). 다만 재산상의 손해로 인하여 받는 정신적 고통은 재산상 손해의 배상만으로는 전보될 수 없을 정도의 심대한 것이라고 볼 만한 특별한 사정이 없는 한 재산상 손해배상으로 갈음한다(관련판례 ② 참조).

관련판례

① 「국가배상법 제3조가 생명, 신체에 대한 침해로 인한 위자료의 지급을 규정하였을 뿐이고 재산권 침해에 대한 위자료의 지급에 관하여 명시한 규정을 두지 아니하였으나 국가배상법 제3조의 규정이 재산권 침해로 인한 위자료의 지급의무를 배제하는 것이라고 볼 수는 없다」(대판 1990.12.21, 90다6033).

② 「재산상의 손해로 인하여 받는 정신적 고통은 그로 인하여 재산상 손해의 배상만으로는 전보될 수 없을 정도의 심대한 것이라고 볼 만한 특별한 사정이 없는 한 재산상 손해배상으로써 위자된다. 토지매수를 위하여 금원을 지출한 후 오랜 기간이 지나 그 소유자에게 소유권을 추급당하였고 그 지상의 건물이 철거될 운명에 있으며 오랜 기간 동안 등귀한 토지가격과 매수대금과의 차이가 크다는 이유만으로는 재산상의 손해로 인하여 받는 정신적 고통이 그로 인하여 재산상 손해의 배상만으로는 전보될 수 없을 정도의 심대한 것이라고 볼 만한 특별한 사정이 있다고 볼 수 없다」(대판 1998.7.10, 96다38971).

---

2. 배상기준의 성질

「국가배상법」 제3조의 배상기준, 특히 생명·신체 등에 대한 침해의 경우에 적용될 배상기준의 성질에 대하여는 다음과 같은 견해의 대립이 있다.

(1) 단순기준규정설

「국가배상법」 제3조의 배상기준은 단순한 기준에 불과하고 구체적 사정에 따라서는 배상액을 증감하는 것도 가능하다고 보는 견해이며(다수설), 판례 또한 기준규정설에 따르고 있다.

「구 국가배상법 제3조 제1항과 제3항의 손해배상의 기준은 배상심의회의 배상금지급기준을 정함에 있어서의 하나의 기준을 정한 것에 지나지 아니하는 것이고 이로써 배상액의 상한을 제한한 것으로 볼 수 없다 할 것이며 따라서 법원이 국가배상법에 의한 손해배상액을 산정함에 있어서 그 기준에 구애되는 것이 아니라 할 것이다」(대판 1970.1.29, 69다1203).

(2) 제한규정설

「국가배상법」제3조의 배상기준을 손해배상액의 상한을 규정한 제한규정으로 보는 견해로서, 한정액설(限定額說)이라고도 한다.

(3) 결 어

「국가배상법」제3조를 제한규정으로 볼 경우「민법」에 의한 배상보다 피해자에게 불리하게 되어「헌법」상의 정당한 배상에 반할 수 있으므로 단순기준규정설이 타당하다.

3. 군인·군무원 등에 대한 특례 — 이중배상의 제한

(1) 관련규정

군인·군무원·경찰공무원 또는 예비군대원이 전투·훈련 등 직무집행과 관련하여 전사·순직하거나 공상(公傷)을 입은 경우에 본인이나 그 유족이 다른 법령에 따라 재해보상금·유족연금·상이연금 등의 보상을 지급받을 수 있을 때에는「국가배상법」및「민법」에 따른 손해배상을 청구할 수 없다(「헌법」제29조 제2항,「국가배상법」제2조 제1항 단서).

따라서 군인, 군무원 등 위 법률 규정에 열거된 자가 전투·훈련 기타 직무집행과 관련하여 공상을 입은 경우라고 하더라도「군인연금법」또는「국가유공자예우 등에 관한 법률」에 의하여 재해보상금·유족연금이나 상이연금 등 별도의 보상을 받을 수 없는 경우에는「국가배상법」제2조 제1항 단서의 적용대상에서 제외된다.

「군인 또는 경찰공무원으로서 교육훈련 또는 직무수행 중 상이(공무상의 질병 포함)를 입고 전역 또는 퇴직한 자라고 하더라도 국가유공자예우 등에 관한 법률에 의하여 국가보훈처장이 실시하는 신체검사에서 대통령령이 정하는 상이등급에 해당하는 신체의 장애를 입지 않은 것으로 판명된 자는 같은 법의 적용 대상에서 제외되고, 따라서 그러한 자는 국가배상법 제2조 제1항 단서의 적용을 받지 않아 국가배상을 청구할 수 있다고 할 것이며, 설사 그가 국가유공자예우 등에 관한 법률 제72조의3 제2항에 의하여 국가의료시설에서 가료를 받을 수 있다고 하더라도 달리 볼 것은 아니다」(대판 1996.12.20, 96다42178).

1) 「국가배상법」 제2조 제1항 단서의 입법취지   군인·공무원 등에 대한 특례를 규정하고 있는 「국가배상법」 제2조 제1항 단서의 입법취지에 대하여는 이하의 판례 참조.

관련판례

「헌법 제29조 제2항 및 국가배상법 제2조 제1항 단서의 취지는, 국가 또는 공공단체가 위험한 직무를 집행하는 군인 등에 대한 피해보상제도를 운영하여, 직무집행과 관련하여 피해를 입은 군인 등이 간편한 보상절차에 의하여 자신의 과실 유무나 그 정도와 관계없이 무자력의 위험부담이 없는 확실하고 통일된 피해보상을 받을 수 있도록 보장하는 대신, 피해 군인 등이 국가 등에 대하여 공무원의 직무상 불법행위로 인한 손해배상을 청구할 수 없게 함으로써, 군인 등의 동일한 피해에 대하여 국가 등의 보상과 배상이 모두 이루어짐으로 인하여 발생할 수 있는 과다한 재정지출과 피해 군인 등 사이의 불균형을 방지하기 위한 것이다. 따라서 군인·군무원·경찰공무원 또는 향토예비군대원(이하 '군인 등'이라 한다)이 전투·훈련 등 직무집행과 관련하여 공상을 입는 등의 이유로 보훈보상자법이 정한 보훈보상대상자 요건에 해당하여 보상금 등 보훈급여금을 지급받을 수 있을 때에는 국가배상법 제2조 제1항 단서에 따라 국가를 상대로 국가배상을 청구할 수 없다고 할 것이다」(대판 2017.2.3, 2015두60075).

2) 적용대상자   「헌법」 제29조 제2항, 「국가배상법」 제2조 제1항 단서의 적용을 받아 이중배상이 부정되는 자는 군인·군무원·경찰공무원 및 예비군대원이다. 이와 관련하여 법원은 경비교도와 공익근무요원은 이중배상이 제한되는 자에 속하지 않는다고 판시한 바 있다(관련판례 ①② 참조).[22]

관련판례

① 경비교도: 「현역병으로 입영하여 소정의 군사교육을 마치고 병역법 제25조의 규정에 의하여 전임되어 구 교정시설경비교도대설치법 제3조에 의하여 경비교도로 임용된 자는, 군인의 신분을 상실하고 군인과는 다른 경비교도로서의 신분을 취득하게 되었다고 할 것이어서 국가배상법

---

[22] 헌법재판소는 경비교도나 공익근무요원과 달리 전투경찰순경은 여기서의 경찰공무원에 해당하여 이중배상이 부정된다고 판시한 바 있다(이하의 판례 참조). 다만 전투경찰순경은 더 이상 존재하지 않으므로, 이러한 헌법재판소 결정은 현실적으로는 의미를 상실했다고 볼 수 있다.
관련판례: 「국가배상법 제2조 제1항 단서 중의 '경찰공무원'은 '경찰공무원법상의 경찰공무원'만을 의미한다고 단정하기 어렵고, 널리 경찰업무에 내재된 고도의 위험성을 고려하여 '경찰조직의 구성원을 이루는 공무원'을 특별취급하려는 취지로 파악함이 상당하므로 전투경찰순경은 헌법 제29조 제2항 및 국가배상법 제2조 제1항 단서 중의 '경찰공무원'에 해당한다고 보아야 할 것이다」(헌재결 1996.6.13, 94헌마118).

제2조 제1항 단서가 정하는 군인 등에 해당하지 아니한다」(대판 1998.2.10, 97다45914).
② 공익근무요원:「공익근무요원은 병역법 제2조 제1항 제9호, 제5조 제1항의 규정에 의하면 국가기관 또는 지방자치단체의 공익목적수행에 필요한 경비·감시·보호 또는 행정업무 등의 지원과 국제협력 또는 예술·체육의 육성을 위하여 소집되어 공익분야에 종사하는 사람으로서 보충역에 편입되어 있는 자이기 때문에, 소집되어 군에 복무하지 않는 한 군인이라고 말할 수 없으므로, 비록 병역법 제75조 제2항이 공익근무요원으로 복무 중 순직한 사람의 유족에 대하여 국가유공자 등 예우 및 지원에 관한 법률에 따른 보상을 하도록 규정하고 있다고 하여도, 공익근무요원이 국가배상법 제2조 제1항 단서의 규정에 의하여 국가배상법상 손해배상청구가 제한되는 군인·군무원·경찰공무원 또는 향토예비군대원에 해당한다고 할 수 없다」(대판 1997.3.28, 97다4036).

3) 전투·훈련 등 직무집행   군인 등의 이중배상제한은 전투·훈련 등 직무집행과 관련하여 전사하거나 순직, 공상을 입은 경우에 문제되는 것이다. 따라서 전투·훈련 등 직무집행과 관련 없는 경찰서 숙직실에서 순직한 경찰공무원은 국가배상을 청구할 권리를 갖는다.

관련판례

「경찰서지서의 숙직실은 국가배상법 제2조 제1항 단서에서 말하는 전투·훈련에 관련된 시설이라고 볼 수 없으므로 위 숙직실에서 순직한 경찰공무원의 유족들은 국가배상법 제2조 제1항 본문에 의하여 국가배상법 및 민법의 규정에 의한 손해배상을 청구할 권리가 있다」(대판 1979.1.30, 77다2389).

(2)「국가배상법」제2조 제1항 단서의 실질적 위헌성 여부
「국가배상법」제2조 제1항 단서는「헌법」제29조 제2항에 근거하여 제정된 것이므로 적어도 형식적으로는 위헌이 아니다. 그러나 동 규정의 실질적 위헌성 여부는 여전히 논란이 되고 있다.
1) 합헌설   「국가배상법」제2조 제1항 단서는 위험성이 매우 높은 직무에 종사하는 공무원이 그 직무집행과 관련하여 받은 손해에 대해서는 사회보장적 성격을 갖는 별도의 보상제도에 따른 보상으로 족하고 그것과 경합되는 국가배상청구는 인정할 필요가 없다는 것을 근거로 하여「국가배상법」제2조 제1항의 단서의 합헌성을 인정하는 견해이다.
2) 위헌설   사회보장제도와 국가배상은 그 성질이 다르므로 양자 간에 이중배상이 성립되는 것은 아니며, 군인 등에 대하여 국가배상청구권을 완전히 제한하는 것은 평등원칙에 반할 염려가 있다고 하여 그의 실질적 위헌성을 인정하는 견해이다.

3) **판 례** 법원과 헌법재판소는 「국가배상법」 제2조 제1항 단서의 합헌성을 인정하고 있다.

관련판례

① 「헌법 제111조 제1항 제1호 및 헌법재판소법 제41조 제1항의 각 규정에 의하면 헌법재판소의 위헌심판권은 형식적 의미의 법률을 대상으로 할 뿐 헌법의 다른 규정, 즉 강학상 인정되는 하위 규범에까지 미친다고 할 수 없으므로, 헌법규정 상호간의 충돌로 인한 효력문제는 사법심사의 대상이 아니라고 할 것이다. 따라서 국가배상법 제2조 제1항 단서가 헌법 제29조 제2항의 위임 범위 내에서 적법하게 제정된 이상, 헌법의 다른 규정들, 즉 헌법 제29조 제1항, 제11조, 제37조 제2항, 제39조의 각 규정에 위반하여 무효라고 주장할 수는 없다 할 것이므로, 위 단서가 헌법 제29조 제2항 이외의 헌법 규정에 위반되어 무효라는 취지의 논지는 이유없다」(대판 1994.12.13, 93다29969).

② 「국가배상법 제2조 제1항 단서는 헌법 제29조 제1항에 의하여 보장되는 국가배상청구권을 헌법 내재적으로 제한하는 헌법 제29조 제2항에 직접 근거하고, 실질적으로 그 내용을 같이하는 것이므로 헌법에 위반되지 아니한다」(헌재결 2001.2.22, 2000헌바38).[23]

「국가배상법」 제2조 제1항 단서의 위헌성과 관련하여 특히 문제가 되는 부분은 예비군대원에 관한 것이다. 이는 「국가배상법」 제2조 제1항 단서와 달리 「헌법」은 이중배상이 제한되는 자로 예비군대원을 규정하고 있지 않기 때문인데, 예비군대원 부분의 위헌성이 다투어졌던 사건에서 헌법재판소는 그의 위헌성을 부정한 바 있다.

관련판례

「향토예비군의 직무는 그것이 비록 개별 향토예비군대원이 상시로 수행하여야 하는 것이 아니라 법령에 의하여 동원되거나 소집된 때에 한시적으로 수행하게 되는 것이라 하더라도 그 성질상 고도의 위험성을 내포하는 공공적 성격의 직무이므로, 국가배상법 제2조 제1항 단서가 그러한 직무에 종사하는 향토예비군대원에 대하여 다른 법령의 규정에 의한 사회보장적 보상제도를 전제로 이중보상으로 인한 일반인들과의 불균형을 제거하고 국가재정의 지출을 절감하기 위하

---

23) 한편 이 결정에서는 헌법의 개별규정 자체(헌법 제29조 제2항)가 위헌심사의 대상이 되는지 여부도 다투어졌던바, 헌법재판소는 「헌법 및 헌법재판소의 규정상 위헌심사의 대상이 되는 법률은 국회의 의결을 거친 이른바 형식적 의미의 법률을 의미하는 것이므로 헌법의 개별규정 자체는 헌법소원에 의한 위헌심사의 대상이 아니다. 한편, 이념적·논리적으로는 헌법규범 상호간의 우열을 인정할 수 있다 하더라도 그러한 규범 상호간의 우열이 헌법의 어느 특정규정이 다른 규정의 효력을 전면적으로 부인할 수 있을 정도의 개별적 헌법규정 상호간에 효력상의 차등을 의미하는 것이라고 볼 수 없으므로, 헌법의 개별규정에 대한 위헌심사는 허용될 수 없다」고 판시하였다(헌재결 2001.2.22, 2000헌바38).

여 임무수행 중 상해를 입거나 사망한 개별 향토예비군대원의 국가배상청구권을 금지하고 있는데에는 그 목적의 정당성, 수단의 상당성 및 침해의 최소성, 법익의 균형성이 인정되어 기본권 제한규정으로서 헌법상 요청되는 과잉금지의 원칙에 반한다고 할 수 없고, 나아가 그 자체로서 평등의 원리에 반한다거나 향토예비군대원의 재산권의 본질적인 내용을 침해하는 위헌규정이라고 할 수 없다」(헌재결 1996.6.13, 94헌바20).

(3) 민간인과 군인의 공동불법행위에 대한 배상책임

민간인과 군인의 공동불법행위로 인해 다른 군인에게 공상(公傷)으로 인한 손해가 발생한 경우 피해군인은 공동불법행위자로서의 국가에 대하여는 배상청구를 할 수 없으나(「국가배상법」 제2조 제1항 단서 참조), 민간인에 대하여는 손해배상을 청구할 수 있다. 다만 이 경우 민간인은 자신의 책임부분에 대해서만 책임을 지면 된다.

이와 관련하여 민간인이 피해자에게 자신의 귀책부분을 넘어서 손해를 배상한 후 공동불법행위자인 군인의 부담부분에 관하여 국가에 대하여 구상권을 행사할 수 있는지의 여부가 문제되고 있다. 이 문제에 대하여는 이하의 판례에서 보듯이 헌법재판소와 대법원이 각기 다른 입장을 보이고 있다.[24]

관련판례

① 헌법재판소의 입장(긍정적):「국가배상법 제2조 제1항 단서 중 "군인 …이 … 직무집행과 관련하여 … 공상을 입은 경우에 본인 또는 그 유족이 다른 법령의 규정에 의하여 재해보상금·유족연금·상이연금 등의 보상을 지급받을 수 있을 때에는 이 법 및 민법의 규정에 의한 손해배상을 청구할 수 없다"는 부분은, 일반국민이 직무집행 중인 군인과의 공동불법행위로 직무집행 중인 다른 군인에게 공상을 입혀 그 피해자에게 공동의 불법행위로 인한 손해를 배상한 다음 공동불법행위자인 군인의 부담부분에 관하여 국가에 대하여 구상권을 행사하는 것을 허용하지 아니한다고 해석하는 한 헌법에 위반된다」(헌재결 1994.12.29, 93헌바21).
② 대법원의 입장(부정적):「공동불법행위자 등이 부진정연대채무자로서 각자 피해자의 손해 전부를 배상할 의무를 부담하는 공동불법행위의 일반적인 경우와 달리 예외적으로 민간인은 피해군인 등에 대하여 그 손해 중 국가 등이 민간인에 대한 구상의무를 부담한다면 그 내부적인 관계에서 부담하여야 할 부분을 제외한 나머지 자신의 부담부분에 한하여 손해배상의무를 부담하고, 한편 국가 등에 대하여는 그 귀책부분의 구상을 청구할 수 없다고 해석함이 상당하다 할 것이고,

---

24) 이하의 판례를 보면 알 수 있듯이 헌법재판소는 헌재결 1994.12.29, 93헌바21 결정을 통하여 "민간인이 피해자에게 자신의 귀책부분을 넘어서 손해를 배상한 후 공동불법행위자인 군인의 부담부분에 대하여 국가에게 구상권을 행사하는 것을 허용하지 아니한다고 해석하는 한 헌법에 위반된다"고 판시하였다. 그럼에도 불구하고 2001년에 대법원은 민간인의 국가에 대한 구상을 허용하지 않는다고 하여 헌법재판소의 결정취지와 배치되는 판결을 행하였던 것이다.
생각건대 이러한 대법원의 판결은 헌법재판소의 위헌결정이 갖는 기속력에 반하는 문제를 안고 있다.

이러한 해석이 손해의 공평·타당한 부담을 그 지도원리로 하는 손해배상제도의 이상에도 맞는 다 할 것이다」(대판 2001.2.15, 96다42420).

4. 손익상계 등

(1) 손익상계와 과실상계

피해자가 손해를 입은 동시에 이익을 얻은 경우에는 손해배상액에서 그 이익에 상당하는 금액을 빼야 하는바, 이를 손익상계(損益相計)라고 한다(「국가배상법」 제3조의2 제 1항). 또한 피해자 측의 과실이 있을 때에는 「국가배상법」과 동법 시행령에 정한 기준에 따라 산정한 금액에 대하여 그 과실의 정도에 따른 과실상계를 하여야 한다(「국가배상법 시행령」 제21조 제1항).

(2) 중간이자의 공제

유족배상과 장해배상 및 장래에 필요한 요양비 등을 한꺼번에 신청하는 경우에는 중간이자를 빼야 한다. 이 경우 중간이자의 공제방식은 단할인법(單割引法, 호프만식)에 의한다(「국가배상법」 제3조의2 제2항·제3항, 동법 시행령 제6조 제3항).

III. 국가 등의 배상책임

1. 배상책임자

공무원의 위법한 직무행위로 인한 손해의 배상책임자는 국가 또는 지방자치단체가 된다. 이와 관련하여 고찰을 요하는 것은 다음과 같다.

(1) 선임감독자와 비용부담자가 동일하지 않은 경우

공무원의 선임·감독을 맡은 자와 공무원의 봉급·급여 그 밖의 비용을 부담하는 자가 동일하지 않으면 비용부담자도 손해배상책임이 있다(「국가배상법」 제6조). 따라서 피해자는 양자에 대해 선택적으로 배상을 청구할 수 있다.[25] 그리고 이 경우 손해를 배상한 자는 내부관계에서 손해를 배상할 책임이 있는 자에게 구상권을 가지는바, 여기서 '내부관계에서 손해를 배상할 책임이 있는 자'란 당해 공무원의 선임·감독자를 의미한다는 것이 지배적 견해이다.

한편 「국가배상법」 제6조상의 비용부담자의 의미에 대하여는 ① 대외적으로 비용을 지출하는 자(즉, 형식적 비용부담자)를 의미한다는 견해, ② 궁극적으로 비용을 부담

---

25) 이는 피해자가 그 사무의 귀속주체를 정확히 파악하기 힘든 소송 현실에서 피해자의 권리구제의 길을 확대하기 위하여 마련한 규정이다.

하는 자(즉, 실질적 비용부담자)를 의미한다는 견해 및 ③ 형식적 비용부담자 외에 실질적 비용부담자를 포함시킬 수 있다는 견해(병합설)의 대립이 있다. 판례는 병합설에 따르고 있는 것으로 볼 수 있다.

관련판례

「국가배상법 제6조 제1항 소정의 '공무원의 봉급·급여 기타의 비용'이란 공무원의 인건비만을 가리키는 것이 아니라 당해 사무에 필요한 일체의 경비를 의미한다고 할 것이고, 적어도 대외적으로 그러한 경비를 지출하는 자는 경비의 실질적·궁극적 부담자가 아니더라도 그러한 경비를 부담하는 자에 포함된다」(대판 1994.12.9, 94다38137).

(2) 지방자치단체의 사무와 배상책임

지방자치단체의 자치사무의 처리로 발생한 손해에 대하여는 지방자치단체가 배상책임을 진다. 그러나 지방자치단체의 장이 기관위임사무를 잘못 처리함으로 인하여 발생한 손해에 대하여는 궁극적으로 위임자가 배상책임을 지는 것이 원칙이다(관련판례 ① 참조).[26] 다만 기관위임사무의 처리에 있어 지방자치단체가 비용부담자의 지위에 있는 경우에는 지방자치단체가 배상책임을 부담하게 되는 경우도 있을 수 있다(관련판례 ② 참조).

관련판례

① 「지방자치단체의 장의 직무상 위법행위에 대한 손해배상책임은 다른 사정이 없는 이상 자치단체의 집행기관으로서의 직무에 대하여는 자치단체가 책임을 지나, 국가로부터 자치단체에 시행하는 국가행정사무를 위임받아 행하는, 국가의 보통지방행정기관으로서의 직무에 대하여는 국가가 그 책임을 진다. 따라서, 경기도지사가 행하는 공유수면매립에 관한 사무는 국가행정기관으로서의 사무라고 할 것이니 경기도는 그 직무상의 위법행위에 대한 책임이 없다」(대판 1981.11.24, 80다2303).[27]

---

26) 이러한 설명은 국가사무가 지방자치단체의 장에게 기관위임되어 있는 경우뿐만 아니라 지방자치단체장 간의 기관위임의 경우에도 적용될 수 있는바, 이에 관하여는 「지방자치단체장 간의 기관위임의 경우에 위임받은 하위 지방자치단체장은 상위 지방자치단체 산하 행정기관의 지위에서 그 사무를 처리하는 것이므로 사무귀속의 주체가 달라진다고 할 수 없고, 따라서 하위 지방자치단체장을 보조하는 하위 지방자치단체 소속 공무원이 위임사무처리에 있어 고의 또는 과실로 타인에게 손해를 가하였더라도 상위 지방자치단체는 여전히 그 사무귀속 주체로서 손해배상책임을 진다」라고 판시한 대판 1996.11.8, 96다21331 참조.

27) 同旨판례: 「자동차운전면허시험 관리업무는 국가행정사무이고 지방자치단체의 장인 서울특별시장은 국가로부터 그 관리업무를 기관위임받아 국가행정기관의 지위에서 그 업무를 집행하므로, 국가는 면허시험장의 설치 및 보존의 하자로 인한 손해배상책임을 부담한다」(대판 1991.12.24, 91다34097).

② 「국가사무로 규정되어 있는 개간허가와 개간허가의 취소사무는 이른바 기관위임사무라 할 것이고, 이러한 경우 군수는 그 사무의 귀속주체인 국가산하 행정기관의 지위에서 그 사무를 처리하는 것에 불과하므로, 군수 또는 군수를 보조하는 공무원이 위임사무처리에 있어 고의 또는 과실로 타인에게 손해를 가하였다 하더라도 원칙적으로 군에는 국가배상책임이 없고 그 사무의 귀속주체인 국가가 손해배상책임을 지는 것이며, 다만 국가배상법 제6조에 의하여 군이 비용을 부담한다고 볼 수 있는 경우에 한하여 국가와 함께 손해배상책임을 부담한다」(대판 2000.5.12, 99다7060).

2. 배상책임의 성질

직접적 가해자는 공무원임에도 불구하고 피해자에 대한 배상책임은 국가 또는 지방자치단체가 부담하는 것이 원칙인바, 이러한 국가 등의 배상책임의 성질에 관하여는 학설이 대립하고 있다.

(1) 대위책임설

국가 등의 배상책임은 국가 등이 가해자인 공무원을 대신하여 부담하는 대위책임의 성질을 갖는다는 견해로, 종래의 다수설이다. 대위책임설의 논거로는 다음과 같은 것이 들어진다.

첫째, 공무원의 위법한 직무행위는 국가의 행위로 볼 수 없는 공무원 자신의 행위이므로 그러한 행위의 효과를 국가에 귀속시킬 수 없다.

둘째, 충분한 배상능력을 갖고 있는 국가 등을 배상책임자로 하는 것이 피해자 보호의 견지에서 유리하다.

(2) 자기책임설

국가 등의 배상책임은 국가 등이 그 기관인 공무원의 행위라는 형식을 통하여 직접 자기의 책임으로 부담하는 것이라고 보는 견해이다.[28] 자기책임설은 다음과 같은 것을 그 논거로 한다.

첫째, 국가는 그의 기관인 공무원을 통하여 행위하기 때문에 공무원의 직무행위는 그 위법 여부와 관계없이 국가에 그 효과가 귀속되어야 한다.

둘째, 우리나라의 실정법규정은 독일과 달리 '공무원에 갈음하여'라는 문구를 두지 않고 있다.

---

28) 이러한 내용의 자기책임설을 '기관이론(機關理論)에 입각한 자기책임설'이라고 한다. 한편 국가 등의 배상책임을 자기책임으로 이해한다는 측면에서는 '기관이론에 입각한 자기책임설'과 동일하지만 설명방식을 달리하는 견해도 있는데, '위험책임설(危險責任說)적 자기책임설'이 그것이다. 위험책임설적 자기책임설은 「국가 등은 위법행사의 가능성이 있는 행정권을 공무원에게 부여하였으므로 그 위법행사에 대해서 책임을 부담하여야 한다」라는 것을 그 내용으로 한다.

(3) 중간설

공무원의 고의·중과실에 의한 행위에 대한 국가 등의 배상책임은 대위책임이지만, 경과실에 의한 행위에 대한 국가 등의 배상책임은 자기책임이라는 견해이다. 중간설은 「국가배상법」 제2조 제2항이 고의·중과실의 경우에만 공무원에 대한 구상권을 인정하고 있다는 것을 주된 논거로 한다.

‖참고‖ **절충설**

1. 의 의

국가 등의 배상책임의 성질에 관하여 근래에 「공무원의 고의·중과실에 의한 행위에 대한 국가 등의 배상책임은 대위책임과 자기책임의 양면성을 갖지만, 경과실에 의한 행위에 대한 국가 등의 배상책임은 자기책임의 성질을 갖는다」고 설명하는 견해가 등장하였는바, 학자들은 이러한 견해를 위의 중간설과 구분하여 절충설이라고 부르기도 한다.

2. 등장배경

우리나라의 경우 종래 공무원에 대한 직접적 배상책임 내지 피해자의 선택적 청구권의 인정여부를 배상책임의 성질과 결부시켜서 "대위책임설을 채택하는 경우에는 그 당연한 귀결로서 피해자의 선택적 배상청구가 부정되는 반면에, 자기책임설을 채택하는 경우에는 그 당연한 귀결로서 선택적 배상청구가 인정된다"라고 설명하여 왔다. 그리고 이러한 설명방식에 따르면 중간설을 채택하는 경우 공무원의 고의·중과실에 의한 경우는 선택적 배상청구가 부정되고, 공무원의 경과실에 의한 경우는 선택적 배상청구가 인정된다는 결론에 달하게 된다.

그런데 대법원이 공무원의 고의·중과실에 의한 경우에 선택적 배상청구를 인정하는 판결(대판 1996.2.15, 95다38677)을 하게 되자 중간설로는 이를 설명할 수 없게 되었다. 이에 이러한 대법원의 입장을 절충설이라고 하여 이를 종래의 중간설과 구분하기 시작한 것이다.

3. 결어(私見)

배상책임의 성질과 선택적 배상청구의 가능성의 문제는 양자가 논리필연적 관계에 놓여 있는 것은 아니며, 선택적 배상청구의 인정여부는 단지 그 나라의 입법정책의 문제로 보아야 한다고 생각한다. 따라서 공무원의 고의·중과실에 의한 경우에 선택적 배상청구를 인정한 대법원의 판례를 설명하기 위하여 배상책임의 성질과 관련하여 절충설이란 학설을 따로이 설명할 필요는 없다고 생각한다.

---

(4) 판 례

위의 설명을 그대로 받아들인다면 대법원은 국가배상책임의 성질에 관하여 중간설을 취하고 있는 것으로 해석할 수 있다.

「국가배상법 제2조 제1항 본문 및 제2항의 입법 취지는 공무원의 직무상 위법행위로 타인에게 손해를 끼친 경우에는 변제자력이 충분한 국가 등에게 선임감독상 과실여부에 불구하고 손해배상책임을 부담시켜 국민의 재산권을 보장하되, ① 공무원이 직무를 수행함에 있어 경과실로 타인에게 손해를 입힌 경우에는 그 직무수행상 통상 예기할 수 있는 흠이 있는 것에 불과하므로, 이러한 공무원의 행위는 여전히 국가 등의 기관의 행위로 보아 그로 인하여 발생한 손해에 대한 배상책임도 전적으로 국가 등에만 귀속시키고 공무원 개인에게는 그로 인한 책임을 부담시키지 아니하여 공무원의 공무집행의 안정성을 확보하고, 반면에 ② 공무원의 위법행위가 고의·중과실에 기한 경우에는 비록 그 행위가 그의 직무와 관련된 것이라고 하더라도 그와 같은 행위는 그 본질에 있어서 기관행위로서의 품격을 상실하여 국가 등에게 그 책임을 귀속시킬 수 없으므로 공무원 개인에게 불법행위로 인한 손해배상책임을 부담시키되, 다만 이러한 경우에도 그 행위의 외관을 객관적으로 관찰하여 공무원의 직무집행으로 보여질 때에는 피해자인 국민을 두텁게 보호하기 위하여 국가 등이 공무원 개인과 중첩적으로 배상책임을 부담하되 국가 등이 배상책임을 지는 경우에는 공무원 개인에게 구상할 수 있도록 함으로써 궁극적으로 그 책임이 공무원 개인에게 귀속되도록 하려는 것이라고 봄이 합당하다」(대판 1996. 2. 15, 95다38677).

IV. 공무원의 배상책임과 구상

1. 공무원에 대한 구상

(1) 구상의 인정여부

1) 공무원에게 고의 또는 중대한 과실이 있는 경우　국가 등이 피해자에게 배상한 때에, 공무원에게 '고의 또는 중대한 과실'이 있으면 그 공무원에게 구상(求償)을 할 수 있다(「국가배상법」 제2조 제2항). 다만 국가 등의 구상권 행사는 의무적인 것이 아니며, 또한 구상권을 행사하는 경우에도 신의칙상 상당한 한도 내에서만 행사하여야 한다.

「국가배상법 제2조는, 공무원이 직무를 집행하면서 고의 또는 과실로 법령을 위반하여 타인에게 손해를 입힌 때에는 국가나 지방자치단체가 배상책임을 부담하고(제1항), 국가 등이 그 책임을 이행한 경우에 해당 공무원에게 고의 또는 중대한 과실이 있으면 그 공무원에게 구상할 수 있다(제2항)고 규정하고 있다. 이 경우 국가나 지방자치단체는 해당 공무원의 직무내용, 불법행위의 상황과 손해발생에 대한 해당 공무원의 기여 정도, 평소 근무태도, 불법행위의 예방이나 손실분산에 관한 국가 또는 지방자치단체의 배려의 정도 등 제반 사정을 참작하여 손해의 공평한 분담이라는 견지에서 신의칙상 상당하다고 인정되는 한도 내에서 구상권을 행사할 수 있다(대판

2016.6.9, 2015다200258).

판례는 구체적인 사항을 고려하여 구상권 행사를 할 수 있는지 여부를 판단하고 있는바, 구체적 사례에 관하여는 이하의 관련판례 참조.

① 구상권 행사를 인정한 판례:「공무원이 직무수행 중 불법행위로 타인에게 손해를 입힌 경우에 국가 등이 국가배상책임을 부담하는 외에 공무원 개인도 고의 또는 중과실이 있는 경우에는 불법행위로 인한 손해배상책임을 지고, 공무원에게 경과실이 있을 뿐인 경우에는 공무원 개인은 손해배상책임을 부담하지 아니한다. 이처럼 경과실이 있는 공무원이 피해자에 대하여 손해배상책임을 부담하지 아니함에도 피해자에게 손해를 배상하였다면 그것은 채무자 아닌 사람이 타인의 채무를 변제한 경우에 해당하고, 이는 민법 제469조의 ‘제3자의 변제’ 또는 민법 제744조의 ‘도의관념에 적합한 비채변제’에 해당하여 피해자는 공무원에 대하여 이를 반환할 의무가 없고, 그에 따라 피해자의 국가에 대한 손해배상청구권이 소멸하여 국가는 자신의 출연 없이 채무를 면하게 되므로, 피해자에게 손해를 직접 배상한 경과실이 있는 공무원은 특별한 사정이 없는 한 국가에 대하여 국가의 피해자에 대한 손해배상책임의 범위 내에서 공무원이 변제한 금액에 관하여 구상권을 취득한다고 봄이 타당하다」(대판 2014.8.20, 2012다54478).
② 구상권 행사를 부정한 판례:「공무원의 불법행위로 손해를 입은 피해자의 국가배상청구권의 소멸시효 기간이 지났으나 국가가 소멸시효 완성을 주장하는 것이 신의성실의 원칙에 반하는 권리남용으로 허용될 수 없어 배상책임을 이행한 경우에는, 그 소멸시효 완성 주장이 권리남용에 해당하게 된 원인행위와 관련하여 해당 공무원이 그 원인이 되는 행위를 적극적으로 주도하였다는 등의 특별한 사정이 없는 한, 국가가 해당 공무원에게 구상권을 행사하는 것은 신의칙상 허용되지 않는다고 봄이 상당하다」(대판 2016.6.9, 2015다200258).

2) 공무원에게 경과실이 있는 경우   공무원에게 경과실이 있음에 그치는 경우에는 국가 등의 구상이 불가능한바, 이는 공무원의 사기저하와 사무정체를 방지하기 위한 정책적 고려에 의한 것으로 볼 수 있다.
(2) 배상책임의 성질과 구상
대위책임설에 의하면 국가 등이 본래의 배상책임자인 공무원에게 구상하는 것은 당연하다.[29] 그러나 자기책임설에 의하는 경우에도 국가 등의 구상권 행사가 반드시 배제되어야 하는 것은 아니라는 점을 유의하여야 한다. 즉, 자기책임설에 의하는 경우에도 공무원은 채무불이행책임에 유사한 내부적 변상책임을 부담하게 된다.

---

29) 「국가배상법」 제2조 제2항에 따르면 공무원에게 경과실이 있음에 그치는 경우에는 구상을 할 수 없는바, 대위책임설은 이러한 공무원의 면책규정은 입법정책적 고려에 불과한 것으로 설명하고 있다.

2. 공무원의 직접적 배상책임(선택적 청구권의 문제)

가해자인 공무원이 피해자에게 직접적인 배상책임을 부담하는지, 즉 피해자가 국가(또는 지방자치단체)와 가해공무원 중 어느 쪽에 대해서든 선택적으로 배상을 청구할 수 있는지가 문제된다. 이 문제에 대하여는 학설이 대립하고 있으며, 판례의 입장 또한 수시로 변화를 거듭하고 있는 실정이다.

(1) 긍정설

피해자의 선택적 배상청구를 인정하는 견해로 그 논거는 다음과 같다. 즉,

첫째, 「헌법」이 「공무원 자신의 책임은 면제되지 않는다」(제29조 제1항 단서)고 규정하고 있다.

둘째, 공무원의 직접책임을 부정하면 공무원의 책임의식을 박약하게 만든다.

(2) 부정설

피해자는 국가 등에 대해서만 배상을 청구할 수 있고 공무원에 대해서는 어떠한 경우에도 직접 배상을 청구할 수 없다는 견해로, 그 논거는 다음과 같다.

첫째, 「헌법」 제29조 제1항 단서는 공무원이 국가 등의 구상에 응할 책임을 부담함을 뜻한다.

둘째, 선택적 청구를 인정하면 공무원의 직무집행을 위축시킬 우려가 있다.

셋째, 국가 등의 배상책임을 인정하는 것만으로도 피해자의 구제는 충분하다.

(3) 판 례

전술한 바와 같이 판례의 태도는 일관되지 않고 변화를 거듭하여 왔다. 즉,

① 처음에는 선택적 청구를 전면적으로 긍정하는 입장에서(관련판례 ① 참조),

② 선택적 청구를 전면적으로 부정하는 입장으로 변화되었다가(관련판례 ② 참조),

③ 오늘날은 공무원에게 고의·중과실이 있는 경우에는 선택적 청구를 긍정하고, 공무원에게 경과실이 있음에 그치는 경우에는 선택적 청구를 부정하고 있다(관련판례 ③ 참조). 한편 판례가 선택적 청구의 인정 여부에 관한 문제를 공무원에게 고의·중과실이 있는지 여부와 관련지어 설명하는 이유에 대하여는 관련판례 ④ 참조.

관련판례

① 「공무원의 직무상 불법행위로 손해를 받은 국민은 공무원 자신에 대하여도 직접 그의 불법행위를 이유로 민사상의 손해배상을 청구할 수 있다」(대판 1972.10.10, 69다701).

② 「공무원의 직무상 불법행위로 인하여 손해를 받은 사람은 국가 또는 공공단체를 상대로 손해배상을 청구할 수 있고, 이 경우에 공무원에게 고의 또는 중대한 과실이 있는 때에는 국가 또는 공공단체는 그 공무원에게 구상할 수 있을 뿐, 피해자가 공무원 개인을 상대로 손해배상을 청구

할 수 없다」(대판 1994.4.12, 93다11807).

③「헌법 제29조 제1항 본문과 단서 및 국가배상법 제2조의 해석상 공무원이 직무수행 중 불법행위로 타인에게 손해를 입힌 경우에 국가 등이 국가배상책임을 부담하는 외에 공무원 개인도 고의 또는 중과실이 있는 경우에는 그로 인한 손해배상책임을 부담하고 다만, 공무원에게 경과실만이 인정되는 경우에는 공무원 개인은 손해배상책임을 부담하지 아니한다」(대판 1996.2.15, 95다38677 전원합의체).

④「구 국가배상법(2009. 10. 21. 법률 제9803호로 개정되기 전의 것, 이하 같다) 제2조 제1항 본문 및 제2항에 따르면, 공무원이 공무를 수행하는 과정에서 위법행위로 타인에게 손해를 가한 경우에 국가 등이 손해배상책임을 지는 외에 그 개인은 고의 또는 중과실이 있는 경우에는 손해배상책임을 지지만 경과실만 있는 경우에는 그 책임을 면한다고 해석된다. 위 규정의 입법 취지는 공무원의 직무상 위법행위로 타인에게 손해를 끼친 경우에는 변제자력이 충분한 국가 등에게 선임감독상 과실 여부에 불구하고 손해배상책임을 부담시켜 국민의 재산권을 보장하되, 공무원이 직무를 수행함에 있어 경과실로 타인에게 손해를 입힌 경우에는 그로 인하여 발생한 손해에 대하여 공무원 개인에게는 배상책임을 부담시키지 아니하여 공무원의 공무집행의 안정성을 확보하려는 데에 있기 때문이다」(대판 2014.4.24, 2012다36340,36357),

(4) 결 어[私見]

우리나라의 경우 종래 피해자의 선택적 배상청구의 인정여부를 배상책임의 성질에 관한 논의와 결부시켜 "대위책임설을 취하면 선택적 배상청구가 부정되며, 자기책임설을 취하게 되면 선택적 배상청구가 인정된다"고 설명되어 왔다. 그러나 대위책임설에 따르면서도 선택적 배상청구를 인정하는 견해도 있고, 자기책임설에 따르면서도 선택적 청구를 부정하는 견해도 있으며, 중간설에 따르면서도 전면적으로 선택적 청구를 부정하는 견해 등도 있음을 고려할 때 그러한 설명방법에는 문제가 있다고 생각한다. 즉, 배상책임의 성질과 선택적 배상청구의 가능성의 문제는 양자가 논리필연적 관계에 놓여 있는 것이 아니며, 선택적 배상청구의 인정여부는 단지 입법정책의 문제로 보아야 한다고 생각된다.[30]

Ⅴ. 손해배상청구권의 양도·압류의 금지 등

1. 양도·압류의 금지

생명이나 신체의 침해를 원인으로 하는 국가배상청구권은 양도 및 압류가 금지된

---

30) 同旨: 김남진·김연태, 행정법Ⅰ, 법문사, 2021, 665쪽; 정하중, 행정법총론, 법문사, 2016, 538쪽 이하.

다(「국가배상법」제4조). 이는 생명이나 신체에 대한 침해를 받은 자나 그의 유족을 보호하기 위하여 국가배상법이 특별히 금지한 것으로 이해된다.

2. 국가배상청구권의 소멸시효

「국가배상법」제8조에 따라「민법」제766조 제1항이 적용되므로 국가배상청구권은 피해자가 손해 및 가해자를 안 날로부터 3년, 불법행위를 한 날로부터 10년간 이를 행사하지 않으면 시효로 인하여 소멸한다.[31] 한편 헌법재판소는 국가배상청구사건의 소멸시효기간에「민법」제766조를 적용하도록 한 것은 위헌이 아니라는 입장을 나타낸 바 있다.

관련판례

「국가배상법 제8조가 "국가 또는 지방자치단체의 손해배상책임에 관하여는 이 법의 규정에 의한 것을 제외하고는 민법의 규정에 의한다. …"고 하고 소멸시효에 관하여 별도의 규정을 두고 아니함으로써 국가배상청구권에도 소멸시효에 관한 민법상의 규정인 민법 제766조가 적용되게 되었다 하더라도 이는 국가배상청구권의 성격과 책임의 본질, 소멸시효제도의 존재이유 등을 종합적으로 고려한 입법재량 범위 내에서의 입법자의 결단의 산물인 것으로 국가배상청구권의 본질적인 내용을 침해하는 것이라고는 볼 수 없고 기본권 제한에 있어서의 한계를 넘어서는 것이라고 볼 수도 없으므로 헌법에 위반되지 아니한다」(헌재결 1997.2.20, 96헌바24).

(1) 손해를 안 날 등

여기서 손해를 안 것이라 함은 단순히 손해발생 사실을 안 것만으로는 부족하고 그 손해가 위법행위로 인하여 발생한 것까지도 알았음을 요한다(관련판례 ① 참조). 또한 가해자를 안다는 것은 피해자가 가해 공무원이 국가 등과 공법상 근무관계가 있다는 사실을 알고, 또한 일반인이 당해 공무원의 불법행위가 국가 등의 직무를 집행함에 있어서 행해진 것이라고 판단하기에 충분한 사실까지도 인식하는 것을 의미한다(관련판례 ② 참조).

관련판례

① 「불법행위로 인한 손해배상청구권의 단기소멸시효에 있어서 손해를 안 것이라 함은 단순히

---

31) 다만「예산회계법(현 국가재정법) 제96조에서 '다른 법률의 규정'이라 함은 다른 법률에 예산회계법 제96조에서 규정한 5년의 소멸시효기간보다 짧은 기간의 소멸시효의 규정이 있는 경우를 가리키는 것이고, 이보다 긴 10년의 소멸시효를 규정한 민법 제766조 제2항은 예산회계법 제96조에서 말하는 '다른 법률의 규정'에 해당하지 아니한다」고 판시한 대판 2001.4.24, 2000다57856를 고려할 때, 여기서의 '10년'은 '5년'으로 단축되어 적용되어야 할 것이라는 견해가 유력하다.

손해발생 사실을 안 것만으로는 부족하고 그 손해가 위법행위로 인하여 발생한 것까지도 알았음을 요하고, 이 같은 손해를 안 시기에 관한 입증책임은 시효의 이익을 주장하는 자에게 있다」(대판 1995.6.30, 94다13435).

② 「국가배상법 제2조 제1항 본문 전단 규정에 따른 배상책임을 묻는 사건에 대하여는 동법 제8조의 규정에 의하여 민법 제766조 제1항 소정의 단기소멸시효제도가 적용되는 것인바, 여기서 가해자를 안다는 것은 피해자나 그 법정대리인이 가해 공무원이 국가 또는 지방자치단체와 공법상 근무관계가 있다는 사실을 알고, 또한 일반인이 당해 공무원의 불법행위가 국가 또는 지방자치단체의 직무를 집행함에 있어서 행해진 것이라고 판단하기에 족한 사실까지도 인식하는 것을 의미한다. 한편 법 제766조 제1항 소정의 '손해 및 가해자를 안 날'이라 함은 손해의 발생, 위법한 가해행위의 존재, 가해행위와 손해의 발생 사이에 상당인과관계가 있다는 사실 등 불법행위의 요건사실에 대하여 현실적이고도 구체적으로 인식하였을 때를 의미하고, 피해자 등이 언제 불법행위의 요건사실을 현실적이고도 구체적으로 인식한 것으로 볼 것인지는 개별적 사건에 있어서의 여러 객관적 사정을 참작하고 손해배상청구가 사실상 가능하게 된 상황을 고려하여 합리적으로 인정하여야 한다」(대판 2008.5.29, 2004다33469).

한편 소멸시효의 기산점으로서의 '불법행위를 한 날'은 불법행위의 종료일을 의미하는 것으로 이해될 수 있다.

관련판례

「국가배상법 제2조 제1항 본문 전단 규정에 따른 국가에 대한 손해배상청구권은 그 불법행위의 종료일로부터 국가재정법 제96조 제2항·제1항에 정한 5년의 기간 동안 이를 행사하지 아니하면 시효로 인하여 소멸하는 것이고, 이 경우 그 소멸시효는 피해자가 손해의 결과발생을 알았거나 예상할 수 있는가 여부에 관계없이 '가해행위로 인한 손해가 현실적인 것으로 되었다고 볼 수 있는 때'로부터 진행하는 것이다」(대판 2008.11.27, 2008다60223).

(2) 소멸시효의 중단

국가배상청구소송을 제기하기 전에 배상심의회의 결정을 먼저 거치는 경우에는 배상심의회에 대한 배상지급신청은 시효중단사유가 되며, 배상심의회의 결정이 있은 때로부터 다시 시효기간이 진행된다.

(3) 소멸시효의 적용배제

국가배상청구와 관련하여 소멸시효의 적용이 배제되는 경우도 있다. 헌법재판소는 「민법」 제166조 제1항, 제766조 제2항 중 「진실·화해를 위한 과거사정리 기본법」 제2조 제1항 제3호의 '민간인 집단 희생사건', 같은 항 제4호의 '중대한 인권침해사건·조작의혹사건'에 적용되는 부분은 헌법에 위반된다는 결정을 선고한 바 있다.[32)]

이에 따라 동 위헌결정의 효력이 미치는 사건에 대해서는 소멸시효가 적용되지 않게 되었다.

관련판례

「헌법재판소는 2018. 8. 30. 민법 제166조 제1항, 제766조 제2항 중 진실·화해를 위한 과거사 정리 기본법(이하 '과거사정리법'이라고 한다) 제2조 제1항 제3호의 '민간인 집단 희생사건', 같은 항 제4호의 '중대한 인권침해사건·조작의혹사건'에 적용되는 부분은 헌법에 위반된다는 결정을 선고하였다(헌법재판소 2014헌바148 등 전원재판부 결정, 이하 '이 사건 위헌결정'이라고 한다).

헌법재판소 위헌결정의 효력은 위헌제청을 한 당해 사건은 물론이고 위헌결정이 있기 전에 이와 동종의 위헌 여부에 관하여 헌법재판소에 위헌여부심판제청이 되어 있거나 법원에 위헌여부 심판제청신청이 되어 있는 경우의 당해 사건과 별도의 위헌제청신청 등은 하지 않았지만 당해 법률 또는 법조항이 재판의 전제가 되어 법원에 계속된 모든 일반 사건에까지 미친다.

따라서 이 사건 위헌결정의 효력이 미치는 경우, 과거사정리법 제2조 제1항 제3호의 '민간인 집단 희생사건'이나 같은 항 제4호의 '중대한 인권침해사건·조작의혹사건'에서 공무원의 위법한 직무집행으로 인한 손해배상청구권에 대해서는 민법 제166조 제1항, 제766조 제2항에 따른 '객관적 기산점을 기준으로 하는 소멸시효'(이하 '장기소멸시효'라고 한다)는 적용되지 않고, 국가에 대한 금전 급부를 목적으로 하는 권리의 소멸시효기간을 5년으로 규정한 국가재정법 제96조 제2항(구 회계법 제32조) 역시 이러한 객관적 기산점을 전제로 하는 경우에는 적용되지 않는다」(대판 2020.4.29, 2018다286925).

▌제3절▐ 영조물의 설치·관리의 하자로 인한 손해배상

Ⅰ. 개 설

1. 근거규정

「국가배상법」제5조는 「도로·하천 그 밖의 공공의 영조물의 설치나 관리에 하자가 있기 때문에 타인에게 손해를 발생하게 하였을 때에는 국가나 지방자치단체는 그 손해를 배상하여야 한다」고 하여 영조물의 설치·관리의 하자로 인한 국가의 배상책임을 인정하고 있다.

---

32) 헌재결 2018.8.30, 2014헌바148.

「국가배상법」제5조는 공작물 등의 점유자·소유자의 책임을 규정하고 있는 「민법」제758조에 상응하는 것이다. 그러나 「국가배상법」제5조는 ① 점유자 등의 면책조항을 갖고 있지 않으며, ② 그 대상이 공작물에 한정되지 않는 점에서 「민법」제758조와는 차이가 있다. 즉, 「국가배상법」제5조에 따른 배상책임이 「민법」제758조에 따르는 책임보다 책임의 범위가 더 넓다고 볼 수 있다.

관련판례

「국가배상법 제5조 소정의 영조물의 설치·관리상의 하자로 인한 책임은 무과실책임이고 나아가 민법 제758조 소정의 공작물의 점유자의 책임과는 달리 면책사유도 규정되어 있지 않으므로, 국가 또는 지방자치단체는 영조물의 설치·관리상의 하자로 인하여 타인에게 손해를 가한 경우에 그 손해의 방지에 필요한 주의를 해태하지 아니하였다 하여 면책을 주장할 수 없다」(대판 1994.11.22, 94다32924).

---

2. 입법례

독일의 경우 영조물의 설치·관리에 관한 배상책임을 포괄적으로 규정한 입법은 존재하지 않는다. 한편 프랑스에서는 판례를 통해 공토목손해(公土木損害, dommage de travaux publics)의 개념이 전개되어 왔는바, 그것은 부동산만을 대상으로 하며 손해배상뿐만 아니라 손실보상도 포함한다는 점에서 우리나라의 「국가배상법」제5조의 영조물의 설치·관리상의 하자로 인한 배상책임제도와는 다르다.

II. 배상책임의 요건

영조물의 설치나 관리의 하자로 인한 배상책임이 성립하기 위하여서는 ① 영조물의 ② 설치·관리상의 하자로 ③ 타인에게 손해가 발생하여야 한다.

1. 영조물

(1) 의 의

영조물이란 학문적으로는 원래 「국가 등 행정주체에 의하여 일정한 행정목적의 계속적 수행에 봉사하도록 정해진 '인적·물적 시설의 종합체'」를 의미한다. 그러나 「국가배상법」제5조상의 영조물은 이러한 학문적 의미의 영조물을 의미하는 것이 아니라 학문적 의미의 공물, 즉 행정주체가 직접 행정목적에 제공한 유체물을 의미한다. 한편 여기서의 영조물에는 개개의 물건뿐만 아니라 물건의 집합체인 공공시설도 포함되며, 인공공물(예: 도로, 항만 등)·자연공물(예: 하천, 해변 등),[33] 자유공물(自有公物)·타유공물

(他有公物)을 불문한다. 또한 동산(예: 관용차)이나 동물(예: 군견)도 포함된다.[34]

관련판례

「국가배상법」제5조 제1항 소정의 "공공의 영조물"이라 함은 국가 또는 지방자치단체에 의하여 특정 공공의 목적에 공여된 유체물 내지 물적 설비를 지칭하며, 특정 공공의 목적에 공여된 물이라 함은 일반공중의 자유로운 사용에 직접적으로 제공되는 공공용물에 한하지 아니하고, 행정주체 자신의 사용에 제공되는 공용물도 포함하며 국가 또는 지방자치단체가 소유권, 임차권 그 밖의 권한에 기하여 관리하고 있는 경우뿐만 아니라 사실상의 관리를 하고 있는 경우도 포함한다」(대판 1995. 1. 24, 94다45302).

(2) 국·공유재산과의 관계

공물은 소유권과는 무관한 개념으로서 국·공유재산 중에서 행정재산은 공물로서 여기서의 영조물에 포함되지만, 국·공유재산 중에서도 일반재산(예: 국유림)은 공물이 아니다. 따라서 일반재산은 「국가배상법」제5조의 영조물에 포함되지 않으며, 일반재산의 설치·관리의 하자로 인한 손해가 발생한 경우에는 「민법」상의 손해배상책임이 문제될 뿐이다.

관련판례

「국유 하천부지는 자연의 상태 그대로 공공용에 제공될 수 있는 실체를 갖추고 있는 이른바 자연공물로서 별도의 공용개시행위가 없더라도 행정재산이 되고 그 후 본래의 용도에 공여되지 않는 상태에 놓여 있더라도 국유재산법령에 의한 용도폐지를 하지 않은 이상 당연히 잡종재산으로 된다고는 할 수 없으며, 농로나 구거와 같은 이른바 인공적 공공용 재산은 법령에 의하여 지정되거나 행정처분으로 공공용으로 사용하기로 결정한 경우, 또는 행정재산으로 실제 사용하는 경우의 어느 하나에 해당하면 행정재산이 된다」(대판 2007. 6. 1, 2005도7523).

---

33) 「국가배상법」제5조의 '영조물'에는 인공공물 이외에 자연공물도 포함된다는 주장의 논거로는 다음과 같은 것이 들어지고 있다: ① 「국가배상법」제5조가 자연공물의 하나인 하천을 영조물의 예로 들고 있다. ② 영조물관리의 개념에 자연공물의 관리를 포함시킬 수 있다. ③ 인공제방 등 시설물이 설치된 경우와의 형평을 기하기 위하여서는 자연공물이 포함되어야 한다.
다만 여기서의 영조물에 자연공물을 포함시키는 경우에도 하천 등 자연공물의 하자의 문제는 인공공물의 그것과 동일평면에서 논할 수는 없다는 견해가 나타나고 있음은 주목을 요한다. 그리고 이러한 견해의 등장은 강수량의 정확한 예측이 곤란하고 제방의 축조에 막대한 비용이 수반됨에도 불구하고 (자연공물인) 하천이 범람하여 수재가 발생할 때마다 그 손해 전부에 대하여 국가가 배상책임을 질 수는 없다는 사고를 기초로 하고 있다.
34) 학문적 의미의 공물, 인공공물과 자연공물, 자유공물과 타유공물 등의 의미에 관하여 자세한 것은 김남진·김연태, 행정법Ⅱ, 법문사, 2021, 415쪽 이하 참조.

(3) 영조물에 관한 판례

1)「국가배상법」제5조의 영조물에 해당한다고 인정된 사례

① 가로수(대판 1993.7.27, 93다20702)

② 여의도광장(대판 1995.2.24, 94다57671)

③ 태종대 유원지(대판 1995.9.15, 94다31662)

④ 철도역 대합실과 승강장(대판 1999.6.22, 99다7008)

⑤ 교통신호기(대판 1999.6.25, 99다11120)

⑥ 매향리 사격장(대판 2004.3.12, 2002다14242)

⑦ 방파제(대판 2010.3.25, 2008다53713)

2)「국가배상법」제5조의 영조물에 해당하지 않는다고 인정된 사례

① 노선인정 기타 공용개시가 없었던 도로(대판 1981.7.7, 80다2478)

② 공용개시된 바 없는 시(市) 명의의 종합운동장 예정부지, 그 지상의 자동차경주를 위한 안전시설(대판 1995.1.24, 94다45302)

③ 공사 중이며 아직 완성되지 않아 일반 공중의 이용에 제공되지 않고 있는 옹벽(대판 1998.10.23, 98다17381)

2. 설치·관리의 하자

(1) 설치·관리의 의의

설치란 영조물의 설계·축조를 말하며, 관리란 설계·축조 후의 유지·수선 및 보관작용을 말한다. 또한 여기서의 '관리'에는 국가 등이 소유권, 임차권 그 밖의 권한에 기하여 관리하고 있는 경우뿐만 아니라 사실상의 관리를 하고 있는 경우도 포함된다(대판 1998.10.23, 98다17381 참조).

(2) 설치·관리의 하자의 의의

설치·관리의 하자가 무엇을 의미하는지에 관하여는 다음과 같은 학설대립이 있다.

1) 객관설　영조물의 설치·관리의 하자를「영조물이 사회통념상 일반적으로 갖추어야 할 안전성을 갖추지 못한 상태」를 의미하는 것으로 보는 견해이다(종래의 통설). 이러한 입장에 따르면 설치·관리의 하자의 인정에 있어 영조물의 설치·관리를 담당하는 공무원의 고의·과실을 불문하므로「국가배상법」제5조에 따른 국가의 배상책임은 '무과실책임'의 성질을 갖게 된다.

한편 객관설에 따르는 경우에 있어서 '안전성을 갖추지 못한 상태'의 의미에 관하여는 이하의 관련판례 참조.

관련판례

「국가배상법 제5조 제1항에 정하여진 '영조물의 설치 또는 관리의 하자'라 함은 공공의 목적에 공여된 영조물이 그 용도에 따라 갖추어야 할 안전성을 갖추지 못한 상태에 있음을 말하고, 안전성을 갖추지 못한 상태, 즉 타인에게 위해를 끼칠 위험성이 있는 상태라 함은 당해 영조물을 구성하는 물적 시설 그 자체에 있는 물리적·외형적 흠결이나 불비로 인하여 그 이용자에게 위해를 끼칠 위험성이 있는 경우뿐만 아니라, 그 영조물이 공공의 목적에 이용됨에 있어 그 이용상태 및 정도가 일정한 한도를 초과하여 제3자에게 사회통념상 수인할 것이 기대되는 한도를 넘는 피해를 입히는 경우까지 포함된다고 보아야 한다.

'영조물 설치 또는 하자'에 관한 제3자의 수인한도의 기준을 결정함에 있어서는 일반적으로 침해되는 권리나 이익의 성질과 침해의 정도뿐만 아니라 침해행위가 갖는 공공성의 내용과 정도, 그 지역환경의 특수성, 공법적인 규제에 의하여 확보하려는 환경기준, 침해를 방지 또는 경감시키거나 손해를 회피할 방안의 유무 및 그 난이 정도 등 여러 사정을 종합적으로 고려하여 구체적 사건에 따라 개별적으로 결정하여야 한다」(대판 2005.1.27, 2003다49566).

‖참고‖ 기능적 하자론

종래의 객관설은 「국가배상법」 제5조상의 영조물의 설치·관리의 하자는 당해 영조물을 구성하는 물적 시설 그 자체에 있는 물리적·외형적 흠결이나 불비로 인하여 그 이용자에게 위해를 끼칠 위험성이 있는 경우, 즉 이른바 물적 하자(物的 瑕疵)를 의미하는 것으로 이해하여 왔다. 그러나 근래에는 「국가배상법」 제5조상의 영조물의 설치·관리의 하자에는 영조물이 공공의 목적에 이용됨에 있어 그 이용상태 및 정도가 일정한 한도를 초과하여 제3자에게 사회통념상 수인할 것이 기대되는 한도를 넘는 피해를 입히는 경우까지 포함되는 것으로 이해하고 있는바, 이러한 입장을 이른바 '기능적 하자론'이라고 한다.

기능적 하자론에 입각하여 배상책임을 인정한 대표적 사례에 관하여는 이하의 관련판례 참조.

관련판례

「매향리 사격장에서 발생하는 소음 등으로 지역 주민들이 입은 피해는 사회통념상 참을 수 있는 정도를 넘는 것으로서 사격장의 설치 또는 관리에 하자가 있었다」(대판 2004.3.12, 2002다14242).

2) 주관설　영조물의 설치·관리의 하자를 설치·관리상의 안전확보의무 위반에 기인하는 물적 위험상태로 파악하는 견해로, 의무위반설이라고도 한다. 이러한 주관설

의 입장에 따르면 「국가배상법」 제5조에 따른 국가의 배상책임은 '과실책임' 내지 '완화된 과실책임'의 성질을 갖게 된다.

　　3) 절충설　　하자의 유무를 판단함에 있어 영조물 자체의 객관적 하자뿐만 아니라, 관리자의 안전관리의무 위반이라는 주관적 요소도 고려해야 한다는 견해이다.

　　4) 위법·무과실책임설　　「국가배상법」 제5조의 배상책임을 '설치·관리행위'와 관련된 행위책임으로 보면서 그의 성질을 위법·무과실책임으로 보는 입장이다.[35]

　　5) 판　례　　판례는 종래 객관설을 취하여 왔으나(대판 1994.11.22, 94다32924 등 참조), 근래에는 주관적 요소를 고려한 판례도 나타나고 있다. 이러한 판례의 입장을 변형된 객관설이라고도 부른다.

관련판례

「국가배상법 제5조 제1항 소정의 '영조물의 설치 또는 관리의 하자'라 함은 영조물이 그 용도에 따라 통상 갖추어야 할 안전성을 갖추지 못한 상태에 있음을 말하는 것으로서, 영조물이 완전무결한 상태에 있지 아니하고 그 기능상 어떠한 결함이 있다는 것만으로 영조물의 설치 또는 관리에 하자가 있다고 할 수 없고, 위와 같은 안전성의 구비 여부는 당해 영조물의 용도, 그 설치장소의 현황 및 이용 상황 등 제반 사정을 종합적으로 고려하여 설치·관리자가 그 영조물의 위험성에 비례하여 사회통념상 일반적으로 요구되는 정도의 방호조치의무를 다하였는지 여부를 그 기준으로 삼아야 할 것이며, 객관적으로 보아 시간적·장소적으로 영조물의 기능상 결함으로 인한 손해발생의 예견가능성과 회피가능성이 없는 경우, 즉 그 영조물의 결함이 영조물의 설치관리자의 관리행위가 미칠 수 없는 상황 아래에 있는 경우에는 영조물의 설치·관리상의 하자를 인정할 수 없다」(대판 2010.7.22, 2010다33354,33361).

　　(3) 하자의 증명책임

　　하자의 증명책임은 원고인 피해자에게 있다. 다만 이 경우에도 일응추정(一應推定)의 법리가 적용될 수 있다고 할 것인바, 그에 따르면 피해자가 영조물로 인하여 손해가 발생하였음을 증명하면, 영조물의 설치에 하자가 있는 것으로 일응 추정된다.

　　(4) 하자가 인정되는 경우에 있어서의 면책요건

　　영조물의 설치·관리에 하자가 있음이 인정되는 경우에도 일정한 요건하에서는 면책이 인정될 수 있으며, 이 경우 면책요건은 피고가 증명하여야 한다.

---

35) 위법·무과실책임설은 「국가배상법」 제5조가 '영조물'의 하자로 표기하지 않고 '영조물의 설치·관리'의 하자로 표기하고 있으므로 제5조의 배상책임을 순전한 '물적 상태책임'으로 보기 곤란하며, 따라서 행위책임으로 보아야 한다는 것을 이론적 전제로 하고 있다.

관련판례

「고속도로의 관리상 하자가 인정되는 이상 고속도로의 점유관리자는 그 하자가 불가항력에 의한 것이거나 손해의 방지에 필요한 주의를 해태하지 아니하였다는 점을 주장·입증하여야 비로소 그 책임을 면할 수 있다」(대판 2008.3.13, 2007다29287,29294).

3. 타인에게 손해가 발생할 것

(1) 손 해

영조물의 설치·관리의 하자로 인하여 타인에게 손해가 발생하여야 하는바, 여기서의 손해에는 적극적 손해와 소극적 손해가 모두 포함되며, 또한 재산적 손해는 물론 정신적 손해도 포함된다. 따라서 영조물의 설치·관리의 하자로 인한 손해배상의 경우에도 피해자의 위자료청구권이 인정될 수 있다.

관련판례

「국가배상법 제5조 제1항의 영조물의 설치·관리상의 하자로 인한 손해가 발생한 경우 같은 법 제3조 제1항 내지 제5항의 해석상 피해자의 위자료 청구권이 반드시 배제되지 아니한다」(대판 1990.11.13, 90다카25604).

한편 다른 자연적 사실이나 제3자의 행위 또는 피해자의 행위와 경합하여 손해가 발생하였더라도 영조물의 설치·관리상의 하자가 공동원인의 하나인 경우에는, 그 손해는 영조물의 설치·관리상의 하자에 의하여 발생한 것이라고 보아야 한다.

관련판례

「영조물의 설치 또는 관리상의 하자로 인한 사고라 함은 영조물의 설치 또는 관리상의 하자만이 손해발생의 원인이 되는 경우만을 말하는 것이 아니고, 다른 자연적 사실이나 제3자의 행위 또는 피해자의 행위와 경합하여 손해가 발생하더라도 영조물의 설치 또는 관리상의 하자가 공동원인의 하나가 되는 이상 그 손해는 영조물의 설치 또는 관리상의 하자에 의하여 발생한 것이라고 해석함이 상당하다」(대판 1994.11.22, 94다32924).

(2) 상당인과관계

영조물의 설치·관리의 하자와 손해발생 간에는 상당인과관계가 있어야 하는바, 양자 간에 상당인과관계가 있다는 것은 원고가 증명하여야 한다.

4. 면책사유(免責事由)

(1) 자연력·불가항력

영조물의 설치·관리의 하자로 인한 배상책임은 영조물의 안전성 결여의 원인이 인위적인 것인지 자연력에 의한 것인지를 불문하고 인정되는 것이 원칙이다(관련판례 ① 참조).

그러나 영조물이 통상적으로 갖추어야 할 안정성을 구비하고 있음에도 불구하고 천재지변처럼 인력으로 막을 수 없는 불가항력적 사유로 인해 손해가 발생한 경우에는 배상책임이 부인된다(관련판례 ② 참조). 다만 이 경우에도 영조물의 객관적 안정성이 결여되어 있었고, 이로 인해 손해가 확대된 경우에는 그 범위 내에서 국가 등이 책임을 져야 한다.

관련판례

① 「신비탈부분이 1991.7.25. 내린 약 308.5mm의 집중호우에 견디지 못하고 무너져 내려 차량의 통행을 방해함으로써 이 사건 사고가 일어난 사실을 인정할 수 있으므로 이 사건 사고는 피고 (대한민국)의 도로의 설치 또는 관리상의 하자로 인하여 일어난 것이라고 보아야 한다. 매년 비가 많이 오는 장마철을 겪고 있는 우리나라와 같은 기후 여건하에서 위와 같은 집중호우가 내렸다고 하여 전혀 예측할 수 없는 천재지변이라고 보기는 어렵다」(대판 1993.6.8, 93다11678).[36]
② 「100년 발생빈도의 강우량을 기준으로 책정된 계획홍수위를 초과하여 600년 또는 1,000년 발생빈도의 강우량에 의한 하천의 범람은 예측가능성 및 회피가능성이 없는 불가항력적인 재해로서 그 영조물의 관리청에게 책임을 물을 수 없다」(대판 2003.10.23, 2001다48057).

한편, 불가항력에 의하여 손해가 발생하였다는 점에 대한 증명책임은 국가 등에게 있다.

관련판례

「고속도로의 관리상 하자가 인정되는 이상 고속도로의 점유관리자는 그 하자가 불가항력에 의한 것이거나 손해의 방지에 필요한 주의를 해태하지 아니하였다는 점을 주장·입증하여야 비로소 그 책임을 면할 수 있다」(대판 2008.3.13, 2007다29287, 29294).

---

36) 同旨판례: 「집중호우로 제방도로가 유실되면서 그 곳을 걸어가던 보행자가 강물에 휩쓸려 익사한 경우, 사고 당일의 집중호우가 50년 빈도의 최대강우량에 해당한다는 사실만으로 불가항력에 기인한 것으로 볼 수 없다」(대판 2000.5.26, 99다53247).

(2) 재정적 제약

공물의 관리상 필요한 예산부족 등의 재정적 제약은 면책사유가 되지 않으며, 단지 책임의 범위에 있어서 참작사유가 될 뿐이다(관련판례 ① 참조). 다만 「하천 등 자연공물의 안전한 유지·관리에 있어 사회통념상 기대할 수 없을 정도의 막대한 예산이 소요되는 경우에는 국가 등의 배상책임이 부인되어야 한다」는 견해[37] 또한 유력하며, 최근 판례 중에는 재정적 제약을 안정성 판단의 요소로 고려한 것이 있다(관련판례 ② 참조).

관련판례

① 「영조물 설치의 하자유무는 객관적 견지에서 본 안전성의 문제이고 그 설치자의 재정사정이나 영조물의 사용목적에 의한 사정은 안전성을 요구하는 데 대한 정도 문제로서 참작사유에는 해당할지언정 안전성을 결정지을 절대적 요건에는 해당하지 아니한다 할 것이다」(대판 1967.2.21, 66다1723).

② 「영조물의 설치자 또는 관리자에게 부과되는 방호조치의무의 정도는 영조물의 위험성에 비례하여 사회통념상 일반적으로 요구되는 정도의 것을 말하므로, 영조물인 도로의 경우도 다른 생활필수시설과의 관계나 그것을 설치하고 관리하는 주체의 재정적·인적·물적 제약 등을 고려하여 그것을 이용하는 자의 상식적이고 질서있는 이용방법을 기대한 상대적인 안전성을 갖추는 것으로 족하다」(대판 2000.4.25, 99다54998).

---

(3) 위험의 존재인식

피해자가 위험의 존재를 인식하거나 과실로 인식하지 못한 것을 영조물의 설치·관리의 하자로 인한 배상책임이 면제 또는 감경되는 사유로 볼 수 있는지의 문제가 있는데, 법원은 긍정적으로 보고 있다.

관련판례

「소음 등을 포함한 공해 등의 위험지역으로 이주하여 들어가서 거주하는 경우와 같이 위험의 존재를 인식하면서 그로 인한 피해를 용인하며 접근한 것으로 볼 수 있는 경우에, 그 피해가 직접 생명이나 신체에 관련된 것이 아니라 정신적 고통이나 생활방해의 정도에 그치고 그 침해행위에 고도의 공공성이 인정되는 때에는, 위험에 접근한 후 실제로 입은 피해 정도가 위험에 접근할 당시에 인식하고 있었던 위험의 정도를 초과하는 것이거나 위험에 접근한 후에 그 위험이 특별히 중대하였다는 등의 특별한 사정이 없는 한 가해자의 면책을 인정하여야 하는 경우도 있을 수 있다」(대판 2012.6.14, 2012다13569).

---

37) 김동희, 행정법 Ⅰ, 박영사, 2016, 596쪽.

5. 제2조와 제5조의 경합

「국가배상법」제2조는 과실책임, 제5조는 (하자의 의미에 관하여 종래의 통설인 객관설에 따를 때) 무과실책임이 되는 등 양자는 그 책임의 성질을 달리 한다. 따라서 양자의 책임은 경합할 수 있다. 즉, 예컨대 관용차 자체의 결함과 운전자의 과실이 경합하여 사고가 발생한 경우에는「국가배상법」제2조와 제5조상의 양 책임이 중복하여 발생하며, 피해자는 양조 중 어느 것에 의해서도 배상을 청구할 수 있다. 법원 역시 이러한 입장에 따르고 있는 것으로 보여진다.

관련판례

「행정권한이 기관위임된 경우 권한을 위임받은 기관은 권한을 위임한 기관이 속하는 지방자치단체의 산하 행정기관의 지위에서 그 사무를 처리하는 것이므로 사무귀속의 주체가 달라진다고 할 수 없고, 따라서 권한을 위임받은 기관 소속의 공무원이 위임사무처리에 있어 고의 또는 과실로 타인에게 손해를 기하였거나 위임사무로 설치·관리하는 영조물의 하자로 타인에게 손해를 발생하게 한 경우에는 권한을 위임한 관청이 소속된 지방자치단체가 국가배상법 제2조 또는 제5조에 의한 배상책임을 부담한다」(대판 1999.6.25, 99다11120).

다만 일반적으로는 명백하게 고의·과실이라는 주관적 요건을 규정하고 있는「국가배상법」제2조보다는 단순히 설치·관리의 하자라고 규정하고 있는「국가배상법」제5조에 의하여 배상책임을 추구함이 피해자에게 유리하다고 할 수 있다.

Ⅲ. 배상의 범위

국가와 지방자치단체는 영조물의 설치·관리의 하자와 상당인과관계에 있는 모든 손해를 배상해야 된다. 공무원의 직무상 불법행위로 인한 손해배상과 관련하여 전술한 군인 등에 대한 특례규정(「국가배상법」제2조 단서), 배상의 기준에 관한 규정(동법 제3조), 공제에 관한 규정(동법 제3조의2) 등은 이 경우에도 그대로 적용된다.

Ⅳ. 배상책임

1. 배상책임자

「국가배상법」제5조상의 배상책임의 요건이 충족된 경우 국가 또는 지방자치단체가 그 손해를 배상할 책임이 있다. 이 경우 배상책임자는 관련사무의 귀속주체에 따라 판단된다. 따라서 영조물의 설치·관리가 국가사무인 경우에는 국가가, 자치사무인 경우에는 지방자치단체가 배상책임자가 된다. 다만 영조물의 설치·관리자와 비용부담자가 동일하지 않은 경우에는 비용부담자도 배상책임이 있으므로, 피해자는 양자에 대하여 선택적으로 배상을 청구할 수 있다.

관련판례

① 「지방자치단체장이 교통신호기를 설치하여 그 관리권한이 관할 지방경찰청장에게 위임되어 지방자치단체 소속 공무원과 지방경찰청 소속 공무원이 합동 근무하는 교통종합관제센터에서 그 관리업무를 담당하던 중 위 신호기가 고장 난 채 방치되어 교통사고가 발생한 경우, 국가배상법 제2조 또는 제5조에 의한 배상책임을 부담하는 것은 지방경찰청장이 소속된 국가가 아니라 그 권한을 위임한 지방자치단체장이 소속된 지방자치단체라고 할 것이나, 교통신호기를 관리하는 지방경찰청장 산하 경찰관들에 대한 봉급을 부담하는 국가도 국가배상법 제6조 제1항에 의한 배상책임을 부담한다」(대판 1999.6.25, 99다11120).
② 「구 하천법 제28조 제1항에 따라 국토해양부장관이 하천공사를 대행하더라도 이는 국토해양부장관이 하천관리에 관한 일부 권한을 일시적으로 행사하는 것으로 볼 수 있을 뿐 하천관리청이 국토해양부장관으로 변경되는 것은 아니므로, 국토해양부장관이 하천공사를 대행하던 중 지방하천의 관리상 하자로 인하여 손해가 발생하였다면 하천관리청이 속한 지방자치단체는 국가와 함께 국가배상법 제5조 제1항에 따라 지방하천의 관리자로서 손해배상책임을 부담한다」(대판 2014.6.26, 2011다85413).

한편 여기서 비용부담자의 의미에 대하여는 ① 대외적으로 비용을 지출하는 자를 뜻한다고 하는 형식적 비용부담자설, ② 궁극적으로 비용을 부담하는 자를 뜻한다고 하는 실질적 비용부담자설 및 ③ 형식적 비용부담자와 실질적 비용부담자가 모두 포함될 수 있다고 하는 병합설(倂合說)이 대립하고 있다. 판례는 병합설에 따르고 있는 것으로 보인다.

관련판례

「국가배상법 제6조 제1항 소정의 '공무원의 봉급·급여 기타의 비용'이란 공무원의 인건비만을 가리키는 것이 아니라 당해 사무에 필요한 일체의 경비를 의미한다고 할 것이고, 적어도 대외적으로 그러한 경비를 지출하는 자는 경비의 실질적·궁극적 부담자가 아니더라도 그러한 경비를 부담하는 자에 포함된다」(대판 1994.12.9, 94다38137).

2. 구 상

(1) 설치·관리자와 비용부담자가 동일하지 않은 경우

영조물의 설치·관리자와 비용부담자가 동일하지 않은 경우 피해자에게 손해를 배상한 자는 내부관계에서 그 손해를 배상할 책임이 있는 자에게 구상을 할 수 있다.

이와 관련하여 이 경우 내부관계에서 손해를 배상할 책임이 있는 자가 누구인지, 즉 누가 궁극적인 배상책임자인가 문제되고 있다. 과거에는 영조물의 설치·관리자가 궁극적인 배상책임자라고 하는 관리주체설이 지배적이었으나, 근래에는 비용부담자가 궁극적 배상책임자라는 비용부담자설 및 손해발생의 기여도에 따라서 궁극적인 배상책임자를 정하여야 한다는 기여도설(寄與度說) 등이 나타나고 있다. 이와 관련하여 근래에 기여도설에 입각한 것으로 볼 수 있는 판례가 나타나고 있음은 주목을 요한다.

관련판례

「광역시의 □□ 모두가 도로의 점유자 및 관리자, 비용부담자로서의 책임을 중첩적으로 지는 경우에는, 광역시와 국가 모두가 국가배상법 제6조 제2항 소정의 궁극적으로 손해를 배상할 책임이 있는 자라고 할 것이고, 결국 광역시와 국가의 내부적인 부담 부분은, 그 도로의 인계·인수 경위, 사고의 발생 경위, 광역시와 국가의 그 도로에 관한 분담비용 등 제반 사정을 종합하여 결정함이 상당하다」(대판 1998.7.10, 96다42819).

---

(2) 손해원인의 책임자에 대한 구상

국가 등이 배상한 경우에 손해의 원인에 대하여 책임을 질 자(예: 공사의 수급인, 영조물의 파손자, 공무원)가 따로 있을 때에는 국가 등은 그자에게 구상할 수 있다.

▎제4절 ▎ 행정상 손해배상의 청구절차

Ⅰ. 행정절차에 의한 배상청구

1. 결정전치주의의 폐지 → 배상신청의 임의절차화

「국가배상법」(제9조)은 「이 법에 따른 손해배상의 소송은 배상심의회에 배상신청을 하지 아니하고도 제기할 수 있다」고 하여 결정전치주의(決定前置主義)를 배제하고, 배

상심의회의 배상신청절차를 임의적 전치절차로 규정하고 있다.[38]

2. 배상심의회

(1) 의 의
배상심의회는 국가배상에 관하여 심의·결정 및 그의 송달을 행하는 합의제 행정관청이다.

(2) 종 류
배상심의회에는 상급심의회인 본부심의회와 특별심의회, 그리고 각각의 상급심의회 소속하에 두는 하급심의회인 지구심의회가 있다.

1) 상급심의회 본부심의회는 법무부에 두며, 지구심의회로부터 송부받은 사건, 재심신청사건, 그 밖에 법령에 따라 그 소관에 속하는 사항을 심의·처리한다. 특별심의회는 군인·군무원이 타인에게 입힌 손해에 대한 배상신청사건을 심의하기 위하여 국방부에 둔다. 한편 본부심의회와 특별심의회는 양자 모두 법무부장관의 지휘를 받는다(「국가배상법」 제10조 제3항).

2) 지구심의회   지구심의회는 국가배상청구사건에 대한 일차적 심의·결정기관이다. 본부심의회 소속 지구심의회는 고등검찰청 소재지에는 고등검찰청(그 외의 지역에는 지방검찰청)에 두며, 특별심의회 소속 지구심의회는 각군 본부와 일정한 군부대에 둔다.

3. 배상심의회의 결정절차

(1) 배상신청
배상금을 지급받으려는 자는 그 주소지·소재지 또는 배상원인 발생지를 관할하는 지구심의회에 배상신청을 하여야 한다(「국가배상법」 제12조 제1항). 배상심의회에 대한 배상신청은 시효중단의 사유가 된다.

(2) 배상심의회의 심의·결정
배상신청을 받은 지구심의회는 증인신문이나 감정 또는 검증 등 증거조사를 한 후 그 심의를 거쳐 4주일 이내에 배상금 지급결정, 기각결정 또는 각하결정을 하여야 한다.

(3) 결정서의 송달
지구심의회는 배상신청에 대한 결정을 한 날부터 1주일 이내에 그 결정정본을 신

---

38) 「국가배상법」이 예전에 결정전치주의를 취했던 이유는 피해자가 간단한 절차를 통하여 신속하게 배상금을 지급받을 수 있도록 하기 위한 것이었다. 그러나 실제로 결정전치주의를 운용해 본 결과 국민의 재판을 받을 권리를 제약하는 측면이 나타나게 되었다. 이러한 사정을 고려하여 국가배상법의 개정을 통하여 임의적 전치절차가 채택되게 되었다.

청인에게 송달하여야 한다(동법 제13조, 제14조).

(4) 신청인의 동의와 배상금지급

배상결정을 받은 신청인은 지체없이 그 결정에 대한 동의서를 첨부하여 국가나 지방자치단체에 배상금지급을 청구하여야 한다. 배상결정을 받은 신청인이 배상금지급을 청구하지 아니하거나 지방자치단체가 대통령령으로 정하는 기간 내에 배상금을 지급하지 아니하면 그 결정에 동의하지 아니한 것으로 본다(동법 제15조).

4. 재심신청

지구심의회에서 배상신청이 기각 또는 각하된 신청인은 결정정본이 송달된 날부터 2주일 이내에 그 심의회를 거쳐 본부심의회나 특별심의회에 재심(再審)을 신청할 수 있다.

재심신청을 받은 본부심의회나 특별심의회는 재심신청에 대하여 심의를 거쳐 4주일 이내에 다시 배상결정을 하여야 한다(동법 제15조의2).

5. 배상결정의 효력

배상심의회의 배상결정은 신청인이 동의함으로써 효력이 발생하는바, 배상심의회의 결정에 동의하는 신청인은 지체없이 그 결정에 대한 동의서를 첨부하여 국가나 지방자치단체에 배상금지급을 청구하여야 한다(동법 제15조 제1항).

한편 구「국가배상법」제16조는 배상심의회의 배상결정에 신청인이 동의한 경우「민사소송법」에 의한 재판상 화해가 성립된 것으로 간주하는 규정(「국가배상법」제16조)을 갖고 있었으나, 동 조항은 1995년에 헌법재판소로부터 위헌결정을 받았으며(이하의 관련판례 참조), 1997년의 법개정을 통해 삭제되었다.[39] 따라서 신청인은 배상결정에 동의한 이후에도 손해배상청구소송을 제기하여 배상청구(증액청구)를 할 수 있게 되었다.

관련판례

「배상결정절차에 있어서는 사법절차에 준한다고 볼 수 있는 각종 중재·조정절차와 달리 심의회의 제3자성·독립성이 희박한 점, 심의절차의 신중성·공정성도 결여되어 있는 점, 심의회에서 결정되는 배상액이 법원의 그것보다 하회하는 점 및 부제소합의의 경우와 달리 신청인의 배상결정에 대한 동의에 재판청구권을 포기할 의사까지 포함되는 것으로 볼 수도 없는 점을 종합하여 볼 때, 이는 신청인의 재판청구권을 과도하게 제한하는 것이어서 과잉입법금지의 원칙에

---

39) 이에 따라 신청인의 동의가 있는 배상심의회의 배상결정은 단지 민법상 화해와 같은 효력만이 인정되게 되었다.

반하고 … 법관에 의한 재판을 청구할 수 있는 기본권을 보장하고자 하는 헌법의 정신에도 충실하지 못한 것이다」(헌재결 1995.5.25, 91헌가7).

II. 사법절차에 의한 배상청구

1. 일반절차에 의하는 경우

국가배상청구소송은 민사소송에 의한다는 견해와 공법상의 당사자소송에 의하여야 한다는 견해의 대립이 있는바, 판례는 전자의 입장에 따르고 있다. 한편 국가배상청구소송에서도 가집행선고를 붙일 수 있다.

2. 특별절차에 의한 경우

「행정소송법」 제10조에 의하여 행정소송과 관련되는 국가배상청구를 행정소송에 병합하여 청구하는 경우가 이에 해당한다(상세한 것은 제6장 행정소송 중 관련청구의 병합 부분 참조).

제3장

행정상의 손실보상

▌제1절▌ 개 설

Ⅰ. 행정상의 손실보상의 의의

1. 행정상의 손실보상의 개념

행정상의 손실보상이란 적법한 공권력행사로 인하여 사유재산에 가하여진 특별한 희생에 대하여, 사유재산권의 보장과 공평부담의 견지에서 행정주체가 행하는 조절적인 재산적 전보를 말한다. 행정상 손실보상의 개념적 요소를 분설하면 다음과 같다.

첫째, 행정상의 손실보상은 '적법행위'로 인한 것이다. 이 점에서 위법행위로 인한 행정상의 손해배상과 구별된다.

둘째, 행정상의 손실보상은 '공권력행사'를 그 원인으로 한다. 따라서 비권력적 작용(예:「공익사업을 위한 토지 등의 취득 및 보상에 관한 법률」상의 협의에 의한 취득)에 수반한 보상과 구별된다.

셋째, 행정상의 손실보상은 '재산상의 손실'을 전보하는 것이다. 따라서 생명이나 신체에 대한 침해의 보상은 이에 포함되지 않는다.

넷째, 행정상의 손실보상은 '특별한 희생'에 대한 보상이다. 따라서 재산권 자체에 내재하는 사회적 제약과 구분된다.

2. 행정상의 손해배상과의 관계

(1) 양자의 차이점

행정상의 손해배상과 행정상의 손실보상은 양자 모두 행정작용으로 인한 손해나 손실을 금전으로 전보하는 제도인 점에서는 공통적인 성질을 갖는다. 그러나 이러한 공통점에도 불구하고 양자는 발전연혁과 성질을 달리하는 별개의 법제도로 이해되어 왔는바, 양자의 구체적인 차이점을 열거하면 다음과 같다.

첫째, 행정상 손해배상은 개인주의적 사상과 도의적 책임주의를 기초원리로 하는 반면, 행정상 손실보상은 단체주의적 사상과 사회적 공평부담주의를 기초이념으로 한다.[1]

둘째, 행정상의 손해배상은 위법행위를, 행정상의 손실보상은 적법행위를 원인으로 한다.

셋째, 행정상의 손해배상의 경우 그에 관한 일반법으로 「국가배상법」이 존재하지만, 행정상의 손실보상에 관하여는 일반법이 존재함이 없이 개별법이 규율하고 있다.

넷째, 행정상의 손해배상은 재산적 손해뿐만 아니라 비재산적 손해에 대해서도 행해지는 반면, 행정상의 손실보상은 재산적 손실에 대하여만 행해진다.

다섯째, 행정상의 손해배상의 경우 생명·신체에 대한 침해를 원인으로 하는 손해배상청구권은 양도 및 압류가 불가능한 반면, 행정상의 손실보상청구권은 양도 및 압류가 가능하다.

(2) 양자의 접근경향

전술한 차이점에도 불구하고 오늘날 행정상의 손해배상과 행정상의 손실보상의 접근 내지 융합을 시도하는 노력이 전개되고 있는바, 이러한 경향의 원인은 다음에서 찾을 수 있다.

1) 불법행위이론 자체의 수정   사법분야에서 불법행위책임의 개인주의적·도의적 책임으로서의 의미가 점차 감소되면서, 국가배상에 있어서도 그 책임의 근거를 개인주의적·도의적인 것에 두는 사상이 받아들여지지 않고 있다. 즉, 국가배상에 있어서도 가해행위의 위법성 여부를 따짐이 없이 피해자의 입장에서 '부담의 공평화'에 책임의 근거를 두고자 하는 경향이 심화되고 있다.

2) 위험책임론, 위법·무과실책임의 등장   불법행위에 기한 행정상의 손해배상과 적법행위에 기한 행정상의 손실보상의 중간적 영역을 차지하고 있는 위험책임론 등이 등장하면서 양자의 이념적 대립이 점차 해소되어 가고 있다. 독일에서 발전된 수용유사침해 및 수용적 침해의 이론도 이와 관련이 있어 보인다.

II. 행정상의 손실보상의 근거

1. 이론적 근거

행정상의 손실보상의 이론적 근거에 관하여는 종래 기득권설,[2] 은혜설,[3] 공용징

---

1) 손실보상제도의 경우 사회적 공평부담주의에 근거한다고 하여 '사회보장제도'와 관련 있는 것으로 이해하면 안 된다. 손실보상제도는 재산권 침해를 당한 피해자에 대한 '피해보상제도'일 뿐이다.

수설 등이 주장된 바 있으나, 오늘날은 사유재산에 가하여진 특별한 희생은 국민 전체의 부담으로 전보하는 것이 자연법적인 정의와 공평의 원칙에 합당하다는 특별희생설이 통설이다.

2. 실정법적 근거

(1) 문제의 의의

「헌법」제23조 제3항은「공공필요에 의한 재산권의 수용·사용 또는 제한 및 그에 대한 보상은 법률로써 하되 정당한 보상을 지급하여야 한다」고 규정하고 있다. 이는 공공필요에 의한 재산권의 수용·사용 또는 제한, 즉 공용침해를 규정하는 법률은 동시에 보상규정을 둘 것을 요구하고 있는 것으로 이해되고 있다.

행정상의 손실보상에 관하여는 일반법이 없으므로 각 개별법이 그에 관하여 규정하고 있을 뿐이다. 따라서 공용침해의 근거가 되는 법률이 손실보상에 관한 규정을 두어야 함에도 불구하고 그렇지 아니한 경우가 있을 수 있게 된다. 이러한 경우에 행정상의 손실보상의 실정법적 근거가 무엇인지가 문제되는데, 이는「헌법」상의 공용침해조항(제23조 제3항)이 어떤 법적 효력을 갖는가와 관련이 있다.

(2) 학 설[4]

1) 위헌무효설 「헌법」상의 보상규정은 입법자가 국민의 재산권을 침해하는 규정을 정립하는 경우에는 보상규정도 두도록 입법자를 구속하는 효력을 갖는다는 견해이다.[5] 즉, ① 공용침해를 규정하면서 보상규정을 두고 있지 않은 법률은 위헌무효이고, ② 그에 근거한 공용침해행위는 위법한 직무행위가 되므로 ③ 따라서 이 경우에는 국가배상법에 근거한 손해배상의 청구만이 가능하다는 견해이다.

2) **직접효력설** 「헌법」상의 보상규정은 국민에 대해 직접적 효력이 있으며, 따라서 보상규정이 없는 법률에 의하여 재산권을 침해당한 국민은 직접「헌법」상의 보상규정(제23조 제3항)에 근거하여 손실보상을 청구할 수 있다는 견해이다.[6]

---

2) 기득권설은 자연법상의 기득권불가침원칙에 입각한 견해로 "기득권은 원칙적으로 침해할 수 없으나, 예외적으로 긴급권에 의한 침해는 허용되지만 그 경우에도 기득권의 경제적 가치에 대해서는 보상이 행해져야 한다"는 것을 내용으로 한다.

3) 은혜설은 극단적인 공익우선 및 국가권력절대사상을 기초로 하여 "국가가 공익을 위하여 국민의 재산을 침해한 경우에도 보상이 당연히 주어져야 하는 것은 아니지만 개별법에 손실보상규정을 두는 경우도 있는바, 그것은 국가가 단지 은혜로서 보상하는 것에 불과하다"고 하는 견해이다.

4) 과거에는 이하에 소개하는 학설 이외에 방침규정설도 주장된 바 있다. 방침규정설은 헌법상의 보상규정은 입법에 대한 방침규정의 성격을 가질 뿐이며, 따라서 법률의 명시적 규정이 없는 한 손실보상은 받을 수 없다는 것을 그 내용으로 하였다. 그러나 이러한 내용의 방침규정설은 헌법상의 재산권 보장의 원칙과 합치되지 않는다는 점이 인식되면서 더 이상 주장되지 않게 되었다.

5) 이로 인해 위헌무효설을 '입법자에 대한 직접효력설'이라고도 부른다.

3) 유추적용설   공용침해에 따른 보상규정이 없는 경우에는 「헌법」 제23조 제1항 (재산권보장조항) 및 제11조(평등의 원칙)에 근거하여, 「헌법」 제23조 제3항 및 관계법률 보상규정의 유추적용을 통하여 보상을 청구할 수 있다는 견해이다.7) 이 견해는 결국 독일에서 발전된 수용유사침해(제4장 제2절 참조)의 법리를 받아들여 문제를 해결하고자 하는 것으로 이해할 수 있는데, 위법·무책의 공용침해에 대한 보상과 국가배상은 그 성립요건이나 범위 등에서 구별된다는 것을 그 배경으로 하고 있다.

4) 보상입법부작위 위헌설   공용침해를 인정하고 있는 개별적 법률이 보상규정을 두고 있지 않은 경우 그 법률규정 자체가 위헌이 되는 것이 아니라 보상규정을 두지 아니한 입법부작위가 위헌이며, 따라서 이러한 법률에 의해 재산권을 침해받은 자는 입법부작위에 대한 헌법소원을 통한 구제를 받을 수 있을 뿐이라는 견해이다.

(3) 판 례

이 문제에 관하여 판례의 입장이 어떤 것인지는 분명하지 않다. 또한 대법원과 헌법재판소의 입장도 상이한 점이 있는바, 이하에서 판례의 입장을 간단히 소개하기로 한다.

먼저 대법원은 종래에는 개별법률에 손실보상규정이 없는 경우에도 손실보상을 인정하거나(대판 1972.11.28, 72다1597 참조),8) 법적 근거 없이 행한 징발에 대하여는 불법행위 문제로 처리하여 왔다(대판 1966.10.18, 66다1715 참조). 그리고 근래에 들어 관련 보상규정을 유추적용하여 보상을 긍정하는 판결을 내놓은 바 있다.9)

관련판례

「공유수면매립공사를 시행함으로써 어민들이 더 이상 허가어업을 영위하지 못하는 손해를 입게 된 경우에는, 어업허가가 취소 또는 정지되는 등의 처분을 받았을 때 손실을 입은 자에 대하여 보상의무를 규정하고 있는 수산업법 제81조 제1항을 유추적용하여 그 손해를 배상하여야 할 것이고, 이 경우 그 손해액은 공유수면매립사업의 시행일을 기준으로 삼아 산정하여야 한다」(대판 2004.12.23, 2002다73821).

한편 헌법재판소는 진정입법부작위가 위헌임을 선언하거나(관련판례 ① 참조) 분리 이론에 입각하여 해당 조항에 대하여 헌법불합치를 선언하면서 입법자에게 보상입법의 의무를 부과하는 방식으로 문제 해결을 도모하고 있다(관련판례 ② 참조).

---

6) 이를 전술한 '입법자에 대한 직접효력설'과 구분하여 '국민에 대한 직접효력설'이라고 부르기도 한다.

7) 이를 간접효력규정설이라고도 한다.

8) 다만 손실보상을 인정하여야 하는 이유에 관하여는 언급이 없다.

9) 다만 이러한 대법원의 입장이 위의 학설 중 '유추적용설'을 취한 것으로 보기는 곤란하며, 단지 법률규정의 흠결을 보충하는 통상적인 해석론에 불과하다고 생각된다.

관련판례

① 「이 사건 입법부작위는 입법자가 헌법에서 위임받은 손실보상에 관한 법률제정의무를 자의적으로 방치하고 있고 이로 인하여 사설철도회사 재산관계권리자 중 그의 손실보상청구권이 확정된 자의 재산권을 침해하기에 이르렀으므로 위헌이라 할 것이다」(헌재결 1994.12.29, 89헌마2).[10]
② 「도시계획법 제21조에 규정된 개발제한구역제도 그 자체는 원칙적으로 합헌적인 규정인데, 다만 개발제한구역의 지정으로 말미암아 일부 토지소유자에게 사회적 제약의 범위를 넘는 가혹한 부담이 발생하는 예외적인 경우에 대하여 보상규정을 두지 않은 것에 위헌성이 있는 것이고, 보상의 구체적 기준과 방법은 헌법재판소가 결정할 성질의 것이 아니라 광범위한 입법형성권을 가진 입법자가 입법정책적으로 정할 사항이므로, 입법자가 보상입법을 마련함으로써 위헌적인 상태를 제거할 때까지 위 조항을 형식적으로 존속케 하기 위하여 헌법불합치결정을 하는 것인바, 입법자는 되도록 빠른 시일 내에 보상입법을 하여 위헌적 상태를 제거할 의무가 있다」(헌재결 1998.12.24, 89헌마214 · 97헌바78 병합).

Ⅲ. 손실보상청구권의 성질

1. 학 설

손실보상청구권의 성질에 대하여는 공권설과 사권설이 대립하고 있다.

(1) 공권설

손실보상은 원인행위인 '권력작용'(예: 토지수용 등)의 법적 효과이므로 손실보상청구권은 공권이라는 견해로, 종래의 다수설이다. 공권설에 따르게 되면 손실보상청구에 관한 소송은 특별한 규정이 없는 한, 행정소송인 당사자소송에 의하게 된다.

(2) 사권설

손실보상의 원인행위가 공법적인 것이라고 하여도 그에 대한 손실보상은 사법상의 채권 · 채무관계로 보아야 하므로 손실보상청구권은 사권이라는 견해이다. 사권설에 따르게 되면 손실보상청구에 관한 소송은 민사소송에 의하게 된다.

2. 판 례

판례는 종래 손실보상청구권의 성질에 관하여 사권설에 따르고 있었다.

---

10) 이 사건은 사설철도회사의 재산 수용에 대한 보상절차규정을 두고 있던 군정법령이 폐지됨으로써 그 재산 수용에 대한 보상절차에 관한 법률이 없게 된 것이 문제가 되었다.

관련판례

「어업면허에 대한 처분 등이 행정처분에 해당된다 하여도 이로 인한 손실은 사법상의 권리인 어업권에 대한 손실을 본질적 내용으로 하고 있는 것으로서 그 보상청구권은 공법상의 권리가 아니라 사법상의 권리이고, 따라서 같은 법 제81조 제1항 제1호 소정의 요건에 해당한다고 하여 보상을 청구하려는 자는 행정관청이 그 보상청구를 거부하거나 보상금액을 결정한 경우라도 이에 대한 행정소송을 제기할 것이 아니라 면허어업에 대한 처분을 한 행정관청(또는 그 처분을 요청한 행정관청)이 속한 권리 주체인 지방자치단체(또는 국가)를 상대로 민사소송으로 직접 손실보상금지급청구를 하여야 한다」(대판 1998.2.27, 97다46450).

이와 관련하여 근래에 대법원이 손실보상청구권의 법적 성질을 공법상 권리로 보아 그에 관한 쟁송도 행정소송(당사자소송)에 의하여야 한다는 취지의 판결을 행한 사례가 있음은 주목을 요한다.

관련판례

① 하천구역 편입토지에 대한 하천법상의 손실보상청구권: 「법률 제3782호 하천법 중 개정법률 부칙 제2조 제1항 등의 규정들에 의한 손실보상청구권은 모두 종전의 하천법 규정 자체에 의하여 하천구역으로 편입되어 국유로 되었으나 그에 대한 보상규정이 없었거나 보상청구권이 시효로 소멸되어 보상을 받지 못한 토지들에 대하여, 국가가 반성적 고려와 국민의 권리구제 차원에서 그 손실을 보상하기 위하여 규정한 것으로서, 그 법적 성질은 하천법 본칙(本則)이 원래부터 규정하고 있던 하천구역에의 편입에 의한 손실보상청구권과 하등 다를 바가 없는 것이어서 공법상의 권리임이 분명하므로 그에 관한 쟁송도 행정소송절차(당사자소송)에 의하여야 한다」(대판 2006.5.18, 2004다6207 전원합의체).
② 사업폐지에 대한 손실보상청구권: 「구 공익사업을 위한 토지 등의 취득 및 보상에 관한 법률 제79조 제2항, 공익사업을 위한 토지 등의 취득 및 보상에 관한 법률 시행규칙 제57조에 따른 사업폐지 등에 대한 보상청구권은 공익사업의 시행 등 적법한 공권력의 행사에 의한 재산상 특별한 희생에 대하여 전체적인 공평부담의 견지에서 공익사업의 주체가 손해를 보상하여 주는 손실보상의 일종으로 공법상 권리임이 분명하므로 그에 관한 쟁송은 민사소송이 아닌 행정소송절차에 의하여야 한다」(대판 2012.10.11, 2010다23210).

다만 이러한 판례를 들어 우리나라의 대법원이 "모든 행정상 손실보상청구권의 성질을 공권으로 보고 있다"라고 단언할 수 있는지는 의문시되는 점이 있다. 왜냐하면 이러한 판례를 단지 하천법상의 하천구역편입토지에 대한 손실보상청구권과 사업폐지에 대한 손실보상청구권의 성질을 공권으로 본 것에 불과하다고 해석할 수도 있기 때문이다.

▌제2절 ▌ 손실보상의 요건

I. 서 - 재산권의 가치보장과 존속보장

　　행정상의 손실보상의 요건을 설명하는 방식은 행정상의 손실보상의 요건 중 '특별한 희생'의 문제에 대해서만 주로 고찰하는 입장과 특별한 희생 이외의 여러 요건에 대해서도 보다 상세하고도 엄격하게 고찰하는 입장으로 나누어 볼 수 있다. 행정상 손실보상의 요건에 관한 이러한 설명방식의 차이는 전자는 재산권의 가치보장을, 후자는 재산권의 존속보장을 중시하는 것에 기인한다. 본서에서는 후자의 입장에 입각하여 서술하기로 하겠다.

1. 재산권의 가치보장

　　공용침해와 관련하여, 국가 등의 공권력행사 그 자체는 다툴 수 없는 것이므로 정당한 '보상'이나 확보하자는 입장이다. 「인용(認容)하라, 그리고 청산하라」라는 법언은 이 같은 사상을 단적으로 표현하고 있다.

2. 재산권의 존속보장

　　재산권이 갖는 금전적 가치보다는 재산권 자체 내지 그의 존속을 중시하는 입장으로 그 같은 사상은 「방어하라, 그리고 청산하라」라는 법언에 잘 나타나 있다. 「공익사업을 위한 토지 등의 취득 및 보상에 관한 법률」상의 환매제도는 존속보장의 이상을 실현하는 제도라고 볼 수 있다.

　　이처럼 재산권의 존속보장을 가치보장에 우선시키는 논거는 재산권의 인격적 자유에 대한 관계를 중시하는 것에서 찾을 수 있다.

II. 행정상의 손실보상의 요건

1. 재산권에 대한 공권적 침해

(1) 재산권

　　재산권에 대한 침해만이 행정상의 손실보상의 대상이 되는바, 여기서 재산권이란 소유권 기타 법에 의하여 보호되고 있는 재산적 가치 있는 일체의 권리를 의미한다. 이러한 재산권에는 공법상의 권리와 사법상의 권리(물권, 채권, 무체재산권)가 모두 포함한다.

한편 '재산적 가치 있는'이라는 의미는 현존하는 구체적인 재산가치를 말하므로 기대이익(예: 지가 상승에 대한 기대)은 여기서의 보호대상에 포함되지 아니한다. 문화적·학술적 가치 또한 —특별한 사정이 없는 한— 여기서의 재산적 가치에 해당하지 않으므로 손실보상의 대상이 되지 않는다.

관련판례

「문화적·학술적 가치는 특별한 사정이 없는 한 그 토지의 부동산으로서의 경제적·재산적 가치를 높여 주는 것이 아니므로 토지수용법 제51조 소정의 손실보상의 대상이 될 수 없으니, 이 사건 토지가 철새 도래지로서 자연문화적인 학술가치를 지녔다 하더라도 손실보상의 대상이 될 수 없다」(대판 1989.9.12, 88누11216).

---

(2) 공권적 침해

침해란 일체의 재산적 가치의 감소를 의미하며, '공권적'이란 '공법상의 것'을 의미한다.

「헌법」은 재산권의 수용·사용 및 제한을 재산권에 대한 공권적 침해의 전형적 유형으로 열거하고 있다. 그러나 공권적 침해의 유형이 그들 3가지에만 국한되는 것은 아니다. 즉, 이들 이외에 환지(「도시개발법」 참조)나 환권(「도시 및 주거환경정비법」 참조) 등으로 인하여 재산적 가치가 감소하는 경우 또한 여기기서의 재산권에 대한 공권적 침해에 해당한다.

(3) 침해의 의도성과 직접성

개인의 재산권에 대한 침해가 공권력 주체에 의하여 의도되었거나, 아니면 최소한 재산상 손실에 대한 직접적 원인이 되어야 한다. 이 같은 의미의 침해의 직접성은 엄격한 의미의 공용침해와 수용적 침해(제4장 제2절 참조)를 구분함에 있어 중요한 의미를 갖는다.

2. 공공의 필요

(1) 의 의

손실보상의 원인이 되는 재산권에 대한 공권적 침해는 '공공의 필요'를 위하여 행하여져야 하는바, 헌법재판소는 여기서의 '공공의 필요'를 "국민의 재산권을 그 의사에 반하여 강제적으로라도 취득해야 할 공익적 필요성"을 의미하는 것으로 이해하여 왔다(헌재결 20001.4.28, 2010헌바114 등 참조).

한편 공공의 필요에 대한 이러한 이해에도 불구하고 재산권에 대한 침해가 공공의 필요를 위한 것이라고 할 수 있는지 여부는 궁극적으로 공용침해를 통해 얻어지는 이익과 재산권자의 재산권 보유에 대한 사익 간의 이익형량을 통하여 구체적 사안에 따라 확정되어야 한다. 이 경우 비례의 원칙이 형량의 척도가 될 수 있다. 그러나 적어도 순수한 국고목적(國庫目的, 예컨대 국유재산의 증대)을 위한 것은 여기서의 공공필요에 해당하지 않는다.

(2) 공공적 사용수용(公共的 私用收用)의 문제

이윤추구를 목적으로 하는 사기업을 유치하는 것이 때로는 그 지역의 경제발전, 특히 고용창출에 도움이 되는 경우가 있다. 이와 관련하여 이러한 경우에는 해당 사기업에 대해서도 공용수용권을 부여할 수 있는지의 문제가 있다. 독일의 경우 이러한 문제는 공공적 사용수용이란 이름으로 논의되고 있는바, 독일 연방행정재판소는 복스베르크(Boxberg)에서 벤츠(Benz)사가 자동차주행시험장을 건설하기 위하여 사인의 토지를 수용한 사례에 있어 이를 고용창출과 지역경제의 활성화를 이유로 공공의 필요라는 요건을 충족한 것으로 판시한 바 있다.[11]

우리나라의 경우 역시 외국인을 대상으로 한 워커힐관광 및 서비스 제공사업이 공익사업으로 인정된 바 있다(이하의 관련판례 참조). 또한 근래에 민간기업이 도시계획시설사업의 시행자로서 도시계획사업시설에 필요한 토지 등을 수용할 수 있도록 규정한 「국토의 계획 및 이용에 관한 법률」 제95조 제1항과 관련하여 이러한 관점에서의 논의가 활발히 행해지고 있는 실정이다.

관련판례

「원심이 이 건 워커힐관광, 써비스 제공사업을 한국전쟁에서 전사한 고 워커 장군을 추모하고 외국인을 대상으로 하여 교통부 소관사업으로 행하기로 하는 정부방침 아래 교통부장관이 토지수용법 제3조 1항 3호 소정의 문화시설에 해당하는 공익사업으로 인정하고 스스로 기업자가 되어 본건 토지수용의 재결신청을 하여 중앙토지수용위원회의 재결을 얻어 보상금을 지급한 사실을 인정하였음은 정당하고, 사실관계가 이렇다면 본건 수용재결은 적법유효한 것이라 할 것이다」(대판 1971.10.22, 71다1716).

(3) (기본권의 일반적 제한사유로서의) 공공복리와의 관계

재산권의 존속보장과의 조화를 고려할 때 공공의 필요의 개념을 너무 넓게 해석하는 것은 문제시된다. 따라서 여기서의 공공의 필요는 기본권의 일반적 제한사유로서의 '공공복리'보다는 좁게 보는 것이 타당하다고 생각한다.

---

11) Vgl. BVerwGE 71, 108 ff.

3. 침해의 적법성

손실보상의 원인이 되는 재산권에 대한 공권적 침해는 적법한 것이어야 하는바, 여기에서 '적법한 것'이란 법률에 근거한 것임을 의미한다. 또한 여기서의 법률은 국회에서 심의·의결된 형식적 의미의 법률을 의미한다.

침해가 위법한 경우에는 행정상의 손해배상 또는 수용유사침해(제4장 제2절 참조)의 문제가 발생할 뿐, 엄밀한 의미에서의 손실보상의 원인이 될 수 없다.

4. 보상규정

「헌법」제23조 제3항이 「보상은 법률로써 하되, 정당한 보상이 지급되어야 한다」고 규정하고 있는 것에 비추어 볼 때, 보상규정이 법률상 존재하여야 한다는 것도 손실보상의 요건이 된다. 이와 관련하여 「헌법」제23조 제3항이 독일식의 불가분조항(不可分條項, Junktimklausel)[12]의 원칙, 즉 「공용침해의 근거 법률에는 손실보상규정도 함께 (동시에) 규정되어 있어야 한다」는 원칙을 규정한 것인지에 대하여는 학설의 대립이 있는데, 긍정설이 다수설인 것으로 보인다.[13]

5. 특별한 희생

손실보상의 요건이 충족되기 위하여서는 재산권에 대한 공권적 침해로 인하여 '사회적 제약(Sozialbindung)'을 넘어서는 '특별한 희생(Sonderopfer)'이 발생하여야 한다. 그런데 실제로 어떤 손실이 발생한 경우, 그 손실이 보상을 요하는 특별한 희생인지, 아니면 보상이 필요 없는 재산권에 내재하는 사회적 제약에 불과한 것인지에 대하여 판단하는 것은 쉬운 일이 아니다. 따라서 양자의 구별기준이 문제가 되는데 이에 대하여는 다음과 같이 학설이 대립한다.[14]

(1) 형식적 기준설

재산권에 대한 침해를 받은 자가 특정되어 있는지의 여부를 기준으로 하는 견해로, 종래 개별행위설(Einzelakttheorie)[15]이라고도 하였다. 한편 공익을 위하여 특정인

---

12) Junktimklausel은 부대조항(附帶條項), 동시조항 또는 연결조항이라고도 번역되고 있다.

13) 반대의 입장으로는 김남진·김연태, 행정법Ⅰ, 법문사, 2021, 667쪽 이하.

14) 특별한 희생과 사회적 제약의 구분에 관한 이하의 학설은 재산권의 사회적 제약과 공용침해와의 관계에 대하여 '경계이론'을 취할 때에 문제되는 것이다(경계이론에 대하여는 후술).

15) 개별행위설이라는 명칭은 공용침해가 본래 특정인에 대한 개별적 행정행위를 통해서 행하여졌던 것에서 유래한다. 그러나 그 후 '법률에 의한 공용침해(Legalenteignung)'도 행해지게 되면서 개별행위설이라는 명칭은 적당하지 못하게 되었으며, 이로 인하여 형식적 기준설이라는 용어가 사용되기 시작하였다.

또는 제한된 범위 내의 자에게만 재산권침해가 발생한 경우에 그에게는 다른 자에게 요구되지 않는 특별한 희생이 과해진 것이 된다는 것을 이유로 이 학설을 특별희생설(Sonderopfertheorie)이라고도 부른다.

(2) 실질적 기준설

1) 보호가치설(Jellinek) 역사·언어·일반적 사상 등에 비추어 볼 때 재산권은 보호할 만한 것과 그렇지 않은 것으로 구분될 수 있음을 전제로 하여, 이 가운데 전자에 대한 침해만을 특별한 희생으로 보는 견해이다.

2) 수인한도설(Stödter) '침해의 본질성(本質性)과 강도(强度)'를 기준으로 하는 견해로, 이에 따르면 재산권의 본질인 배타적 지배를 침해한 경우에 수인한도를 넘어서는 공용침해가 된다.

3) 목적위배설(Weber·Huber·Forsthoff) 재산권에 대한 침해가 재산권 본래의 기능 또는 목적에 위배되는지의 여부를 기준으로 하는 견해로, 기능설이라고도 불린다. 이러한 기준에 의하면 택지가 개발제한구역으로 지정된 경우에는 특별한 희생에 해당한다는 결론에 달하게 된다.

4) 사적 효용설(Reinhardt) 헌법이 보장하는 사유재산제도의 본질을 개인의 이니셔티브와 개인의 이익, 즉 사적 효용성(Privatnützigkeit)에서 구하여 그의 침해여부를 기준으로 하는 견해이다.

5) 사회적 비용설 개인의 특별한 희생이 손실보상을 실시하기 위해 소요되는 비용(조사비용, 담당공무원의 보수, 기타 제도운영비)을 상회하는 시점(개인의 특별한 희생 ≥ 손실보상의 사회적 비용)을 보상실시를 필요로 하는 기점으로 보는 견해이다.

6) 상황구속성의 법리 주로 토지의 이용제한과 관련하여 같은 토지라 하여도 그것이 놓여 있는 위치와 상황에 따라 사회적 제약에 차이가 있다는 견해로, 토지거래계약허가제의 합헌성의 논거로 제시된 바 있다(헌재결 1989.12.22, 88헌가13 참조).

7) 중대성설 행정기관의 행위가 재산권에 미치는 중대성과 범위를 기준으로 하는 견해로, 독일 연방행정법원이 기본적으로 이에 따르고 있다.

(3) 절충설

실질적 기준을 주로 하고 형식적 기준을 참작함이 타당하다는 견해이다.

(4) 판 례

대법원은 특별한 희생과 사회적 제약의 구분기준에 대해서 자신의 입장을 밝힌바 없으며, 단지 특별한 희생의 요건이 필요하다는 것을 전제로 손실보상을 인정하고 있을 뿐이다. 헌법재판소 역시 어느 하나의 학설에 따르고 있다고 할 수 없을 만큼 다양한 기준을 적용하여 특별한 희생에 해당하는지 여부를 판단하고 있다.[16]

6. 경계이론과 분리이론

(1) 문제의 의의

헌법은 재산권 제한의 유형으로 ① 재산권의 사회적 구속성의 한계를 넘지 않는 '재산권의 사회적 제약'(「헌법」제23조 제1항 및 제2항)과 ② 재산권의 사회적 구속성의 한계를 넘어서는 '공용침해'를 규정하고 있다(「헌법」제23조 제3항). 이와 관련하여 개별 법률에 의한 재산권 제한이 이 중에서 어디에 해당하는지, 그리고 양자의 관계를 어떻게 이해할 것인지를 둘러싸고 학설이 대립하고 있다.

(2) 경계이론

독일 연방최고법원이 취하고 있는 견해로 재산권의 사회적 제약과 공용침해를 별개의 제도로 보는 것이 아니라 양자는 재산권 침해의 정도에 따라 경계지어진 것에 불과하다고 보는 견해이다. 경계이론에 따르면 사회적 제약은 공용침해보다 재산권에 대한 침해가 중대하지 않은 것으로 보상 없이 수인하여야 하는 반면, 공용침해는 사회적 제약을 넘어서는 재산권에 대한 침해로 그에 대한 '보상규정의 유무와 관계없이' 보상을 필요로 한다.[17]

한편 경계이론은 공공필요에 의한 재산권침해에 대한 구제는 당해 침해행위의 무효·취소 등의 문제가 아니라 손실보상의 문제가 될 뿐이라고 하여 재산권의 가치보장적 측면을 강조하게 된다. 후술하는 수용유사침해이론은 이러한 경계이론에 입각할 때 효과적으로 설명할 수 있다.

(3) 분리이론

독일 연방헌법재판소가 자갈채취판결에서 제시한 이론으로 사회적 제약과 공용침해가 입법자의 의사에 따라 애초부터 명확히 분리된다는 것을 그 내용으로 한다. 즉 보상규정을 갖춘 재산권 침해만이 공용침해에 해당하며, 원래 사회적 제약에 불과했던 것에 과도한 침해가 발생하였다고 하여도 보상이 필요한 공용침해의 문제로 전환되지는 않는다는 것이다.

이러한 분리이론에 따르면 비례의 원칙에 위배되는 재산권의 과도한 침해를 발생하는 사용·제한을 규정하는 법률에 보상규정이 없으면 그러한 침해적 조치의 취소만이 문제되며, 보상은 이루어질 수 없게 된다. 다만 그처럼 보상규정을 갖고 있지 않은 법률은 위헌성을 띠게 되고, 따라서 입법자는 이러한 위헌성을 방지하기 위하여 당해 법률에 금전보상만이 아닌 다양한 형태의 보상규정을 두어야 하는바, 이를 '보상의무가

---

16) 이로 인하여 헌법재판소가 절충설에 따르고 있다는 해석이 역설적으로 가능하다.
17) 따라서 원래 사회적 제약에 불과했던 것에 과도한 침해(= 특별희생)가 발생하게 되면 경계(문턱)를 넘어 공용침해의 문제로 전환되어 보상이 필요하게 된다.

있는 재산권의 내용규정'이라고 한다.

우리나라의 헌법재판소 역시 분리이론에 따르고 있는 것으로 해석된다.

관련판례

「도시계획법 제21조에 의한 재산권의 제한은 개발제한구역으로 지정된 토지를 원칙적으로 지정 당시의 지목과 토지현황에 의한 이용방법에 따라 사용할 수 있는 한, 재산권에 내재하는 사회적 제약을 비례의 원칙에 합치하게 합헌적으로 구체화한 것이라고 할 것이나, 종래의 지목과 토지 현황에 의한 이용방법에 따른 토지의 사용도 할 수 없거나 실질적으로 사용·수익을 전혀 할 수 없는 예외적인 경우에도 아무런 보상없이 이를 감수하도록 하고 있는 한, 비례의 원칙에 위반되어 당해 토지소유자의 재산권을 과도하게 침해하는 것으로서 헌법에 위반된다」(헌재결 1998. 12.24, 89헌마214·97헌바78 병합).

(4) 경계이론과 분리이론의 차이점

경계이론과 분리이론의 중요한 차이점은 다음과 같다.

첫째, 사회적 제약을 벗어나는 무보상의 공용침해에 대하여 경계이론이 (수용유사 침해이론 등을 동원하여) 보상을 통한 가치보장에 중점을 두고 있는 반면에, 분리이론은 당해 침해행위의 폐지를 주장함으로써 위헌적 침해의 억제를 통한 존속보장에 중점을 두고 있다.[18]

둘째, 경계이론에 따르면 재산권 제한의 유형은 공용침해와 사회적 제약의 2가지가 있게 되는 것에 반하여, 분리이론에 따르면 재산권 제한의 유형은 ① (보상을 요하는) 공용침해, ② 보상의무가 있는 사회적 제약, ③ 보상이 필요 없는 사회적 제약의 3가지가 있게 된다.

▎제3절▎손실보상의 대상과 기준

Ⅰ. 손실보상의 대상

손실보상의 대상은 역사적으로 '대인적 보상'에서 '대물적 보상'으로, 그리고 대물적 보상에서 '생활보상'으로 변천하여 왔다.

---

18) 다만 이러한 설명에 대하여는 "존속보장은 경계이론이나 분리이론과는 관계없이 법치국가원리에서 도출되는 것이다"라는 비판이 있다.

1. 대인적 보상

대인적 보상이란 피수용자의 수용목적물에 대한 주관적 가치를 기준으로 행해지는 보상을 말한다.[19]

대인적 보상의 방법을 택하는 경우 보상의 기준이 일정하지 않게 되고, 또한 보상액이 상승하게 되는 문제점이 있다. 이러한 사정으로 인하여 대인적 보상은 그 지위를 대물적 보상에 내주기에 이르렀다.

2. 대물적 보상

대물적 보상이란 수용목적물에 대한 객관적 시장가격을 보상의 기준으로 파악하는 입장으로, 수용의 대상과 보상의 대상이 대체적으로 일치한다는 점에 그 특징이 있다.

다만 철저한 대물적 보상이 때로는 피수용자에 대한 정당한 보상이 되지 못하는 경우가 있다는 문제점이 있다.

3. 생활보상

(1) 생활보상의 의의

대물적 보상이 갖는 문제점을 해결하기 위하여 등장한 것이 생활보상의 개념인바, 생활보상이란 재산권에 대한 침해로 인하여 생활의 근거를 상실하게 되는 재산권의 피수용자 등에 대하여 생활재건에 필요한 정도의 보상을 행함을 의미한다. 즉, 생활보상은 사회국가의 이념에 따라서 재산권에 대한 침해가 없었던 것과 같은 생활상태를 만들어 주는 것을 말하는바, 이는 보상의 역사에 있어 최종단계의 보상으로서의 의미를 가진다.

생활보상에 대한 설명방법은 학자들 간에 커다란 차이가 있다. 먼저 (본서와 같이) 생활보상을 협의로 이해하는 경우 생활보상은 "현재 당해 장소에서 현실적으로 누리고 있는 생활이익의 상실로서 재산권 보상으로 메워지지 아니하는 손실에 대한 보상"만을 의미하게 된다. 따라서 간접보상과 이주대책만이 생활보상의 내용이 된다.

이에 대해 생활보상을 광의로 이해하게 되면 협의의 생활보상 이외에 대물적 보상과 정신적 손실에 대한 보상을 제외한 모든 보상이 그에 포함된다. 따라서 ① 주거의 총

---

[19] 이러한 대인적 보상에 가장 철저했던 나라는 영국이었는바, 1845년의 영국 「토지조항정리법」은 그 대표적 입법례였다. 또한 1914년의 Corrie v. McDermott 사건에 관한 「수용되는 토지의 가치는 토지소유자에게 있어서의 당해 토지의 가치를 기준으로 하여야 한다」는 판례 역시 대인적 보상의 사상을 잘 나타내 주고 있다.

체가치의 보상, ② 영업상 손실의 보상, ③ 이전료보상, ④ 잔지보상(殘地補償), ⑤ 직업훈련, ⑥ 전세입자에 대한 주거대책비의 지급, ⑦ 보상금에 대한 조세감면조치 등도 생활보상의 내용에 속하게 된다.

관련판례

「공익사업을 위한 토지 등의 취득 및 보상에 관한 법률 제78조 제5항 및 같은 법 시행규칙 제54조 제2항, 제55조 제2항의 각 규정에 의하여 공익사업의 시행에 따라 이주하는 주거용 건축물의 세입자에게 지급하는 주거이전비와 이사비는, 당해 공익사업 시행지구 안에 거주하는 세입자들의 조기이주를 장려하여 사업추진을 원활하게 하려는 정책적인 목적과 주거이전으로 인하여 특별한 어려움을 겪게 될 세입자들을 대상으로 하는 사회보장적인 차원에서 지급하는 금원(金員)의 성격을 갖는다」(대판 2006.4.27, 2006두2435).

(2) 생활보상의 특색

첫째, 대인적 보상은 주관적 성격이 강한 데 대하여, 생활보상의 경우는 보상의 기준이 정하여져 있기 때문에 (대인적 보상에 비하여) 객관적 성격이 강하다.

둘째, 대물적 보상은 수용의 대상과 보상의 대상이 일치하는 반면, 생활보상은 보상의 대상이 훨씬 확대된다.

(3) 생활보상의 (헌법적) 근거

생활보상의 헌법적 근거에 대하여는 다음과 같은 학설의 대립이 있다.[20]

1) 「헌법」제34조설(생존권설)   생활보상은 「헌법」제23조 제3항이 정하고 있는 정당한 보상의 범위를 넘어서는 것으로 보아 생활보상의 헌법적 근거를 「헌법」제34조의 인간다운 생활을 할 권리에서 찾는 견해이다. 헌법재판소 또한 이러한 입장에 따르고 있다.

관련판례

이주대책은 「헌법」제23조 제3항에 규정된 정당한 보상에 포함되는 것이라기보다는 이에 부가하여 이주자들에게 종전의 생활상태를 회복시키기 위한 생활보상의 일환으로서 국가의 정책적인 배려에 의하여 마련된 제도라고 볼 것이다. 따라서 이주대책의 실시여부는 입법자의 입법정책적 재량의 영역에 속하므로 공익사업을 위한 토지 등의 취득 및 보상에 관한 법률 시행령 제40조 제3항 제3호(이하 '이 사건 조항'이라 한다)가 이주대책의 대상자에서 세입자를 제외하고 있는 것이 세입자의 재산권을 침해하는 것이라 볼 수 없다」(헌재결 2006.2.23, 2004헌마19).

---

20) 아래에 소개되는 학설 외에 과거에는 생활보상도 「헌법」제23조 제3항의 '정당한 보상'에 포함되는 것으로 보는 견해(「헌법」제23조설 또는 정당보상설)도 있었으나, 오늘날은 사실상 그러한 견해는 찾아보기 힘들다.

2)「헌법」제34조 · 제23조 결합설(통일설)　생활보상도「헌법」제23조 제3항의 정당한 보상에 포함되는 것으로 보면서도, 생활보상이 경제적 약자에 대한 생활배려의 관점에서 행해지는 것이라는 점을 고려하여 생활보상의 근거를「헌법」제23조 제3항과 제34조 제1항의 결합에서 찾는 견해이다.

(4) 생활보상의 내용

1) 간접보상　간접보상이란 재산권이 직접 수용 등의 대상이 되지는 않으나 대상물건이 공공사업으로 인하여 본래의 기능을 수행할 수 없게 됨으로써 소유자 등이 입은 손실에 대한 보상을 말한다. 이러한 간접보상은 댐의 건설로 인하여 수몰되는 지역의 토지소유자 등이 입는 손실에 대한 보상방법으로 채택되기 시작하였는바, 소수잔존자에 대한 보상, 농경지 · 택지보상 등이 그 예에 해당한다.

2) 이주대책　이주대책이란 공공사업의 시행에 필요한 토지 등을 제공함으로 인하여 생활의 근거를 상실하게 되는 사람에 대해 이주대책을 수립 · 실시하는 것을 말한다(위의 헌재결 2006.2.23, 2004헌마19 참조).

이주대책의 시행에 있어 사업시행자는 법이 정한 이주대책대상자를 포함하여 그 밖의 이해관계인에게까지 넓혀 이주대책 수립 등을 시행할 수 있으며, 이 경우 이주대책대상자의 범위나 그들에 대한 이주대책 수립 등의 내용을 어떻게 정할 것인지에 관하여는 사업시행자에게 폭넓은 재량이 인정된다.

관련판례

「공익사업을 위한 토지 등의 취득 및 보상에 관한 법률(이하 '공익사업법'이라 한다) 및 동법 시행령이 공익사업의 시행으로 인하여 주거용 건축물을 제공함에 따라 생활의 근거를 상실하게 되는 자(이하 '이주대책대상자'라 한다)의 범위를 정하고 이주대책대상자에게 시행할 이주대책 수립 · 실시 또는 이주정착금의 지급(이하 '이주대책 수립 등'이라 한다)의 내용에 관하여 구체적으로 규정하고 있으므로, 사업시행자는 법이 정한 이주대책대상자를 법령이 예정하고 있는 이주대책 수립 등의 대상에서 임의로 제외해서는 아니 된다. 그렇지만 규정 취지가 사업시행자가 시행하는 이주대책 수립 등의 대상자를 법이 정한 이주대책대상자로 한정하는 것은 아니므로, 사업시행자는 해당 공익사업의 성격, 구체적인 경위나 내용, 원만한 시행을 위한 필요 등 제반 사정을 고려하여 법이 정한 이주대책대상자를 포함하여 그 밖의 이해관계인에게까지 넓혀 이주대책 수립 등을 시행할 수 있다. 그런데 사업시행자가 이주대책 수립 등의 시행 범위를 넓힌 경우에, 그 내용은 법이 정한 이주대책대상자에 관한 것과 그 밖의 이해관계인에 관한 것으로 구분되고, 그 밖의 이해관계인에 관한 이주대책 수립 등은 법적 의무가 없는 시혜적인 것이다. 따라서 시혜적으로 시행되는 이주대책 수립 등의 경우에 대상자(이하 '시혜적인 이주대책대상자'라 한다)의 범위나 그들에 대한 이주대책 수립 등의 내용을 어떻게 정할 것인지에 관하여는 사업시행자에게 폭넓은 재량이 있다」(대판 2015.7.23, 2012두229211).

II. 손실보상의 기준

1. 손실보상의 기준에 관한 논의

재산권에 대한 침해에 대하여 어느 정도까지 손실보상을 인정할 것인지의 문제는 입법정책 내지 (재산권에 대한) 가치관에 따라 결정할 문제이다. 다만 학설상으로는 종래 완전보상설과 상당보상설이 대립하여 왔다.

(1) 완전보상설

완전보상설이란 손실보상은 피침해재산이 가지는 완전한 가치를 보상으로 제공하여야 한다는 견해이다. 이 경우 완전한 보상이 무엇을 의미하는지에 관하여는 ① 피침해재산 자체의 손실에 대한 보상만 포함되며 부대적 손실에 대한 보상은 포함되지 않는다는 견해와 ② 부대적 손실에 대한 보상까지 포함한다는 견해로 갈려져 있다.

이러한 완전보상설은 미국 「연방헌법수정」 제5조상의 '정당한 보상조항'의 해석을 중심으로 미국에서 발전하였다.

(2) 상당보상설

상당보상설은 손실보상은 재산권의 사회적 구속성 등에 비추어 사회국가원리에 바탕을 둔 기준에 따른 적정한 보상이면 족하다는 견해이다. 상당보상설은 일반적으로 ① 사회통념에 비추어 객관적으로 타당하면 완전보상을 하회할 수도 있다는 견해와 ② 완전보상을 원칙으로 하지만 합리적인 이유가 있을 경우에는 예외적으로 완전보상을 상회하거나 하회할 수도 있다는 견해로 나뉘어져 있다.

이러한 상당보상설은 재산권의 사회적 구속성을 규정했던 「바이마르헌법」 제153조에서 그 연원을 찾아볼 수 있으며, 현재 독일의 「기본법」 제14조 제3항 또한 이 같은 사상을 계승하고 있다.

2. 실정법상 보상기준에 관한 원칙

(1) 정당보상의 원칙

「헌법」 제23조 제3항은 공공필요에 의한 재산권의 수용·사용 또는 제한 및 그에 대한 보상은 법률로써 하되, '정당한 보상'을 지급할 것을 규정하고 있다. 이 경우 정당한 보상의 의미를 어떻게 이해할 것인가의 문제가 있는바, 원칙적으로 완전보상을 해주어야 하지만 상황에 따라 완전보상을 하회할 수도 있고 또한 생활보상까지 해 주어야 하는 경우도 있을 수 있다는 의미로 이해하여야 할 것이다.[21] 다만 판례는 여기서의

---

21) 同旨: 김남진·김연태, 행정법 I, 법문사, 2021, 676쪽.

정당한 보상은 완전보상을 의미한다고 판시한 바 있다.

관련판례

「헌법 제23조 제3항이 규정하는 정당한 보상이란 원칙적으로 피수용재산의 객관적인 재산가치를 완전하게 보상하는 것이어야 한다는 완전보상을 의미한다」(헌재결 1995.4.20, 93헌바20·66, 94헌바4·9).[22]

(2) 개발이익의 배제

공공사업으로 인하여 지가가 크게 상승함으로써 토지소유자 등이 받는 이익, 즉 개발이익은 보상액산정에서 배제되어야 한다. 「보상액을 산정할 경우에 해당 공익사업으로 인하여 토지 등의 가격이 변동되었을 때에는 이를 고려하지 아니한다」고 규정하고 있는 「공익사업을 위한 토지 등의 취득 및 보상에 관한 법률」 제67조 제2항도 같은 취지의 규정이다.

관련판례

「헌법 제23조 제3항에서 규정한 "정당한 보상"이란 원칙적으로 피수용재산의 객관적인 재산가치를 완전하게 보상하여야 한다는 완전보상을 뜻하는 것이지만, 공익사업의 시행으로 인한 개발이익은 완전보상의 범위에 포함되는 피수용토지의 객관적 가치 내지 피수용자의 손실이라고는 볼 수 없다」(헌재결 1990.6.25, 89헌마107).[23]

(3) 생활보상의 원칙(전술 참조)

---

22) 同旨판례: 대판 2001.9.25, 2000두2426. 한편 정당한 보상을 완전보상을 의미하는 것으로 이해하는 경우에도 일정한 경우 공익과 사익을 조정하는 견지에서 완전보상을 하회할 수도 있다는 점이 강조되기도 하는바, ① 현존의 재산법질서를 변혁하려는 목적하에 공용침해가 행해지는 경우(예: 농지개혁) 또는 ② 전쟁 기타 국가가 위기에 처해 있는 상황에서 개인의 재산을 징발하는 경우 등이 그러한 경우에 해당한다.

23) 여기서의 헌법재판소의 결정은 '당해 공익사업'으로 인한 개발이익과 관련된 것이다. 한편 '당해 공익사업과 관계없는 다른 사업'의 시행으로 인한 개발이익은 배제되지 않는바, 이에 관하여는 다음의 판례 참조: 「토지수용으로 인한 손실보상액을 산정함에 있어서 당해 공공사업의 시행을 직접 목적으로 하는 계획의 승인·고시 또는 사업 시행으로 인한 가격변동은 이를 고려함이 없이 수용재결 당시의 가격을 기준으로 하여 적정가격을 정하여야 하고, 당해 공공사업과는 관계없는 다른 사업의 시행으로 인한 개발이익은 이를 배제하지 아니한 가격으로 평가하여야 한다」(대판 1999.10.22, 98두7770).

3. 구체적인 보상기준

(1) 공용수용의 보상기준

「공익사업을 위한 토지 등의 취득 및 보상에 관한 법률」제67조는 보상액의 산정은 협의성립 또는 재결 당시의 가격을 기준으로 한다고 하여 '시가(時價) 보상'의 원칙을 채택하고 있다.[24]

다만 동법 제70조 제1항은 「부동산가격공시에 관한 법률」에 따라 지가가 공시된 경우에는 그 공시기준일부터 가격시점까지의 관계법령에 따른 그 토지의 이용계획, 해당 공익사업으로 인한 지가의 영향을 받지 않는 지역의 지가변동률, 생산자물가상승률 그 밖에 그 토지의 위치·형상·환경·이용상황 등을 고려하여 평가한 적정가격으로 보상하도록 규정하고 있다. 그리고 공시지가를 기준으로 보상하도록 하는 위 규정에 의하여 전술한 시가보상의 원칙은 사실상 폐기되었다는 평가가 행해지기도 한다.

(2) 공용사용이 보상기준

공용사용의 경우에는 사용재결 당시의 가격을 기준으로 하되, 그 사용할 토지와 인근 유사토지의 지료(地料)·임대료 등을 고려하여 평가한 적정가격으로 보상하여야 한다(「공익사업을 위한 토지 등의 취득 및 보상에 관한 법률」제71조).

(3) 공용제한의 보상기준

공용수용이나 공용사용과는 달리 공용제한의 경우 실정법에 보상규정이 있는 경우는 거의 없다.[25] 따라서 공용제한의 보상기준에 관하여는 특별한 이론이 전개되고 있는바, 그러한 특별한 이론으로 주목할 만한 것은 다음과 같다.

1) 적극적 실손보전설   토지소유자가 예기하지 않았던 지출이 있게 된 경우에 한하여 적극적이고 현실적인 출연만을 보상하여야 한다는 견해이다.

2) 지가저락설   토지의 이용제한에 의하여 초래된 토지이용가치의 객관적 저하가 지가의 하락으로 나타난다고 보고, 그 지가저락분을 보상하여야 한다는 입장을 말한다. 독일의 건축법전과 판례는 근본적으로 이러한 입장에 따르고 있다.

3) 상당인과관계설   토지소유자가 받는 손실 중에서 이용제한과 상당인과관계가 있다고 인정되는 모든 손실을 보상하여야 한다는 입장을 말한다.

4) 지대설(地代說)   지대 상당액이 보상의 기준이 된다는 견해이다.

5) 공용지역권설정설   토지의 이용제한을 공용지역권의 설정으로 보아 이에 대한 대상(代償)을 보상하여야 한다는 이론이다.

---

24) 이 조항에 의해 보상액 산정의 기준이 되는 시점을 가격시점(價格時點)이라고 한다.
25) 그 이유는 공용제한을 통하여 재산권에 가해지는 제한은 대부분 사회적 제약에 해당하는 것으로 보는 것에서 찾을 수 있다.

(4) 일실손실보상(逸失損失補償)의 문제

일실손실의 보상이란 토지 등의 재산권의 수용에 부수하여 사업을 폐지 또는 휴업하게 되는 경우에 입게 되는 손실을 보상하는 것을 말하는바, ① 영업의 폐지·이전에 따르는 보상, ② 농업의 폐지·이전에 따르는 보상 및 ③ 영업폐업시의 실직근로자에 대한 보상을 그 내용으로 한다.

한편 영업의 폐지의 경우 이른바 영업권(권리금)은 보상하지 않고 전업(轉業)에 통상 소요되는 것으로 인정되는 기간 중의 일실손실만 보상하며, 무허가영업에 대하여는 보상하지 않는다. 다만 무허가 영업의 경우에도 영업시설 등의 가액이나 전업에 따른 손실은 보상한다.

▎제4절 ▎손실보상의 유형과 방법

Ⅰ. 손실보상의 유형

1. 현금보상의 원칙

손실보상은 현금으로 지급함이 원칙이다(「공익사업을 위한 토지 등의 취득 및 보상에 관한 법률」 제63조 제1항). 이는 현금이 융통성이 강하고 객관적인 가치의 변동이 적어 재산권의 가치보장수단으로 가장 안정적이기 때문이다.

한편 손실보상액의 결정방법에 관하여는 일반법이 없고, 각 개별법이 다음과 같은 여러 가지 방법을 규율하고 있다.

① 원칙적으로 당사자 간의 협의에 의하도록 하고(「공익사업을 위한 토지 등의 취득 및 보상에 관한 법률」 제26조), 협의가 성립되지 않으면 토지수용위원회와 같은 합의제기관의 재결에 의하는 경우(동법 제34조)

② 자문기관의 심의를 거쳐 행정청이 결정하는 경우(「징발법 시행령」 제10조)

③ (관련 법률에 손실보상액의 결정방법에 관한 행정적 절차에 관하여 아무런 규정이 없는 경우) 법원에 직접 소송을 제기하여 손실보상액을 결정하는 방법 등

2. 현물보상

현물보상이란 수용 또는 사용할 물건에 갈음하여 토지 등을 제공하는 보상방법을 말하는바, 도시개발사업의 경우에 환지계획에서 정한 대지 등에 대하여 환지처분을 행

하는 경우(「도시개발법」 제40조 참조) 등이 현물보상의 대표적 예이다.

한편 「공익사업을 위한 토지 등의 취득 및 보상에 관한 법률」 제63조 제1항은 토지소유자가 원하는 경우로서 사업시행자가 해당 공익사업의 합리적인 토지이용계획과 사업계획 등을 고려하여 토지로 보상이 가능한 경우에는 토지소유자가 받을 보상금 중 현금 또는 채권으로 보상받는 금액을 제외한 부분에 대하여 그 공익사업의 시행으로 조성한 토지로 보상할 수 있음을 규정하고 있는바,26) 이 역시 현물보상에 해당하는 것으로 볼 수 있을 것이다.

3. 매수보상

매수보상이란 물건에 대한 이용제한으로 인하여 종래의 이용목적에 따라 물건을 사용하기가 곤란하게 된 경우에 상대방에게 그 물건의 매수청구권을 인정하고 그에 따라 그 물건을 매수함으로써 실질적으로 보상을 행하는 방법을 말하는바, 이러한 매수보상은 현금보상의 변형으로 볼 수 있다는 견해도 있다.

「공익사업을 위한 토지 등의 취득 및 보상에 관한 법률」 제72조는 사업인정고시가 있은 후 ① 토지를 사용하는 기간이 3년 이상인 경우, ② 토지의 사용으로 인하여 토지의 형질이 변경되는 경우 및 ③ 사용하고자 하는 토지에 그 토지소유자의 건축물이 있는 경우에는 해당 토지소유자는 사업시행자에게 그 토지의 매수를 청구하거나 관할 토지수용위원회에 그 토지의 수용을 청구할 수 있음을 규정하고 있는바, 이것이 대표적인 매수보상의 예이다.27)

4. 채권보상

채권보상이란 일정한 경우 채권으로 보상금을 지급하는 것으로, 사회간접자본시설의 확충필요성과 예산부족 사이의 타협책으로 구 토지수용법에 처음으로 도입되었다. 「공익사업을 위한 토지 등의 취득 및 보상에 관한 법률」 역시 채권보상제도를 규정하고 있다.

(1) 채권보상의 유형

1) 채권보상을 할 수 있는 경우 ① 사업시행자가 국가·지방자치단체 그 밖에 대통령령으로 정하는 「공공기관의 운영에 관한 법률」에 따라 지정·고시된 공공기관 및 공공단체인 경우에 ② 토지소유자나 관계인이 원하거나 또는 부재부동산소유자의 토지에 대한 보상금이 대통령령이 정하는 일정금액을 초과하는 경우로서 그 초과하는 금액에 대하여 보상하는 경우에는 사업시행자가 발행하는 채권으로 지급할 수 있다.

---

26) 이를 토지보상 또는 대토보상(代土補償)이라고 한다.
27) 매수보상은 「개발제한구역의 지정 및 관리에 관한 특별조치법」(제17조) 등에서도 인정되고 있다.

2) 채권보상을 하여야 하는 경우 　토지투기가 우려되는 지역으로서 대통령령이 정하는 지역 안에서 토지를 수용하는 경우 부재부동산소유자의 토지에 대한 보상금 중 대통령령이 정하는 1억 원 이상의 일정금액을 초과하는 부분에 대하여는 해당 사업시행자가 발행하는 채권으로 지급하여야 한다.

(2) 상환기간 등

1) 상환기간 　채권보상을 행하는 경우 그 상환기간은 5년을 넘지 아니하는 범위 안에서 정하여야 한다.

2) 이자율 　① 부재부동산소유자에게 채권으로 지급하는 경우에는 상환기한이 3년 이하인 채권은 3년 만기 정기예금 이자율, 상환기한이 3년 초과 5년 이하인 채권은 5년 만기 국고채 금리(國庫債 金利)를 적용한다.

② 부재부동산소유자가 아닌 자가 원하여 채권으로 지급하는 경우에는 상환기한이 3년 이하인 채권은 3년 만기 국고채 금리를 적용하되, 3년 만기 정기예금 이자율이 3년 만기 국고채 금리보다 높은 경우에는 3년 만기 정기예금 이자율을 적용한다. 한편 상환기한이 3년 초과 5년 이하인 채권은 5년 만기 국고채 금리를 적용한다(「공익사업을 위한 토지 등의 취득 및 보상에 관한 법률」 제63조 제9항).

(3) 채권보상제의 합헌성 여부

채권보상제에 대하여는 부재부동산소유자의 토지와 다른 토지를 구분하는 것은 평등원칙에 반하며, 채권은 물가나 기타 사정에 의해 수익률에 영향을 받게 되므로 정당한 보상으로 보기 어렵다는 것을 논거로 위헌성을 지적하는 견해가 있다. 그러나 부재부동산소유자는 토지를 자산증식의 수단으로 소유하고 있으므로 통상적인 수익만 보장된다면 채권보상제를 위헌으로 볼 수는 없다고 생각한다.

II. 손실보상의 지급방법

1. 손실보상의 주체 – 사업시행자보상의 원칙

공익사업에 필요한 토지 등의 취득 또는 사용으로 인하여 토지소유자 또는 관계인이 입은 손실은 수용 또는 사용을 통하여 직접 수익한 자, 즉 사업시행자가 이를 보상하여야 한다(「공익사업을 위한 토지 등의 취득 및 보상에 관한 법률」 제61조).

2. 손실보상의 지급방법

손실보상의 지급방법은 ① 지급시기에 따라 선불과 후불로, ② 지급횟수에 따라 일시불과 분할불로, ③ 지급의 개별성 여부에 따라 개별불과 일괄불로 구분된다. 손실보상의 지급방법에 관한 원칙을 열거하면 다음과 같다.

1) 선불의 원칙   사업시행자는 해당 공익사업을 위한 '공사에 착수하기 이전에' 토지소유자와 관계인에게 보상액의 전액을 지급하여야 한다.[28] 다만 천재·지변 시의 토지사용과 시급한 토지사용의 경우 또는 토지소유자 및 관계인의 승낙이 있는 경우에는 후불도 가능하다(「공익사업을 위한 토지 등의 취득 및 보상에 관한 법률」 제62조 참조). 후급의 경우에 지연이자와 물가변동에 따르는 불이익은 보상책임자가 부담하여야 한다(대판 1991.12.24, 91누308 참조).

2) 일시불의 원칙   사업시행자는 당해 공익사업을 위한 공사에 착수하기 이전에 토지소유자와 관계인에게 '보상액의 전액'을 지급하여야 하는 것이 원칙이다(「공익사업을 위한 토지 등의 취득 및 보상에 관한 법률」 제62조).[29] 다만 부득이한 사정이 있는 경우에는 분할불로 지급할 수도 있다(「징발법」 제22조의2).

3) 개별불의 원칙   손실보상은 토지소유자나 관계인에게 개인별로 하여야 한다. 다만 개인별로 보상액을 산정할 수 없을 때에는 피보상자에게 일괄적으로 지급할 수도 있다(「공익사업을 위한 토지 등의 취득 및 보상에 관한 법률」 제64조).[30]

관련판례

「토지수용법 제45조 제2항은 수용 또는 사용함으로 인한 보상은 피보상자의 개인별로 산정할 수 없을 때를 제외하고는 피보상자에게 개인별로 하여야 한다고 규정하고 있으므로, 보상은 수용 또는 사용의 대상이 되는 물건별로 하는 것이 아니라 피보상자 개인별로 행하여지는 것이라고 할 것이어서 피보상자는 수용 대상물건 중 전부 또는 일부에 관하여 불복이 있는 경우 그 불복의 사유를 주장하여 행정소송을 제기할 수 있다」(대판 2000.1.28, 97누11720).

| 제5절 | 손실보상에 대한 불복

Ⅰ. 개별법에 특별한 규정이 없는 경우

손실보상에 대한 불복(不服)에 관하여는 개별법이 특별히 규정하는 경우가 많은데 「공익사업을 위한 토지 등의 취득 및 보상에 관한 법률」이 그 대표적 예이다.

---

28) 이를 사전보상의 원칙이라고도 한다.
29) 이를 전액보상의 원칙이라고도 한다.
30) 이를 개인별 보상의 원칙이라고도 한다.

한편 그러한 특별한 규정이 없는 경우에는 손실보상에 대한 불복은 손실보상청구권을 공권으로 보는 경우에는 행정소송인 당사자소송, 손실보상청구권을 사권으로 보는 경우에는 민사소송에 의하여야 할 것이다. 대법원은 종래 이를 민사소송에 의하도록 하여 왔으나, 근래 「하천법」상의 손실보상 등에 관하여 행정소송에 의하도록 판시한 바 있다는 것에 대하여는 「손실보상청구권의 성질」과 관련하여 전술한 바 있다.

II. 「공익사업을 위한 토지 등의 취득 및 보상에 관한 법률」상의 불복

1. 이의신청

재결신청에 따른 재결, 즉 원재결(原裁決)[31]은 내용적으로 수용재결과 보상재결로 구분할 수 있는바, 이의신청의 단계에서는 양자를 분리함이 없이 어느 부분에 불복하더라도 동일한 이의신청을 제기하도록 되어 있다. 즉, 원재결에 이의가 있는 자는 재결서의 정본(正本)을 받은 날부터 30일 이내에 중앙토지수용위원회에 이의신청을 할 수 있다(동법 제83조).

이의신청이 있는 경우 중앙토지수용위원회는 원재결이 위법·부당하다고 인정하는 때에는 재결의 전부 또는 일부를 취소하거나 보상액을 변경할 수 있다(동법 제84조). 이러한 중앙토지수용위원회의 이의신청에 대한 재결에 대하여 제소기간 내에 소송이 제기되지 아니하는 경우 등에는 이의신청에 대한 재결이 확정되는바, 재결이 확정되면 확정판결이 있은 것으로 본다.

2. 행정소송

이의신청의 경우와 달리 행정소송의 단계에서는 수용재결과 보상재결의 구분이 행해지며, 그에 따라 소송유형에도 차이가 발생하게 된다.

(1) 수용재결에 대한 불복

관할 토지수용위원회의 수용재결에 대하여 불복이 있는 때에는 재결서를 받은 날부터 60일 이내에, 이의신청을 거쳤을 때에는 이의신청에 대한 재결서를 받은 날부터 30일 이내에 재결의 취소를 구하는 행정소송을 제기할 수 있다(동법 제85조 제1항). 한편 「공익사업을 위한 토지 등의 취득 및 보상에 관한 법률」이 취소소송의 제기기간에 관하여 일반법인 행정소송법보다 짧은 기간을 정하고 있는 것과 관련하여 위헌여부가 논란이 된 바 있으나, 헌법재판소는 이를 위헌이 아니라고 판시한 바 있다.

---

31) 이의신청에 따른 재결을 의미하는 이의재결 또는 재재결(再裁決)과 구분하기 위하여 재결신청에 따른 재결을 특히 원재결이라고 한다.

「토지수용법이 행정소송의 제소기간에 관하여 일반법인 행정소송법을 배제하고 그보다 짧은 제소기간을 규정함으로써 국민이 착오를 일으켜 제소기간을 놓치는 사례가 있을 수 있으나, 이러한 사태는 특별법에서 일반법과 다른 규정을 두는 경우에 언제나 발생할 가능성이 있는 것이며, 그 이유만으로 그 규정이 헌법에 위반되는 것으로 볼 수 없다」(헌재결 1996.8.29, 93헌바63 · 95헌바8).

(2) 보상재결에 대한 불복

보상재결에 불복하는 경우, 즉 수용 자체를 다투는 것이 아니라 보상금액을 다투는 경우 그 소송을 제기하는 자가 토지소유자 또는 관계인일 때에는 사업시행자를, 사업시행자일 때에는 토지소유자 또는 관계인을 각각 피고로 하여 보상금의 증액 또는 감액을 청구하는 소송을 제기할 수 있다(동법 제85조 제2항). 이 소송은 형식적 당사자소송의 성질을 갖는다(형식적 당사자 소송에 대하여는 제5편 제6장 행정소송 부분 참조).

한편 보상금증액청구소송에서의 증명책임은 원고에게 있다. 이에 관하여는 이하의 판례 참조.

「토지수용법 제75조의2 제2항 소정의 손실보상금 증액청구의 소에 있어서 그 이의재결에서 정한 손실보상금액보다 정당한 손실보상금액이 더 많다는 점에 대한 입증책임은 원고에게 있다」(대판 1997.11.28, 96누2255).

▌제1절▌개　설

Ⅰ. 문제의 의의

　　지금까지 행정상 손해전보제도의 내용으로 행정상의 손해배상(제2장)과 행정상의 손실보상(제3장)에 대해 살펴보았다. 그런데 행정상 손해배상은 공무원의 '위법·유책 (有責, 고의·과실)'의 직무행위로 인한 손해에 대해서만 행해지며, 행정상 손실보상은 '재산권'에 대한 적법한 침해에 대해서만 행해진다. 그 결과 현실에 있어서는 행정작용으로 인하여 개인에게 피해가 발생했지만 손해배상제도나 손실보상제도를 엄격하게 해석·적용하는 것만으로는 금전적으로 구제받기 곤란한 경우가 존재한다. 또한 경우에 따라서는 금전적 구제보다는 위법한 행정작용의 결과로 남아 있는 상태를 제거하는 것이 피해자에 대하여 더 효과적인 구제수단이 될 수도 있다.

　　한편 공법상 부당이득이나 공법상 사무관리의 문제는 직접적으로는 이해관계의 조절을 목적으로 하는 행정법상의 채권관계에 해당하지만, 궁극적으로는 손해전보와 무관하지 않다.

Ⅱ. 문제의 유형 및 해결방안

　　전술한 바와 같이 행정상의 손해배상과 행정상의 손실보상이란 제도만으로는 전보될 수 없는 침해유형이 존재하는 결과 국민의 권리구제가 충분히 이루어지지 못하는 문제점이 존재한다. 이에 그러한 유형의 체계화 및 그에 대한 효과적인 권리구제수단이 학설과 판례를 통하여 논하여져 왔는바, 본장은 이러한 문제를 상세히 다루는 것을 그 목적으로 한다.

　　행성장의 손해배상과 행정상의 손실보상이란 제도를 통해서는 전보될 수 없는 침해의 유형과 그에 대한 해결방안은 다음과 같이 요약할 수 있다.

(1) 위법·무책(無責)의 공무원의 직무행위로 인한 손해 → 수용유사침해

(2) 이형적·비의욕적 공용침해 → 수용적 침해

(3) 적법한 행정작용으로 인한 비재산적 법익에 대한 침해 → 희생보상청구권

(4) 금전배상을 내용으로 하는 손해배상제도의 불완전성 극복 → 결과제거청구권

(5) 행정법상의 채권관계 → 공법상의 부당이득·공법상의 사무관리 등

▌제2절 ▌수용유사침해와 수용적 침해

Ⅰ. 수용유사침해

1 개 관

(1) 수용유사침해의 의의

수용유사침해(enteignungsgleicher Eingriff)란 위법한 공용침해, 특히 보상규정을 결한 법률에 근거한 공용침해를 말한다. 이러한 수용유사침해로 인하여 특별한 희생을 입은 자에 대한 보상은 위법한 공용침해에 대한 보상인 점에서 적법한 공용침해에 대한 보상을 의미하는 본래의 행정상의 손실보상과는 구별된다.

(2) 구성요건

1) 위 법 수용유사침해는 위법한 공용침해이다. 다만 여기서의 위법은 고의 또는 과실로 법령에 위반하여 타인에게 침해를 가하는 경우와 관련하여 국가배상에서 논해지는 위법과는 다른 의미이다. 즉, 수용유사침해의 요건으로서의 '위법'은 공용침해의 근거법률이 헌법상의 '불가분조항 원칙'에 따라 보상규정을 두어야 함에도 불구하고 그 규정을 두지 않은 경우 그것은 위헌인 법률이 되고, 따라서 그에 근거한 공용침해 역시 결과적으로 위헌이 된다는 의미에서의 위법을 말한다.

2) 무 책(無責)   공용침해권자는 재산권자에게 손해를 가할 의사가 없으며, 또한 공공필요가 그 동기가 되므로 과실도 문제가 되지 않는다. 따라서 수용유사침해의 전형적인 모습은 위법·무책의 침해이다.

(3) 국가배상과의 구별

첫째, 수용유사침해에 대한 보상은 공공필요를 위해 발생한 희생에 대한 보상인 반면, 국가배상은 공무원이 그 직무를 집행함에 당하여 고의·과실로 법령에 위반하여 타인에게 가한 손해에 대한 배상이라는 점에서 양자는 청구권의 성립요건을 달리한다.

둘째, 수용유사침해에 대한 보상은 완전보상을 원칙으로 하되 경우에 따라 그를 상회 또는 하회할 수도 있는 반면, 국가배상은 완전배상이 원칙이므로 양자는 보상(내지 배상)의 범위를 달리한다.

셋째, 국가배상청구권은 3년의 소멸시효에 걸리나(「민법」 제766조 제1항), 수용유사침해에 대한 보상은 5년의 소멸시효에 걸리게 될 것이므로 양자는 청구권의 소멸시효기간을 달리한다.

2. 수용유사침해이론의 전개

(1) 이론의 성립

수용유사침해의 전형적인 모습은 위법·무책의 침해이다. 따라서 적법한 공용침해에 대한 손실보상과 공무원의 위법한 직무행위로 인한 손해배상만을 인정하는 경우 수용유사침해에 대해서는 구제방법이 없게 된다.[1] 수용유사침해이론은 이처럼 위법한 공용침해로 인해 특별한 희생을 입은 자에 대한 구제방법이 없는 점을 고려하여 그 같은 실정법상의 흠결을 메우기 위하여 독일에서 연방최고법원의 판례[2]를 통하여 발전된 이론이다.[3]

(2) 이론적 근거

독일 연방최고법원은 수용유사침해의 이론적 근거로 당연논리(當然論理)를 제시하였다. 여기서 당연논리란 적법한 공용침해로 특별한 희생을 입은 자에게 보상을 한다면 위법한 공용침해로 특별한 희생을 입은 자에게 보상을 해 주는 것은 '더욱 마땅하다'(erst recht)는 것을 그 내용으로 한다. 또한 독일 연방최고법원은 수용유사침해의 법적 근거로 초기에는 독일 기본법상의 손실보상에 관한 규정인 제14조 제3항의 유추적용을 제시하였다.

(3) 자갈채취판결에 의한 제동

1981년 독일 연방헌법재판소는 자갈채취판결(Naßauskiesungsbeschluß)을 통하여 연방최고법원이 전통적으로 취해 오던 수용유사침해의 법리에 따르는 보상청구를 제약하는 판결을 행하였는바, 동 판결의 내용은 다음과 같다.

1) 사 안   구 「수자원법」에 근거하여 자갈채취사업을 하던 자가 신 「수자원법」의 규정에 따라 사업의 계속을 위한 허가를 신청하였는데, 이를 행정청이 거부한 것이 문제된 사건이다.

---

1) 수용유사침해는 일단 위법한 행정작용이므로 행정상의 손실보상이 행해지기 곤란하며, 또한 무책을 전제로 하므로 행정상의 손해배상도 행해지기 곤란하다는 점을 생각해 보라.
2) Vgl. BGHZ 6, 270 ff.
3) 이러한 수용유사침해에 대한 보상은 전술한 경계이론과 밀접한 관련이 있다.

2) 주 문   「보상규정이 없는 법률에 근거한 행정처분에 의한 공용침해적 조치는 위헌인 법률에 근거한 것으로 위법하다. 이 경우 상대방은 손실보상규정이 없기 때문에 직접 손실보상청구를 할 수는 없으며, 위법한 공용침해적 처분을 취소하는 행정소송을 제기할 수 있을 뿐이다」.[4]

(4) 자갈채취판결의 이후의 이론전개

자갈채취판결에 의해 수용유사침해의 법리가 부정되는 것이 아닌가 하는 논의가 있었으나, 아직도 제도 자체가 부정되는 것은 아니라고 한다. 한편 연방최고법원은 연방헌법재판소의 판결 이후에도 수용유사침해의 법리를 완전히 포기하지는 않고 있으며, 다만 동 법리의 법적 기초를 「기본법」(제14조 제3항)이 아니라 1794년 「프로이센 일반국법」 서장(序章) 제74조, 제75조에 근거를 둔 관습법으 로서의 '희생보상청구권'에서 찾고 있을 뿐이다.

3. 우리 법제에서의 인정여부

우리나라 역시 위법한 공용침해(즉, 수용유사침해)에 대한 보상에 관하여는 입법상 흠결을 안고 있다. 따라서 수용유사침해에 대해 어떠한 방법의 손해전보가 가능한 것인가가 문제되고 있다. 이에 대하여는 위헌무효설, 직접효력설, 유추적용설 등이 거론되고 있을 뿐(이들 학설에 관해서는 제3장 제1절 II.행정상 손실보상의 근거 참조) 아직 통설이 형성되어 있지 못한 실정이다.

한편 판례상 수용유사침해의 이론이 문제가 되었던 것으로는 이른바 신군부에 의한 문화방송주식 강제취득사건이 있는바, 원심인 서울고등법원은 수용유사침해이론을 적극 수용하여 손실보상을 인정했었다. 이에 반하여 대법원은 이하의 판지에서 보듯이 수용유사침해이론을 우리 법제하에서 채택할 수 있는지에 대하여는 판단을 보류하면서 당해 사안이 수용유사침해에 해당하지 않는다는 취지의 판결을 한 바 있다.

관련판례

「원심이 들고 있는 위와 같은 수용유사적 침해의 이론은 국가 기타 공권력의 주체가 위법하게 공권력을 행사하여 국민의 재산권을 침해하였고 그 효과가 실제에 있어서 수용과 다름없을 때에는 적법한 수용이 있는 것과 마찬가지로 국민이 그로 인한 손실보상을 청구할 수 있다는 내용으로 이해되는데, 과연 우리 법제하에서 그와 같은 이론을 채택할 수 있을 것인가는 별론으로 하더라도 … 피고 대한민국의 이 사건 주식취득이 그러한 공권력의 행사에 의한 수용유사적 침해에 해당한다고는 볼 수 없다」(대판 1993.10.26, 93다6409).[5]

---

4) Beschluß v.15.7.1981, BVerfGE 58, 300 ff.
5) 같은 취지에서 수용유사침해에 대한 보상에 관하여 부정적 입장을 나타낸 하급심 판례로는 「수용

생각건대 이 문제는 입법을 통해 해결함이 최선이다. 그러나 입법에 의한 해결에도 한계가 있는 점을 감안할 때 우리 역시 입법의 흠결을 메울 법리가 필요하다고 할 것이다. 그런데 우리에게는 독일처럼 판례법도, 관습법으로서의 희생보상청구권의 법리도 없으므로6) 결국 「헌법」 제23조 내지 제11조에 근거하고 「헌법」 제23조 제3항의 유추적용을 통하여 해결할 수밖에 없을 것이라고 생각한다.

II. 수용적 침해

1. 의 의

수용적 침해(enteignender Eingriff)란 적법한 행정작용의 이형적(異型的)·비의욕적(非意慾的)인 부수적 결과로서 타인의 재산권에 가해진 침해를 말한다. 한편 수용적 침해의 전형적 예로는 종래 지하철공사의 장기화로 인하여 인근상점이 입는 손해, 도로에 정구역으로 고시되었으나 공사를 함이 없이 장기간 방치됨으로 인하여 고시지역 내의 가옥주가 입는 손해 등이 들어져 왔다.

2. 이론의 성립

수용적 침해는 적법한 행정작용을 전제로 하므로 행정상의 손해배상이 행해질 수 없다. 또한 수용적 침해는 적법한 행정작용의 이형적·비의욕적인 침해로서 침해의 의도성·직접성이 결여되어 있으므로 행정상의 손실보상도 받기 곤란하다. 수용적 침해 이론은 이처럼 적법한 행정작용의 이형적·비의욕적인 침해로 인해 특별한 희생을 입은 자에 대한 구제방법이 없는 점을 고려하여 그 같은 실정법상의 흠결을 메우기 위하여 독일의 연방최고법원의 판례를 통하여 발전된 이론이다.

유사적 침해가 인정되기 위하여는 수용에 준하는 고권적 조치에 의한 침해, 즉 공권력의 행사에 의한 재산권 침해가 있어야 할 것인바, 앞에서 본 사실관계에 의하면 위 서울경제신문이 폐간된 과정에서 국군보안사령부 및 그 소속 군인들의 위 장강재에 대한 강박이 있었고, 이에 위 장강재는 원고 회사 명의로 1980.11.24. 문화공보부장관에게 위 서울경제신문을 1980.11.25.자로 종간한다는 내용의 정기간행물폐간신고서를 제출하고, 위 서울경제신문을 폐간하였던 것인데, 위 인정 사실에 의하면 위 서울경제신문 폐간의 수단은 원고 회사 및 위 장강재에 의한 자진폐간이었던 것이고, 그 과정에서 위와 같은 강박이 있었다고 하여 위 서울경제신문의 폐간이 공권력의 행사에 의한 것이었다고 할 수는 없을 것이므로, 위 서울경제신문의 폐간이 공권력의 행사에 의한 것이었음을 전제로 하는 원고의 위 주장은 이유 없다」고 판시한 서울지법 1996.6.26, 91가합63533이 있다.

6) 수용유사침해의 이론을 받아들이는 것에 대해 부정적 입장은 우리나라에 수용유사침해의 이론을 뒷받침할 이 같은 관습법이 존재하지 않음을 그 이유로 들고 있는데, 바로 그러한 관습법이 없기 때문에 더욱 현행법의 해석 내지 유추적용을 통해 보상가능성을 탐구할 필요성이 있다고 할 것이다.

3. 우리 법제에서의 인정여부

우리나라에서 수용적 침해의 이론이 긍정될 수 있는가에 관하여는 부정적 시각도 있으나, 이 경우에도 수용유사침해의 경우와 마찬가지로「헌법」제23조, 제11조에 근거하고「헌법」제23조 제3항의 유추적용을 통하여 보상을 청구할 수 있도록 하는 것이 좋다고 생각한다.

한편 우리나라의 경우 판례에 의해 수용적 침해의 이론이 직접적으로 받아들여진 예는 아직 없다. 다만 도시계획시설결정으로 인한 토지소유권 제한과 관련된 헌법소원에 관한 이하의 결정요지를 고려할 때 헌법재판소가 (수용적 침해라는 용어는 사용하지 않고 있으나) 수용적 침해의 이론을 받아들였다고 볼 수도 있다는 견해가 유력하다.

관련판례

「토지의 사적 이용권이 배제된 상태에서 토지소유자로 하여금 10년 이상을 아무런 보상없이 수인하도록 하는 것은 공익실현의 관점에서도 정당화될 수 없는 과노한 제한으로서 헌법상의 재산권 보장에 위배된다고 보아야 한다」(헌재결 1999.10.21, 97헌바26).

▌제3절▐ 희생보상청구권

Ⅰ. 문제의 제기

적법한 행정작용으로 인하여 비재산적 법익에 대한 침해가 발생하는 경우가 있다. 예컨대 국가기관의 검정을 받아 판매되고 있는 약을 사 먹었는데 병에 걸린 경우, 또는 경찰관이 저항하는 범인을 향해 총을 쏘았는데 총탄이 범인을 관통하여 옆의 사람에게 상해를 입힌 경우 등이 그러한 예에 해당하는 것으로 생각해 볼 수 있다.

그런데 이러한 경우는 재산권에 대한 침해가 아닌 점에서 행정상의 손실보상의 대상이 되지 않으며, 또한 적법한 행위라는 점에서 공무원의 위법한 직무행위로 인한 행정상의 손해배상의 요건도 충족되기 어렵다. 따라서 적법한 공용침해에 대한 손실보상과 공무원의 위법한 직무행위로 인한 손해배상만을 인정하는 경우 이러한 유형의 침해에 대해서는 구제방법이 없게 되는바, 이와 같은 구제수단의 흠결을 메우기 위하여 등장한 이론이 바로 희생보상청구권의 법리이다.

II. 문제의 해결 – 희생보상청구권의 문제

비재산적 법익에 대한 적법한 침해에 대하여는 개별 법률에서 보상규정을 마련하는 것이 바람직한 해결방법이 될 것인바, 국립병원에서 예방주사를 맞은 사람이 그의 특이체질로 인해 질병을 얻게 된 경우 등에 대하여 국가보상을 인정하고 있는「감염병의 예방 및 관리에 관한 법률」제71조는 그 대표적 입법례라고 할 수 있다.[7]

문제는 개별 법률이「감염병의 예방 및 관리에 관한 법률」과 같은 보상규정을 갖고 있지 않은 경우인데, 독일의 경우 이 같은 문제를 1794년의「프로이센 일반국법」서장 제74조, 제75조에 근거한 관습법으로서의 희생보상청구권(Aufopferungsanspruch)의 인정을 통해 해결하고 있다.

1. 희생보상청구권

(1) 의 의

희생보상청구권은 공동체의 복리를 위하여 개인의 권리 또는 이익이 희생되어야 하는 경우에 국가는 개인의 희생을 보상해야 한다는 사고에 기초하여 발달한 법제도이다. 다만 희생보상청구권은 재산적 가치 있는 법익에 대한 행정상의 손실보상제도가 형성된 이후로는, 공권력 작용으로 인하여 발생한 비재산적 법익의 손실에 대하여 보상을 청구할 수 있는 권리를 의미하는 것으로 한정되었다.[8]

(2) 요 건

전술한 희생보상청구권의 의의를 고려할 때 희생보상청구권이 성립되기 위하여는 ① 적법한 공권력 행사로 인한, ② 비재산적 가치있는 권리에 대한 침해가, ③ 특별한 희생에 해당하여야 한다.

(3) 희생보상청구권의 내용

희생보상청구권은 비재산적 법익의 침해로 발생한 재산적 손실에 대한 보상, 즉 치료비용이나 요양비용 등을 그 내용으로 한다. 정신적 피해를 이유로 하는 위자료청구는 인정되지 않는다.

---

7) 같은 취지에서 비재산적 법익에 대한 손실보상을 규정하고 있는 것으로는 ① 소방활동 종사명령을 받고 종사하였다가 사망하거나 부상당한 경우의 보상을 규정하고 있는「소방기본법」제24조 및 ② 산불방지 및 인명구조작업으로 인해 사망하거나 부상당한 경우의 보상을 규정하고 있는「산림보호법」제44조 등이 있다.
8) 근래에 위법한 행정작용으로 인한 비재산적 법익에 대한 침해를 '희생유사침해'라고 하여 그에 대한 보상여부가 논해지기도 하는바, 희생유사침해로 인한 보상청구권은 그에 대한 명문의 규정이 있는 경우에만 인정된다.

2. 우리나라에서의 인정여부

우리나라에서도 희생보상청구권이 인정될 수 있는지 여부에 관하여는 희생보상청구권은 독일에서 관습법적 근거를 갖는 제도로 인정되는 것이므로 우리나라에서는 인정될 수 없다고 보는 부정설과 우리나라에서도 희생보상청구권이 인정될 수 있다는 긍정설이 대립하고 있다.

생각건대 「헌법」 제10조, 제12조에 의해 보장되는 생명·신체에 대한 권리는 재산권보다 우월하므로 이들 비재산적 가치를 재산적인 것보다 덜 보호한다면 기본권의 본질적 내용의 보장, 법치국가원리 및 사회국가원리 등과 부합하지 않는 면이 있다. 따라서 우리나라에서도 희생보상청구권이 긍정될 수 있다고 할 것이다.

‖제4절‖ 행정상의 결과제거청구권

Ⅰ. 의 의

행정상의 결과제거청구권(Folgenbeseitigungsanspruch)이란 위법한 공행정작용의 결과로서 남아 있는 상태로 인하여 자기의 법률상 이익을 침해받고 있는 자가 행정주체를 상대로 그 위법한 상태를 제거해 줄 것을 청구할 수 있는 권리를 말한다.[9] 토지수용처분이 취소되었음에도 불구하고 사업시행자가 그 토지를 반환하지 않고 있을 때 피수용자가 수용되었던 토지를 반환받고자 하는 경우 또는 위법한 명예훼손적 공표로 명예를 훼손당한 자가 그 공표의 철회를 요구하는 경우 등이 결과제거청구권이 활용될 수 있는 전형적 사례에 해당한다.

이러한 행정상 결과제거청구권의 법리는 기존의 행정상 손해배상제도의 결함(금전배상의 원칙) 및 취소소송 제도의 결함(반환 및 원상회복 제도 미비)을 보완하기 위해 독일의 학설과 판례를 통해 발전된 것이다.

---

9) 행정상의 원상회복청구권 또는 방해배제청구권이라고도 한다.

II. 결과제거청구권의 법적 성질

1. 공 권

과거에는 결과제거청구권을 사권으로 이해하는 입장도 있었으나, 오늘날은 결과제거청구권은 행정주체의 공행정작용으로 인하여 야기된 위법한 상태의 제거를 목적으로 하므로 공권의 성질을 갖는다는 것이 다수의 견해이다.

2. 물권적 청구권 여부

결과제거청구권은 행정청의 정당한 권원 없는 행위로 인해 사인의 물권적 지배권이 침해된 경우에 성립한다고 하여, 그를 '물권적 청구권'으로 보는 견해도 있다. 그러나 결과제거청구권의 법리는 명예훼손 등과 같은 비재산적 침해의 경우에도 적용될 수 있으므로 결과제거청구권을 물권적 청구권에 한정하는 것은 타당하지 않다.

III. 결과제거청구권의 법적 근거

결과제거청구권의 법적 근거로는 「헌법」상의 법치행정의 원리, 기본권규정, 「민법」상의 방해배제청구권규정(제213조, 제214조)의 유추 등이 들어진다. 또한 취소판결의 기속력(「행정소송법」 제30조), 당사자소송 및 관련청구의 병합(동법 제10조) 규정 역시 공법상의 결과제거청구권의 법리를 전제하고 있다고 설명되고 있다.

IV. 결과제거청구권의 요건

1. 행정주체의 공행정작용으로 인한 침해

(1) 공행정작용

행정주체의 공행정작용으로 인한 침해가 존재하여야 한다. 따라서 행정주체의 사법적(私法的) 활동으로 인한 침해는 결과제거청구의 대상이 되는 침해에서 제외된다. 왜냐하면 그것은 단지 원상회복에 관한 사법의 규율대상이 되기 때문이다.

한편 공행정작용인 한 권력적 작용인지 비권력적 작용인지는 문제되지 않으며, 또한 법적 행위인지 사실행위인지 여부도 불문한다.

(2) 침 해

여기서의 침해는 모든 종류의 침해를 의미하므로 작위는 물론 부작위도 포함된다.

즉, 적법한 행정작용이 사정변경으로 인하여 위법하게 되었음에도 불구하고 행정청이 그 위법한 상태를 제거하지 않고 방치하고 있는 경우에도(예: 압류처분의 폐지 후에도 승용차를 반환하지 않는 경우) 결과제거청구의 문제가 발생할 수 있다.[10]

2. 법률상 이익에 대한 침해

행정주체의 공행정작용으로 인하여 '법률상 이익'의 침해가 있어야 한다. 따라서 단순한 사실상의 이익에 대한 침해가 존재한다는 것을 이유로 공법상 결과제거청구권을 행사할 수 있는 것은 아니다. 한편 여기서의 법률상 이익에는 재산적 가치있는 것뿐만 아니라, 명예나 신용 등과 같은 비재산적인 것·정신적인 것까지도 포함된다.

3. 관계이익의 보호가치성

문제된 관계자의 이익이 보호받을 만한 가치가 있는 경우에만 결과제거청구권이 인정될 수 있다. 따라서 경찰이 불법주차한 자동차를 견인하여 다른 곳에 옮겨 놓은 경우에는 보호가치가 결여되어 있으므로 차주(車主)는 그에 대하여 원상회복을 요구할 수 없다.

4. 위법한 상태의 존재 및 계속

(1) 위법한 상태의 존재

공행정작용으로 인하여 야기된 상태가 위법하여야 하는바, 여기서의 위법은 처음부터 위법한 것일 수도 있고, 기간의 경과 등으로 인하여 사후적으로 위법하게 된 것일 수도 있다.

다만 위법하지만 무효는 아닌 행정행위에 기초한 침해상태가 존재하는 경우에는 (행정행위의 공정력을 고려할 때) 결과제거의 청구는 위법한 행정행위의 폐지(취소 등) 이후에, 또는 행정행위의 취소와 결과제거청구를 병합하여 제소하는 방식으로 행사하여야 한다.

(2) 위법한 상태의 계속

공행정작용의 결과로서 관계자에 대한 불이익한 상태가 계속되고 있어야 한다. 따라서 불이익한 상태는 더 이상 존재하지 않고, 권리침해로서의 불이익만 남아 있는 경우에는 국가배상 등의 문제만 고려될 수 있다. 또한 위법한 상태가 적법하게 된 경우에는 결과제거청구권을 행사할 수 없게 됨은 물론이다.

---

10) 다만 이러한 경우를 제외하면 부작위의 경우 원상회복되어야 할 위법한 상태가 원칙적으로 조성되어 있지 않기 때문에 결과제거청구의 문제는 발생하지 않는 것이 일반적이다.

5. 결과제거의 가능성 · 허용성 · 기대가능성의 존재

원상태로의 회복이 사실상 가능하고, 법적으로 허용되어야 한다. 또한 결과제거가 의무자에게 있어 기대가능한 것이어야 한다. 이 경우 결과제거를 통한 원상회복이 지나치게 많은 비용을 요하는 경우도 기대가능성이 없는 것으로 보아야 하며, 따라서 대상(代償)의 지급으로 만족해야 할 것이다.

V. 결과제거청구권의 내용 등

1. 결과제거의 의무주체

결과제거청구는 그러한 결과를 야기한 국가, 공공단체, 공무수탁사인과 같은 행정주체에 대해서 제기됨이 원칙이다. 따라서 그들이 결과제거의 의무주체가 된다.

2. 결과제거청구권의 내용

(1) 손해전보의 청구가능성

결과제거청구권은 위법한 공행정작용에 의하여 야기된 또는 사후에 위법으로 된 결과적 상태의 제거만을 내용으로 할 뿐이며, 손해전보의 청구는 그 내용이 될 수 없다. 따라서 결과제거청구권과 손해배상청구권은 독자적으로 성립가능하며, 병존할 수 있다. 그러나 피해자의 구제가 원상회복을 통하여 실현될 수 있는 경우에는 결과제거청구권의 행사 외에 손해배상을 청구하는 것은 인정되기 곤란하며, 원상회복을 통하여 피해가 충분히 구제되지 않는 경우에만 추가로 손해배상청구를 할 수 있을 뿐이다.

(2) 직접적 결과의 제거

결과제거청구권은 위법한 행정작용의 '직접적인' 결과의 제거를 그 내용으로 한다. 따라서 간접적인 결과, 특히 제3자의 개입을 통해서 초래된 결과의 제거는 결과제거청구권의 내용이 될 수 없다. 예컨대 무주택자의 특정주택에의 입주결정 후에 입주자가 주택을 손상한 경우에 있어서도 주택의 소유자는 행정주체에게 당해 입주자를 퇴거시켜 줄 것을 요구할 수 있을 뿐 손상된 주택의 원상회복을 청구할 수는 없다.[11]

(3) 과실상계의 문제

과실상계의 법사상은 결과제거청구권의 행사에도 준용된다. 따라서 피해자의 과

---

11) 같은 맥락에서 타인에 대한 건축허가로 인하여 법률상 이익을 침해받은 자가 건축허가취소소송에서 승소한 경우라 하여도 결과제거청구권을 통하여 건축허가에 기초하여 건축된 건축물의 철거를 청구할 수는 없다.

실이 위법한 상태발생의 원인의 하나를 구성할 경우에는 결과제거청구권이 수축할 수 있다.

VI. 쟁송수단

결과제거청구권에 관한 쟁송은 결과제거청구권을 공권으로 보는 한 행정소송, 특히 당사자소송에 의하여야 할 것이다. 다만 지금까지 우리나라에서 이 문제를 당사자소송으로 다툰 예는 거의 없으며, 그 결과 소송실무상으로는 민법상의 원상회복청구권과 마찬가지로 민사소송의 방식으로 처리하여 왔다.

▌제5절▐ 행정법상의 채권관계

I. 개 설

행정법상의 채권관계란 민법상의 채권·채무관계에 유사한 행정주체 및 그 기관과 국민 간의 공법상의 법률관계를 말하며, 공법상의 임치, 공법상의 사무관리 및 공법상의 부당이득을 그 내용으로 한다.

II. 공법상의 임치

1. 의 의

공법상의 임치란 행정주체 또는 그 소속기관이 어떤 물건을 공법에 의하여 보관하는 것을 말한다(예:「경찰관 직무집행법」제4조 제3항에 근거한 물건의 임시영치). 한편 사인이 행정주체의 물건을 공법에 의거하여 보관하는 경우도 공법상의 임치에 포함되는바, 해임된 공무원이 공물을 반납 시까지 보관하는 것이 그러한 예에 해당한다.

2. 성 립

민법상의 임치가 계약을 통하여 성립되는 것에 반하여, 공법상의 임치관계는 ① 행정행위와 그에 따른 물건의 인도라는 사실행위를 통해서 또는 ② 압류나 영치와 같은 사실행위를 통해서 성립함이 보통이다.

3. 공법상의 임치의 특색

(1) 무 상
공법상의 임치도 '무상(無償)'을 원칙으로 함은 민법상의 임치와 같다.

(2) 낙성계약(諾成契約) 여부
민법상의 임치가 낙성계약의 성질을 갖는 것에 반하여, 공법상의 임치는 물건의 인도나 점유의 이전 같은 사실행위를 수반하지 않고는 성립하기 어렵다.

(3) 민법규정의 적용가능성 여부
공법상의 임치가 특히 행정행위를 매개로 성립한 때에는 임치인의 해지권에 관한 「민법」의 규정(제698조)의 적용은 배제된다. 따라서 공법상의 임치관계를 종료시키려면, 임치인은 행정행위의 취소소송 등의 방법을 사용하여야 한다.

(4) 국가배상의 문제
수치인인 행정기관의 고의·과실로 인하여 손해를 입은 자는 「국가배상법」에 의한 손해배상의 청구를 할 수 있다. 이 경우 수치인의 과실 유무에 대한 증명책임은 수치인에게 있다는 견해가 유력하다.

Ⅲ. 공법상의 사무관리

1. 의 의

본래 「민법」상의 제도인 사무관리란 「법률상 의무없이」 타인의 사무를 관리하는 것」을 말한다. 한편 이 같은 사무관리가 공법관계에서도 존재할 수 있는지 여부에 관하여 과거에는 부정설(Jellinek)도 존재하였지만, 오늘날은 긍정적으로 보는 것이 지배적 견해이다.

2. 공법상의 사무관리의 유형

(1) 행정주체가 사인을 위하여 하는 경우
공법상 사무관리의 전형은 행정주체가 사인을 위하여 하는 경우인데, 이는 다시 ① 국가가 특별감독하에 있는 사업에 대한 감독권의 작용으로서 강제적으로 이를 관리하는 강제관리와 ② 수난구호·행려병사자관리와 같이 보호를 위하여 관리하는 보호관리로 나누어 볼 수 있다.

(2) 사인이 행정주체를 위하여 하는 경우
공법상 사무관리는 사인이 행정주체를 위하여 행하는 경우도 있는바, 비상재해 시

사인에 의한 행정사무의 관리가 그 예가 된다.

(3) 기 타

그 밖에도 공법상 사무관리는 행정주체가 他 행정주체를 위하여 행하는 경우도 있으며, 또한 사인이 다른 사인을 위하여서도(예: 제3자에 의한 납세의무의 이행) 행할 수 있다.

3. 적용법규

공법상의 사무관리에 대하여도 특별한 규정이 없는 한, 「민법」상의 사무관리에 관한 규정(제734조 이하)이 준용된다.

IV. 공법상의 부당이득

1. 의 의

부당이득이란 「법률상 원인 없이」 타인의 재산 또는 노무로 인하여 이익을 얻고, 그로 인하여 타인에게 손해를 가하는 것」을 말한다. 이 같은 부당이득 역시 「민법」에서 발달된 제도인바, 공법관계에서도 부당이득이 발생하는 경우가 상당수 있다.

한편 공법상의 부당이득과 공법상의 사무관리가 경합하는 경우에 있어서는 공법상 부당이득을 우선시켜야 한다는 견해와 양자가 반드시 상호배척관계에 있다고 볼 것은 아니라는 견해가 대립하고 있다.

2. 공법상의 부당이득의 유형

(1) 행정주체의 부당이득

행정주체가 부당이득을 누리는 예로 종래 ① 조세 또는 관세의 과오납, ② 착오에 의하여 사유지를 국공유지에 편입시킨 경우, ③ 행정주체가 타인의 토지를 불법점유한 경우, ④ 사인의 비용부담으로 국가가 이득한 경우, ⑤ 적법한 통고처분 없이 가납금(假納金)으로 벌금 등을 충당한 경우(대판 1971.7.27, 71다1092 참조) 등이 들어져 왔다.

행정주체가 부당이득을 누리는 경우 행정주체는 선의·악의를 불문하고 항상 전액을 반환하여야 하며, 이자의 지급은 명문의 규정이 있는 때에 한해 가능하다.

(2) 사인의 부당이득

사인이 부당이득을 누리는 예로는 종래 ① 공무원이 봉급을 초과수령한 경우, ② 사인이 국유지를 무상으로 사용하는 경우 및 ③ 연금수령자격이 없는 자가 연금을 수령한 경우 등이 들어져 왔다.

사인이 부당이득을 누리는 경우 사인은 받은 이득의 전액을 반환하여야 할 의무를 부담한다.

3. 공법상 부당이득반환청구권의 성질

공법상의 부당이득이 발생한 경우에 타인에게 손해를 가한 자는 타인의 재산 또는 노무로 인하여 얻은 이익을 반환해야 하는데, 이에 상응하여 타인은 공법상의 부당이득 반환청구권을 갖게 된다. 이 같은 공법상의 부당이득반환청구권의 성질에 관하여는 학설·판례가 대립하고 있다.

(1) 사권설

공법상의 부당이득반환청구권은 사권의 성질을 가지며, 그에 관한 소송은 민사소송에 의해야 한다는 견해이다. 그 논거로는 행정행위에 의하여 부당이득의 문제가 발생한 경우라고 하여도 당해 행정행위가 무효이거나 하자를 이유로 취소됨으로써 비로소 부당이득이 되는 것이며, 따라서 부당이득의 문제가 발생하는 경우에는 벌써 아무런 법률상의 원인도 없는 것이라는 것이 들어진다.

판례 역시 사권설에 따르고 있다.

관련판례

「과세부과처분이 무효임을 전제로 하여 이미 납부한 세금의 반환을 청구하는 것은 민사상의 부당이득반환청구로서 민사소송절차에 따라야 한다」(대판 1991.2.6, 90프2).

---

(2) 공권설

공법상의 부당이득은 공법적 원인에 의하여 발생한 불공정을 조정하기 위한 제도인 점을 고려하여, 공법상의 부당이득반환청구권은 공권이고, 따라서 그에 관한 소송은 당사자소송에 의하여야 한다는 견해이다.

(3) 소 결

'공법상'의 부당이득반환청구권이란 용어 자체가 이미 그것이 공법상의 권리임을 전제하고 있는 것으로 볼 수 있다는 점을 고려할 때 공권설이 타당하다고 여겨진다.

4. 적용법규

공법상의 부당이득에 대하여도 특별한 규정이 없는 한, 「민법」상의 부당이득에 관한 규정(제741조 이하)이 준용된다.

제5장

행정쟁송과 행정심판

┃제1절┃ 행정쟁송

Ⅰ. 행정쟁송의 의의 및 기능

1. 행정쟁송의 의의

(1) 광의의 행정쟁송

행정쟁송은 광의로는 「행정상의 법률관계에 관한 분쟁이 있는 경우에 이해관계인의 쟁송제기에 의해 일정한 기관이 쟁송절차를 거쳐 재결하는 절차」를 의미한다. 이 경우 그 심판기관이 행정청인지 법원인지, 또는 그 절차가 정식절차인지 약식절차인지는 불문한다. 따라서 광의의 행정쟁송에는 행정심판과 행정소송이 모두 포함된다. 이러한 광의의 행정쟁송은 거의 모든 국가에서 채택되어 있다고 할 수 있다.

(2) 협의의 행정쟁송

행정쟁송을 협의로 이해하게 되면 그것은 광의의 행정쟁송 중에서 특히 일반법원과는 계통을 달리하는 행정조직 내의 특별기관에 의한 행정상의 법률관계에 관한 분쟁의 심판절차, 즉 행정심판을 의미하게 된다. 이러한 협의의 행정쟁송은 (광의의 행정쟁송과 달리) 영미법계 국가에서는 종래 인정되지 않았으나, 오늘날에는 행정위원회나 독립규제위원회 등의 설치를 통하여 영미법계 국가에서도 협의의 행정쟁송이 인정되고 있다.

2. 행정쟁송의 기능

행정쟁송은 위법·부당한 행정작용의 시정을 통하여 국민의 권익을 구제하는 수단으로서의 기능(행정구제기능)과 행정작용의 적법성·합목적성을 보장하는 기능(행정통제기능)을 수행한다.

한편 행정쟁송의 기능 중 어느 기능이 더 중시되는가는 실정법제도에 근거하여 판단되어야 할 것이다. 우리나라의 경우 행정심판은 행정통제가, 행정소송은 행정구제가 주된 기능을 이루고 있다.

II. 행정쟁송의 종류[1]

1. 행정쟁송의 성질에 의한 구분

행정쟁송은 그 성질을 기준으로 할 때 주관적 쟁송과 객관적 쟁송으로 구분된다. 한편 주관적 쟁송은 다시 항고쟁송과 당사자쟁송으로 구분되며, 객관적 쟁송은 다시 민중쟁송과 기관쟁송으로 구분된다.

(1) 주관적 쟁송과 객관적 쟁송

주관적 쟁송이란 쟁송제기자의 '개인적 권익의 구제'를 직접 목적으로 하는 쟁송을 말하는바, 이러한 주관적 쟁송은 권리 또는 법률상 이익을 침해받은 자만이 제기할 수 있다. 이에 반하여 객관적 쟁송이란 '법규적용의 객관적 적정 또는 공익의 실현'을 직접 목적으로 하는 쟁송을 말하며, 객관적 쟁송의 경우에는 개인적 권익의 침해는 그 제기요건이 되지 않는다.

(2) 항고쟁송과 당사자쟁송

항고쟁송이란 이미 행하여진 행정처분 또는 부작위의 위법·부당을 전제로 하여, 그를 행한 처분청 또는 부작위청을 피고(또는 피청구인)로 하여 그의 시정을 구하는 행정쟁송을 말한다(예: 행정심판·취소소송). 이에 대하여 당사자쟁송이란 대립하는 당사자 간의 법률상 분쟁이 있는 경우에 일방당사자가 타방당사자를 상대로 그 분쟁에 대한 심판을 구하는 행정쟁송을 말한다(예: 토지수용에 있어서의 재결신청·공무원의 봉급청구소송).

(3) 민중쟁송과 기관쟁송

민중쟁송이란 행정법규의 위법한 적용을 시정하기 위하여 일반민중 또는 선거인에 대하여 쟁송의 제기를 인정하는 쟁송(예: 국회의원선거소송·대통령선거소송 등)을 말한다. 이에 대하여 기관쟁송이란 행정법규의 적정한 적용을 확보하기 위하여 국가 또는 지방자치단체의 기관 상호 간의 쟁송제기를 인정하는 쟁송(예: 지방의회의 월권을 이

---

1) 행정쟁송의 분류방법과 관련하여 과거에는 행정쟁송은 분쟁의 실질적 존재 여부를 기준으로 실질적 쟁송과 형식적 쟁송의 구분에 관한 설명이 행해졌다. 그리고 이 경우 실질적 쟁송이란 「위법·부당한 행정작용으로 인하여 권리를 침해당한 자가 자신의 권리회복을 구하는 절차, 즉 분쟁의 실질적 존재를 전제로 한 분쟁에 대한 유권적인 판단절차」를 말한다. 또한 형식적 쟁송이란 공권력 행사를 신중·공정히 행하기 위한 절차를 말하며, 통상 행정절차를 지칭한다. 그러나 오늘날에는 행정쟁송이라고 하면 보통 실질적 쟁송을 의미하는 것으로 이해하기 때문에 이와 관련된 상세한 설명은 약하기로 한다.

유로 지방자치단체의 장이 대법원에 제기하는 소송)을 말한다.

2. 행정쟁송의 단계에 의한 구분

행정쟁송은 쟁송의 단계를 기준으로 할 때 ① 법률관계의 형성 또는 존부에 관한 제1차적인 행정작용 그 자체가 쟁송의 형식으로 행해지는 시심적 쟁송과 ② 이미 행하여진 행정작용, 특히 처분의 하자를 이유로 그의 시정을 구하는 복심적 쟁송으로 구분된다.

일반적으로 항고쟁송은 복심적 쟁송에, 당사자쟁송은 시심적 쟁송에 해당한다.

3. 행정쟁송의 절차에 의한 구분

행정쟁송에 대한 심판이 공정성을 확보하기 위하여서는 양 당사자에게 구두변론의 기회가 부여되어 있어야 하며, 또한 심판기관의 완전한 독립성이 보장되어 있어야 한다. 행정쟁송은 이러한 절차적 보장을 기준으로 할 때 정식쟁송과 약식쟁송으로 구분된다. 이 경우 정식쟁송은 이러한 두 가지 요건을 모두 갖춘 것을 말하며, 약식쟁송은 이들 요건 중 어느 하나라도 결하고 있는 것을 말한다.

법원에 의한 행정쟁송(즉, 행정소송)은 정식쟁송에 해당하며, 행정기관에 의한 행정쟁송(즉, 행정심판)은 약식쟁송에 해당한다.

4. 행정쟁송의 심판기관에 의한 구분

행정쟁송은 그 심판기관을 기준으로 할 때 행정심판과 행정소송으로 구분되는바, 행정심판은 행정기관에 의하여 심리·재결되는 행정쟁송을 말하며, 행정소송은 법원에 의하여 심리·판결되는 행정쟁송을 말한다.

권력분립적 사고만을 강조한다면 행정관청과 국민 간의 분쟁이 발생한 경우 양자로부터 독립한 제3권력자인 법원이 분쟁해결을 담당하는 것이 바람직할 것이다. 그러나 그렇게 되면 행정권의 독립성이 침해받게 되는 측면이 있게 된다. 이 같은 점을 고려하여 사법권으로부터 행정권의 독립성을 확보하기 위하여 행정심판제도가 발전되었다.

III. 행정심판과 행정소송

1. 행정심판과 행정소송의 이동(異同)

행정심판과 행정소송(특히 항고소송)은 많은 부분에서 공통점을 갖고 있다. 그러한 반면 양자 간에는 차이점도 존재하는바, 이러한 양자의 이동에 관해 대표적인 것을 나

열해 보면 다음과 같다.

(1) 공통점

행정심판과 행정소송은 양자 모두 당사자의 쟁송제기에 의하여 개시되며, 근본적으로 대심(對審)구조를 취하고 있다. 또한 쟁송당사자와 독립적 지위에 있는 제3자적 기관이 심판을 행하며, 적법한 쟁송이 제기되면 그들 심판기관은 이를 심리할 의무를 진다는 점에서도 공통된다. 그 밖에 실정법상 양자 간에 인정되는 공통점으로는 다음과 같은 것을 열거할 수 있다.

① 법률상 이익이 있는 자만 제기할 수 있다(「행정심판법」 제13조, 「행정소송법」 제12조).

② 청구의 변경이 인정된다(「행정심판법」 제29조, 「행정소송법」 제22조).

③ 집행부정지의 원칙이 채택되어 있다(「행정심판법」 제30조, 「행정소송법」 제23조).

④ 직권심리주의가 인정된다(「행정심판법」 제39조, 「행정소송법」 제26조).

⑤ 구술심리가 보장되고 있다(「행정심판법」 제40조 제1항, 「행정소송법」 제8조, 「민사소송법」 제134조).

⑥ 불이익변경금지 원칙이 채택되어 있다(「행정심판법」 제47조 제2항, 「행정소송법」 제8조).

⑦ 사정재판제도가 인정되어 있다(「행정심판법」 제44조, 「행정소송법」 제28조).

⑧ 쟁송의 판정행위(재결·판결)에 확정력·기속력 등의 특별한 효력이 부여되어 있다(「행정심판법」 제49조, 「행정소송법」 제30조).

(2) 차이점

1) 주된 기능 행정심판은 행정통제, 행정소송은 행정구제가 주된 기능을 이룬다.

2) 쟁송사항 행정심판은 '위법·부당한' 처분이나 부작위를, 행정소송(중 항고소송)은 '위법한' 처분이나 부작위만을 심판대상으로 한다.

3) 판정기관 행정심판은 행정기관이, 행정소송은 법원이 관장한다.

4) 심리절차 행정심판은 구술심리 또는 서면심리에 의할 수 있는 것에 대하여, 행정소송은 구술심리주의에 입각하고 있다.

5) 부작위에 대한 쟁송유형 행정심판에서는 의무이행심판이 인정되는 것에 반하여, 행정소송에서는 부작위위법확인소송만이 인정되고 있다.

2. 양자의 관계

행정심판과 행정소송의 관계에 관하여는 종래 행정심판을 거치지 아니하면 행정소송을 제기할 수 없도록 하는 행정심판전치주의를 취해 왔으나, 1998년 3월 1일 「행정소송법」의 개정을 통하여 행정심판임의주의로 바뀌었다.

▌제2절 ▌행정심판 개관

Ⅰ. 행정심판의 의의

1. 실질적 의미의 행정심판

실질적 의미의 행정심판을 이론적 면에서만 파악하면 "행정청이 일정한 공법적 결정을 함에 있어서 거치는 준사법적 절차 모두(광의의 행정심판)"를 의미한다. 그러나 보통 행정심판이라고 하면 "행정기관이 재결기관이 되는 행정쟁송절차(협의의 행정심판)"를 의미하는 것으로 사용된다.

이러한 실질적 의미의 행정심판은 일반적으로 행정상 법률관계의 분쟁에 대한 심판작용의 성질과 그 자체 행정행위로서의 성질을 모두 공유하는 이중적 성격을 가지고 있다.

2. 형식적 의미의 행정심판

형식적 의미의 행정심판은 행정심판을 제도적 측면에서 파악한 것으로, 「행정심판법」의 적용을 받는 행정심판을 말한다. 이하에서 행정심판이라고 하면 이러한 의미의 행정심판을 의미하는 것이다.

Ⅱ. 타 개념과의 구별

1. 이의신청과의 구별

행정심판은 원칙적으로 처분청의 직근 상급행정기관 소속의 행정심판위원회에 제기하는 것을 말하는 것에 반하여, 이의신청은 처분청 자신에 대하여 재심사를 구하는 쟁송절차를 말한다. 또한 행정심판은 모든 위법·부당한 행정처분 등에 대하여 인정되지만, 이의신청은 개별법이 정하는 일정한 처분 등에 대해서만 인정된다. 다만 이의신청을 제기해야 할 사람이 처분청에 표제를 '행정심판청구서'로 서류를 제출한 경우 기타 요건이 충족된다면 이의신청으로 보아야 한다.

관련판례

「지방자치법 제140조 제3항에서 정한 이의신청은 행정청의 위법·부당한 처분에 대하여 행정기관이 심판하는 행정심판과는 구별되는 별개의 제도이나, 이의신청과 행정심판은 모두 본질에 있어 행정처분으로 인하여 권리나 이익을 침해당한 상대방의 권리구제에 목적이 있고, 행정소송에 앞서 먼저 행정기관의 판단을 받는 데에 목적을 둔 엄격한 형식을 요하지 않는 서면행위이므로, 이의신청을 제기해야 할 사람이 처분청에 표제를 '행정심판청구서'로 한 서류를 제출한 경우라 할지라도 서류의 내용에 이의신청 요건에 맞는 불복취지와 사유가 충분히 기재되어 있다면 표제에도 불구하고 이를 처분에 대한 이의신청으로 볼 수 있다」(대판 2012.3.29, 2011두26886).

한편 동일한 처분에 대해서 이의신청과 행정심판이 함께 인정되고 있는 경우에는 양자는 전심·후심의 관계에 있는 것이 보통이다(「국세기본법」 제55조 제3항 참조).

2. 청원과의 구별

행정심판과 「헌법」상의 청원은 행정청에 대하여 자기반성을 촉구하고, 피해의 구제를 도모하기 위한 제도라는 점에서는 같은 의의를 가진다. 그러나 행정심판이 기본적으로 국민의 권리구제를 위한 쟁송제도인 것에 반하여, 청원은 국가기관에 대하여 일정한 의사의 표현을 보장하기 위한 제도라는 점에서 양자 간에는 본질적 차이가 있다. 그 밖의 양자 간의 구체적 차이점은 다음과 같다.

(1) 대 상
행정심판은 자신의 권리·이익이 침해된 경우에만 제기할 수 있으나, 청원은 공무원의 비위시정 또는 공무원에 대한 징계나 처벌의 요구, 법령의 제정·개정·폐지, 공공의 제도 또는 시설의 운영 등에 대해서도 할 수 있다.

(2) 제기기간 및 제기기관
행정심판은 제기권자, 제기기관 및 제기대상 등에 엄격한 제한이 있으나, 청원은 누구든지 어느 기관에 대해서도 또한 어느 때나 제기할 수 있다.

(3) 형식·절차
행정심판에 있어서는 심판절차나 판정의 형식과 관련하여 법에 따른 제한이 있는 반면, 청원에 관하여는 그러한 제한이 없다.

(4) 재결 등의 효력
행정심판의 재결에 대하여는 불가쟁력이나 불가변력 등의 구속력이 인정되나, 청원에 대한 결정에는 그러한 구속력이 인정되지 않는다.

3. 특별행정심판과의 구별

특별행정심판(예: 특허심판, 조세심판, 「감사원법」에 의한 심사청구 등)은 개별법에 의해 심리·재결이 행해지는 점에서 행정심판과 구별된다. 이러한 특별행정심판과 관련하여 「행정심판법」은 특별규정을 마련하고 있는바, 그 내용은 다음과 같다(「행정심판법」 제4조).

첫째, 사안의 전문성과 특수성을 살리기 위하여 특히 필요한 경우 외에는 「행정심판법」에 따른 행정심판을 갈음하는 특별한 행정불복절차(이하 "특별행정심판"이라 한다)나 「행정심판법」에 따른 행정심판 절차에 대한 특례를 다른 법률로 정할 수 없다.

둘째, 다른 법률에서 특별행정심판이나 「행정심판법」에 따른 행정심판절차에 대한 특례를 정한 경우에도 그 법률에서 규정하지 아니한 사항에 관하여는 「행정심판법」에서 정하는 바에 따른다.

셋째, 관계 행정기관의 장이 특별행정심판 또는 「행정심판법」에 따른 행정심판절차에 대한 특례를 신설하거나 변경하는 법령을 제정·개정할 때에는 미리 중앙행정심판위원회와 협의하여야 한다.

4. 고충처리절차와의 구별(제5편 제7장 참조)

III. 행정심판의 존재이유

1. 권력분립·자율적 행정통제

행정심판은 행정의 적법·타당성 여부에 대한 판단을 행정청 스스로 하게 함으로써 행정의 자율적 통제의 보장에 기여한다. 이런 점을 고려하면 행정심판제도가 권력분립의 이상실현에도 기여한다는 것을 알 수 있다.

2. 행정능률의 보장

사법절차(소송)에 의한 행정사건에 대한 심판은 국민의 권익구제에 충실하지만, 많은 시간과 비용이 소요되며, 이로 인해 행정의 능률성을 저해하는 결과를 가져올 수도 있다. 이에 비하여 행정심판은 행정사건에 관한 분쟁을 신속히 해결할 수 있게 하여 행정능률에 기여한다.

3. 행정청의 전문지식의 활용

행정은 고도의 전문성과 기술성을 내포하고 있는데 일반법원은 그러한 전문적ㆍ기술적 문제의 처리에는 적합하지 않은 면이 있다. 이에 비하여 행정기관은 원래 그 같은 전문적ㆍ기술적 문제의 처리에 적합하게 조직되어 있으므로, 적어도 행정쟁송의 제1차적 단계에서라도 행정기관으로 하여금 그를 심판하도록 할 필요성이 인정된다.

4. 사법기능의 보충ㆍ소송경제의 확보

행정청의 전문지식을 활용하는 것은 결국 법원의 능력을 보충함과 동시에, 법원 및 당사자의 시간과 노력 및 경비 등을 절약하여 그 부담을 덜어주는 의미를 갖게 된다.

> **관련판례**
>
> 「행정소송을 제기함에 있어서 행정심판을 먼저 거치도록 한 것은 행정관청으로 하여금 그 행정처분을 다시 검토케 하여 시정할 수 있는 기회를 줌으로써 행정권의 자주성을 존중하고 아울러 소송사건의 폭주를 피함으로써 법원의 부담을 줄이고자 하는 데 그 취지가 있다」(대판 1988.2. 23, 87누704).

Ⅳ. 행정심판의 종류

「행정심판법」은 행정심판의 종류로서 취소심판, 무효등확인심판 및 의무이행심판의 3가지를 명시하고 있다. 이들은 모두 항고쟁송의 성격을 갖는다.[2]

1. 취소심판

취소심판이란 행정청의 위법 또는 부당한 처분을 취소하거나 변경하는 행정심판을 말하는바, 취소심판은 형성적 쟁송의 성질을 갖는다.

---

2) 현행 「행정심판법」상의 행정심판은 모두 항고쟁송의 성질을 갖지만 행정심판 가운데에는 당사자쟁송의 성격을 갖는 행정심판도 존재하는바, 이에 대하여는 행정심판이라는 용어 대신에 강학상이나 실정법상 '재결신청'이라는 용어를 사용하고 있다. 한편 현행법상 재결신청에 관하여는 일반적인 근거법이 없으며, 「공익사업을 위한 토지 등의 취득 및 보상에 관한 법률」 등과 같은 단행법률이 규율하고 있을 뿐이다.

2. 무효등확인심판

무효등확인심판이란 행정청의 처분의 효력유무 또는 존재여부를 확인하는 심판을 말한다. 한편 무효등확인심판은 무효 등을 확인·선언하는 점에서 실질적으로 확인적 쟁송의 성질을 갖지만, 형식적으로는 행정주체가 우월한 지위에서 행한 처분 등의 효력의 유무를 직접 심판의 대상으로 한다는 점에서 형성적 쟁송의 성질 또한 갖는다.

3. 의무이행심판

의무이행심판이란 당사자의 신청에 대한 행정청의 위법 또는 부당한 거부처분이나 부작위에 대하여 일정한 처분을 하도록 하는 행정심판을 말하는바, 의무이행심판은 행정청에 대하여 일정한 처분을 할 것을 명하는 재결을 구하는 이행쟁송의 성질을 갖는다. 한편 의무이행심판은 현재 법률상 의무가 있는 행위가 행해지지 않고 있는 경우에 행해질 수 있을 뿐이므로, 장래의 이행쟁송은 허용되지 않는다.

▌제3절 ▌ 행정심판의 당사자 및 관계인

Ⅰ. 행정심판의 당사자

1. 청구인

(1) 의 의
행정심판의 청구인이란 심판청구의 대상이 되는 처분 또는 부작위에 불복하여 그의 취소·변경 등을 구하기 위하여 심판청구를 제기하는 자를 말한다.

청구인은 자연인인지 법인인지는 불문하며, 법인이 아닌 사단이나 재단도 대표자나 관리인이 정하여져 있는 경우에는 그 사단이나 재단의 이름으로 행정심판을 청구할 수 있다(「행정심판법」 제14조). 또한 처분의 상대방뿐만 아니라 제3자도 행정심판을 제기할 수 있다.

(2) 청구인적격
청구인적격이란 행정심판의 청구인이 될 수 있는 자격을 말한다. 취소심판에 있어서는 처분의 취소 또는 변경을 구할 '법률상 이익'이 있는 자가, 무효등확인심판에 있어서는 처분의 효력유무 또는 존재여부의 확인을 구할 '법률상 이익'이 있는 자가, 그리고

의무이행심판에 있어서는 처분을 신청한 자로서 행정청의 거부처분 또는 부작위에 대하여 일정한 처분을 구할 '법률상 이익'이 있는 자가 청구인적격을 가진다(「행정심판법」 제13조).

　　1) 법률상 이익의 의의　　여기에서 '법률상 이익'이 무엇을 의미하는가에 관해서는 권리구제설·법적 이익구제설·보호가치 있는 이익구제설 및 적법성 보장설 등이 주장되고 있으나, 법적 이익구제설이 종래의 통설·판례의 입장이다(이에 관해 자세한 것은 취소소송의 원고적격 부분 참조).

　　2) 청구인적격에 관한 규정의 입법상 과오 여부　　「행정심판법」이 행정심판의 청구인적격을 항고소송의 원고적격과 동일하게 '법률상 이익이 있는 자'에게만 인정하고 있는 것을 입법상 과오로 볼 것인지 여부에 대하여는 학설이 대립하고 있다.

　　생각건대 행정심판은 '위법한' 처분뿐만 아니라 '부당'한 처분을 대상으로 하여서도 제기할 수 있는 것이므로 부당한 처분에 의하여 반사적 이익을 침해받은 경우에도 행정심판을 제기할 수 있어야 한다. 따라서 현행 「행정심판법」이 법률상 이익이 있는 자에게만 행정심판의 청구인적격을 인정하고 있는 것은 문제가 있다고 할 것이다. 일본과 독일의 경우 행정소송과 달리 행정심판에 있어서의 청구인적격에 관하여는 아무런 특별한 규정을 두고 있지 않은 것도 이러한 맥락에서 이해될 수 있다.

　　(3) 선정대표자의 선정

　　여러 명의 청구인이 공동으로 심판청구를 할 때에는 청구인들 중에서 3명 이하의 선정대표자를 선정할 수 있으며, 청구인들이 선정대표자를 선정하지 아니한 경우에 행정심판위원회는 청구인들에게 선정대표자를 선정할 것을 권고할 수 있다(「행정심판법」 제15조 제1항·제2항). 이 경우 선정대표자는 행정심판의 당사자인 청구인들 중에서 선정하여야 하는바, 당사자 아닌 자를 선정대표자로 선정한 행위는 효력을 갖지 못한다.

> **관련판례**
>
> 「청구인들이 당사자가 아닌 원고 개인을 선정대표자로 선정한 바 있더라도 행정심판법 제11조에 의하면 선정대표자는 청구인 중에서 이를 선정하여야 하는 것이므로 당사자가 아닌 원고 개인에 대한 선정행위는 그 효력을 갖는 것은 아니어서 그 선정으로 말미암아 원고 개인이 위 행정심판절차의 당사자가 되게 되는 것도 아니다」(대판 1991.1.25, 90누7791).

　　선정대표자는 '각기' 다른 청구인들을 위하여 그 사건에 관한 모든 행위를 할 수 있다. 다만 심판청구를 취하하려면 다른 청구인의 동의를 받아야 하며, 이 경우 동의받은 사실을 서면으로 소명하여야 한다(동조 제3항). 한편 선정대표자가 선정되면 다른 청구인들은 그 선정대표자를 통해서만 그 사건에 관한 행위를 할 수 있게 된다(동조 제4항).

선정대표자를 선정한 청구인들은 필요하다고 인정하면 선정대표자를 해임하거나 변경할 수 있다. 이 경우 청구인들은 그 사실을 지체없이 행정심판위원회에 서면으로 알려야 한다(동조 제5항).

(4) 청구인의 지위승계

청구인의 지위승계의 유형에는 당연승계와 허가승계가 있다.

1) 당연승계   행정심판을 제기한 후에 자연인인 청구인이 사망한 경우에는 상속인이나 그 밖에 법령에 따라 심판청구의 대상에 관계되는 권리나 이익을 승계한 자가 청구인의 지위를 승계하며, 법인인 청구인이 합병에 따라 소멸하였을 때에는 합병 후 존속하는 법인이나 합병에 따라 설립된 법인이 청구인의 지위를 승계한다. 이 경우 청구인의 지위를 승계한 자는 행정심판위원회에 서면으로 그 사유를 신고하여야 하며, 신고서에는 사망 등에 의한 권리·이익의 승계 또는 합병 사실을 증명하는 서면을 함께 제출하여야 한다(「행정심판법」 제16조 제1항·제2항·제3항).

2) 허가승계   심판청구의 대상과 관계되는 권리나 이익을 양수한 자는 행정심판위원회의 허가를 받아 청구인의 지위를 승계할 수 있다(동조 제5항). 행정심판위원회는 지위승계신청을 받으면 기간을 정하여 당사자와 참가인에게 의견을 제출하도록 할 수 있으며, 당사자와 참가인이 그 기간에 의견을 제출하지 아니하면 의견이 없는 것으로 본다(동조 제6항). 한편 행정심판위원회는 지위승계신청에 대하여 허가여부를 결정하고, 지체 없이 신청인에게는 결정서 정본을, 당사자와 참가인에게는 결정서 등본을 송달하여야 한다(동조 제7항). 만약 행정심판위원회가 지위승계를 허가하지 아니하면 신청인은 결정서 정본을 받은 날부터 7일 이내에 행정심판위원회에 이의신청을 할 수 있다(동조 제8항). 이러한 이의신청제도는 2010년의 「행정심판법」 개정을 통하여 처음으로 행정심판에 도입된 제도이다.3)

2. 피청구인

(1) 의 의

피청구인이란 행정심판에 있어서 청구인에 대립되는 당사자를 말한다.

(2) 피청구인적격

행정심판의 피청구인은 처분을 한 행정청(의무이행심판의 경우에는 청구인의 신청을 받은 행정청)이 된다. 다만 심판청구의 대상과 관계되는 권한이 다른 행정청에게 승계된 경우에는 권한을 승계한 행정청을 피청구인으로 하여야 한다(「행정심판법」 제17조 제1항).

---

3) 이하의 피청구인에 대한 결정에 대한 이의신청, 심판참가의 허가여부에 대한 결정 등에 대한 이의신청제도 역시 2010년의 「행정심판법」 개정을 통하여 처음으로 도입되었다.

(3) 피청구인의 경정

청구인이 피청구인을 잘못 지정한 경우 또는 행정심판이 청구된 후에 심판청구의 대상과 관계되는 권한이 다른 행정청에게 승계된 경우에는, 행정심판위원회는 직권으로 또는 당사자의 신청에 의하여 결정으로써 피청구인을 경정할 수 있다. 행정심판위원회가 피청구인을 경정하는 결정을 하면 결정서 정본을 당사자(종전의 피청구인과 새로운 피청구인을 포함한다)에게 송달하여야 한다(동조 제2항 · 제3항 · 제5항). 피청구인의 경정에 대한 행정심판위원회의 결정에 대하여 이의가 있는 경우 당사자는 결정서 정본을 받은 날부터 7일 이내에 행정심판위원회에 이의신청을 할 수 있다(동조 제6항).

한편 행정심판위원회가 피청구인의 경정결정을 하면 종전의 피청구인에 대한 심판청구는 취하되고, 종전의 피청구인에 대한 행정심판이 청구된 때에 새로운 피청구인에 대한 행정심판이 청구된 것으로 본다(동조 제4항).

II. 행정심판의 관계인

1. 참가인

(1) 심판참가

행정심판의 결과에 이해관계가 있는 제3자나 행정청은 해당 심판청구에 대한 행정심판위원회나 소위원회의 의결이 있기 전까지 그 사건에 대하여 심판참가할 수 있다(「행정심판법」 제20조 제1항). 이처럼 이해관계인의 행정심판에의 참가를 인정한 것은 심리의 적정을 도모함과 동시에 참가인의 권익을 보호하기 위한 것이다.

1) **참가신청** 심판참가를 하려는 자는 참가의 취지와 이유를 적은 참가신청서를 행정심판위원회에 제출하여야 하며, 이 경우 당사자의 수만큼 참가신청서 부본(副本)을 함께 제출하여야 한다(동조 제2항). 행정심판위원회는 참가신청서를 받으면 참가신청서 부본을 당사자에게 송달하여야 한다. 이때 행정심판위원회는 기간을 정하여 당사자와 다른 참가인에게 제3자의 참가신청에 대한 의견을 제출하도록 할 수 있으며, 당사자와 다른 참가인이 그 기간에 의견을 제출하지 아니하면 의견이 없는 것으로 본다(동조 제3항 · 제4항).

2) **참가신청에 대한 결정** 행정심판위원회는 참가신청을 받으면 그에 대한 허가여부를 결정하고, 지체 없이 신청인에게는 결정서 정본을, 당사자와 다른 참가인에게는 결정서 등본을 송달하여야 한다(동조 제5항). 행정심판위원회의 결정에 이의가 있는 경우 신청인은 결정서 등본 송달을 받은 날부터 7일 이내에 행정심판위원회에 이의신청을 할 수 있다(동조 제6항).

(2) 심판참가의 요구

행정심판위원회는 필요하다고 인정하면 그 행정심판결과에 이해관계가 있는 제3자나 행정청에 그 사건 심판에 참가할 것을 요구할 수 있으며, 이러한 요구를 받은 제3자나 행정청은 지체 없이 그 사건 심판에 참가할 것인지의 여부를 행정심판위원회에 통지하여야 한다(「행정심판법」 제21조).

(3) 참가인의 지위

참가인은 행정심판절차에서 당사자가 할 수 있는 심판절차상의 행위를 할 수 있다. 참가인의 대리인 선임과 대표자 자격 및 서류 제출에 관하여는 「행정심판법」 제18조, 제19조 및 제22조 제2항을 준용한다.

2. 대리인

심판청구의 당사자, 즉 청구인과 피청구인은 대리인을 선임하여 당해 심판청구에 관한 행위를 하게 할 수 있다(「행정심판법」 제18조 제1항). 이 경우 대리인으로 선임될 수 있는 자는 다음과 같다.

청구인의 대리인으로 선임될 수 있는 자	피청구인의 대리인으로 선임될 수 있는 자
① 청구인의 배우자, 청구인 또는 배우자의 4촌 이내의 혈족 ② 청구인이 법인이거나 청구인능력이 있는 법인이 아닌 사단 또는 재단인 경우 그 소속 임직원 ③ 변호사 ④ 다른 법률에 따라 심판청구를 대리할 수 있는 자 ⑤ 행정심판위원회의 허가를 받은 자	① 소속직원 ② 변호사 ③ 다른 법률에 따라 심판청구를 대리할 수 있는 자 ④ 행정심판위원회의 허가를 받은 자

▌제4절▐ 행정심판기관

Ⅰ. 개 설

행정심판기관을 어떻게 설치할 것인가는 입법정책적으로 결정할 문제이다. 「행정심판법」은 종래 행정심판이 갖는 권리구제의 실효성을 확보하기 위하여 기능분리의 측면에서 심리·의결기능과 재결기능을 분리시켜 왔다. 즉, 심리·의결기능은 행정심판위원회에, (형식적인) 재결기능은 재결청에 부여하고 있었다.

그러나 (2008년에 개정된) 현행 「행정심판법」은 신속한 권리구제라는 행정심판의 목적에 부합하기 위하여 절차를 간소화하여 '재결청'이란 개념을 배세하고, 행정심판위원회가 심리와 재결을 모두 담당하도록 하여 행정심판기관을 행정심판위원회로 단일화하였다.

II. 행정심판위원회의 의의

행정심판위원회란 행정청의 처분 또는 부작위에 대한 행정심판의 청구를 심리 · 재결할 수 있는 권한을 가진 행정기관을 말하는바, 행정심판위원회는 '비상설 합의체 행정청'의 성격을 갖고 있다.

III. 행정심판위원회의 구분

1. 처분 행정청 소속의 행정심판위원회

다음에 열거하는 행정청 또는 그 소속 행정청의 처분 또는 부작위에 대한 행정심판의 청구에 대하여는 그 행정청에 두는 행정심판위원회에서 심리 · 재결한다(「행정심판법」 제6조 제1항).

① 감사원, 국가정보원장, 그 밖에 대통령령으로 정하는 대통령 소속기관의 장

② 국회사무총장 · 법원행정처장 · 헌법재판소사무처장 및 중앙선거관리위원회사무총장

③ 국가인권위원회, 그 밖에 지위 · 성격의 독립성과 특수성 등이 인정되어 대통령령으로 정하는 행정청

2. 중앙행정심판위원회

다음에 열거하는 행정청의 처분 또는 부작위에 대한 심판청구에 대하여는 「부패방지 및 국민권익위원회의 설치와 운영에 관한 법률」에 따른 국민권익위원회에 두는 중앙행정심판위원회에서 심리 · 재결한다(「행정심판법」 제6조 제2항).

① 「행정심판법」 제6조 제1항에 따른 행정청 외의 국가행정기관의 장 또는 그 소속 행정청

② 특별시장 · 광역시장 · 특별자치시장 · 도지사 · 특별자치도지사(특별시 · 광역시 · 특별자치시 · 도 또는 특별자치도의 교육감을 포함한다) 또는 특별시 · 광역시 · 특별자

치시 · 도 · 특별자치도의 의회(의장, 위원회의 위원장, 사무처장 등 의회 소속 모든 행정청을 포함한다)

③「지방자치법」에 따른 지방자치단체조합 등 관계 법률에 따라 국가 · 지방자치단체 · 공공법인 등이 공동으로 설립한 행정청(다만「행정심판법」제6조 제3항 제3호에 해당하는 행정청은 제외한다)

3. 시 · 도지사 소속의 행정심판위원회

다음에 열거하는 행정청의 처분 또는 부작위에 대한 심판청구에 대하여는 시 · 도지사 소속으로 두는 행정심판위원회에서 심리 · 재결한다(「행정심판법」제6조 제3항).

① 시 · 도 소속 행정청

② 시 · 도의 관할구역에 있는 시 · 군 · 자치구의 장, 소속 행정청 또는 시 · 군 · 자치구의 의회(의장, 위원회의 위원장, 사무국장, 사무과장 등 의회 소속 모든 행정청을 포함한다)

③ 시 · 도의 관할구역에 있는 둘 이상의 지방자치단체(시 · 군 · 자치구를 말한다) · 공공법인 등이 공동으로 설립한 행정청

4. 직근 상급행정기관 소속의 행정심판위원회

「행정심판법」제6조 제2항 제1호에도 불구하고 대통령령으로 정하는 국가행정기관 소속 특별지방행정기관의 장의 처분 또는 부작위에 대한 심판청구에 대하여는 해당 행정청의 직근 상급행정기관에 두는 행정심판위원회에서 심리 · 재결한다(「행정심판법」제6조 제4항).[4]

5. 제3자적 기관

행정심판에 있어서의 재결의 객관적 공정성을 확보하기 위하여 개별법이 특별한 제3자적 기관을 심리 · 재결을 담당하는 기관으로 규정하는 경우가 있는바, 소청심사위원회(「국가공무원법」제9조), 조세심판원(「국세기본법」제67조) 등이 그 예이다.

---

4) 여기서 "대통령령으로 정하는 국가행정기관 소속 특별지방행정기관"이란 법무부 및 대검찰청 소속 특별지방행정기관(직근 상급행정기관이나 소관 감독행정기관이 국무총리나 중앙행정기관인 경우를 제외한다)을 말한다(「행정심판법 시행령」제3조). 동 조항의 직근 상급행정기관 체계를 예시하면 다음과 같다. ① 교도소 또는 구치소 → 지방교정청 → 법무부, ② 소년원 → 법무부, ③ 출입국관리소 → 법무부, ④ 지방검찰청 지청 → 지방검찰청 → 고등검찰청 → 대검찰청.

IV. 행정심판위원회의 구성

1. (보통의) 행정심판위원회

행정심판위원회(중앙행정심판위원회는 제외한다)는 위원장 1명을 포함하여 50명 이내의 위원으로 구성한다(「행정심판법」 제7조 제1항).

(1) 행정심판위원회의 위원

행정심판위원회의 위원은 해당 행정심판위원회가 소속된 행정청이 다음의 어느 하나에 해당하는 사람 중에서 성별을 고려하여 위촉하거나 그 소속 공무원 중에서 지명한다(동조 제4항).

① 변호사 자격을 취득한 후 5년 이상의 실무 경험이 있는 사람

② 「고등교육법」 제2조 제1호부터 제6호까지의 규정에 따른 학교에서 조교수 이상으로 재직하거나 재직하였던 사람

③ 행정기관의 4급 이상 공무원이었거나 고위공무원단에 속하는 공무원이었던 사람

④ 박사학위를 취득한 후 해당 분야에서 5년 이상 근무한 경험이 있는 사람

⑤ 그 밖에 행정심판과 관련된 분야의 지식과 경험이 풍부한 사람

(2) 행정심판위원회의 위원장

행정심판위원회의 위원장은 그 행정심판위원회가 소속된 행정청이 된다. 위원장이 없거나 부득이한 사유로 직무를 수행할 수 없거나 위원장이 필요하다고 인정하는 경우에는 ① 위원장이 사전에 지명한 위원, ② 「행정심판법」 제7조 제4항에 따라 지명된 공무원인 위원[5]의 순서에 따라 위원이 위원장의 직무를 대행한다(동조 제2항).

다만 위와 같은 규정에도 불구하고 「행정심판법」 제6조 제3항에 따라 시·도지사 소속으로 두는 행정심판위원회의 경우에는 해당 지방자치단체의 조례로 정하는 바에 따라 공무원이 아닌 위원을 위원장으로 정할 수 있다. 이 경우 위원장은 비상임으로 한다.

2. 중앙행정심판위원회

(1) 중앙행정심판위원회의 위원

중앙행정심판위원회는 위원장 1명을 포함하여 70명 이내의 위원으로 구성하되, 위원 중 상임위원은 4명 이내로 한다(「행정심판법」 제8조 제1항).

중앙행정심판위원회의 상임위원은 일반직공무원으로서 「국가공무원법」 제26조

---

5) 이 경우 공무원인 위원이 2명 이상인 경우에는 직급 또는 고위공무원단에 속하는 공무원의 직무등급이 높은 위원 순서로, 직급 또는 직무등급도 같은 경우에는 위원 재직기간이 긴 위원 순서로, 재직기간도 같은 경우에는 연장자 순서로 한다.

의5에 따른 임기제공무원으로 임명하되, 3급 이상 공무원 또는 고위공무원단에 속하는 일반직공무원으로 3년 이상 근무한 사람이나 그 밖에 행정심판에 관한 지식과 경험이 풍부한 사람 중에서 중앙행정심판위원회 위원장의 제청으로 국무총리를 거쳐 대통령이 임명한다(동조 제3항).

중앙행정심판위원회의 비상임위원은 제7조 제4항 각 호의 어느 하나에 해당하는 사람 중에서 중앙행정심판위원회 위원장의 제청으로 국무총리가 성별을 고려하여 위촉한다(동조 제4항).

(2) 중앙행정심판위원회의 위원장

중앙행정심판위원회의 위원장은 국민권익위원회의 부위원장 중 1명이 되며, 위원장이 없거나 부득이한 사유로 직무를 수행할 수 없거나 위원장이 필요하다고 인정하는 경우에는 상임위원(상임으로 재직한 기간이 긴 위원 순서로, 재직기간이 같은 경우에는 연장자 순서로 한다)이 위원장의 직무를 대행한다(동조 제2항).

3. 위원의 임기 및 신분보장

(1) 위원의 임기

「행정심판법」제7조 제4항에 따라 행정심판위원회가 소속된 행정청이 그 소속 공무원 중에 지명한 위원은 그 직에 재직하는 동안 재임한다(「행정심판법」제9조 제1항).

「행정심판법」제8조 제3항에 따라 임명된 중앙행정심판위원회 상임위원의 임기는 3년으로 하며, 1차에 한하여 연임할 수 있다(동조 제2항).

「행정심판법」제7조 제4항 및 제8조 제4항에 따라 위촉된 위원의 임기는 2년으로 하되, 2차에 한하여 연임할 수 있다. 다만, 제6조 제1항 제2호에 규정된 기관에 두는 행정심판위원회의 위촉위원의 경우에는 각각 국회규칙, 대법원규칙, 헌법재판소규칙 또는 중앙선거관리위원회규칙으로 정하는 바에 따른다(동조 제3항).

(2) 위원의 결격사유

대한민국 국민이 아닌 사람 또는 「국가공무원법」제33조 각 호의 어느 하나에 해당하는 사람은 행정심판위원회의 위원이 될 수 없으며, 위원이 이에 해당하게 된 때에는 당연히 퇴직한다(동조 제4항).

(3) 위원의 신분보장

「행정심판법」제7조 제4항 및 제8조 제4항에 따라 위촉된 위원은 금고 이상의 형을 선고받거나 부득이한 사유로 장기간 직무를 수행할 수 없게 되는 경우 외에는 임기 중 그의 의사와 다르게 해촉되지 아니한다(동조 제5항).

V. 행정심판위원회의 회의 및 운영

1. (보통의) 행정심판위원회

행정심판위원회의 회의는 위원장과 위원장이 회의마다 지정하는 8명의 위원(그중 제4항에 따른 위촉위원은 6명 이상으로 하되, 제3항에 따라 위원장이 공무원이 아닌 경우에는 5명 이상으로 한다)으로 구성한다. 다만, 국회규칙, 대법원규칙, 헌법재판소규칙, 중앙선거관리위원회규칙 또는 대통령령(제6조 제3항에 따라 시·도지사 소속으로 두는 행정심판위원회의 경우에는 해당 지방자치단체의 조례)으로 정하는 바에 따라 위원장과 위원장이 회의마다 지정하는 6명의 위원(그중 제4항에 따른 위촉위원은 5명 이상으로 하되, 제3항에 따라 공무원이 아닌 위원이 위원장인 경우에는 4명 이상으로 한다)으로 구성할 수 있다. 한편 행정심판위원회는 구성원 과반수의 출석과 출석위원 과반수의 찬성으로 의결한다(「행정심판법」 제7조 제5항·6항).

행정심판위원회의 조직과 운영, 그 밖에 필요한 사항은 국회규칙, 대법원규칙, 헌법재판소규칙, 중앙선거관리위원회규칙 또는 대통령령으로 정한다(동조 제7항).

2. 중앙행정심판위원회

중앙행정심판위원회의 회의(제8조 제6항에 따른 소위원회 회의는 제외한다)는 위원장, 상임위원 및 위원장이 회의마다 지정하는 비상임위원을 포함하여 총 9명으로 구성한다. 중앙행정심판위원회는 심판청구사건 중 「도로교통법」에 따른 자동차운전면허 행정처분에 관한 사건(소위원회가 중앙행정심판위원회에서 심리·의결하도록 결정한 사건은 제외한다)을 심리·의결하게 하기 위하여 4명의 위원으로 구성하는 소위원회를 둘 수 있다. 중앙행정심판위원회 및 소위원회는 구성원 과반수의 출석과 출석위원 과반수의 찬성으로 의결한다. 또한 중앙행정심판위원회는 위원장이 지정하는 사건을 미리 검토하도록 필요한 경우에는 전문위원회를 둘 수 있다(「행정심판법」 제8조 제5항~제8항).

중앙행정심판위원회, 소위원회, 전문위원회의 조직과 운영 등에 필요한 사항은 대통령령으로 정한다(동조 제9항).

VI. 위원 등의 제척·기피·회피

제척·기피·회피란 심판청구사건에 대한 심리·재결의 공정성을 확보하기 위하여, 행정심판위원회의 위원은 물론 당해 사건의 심의에 관한 사무에 관여하는 직원이 구체적 사건에 대하여 특정한 관계에 있을 때 그 사건의 직무집행에서 배제하는 제도를 말한다.

1. 제 척

제척이란 행정심판위원회의 위원 등에게 법률이 정하는 제척사유[6]가 있을 때, 법률상 '당연히' 그 사건의 심리·재결에서 배제되는 것을 말한다. 이 경우 제척결정은 위원장의 직권으로 또는 당사자의 신청에 의하여 한다(「행정심판법」 제10조 제1항).

한편 제척사유가 있는 위원이 관여한 심리·재결은 본질적인 절차상의 하자로서 무효로 된다.

2. 기 피

기피란 위원 등에게 제척사유 이외의 공정한 심리·의결을 기대하기 어려운 사정이 있는 경우에 '당사자의 신청'에 기한 행정심판위원회의 위원장의 결정에 의하여 심리·재결로부터 배제되는 것을 말한다(동조 제2항·제5항).[7]

기피신청은 그 사유를 소명(疏明)한 문서로 하여야 한다. 기피신청을 받은 위원장은 기피여부에 대한 결정을 하고, 지체없이 신청인에게 결정서 정본을 송달하여야 한다(동조 제3항·제6항).

3. 회 피

회피란 위원 등이 제척사유 또는 기피사유에 해당되는 것을 알게 되었을 때 '스스로' 심리·재결을 피하는 것을 말한다. 이 경우 회피하고자 하는 위원은 위원장에게 그 사유를 소명하여야 한다(동조 제7항).

4. 준 용

제척·기피·회피제도는 사건의 심리·재결에 관한 사무에 관여하는 행정심판위원회의 직원에게도 준용된다(동조 제8항).

---

6) 「행정심판법」 제10조 제1항이 규정하고 있는 제척사유는 다음과 같다. 즉,
  ① 위원 또는 그 배우자나 배우자이었던 사람이 사건의 당사자이거나 사건에 관하여 공동권리자 또는 의무자인 경우
  ② 위원이 사건의 당사자와 친족이거나 친족이었던 경우
  ③ 위원이 사건에 관하여 증언이나 감정을 한 경우
  ④ 위원이 당사자의 대리인으로서 사건에 관여하거나 관여하였던 경우
  ⑤ 위원이 사건의 대상이 된 처분 또는 부작위에 관여한 경우
7) 위원장의 기피결정에 대하여는 불복신청을 할 수 없다(「행정심판법 시행령」 제11조 제4항).

VII. 행정심판위원회의 권한

행정심판기관이 행정심판위원회로 단일화되었으므로 행정심판청구에 대한 심리·재결에 관련된 모든 권한을 행정심판위원회가 갖게 되었는바, 대표적인 행정심판위원회의 권한을 열거하면 다음과 같다.

1. 심리권·심리권에 부수된 권한

행정심판위원회는 심판청구사건에 대하여 심리권을 가지며, 이러한 심리와 관련하여 ① 대표자선정권고권(「행정심판법」제15조 제2항), ② 청구인의 지위승계허가권(동법 제16조 제5항), ③ 대리인선임허가권(동법 제18조 제1항 제5호), ④ 피청구인경정결정권(동법 제17조 제2항), ⑤ 심판참가허가 및 요구권(동법 제20조, 제21조), ⑥ 청구변경에 대한 허가권(동법 제29조), ⑦ 보정명령권(동법 제32조), ⑧ 관계 행정기관에 대한 자료제출요구권(제35조), ⑨ 증거조사권(동법 제36조) 등의 권한을 가진다.

2. 재결권(후술 참조)

3. 불합리한 법령 등의 시정조치 요청권

중앙행정심판위원회는 심판청구를 심리·재결할 때에 처분 또는 부작위의 근거가 되는 명령 등이 법령에 근거가 없거나 상위 법령에 위배되거나 국민에게 과도한 부담을 주는 등 크게 불합리하면 관계 행정기관에 그 명령 등의 개정·폐지 등 적절한 시정조치를 요청할 수 있다. 한편 이러한 요청을 받은 관계 행정기관은 정당한 사유가 없으면 이에 따라야 한다(「행정심판법」제59조).

4. 조사·지도 등

중앙행정심판위원회는 행정청에 대하여 위원회 운영 실태, 재결이행 상황, 행정심판의 운영현황 등을 조사하고, 그에 따라 필요한 지도를 할 수 있다(「행정심판법」제60조 제1항).

행정청은 이 법에 따른 행정심판을 거쳐 「행정소송법」에 따른 항고소송이 제기된 사건에 대하여 그 내용이나 결과 등 대통령령으로 정하는 사항을 반기(半期)마다 그 다음 달 15일까지 해당 심판청구에 대한 재결을 한 중앙행정심판위원회 또는 제6조 제3항에 따라 시·도지사 소속으로 두는 행정심판위원회에 알려야 한다. 한편 제6조 제3항에 따라 시·도지사 소속으로 두는 행정심판위원회는 중앙행정심판위원회가 요청하면 제2항에 따라 수집한 자료를 제출하여야 한다(동조 제2항·제3항).

Ⅷ. 행정심판위원회의 권한승계

당사자의 심판청구 후 행정심판위원회가 법령의 개정·폐지 또는 제17조 제5항에 따른 피청구인의 경정 결정에 따라 그 심판청구에 대하여 재결할 권한을 잃게 된 경우에는 해당 행정심판위원회는 심판청구서와 관계 서류, 그 밖의 자료를 새로 재결할 권한을 갖게 된 행정심판위원회에 보내야 한다. 이 경우 송부를 받은 행정심판위원회는 지체없이 그 사실을 청구인, 피청구인, 참가인에게 알려야 한다(「행정심판법」 제12조).

▌제5절 ▌ 행정심판의 청구

Ⅰ. 심판청구의 요건

1. 개 관

행정심판은 ① 청구인적격이 있는 자가 ② 심판청구사항인 위법 또는 부당한 처분이나 부작위를 대상으로 ③ 청구기간 내에 ④ 소정의 형식과 절차를 갖추어 ⑤ 행정심판위원회 또는 피청구인인 행정청에 청구하여야 한다. 이 중에서 ①의 청구인적격에 관하여는 전술하였으므로, 여기서는 그 외의 요건에 대해서만 설명하기로 한다.

2. 심판청구의 대상

(1) 원칙—개괄주의
법률이 행정심판의 대상을 정하는 방식은 크게 행정심판을 제기할 수 있는 사항을 한정하지 아니하는 개괄주의와 법령이 열거하는 특정한 사항에 관해서만 행정심판의 제기를 허용하는 열기주의로 구분할 수 있다. 이 가운데 개괄주의에 의하는 것이 국민의 권익구제의 범위를 널리 확보할 수 있는 장점이 있다. 현행 「행정심판법」 역시 이 점을 고려하여 「행정청의 처분 또는 부작위에 대하여는 다른 법률에 특별한 규정이 있는 경우 외에는 이 법에 따라 행정심판을 청구할 수 있다」(제3조 제1항)고 하여 개괄주의를 채택하고 있다.

(2) 예 외
「행정심판법」은 개괄주의를 원칙으로 하면서도 그 스스로 ―처분이나 부작위에 해당하지만― 행정심판사항이 될 수 없는 경우를 규정하고 있다. 즉,

① 대통령의 처분 또는 부작위에 대해서는 다른 법률에서 행정심판을 청구할 수 있도록 정한 경우 이외에는 행정심판을 청구할 수 없으며(「행정심판법」 제3조 제2항), ② 심판청구에 대한 재결이 있는 경우 그 재결 및 같은 처분 또는 부작위에 대해서도 행정심판을 청구할 수 없다(동법 제51조).

(3) 행정심판의 대상-처분과 부작위

1) 처 분 「행정심판법」 제2조 제1호는 '처분'을 「행정청이 행하는 구체적 사실에 관한 법집행으로서의 공권력의 행사 또는 그 거부, 그 밖에 이에 준하는 행정작용」이라고 정의하고 있다(처분의 의미에 관하여 자세한 것은 제6장 행정소송의 관련부분 참조).

2) 부작위 「행정심판법」 제2조 제2호는 '부작위'를 「행정청이 당사자의 신청에 대하여 상당한 기간 내에 일정한 처분을 하여야 할 법률상의 의무가 있는데도 처분을 하지 아니하는 것」이라고 정의하고 있다(부작위의 의미에 관하여 자세한 것은 제6장 행정소송의 관련부분 참조).

3. 심판청구기간

(1) 원칙적 행정심판기간

행정심판은 원칙적으로 처분이 있음을 알게 된 날부터 90일 이내에 청구하여야 하는바, 이 기간은 불변기간이며 직권조사사항이다(대판 1988.5.24, 87누990 참조). 또한 행정심판은 정당한 사유가 있는 경우가 아닌 한 처분이 있었던 날부터 180일이 지나면 청구하지 못한다(「행정심판법」 제27조 제1항~제3항). 한편 이들 두 청구기간 중 어느 하나라도 경과하면 심판청구를 하지 못한다.

1) 처분이 있음을 알게 된 날 '처분이 있음을 알게 된 날'이란 당사자가 통지나 공고 기타의 방법에 의하여 당해 처분이 있었다는 사실을 현실적으로 안 날을 의미한다(관련판례 ① 참조). 다만 공고 또는 고시에 의한 처분의 경우에는 공고 또는 고시가 효력을 발생한 날을 의미한다(관련판례 ② 참조).

관련판례

①「국세기본법의 적용을 받는 처분과 달리 행정심판법의 적용을 받는 처분인 과징금부과처분에 대한 심판청구기간의 기산점인 행정심판법 제18조 제1항 소정의 '처분이 있음을 안 날'이라 함은 당사자가 통지·공고 기타의 방법에 의하여 당해 처분이 있었다는 사실을 현실적으로 안 날을 의미하고, 추상적으로 알 수 있었던 날을 의미하는 것은 아니라 할 것이며, 다만 처분을 기재한 서류가 당사자의 주소에 송달되는 등으로 사회통념상 처분이 있음을 당사자가 알 수 있는 상태에 놓여진 때에는 반증이 없는 한 그 처분이 있음을 알았다고 추정할 수는 있다」(대판 2002.8.27, 2002두3850).

② 「통상 고시 또는 공고에 의하여 행정처분을 하는 경우에는 그 처분의 상대방이 불특정 다수인이고, 그 처분의 효력이 불특정 다수인에게 일률적으로 적용되는 것이므로 그에 대한 행정심판 청구기간도 그 행정처분에 이해관계를 갖는 자가 고시 또는 공고가 있었다는 사실을 현실적으로 알았는지 여부에 관계없이 고시가 효력을 발생하는 날인 고시 또는 공고가 있은 후 5일이 경과한 날에 행정처분이 있음을 알았다고 보아야 한다」(대판 2000.9.8, 99두11257).

　　2) 처분이 있었던 날　'처분이 있었던 날'이란 행정처분이 대외적으로 표시되어 효력을 발생한 날을 말한다.

관련판례

「취소소송의 제소기간 기산점으로 행정소송법 제20조 제1항이 정한 '처분 등이 있음을 안 날'은 유효한 행정처분이 있음을 안 날을, 같은 조 제2항이 정한 '처분 등이 있은 날'은 그 행정처분의 효력이 발생한 날을 각 의미한다. 이러한 법리는 행정심판의 청구기간에 관해서도 마찬가지로 적용된다」(대판 2019.8.9, 2019두38656).

(2) 예외적 행정심판청구기간
　　1) 90일에 대한 예외　청구인이 천재지변, 전쟁, 사변 그 밖의 불가항력으로 인하여 처분이 있음을 알게 된 날부터 90일 이내에 심판청구를 할 수 없었을 때에는 그 사유가 소멸한 날부터 14일(국외에서는 30일) 이내에 행정심판을 청구할 수 있다(「행정심판법」 제27조 제2항). 이 기간 역시 불변기간으로서, 직권조사사항이다. 단, 이 경우에도 정당한 사유가 없는 한 처분이 있었던 날부터 180일을 경과하게 되면 행정심판을 청구할 수 없다.
　　2) 180일에 대한 예외　처분이 있었던 날부터 180일이 경과하더라도 그 기간 내에 심판을 청구하지 못할 정당한 사유가 있는 경우에는 심판청구를 제기할 수 있다(「행정심판법」 제27조 제3항). 여기서 '정당한 사유'란 처분이 있었던 날부터 180일 이내에 심판청구를 하지 못한 것을 정당화할 만한 객관적인 사유를 의미한다.
(3) 제3자효 처분의 심판청구기간
　　제3자효 처분에 있어서 처분의 상대방이 아닌 제3자가 행정심판을 청구하는 경우에도 행정심판청구기간은 처분이 있음을 알게 된 날부터 90일, 처분이 있었던 날부터 180일 이내가 될 것이다. 그러나 현행 「행정절차법」상 처분의 상대방이 아닌 제3자에의 통지절차가 마련되어 있지 아니하므로 현실적으로 처분이 있음을 알지 못하는 제3자가 생겨날 수 있으며, 이런 경우까지 위의 심판청구기간을 그대로 적용할 수 있는지의 문제가 발생한다. 이와 관련하여 대법원이 제3자효 처분의 상대방이 아닌 제3자가

「행정심판법」제27조 제3항 소정의 행정심판청구기간(처분이 있었던 날부터 180일) 내에 심판청구를 하지 않은 경우에도 그 기간 내에 심판청구가 가능하였다는 특별한 사정이 없는 한 동법 제27조 제3항의 제척기간의 적용을 배제할 정당한 사유가 있는 경우에 해당한다고 판시한 바 있음은 주목을 요한다.

관련판례

「행정처분의 상대방이 아닌 제3자는 일반적으로 처분이 있는 것을 바로 알 수 없는 처지에 있으므로 처분이 있은 날로부터 180일이 경과하더라도 특별한 사유가 없는 한 구 행정심판법 제18조 제3항 단서 소정의 정당한 사유가 있는 것으로 보아 심판청구가 가능하다」(대판 2002.5.24, 2000두3641).

다만 위의 대법원판례는 제3자효 처분에 있어서 처분의 상대방이 아닌 제3자가 행정심판을 청구하는 경우에는 "처분이 있었던 날부터 180일 이내에 제기하여야 한다"라는 원칙이 적용되지 않는다는 것을 의미할 뿐이라는 것을 주의하여야 한다. 따라서 제3자효 처분에 있어 제3자가 (어떠한 경로를 통해서든) 처분이 있음을 알게 된 경우라면 그때부터 90일 이내에 행정심판을 제기하여야 한다. 이하의 관련판례 또한 같은 입장으로 이해할 수 있다.

관련판례

「행정처분의 상대방이 아닌 제3자가 당사자로 된 소송에서 그 행정처분에 의하여 발급된 농지매매증명서가 증거로 제출되고 이를 기초로 판결이 선고된 경우, 그 제3자는 적어도 그 증거가 제출된 날 또는 적어도 그 판결문이 송달된 날 그 행정처분(농지매매증명 발급처분)이 있었음을 알았거나 쉽게 알 수 있었다고 보아야 하므로, 그 날로부터 60일(현행법상 90일)이 지나서 제기한 행정심판 청구는 부적법하다」(대판 1996.9.6, 95누16233).

(4) 심판청구기간의 불고지 등의 경우

1) 오고지(誤告知)의 경우   행정청이 심판청구기간을 착오로 소정의 기간보다 긴 기간으로 잘못 알린 경우에는 그 잘못 알린 기간에 심판청구를 할 수 있다(「행정심판법」제27조 제5항).

관련판례

「행정청이 법정 심판청구기간보다 긴 기간으로 잘못 알린 경우에 그 잘못 알린 기간 내에 심판청구가 있으면 그 심판청구는 법정 심판청구기간 내에 제기된 것으로 본다는 취지의 행정심판법

제18조 제5항의 규정은 행정심판 제기에 관하여 적용되는 규정이지, 행정소송 제기에도 당연히 적용되는 규정이라고 할 수는 없다. 행정심판과 행정소송은 그 성질, 불복사유, 제기기간, 판단기관 등에서 본질적인 차이점이 있고, 임의적 전치주의는 당사자가 행정심판과 행정소송의 유·불리를 스스로 판단하여 행정심판을 거칠지 여부를 선택할 수 있도록 한 취지에 불과하므로 어느 쟁송 형태를 취한 이상 그 쟁송에는 그에 관련된 법률 규정만이 적용될 것이지 두 쟁송 형태에 관련된 규정을 통틀어 당사자에게 유리한 규정만이 적용된다고 할 수는 없으며, 행정처분시나 그 이후 행정청으로부터 행정심판 제기기간에 관하여 법정 심판청구기간보다 긴 기간으로 잘못 통지받은 경우에 보호할 신뢰 이익은 그 통지받은 기간 내에 행정심판을 제기한 경우에 한하는 것이지 행정소송을 제기한 경우에까지 확대된다고 할 수 없으므로, 당사자가 행정처분시나 그 이후 행정청으로부터 행정심판 제기기간에 관하여 법정 심판청구기간보다 긴 기간으로 잘못 통지받아 행정소송법상 법정 제소기간을 도과하였다고 하더라도, 그것이 당사자가 책임질 수 없는 사유로 인한 것이라고 할 수는 없다」(대판 2001.5.8, 2000두6916).

　　2) 불고지의 경우　　행정청이 심판청구기간을 알리지 아니한 경우에는 상대방이 처분이 있음을 알았을지라도 당해 처분이 있었던 날부터 180일 이내에 심판청구를 할 수 있다(동조 제6항). 이 경우 청구인이 고지에 관계없이 심판청구기간에 관하여 알고 있었는지 여부는 문제되지 않는다.

　　(5) 적용범위
　　「행정심판법」이 무효등확인심판청구와 부작위에 대한 의무이행심판청구에는 청구기간에 관한 규정의 적용을 배제하고 있으므로(동법 제27조 제7항) 청구기간에 관한 위의 논의는 취소심판과 거부처분에 대한 의무이행심판에만 해당된다.

관련판례

「행정심판법 제18조 제7항에 부작위에 대한 의무이행심판청구에는 심판청구기간에 관한 같은 조 제1항 내지 제6항의 규정을 적용하지 아니한다고 규정되어 있지만, 위 법조항 소정의 부작위에 대한 의무이행심판청구에 거부처분에 대한 의무이행심판청구도 포함된다고 볼 수는 없다」(대판 1992.11.10, 92누1629).

---

4. 심판청구의 방식

　　(1) 서면주의
　　행정심판의 청구는 일정한 사항을 적은 서면으로 하여야 한다(「행정심판법」 제28조 제1항). 다만 행정심판청구는 엄격한 형식을 요하지 않으므로 서면의 표제나 형식 여하는 문제되지 않으며(관련판례 ① 참조),[8] 법이 정한 기재사항을 불비한 경우에도 가능하면 유효한 심판청구가 있었던 것으로 해석하여야 한다(관련판례 ② 참조).

① 「행정심판청구는 엄격한 형식을 요하지 아니하는 서면행위이므로 행정청의 위법·부당한 처분으로 인하여 권리나 이익을 침해당한 사람이 당해 행정청에 그 처분의 취소나 변경을 구하는 취지의 서면을 제출하였다면 서면의 표제나 형식 여하에 불구하고 행정심판청구로 봄이 옳다. 따라서 지방자치단체의 변상금부과처분에 대하여 '답변서'란 표제로 토지점유사실이 없어 변상금을 납부할 수 없다는 취지의 서면을 제출한 경우, 행정심판청구로 보아야 한다」(대판 1999.6. 22, 99두2772).

② 「'진정서'에는 처분청과 청구인의 이름 및 주소가 기재되어 있고, 청구인의 기명날인이 되어 있으며 그 진정서의 기재내용에 의하여 심판청구의 대상이 되는 행정처분의 내용과 심판청구의 취지 및 이유를 알 수 있고, 거기에 기재되어 있지 않은 재결청, 처분이 있는 것을 안 날, 처분을 한 행정청의 고지의 유무 및 그 내용 등의 불비한 점은 어느 것이나 그 보정이 가능한 것이므로, 처분청에 제출한 처분의 취소를 구하는 취지의 진정서를 행정심판청구로 보아야 한다」(대판 1995.9.5, 94누16250).

(2) 행정심판청구서의 기재사항

행정심판청구서에는 다음과 같은 내용이 포함되어야 하며, 청구인·대표자·관리인·선정대표자 또는 대리인이 서명하거나 날인하여야 한다(동법 제28조 제5항).

1) **처분에 대한 심판청구**   처분에 대한 행정심판의 경우에는 심판청구서에 ① 청구인의 이름과 주소 또는 사무소,[9] ② 피청구인과 행정심판위원회, ③ 심판청구의 대상이 되는 처분의 내용, ④ 처분이 있음을 알게 된 날, ⑤ 심판청구의 취지와 이유, ⑥ 피청구인의 행정심판 고지 유무와 그 내용이 포함되어야 한다(동법 제28조 제2항).

2) **부작위에 대한 심판청구**   부작위에 대한 심판청구의 경우에는 심판청구서에 ① 청구인의 이름과 주소, 또는 사무소, ② 피청구인과 행정심판위원회, ③ 심판청구의 취지와 이유, ④ 당해 부작위의 전제가 되는 신청의 내용과 날짜를 적어야 한다(동법 제28조 제3항).

3) **선정대표자 등에 의한 심판청구**   청구인이 법인 등이거나 심판청구가 선정대표자 또는 대리인에 의하여 청구되는 것일 때에는 전술한 사항 외에 그 대표자·관리인·선정대표자 또는 대리인의 이름과 주소를 심판청구서에 적어야 한다(동법 제28조 제4항).

---

8) 즉, 반드시 행정심판청구서라는 제목을 가진 서면이 제출되어야만 행정심판청구가 있는 것으로 볼 필요는 없다.

9) 주소 또는 사무소 외의 장소에서 송달받기를 원하면 송달장소를 추가로 적어야 한다.

5. 심판청구의 절차

(1) 심판청구제기청의 선택주의

「행정심판법」은 행정심판청구서를 피청구인이나 행정심판위원회에 제출하도록 함으로써(「행정심판법」제23조 제1항), 심판청구제기청의 선택주의를 취하고 있다.[10] 한편 심판청구기간을 계산할 때에는 피청구인이나 행정심판위원회에 심판청구서가 제출되었을 때에 행정심판이 청구된 것으로 본다(동조 제4항).

(2) 피청구인의 처리

행정심판청구서가 피청구인에게 제출된 경우 피청구인인 행정청은 다음과 같은 조치를 취할 수 있다.

1) **심판청구서와 답변서의 송부**   피청구인이 심판청구서를 접수하거나 송부받으면 10일 이내에 심판청구서와 답변서를 행정심판위원회에 보내야 한다. 다만 청구인이 심판청구를 취하한 경우에는 그러하지 아니하다(「행정심판법」제24조 제1항).

이처럼 피청구인이 심판청구서를 보낼 때에는 심판청구서에 행정심판위원회가 표시되지 아니하였거나 잘못 표시된 경우에도 정당한 권한이 있는 행정심판위원회에 보내야 한다(동조 제3항). 또한 피청구인이 답변서를 보낼 때에는 청구인의 수만큼 답변서 부본을 함께 보내되, 답변서에는 ① 처분이나 부작위의 근거와 이유, ② 심판청구의 취지와 이유에 대응하는 답변, ③ 제24조 제2항에 해당하는 경우(제3자가 심판청구한 경우)에는 처분의 상대방의 이름 · 주소 · 연락처와 제24조 제2항의 의무(처분 상대방 및 청구인에 대한 통지의무) 이행 여부를 명확하게 적어야 한다(동조 제4항).

한편 중앙행정심판위원회에서 심리 · 재결하는 사건인 경우 피청구인이 행정심판위원회에 심판청구서 또는 답변서를 보낼 때에는 소관 중앙행정기관의 장에게도 그 심판청구 및 답변의 내용을 알려야 한다(동조 제6항).

2) **처분의 상대방 및 청구인에의 통지**   처분의 상대방이 아닌 제3자가 심판청구를 한 경우에는 피청구인은 지체 없이 처분의 상대방에게 그 사실을 알려야 하며, 이 경우 심판청구서 사본을 함께 송달하여야 한다. 또한 피청구인은 송부사실을 지체 없이 청구인에게 알려야 한다(동조 제2항 · 제5항).

3) **피청구인의 직권취소 등**   심판청구서를 받은 피청구인은 그 심판청구가 이유있다고 인정하면 심판청구의 취지에 따라 직권으로 처분을 취소 · 변경하거나 확인을 하거나 신청에 따른 처분을 할 수 있으며, 이 경우 서면으로 청구인에게 알려야 한다(「행정심판법」제25조 제1항).

---

10) 1995년의「행정심판법」개정 전에는 행정심판을 처분청을 경유하여 청구하도록 하는 '처분청 경유주의'가 채택되어 있었다.

한편 피청구인이 직권취소 등을 하였을 때에는 청구인이 심판청구를 취하한 경우가 아니면 제24조 제1항 본문에 따라 심판청구서·답변서를 보낼 때 직권취소 등의 사실을 증명하는 서류를 행정심판위원회에 함께 제출하여야 한다(동소 제2항).

(3) 행정심판위원회의 처리

행정심판위원회가 심판청구서를 직접 받게 된 경우에는 지체없이 심판청구서 부본(副本)을 피청구인에게 보내야 하며(「행정심판법」 제26조 제1항), 심판청구서를 송부받은 피청구인은 10일 이내에 답변서를 행정심판위원회에 보내야 한다(동법 제24조 제1항). 한편 피청구인으로부터 답변서가 제출되면 행정심판위원회는 답변서 부본을 청구인에게 송달하여야 한다(동법 제26조 제2항).

II. 심판청구의 변경 · 취하

1. 심판청구의 변경

(1) 의 의

심판청구의 변경이란 심판청구의 계속(係屬) 중에 청구인이 당초의 청구의 취지나 이유를 변경하는 것을 말하는바, 청구인은 청구의 기초에 변경이 없는 범위에서 청구의 취지나 이유를 변경할 수 있다. 또한 행정심판이 청구된 후에 피청구인이 새로운 처분을 하거나 심판청구의 대상인 처분을 변경한 경우에도 청구인은 새로운 처분이나 변경된 처분에 맞추어 청구의 취지나 이유를 변경할 수 있다(「행정심판법」 제29조 제1항·제2항).

(2) 청구변경의 요건

청구변경이 인정되기 위하여는 신청구(新請求)가 심판청구의 일반적 요건을 갖추는 것 이외에 다음의 요건을 갖추어야 한다.

① 청구의 기초에 변경이 없을 것[11]
② 심판청구가 계속 중이고, 행정심판위원회의 의결 전일 것
③ 신청구의 심리를 위하여 심판청구를 현저하게 지연시키지 않을 것

(3) 청구변경의 절차

청구의 변경은 서면으로 신청하여야 하며, 이 경우 피청구인과 참가인의 수만큼 청구변경신청서 부본을 함께 제출하여야 한다(동조 제3항).

한편 행정심판위원회는 청구변경신청서 부본을 피청구인과 참가인에게 송달하여

---

11) 다만 행정심판이 청구된 후에 피청구인이 새로운 처분을 하거나 심판청구의 대상인 처분을 변경한 경우에는 청구인은 새로운 처분이나 변경된 처분에 맞추어 청구의 취지나 이유를 변경할 수 있다.

야 한다(동조 제4항). 이 경우 행정심판위원회는 기간을 정하여 피청구인과 참가인에게 청구변경신청에 대한 의견을 제출하도록 할 수 있으며, 피청구인과 참가인이 그 기간에 의견을 제출하지 아니하면 의견이 없는 것으로 본다(동조 제5항).

(4) 청구변경에 대한 결정

행정심판위원회는 청구변경신청에 대하여 허가할 것인지 여부를 결정하고, 지체 없이 신청인에게는 결정서 정본을, 당사자 및 참가인에게는 결정서 등본을 송달하여야 한다(동조 제6항). 청구변경에 대한 결정에 이의가 있는 신청인은 결정서 등본을 송달받은 날부터 7일 이내에 행정심판위원회에 이의신청을 할 수 있다(동조 제7항).

청구의 변경 결정이 있으면 처음 행정심판이 청구되었을 때부터 변경된 청구의 취지나 이유로 행정심판이 청구된 것으로 본다(동조 제8항).

2. 심판청구의 취하

심판청구의 취하란 청구인이 행정심판위원회에 대하여 심판청구를 철회하는 일방적 의사표시를 말하는바, 청구인은 심판청구에 대한 행정심판위인회의 의결이 있을 때까지 서면으로 심판청구를 취하할 수 있다(「행정심판법」 제42조 제1항).

취하서에는 청구인이 서명하거나 날인하여야 하며, 취하서를 피청구인 또는 행정심판위원회에 제출하여야 한다. 한편 피청구인 또는 행정심판위원회는 계속 중인 사건에 대하여 취하서를 받으면 지체 없이 다른 관계기관, 청구인, 참가인에게 취하 사실을 알려야 한다(동조 제3항·제4항·제5항).

심판청구가 취하되면 처음부터 심판청구의 계속이 없었던 것으로 본다.

Ⅲ. 심판청구의 효과

1. 행정심판위원회에 대한 효과

심판청구의 제기가 있게 되면 행정심판위원회는 행정심판청구사건에 대하여 법정기간 내에 심리를 한 후 재결할 의무를 진다. 또한 제3자가 심판청구를 한 때에는 행정심판위원회는 처분의 상대방에게 이를 알려야 한다(「행정심판법」 제24조 제2항).

2. 처분에 대한 효과 ― 집행정지의 문제

(1) 집행부정지의 원칙

심판청구는 처분의 효력이나 그 집행 또는 절차의 속행에 영향을 주지 않는바(「행정심판법」 제30조 제1항), 이를 집행부정지의 원칙이라고 한다.

집행부정지의 원칙을 행정행위의 공정력의 당연한 귀결로 보는 견해가 있으나, 이는 공정력에 대한 오해에 기인한 것으로 보인다. 즉, 집행부정지의 원칙을 취할 것인가 집행정지의 원칙을 취할 것인가는 단지 '행정의 신속·원활한 운영'과 '국민의 권리보호' 중 어느 것을 중시할 것인가에 관한 입법정책상의 문제일 뿐이라고 생각한다. 「행정심판법」은 행정의 신속성 내지 행정심판의 남용방지 등을 이유로 집행부정지의 원칙을 취하고 있다.

(2) 집행정지결정의 요건[12]

「행정심판법」은 집행부정지의 원칙을 취하면서도 예외적으로 집행정지를 인정하고 있는바, 집행정지결정의 요건은 다음과 같다.

1) 적극적 요건

① 심판청구의 계속   먼저 그 전제가 되는 심판청구가 계속되어 있어야 한다.

② 처분의 존재   집행정지의 대상인 처분이 존재하여야 한다. 따라서 부작위의 경우나 처분이 효력을 발생하기 이전, 또는 처분이 그의 목적을 달성하여 소멸한 후에는 집행정지의 문제가 제기될 수 없다.

③ 중대한 손해예방의 필요   구 「행정심판법」(제21조 제2항)이 집행정지의 요건으로 '회복하기 어려운 손해'의 예방필요성을 명문으로 규정하고 있었던 것에 반하여, 현행 「행정심판법」은 '중대한 손해'의 예방필요성을 집행정지의 요건으로 열거하고 있다.[13]

④ 긴급한 필요   긴급한 필요란 집행정지의 필요성이 절박하다는 것, 즉 재결을 기다릴 여유가 없음을 의미한다(「행정심판법」 제30조 제2항).

2) 소극적 요건   집행정지는 그로 인하여 공공복리에 중대한 영향을 미칠 우려가 있는 경우에는 허용되지 아니한다(동조 제3항).

(3) 집행정지결정의 절차

집행정지의 결정은 행정심판위원회가 직권으로 또는 당사자의 신청[14]에 의하여 행한다(동조 제2항). 다만 행정심판위원회의 심리·결정을 기다릴 경우 중대한 손해가

---

12) 집행정지의 요건에 관한 자세한 설명은 제6장 행정소송의 집행정지에 관한 부분 참조.

13) 2010년의 「행정심판법」 개정 전의 「행정심판법」은 집행정지의 요건으로 '회복하기 어려운 손해'를 규정하고 있었다. 이와 관련하여 구 「행정심판법」상의 '회복하기 어려운 손해'의 의미를 판례가 특별한 사정이 없는 한 '금전으로 보상할 수 없는 손해'로 보고 있어 '금전상 손해'에 대하여는 '중대한 손해'일지라도 집행정지를 인정하는 데 곤란한 점이 있었다. 개정 「행정심판법」은 이 점을 고려하여 집행정지의 요건을 '중대한 손해'로 규정하여 그 요건을 완화시켰다.

14) 집행정지신청은 심판청구와 동시에 또는 심판청구에 대한 행정심판위원회나 소위원회의 의결이 있기 전까지 신청의 취지와 원인을 적은 서면을 위원회에 제출하여야 한다. 다만, 심판청구서를 피청구인에게 제출한 경우로서 심판청구와 동시에 집행정지신청을 할 때에는 심판청구서 사본과 접수증명서를 함께 제출하여야 한다(동조 제5항).

생길 우려가 있다고 인정되면 위원장은 직권으로 행정심판위원회의 심리·결정을 갈음하는 결정을 할 수 있다. 이 경우 위원장은 지체 없이 행정심판위원회에 그 사실을 보고하고 추인을 받아야 하며, 행정심판위원회의 추인을 받지 못하면 위원장은 집행정지 또는 집행정지취소에 관한 결정을 취소하여야 한다(동조 제6항).

(4) 집행정지결정의 내용

집행정지결정은 처분의 효력, 처분의 집행 또는 절차의 속행의 전부 또는 일부를 정지하는 것을 내용으로 한다(동조 제2항 본문). 다만 처분의 효력정지는 처분의 집행 또는 절차의 속행을 정지함으로써 그 목적을 달성할 수 있을 때에는 허용되지 아니한다(동조 제2항 단서).

(5) 집행정지결정의 효력

1) **형성력**　특히 처분의 효력정지는 당해 처분이 없었던 것과 같은 상태를 실현하는 것이므로, 그 범위 내에서 형성력을 갖는다.

2) **대인적 효력**　집행정지결정의 효력은 당사자뿐만 아니라 관계행정청과 제3자에게도 미친다.

3) **시간적 효력**　집행정지결정의 효력은 결정의 주문(主文)에서 정해진 시기까지 존속하는 것이나, 주문에 특별한 규정이 없는 때에는 당해 심판청구에 대한 재결이 확정될 때까지 존속한다.

(6) 집행정지결정의 취소

행정심판위원회는 집행정지를 결정한 후에 집행정지가 공공복리에 중대한 영향을 미치거나 그 정지사유가 없어진 경우에는 직권으로 또는 당사자의 신청에 의하여 집행정지결정을 취소할 수 있다(동조 제4항).[15]

한편 집행정지결정이 취소되면 발생된 집행정지결정의 효력이 소멸되고, 그때부터 집행정지결정이 없었던 것과 같은 상태로 돌아간다.

3. 임시처분

(1) 의　의

행정심판의 청구인이 처분이나 부작위에 의하여 중대한 손해를 입게 되는 경우 종전의 집행정지제도만으로는 청구인의 권익을 구제하기가 어려웠다. 즉, 종래의 집행정지제도는 처분의 효력 등을 단지 소극적으로 정지시키는 것인데, 이것만으로는 손해의

---

15) 집행정지결정의 취소 역시 행정심판위원회의 심리·결정을 기다릴 경우 중대한 손해가 생길 우려가 있다고 인정되면 위원장은 직권으로 행정심판위원회의 심리·결정을 갈음하는 결정을 할 수 있다. 이 경우 위원장은 지체 없이 행정심판위원회에 그 사실을 보고하고 추인을 받아야 하며, 추인을 받지 못하면 위원장은 집행정지취소에 관한 결정을 취소하여야 한다(동조 제6항).

발생을 충분히 막을 수 없는 경우가 있었다. 이에 2010년에 개정된 「행정심판법」은 행정청의 처분이나 부작위로 인하여 발생할 수 있는 당사자의 중대한 불이익을 예방하기 위하여 당사자에게 임시지위를 부여할 수 있는 적극적 제도인 임시처분제도를 도입하기에 이르렀다.16)

(2) 요 건17)

행정심판위원회는 처분 또는 부작위가 위법·부당하다고 상당히 의심되는 경우18)로서 처분 또는 부작위 때문에 당사자가 받을 우려가 있는 중대한 불이익이나 당사자에게 생길 급박한 위험을 막기 위하여 임시지위를 정하여야 할 필요가 있는 경우에는 직권으로 또는 당사자의 신청에 의하여 임시처분을 결정할 수 있다(「행정심판법」 제31조 제1항).

여기서 '중대한 불이익'이란 사회통념상 당사자가 인내하기가 현저히 곤란한 유무형의 손해를 말하는데, 금전상의 손해도 그 정도가 큰 경우에는 여기에 포함된다. 또한 '급박한 위험'이란 중대한 불이익의 발생 가능성이 시간적으로 절박하여 재결을 기다릴 여유가 없는 것을 말한다.

한편 임시처분도 집행정지와 마찬가지로 공공복리에 중대한 영향을 미칠 우려가 있는 경우에는 허용되지 아니한다(동법 제31조 제2항, 제30조 제3항).

(3) 임시처분의 보충성

임시처분은 집행정지로 목적을 달성할 수 있는 경우에는 허용되지 아니한다(동법 제31조 제3항). 즉, 적극적으로 당사자에게 어떤 법적 지위를 부여하는 임시처분은 소극적 수단인 집행정지만으로는 손해의 발생을 막을 수 없는 경우에만 보충적으로 허용된다.

---

16) 임시처분제도가 활용되는 예를 들어 보면 다음과 같다. 예컨대 2단계로 치러지는 국가자격시험의 1차 시험에서 불합격처분을 받은 응시생이 2차 시험이 치러지기 전에 1차 시험의 불합격처분취소 및 합격처분을 구하는 행정심판을 제기하면서 임시처분신청을 함께하면, 행정심판위원회는 일단 응시생에게 2차 시험을 치를 수 있는 임시지위를 부여한 다음, 별도로 1차 시험 불합격처분의 위법 여부를 판단하게 된다.

17) 임시처분에 관하여는 집행정지의 요건에 관한 제30조 제3항부터 제7항까지를 준용하므로(이 경우 같은 조 제6항 전단 중 "중대한 손해가 생길 우려"는 "중대한 불이익이나 급박한 위험이 생길 우려"로 본다) 이하에 설명된 것 이외의 사항에 대하여는 집행정지의 요건을 참조하기 바란다.

18) 임시처분의 경우는 본안이 인용된 것과 동일한 결과를 허용하는 것이므로 집행정지와는 달리 본안이 이유 있을 가능성이 매우 높은 경우에만 허용되어야 한다. 이에 「행정심판법」도 '처분 또는 부작위가 위법·부당하다는 상당한 의심이 있을 것'이라는 엄격한 요건을 요구하고 있다.

▌제6절▌ 행정심판의 심리

Ⅰ. 의 의

행정심판의 심리란 재결의 기초가 될 사실관계 및 법률관계를 명백히 하기 위하여 행정심판위원회가 당사자 기타 관계인의 주장과 반박을 듣고 증거 기타의 자료를 수집·조사하는 일련의 절차를 말한다.

한편 심리의 객관성과 공정성을 확보하기 위하여는 심리절차의 사법절차화(司法節次化)가 요구되는바, 「행정심판법」은 당사자주의적 구조를 채택하는 등의 방식으로 그러한 요구를 반영하고 있다.

Ⅱ. 심리의 내용과 범위

1. 심리의 내용

(1) 요건심리

요건심리란 심판청구가 행정심판을 청구하는 데 필요한 형식적인 요건을 갖추고 있는지의 여부에 대한 심리를 말한다.

요건심리의 결과 심판청구의 제기요건을 갖추지 못한 심판청구는 부적법한 심판청구로서 각하된다. 다만 심판청구가 부적법하지만 그 하자가 보정할 수 있는 것일 때에는 행정심판위원회는 상당한 기간을 정하여 보정을 요구할 수 있으며,[19] 보정할 사항이 경미한 것일 때에는 행정심판위원회가 직권으로 보정할 수 있다(「행정심판법」 제32조 제1항). 보정을 한 경우에는 처음부터 적법하게 행정심판이 청구된 것으로 본다(동조 제4항).

(2) 본안심리

본안심리란 심판청구의 본안, 즉 심판청구인의 청구의 당부에 대한 심리를 말한다. 본안심리는 요건심리의 결과 행정심판의 청구가 형식적 요건을 충족하고 있음을 전제로 하는 것이 보통이지만, 요건심리가 언제나 본안심리에 시간적으로 선행하는 것

---

19) 행정심판위원회의 보정요구를 받은 청구인은 서면으로 보정하여야 하며, 이 경우 다른 당사자의 수만큼 보정서 부본(補正書 副本)을 함께 제출하여야 한다(「행정심판법」 제32조 제2항). 한편 행정심판위원회는 제출된 보정서 부본을 지체없이 다른 당사자에게 송달하여야 한다(동조 제3항).

은 아니다. 따라서 본안심리의 도중에 형식적 요건의 흠결이 판명되면 언제든지 각하할 수 있다.

본안심리의 결과 청구가 이유가 있으면 인용재결, 이유가 없으면 기각재결을 하게 된다.

2. 심리의 범위

(1) 불고불리(不告不理)의 원칙 · 불이익변경금지의 원칙

「행정심판법」(제47조)은 '재결'의 범위에 관하여 불고불리의 원칙 및 불이익변경금지의 원칙을 명문화하였는바, '심리'에 있어서도 그 같은 원칙의 적용이 있다고 할 것이다.

(2) 법률문제 · 재량문제 · 사실문제

행정심판은 위법한 처분이나 부작위뿐만 아니라 부당한 처분이나 부작위에 대하여서도 제기할 수 있으므로, 행정심판위원회는 처분 등의 위법성(법률문제) 및 부당성(재량문제)에 관하여 심리할 수 있다(「행정심판법」 제1조, 제5조). 아울러 사실문제도 심리할 수 있다.

III. 심리의 절차

1. 심리절차의 기본구조 — 대심주의

대심주의(對審主義)란 서로 대립되는 당사자 쌍방의 공격과 방어에 의하여 심리를 진행시키는 제도를 말하며, 일방심리주의에 대비되는 것이다. 「행정심판법」은 「행정심판은 처분을 한 행정청(의무이행심판의 경우에는 청구인의 신청을 받은 행정청)을 피청구인으로 하여 청구하여야 한다」고 하여 대심주의를 채택하고 있다(동법 제17조 제1항). 따라서 심리기관인 행정심판위원회는 원칙적으로 당사자가 제출한 공격방어방법을 바탕으로 심리를 진행하게 된다.

2. 심리절차의 기본원칙

(1) 처분권주의

처분권주의란 행정심판의 개시, 진행(대상과 범위), 종료에 대하여 당사자가 주도권을 가지고 이들에 대하여 자유로이 결정할 수 있는 원칙을 말한다. 다만 공익적 견지에서 심판청구기간이 제한을 받고, 청구인락(請求認諾) 등이 부인되는 등 처분권주의는 많은 제한을 받고 있다.

(2) 직권심리주의[20]

행정심판법은 행정심판위원회는 사건을 심리하기 위하여 필요하면 직권으로 증거조사를 할 수 있으며(「행정심판법」 제36조 제1항), 당사자가 주장하지 아니한 사실에 대하여도 심리할 수 있다(동법 제39조)고 규정하고 있다. 동 규정의 의미에 대하여는 「행정심판법」의 경우도 원칙적으로 변론주의가 지배하며, 직권심리주의는 어디까지나 보충적으로 가미되어 있을 뿐이라고 해석되고 있다.

한편 불고불리의 원칙이 적용되는 결과, 행정심판위원회의 직권심리도 심판청구의 대상이 되는 처분 또는 부작위 이외의 사항에는 미칠 수 없다(동법 제47조 제1항 참조).

(3) 구술심리와 서면심리

행정심판의 심리는 구술심리나 서면심리로 한다. 다만 당사자가 구술심리를 신청한 경우에는 서면심리만으로 결정할 수 있다고 인정되는 경우 외에는 구술심리를 하여야 한다(「행정심판법」 제40조 제1항). 구술심리신청을 받으면 행정심판위원회는 그 허가여부를 결정하여 신청인에게 알려야 하는바, 이 통지는 간이통지의 방법으로 할 수 있다(동조 제2항 · 제3항).

(4) 공개주의의 문제

이 문제와 관련하여서는 ① 「행정심판법」이 구술심리를 우선시키고 있는 점(제40조 제1항)을 고려할 때 심리공개의 원칙이 채택되어 있다고 볼 수 있다는 견해와 ② (적어도 서면심리에 의할 때에는) 행정심판의 심리에 있어 비공개주의가 채택되어 있다고 보아야 한다는 견해의 대립이 있다.

(5) 발언내용 등의 비공개

행정심판위원회에서 위원이 발언한 내용이나 그 밖에 공개되면 행정심판위원회의 심리 · 의결의 공정성을 해칠 우려가 있는 사항으로서 대통령령이 정하는 사항은 공개하지 아니한다(「행정심판법」 제41조).

3. 위법 · 부당 판단의 기준시

행정심판에 있어서 행정처분의 위법 · 부당여부는 원칙적으로 처분시를 기준으로 판단하여야 한다.

관련판례

「행정심판에 있어서 행정처분의 위법 · 부당여부는 원칙적으로 처분시를 기준으로 판단하여야

---

20) 직권탐지주의라고도 한다.

할 것이나, 재결청은 처분 당시 존재하였거나 행정청에 제출되었던 자료뿐만 아니라, 재결 당시까지 제출된 모든 자료를 종합하여 처분 당시 존재하였던 객관적 사실을 확정하고 그 사실에 기초하여 처분의 위법·부당여부를 판단할 수 있다」(대판 2001.7.27, 99두5092).

4. 당사자의 절차적 권리

(1) 위원 등에 대한 기피신청권(「행정심판법」 제10조 제2항·제7항, 전술참조)

(2) 구술심리신청권(「행정심판법」 제40조 제1항, 전술참조)

(3) 보충서면제출권

당사자는 심판청구서·보정서·답변서·참가신청서 등에서 주장한 사실을 보충하고 다른 당사자의 주장을 다시 반박하기 위하여 필요하면 행정심판위원회에 보충서면을 제출할 수 있다. 이 경우 행정심판위원회는 필요하다고 인정하면 보충서면의 제출기한을 정할 수 있다. 한편 행정심판위원회는 보충서면을 받으면 지체없이 다른 당사자에게 그 부본을 송달하여야 한다(「행정심판법」 제33조).

(4) 증거제출권

당사자는 심판청구서·보정서·답변서·참가신청서 및 보충서면 등에 덧붙여 그 주장을 뒷받침하는 증거서류나 증거물을 제출할 수 있다. 이 경우 증거서류에는 다른 당사자의 수만큼 증거서류 부본을 함께 제출하여야 하며, 행정심판위원회는 당사자로부터 제출된 증거서류의 부본을 지체 없이 다른 당사자에게 송달하여야 한다(「행정심판법」 제34조).

(5) 증거조사신청권

당사자는 자기의 주장을 뒷받침하기 위하여 행정심판위원회에 참가인신문·검증·감정 등 증거조사를 신청할 수 있는 권리를 가진다(「행정심판법」 제36조 제1항).

5. 심리의 병합과 분리

(1) 심리의 병합

행정심판위원회는 심리의 촉진을 위하여 필요하다고 인정할 때에는 관련된 심판청구를 직권으로 병합하여 심리할 수 있다(「행정심판법」 제37조 전단). 다만 심리의 병합은 심판절차의 병합에 그치는 것이므로 재결은 병합하여 심리한 각 심판청구에 대하여 행하여져야 한다.

(2) 심리의 분리

행정심판위원회는 이미 병합된 심판청구사건을 필요에 따라 직권으로 분리하여 심리할 수 있다(「행정심판법」 제37조 후단).

6. 심리기일의 지정과 변경

심리기일은 행정심판위원회가 직권으로 지정하며, 심리기일의 변경은 직권으로 또는 당사자의 신청에 의하여 한다. 심리기일이 변경되면 행정심판위원회는 지체없이 그 사실과 사유를 당사자에게 알려야 한다(「행정심판법」 제38조 제1항~제3항).

한편 심리기일의 통지나 심리기일변경의 통지는 서면으로 하거나 심판청구서에 적힌 전화, 휴대전화를 이용한 문자전송, 팩시밀리 또는 전자우편 등 간편한 통지방법 (간이통지방법)으로 할 수 있다(동조 제4항).

‖ 제7절 ‖ 행정심판의 재결

Ⅰ. 재결의 의의

재결이란 심판청구사건에 대한 심리의 결과에 따라 최종적인 법적 판단을 하는 행위, 즉 심판청구사건에 대한 행정심판위원회의 종국적 판단인 의사표시를 말한다.

재결은 행정상의 법률관계에 관한 분쟁에 대하여 행정심판위원회가 일정한 절차를 거쳐 판단·확정하는 것이므로 확인행위의 성질을 가진다. 또한 재결은 심판청구의 제기를 전제로 분쟁에 대한 판단을 행하는 점에서 법원의 판결과 성질이 비슷하므로 준사법행위(準司法行爲)에 해당한다.

Ⅱ. 재결의 형식 등

1. 재결의 형식 — 서면주의

재결은 소정의 사항을 기재한 서면, 즉 재결서로 하여야 하는 엄격한 요식행위이다(「행정심판법」 제46조 제1항). 구두에 의한 재결은 무효이다.

한편 재결서에는 ① 사건번호와 사건명, ② 당사자·대표자 또는 대리인의 이름과 주소, ③ 주문(主文), ④ 청구의 취지, ⑤ 이유, ⑥ 재결한 날짜가 포함되어야 한다(동조 제2항). 이 경우 재결서에 적는 이유에는 주문 내용이 정당하다는 것을 인정할 수 있는 정도의 판단을 표시하여야 한다(동조 제3항).

2. 재결기간

재결은 피청구인 또는 행정심판위원회가 심판청구서를 받은 날부터 60일 이내에 하여야 한다.[21] 다만, 부득이한 사정이 있는 경우에는 위원장이 직권으로 30일을 연장할 수 있는바, 이 경우 위원장은 재결기간이 끝나기 7일 전까지 당사자에게 연장사실을 알려야 한다(「행정심판법」 제45조). 한편 위의 재결기간에는 심판청구가 부적법하여 보정을 요구한 경우의 보정기간은 산입하지 않는다(동법 제32조 제5항).

3. 재결의 범위

행정심판위원회는 심판청구의 대상이 되는 처분 또는 부작위 외의 사항에 대하여는 재결하지 못한다(「행정심판법」 제47조 제1항, 불고불리의 원칙). 또한 행정심판위원회는 심판청구의 대상이 되는 처분보다 청구인에게 불리한 재결을 하지 못한다(동조 제2항, 불이익변경금지의 원칙).

4. 재결의 송달

행정심판위원회가 재결을 한 때에는 지체 없이 당사자에게 재결서의 정본을 송달하여야 한다. 이 경우 중앙행정심판위원회는 재결 결과를 소관 중앙행정기관의 장에게도 알려야 한다. 재결은 청구인에게 송달되었을 때에 그 효력이 생긴다(「행정심판법」 제48조 제1항 · 제2항).

한편 행정심판위원회는 심판청구에 참가인이 있는 경우에는 재결서의 등본을 지체없이 참가인에게 송달하여야 하는바(동조 제3항), 이 경우 참가인에의 송달은 재결의 효력발생과는 직접 관계가 없다. 또한 처분의 상대방이 아닌 제3자가 심판청구를 한 경우 행정심판위원회는 재결서의 등본을 지체 없이 피청구인을 거쳐 처분의 상대방에게 송달하여야 한다(동조 제4항).

Ⅲ. 재결의 종류

1. 각하재결

각하재결은 요건심리의 결과 심판청구의 제기요건을 충족하지 못한 부적법한 심판청구에 대하여 본안에 대한 심리를 거절하는 재결을 말한다(「행정심판법」 제43조 제1

---

21) 「행정심판법」상의 재결기간은 재결에 관한 시간적 기준을 제시한 훈시규정에 불과할 뿐이므로 재결기간의 경과 후에 행한 재결도 유효하다는 견해가 유력하다.

항). 각하재결은 요건재결이라고도 한다.

2. 기각재결

일반적으로 기각재결은 본안심리의 결과 심판청구가 이유 없다고 인정하여 청구를 배척하고, 원처분을 지지하는 재결을 말한다(「행정심판법」 제43조 제2항). 다만 기각재결에는 (이러한 일반적 기각재결 외에) 후술하는 "사정재결로서의 기각재결"이 있는 것을 유의하여야 한다.

한편 기각재결은 청구인의 청구를 배척하고 원처분을 지지할 뿐이므로, 기각재결이 있은 후에도 처분청은 당해 처분을 직권으로 취소·변경할 수 있다.

3. 사정재결

(1) 의 의

행정심판위원회는 본안심리의 결과 심판청구가 이유 있다고 인정하는 경우에도 이를 인용하는 것이 공공복리에 크게 위배된다고 인정하면 그 심판청구를 기각하는 재결을 할 수 있는바(「행정심판법」 제44조 제1항), 이를 사정재결이라고 한다. 전술한 바와 같이 사정재결도 기각재결의 일종이다.

(2) 요 건

1) 실질적 요건   사정재결은 심판청구를 인용하는 것이 '공공복리에 크게 위배된다고 인정되는 때'에 한하여 행해질 수 있다. 사정재결이 예외적으로 인정되는 것을 고려할 때, 이러한 실질적 요건은 엄격하게 해석·적용되어야 한다.

2) 형식적 요건   사정재결을 하는 경우 행정심판위원회는 재결의 주문에서 그 처분 또는 부작위가 위법 또는 부당하다는 것을 구체적으로 밝혀야 한다(동조 제1항 2문).

(3) 구제방법

행정심판위원회는 사정재결을 함에 있어서, 직접 청구인에 대하여 상당한 구제방법을 취하거나 피청구인에게 상당한 구제방법을 취할 것을 명할 수 있다(동조 제2항). 이 경우 「행정심판법」 제44조 제2항 규정 중 '명할 수 있다'는 '명하여야 한다'는 의미로 이해하여야 한다.

사정재결에 있어 고려할 수 있는 구체적인 구제방법으로는 손해전보, 원상회복 및 제해시설의 설치 등을 생각할 수 있다.

(4) 적용범위

사정재결은 취소심판 및 의무이행심판에만 인정되고, 무효등확인심판에는 인정되지 아니한다(「행정심판법」 제44조 제3항).

4. 인용재결

본안심리의 결과 심판청구가 이유 있다고 인정하여 청구인의 청구의 취지를 받아들이는 내용의 재결이다. 인용재결은 심판청구의 내용을 기준으로 다음과 같이 구분된다.

(1) 취소 · 변경재결

취소심판의 청구가 이유 있다고 인정할 때에 ① 행정심판위원회가 스스로 처분을 취소 또는 다른 처분으로 변경하거나(처분취소재결 · 처분변경재결), ② 피청구인에게 처분을 다른 처분으로 변경할 것을 명하는 재결(처분변경명령재결)을 말한다(「행정심판법」 제43조 제3항).[22] 이 경우 ①은 형성재결, ②는 이행재결의 성질을 갖는다.

한편 여기서의 취소에는 전부취소와 일부취소가 모두 포함된다. 또한 여기서의 변경은 일부취소의 의미가 아니라 적극적 변경, 즉 원처분에 갈음하는 다른 처분으로의 변경을 의미한다.

(2) 확인재결

무효등확인심판의 청구가 이유 있다고 인정하여 행정심판위원회가 처분의 효력유무 또는 존재여부를 확인하는 재결이다(동조 제4항). 이러한 확인재결에는 처분무효확인재결, 처분유효확인재결, 처분존재확인재결, 처분부존재확인재결, 처분실효확인재결이 있을 수 있는바, 이러한 확인재결에는 형성적 효과는 발생하지 않는다.

(3) 이행재결

의무이행심판의 청구가 이유 있다고 인정할 때에 행정심판위원회가 ① 지체없이 신청에 따른 처분을 하거나, ② 처분청에게 그 신청에 따른 처분을 할 것을 명하는 재결을 말한다(동조 제5항). 이 경우 ①을 처분재결, ②를 처분명령재결이라고 부르는바, 처분재결은 사실상 형성재결, 처분명령재결은 이행재결의 성질을 가진다.

한편 여기서 '신청에 따른 처분'이 반드시 청구인의 신청내용대로의 처분만을 의미하는 것은 아니라는 것이 지배적 견해이다.[23]

---

22) 구 「행정심판법」하에서는 처분청에게 취소를 명하는 재결, 즉 처분취소명령재결도 인정되었으나 현행 「행정심판법」은 이를 삭제하였다. 이는 처분청이 재결에서 명한 취소의무를 불이행하는 경우 청구인은 다시 행정심판을 제기하여 처분취소재결을 받아야 하는 불편이 있었던 점을 고려한 것이다.

23) 이 문제를 심판청구의 대상이 되는 행정행위가 기속행위인지 재량행위인지에 따라 다르다는 입장에 기초하여 상세히 설명하는 견해도 있는바(김동희, 행정법Ⅰ, 박영사, 2016, 695쪽), 그 내용은 다음과 같다. 즉,

   ① 의무이행심판의 대상인 행정청의 행위가 기속행위인 경우라면 여기서의 신청에 따른 처분이란 청구인의 신청내용대로의 처분을 의미하며, 따라서 행정심판위원회는 청구인의 청구내용대로 처분을 하거나, 이를 할 것을 명하여야 한다.

   ② 의무이행심판의 대상인 행정청의 행위가 재량행위인 경우에는 행정심판위원회는 ㉠ 위법을 이

IV. 재결의 효력

행정심판의 재결은 재결서의 정본이 당사자에게 송달되었을 때에 그 효력이 생기는바(「행정심판법」 제48조 제2항), 재결의 효력으로서 「행정심판법」이 규정하고 있는 것은 기속력뿐이다(동법 제49조). 그러나 재결도 행정행위의 일종으로서 행정행위가 일반적으로 가지는 효력인 구속력, 공정력, 구성요건적 효력, 존속력 등의 효력을 가진다. 이러한 재결의 효력으로서 특별히 설명을 요하는 것은 다음과 같다.

1. 기속력

(1) 의 의

재결의 기속력이란 피청구인인 행정청과 그 밖의 관계행정청이 재결의 취지에 따라 행동해야 하는 의무를 발생시키는 효력을 말한다.

관련판례

「행정심판청구를 인용하는 재결이 행정청을 기속하도록 규정한 행정심판법 제49조 제1항은 행정청의 자율적 통제와 국민 권리의 신속한 구제라는 행정심판의 취지에 맞게 행정청으로 하여금 행정심판을 통하여 스스로 내부적 판단을 종결시키고자 하는 것으로서 그 합리성이 인정되고, 반면 국민이 행정청의 행위를 법원에서 다툴 수 없도록 한다면 재판받을 권리를 제한하는 것이 되므로 국민은 행정심판의 재결에도 불구하고 행정소송을 제기할 수 있도록 한 것일 뿐이므로, 평등원칙에 위배되지 아니한다」(헌재결 2014.6.26, 2013헌바122).

한편 재결의 기속력은 인용재결에만 인정되며(「행정심판법」 제49조 제1항), 기각 또는 각하재결에는 인정되지 않는다. 왜냐하면 기각 또는 각하재결은 관계 행정청에 대하여 원처분의 유지의무를 부과하는 것이 아니라 단지 청구인의 심판청구를 배척하는데 그치기 때문이다.

(2) 기속력의 내용

1) 부작위의무 처분의 취소재결, 무효등확인재결이 있는 경우에는 관계행정청은 그들 재결에 저촉되는 행위를 할 수 없다. 즉, 동일한 사정하에서 동일한 당사자에게 동일한 내용의 처분을 반복하여서는 안 되는바, 이를 반복금지효(反復禁止效)라고도 한다.

유로 하여서는 청구인의 청구내용대로 처분을 하거나 처분청에게 이를 할 것을 명할 수 없는 것에 반하여, ⓛ 부당을 이유로 하는 경우에는 청구인의 청구내용대로 처분을 하거나 처분청에게 이를 할 것을 명할 수 있다.

관련판례

「행정심판법 제37조가 정하고 있는 재결은 당해 처분에 관하여 재결주문 및 그 전제가 된 요건 사실의 인정과 판단에 대하여 처분청을 기속하므로, 당해 처분에 관하여 위법한 것으로 재결에 서 판단된 사유와 기본적 사실관계에 있어 동일성이 인정되는 사유를 내세워 다시 동일한 내용 의 처분을 하는 것은 허용되지 않는다」(대판 2003.4.25, 2002두3201).

2) 적극적 처분의무   재결에 의하여 취소되거나 무효 또는 부존재로 확인되는 처분 이 당사자의 신청을 거부하는 것을 내용으로 하는 경우에는 그 처분을 한 행정청은 재 결의 취지에 따라 다시 이전의 신청에 대한 처분을 하여야 한다(「행정심판법」 제49조 제2 항). 또한 당사자의 신청을 거부하거나 부작위로 방치한 처분의 이행을 명하는 재결, 즉 처분명령재결이 있으면 행정청은 지체 없이 이전의 신청에 대하여 재결의 취지에 따라 처분을 하여야 한다(동조 제3항). 신청에 따른 처분이 절차의 위법 또는 부당을 이유로 재결로써 취소된 경우에도 그러하다(동조 제4항).

3) 결과제거의무   관계행정청은 처분의 취소 등의 재결이 있게 되면, 결과적으로 위 법 또는 부당으로 판정된 처분에 의하여 초래된 상태를 제거해야 할 의무를 진다.

(3) 부수적 효과

법령의 규정에 따라 공고한 처분이 재결로써 취소되거나 변경되면 처분을 한 행정청 은 지체없이 그 처분이 취소 또는 변경되었다는 것을 공고하거나 고시하여야 한다(「행정 심판법」 제49조 제5항).

한편 법령의 규정에 따라 처분의 상대방 외의 이해관계인에게 통지된 처분이 재결로 써 취소되거나 변경되면 처분을 한 행정청은 지체 없이 그 이해관계인에게 그 처분이 취소 또는 변경되었다는 것을 알려야 한다(동조 제6항).

(4) 기속력의 범위

1) 주관적 범위   기속력은 피청구인인 행정청뿐만 아니라 널리 그 밖의 관계 행정청 에게도 미친다(「행정심판법」 제49조 제1항). 따라서 피청구인(처분청)은 재결에 대하여 행정소송의 제기가 불가능하며, 재결에 대한 재의를 요구할 수도 없다.

2) 객관적 범위   기속력은 재결의 주문 및 그 전제가 된 요건사실의 인정과 효력의 판단에만 미치고, 이와 직접 관계가 없는 간접사실에 대한 판단에는 미치지 아니한다.

관련판례

「재결의 기속력은 재결의 주문 및 그 전제가 된 요건사실의 인정과 판단, 즉 처분 등의 구체적 위 법사유에 관한 판단에 대하여만 미치고, 종전 처분이 재결에 의하여 취소되었더라도 종전 처분 시와는 다른 사유를 들어 처분을 하는 것은 기속력에 저촉되지 아니한다. 여기서 동일한 사유인지 다른 사유인지는 종전 처분에 관하여 위법한 것으로 재결에서 판단된 사유와 기본적 사실관계에 있어 동일성이 인정되는 사유인지에 따라 판단하여야 한다(대판 2005.12.9, 2003두7705 등 참조). 그리고 기본적 사실관계의 동일성 유무는 처분사유를 법률적으로 평가하기 이전의 구체적인 사실에 착안하여 그 기초인 사회적 사실관계가 기본적인 점에서 동일한지에 따라 결정되고, 추가 또는 변경된 사유가 종전 처분 당시에 그 사유를 명기하지 아니하였을 뿐 이미 존재하고 있었고 당사자도 그 사실을 알고 있었다고 하여 당초의 처분사유와 동일성이 있는 것이라고 할 수 없다」(대판 2015.11.27, 2013다6759).

(5) 기속력의 이행확보

1) 행정심판위원회의 직접처분 처분명령재결이 있음에도 불구하고 피청구인이 재결의 취지에 따른 처분을 하지 아니하는 경우에는 행정심판위원회는 당사자가 신청하면 기간을 정하여 서면으로 시정을 명하고, 그 기간에 이행하지 아니하면 직접 처분을 할 수 있다. 다만 그 처분의 성질이나 그 밖의 불가피한 사유로 행정심판위원회가 직접 처분을 할 수 없는 경우에는 그러하지 아니하다(「행정심판법」 제50조 제1항). 행정심판위원회가 직접 처분을 할 수 있는 경우의 예에 관하여는 이하의 관련판례 참조.

관련판례

「행정심판법에 따라 재결청이 직접 처분을 하기 위하여는 처분의 이행을 명하는 재결이 있었음에도 당해 행정청이 아무런 처분을 하지 아니하였어야 하므로, 당해 행정청이 어떠한 처분을 하였다면 그 처분이 재결의 내용에 따르지 아니하였다고 하더라도 재결청이 직접 처분을 할 수는 없다」(대판 2002.7.23, 2000두9151).

한편 행정심판위원회가 직접 처분을 하였을 때에는 그 사실을 해당 행정청에 통보하여야 하며, 그 통보를 받은 행정청은 행정심판위원회가 한 처분을 자기가 한 처분으로 보아 관계 법령에 따라 관리·감독 등 필요한 조치를 하여야 한다(동조 제2항).

2) 행정심판위원회의 간접강제

① 간접강제 결정 행정심판위원회는 피청구인이 재결의 취지에 따른 처분을 하지 아니하면 청구인의 신청에 의하여 결정으로 상당한 기간을 정하고 피청구인이 그 기간 내에 이행하지 아니하는 경우에는 그 지연기간에 따라 일정한 배상을 하도록 명하거나 즉시 배상을 할 것을 명할 수 있다. 이 경우 행정심판위원회는 결정을 하기 전에 신청 상대방의 의견을 들어야 한다(「행정심판법」 제50조의2 제1항·제3항).

② 간접강제 결정에의 불복 청구인은 간접강제 결정에 불복하는 경우 그 결정에 대하여 행정소송을 제기할 수 있다(동조 제4항).

③ 간접강제 결정의 효력 등   간접강제 결정은 피청구인인 행정청이 소속된 국가·지방자치단체 또는 공공단체에 미치며, 결정서 정본은 제4항에 따른 소송제기와 관계없이 「민사집행법」에 따른 강제집행에 관하여는 집행권원과 같은 효력을 가진다. 이 경우 집행문은 위원장의 명에 따라 위원회가 소속된 행정청 소속 공무원이 부여한다(동조 제4항).

④ 「민사집행법」의 준용   간접강제 결정에 기초한 강제집행에 관하여 「행정심판법」에 특별한 규정이 없는 사항에 대하여는 「민사집행법」의 규정을 준용한다(동조 제6항).

2. 형성력

형성력이란 재결의 내용에 따라 법률관계의 발생·변경·소멸을 가져오는 효력을 말한다. 취소재결이 있으면 원처분의 효력이 처분 시에 소급하여 소멸하는 것이 이 같은 형성력의 효과이다. 또한 변경재결에 의하여 원처분이 취소되고 그에 갈음하는 별개의 처분이 행하여지거나 의무이행심판에 있어서 처분재결이 행하여진 경우 역시 형성력을 가질 수 있다. 이러한 재결의 형성력은 제3자에게도 미치는바, 이를 '대세적 효력(對世的 效力)'이라고도 한다.

한편 모든 재결에 형성력이 인정되는 것은 아니다. 즉, 처분변경명령재결이나 처분명령재결의 경우에는 성질상 형성력은 발생하지 않으며, 기속력의 문제만을 발생시키게 된다. 또한 기존의 상황에 어떤 변경도 가져오지 않는 각하재결이나 기각재결에서는 형성력이 발생하지 않음은 물론이다.

관련판례

「행정심판법 제32조(현행법 제43조) 제3항에 의하면 재결청은 취소심판의 청구가 이유있다고 인정할 때에는 처분을 취소·변경하거나 처분청에게 취소·변경할 것을 명한다고 규정하고 있으므로, 행정심판재결의 내용이 처분청에게 처분의 취소를 명하는 것이 아니라 재결청이 스스로 처분을 취소하는 것일 때에는 그 재결의 형성력에 의하여 당해 처분은 별도의 행정처분을 기다릴 것 없이 당연히 취소되어 소멸되는 것이다」(대판 1998.4.24, 97누17131).

3. 불가쟁력

심판청구에 대한 재결이 있으면 그 재결에 대하여는 다시 행정심판을 청구할 수 없으며(「행정심판법」제51조), 재결 자체에 고유한 위법이 있는 경우에 한하여 행정소송을 제기할 수 있다(「행정소송법」제19조 단서). 그러나 이 경우에도 제소기간이 경과하면 누구든지 그 효력을 다툴 수 없게 되는바, 이 같은 재결의 효력을 불가쟁력이라고 한다.

4. 불가변력

재결은 쟁송절차에 의하여 행해진 준사법적 행위이므로, 일단 재결을 한 이상 행정심판위원회 스스로도 임의로 그를 취소·변경할 수 없다. 이 같은 재결의 효력을 불가변력 또는 자박력(自縛力)이라고 한다.

V. 재결에 대한 불복

1. 재심판청구의 금지

「행정심판법」은 심판청구에 대한 재결에 대하여는 다시 심판청구를 제기할 수 없도록 하여(동법 제51조) 행정심판의 단계를 단일화하였다. 다만 「국세기본법」 등의 개별법에서 다단계의 행정심판을 인정하고 있는 예도 있다.[24]

2. 재결에 대한 행정소송

재결에 대한 취소소송 및 무효등확인소송은 재결 자체에 고유한 위법이 있을 때에만 제기할 수 있다(「행정소송법」 제19조 단서, 제38조). 즉, 행정심판의 재결이 있은 후 행정소송을 제기하는 경우 행정소송의 대상은 원칙적으로 재결이 아니라 원처분이다(원처분주의, 제6장 행정소송의 관련부분 참조).

▮ 제8절 ▮ 행정심판의 불복고지제도

I. 개 설

1. 불복고지(不服告知) 제도의 의의

「행정심판법」은 행정청이 처분을 할 때에는 처분의 상대방에게 해당 처분에 대하

---

24) 「국세기본법」은 조세사건의 특성을 고려하여 조세의 부과·징수에 대한 행정심판에 관해서는 「행정심판법」의 적용을 배제하는 특칙을 규정하고 있다. 즉, 「국세기본법」은 행정심판의 종류로 세무서장이나 지방국세청장에 대한 이의신청(임의절차), 국세청장에 대한 심사청구, 조세심판원장에 대한 심판청구의 3종류를 규정하고 있으며, 이의신청에 대한 결정에 대하여 다시 심사청구 또는 심판청구를 제기할 수 있도록 하고 있다.

여 행정심판을 청구할 수 있는지의 여부, 행정심판을 청구하는 경우의 심판청구절차 및 심판청구기간 등을 알려주도록 규정하고 있는바(동법 제58조), 이를 불복고지제도라고 한다.

한편 이러한 불복고지제도는 ① 행정심판청구에 필요한 지식과 정보를 제공하여 처분의 상대방에게 행정구제절차를 밟을 수 있는 기회를 실질적으로 보장하는 기능(행정심판제도의 활성화)과 ② 행정청이 처분을 함에 있어 보다 신중을 기하게 하는 기능(행정의 적정화)을 갖는다.

2. 불복고지의 법적 근거

현행법상 불복고지제도는 「행정심판법」(제58조), 「행정절차법」(제26조) 등에서 그 실정법적 근거를 찾아볼 수 있으나, 학설상으로는 「행정절차법」에서 단일규정을 마련하는 것이 입법체계상 바람직하다는 견해가 유력하다.

3. 불복고지의 성질 등

불복고지는 비권력적 사실행위로서 그 자체로는 직접적으로 아무런 법적 효과도 발생시키지 않으므로 처분이 아니며, 따라서 행정쟁송의 대상이 되지 않는다. 또한 불복고지는 행정처분을 함에 있어 요구되는 법정(法定) 절차이기는 하지만 행정처분 그 자체의 절차는 아니며, 따라서 고지의무를 위반하였다고 하여 행정심판의 대상이 되는 행정처분에 하자가 있다고 할 수는 없다.

관련판례

「자동차운수사업법 제31조 등의 규정에 의한 사업면허의 취소 등의 처분에 관한 규칙(교통부령) 제7조 제3항의 고지절차에 관한 규정은 행정처분의 상대방이 그 처분에 대한 행정심판의 절차를 밟는 데 있어 편의를 제공하려는 데 있으며 처분청이 위 규정에 따른 고지의무를 이행하지 아니하였다고 하더라도 경우에 따라서는 행정심판의 제기기간이 연장될 수 있는 것에 그치고 이로 인하여 심판의 대상이 되는 행정처분에 어떤 하자가 수반된다고 할 수 없다」(대판 1987.11.24, 87누529).

한편 「행정심판법」상의 고지에 관한 규정의 성질에 관하여는 ① 훈시규정으로 보는 견해와, ② 강행규정(또는 의무규정)으로 보는 견해의 대립이 있는바, 행정심판법이 불고지와 오고지에 일정한 제재적 효과를 부여하고 있는 점을 고려할 때 동 규정은 강행규정(또는 의무규정)으로 보아야 할 것이다.

II. 불복고지의 종류

1. 직권에 의한 고지

(1) 고지의 대상
구「행정심판법」은 '서면에 의한 처분'만을 직권에 의한 고지의 대상으로 규정하고 있었던 것에 반하여(동법 제42조 제1항), 현행「행정심판법」은 직권에 의한 고지의 대상과 관련하여 아무런 제한을 두고 있지 않다. 따라서 현행「행정심판법」하에서는 행정청이 행하는 모든 처분이 고지의 대상이 된다고 할 수 있다.

한편 여기서의 처분에는「행정심판법」상 심판청구의 대상이 될 수 있는 처분뿐만 아니라 다른 법률에 의한 행정심판(이의신청, 심사청구, 심판청구 등)의 대상이 되는 처분까지 포함된다.

(2) 고지의 내용
직권에 의한 고지의 경우 고지해야 할 내용은 ① 해당 처분에 대하여 행정심판을 청구할 수 있는지의 여부, ② 행정심판을 청구하는 경우의 심판청구절차 및 심판청구기간 등이다. 한편「행정심판법」제58조 제1항은 직권에 의한 고지의 내용에 행정심판위원회를 포함시키지 않고 있으나, 마땅히 고지되어야 한다는 것이 지배적 견해이다.

(3) 고지의 시기
직권에 의한 고지는 '처분시(處分時)'에 함이 원칙이다. 다만 처분시에 하지 않고 사후에 고지를 한 경우에는 불고지의 흠은 치유된다.

(4) 고지의 주체 등
고지의 의무를 지는 주체는 '행정청'이며, 고지의 상대방은 '해당 처분의 상대방'이다.

2. 청구에 의한 고지

(1) 고지의 대상
고지의 청구권자의 법률상 이익을 침해하는 모든 처분이 고지의 대상이 된다.

(2) 고지의 내용
청구에 의한 고지의 경우 고지해야 할 내용은 ① 해당 처분이 행정심판의 대상이 되는 처분인지의 여부, ② 행정심판의 대상이 되는 경우 소관 위원회 및 심판청구기간이다. 한편「행정심판법」제58조 제2항은 청구에 의한 고지의 내용으로 소관 행정심판위원회만을 규정하고 있을 뿐 심판청구절차에 관한 규정을 갖고 있지 않은데, 이는 입법의 불비로 생각된다. 따라서 심판청구절차 또한 고지되어야 할 것이다.

(3) 고지의 시기 및 방법

고지의 요구를 받은 행정청은 '지체 없이' 고지를 하여야 한다. 한편 고지의 방법에는 특별한 제한이 없으나 고지를 신청한 자가 서면으로 알려 줄 것을 요구한 때에는 반드시 서면으로 알려야 한다.

(4) 고지의 청구권자

처분에 대한 이해관계인, 즉 당해 처분에 의하여 직접 자기의 법률상 이익을 침해받는 자이다.

Ⅲ. 불고지 또는 오고지의 효과

1. 불고지의 효과

(1) 심판청구서의 송부

행정청이 고지를 하지 아니하여 청구인이 심판청구서를 다른 행정기관에 제출한 경우에는 해당 행정기관은 그 심판청구서를 지체없이 정당한 권한이 있는 피청구인에게 보내고, 심판청구서를 보낸 행정기관은 지체없이 그 사실을 청구인에게 알려야 한다(「행정심판법」 제23조 제2항·제3항).

(2) 청구기간

행정청이 심판청구기간을 고지하지 않은 때에는, 당해 처분에 대한 심판청구기간은 처분이 있었던 날부터 180일이 된다(「행정심판법」 제27조 제6항). 다만 정당한 사유가 있는 경우에는 이 기간 이후에도 심판청구가 가능하다는 것이 판례의 입장이다.

2. 오고지의 효과

(1) 심판청구서의 송부

행정청이 잘못 고지하여 청구인이 심판청구서를 다른 행정기관에 제출한 경우에는 그 행정기관은 그 심판청구서를 지체 없이 정당한 권한이 있는 피청구인에게 보내야 하며, 심판청구서를 보낸 행정기관은 지체 없이 그 사실을 청구인에게 알려야 한다(「행정심판법」 제23조 제2항·제3항).

(2) 청구기간

행정청이 심판청구기간을 착오로 소정의 심판청구기간보다 긴 기간으로 잘못 고지한 때에는 그 잘못 알린 기간 내에 심판청구가 있으면 설혹 법정의 청구기간이 경과된 때에도 적법한 기간 내에 심판청구가 있은 것으로 본다(「행정심판법」 제27조 제5항). 그러나 법정 심판기간보다 짧게 고지한 경우에는 원래의 법정기간 안에 유효한 심판청구를 할 수 있다.

한편 오고지에 관한 「행정심판법」 제27조 제5항이 행정소송제기에도 적용될 수 있는지 여부가 문제되는바, 법원은 이를 부정한 바 있다.

관련판례

「행정청이 법정 심판청구기간보다 긴 기간으로 잘못 알린 경우에 그 잘못 알린 기간 내에 심판청구가 있으면 그 심판청구는 법정 심판청구기간 내에 제기된 것으로 본다는 취지의 행정심판법 제18조(현행법 제27조) 제5항의 규정은 행정심판제기에 관하여 적용되는 규정이지, 행정소송제기에도 당연히 적용되는 규정이라고 할 수는 없다. … 당사자가 행정처분이나 그 이후 행정청으로부터 행정심판제기기간에 관하여 법정심판청구기간보다 긴 기간으로 잘못 통지받아 행정소송법상 법정제소기간을 도과하였다고 하더라도, 그것이 당사자가 책임질 수 없는 사유로 인한 것이라고 할 수는 없다」(대판 2001.5.8, 2000두6916).

(3) 행정심판전치의 문제

예외적으로 행정심판의 전치가 요구되는 경우에도 처분을 행한 행정청이 행정심판을 거칠 필요가 없다고 잘못 알린 때에는 행정심판을 제기함이 없이 행정소송을 제기할 수 있다(「행정소송법」 제18조 제3항 제4호).

【보론(補論)】 전자정보처리조직을 통한 행정심판절차

「행정심판법」은 전자정보처리조직을 통한 행정심판의 근거에 관하여 명문의 규정을 갖고 있는바, 그 내용을 약술하면 다음과 같다(「행정심판법」 제52조~제54조).

(1) 전자정보처리조직의 의의

전자정보처리조직이란 행정심판절차에 필요한 전자문서를 작성·제출·송달할 수 있도록 하는 하드웨어, 소프트웨어, 데이터베이스, 네트워크, 보안요소 등을 결합하여 구축한 정보처리능력을 갖춘 전자적 장치를 말한다(「행정심판법」 제52조 제1항).

(2) 전자정보처리조직을 통한 심판청구 등

「행정심판법」에 따른 행정심판절차를 밟는 자는 심판청구서와 그 밖의 서류를 전자문서화하고 이를 정보통신망을 이용하여 위원회에서 지정·운영하는 전자정보처리조직을 통하여 제출할 수 있으며, 제출된 전자문서는 「행정심판법」에 따라 제출된 것으로 보며 부본을 제출할 의무는 면제된다(동조 제1항·제2항). 한편 제출된 전자문서는 그 문서를 제출한 사람이 정보통신망을 통하여 전자정보처리조직에서 제공하는 접수번호를 확인하였을 때에 전자정보처리조직에 기록된 내용으로 접수된 것으로 보며(동조 제3항), 전자정보처리조직을 통하여 접수된 심판청구의 경우 심판청구기간을 계산할 때에는 접수가 되었을 때 행정심판이 청구된 것으로 본다(동조 제4항).

(3) 전자서명 등

행정심판위원회는 전자정보처리조직을 통하여 행정심판절차를 밟으려는 자에게 본인임을 확인할 수 있는 「전자서명법」 제2조 제3호에 따른 공인전자서명이나 그 밖의 인증을 요구할 수 있으며, 전자서명 등을 한 자는 「행정심판법」에 따른 서명 또는 날인을 한 것으로 본다(「행정심판법」 제53조).

(4) 전자정보처리조직을 이용한 송달과 도달시기

피청구인 또는 행정심판위원회는 「행정심판법」 제52조 제1항에 따라 행정심판을 청구하거나 심판참가를 한 자에게 전자정보처리조직과 그와 연계된 정보통신망을 이용하여 재결서나 이 법에 따른 각종 서류를 송달할 수 있다(다만, 청구인이나 참가인이 동의하지 아니하는 경우에는 그러하지 아니하다). 이 경우 행정심판위원회는 송달하여야 하는 재결서 등 서류를 전자정보처리조직에 입력하여 등재한 다음 그 등재 사실을 국회규칙, 대법원규칙, 헌법재판소규칙, 중앙선거관리위원회규칙 또는 대통령령으로 정하는 방법에 따라 전자우편 등으로 알려야 한다(「행정심판법」 제54조 제1항 및 제2항).

한편 전자정보처리조직을 이용한 서류송달은 서면으로 한 것과 같은 효력을 가지며(동조 제3항), 서류송달은 청구인이 동조 제2항에 따라 등재된 전자문서를 확인한 때에 전자정보처리조직에 기록된 내용으로 도달한 것으로 본다. 다만, 제2항에 따라 그 등재사실을 통지한 날부터 2주 이내(재결서 외의 서류는 7일 이내)에 확인하지 아니하였을 때에는 등재사실을 통지한 날부터 2주가 지난 날(재결서 외의 서류는 7일이 지난 날)에 도달한 것으로 본다(동조 제4항).

(5) 준용 규정

① 서면으로 심판청구 또는 심판참가를 한 자가 전자정보처리조직의 이용을 신청한 경우나, ② 위원회, 피청구인, 그 밖의 관계 행정기관 간의 서류의 송달 등의 경우에도 위 규정들을 준용한다.

제6장

행정소송

▌제1절 ▌ 개   설

Ⅰ. 행정소송의 의의 및 기능

1. 행정소송의 의의

행정소송이란 「법원이 행정사건에 대하여 정식쟁송절차로 행하는 재판」을 말한다.

2. 행정소송의 기능

(1) 행정구제기능과 행정통제기능

「행정소송법」은 행정소송이 「행정소송절차를 통하여 행정청의 위법한 처분 그 밖에 공권력의 행사·불행사 등으로 인한 국민의 권리 또는 이익의 침해를 구제하고, 공법상의 권리관계 또는 법적용에 관한 다툼을 적정하게 해결」하는 것을 그 목적으로 한다고 규정하고 있다(제1조). 이는 행정소송이 하자있는 행정작용의 시정을 구함으로써 국민의 권익을 구제하는 수단으로서의 기능(행정구제기능)[1]과 법원이 행정청의 처분 등의 위법성을 심사하는 것을 통해 행정의 합법성을 보장하는 기능(행정통제기능)을 수행한다는 것을 잘 보여 주고 있다.

(2) 양 기능의 관계

행정소송이 행정구제와 행정통제라는 두 가지 기능을 갖는다고 하지만, 이 가운데 행정구제가 주된 기능이고 행정통제는 종된 기능이다.

---

[1] 이처럼 행정소송이 국민의 권익구제를 주된 목적으로 하고 있다는 것은 행정소송이 본래 주관적 소송의 성격을 가진다는 것을 의미한다.

II. 행정소송의 유형

행정소송제도의 유형은 크게 ① 행정소송을 일반법원이 아닌 —조직상 행정부에 소속되기도 하는— 행정법원이 관장하도록 하는 행정국가형(대륙법계체제)과 ② 행정소송도 일반 민·형사소송과 마찬가지로 원칙적으로 일반법원이 관장하도록 하는 사법국가형(영미법계체제)으로 구분할 수 있다.

우리나라는 일반법원이 행정소송을 관장하고 있는 점에서 기본적으로는 영미적 사법국가형을 취하고 있으나, 행정소송에는 이론상 또는 실정법상 (민사소송과는 다른) 많은 특례가 인정되고 있다.

III. 행정소송의 종류

1. 성질에 의한 분류

(1) 형성의 소
행정법상의 법률관계의 변동을 선언하는 판결을 구하는 소이다. 행정청의 위법한 처분의 취소 또는 변경을 구하는 소송인 취소소송이 형성의 소(訴)에 해당한다.

(2) 확인의 소
특정한 '권리 또는 법률관계'의 존재 또는 부존재의 확인을 구하는 소를 말한다. 무효등확인소송, 부작위위법확인소송, 공법상 법률관계의 존재를 확인받기 위한 당사자소송 등이 확인의 소에 해당한다. 따라서 공법상의 구체적 법률관계가 아닌 사실관계에 관한 것들을 확인대상으로 하는 것은 항고소송의 대상이 되지 아니한다.

관련판례

「행정소송에 있어서 확인의 소는 권리 또는 법률관계의 존부확정을 목적으로 하는 소송이므로, 현재의 구체적인 권리나 법률관계만이 확인의 소의 대상이 될 뿐인데, 원고 소유의 대지가 타인 소유의 건물의 부지가 아님의 확인을 구하는 소는 사실관계의 확인을 구하는 것이어서 부적법하다」(대판 1991.12.24, 91누1974).

(3) 이행의 소
이행청구권의 확정과 이에 기한 이행을 명하는 판결을 구하는 소이다. (그의 인정여부에 관한 논란이 있기는 하지만) 의무이행소송, 예방적 부작위청구소송 등이 이행의 소에 해당한다.

2. 내용에 의한 분류

「행정소송법」은 행정소송을 그 내용에 따라 다음과 같이 구분하고 있다(동법 제3조, 제4조).

(1) 항고소송

항고소송이란 행정청의 처분이나 부작위에 대하여 제기하는 소송을 말하는바, 이는 다시 법정(法定) 항고소송과 무명(無名) 항고소송으로 나누어 볼 수 있다.

1) 법정항고소송   법정항고소송이란 「행정소송법」에 명문으로 규정되어 있는 항고소송을 말하는바, 「행정소송법」은 이를 다음의 3가지로 나누고 있다.

① 취소소송   행정청의 위법한 처분 등을 취소 또는 변경하는 소송

② 무효등확인소송   행정청의 처분 등의 효력유무 또는 존재여부를 확인하는 소송

③ 부작위위법확인소송   행정청의 부작위가 위법하다는 것을 확인하는 소송

2) 무명항고소송   무명항고소송이란 「행정소송법」 제4조에 규정된 항고소송 이외의 항고소송을 말하는바, 법정외((法定外) 항고소송이라고도 한다. 무명항고소송의 예로는 의무이행소송, 예방적 부작위청구소송, 작위의무확인청구소송 등을 들 수 있다.

한편 이러한 무명항고소송이 인정될 수 있는지 여부[2]에 관하여는 「행정소송법」 제4조를 열거규정으로 보아 허용되지 않는 것으로 보는 견해와, 동조를 예시규정으로 보아 허용되는 것으로 보는 견해의 대립이 있다. 판례는 무명항고소송을 인정하지 않는 경향에 있다.[3]

(2) 당사자소송

당사자소송이란 행정청의 처분 등을 원인으로 하는 법률관계에 관한 소송, 그 밖에 공법상의 법률관계에 대한 소송으로서 그 법률관계의 한쪽 당사자를 피고로 하는 소송을 말한다(「행정소송법」 제3조 제2호, 당사자소송에 관해 자세한 것은 제3절 참조).

(3) 민중소송

민중소송이란 국가 또는 공공단체의 기관이 법률에 위반되는 행위를 한 때에 직접 자기의 법률상 이익과 관계없이 그 시정을 구하기 위하여 제기하는 소송을 말하는바, 각종의 선거소송이 이에 해당한다(「행정소송법」 제3조 제3호).

---

2) 무명항고소송에 관한 이러한 논의는 현행 「행정소송법」이 행정소송의 유형을 취소소송 위주의 체계로서 구성하고 있기 때문에 다양한 행정작용의 형태에 대응하지 못한다는 점이 인식되면서부터 시작되었다.

3) ① 의무이행소송에 관한 대판 1995.3.10, 94누14018, ② 부작위청구소송에 관한 대판 2006.5.25, 2003두11988, ③ 작위의무확인소송에 관한 대판 1990.11.23, 90누3553 등(이들 판례의 구체적 내용에 관하여는 후술 참조).

(4) 기관소송

기관소송이란 국가 또는 공공단체의 기관 상호 간에 있어서의 권한의 존부 또는 그 행사에 관한 다툼이 있을 때에 이에 대하여 제기하는 소송을 말하는바(「행정소송법」제3조 제4호), 지방의회의 월권을 이유로 지방자치단체의 장이 대법원에 제기하는 소송(「지방자치법」제172조 제3항)이 대표적 예가 된다. 다만 「헌법재판소법」의 규정(제2조)에 의하여 헌법재판소의 관장사항으로 되는 소송은 제외된다(「행정소송법」제3조 제4호 단서).

IV. 행정소송의 특수성

1. 개 설

행정소송 역시 법원이 정식쟁송절차에 의하여 행하는 재판작용, 즉 사법작용인 점에서 민사소송과 그 본질을 같이한다. 따라서 행정소송에 관하여 「행정소송법」이 특별히 규정한 사항 이외의 것에 대하여는 「법원조직법」과 「민사소송법」 및 「민사집행법」의 규정을 준용하도록 되어 있다(「행정소송법」제8조).

그러나 행정소송은 권리구제기능 이외에 행정통제기능도 수행하며 행정행위를 그의 소송대상으로 한다는 점, 그리고 공익과 사익 간의 이해 조정을 목적으로 하는 점 등에서 (민사소송과는 다른) 특수성을 갖는다는 것을 인정하지 않을 수 없다.

2. 항고소송의 특수성

전술한 바와 같은 행정소송의 특수성은 행정처분의 위법을 다투는 항고소송에 있어서 특히 현저하게 나타나는데, 실정법(「행정소송법」)이 항고소송에 관하여 규정하고 있는 특례 가운데 특히 주목할 만한 것으로는 다음과 같은 것이 있다.

① 행정법원의 관할(「행정소송법」제9조)
② 원상회복·손해배상 등 청구의 항고소송의 병합(동법 제10조)
③ 행정소송의 대상인 '처분 등을 행한 행정청'을 피고로 한 것(동법 제13조)
④ 제3자의 소송참가(동법 제16조)
⑤ 제소기간의 제한(동법 제20조)
⑥ 비교적 광범위한 소변경의 인정(동법 제21조, 제22조)
⑦ 집행부정지의 원칙의 채택(동법 제23조)
⑧ 직권심리주의의 가미(동법 제26조)
⑨ 사정판결(동법 제28조)

⑩ 취소판결의 대세적 효력(동법 제29조) 등

V. 행정소송의 한계

「행정소송법」이 행정소송의 대상(범위)에 대하여 개괄주의를 취하고 있다고 하여 모든 행정사건이 행정소송의 대상이 될 수 있는 것은 아니며, 행정소송이 인정될 수 있는 한계가 있다. 한편 이러한 행정소송의 한계는 사법의 본질에 의한 한계와 권력분립의 원리에서 오는 한계로 나누어 볼 수 있다.

1. 사법(司法)의 본질에 의한 한계

(1) 구체적 사건성
행정소송은 권리·의무에 관한 당사자 간의 구체적인 법률상 분쟁의 존재를 그 전제로 하는바, 이로부터 다음과 같은 문제가 발생한다.

1) 사실행위   행정소송은 '권리·의무에 관한' 당사자 간의 구체적인 법률상 분쟁의 존재를 전제로 하므로 단순한 사실관계의 존재여부 등은 행정소송의 대상이 되지 아니한다.

2) 추상적인 법령의 효력과 해석   행정소송은 권리·의무에 관한 당사자 간의 구체적인 법률상 분쟁의 존재를 그 전제로 하므로 추상적인 법령의 효력이나 해석 그 자체는 행정소송의 대상이 되지 않음이 원칙이다(관련판례 ① 참조). 즉, 법령의 효력이나 해석에 관한 분쟁은 그것이 재판의 전제가 될 때에 한하여 사법심사의 대상이 된다(구체적 규범통제).

다만 구체적 사항의 규율을 내용으로 하는 처분법령은 그를 구체화하는 처분을 매개함이 없이도 그 자체로 직접적으로 국민의 구체적 권리·의무에 영향을 미치기 때문에 예외적으로 행정소송의 대상이 될 수 있다(관련판례 ② 참조).

관련판례

① 「행정청의 위법한 처분 등의 취소 또는 변경을 구하는 취소소송의 대상이 될 수 있는 것은 구체적인 권리·의무에 관한 분쟁이어야 하고 '일반적 추상적인 법령이나 규칙' 등은 그 자체로서 국민의 권리·의무에 직접적인 변동을 초래케 하는 것이 아니므로 그 대상이 될 수 없다」(대판 1992.3.10, 91누12639).

② 「어떠한 고시(항정신병 치료제의 요양급여에 관한 보건복지부 고시)가 일반적·추상적 성격을 가질 때에는 법규명령 또는 행정규칙에 해당할 것이지만, 다른 집행행위의 매개없이 그 자체

로서 직접 국민의 구체적인 권리·의무나 법률관계를 규율하는 성격을 가질 때에는 항고소송의 대상이 되는 행정처분에 해당한다」(대판 2003.10.9, 2003무23).[4]

(2) 주관적 소송의 원칙

행정소송은 개인의 권익구제를 위하여 주관적 소송으로 발전되었으며, 따라서 개인의 권익구제를 직접 목적으로 하지 않는 행정소송은 법률이 특별히 인정하는 예외적인 경우에 한하여 허용된다.

1) 반사적 이익　행정소송을 제기하기 위해서는 그에 대한 법률상 이익이 있어야 한다. 따라서 반사적 이익에 관한 분쟁은 사법심사의 대상이 되지 않는다.

관련판례

「행정소송은 행정처분으로 인하여 법률상 직접적이고 구체적인 이익을 가지게 되는 사람만이 제기할 이익이 있는 것이고, 다만 사실상이며 직접적인 관계를 가지는 데 불과한 사람은 제기할 이익이 없는 것이므로 공유수면매립준공인가처분의 당사자가 아니고 그 처분을 받은 자와의 사이에 그가 취득한 매립지를 양수하기로 약정한 데 불과한 자는 위 처분에 대하여 사실상의 간접적인 경제적 이해관계가 있을지언정 법률상 직접적인 이해관계가 있다고 할 수 없으므로 그 무효확인을 구할 이익도 없다」(대판 1985.6.25, 84누579).

2) 객관적 소송　법규적용의 적정성의 보호를 목적으로 하는 객관적 소송은 특별한 법률적 근거가 있을 때에만 제기할 수 있다.

관련판례

「행정소송법 제45조는 민중소송 및 기관소송은 법률이 정한 경우에 법률이 정한 자에 한하여 제기할 수 있다고 규정하고 있고, 행정청이 주민의 여론을 조사한 행위에 대하여는 법상의 訴로서 그 시정을 구할 수 있는 아무런 규정이 없으며 … 원심이 여론조사의 무효확인을 구하는 소송을 각하한 것은 정당하다」(대판 1996.1.23, 95누12736).

---

[4] 이러한 취지에서 법원은 향정신병 치료제의 요양급여에 관한 보건복지부 고시가 다른 집행행위의 매개 없이 그 자체로서 제약회사, 요양기관, 환자 및 국민건강보험공단 사이의 법률관계를 직접 규율하는 성격을 가진다는 이유로 항고소송의 대상이 되는 행정처분에 해당한다고 판시하였다.

‖참고‖ 단체소송의 허용성

객관적 소송과 관련하여 근래 들어 단체소송(Verbandsklage)의 허용성 여부가 많은 문제를 제기하고 있다. 여기서 단체소송이란 단체가 원고가 되어 제기하는 행정소송을 말하는바,[5] 단체소송은 진정 단체소송과 부진정 단체소송으로 구분된다.

1. 진정 단체소송

진정 단체소송에는 다음의 두 가지 유형이 있는바, 양자 모두 객관적 소송의 성격을 가지므로 법률에 특별한 규정이 없는 한 허용되지 아니한다.

(1) 이기적(利己的) 단체소송

단체의 구성원이 소송수행권을 단체에 임의적으로 소송신탁하고, 이에 기하여 단체가 그의 구성원의 집단적 이익을 방어 또는 관철하기 위하여 제기하는 소송을 말한다. 외국에서 의사자격을 취득한 자에 대한 의사면허에 대하여 의사회가 단체의 구성원인 의사 전체의 이익을 위하여 의사면허처분의 취소소송을 제기하는 경우가 이에 해당한다.

(2) 이타적(利他的) 단체소송

단체가 단체 자신의 이익이나 단체구성원의 이익을 방어 또는 관철하기 위하여 소송을 제기하는 것이 아니라, 어떤 제도나 문화적 가치 등 공익추구를 목적으로 제기하는 소송을 말한다.

2. 부진정 단체소송

부진정 단체소송이란 단체가 단체 자신의 법률상 이익을 보호받기 위하여 단체의 이름으로 제기하는 소송을 말한다. 어느 사회단체가 등록 취소를 당했을 때 그 등록 취소처분의 취소를 구하는 취소소송을 제기하는 경우가 이에 해당한다. 이러한 부진정 단체소송은 주관적 소송으로서의 성격을 띠며, 따라서 당해 단체에게 취소소송을 제기할 법률상 이익이 있는 한 허용된다. 등록 취소를 당했을 때 그 등록 취소처분의 취소를 구하는 취소소송을 제기하는 경우가 이에 해당한다. 이러한 부진정 단체소송은 주관적 소송으로서의 성격을 띠며, 따라서 당해 단체에게 취소소송을 제기할 법률상 이익이 있는 한 허용된다.

---

5) 여기서의 단체소송은 영미법상의 '집단소송'과 구분되어야 한다. 즉, 집단소송(集團訴訟, Class Action)은 미국법상의 제도로「조직체가 아니면서 공통의 이해관계를 가진 집단의 1인 또는 수인이 그 집단의 전체를 위하여 제소하는 소송형태」를 말하며, 이는 주관적 소송과 객관적 소송의 양면을 모두 갖는 것으로 이해되고 있다.

(3) 법적 해결성

행정소송은 법령의 적용을 통하여 분쟁을 해결하는 것을 그 본질로 한다. 따라서 학술적 논쟁이나 예술성의 우열 등에 관한 분쟁과 같이 법령을 적용하여 해결할 수 없는 성질의 것은 행정소송의 대상이 될 수 없다. 또한 어떤 법규가 단순히 행정상의 방침만을 규정하고 있는 경우에도 그 규정의 준수와 실현을 행정소송을 통하여 주장할 수 없다.

관련판례

「국가보훈처장 등이 발행한 책자 등에서 독립운동가 등의 활동상을 잘못 기술하였다는 등의 이유로 그 사실관계의 확인을 구하거나, 국가보훈처장의 서훈추천서의 행사·불행사가 당연무효 또는 위법임의 확인을 구하는 청구는 항고소송의 대상이 되지 아니한다」(대판 1990.11.23, 90누3553).

한편 종래에는 특별권력관계 내부의 행위는 사법심사의 대상이 될 수 없다고 하였으나, 전통적 특별권력관계이론이 비판을 받으면서 오늘날은 특별권력관계 내부의 행위에 대해서도 행정소송의 제기가 가능하다는 견해가 유력하다(상세한 것은 제1편 제3장 제7절 참조).

(4) 처분권주의의 지배

행정소송에서도 처분권주의가 지배하므로 법원의 심리는 원칙적으로 당사자가 청구한 범위에 의하여 한정된다.

2. 권력분립의 원리에서 오는 한계

(1) 통치행위

고도의 정치성을 띠는 통치행위는 사법심사의 대상에서 제외된다(통설·판례).[6]

(2) 재량행위·판단여지

행정청의 재량에 속하는 행위는 설사 재량을 그르치더라도 원칙적으로 부당에 그치며, 따라서 행정소송의 대상이 될 수 없다.[7] 다만, 행정청의 재량에 속하는 처분이라도 재량권의 한계를 넘거나 그 남용이 있는 때에는 부당에 그치지 않고 위법한 것이 되어 행정소송의 대상이 될 수 있다(「행정소송법」 제27조 참조).

---

6) 대통령의 긴급재정경제명령(헌재결 1996.2.29, 93헌마186), 사면(헌재결 2000.6.1, 97헌바74), 이라크파병결정(헌재결 2004.4.29, 2003헌마814)에 관한 판례 참조.
7) 다만, 자유재량과 기속재량을 구분하는 입장에서는 자유재량을 그르친 경우에만 원칙적으로 부당에 그쳐 행정소송의 대상이 될 수 없다고 한다.

관련판례

「학생에 대한 징계권의 발동이나 징계의 양정이 징계권자의 교육적 재량에 맡겨져 있다 할지라도 법원이 심리한 결과 그 징계처분에 위법사유가 있다고 판단되는 경우에는 이를 취소할 수 있는 것이고, 징계처분이 교육적 재량행위라는 이유만으로 사법심사의 대상에서 당연히 제외되는 것은 아니다」(대판 1991.11.22, 91누2144).

또한 행정청의 판단여지가 인정되는 부분에 대하여는 사법심사가 제한된다.

(3) 의무이행소송(Verpflichtungsklage)

의무이행소송이란 일정한 행정행위를 청구하였는데 거부된 경우 또는 아무런 응답이 없는 경우에 행정청에 대하여 그 행정행위를 해 줄 것을 구하는 내용의 행정소송을 말하는바, 이러한 의무이행소송이 인정될 수 있는지 여부에 관하여는 다음과 같은 학설의 대립이 있다.[8]

1) 적극설   권력분립의 진정한 취지가 권력의 남용을 막고 개인의 권리를 보장하는 데 있으므로, 행정청의 위법한 부작위 등에 대하여 적극적인 이행판결을 할 수 있다는 견해이다. 이 같은 견해에 따르면 「행정소송법」 제4조 제1호의 '변경'은 적극적 변경을 의미하게 된다.

2) 소극설   (권력분립을 형식적으로 이해하여) 행정에 대한 제1차적 판단권은 행정권에게 귀속되어야 하므로 의무이행소송은 인정될 수 없다고 보거나, 의무이행소송이 권력분립의 원칙과 모순되지는 않지만 「행정소송법」이 「행정심판법」과 달리 부작위위법확인소송만을 인정하고 있으므로 의무이행소송은 부정될 수밖에 없다는 견해이다. 이같은 견해에 따르면 「행정소송법」 제4조 제1호의 '변경'은 소극적 변경, 즉 일부취소를 의미하는 것이 된다.

판례 또한 소극설에 따르고 있다.

관련판례

「현행 행정소송법상 행정청으로 하여금 일정한 행정처분을 하도록 명하는 이행판결을 구하는 소송이나 법원으로 하여금 행정청이 일정한 행정처분을 행한 것과 같은 효과가 있는 행정처분을 직접 행하도록 하는 형성판결을 구하는 소송은 허용되지 아니한다」(대판 1997.9.30, 97누3200).

---

8) 한편 공권을 바탕으로 작위·부작위·급부 등을 청구하는 소송 중 여기서의 의무이행소송을 제외한 것을 일반이행소송(allgemeine Leistungsklage)이라고 부르는바, 이는 당사자소송의 성격을 갖는 것으로 당연히 허용된다.

3) **절충설** 의무이행소송을 원칙적으로 부인하면서도 일정한 요건하에서 의무이행소송이 인정된다고 보는 견해이다. 절충설에 따를 때 의무이행소송이 인정될 수 있는 요건으로는 ① 처분요건이 일의적(一義的)으로 정하여져 있을 것, ② 사전에 구제하지 않으면 회복할 수 없는 손해가 있을 것, ③ 다른 구제방법이 없을 것이 들어진다.

(4) 부작위청구소송(Unterlassungsklage)

부작위청구소송이란 장래 행정청이 일정한 (부담적) 처분을 할 것이 명백한 경우에 그 처분을 하지 않을 것, 즉 부작위를 구하는 내용의 행정소송을 말한다. 예방적 부작위소송 또는 예방적 금지소송이라고도 하며, 소극적 형태의 의무이행소송이라고 할 수 있다. 한편 부작위청구소송의 인정여부에 관하여는 다음과 같이 학설이 대립하고 있다.

1) **적극설** 부작위청구소송은 단지 현상악화를 방지하고자 하는 소극적 방어행위에 그칠 뿐이므로 일정한 요건하에서는 부작위청구소송이 허용될 수 있다는 견해이다(다수설).[9] 이를 제한적 허용설이라고 부르기도 한다.

한편 부작위청구소송이 허용될 수 있는 요건으로는 ① 처분이 행하여질 개연성이 있고 절박하며, ② 미리 구제하지 않으면 회복할 수 없는 손해가 발생할 우려가 있으며, ③ 다른 구제수단이 없을 것 등이 열거되고 있다.

2) **소극설** 권력분립의 원칙과 행정청의 제1차적 판단권의 존중이라는 관점에서 부작위청구소송이 허용될 수 없다는 견해이다. 판례 또한 소극설의 입장에 따르고 있다.

관련판례

「행정소송법상 행정청이 일정한 처분을 하지 못하도록 그 부작위를 구하는 청구는 허용되지 않는 부적법한 소송이라 할 것이므로, 피고 국민건강보험공단은 이 사건 고시를 적용하여 요양급여비용을 결정하여서는 아니 된다는 내용의 원고들의 위 피고에 대한 이 사건 청구는 부적법하다」(대판 2006.5.25, 2003두11988).

(5) 작위의무확인소송

작위의무확인소송이란 행정청에게 일정한 행위를 하여야 할 의무가 있음을 확인해 줄 것을 구하는 소송을 말하는바, 판례는 작위의무확인소송도 허용하지 않고 있다.

관련판례

「우리 행정소송법이 행정청의 부작위에 대하여 부작위위법확인소송만 인정하고 있을 뿐 작위의

---

9) 적극적으로 일정한 처분을 해 줄 것을 요구하는 의무이행소송에 대하여 부정적인 학자들도 부작위청구소송에 대하여는 긍정적 입장을 취하고 있는 이유 또한 여기에서 찾을 수 있다고 생각한다.

무이행소송이나 작위의무확인소송은 인정하지 않고 있는바, 소론과 같이 행정심판법 제4조 제3호가 의무이행심판청구를 인정하고 있고 항고소송의 제1심 관할법원이 피고의 소재지를 관할하는 고등법원으로 되어 있다고 하더라도, 그렇다고 하여 행정청의 부작위에 대한 작위의무의 이행이나 확인을 구하는 행정소송이 허용될 수는 없다」(대판 1992.11.10, 92누1629).[10]

‖ 제2절 ‖ 항고소송

제1관 취소소송

I. 개 설

1. 취소소송의 의의 및 성질

취소소송이란 행정청의 위법한 처분 등을 취소 또는 변경하는 소송을 말한다. 한편 취소소송의 성질에 관하여는 확인소송설과 형성소송설의 대립이 있으나, 형성소송의 성질을 갖는다는 것이 통설·판례의 입장이다.

관련판례

「위법한 행정처분의 취소를 구하는 소는 위법한 처분에 의하여 발생한 위법상태를 배제하여 원상으로 회복시키고 그 처분으로 침해되거나 방해받은 권리와 이익을 보호 구제하고자 하는 소송이다」(대판 1992.4.24, 91누11131).

2. 취소소송의 기능

(1) 원상회복기능

취소판결에 의하여 처분이 취소되면 그 처분의 효력은 소급하여 소멸하며, 그에

---

10) 동지판례:「독립운동가들에 대한 서훈추천권의 행사가 적정하지 아니하였으니 이를 바로잡아 다시 추천하고, 잘못 기술된 독립운동가의 활동상을 고쳐 독립운동사 등의 책자를 다시 편찬·보급하고, 독립기념관 전시관의 해설문·전시물 중 잘못된 부분을 고쳐 다시 전시 및 배치할 의무가 있음의 확인을 구하는 청구는 작위의무확인소송으로서 항고소송의 대상이 되지 아니한다」(대판 1990.11.23, 90누3553).

따라 처음부터 처분이 없었던 것과 같은 상태로 돌아간다.

(2) 적법성유지기능

취소소송은 위법상태의 배제를 통해 객관적인 법질서의 유지에 봉사한다.

(3) 합일확정(合一確定)기능

취소판결은 제3자에 대하여도 효력이 있으며, 이에 의하여 처분과 관련된 법률관계가 합일적으로 확정되는 효과를 가져온다.

(4) 반복방지기능

취소판결은 처분청 등을 기속하며, 따라서 행정기관은 판결의 취지에 반하는 행위를 반복하지 못하게 된다.

3. 취소소송의 소송물

취소소송에 있어서도 소송물(訴訟物, Streitgegenstand)은 중요한 의미를 갖는다. 왜냐하면 소송물의 특정을 통하여 판결의 기판력의 객관적 범위가 정해지며, 피고적격이나 소의 변경 등의 문제 또한 소송물과 연계되기 때문이다.

관련판례

「취소판결의 기판력은 소송물로 된 행정처분의 위법성 존부에 관한 판단 그 자체에만 미치는 것이므로 전소와 후소가 그 소송물을 달리하는 경우에는 전소 확정판결의 기판력이 후소에 미치지 아니한다」(대판 1996. 4. 26, 95누5820).

취소소송의 소송물에 대하여는 자신의 권리가 침해되었다는 원고의 법률상 주장으로 보는 견해, 행정처분이 위법하고 자신의 권리가 침해되었다는 원고의 법률상 주장으로 보는 견해 등도 주장되고 있으나 '처분의 위법성 일반'으로 보는 견해가 다수설이라고 할 수 있다.[11]

한편 판례는 취소소송 일반에 있어서의 소송물에 대하여는 명확한 입장을 나타내고 있지는 않지만, 과세처분의 취소소송의 경우와 관련하여서는 위법성 일반을 소송물로 보는 입장을 표명한 바 있다.

관련판례

「과세처분취소소송의 소송물은 그 취소원인이 되는 위법성 일반이다. 따라서 과세관청이 법인세법 제16조 제5호에 해당하는 손비를 같은 조 제4호의 손비로 잘못 판단하여 손금부인한 후 과

---

11) 이 견해에 의하면 개개의 위법사유에 관한 주장은 단순한 공격방어방법에 불과한 것이지 소송물의 특정에 영향을 주는 것은 아니라고 본다.

세갱정처분을 하였더라도, 그 손비가 같은 법조 제5호에 해당하여 어차피 손금에 산입하지 아니하는 손비로 판단되는 이상, 과세관청의 결정 또는 갱정처분을 위법한 것이라고 볼 수는 없을 것이다」(대판 1990.3.23., 89누5386).12)

4. 취소소송과 무효등확인소송과의 관계

(1) 문제의 의의

행정청의 처분으로 인하여 자신의 권익을 침해받은 자는 동 처분에 대한 취소소송 또는 무효확인소송을 제기하여 권리구제를 도모할 수 있는바, 이와 관련하여 양 소송 간의 관계 여하가 문제된다. 이는 무효인 행정처분에 대하여 취소소송이 제기된 경우, 또는 행정처분에 단지 취소의 흠이 있음에도 불구하고 무효확인소송이 제기된 경우 등에 있어서 실질적으로 논의의 실익이 있다.

(2) 병렬관계

취소소송과 무효등확인소송은 서로 병렬적 관계에 있는 별개의 소송이다. 따라서 행정청의 처분에 불복하는 자는 양자 중 어느 것이든 자신의 목적을 가장 효과적으로 달성할 수 있는 소송의 종류를 선택할 수 있다. 다만 이 경우 양자는 서로 양립할 수 없는 청구이기 때문에 단지 주위적(主位的) 청구와 예비적 청구로서만 병합이 가능하다.13) 한편 무효확인과 취소청구를 명시적으로 주위적·예비적으로 병합하지 않아도 무효확인소송의 경우 처분이 당연무효가 아니라면 취소를 구하는 취지도 포함되어 있는 것으로 보아야 한다.

관련판례

① 「행정처분에 대한 무효확인과 취소청구는 서로 양립할 수 없는 청구로서 주위적·예비적 청구로서만 병합이 가능하고 선택적 청구로서의 병합이나 단순병합은 허용되지 아니한다」(대판 1998.8.20, 97누6889).
② 「일반적으로 행정처분의 무효확인을 구하는 소에는 원고가 그 처분의 취소를 구하지 아니한다고 밝히지 아니한 이상 그 처분이 만약 당연무효가 아니라면 그 취소를 구하는 취지도 포함되어 있는 것으로 보아야 한다」(대판 1994.12.23, 94누477).

---

(3) 포섭관계

취소소송과 무효확인소송은 서로 병렬적 관계에 있는 것이기는 하지만, 양자 모두 당해 처분에 존재하는 흠을 이유로 (무효확인이든 취소든) 그 효력의 배제를 구한다는 점

---

12) 동지판례: 대판 1996.4.26, 95누5820.
13) 여기서 주위적 청구란 '주된 청구'를 의미하며, 예비적 청구는 '보조적 청구'를 의미한다.

에서는 동일한 성질을 갖는다. 따라서 그 한도에서 서로 포용성을 갖는다는 것 또한 부정할 수 없다.

1) 무효인 처분에 대하여 취소소송을 제기한 경우 　원고가 취소소송을 제기하여 왔으나 심리결과 처분의 하자가 중대하고 명백하여 당연무효에 해당함이 밝혀진 경우에는 법원은 당해 청구를 기각하여서는 아니 되며, 처분을 취소하는 원고승소의 판결, 즉 무효선언을 의미하는 취소판결을 하여야 한다. 이는 처분의 취소원인인 하자와 무효원인인 하자의 구별이 상대적 내지 불분명한 면이 있고, 전술한 바와 같이 취소소송에는 무효확인을 구하는 취지까지 포함되어 있는 것으로 보아야 하기 때문이다.

한편, 이처럼 무효선언을 구하는 의미에서의 취소소송이 제기된 경우에 있어 제소기간 등 취소소송의 제기요건을 갖추어야 하는지의 여부에 대하여는 견해의 대립이 있으나, 판례는 취소소송의 제소요건을 갖추어야 한다고 한다.

관련판례

「행정처분의 당연무효를 선언하는 의미에서 그 취소를 구하는 행정소송을 제기하는 경우에는 전치절차와 그 제소기간의 준수 등 취소소송의 제소요건을 갖추어야 한다」(대판 1987.6.9, 87누219).

2) 취소할 수 있는 처분에 대하여 무효확인소송을 제기한 경우 　원고는 무효확인소송을 제기하였으나 심리결과 당해 처분에 취소사유에 해당하는 하자가 있을 뿐인 경우에는 (처분의 취소를 구하지 않음이 명백하지 않은 이상) 법원은 석명권(釋明權)을 행사하여 취소의 소로 변경하도록 한 다음 취소판결을 할 수 있다.

한편 이 경우 역시 취소청구를 인용하려면 당해 소송이 취소소송의 제소요건을 구비하고 있을 것이 요구된다.

관련판례

「행정처분의 무효확인을 구하는 청구에는 특별한 사정이 없는 한 그 처분의 취소를 구하는 취지까지도 포함되어 있다고 볼 수는 있으나 위와 같은 경우에 취소청구를 인용하려면 먼저 취소를 구하는 항고소송으로서의 제소요건을 구비한 경우에 한한다」(대판 1986.9.23, 85누838).

Ⅱ. 취소소송의 재판관할

1. 사물관할

취소소송의 제1심 관할법원은 (지방법원급의) 행정법원이다(「행정소송법」제9조 제1항). 다만, 행정법원이 설치되지 않은 지역에 있어서는 행정법원이 설치될 때까지는 해당 지방법원 본원 및 춘천지방법원 강릉지원이 관할한다(「법원조직법」부칙 제2조). 행정사건은 원칙적으로 합의부에서 심판권을 행사한다. 다만 합의부의 결정으로 단독판사가 심판권을 행사하게 할 수 있다(「법원조직법」제7조 제3항).

2. 토지관할

(1) 보통관할

취소소송의 관할법원은 피고인 행정청의 소재지를 관할하는 행정법원이다(「행정소송법」제9조 제1항). 다만 ① 중앙행정기관, 중앙행정기관의 부속기관과 합의제행정기관 또는 그 장(長)이나 ② 국가의 사무를 위임 또는 위탁받은 공공단체 또는 그 장이 피고인 경우에는 대법원소재지를 관할하는 행정법원에 제기할 수 있다(동조 제2항).

(2) 특별관할

토지의 수용 기타 부동산 또는 특정의 장소에 관계되는 처분 등에 대한 취소소송은 그 부동산 또는 장소의 소재지를 관할하는 행정법원에 제기할 수 있다(동조 제3항).

(3) 토지관할의 성질 – 임의관할주의

「행정소송법」은 개인의 제소의 편의를 도모하기 위하여 토지관할에 대하여 임의관할주의를 채택하고 있다. 따라서 당사자 사이의 합의나 피고의 변론에 의하여 피고인 행정청의 소재지를 관할하는 행정법원 이외의 행정법원에 합의관할(「민사소송법」제29조) 또는 변론관할(동법 제30조)이 생길 수 있다.

3. 관할법원에의 이송

(1) 관할법원에의 이송

법원은 소송의 전부 또는 일부에 대하여 관할권이 없다고 인정하는 경우에는 결정으로 관할법원에 이송한다(「행정소송법」제8조 제2항, 「민사소송법」제34조 제1항). 이 경우 소제기의 효력은 관할권 있는 법원이 이송받은 때에 발생한다.

(2) 이송결정의 효력

이송결정은 이송받은 법원을 기속한다. 따라서 소송을 이송받은 법원은 사건을 다시 다른 법원에 이송하지 못함이 원칙이다(「민사소송법」제38조). 한편 심급관할을 위배한 이송결정의 기속력이 이송받은 상급심법원에도 미치는 것인가의 문제가 있는바, 법원은 이를 부정한 바 있다.

관련판례

「심급관할을 위배한 이송결정의 기속력은 이송받은 상급심법원에는 미치지 아니하므로 이송받은 상급심법원은 사건을 관할법원에 이송하여야 한다」(대판 2000.1.14, 99두9735).

---

(3) 심급을 달리하는 법원에 제기한 경우

사건의 이송에 관한 「민사소송법」 제34조 제1항의 규정은 원고의 고의 또는 중대한 과실없이 행정소송이 심급을 달리하는 법원에 잘못 제기된 경우에도 적용한다(「행정소송법」 제7조). 한편 원고가 고의 또는 중대한 과실없이 행정소송으로 제기하여야 할 사건을 민사소송으로 잘못 제기한 경우에 실제로 이송할 것인지 여부에 관하여 판례는 수소법원이 ① 그 행정소송에 대한 관할도 동시에 가지고 있다면 이를 행정소송으로 심리·판단하여야 하고, ② 그 행정소송에 대한 관할을 가지고 있지 아니하다면 관할법원에 이송하여야 한다고 한다. 다만 ②의 경우에도 해당 소송이 행정소송의 소송요건을 결하고 있음이 명백하여 행정소송으로 제기되었더라도 어차피 부적법하게 될 경우에는 이송할 것이 아니라 각하하여야 한다고 한다.

관련판례

① 「원고가 고의 또는 중대한 과실 없이 행정소송으로 제기하여야 할 사건을 민사소송으로 잘못 제기한 경우, 수소법원으로서는 만약 그 행정소송에 대한 관할도 동시에 가지고 있다면 이를 행정소송으로 심리·판단하여야 하고, 그 행정소송에 대한 관할을 가지고 있지 아니하다면 관할법원에 이송하여야 한다. 다만 해당 소송이 이미 행정소송으로서의 전심절차 및 제소기간을 도과하였거나 행정소송의 대상이 되는 처분 등이 존재하지도 아니한 상태에 있는 등 행정소송으로서의 소송요건을 결하고 있음이 명백하여 행정소송으로 제기되었더라도 어차피 부적법하게 되는 경우에는 이송할 것이 아니라 각하하여야 한다」(대판 2020.10.15, 2020다222382).

② 「행정소송법상 항고소송으로 제기하여야 할 사건을 민사소송으로 잘못 제기한 경우에 수소법원이 그 항고소송에 대한 관할도 동시에 가지고 있다면, 전심절차를 거치지 않았거나 제소기간을 도과하는 등 항고소송으로서의 소송요건을 갖추지 못했음이 명백하여 항고소송으로 제기되었더라도 어차피 부적법하게 되는 경우가 아닌 이상, 원고로 하여금 항고소송으로 소 변경을 하도록 석명권을 행사하여 행정소송법이 정하는 절차에 따라 심리·판단하여야 한다」(대판 2020.1.16, 2019다264700).

Ⅲ. 관련청구의 이송과 병합

1. 관련청구소송의 범위

「행정소송법」은 소송경제 및 재판의 모순·저촉을 피하기 위하여 관련청구소송의 취소소송에의 이송과 병합을 규정하고 있는바, 이송·병합될 수 있는 관련청구소송의 범위는 다음과 같다(「행정소송법」 제10조 제1항).

(1) 당해 처분 등과 관련되는 손해배상·부당이득반환·원상회복 등 청구소송

여기서 당해 처분 등과 관련된다는 것은 처분이나 재결이 원인이 되어 발생한 청구(예: 운전면허취소처분으로 인한 손해배상청구소송), 또는 처분이나 재결의 취소·변경을 선결문제로 하는 청구(예: 소득세부과처분을 원인으로 하는 부당이득반환청구소송) 등을 의미한다.

관련판례

「행정소송법 제10조는 처분의 취소를 구하는 취소소송에 당해 처분과 관련되는 부당이득반환소송을 관련 청구로 병합할 수 있다고 규정하고 있는바, 이 조항을 둔 취지에 비추어 보면, 취소소송에 병합할 수 있는 당해 처분과 관련되는 부당이득반환소송에는 당해 처분의 취소를 선결문제로 하는 부당이득반환청구가 포함된다」(대판 2009.4.9, 2008두23153).

(2) 당해 처분 등과 관련되는 취소소송

당해 처분 등과 관련되는 취소소송에는 ① 당해 처분과 함께 하나의 절차를 구성하는 다른 처분에 대한 취소소송, ② 당해 처분에 관한 재결의 취소소송, ③ 재결의 대상인 처분의 취소소송 등이 있다.

2. 관련청구의 이송

취소소송과 관련청구소송이 각각 다른 법원에 계속되어 있는 경우에는 관련청구소송이 계속된 법원은 당사자의 '신청 또는 직권에' 의하여 이를 '취소소송이 계속된 법원으로' 이송할 수 있다(「행정소송법」 제10조 제1항).

(1) 이송의 요건

1) 상이한 법원에의 계속(係屬)　　취소소송과 관련청구소송이 각각 다른 법원에 계속 중이어야 한다.

2) 이송의 상당성　　관련청구소송이 계속된 법원이 당해 소송을 취소소송이 계속된 법원에 이송함이 상당하다고 인정하여야 한다.

3) 당사자의 신청 등   관련청구소송의 이송은 당사자의 신청에 의하거나 법원의 직권으로 행해질 수 있다.

(2) 이송결정

1) 이송결정의 기속력   이송결정은 이송받은 법원을 기속한다. 따라서 소송을 이송받은 법원은 사건을 다시 다른 법원에 이송하지 못한다(「민사소송법」 제38조).

2) 이송의 효과   이송결정이 확정되면 당해 관련청구소송은 '처음부터' 이송받은 법원에 계속된 것으로 본다(동법 제40조 제1항).

3) 이송결정에 대한 불복   이송결정 및 이송신청의 기각결정에 대하여는 즉시항고를 할 수 있다(동법 제39조).

3. 관련청구의 병합

(1) 관련청구병합의 의의

「행정소송법」(제10조 제2항, 제15조)은 관련청구소송의 병합에 관하여 명문의 규정을 두고 있다. 이처럼 관련청구의 병합을 인정한 것은 당사자와 법원의 부담을 덜고, 심리의 중복·저촉을 피하며, 나아가 행정상 분쟁을 신속히 처리하여 국민의 권리구제를 철저히 하기 위한 것이다.

(2) 병합의 유형

1) 주관적 병합·객관적 병합   주관적 병합이란 1개의 소송절차에 원고 또는 피고가 다수인 경우를 말하며, 객관적 병합이란 1인의 원고가 1인의 피고에 대하여 1개의 소송절차에서 복수의 청구를 하는 것을 말한다. 「행정소송법」에서는 양자 모두 인정된다.

> **관련판례**
>
> ① 주관적 병합: 「두 개의 사건이 피고는 다르다 하여도 그 청구에 있어서 관련성이 있으면 그 소송을 병합하여 심리할 수 있다」(대판 1962.10.18, 62누52·53).
> ② 객관적 병합: 「납세자가 과세관청을 상대로 이 사건 양도소득세 등 과세처분의 취소소송에 병합하여 그가 자진납부한 세액에서 그 주장의 정당한 세액을 공제한 금액의 부당이득반환청구의 소를 제기한 경우, 이는 행정소송법 제10조 제2항에 의거 양도소득세부과처분 취소소송에 병합하여 관련청구소송을 제기한 것으로 볼 수 있다」(대판 1990.2.27, 89누3557).

2) 원시적 병합·추가적 병합   원시적 병합이란 제소 당시부터 복수의 청구를 병합하여 제기하는 것을 말하며, 추가적 병합이란 이미 계속 중인 소송에 다른 소송을 추가적으로 병합하여 제기하는 것을 말한다. 「행정소송법」에서는 양자 모두 인정된다.

3) 주관적·예비적 병합의 허용성   주관적 병합 중 서로 양립할 수 없는 청구를 병합

하는 주관적·예비적 병합(예: 소득세경정처분을 받은 원고가 세무서장을 피고로 하여 경정처분에 대한 취소를 청구함과 동시에 예비적으로 국가를 피고로 하여 손해배상청구소송을 제기하는 경우)이 허용될 수 있는지에 관하여는 학설상 긍정설과 부정설의 대립이 있어 왔으며, 판례는 종래 부정설의 입장에 따르고 있었다(대판 1996.3.22, 95누5509 참조).

그러나 개정 「민사소송법」이 제70조에서 명문으로 주관적·예비적 병합을 인정하고 있고, 「행정소송법」이 특별히 규정하고 있지 않는 한 「민사소송법」을 준용하여야 할 것이므로(「행정소송법」 제8조 제2항 참조) 행정소송에서도 주관적·예비적 병합이 허용될 수 있는 것으로 해석하여야 할 것이다.

(3) 병합의 요건

1) 본체인 취소소송의 적법성　관련청구소송이 병합될 본체인 취소소송이 존재하며, 그것이 그 자체로서 소송요건을 갖춘 적법한 것이어야 한다.

관련판례

「행정소송법 제38조, 제10조에 의한 관련청구소송의 병합은 본래의 항고소송이 적법할 것을 요건으로 하는 것이어서 본래의 항고소송이 부적법하여 각하되면 그에 병합된 관련청구도 소송요건을 흠결한 부적합한 것으로 각하되어야 한다」(대판 2001.11.27, 2000두697).

---

2) 관련청구소송의 적법성　병합되는 관련청구소송 자체도 소송요건을 구비하고 있어야 한다.

3) 병합의 시기　관련청구의 병합은 사실심 변론종결 이전에 하여야 한다.

(4) 관할법원

관련청구의 병합이 있는 경우 병합되는 소송의 관할법원은 취소소송이 계속된 법원이다. 행정소송에 대하여는 민사법원에 관할권이 없음을 고려할 때 이것은 당연한 이치라고 할 수 있다.

(5) 특수문제─병합심리

취소소송에 병합된 관련청구소송이 민사소송인 경우, 그 관련청구의 심리에 「행정소송법」의 규정(특히 직권심리에 관한 「행정소송법」 제26조)이 적용되는지 여부가 문제된다. 이에 관하여는 ① 민사사건을 행정소송절차로 심리하여서는 안 된다는 견해와 ② 실질적으로 두 사건을 분리해서 심리하는 것은 불가능하므로 민사사건도 행정소송절차에 따라 심리하여야 한다는 견해의 대립이 있다.

IV. 취소소송의 당사자 등

1. 개 설

(1) 소익(訴益)의 의의

행정소송은 '소익' 또는 '소(訴)의 이익'이 인정되는 경우에만 허용된다. 소익은 광의로는 다음의 3가지를 모두 포괄하는 개념으로 사용된다. 즉,

① 원고가 청구를 함에 있어 정당한 이익을 가지고 있는지의 문제(원고적격)

② 청구의 내용이 재판의 대상으로 될 적성을 가지고 있는지의 문제(소송대상의 적격)

③ 분쟁을 소송을 통해 해결할 현실적 필요성이 있는지의 문제(협의의 소익, 권리보호의 필요)

한편 본서는 광의의 소익 가운데 '원고적격'과 '협의의 소익'은 본 항목에서 다루고, '소송대상적격'은 후술하는 '취소소송의 소송요건' 항목에서 다루고자 한다.

(2) 당사자능력과 당사자적격

행정소송의 당사자, 즉 원고와 피고가 되려면 당사자능력과 당사자적격을 모두 갖추어야 한다.

> **관련판례**
>
> 「소송에서 당사자가 누구인가는 당사자능력, 당사자적격 등에 관한 문제와 직결되는 중요한 사항이므로, 사건을 심리·판단하는 법원으로서는 직권으로 소송당사자가 누구인가를 확정하여 심리를 진행하여야 한다」(대판 2016.12.27, 2016두50440).

1) 당사자능력　　당사자능력이란 소송의 당사자가 될 수 있는 '일반적' 능력을 말하는바, 민법상 권리능력을 가지는 자는 행정소송에 있어서 당사자능력을 갖는다. 다만 법인격 없는 단체도 대표자를 통해서 단체 자신의 이름으로 소송의 당사자가 될 수 있다. 그러나 동물은 원칙적으로 당사자능력을 인정할 수 없다.

> **관련판례**
>
> 「도롱뇽은 천성산 일원에 서식하고 있는 도롱뇽목 도롱뇽과에 속하는 양서류로서 자연물인 도롱뇽 또는 그를 포함한 자연 그 자체로서는 소송을 수행할 당사자능력을 인정할 수 없다」(대판 2006.6.2, 2004마1148·1149).

한편 '행정청'은 법인격이 없으므로 이론상으로는 당사자능력이 인정될 수 없다. 따라서 행정청은 행정소송의 원고가 되어 소를 제기할 수는 없다. 그러나 「행정소송법」이 처분 등을 행한 행정청에 대하여 항고소송의 '피고적격'을 인정하고 있으므로(동법 제13조) 그 한도에서 행정청은 피고가 될 수 있는 당사자능력은 있다고 할 수 있다.

관련판례

「충북대학교 총장은 대한민국이 설치한 충북대학교의 대표자일 뿐 항고소송의 원고가 될 수 있는 당사자능력이 없으므로, 예비적 원고 충북대학교 총장이 제기한 소는 부적법하다」(대판 2007.9.20, 2005두6935).

---

2) 당사자적격   당사자적격이란 '특정' 소송사건에 있어서 원고나 피고로서 소송을 수행하고 본안판결을 받을 수 있는 자격을 말한다. 당사자적격이 있는 자를 보통 '정당한 당사자'라고 부른다. 당사자적격에 관하여는 원고적격과 피고적격으로 나누어 이하에서 상술한다.

3) 국가 등의 당사자능력 및 당사자적격   행정소송에 있어서의 당사자능력과 당사자적격과 관련하여 국가나 국가기관도 행정소송에서 원고로서의 당사자능력 및 당사자적격을 가질 수 있는지가 문제가 된다.

① 국가의 당사자능력: 법원은 서울대학교 보건진료소 직권폐업처분 무효확인소송에서 국가의 당사자능력을 인정한 바 있다.

관련판례

「서울대학교는 국가가 설립·경영하는 학교일 뿐 위 학교는 법인도 아니고 대표자있는 법인격 없는 사단 또는 재단도 아닌 교육시설의 명칭에 불과하여 권리능력과 당사자능력을 인정할 수 없으므로 서울대학교를 상대로 하는 법률행위의 효과는 서울대학교를 설립·경영하는 주체인 국가에 귀속되고, 그 법률행위에 대한 쟁송은 국가가 당사자가 되어 다툴 수밖에 없다」(서울행정법원 2009.6.5, 2009구합6391).

---

② 국가기관의 당사자능력: 법원은 '일정한 요건하에' 국가기관의 당사자능력 및 원고적격 또한 인정될 수 있음을 반복하여 인정한 바 있다.

관련판례

① (교원소청심사위원회의 결정 취소소송)「교원지위 향상을 위한 특별법(이하 '교원지위법'이라고 한다) 제10조 제2항과 3항 규정들의 내용 및 원래 교원만이 위원회의 결정에 대하여 행정소

송을 제기할 수 있도록 한 구 교원지위법(2007. 5. 11. 법률 제8414호로 개정되기 전의 것) 제10조 제3항이 헌법재판소의 위헌결정(헌법재판소 2006. 2. 23. 선고 2005헌가7, 2005헌마1163 전원재판부 결정 참조)에 따라 학교법인 및 사립학교 경영자뿐 아니라 소청심사의 피청구인이 된 학교의 장 등도 행정소송을 제기할 수 있도록 현재와 같이 개정된 경위, 학교의 장은 학교법인의 위임 등을 받아 교원에 대한 징계처분, 인사발령 등 각종 업무를 수행하는 등 독자적 기능을 수행하고 있어 이러한 경우 하나의 활동단위로 특정될 수 있는 점까지 아울러 고려하여 보면, 위원회의 결정에 대하여 행정소송을 제기할 수 있는 자에는 교원지위법 제10조 제3항에서 명시하고 있는 교원, 사립학교법 제2조에 의한 학교법인, 사립학교 경영자뿐 아니라 소청심사의 피청구인이 된 학교의 장도 포함된다고 봄이 상당하다.

원심이 인정한 사실에 의하면, 원고는 ○○대학교 총장으로서 ○○대학교 교원의 임용권을 위임받아 피고 보조참가인에 대하여 그 이름으로 재임용기간의 경과를 이유로 당연면직의 통지를 하였고, 그 후 구제특별법이 시행되자 피고 보조참가인은 원고를 피청구인으로 하여 재임용 거부처분 취소 청구를 하여 피고가 위 재임용 거부처분을 취소한다는 이 사건 결정처분을 한 다음 원고에게 이를 통지한 사실을 알 수 있으므로, 이를 앞서 본 법리에 비추어 보면, 원고는 피고를 상대로 이 사건 결정처분의 취소를 구하는 행정소송을 제기할 당사자능력 및 당사자적격이 있다고 할 것이다」(대판 2011.6.24, 2008두9317).

② (국민권익위원회의 조치요구 취소소송) 「국민권익위원회가 소방청장에게 인사와 관련하여 부당한 지시를 한 사실이 인정된다며 이를 취소할 것을 요구하기로 의결하고 그 내용을 통지하자 소방청장이 국민권익위원회 조치요구의 취소를 구하는 소송을 제기한 사안에서, 행정기관인 국민권익위원회가 행정기관의 장에게 일정한 의무를 부과하는 내용의 조치요구를 한 것에 대하여 그 조치요구의 상대방인 행정기관의 장이 다투고자 할 경우에 법률에서 행정기관 사이의 기관소송을 허용하는 규정을 두고 있지 않으므로 이러한 조치요구를 이행할 의무를 부담하는 행정기관의 장으로서는 기관소송으로 조치요구를 다툴 수 없고, 위 조치요구에 관하여 정부 조직 내에서 그 처분의 당부에 대한 심사·조정을 할 수 있는 다른 방도도 없으며, 국민권익위원회는 헌법 제111조 제1항 제4호에서 정한 '헌법에 의하여 설치된 국가기관'이라고 할 수 없으므로 그에 관한 권한쟁의심판도 할 수 없고, 별도의 법인격이 인정되는 국가기관이 아닌 소방청장은 질서위반행위규제법에 따른 구제를 받을 수도 없는 점, 부패방지 및 국민권익위원회의 설치와 운영에 관한 법률은 소방청장에게 국민권익위원회의 조치요구에 따라야 할 의무를 부담시키는 외에 별도로 그 의무를 이행하지 않을 경우 과태료나 형사처벌까지 정하고 있으므로 위와 같은 조치요구에 불복하고자 하는 '소속기관 등의 장'에게는 조치요구를 다툴 수 있는 소송상의 지위를 인정할 필요가 있는 점에 비추어, 처분성이 인정되는 국민권익위원회의 조치요구에 불복하고자 하는 소방청장으로서는 조치요구의 취소를 구하는 항고소송을 제기하는 것이 유효·적절한 수단으로 볼 수 있으므로 소방청장은 예외적으로 당사자능력과 원고적격을 가진다」(대판 2018.8.1, 2014두35379).[14]

---

14) 동지판례: 대판 2013.7.25, 2011두1214.

2. 원고적격

(1) 의의·관계규정

취소소송의 원고적격이란 처분 등의 취소를 구하는 소송을 제기하여 본안판결을 받을 수 있는 자격을 말한다. 「행정소송법」 제12조 제1문은 「취소소송은 처분 등의 취소를 구할 법률상 이익이 있는 자가 제기할 수 있다」고 규정하고 있다. 따라서 처분 등의 취소를 구할 '법률상 이익'만 있으면 자연인인지 법인인지의 여부를 불문하고 원고적격이 인정되며, 처분의 상대방은 물론 제3자에게도 원고적격이 인정될 수 있다.

관련판례

「행정처분에 대한 취소소송에서 원고적격이 있는지 여부는, 당해 처분의 상대방인지 여부에 따라 결정되는 것이 아니라 그 취소를 구할 법률상 이익이 있는지 여부에 따라 결정되는 것이다」 (대판 2018.5.15, 2014두42506).

한편 법률상 이익의 존재에 대한 판단은 사실심 변론종결 시를 기준으로 하여야 한다.

관련판례

「처분의 취소나 효력유무의 확인을 구할 법률상 이익의 유무는 그 처분의 성립시나 소제기시가 아니라 사실심의 변론종결시를 기준으로 판단하여야 하는 것이므로 건축허가처분이 당연무효라고 하더라도 사실심의 변론종결시까지 건축허가에 터잡은 건축공사가 완료되어 준공검사까지 받았다면 건축허가처분의 무효확인을 구할 법률상 이익이 없다」(대판 1992.10.27, 91누9329).

(2) 법률상 이익의 의미

「행정소송법」 제12조 제1문의 '법률상 이익'이 무엇을 의미하는지에 관해서는 다음과 같은 학설의 대립이 있다.

1) **권리구제설** 취소소송의 목적을 실체법상의 권리보호에 있다고 보아 위법한 처분 등으로 인해 권리를 침해당한 자만이 취소소송에 있어 원고적격을 갖는다는 견해이다. 결국 이 학설에 의하면 법률상 이익은 '권리'를 의미하게 된다.

2) **법률상 이익구제설** 취소소송을 법률이 개인을 위하여 보호하고 있는 이익을 구제하기 위한 수단으로 보아, 권리를 침해당한 자 외에 법률이 보호하고 있는 이익을 침해당한 자도 취소소송에 있어 원고적격을 갖는다는 견해이다(다수설). 판례 역시 기본적으로는 법률상 이익구제설에 따르고 있는 것으로 보인다.

관련판례

「행정처분에 대한 취소소송에서 원고적격은 해당 처분의 상대방인지 여부가 아니라 그 취소를 구할 법률상 이익이 있는지 여부에 따라 결정된다. 여기에서 말하는 법률상 이익이란 해당 처분의 근거 법률로 보호되는 직접적이고 구체적인 이익을 가리키고, 간접적이거나 사실적·경제적 이해관계를 가지는 데 불과한 경우는 포함되지 않는다」(대판 2019.8.30, 2018두47189).[15]

　　다만 법률이 보호하고 있는 이익이란 것이 본질적으로 보면 바로 권리를 의미하는 점을 고려할 때 이러한 의미의 법률상 이익구제설은 권리구제설과 본질적 차이가 없다고 볼 수 있다.

　　3) 보호할 가치 있는 이익구제설　　취소소송을 법률을 해석·적용하여 구체적인 분쟁을 해결하는 절차로 보아, 침해된 이익이 법률상 이익이든 사실상 이익이든 간에 실질적으로 소송에 의하여 보호할 가치 있는 이익만 인정되면 널리 원고적격을 인정하는 견해이다. 이 학설에 따르고 있는 것으로 해석할 수 있는 판례도 있다.

관련판례

「시외버스 공동정류장에서 불과 70미터밖에 떨어져 있지 않은 인접길목에 따로 이 건 직행버스 정류장의 설치인가를 해주어서 원고회사를 비롯한 업자들은 영업상 막대한 손실을 입게 된 사실을 인정한 다음 이렇다면 원고는 적법한 자동차정류장을 설치하고 있고 기존업자로서 피고의 이 건 행정처분으로 인하여 사실상의 이익을 침해당하는 것만이 아니고 법에 의하여 마땅히 보호되어야 할 이익도 침해받는 것이다」(대판 1975.7.22, 75누12).

　　한편 보호할 가치있는 이익구제설에 대하여는 어떤 이익이 보호할 가치 있는 이익인지의 여부는 입법자가 판단할 사항이지 법원이 결정할 사항이 아니며, 또한 실체법이 보호하지 않는 이익을 소송법적으로 보호하려고 한다는 비판이 가해지고 있다.

　　4) 적법성 보장설　　위의 학설들이 행정소송의 목적을 개인의 권익구제로 파악하고 있는 것과 달리 적법성 보장설은 취소소송을 행정의 적법성 보장 내지 행정통제를 위한 제도로 파악한다. 이에 따르면 개인의 권리침해 여부와 관계없이, 당해 처분의 위법성을 다툴 가장 적합한 상태에 있는 자에게 원고적격을 인정하게 된다. 적법성 보장설에 대하여는 취소소송을 민중소송화할 염려가 있다는 점이 지적되고 있다.

　　(3) 법률상 이익의 판단근거규범

　　「행정소송법」제12조 제1문의 '법률상 이익'에 해당하는지 여부는 그 판단근거인 '법률'의 범위를 어떻게 이해하는가에 따라 달라질 수 있다.

---

15) 동지판례: 대판 2018.5.15, 2014두42506.

1) 학　설　여기서의 법률상 이익의 의미에 대하여는 ① 처분의 실체법적 근거법률에 의하여 보호되는 이익, ② 처분의 실체법적·절차법적 근거법률에 의하여 보호되는 이익, ③ 처분의 근거가 되는 법률의 전체취지에 비추어 보호되는 이익, ④ 처분의 근거가 되는 법률 이외에 다른 법률, 「헌법」규정, 관습법, 조리 등 법체계 전체에 비추어 보호되는 이익으로 해석하는 견해가 제시되어 있다.

2) 판　례

① 대법원　대법원은 법률상 이익을 인정함에 있어 처분의 '직접적 근거법규'뿐만 아니라 처분시 준용되는 규정도 고려하고 있으며(관련판례 ① 참조), 처분의 실체법적 근거법률 이외에 처분을 함에 있어서 적용되는 '절차법규정' 또한 고려하고 있다(관련판례 ② 참조). 한편 근래의 대법원판례는 이러한 직접적 근거법규 및 관련법규에 명문의 규정이 없더라도 당해 법규의 합리적 해석상 보호되는 것으로 인정되는 이익까지도 법률상 보호되는 이익으로 인정하고 있다(관련판례 ③ 참조). 그러나 대법원은 헌법재판소와 달리 헌법상의 기본권 규정을 근거로 법률상 이익을 인정하는 데에는 소극적이다(관련판례 ④ 참조).

관련판례

① 「도시계획법 제12조 제3항의 위임에 따라 제정된 도시계획시설기준에 관한 규칙 제125조 제1항이 화장장의 구조 및 설치에 관하여는 매장 및 묘지 등에 관한 법률이 정하는 바에 의한다고 규정하고 있어, 도시계획의 내용이 화장장의 설치에 관한 것일 때에는 도시계획법 제12조뿐만 아니라 '매장 및 묘지 등에 관한 법률' 및 같은 법 시행령 역시 그 근거 법률이 된다고 보아야 할 것이다」(대판 1995.9.26, 94누14544).

② 「원자력법 제12조 제3호의 취지와 원자력법 제11조의 규정에 의한 원자로 및 관계 시설의 건설사업을 환경영향평가대상사업으로 규정하고 있는 구 환경영향평가법 제4조, 환경영향평가서의 작성, 주민의 의견 수렴, 평가서 작성에 관한 관계 기관과의 협의, 협의내용을 사업계획에 반영한 여부에 대한 확인·통보 등을 규정하고 있는 위 법 제8조, 제9조 제1항, 제16조 제1항, 제19조 제1항 규정의 내용을 종합하여 보면, 위 환경영향평가법 제7조에 정한 환경영향평가대상지역 안의 주민들이 방사성물질 이외의 원인에 의한 환경침해를 받지 아니하고 생활할 수 있는 이익도 직접적·구체적 이익으로서 그 보호대상으로 삼고 있다고 보이므로, 위 환경영향평가대상지역 안의 주민에게는 방사성물질 이외에 원전냉각수 순환시 발생되는 온배수로 인한 환경침해를 이유로 부지사전승인처분의 취소를 구할 원고적격도 있다」(대판 1998.9.14, 97누19588).

③ 「당해 처분의 근거법규 및 관련법규에 의하여 보호되는 법률상 이익이라 함은 ㉠ 당해 처분의 근거법규(근거법규가 다른 법규를 인용함으로 인하여 근거법규가 된 경우까지를 아울러 포함한다)의 명문규정에 의하여 보호받는 법률상 이익, ㉡ 당해 처분의 근거법규에 의하여 보호되지는 아니하나 당해 처분의 행정목적을 달성하기 위한 일련의 단계적인 관련 처분들의 근거법규

(이하 '관련법규'라 한다)에 의하여 명시적으로 보호받는 법률상 이익, ⓒ 당해 처분의 근거법규 또는 관련법규에서 명시적으로 당해 이익을 보호하는 명문의 규정이 없더라도 근거법규 및 관련 법규의 합리적 해석상 그 법규에서 행정청을 제약하는 이유가 순수한 공익의 보호만이 아닌 개별적·직접적·구체적 이익을 보호하는 취지가 포함되어 있다고 해석되는 경우까지를 말한다」 (대판 2004.8.16, 2003두2175).

④ 「헌법 제35조 제1항에서 정하고 있는 환경권에 관한 규정만으로는 그 권리의 주체·대상·내용·행사방법 등이 구체적으로 정립되어 있다고 볼 수 없고, 환경정책기본법 제6조도 그 규정 내용 등에 비추어 국민에게 구체적인 권리를 부여한 것으로 볼 수 없다는 이유로, 환경영향평가 대상지역 밖에 거주하는 주민에게 헌법상의 환경권 또는 환경정책기본법에 근거하여 공유수면 매립면허처분과 농지개량사업 시행인가처분의 무효확인을 구할 원고적격이 없다」(대판 2006.3. 16, 2006두330 전원합의체).16)

② 헌법재판소   대법원과 달리 헌법재판소는 법률상 이익의 유무를 헌법상의 기본권까지 고려하여 판단하고 있다.

관련판례

「행정처분의 직접 상대방이 아닌 제3자라도 당해처분의 취소를 구할 법률상 이익이 있는 경우에는 행정소송을 제기할 수 있다. 이 사건에서 보건대, 설사 국세청장의 지정행위의 근거규범인 이 사건 조항들이 단지 공익만을 추구할 뿐 청구인 개인의 이익을 보호하려는 것이 아니라는 이유로 청구인에게 취소소송을 제기할 법률상 이익을 부정한다고 하더라도, 청구인의 기본권인 경쟁의 자유가 바로 행정청의 지정행위의 취소를 구할 법률상 이익이 된다 할 것이다」(헌재결 1998. 4.30, 97헌마141).

---

(4) 제3자의 원고적격

취소소송은 처분의 취소를 구할 법률상 이익만 있으면 누구나 제기할 수 있다. 따라서 처분의 직접 상대방이 아닌 제3자라도 당해 처분 등의 취소에 대하여 법률상 이익을 가진 자이면 취소소송의 원고적격을 갖는다.

관련판례

「행정처분의 직접 상대방이 아닌 제3자라 하더라도 당해 행정처분으로 법률상 보호되는 이익을 침해당한 경우에는 취소소송을 제기하여 당부의 판단을 받을 자격이 있다. 여기에서 말하는 법률상 보호되는 이익은 당해 처분의 근거 법규 및 관련 법규에 의하여 보호되는 개별적·직접

---

16) 동지판례: 외국인에게 사증발급 거부처분의 취소를 구할 법률상 이익을 인정하지 않은 대판 2018.5.15, 2014두42506.

적·구체적 이익이 있는 경우를 말하고, 공익보호의 결과로 국민 일반이 공통적으로 가지는 일반적·간접적·추상적 이익과 같이 사실적·경제적 이해관계를 갖는 데 불과한 경우는 여기에 포함되지 아니한다. 또 당해 처분의 근거 법규 및 관련 법규에 의하여 보호되는 법률상 이익은 당해 처분의 근거 법규의 명문 규정에 의하여 보호받는 법률상 이익, 당해 처분의 근거 법규에 의하여 보호되지는 아니하나 당해 처분의 행정목적을 달성하기 위한 일련의 단계적인 관련 처분들의 근거 법규에 의하여 명시적으로 보호받는 법률상 이익, 당해 처분의 근거 법규 또는 관련 법규에서 명시적으로 당해 이익을 보호하는 명문의 규정이 없더라도 근거 법규 및 관련 법규의 합리적 해석상 그 법규에서 행정청을 제약하는 이유가 순수한 공익의 보호만이 아닌 개별적·직접적·구체적 이익을 보호하는 취지가 포함되어 있다고 해석되는 경우까지를 말한다」(대판 2015.7.23, 2012두19496,19502).[17]

제3자의 원고적격이 인정될 수 있는지와 관련하여 크게 문제되고 있는 유형은 다음과 같다.

1) 경업자소송(競業者訴訟)의 원고적격 경업자소송이란 서로 경쟁적 영업관계에 있는 자들 중 어느 1인에 대한 수익적 행정행위가 타인에게는 법률상 불이익을 초래하는 경우에 그 타인이 제기하는 소송을 말하는바, 기존업자가 신규업자에 대한 인·허가처분을 취소소송으로 다투는 경우가 대표적 예가 된다.

이 문제에 관하여 종래의 학설의 일반적 경향은 경업자소송의 원고적격의 인정기준과 관련하여서는 기존업자가 특허기업자인 경우에는 원고적격을 인정하고, 기존업자가 허가영업자인 경우에는 원고적격을 부정하는 것이었다. 다만 판례는 −당해 사업이 특허기업인지 허가영업인지를 명시적으로 밝힘이 없이− 관계 법률이 해당 업자들 사이의 과당경쟁으로 인한 경영의 불합리를 방지하는 것도 그 목적으로 하고 있는지를 기준으로 원고적격의 유무를 판단하고 있다.

관련판례

「일반적으로 면허나 인허가 등의 수익적 행정처분의 근거가 되는 법률이 해당 업자들 사이의 과당경쟁으로 인한 경영의 불합리를 방지하는 것도 그 목적으로 하고 있는 경우, 다른 업자에 대한 면허나 인허가 등의 수익적 행정처분에 대하여 미리 같은 종류의 면허나 인허가 등의 수익적 행정처분을 받아 영업을 하고 있는 기존의 업자는 경업자에 대하여 이루어진 면허나 인허가 등 행정처분의 상대방이 아니라고 하더라도 당해 행정처분의 무효확인 또는 취소를 구할 이익이 있다(대법원 2018. 4. 26. 선고 2015두53824 판결 등 참조). 그러나 경업자에 대한 행정처분이 경업자에게 불리한 내용이라면 그와 경쟁관계에 있는 기존의 업자에게는 특별한 사정이 없는 한 유리할 것이므로 기존의 업자가 그 행정처분의 무효확인 또는 취소를 구할 이익은 없다고 보아야

---

17) 동지판례: 대판 2020.4.9, 2015다34444.

한다」(대판 2020.4.9, 2019두49953).

【경업자의 원고적격 인정여부에 관한 판례 정리】

(1) 경업자의 원고적격을 인정한 사례

① 선박운항사업면허(대판 1969.12.30, 69누106)

② 자동차운송사업면허관련 노선연장인가처분(대판 1974.4.9, 73누173)

③ 직행버스정류장설치인가(대판 1975.7.22, 75누12)

④ 시외버스의 시내버스전환 버스운수사업계획변경인가(대판 1987.9.22, 85누985)

⑤ 약종상 영업장소이전허가(대판 1988.6.14, 87누873)

⑥ 주류제조면허(대판 1989.12.22, 89누46)

⑦ 사업용화물자동차면허대수 증차에 대한 보충인가처분(대판 1992.7.10, 91누 9107)

⑧ 분뇨와 축산폐수 수집·운반업 및 정화조청소업허가(대판 2006.7.28, 2004두 6716)

⑨ 중계유선방송사업허가(대판 2007.5.11, 2004다11162)

⑩ 일반 담배소매인지정(대판 2008.3.27, 2007두23811)[18]

⑪ 시외버스운송사업계획변경인가(대판 2010.6.10., 2009두10512)

(2) 경업자의 원고적격을 부정한 사례

① 신규 공중목욕장허가(대판 1963.8.31, 63누101)

② 동일 품종 조미료의 수입허가(대판 1971.6.29, 69누91)

③ 석탄가공업허가(대판 1980.7.22, 80누33)

④ 양곡가공업허가(대판 1981.1.27, 79누433)

⑤ 숙박업구조변경허가(대판 1990.8.14, 89누7900)

⑥ 도로부지점용허가(대판 1991.11.26, 91누1219)

⑦ 기존업자에 대한 석유판매업허가(대판 1992.3.13, 91누3079)

⑧ 장의자동차운송사업구역 위반을 이유로 동종업자가 받은 과징금부과처분(대판 1992.12.8, 91누13700)

⑨ 한의사 면허(대판 1998.3.10, 97누4289)

---

18) 이 판결은 구내 담배소매인지정처분에 대하여 기존 일반소매인은 취소를 구할 원고적격이 없다고 판시한 대판 2008.4.10, 2008두402와는 구별하여야 한다.

2) **경원자소송**(競願者訴訟)**의 원고적격**　경원자소송이란 이른바 경원관계(競願關係)[19]에서 우선순위에 있는 자가 타인에 대한 허가를 다투는 소송을 말하는바, 경원자소송의 원고적격의 인정여부에 관한 기준에 관하여는 이하의 판례 참조.

관련판례

「인가·허가 등 수익적 행정처분을 신청한 여러 사람이 서로 경원관계에 있어서 한 사람에 대한 허가 등 처분이 다른 사람에 대한 불허가 등으로 귀결될 수밖에 없을 때 허가 등 처분을 받지 못한 사람은 신청에 대한 거부처분의 직접 상대방으로서 원칙적으로 자신에 대한 거부처분의 취소를 구할 원고적격이 있고, 취소판결이 확정되는 경우 판결의 직접적인 효과로 경원자에 대한 허가 등 처분이 취소되거나 효력이 소멸되는 것은 아니더라도 행정청은 취소판결의 기속력에 따라 판결에서 확인된 위법사유를 배제한 상태에서 취소판결의 원고와 경원자의 각 신청에 관하여 처분요건의 구비 여부와 우열을 다시 심사하여야 할 의무가 있으며, 재심사 결과 경원자에 대한 수익적 처분이 직권취소되고 취소판결의 원고에게 수익적 처분이 이루어질 가능성을 완전히 배제할 수는 없으므로, 특별한 사정이 없는 한 경원관계에서 허가 등 처분을 받지 못한 사람은 자신에 대한 거부처분의 취소를 구할 소의 이익이 있다」(대판 2015.10.29, 2013두27517).

---

3) **인인소송**(隣人訴訟)**의 원고적격**　인인소송[20]이란 특정인에 대한 수익적 행정행위가 인근 주민들에게 법률상 불이익을 초래하는 경우 인근주민들이 제기하는 소송을 말한다.

한편 인인소송에 있어서의 원고적격의 인정여부에 관한 판단에 있어서 대법원은 종래 일률적으로 환경영향평가대상지역 '안'의 주민에게는 원고적격을 인정하고, 환경영향평가대상지역 '밖'의 주민에게는 원고적격을 부정하여 왔다(관련판례 ① 참조). 다만 근래에 들어 대법원은 그 처분 전과 비교하여 수인한도를 넘는 환경피해를 받거나 받을 우려가 있는 경우에 환경상 이익에 대한 침해 또는 침해우려가 있다는 것을 증명하는 경우에는 환경영향평가대상지역 '밖'의 주민에게도 원고적격이 인정될 수 있음을 인정하고 있는바(관련판례 ② ③ 참조), 이러한 경향은 특히 주목을 요한다.[21]

---

19) 경원관계의 예로는 ① 동일대상지역에 대한 공유수면매립면허나 도로점용허가, ② 일정지역에 있어서의 LPG충전소 등의 영업허가 등에 관하여 거리제한규정이나 업소개수제한규정 등이 있는 경우 등을 들 수 있다.

20) 인근주민소송 또는 이웃소송이라는 용어가 사용되기도 한다.

21) 그러나 이러한 경향의 판례들이 종래의 입장을 변경하는 전원합의체 판결이 아니므로, 위 '전원개발사업실시계획승인처분사건' 판결의 입장은 그대로 유효하다.

관련판례

① 「㉠ 환경영향평가대상지역 '안'의 주민: 전원(電源)개발사업[댐건설사업]실시계획승인처분의 근거법률인 전원개발에 관한 특례법령, 구 환경보전법령, 구 환경정책기본법령 및 환경영향평가법령 등의 규정 취지는 환경영향평가대상사업에 해당하는 발전소건설사업이 환경을 해치지 아니하는 방법으로 시행되도록 함으로써 당해 사업과 관련된 환경공익을 보호하려는 데 그치는 것이 아니라 당해 사업으로 인하여 직접적이고 중대한 환경피해를 입으리라고 예상되는 환경영향평가대상지역 안의 주민들이 전과 비교하여 수인한도를 넘는 환경침해를 받지 아니하고 쾌적한 환경에서 생활할 수 있는 개별적 이익까지도 이를 보호하려는 데에 있으므로, 주민들이 위 승인처분과 관련하여 갖고 있는 위와 같은 환경상 이익은 단순히 환경공익 보호의 결과로서 국민일반이 공통적으로 갖게 되는 추상적·평균적·일반적 이익에 그치지 아니하고 환경영향평가대상지역 안의 주민 개개인에 대하여 개별적으로 보호되는 직접적·구체적 이익이라고 보아야 하고, 따라서 위 사업으로 인하여 직접적이고 중대한 환경침해를 받게 되리라고 예상되는 환경영향평가대상지역 안의 주민에게는 위 승인처분의 취소를 구할 원고적격이 있다.
㉡ 환경영향평가대상지역 '밖'의 주민: 환경영향평가대상지역 밖의 주민·일반 국민·산악인·사진가·학자·환경보호단체 등의 환경상 이익이나 전원 개발사업구역 밖의 주민 등의 재산상 이익에 대하여는 위의 근거 법률에 이를 그들의 개별적·직접적·구체적 이익으로 보호하려는 내용 및 취지를 가지는 규정을 두고 있지 아니하므로, 이들에게는 위와 같은 이익 침해를 이유로 전원 개발사업실시계획승인처분의 취소를 구할 원고적격이 없다」(대판 1998.9.22, 97누19571).[22]
② 「환경영향평가대상지역 밖의 주민이라 할지라도 공유수면매립면허처분 등으로 인하여 그 처분 전과 비교하여 수인한도를 넘는 환경피해를 받거나 받을 우려가 있는 경우에는, 공유수면매립면허처분 등으로 인하여 환경상 이익에 대한 침해 또는 침해우려가 있다는 것을 입증함으로써 그 처분 등의 무효확인을 구할 원고적격을 인정받을 수 있다고 할 것이다」(대판 2006.3.16, 2006두330).[23]
③ 「행정처분의 직접 상대방이 아닌 자로서 그 처분에 의하여 자신의 환경상 이익이 침해받거나 침해받을 우려가 있다는 이유로 취소나 무효확인을 구하는 제3자는, 자신의 환경상 이익이 그 처분의 근거 법규 또는 관련 법규에 의하여 개별적·직접적·구체적으로 보호되는 이익, 즉 법률상 보호되는 이익임을 입증하여야 원고적격이 인정된다. 다만, 그 행정처분의 근거 법규 또는 관련 법규에 그 처분으로써 이루어지는 행위 등 사업으로 인하여 환경상 침해를 받으리라고 예상되는 영향권의 범위가 구체적으로 규정되어 있는 경우에는, 그 영향권 내의 주민들에 대하여는 당해 처분으로 인하여 직접적이고 중대한 환경피해를 입으리라고 예상할 수 있고, 이와 같은 환경상의 이익은 주민 개개인에 대하여 개별적으로 보호되는 직접적·구체적 이익으로서 그들에 대하여는 특단의 사정이 없는 한 환경상 이익에 대한 침해 또는 침해 우려가 있는 것으로 사실상 추정되어 법률상 보호되는 이익으로 인정됨으로써 원고적격이 인정되며, 그 영향권 밖의

---

22) 同旨판례: 대판 1998.9.4, 97누19588; 대판 2001.7.27, 99두2970.
23) 同旨판례: 대판 2005.3.11, 2003두13489.

주민들은 당해 처분으로 인하여 그 처분 전과 비교하여 수인한도를 넘는 환경피해를 받거나 받을 우려가 있다는 자신의 환경상 이익에 대한 침해 또는 침해 우려가 있음을 입증하여야만 법률상 보호되는 이익으로 인정되어 원고적격이 인정된다」(대판 2009.9.24, 2009두2825).

【인인(隣人)의 원고적격 인정여부에 관한 판례 정리】

(1) 인인의 원고적격을 인정한 사례

① 연탄공장건축허가처분 취소소송(대판 1975.5.13, 73누96)

② LPG충전소설치허가 취소소송(대판 1983.7.12, 83누59)

③ 공설화장장설치결정 취소소송(대판 1995.9.26, 94누14544)

④ 원자로시설 부지사전승인처분 취소소송」(대판 1998.9.4, 97누19588)

⑤ 전원개발사업(댐건설)실시계획승인처분 취소소송(대판 1998.9.22, 97누19571)

⑥ 일조권을 침해하는 주택사업계획승인처분(고층아파트건축허가) 취소소송(대판 2000.7.6, 98두8292)

⑦ 국립공원집단시설지구 개발사업승인 취소소송(대판 2001.7.27, 99두2970)

⑧ 납골당설치허가처분 취소소송(대판 2004.12.9, 2003두12703)

⑨ 쓰레기소각장 입지지역결정·고시 취소소송(대판 2005.3.11, 2003두13489)

⑩ 폐기물처리시설 설치계획입지결정·고시 취소소송(대판 2005.5.12, 2004두14229)

⑪ 광업권설정허가처분 취소소송(대판 2008.9.11, 2006두7577)

⑫ 공장설립승인처분 취소소송(대판 2010.4.15, 2007두16127)

(2) 인인의 원고적격을 부정한 사례

① 주택건설사업계획승인처분 취소소송(대판 1992.9.22, 91누13212)

② 신축건물준공검사의 무효확인소송(대판 1993.11.9, 93누13988)

③ 콘크리트제조업종의 공장입지지정승인처분의 취소소송(대판 1995.2.28, 94누3964)

④ 상수원보호구역변경처분 취소소송(대판 1995.9.26, 94누14544)

⑤ 사도(私道)폐지허가처분 취소소송(대판 1999.12.7, 97누12556)

---

3. 협의의 소익

(1) 의 의

협의(狹義)의 소익이란 분쟁을 소송을 통해서 해결할 만한 현실적 필요성을 말하는 바, 이를 권리보호의 필요라고도 한다. 이러한 의미의 협의의 소익은 신의성실의 원칙,

특히 그 내용을 이루는 권리남용금지의 원칙의 소송법적 표현으로 볼 수 있다.

(2) 관계규정

「행정소송법」 제12조 제2문은 「처분 등의 효과가 기간의 경과, 처분 등의 집행 그 밖의 사유로 인하여 소멸된 뒤에도 처분 등의 취소로 인하여 회복되는 법률상 이익이 있는 자의 경우에는 또한 같다」고 규정하고 있는바, 동 규정은 비록 '원고적격'이라는 제목 아래에 있지만 그것은 엄격한 의미의 원고적격에 관한 것이 아니고 협의의 소익 (즉, 권리보호의 필요)에 관한 것으로 보는 것이 다수의 견해이다.[24]

관련판례

「행정소송법 제12조 후문은 '처분 등의 효과가 기간의 경과, 처분 등의 집행 그 밖의 사유로 인하여 소멸된 뒤에도 그 처분 등의 취소로 인하여 회복되는 법률상 이익이 있는 자의 경우에는' 취소소송을 제기할 수 있다고 규정하여, 이미 효과가 소멸된 행정처분에 대해서도 권리보호의 필요성이 인정되는 경우에는 취소소송의 제기를 허용하고 있다. 구체적인 사안에서 권리보호의 필요성 유무를 판단할 때에는 국민의 재판청구권을 보장한 헌법 제27조 제1항의 취지와 행정처분으로 인한 권익침해를 효과적으로 구제하려는 행정소송법의 목적 등에 비추어 행정처분의 존재로 인하여 국민의 권익이 실제로 침해되고 있는 경우는 물론이고 권익침해의 구체적ㆍ현실적 위험이 있는 경우에도 이를 구제하는 소송이 허용되어야 한다는 요청을 고려하여야 한다. 따라서 처분이 유효하게 존속하는 경우에는 특별한 사정이 없는 한 그 처분의 존재로 인하여 실제로 침해되고 있거나 침해될 수 있는 현실적인 위험을 제거하기 위해 취소소송을 제기할 권리보호의 필요성이 인정된다고 보아야 한다」(대판 2018.7.12, 2015두3485).

이 경우 「행정소송법」 제12조 제2문상의 법률상 이익은 처분 등의 효과가 소멸된 이후에 그 처분이 위법이었음을 확인할 정당한 이익을 의미하는 것으로 보아야 하며, 따라서 원고적격에 관한 제1문상의 법률상 이익보다는 넓은 의미로 이해하여야 한다.

(3) 협의의 소익이 부정되는 유형

1) 원고가 그의 청구목적을 보다 용이한 방법으로 달성할 수 있는 경우 원고가 그의 청구목적을 보다 용이한 방법으로 달성할 수 있는 때에는 권리보호의 필요는 일반적으로 부정된다. 일반적으로 확인소송보다는 형성소송이나 이행소송이 용이한 것으로 간주된다.

---

24) 「행정소송법」 제12조 제2문을 협의의 소익에 관한 규정으로 보는 다수설과 달리 원고적격에 관한 규정으로 보는 견해[홍정선, 행정법원론(상), 박영사, 2016, 1055쪽] 또한 존재한다는 것을 유의하여야 한다.

관련판례

① 「강학상의 인가에 속하는 행정처분에 있어서 인가처분 자체에 하자가 있다고 다투는 것이 아니라 기본행위에 하자가 있다 하여 그 기본행위의 효력에 관하여 다투는 경우에는 민사소송으로서 따로 그 기본행위의 취소 또는 무효확인 등을 구하는 것은 별론으로 하고 기본행위의 불성립 또는 무효를 내세워 바로 그에 대한 감독청의 인가처분의 취소를 구하는 것은 특별한 사정이 없는 한 소구할 법률상 이익이 있다고 할 수 없다」(대판 1995.12.12., 95누7338).

　2) 원고의 청구취지가 이론적인 의미는 가지고 있으나 실제적인 효용이 없는 경우　이러한 이유에서 권리보호의 필요가 부정되는 경우로는 다음과 같은 것을 들 수 있다.
　① 기간의 경과 등으로 처분의 효력이 소멸한 경우　행정처분의 취소소송에 있어 처분이 소멸된 후에는 일반적으로 권리보호의 필요가 부인된다(관련판례 ① 참조). 그러나 처분의 효력이 기간의 경과 등으로 소멸한 경우에도 당해 처분의 위법을 다툴 현실적 필요가 있는 경우에는 권리보호의 필요가 인정되어야 하는바, 당해 불이익처분이 가중처분의 요건인 경우가 그러한 에에 해당한다(관련판례 ② 참조).

관련판례

① 「행정처분에 그 효력기간이 정하여져 있는 경우, 그 처분의 효력 또는 집행이 정지된 바 없다면 위 기간의 경과로 그 행정처분의 효력은 상실되므로 그 기간 경과 후에는 그 처분이 외형상 잔존함으로 인하여 어떠한 법률상 이익이 침해되고 있다고 볼 만한 별다른 사정이 없는 한 그 처분의 취소를 구할 법률상의 이익이 없다」(대판 2002.7.26, 2000두7254).25)
② 「제재적 행정처분이 그 처분에서 정한 제재기간의 경과로 인하여 그 효과가 소멸되었으나, 부령인 시행규칙 또는 지방자치단체의 규칙의 형식으로 정한 처분기준에서 제재적 행정처분을 받은 것을 가중사유나 전제요건으로 삼아 장래의 제재적 행정처분을 하도록 정하고 있는 경우, 그러한 규칙이 법령에 근거를 두고 있는 이상 그 법적 성질이 대외적ㆍ일반적 구속력을 갖는 법규명령인지 여부와는 상관없이, 관할 행정청이나 담당공무원은 이를 준수할 의무가 있으므로 이

---

25) 같은 맥락에서 소익이 부정된 사례로는 다음과 같은 것이 있다.
　① 영업정지기간경과 후에 영업정지처분의 취소를 구하는 경우(대판 1982.6.8, 82누25)
　② 공유수면점용허가처분 취소소송의 계속 중에 공유수면점용허가기간이 만료된 경우(대판 1991.7.23, 90누6651)
　③ 토석채취 허가기간 경과 후에 토석채취허가처분의 취소를 구하는 경우(대판 1993.7.27, 93누3899)
　④ 광업권취소처분취소소송 중에 광업권의 존속기간이 만료된 경우(대판 1995.7.11, 95누4568)
　⑤ 환지처분의 공고로 효력이 소멸된 환지예정지지정처분의 취소를 구하는 경우(대판 1999.10.8, 99두6873)
　⑥ 정해진 유효기간이 경과하여 실효된 노동위원회의 중재재정처분의 취소를 구하는 경우(대판 1997.12.26, 96누10669)

들이 그 규칙에 정해진 바에 따라 행정작용을 할 것이 당연히 예견되고, 그 결과 행정작용의 상대방인 국민으로서는 그 규칙의 영향을 받을 수밖에 없다. 따라서 그러한 규칙이 정한 바에 따라 선행처분을 받은 상대방이 그 처분의 존재로 인하여 장래에 받을 불이익, 즉 후행처분의 위험은 구체적이고 현실적인 것이므로, 선행처분을 받은 상대방은 비록 그 처분에서 정한 제재기간이 경과하였다 하더라도 그 처분의 취소소송을 통하여 그러한 불이익을 제거할 권리보호의 필요성이 충분히 인정된다고 할 것이므로, 선행처분의 취소를 구할 법률상 이익이 있다고 보아야 할 것이다」(대판 2006.6.22, 2003두1684 전원합의체).[26]

　　　　② 처분 후의 사정에 의하여 이익침해가 사실상 해소된 경우　　치과의사국가시험에서의 불합격처분 이후 새로 실시된 국가시험에 합격한 경우처럼 처분 후의 사정변화로 인하여 원고의 청구취지가 실질적인 효용이 없게 된 경우에는 권리보호의 필요가 부정된다(관련판례 ① 참조). 같은 맥락에서 판례는 행정청이 처분 후에 처분의 일부를 직권 취소한 경우 취소되어 소멸한 부분에 대해서 권리보호의 필요를 부정하고 있다(관련판례 ② 참조).

관련판례

① 「치과의사국가시험 합격은 치과의사 면허를 부여받을 수 있는 전제요건이 된다고 할 것이나 국가시험에 합격하였다고 하여 위 면허취득의 요건을 갖추게 되는 이외에 그 자체만으로 합격한 자의 법률상 지위가 달라지게 되는 것은 아니므로 불합격처분 이후 새로 실시된 국가시험에 합격한 자들로서는 더 이상 위 불합격처분의 취소를 구할 법률상의 이익이 없다」(대판 1993.11.9, 93누6867).[27]
② 「행정처분을 한 처분청은 처분에 하자가 있는 경우에는 별도의 법적 근거가 없더라도 스스로 이를 취소하거나 변경할 수 있는바, 과징금 부과처분에서 행정청이 납부의무자에 대하여 부과처분을 한 후 부과처분의 하자를 이유로 과징금의 액수를 감액하는 경우에 감액처분은 감액된 과징금 부분에 관하여만 법적 효과가 미치는 것으로서 당초 부과처분과 별개 독립의 과징금 부과처분이 아니라 실질은 당초 부과처분의 변경이고, 그에 의하여 과징금의 일부취소라는 납부의무자에게 유리한 결과를 가져오는 처분이므로 당초 부과처분이 전부 실효되는 것은 아니다. 따라

---

26) 당해 불이익처분이 가중처분의 요건이 되는 경우에 소익을 인정할 수 있는지에 관하여 종래 대법원은 ① 법률 또는 대통령령에 가중처분규정이 있는 경우에는 소익을 인정하고(대판 1991.3.27, 91누3512 참조), ② 부령(部令)에 가중처분규정이 있는 경우에는 소익을 부정하여 왔다(대판 1995.10.17, 94누14148 참조). 그러나 대법원은 이 판결을 통하여 가중처분규정이 어디에 있는지를 막론하고 소익을 인정하는 방향으로 판례를 변경하였다.
27) 同旨판례: ① 사법시험 제1차 시험에 대한 불합격처분 이후에 새로 실시된 사법시험 제1차 시험에 합격한 자가 그 불합격처분을 다툴 소익을 부정한 대판 1996.2.23, 95누2685, ② 사법시험 제2차 시험 불합격처분 이후에 새로이 실시된 제2차 및 제3차 시험에 합격하였을 경우에는 그 불합격처분의 취소를 구할 이익을 부정한 대판 2007.9.21, 2007두12057.

서 감액처분에 의하여 감액된 부분에 대한 부과처분 취소청구는 이미 소멸하고 없는 부분에 대한 것으로서 소의 이익이 없어 부적법하다」(대판 2017.1.12, 2015두2352).

③ 위법한 처분을 취소하더라도 원상회복이 불가능한 경우 위법한 처분을 취소하더라도 원상회복이 불가능한 경우에 그 처분의 취소를 구하는 소송은 실질적인 효용이 없으므로 권리보호의 필요가 부인된다(관련판례 ① 참조). 다만 원상회복이 불가능하더라도 특별한 사정이 있는 경우에는 권리보호의 필요가 인정될 수 있다(관련판례 ② ③ 참조).

관련판례

① 「위법한 행정처분의 취소를 구하는 소는 위법한 처분에 의하여 발생한 위법상태를 배제하여 원상으로 회복시키고 그 처분으로 침해되거나 방해받은 권리와 이익을 보호·구제하고자 하는 소송이므로, 비록 그 위법한 처분을 취소한다고 하더라도 원상회복이 불가능한 경우에는 그 취소를 구할 이익이 없다」(대판 2006.7.28., 2004두13219).

② 「행정처분의 무효확인 또는 취소를 구하는 소에서, 비록 행정처분의 위법을 이유로 무효확인 또는 취소 판결을 받더라도 처분에 의하여 발생한 위법상태를 원상으로 회복시키는 것이 불가능한 경우에는 원칙적으로 무효확인 또는 취소를 구할 법률상 이익이 없고, 다만 원상회복이 불가능하더라도 무효확인 또는 취소로써 회복할 수 있는 다른 권리나 이익이 남아 있는 경우 예외적으로 법률상 이익이 인정될 수 있을 뿐이다」(대판 2016.6.10, 2013두1638).[28]

③ 「행정처분의 무효확인 또는 취소를 구하는 소에서, 비록 행정처분의 위법을 이유로 무효확인 또는 취소 판결을 받더라도 그 처분으로 발생한 위법상태를 원상으로 회복시킬 수 없는 경우에는 원칙적으로 무효확인 또는 취소를 구할 법률상 이익이 없다. 다만 원상회복이 불가능하더라도 무효확인 또는 취소로써 회복할 수 있는 다른 권리나 이익이 남아 있거나, 동일한 소송 당사자 사이에서 동일한 사유로 위법한 처분이 반복될 위험이 있어 행정처분의 위법성 확인 또는 불분명한 법률문제에 대한 해명이 필요하다고 판단되는 경우 등에는 행정의 적법성 확보와 그에 대한 사법통제, 국민의 권리구제 확대 등의 측면에서 예외적으로 처분의 취소를 구할 소의 이익을 인정할 수 있다」(대판 2020.2.27, 2018두67152).

3) 원고가 청구를 통해 특별히 비난받을 목적을 추구하는 경우 원고의 의도가 법원이나 피고에게 불필요한 부담이나 피해를 끼치려는 것이 명백한 경우 등이 이에 해당하는바, 이러한 경우에는 권리보호의 필요가 부인되어야 한다.

---

28) 同旨판례:「해임처분 무효확인 또는 취소소송 계속 중 임기가 만료되어 해임처분의 무효확인 또는 취소로 지위를 회복할 수는 없다고 할지라도, 그 무효확인 또는 취소로 해임처분일부터 임기만료일까지 기간에 대한 보수 지급을 구할 수 있는 경우에는 해임처분의 무효확인 또는 취소를 구할 법률상 이익이 있다」(대판 2012.2.23, 2011두5001).

「피징계자가 징계처분에 중대하고 명백한 흠이 있음을 알면서도 퇴직시에 지급되는 퇴직금 등 급여를 지급받으면서 그 징계처분에 대하여 위 흠을 들어 항고하였다가 곧 취하하고 그 후 5년 이상이나 그 징계처분의 효력을 일체 다투지 아니하다가 위 비위사실에 대한 공소시효가 완성되어 더 이상 형사소추를 당할 우려가 없게 되자 새삼 위 흠을 들어 그 징계처분의 무효확인을 구하는 소를 제기하기에 이르렀고 한편 징계권자로서도 그 후 오랜 기간 동안 피징계자의 퇴직을 전제로 승진·보직 등 인사를 단행하여 신분관계를 설정하였다면 피징계자가 이제 와서 위 흠을 내세워 그 징계처분의 무효확인을 구하는 것은 신의칙에 반한다」(대판 1989.12.12, 88누8869).

4. 피고적격

(1) 원칙 – 처분 등을 행한 행정청

취소소송의 피고는 다른 법에 특별한 규정이 없는 한 '처분 등을 행한 행정청'이 됨이 원칙이다(「행정소송법」 제13조). 행정청은 단지 국가 등 행정주체의 기관의 지위에 있을 뿐 권리주체가 아닌 것을 고려하면 소송법 원칙상 피고는 권리주체인 국가나 지방자치단체가 되어야 할 것이나, 취소소송수행의 편의상 당해 처분 등과 관련된 내용을 가장 잘 파악하고 있는 행정청을 피고로 정한 것이다.

「취소소송은 다른 법률에 특별한 규정이 없는 한 처분 등을 행한 행정청을 피고로 한다(행정소송법 제13조 제1항). 여기서 '행정청'이란 국가 또는 공공단체의 기관으로서 국가나 공공단체의 의견을 결정하여 외부에 표시할 수 있는 권한, 즉 처분 권한을 가진 기관을 말한다」(대판 2019.4.3, 2017두52764).

1) 처분 등을 행한 행정청의 의의　여기에서 '처분 등을 행한 행정청'이란 원처분을 행한 행정청(즉, 원처분청)과 재결을 행한 행정심판위원회를 의미한다. 다만 소송의 전심으로서 행정심판의 재결을 거친 때에는 일반적으로 원처분청(原處分廳)을 피고로 하여야 하며(원처분청주의), 재결 자체에 고유한 위법이 있음을 이유로 하는 경우에만 행정심판위원회를 피고로 취소소송을 제기할 수 있다.

2) 합의제행정청의 처분의 경우　합의제 행정청이 행한 처분에 대하여는 합의제 행정청 자체가 피고가 됨이 원칙이다(관련판례 ① 참조). 그러나 실정법에 의하여 예외가 규정되어 있는 경우도 있는바, 중앙노동위원회의 처분에 대한 소송에서 중앙노동위원회 위원장을 피고로 규정하고 있는 「노동위원회법」 제27조가 그 대표적 예가 된다(관련판례 ② 참조).

관련판례

① 「구 저작권법 제97조의3 제2호는 "문화관광부장관은 대통령령이 정하는 바에 의하여 법 제53조에 규정한 저작권 등록업무에 관한 권한을 저작권심의조정위원회에 위탁할 수 있다"고 규정하고, 같은 법 시행령 제42조는 '문화관광부장관(현재 문화체육관광부장관)은 법 제97조의3의 규정에 의하여 저작권 등록업무에 관한 권한을 저작권심의조정위원회에 위탁한다'고 규정하고 있으므로, '저작권심의조정위원회'가 저작권 등록업무의 처분청으로서 그 등록처분에 대한 무효확인소송에서 피고적격을 가진다」(대판 2009.7.9, 2007두16608).

② 「노동위원회법 제19조의2 제1항의 규정은 행정처분의 성질을 가지는 지방노동위원회의 처분에 대하여 중앙노동위원장을 상대로 행정소송을 제기할 경우의 전치요건에 관한 규정이라 할 것이므로 당사자가 지방노동위원회의 처분에 대하여 불복하기 위하여는 처분 송달일로부터 10일 이내에 중앙노동위원회에 재심을 신청하고 중앙노동위원회의 재심판정서 송달일로부터 15일 이내에 중앙노동위원장을 피고로 하여 재심판정취소의 소를 제기하여야 할 것이다」(대판 1995.9.15, 95누6724).[29]

(2) 권한의 위임·위탁

행정청의 권한이 위임·위탁된 경우에는 그 수임청·수탁청이 피고가 된다. 한편 「행정소송법」이 이른바 공무수탁사인을 행정청에 포함시키고 있으므로(동법 제2조 제2항), 공무수탁사인도 항고소송의 피고가 될 수 있다는 것을 주의하여야 한다.

관련판례

「에스에이치공사가 택지개발사업 시행자인 서울특별시장으로부터 이주대책 수립권한을 포함한 택지개발사업에 따른 권한을 위임 또는 위탁받은 경우, 이주대책 대상자들이 에스에이치공사 명의로 이루어진 이주대책에 관한 처분에 대한 취소소송을 제기함에 있어 정당한 피고는 에스에이치공사가 된다」(대판 2007.8.23, 2005두3776).[30]

---

29) 同旨판례: 「구 지방공무원법 제7조, 제8조, 제9조, 제32조, 지방공무원임용령 제42조의2 등 관계 규정에 의하면, 시·도 인사위원회는 독립된 합의제행정기관으로서 7급 지방공무원의 신규임용시험의 실시를 관장한다고 할 것이므로, 그 관서장인 시·도 인사위원회 위원장은 그의 명의로 한 7급 지방공무원의 신규임용시험 불합격결정에 대한 취소소송의 피고적격을 가진다」(대판 1997.3.28, 95누7055).

30) 同旨판례: 「성업공사(현 한국자산관리공사)에 의한 공매의 대행은 세무서장의 공매권한의 위임으로 보아야 하고 따라서 성업공사는 공매권한의 위임에 의하여 압류재산을 공매하는 것이므로, 성업공사가 공매를 한 경우에 그 공매처분에 대한 취소 또는 무효확인 등의 항고소송을 함에 있어서는 수임청으로서 실제로 공매를 행한 성업공사를 피고로 하여야 하고, 위임청인 세무서장은 피고적격이 없다」(대판 1996.9.6, 95누12026).

(3) 권한의 대리 · 내부위임

권한의 대리 또는 내부위임이 있는 경우 대리기관 또는 내부위임을 받은 기관은 본인(즉, 피대리기관) 또는 위임관청의 이름으로 권한을 행사하여야 한다. 이러한 경우에는 권한의 대리의 경우에는 본인(피대리기관), 내부위임의 경우에는 위임청이 피고가 되는 것이 원칙이다.

관련판례

「행정관청이 특정한 권한을 법률에 따라 다른 행정관청에 이관한 경우와 달리 내부적인 사무처리의 편의를 도모하기 위하여 그의 보조기관 또는 하급행정관청으로 하여금 그의 권한을 사실상 행하도록 하는 내부위임의 경우에는 수임관청이 그 위임된 바에 따라 위임관청의 이름으로 권한을 행사하였다면 그 처분청은 위임관청이므로 그 처분의 취소나 무효확인을 구하는 소송의 피고는 위임관청으로 삼아야 한다」(대판 1991.10.8, 91누520).

다만 대리기관 또는 내부위임을 받은 기관이 자기의 이름으로 권한을 행사하여 처분을 행한 경우에는, 이는 권한 없이 행정처분을 한 것으로서 위법하게 된다. 따라서 그의 취소를 구하는 소송에 있어서는 대리의 경우에는 대리기관을, 내부위임의 경우에는 내부위임을 받은 행정청이 피고가 되어야 한다.

관련판례

① 「행정처분의 취소 또는 무효확인을 구하는 행정소송은 다른 법률에 특별한 규정이 없는 한 그 처분을 행한 행정청을 피고로 하여야 하며, 행정처분을 행할 적법한 권한있는 상급행정청으로부터 내부위임을 받은 데 불과한 하급행정청이 권한없이 행정처분을 한 경우에도 실제로 그 처분을 행한 하급행정청을 피고로 하여야 할 것이지 그 처분을 행할 적법한 권한있는 상급행정청을 피고로 할 것이 아니므로 부산직할시장의 산하기관인 부산직할시 금강공원 관리사업소장이 한 공원사용료 부과처분에 대하여 가사 위 사업소장이 부산직할시로부터 단순히 내부위임만을 받은 경우라 하더라도 이의 취소를 구하는 소송은 위 금강공원 관리사업소장을 피고로 하여야 한다」(대판 1991.2.22, 90누5641).[31]
② 「항고소송은 다른 법률에 특별한 규정이 없는 한 원칙적으로 소송의 대상인 행정처분을 외부적으로 행한 행정청을 피고로 하여야 하는 것이고(행정소송법 제13조 제1항 본문, 제38조 제1항), 다만 대리기관이 대리관계를 표시하고 피대리 행정청을 대리하여 행정처분을 한 때에는 피대리 행정청이 피고로 되어야 할 것이다. 따라서 대리권을 수여받은 데 불과하여 그 자신의 명의

---

31) 同旨판례: 「내부위임이나 대리권을 수여받은 데 불과하여 원행정청 명의나 대리관계를 밝히지 아니하고는 그의 명의로 처분 등을 할 권한이 없는 행정청이 권한 없이 그의 명의로 한 처분에 대하여도 처분명의자인 행정청이 피고가 되어야 한다」(대판 1994.6.14, 94누1197).

로는 행정처분을 할 권한이 없는 행정청의 경우 대리관계를 밝힘이 없이 그 자신의 명의로 행정처분을 하였다면 그에 대하여는 처분명의자인 당해 행정청이 항고소송의 피고가 되어야 하는 것이 원칙이지만(대법원 1994. 6. 14. 선고 94누1197 판결, 1995. 12. 22. 선고 95누14688 판결 등참조), 비록 대리관계를 명시적으로 밝히지는 아니하였다 하더라도 처분명의자가 피대리 행정청산하의 행정기관으로서 실제로 피대리 행정청으로부터 대리권한을 수여받아 피대리 행정청을대리한다는 의사로 행정처분을 하였고 처분명의자는 물론 그 상대방도 그 행정처분이 피대리 행정청을 대리하여 한 것임을 알고서 이를 받아들인 예외적인 경우에는 피대리 행정청이 피고가되어야 한다고 할 것이다」(대판 2006.2.23, 2005부4).

(4) 다른 법률에 특별규정이 있는 경우

법률에 특별한 규정이 있는 경우에는 처분 등을 행하지 않은 행정기관도 피고가될 수 있다. 공무원에 대한 징계면직 기타 불이익처분의 처분청이 대통령인 경우에 ①원고가 국가공무원 또는 외무공무원인 경우에는 소속장관(「국가공무원법」제16조 제2항,「외무공무원법」제30조), ② 경찰공무원인 경우에는 경찰청장 또는 해양경찰청장(「경찰공무원법」제34조), ③ 소방공무원인 경우에는 소방청장이 피고가 되는 것이 그 대표적예에 해당한다(「소방공무원법」제30조. 다만, 같은 법 제6조 제3항 및 제4항에 따라 시·도지사가 임용권을 행사하는 경우에는 관할 시·도지사를 피고로 한다). 또한 처분청이 중앙선거관리위원회 위원장인 경우는 중앙선거관리위원회 사무총장(「국가공무원법」제16조 제2항)이 피고가 된다.

(5) 권한승계와 기관폐지

1) 권한승계   처분 등이 있은 뒤 그 처분 등에 관계되는 권한이 타 행정청에 승계된 때에는 이를 승계한 행정청이 피고가 된다(「행정소송법」제13조 제1항 단서). 여기서'그 처분 등에 관계되는 권한이 타 행정청에 승계된 때'의 의미에 관하여는 이하의 판례 참조.

관련판례

「그 처분 등에 관계되는 권한이 다른 행정청에 승계된 때'라고 함은 처분 등이 있은 뒤에 행정기구의 개혁, 행정주체의 합병·분리 등에 의하여 처분청의 당해 권한이 타 행정청에 승계된 경우뿐만 아니라 처분 등의 상대방인 사인의 지위나 주소의 변경 등에 의하여 변경 전의 처분 등에관한 행정청의 관할이 이전된 경우 등을 말한다」(대판 2000.11.14, 99두5481).

2) 기관폐지   처분 등을 행한 행정청이 행정조직변경 등으로 없게 된 때에는 그 처분에 관한 사무가 귀속되는 국가 또는 공공단체가 피고가 된다(동조 제2항).

(6) 특수문제 – 지방자치단체의 장ㆍ지방의회

1) 지방자치단체의 장(長)　조례는 원칙적으로 처분성이 인정되지 않으므로 취소소송의 대상이 될 수 없으나 예외적으로 처분성이 인정되는 조례는 취소소송의 대상이 될 수 있다. 한편 이 경우 당해 조례에 대한 취소소송의 피고는 지방자치단체의 장이 된다. 다만 조례의 내용이 교육ㆍ학예에 관한 사항인 경우, 즉 이른바 교육조례에 대한 취소소송의 피고는 교육감이 된다.

> **관련판례**
>
> 「조례가 집행행위의 개입 없이도 그 자체로서 직접 국민의 구체적인 권리ㆍ의무나 법적 이익에 영향을 미치는 등의 법률상 효과를 발생하는 경우 그 조례는 항고소송의 대상이 되는 행정처분에 해당하고, 이러한 조례에 대한 무효확인소송을 제기함에 있어서 피고적격이 있는 처분 등을 행한 행정청은, 행정주체인 지방자치단체 또는 지방자치단체의 내부적 의결기관으로서 지방자치단체의 의사를 외부에 표시한 권한이 없는 지방의회가 아니라, 지방자치단체의 집행기관으로서 조례로서의 효력을 발생시키는 공포권이 있는 지방자치단체의 장이다. 다만, 시ㆍ도의 교육ㆍ학예에 관한 사무의 집행기관은 시ㆍ도 교육감이고 시ㆍ도 교육감에게 지방교육에 관한 조례안의 공포권이 있다고 규정되어 있으므로, 교육에 관한 조례의 무효확인소송을 제기함에 있어서는 그 집행기관인 시ㆍ도 교육감을 피고로 하여야 한다」(대판 1996.9.20, 95누8003).

2) 지방의회　지방의회 의장선출, 지방의회 의장에 대한 불신임의결, 지방의회의원에 대한 징계의결과 같은 지방의회의 의결에 대한 취소소송의 경우에는 의결의 주체가 지방의회이므로 피고적격 역시 지방의회가 갖는다(대판 1995.1.12, 94누2602 등 참조).

3) 지방세부과처분　지방세부과처분 취소소송은 시장ㆍ군수를 피고로 하여야 하나, 납세의무자로서는 세무서장을 상대로 소득세부과처분 취소판결을 받으면 족하다는 것이 판례의 입장이다.

> **관련판례**
>
> 「구 지방세법(2010. 6. 4. 법률 제10340호로 개정되기 전의 것) 제176조의8의 규정에 따르면 지방소득세 소득세분의 취소를 구하는 항고소송은 세무서장이 아니라 납세의무자의 소득세 납세지를 관할하는 시장ㆍ군수를 상대로 하여야 하나, 관련 납세의무자로서는 세무서장을 상대로 한 소송에서 소득세 부과처분의 취소판결을 받으면 족하고 이와 별도로 지방소득세 소득세분 부과처분의 취소를 구하는 소를 제기할 필요도 없다」(대판 2016.12.29, 2014두205).

5. 피고경정

(1) 의 의

피고경정이란 소송의 계속 중에 피고로 지정된 자를 다른 자로 변경하는 것을 말한다. 행정조직의 복잡성 및 권한의 잦은 변경 등으로 인하여 피고적격을 갖고 있는 자가 누구인지를 파악하기는 쉽지 않으며, 이로 인해 원고가 피고의 지정을 그르치는 경우가 있을 수 있다. 그런데 이 경우 그 소를 부적법한 것으로 각하하게 되면 다시 정당한 피고를 정하여 제소하려고 해도 제소기간의 도과 등의 사유로 그것이 불가능해질 수도 있다. 이처럼 피고의 지정을 그르침으로 인하여 원고에게 예측하지 못한 손해가 발생하는 것을 방지하기 위하여 마련된 것이 바로 피고경정의 제도이다(「행정소송법」 제14조).

피고경정에 관한 규정은 무효등확인소송과 부작위위법확인소송에도 준용된다.

(2) 피고경정이 허용되는 경우

1) 피고를 잘못 지정한 때   여기서 '피고를 잘못 지정한 때'란 당해 취소소송의 피고로 지정된 자가 정당한 피고적격을 갖지 않는 경우를 말한다. 이 경우 피고를 잘못 지정한 것에 원고의 고의·과실이 있는지의 여부는 불문한다.

한편 피고를 '잘못 지정'한 것인지의 여부는 제소 시를 기준으로 판단해야 한다(대판 1996.1.23, 95누1378 참조). 따라서 제소 후의 사정(예: 권한승계 등)으로 인한 피고경정은 여기서의 피고경정에 해당하지 않는다.

관련판례

「행정소송에서 원고가 처분청이 아닌 행정관청을 피고로 잘못 지정하였다면 법원으로서는 석명권을 행사하여 원고로 하여금 피고를 처분청으로 경정하게 하여 소송을 진행케 하여야 할 것이다」(대판 1990.1.12, 89누1032).

2) 권한승계 등의 경우   취소소송의 제기 후 그 처분 등에 관계되는 권한이 다른 행정청에 승계된 경우 또는 행정조직의 개편으로 인하여 처분을 행한 행정청이 없어지게 된 경우에는 그 권한을 승계한 행정청 또는 그 처분에 관한 사무가 귀속되는 국가 또는 공공단체로 피고를 경정하게 된다(「행정소송법」 제13조 제1항 단서 및 동조 제2항, 동법 제14조 제6항).

3) 소의 변경이 있는 때   소의 변경과 피고경정은 구별되는 관념이나, 행정소송법은 소의 변경에 따르는 피고경정을 인정하고 있다(동법 제21조 제2항·제4항).

(3) 피고경정의 절차

1) 원고가 피고를 잘못 지정한 경우   원고가 피고를 잘못 지정한 경우에 피고경정은 원고의 신청에 의하여 행하여진다. 이 경우 피고경정의 요건충족 여부는 법원의 직권조사사항이며, 변론을 거칠 것인가의 여부는 법원의 재량사항이다(「민사소송법」 제134조 제1항 단서). 한편 피고경정은 사실심 변론종결 시까지만 가능하며, 상고심에서는 허용되지 않는다.

관련판례

「행정소송법 제14조에 의한 피고경정은 사실심 변론종결에 이르기까지 허용되는 것으로 해석하여야 할 것이고, 굳이 제1심 단계에서만 허용되는 것으로 해석할 근거는 없다」(대판 2006.2.23, 2005부4).

---

2) 권한승계 · 기관폐지의 경우   법원은 당사자의 신청 또는 직권에 의하여 피고를 경정할 수 있다(「행정소송법」 제14조 제6항).

(4) 피고경정결정

법원은 심리결과 피고경정의 요건을 충족하였다고 판단되면 결정의 형식으로 피고경정을 허가할 수 있다(「행정소송법」 제14조 제1항). 피고경정결정은 서면으로 하여야 하며, 법원은 결정의 정본을 새로운 피고에게 송달하여야 한다(동조 제2항).

(5) 피고경정결정에 대한 불복

원고의 신청을 각하하는 결정에 대하여는 즉시항고할 수 있으며(「행정소송법」 제14조 제3항), 원고의 신청을 인용한 결정에 대하여는 특별항고가 허용될 뿐이다.

관련판례

「행정소송에서 피고경정신청이 이유있다 하여 인용한 결정에 대하여는 종전 피고는 항고제기의 방법으로 불복신청할 수 없고, 행정소송법 제8조 제2항에 의하여 준용되는 민사소송법 제449조 소정의 특별항고가 허용될 뿐이다」(대판 2006.2.23, 2005부4).

---

(6) 피고경정의 효과

1) 새로운 피고에 대한 신소(新訴)의 제기   피고경정의 결정이 있은 때에는 새로운 피고에 대한 소송은 처음에 소를 제기한 때에 제기된 것으로 본다(「행정소송법」 제14조 제4항). 따라서 피고경정결정 당시에 이미 제소기간이 경과하고 있는 경우에도 제소기간은 준수한 것이 된다.

2) 구소(舊訴)의 취하   피고경정의 결정이 있은 때에는 종전의 피고에 대한 소송은

취하된 것으로 본다(동조 제5항).

6. 공동소송

수인의 청구 또는 수인에 대한 청구가 처분 등의 취소청구와 관련되는 청구인 경우에 한하여 그 수인은 공동소송인이 될 수 있다(「행정소송법」제15조). 공동소송에 관한 규정은 무효등확인소송, 부작위위법확인소송 및 당사자소송에도 준용된다.

V. 소송참가

1. 개 설

소송참가란 소송의 계속 중에 제3자가 타인 간에 계속 중인 소송에 참가하는 것을 말한다. 「행정소송법」은 소송참가의 유형으로 ① 제3자의 소송참가(동법 제16조) 외에, ② (당사자능력을 갖지 않는) 행정청의 소송참가(동법 제17조)를 특별히 인정하고 있다.

관련판례

「타인 사이의 항고소송에서 소송의 결과에 관하여 이해관계가 있다고 주장하면서 민사소송법에 의한 보조참가를 할 수 있는 제3자는 민사소송법상의 당사자능력 및 소송능력을 갖춘 자이어야 하므로 그러한 당사자능력 및 소송능력이 없는 행정청으로서는 민사소송법상의 보조참가를 할 수는 없고 다만, 행정소송법 제17조 제1항에 의한 소송참가를 할 수 있을 뿐이다」(대판 2002. 9. 24, 99두1519).

---

2. 제3자의 소송참가

(1) 제도의 취지

제3자의 소송참가는 (특히 제3자효 행정행위에 있어서) 실질적 당사자인 제3자로 하여금 소송에 있어서의 공격·방어방법을 제출할 기회를 제공하며(제3자의 권익보호), 적정한 심리·재판을 실현함과 동시에 제3자에 의한 재심청구(「행정소송법」제31조)를 미연에 방지하기 위하여 인정되었다.[32]

(2) 참가의 요건

1) 타인 간의 취소소송의 계속   타인 간의 적법한 취소소송이 계속되어 있어야 한다.

---

[32] 제3자의 소송참가가 특히 필요한 이유는 취소소송에 있어서 원고승소판결(즉, 취소판결)이 제3자에 대하여도 효력—대세효(對世效)—이 인정되기 때문이다.

이 경우 심급은 불문하는바, 따라서 상고심에서도 제3자의 소송참가가 가능하다.

　　2) 소송의 결과에 따라 권리 또는 이익의 침해를 받을 제3자의 존재　여기서 '침해될 권리 또는 이익'은 법률상 이익을 의미하며(관련판례 참조), 따라서 반사적 이익이나 사실상의 이익은 여기에 포함되지 않는다. 또한 '제3자'란 소송당사자 이외의 자를 말하는바, 국가 및 공공단체도 이에 포함될 수 있다. 그러나 행정청은 당사자능력이 없으므로 여기서의 제3자에 해당되지 않는다.

관련판례

「특정 소송사건에서 당사자 일방을 보조하기 위하여 보조참가를 하려면 당해 소송의 결과에 대하여 이해관계가 있어야 하고, 여기서 말하는 이해관계라 함은 사실상, 경제상 또는 감정상의 이해관계가 아니라 법률상의 이해관계를 가리킨다」(대판 2000.9.8, 99다26924).

---

　(3) 참가의 절차

　　1) 직권에 의한 참가　직권에 의한 참가의 경우에는 법원은 결정으로 제3자에게 참가를 명한다(「행정소송법」제16조 제1항). 법원이 참가결정을 하고자 할 때에는 미리 당사자 및 제3자의 의견을 들어야 한다(동조 제2항).

　　2) 신청에 의한 참가　당사자 또는 제3자의 참가신청이 있는 경우에는 법원은 결정으로 참가의 허가 여부를 재판하는바, 참가신청을 한 제3자는 참가신청을 각하한 결정에 대하여는 즉시항고할 수 있다(동조 제3항). 소송당사자는 참가신청을 각하한 결정에 대하여 불복할 수 없는데, 이는 제3자의 소송참가는 제3자의 보호와 공익보장을 주된 목적으로 하기 때문이다.

　　한편 참가를 신청한 제3자는 그의 참가에 대한 이의신청이 있는 경우라도 참가를 허가하지 아니하는 결정이 확정될 때까지 참가인으로서 소송행위를 할 수 있다. 다만 당사자가 참가인의 소송행위를 원용한 경우에는 참가를 허가하지 아니하는 결정이 확정되어도 그 소송행위는 효력을 가진다(「민사소송법」제75조).

　(4) 참가인의 지위

　　참가인인 제3자는 당사자에 대하여 독자적인 청구를 하는 것은 아니므로 공동소송적 보조참가인에 준하는 지위에 선다(통설). 따라서 ① 참가인은 피참가인의 행위(예: 상소취하)와 저촉되는 행위(예: 상소제기)를 할 수 있으며, ② 참가인의 상소기간은 피참가인의 그것과는 독립하여 기산한다.

3. 행정청의 소송참가

(1) 제도의 취지

취소소송은 처분 등을 한 행정청을 피고로 제기하는 것이 원칙이므로 처분 등을 한 행정청 이외의 행정청이 중요한 공격·방어방법을 가지고 있어도 당해 소송에 관계인으로 참여할 수 없다. 따라서 「행정소송법」은 처분 등을 한 행정청 이외의 관계행정청이 직접 소송에 참가하여 공격·방어방법을 제출하여 적정한 심리·재판을 실현할 수 있도록 하기 위하여 행정청의 소송참가를 인정하고 있다.

(2) 참가의 요건

1) 타인 간의 취소소송의 계속   타인 간의 적법한 취소소송이 계속되어 있어야 한다. 심급은 불문한다.

2) 다른 행정청일 것   여기서 '다른 행정청'이란 피고인 행정청 이외의 행정청을 의미한다. 다만 피고인 행정청 이외의 모든 행정청이 그에 해당하는 것은 아니며, 계쟁처분(係爭處分) 등과 관계 있는 행정청에 한정된다. 피고인 행정청을 지휘감독하는 상급행정청, 재결이 취소소송의 대상이 되는 경우 원처분청 등이 그러한 행정청에 해당한다.

3) 참가시킬 필요가 있다고 인정할 때   행정청의 소송참가는 법원이 '참가시킬 필요가 있다고 인정할 때'에만 가능한데, 그 판단은 법원의 재량에 속한다.

관련판례

「법원은 다른 행정청을 소송에 참가시킬 필요가 있다고 인정되는 때에 그 행정청을 소송에 참가시킬 수 있고, 여기에서 참가의 필요성은 관계되는 다른 행정청을 소송에 참가시킴으로써 소송자료 및 증거자료가 풍부하게 되어 그 결과 사건의 적정한 심리와 재판을 하기 위하여 필요한 경우를 가리킨다」(대판 2002.9.24, 99두1519).

(3) 참가의 절차

법원은 당사자나 당해 행정청의 신청 또는 직권에 의하여 결정으로써 그 행정청을 소송에 참가시킬 수 있는바(「행정소송법」 제17조 제1항), 그 결정에 대하여는 당사자나 참가행정청 모두 불복할 수 없다.

(4) 참가행정청의 지위

법원의 참가결정이 있으면 그 참가한 행정청에 대하여는 「민사소송법」 제76조의 규정이 준용되므로(「행정소송법」 제17조 제3항), 참가행정청은 보조참가인에 준하는 지위에 선다. 따라서 참가인은 피참가인의 소송행위와 저촉되는 소송행위는 할 수 없으며, 설사 한다고 하더라도 무효이다.

4. 다른 소송에의 준용

취소소송에 있어서의 소송참가에 관한 규정은 취소소송 이외의 다른 항고소송, 당사자소송에도 준용된다(「행정소송법」 제38조, 제44조 제1항).

VI. 취소소송의 소송요건

1. 개 설

취소소송도 일정한 소송요건을 갖추어야만 본안에 관한 법원의 판결을 받을 수 있는바, 그 요건으로 다음과 같은 것이 들어진다. 즉, 취소소송은 ① 원고적격(법률상의 이익)과 소의 이익을 가진 자가, ② 피고적격을 가진 행정청을 피고로, ③ 위법한 처분 등(처분·재결)을 대상으로, ④ 제소기간 내에, ⑤ 소장(訴狀)에 의하여, ⑥ 관할법원에 제기하여야 한다. 또한 ⑦ 일정한 경우에는 행정심판을 먼저 거쳐야 할 것이 요구되기도 한다(행정심판전치의 문제).[33] 이러한 취소소송의 소송요건 중 ①, ②, ⑥은 이미 다루었으므로 여기서는 나머지 요건에 대하여만 상술하기로 한다.

한편 이러한 소송요건의 구비여부는 법원의 직권조사사항인바, 조사결과 이 중 하나라도 결여되어 있는 경우에는 법원은 본안에 관한 심리를 행함이 없이 소송판결(각하판결)로 소송을 종료시켜야 한다.

관련판례

「행정소송에 있어서 쟁송의 대상이 되는 행정처분의 존부는 소송요건으로서 직권조사사항이고 자백의 대상이 될 수 없으므로 설사 그 존재를 당사자들이 다투지 아니하더라도 그 존부에 관하여 의심이 있는 경우에는 이를 직권으로 밝혀 보아야 한다」(대판 1993.7.27, 92누15499).

---

2. 취소소송의 대상 (Ⅰ) — 처분

취소소송은 '처분 등'을 대상으로 하므로 취소소송을 제기하기 위해서는 '처분 등'이 존재하여야 한다. 한편 '처분 등'이라고 함은 처분과 재결을 의미하는 것으로 이해되고 있다.

---

33) 여기서 열거된 소송요건 이외에 '당사자 사이의 소송대상에 대하여 기판력 있는 판결이 없어야 하고 또한 중복제소도 아니어야 한다'는 것을 소송요건으로 추가하기도 한다[홍정선, 행정법원론(상), 박영사, 2016, 979쪽].

(1)「행정소송법」상의 처분의 의의

「행정소송법」제2조 제1항 제1호는 '처분'을 「행정청이 행하는 구체적 사실에 관한 법집행으로서의 공권력의 행사 또는 그 거부와 그 밖에 이에 준하는 행정작용」이라고 정의하고 있다. 이와 관련하여 「행정소송법」상의 처분개념(쟁송법상의 처분개념)과 학문적 의미의 행정행위의 개념(실체법상의 처분개념)이 동일한 것인지 여부가 문제되고 있다.

1) 학 설　이 문제에 관하여 학설은 양자를 같은 것으로 보고 처분과 타 행정작용과의 구별징표를 탐구하는 일원설(一元說)과, 양자를 다른 것으로 보고 후자의 내포(內包)를 확대하려고 노력하는 이원설(二元說, 다수설)34)로 나뉘어져 있다. 즉, 어떠한 행정작용을 「행정소송법」상의 처분개념에 포함되는 것으로 보아 취소소송의 대상성을 인정할 것인지에 관하여는 학설의 일치를 보지 못하고 있다.

2) 판 례　전술한 것처럼 학설이 일치되어 있지 않으므로 판례의 입장이 중요한 의미를 갖게 되는데, 문제는 판례의 입장 또한 명확하지 않다는 것이다. 즉, 판례는 취소소송의 대상이 되는 처분의 개념을 행정행위의 개념적 요소와 관련시어 설명하여 일원설에 입각한 듯한 태도를 유지하면서도(관련판례 ① 참조), 그것이 행정행위보다 확대될 수도 있다고 해석할 수 있는 여지 또한 남겨 놓고 있다(관련판례 ②③ 참조).

관련판례

①「항고소송의 대상이 되는 행정처분이라 함은 행정청의 공법상의 행위로서 특정 사항에 대하여 법규에 의한 권리의 설정 또는 의무의 부담을 명하거나 기타 법률상 효과를 발생하게 하는 등 국민의 권리의무에 직접 관계가 있는 행위를 가리키는 것이고, 행정권 내부에서의 행위나 알선, 권유, 사실상의 통지 등과 같이 상대방 또는 기타 관계자들의 법률상 지위에 직접적인 법률적 변동을 일으키지 아니하는 행위 등은 항고소송의 대상이 되는 행정처분이 아니다」(대판 1996.3.22, 96누433).
②「어떤 행정청의 행위가 행정소송의 대상이 되는 행정처분에 해당하는가는 그 행위의 성질, 효과 외에 행정소송제도의 목적 또는 사법권에 의한 국민의 권리보호의 기능도 충분히 고려하여 합목적적으로 판단하여야 한다」(대판 1984.2.14, 82누370).
③「행정청의 어떤 행위가 항고소송의 대상이 될 수 있는지의 문제는 추상적·일반적으로 결정할 수 없고, 구체적인 경우 행정처분은 행정청이 공권력의 주체로서 행하는 구체적 사실에 관한 법집행으로서 국민의 권리의무에 직접적으로 영향을 미치는 행위라는 점을 염두에 두고, 관련 법령의 내용과 취지, 그 행위의 주체·내용·형식·절차, 그 행위와 상대방 등 이해관계인이 입

---

34) 이원설을 취하는 학자들은 「행정소송법」상의 처분개념이 실체법상의 처분(행정행위) 개념보다 넓어서 행정소송법상의 처분개념에는 행정행위 이외의 다른 행정작용(예: 도시관리계획의 결정이나 권력적 사실행위가 장기간에 걸쳐 행하여지는 경우)도 포함될 수 있다는 점을 강조하고 있다.

는 불이익과의 실질적 견련성, 그리고 법치행정의 원리와 해당 행위에 관련한 행정청 및 이해관계인의 태도 등을 참작하여 개별적으로 결정하여야 한다」(대판 2017.6.15, 2014두46843).35)

(2) 처분성이 긍정된 사례

판례를 통하여 처분성이 인정된 사례를 모두 소개하는 것은 불가능하므로 여기서는 비교적 근래의 판례들을 간단히 소개하기로 한다.36)

① 향정신병 치료제의 요양급여 인정기준에 관한 보건복지부 고시(대결 2003.10.9, 2003무23)

② 교수재임용거부처분(대판 2004.4.22, 2000두7735)

③ 지목변경신청에 대한 반려(거부)행위(대판 2004.4.22, 2003두9015)

④ 문화재보호구역 지정해제 신청에 대한 거부행위(대판 2004.4.27, 2003두8821)

⑤ 도시계획시설변경입안의 제안거부처분(대판 2004.4.28, 2003두1806)

⑥ 유일한 면접시험대상자로 선정된 임용지원자에 대한 교원신규채용업무 중단조치(대판 2004.6.11, 2001두7053)

⑦ 행정규칙에 근거한 항공노선에 대한 운수권배분처분(대판 2004.11.26, 2003두10251·10268)

⑧ 방송위원회의 중계방송사업의 종합유선방송사업으로의 전환승인(대판 2005.1.14, 2003두13045)

⑨ 금융기관의 임원에 대한 금융감독원장의 문책경고(대판 2005.2.17, 2003두14765)

⑩ 국가인권위원회의 성희롱결정 및 시정조치권고(대판 2005.7.8, 2005두487)

⑪ 과세관청의 소득금액변동통지(대판 2006.4.20, 2002두1878 전원합의체)

⑫ 보건복지부 고시인 약제급여·비급여목록 및 급여상한금액표(대판 2006.9.22, 2005두2506)

⑬ 토지거래계약허가구역의 지정(대판 2006.12.22, 2006두12883)

⑭ 청소년유해매체결정(대판 2007.6.14, 2005두4397)

⑮ 금강 수질보전지역 토지매수신청 거부처분(대판 2009.9.10, 2007두20638)

⑯ 친일반민족행위자재산조사위원회의 재산조사개시결정(대판 2009.10.15, 2009두6513)

⑰ 착공신고 반려행위(대판 2011.6.10, 2010두7321)

⑱ 지적공부등록사항(토지면적등록) 정정신청반려처분(대판 2011.8.25, 2011두3371)

---

35) 동지판례: 대판 1993.12.10, 93누12619.
36) 다만 여기에 소개되지 않은 판례들 중 상당수는 이미 지금까지 행정법이론을 설명하는 과정에서 그 처분성 여부가 논해진 바 있음을 밝혀 둔다.

(3) 처분성이 부정된 사례

처분성이 부정된 사례들은 처분성이 부정된 이유를 기준으로 할 때 다음과 같이 구분하여 고찰해 볼 수 있다.

1) 법적 효과를 초래하지 않는 행정작용　「행정청이 택시운송사업자에 대하여 사업용 자동차를 증차배정한 조치는 자동차운수사업법 제13조 제1항에 따라 당해 자동차운송 사업자에 대하여 증차를 수반하는 자동차운송사업계획의 변경인가신청을 권유하는 내용을 결정 통보한 것에 지나지 않고, 이로써 운송사업자의 권리·의무나 기타 법률상 효과에 직접적인 변동을 가져오는 것이라고 볼 수 없으므로, 이는 취소소송의 대상이 되는 행정처분이라 할 수 없다」(대판 1993.9.24, 93누11999).[37]

2) 행정기관 상호 간의 행위　「교육공무원법 제25조 제1항에 따라 총장, 교장이 임용절차에 대하여 하는 임용제청이나 그 철회는 행정기관 상호 간의 내부적인 의사결정과정일 뿐 그 자체만으로는 직접적으로 국민의 관리·의무가 설정·변경·박탈되거나 그 범위가 확정되는 등 기존의 권리상태에 어떤 변동을 가져오는 것이 아니므로 이를 행정소송이 대상이 되는 행정처분이라고 할 수는 없다」(대판 1989.6.27, 88누9640).[38]

---

37) 이 판결은 택시운송사업자에 대한 사업용자동차 증차배정조치가 그 자체로는 아무런 법적 효과를 초래하지 않는다는 점에 착안하여 처분성을 부정한 예에 해당하는바, 같은 취지에서 처분성이 부정된 사례로는 다음과 같은 것이 있다:
　① 과세표준의 결정(대판 1985.3.26, 84누469)
　② 제2차 납세의무자 지정처분(대판 1985.3.26, 84누132)
　③ 추첨에 의한 운수사업면허대상자 선정행위에서의 추첨(대판 1990.10.23, 89누7467)
　④ 진정거부의 '민원회신'이라는 제목의 통지(대판 1991.8.9, 91누4195)
　⑤ 공무원에 대한 법정징계처분에 속하지 않는 단순서면경고(대판 1991.11.12, 91누2700)
　⑥ 일반 국민의 소관 법령의 해석에 관한 질의에 대하여 하는 회신(대판 1992.10.13, 91누2441)
　⑦ 지적 측량검사(대판 1997.3.28, 96누19000)
　⑧ 행정기관의 알선·권유(대판 1999.6.25, 98두15863).
　⑨ 환지계획(대판 1999.8.20, 97누6889)
　⑩ '조합원 동·호수 추첨결과 통보 및 분양계약체결 안내'라는 제목의 통지(대판 2002.12.10, 2001두6333)
　⑪ 위장사업자의 사업자명의를 직권으로 실사업자의 명의로 정정하는 행위(대판 2011.1.27, 2008두2220)
　⑫ 4대강 살리기 마스터플랜(대결 2011.4.21, 2011무111)
38) 이 판결은 1)의 택시운송사업자에 대한 사업용자동차 증차배정조치에 관한 판결과 근본적으로 같은 취지, 즉 그 자체만으로는 국민의 권리·의무에 직접적 변동을 가져오지 않는다는 점에서 「교육공무원법」상 총학장의 임용제청의 처분성을 부정한 사례에 해당한다. 다만 본서에서는 행정기관 상호 간의 행위라는 점이 강조되고 있다는 점에서 1)과 다른 군으로 분류하였을 뿐인데, 같은 취지에서 처분성이 부정된 사례로는 다음과 같은 것이 있다. 다만 ⑤의 판례는 「건축법」 개정으로 인하여 단수를 요청할 수 있는 법적 근거를 상실하였으므로 현행법 체제하에서는 판례가 갖는 의미의 중요성이 상대적으로 반감되었다고 할 수 있다.

3) **행정내부적 의사결정이 있을 뿐, 외부에 표시되지 않은 행위** 「운전면허 행정처분처리 대장상 벌점의 배점은 도로교통법규 위반행위를 단속하는 기관이 도로교통법시행규칙 [별표 16]의 정하는 바에 의하여 도로교통법규 위반의 경중, 피해의 정도 등에 따라 배정하는 점수를 말하는 것으로 자동차운전면허의 취소, 정지처분의 기초자료로 제공하기 위한 것이고 그 배점 자체만으로는 아직 국민에 대하여 구체적으로 어떤 권리를 제한하거나 의무를 명하는 등 법률적 규제를 하는 효과를 발생하는 요건을 갖춘 것이 아니어서 그 무효확인 또는 취소를 구하는 소송의 대상이 되는 행정처분이라고 할 수 없다」(대판 1994.8.12, 94누2190).[39]

4) **이미 법적 효력이 발생한 행정행위에 대한 통지 내지 후속절차에 불과한 행위** 「국세기본법 제51조 제1항, 제52조 및 같은 법 시행령 제30조에 따른 세무서장의 국세환급금(국세환급가산금 포함)에 대한 결정은 이미 납세의무자의 환급청구권이 확정된 국세환급금에 대하여 내부적인 사무처리절차로서 과세관청의 환급절차를 규정한 것에 지나지 않고 그 규정에 의한 국세환급금의 결정에 의하여 비로소 환급청구권이 확정되는 것이 아니므로, 국세환급금결정이나 그 결정을 구하는 신청에 대한 환급거부결정 등은 항고소송의 대상이 되는 처분이라고 볼 수 없다」(대판 1994.12.2, 92누14250).[40]

5) **사법행위**(私法行爲) 「지방자치단체가 구 지방재정법시행령 제71조(현행 지방재정법 시행령 제83조)의 규정에 따라 기부채납받은 공유재산을 무상으로 기부자에게 사용을 허용하는 행위는 사경제주체로서 상대방과 대등한 입장에서 하는 사법상 행위이지 행정청이 공권력의 주체로서 행하는 공법상 행위라고 할 수 없으므로, 기부자가 기부채

---

① 외환은행장과 상공부장관의 협의(대판 1971.9.14, 71누99)
② 기획재정부장관의 예산편성지침통보(대판 1993.9.14, 93누9163)
③ 교육부장관의 내신성적 산정기준에 관한 시행지침(대판 1994.9.10, 94두33)
④ 공정거래위원회의 고발의결·고발조치(대판 1995.5.12, 94누13794)
⑤ 위법건물 단속기관의 수도공급거부의 요청행위(대판 1996.3.23, 96누433)
⑥ 폐기물처리시설 설치허가에 대한 사전승인(대판 1997.9.26, 97누8540)
39) 이 판결은 행정내부적 의사결정이 있을 뿐 그것이 외부에 표시되지 않았음을 이유로 교통법규위반에 대한 벌점부과행위의 처분성을 부정한 사례인데, 같은 맥락에서 처분성이 부정된 사례로는 다음과 같은 것이 있다.
  ① 택지개발촉진법에 의한 택지공급방법결정(대판 1993.7.13, 93누36)
  ② 군의관의 신체등위판정(대판 1993.8.27, 93누3356)
40) 이 판결은 국세환급금결정은 그로 인하여 비로소 법적 효과가 발생하는 것이 아니라 이미 법적 효력이 발생한 행정행위에 대한 통지나 후속절차에 불과하다는 관점에서 처분성을 부정한 것인바, 같은 취지에서 처분성이 부정된 사례로는 다음과 같은 것이 있다.
  ① 공무원임용결격자에 대한 임용행위의 취소(대판 1987.4.14, 86누459)
  ② 당연퇴직의 통보(대판 1995.11.14, 95누2036)
  ③ 퇴직연금지급청구에 대한 거부처분(대판 2004.12.24, 2003두15195)

납한 부동산을 일정기간 무상사용한 후에 한 사용허가기간 연장신청을 거부한 행정청의 행위도 단순한 사법상의 행위일 뿐 행정처분 기타 공법상 법률관계에 있어서의 행위는 아니다」(대판 1994.1.25, 93누7365).[41]

    6) 당해 조치에 대한 별도의 불복방법이 법률에 의하여 인정되어 있는 경우 「도로교통법 제118조에서 규정하는 경찰서장의 통고처분은 행정소송의 대상이 되는 행정처분이 아니므로 그 처분의 취소를 구하는 소송은 부적법하고, 도로교통법상의 통고처분을 받은 자가 그 처분에 대하여 이의가 있는 경우에는 통고처분에 따른 범칙금의 납부를 이행하지 아니함으로써 경찰서장의 즉결심판청구에 의하여 법원의 심판을 받을 수 있게 될 뿐이다」(대판 1995.6.29, 95누4674). 같은 취지에서 처분성을 부정한 근래의 판례로는 다음과 같은 것이 있다.

관련판례

① (공증행위) 「행정소송 제도는 행정청의 위법한 처분, 그 밖에 공권력의 행사·불행사 등으로 인한 국민의 권리 또는 이익의 침해를 구제하고 공법상 권리관계 또는 법률 적용에 관한 다툼을 적정하게 해결함을 목적으로 하는 것이므로, 항고소송의 대상이 되는 행정처분에 해당하는지는 행위의 성질·효과 이외에 행정소송 제도의 목적이나 사법권에 의한 국민의 권익보호 기능도 충분히 고려하여 합목적적으로 판단해야 한다. 이러한 행정소송 제도의 목적 및 기능 등에 비추어 볼 때, 행정청이 한 행위가 단지 사인 간 법률관계의 존부를 공적으로 증명하는 공증행위에 불과하여 그 효력을 둘러싼 분쟁의 해결이 사법원리에 맡겨져 있거나 행위의 근거 법률에서 행정소송 이외의 다른 절차에 의하여 불복할 것을 예정하고 있는 경우에는 항고소송의 대상이 될 수 없다고 보는 것이 타당하다」(대판 2012.6.14, 2010두19720).[42]
② (검사의 불기소결정) 「'처분'이란 행정소송법상 항고소송의 대상이 되는 처분을 의미하는 것으로서, 행정소송법 제2조의 처분의 개념 정의에는 해당한다고 하더라도 그 처분의 근거 법률에

서 행정소송 이외의 다른 절차에 의하여 불복할 것을 예정하고 있는 처분은 항고소송의 대상이 될 수 없다. 검사의 불기소결정에 대해서는 검찰청법에 의한 항고와 재항고, 형사소송법에 의한 재정신청에 의해서만 불복할 수 있는 것이므로, 이에 대해서는 행정소송법상 항고소송을 제기할 수 없다」(대판 2018.9.28, 2017두47465).[43]

③ (농지법상의 이행강제금 부과처분) 「농지법은 농지 처분명령에 대한 이행강제금 부과처분에 불복하는 자가 그 처분을 고지받은 날부터 30일 이내에 부과권자에게 이의를 제기할 수 있고, 이의를 받은 부과권자는 지체 없이 관할 법원에 그 사실을 통보하여야 하며, 그 통보를 받은 관할 법원은 비송사건절차법에 따른 과태료 재판에 준하여 재판을 하도록 정하고 있다(제62조 제1항, 제6항, 제7항). 따라서 농지법 제62조 제1항에 따른 이행강제금 부과처분에 불복하는 경우에는 비송사건절차법에 따른 재판절차가 적용되어야 하고, 행정소송법상 항고소송의 대상은 될 수 없다」(대판 2019.4.11, 2018두42955).

7) 기 타 이 밖에 「행정대집행법」상 제2차·제3차의 계고처분(대판 1994.10.28, 94누5144)과 같은 업무조사에 따른 2·3차의 자료제출요구 또한 처분성이 부정된 바 있다.[44]

(4) 거부행위의 처분성

1) 거부행위의 처분성 인정여부의 기준 거부행위란 국민의 적극적인 신청에 대하여 행정청이 그 신청에 따른 행위를 하지 않겠다고 거절을 하는 행위를 말한다.

관련판례

「행정소송법상 거부처분 취소소송의 대상인 '거부처분'이란 '행정청이 행하는 구체적 사실에 관한 법집행으로서의 공권력의 행사 또는 이에 준하는 행정작용', 즉 적극적 처분의 발급을 구하는 신청에 대하여 그에 따른 행위를 하지 않았다고 거부하는 행위를 말한다」(대판 2018.9.28, 2017두47465).

한편 이러한 거부행위가 취소소송의 대상이 되는 처분에 해당하는지 여부와 관련하여 대법원은 거부행위의 처분성이 인정되기 위하여는 처분을 신청한 것만으로는 부족하고 원고가 그 신청에 따른 행정행위를 해 줄 것을 요구할 수 있는 법규상 또는 조리상 권리가 있어야 한다고 보고 있다.[45]

---

43) 검사의 공소처분 또한 처분성이 부정된 바 있다(대판 2000.3.28, 99두11264).
44) 同旨의 판례로는 다음과 같은 것이 있다.
　① 노동조합에 대한 2, 3차의 서류제출요구(대판 1994.2.22, 93누21156)
　② 국세징수법상의 제2차 독촉(대판 1999.7.13, 97누119)
　③ 공익근무요원 소집통지(대판 2005.10.28, 2003두14550)
45) 이처럼 대법원은 「법률상 또는 조리상 신청권」을 '소송대상적격'의 문제로 보고 있는바, 이러한 판

「행정청이 국민의 신청에 대하여 한 거부행위가 항고소송의 대상이 되는 행정처분에 해당하기 위하여는, 국민에게 행정청의 행위를 요구할 법규상 또는 조리상의 신청권이 있어야 하는데, 이러한 신청권이 없음에도 이루어진 국민의 신청을 행정청이 받아들이지 아니한 경우 거부로 인하여 신청인의 권리나 법적 이익에 어떤 영향을 미친다고 볼 수 없으므로 이를 항고소송의 대상이 되는 행정처분이라 할 수 없다」(대판 2016.7.14, 2014두47426).

    2) 신청권의 존부(存否)   거부행위의 처분성이 인정되기 위하여 필요한 신청권의 존부는 구체적 사건에서 신청인이 누구인가를 고려하지 않고 관계 법규의 해석에 의하여 일반 국민에게 그러한 신청권을 인정하고 있는가를 살펴 추상적으로 결정되어야 한다. 즉, 여기서의 신청권은 신청인이 그 신청에 따른 단순한 응답을 받을 권리를 의미하는 것이지 그를 넘어서 신청의 인용이라는 만족적 결과를 얻을 권리를 의미하는 것은 아니다.

「거부처분의 처분성을 인정하기 위한 전제요건이 되는 신청권의 존부는 구체적 사건에서 신청인이 누구인가를 고려하지 않고 관계법규의 해석에 의하여 일반 국민에게 그러한 신청권을 인정하고 있는가를 살펴 추상적으로 결정되는 것이고, 신청인이 그 신청에 따른 단순한 응답을 받을 권리를 넘어서 신청의 인용이라는 만족적 결과를 얻을 권리를 의미하는 것은 아니다. 따라서 국민이 어떤 신청을 한 경우에 그 신청의 근거가 된 조항의 해석상 행정발동에 대한 개인의 신청권을 인정하고 있다고 보여지면 그 거부행위는 항고소송의 대상이 되는 처분으로 보아야 할 것이고, 구체적으로 그 신청이 인용될 수 있는가 하는 점은 본안에서 판단하여야 할 사항인 것이다」(대판 1996.6.11, 95누12460).

【신청권의 존재여부에 관한 판례 정리】

(1) 신청권의 존재를 인정한 사례

① 서울교육대학 상근강사의 정규교원임용신청(대판 1990.9.25, 89누4758)

② 검사임용거부처분(대판 1991.2.12, 90누5825)

③ 택지개발촉진법상 이주대책에 따른 특별분양신청(대판 1999.8.20, 98두17043)

례의 입장에 대하여는 견해가 갈리어져 있다. 즉, 판례의 입장을 긍정적으로 보는 견해(김연태)와 판례가 '원고적격'의 문제와 '소송대상적격'의 문제를 혼동하고 있다는 것이라는 비판과 함께 법률상 또는 조리상 신청권을 원고적격의 문제로 다루어야 한다는 견해가 대립하고 있다(홍정선, 정하중). 일단 본서에서는 판례의 입장에 따라 이 문제를 소송대상적격의 문제, 즉 처분성과 관련하여 다루기로 한다.

④ 소멸등록된 실용신안권의 회복신청(대판 2002.11.22, 2000두9229)

⑤ 학교형태 평생교육시설설치자 변경신청(대판 2003.4.11, 2001두9929)

⑥ 국·공립대학의 조교수의 공정한 재임용심사 신청(대판 2004.4.22, 2000두7735)

⑦ 문화재보호구역 지정해제신청(대판 2004.4.27, 2003두8821)

⑧ 유일한 면접심사 대상자로 선정된 임용지원자의 임용신청(대판 2004.6.11, 2001
두7053)

⑨ 공사중지명령의 철회신청(대판 2005.4.14, 2003두7590)

⑩ 도시계획입안 내지 변경신청(대판 2015.3.26, 2014두42742)

⑪ 개발부담금의 환급에 필요한 처분의 신청(대판 2016.1.28, 2013두2938)

⑫ 주민등록번호가 유출된 경우에 주민등록번호의 변경신청(대판 2017.6.15, 2013
두2945)

⑬ 산업단지개발계획의 변경신청(대판 2017.8.29, 2016두44186)

(2) 신청권의 존재를 부정한 사례

① 철거민의 시영아파트특별분양신청(대판 1993.5.11, 93누2247)

② 도시계획변경청구(대판 1994.1.28, 93누22029)[46]

③ 도로상 장애물의 철거청구(대판 1996.1.23, 95누1378)

④ 토지형질변경행위 변경허가신청(대판 1997.9.12, 96누6219)

⑤ 재개발사업에 관한 사업계획변경신청(대판 1999.8.24, 97누7004)

⑥ 제3자에 대한 건축허가와 준공검사의 취소 및 제3자 소유의 건축물에 대한 철
거명령의 신청(대판 1999.12.7, 97누17568)

⑦ 국·공립 대학교원 임용지원자의 임용여부에 대한 응답신청(대판 2003.10.23,
2002두12489)[47]

⑧ 초등학교 병설유치원 임시강사의 특별채용신청(대판 2005.4.15, 2004두11626)

⑨ 당연퇴직된 공무원의 복직 또는 재임용신청(대판 2006.3.10, 2005두562)

⑩ 불가쟁력이 생긴 행정처분에 대한 변경신청(대판 2007.4.26, 2005두11104)

⑪ 납세의무자의 경정청구(대판 2010.2.25, 2007두18284)

---

46) (도시)계획변경청구권은 일반적으로 인정되지 않는다. 다만 법원이 일정한 요건하에서 (도시)계
획변경청구권을 인정한 경우도 있음은 주의하여야 하는바, 이에 관하여는 「장래 일정한 기간 내에
관계법령이 규정하는 시설 등을 갖추어 일정한 행정처분을 구하는 신청을 할 수 있는 법률상 지위
에 있는 자의 국토이용계획변경신청을 거부하는 것이 실질적으로 당해 행정처분 자체를 거부하는
결과가 되는 경우에는 예외적으로 그 신청인에게 국토이용계획변경을 신청할 권리가 인정된다고
봄이 상당하므로, 이러한 신청에 대한 거부행위는 항고소송의 대상이 되는 행정처분에 해당한다」
고 판시한 대판 2003.9.23, 2001두10936 참조.

47) 한편 대법원은 같은 맥락에서 사립대학에서 국·공립대학으로 변경된 경우 종전 교원들의 임용신
청권에 대해서도 부정적으로 판시한 바 있다. 이에 관하여는 대판 1997.10.10, 96누4046 참조.

한편 특정한 거부처분이 있은 후에 당사자가 같은 내용의 처분을 다시 신청하였는데 행정청이 이를 거부한 경우, 그 거부행위는 새로운 거부처분으로 보는 것이 원칙이다.

관련판례

「수익적 행정행위 신청에 대한 거부처분은 당사자의 신청에 대하여 관할 행정청이 거절하는 의사를 대외적으로 명백히 표시함으로써 성립되고, 거부처분이 있은 후 당사자가 다시 신청을 한 경우에는 신청의 제목 여하에 불구하고 그 내용이 새로운 신청을 하는 취지라면 관할 행정청이 이를 다시 거절하는 것은 새로운 거부처분으로 봄이 원칙이다」(대판 2019.4.3, 2017두52764).

(5) 처분의 위법성

처분이 취소소송의 대상이 되기 위해서는 그 처분이 위법하지 않으면 안 된다. 다만 제소의 단계에 있어서는 위법의 가능성이 있음이 주장되는 것으로 족하며, 현실적으로 위법함이 요구되는 것은 아니다. 즉, 처분의 객관적 위법성 자체는 취소소송의 제기요건이 아니라 본안의 이유유무(理由有無)에 관한 문제이다.

3. 취소소송의 대상 (II) ─ 재결

(1) 원처분주의(原處分主義)

「행정소송법」이 원처분주의를 취하기 때문에 행정심판을 거쳐 취소소송을 제기하는 경우에도 그의 대상은 재결이 아니라 원처분이다. 그러나 '재결 자체에 고유한 위법'이 있는 경우에는 예외적으로 재결이 취소소송의 대상이 될 수도 있다(「행정소송법」 제19조 단서).

1) 재결 자체에 고유한 위법이 있는 경우 재결 자체에 고유한 위법이란 재결 자체에 주체·절차·형식 및 내용상의 위법이 있는 것을 의미한다. ① 행정심판위원회의 구성원에 결격자가 있거나 정족수의 흠결이 있는 경우 또는 전혀 권한없는 기관이 재결을 행한 경우(주체상의 위법), ②「행정심판법」상의 심판절차를 준수하지 않은 경우(절차상의 위법), ③ 구두로 재결을 행하거나 재결서에 주요 기재사항이 누락된 경우(형식상의 위법) 및 ④ 위법·부당하게 인용재결을 한 경우(내용상의 위법) 등이 이에 해당한다.

관련판례

「행정소송법 제19조에서 말하는 '재결 자체에 고유한 위법'이란 원처분에는 없고 재결에만 있는 재결청의 권한 또는 구성의 위법, 재결의 절차나 형식의 위법, 내용의 위법 등을 뜻하고, 그 중 내용의 위법에는 위법·부당하게 인용재결을 한 경우가 해당한다」(대판 1997.9.12, 96누14661).

한편 이 가운데 행정법적으로 많은 문제가 되는 것은 내용상의 위법인바, 재결에 내용상 위법이 있는 경우는 다음과 같다. 즉,

첫째, 부적법 각하재결을 하여야 함에도 불구하고 인용재결을 한 경우

관련판례

「행정청이 골프장 사업계획승인을 얻은 자의 사업시설 착공계획서를 수리한 것에 대하여 인근 주민들이 그 수리처분의 취소를 구하는 행정심판을 청구하자 재결청이 그 청구를 인용하여 수리 처분을 취소하는 형성적 재결을 한 경우, 그 수리처분 취소 심판청구는 행정심판의 대상이 되지 아니하여 부적법 각하하여야 함에도 위 재결은 그 청구를 인용하여 수리처분을 취소하였으므로 재결 자체에 고유한 하자가 있다」(대판 2001.5.29, 99두10292).

둘째, 원처분의 상대방이 아닌 제3자가 행정심판을 청구하여 행정심판위원회가 원처분을 취소하는 형성재결을 한 경우

관련판례

「이른바 복효적 행정행위, 특히 제3자효를 수반하는 행정행위에 대한 행정심판청구에 있어서 그 청구를 인용하는 내용의 재결로 인하여 비로소 권리이익을 침해받게 되는 자는 그 인용재결에 대하여 다툴 필요가 있고, 그 인용재결은 원처분과 내용을 달리하는 것이므로 그 인용재결의 취소를 구하는 것은 원처분에는 없는 재결에 고유한 하자를 주장하는 셈이어서 당연히 항고소송의 대상이 된다」(대판 2001.5.29, 99두10292).

셋째, 행정심판청구가 부적법하지 않음에도 불구하고 각하재결을 한 경우

관련판례

「행정소송법 제19조에 의하면 행정심판에 대한 재결에 대하여도 그 재결 자체에 고유한 위법이 있음을 이유로 하는 경우에는 항고소송을 제기하여 그 취소를 구할 수 있고, 여기에서 말하는 '재결 자체에 고유한 위법'이란 그 재결 자체에 주체, 절차, 형식 또는 내용상의 위법이 있는 경우를 의미하는데, 행정심판청구가 부적법하지 않음에도 각하한 재결은 심판청구인의 실체심리를 받을 권리를 박탈한 것으로서 원처분에 없는 고유한 하자가 있는 경우에 해당하고, 따라서 위 재결은 취소소송의 대상이 된다」(대판 2001.7.27, 99두2970).

2) 수정재결의 문제　원처분이 재결에 의하여 수정된 경우 소송의 대상이 수정된 원처분인지 아니면 수정재결인지의 문제가 있다.[48] 판례는 수정된 원처분을 소송대상으로 보고 있다.

관련판례

「항고소송은 원칙적으로 당해 처분을 대상으로 하나, 당해 처분에 대한 재결 자체에 고유한 주체, 절차, 형식 또는 내용상의 위법이 있는 경우에 한하여 그 재결을 대상으로 할 수 있다고 해석되므로, 징계혐의자에 대한 감봉 1월의 징계처분을 견책으로 변경한 소청결정 중 그를 견책에 처한 조치는 재량권의 남용 또는 일탈로서 위법하다는 사유는 소청결정 자체에 고유한 위법을 주장하는 것으로 볼 수 없어 소청결정의 취소사유가 될 수 없다」(대판 1993.8.24, 93누5673).

(2) 재결주의(裁決主義) – 원처분주의에 대한 예외

1) 의 의   원처분주의에 대한 예외로서 개별법이 (원처분이 아닌) 재결을 취소소송의 대상으로 규정하고 있는 경우가 있다. 이를 재결주의라고 하는바, 재결주의를 채택하는 이유에 관하여는 이하의 관련판례 참조.

관련판례

「재결주의는 위법한 원처분을 다투는 것보다 재결을 다투어 그 효력을 배제하는 것이 효율적인 권리구제와 판결의 적정성을 담보하는 경우에 원처분에 대한 제소를 금지하고 재결에 대해서만 제소를 허용하는 것이다」(헌재결 2001.6.28, 2000헌바77).

재결주의에서는 재결만이 취소소송의 대상이 될 수 있으며, 이 점에서 원처분주의에서 원처분이 취소소송의 대상이 되는 것이 원칙이지만 예외적으로 재결도 취소소송의 대상이 될 수 있는 것과 구별된다.

2) 재결주의가 채택되어 있는 예[49]

① 중앙노동위원회의 재심판정   「노동조합 및 노동관계조정법」 제85조 제2항은 지방노동위원회의 처분에 대하여 중앙노동위원회에 재심을 신청한 후 중앙노동위원회의 재심판정에 대하여 취소소송을 제기할 수 있도록 규정하고 있는바, 대법원은 이를 재결주의를 취하고 있는 것으로 보고 있다.

관련판례

「노동위원회법 제19조의2 제1항의 규정은 행정처분의 성질을 가지는 지방노동위원회의 처분에

---

48) 이 문제는 피고적격과도 결부되어 있음을 유의하여야 한다. 즉, 수정된 원처분이 소송의 대상이 되는 경우에는 원처분청이 피고가 되며, 수정재결이 소송의 대상이 되는 경우에는 행정심판위원회가 피고가 된다.

49) 재결주의가 채택되어 있는 것으로 볼 수 있는지에 관하여 그동안 논란이 많았던 것으로는 중앙토지수용위원회의 이의재결과 교원소청심사위원회의 결정이 있다. 이에 관한 판례와 그의 해석을 둘러싼 논의에 관하여 자세한 것은 김남진·김연태, 행정법 I, 법문사, 2021, 897쪽 이하 참조.

대하여 중앙노동위원장을 상대로 행정소송을 제기할 경우의 전치요건에 관한 규정이라 할 것이므로 당사자가 지방노동위원회의 처분에 대하여 불복하기 위하여는 처분송달일로부터 10일 이내에 중앙노동위원회에 재심을 신청하고 중앙노동위원회의 재심판정서 송달일로부터 15일 이내에 중앙노동위원장을 피고로 하여 재심판정취소의 소를 제기하여야 할 것이다」(대판 1995.9.15, 95누6724).

② 감사원의 재심의판정   「감사원법」은 감사원의 재심의판정에 대하여 감사원을 당사자로 하여 행정소송을 제기할 수 있도록 함으로써 원처분인 변상판정이 아니라 재심의판정을 취소소송의 대상으로 하도록 규정하고 있는바(「감사원법」 제36조 제1항, 제40조 제2항), 대법원은 이를 재결주의를 취하고 있는 것으로 보고 있다(대판 1984.4.10, 84누91 참조).

4. 제소기간

제소기간이란 처분의 상대방 등이 취소소송을 제기할 수 있는 시간적 간격을 말한다. 제소기간은 제척기간의 성격을 가지며, 따라서 제소기간의 경과여부는 법원의 직권조사사항이다.

(1) 행정심판의 재결을 거치지 않은 경우

1) 처분 등이 있음을 안 날부터 90일   취소소송은 처분 등이 있음을 안 날부터 90일 이내에 제기하여야 한다(이 기간은 불변기간이다. 「행정소송법」 제20조 제1항·제3항). 이처럼 '처분 등이 있음을 안 날'을 기산점으로 정하여 취소소송의 제소기간에 제한을 둔 것은 재판청구권을 침해하는 것으로 볼 수 없다.

관련판례

「'처분 등이 있음을 안 날'을 기산점으로 정하여 취소소송의 제소기간에 제한을 둔 것은 법률관계의 조속한 확정을 위한 것으로 입법목적이 정당하다. 처분 등이 위법할 수 있다는 의심을 갖는 데 있어 처분 등이 있음을 안 때로부터 90일의 기간은 지나치게 짧은 기간이라고 보기 어렵고, '처분 등이 있음'을 안 시점은 비교적 객관적이고 명확하게 특정할 수 있으므로 이를 제소기간의 기산점으로 둔 것은 행정법 관계의 조속한 안정을 위해 필요하고 효과적인 방법이다. 또한 처분 등에 존속하는 하자가 중대하고 명백하여 무효인 경우에는 제소기간의 제한이 없고, 당사자가 책임질 수 없는 사유로 기간을 준수할 수 없을 때에는 추후보완이 허용되어 심판대상조항이 현저히 불합리하거나 합리성이 없다고 볼 수 없다. 따라서 '처분 등이 있음을 안 날'을 제소기간의 기산점으로 정한 심판대상조항은 재판청구권을 침해하지 아니한다」(헌재결 2018.6.28, 2017헌바66).

한편 여기서 '처분 등이 있음을 안 날'이란 당해 처분 등이 있었다는 사실을 현실적으로 안 날을 의미하며, 구체적으로 그 행정처분의 위법여부를 판단한 날을 가리키는 것은 아니다.

관련판례

① 「행정소송법 제20조 제1항이 정한 제소기간의 기산점인 '처분 등이 있음을 안 날'이란 통지, 공고 기타의 방법에 의하여 당해 처분 등이 있었다는 사실을 현실적으로 안 날을 의미한다. 상대방이 있는 행정처분의 경우에는 특별한 규정이 없는 한 의사표시의 일반적 법리에 따라 행정처분이 상대방에게 고지되어야 효력을 발생하게 되므로, 행정처분이 상대방에게 고지되어 상대방이 이러한 사실을 인식함으로써 행정처분이 있다는 사실을 현실적으로 알았을 때 행정소송법 제20조 제1항이 정한 제소기간이 진행한다고 보아야 한다」(대판 2014.9.25, 2014두8254).

② 「행정소송법 제20조 제1항이 정한 제소기간의 기산점인 '처분 등이 있음을 안 날'이란 통지, 공고 기타의 방법에 의하여 당해 처분 등이 있었다는 사실을 현실적으로 안 날을 의미하므로, 행정처분이 상대방에게 고지되어 상대방이 이러한 사실을 인식함으로써 행정처분이 있다는 사실을 현실적으로 알았을 때 행정소송법 제20조 제1항이 정한 제소기간이 진행한다고 보아야 하고, 처분서가 처분상대방의 주소지에 송달되는 등 사회통념상 처분이 있음을 처분상대방이 알 수 있는 상태에 놓인 때에는 반증이 없는 한 처분상대방이 처분이 있음을 알았다고 추정할 수 있다. 또한 우편물이 등기취급의 방법으로 발송된 경우 그것이 도중에 유실되었거나 반송되었다는 등의 특별한 사정에 대한 반증이 없는 한 그 무렵 수취인에게 배달되었다고 추정할 수 있다」(대판 2017.3.9, 2016두60577).

다만 고시나 공고에 의한 처분의 경우에 있어서 '처분 등이 있음을 안 날'이란 (그 처분의 상대방이 불특정 다수인인 경우에는) 행정처분에 이해관계를 갖는 자가 고시 또는 공고가 있었다는 사실을 현실적으로 알았는지 여부에 관계없이 고시가 효력을 발생하는 날을 의미하는 것이 원칙이다(관련판례 ① 참조). 이에 반해 특정인에 대한 처분을 주소불명을 이유로 공고하는 경우에는 상대방이 당해 처분이 있었다는 사실을 현실적으로 안 날에 그 처분이 있음을 알았다고 보아야 한다(관련판례 ② 참조).

관련판례

① 「통상 고시 또는 공고에 의하여 행정처분을 하는 경우에는 그 처분의 상대방이 불특정 다수인이고, 그 처분의 효력이 불특정 다수인에게 일률적으로 적용되는 것이므로 행정처분에 이해관계를 갖는 자가 고시 또는 공고가 있었다는 사실을 현실적으로 알았는지 여부에 관계없이 고시가 효력을 발생하는 날에 행정처분이 있음을 알았다고 보아야 한다」(대판 2001.7.27, 99두9490).

②「행정소송법 제20조 제1항 소정의 제소기간 기산점인 '처분이 있음을 안 날'이라 함은 당사자가 통지, 공고 기타의 방법에 의하여 당해 처분이 있었다는 사실을 현실적으로 안 날을 의미하는바, 특정인에 대한 행정처분을 주소불명 등의 이유로 송달할 수 없어 관보 · 공보 · 게시판 · 일간신문 등에 공고한 경우에는, 공고가 효력을 발생하는 날에 상대방이 그 행정처분이 있음을 알았다고 볼 수는 없고, 상대방이 당해 처분이 있었다는 사실을 현실적으로 안 날에 그 처분이 있음을 알았다고 보아야 한다」(대판 2006.4.28, 2005두14851).

2) 처분 등이 있은 날부터 1년   취소소송은 처분 등이 있은 날부터 1년 이내에 제기하여야 한다. 다만 정당한 사유가 있을 때에는 그러하지 아니하다(즉, 이 기간은 불변기간이 아니다. 동조 제2항 · 제3항).

① 처분 등이 있은 날   여기서 '처분 등이 있은 날'이란 당해 처분 등의 효력이 발생한 날을 의미하며, 처분의 효력발생일은 원칙적으로 처분이 상대방에게 도달된 날이다.

관련판례

①「취소소송의 제소기간 기산점으로 행정소송법 제20조 제1항이 정한 '처분 등이 있음을 안 날'은 유효한 행정처분이 있음을 안 날을, 같은 조 제2항이 정한 '처분 등이 있은 날'은 그 행정처분의 효력이 발생한 날을 각 의미한다」(대판 2019.8.9, 2019두38656).
②「행정심판을 제기하지 아니하거나 그 재결을 거치지 아니하는 사건에 대한 제소기간을 규정한 행정소송법 제20조 제2항에서 '처분이 있은 날'이라 함은 상대방이 있는 행정처분의 경우는 특별한 규정이 없는 한 의사표시의 일반적 법리에 따라 그 행정처분이 상대방에게 고지되어 효력이 발생한 날을 말한다고 할 것이다」(대판 1990.7.13, 90누2284).

② 정당한 사유의 의미   정당한 사유란 제소기간 내에 소를 제기하지 못한 것을 정당화할 만한 객관적 사유를 의미하는바, 정당한 사유의 존재는 원고가 소명하여야 한다. 정당한 사유의 존재여부에 대한 판단기준에 관하여는 이하의 관련판례 참조.

관련판례

「행정소송법 제20조 제2항 소정의 "정당한 사유"란 불확정 개념으로서 그 존부는 사안에 따라 개별적 · 구체적으로 판단하여야 하나 민사소송법 제160조의 "당사자가 그 책임을 질 수 없는 사유"나 행정심판법 제18조 제2항 소정의 "천재, 지변, 전쟁, 사변 그 밖에 불가항력적인 사유"보다는 넓은 개념이라고 풀이되므로, 제소기간도과의 원인 등 여러 사정을 종합하여 지연된 제소를 허용하는 것이 사회통념상 상당하다고 할 수 있는가에 의하여 판단하여야 한다」(대판 1991.6.28, 90누6521).

3) 두 기간의 관계   위의 두 기간은 선택적인 것이 아니므로 그중 어느 하나라도 경과하면 제소기간이 종료하여 취소소송을 제기하지 못한다.

(2) 행정심판의 재결을 거친 경우

(다른 법률에 행정심판의 재결을 거치지 아니하면 취소소송을 제기할 수 없다는 규정이 있는 경우 등과 같이) 행정심판의 재결을 거쳐 취소소송을 제기하는 경우에는 재결서의 정본을 송달받은 날부터 90일(이 기간은 불변기간이다), 재결이 있은 날부터 1년을 경과하면 이를 제기하지 못한다(「행정소송법」 제20조 제3항). 이 경우 역시 두 기간 중 어느 하나라도 경과하면 취소소송을 제기하지 못한다.

(3) 제소기간에 관한 특수문제

1) 소변경(訴變更)의 경우   소변경이 있는 경우 새로운 소에 대한 제소기간의 준수 등은 원칙적으로 소의 변경이 있는 때를 기준으로 하여야 한다.

관련판례

「취소소송은 처분 등이 있음을 안 날부터 90일 이내에 제기하여야 하고, 처분 등이 있은 날부터 1년을 경과하면 제기하지 못하며(행정소송법 제20조 제1항·제2항), 청구취지를 변경하여 구 소가 취하되고 새로운 소가 제기된 것으로 변경되었을 때에 새로운 소에 대한 제소기간의 준수 등은 원칙적으로 소의 변경이 있는 때를 기준으로 하여야 한다」(대판 2004.11.25, 2004두7023).

2) 청구취지의 추가·변경의 경우   청구취지의 추가·변경의 경우 제소기간의 준수여부는 그 청구취지의 추가·변경신청이 있은 때를 기준으로 판단하여야 한다.

관련판례

「청구취지를 추가하는 경우, 청구취지가 추가된 때에 새로운 소를 제기한 것으로 보므로, 추가된 청구취지에 대한 제소기간 준수 등은 원칙적으로 청구취지의 추가·변경 신청이 있는 때를 기준으로 판단하여야 한다」(대판 2018.11.15, 2016두48737).

다만 구체적인 경우에 있어서의 제소기간의 기산점이나 준수여부에 대하여는 법원은 개별적으로 판단할 것을 요구하고 있다.

관련판례

① 「청구취지를 교환적으로 변경하여 종전의 소가 취하되고 새로운 소가 제기된 것으로 보게 되는 경우에 새로운 소에 대한 제소기간의 준수 등은 원칙적으로 소의 변경이 있는 때를 기준으로 하여 판단된다. 그러나 선행처분의 취소를 구하는 소가 그 후속처분의 취소를 구하는 소로 교환적으로 변경되었다가 다시 선행처분의 취소를 구하는 소로 변경된 경우 후속처분의 취소를 구하

는 소에 선행처분의 취소를 구하는 취지가 그대로 남아 있었던 것으로 볼 수 있다면 선행처분의 취소를 구하는 소의 제소기간은 최초의 소가 제기된 때를 기준으로 정하여야 한다」(대판 2013.7.11, 2011두27544).

② 「선행 처분의 취소를 구하는 소를 제기하였다가 이후 후행 처분의 취소를 구하는 청구취지를 추가한 경우에도, 선행 처분이 종국적 처분을 예정하고 있는 일종의 잠정적 처분으로서 후행 처분이 있을 경우 선행 처분은 후행 처분에 흡수되어 소멸되는 관계에 있고, 당초 선행 처분에 존재한다고 주장되는 위법사유가 후행 처분에도 마찬가지로 존재할 수 있는 관계여서 선행 처분의 취소를 구하는 소에 후행 처분의 취소를 구하는 취지도 포함되어 있다고 볼 수 있다면, 후행 처분의 취소를 구하는 소의 제소기간은 선행 처분의 취소를 구하는 최초의 소가 제기된 때를 기준으로 정하여야 할 것이다」(대판 2018.11.15, 2016두48737).

③ 「선행 처분에 대하여 제소기간 내에 취소소송이 적법하게 제기되어 계속 중에 행정청이 선행 처분서 문언에 일부 오기가 있어 이를 정정할 수 있음에도 선행 처분을 직권으로 취소하고 실질적으로 동일한 내용의 후행 처분을 함으로써 선행 처분과 후행 처분 사이에 밀접한 관련성이 있고 선행 처분에 존재한다고 주장되는 위법사유가 후행 처분에도 마찬가지로 존재할 수 있는 관계인 경우에는 후행 처분의 취소를 구하는 소변경의 제소기간 준수 여부는 따로 따질 필요가 없다」(대판 2019.7.4, 2018두58431).

3) 제3자가 소를 제기하는 경우   제소기간 내에 제기하지 못할 정당한 사유가 있음을 증명하지 못하는 한 제3자에게도 제소기간의 제한이 적용된다(대판 1991.6.28, 90누6521 참조).

(4) 제소기간 규정의 준용

취소소송의 제소기간 규정은 행정소송 중 부작위위법확인소송에만 준용된다(「행정소송법」 제38조).

관련판례

「부작위위법확인의 소는 부작위상태가 계속되는 한 그 위법의 확인을 구할 이익이 있다고 보아야 하므로 원칙적으로 제소기간의 제한을 받지 않는다. 그러나 행정소송법 제38조 제2항이 제소기간을 규정한 같은 법 제20조를 부작위위법확인소송에 준용하고 있는 점에 비추어 보면, 행정심판 등 전심절차를 거친 경우에는 행정소송법 제20조가 정한 제소기간 내에 부작위위법확인의 소를 제기하여야 한다」(대판 2009.7.23, 2008두10560).

5. 행정심판과의 관계

(1) 원칙 – 행정심판임의주의

「행정소송법」은 「취소소송은 법령의 규정에 의하여 당해 처분에 대한 행정심판을 제기할 수 있는 경우에도 이를 거치지 아니하고 제기할 수 있다」고 규정하여(동법 제18조 제1항) 종전의 행정심판전치주의50)를 폐지하고 행정심판임의주의를 채택하였다. 한편 여기서의 '행정심판'은 「행정심판법」상의 행정심판에 국한되는 것이 아니라 (개별법령에 규정되어 있는) 행정기관이 재결을 행하는 행정쟁송을 모두 포함하는 개념이다.

(2) 예외 – 행정심판전치주의

1) 의 의　「행정소송법」제18조 제1항은 행정심판임의주의를 취하면서도 단서에서 「다른 법률에 당해 처분에 대한 행정심판의 재결을 거치지 아니하면 취소소송을 제기할 수 없다는 규정이 있는 때에는 그러하지 아니하다」고 규정하고 있다. 따라서 그 한도에서는 예외적으로 행정심판전치주의가 지배한다. 이처럼 행정심판전치주의를 규정하는 이유는 신속하고 효율적인 권리구제 및 행정소송에 있어서의 법원의 부담경감에서 찾을 수 있다.

관련판례

「일반적으로 행정심판전치주의를 정당화하는 합리적인 이유는 다음과 같다.
첫째, 행정심판절차는 통상의 소송절차에 비하여 간편한 절차를 통하여 시간과 비용을 절약하면서 신속하고 효율적인 권리구제를 꾀할 수 있다는 장점이 있다. 궁극적으로 행정심판은 국민의 이익을 위한 것이고, 사전절차를 통하여 원칙적으로 권리구제가 약화되는 것이 아니라 강화되는 것이다. 둘째, 법원의 입장에서 보더라도, 행정심판전치주의를 취하는 경우에는 행정심판절차에서 심판청구인의 목적이 달성됨으로써 행정소송의 단계에 이르지 아니하는 경우가 많을 뿐 아니라, 그렇지 아니하는 경우에도 행정심판을 거침으로써 사실상·법률상의 쟁점이 많이 정리되기 때문에 행정소송의 심리를 위한 부담이 경감되는 효과가 있다」(헌재결 2002.10.31, 2001헌바40).51)

한편 현행법상 예외적으로 행정심판전치주의가 채택되어 있는 경우로는 국세·관세처분(「국세기본법」제56조 제2항, 「관세법」제120조 제2항), 운전면허취소처분 등 도로교통법상의 각종 처분(「도로교통법」제142조), 공무원에 대한 징계 기타 불이익처분(「국가공무원법」제16조 제1항, 「지방공무원법」제20조의2) 등을 들 수 있다. 또한 행정소송의

---

50) 행정심판전치주의란 법령에 의하여 처분·부작위에 대한 행정심판이 인정되는 경우에는 그에 대한 재결을 거치지 않고는 행정소송을 제기할 수 없다는 원칙, 즉 행정심판을 행정소송의 '필요적' 전치절차로 하는 것을 말한다.
51) 헌법재판소는 특히 「도로교통법」상의 행정심판전치주의를 정당화하는 이유에 관하여 「교통관련 행정처분의 적법성 여부에 관하여 판단하는 경우, 전문성과 기술성이 요구되므로, 법원으로 하여금 행정기관의 전문성을 활용케 할 필요가 있으며, 도로교통법에 의한 운전면허취소처분은 대량적·반복적으로 행해지는 처분이라는 점에서도 행정심판에 의하여 행정의 통일성을 확보할 필요성이 인정된다」(헌재결 2002.10.31, 2001헌바40)고 밝힌 바 있다.

대상과 관련하여 재결주의가 채택되어 있는 결과 행정심판을 거치는 것이 불가피한 경우(예: 노동위원회의 결정, 감사원의 변상판정 등)도 행정심판전치주의가 채택되어 있는 것으로 해석할 수 있다.52)

2) 행정심판전치주의의 적용범위　행정심판전치주의는 취소소송과 부작위위법확인소송에만 적용되고, 무효등확인소송과 당사자소송에는 적용되지 않는다(「행정소송법」 제38조 제1항 · 제2항). 행정심판전치주의의 적용범위에 관하여 문제가 되는 것은 다음과 같다.

첫째, 무효선언을 구하는 의미에서의 취소소송의 경우에는 행정심판전치주의의 법리가 적용된다.

> **관련판례**
>
> 「행정처분의 당연무효를 선언하는 의미에서 그 취소를 구하는 행정소송을 제기하는 경우에는 전치절차와 그 제소기간의 준수 등 취소소송의 제소요건을 갖추어야 한다」(대판 1987.6.9, 87누219).

둘째, 무효확인소송이라 하더라도 병합 제기된 예비적 청구가 취소소송이라면 이에 대한 행정심판의 재결을 거쳐야 하며(관련판례 ① 참조), 또한 당사자소송이더라도 병합 제기된 예비적 청구가 항고소송이라면 이에 대한 전심절차의 적법요건을 갖추어야 한다(관련판례 ② 참조).

> **관련판례**
>
> ① 「행정심판의 재결을 거칠 필요가 없는 무효확인소송이라 하더라도 병합 제기된 예비적 청구가 취소소송이라면 이에 대한 행정심판의 재결을 거치는 등으로 적법한 제소요건을 갖추어야 한다」(대판 1994.4.29, 93누12626).
> ② 「주위적 청구가 전심절차를 요하지 아니하는 당사자소송이더라도 병합 제기된 예비적 청구가 항고소송이라면 이에 대한 전심절차 등 제소의 적법요건을 갖추어야 한다」(대판 1989.10.27, 89누39).

3) 행정심판전치의 요건

① 행정심판의 적법성　행정심판전치의 요건을 충족시켰다고 하기 위하여는 행정심판이 적법하여야 한다. 즉, 행정심판이 부적법하여 각하된 경우에는 행정심판전치

---

52) 다만 이는 재결주의가 채택된 결과에 불과하므로 행정심판전치주의가 채택되어 있는 예가 아니라는 입장도 있다.

의 요건을 충족하지 못한 것이 된다.

한편 행정심판청구가 적법한지 여부는 법원이 독자적으로 판단하는 것이다. 따라서 부적법한 행정심판을 행정심판위원회가 적법한 것으로 오인하여 본안에 대하여 재결을 한 경우에도 행정심판전치의 요건을 충족한 것이 되지 못한다. 이에 반하여 적법한 행정심판임에도 불구하고 행정심판위원회가 부적법하다고 각하한 경우에는 행정심판전치의 요건을 충족하였다고 보아야 한다.

> **관련판례**
>
> 「행정처분의 취소를 구하는 항고소송의 전심절차인 행정심판청구가 기간도과로 인하여 부적법한 경우에는 행정소송 역시 전치의 요건을 충족치 못한 것이 되어 부적법 각하를 면치 못하는 것이고, 이 점은 행정청이 행정심판의 제기기간을 도과한 부적법한 심판에 대하여 그 부적법을 간과한 채 실질적 재결을 하였다 하더라도 달라지는 것이 아니다」(대판 1991.6.25, 90누8091).

② 행정심판과 행정소송의 관련성

㉠ 사물 관련성 행정심판의 대상인 처분과 취소소송의 대상인 처분이 동일하여야 한다. 다만 서로 내용상 관련되는 처분 또는 같은 목적을 위하여 단계적으로 진행되는 처분 중 어느 하나가 이미 행정심판의 재결을 거친 때에는 행정심판을 제기함이 없이 취소소송을 제기할 수 있다(「행정소송법」 제18조 제3항 제2호).

㉡ 인적 관련성 행정심판의 청구인과 취소소송의 원고가 반드시 동일인일 필요는 없다. 따라서 수인(數人)이 공동으로 취소소송을 제기하는 경우에는 그중 1인이 행정심판을 거치면 족하다. 이는 행정심판전치의 취지가 행정청에게 처분에 대한 재심의 기회를 주려는 것에 있기 때문이다.

> **관련판례**
>
> 「동일한 행정처분에 의하여 여러 사람이 동일한 의무를 부담하는 경우 그 중 한 사람이 적법한 행정심판을 제기하여 행정처분청으로 하여금 그 행정처분을 시정할 수 있는 기회를 가지게 한 이상 나머지 사람은 행정심판을 거치지 아니하더라도 행정소송을 제기할 수 있다」(대판 1988.2.23, 87누704).

㉢ 주장사유의 공통성 행정심판에서의 청구인의 주장사유와 행정소송에서의 원고의 주장사유는 전혀 별개의 것이 아닌 한 반드시 일치하여야 하는 것은 아니다. 따라서 전심절차에서 주장하지 아니한 사항도 행정소송에서 주장할 수 있다.

「항고소송에 있어서 원고는 전심절차에서 주장하지 아니한 공격방어방법을 소송절차에서 주장할 수 있고 법원은 이를 심리하여 행정처분의 적법여부를 판단할 수 있는 것이므로, 원고가 전심절차에서 주장하지 아니한 처분의 위법사유를 소송절차에서 새롭게 주장하였다고 하여 다시 그 처분에 대하여 별도의 전심절차를 거쳐야 하는 것은 아니다」(대판 1996.6.14, 96누754).

③ 전치요건의 충족시기 행정심판의 재결이 있기 전에 취소소송을 제기하는 것은 위법한 것으로 각하되어야 할 것이다. 그러나 소가 각하되지 않고 있는 사이에 재결이 있으면 그 하자는 치유된다.

「전심절차를 밟지 아니한 채 증여세부과처분취소소송을 제기하였다면 제소 당시로 보면 전치요건을 구비하지 못한 위법이 있다 할 것이지만, 소송 계속 중 심사청구 및 심판청구를 하여 각 기각결정을 받았다면 원심변론종결일 당시에는 위와 같은 전치요건흠결의 하자는 치유되었다고 볼 것이다」(대판 1987.4.28, 86누29).

4) 행정심판전치주의의 예외 행정심판을 거친 연후에만 취소소송을 제기할 수 있는 경우에도, 그에 대하여는 다음과 같은 예외가 인정된다.

① 행정심판의 재결을 거칠 필요가 없는 경우 여기서 '행정심판의 재결을 거칠 필요가 없다'는 것은 행정심판은 제기하되 그에 대한 재결을 기다리지 아니하고 바로 취소소송을 제기할 수 있다는 것을 의미한다(대판 1987.12.8, 87누381 참조). 한편 「행정소송법」이 행정심판의 재결을 거칠 필요가 없는 경우로 규정하고 있는 것은 다음과 같다(동법 제18조 제2항).

㉠ 행정심판의 청구가 있은 날로부터 60일이 지나도 재결이 없는 때

㉡ 처분의 집행 또는 절차의 속행으로 인하여 생길 중대한 손해를 예방하여야 할 긴급한 필요가 있을 때

㉢ 법령의 규정에 의한 행정심판기관이 의결 또는 재결을 하지 못할 사유가 있는 때

㉣ 그 밖의 정당한 사유가 있는 때

「여기서의 정당한 사유란 시기 기타의 사유로 인하여 행정심판을 거칠 경우에는 그 청구의 목적을 달성하지 못하겠거나 또는 현저히 그 목적을 달성하기 곤란한 경우를 말한다」(대판 1953.4.

15, 4285행상11).

② 행정심판을 제기할 필요가 없는 경우   「행정소송법」이 행정심판을 제기할 필요도 없이 행정소송을 제기할 수 있는 사유로 규정하고 있는 것은 다음과 같다(동법 제18조 제3항).

㉠ 동종사건에 관하여 이미 행정심판의 기각재결이 있은 때   여기서 동종사건 이란 당해 사건은 물론이고 당해 사건과 기본적인 동질성이 있는 사건을 말한다(대판 1994.11.8, 94누4653 참조).[53]

㉡ 서로 내용상 관련되는 처분 또는 같은 목적을 위하여 단계적으로 진행되는 처분 중 어느 하나가 이미 행정심판의 재결을 거친 때   여기서 '서로 내용상 관련되는 처분'이란 각각 별개의 처분이지만 그 내용에 있어 서로 관련되는 처분(예: 국세납세고지 처분과 가산금징수처분, 관련판례 ① 참조)을 의미한다. 또한 '같은 목적을 위하여 단계적으로 진행되는 처분'이란 선후관계에 서서 종국적으로 하나의 행정목적을 실현하기 위한 처분(예: 대집행에 있어서의 계고와 통지, 관련판례 ② 참조)을 말한다.

관련판례

①「가산금 및 중가산금 징수처분은 국세의 납세고지처분과 별개의 행정처분이라고 볼 수 있다 하더라도, 위 국세채권의 내용이 구체적으로 확정된 후에 비로소 발생되는 징수권의 행사이므로 국세의 납세고지처분에 대하여 적법한 전심절차를 거친 이상 가산금 및 중가산금징수처분에 대하여 따로이 전심절차를 거치지 않았다 하더라도 행정소송으로 이를 다툴 수 있다」(대판 1986. 7.22, 85누297).
②「건물의 철거명령과 그 철거를 위한 대집행계고처분은 선·후행의 관계에 있을 뿐 아니라 같은 목적물에 대한 관련된 처분이라 할 것이므로 선행된 철거명령에 대하여 적법한 소원을 제기한 이상 그 후행처분인 계고처분에 대하여는 따로이 소원전치의 요건을 갖추지 않았다 하더라도 행정소송으로 이를 다툴 수 있다」(대판 1979.7.24, 79누129).

㉢ 행정청이 사실심의 변론종결 후에 소송의 대상인 처분을 변경하여 당해 변경된 처분에 관하여 소를 제기하는 때
㉣ 처분을 행한 행정청이 행정심판을 거칠 필요가 없다고 잘못 알린 때
㉤ 처분의 변경에 따라 소(訴)를 변경하는 때(동법 제22조 제1항·제3항)

---

53) 여기서의 동종사건에 해당하지 않는다고 판시된 사례:「재산세 또는 종합토지세에 대한 종전 부과처분들과 후행 부과처분은 납세의무자와 과세대상물건이 동일하다 하더라도 매년 여러 가지 변동요인에 따라 부과처분에 대한 다툼의 내용이 달라질 가능성이 있으므로 행정소송법 제18조 제3항 제1호 소정의 동종사건에 해당할 수 없다」(대판 1994.11.8, 94누4653).

VII. 소(訴)의 변경

1. 의 의

소의 변경이란 소송의 계속 중에 원고가 심판을 청구한 사항을 변경하는 것을 말한다. 소의 변경은 당초의 소에 의하여 개시된 소송절차가 유지되며, 당초의 소에 나타난 소송자료가 승계되는 점에서 그 의의를 찾을 수 있다.

일반적으로 소의 변경의 유형에는 종래의 청구를 유지하면서 거기에 별개의 청구를 추가하는 추가적 변경과, 종래의 청구를 철회하고 그 대신 새로운 청구를 제기하는 교환적 변경이 있다. 한편 「행정소송법」은 소의 변경의 유형으로 '소의 종류의 변경'과 '처분변경으로 인한 소의 변경' 두 가지를 명문으로 인정하고 있다.

2. 소의 종류의 변경

(1) 의 의

취소소송을 당해 처분 등에 관계되는 사무가 귀속되는 국가 또는 공공단체에 대한 당사자소송 또는 취소소송 외의 항고소송으로 변경하는 것을 말하는바(「행정소송법」 제21조 제1항), 여기서 '사무가 귀속하는 국가 또는 공공단체'란 처분 등의 효과가 귀속되는 국가 또는 공공단체를 의미한다. 따라서 지방자치단체의 장이 수행하는 국가의 기관위임사무의 경우에는 그 사무가 귀속되는 국가를 피고로 하는 당사자소송으로 변경하여야 한다. 이러한 소의 종류의 변경은 소송경제 및 원고의 권리보호라는 관점에서 인정되는 것으로 이해되고 있다.

한편 「행정소송법」 제21조에 따른 소의 변경(소의 종류의 변경)은 교환적 변경에 한하며, 추가적 변경은 허용되지 않는다. 왜냐하면 추가적 변경은 관련청구소송의 병합(동법 제10조 제2항)의 방법에 의함이 타당하기 때문이다.

(2) 요 건

① 취소소송이 계속되고 있을 것

② 사실심의 변론종결 시까지 원고의 신청이 있을 것 따라서 취소소송이 법률심인 상고심에 계속 중인 때에는 원고는 소변경의 신청을 할 수 없다.

③ 청구의 기초에 변경이 없을 것 여기서 '청구의 기초에 변경이 없을 것'이란 신청구가 원고가 종전의 취소소송을 통해 달성하고자 한 권리·이익의 구제와 동일기반위에 서 있을 것을 의미한다. 따라서 청구의 기초에 동일성이 없게 되면 부적법한 것으로서 각하되어야 한다. 다만 신소(新訴)의 피고가 동의하는 경우에는 그 하자가 치유되는 것으로 본다.

④ 법원이 상당하다고 인정하여 허가결정을 할 것

⑤ 소의 변경을 허가함에 있어 피고를 달리하게 될 때에는 새로이 피고로 될 자의 의견을 들을 것(「행정소송법」 제21조 제2항)   따라서 의견을 듣지 않고 행한 결정은 위법한 것이 된다. 다만 당사자가 이의를 제기하지 않는다면 의견을 듣지 않은 하자는 치유된다고 할 것이다.

(3) 효 과

소의 변경을 허가하는 법원의 결정이 있게 되면 새로운 소는 변경된 소를 처음에 제기한 때에 제기된 것으로 보며, 변경된 구소(舊訴)는 취하된 것으로 본다(「행정소송법」 제21조 제4항).

(4) 불복방법

1) 소변경 허가결정에 대한 불복   법원의 소변경 허가결정에 대하여는 신소의 피고 및 구소의 피고는 모두 즉시항고를 할 수 있다(「행정소송법」 제21조 제3항).

2) 소변경 불허가결정에 대한 불복   법원의 소변경의 불허가결정에 대한 불복방법에 관하여는 「행정소송법」에 넝문의 규정이 없다. 학실은 「민사소송법」상의 특별항고 내지는 별소(別訴)의 제기가능성을 긍정하고 있으며, 판례 역시 소변경의 불허가결정에 대한 항고가능성을 부정한 바 있다.

관련판례

「청구취지변경을 불허한 결정에 대하여는 독립하여 항고할 수 없고 종국판결에 대한 상소로써만 다툴 수 있다」(대판 1992.9.25, 95누5096).

---

3. 처분변경으로 인한 소의 변경

(1) 의 의

행정청이 소송의 대상인 처분을 소가 제기된 후에 변경한 때에 원고가 법원의 허가를 얻어 청구의 취지 등을 변경하는 것을 말한다(「행정소송법」 제22조 제1항). 한편 여기서의 처분의 변경에는 처분내용의 동일성이 없는 다른 처분으로 변경하는 실질적 변경뿐만 아니라, 당초의 처분과 동일한 내용의 처분 또는 실질적으로 기초를 같이하는 다른 처분으로 변경하는 형식적 변경이 모두 포함된다.

(2) 요 건

① 원고가 처분의 변경이 있음을 안 날로부터 60일 이내에 소변경허가의 신청을 할 것(「행정소송법」 제22조 제2항)

② 법원의 변경허가결정이 있을 것(동조 제1항)

③ 사실심 변론종결 전일 것

(3) 효 과

소의 변경을 허가하는 법원의 결정이 있으면 신소는 변경된 소를 처음에 제기한 때에 제기된 것으로 보며, 변경된 구소는 취하된 것으로 본다.

(4) 적용범위

처분변경으로 인한 소의 변경은 취소소송 외에 무효등확인소송 및 당사자소송에서도 인정된다(「행정소송법」 제38조 제1항, 제44조 제1항).

4. 민사소송법의 준용에 따른 소의 변경

「행정소송법」상의 소변경의 형태가 「민사소송법」에 따른 소변경을 배척하는 취지는 아니다(대판 1999.11.26, 99두9407 참조). 따라서 행정소송에서도 원고는 청구의 기초에 변경이 없는 한도에서 청구의 취지 또는 원인을 변경할 수 있다(관련판례 ① 참조).

한편 당사자의 권리구제와 소송경제의 관점에서 민사소송과 항고소송 간의 소변경도 허용되어야 하는지에 대해서는 의문이 있는바, 법원은 당사자의 권리구제 및 소송경제의 관점에서 그를 긍정하고 있다(관련판례 ② 참조).

관련판례

① 「행정소송법 제21조와 제22조가 정하는 소의 변경은 그 법조에 의하여 특별히 인정되는 것으로서 민사소송법상의 소의 변경을 배척하는 것이 아니므로, 행정소송의 원고는 행정소송법 제8조 제2항에 의하여 준용되는 민사소송법 제235조에 따라 청구의 기초에 변경이 없는 한도에서 청구의 취지 또는 원인을 변경할 수 있다」(대판 1999.11.26, 99두9407).

② 「행정소송법상 항고소송으로 제기하여야 할 사건을 민사소송으로 잘못 제기한 경우에 수소법원이 그 항고소송에 대한 관할도 동시에 가지고 있다면, 전심절차를 거치지 않았거나 제소기간을 도과하는 등 항고소송으로서의 소송요건을 갖추지 못했음이 명백하여 항고소송으로 제기되었더라도 어차피 부적법하게 되는 경우가 아닌 이상, 원고로 하여금 항고소송으로 소 변경을 하도록 석명권을 행사하여 행정소송법이 정하는 절차에 따라 심리·판단하여야 한다」(대판 2020.1.16, 2019다264700).

Ⅷ. 취소소송제기의 효과

1. 절차법적 효과

취소소송이 제기되게 되면 소송계속의 효과가 발생한다. 따라서 중복제소가 금지되고, 소송참가의 기회가 생기며(「행정소송법」제16조, 제17조), 관련청구의 이송이 인정되고(동법 제10조 제1항), 집행정지결정(동법 제23조)을 할 수 있게 된다.

2. 실체법적 효과

취소소송이 제기되면 기간준수의 효과(「행정소송법」제20조)가 발생하게 된다.

IX. 취소소송과 가구제(假救濟)

1. 개 설

행정소송의 경우 판결이 있기까지는 오랜 시일이 소요되는바, 그 결과 분쟁의 대상이 되고 있는 법률관계의 내용이 실현되고 나면 소송의 결과 승소판결을 얻더라도 당사자의 권리구제의 목적을 달성할 수 없는 경우가 많다. 따라서 판결에 이르기 전까지의 잠정적인 조치로서의 가구제제도가 필요하다.

관련판례

「집행정지는 공공복리에 중대한 영향을 미칠 우려가 없어야 허용되고, 이 제도는 신청인이 본안소송에서 승소판결을 받을 때까지 그 지위를 보호함과 동시에 후에 받을 승소판결을 무의미하게 하는 것을 방지하려는 것이다」(대결 1992.6.8, 92두14).

가구제제도에는 ① 침익적 행정처분에 대한 쟁송에 있어서의 집행정지제도와 ② 수익적 행정처분의 신청에 대한 부작위·거부처분에 대한 쟁송에 있어서의 공법상의 가처분제도[54]가 있을 수 있는바, 우리나라의 「행정소송법」은 집행정지제도만을 채택하고 있다.

2. 집행부정지의 원칙

「행정소송법」은 취소소송의 제기는 처분의 효력, 집행 또는 절차의 속행에 영향을 주지 아니한다(동법 제23조 제1항)고 하여, 집행부정지의 원칙을 채택하고 있다.

항고소송의 가구제제도로서 집행부정지의 원칙을 취할 것인가, 아니면 집행정지의 원칙을 취할 것인가는 단지 '행정의 신속·원활한 운영'을 중시할 것인가 아니면 '국민의 권리보호'를 중시할 것인가의 입법정책상의 문제일 뿐이다. 이러한 의미에서 집행

---

54) 독일의 가명령(假命令, Einstweilige Anordnung)제도가 이에 해당한다. 한편 「행정심판법」상의 임시처분제도 역시 여기서의 공법상의 가처분제도에 해당하는 것으로 볼 수 있다고 생각한다.

부정지의 원칙을 행정행위의 공정력의 당연한 귀결로 보는 견해는 받아들이기 어렵다.

현행「행정소송법」은 행정의 신속성 확보 및 남소의 방지 등을 이유로 집행부정지의 원칙을 취하고 있다.

3. 집행정지

「행정소송법」은 집행부정지의 원칙을 채택하면서도, 처분 등이나 그 집행 또는 절차의 속행으로 인하여 생길 회복하기 어려운 손해를 예방할 긴급한 필요가 있다고 인정할 때에는 예외적으로 집행정지를 할 수 있음을 규정하고 있다(「행정소송법」제23조 제2항). 이는 무효등확인소송의 경우에도 준용된다(동법 제38조 제1항).

(1) 집행정지의 성질

집행정지결정을 행정작용으로 이해하는 견해도 있다. 그러나 집행정지결정이 원고의 권리보전을 도모하기 위하여 법원이 계쟁처분의 집행을 잠정적으로 정지하는 것임을 고려할 때, 집행정지는 형식적으로나 내용적으로나 보전소송절차로서의 성질을 갖는 것이라고 보아야 한다. 이러한 점을 고려할 때 집행정지결정은 사법작용(司法作用)의 성질을 갖는다고 볼 것이다.

한편 집행정지는 「민사집행법」상의 가처분과 유사한 면이 있다. 그러나 「행정소송법」상의 집행정지는 다툼이 있는 권리관계에 관하여 적극적으로 임시의 지위를 정하는 것이 아니라 소극적으로 계쟁처분의 효력 등을 정지시키는 데 불과하므로 「민사집행법」상의 가처분과는 성질을 달리한다고 할 수 있다.

(2) 집행정지의 요건

1) 적극적 요건

① 적법한 본안소송의 계속(係屬) 집행정지는 본안소송이 계속되어 있을 것을 전제로 한다. 이 점에서 본안소송의 제기 전에 신청이 가능한 민사소송에 있어서의 가처분과 차이가 있다. 다만 본안소송의 제기와 동시에 집행정지를 신청하는 것은 허용된다.

본안소송은 적법한 것이어야 하므로 제소기간을 경과하거나 피고의 지정을 그르친 소송 등은 집행정지의 신청을 위법한 것으로 만든다.

관련판례

「집행정지는 행정처분의 집행부정지원칙의 예외로서 인정되는 것이고 또 본안에서 원고가 승소할 수 있는 가능성을 전제로 한 권리보호수단이라는 점에 비추어 보면 집행정지사건 자체에 의하여도 신청인의 본안청구가 적법한 것이어야 한다는 것을 집행정지의 요건에 포함시켜야 한다」(대판 1999.11.26, 99부3).

② 처분 등의 존재　처분 등이 존재하여야 한다. 따라서 처분이 효력을 발생하기 이전이거나 처분이 그의 목적을 달성하여 소멸한 후에는 집행정지의 문제가 제기될 수 없다. 또한 집행정지는 본안소송이 부작위위법확인소송과 당사자소송인 경우에는 허용되지 않는다.

③ 회복하기 어려운 손해예방의 필요[55]　'회복하기 어려운 손해'란 사회통념상 원상회복이 불가능한 손해를 의미하는바, 이는 금전으로는 보상할 수 없는 손해 또는 금전보상으로는 사회관념상 행정처분을 받은 당사자가 참고 견딜 수 없거나 참고 견디기가 현저히 곤란한 경우의 유형 · 무형의 손해를 말한다.

관련판례

①「행정소송법 제23조 제2항은 '취소소송이 제기된 경우에 처분 등이나 그 집행 또는 절차의 속행으로 인하여 생길 회복하기 어려운 손해를 예방하기 위하여 긴급한 필요가 있다고 인정할 때에는 처분 등의 효력 등을 정지할 수 있다.'고 정하고 있다. 여기에서 '회복하기 어려운 손해'는 특별한 사정이 없는 한 금전으로 보상할 수 없는 손해로서 금전보상이 불가능한 경우 또는 금전보상으로는 사회관념상 행정처분을 받은 당사자가 참고 견딜 수 없거나 참고 견디기가 현저히 곤란한 경우의 유형, 무형의 손해를 일컫는다」(대결 2018.7.12, 2018무600).
②「당사자가 행정처분 등이나 그 집행 또는 절차의 속행으로 인하여 재산상의 손해를 입거나 기업 이미지 및 신용이 훼손당하였다고 주장하는 경우에 그 손해가 금전으로 보상할 수 없어 '회복하기 어려운 손해'에 해당한다고 하기 위해서는, 그 경제적 손실이나 기업 이미지 및 신용의 훼손으로 인하여 사업자의 자금사정이나 경영 전반에 미치는 파급효과가 매우 중대하여 사업 자체를 계속할 수 없거나 중대한 경영상의 위기를 맞게 될 것으로 보이는 등의 사정이 존재하여야 한다」(대결 2003.4.25, 2003무2).

한편 여기서의 손해는 개인적인 것이어야 하며, 공익상의 것이나 제3자의 것은 포함되지 않는다.

㉠ 회복하기 어려운 손해에 해당한다고 판시한 사례　대법원은 타 교도소로의 이송처분,[56] 특례보충역역으로 복무중인 자에 대한 현역병 입영처분,[57] 골재도소매영

---

[55] 2010년의 「행정심판법」 개정으로 인해 행정심판에 있어서의 집행정지의 요건으로는 더 이상 '회복하기 어려운 손해예방의 필요'가 요구되지 않게 되었다. 그러나 「행정소송법」의 경우 여전히 회복하기 어려운 손해예방의 필요를 집행정지의 요건으로 규정하고 있다.
[56] 대법원은 타 교도소로의 이송처분은 변호인과의 접견이 어려워져 방어권의 행사에 지장을 받게 됨은 물론 가족이나 친지 등과의 접견권의 행사에도 장애를 초래할 것이라는 점을 고려하여, 그로 인한 손해를 금전으로 보상할 수 없는 손해로 보았다(대판 1992.8.7, 92두30 참조).
[57] 대법원은 현역병입영처분의 효력이 정지되지 아니한 채 본안소송이 진행된다면 신청인은 병역의무를 중복하여 이행하는 셈이 된다는 점을 고려하여, 그로 인한 손해를 금전으로 보상할 수 있는 성

업자에 대한 농지전용원상복구계고처분[58] 등으로 인한 손해를 집행정지의 요건으로서의 회복하기 어려운 손해에 해당한다고 판시한 바 있다.

ⓒ 회복하기 어려운 손해에 해당하지 않는다고 판시한 사례　대법원은 과세처분(대판 1971.1.28, 70두7 참조), 유흥접객영업허가의 취소처분(대결 1991.3.2, 91두1 참조), 자동차운송사업면허 취소처분(대결 1994.9.24, 94두42 참조), 향정신병 치료제의 요양급여 인정기준에 관한 보건복지부 고시(대결 2003.10.9, 2003무23 참조) 등으로 인한 손해는 집행정지의 요건으로서의 회복하기 어려운 손해에 해당하지 않는다고 판시한 바 있다.

④ 긴급한 필요　긴급한 필요란 집행정지의 필요성이 절박하다는 것, 즉 회복하기 어려운 손해의 발생이 절박하여 본안판결을 기다릴 여유가 없음을 의미한다.[59] 이 경우 긴급한 필요가 있는지 여부에 대한 판단기준에 관하여는 이하의 판례 참조.

> **관련판례**
>
> 「'처분 등이나 그 집행 또는 절차의 속행으로 인하여 생길 회복하기 어려운 손해를 예방하기 위하여 긴급한 필요'가 있는지는 처분의 성질, 양태와 내용, 처분상대방이 입는 손해의 성질·내용과 정도, 원상회복·금전배상의 방법과 그 난이도 등은 물론 본안청구의 승소가능성 정도 등을 종합적으로 고려하여 구체적·개별적으로 판단하여야 한다」(대결 2018.7.12, 2018무600).

2) 소극적 요건　집행정지는 그로 인하여 공공복리에 중대한 영향을 미칠 우려가 있을 때에는 허용되지 아니한다(「행정소송법」 제23조 제3항). 여기서 '공공복리'는 그 처분의 집행과 관련된 구체적이고도 개별적인 공익을 말한다(대결 1999.12.20, 99무42 참조). 한편 집행정지로 인하여 공공복리에 중대한 영향을 미칠 우려가 있음을 이유로 집행정지를 인정하지 않은 사례에 관하여는 이하의 관련판례 참조.

> **관련판례**
>
> 「출입국관리법상의 강제퇴거명령 및 그 집행을 위한 같은 법 제63조 제1항, 같은 법 시행령 제78조 제1항 소정의 보호명령에 대하여 그 취소를 구하는 소송이 제기되고 나아가 강제퇴거명령의 집행이 정지되었다면, 강제퇴거명령의 집행을 위한 보호명령의 보호기간은 결국 본안소송이 확

질의 것이 아니라고 보았다(대결 1992.4.29, 92두7 참조).

58) 대법원은 농지전용원상복구계고처분이 거래선으로부터의 납품계약해제, 신용실추 등을 가져오게 되는 점을 고려하여 그로 인한 손해를 금전으로 회복할 수 있는 것이 아니라고 보았다(대결 1995.6.7, 95두22 참조).

59) 한편 집행정지의 적극적 요건인 '회복하기 어려운 손해의 예방'과 '긴급한 필요'는 각각 별개로 판단할 것이 아니라 합일적으로 해석하여야 한다. 따라서 앞의 요건이 충족되면 뒤의 요건도 충족되는 것으로 새겨야 한다.

정될 때까지의 장기간으로 연장되는 결과가 되어 그 보호명령이 그대로 집행된다면 본안소송에서 승소하더라도 회복하기 어려운 손해를 입게 된다고 할 것이나, 그 보호명령의 집행을 정지하면 외국인의 출입국 관리에 막대한 지장을 초래하여 공공복리에 중대한 영향을 미칠 우려가 있다고 보여지므로, 이와 같은 이유로 그 집행정지신청을 받아들이지 않은 원심결정은 결국 정당하다」(대결 1997.1.20, 96두31).

　　3) 본안의 이유 유무의 필요성 여부　　집행정지결정을 행함에 있어 본안의 이유 유무를 고려하여야 하는지와 관련하여 '본안청구가 이유 있을 것'을 집행정지의 적극적 요건의 하나로 추가하는 견해[60]도 있다. 그러나 이는 본안심리의 선취(先取)를 초래하므로 허용되기 곤란하다고 생각한다.
　　한편 판례는 본안의 이유유무는 집행정지의 결정단계에서 판단할 문제는 아니라고 하면서도, 적어도 '신청인의 본안청구가 이유 없음이 명백하지는 않은 경우'에 한하여 집행정지결정을 할 수 있는 것으로 보고 있다.

관련판례

「… 효력정지나 집행정지는 신청인이 본안소송에서 승소판결을 받을 때까지 그 지위를 보호함과 동시에 후에 받을 승소판결을 무의미하게 하는 것을 방지하려는 것이어서 본안소송에서 처분의 취소가능성이 없음에도 처분의 효력이나 집행의 정지를 인정한다는 것은 제도의 취지에 반하므로 효력정지나 집행정지사건 자체에 의하여도 신청인의 본안청구가 이유없음이 명백하지 않아야 한다는 것도 효력정지나 집행정지의 요건에 포함시켜야 한다」(대결 1997.4.28, 96두75).

　　4) 주장·소명책임　　집행정지의 적극적 요건에 대하여는 신청인이, 집행정지의 소극적 요건에 대하여는 행정청이 증명책임을 진다.

관련판례

① 「처분 등이나 그 집행 또는 절차의 속행으로 인한 손해발생의 우려' 등 적극적 요건에 관한 주장·소명 책임은 원칙적으로 신청인 측에 있으며, 이러한 요건을 결여하였다는 이유로 효력정지 신청을 기각한 결정에 대하여 행정처분 자체의 적법 여부를 가지고 불복사유로 삼을 수 없다」(대결 2011.4.21, 2010무111).
② 「행정소송법 제23조 제3항에서 집행정지의 요건으로 규정하고 있는 '공공복리에 중대한 영향을 미칠 우려'가 없을 것이라고 할 때의 '공공복리'는 그 처분의 집행과 관련된 구체적이고도 개별적인 공익을 말하는 것으로서 이러한 집행정지의 소극적 요건에 대한 주장·소명책임은 행정청에게 있다」(대판 1999.12.20, 99무42).

---

60) 최광률, "집행정지의 요건과 본안이유와의 관계," 행정판례연구 제1집(1992), 195쪽 이하.

(3) 집행정지의 절차

1) 당사자의 신청 또는 직권　집행정지결정은 당사자의 신청 또는 법원의 직권에 의하여 행하여진다. 신청인은 신청인 적격을 가져야 하며, 따라서 신청인에게 집행정지 신청을 구할 법률상 이익이 있어야 한다.

「경쟁 항공회사에 대한 국제항공노선면허처분으로 인하여 노선의 점유율이 감소됨으로써 경쟁력과 대내외적 신뢰도가 상대적으로 감소되고 연계노선망개발이나 타 항공사와의 전략적 제휴의 기회를 얻지 못하게 되는 손해를 입게 되었다고 하더라도 위 노선에 관한 노선면허를 받지 못하고 있는 한 그러한 손해는 법률상 보호되는 권리나 이익침해로 인한 손해라고는 볼 수 없으므로 처분의 효력정지를 구할 법률상 이익이 될 수 없다」(대결 2000.10.10, 2000무17).

2) 관할법원　집행정지의 관할법원은 본안이 계속되고 있는 법원이다(「행정소송법」 제23조 제2항). 제1심뿐만 아니라 상소심도 이에 포함된다.

(4) 집행정지의 결정

1) 집행정지의 대상　집행정지의 대상은 '처분 등'인데, 주로 침익적 처분이 그 대상이 된다. 집행정지의 대상과 관련하여 문제가 되는 것은 다음과 같다.

① 거부처분　거부처분이 집행정지의 대상이 되는지 여부에 대하여는 긍정설·부정설 및 제한적 긍정설의 대립이 있는바, 부정설이 지배적 견해라고 할 수 있다. 판례 또한 부정설에 따르고 있다.

「신청에 대한 거부처분의 효력을 정지하더라도 거부처분이 없었던 것과 같은 상태, 즉 거부처분이 있기 전의 신청시의 상태로 되돌아가는 데에 불과하고 행정청에게 신청에 따른 처분을 하여야 할 의무가 생기는 것이 아니므로, 거부처분의 효력정지는 그 거부처분으로 인하여 신청인에게 생길 손해를 방지하는 데 아무런 보탬이 되지 아니하여 그 효력정지를 구할 이익이 없다」(대결 1996.6.21, 95두26).

거부처분에 대하여는 집행정지를 인정할 실익이 없는 경우가 대부분이다. 그러나 기간에 제한이 있는 허가처분의 기간이 만료되어 갱신허가를 신청하였음에도 권한 행정청이 거부처분을 한 경우(예: 외국인의 체류기간경신허가에 대한 거부처분) 등과 같이 거부처분에 대해서도 집행정지가 인정되어야 하는 경우가 있을 수 있다.61) 따라서 거

61) 외국인의 체류기간갱신허가의 거부처분의 효력정지는 신청인이 체류기간의 경과 후에도 불법체

부처분의 경우에도 거부처분이 행하여지지 않은 상태로 돌아가는 것이 신청인에게 법적 이익이 된다고 인정되는 경우에는 예외적으로 거부처분에 대해서도 집행정지가 인정되어야 할 것이라고 생각한다.[62]

② 행정행위의 부관   부관 중 부담은 그 자체가 독립된 행정행위로서의 성질을 가질 수 있으므로 집행정지의 필요성이 긍정될 수 있다.

③ 제3자효 행정행위   제3자효 행정행위에 대한 집행정지의 필요성 또한 긍정될 수 있다. 예컨대 LPG충전소의 설치를 저지할 목적으로 LPG충전소설치허가의 취소를 인접주민이 청구한 경우라면, 충전소가 완공되어 기성사실화되기 전에 가구제를 위한 조치를 취할 필요성이 있다고 할 것이다.

2) 집행정지결정의 내용   집행정지결정은 본안소송이 종결될 때까지 '처분 등'의 효력이나 집행 또는 절차의 속행의 전부 또는 일부를 정지하는 것을 내용으로 한다.

① 처분의 효력정지   처분의 구속력 등을 잠정적으로 정지시킴으로써 이후부터 처분 자체가 존재하지 않는 상태에 두는 것을 말한다. 다만 처분의 효력정지는 처분의 집행 또는 절차의 속행을 정지함으로써 목적을 달성할 수 있는 경우에는 허용되지 아니한다(「행정소송법」 제23조 제2항). 따라서 토지수용절차에 있어서처럼 후행 절차의 속행을 정지시킴으로써 목적을 달성할 수 있는 경우에는 사업인정의 효력을 정지시킬 수는 없다.

관련판례

「산업기능요원 편입 당시 지정업체의 해당 분야에 종사하지 아니하였음을 이유로 산업기능요원의 편입이 취소된 사람은 편입되기 전의 신분으로 복귀하여 현역병으로 입영하게 하거나 공익근무요원으로 소집하여야 하는 것으로 되어 있는데, 그 취소처분에 의하여 생기는 손해로서 그 동안의 근무실적이 산업기능요원으로서 종사한 것으로 인정받지 못하게 된 손해 부분은 본안소송에서 그 처분이 위법하다고 하여 취소하게 되면 그 취소판결의 소급효만으로 그대로 소멸되게 되므로, 그 부분은 그 처분으로 인하여 생기는 회복할 수 없는 손해에 해당한다고 할 수가 없고, 결국 그 취소처분으로 인하여 입게 될 회복할 수 없는 손해는 그 처분에 의하여 산업기능요원 편입이 취소됨으로써 편입 이전의 신분으로 복귀하여 현역병으로 입영하게 되거나 혹은 공익근무요원으로 소집되는 부분이라고 할 것이며, 이러한 손해에 대한 예방은 그 처분의 효력을 정지하지 아니하더라도 그 후속절차로 이루어지는 현역병 입영처분이나 공익근무요원 소집처분 절차의 속행을 정지함으로써 달성할 수가 있으므로, 산업기능요원편입취소처분에 대한 집행정지로서

류자로서 문책당하지 않게 되며, 따라서 당장에 추방되지 않아도 되는 법적 이익이 있음을 고려해 보면 외국인의 체류기간갱신허가의 거부처분이 집행정지의 대상이 되어야 한다는 것을 쉽게 이해할 수 있을 것이다.

62) 이러한 취지에서 거부처분에 대한 집행정지를 인정한 하급심법원의 판결로는 서울고판 1991. 10.10, 91부45.

는 그 후속절차의 속행정지만이 가능하고 그 처분 자체에 대한 효력정지는 허용되지 아니한다」(대결 2000.1.8, 2000무35).

② 처분의 집행정지   행정청이 처분의 내용을 강제적으로 실현하는 자력집행을 정지함으로써, 처분의 내용이 실현되지 아니한 상태로 두는 것을 말한다.

③ 절차의 속행정지   처분이 유효한 것을 전제로 법률관계를 진행시키기 위하여 행하는 후속처분을 정지하는 것을 말한다.

3) 집행정지결정의 효력

① 형성력   처분 등의 '효력정지'는 당해 처분이 없었던 것과 같은 상태를 실현하는 것이므로, 그 범위 내에서 형성력을 갖는다.

② 기속력   집행정지결정의 효력은 당사자, 즉 신청인과 피신청인에게는 물론이고, 관계행정청과 제3자에게도 미친다(동조 제6항). 한편 집행정지결정에 위배되는 행정처분은 무효로 간주된다(대판 1961.11.23, 4294행상3 참조).

③ 시간적 효력   집행정지결정의 효력은 결정의 주문에서 정해진 시기까지 존속하는 것이나, 주문에 특별한 규정이 없는 때에는 당해 청구에 대한 본안판결이 확정될 때까지 존속한다.

관련판례

「행정소송법 제23조에 의한 효력정지결정의 효력은 결정주문에서 정한 시기까지 존속하고 그 시기의 도래와 동시에 효력이 당연히 소멸하므로, 보조금 교부결정의 일부를 취소한 행정청의 처분에 대하여 법원이 효력정지결정을 하면서 주문에서 그 법원에 계속 중인 본안소송의 판결 선고 시까지 처분의 효력을 정지한다고 선언하였을 경우, 본안소송의 판결 선고에 의하여 정지결정의 효력은 소멸하고 이와 동시에 당초의 보조금 교부결정 취소처분의 효력이 당연히 되살아난다.
따라서 효력정지결정의 효력이 소멸하여 보조금 교부결정 취소처분의 효력이 되살아난 경우, 특별한 사정이 없는 한 행정청으로서는 보조금법 제31조 제1항에 따라 취소처분에 의하여 취소된 부분의 보조사업에 대하여 효력정지기간 동안 교부된 보조금의 반환을 명하여야 한다」(대판 2017.7.11, 2013두25498).

한편 집행정지결정은 장래에 향하여 효력이 있는 것이 원칙이나, 소급이 인정되는 경우도 있을 수 있다.

관련판례

「집행정지결정의 효력은 결정주문에서 정한 시기까지 존속하며 그 시기의 도래와 동시에 효력이 당연히 소멸하는 것이므로, 일정기간 동안 영업을 정지할 것을 명한 행정청의 영업정지처분에 대하여 법원이 집행정지결정을 하면서 주문에서 당해 법원에 계속 중인 본안소송의 판결선고 시까지 처분의 효력을 정지한다고 선언하였을 경우에는 처분에서 정한 영업정지기간의 진행은 그 때까지 저지되는 것이고 본안소송의 판결선고에 의하여 당해 정지결정의 효력은 소멸하고 이와 동시에 당초의 영업정지처분의 효력이 당연히 부활되어 처분에서 정하였던 정지기간(정지결정 당시 이미 일부 진행되었다면 나머지 기간)은 이때부터 다시 진행한다」(대판 1999.2.23, 98두14471).

(5) 집행정지결정의 취소

집행정지의 결정이 확정된 후 집행정지가 공공복리에 중대한 영향을 미치거나 그 정지사유가 없어진 때에는 당해 집행정지결정을 한 법원은 당사자의 신청 또는 직권에 의하여 결정으로써 집행정지의 결정을 취소할 수 있다(「행정소송법」 제24조 제1항).

집행정지결정이 취소되면 발생된 집행정지결정의 효력은 소멸되고, 그때부터 집행정지결정이 없었던 것과 같은 상태로 돌아간다.

(6) 집행정지 등 결정에의 불복

법원의 집행정지결정, 그의 취소결정에 대하여는 즉시항고할 수 있다. 다만, 즉시항고는 그 대상인 결정의 집행을 정지하지 아니한다(「행정소송법」 제23조 제5항, 제24조 제2항).

4. 가처분의 문제

(1) 가처분의 의의

가처분이란 다툼 있는 권리관계에 관하여 임시의 지위를 정함을 목적으로 하는 「민사집행법」상의 보전처분을 말한다(동법 제300조).

(2) 「민사집행법」상의 가처분규정의 준용여부

취소소송에 「민사집행법」상의 가처분규정이 준용될 수 있는지의 문제에 관하여는 다음과 같이 학설의 대립이 있다.

1) 적극설   「행정소송법」이 가처분제도에 관해서는 아무런 규정도 두고 있지 않으므로 「행정소송에 관하여 이 법에 특별한 규정이 없는 사항에 대하여는 「법원조직법」과 「민사소송법」 및 「민사집행법」의 규정을 준용한다」고 규정하고 있는 동법 제8조 제2항에 의하여 가처분에 관한 「민사집행법」상의 규정이 취소소송에 준용될 수 있다는 견해이다.

2) 소극설   법원은 구체적 사건에 대한 법적용의 보장적 기능을 가지므로 행정처분의 위법 여부는 판단할 수 있으나 그에 앞서 가처분을 하는 것은 사법권의 범위를 벗

어나며, 또한 「행정소송법」 제23조 제2항은 「민사집행법」상의 가처분에 대한 특별규정이기 때문에 가처분에 관한 「민사집행법」상의 규정은 취소소송에 준용될 수 없다는 견해이다(다수설). 판례 역시 기본적으로 소극설에 따르고 있다.

관련판례

「민사소송법상의 보전처분은 민사판결절차에 의하여 보호받을 수 있는 권리에 관한 것이므로, 민사소송법상의 가처분으로써 행정청의 어떠한 행정행위의 금지를 구하는 것은 허용될 수 없다」(대판 1992.7.6, 92마54).

3) 제한적 긍정설   처분 등의 집행정지를 통해 목적을 달성할 수 있는 경우에는 부정되나, 처분 등의 집행정지를 통해서는 목적을 달성할 수 없는 경우에는 행정소송에서도 가처분제도를 활용할 수 있다는 견해이다.

X. 취소소송의 심리

1. 의 의

취소소송의 심리란 취소소송에 대하여 판결을 하기 위하여 그의 기초가 될 소송자료(즉, 사실과 증거)를 수집하여 정리하는 절차를 말한다.

2. 심리의 내용

심리는 그 내용에 따라 '요건심리'와 '본안심리'로 나누어진다.

(1) 요건심리

취소소송이 소송요건을 갖춘 적법한 것인지의 여부에 대하여 심리하는 것을 요건심리라고 하는바, 요건심리 결과 소송요건을 결하고 보정이 불가능한 경우에는 이를 각하한다. 요건심리는 법원의 직권조사사항이다.

관련판례

「해당 처분을 다툴 법률상 이익이 있는지 여부는 직권조사사항으로 이에 관한 당사자의 주장은 직권발동을 촉구하는 의미밖에 없으므로, 원심법원이 이에 관하여 판단하지 않았다고 하여 판단유탈의 상고이유로 삼을 수 없다」(대판 2017.3.9, 2013두16852).

소송요건은 본안판결을 하기 위한 본안심리의 전제요건이므로 통상적으로 본안심리에 앞서 행해진다. 그러나 소송요건은 반드시 본안심리에 앞서 조사를 끝내야 하는 것은 아니며, 본안심리 중에도 그 흠이 드러나면 법원은 소를 각하하여야 한다.

한편 소송요건의 존부판단의 기준시점에 대하여는 제소시(提訴時)로 보는 견해와 사실심의 변론종결시로 보는 견해의 대립이 있다. 그러나 제소시로 보는 견해 역시 사실심의 변론종결시까지 소송요건을 갖추게 되면 소송요건 불비의 하자가 치유되는 것으로 보기 때문에 양 견해 간의 실질적인 차이는 거의 없다고 할 것이다.

관련판례

① 「전심절차를 밟지 아니한 채 증여세부과처분취소소송을 제기하였다면 제소 당시로 보면 전치요건을 구비하지 못한 위법이 있다 할 것이지만, 소송 계속 중 심사청구 및 심판청구를 하여 각 기각결정을 받았다면 원심변론종결일 당시에는 위와 같은 전치요건흠결의 하자는 치유되었다고 볼 것이다」(대판 1987.4.28, 86누29).

② 「행정처분의 직접 상대방이 아닌 제3자라 하더라도 당해 행정처분으로 인하여 법률상 보호되는 이익을 침해당한 경우에는 그 처분이 취소나 무효확인을 구하는 행정소송을 제기하여 그 당부의 판단을 받을 자격 즉 원고적격이 있고, 여기에서 말하는 법률상 보호되는 이익은 당해 처분의 근거 법규 및 관련 법규에 의하여 보호되는 개별적·직접적·구체적 이익을 말하며, 원고적격은 소송요건의 하나이므로 사실심 변론종결시는 물론 상고심에서도 존속하여야 하고 이를 흠결하면 부적법한 소가 된다 할 것이다」(대판 2007.4.12, 2004두7924).

(2) 본안심리

소송요건을 구비한 적법한 소가 제기되면 법원은 그 청구의 당부(當否)를 판단하여야 하는바, 이처럼 그 청구를 인용할 것인지 또는 기각할 것인지를 판단하기 위하여 사건의 본안을 실체적으로 심리하는 것을 본안심리라고 한다. 취소소송의 심리에 관한 이하의 내용은 주로 본안심리에 관한 것이다.

관련판례

「어떠한 처분에 법령상 근거가 있는지, 행정절차법에서 정한 처분절차를 준수하였는지는 본안에서 당해 처분이 적법한가를 판단하는 단계에서 고려할 요소이지, 소송요건 심사단계에서 고려할 요소가 아니다」(대판 2020.1.16, 2019다264700).

3. 심리의 범위

(1) 불고불리의 원칙

행정소송에서도 불고불리(不告不理)의 원칙이 적용된다. 따라서 법원은 소의 제기가 없는 사건에 대해 심리·재판할 수 없으며, 소 제기가 있는 경우에도 당사자의 청구범위를 넘어서 심리·재판할 수 없다. 다만 「행정소송법」은 「법원은 필요하다고 인정할 때에는 직권으로 증거조사를 할 수 있고, 당사자가 주장하지 아니한 사실에 대하여도 판단할 수 있다」(동법 제26조)고 하여 불고불리원칙에 대한 예외로서 법원의 직권심리를 규정하고 있다.

관련판례

「행정소송에 있어서도 불고불리의 원칙이 적용되어 법원은 당사자가 청구한 범위를 넘어서까지 판결을 할 수는 없지만, 당사자의 청구의 범위 내에서 일건 기록상 현출되어 있는 사항에 관하여 직권으로 증거조사를 하고 이를 기초로 하여 당사자가 주장하지 아니한 사실에 관하여도 판단할 수 있다」(대판 1999.5.25, 99두1052).

(2) 법률문제·사실문제·재량문제

법률문제와 사실문제가 법원의 심리권에 포함되는 것은 의문의 여지가 없다. 다만 사실관계가 법률요건에 해당하는지 여부에 대한 판단과 관련하여, 그 요건이 불확정개념으로 규정되어 있을 때 행정청에게 판단여지가 인정된다면 법원의 심리에 한계가 발생할 수 있다.[63]

한편 재량행위는 재량을 그르친 경우에도 부당에 그치므로 재량이 인정된 행위의 타당성의 문제는 법원의 심리의 대상이 되지 않는다. 그러나 행정청의 재량에 속하는 처분이라도 재량권의 일탈이나 남용이 있는 때에는 재량권 행사의 위법여부가 법원의 심리대상이 되는 경우가 있다(「행정소송법」 제27조 참조). 따라서 재량행위에 대하여 항고소송이 제기된 경우에는 법원은 이를 각하할 것이 아니라, 재량권 행사의 위법여부를 심리하여 그에 따라 기각하거나 인용하여야 한다.

4. 심리의 절차(심리에 관한 제 원칙 등)

(1) 처분권주의

처분권주의란 소송절차의 개시·진행·종결 및 심판의 대상을 당사자(특히 원고)의 의사에 맡기는 것을 말한다. 이는 「민법」상 사적 자치의 원칙의 소송법적 측면으로 볼 수 있다. 이처럼 행정소송에서도 처분권주의가 지배하지만, 소송의 종결과 관련하

---

63) 미국 행정법상의 실질적 증거의 법칙(Substantial Evidence Rule)은 미국판 판단여지이론이라고 할 수 있는바, 동 법칙은 「행정사건에 대한 법원의 심리범위는 당해 사항이 청문 등 행정절차를 거친 후에는 법률문제 및 사실확인이 실질적 증거에 의하여 뒷받침되고 있는지 여부에만 한정되어야 한다」는 것을 그 내용으로 한다.

여서는 청구의 인락(認諾)이나 포기가 부정되는 등 약간의 제약이 있다.

(2) 변론주의 · 직권탐지주의

변론주의란 재판의 기초가 되는 소송자료의 수집 · 제출책임을 당사자가 지는 것을 말하며, 직권탐지주의(또는 직권심리주의)란 그 책임을 법원이 지는 것을 의미한다. 우리나라의 「행정소송법」은 변론주의를 기본으로 하면서도 「법원은 필요하다고 인정할 때에는 직권으로 증거조사를 할 수 있고 당사자가 주장하지 아니한 사실에 대하여도 판단할 수 있다」(동법 제26조)고 하여 부분적으로나마 직권에 의한 증거조사를 할 수 있음을 규정하고 있다. 다만 「행정소송법」 제26조의 해석에 관하여는 다시 다음과 같은 견해의 대립이 있다.

1) 직권탐지주의설 동조는 당사자가 제출한 사실에 관한 보충적 증거조사를 할 수 있음에 그치는 것이 아니라 '당사자가 주장하지 않은 사실'에 대하여도 직권으로 이를 탐지하여 재판의 자료로 할 수 있다고 보는 견해이다.

2) 변론주의보충설 동조는 당사자가 제출한 증거방법만으로는 불충분하여 심증을 얻기 어려운 경우에 공정한 재판을 확보하기 위하여 '당사자가 주장한 사실'에 관하여 직권으로 증거조사를 할 수 있다는 것, 즉 보충적인 증거조사를 인정한 것에 불과하다고 보는 견해이다(다수설). 법원 역시 변론주의보충설에 따르고 있는 것으로 보인다.

관련판례

① 「행정소송법 제26조가 "법원은 필요하다고 인정할 때에는 직권으로 증거조사를 할 수 있고, 당사자가 주장하지 아니한 사실에 대하여도 판단할 수 있다"고 규정하고 있지만, 이는 행정소송의 특수성에 연유하는 당사자주의, 변론주의에 대한 일부 예외규정일 뿐 법원이 아무런 제한 없이 당사자가 주장하지 아니한 사실을 판단할 수 있는 것은 아니고, 일건 기록에 현출되어 있는 사항에 관하여서만 직권으로 증거조사를 하고 이를 기초로 하여 판단할 수 있을 따름이고, 그것도 법원이 필요하다고 인정할 때에 한하여 청구의 범위 내에서 증거조사를 하고 판단할 수 있을 뿐이다」(대판 1995.2.24, 94누9146).

② 「행정소송에서 기록상 자료가 나타나 있다면 당사자가 주장하지 않았더라도 판단할 수 있고, 당사자가 제출한 소송자료에 의하여 법원이 처분의 적법 여부에 관한 합리적인 의심을 품을 수 있음에도 단지 구체적 사실에 관한 주장을 하지 아니하였다는 이유만으로 당사자에게 석명을 하거나 직권으로 심리 · 판단하지 아니함으로써 구체적 타당성이 없는 판결을 하는 것은 행정소송법 제26조의 규정과 행정소송의 특수성에 반하므로 허용될 수 없다」(대판 2011.2.10, 2010두20980).

③ 「행정소송에서는 직권심리주의가 적용되도록 하고 있으므로, 법원으로서는 기록상 현출되어 있는 사항에 관하여 직권으로 증거조사를 하고 이를 기초로 하여 판단할 수 있다. 다만, 행정소송에서도 당사자주의나 변론주의의 기본 구도는 여전히 유지된다고 할 것이므로, 새로운 사유를

인정하여 행정처분의 정당성 여부를 판단하는 것은 당초의 처분사유와 기본적 사실관계에 있어서 동일성이 인정되는 한도 내에서만 허용된다 할 것이다」(대판 2017.5.17, 2016두53050).[64]

(3) 법관의 석명의무

1) 석명권(釋明權) 석명권이란 당사자의 진술에 불명(不明)·모순·결함이 있거나 또는 증명을 하지 못한 경우에 법관이 이를 지적하거나 질문하는 형식으로 보충함으로써 변론을 보다 완전하게 하는 법원의 권능을 말한다(「민사소송법」 제136조 참조). 이러한 법원의 석명권 역시 변론주의의 원칙에 따른 제한을 받는바, 그에 관하여는 이하의 관련판례 참조.

관련판례

「법원의 석명권 행사는 사안을 해명하기 위하여 당사자에게 그 주장의 모순된 점이나 불완전·불명료한 부분을 지적하여 이를 정정·보충할 수 있는 기회를 주고 또 그 계쟁사실에 대한 증거의 제출을 촉구하는 것을 그 내용으로 하는 것이며, 당사자가 주장하지도 않은 법률효과에 관한 요건사실이나 공격방어방법을 시사하여 그 제출을 권유하는 행위는 변론주의의 원칙에 위배되고 석명권 행사의 한계를 일탈한 것이다」(대판 2000.3.23, 98두2768).

---

2) 석명의 성질 석명에 관하여 규정하고 있는 「민사소송법」 제136조가 석명이 법관의 재량인 것처럼 규정하고 있음에도 불구하고, 석명은 법원의 재량사항이 아니라 의무의 성질을 갖는다는 것이 지배적 학설이다.

관련판례

① 「원심은 석명권을 행사하여 원고들로 하여금 피고를 처분청인 충청남도지사로 경정하게 하여 소송을 진행케 하였어야 할 것이다. 그럼에도 불구하고 원심이 위와 같은 조치를 취하지 아니한 채 소송의 대상인 피고의 행정처분이 존재하지 아니한다는 이유만으로 원고들의 이 사건 소를 모두 각하하고 만 것은 심리미진과 석명권 불행사의 비난을 받아 마땅하다」(대판 1990.1.12, 89누1032).

② 「국무회의에서 건국훈장 독립장이 수여된 망인에 대한 서훈취소를 의결하고 대통령이 결재함으로써 서훈취소가 결정된 후 국가보훈처장이 망인의 유족 갑에게 '독립유공자 서훈취소결정 통보'를 하자 갑이 국가보훈처장을 상대로 서훈취소결정의 무효 확인 등의 소를 제기한 사안에서, 갑이 서훈취소 처분을 행한 행정청(대통령)이 아니라 국가보훈처장을 상대로 제기한 위 소는 피고를 잘못 지정한 경우에 해당하므로, 법원으로서는 석명권을 행사하여 정당한 피고로 경정하게 하여 소송을 진행해야 함에도 국가보훈처장이 서훈취소 처분을 한 것을 전제로 처분의 적법

---

64) 동지 판례: 대판 2013.8.22, 2011두26589.

여부를 판단한 원심판결에 법리오해 등의 잘못이 있다」(대판 2014.9.26, 2013두2518).

(4) 구술심리주의

구술심리주의란 당사자 및 법원의 소송행위, 특히 변론 및 증거조사를 구술로 행하는 원칙을 말한다. 「민사소송법」은 「당사자는 소송에 대하여 법원에서 변론하여야 한다」(동법 제134조 제1항)고 규정하여 구술심리주의를 채택하고 있으며, 동 조항은 행정소송에도 적용된다. 따라서 당사자 쌍방이 신청·동의하였다고 하더라도 변론 없이 판결을 할 수는 없다.

(5) 공개심리주의

공개심리주의란 재판의 심리와 판결의 선고를 일반인이 방청할 수 있는 상태에서 행하는 것을 말한다. 다만 국가의 안전보장·질서유지 또는 선량한 풍속을 해칠 염려가 있는 때에는 공개하지 아니할 수 있는 예외가 인정되어 있다(「헌법」 제109조, 「법원조직법」 제57조).

(6) 직접심리주의

직접심리주의란 판결을 하는 법관이 변론의 청취, 증거조사를 직접 행하는 것을 말한다(「민사소송법」 제204조 제1항·제2항). 직접심리주의에 대한 예외로는 수명법관이나 수탁판사에게 증거조사를 시키고 그 결과를 기재한 조서를 판결자료로 하는 경우를 들 수 있다(동법 제297조, 제298조).

(7) 쌍방심문주의

쌍방심문주의란 소송의 심리에 있어 당사자 쌍방에게 주장을 진술할 기회를 평등하게 부여하는 것을 말하는바, 당사자대등의 원칙 또는 무기대등의 원칙이라고도 한다.

(8) 행정심판기록제출명령

법원은 당사자의 신청이 있는 때에는 결정으로써 재결을 행한 행정심판위원회에 대하여 행정심판에 관한 기록의 제출을 명할 수 있으며, 제출명령을 받은 행정심판위원회는 지체 없이 당해 행정심판에 관한 기록을 법원에 제출하여야 한다(「행정소송법」 제25조).

5. 주장책임과 증명책임

(1) 주장책임

변론주의하에서는 당사자가 자기에게 유리한 주요사실을 주장하지 않으면 그 사실이 없는 것으로 취급되어 불이익을 받게 되는바, 이를 주장책임이라 한다. 주요사실의 존재여부에 대한 증명이 문제되기 이전에 주요사실의 주장이 있어야 한다는 점을 고려할 때, 주장책임은 증명책임과는 별개의 문제로서 독자적인 의미를 가진다.

「행정소송에 있어서 직권주의가 가미되어 있다고 하여도 여전히 변론주의를 기본구조로 하는 이상 행정처분의 위법을 들어 그 취소를 청구함에 있어서는 직권조사사항을 제외하고는 그 취소를 구하는 자가 위법사유에 해당하는 구체적인 사실을 먼저 주장하여야 한다」(대판 2000.3.23, 98두2768).

한편 주장책임의 분배에 관하여는 ① 주장책임의 분배문제를 증명책임의 분배문제와 연계시켜 주장책임은 주요사실에 관한 증명책임을 지는 자가 부담한다는 견해와, ② 주장책임의 분배는 증명책임의 분배문제와는 별도로 결정되어야 한다는 견해의 대립이 있다.

(2) 증명책임

1) 의 의 증명책임이란 소송상 일정한 사실의 존재여부가 확정되지 않은 경우에 불리한 법적 판단을 받게 될 당사자 일방의 위험 내지 불이익을 말한다.

2) 증명책임의 분배기준에 관한 학설 증명책임과 관련하여서는 어떠한 사실에 대하여 어느 당사자가 증명책임을 질 것인가의 문제, 즉 증명책임의 분배문제가 논의의 핵심을 이루는바, 이에 관하여는 다음과 같이 학설이 대립하고 있다.

① 원고책임설 행정행위의 적법성추정 또는 공정력 등을 근거로 취소소송의 증명책임은 언제나 원고에게 있다는 견해로 과거에는 유력한 이론이었다. 그러나 행정행위의 적법성추정이론 자체가 지지를 받지 못하게 되면서 원고책임설 또한 자취를 감추게 되었다.

② 피고책임설 법치행정의 관점에서 행정행위의 적법성이 문제로 되는 경우에는 행정청이 그 적법성을 담보하는 개개의 구체적 사실에 관한 증명책임을 진다는 견해이다. 피고책임설에 대하여는 법치행정의 원리로부터 증명책임의 분배기준을 도출하는 것은 받아들이기 어렵다는 비판이 있다.

③ 법률요건분류설 취소소송에서도 「민사소송법」상의 일반원칙에 따라 증명책임을 분배하여야 한다는 견해로, 법의 일반원칙설이라고도 한다. 법률요건분류설에 따르면 당사자는 자기에게 유리한 모든 요건사실의 존재에 대한 입증책임을 지게 된다.[65]

---

65) 법률요건분류설을 취하면서 그 내용에 관하여 ① 행정청의 권한행사규정("…한 경우에는 …한 처분을 할 수 있다"라는 형식의 규정)에 있어서는 권한행사를 주장하는 자(적극적 처분의 경우에는 피고인 행정청, 소극적 처분에 대하여는 원고)가 증명책임을 지고, ② 행정청의 권한불행사규정

판례 역시 법률요건분류설에 따르고 있는 것으로 해석될 수 있다.

> **관련판례**
>
> 「민사소송법 규정이 준용되는 행정소송에서의 증명책임은 원칙적으로 민사소송 일반원칙에 따라 당사자 간에 분배되고, 항고소송의 경우에는 그 특성에 따라 처분의 적법성을 주장하는 피고에게 그 적법사유에 대한 증명책임이 있다. 피고가 주장하는 일정한 처분의 적법성에 관하여 합리적으로 수긍할 수 있는 일응의 증명이 있는 경우에는 그 처분은 정당하다고 할 것이며, 이와 상반되는 주장과 증명은 그 상대방인 원고에게 그 책임이 돌아간다」(대판 2016.5.27, 2013두1126).

④ 행정법독자분배설   취소소송에서의 증명책임의 분배는 민사소송에 대한 행정소송의 특수성을 감안하여 독자적으로 결정되어야 한다는 견해이다. 즉, 취소소송에서의 증명책임은 당사자 간의 공평, 사안의 성질, 증명의 난이도 등을 고려하여 구체적 사안에 따라 분배되어야 한다는 견해이다. 이에 따르면 증명책임의 분배는 다음과 같은 기준에 따른다.

㉠ 국민의 권리·자유를 제한하거나 의무를 과하는 행정행위의 취소소송에 있어서는 피고인 행정청이 그 적법성에 대해 증명책임을 진다.

㉡ 개인이 자기의 권리영역의 확장을 구하는 소송에서는 원고가 그 청구권을 뒷받침하는 사실에 대해 증명책임을 진다.

㉢ 행정청의 재량행위에 대한 일탈·남용을 이유로 그의 취소를 구하는 취소소송에서는 원고가 일탈·남용에 대해 증명책임을 진다. 한편 근래 들어 행정법독자분배설에 따르고 있는 것으로 볼 수 있는 판례가 나타나고 있음은 주목할 필요가 있다.

> **관련판례**
>
> 「처분이 재량권을 일탈·남용하였다는 사정은 그 처분의 효력을 다투는 자가 주장·증명하여야 한다(대법원 2016. 10. 27. 선고 2015두41579 판결 등 참조). 행정청이 폐기물처리사업계획서 부적합 통보를 하면서 그 처분서에 불확정개념으로 규정된 법령상의 허가기준 등을 충족하지 못하였다는 취지만을 간략히 기재하였다면, 부적합 통보에 대한 취소소송절차에서 행정청은 그 처분을 하게 된 판단 근거나 자료 등을 제시하여 구체적 불허가사유를 분명히 하여야 한다. 이러한 경우 재량행위인 폐기물처리사업계획서 부적합 통보의 효력을 다투는 원고로서는 행정청이 제시한 구체적인 불허가사유에 관한 판단과 근거에 재량권 일탈·남용의 위법이 있음을 밝히기 위

("…한 경우에는 …한 처분을 하여서는 아니 된다"라는 형식의 규정)에 있어서는 권한의 불행사를 주장하는 자(적극적 처분에 대하여는 원고, 소극적 처분에 대하여는 피고인 행정청)가 증명책임을 진다고 설명하는 입장도 보인다(김동희, 행정법Ⅰ, 박영사, 2016, 807쪽).

하여 소송절차에서 추가적인 주장을 하고 자료를 제출할 필요가 있다」(대판 2020.7.23, 2020두 36007).[66]

㉣ 무효확인소송에서는 원고가 무효사유에 대해 증명책임을 지게 된다.

　　3) 증명책임의 분배기준에 관한 판례　　증명책임의 분배기준에 관한 판례의 기본입장은 다음과 같다. 즉, 항고소송에서 당해 처분의 적법성에 대한 증명책임은 원칙적으로 처분의 적법을 주장하는 처분청에 있지만, 처분청이 주장하는 당해 처분의 적법성에 관하여 합리적으로 수긍할 수 있는 정도로 증명한 경우 그 처분은 정당하고, 이와 상반되는 예외적인 사정에 대한 주장과 증명은 상대방에게 책임이 돌아간다.

> **관련판례**
>
> ①「항고소송에서 당해 처분의 적법성에 대한 증명책임은 원칙적으로 처분의 적법을 주장하는 처분청에 있지만, 처분청이 주장하는 당해 처분의 적법성에 관하여 합리적으로 수긍할 수 있는 정도로 증명한 경우 그 처분은 정당하고, 이와 상반되는 예외적인 사정에 대한 주장과 증명은 상대방에게 책임이 돌아간다」(대판 2012.6.18, 2010두27639, 27646).
> ②「일정한 행정처분으로 국민이 일정한 이익과 권리를 취득하였을 경우에 종전 행정처분을 취소하는 행정처분은 이미 취득한 국민의 기존 이익과 권리를 박탈하는 별개의 행정처분으로 취소될 행정처분에 하자 또는 취소해야 할 공공의 필요가 있어야 하고, 나아가 행정처분에 하자 등이 있다고 하더라도 취소해야 할 공익상 필요와 취소로 당사자가 입게 될 기득권과 신뢰보호 및 법률생활안정의 침해 등 불이익을 비교·교량한 후 공익상 필요가 당사자가 입을 불이익을 정당화할 만큼 강한 경우에 한하여 취소할 수 있는 것이며, 하자나 취소해야 할 필요성에 관한 증명책임은 기존 이익과 권리를 침해하는 처분을 한 행정청에 있다」(대판 2012.3.29, 2011두23375).

　　4) 결　어　　원고책임설과 피고책임설은 사실상 극복되어 오늘날 현실적으로 주장되고 있지 않다. 또한 행정법독자분배설은 법률요건분류설에 따른 증명책임 분배에 관한 일반원칙과 모순되는 것이 아니라 그 일반원칙을 행정의 유형 내지 행정소송의 형태에 맞추어 구체적으로 적용한 결과에 지나지 않는다. 따라서 다수설인 법률요건분류설이 내용적으로도 타당하다고 생각되는바, 이를 구체적 사안에 적용하면 다음과 같은 결론에 달하게 된다. 즉,

　　첫째, 처분의 존재, 제소기간의 준수 등과 같은 소송요건은 직권조사사항이지만 그 존부가 불명확할 경우에는 부적법한 소송으로 취급되어 결국 원고의 불이익으로 귀결되므로 이에 대한 증명책임은 원고에게 있다.

---

66) 동지판례: 대판 2017.10.12, 2017두48956.

둘째, 재량권의 일탈·남용은 예외에 속한다는 점을 고려할 때 재량권의 일탈·남용에 대한 증명책임은 원고에게 있다.

셋째, 당해 행정처분의 적법성에 관한 증명책임은 당해 처분청이 부담한다.

6. 위법판단의 기준시

처분 등이 행해진 뒤 당해 처분 등의 근거가 된 법령의 개폐나 사실상태의 변동이 있는 경우에, 법원은 어느 시점의 사실 및 법상태를 기준으로 처분의 위법성을 판단할 것인지가 문제가 된다.

(1) 처분시설

처분의 위법여부는 처분시의 법령 및 사실을 기준으로 판단하여야 한다는 견해로, 그 주된 논거로는 법원이 처분 후의 변화한 사정을 참작하여 당해 처분을 유지할 것인지의 여부를 결정하게 되면 법원이 행정감독적 기능을 하게 되어 권력분립의 원칙에 반한다는 것이 들어진다. 또한 판결시설을 채택하게 되면 판결의 지연에 따른 불균형의 결과를 초래할 수 있다는 것도 처분시설의 논거가 될 수 있다(나수설).

판례 또한 처분시설을 취하고 있다(관련판례 ① 참조). 한편 위법성 판단의 기준시가 처분시라는 것의 의미에 대하여는 관련판례 ② 참조.

관련판례

①「행정처분의 취소를 구하는 항고소송에 있어서 그 처분의 위법 여부는 처분 당시를 기준으로 판단하여야 하는 것이고, 처분청은 당초 처분의 근거로 삼은 사유와 기본적 사실관계에 있어서 동일성이 있다고 인정되지 않는 별개의 사실을 들어 처분사유로 주장함은 허용되지 아니한다」(대판 2005.4.15, 2004두10883).[67]

②「항고소송에 있어서 행정처분의 위법여부를 판단하는 기준시점에 대하여 판결시가 아니라 처분시라고 하는 의미는 행정처분이 있을 때의 법령과 사실상태를 기준으로 하여 위법여부를 판단할 것이며 처분 후 법령의 개폐나 사실상태의 변동에 영향을 받지 않는다는 뜻이고 처분 당시 존재하였던 자료나 행정청에 제출되었던 자료만으로 위법여부를 판단한다는 의미는 아니므로, 처분 당시의 사실상태 등에 대한 입증은 사실심 변론종결 당시까지 할 수 있고, 법원은 행정처분 당시 행정청이 알고 있었던 자료뿐만 아니라 사실심 변론종결 당시까지 제출된 모든 자료를 종

---

67) 다음의 판례 또한 처분시설에 따르고 있는 것으로 볼 수 있다. 즉,
　① 「난민 인정 거부처분의 취소를 구하는 취소소송에서도 그 거부처분을 한 후 국적국의 정치적 상황이 변화하였다고 하여 처분의 적법 여부가 달라지는 것은 아니다」(대판 2008.7.24, 2007두3930).
　② 「공정거래위원회의 과징금 납부명령 등이 재량권 일탈·남용으로 위법한지는 다른 특별한 사정이 없는 한 과징금 납부명령 등이 행하여진 '의결일' 당시의 사실상태를 기준으로 판단하여야 한다」(대판 2015.5.28, 2015두36256).

합하여 처분 당시 존재하였던 객관적 사실을 확정하고 그 사실에 기초하여 처분의 위법여부를 판단할 수 있다」(대판 2014.10.30, 2012두25125).

(2) 판결시설

처분의 위법여부는 판결시의 법령 및 사실을 기준으로 판단하여야 한다는 견해로, 항고소송은 당해 처분 등이 현행법규에 비추어 유지될 수 있는지의 여부를 판단하는 것을 목적으로 한다는 것을 그 논거로 한다.

7. 처분사유의 추가·변경

(1) 의 의

처분사유의 추가·변경이란 처분의 이유로 제시된 법적 내지 사실적 근거를 추가·변경하는 것을 말한다.

관련판례

「한강유역환경청장은 '갑 회사가 소각시설을 허가받은 내용과 달리 설치하거나 증설하여 폐기물을 과다소각함으로써 위 법령을 위반하였다'는 점을 '당초 처분사유'로 삼아 위 처분을 한 것이고, 갑 회사도 이러한 '당초 처분사유'를 알면서도 이를 인정하고 처분양정이 과중하다는 의견만을 제시하였을 뿐이며, 처분서에 위반행위 방법을 구체적으로 기재하지 않았더라도 그에 불복하여 방어권을 행사하는 데 별다른 지장이 없었으므로, 한강유역환경청장이 갑 회사의 소송상 주장에 대응하여 변론과정에서 한 '갑 회사는 변경허가를 받지 않은 채 소각시설을 무단 증설하여 과다소각하였으므로 위 법령 위반에 해당한다'는 주장은 소송에서 새로운 처분사유를 추가로 주장한 것이 아니라, 처분서에 다소 불명확하게 기재하였던 '당초 처분사유'를 좀 더 구체적으로 설명한 것이다」(대판 2020.6.11, 2019두49359).

처분사유의 추가·변경과 관련해서는 처분사유의 추가·변경의 허용성, 즉 처분청이 취소소송의 심리과정에서 처분 시에 처분사유로 제시하지 않은 새로운 사실상·법률상 근거를 내세워 처분의 적법성을 주장할 수 있는지 여부가 문제된다. 이하에서는 이러한 문제를 처분사유의 추가·변경의 객관적 범위와 시간적 범위라는 관점으로 나누어 고찰하기로 한다.

(2) 처분사유의 추가·변경의 객관적 범위

처분사유의 추가·변경은 '처분의 동일성'을 해하지 않는 범위 내에서만 인정된다. 이 경우 처분의 동일성의 판단기준으로는 '기본적인 사실관계의 동일성'이 주장되고 있다. 판례 또한 같은 입장이다.[68]

관련판례

① 「행정처분의 취소를 구하는 항고소송에 있어서 행정청은 당초 행정처분의 근거로 삼은 사유와 기본적 사실관계에 있어서 동일성이 없는 별개의 사실을 들어 처분사유를 추가하거나 변경할 수는 없으나, 기본적 사실관계에 있어서 동일성이 인정되는 한도 내에서는 새로운 처분사유를 추가하거나 변경할 수 있다」(대판 1992.10.9, 92누213).
② 「기본적 사실관계와 동일성이 인정되지 않는 별개의 사실을 들어 처분사유로 주장하는 것이 허용되지 않는다고 해석하는 이유는 행정처분의 상대방의 방어권을 보장함으로써 실질적 법치주의를 구현하고 행정처분의 상대방에 대한 신뢰를 보호하고자 함에 그 취지가 있다」(대판 2003.12.11, 2001두8827).

한편 '기본적 사실관계의 동일성'은 시간적·장소적 근접성, 행위의 태양·결과 등을 종합적으로 고려하여 판단할 수밖에 없는바, 결국 사안에 따라 구체적 해결을 도모할 수밖에 없다. 따라서 기본적 사실관계의 동일성 여부는 궁극적으로는 법원의 판례를 통하여 결정되게 된다. 한편 처분의 근거법령만을 추가·변경하는 경우는 원칙적으로 처분의 동일성을 해하지 않는 것으로 보아야 한다.

관련판례

① 「행정처분이 적법한지는 특별한 사정이 없는 한 처분당시의 사유를 기준으로 판단하면 되고, 처분청이 처분당시에 적시한 구체적 사실을 변경하지 아니하는 범위내에서 단지 처분의 근거법령만을 추가변경하는 것은 새로운 처분사유의 추가라고 볼 수 없으므로 이와 같은 경우에는 처분청이 처분 당시에 적시한 구체적 사실에 대하여 처분 후에 추가 변경한 법령을 적용하여 그 처분의 적법여부를 판단하여도 무방하다. 그러나 처분의 근거법령을 변경하는 것이 종전 처분의 동일성을 인정할 수 없는 별개의 처분을 하는 것과 다름없는 경우에는 허용될 수 없다」(대판 2011.5.26, 2010두28106).
② 「행정처분의 취소를 구하는 항고소송에 있어 처분청은 당초 처분의 근거로 삼은 사유와 기본적 사실관계가 동일성이 있다고 인정되는 한도 내에서만 다른 사유를 추가 또는 변경할 수 있고, 이러한 기본적 사실관계의 동일성 유무는 처분사유를 법률적으로 평가하기 이전의 구체적 사실에 착안하여 그 기초인 사회적 사실관계가 기본적인 점에서 동일한지 여부에 따라 결정되므로, 추가 또는 변경된 사유가 처분 당시에 이미 존재하고 있었다거나 당사자가 그 사실을 알고 있었다고 하여 당초의 처분사유와 동일성이 있다고 할 수 없다」(대판 2011.11.24, 2009두19021).

---

68) 다만 처분청 자신의 내부 시정절차와 관련하여서는 법원이 「처분청이 스스로 당해 처분의 적법성과 합목적성을 확보하고자 하는 자신의 내부 시정절차에서는 당초 처분의 근거로 삼은 사유와 기본적 사실관계의 동일성이 인정되지 않는 사유라고 하더라도 이를 처분의 적법성과 합목적성을 뒷받침하는 처분사유로 추가·변경할 수 있다고 보는 것이 타당하다」라고 판시하고 있음은(대판 2012.9.13, 2012두3859) 주목을 요한다.

(3) 처분사유의 추가·변경의 시간적 범위

이는 전술한 처분의 위법판단의 기준시와 관련 있는바, 통설인 처분시설에 따르면 당초 처분이 발령될 당시에 존재하고 있던 사유로서 기본적 사실관계의 동일성이 인정되는 사유만이 추가·변경이 가능하게 된다.

관련판례

① 「교원소청심사위원회가 한 결정의 취소를 구하는 소송에서 그 결정의 적부는 결정이 이루어진 시점을 기준으로 판단하여야 하지만, 그렇다고 하여 소청심사 단계에서 이미 주장된 사유만을 행정소송의 판단대상으로 삼을 것은 아니다. 따라서 소청심사 결정 후에 생긴 사유가 아닌 이상 소청심사 단계에서 주장하지 아니한 사유도 행정소송에서 주장할 수 있고, 법원도 이에 대하여 심리·판단할 수 있다」(대판 2018.7.12, 2017두65821).
② 「항고소송에서 처분의 위법 여부는 특별한 사정이 없는 한 그 처분 당시를 기준으로 판단하여야 한다. 이는 신청에 따른 처분의 경우에도 마찬가지이다(대법원 2017. 4. 7. 선고 2014두37122 판결 등 참조). 새로 개정된 법령의 경과규정에서 달리 정함이 없는 한, 처분 당시에 시행되는 개정 법령과 그에서 정한 기준에 의하여 신청에 따른 처분의 발급 여부를 결정하는 것이 원칙이고, 그러한 개정 법령의 적용과 관련하여서는 개정 전 법령의 존속에 대한 국민의 신뢰가 개정 법령의 적용에 관한 공익상의 요구보다 더 보호가치가 있다고 인정되는 경우에 그러한 국민의 신뢰를 보호하기 위하여 그 적용이 제한될 수 있는 여지가 있을 따름이다」(대판 2020.1.16, 2019다264700).

XI. 취소소송의 판결

1. 판결의 의의

취소소송의 판결이란 취소소송사건에 대하여 법원이 원칙적으로 변론을 거쳐서 그에 대한 법적 판단을 선언하는 행위를 말한다.

2. 판결의 종류

판결의 종류는 반드시 행정소송의 심리와 결부시켜 이해할 것이 요구되는바, 이를 도표화하면 다음과 같다.

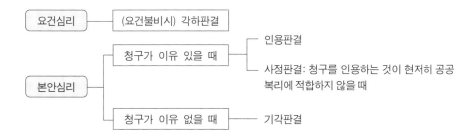

(1) 소송판결

요건심리의 결과 소송요건의 흠결을 이유로 당해 소송을 부적법한 것으로 각하하는 판결을 말한다. 각하판결은 당해 소송이 소송요건을 갖추지 못하였다는 것을 내용으로 할 뿐, 그로 인하여 당해 취소소송의 대상이 되는 처분의 적법성이 확정되는 것은 아니다. 따라서 원고는 소송요건을 갖추어 그 처분의 효력을 다시 다툴 수 있다.

(2) 본안판결

본안심리의 결과 청구의 당부를 판단하는 판결로서, 청구인용판결·청구기각판결 및 사정판결로 나누어진다.

1) 인용판결　본안심리의 결과 원고의 청구가 이유 있다고 인정하여 그 청구의 전부 또는 일부를 받아들이는 내용의 형성판결을 말한다.

일부취소는 청구의 일부가 이유 있는 경우에 행해지는데, 금전부과처분에 대한 취소소송에서 적법하게 부과될 정당한 부과금액이 산출되는 때에 정당한 부과금액을 초과하는 부분만을 취소하는 경우가 그 대표적 예이다(관련판례 ① ② 참조). 다만 불가분처분이나 재량처분에 대해서는 일부취소를 할 수 없다(관련판례 ③ 참조).

관련판례

① 「일반적으로 금전 부과처분 취소소송에서 부과금액 산출과정의 잘못 때문에 부과처분이 위법한 것으로 판단되더라도 사실심 변론종결 시까지 제출된 자료에 의하여 적법하게 부과될 정당한 부과금액이 산출되는 때에는 부과처분 전부를 취소할 것이 아니라 정당한 부과금액을 초과하는 부분만 취소하여야 한다」(대판 2016.7.14, 2015두4167).

② 「행정청이 여러 개의 위반행위에 대하여 하나의 제재처분을 하였으나, 위반행위별로 제재처분의 내용을 구분하는 것이 가능하고 여러 개의 위반행위 중 일부의 위반행위에 대한 제재처분 부분만이 위법하다면, 법원은 그 제재처분 중 위법성이 인정되는 부분만 취소하여야 하고 그 제재처분 전부를 취소하여서는 아니 된다」(대판 2020.5.14, 2019두63515).

③ 「처분을 할 것인지 여부와 처분의 정도에 관하여 재량이 인정되는 과징금 납부명령에 대하여 그 명령이 재량권을 일탈하였을 경우 법원으로서는 재량권의 일탈 여부만 판단할 수 있을 뿐이지 재량권의 범위 내에서 어느 정도가 적정한 것인지에 관하여 판단할 수 없으므로 그 전부를 취

소할 수밖에 없고, 법원이 적정하다고 인정되는 부분을 초과한 부분만 취소할 수는 없는 것이며, 또한 수개의 위반행위에 대하여 하나의 과징금 납부명령을 하였으나 수개의 위반행위 중 일부의 위반행위만이 위법하지만, 소송상 그 일부의 위반행위를 기초로 한 과징금액을 산정할 수 있는 자료가 없는 경우에는 하나의 과징금 납부명령 전부를 취소할 수밖에 없다」(대판 2007.10.26, 2005두3172).

한편 일부취소 가능성은 운전면허의 취소와 관련하여 많이 논의되고 있는바, 한 사람에 대한 개별 운전면허는 별개의 것으로 취급하는 것이 원칙이다. 따라서 취소사유가 특정 면허에 관한 것이라면 해당 면허만을 취소할 수 있을 뿐이다. 다만 취소사유가 다른 면허와 공통된 것이거나 운전면허를 받은 사람에 관한 것이라면 여러 면허를 전부 취소할 수 있다는 것이 판례의 입장이다.

관련판례

「한 사람이 여러 종류의 자동차운전면허를 취득하는 경우뿐 아니라 이를 취소 또는 정지하는 경우에 있어서도 서로 별개의 것으로 취급하는 것이 원칙이고, 다만 취소사유가 특정의 면허에 관한 것이 아니고 다른 면허와 공통된 것이거나 운전면허를 받은 사람에 관한 것일 경우에는 여러 면허를 전부 취소할 수도 있다.

제1종 대형, 제1종 보통 자동차운전면허를 가지고 있는 원고가 배기량 400cc의 오토바이를 절취하였다는 이유로 위 운전면허를 모두 취소하는 피고의 이 사건 처분에 대하여, 원심은 도로교통법 제93조 제1항 제12호가 '다른 사람의 자동차 등을 훔치거나 빼앗은 경우'를 면허취소 사유로 규정하고 있고 위 제1항 본문의 위임에 따라 취소처분의 개별기준을 정한 도로교통법 시행규칙 제91조 제1항 [별표 28]은 '운전면허를 가진 사람이 자동차 등을 훔치거나 빼앗아 이를 운전한 때'라고 규정하고 있어 그 취소의 사유가 훔치거나 빼앗은 당해 자동차 등을 운전할 수 있는 특정의 면허에 관한 것이며, 제2종 소형면허 이외의 다른 운전면허를 가지고는 위 오토바이를 운전할 수 없어서 그 취소의 사유가 다른 면허와 공통된 것도 아니므로, 결국 원고가 위 오토바이를 훔친 것은 제1종 대형면허나 보통면허와는 아무런 관련이 없는 것이어서, 이와 같은 경우에는 위 오토바이를 훔쳤다는 사유만으로는 제1종 대형면허나 보통면허를 취소할 수 없다」(대판 2012.5.24, 2012두1891).[69]

2) 기각판결　원고의 청구가 이유 없다고 인정하여 원고의 청구를 배척하고, 원처분을 지지하는 판결을 말한다.

---

69) 동지판례: 대판 1995.11.16, 95누8850 전원합의체; 대판 1997.3.11, 96누15176.

「여러 개의 징계사유 중 일부가 인정되지 않더라도 인정되는 다른 일부 징계사유만으로 해당 징계처분의 타당성을 인정하기에 충분한 경우에는 그 징계처분을 유지하여도 위법하지 아니하다」(대판 2019.11.28, 2017두57318).

다만 청구가 이유 있는 경우에도 예외적으로 기각판결을 할 수 있는바, 이하에 서술하는 사정판결이 그것이다.

3) 사정판결

① 의 의 취소소송에서 심리결과 원고의 청구가 이유 있다고 인정되는 경우에는 처분을 취소하는 것이 원칙이다. 그러나 원고의 청구가 이유 있다고 인정하는 경우에도 처분 등을 취소하는 것이 현저히 공공복리에 적합하지 아니하다고 인정하는 때에는 법원은 원고의 청구를 기각하는 판결을 할 수 있는바(「행정소송법」 제28조 제1항), 이를 사정판결이라고 한다.

② 존재이유 원고의 청구가 이유 있음에도 불구하고, 즉 취소소송의 대상인 저분이 위법함에도 불구하고 원고의 청구를 기각하는 사정판결제도는 법치주의에 반하는 측면이 있다. 그리고 이러한 점 때문에 사정판결제도는 「헌법이념에 충실하지 못하다」라는 비판을 받기도 한다. 그러나 사정판결제도의 본질은 「처분의 취소라는 원고의 본래의 청구에 갈음하여 손해배상 등의 방법으로 원고의 청구를 수용하는 방식으로 공공복리에 이바지하려는 제도」라고 생각되며, 따라서 사정판결제도를 반드시 헌법이념에 충실하지 못한 것으로 볼 것은 아니다. 법원 역시 사정판결제도가 위헌적 제도가 아니라는 점을 분명히 하고 있다.

「사정판결을 할 경우 미리 원고가 입게 될 손해의 정도와 구제방법, 그 밖의 사정을 조사하여야 하고, 원고는 피고인 행정청이 속하는 국가 또는 공공단체를 상대로 손해배상 등 적당한 구제방법의 청구를 당해 취소소송 등이 계속된 법원에 청구할 수 있는 점(행정소송법 제28조 제2항, 제3항) 등에 비추어 보면, 사정판결제도가 위법한 처분으로 법률상 이익을 침해당한 자의 기본권을 침해하고, 법치행정에 반하는 위헌적인 제도라고 할 것은 아니다」(대판 2009.12.10, 2009두8359).

③ 사정판결의 요건 사정판결을 하기 위하여서는 ㉠ 원고의 청구가 이유가 있어야 하며, ㉡ 그를 인용하는 것이 현저히 공공복리에 적합하지 아니하다고 인정되어야 한다. 따라서 사정판결은 개인의 권익구제라는 사익과 공공복리를 비교형량하여 극히

불가피한 경우에만 할 수 있다.

① 「위법한 행정처분을 존치시키는 것은 그 자체가 공공복리에 반하는 것이므로 행정처분이 위법함에도 불구하고 이를 취소하는 것이 현저히 공공복리에 적합하지 아니하다고 인정하여 사정판결을 함에 있어서는 극히 엄격한 요건 아래 제한적으로 하여야 할 것이고, 그 요건인 현저히 공공복리에 적합하지 아니한가의 여부를 판단함에 있어서는 위법·부당한 행정처분을 취소·변경하여야 할 필요성과 그로 인하여 발생할 수 있는 공공복리에 반하는 사태 등을 비교·교량하여 그 적용 여부를 판단하여야 한다」(대판 2000.2.11, 99두7210).

② 「사정판결은 행정처분이 위법함에도 불구하고 이를 취소·변경하게 되면 그것이 도리어 현저히 공공의 복리에 적합하지 않은 경우에 극히 예외적으로 할 수 있는 것이므로, 그 요건에 해당하는지 여부는 위법·부당한 행정처분을 취소·변경하여야 할 필요와 그 취소·변경으로 발생할 수 있는 공공복리에 반하는 사태 등을 비교·교량하여 엄격하게 판단하되, ㉠ 해당 처분에 이르기까지의 경과 및 처분 상대방의 관여 정도, ㉡ 위법사유의 내용과 발생원인 및 전체 처분에서 위법사유가 관련된 부분이 차지하는 비중, ㉢ 해당 처분을 취소할 경우 예상되는 결과, 특히 해당 처분을 기초로 새로운 법률관계나 사실상태가 형성되어 다수 이해관계인의 신뢰 보호 등 처분의 효력을 존속시킬 공익적 필요성이 있는지 여부 및 그 정도, ㉣ 해당 처분의 위법으로 인해 처분 상대방이 입게 된 손해 등 권익 침해의 내용, ㉤ 행정청의 보완조치 등으로 위법상태의 해소 및 처분 상대방의 피해 전보가 가능한지 여부, ㉥ 해당 처분 이후 처분청이 위법상태의 해소를 위해 취한 조치 및 적극성의 정도와 처분 상대방의 태도 등 제반 사정을 종합적으로 고려하여야 한다」(대판 2016.7.14, 2015두4167).

④ 사정판결의 필요성 판단시기　사정판결의 필요성은 처분의 위법성 판단과는 달리 판결 시를 기준으로 판단하여야 한다.

⑤ 주장·증명책임　사정판결의 예외성을 고려할 때, 사정판결의 필요성에 대한 주장·증명책임은 피고인 행정청이 부담한다.

이처럼 사정판결의 필요성에 대한 주장·증명책임을 피고인 행정청이 부담한다는 것에 기초하여 피고인 행정청의 주장(신청)이 없는 경우에는 법원이 직권탐지를 통하여 사정판결을 할 수 없다는 것이 종래의 다수설이었다. 다만 근래 들어 법원이 직권으로 사정판결을 할 수 있음을 긍정하는 견해가 유력해지고 있으며, 판례 또한 이를 긍정하고 있다.

「행정처분이 위법한 경우에는 이를 취소하는 것이 원칙이나, 예외적으로 그 위법한 처분을 취소·변경하는 것이 도리어 현저히 공공복리에 적합하지 아니하는 경우에는 그 취소를 허용하지 아니하는 사정판결을 할 수 있다. 이러한 사정판결은 당사자의 명백한 주장이 없는 경우에도 기록에 나타난 여러 사정을 기초로 직권으로 할 수 있는 것이다」(대판 2006.9.22, 2005두2506).

⑥ 사정판결의 효과　사정판결은 청구기각판결이므로 원고의 청구는 배척된다. 그러나 사정판결이 있었다고 하여 당해 처분 등의 위법성이 치유되어 적법하게 되는 것은 아니며, 단지 공공복리를 위하여 위법성을 가진 채로 그 효력을 지속하는 것에 불과하다.

한편 사정판결을 하는 경우 법원은 판결의 주문에서 그 처분 등이 위법함을 명시하여야 하는바(「행정소송법」 제28조 제1항 후단), 그 위법성에 대하여는 기판력이 발생한다. 이는 원고에 대한 구제방법(후술 참조), 소송비용,[70] 후속처분의 저지 등과 관련하여 중요한 의미를 가진다.

사정판결도 기각판결의 일종이며, 따라서 원고는 그에 불복하여 상소할 수 있다.

⑦ 원고에 대한 구제방법　법원은 사정판결을 함에 있어서 미리 원고가 그로 인하여 입게 될 손해의 정도와 배상방법 그 밖의 사정을 조사하여야 한다. 원고는 피고인 행정청이 속하는 국가 또는 공공단체를 상대로 손해배상, 제해시설의 설치 그 밖에 적당한 구제방법의 청구를 당해 취소소송이 계속된 법원에 병합하여 제기할 수 있다(「행정소송법」 제28조 제2항·제3항).

⑧ 적용범위　사정판결은 취소소송(무효선언적 의미의 취소소송 포함)에서만 인정된다.

3. 판결의 효력

「행정소송법」은 취소소송의 판결의 특유한 효력으로 '제3자에 대한 효력'과 '기속력'만을 명시적으로 규정하고 있을 뿐이다. 그러나 취소소송의 판결에도 민사소송의 판결과 마찬가지로 자박력, 확정력, 형성력 등의 일반적 효력이 발생한다.

(1) 자박력(自縛力)－선고법원에 대한 구속력

취소소송에 있어서도 판결이 일단 선고되면 선고법원 자신도 이를 취소·변경할 수 없는 구속을 받게 되는바, 이를 자박력 또는 불가변력이라고 한다. 다만 판결의 제목이나 내용에 명백한 오류(계산착오나 오기)가 있는 경우에는 법원은 직권 또는 당사자의 신청에 의하여 결정을 통해 정정할 수 있다.

---

70) 사정판결에 있어서 소송비용은 피고가 부담한다(「행정소송법」 제32조).

(2) 형식적 확정력 — 당사자에 대한 구속력

행정소송의 판결에 불복이 있는 자는 상소를 통해 그의 효력을 다툴 수 있지만 상소기간의 도과 등의 사유가 있는 경우에는 더 이상 상소를 통하여 다툴 수 없게 되는바, 이를 형식적 확정력 또는 불가쟁력이라고 한다.

형식적 확정력은 판결의 내용과는 직접적 관계는 없으나 판결내용의 효력발생요건이 된다. 따라서 실질적 확정력, 형성력, 기속력 등이 발생하기 위하여서는 판결이 형식적으로 확정되어 있어야 한다.

(3) 실질적 확정력 — 법원과 당사자에 대한 구속력

1) 의 의 청구에 대한 법원의 판단이 있게 되면, 이후 동일 사항이 문제된 경우에 있어서 당사자는 그에 반하는 주장을 하여 다투는 것이 허용되지 아니하며, 법원도 그와 모순·저촉되는 판단을 해서는 안 된다. 법원의 판결에 부여되는 이러한 구속력을 기판력 또는 실질적 확정력이라 한다.[71]

2) 범 위

① 주관적 범위 기판력은 원칙적으로 당해 소송의 당사자 및 그와 동일시할 수 있는 승계인에게만 미치고 제3자에게는 미치지 않는바, 이를 기판력의 상대성이라고 한다. 다만 취소소송에 있어서는 단지 소송편의상 처분청을 피고로 하고 있을 뿐이므로 판결의 기판력은 피고인 처분행정청이 속하는 국가나 공공단체 및 관계 행정기관에도 미친다.[72]

관련판례

「과세처분취소소송의 피고는 처분청이므로 행정청을 피고로 하는 취소소송에 있어서의 기판력은 당해 처분이 귀속하는 국가 또는 공공단체에 미친다」(대판 1998.7.24, 98다10854).

---

② 객관적 범위 기판력은 판결의 주문에 표시된 소송물에 관한 판단, 즉 처분이 위법하다는 것 또는 처분이 적법하다는 것에 대해서만 발생한다. 따라서 판결이유에 설시(說示)된 사실인정, 법률관계의 존부 등에는 기판력이 미치지 않는 것이 원칙이다.

---

71) 우리나라의 「행정소송법」에는 기판력에 대한 명문의 규정이 없다. 그러나 「민사소송법」의 기판력에 관한 규정(제216조 제1항)이 행정소송에도 준용되므로 행정소송의 판결에도 기판력이 인정된다.

72) 예컨대, 취소소송에서 인용판결(취소판결)이 있은 후에 그 처분과 관련하여 국가배상청구소송이 제기되는 경우, 피고 행정청이 속하는 국가 또는 공공단체는 당해 처분이 적법하다고 주장할 수 없다.

관련판례

「기판력의 객관적 범위는 그 판결의 주문에 포함된 것, 즉 소송물로 주장된 법률관계의 존부에 관한 판단의 결론 그 자체에만 미치는 것이고 판결이유에 설시된 그 전제가 되는 법률관계의 존부에까지 미치는 것은 아니다」(대판 1987.6.9, 86다카2756).

이처럼 취소판결의 기판력은 소송물로 된 행정처분의 위법성 존부에 관한 판단 그 자체에만 미치는 것이므로 전소(前訴)와 후소(後訴)가 그 소송물을 달리하는 경우에는 전소 판결의 기판력은 후소에 미치지 아니한다.

관련판례

「취소판결의 기판력은 소송물로 된 행정처분의 위법성 존부에 관한 판단 그 자체에만 미치는 것이므로 전소와 후소가 그 소송물을 달리하는 경우에는 전소 확정판결의 기판력이 후소에 미치지 아니한다」(대판 2009.1.15, 2006두14926).

그러나 전소와 후소의 소송물이 동일하지 아니하여도 전소의 기판력 있는 법률관계가 후소의 선결적 법률관계가 되는 때에는 전소판결의 기판력이 후소에도 미친다.

관련판례

「기판력이라 함은 기판력 있는 전소판결의 소송물과 동일한 후소를 허용하지 않는 것임은 물론, 후소의 소송물이 전소의 소송물과 동일하지 않다고 하더라도 전소의 소송물에 관한 판단이 후소의 선결문제가 되거나 모순관계에 있을 때에는 후소에서 전소판결의 판단과 다른 주장을 하는 것을 허용하지 않는 작용을 하는 것이다」(대판 2001.1.16, 2000다41349).

한편 판결에 의한 처분의 취소가 단지 절차나 형식상의 위법을 이유로 하는 경우에는 취소판결의 기판력은 후소에는 미치지 않는다.

관련판례

「과세처분시 납세고지서에 과세표준, 세율, 세액의 산출근거 등이 누락되어 있어 이러한 절차 내지 형식의 위법을 이유로 과세처분을 취소하는 판결이 확정된 경우에 그 확정판결의 기판력은 확정판결에 적시된 절차 내지 형식의 위법사유에 한하여 미친다고 할 것이므로 과세처분권자가 그 확정판결에 적시된 위법사유를 보완하여 행한 새로운 과세처분은 확정판결에 의하여 취소된 종전의 과세처분과는 별개의 처분으로서 확정판결의 기판력에 저촉되는 것은 아니다」(대판 1986.11.11, 85누231).

③ 시간적 범위 기판력은 사실심의 변론종결 시를 표준으로 하여 발생한다. 이는 당사자는 변론종결시까지 소송자료를 제출할 수 있고, 종국판결도 그때까지 제출된 자료를 기초로 하여 행해지기 때문이다.

관련판례

「확정된 종국판결은 그 기판력으로서 당사자가 사실심의 변론종결시를 기준으로 그때까지 제출하지 않은 공격방어방법은 그 뒤 다시 동일한 소송을 제기하여 이를 주장할 수 없다」(대판 1992. 2.25, 91누6108).

---

(4) 형성력

1) 의 의 취소판결이 확정되면 판결의 취지에 따라 법률관계의 발생·변경·소멸을 가져오는바, 이를 형성력이라 한다.[73] 따라서 행정처분의 취소판결이 있으면 처분청의 별도의 행위를 기다릴 것 없이 처분의 효력은 소급하여 소멸하게 된다.

관련판례

① 「행정처분을 취소한다는 확정판결이 있으면 그 취소판결의 형성력에 의하여 당해 행정처분의 취소나 취소통지 등의 별도의 절차를 요하지 아니하고 당연히 취소의 효과가 발생한다」(대판 1991.10.11, 90누5443).
② 「도시 및 주거환경정비법(이하 '도시정비법'이라고 한다)상 주택재개발사업조합의 조합설립인가처분이 법원의 재판에 의하여 취소된 경우 그 조합설립인가처분은 소급하여 효력을 상실하고, 이에 따라 당해 주택재개발사업조합 역시 조합설립인가처분 당시로 소급하여 도시정비법상 주택재개발사업을 시행할 수 있는 행정주체인 공법인으로서의 지위를 상실하므로, 당해 주택재개발사업조합이 조합설립인가처분의 취소 전에 도시정비법상 적법한 행정주체 또는 사업시행자로서 한 결의 등 처분은 달리 특별한 사정이 없는 한 소급하여 효력을 상실한다고 보아야 한다. 다만 그 효력 상실로 인한 잔존사무의 처리와 같은 업무는 여전히 수행되어야 하므로, 종전에 결의 등 처분의 법률효과를 다투는 소송에서의 당사자지위까지 함께 소멸한다고 할 수는 없다」(대판 2012.3.29, 2008다95885).

---

2) 취소판결의 제3자효 취소판결의 효력은 당해 소송의 당사자에게만 미치는 것이 아니라 그 밖의 제3자에 대해서도 미치는바(「행정소송법」 제29조 제1항), 이를 취소판결의 제3자효 또는 대세효(對世效)라고 한다.[74]

---

73) 형성력은 기각판결에는 인정되지 않는다. 기각판결은 현 상태를 그대로 유지하라는 판결이며 법률관계에 아무런 변동을 일으키지 않는 판결이기 때문이다.
74) 예컨대, 공매처분에 있어 체납자의 청구가 인용되어 공매처분이 취소된 경우에 있어 그 취소판결

취소판결의 제3자효에 관한 규정은 무효등확인소송과 부작위위법확인소송에도 준용된다(동법 제38조).

(5) 기속력

1) 의 의   기속력이란 당사자인 행정청과 그 밖의 관계 행정청이 판결의 취지에 따라 행동할 의무를 발생시키는 효력을 말하는바,「행정소송법」은「처분 등을 취소하는 확정판결은 그 사건에 관하여 당사자인 행정청과 그 밖의 관계 행정청을 기속한다」(동법 제30조 제1항)고 하여 이를 명시하고 있다.

관련판례

「어떤 행정처분을 위법하다고 판단하여 취소하는 판결이 확정되면 행정청은 취소판결의 기속력에 따라 그 판결에서 확인된 위법사유를 배제한 상태에서 다시 처분을 하거나 그 밖에 위법한 결과를 제거하는 조치를 할 의무가 있다」(대판 2020.4.9, 2019두49953).

한편 기속력은 인용판결에만 인정되며, 기각판결 또는 각하판결에는 인정되지 않는다. 왜냐하면 기각판결 또는 각하판결은 관계 행정청에 대하여 원처분의 유지의무를 부과하는 것이 아니라, 단지 원고의 청구를 배척하는 것에 그치기 때문이다.

2) 기속력의 성질   기속력의 성질에 관하여는 ① 기속력을 기판력의 일종으로 보는 기판력설과 ② 기속력을 취소판결의 실효성을 담보하기 위하여 실정법이 부여한 특수한 효력으로 보는 특수효력설이 대립하는바, 후자가 통설적 견해이다. 기속력과 기판력을 다른 것으로 이해하고 있는 판례 또한 특수효력설과 같은 입장을 취하고 있다고 할 수 있다.

관련판례

「행정소송법 제30조 제1항은 "처분 등을 취소하는 확정판결은 그 사건에 관하여 당사자인 행정청과 그 밖의 관계행정청을 기속한다."라고 규정하고 있다. 이러한 취소 확정판결의 '기속력'은 취소 청구가 인용된 판결에서 인정되는 것으로서 당사자인 행정청과 그 밖의 관계행정청에게 확정판결의 취지에 따라 행동하여야 할 의무를 지우는 작용을 한다. 이에 비하여 행정소송법 제8조 제2항에 의하여 행정소송에 준용되는 민사소송법 제216조, 제218조가 규정하고 있는 '기판력'이란 기판력 있는 전소 판결의 소송물과 동일한 후소를 허용하지 않음과 동시에, 후소의 소송물이 전소의 소송물과 동일하지는 않더라도 전소의 소송물에 관한 판단이 후소의 선결문제가 되거나 모순관계에 있을 때에는 후소에서 전소 판결의 판단과 다른 주장을 하는 것을 허용하지 않는

의 효력이 제3자인 재산경락인에게 미치지 않는다고 하면 체납자에게 승소의 의미가 없게 될 것이라는 점을 고려하면 취소판결의 제3자효를 인정할 필요성을 쉽게 이해할 수 있을 것이다.

작용을 한다」(대판 2016.3.24, 2015두48235).

3) 기속력의 내용

① 부작위의무   취소판결이 확정되면 관계 행정청은 확정판결에 저촉되는 행위를 할 수 없다. 즉, 행정청은 동일한 사실관계하에서 동일한 당사자에게 동일한 내용의 처분을 반복하여서는 안 된다(관련판례 ① 참조).[75] 다만 취소판결이 행정행위의 절차나 형식상의 위법을 이유로 확정된 경우에 행정청이 적법한 절차나 형식을 갖춘 다음에 동일한 내용의 처분을 하는 것은 허용된다(관련판례 ② 참조).

관련판례

① 「취소판결에서 이미 징계사유가 될 수 없다고 판단한 것과 동일한 사유를 내세워 징계처분을 한 것은 확정판결에 저촉되는 행위를 한 것으로서 위 취소판결의 기속력에 저촉되어 허용될 수 없다」(대판 1992.7.14, 92누2912).
② 「과세의 절차 내지 형식에 위법이 있어 과세처분을 취소하는 판결이 확정되었을 때는 그 확정판결의 기판력은 거기에 적시된 절차 내지 형식의 위법사유에 한하여 미치는 것이므로 과세관청은 그 위법사유를 보완하여 다시 새로운 과세처분을 할 수 있고 그 새로운 과세처분은 확정판결에 의하여 취소된 종전의 과세처분과는 별개의 처분이라 할 것이어서 확정판결의 기판력에 저촉되는 것이 아니다」(대판 1987.2.10, 86누91).

한편 청구기각판결에도 이러한 부작위의무가 인정되는지의 문제가 있는바, 「행정소송법」이 기속력이 발생하는 판결의 범위를 인용판결(취소판결)에 국한시키고 있으므로(동법 제30조 제1항) 부작위의무는 청구기각판결에는 인정되지 않는다. 따라서 청구기각판결이 있더라도 행정청은 당해 처분을 직권으로 취소할 수 있다.

② 적극적 처분의무   거부처분에 대한 취소판결이 있는 경우에는 그 처분을 행한 행정청은 판결의 취지에 따라 이전의 신청에 대한 처분을 하여야 한다(「행정소송법」 제30조 제2항). 따라서 당사자는 다시 신청을 할 필요가 없다.

다만 이 경우 반드시 원고가 신청한 내용대로 재처분을 하여야 하는 것은 아니다. 따라서 당초의 거부처분과 다른 이유로, 즉 위법사유를 보완하거나(관련판례 ① 참조) 새로운 이유를 들어(관련판례 ② 참조) 거부처분을 하는 것도 가능하다.

---

75) 따라서 처분시점 이후에 생긴 새로운 사유나 사실관계를 들어 동일한 내용의 처분을 하는 것은 무방하다.

관련판례

①「행정소송법 제30조 제2항의 규정에 의하면 행정청의 거부처분을 취소하는 판결이 확정된 경우에는 그 처분을 행한 행정청이 판결의 취지에 따라 이전의 신청에 대하여 재처분할 의무가 있다고 할 것이나, 그 취소사유가 행정처분의 절차, 방법의 위법으로 인한 것이라면 그 처분 행정청은 그 확정판결의 취지에 따라 그 위법사유를 보완하여 다시 종전의 신청에 대한 거부처분을 할 수 있고, 그러한 처분도 위 조항에 규정된 재처분에 해당한다」(대판 2005.1.14, 2003두13045).
②「행정소송법 제30조 제2항에 의하면, 행정청의 거부처분을 취소하는 판결이 확정된 경우에는 처분을 행한 행정청이 판결의 취지에 따라 이전 신청에 대하여 재처분을 할 의무가 있다. 행정처분의 적법 여부는 행정처분이 행하여진 때의 법령과 사실을 기준으로 판단하는 것이므로 확정판결의 당사자인 처분 행정청은 종전 처분 후에 발생한 새로운 사유를 내세워 다시 거부처분을 할 수 있고, 그러한 처분도 위 조항에 규정된 재처분에 해당한다. 여기에서 '새로운 사유'인지는 종전 처분에 관하여 위법한 것으로 판결에서 판단된 사유와 기본적 사실관계의 동일성이 인정되는 사유인지에 따라 판단되어야 하고, 기본적 사실관계의 동일성 유무는 처분사유를 법률적으로 평가하기 이전의 구체적인 사실에 착안하여 그 기초인 사회적 사실관계가 기본적인 점에서 동일한지에 따라 결정되며, 추가 또는 변경된 사유가 처분 당시에 그 사유를 명기하지 않았을 뿐 이미 존재하고 있었고 당사자도 그 사실을 알고 있었다고 하여 당초 처분사유와 동일성이 있는 것이라고 할 수는 없다」(대판 2011.10.27, 2011두1440).

③ 절차위법을 이유로 한 취소판결에 따른 적극적 처분의무 신청에 따른 처분이 제3자의 취소소송제기에 의하여 처분의 절차상 하자를 이유로 취소된 경우에는 관계 행정청은 적법한 절차에 따라 이전의 신청에 대한 처분을 하여야 한다(「행정소송법」 제30조 제3항). 그러나 실체적 내용에 위법이 있음을 이유로 처분이 취소된 경우에는 재처분의 의무가 없다.

④ 결과제거의무 관계 행정청은 처분의 취소판결이 있게 되면, 결과적으로 위법이 된 처분에 의하여 초래된 상태를 제거해야 할 의무를 진다. 그럼에도 불구하고 행정청이 그에 따른 의무를 이행하지 않을 경우에는 공법상 결과제거청구의 방법을 사용할 수 있을 것이다.

관련판례

「관할관청이 직업능력개발훈련과정 인정을 받은 사업주에 대하여 거짓이나 그 밖의 부정한 방법으로 훈련비용을 지원받았다고 판단하여 위 규정들에 따라 일정 기간의 훈련과정 인정제한처분과 훈련비용 지원제한처분을 하였다면, 그 사업주는 그 제한처분 때문에 해당 제한 기간에는 실시예정인 훈련과정의 인정을 신청할 수 없고, 이미 실시한 훈련과정의 비용지원도 신청할 수 없게 된다.

그런데 그 제한처분에 대한 쟁송절차에서 해당 제한처분이 위법한 것으로 판단되어 취소되거나 당연무효로 확인된 경우에는, 예외적으로 사업주가 해당 제한처분 때문에 관계 법령이 정한 기한 내에 하지 못했던 훈련과정 인정신청과 훈련비용 지원신청을 사후적으로 할 수 있는 기회를 주는 것이 취소판결과 무효확인판결의 기속력을 규정한 행정소송법 제30조 제1항, 제2항, 제38조 제1항의 입법 취지와 법치행정 원리에 부합한다」(대판 2019.1.31, 2016두52019).

4) 기속력의 범위

① 주관적 범위　기속력은 당사자인 행정청뿐만 아니라 그 밖의 모든 관계 행정청에 미친다(「행정소송법」 제30조 제1항). 여기서 '관계 행정청'이란 —피고인 행정청과 상하의 행정청관계에 있는지 여부 등과 관계없이— 취소된 처분과 관련하여 어떠한 처분권한을 가진 행정청을 말한다.

② 객관적 범위　기속력은 판결의 주문 및 그 전제가 된 요건사실의 인정과 효력의 판단에만 미치며, 판결의 결론과 직접 관계없는 방론(傍論)이나 간접사실에는 미치지 않는다.

한편 기속력은 판결에서 위법한 것으로 판단된 개개의 처분사유에 대하여 발생하는바, 이 점에서 기판력이 위법성 일반에 대하여 생기는 것과 구분된다. 따라서 거부처분의 취소판결이 있은 후에도 당초의 거부사유 이외의 사유를 들어 다시 거부처분을 하는 것도 가능하다.

관련판례

「취소 확정판결의 기속력은 판결의 주문 및 전제가 되는 처분 등의 구체적 위법사유에 관한 판단에도 미치나, 종전 처분이 판결에 의하여 취소되었더라도 종전 처분과 다른 사유를 들어서 새로이 처분을 하는 것은 기속력에 저촉되지 않는다. 여기에서 동일 사유인지 다른 사유인지는 확정판결에서 위법한 것으로 판단된 종전 처분사유와 기본적 사실관계에서 동일성이 인정되는지 여부에 따라 판단되어야 하고, 기본적 사실관계의 동일성 유무는 처분사유를 법률적으로 평가하기 이전의 구체적인 사실에 착안하여 그 기초인 사회적 사실관계가 기본적인 점에서 동일한지에 따라 결정된다. 또한 행정처분의 위법 여부는 행정처분이 행하여진 때의 법령과 사실을 기준으로 판단하므로, 확정판결의 당사자인 처분 행정청은 종전 처분 후에 발생한 새로운 사유를 내세워 다시 처분을 할 수 있고, 새로운 처분의 처분사유가 종전 처분의 처분사유와 기본적 사실관계에서 동일하지 않은 다른 사유에 해당하는 이상, 처분사유가 종전 처분 당시 이미 존재하고 있었고 당사자가 이를 알고 있었더라도 이를 내세워 새로이 처분을 하는 것은 확정판결의 기속력에 저촉되지 않는다」(대판 2016.3.24, 2015두48235).

5) 기속력 위반의 효과　취소판결에 저촉되는 행정청의 행위는 위법·무효이다.

「어떠한 행정처분에 위법한 하자가 있다는 이유로 그 취소를 소구한 행정소송에서 그 행정처분을 취소하는 판결이 선고되어 확정된 경우에 처분행정청이 그 행정소송의 사실심 변론종결 이전의 사유를 내세워 다시 확정판결에 저촉되는 행정처분을 하는 것은 확정판결의 기판력[76]에 저촉되어 허용될 수 없고 이와 같은 행정처분은 그 하자가 명백하고 중대한 경우에 해당되어 당연무효이다」(대판 1989.9.12, 89누985).

(6) 집행력

1) 의 의   집행력이란 판결로 명한 이행의무를 강제집행절차에 의하여 실현할 수 있는 효력을 말하는바, 이러한 의미의 집행력은 이행판결에만 인정된다. 따라서 이행소송이 인정되지 않는 항고소송의 경우에는 원칙적으로 집행력의 문제가 일어나지 않는다.

「거부처분취소판결은 거부처분을 행한 행정청으로 하여금 그 판결의 취지에 따라 다시 이전의 신청에 대한 처분을 하도록 하는 기속력을 갖기는 하지만(행정소송법 제30조 제2항 참조), 그 판결을 채무명의로 하여 행정청의 재처분의무를 민사소송법상의 강제집행절차에 의하여 실현할 수 있는 집행력을 갖지는 못한다」(대판 2001.11.13, 99두2017).

다만 집행력을 광의로 이해하는 경우 강제집행 이외의 방법에 의하여 판결의 내용에 적합한 상태를 실현하는 것, 즉 간접강제도 집행력에 포함되는 것으로 볼 수 있다. 그리고 이러한 의미의 집행력은 형성판결이나 확인판결에서도 인정될 수 있다.

2) 간접강제   거부처분에 대한 취소판결이나 부작위위법확인판결이 확정되면 판결의 기속력에 의해 행정청은 당해 판결의 취지에 따라 다시 이전의 신청에 대한 처분을 할 의무를 진다(「행정소송법」 제30조 제2항, 제38조 제2항). 그럼에도 불구하고 행정청이 그 의무를 이행하지 않은 경우에는 판결의 집행력이 문제가 되는바, 이에 대해 현행 「행정소송법」은 판결의 실효성을 확보하기 위하여 간접강제제도를 마련하고 있다. 즉, 「행정청이 제30조 제2항의 규정에 의한 처분을 하지 아니하는 때에는, 제1심 수소법원은 당사자의 신청에 의하여 결정으로써 상당한 기간을 정하고 행정청이 그 기간 내에 이행하지 아니하는 때에는 그 지연기간에 따라 일정한 배상을 할 것을 명하거나, 즉시 손해배상을 할 것을 명할 수 있다」라는 규정(동법 제34조 제1항)이 그것이다. 따라서 거부처분에 대한 취소판결이나 부작위위법확인판결은 간접강제의 범위 내에서 집

---

76) 판결문에는 '기판력'이라는 용어가 사용되고 있지만, 이는 의미상 기속력에 해당한다.

행력을 갖는다고 할 수 있다.

한편 「행정소송법」 제34조의 간접강제결정에 근거한 배상금은 확정판결의 취지에 따른 재처분의 지연에 대한 제재나 손해배상이 아니라 재처분의 이행에 관한 심리적 강제수단의 성질을 갖는다.

관련판례

「행정소송법 제34조 소정의 간접강제결정에 기한 배상금은 거부처분취소판결이 확정된 경우 그 처분을 행한 행정청으로 하여금 확정판결의 취지에 따른 재처분의무의 이행을 확실히 담보하기 위한 것으로서, 확정판결의 취지에 따른 재처분의무내용의 불확정성과 그에 따른 재처분에의 해당여부에 관한 쟁송으로 인하여 간접강제결정에서 정한 재처분의무의 기한 경과에 따른 배상금이 증가될 가능성이 자칫 행정청으로 하여금 인용처분을 강제하여 행정청의 재량권을 박탈하는 결과를 초래할 위험성이 있는 점 등을 감안하면, 이는 확정판결의 취지에 따른 재처분의 지연에 대한 제재나 손해배상이 아니고 재처분의 이행에 관한 심리적 강제수단에 불과한 것으로 보아야 한다(대판 2004.1.15, 2002두2444).

XII. 판결에 의하지 않는 취소소송의 종료

1. 소의 취하

소의 취하란 원고가 제기한 소의 전부 또는 일부를 철회하는 법원에 대한 일방적 의사표시를 말한다. 취소소송에도 처분권주의가 지배하므로 소의 취하가 인정될 수 있다.

2. 당사자의 소멸

원고가 사망하고 그를 승계할 자가 없는 경우에는 소송은 종료된다. 그러나 피고인 행정청이 없게 된 때에는 그 처분 등에 관한 사무가 귀속되는 국가 또는 공공단체가 피고가 되므로 소송이 종료되지 않는다.

3. 청구의 포기 · 인락 가능여부

청구의 포기란 원고가 자기의 소송상의 청구가 이유 없음을 자인하는 법원에 대한 일방적 의사표시를 말하며, 청구의 인락(認諾)이란 피고가 원고의 청구가 이유 있음을 자인하는 법원에 대한 일방적 의사표시를 말한다.

취소소송에서 청구의 포기 · 인락이 인정될 수 있는지에 관하여는 학설의 대립이 있으나, 부정하는 것이 지배적이다.

4. 소송상 화해

소송상 화해란 소송의 계속 중 당사자 쌍방이 소송물인 권리관계의 주장을 서로 양보하여 소송을 종료시키기로 하는 변론기일에 있어서의 합의를 말하는바, 화해조서는 확정판결과 같은 효력이 있다.

취소소송에 있어서 소송상 화해를 통한 소송의 종료가 인정될 수 있는지의 여부가 다투어지고 있는바, 부정시하는 것이 종래의 지배적 견해이었다.

XIII. 상소 및 제3자의 재심청구 등

1. 상소 – 항소와 상고

제1심법원의 판결에 불복하는 자는 상급법원에 항소할 수 있으며, 항소심의 종국판결에 대하여는 대법원에 상고할 수 있다.

한편 행정소송에도 「상고심절차에 관한 특례법」이 적용되므로 상고의 경우 대법원은 상고이유에 관한 주장에 중대한 법령위반에 관한 사항 또는 「민사소송법」 제424조 소정의 절대적 상고이유가 포함되어 있지 아니한 때 등에는 더 나아가 심리를 하지 아니하고 판결로 상고를 기각한다(「상고심절차에 관한 특례법」 제4조). 이와 관련하여 「상고심절차에 관한 특례법」 제4조가 국민의 재판청구권을 제약한다는 것을 이유로 위헌성이 지적되기도 하였으나, 헌법재판소는 동 조항의 합헌성을 인정한 바 있다.

관련판례

「헌법이 대법원을 최고법원으로 규정하였다고 하여 대법원이 곧바로 모든 사건을 상고심으로서 관할하여야 한다는 결론이 당연히 도출되는 것은 아니며, 헌법과 법률이 정한 법관에 의하여 법률에 의한 재판을 받을 권리가 사건의 경중을 가리지 아니하고 모든 사건에 대하여 대법원을 구성하는 법관에 의한 균등한 재판을 받을 권리를 의미한다거나 또는 상고심재판을 받을 권리를 의미하는 것이라고 할 수는 없다. 또한 심급제도는 사법에 의한 권리보호에 관한 한정된 법 발견 자원의 합리적인 분배의 문제인 동시에 재판의 적정과 신속이라는 서로 상반되는 두 가지의 요청을 어떻게 조화시키느냐의 문제로 돌아가므로 원칙적으로 입법자의 형성의 자유에 속하는 사항이다. 그러므로 이 사건 법률조항은 비록 국민의 재판청구권을 제약하고 있기는 하지만 위 심급제도와 대법원의 최고법원성을 존중하면서 민사, 가사, 행정, 특허 등 소송사건에 있어서 상고심재판을 받을 수 있는 객관적인 기준을 정함에 있어 개별적 사건에서의 권리구제보다 법령해석의 통일을 더 우위에 둔 규정으로서 그 합리성이 있다고 할 것이므로 헌법에 위반되지 아니한다」
(헌재결 2002.6.27, 2002헌마18).

2. 항고 · 재항고 및 즉시항고

소송절차에 관한 신청을 기각한 결정이나 명령에 대하여 불복이 있으면 항고할 수
있으며(「민사소송법」 제439조), 항고법원 또는 항소법원의 결정 및 명령에 대하여는 재
판에 영향을 미친 헌법 · 법률 · 명령 또는 규칙위반이 있음을 이유로 재항고할 수 있다
(동법 제442조). 또한 법률에 특별한 규정이 있는 경우에는 즉시항고를 할 수 있다. 즉시
항고는 재판의 고지가 있는 날부터 1주일 이내에 하여야 하며(동법 제444조), 즉시항고
에는 집행정지의 효력이 인정된다(동법 제447조).

3. 재심청구

(1) 의 의

재심(Wiederaufnahme)이란 확정된 종국판결에 재심사유에 해당하는 하자가 있는
경우에 판결을 한 법원에 대하여 그 판결의 취소와 사건의 재심사를 구하는 특별한 불
복신청방법이다. 취소소송의 판결에 대해서도 「민사소송법」이 정하는 바에 따라 재심
이 인정된다.

관련판례

「재심은 확정된 종국판결에 대하여 판결의 효력을 인정할 수 없는 중대한 하자가 있는 경우 예
외적으로 판결의 확정에 따른 법적 안정성을 후퇴시켜 그 하자를 시정함으로써 구체적 정의를
실현하고자 마련된 것이다. 행정소송법 제8조에 따라 심결취소소송에 준용되는 민사소송법 제
451조 제1항 제8호는 '판결의 기초로 된 행정처분이 다른 행정처분에 의하여 변경된 때'를 재심
사유로 규정하고 있다. 이는 판결의 심리 · 판단 대상이 되는 행정처분 그 자체가 그 후 다른 행
정처분에 의하여 확정적 · 소급적으로 변경된 경우를 말하는 것이 아니고, 확정판결에 법률적으
로 구속력을 미치거나 또는 그 확정판결에서 사실인정의 자료가 된 행정처분이 다른 행정처분에
의하여 확정적 · 소급적으로 변경된 경우를 말하는 것이다. 여기서 '사실인정의 자료가 되었다'
는 것은 그 행정처분이 확정판결의 사실인정에서 증거자료로 채택되었고 그 행정처분의 변경이
확정판결의 사실인정에 영향을 미칠 가능성이 있는 경우를 말한다」(대판 2020.1.22, 2016후
2522 전원합의체).

---

(2) 제3자의 재심청구

「행정소송법」은 취소판결에 대한 제3자의 재심청구에 관한 특별한 규정을 갖고

있는바, 제3자의 재심청구를 특별히 인정할 필요성은 다음과 같은 점에서 찾아볼 수 있다.

취소소송의 인용판결의 효력은 제3자에게도 미치므로(동법 제29조 제1항) 소송에 관여하지 않은 제3자가 불측의 손해를 입는 경우가 있다. 따라서「행정소송법」은 그 같은 손해가 발생하지 않도록 하기 위하여 행정청 및 제3자의 소송참가를 인정하고 있다(동법 제16조, 제17조). 그러나 제3자가 자기에게 귀책사유없이 소송에 참가하지 못하여 판결의 결과에 영향을 미칠 공격방어방법을 제출하지 못하는 경우도 있을 수 있는 바, 이에「행정소송법」은 제3자의 재심청구를 규정하고 있다(동법 제31조).

1) 재심청구의 당사자   재심청구의 원고는 취소소송의 인용판결에 의하여 권리 또는 이익의 침해를 받은 제3자이며(동법 제31조), 확정판결에 나타난 원고와 피고가 함께 재심청구의 공동피고가 된다.

2) 재심사유   제3자의 재심청구는 ① 인용판결이 확정되어 있을 것, ② 자기에게 책임 없는 사유로 소송에 참가하지 못하였을 것 및 ③ 소송에 참가하지 못함으로써 판결의 결과에 영향을 미칠 공격 또는 방어방법을 제출하지 못하였을 것 등이 요건이 갖추어져 있는 경우에 허용된다.

3) 재심청구기간   제3자에 의한 재심청구는 확정판결이 있음을 안 날로부터 30일 이내, 판결이 확정된 날로부터 1년 이내에 제기하여야 한다. 이 기간은 불변기간이다(동법 제31조 제2항·제3항).

4. 소송비용

소송비용은 패소자가 부담하는 것이 원칙이다. 일부패소의 경우에는 법원이 당사자들이 부담할 소송비용을 정한다(「민사소송법」 제98조, 제101조). 다만 취소청구가 사정판결에 의하여 기각되거나, 행정청이 처분 등을 취소 또는 변경함으로 인하여 청구가 각하 또는 기각된 경우에는 승소자인 피고가 소송비용을 부담한다(「행정소송법」 제32조).

한편 소송비용에 관한 재판이 확정된 때에는 피고 또는 참가인이었던 행정청이 소속하는 국가 또는 공공단체에 그 효력을 미친다(동법 제33조).

5. 위헌판결의 공고

취소소송의 선결문제로서 명령·규칙이 대법원의 판결에 의하여「헌법」 또는 법률에 위반된다는 것이 확정된 경우에는 대법원은 지체없이 그 사유를 행정안전부장관에게 통보하여야 하고, 통보를 받은 행정안전부장관은 이를 지체없이 관보에 게재하여야 한다(「행정소송법」 제6조).

제2관 무효등확인소송

I. 의의 및 성질

1. 의 의

무효등확인소송이란 행정청의 처분의 효력유무 또는 존재여부를 확인하는 소송을 말한다(「행정소송법」 제4조 제2호). 무효등확인소송에는 처분 등의 무효확인소송 이외에 유효확인소송, 존재확인소송, 부존재확인소송 및 실효확인소송이 포함된다. 한편 무효확인소송의 필요성에 관하여는 이하의 판례 참조.

관련판례

「행정처분의 무효확인소송이 허용되는 이유는 법률상 무효이므로 그 처분으로 인하여 아무러한 효과가 발생하지 않음에도 불구하고, 외형상으로 행정처분으로서 존재하면 그 처분의 성질상 유효한 효력이 지속하는 것으로서 오인될 가능성이 있는 것에 대하여서는 재판에 의하여 그 효력의 부정을 선언할 필요가 있다고 함에 있는 것이다」(대판 1967.3.28, 67누14).

2. 성 질

무효등확인소송은 실질적으로는 확인소송이다. 그러나 형식적으로는 처분 등의 효력의 유무를 직접 소송의 대상으로 한다는 점에서 무효등확인소송은 항고소송(취소소송)적 성질 또한 갖는다. 따라서 무효등확인소송은 준항고소송의 성질을 갖는다고 할 수 있다(다수설). 판례 또한 같은 입장으로 해석할 수 있다.

관련판례

「행정처분의 무효확인판결은 비록 형식상은 확인판결이라 하여도 그 확인판결의 효력은 그 취소판결의 경우와 같이 소송의 당사자는 물론 제3자에게도 미친다」(대판 1982.7.27, 82다173).

II. 당사자 등

1. 원고적격

(1) 관련규정

「행정소송법」제35조는 무효등확인소송의 원고적격에 관하여「무효등확인소송은 처분 등의 효력유무 또는 존재여부의 확인을 구할 법률상 이익이 있는 자가 제기할 수 있다」고 규정하고 있다.[77]

한편「행정소송법」제35조의 법률상 이익의 의미에 관하여는 ① 취소소송에서의 그것과 동일한 의미를 가진다는 견해와 ② 민사소송에서의 확인의 이익, 즉 즉시확정의 이익 내지 확인소송의 보충성을 의미하는 것으로 보는 견해의 대립이 있다. 이러한 견해의 대립은 무효등확인소송의 보충성과 관련하여 중요한 의미를 갖는다.

관련판례

「행정처분의 직접 상대방이 아닌 제3자라 하더라도 당해 행정처분으로 인하여 법률상 보호되는 이익을 침해당한 경우에는 그 처분의 무효확인을 구하는 행정소송을 제기하여 그 당부의 판단을 받을 자격이 있다 할 것이며, 여기에서 말하는 법률상 보호되는 이익이라 함은 당해 처분의 근거 법규 및 관련 법규에 의하여 보호되는 개별적·직접적·구체적 이익이 있는 경우를 말하고, 공익보호의 결과로 국민 일반이 공통적으로 가지는 일반적·간접적·추상적 이익이 생기는 경우에는 법률상 보호되는 이익이 있다고 할 수 없다」(대판 2006.3.16, 2006두330 전원합의체).

(2) 무효등확인소송의 보충성

무효등확인소송이 무효를 전제로 하는 현재의 법률관계에 관한 소송으로 구제되지 않을 때에만 단지 '보충적으로' 허용되는지 여부에 대하여는 긍정설과 부정설의 대립이 있었다. 한편 법원은 종래「행정소송법」제35조의 법률상 이익은 '확인판결을 받는 것이 가장 유효적절한 수단일 때' 인정되며, 따라서 무효확인소송은 단지 보충적으로만 허용될 수 있다는 입장을 취해 왔다(대판 2001.9.18, 99두11752 등).

그러나 최근 대법원은 판례를 변경하여「행정처분의 근거법률에 의하여 보호되는 직접적이고 구체적인 이익이 있는 경우에는 '무효확인을 구할 법률상 이익'이 있다고

---

[77]「행정소송법」제35조가 무엇에 관한 규정인지에 대하여는 ① 소의 이익에 관한 규정으로 보는 견해, ② 원고적격만을 규정한 것으로 보는 견해, ③ 원고적격과 소의 이익에 관한 규정으로 보는 견해의 대립이 있다. 한편 ③의 견해는 다시 확인의 소에 관한 보충성이 이 조항으로부터 도출된다는 견해와 도출되지 않는다는 견해로 구분된다.

보아야 하고, 이와 별도로 무효확인소송의 보충성이 요구되는 것은 아니다」라는 취지의 판결을 행하였는바, 이에 관하여는 이하의 관련판례 참조.

「행정소송법 제4조에서는 무효확인소송을 항고소송의 일종으로 규정하고 있고, 행정소송법 제38조 제1항에서는 처분 등을 취소하는 확정판결의 기속력 및 행정청의 재처분의무에 관한 행정소송법 제30조를 무효확인소송에도 준용하고 있으므로 무효확인판결 자체만으로도 실효성을 확보할 수 있다. 그리고 무효확인소송의 보충성을 규정하고 있는 외국의 일부 입법례와는 달리 우리나라 행정소송법에는 명문의 규정이 없어 이로 인한 명시적 제한이 존재하지 않는다. 이와 같은 사정을 비롯하여 행정에 대한 사법통제, 권익구제의 확대와 같은 행정소송의 기능 등을 종합하여 보면, 행정처분의 근거법률에 의하여 보호되는 직접적이고 구체적인 이익이 있는 경우에는 행정소송법 제35조에 규정된 '무효확인을 구할 법률상 이익'이 있다고 보아야 하고, 이와 별도로 무효확인소송의 보충성이 요구되는 것은 아니므로 행정처분의 무효를 전제로 한 이행소송[부당이득반환청구소송] 등과 같은 직접적인 구제수단이 있는지 여부를 따질 필요가 없다고 해석함이 상당하다」(대판 2008.3.20, 2007두6342 전원합의체).

2. 피고적격

무효등확인소송의 피고적격에 관하여는 취소소송의 피고적격에 관한 규정이 준용되므로(「행정소송법」 제38조 제1항) 당해 처분 등을 행한 행정청이 무효등확인소송의 피고가 된다.

Ⅲ. 소송의 제기

1. 주요 소송요건

(1) 재판관할
무효등확인소송의 제1심관할은 피고의 소재지를 관할하는 행정법원이 된다(「행정소송법」 제38조 제1항, 제9조).

(2) 행정심판전치의 문제
무효등확인소송에는 행정심판전치에 관한 규정의 적용이 없다. 다만 무효선언을 구하는 의미에서의 취소소송의 경우에는 예외적으로 행정심판전치주의의 적용이 있다(대판 1987.6.9, 87누219 참조).

(3) 제소기간

무효등확인소송에는 제소기간의 제한이 없다(「행정소송법」제38조 제1항 참조). 다만 무효선언을 구하는 의미에서의 취소소송의 형식을 취하게 되는 경우에는 제소기간의 적용이 있게 된다.

(4) 소송의 대상

무효등확인소송의 대상은 취소소송의 경우와 마찬가지로 '처분 등'이다.

2. 소의 변경

취소소송에 있어서의 소의 종류의 변경에 관한 「행정소송법」제21조의 규정은 무효등확인소송에도 준용된다(동법 제37조). 또한 취소소송에 있어서의 처분변경으로 인한 소의 변경에 관한 「행정소송법」제22조에 관한 규정 역시 무효등확인소송에도 준용된다(동법 제38조 제1항).

3. 집행정지

집행정지에 관한 「행정소송법」제23조는 무효등확인소송에도 준용된다(동법 제38조 제1항).

IV. 소송의 심리

1. 주장책임과 증명책임

(1) 주장책임

무효등확인소송에서도 주요사실은 당사자가 주장하지 않으면 판결의 기초로 삼을 수 없다.

(2) 증명책임

무효등확인소송에서 무효원인에 대한 증명책임을 어떻게 분배할 것인가에 관하여는 학설이 대립하고 있다. 즉,

① 무효등확인소송 역시 항고소송으로서 처분 등의 위법여부가 다투어진다는 점에서 취소소송과 다를 바 없으므로 취소소송의 경우와 마찬가지로 피고인 행정청이 당해 처분 등의 유효요건에 대하여 증명책임을 진다는 견해와, ② 하자의 중대·명백성은 극히 예외적이라는 것을 이유로 취소소송의 경우와 달리 원고가 증명책임을 진다는 견해의 대립이 있다. 판례는 무효원인에 대하여는 원고가 증명책임을 진다고 한다.

관련판례

「행정치분의 당연무효를 주장하여 그 무효확인을 구하는 행정소송에 있어서는 원고에게 그 행정처분이 무효인 사유를 주장·입증할 책임이 있다」(대판 1992.3.10, 91누6030).

2. 위법판단의 기준시

취소소송의 경우와 마찬가지로 무효등확인소송의 경우에도 처분 시를 기준으로 처분의 무효 등을 판단해야 한다.

V. 무효등확인소송의 판결

1. 사정판결의 가능성 여부

무효등확인소송에서는 사정판결이 행해질 수 없다는 것이 다수설과 판례의 입장이다. 다만 근래에는 무효와 취소의 구별의 상대성, 무효인 처분에 대해서도 기성사실을 존중할 필요성 등을 논거로 하여 무효등확인소송에서도 사정판결을 할 수 있다는 견해도 나타나고 있다.

관련판례

「당연무효의 행정처분을 소송목적물로 하는 행정소송에서는 존치시킬 효력이 있는 행정행위가 없기 때문에 행정소송법 제28조 소정의 사정판결을 할 수 없다고 할 것이다」(대판 1996.3.22, 95누5509).

2. 판결의 효력

(1) 기속력 등

무효등확인판결은 제3자에 대하여도 효력이 있으며(「행정소송법」 제38조 제1항, 제29조), 그 사건에 관하여 당사자인 행정청과 그 밖의 관계 행정청을 기속한다(동법 제38조 제1항, 제30조).

(2) 간접강제의 가능성 여부

거부처분의 무효확인판결이 있는 경우 거부처분취소판결의 간접강제에 관한 규정이 준용될 수 있는지가 다투어지고 있는바, 법원은 부정적 입장을 나타내고 있다.

관련판례

「행정소송법 제38조 제1항이 무효확인판결에 관하여 취소판결에 관한 규정을 준용함에 있어서 같은 법 제30조 제2항을 준용한다고 규정하면서도 같은 법 제34조는 이를 준용한다는 규정을 두지 않고 있으므로, 행정처분에 대하여 무효확인판결이 내려진 경우에는 그 행정처분이 거부처분인 경우에도 행정청에 판결의 취지에 따른 재처분의무가 인정될 뿐 그에 대하여 간접강제까지 허용되는 것은 아니라고 할 것이다」(대결 1998.12.24, 98무37).

3. 기타의 준용규정

제3자에 의한 재심청구에 관한 「행정소송법」 제31조, 소송비용에 관한 재판의 효력에 관한 「행정소송법」 제33조는 무효등확인소송에도 준용된다(동법 제38조 제1항).

제3관 부작위위법확인소송

Ⅰ. 의의 및 성질

1. 의 의

부작위위법확인소송이란 행정청의 부작위가 위법하다는 것을 확인하는 소송을 말한다(「행정소송법」 제4조 제3호). 부작위위법확인소송을 인정하는 취지에 관하여는 이하의 관련판례 참조.

관련판례

「행정소송법 제4조 제3호가 정하는 부작위위법확인의 소는 행정청이 당사자의 법규상 또는 조리상의 권리에 기한 신청에 대하여 상당한 기간 내에 신청을 인용하는 적극적 처분 또는 각하하거나 기각하는 등의 소극적 처분을 하여야 할 법률상 응답의무가 있음에도 불구하고 이를 하지 아니하는 경우 그 부작위가 위법하다는 것을 확인함으로써 행정청의 응답을 신속하게 하여 부작위 또는 무응답이라고 하는 소극적 위법상태를 제거하는 것을 목적으로 하는 제도이다」(대판 2000.2.25, 99두11455).

2. 성 질

부작위위법확인소송은 상대방의 신청에 대한 행정청의 부작위가 위법한 깃임을 확인하기 위한 것이므로 확인소송의 성질을 갖는다.

II. 당사자 등

1. 원고적격

부작위위법확인소송은 처분의 신청을 한 자로서 부작위의 위법의 확인을 구할 법률상 이익이 있는 자만이 제기할 수 있다(「행정소송법」 제36조). 부작위의 직접 상대방이 아닌 제3자라 하더라도 부작위의 위법을 확인받을 법률상 이익이 있는 자에게는 원고적격이 인정된다.

관련판례

「행정소송법상 취소소송이나 부작위위법확인소송에 있어서는 당해 행정처분 또는 부작위의 직접 상대방이 아닌 제3자라 하더라도 그 처분의 취소 또는 부작위위법확인을 받을 법률상의 이익이 있는 경우에는 원고적격이 인정된다」(대판 1989.5.23, 88누8135).

한편 부작위위법확인소송에서 원고적격이 인정되기 위해서는 일정한 처분의 신청을 한 것으로 족하다는 견해와 법령에 의한 신청권을 가져야 한다는 견해의 대립이 있는바, 판례는 후자의 입장에 따르고 있다(관련판례 ① 참조). 한편 여기서의 신청권을 인정한 사례에 관하여는 관련판례 ② 참조.

관련판례

① 「부작위위법확인소송은 처분의 신청을 한 자로서 부작위의 위법의 확인을 구할 법률상 이익이 있는 자만이 제기할 수 있다 할 것이며 이를 통하여 구하는 행정청의 응답행위는 행정소송법 제2조 제1항 제1호 소정의 처분에 관한 것이라야 하므로 당사자가 행정청에 대하여 어떠한 행정행위를 하여 줄 것을 신청하지 아니하였거나 그러한 신청을 하였더라도 당사자가 행정청에 대하여 그러한 행정행위를 하여 줄 것을 요구할 수 있는 법규상 또는 조리상의 권리를 갖고 있지 아니한 경우에는 … 원고적격이 없다」(대판 1992.6.9, 91누11278).

② 「지방공무원법 제8조, 제38조 제1항, 지방공무원임용령 제38조의3의 각 규정을 종합하면, 2급내지 4급 공무원의 승진임용은 임용권자가 행정실적·능력·경력·전공분야·인품 및 적성 등을 고려하여 하되 인사위원회의 사전심의를 거치도록 하고 있는바, 4급 공무원이 당해 지방자

치단체 인사위원회의 심의를 거쳐 3급 승진대상자로 결정되고 임용권자가 그 사실을 대내외에 공표까지 하였다면, 그 공무원은 승진임용에 관한 법률상 이익을 가진 자로서 임용권자에 대하여 3급 승진임용 신청을 할 조리상의 권리가 있다」(대판 2008.4.10, 2007두18611).

2. 피고적격

부작위위법확인소송의 피고적격에 관하여는 취소소송의 피고적격에 관한 규정이 준용되므로(「행정소송법」 제38조 제2항) 부작위의 행정청이 부작위위법확인소송의 피고가 된다.

III. 소송의 제기

1. 소송의 제기요건

(1) 재판관할

부작위위법확인소송의 제1심관할은 피고의 소재지를 관할하는 행정법원이 된다(「행정소송법」 제38조 제2항, 제9조).

(2) 행정심판전치와의 관계

부작위위법확인소송에는 행정심판전치에 관한 규정의 적용이 있다.

(3) 제소기간

행정심판(의무이행심판)을 거쳐 부작위위법확인소송을 제기하는 경우에는 당해 부작위에 대한 행정심판의 재결서의 정본을 송달받은 날부터 90일, 재결이 있는 날부터 1년 이내에 제기하여야 한다(「행정소송법」 제38조 제2항, 제20조).

한편 행정심판을 거치지 아니하고 부작위위법확인소송을 제기하는 경우에는 제소기간의 제한이 없다고 볼 것이다.

(4) 소송의 대상

부작위위법확인소송의 대상은 부작위이다.

1) 부작위의 의의 부작위란 「행정청이 당사자의 신청에 대하여 상당한 기간 내에 일정한 처분을 하여야 할 법률상 의무가 있음에도 불구하고 이를 하지 아니하는 것」을 의미한다(「행정소송법」 제2조 제1항 제2호).

2) 부작위의 성립요건

① 당사자의 신청의 존재 여기서 당사자의 신청은 법령에 명시된 경우(예:「여권법」 제9조 제1항, 「광업법」 제15조)뿐만 아니라, 법령의 해석상 당해 규정이 특정인의 신청을 전제로 하는 것이라고 인정되는 경우를 포함한다. 신청이 적법한 것이어야 하

는지에 대하여는 견해의 대립이 있다.

② 상당한 기간의 경과 행정청이 상당한 기간 이내에 일정한 처분을 하지 않은 상태가 존재하여야 한다. 여기서 '상당한 기간'이란 사회통념상 그 신청에 따르는 처분을 하는 데 소요될 것으로 인정되는 기간을 말한다.

③ 처분을 하여야 할 법률상 의무의 존재 처분을 하여야 할 법률상 의무는 일정한 처분을 할 것을 명하는 명문의 규정이 있거나, 당해 처분이 기속행위에 해당하는 경우에 인정된다. 다만, 재량행위인 경우에도 재량권이 영으로 수축되는 때에는 행정청에게 처분을 행할 법률상 의무가 존재한다고 볼 수 있다.

④ 처분의 부존재 행정청의 처분으로 볼 만한 외관 자체가 존재하지 않아야 한다. 한편, 법령이 일정한 상태에서 부작위를 거부처분으로 의제(간주)하는 경우에는 부작위가 있다고 볼 수 없다. 즉, 이 경우에는 거부처분취소소송의 대상이 될 뿐이다.

관련판례

① 「행정청이 당사자의 신청에 대하여 거부처분을 한 경우에는 항고소송의 대상인 위법한 부작위가 있다고 볼 수 없어 그 부작위위법확인의 소는 부적법하다」(대판 1998.1.23, 96누12641).

② 「4급 공무원이 당해 지방자치단체 인사위원회의 심의를 거쳐 3급 승진대상자로 결정되고 임용권자가 그 사실을 대내외에 공표까지 하였다면, 그 공무원은 승진임용에 관한 법률상 이익을 가진 자로서 임용권자에 대하여 3급 승진임용을 신청할 조리상의 권리가 있고, 이러한 공무원으로부터 소청심사청구를 통해 승진임용신청을 받은 행정청으로서는 상당한 기간 내에 그 신청을 인용하는 적극적 처분을 하거나 각하 또는 기각하는 등의 소극적 처분을 하여야 할 법률상의 응답의무가 있다. 그럼에도, 행정청이 위와 같은 권리자의 신청에 대해 아무런 적극적 또는 소극적 처분을 하지 않고 있다면 그러한 행정청의 부작위는 그 자체로 위법하다」(대판 2009.7.23, 2008두10560).

---

2. 소의 변경

취소소송에 있어서의 소의 종류의 변경에 관한 「행정소송법」 제21조의 규정은 부작위위법확인소송에도 준용된다(동법 제37조). 그러나 취소소송에 있어서의 처분변경으로 인한 소의 변경에 관한 「행정소송법」 제22조에 관한 규정은 성질상 부작위위법확인소송에 준용될 수 없다.

3. 집행정지

취소소송에 있어서의 집행정지제도에 관한 규정(「행정소송법」 제23조, 제24조)은 성질상 부작위위법확인소송에는 준용될 수 없다.

IV. 소송의 심리

1. 증명책임

부작위위법확인소송에서는 ① 원고가 일정한 처분을 신청한 사실 및 원고에게 처분의 신청권이 있다는 사실 및 상당한 기간이 경과하였다는 사실은 원고가, ② 원고의 처분 신청 후 '상당한 기간'을 경과하게 된 것을 정당화할 만한 사유에 대하여는 피고가 증명책임을 부담한다.

2. 위법판단의 기준시

부작위위법확인소송의 경우에는 부작위의 위법여부는 판결 시의 사실 및 법상태를 기초로 하여 판단하여야 한다.

3. 심리의 범위

부삭위위법확인소송의 심리범위와 관련하여 법원이 부작위의 위법여부만을 심리할 수 있는지 아니면 신청의 실체적인 내용의 이유유무까지 심리할 수 있는지가 다투어지고 있다. 이는 인용판결의 기속력에 따른 재처분의무의 내용과 밀접한 관련을 갖는다.

1) 실체적 심리설　부작위위법확인소송에 있어 법원은 신청의 실체적 내용이 이유 있는 것인지에 대해서까지 심리할 수 있다는 견해이다.

2) 절차적 심리설　부작위위법확인소송에 있어 법원은 행정청의 부작위의 위법어부를 확인하는 데 그칠 뿐, 행정청이 행하여야 할 처분의 내용까지 심리할 수는 없다고 보는 견해이다(다수설). 판례 역시 절차적 심리설에 입각하고 있는 것으로 보여진다.

관련판례

「부작위위법확인의 소는 행정청이 당사자의 법규상 또는 조리상의 권리에 기한 신청에 대하여 상당한 기간 내에 그 신청을 인용하는 적극적 처분을 하거나 각하 또는 기각하는 등의 소극적 처분을 하여야 할 법률상의 응답의무가 있음에도 불구하고 이를 하지 아니하는 경우, 그 부작위의 위법을 확인함으로써 행정청의 응답을 신속하게 하여 부작위 내지 무응답이라고 하는 소극적인 위법상태를 제거하는 것을 목적으로 하는 것이고, 나아가 그 인용 판결의 기속력에 의하여 행정청으로 하여금 적극적이든 소극적이든 어떤 처분을 하도록 강제한 다음, 그에 대하여 불복이 있을 경우 그 처분을 다투게 함으로써 최종적으로는 당사자의 권리와 이익을 보호하려는 제도이므로, 당사자의 신청이 있은 이후 당사자에게 생긴 사정의 변화로 인하여 위 부작위가 위법하다는 확인을 받는다고 하더라도 종국적으로 침해되거나 방해받은 권리와 이익을 보호·구제받는 것이 불가능하게 되었다면 그 부작위가 위법하다는 확인을 구할 이익은 없다」(대판 2002.6.28, 2000두4750).

V. 부작위위법확인소송의 판결

1. 사정판결의 가능성

부작위위법확인소송에서는 사정판결을 할 수 없다.

2. 판결의 효력

(1) 기속력

부작위위법확인판결이 확정되면 행정청은 판결의 취지에 따라 다시 이전의 신청에 대한 처분을 하여야 하는바, 여기서 '이전의 신청에 대한 처분'이 당초 신청된 특정한 처분을 의미하는가의 문제가 있다. 이는 전술한 부작위위법확인소송의 심리범위와 연관지어 고찰하여야 한다.

1) 실체적 심리설에 따르는 경우 　부작위위법확인소송의 심리범위에 관한 학설 중 실체적 심리설에 의하면 '이전의 신청에 대한 처분'이란 당초 신청된 특정한 처분을 의미하며, 따라서 부작위위법확인소송에서 인용판결(확인판결)이 확정되면 행정청은 원고의 신청대로 처분을 하여야 한다.

2) 절차적 심리설에 따르는 경우 　부작위위법확인소송의 심리범위에 관한 학설 중 절차적 심리설에 의하면 부작위위법확인소송에서 인용판결이 확정된 경우에도 행정청은 판결의 취지에 따라 원고의 신청대로의 처분을 반드시 하여야만 하는 것은 아니며, 다만 어떠한 처분을 하기만 하면 된다(다수설·판례).

(2) 판결의 제3자효

부작위위법확인소송의 확정판결은 제3자에 대하여도 효력이 있다(「행정소송법」 제38조 제2항, 제29조).

3. 기타의 준용규정

제3자에 의한 재심청구에 관한 「행정소송법」 제31조, 소송비용에 관한 재판의 효력에 관한 「행정소송법」 제33조, 거부처분취소판결의 간접강제에 관한 「행정소송법」 제34조는 부작위위법확인소송에도 준용된다(동법 제38조 제2항).

‖ 제3절 ‖ 당사자소송

Ⅰ. 의 의

당사자소송이란 「행정청의 처분 등을 원인으로 하는 법률관계에 관한 소송, 그 밖에 공법상의 법률관계에 대한 소송으로서 그 법률관계의 한쪽 당사자를 피고로 하는 소송」을 말한다(「행정소송법」 제3조 제2호).

이러한 당사자소송은 개인의 권익의 구제를 직접적인 목적으로 하는 '주관적 소송'이며, 분쟁에 관하여 처음으로 다투는 '시심적 소송'의 성질을 갖는다.

Ⅱ. 종 류

1. 실질적 당사자소송

(1) 의 의

실질적 당사자소송이란 공법상의 법률관계에 대한 소송으로서 그 법률관계의 한쪽 당사자를 피고로 하는 소송을 말하는바, 여기서 '공법상의 법률관계에 대한 소송'이란 소송상 청구의 대상이 되는 권리 내지 법률관계가 공법관계에 속하는 소송을 의미한다.

(2) 실질적 당사자소송의 예

1) 공법상 금전급부청구소송　공법상 금전급부청구소송으로서 판례상 실질적 당사자소송으로 판시된 예로는 다음과 같은 것이 있다: ① 「광주민주화운동관련자보상 등에 관한 법률」에 의거한 손실보상청구소송,[78] ② 석탄가격안정지원금 지급청구소송,[79] ③ 「석탄산업법」 소정의 재해위로금 지급청구소송,[80] ④ 미지급퇴직연금의 지급청구소송[81] 및 ⑤ 주거이전비 보상청구소송.[82]

---

78) 「광주민주화운동관련자보상 등에 관한 법률에 의거하여 관련자 및 유족들이 갖게 되는 보상 등에 관한 권리는 헌법 제23조 제3항에 따른 재산권 침해에 대한 손실보상청구나 국가배상법에 따른 손해배상청구와는 그 성질을 달리하는 것으로서 법률이 특별히 인정하고 있는 공법상의 권리라고 하여야 할 것이므로 그에 관한 소송은 행정소송법 제3조 제2호 소정의 당사자소송에 의하여야 할 것이며 보상금 등의 지급에 관한 법률관계의 주체는 대한민국이다」(대판 1992.12.24, 92누3335).

79) 대판 1997.5.30, 95다28960 참조.

80) 대판 1999.1.26, 98두12598 참조.

한편 공법상 금전급부는 행정청의 개별적인 급부결정이 있어야만 비로소 권리로서 확정되는 경우가 많은바, 그러한 경우에는 급부신청에 대한 행정청의 거부결정이 있을 때 거부결정취소청구소송과 같은 항고소송의 방법으로 그를 다투어야 한다는 것을 유의하여야 한다.

관련판례

「관계 법령의 해석상 급부를 받을 권리가 법령의 규정에 의하여 직접 발생하는 것이 아니라 급부를 받으려고 하는 자의 신청에 따라 관할 행정청이 지급결정을 함으로써 구체적인 권리가 발생하는 경우에는, 급부를 받으려고 하는 자는 우선 관계 법령에 따라 행정청에 급부지급을 신청하여 행정청이 이를 거부하거나 일부 금액만 인정하는 지급결정을 하는 경우 그 결정을 대상으로 항고소송을 제기하고, 취소·무효확인판결의 기속력에 따른 재처분을 통하여 구체적인 권리를 인정받은 다음 비로소 공법상 당사자소송으로 급부의 지급을 구하여야 하고, 구체적인 권리가 발생하지 않은 상태에서 곧바로 행정청이 속한 국가나 지방자치단체 등을 상대로 한 당사자소송이나 민사소송으로 급부의 지급을 소구하는 것은 허용되지 않는다」(대판 2020.10.15, 2020 다222382).

판례상 금전급부와 관련되어 있지만 항고소송으로 다투어야 한다고 판시된 예로는 다음과 같은 것이 있다: ① 「민주화운동관련자 명예회복 및 보상 등에 관한 법률」에 의한 보상금 등의 지급을 구하는 소송,[83] ② 「군인연금법」상의 상이연금지급청구소송,[84] ③ 공무원연금관리공단의 퇴직급여결정에 대한 소송,[85] ④ 진료기관의 의료보호비용청구에 대한 지급거부결정에 대한 소송.[86]

---

81) 대판 2004.7.8, 2004두244 참조.

82) 대판 2008.5.29, 2007다8129 참조.

83) 「민주화운동관련자 명예회복 및 보상 등에 관한 법률 제2조 각 목은 민주화운동과 관련한 피해유형을 추상적으로 규정한 것에 불과하여 같은 법 제2조 제1호에서 정의하고 있는 민주화운동의 내용을 함께 고려하더라도 그 규정들만으로는 바로 위 법상의 보상금 등의 지급대상자가 확정된다고 볼 수는 없고, 민주화운동관련자명예회복 및 보상심의위원회에서 심의·결정을 받아야만 비로소 보상금 등의 지급대상자로 확정될 수 있다. 따라서 그와 같은 보상심의위원회의 결정은 국민의 권리·의무에 직접 영향을 미치는 행정처분에 해당한다고 할 것이므로, 관련자 등으로서 보상금 등을 지급받고자 하는 신청에 대하여 보상심의위원회가 관련자 해당 요건의 전부 또는 일부를 인정하지 아니하여 보상금 등의 지급을 기각하는 결정을 한 경우에는 신청인은 보상심의위원회를 상대로 그 결정의 취소를 구하는 소송을 제기하여 보상금 등의 지급대상자가 될 수 있다」(대판 2008.4.17, 2005두16185). 이 판결은 특히 전술한 「광주민주화운동관련자보상 등에 관한 법률」에 의거한 손실보상청구소송에 관한 판결과 비교하여 고찰해 두기 바란다.

84) 대판 1995.9.15, 93누18532 참조.

85) 대판 1996.12.6, 96누6417 참조.

86) 대판 1999.11.26, 97다42250 참조.

2) 공법상 지위나 신분확인소송   재개발조합의 조합원자격확인소송[87] 등이 그 예이다.

3) 공법상 계약에 관한 소송   계약직 공무원의 채용계약해지에 대한 소송 등이 그 예가 되는바, 자세한 것은 제2편 제3장의 공법상 계약부분 참조.

4) 기 타   근래에 법원이 실질적 당사자소송에 해당하는 것으로 판시한 사례 중 주목할 만한 것들로는 다음과 같은 것이 있다.

관련판례

① 「구 도시정비법 제65조 제2항의 입법 취지와 구 도시정비법(제1조)의 입법 목적을 고려하면, 위 후단 규정에 따른 정비기반시설의 소유권 귀속에 관한 국가 또는 지방자치단체와 정비사업시행자 사이의 법률관계는 공법상의 법률관계로 보아야 한다. 따라서 위 후단 규정에 따른 정비기반시설의 소유권 귀속에 관한 소송은 공법상의 법률관계에 관한 소송으로서 행정소송법 제3조 제2호에서 규정하는 당사자소송에 해당한다」(대판 2018.7.26, 2015다221569).
② 「국토의 계획 및 이용에 관한 법률 제130조 제3항에서 정한 토지의 소유자·점유자 또는 관리인(이하 '소유자 등'이라 한다)이 사업시행자의 일시 사용에 대하여 정당한 사유 없이 동의를 거부하는 경우, 사업시행자는 해당 토지의 소유자 등을 상대로 동의의 의사표시를 구하는 소를 제기할 수 있다. 이와 같은 토지의 일시 사용에 대한 동의의 의사표시를 할 의무는 '국토의 계획 및 이용에 관한 법률'에서 특별히 인정한 공법상의 의무이므로, 그 의무의 존부를 다투는 소송은 '공법상의 법률관계에 관한 소송으로서 그 법률관계의 한쪽 당사자를 피고로 하는 소송', 즉 행정소송법 제3조 제2호에서 규정한 당사자소송이라고 보아야 한다」(대판 2019.9.9, 2016다262550).
③ 「국가 등 과세주체가 당해 확정된 조세채권의 소멸시효 중단을 위하여 납세의무자를 상대로 제기한 조세채권존재확인의 소는 공법상 당사자소송에 해당한다」(대판 2020.3.2, 2017두41771).

한편 국가배상청구소송, 행정상 손실보상청구소송 및 공법상의 부당이득반환청구소송(예: 과오납금반환청구소송) 등은 학설상 당사자소송으로 분류되고 있는바, 이들 소송을 판례는 민사소송에 의할 것을 요구하고 있다.

2. 형식적 당사자소송

(1) 의 의

형식적 당사자소송이란 행정청의 처분 등을 원인으로 하는 법률관계에 관한 소송으로서 그 법률관계의 한쪽 당사자를 피고로 하여 제기하는 소송을 말한다. 즉, 형식적

---

87) 대판 1996.2.15, 94다31235 참조.

당사자소송은 처분 등의 효력을 다툰다는 점에서 실질적으로는 항고소송이나, 소송경제 등의 필요에 의하여 형식적으로는 당사자소송의 형태를 취하고 있는 점에서 그 특색을 발견할 수 있다.

(2) 법적 근거의 문제

(개별법상의 근거규정이 없더라도) 「행정소송법」의 규정(제3조 제2호, 제39조 이하)에만 근거하여 형식적 당사자소송을 제기할 수 있는가에 관하여는 긍정설과 부정설이 대립하고 있는바, 후자가 다수설이다. 부정설의 주된 논거로는 「형식적 당사자소송의 원고적격ㆍ피고적격, 소송제기기간 등 소송요건이 불분명하여 현실적으로 소송을 진행하기 곤란하다」는 것이 들어지고 있다.

(3) 개별법상의 근거규정

「공익사업을 위한 토지 등의 취득 및 보상에 관한 법률」은 「재결신청이나 이의신청에 따른 재결에 대해 제기하는 행정소송이 보상금의 증감에 관한 소송인 경우 그 소송을 제기하는 자가 토지소유자 또는 관계인일 때에는 사업시행자를, 사업시행자일 때에는 토지소유자 또는 관계인을 각각 피고로 한다」고 규정하고 있는바(동법 제85조 제2항), 이것이 전형적인 형식적 당사자소송의 예가 된다.

한편 「보상금 또는 대가에 관한 불복의 소송에 있어서는 보상금을 지급하여야 하는 중앙행정기관의 장, 출원인 또는 특허권자 등을 피고로 하여야 한다」고 규정하고 있는 「특허법」제191조도 형식적 당사자소송의 근거규정이라고 볼 수 있다.

Ⅲ. 당사자소송에 관한 「행정소송법」의 주요내용

1. 준용규정

「행정소송법」제14조 내지 제17조, 제22조, 제25조, 제26조, 제30조 제1항, 제32조 및 제33조의 규정은 당사자소송의 경우에 준용한다(동법 제44조). 한편 「행정소송법」제21조는 당사자소송을 항고소송으로 변경하는 경우에 준용한다(동법 제42조).

2. 당사자적격

당사자소송은 민사소송과 유사한 형태의 소송이고, 당사자소송의 원고적격에 관하여는 「행정소송법」상 특칙이 없으므로 당사자소송의 원고적격에 관하여는 일반민사소송에 관한 규정이 준용된다.

한편 당사자소송은 국가ㆍ공공단체 그 밖의 권리주체를 피고로 한다(「행정소송법」제39조).

「납세의무부존재확인의 소는 공법상의 법률관계 그 자체를 다투는 소송으로서 당사자소송이라 할 것이므로 행정소송법 제3조 제2호, 제39조에 의하여 그 법률관계의 한쪽 당사자인 국가·공공단체 그 밖의 권리주체가 피고적격을 가진다」(대판 2000.9.8, 99두2765).

  또한 당사자소송은 대등한 권리주체 사이의 법률관계를 다투는 소송이므로 사인도 피고가 될 수 있다.

「행정소송법 제39조는, "당사자소송은 국가·공공단체 그 밖의 권리주체를 피고로 한다."라고 규정하고 있다. 이것은 당사자소송의 경우 항고소송과 달리 '행정청'이 아닌 '권리주체'에게 피고적격이 있음을 규정하는 것일 뿐, 피고적격이 인정되는 권리주체를 행정주체로 한정한다는 취지가 아니므로, 이 규정을 들어 사인을 피고로 하는 당사자소송을 제기할 수 없다고 볼 것은 아니다」(대판 2019.9.9, 2016다262550).

3. 재판관할 등

(1) 재판관할
  재판관할에 관한 취소소송의 규정은 당사자소송의 경우에 준용한다. 다만, 국가 또는 공공단체가 피고인 경우에는 관계 행정청의 소재지를 피고의 소재지로 본다(「행정소송법」 제40조).

(2) 제소기간
  당사자소송에 관하여 법령에 제소기간이 정하여져 있는 때에는 그에 의하며, 그 기간은 불변기간으로 한다(「행정소송법」 제41조).

(3) 가집행선고의 제한
  「행정소송법」 제43조는 '국가'를 상대로 하는 당사자소송의 경우에 가집행선고를 할 수 없도록 규정하고 있는바, 이로 인하여 모든 공법상 당사자소송에서 가집행선고를 할 수 없다고 할 것은 아니다. 즉, 국가를 상대로 하지 않는 당사자소송의 경우에는 가집행선고를 할 수도 있다는 견해도 유력하며, 관례 또한 그러한 입장에 따르고 있다.

「행정소송법 제8조 제2항에 의하면 행정소송에도 민사소송법의 규정이 일반적으로 준용되므로 법원으로서는 공법상 당사자소송에서 재산권의 청구를 인용하는 판결을 하는 경우 가집행선고를 할 수 있다」(대판 2000.11.28, 99두3416).

한편 국가배상청구소송은 (판례에 의할 때) 민사소송의 형태를 취하고 있으므로 국가배상청구소송에서는 국가를 상대로 가집행선고를 할 수 있다.

┃제4절┃ 객관적 소송

Ⅰ. 의 의

객관적 소송이란 행정의 적법성 보장을 목적으로 하는 소송을 말하는바, 객관적 소송은 특별히 법이 인정하는 경우에만 소의 제기가 가능하다.

Ⅱ. 종 류

1. 민중소송

(1) 의 의

국가 또는 공공단체의 기관이 법률에 위반되는 행위를 한 때에 직접 자기의 법률상 이익과 관계없이 그 시정을 구하기 위하여 일반 국민이 제기하는 소송을 말한다(「행정소송법」 제3조 제3호).

(2) 현행법상의 민중소송

1) 「공직선거법」상의 민중소송   대통령선거 및 국회의원선거의 효력에 관하여 이의가 있는 선거인·정당 또는 후보자는 선거일부터 30일 이내에 당해 선거구 선거관리위원회 위원장을 피고로 하여 대법원에 소를 제기할 수 있다(동법 제222조 제1항).

또한 지방자치단체의 장 및 지방의회의원선거에 있어서의 효력에 관한 소청에 대한 결정에 불복이 있는 소청인은 결정서를 받은 날부터 10일 이내에 지역구 시·도의원선거, 자치구·시·군의원선거 및 자치구·시·군의 장 선거에 있어서는 그 선거구를 관할하는 고등법원에, 비례대표 시·도의원선거 및 시·도지사선거에 있어서는 대법원에 소를 제기할 수 있다(동법 제220조 제1항, 제222조 제2항).

2) 「국민투표법」상의 민중소송   국민투표의 효력에 관하여 이의가 있는 투표인은 투표인 10만 인 이상의 찬성을 얻어 투표일부터 20일 이내에 중앙선거관리위원회 위원장

을 피고로 하여 대법원에 제소할 수 있다(동법 제92조).

3) 기 타 이 밖에도 「주민투표법」상의 주민투표소송(동법 제25조), 「지방자치법」상의 주민소송(동법 제17조)이 민중소송에 해당한다.

2. 기관소송

(1) 의 의

기관소송이란 국가 또는 공공단체의 기관 상호 간에 있어서의 권한의 존부 또는 그 행사에 관한 다툼이 있을 때에 이에 대하여 제기하는 소송을 말한다(「행정소송법」제3조 제4호).

한편 「행정소송법」상의 기관소송의 개념과 관련하여서는 ① 동일한 행정주체에 속하는 기관 간의 소송만을 의미하는 것으로 이해하는 견해(한정설)와 ② 「행정소송법」상의 기관소송을 동일한 행정주체에 속하는 기관 간의 소송에 한정할 필요가 없다는 견해(비한정설)의 대립이 있는바, 한정설이 현재 우리나라의 다수설이다.

(2) 「행정소송법」상의 기관소송의 유형

「행정소송법」상의 기관소송은 (전술한 한정설에 따를 때) 동일한 행정주체에 속하는 기관 간의 소송이므로, 상이한 행정주체 간 또는 상이한 행정주체에 속하는 기관 간의 소송은 여기서의 기관소송에 해당하지 않는다. 결국 「행정소송법」상의 기관소송으로는 ① 국가기관 상호간의 기관소송과 ② 공공단체의 기관 상호 간의 기관소송이 있을 뿐이다.

(3) 기관소송과 권한쟁의심판 간의 관계

「헌법재판소법」제62조는 ① 국가기관 상호 간의 권한쟁의심판, ② 국가기관과 지방자치단체 간의 권한쟁의심판, ③ 지방자치단체 상호 간의 권한쟁의심판을 헌법재판소의 관장사항으로 규정하고 있다. 이로 인하여 국가기관 상호 간의 기관소송이 행정소송으로서의 기관소송에서 제외되는 것인지 여부가 다투어지고 있다.

1) 기관소송의 기능축소론 「행정소송법」상의 기관소송을 공공단체기관 상호 간의 권한존부 또는 행사에 관한 다툼에 한정된다고 보는 견해이다.

2) 기관소송의 기능확대론 국가기관 상호 간의 권한존부 또는 그 행사에 관한 다툼이라도 그것이 행정법적 권한의 존부 또는 범위 · 내용에 관한 것이면 「행정소송법」상의 기관소송의 관할대상이 된다는 견해이다.

3) 결 어 「헌법재판소법」제62조의 규정에 의하여 헌법재판소의 관장사항으로 되는 소송을 기관소송에서 제외하고 있는 「행정소송법」제3조 제4호 등을 고려할 때 국가기관 상호 간의 기관소송은 행정소송으로서의 기관소송에서 제외되는 것으로 보는 기관소송의 기능축소론이 타당하다. 결국 이에 따르면 「행정소송법」상 기관소송은 공공단체기관 상호 간의 권한존부 또는 행사에 관한 다툼에 한정되게 된다.

관련판례

「기관소송은 "국가 또는 공공단체의 기관 상호 간에 있어서의 권한의 존부 또는 그 행사에 관한 다툼이 있을 때에 이에 대하여 제기하는 소송"으로(행정소송법 제3조 세4호) 행정의 적법성 보장을 목적으로 하는 객관적 소송이고, 법률이 정한 경우 법률에 정한 자에 한하여 제기할 수 있다(행정소송법 제45조).

감사원법 제40조 제2항에 "감사원의 재심의 판결에 대하여는 감사원을 당사자로 하여 행정소송을 제기할 수 있다."라고 규정되어 있으나, 위와 같은 기관소송의 성격과 내용, 앞서 본 바와 같이 감사원의 징계 요구나 그에 대한 재심의결정은 그 자체로는 법률적 구속력을 발생시킨다고 보기 어려운 점, 감사원법 제40조 제2항이 기관소송에 관한 규정이라면 기관소송에서의 제소기간 등이 함께 규정되었어야 할 것이나 그러한 규정이 없는 점, 감사원법 제40조 제2항의 규정 형식과 내용, 연혁, 관련 규정의 체계 등을 종합하여 보면, 감사원법 제40조 제2항을 원고 서울특별시장에게 감사원을 상대로 한 기관소송을 허용하는 규정으로 볼 수는 없다. 그 밖에 행정소송법을 비롯한 어떠한 법률에도 원고 서울특별시장에게 '감사원의 재심의 판결'에 대하여 기관소송을 허용하는 규정을 두고 있지 않다. 따라서 원고 서울특별시장이 제기한 이 사건 소송이 기관소송으로서 감사원법 제40조 제2항에 따라 허용된다고 볼 수 없다」(대판 2016.12.27, 2014두5637).

(4) 현행법상의 기관소송

1) 「지방자치법」상의 기관소송   지방의회의 월권을 이유로 지방자치단체의 장이 대법원에 제기하는 소송(동법 제172조 제3항)이 기관소송의 전형적 예가 된다.

한편 자치사무에 관한 감독청(주무부장관 또는 시·도지사)의 '명령·처분의 취소·정지'에 대하여 대법원에 제기하는 소송(동법 제169조 제2항)과 위임사무에 관한 위임청(주무부장관 또는 시·도지사)의 '직무이행명령'에 대한 이의소송(동법 제170조 제3항)을 기관소송의 예로 보는 견해도 있으나, 이 경우의 소송은 동일한 행정주체에 속하는 기관 간의 소송이 아니므로 엄밀한 의미에서 「행정소송법」상의 기관소송으로 볼 수는 없을 것이다.

2) 「지방교육자치에 관한 법률」상의 기관소송   교육위원회와 시·도의회의 월권을 이유로 교육감이 대법원에 제기하는 소송(동법 제28조 제3항) 역시 기관소송의 전형적 예에 해당한다.

제7장

옴부즈만과 민원처리

I. 옴부즈만의 의의

옴부즈만(Ombudsman)은 1809년의 스웨덴「헌법」에 의하여 최초로 설치된 기관으로 스칸디나비아의 여러 국가를 거쳐 전 세계에 걸쳐 널리 보급되었다. 옴부즈만은 종래「위법·부당한 행정활동에 대하여 비사법적(非司法的)인 수단으로 국민을 보호하는 관직」이라고 정의되어 왔다.[1]

II. 옴부즈만의 유형

1. 고전적 옴부즈만

옴부즈만의 임명권자가 의회인 옴부즈만으로, 의회형 옴부즈만이라고도 한다. 고전적 옴부즈만의 특징으로는 다음과 같은 것을 들 수 있다.

(1) 옴부즈만은 우선 '의회'에 의하여 임명되는 자로서 행정부의 직원이 아니다. 이러한 점을 고려할 때 옴부즈만제도는 권리구제의 사각지대에 국민의 대표기관인 의회의 개입을 시도하는 제도라고 볼 수 있다.

(2) 옴부즈만은 일단 의회에 의하여 임명된 후에는 의회에 대해서도 정치적 중립의 지위에 있다. 따라서 직무수행에 있어 독립성이 보장된다.

(3) 옴부즈만은 법원과 같이 행정처분을 직접 취소·변경할 수 있는 권한을 갖지 않으며, 법원이나 행정부에 대한 조직상의 직접적인 감독권도 없다. 즉, 옴부즈만은 사실의 조사와 인정을 통하여 단지 취소·변경을 요청 내지 권고할 수 있을 뿐이다. 한편 이러한 점을 강조하여 옴부즈만제도에 대하여는 "Watchdog without teeth"라는 비판이 행해지기도 한다.

(4) 옴부즈만은 신청이 없는 경우에도 직권으로 사건을 조사할 수 있는 권한을 가진다.

---

[1] 이러한 사정으로 인해 종래 옴부즈만을 호민관(護民官)이라고 부르기도 하였다.

(5) 옴부즈만은 행정작용에 대한 구제를 신속하고 경제적으로 처리할 수 있다.

2. 행정형 옴부즈만

행정형 옴부즈만이란 행정기관이 옴부즈만의 역할을 수행하기 위하여 시민의 민원을 직접 청취하고 행정활동의 당부를 조사·판단하며, 그에 입각하여 담당기관을 설득하거나 시민에게 실정을 보고하는 유형의 옴부즈만을 말한다.

3. 특별 옴부즈만

특별 옴부즈만으로는 소비자 옴부즈만, 보도(報道) 옴부즈만, 공정거래 옴부즈만, 교도소 옴부즈만 등이 있다. 이들 특별 옴부즈만 가운데 가장 괄목할 만한 발전을 보이고 있는 것은 소비자 옴부즈만이다.

Ⅲ. 우리나라의 옴부즈만

우리나라의 경우 고전적 옴부즈만은 존재하지 않는다. 그러나 옴부즈만과 유사한 기능을 하는 기관을 발견할 수는 있는바, 이들은 모두 행정형 옴부즈만 내지 특별 옴부즈만에 가깝다고 할 수 있다.

1. 감사원

감사원은 직권으로 또는 이해관계인의 심사청구에 의하여 각급 행정기관의 직무감찰을 시행하고, 감찰결과 하자나 행정상의 모순을 발견한 때에는 관계기관에 대하여 그 시정이나 개선을 요구하며, 또는 관계자의 문책을 요구하거나 고발조치를 취할 수 있다(「감사원법」 제32조~제35조, 제43조). 이런 면에서 감사원은 옴부즈만과 유사한 기능을 갖는 제도라고 할 수 있다.

2. 국민권익위원회

(1) 설치 및 근거

국민권익위원회는 국민의 고충민원[2]의 처리와 이에 관련된 불합리한 행정제도를 개선하고 부패의 발생을 예방하며 부패행위를 효율적으로 규제하도록 하기 위하여 「부

---

2) 여기서 '고충민원'이란 행정기관 등의 위법·부당하거나 소극적인 처분(사실행위 및 부작위를 포함한다) 및 불합리한 행정제도로 인하여 국민의 권리를 침해하거나 국민에게 불편 또는 부담을 주는 사항에 관한 민원(현역장병 및 군 관련 의무복무자의 고충민원을 포함한다)을 말한다(「부패방지 및 국민권익위원회의 설치와 운영에 관한 법률」 제2조 제5호).

패방지 및 국민권익위원회의 설치와 운영에 관한 법률」(이하 '부패방지법'이라고 한다)에 근거하여 국무총리 소속하에 설치된 기관이다(동법 제11조). 국민권익위원회는 행정형 옴부즈만에 유사한 제도로 이해되고 있다.

(2) 기능(「부패방지법」 제12조)[3]

(3) 구성 등

국민권익위원회는 위원장 1인을 포함한 15명의 위원(부위원장 3명과 상임위원 3명 포함)으로 구성하며, 이 경우 부위원장은 각각 고충민원, 부패방지 업무 및 중앙행정심판위원회의 운영업무로 분장하여 위원장을 보좌한다(동법 제13조). 위원장은 위원회를 대표하며, 위원장이 부득이한 사유로 직무를 수행할 수 없는 때에는 위원장이 지명한 부위원장이 그 직무를 대행한다(동법 제14조).

(4) 위원의 임기 등

위원장과 위원의 임기는 각각 3년이며, 1차에 한하여 연임할 수 있다(동법 제16조). 위원은 재직 중 국회의원 등 동법 제17조가 정하는 직을 겸할 수 없으며, 법이 정하는

---

3) 「부패방지법」은 제12조에서 국민권익위원회의 기능을 다음과 같이 규정하고 있다. 즉,
① 국민의 권리보호·권익구제 및 부패방지를 위한 정책의 수립 및 시행
② 고충민원의 조사와 처리 및 이와 관련된 시정권고 또는 의견표명
③ 고충민원을 유발하는 관련 행정제도 및 그 제도의 운영에 개선이 필요하다고 판단되는 경우 이에 대한 권고 또는 의견표명
④ 위원회가 처리한 고충민원의 결과 및 행정제도의 개선에 관한 실태조사와 평가
⑤ 공공기관의 부패방지를 위한 시책 및 제도개선 사항의 수립·권고와 이를 위한 공공기관에 대한 실태조사
⑥ 공공기관의 부패방지시책 추진상황에 대한 실태조사·평가
⑦ 부패방지 및 권익구제 교육·홍보 계획의 수립·시행
⑧ 비영리 민간단체의 부패방지활동 지원 등 위원회의 활동과 관련된 개인·법인 또는 단체와의 협력 및 지원
⑨ 위원회의 활동과 관련된 국제협력
⑩ 부패행위 신고 안내·상담 및 접수 등
⑪ 신고자의 보호 및 보상
⑫ 법령 등에 대한 부패유발요인 검토
⑬ 부패방지 및 권익구제와 관련된 자료의 수집·관리 및 분석
⑭ 공직자 행동강령의 시행·운영 및 그 위반행위에 대한 신고의 접수·처리 및 신고자의 보호
⑮ 민원사항에 관한 안내·상담 및 민원사항 처리실태 확인·지도
⑯ 온라인 국민참여포털의 통합 운영과 정부민원안내콜센터의 설치·운영
⑰ 시민고충처리위원회의 활동과 관련한 협력·지원 및 교육
⑱ 다수인 관련 갈등사항에 대한 중재·조정 및 기업애로 해소를 위한 기업고충민원의 조사·처리
⑲ 행정심판법에 따른 중앙행정심판위원회의 운영에 관한 사항
⑳ 다른 법령에 따라 위원회의 소관으로 규정된 사항
㉑ 그 밖에 국민권익 향상을 위하여 국무총리가 위원회에 부의하는 사항

사유에 해당하는 경우를 제외하고는 그 의사에 반하여 면직 또는 해촉되지 아니한다.

(5) 위원회의 의결 등

위원회는 재적위원 과반수의 출석으로 개의하고 출석위원 과반수의 찬성으로 의결한다(동법 제19조 제1항 본문). 한편 위원회는 고충민원의 처리와 관련하여 3인의 위원으로 구성하는 '소위원회'를 둘 수 있는바(동법 제20조 제1항), 소위원회의 회의는 구성위원 전원의 출석과 출석위원 전원의 찬성으로 의결한다(동법 제19조 제1항 단서).

(6) 업무수행의 독립성

위원회는 그 권한에 속하는 업무를 독립하여 수행한다(동법 제16조 제1항).

3. 시민고충처리위원회

(1) 설치 및 근거

지방자치단체 및 그 소속 기관에 관한 고충민원의 처리와 행정제도의 개선 등을 위하여 지방자치단체에 시민고충처리위원회를 둘 수 있다(「부패방지법」 제32조 제1항).[4]

(2) 기 능(동법 제32조 제2항 참조)

(3) 위원의 임기 및 신분보장

시민고충처리위원회 위원의 임기는 4년이며, 연임할 수 없다(동법 제33조 제2항). 한편 시민고충처리위원회 위원의 신분보장에 대하여는 국민권익위원회의 위원의 신분보장에 관한 동법 제16조 제3항의 규정이 준용된다(동법 제35조).

IV. 고충민원의 처리

고충민원의 처리에 관하여는 「부패방지법」이 규율하고 있는바, 이하에서 동법의 주요내용을 약술하기로 한다.

1. 고충민원의 신청 등

(1) 신청권자

누구든지(국내에 거주하는 외국인 포함) 국민권익위원회 또는 시민고충처리위원회

---

4) 종래 합의제 행정기관인 옴부즈만을 (특히 도지사 소속으로) 설치하기 위하여 법률에 근거가 있어야만 하는지가 문제되었으며, 대법원은 이에 대하여 「합의제 행정기관인 옴부즈만(Ombudsman)을 집행기관의 장인 도지사 소속으로 설치하는 데 있어서는 지방자치법 제107조 제1항의 규정에 따라 당해 지방자치단체의 조례로 정하면 되는 것이지 헌법이나 다른 법령상으로 별도의 설치근거가 있어야 되는 것은 아니다」(대판 1997.4.11, 96추138)라고 판시한 바 있다. 그러나 이제 「부패방지법」에 지방자치단체에 시민고충처리위원회를 설치할 수 있게 되었으므로 이 같은 논의는 그 실익이 거의 없어졌다고 할 수 있다.

(이하 '권익위원회'라 한다)에 고충민원을 신청할 수 있다. 이 경우 하나의 권익위원회에 대하여 고충민원을 제기한 신청인은 다른 권익위원회에 대하여도 고충민원을 신청할 수 있다(동법 제39조 제1항).

이 경우 신청인이 동일한 고충민원을 둘 이상의 권익위원회에 각각 신청한 경우 각 권익위원회는 지체 없이 그 사실을 상호 통보하여야 한다. 이 경우 각 권익위원회는 상호 협력하여 고충민원을 처리하거나 제43조에 따라 이송하여야 한다(동법 제40조).

(2) 신청의 방식

권익위원회에 고충민원을 신청하고자 하는 자는 일정한 사항을 기재하여 문서(전자문서 포함)로 신청하여야 하는바, 다만 문서에 의할 수 없는 특별한 사정이 있는 경우에는 구술로 신청할 수 있다(동법 제39조 제2항).

(3) 고충민원의 접수

권익위원회는 고충민원의 신청이 있는 경우에는 다른 법령에 특별한 규정이 있는 경우를 제외하고는 그 접수를 보류하거나 거부할 수 없으며, 접수된 고충민원서류를 부당하게 되돌려 보내서는 아니 된다. 다만 권익위원회가 고충민원서류를 보류·서무 또는 반려하는 경우에는 지체없이 그 사유를 신청인에게 통보하여야 한다(동법 제39조 제4항).

2. 고충민원의 이송 등

권익위원회는 접수된 고충민원이 다음 각 호의 어느 하나에 해당하는 경우에는 그 고충민원을 관계 행정기관 등에 이송할 수 있다. 다만, 관계 행정기관 등에 이송하는 것이 적절하지 아니하다고 인정하는 경우에는 그 고충민원을 각하할 수 있다(동법 제43조 제1항).

① 고도의 정치적 판단을 요하거나 국가기밀 또는 공무상 비밀에 관한 사항

② 국회·법원·헌법재판소·선거관리위원회·감사원·지방의회에 관한 사항

③ 수사 및 형집행에 관한 사항으로서 그 관장기관에서 처리하는 것이 적당하다고 판단되는 사항 또는 감사원의 감사가 착수된 사항

④ 행정심판, 행정소송, 헌법재판소의 심판이나 감사원의 심사청구 그 밖에 다른 법률에 따른 불복구제절차가 진행 중인 사항

⑤ 법령에 따라 화해·알선·조정·중재 등 당사자 간의 이해조정을 목적으로 행하는 절차가 진행 중인 사항

⑥ 판결·결정·재결·화해·조정·중재 등에 따라 확정된 권리관계에 관한 사항 또는 감사원이 처분을 요구한 사항

⑦ 사인간의 권리관계 또는 개인의 사생활에 관한 사항

⑧ 행정기관 등의 직원에 관한 인사행정상의 행위에 관한 사항

⑨ 그 밖에 관계 행정기관 등에서 직접 처리하는 것이 타당하다고 판단되는 사항

한편 권익위원회는 고충민원을 이송 또는 각하한 경우에는 지체 없이 그 사유를 명시하여 신청인에게 통보하여야 한다. 이 경우 필요하다고 인정하는 때에는 신청인에게 권리의 구제에 필요한 절차와 조치에 관하여 안내할 수 있다(동법 제43조 제2항).

3. 고충민원의 조사

권익위원회는 고충민원을 접수한 경우에는 지체없이 그 내용에 관하여 필요한 조사를 하여야 한다. 다만, 고충민원의 내용이 거짓이거나 정당한 사유가 없다고 인정되는 사항 등의 경우에는 조사를 하지 아니할 수 있다(동법 제41조).

4. 권익위원회의 처리

(1) 합의의 권고
권익위원회는 조사 중이거나 조사가 끝난 고충민원에 대한 공정한 해결을 위하여 필요한 조치를 당사자에게 제시하고 합의를 권고할 수 있다(동법 제44조).

(2) 조 정
권익위원회는 다수인이 관련되거나 사회적 파급효과가 크다고 인정되는 고충민원의 신속하고 공정한 해결을 위하여 필요하다고 인정하는 경우에는 당사자의 신청 또는 직권에 의하여 조정할 수 있다. 조정은 당사자가 합의한 사항을 조정서에 기재한 후 당사자가 기명날인하거나 서명하고 권익위원회가 이를 확인함으로써 성립한다. 이 경우 조정은 민법상 화해와 같은 효력이 있다(동법 제45조).

(3) 시정권고 및 의견표명
권익위원회는 고충민원에 대한 조사결과 처분 등이 위법·부당하다고 인정할 만한 상당한 이유가 있는 경우에는 관계 행정기관 등의 장에게 적절한 시정을 권고할 수 있으며, 고충민원에 대한 조사결과 신청인의 주장이 상당한 이유가 있다고 인정되는 사안에 대하여는 관계 행정기관 등의 장에게 의견을 표명할 수 있다(동법 제46조).

(4) 제도개선권고 및 의견표명
권익위원회는 고충민원을 조사·처리하는 과정에서 법령 그 밖의 제도나 정책 등의 개선이 필요하다고 인정되는 경우에는 관계 행정기관 등의 장에게 이에 대한 합리적인 개선을 권고하거나 의견을 표명할 수 있다(동법 제47조).

5. 후속조치

(1) 감사의 의뢰

고충민원의 조사·처리과정에서 관계 행정기관 등의 직원이 고의 또는 중대한 과실로 위법·부당하게 업무를 처리한 사실을 발견한 경우 국민권익위원회는 감사원에, 시민고충처리위원회는 당해 지방자치단체에 감사를 의뢰할 수 있다(동법 제51조).

(2) 공 표

권익위원회는 ① 제46조(고충민원시정권고), 제47조(법령제도개선권고)의 규정에 따른 권고 또는 의견표명의 내용, ② 제50조 제1항(행정기관 등의 처리결과통보)의 규정에 따른 처리결과 및 ③ 제50조 제2항(행정기관 등의 불이행이유통보)의 규정에 따른 권고내용의 불이행사유를 공표할 수 있다. 다만, 다른 법률의 규정에 따라 공표가 제한되거나 개인의 사생활의 비밀이 침해될 우려가 있는 경우에는 그러하지 아니하다(동법 제53조).

766

● 서정범

고려대학교 법학과 졸업
고려대학교 대학원 석사과정, 박사과정 수료(법학박사)
독일 Mannheim Uni.에서 Post Doc.(국비유학)
독일 Freiburg Uni. 객원교수
現 국립경찰대학 법학과 교수

〈주요저서 및 논문〉
『경찰법연구』(2012), 세창출판사
『쿠겔만의 독일경찰법』(2015), 세창출판사
『경찰행정법』(2020), 세창출판사
경찰행정법의 새로운 이론적 체계의 구축을 위한 소고(2017) 외 논문 다수

● 박상희

고려대학교 법과대학(법학사)
고려대학교 대학원 석사과정, 박사과정 수료(법학박사)
한국법제연구원 수석연구원
現 한국해양대학교 해양행정학과 교수

〈주요저서 및 논문〉
『토지공법론』(1995), 경세원
『물류법규』(2009), 다솜출판사
해양환경관리법상의 해양환경개선부담금(2009) 외 논문 다수

● 김용주

서울대학교 법과대학(법학사)
고려대학교 대학원 석사과정, 박사과정 수료(법학박사)
고려대학교 법학연구원 전임연구원
現 초당대학교 공공행정학부 교수

〈주요저서 및 논문〉〉
『(경찰법으로서) 테러방지법의 이해』(2021), 박영사
테러방지법상 대테러조사에 대한 법적 규제 연구(2018)
경찰손실보상 심의사례의 경찰법적 검토(2019)
공무원 징계와 군 징계의 비교법적 연구(2020)
정보경찰작용에 대한 행정법적 쟁점과 과제(2021) 외 논문 다수

일반행정법

초판 인쇄 2022년 2월 18일
초판 발행 2022년 3월 1일
-
저　자 서정범 · 박상희 · 김용주

-
발행인 이방원
발행처 세창출판사
　　　　신고번호 제1990-000013호
　　　　주소 03736 서울시 서대문구 경기대로 58 경기빌딩 602호
　　　　전화 02-723-8660　팩스 02-720-4579
　　　　이메일 edit@sechangpub.co.kr　홈페이지 www.sechangpub.co.kr
　　　　블로그 blog.naver.com/scpc1992　페이스북 fb.me/sechangofficial　인스타그램 @sechang-official
-
값 44,000원

ISBN 979-11-6684-078-4 93360